Joachim Scherrieble

Reichenbach an der Fils
unterm Hakenkreuz

Joachim Scherrieble

Reichenbach an der Fils unterm Hakenkreuz

Ein schwäbisches Industriedorf
in der Zeit des Nationalsozialismus

Silberburg-Verlag

Gedruckt mit Unterstützung der Gemeinde Reichenbach an der Fils
sowie der folgenden Reichenbacher Banken und Sparkassen:

1 2 3 4 5   98 97 96 95 94
© Copyright 1994 by Silberburg-Verlag Titus Häussermann GmbH, Tübingen und Stuttgart.

Umschlag unter Verwendung einer Zeichnung von Dietrich Müller, Köngen.

Abbildungen:
Archiv Sachsenhausen: Seite 169 (FP 42/2666 F 54);
Berlin Document Center: Seite 68 (rechts), 130, 224, 286;
Gemeindearchiv Reichenbach an der Fils: Seite 22, 24, 36, 43, 78, 83, 128, 129, 177, 205, 219, 297;
Kreisarchiv Esslingen am Neckar: Seite 270 (E 1, Sign. 1157);
alle anderen Abbildungsvorlagen stammen aus Privatbesitz.

Druck: Clausen & Bosse, Leck.
Printed in Germany.

ISBN 3-87407-201-0

Inhalt

Der Prozeß und das Produkt – Einige Vorbemerkungen

In einer wissenschaftlichen Ortsgeschichte wird im Unterschied zur sogenannten Chronik das lokale Geschehen nicht losgelöst von regionalen und überregionalen Ereignissen beschrieben, sondern in diese eingebunden. Durch das Aufzeigen der gegenseitigen Wechselwirkungen bekommt die vorliegende Ortsgeschichte zwei Funktionen: Sie kann die Geschichte einer Kommune und der in ihr lebenden Menschen während der Zeit des Nationalsozialismus im Gesamtzusammenhang darstellen und erklären, insbesondere vermag sie die Auswirkungen der Zeitumstände auf die Menschen im Ort zu veranschaulichen. Darüber hinaus kann sie das Bild, das wir von der nationalsozialischen Herrschaft und ihrer Praxis haben, erweitern und gegebenenfalls korrigieren[1].

Gerade Lokal- und Regionalstudien haben vielfältige neue Erkenntnisse über die nationalsozialistische Herrschaftsstruktur erbracht[2]. Bei lokalem Hinsehen

verändert sich – auch in der vorliegenden Arbeit – das lange Zeit vorherrschende Verstehen der Hitlerdiktatur als einem festgefügten, durch Terror- und Überwachungsapparat gesicherten Machtblock. Dieses Bild erweist sich mehr als Nachwirkung nationalsozialistischer Propaganda oder als Folge von Rechtfertigungsmustern der Entnazifizierungsverfahren denn als Beschreibung der in sich vielfach gebrochenen und widersprüchlichen Wirklichkeiten des »Dritten Reiches«.

Warum erscheint eine wissenschaftliche Ortsgeschichte über Reichenbach an der Fils während der Zeit des Nationalsozialismus?

Zwei Gründe waren ausschlaggebend für die Entstehung dieser Untersuchung: Das Bedürfnis der Reichenbacher[3], die mehr über die Geschichte ihres Ortes wissen wollten, und das wissenschaftliche Interesse des Verfassers.

Der Prozeß

Im Frühsommer 1988 bat die Reichenbacher Gemeindeverwaltung das Historische Institut der Universität Stuttgart um Unterstützung bei der Aufarbeitung der Reichenbacher Ortsgeschichte während der Zeit des Nationalsozialismus.

Innerhalb der Bevölkerung, in der Zeitung und im Gemeinderat hatte es intensive Auseinandersetzungen um die Existenz eines ehemaligen »Russenlagers« und um ein zu errichtendes Hinweisschild auf den dazugehörigen »Russenfriedhof« gegeben. »Bis zu Morddrohungen« sei dies gegangen. Jetzt wolle man »jemanden von außen holen, der uns sagt, wie's wirklich war«.

Mitte Oktober stellte der Verfasser das Konzept für ein Projekt im Gemeinderat vor, das – im Gegensatz zu den Vorgaben – die Bürger im Gespräch zusammenführen und aktiv an der Aufarbeitung der Ortsgeschichte beteiligen wollte. Nach längeren Diskussionen in einer »nichtöffentlichen Sitzung des Verwaltungsausschusses« wurde das Projekt »Reichenbach unterm Hakenkreuz« beschlossen.

Diese Ortsgeschichte, der Prozeß ihres Entstehens, sollte eine »lebendige Geschichte« werden. In Zusammenarbeit mit der Volkshochschule Esslingen richtete der Verfasser eine »Geschichtswerkstatt« ein, in der interessierte Reichenbacher »unter fachkundiger Anleitung«[4] mitarbeiten konnten, und das »Reichenbacher Geschichtsviertele«, in dem »die Söhne und Töchter der damals in verschiedenen Lagern sich befindenden Reichenbacher Familien (...) über ihre verschiedenartigen Erinnerungen an die Vergangenheit und über ihre unterschiedlichen Erfahrungen der Zeit miteinander reden können«[5]. In 130 Sitzungen diskutierten, stritten und arbeiteten ältere und jüngere Reichenbacher[6], deren Väter Kommunisten, Nationalsozialisten und Christen waren. Durch über 60 Artikel im Reichenbacher Anzeiger, durch Radioberichte, Vorträge und gemeinsame Ausstellungsbesuche sowie über Briefe an die über 304 recherchierten »Zeitzeugen« rückten mit der nationalsozialistischen Geschichte des Ortes zusammenhängende Themen ins öffentliche Interesse, wurde das »Aufarbeiten« angeregt, unterstützt und begleitet.

Die 143 geführten »Interviews«, im Durchschnitt zwei bis drei Stunden, manchmal aber auch erheblich länger dauernde Gespräche mit »Zeitzeugen«[7], schriftliche Anfragen an die Vereine und – teilweise – an Betriebe mit der Bitte um Benützung deren privater Archivbestände waren weitere Bestandteile des Prozesses. Ergebnisse und Erkenntnisse aus der »Geschichtswerkstatt« und dem »Geschichtsviertele« wurden im Reichenbacher Anzeiger wiederum der Öffentlichkeit zugänglich gemacht[8].

Das Produkt

Die vorliegende Arbeit folgt dem Anspruch, im Rahmen der Untersuchung einer begrenzten sozialen Einheit, des Industriedorfes Reichenbach an der Fils[9], eine qualitative Sozialgeschichte zu erstellen. Das bedeutet unter anderem, örtliche Autoritäten, Funktionsträger und Vertreter der örtlichen Gesellschaftsschichten sowie lokale Gegebenheiten, Verflechtungen und Interaktionsformen aus besonderer Nähe zur historischen Wirklichkeit und deshalb mit der Chance größtmöglicher Genauigkeit hervortreten zu lassen, um dadurch die Strukturen besser zu erfassen.

Die Entflechtung dieser Strukturen setzt eine überschaubare Größe voraus. Die bisherigen Untersuchungen zeigten, daß die jeweils analysierten sozialen Einheiten hierfür zu groß waren[10]. Ein entsprechendes lokales Kleinzentrum wurde bislang noch nicht wissenschaftlich untersucht[11].

Reichenbach an der Fils ist für die angestrebte Untersuchung besonders geeignet. Der Ort bildete ein Kleinzentrum für die Gemeinde Hochdorf und für die umliegenden Schurwaldgemeinden Baltmannsweiler, Hohengehren, Hegenlohe und Thomashardt[12]. Im Kleinzentrum Reichenbach befanden sich die meisten Arbeitsplätze für die in den umliegenden Orten Wohnenden und die Infrastruktur wie Gewerbeschule, Bank, Arzt, Apotheke, die wichtigsten Einkaufsmöglichkeiten sowie die Anbindung an die Bahnlinie. Andererseits sind die strukturellen und personellen Bedingungen des Ortes noch entwirrbar. Im Juni 1933 wohnten 2644 Menschen in Reichenbach, davon 49,5 Prozent Frauen[13]. Knapp elf Prozent der deutschen Bevölkerung lebten im Jahr 1925 in vergleichbar großen Ortschaften[14]. Quantifizierende Untersuchungen gehen davon aus, daß mehr als die Hälfte der Nationalsozialisten »auf dem Lande« lebten[15].

Im Rahmen der Untersuchung dieser begrenzten sozialen Einheit werden unter lokalem Blickwinkel Entwurf, Erstreben, Vollzug und Zusammenbruch nationalsozialistischer Herrschaft analysiert. Konzeption, Methode und inhaltliche Schwerpunkte der Arbeit gehen von alltags- und regionalgeschichtlichen Fragestellungen aus. Dies erfordert das Studium der Interaktionen zwischen neuen und alten Eliten und Strukturen, die Kenntlichmachung der dörflichen Kommunikation mit ihren hemmenden und fördernden Einflüssen auf Machtantritt, Gleichschaltung und »braunen Alltag« sowie die Beschreibung von Kontinuitäten und Wandel im politischen wie gesellschaftlichen Verhalten. Die Darstellung der Herrschaftswirklichkeit unter den spezifischen Reichenbacher Bedingungen liefert neue Erklärungsansätze für Entstehung, Durchsetzung und Akzeptanz des Nationalsozialismus in der Provinz. Als Fallstudie leistet sie darüber hinaus einen Beitrag zur vielfach geforderten Gesellschaftsgeschichte politischen Verhaltens.

Große Aufmerksamkeit legt die Arbeit auf die Frage, wie die beiden »Systeme« von »Nationalsozialismus« und »dörflicher Mentalität« einander bedingten, inwiefern und in welchen Bereichen sie sich störten oder ergänzten, die dörflichen Kommunikationsstrukturen diktiert, verändert oder beibehalten wurden – anders ausgedrückt: inwieweit das totalitäre System des Nationalsozialismus in der Gesamtheit eines Industriedorfes funktionierte oder nicht.

Eine zentrale Bedeutung bei der Beschreibung der hemmenden und fördernden Faktoren kommt der »politischen Kultur« am Orte zu. Die Entwicklung dieser und die Beobachtung der ausgemachten »kulturellen Milieus« dienen zur Beschreibung und Erklärung wesentlicher Erscheinungen der Entstehung, der Entwicklung, dem Durchsetzen und der Grenzen der »braunen Kultur«. Eben diese intensive Beobachtung der kulturellen Milieus ist aufgrund der überschaubaren Strukturen in Reichenbach möglich.

Im Zusammenhang mit der Betrachtung der »braunen Kultur« und der »kulturellen Gleichschaltung« interessieren die nationalsozialistische »Volksgemeinschaft«, Ausgrenzung und Verfolgung vor Ort sowie deren Akzeptanz und Ablehnung. Das Aufspüren dieser Grenzen, das Fragen nach individuellen Entscheidungsfreiheiten und sozialen und kulturellen Freiräumen, nach Weiter- und Mitmachen, nach »angepaßtem«[16] oder »resistentem« Verhalten in der Diktatur sowie nach Widerstand stellen weitere Bestandteile der Abhandlung dar. Aber auch das alltägliche Leben, die Versorgungslage, die Situation der Frauen und der Jugend, die Einwirkungen des Krieges sowie das Aufzeigen von Reichenbachern, die über den Ort hinaus wirkten, sind wichtige Bezugspunkte für die Untersuchung.

Die alltags- und lokalgeschichtliche Konzeption geht vom Prinzip durchgängiger Wechselwirkungen (Interdependenzprinzip) aus und sieht im wesentlichen eine chronologische Gliederung vor. Die Ortsgeschichte »Reichenbach unterm Hakenkreuz« beginnt nicht – wie die meisten der vergleichbaren Arbeiten oder auch wie viele der Untersuchungen zum Machtantritt der Nationalsozialisten – mit dem Beginn der Weltwirtschaftskrise Ende 1929 und dem Übergang zum präsidialen Regierungssystem im März 1930, sondern davor: Aufgrund des Ansatzes, kulturelle Vorbedingungen, Ausprägungen und Grenzen des Reichenbacher Alltags unterm Hakenkreuz aufzuzeigen und zu erklären, setzt die vorliegende Arbeit in dieser Frage mit der Entwicklung der beiden dominierenden kulturellen Milieus vor dem Ersten Weltkrieg ein[17]. Um dem

Charakter Reichenbachs zu entsprechen, ragen einzelne Themenbereiche aus der Chronologie heraus; außerdem werden verschiedene biographische Elemente mit in die Arbeit verwoben.

Die Arbeit ist in sechs Teile gegliedert. Im ersten Teil wird die Entwicklung Reichenbachs von einer Landgemeinde zum Industriedorf umrissen.

Bei der Beschreibung der hemmenden und fördernden Faktoren spielt die politische Kultur am Ort eine zentrale Rolle. Die Untersuchung zeichnet im zweiten Teil die sich bis 1920 entwickelnden und anschließend polarisierenden »kulturellen Milieus« nach, sowie die Entwicklung der »braunen Bewegung« nach der wirtschaftlichen Krise bis Ende 1932.

Im dritten Teil stehen der nationalsozialistische Machtantritt in Reichenbach, eine Zusammenfassung der »braunen Wähler« und die erste Äußerung des kommunalen Machtanspruches der Nationalsozialisten 1933 im Mittelpunkt. Außerdem werden verschiedene Maßnahmen zur Sicherung der Macht 1933 und 1934 beleuchtet sowie die Verhaltensweisen der Beteiligten analysiert. Bei deren Darstellung werden die Gleich- und Ausschaltung der politischen Gegner sowie potentiell gefährlicher Honoratioren am Ort, die erste Phase des Kirchenkampfes mit den sich zum persönlichen Kleinkrieg zwischen dem *Ortsgruppenleiter* und dem Pfarrer entwickelnden Auseinandersetzungen sowie der totalitäre Anspruch auf Herrschaft, der Ausbau der NSDAP-*Ortsgruppe* und drei Ebenen der politisch-strukturellen und personellen *Gleichschaltungen* am Beispiel der örtlichen Kultur- und Freizeitvereine dokumentiert.

Den Rahmen des vierten Teils, der Untersuchung der Konsolidierung des Systems 1934 bis 1939, steckt die »kulturelle Gleichschaltung«, die die beiden anderen begleitete und weiterführte. Eckpunkte sind die Inszenierung der *Volksgemeinschaft* und die Ausgrenzung, die wirtschaftliche Konsolidierung, die totale Indienstnahme sowie die zweite Phase des

Kirchenkampfes, im Verlauf dessen Reichenbach zu einem administrativen Zentrum der Bekennenden Kirche in Württemberg wurde. Bei den ersten drei Kapiteln nehmen die nationalsozialistische *Volksgemeinschaft* und die Beschreibung des »braunen Kulturkampfes« eine zentrale Funktion ein. In einem zusammenfassenden fünften Kapitel werden die Verhaltensweisen der Reichenbacher analysiert, in »Aktive Nazis«, »Mit- und Weitermacher« und »Neinsager« eingeteilt und diskutiert sowie zusammen mit dem »braunen Kulturkampf« und der Funktion der *Volksgemeinschaft* für die kulturelle Gleichschaltung und damit letztlich zur Kriegsvorbereitung in geschichtswissenschaftlichem Kontext[18] betrachtet.

Die ersten beiden Kapitel im fünften Teil widmen sich dem Kriegserleben und -alltag während der Blitzkriege sowie dem Krieg im Innern. Die vorher beleuchteten Fragen nach kulturellen Ausprägungen des braunen Alltags treten dabei anscheinend in den Hintergrund, doch der Krieg als solcher war ein zentraler Bestandteil der »braunen Kultur« in mentaler Vorbereitung wie im praktischen Umsetzen, nach außen und nach innen. Vor allem im Krieg gegen Randgruppen und Minderheiten sowie im Krieg gegen zentrale Säulen der *alten* Gesellschaft, der am Beispiel der Intensivierung des Kirchenkampfes beleuchtet wird, werden diese Elemente der »braunen Un-Kultur« verdeutlicht. In beiden Kapiteln wird weiter nach den im vierten Teil aufgezeigten Verhaltensweisen von Reichenbacher Menschen gefragt. Die beiden extremsten Formen von aktivem »Mit-Machen« – die Beteiligung eines Reichenbachers am Mord an den europäischen Juden – sowie von aktivem »Dagegen-Machen« – das organisierte Verstecken von untergetauchten Juden im »Bruderring« – werden in zwei Exkursen – erstmals – näher beleuchtet. Im dritten Kapitel werden die Auswirkungen des *Totalen Krieges* auf den Alltag an der Reichenbacher *Heimatfront*, dessen Fremdbestimmtheit sowie die bei Kriegsende entstehenden »Gretchenfragen« im

Verhalten der Reichenbacher ausgebreitet. Kurz vor Kriegsende gewannen die ehemaligen kulturellen Milieus wieder an Bedeutung und reorganisierten sich, um über die persönliche Verantwortung für die Übergabe des Ortes sowie über die Gestaltung der Zukunft nach dem Krieg zu diskutieren.

Über den »Zusammenbruch« hinaus werden im fünften Teil – neben der Schilderung der Reichenbacher Lebensumstände nach dem Krieg – Stimmungen und Haltungen der Bevölkerung sowie Probleme beim Neubeginn und bei der verordneten Demokratisierung aufgezeigt.

Im Anhang sind Tabellen zur Bevölkerung und zur Arbeitssituation, zur Wohnsituation, zum Wahlverhalten, zu den Kirchen und Religionsgemeinschaften, zum Krieg und zu den kommunalen Finanzen angefügt. Weitere Informationen sind dem »Verzeichnis der Reichenbacher Vereine und Vereinigungen vor 1933« sowie dem »Verzeichnis toter *Ostarbeiter*« zu entnehmen. Dem wissenschaftlichen Apparat sind ein Verzeichnis der bearbeiteten Zeitungen, Zeitschriften, Gesetze und Statistiken, ein »Verzeichnis der gesichteten und benutzten Archive und Sammlungen«, eine »Übersicht über die bearbeiteten Bestände der wichtigsten Archive«, ein »Verzeichnis der geführten Interviews« sowie ein thematisch untergliedertes Literaturverzeichnis und ein Abkürzungsverzeichnis beigegeben. Die Anmerkungen zum Text – Quellennachweise und Literaturbelege, Hinweise auf weiterführende Literatur sowie Bemerkungen zum geschichtswissenschaftlichen Kontext – sind ebenfalls im Anhang beigefügt. Ein Register der Personen-, Orts- und Vereinsnamen erleichtert das Nachschlagen.

Auf wissenschaftliche Vorarbeiten zum lokalen Kontext konnte nicht zurückgegriffen werden[19]. Die im vom ehemaligen Reichenbacher Schulrektor Wilhelm Böhringer bearbeiteten »Heimatbuch«[20] enthaltenen Kapitel zu den Themen »Der Erste Weltkrieg«, »Zwischen den beiden Kriegen«, »Der Zweite Weltkrieg« und »Die Zeit nach 1945«[21] wurden vom ehemaligen Reichenbacher Oberlehrer Gustav Wohlbold geschrieben. Die Darstellung, die keine Quellenangaben enthält, greift in großen Teilen auf eine im Auftrag der Reichenbacher *Ortsgruppe* der NSDAP erstellte Chronik zurück, die aufgrund des Krieges nicht mehr veröffentlicht werden konnte[22].

Für die Beschreibung der Vereinskultur liegen vor allem zur Chronologie der jeweiligen Vereine aufschlußreiche »Jubiläumsschriften« und »Vereinsgeschichten« vor, doch werden die Ereignisse des hier untersuchten Zeitraumes meist sehr knapp behandelt.

Auf den ersten Blick erschien die Quellenlage sehr dürftig. Ein Teil der Akten der NSDAP-*Ortsgruppe* wurde auf Befehl der *Gauleitung* am 8. April 1945 vernichtet[23]. Aktenbestände der Gemeindeverwaltung waren auf Weisung des Innenministeriums im Frühjahr 1945 vernichtet worden[24]. Doch ausgiebige Recherchen förderten unerwartet vielfältige und sehr interessante Materialien in insgesamt 124 staatlichen und kirchlichen, öffentlichen und privaten Archiven und Sammlungen zutage.

Neben dem Gemeindearchiv Reichenbach waren für ereignis- und verwaltungsgeschichtliche sowie für alltags- und regionalgeschichtliche Fragestellungen die Kreisarchive Esslingen und Göppingen, die Stadtarchive Ebersbach, Esslingen und Göppingen sowie das Hauptstaatsarchiv Stuttgart und besonders das Staatsarchiv Ludwigsburg wichtig. Die großen Bestände des Staatsarchivs Ludwigsburg umfassen vor allem Oberamtsakten sowie Unterlagen der *Kreisleitungen* Göppingen und Esslingen sowie der *Ortsgruppenleitung* Reichenbach der NSDAP. Zum ersten Mal wurden systematisch die durch die Novellierung des Landesarchivgesetzes vom 12. März 1990 seit 10. Mai 1990 freigegebenen Spruchkammerakten ausgewertet. Diese stellten nicht nur, wie gelegentlich formuliert, »in der Masse ein Durcheinander von Apologetik, Beschuldigungen und sogenanter Persilscheine«[25] dar, sondern steuerten als geradezu »unentdeckte Quelle« eine Vielzahl aussagekräftiger Daten und Zusammenhänge bei; vor allem, indem sie als Fundgrube für »verschwundene« Originalakten genutzt werden konnten.

Für viele Einzelfragen waren die Recherchen im Berlin Document Center, in der Zentralen Stelle der Landesjustizverwaltungen zur Aufklärung von nationalsozialistischen Verbrechen in Ludwigsburg, im Archiv der Mauritiusgemeinde Reichenbach sowie in den zahlreichen anderen bearbeiteten Archiven und Sammlungen erforderlich. Im Landeskirchlichen Archiv konnten neben den Pfarramtsbeschreibungen vor allem der außerordentlich große Bestand D 1 (Nachlaß Landesbischof Wurm) und – erstmalig – der ebenfalls äußerst umfangreiche und bislang unverzeichnete Bestand D 31 (Nachlaß Pfarrer Dipper) ausgewertet werden. Neben der Lektüre von Zeitungen und Zeitschriften konnten offizielle zeitgenössische Schreiben von Verwaltungs- oder Parteibehörden, Privatdokumente, Tagebücher, Briefe und Fotos zum Großteil erstmalig gesichtet und eingearbeitet werden.

Als weitere zentrale Stütze der Untersuchung diente die Methode der »Mündlichen Geschichte«, der Oral History. Die Interviews vermittelten vielfältige Hilfe beim Entwirren von Beziehungsgeflechten, ließen Einblicke in dörfliche Kommunikationsstrukturen zu und verhalfen zu Kenntnissen über das subjektive Erleben des Alltags vor Ort[26]. Die interviewten Personen gehören allen sozialen Schichten an. Knapp die Hälfte davon sind Frauen (48 Prozent), über vier Fünftel (84 Prozent) der Gesprächspartner waren im Jahre 1933 bereits über 18 Jahre alt, und nur vier Prozent sind nach 1935 geboren. Neben Alter, Geschlecht und sozialer Zugehörigkeit stellten Funktionen in örtlichen Vereinen oder Parteien, die Anwesenheit im Ort – vor allem bei Männern – oder verwandschaftliche Beziehungen wichtige Auswahlkriterien dar.

Es bleibt all denen zu danken, die über Jahre hinweg zum Entstehen dieser Arbeit beigetragen haben.

Der erste Dank gebührt meiner Familie, insbesondere meiner Mutter, die den Abschluß der Arbeit nicht mehr erleben konnte. Großen Dank schulde ich den Archivaren und anderen, die mir Zugang zu Informationen verschafft haben; die meisten kann ich hier nicht würdigen, einige sind in einer gesonderten Danksagung am Ende der Arbeit aufgeführt. Die Privatsammlungen sind im Anhang verzeichnet[27]. Ebenso bin ich zu großem Dank den »Zeitzeugen« verpflichtet, die den Mut hatten, offen über ihre Vergangenheit und ihre Erinnerung daran zu reden. Sie sind ebenfalls im Anhang namentlich genannt[28].

Finanziell ermöglichte den Beginn des Projektes eine Förderung der Gemeinde Reichenbach, vielen Dank an Gemeinderat und -verwaltung sowie den Bürgermeistern Knapp und Richter. Anschließend unterstützte die Landesgraduierten-Förderung die Forschungen eineinhalb Jahre lang durch ein Stipendium. Der Volkshochschule Esslingen und ihrem Leiter, Bernhard Tewes, dem Außenstellenleiter Dieter Renz sowie der allseits hilfsbereiten Erna Thurow und Marleen Schulte, die mir den Rahmen für den erwähnten Prozeß zur Verfügung stellten, gilt mein Dank.

Gerne sage ich herzlichen Dank Herrn Professor Dr. Axel Kuhn, der mir die Augen für die Alltags- und Regionalgeschichte öffnete und für Fragen jederzeit zugänglich war. Mein besonderer Dank gilt Herrn Professor Dr. Eberhard Jäckel, der die Arbeit mit Ratschlag und Kritik förderte, lange bevor sie offiziell am Historischen Institut der Universität Stuttgart als Dissertation angemeldet war. Ebenso gerne darf ich Dank sagen an meine Freunde in Reichenbach, Esslingen, Heidenheim und Stuttgart für ihre Geduld, wenn ich wieder mal von Reichenbach anfing, sowie für ihre Diskussionsbereitschaft: Christine Glauning, Heico Schneider, Monika Roller, Georgia Hauber, Dr. Walter Nachtmann, Dr. Martin Burkhardt und Christine Bescherer. Nicht zuletzt durch Rat und Kritik beim Korrekturlesen haben sie viel zur Fertigstellung beigetragen. Für viel Sachverstand und die frühzeitige Bereitschaft, das Buch in sein Verlagsprogramm aufzunehmen, danke ich Titus Häussermann und seinem Team vom Silberburg-Verlag. Abschließend möchte ich nicht versäumen, die zwischenzeitlich zu Freunden gewordenen Mitglieder – den »harten Kern« – der Geschichtswerkstatt Reichenbach dankend zu erwähnen. Sowohl für den Prozeß wie für das Produkt waren in der Anfangsphase Hans Bescherer und Karl Harigel, in den letzten Jahren vor allem Wolfgang Baumann, Traudl Bühler, Hans Wöllhaf und Emil Munz von unschätzbarem Wert. Vielen Dank.

Grosses bises et merci à Arlette.

Reichenbach –
Von der Landgemeinde
zum Industriedorf an der Fils

Reichenbach liegt am Unterlauf der Fils, auf der Grenze vom Schurwald zum Albvorland, etwa 260 bis 280 Meter über dem Meeresspiegel. Der Namensgeber, der vom Schurwald kommende Reichenbach, fließt am Rathaus vorbei und wie das zweite Flüßchen im Ort, der Lützelbach, mitten durch den Ort. Die heute noch zu 50 Prozent mit Wald bedeckte Gemarkung umfaßt 744 ha und hat die Form eines Eirunds von etwa vier Kilometer Länge und zweieinhalb Kilometer Breite[1].

Der Ort muß schon vor der ersten schriftlichen Erwähnung in einer von Herzog Ludwig von Teck gesiegelten Urkunde von 1268 existiert haben. Es wird mittlerweile allgemein angenommen, daß er als Tochtersiedlung von Plochingen etwa zwischen dem neunten und elften Jahrhundert unserer Zeitrechnung entstanden ist. Die damaligen Siedlungsgründungen wurden nach Auen, Bächen, Brunnen, Bergen oder Tälern benannt, und der größte und wasserreichste Bach der Gemarkung hatte den Namen »Richenbach«[2]. Im Jahr 1299 kam Reichenbach zu Württemberg, nachdem die Herzöge von Teck zugunsten der Grafen von Württemberg auf ihre Besitzrechte verzichtet hatten[3]. Bis zur Reformation gehörte der Ort kirchlich und verwaltungstechnisch zum Kirchheimer Amt und wurde im Jahre 1485 unter Graf Eberhard im Bart mit einigen anderen Gemeinden dem Amt Göppingen zugeteilt, bei dem Reichenbach bis zur Kreisneueinteilung im Jahre 1938 verblieb und dann dem Kreis Esslingen eingegliedert wurde. Im Jahre 1525 nahmen etliche Reichenbacher unter dem Zeichen des Bundschuhs an der Erstürmung und Zerstörung der Teck durch die ins Filstal vorgedrungenen *Hellen Haufen* des Bauernheeres teil, angeführt vom Reichenbacher Pfarrer Peter Riecker. Mit Einführung der Reformation in Württemberg nach 1534 wurde Reichenbach protestantisch[4].

Die wohl bereits von den Römern angelegte[5], Donau und Rhein verbindende Handels- und Heerstraße durch das Filstal hatte den Bewohnern Reichenbachs im Laufe der Jahrhunderte Handel und Wohlstand, aber auch Zerstörungen und Plünderungen der durchziehenden Heere gebracht. In den 14 Jahren von 1634 bis zum Ende des Dreißigjährigen Krieges nahm die Bevölkerung von knapp 600 Einwohnern auf unter 150 ab[6]. Weitere schwere Verwüstungen mußte Reichenbach während der Franzosenkriege, des Spanischen Erbfolgekrieges, der französischen Revolutionskriege sowie während der Feldzüge Napoleons hinnehmen[7]. Seine frühere Einwohnerzahl erreichte der Ort erst wieder um 1813, also 165 Jahre später[8].

Der Bevölkerungszuwachs auf knapp 1000 Einwohner bis Mitte des vorigen Jahrhunderts[9], mehrere Mißernten und die Nachwirkungen der Kriege führten zu einem Bevölkerungsdruck und Erwerbsmangel für die breiten »unterbäuerlichen Schichten«[10], zu deren Verarmung und zu einer Auswanderungswelle. Der

Luftaufnahme von Reichenbach, um 1930.

Großteil der von der Gemeinde in ihrer Auswanderung unterstützten Reichenbacher bestand aus ärmeren »Ortsbewohnern, die sich die Gemeinde vom Hals schaffen wollte, um die öffentliche Armenfürsorge zu entlasten.«[11]

Verschiedene Phasen des Bergbaus Mitte des 16. bis Anfang des 17. und noch einmal im ersten Drittel des 18. Jahrhunderts[12] stellten die ersten Unternehmungen auswärtiger Investoren in Reichenbach dar. Ein grundlegender Einschnitt in der Geschichte Reichenbachs, der einen vollkommenen Wandel in der Ortsstruktur nach sich ziehen sollte, begann sich abzuzeichnen, als Reichenbach im Jahre 1847 Bahnstation wurde, eine entscheidende Voraussetzung zur Ansiedlung von Firmen[13]. Ein knapp hundert Jahre später im Auftrag des Kreisverbandes Esslingen erstelltes soziologisches Gutachten konstatierte »seit hundert Jahren (...) eine stetige Aufwärtsentwicklung« in Reichenbach[14]. Besonders von 1880 bis 1910 wuchs die Gemeinde kontinuierlich.

Die ersten gegründeten Firmen waren holzverarbeitende Betriebe, die vom Holzreichtum des nahen Schurwaldes profitierten. Kleine, mittlere und größere Betriebe entstanden, unter anderem die Firma Bischof, die 1938 etwa 90 Werksangehörige zählte[15], und die Firma Blessing. Der Holzdreher Leonhardt Blessing ließ sich 1863 in Reichenbach nieder und gründete die erste Holzdreherei für Haus- und Küchengeräte im Filstal, die nach der Umstellung auf Bäckereigeräte durch dessen Enkelsöhne Gustav und Max im Jahre 1933 und der Erweiterung um eine Großhandelsfirma drei Jahre später massiv expandierte, in der zweiten Hälfte des 20. Jahrhunderts verschiedene Niederlassungen unterhielt und zum führenden Hersteller der Branche in der Bundesrepublik geworden ist.

Schon relativ frühzeitig bauten ebenfalls auswärtige Investoren Fabriken auch auf dem örtlichen Textilgewerbe auf. Die für den Ort bedeutendste darunter war die im Jahre 1877 in Betrieb gegangene Spinnerei von Heinrich Otto, der 1883 noch eine Weberei und 1893 die erste Feinspinnerei Süddeutschlands in Plochingen angegliedert wurde. Jahrzehnte-

21

Arbeitswelt um 1920. Die ersten in Reichenbach gegründeten Firmen waren holzverarbeitende Betriebe, die vom Holzreichtum des nahen Schurwalds profitierten.

lang bot die Firma Heinrich Otto Hunderten Einwohner Reichenbachs und der Nachbarortschaften Arbeitsmöglichkeiten – 1938 waren es alleine in den Reichenbacher Werken etwa 450 Arbeitsplätze[16]. Als einziger Großbetrieb am Ort bildete er das Rückgrat der Gemeindefinanzen.

Im Gegensatz zu Plochingen zeigte sich die Gemeindeverwaltung aufgeschlossen für die Ansiedlung neuer Betriebe. Zu den verschiedenen Betrieben der sich bereits ab 1881/82 in Reichenbach niederlassenden chemischen Industrie gesellten sich in der Folgezeit unter anderem mit der Firma »Electrostar« von Robert Schöttle (ab 1928), mit der 1912 in Göppingen gegründeten ersten »Süddeutschen Wellpappenfabrik Werner Seyfert« (ab 1932) und mit der Firma Hermann Traub, Drehautomaten (ab 1942), die Elektro-, Papier- und Metallindustrie.

Die Bevölkerung war noch bis zum Ende der 1920er Jahre zu über 95 Prozent

evangelisch, knapp 3,5 Prozent waren katholisch, und niemand gehörte dem jüdischen Glauben an[17]. Die Einwohnerzahl vervierfachte sich von 1834 bis 1939 beinahe[18], für eine Landgemeinde eine – laut oben erwähntem Gutachten – »außerordentlich hohe Zunahme«[19]. In der zusammengestellten Übersicht[20] der historischen Entwicklung der Bevölkerungszahlen Reichenbachs fällt vor allem die relativ starke Zunahme von 1871 bis 1961 um 570 Prozent auf; der Landkreis Göppingen hatte im gleichen Zeitraum eine Zunahme von 206 Prozent zu verzeichnen[21]. Der starke Bevölkerungszuwachs ist eine der Bedingungen der Industrialisierung und wurde durch diese wiederum verstärkt[22].

Reichenbach, das sich »zur stärksten Industrie-Landgemeinde des Neckartales« entwickelte[23], ist ein »typisches Beispiel« für diesen »Beginn einer neuen Kulturepoche, des kommenden Maschinenzeitalters.«[24]

Von 1927 bis 1931 vermehrte sich der Zahl der Wohnungen um ein Drittel[25]. Im Jahre 1905 wurde eine Wasserleitung eingerichtet[26] und ein Arzt ließ sich im Ort nieder, 1908 kam die Elektrizitätsversorgung[27], 1909 entstand eine gewerbliche Fortbildungsschule für Jungen[28], und 1910 wurde die Gemeinde an das Ebersbacher Gaswerk angeschlossen[29]; 1911 eröffnete die erste Apotheke in Reichenbach, und 1912 wurde ein neues Schulhaus gebaut[30]. Dem Ort, der am 13. März 1906 seinen Namen in »Reichenbach an der Fils« geändert hatte[31], wurde »im Bahnhofsteil ein ausgesprochen städtischer Charakter« attestiert, »während das alte sau-

Der Misthaufen gehörte zum Dorfbild: Die Brunnenstraße um 1930.

bere Dorf noch kleinbäuerlich ist, doch (...) am Rande zum Teil villenartige Gebäude hat. (...) Es haben sich viele Angestellte und besser gestellte Familien niedergelassen.«[32]

Für den Verstädterungsgrad ist der Anteil von 25 Prozent der Haushaltungen ohne Boden Ende der dreißiger Jahre[33] vergleichsweise hoch. Im Mobilmachungskalender 1939/40 wird Reichenbach als Arbeiter- und Industriegemeinde mit eigener Wasserversorgung und angeschlossen an die Stromversorgung der Neckarwerke Altbach bezeichnet, an der

Haupteisenbahnlinie Stuttgart–Ulm gelegen[34].

Obwohl Reichenbach im Vergleich mit den umliegenden Gemeinden bei weitem die industrialisierteste war, gehörte der Misthaufen zum charakteristischen Erscheinungsbild[35]. In den 515 land- und forstwirtschaftlichen Betrieben Reichenbachs, von denen fast 90 Prozent unter der Zwei-Hektar-Grenze blieben, wurden Ende 1933 noch 38 Pferde, 311 Rinder, 117 Schweine, 401 Schafe, 67 Ziegen und über 3000 Stück Geflügel gehalten[36]. 47,5 Prozent der zur Landwirtschaft zählen-

in Handel und Verkehr Tätigen auf über ein Zehntel und der in Industrie und Handwerk Beschäftigten auf zwei Drittel steigerten[39]. Verglichen mit dem Oberamt Göppingen ist dieser Trend noch deutlicher; der Anteil der in der Landwirtschaft Erwerbstätigen Reichenbacher liegt klar unter dem Durchschnitt im Oberamt, derjenige der beiden letztgenannten Berufsgruppen deutlich darüber[40].

Die meisten Betriebe waren Handwerksbetriebe. Fast 75 Prozent der 1933 im Ort wohnenden 164 hauptberuflichen Betriebsinhaber waren Handwerker und Industrielle, knapp neunzehn Prozent Händler und Handelsvertreter und stark sechs Prozent Freiberufler und Dienststellenleiter[41].

Reichenbacher Tankstelle um 1925. »Kommerzienrat Otto hatte einen Horch, Dr. Klenk einen Dixi und Fabrikant Robert Schöttle einen Adler.«

den Berufszugehörigen Reichenbachs übten diese Tätigkeit nebenberuflich aus[37].

Doch die Tendenz ging zur überwiegend nichtlandwirtschaftlichen Bevölkerung. Die Tabelle zur Entwicklung der erwerbstätigen Bevölkerung[38] verdeutlicht dies: Der Anteil der in der Land- und Forstwirtschaft Tätigen ging von einem starken Drittel der Bevölkerung zu Ende des vorigen Jahrhunderts auf unter ein Sechstel am Ende der Weimarer Republik zurück, wohingegen sich die Anteile der

Der hohe Anteil an Handwerksbetrieben verursachte in der Betriebsstruktur eine klare Verschiebung zum Kleinstbetrieb. 1933 waren 72 Prozent der in den 167 Reichenbacher Betrieben Arbeitenden in den 17 größeren Betrieben mit sechs und mehr Beschäftigten tätig, die restlichen knapp 28 Prozent arbeiteten in den verbleibenden 150 Kleinstbetrieben mit durchschnittlich je knapp 1,9 Beschäftigten[42].

Die Textilindustrie, vor allem der Groß-betrieb Heinrich Otto, zog viele Frauen der umliegenden Dörfer an, der Frauen-anteil unter den einpendelnden Erwerbs-tätigen lag demzufolge relativ hoch bei fast 44 Prozent. Die großen metallverar-beitenden Betriebe wie die Maschinenfa-brik Esslingen und Daimler dürften für den hohen Männeranteil der auspendeln-den Erwerbstätigen verantwortlich gewe-sen sein. Überhaupt ist, bedingt durch die Eigenschaft als Kleinzentrum und die verkehrsgünstige Lage, die Mobilität bei den Erwerbstätigen auffallend. Von den 1939 in Reichenbach erfaßten 1548 Er-werbstätigen waren über 30 Prozent Aus-pendler und fast 24 Prozent Einpendler[43]. Knapp die Hälfte der auspendelnden Rei-chenbacher arbeitete in Esslingen, knapp ein Viertel in Stuttgart, und die anderen verteilten sich auf die Filstalorte, haupt-sächlich Göppingen[44].

Reichenbach lag nicht an einer »für den Massenverkehr geeigneten schiffbaren und billigen Wasserstraße«[45], und die In-dividualmotorisierung war noch sehr spärlich. Sowohl für die Materialbeschaf-fung wie als Verkehrsmittel für die Ein- und Auspendler kann die Rolle der Eisen-bahn nicht hoch genug bewertet wer-den[46], zumal bei Aussagen wie den fol-genden:

Ich hab' hier gespielt 1928, da war die heu-tige B 10 noch eine Staubstraße. Da hat man Sand zusammengescharrt und eine Sand-burg gebaut.[47]

Ende der zwanziger Jahre gab es in Rei-chenbach drei Autos: Kommerzienrat Otto hatte einen Horch, Dr. Klenk einen Dixi und Fabrikant Robert Schöttle einen Adler.[48]

Der Charakter Reichenbachs läßt sich so-wohl im Erscheinungsbild, der wirt-schaftlichen Struktur wie in der Mentali-tät als ambivalent beschreiben[49], dörflich geprägt mit zunehmend starkem indu-striellen Einfluß, ein »Industriedorf«. Bei Gesprächen mit in den zwanziger und dreißiger Jahren nach Reichenbach Zuge-zogenen ist dies deutlich herauszuhören. Die einen erlebten es als »fremd, klein und bäuerlich«[50] oder als »Bauernnest er-sten Ranges«[51], die anderen störte die Mentalität der industrialisierten Region:

In Reichenbach ist schon immer Industrie gewesen. Ich habe mich lange nicht wohl gefühlt hier. Überall auf dem Land war es normal, sich zu duzen, doch hier war oft das »Sie« üblich. Ich wurde oft auf mein Duzen angesprochen, ob ich denn schon mit dem- oder derjenigen Säue gehütet hätte.[52]

Auch der Vergleich mit den umliegenden Gemeinden wird immer wieder ange-führt:

Reichenbach war schon vergleichsweise ein Industriedorf. In Hochdorf und Hegenlohe herrschte noch eine vergleichsweise bäuer-liche Mentalität. Die Hochdorfer waren be-sonders aufgeschlossen, geradeheraus und ehrlich, die Hegenloher eher etwas langsam und die Reichenbacher eher etwas tückisch, hintenherum, auch proletarischer.[53]

Während des Zeitraums vom Ende des Ersten bis zum Ende des Zweiten Welt-krieges fand die Entwicklung Reichen-bachs von einer Landgemeinde zum In-dustriedorf statt, und dabei wurden die Grundlagen für dessen raschen Ausbau in der Folgezeit angelegt. Bereits 25 Jahre nach Ende des Zweiten Weltkriegs war Reichenbach im Verdichtungsraum Mitt-lerer Neckar ein Kleinzentrum[54] für einen Nahbereich von fast 18 000 Einwohnern geworden. Ein ehemaliger Reichenbacher Pfarrer stellte in seinen »Gebeten aus der Provinz« 1976 fest, daß Reichenbach »noch vor einer Generation ein schwäbi-sches Bauerndorf war, heute aber ein hochindustrialisierter Ort ist. Monteure der hiesigen Firmen fliegen um die ganze Welt.«[55]

Reichenbach
in der Weimarer Republik

Dörfliche Kommunikation, politische Kultur und Wahlverhalten

Honoratioren und Arbeiter am Stammtisch und im Verein

In Reichenbach läßt sich ein ausgeprägtes Geselligkeits- und Kommunikationsbedürfnis feststellen. Neben Medien wie Zeitungen[1], Aushang am Rathaus und an der Post, Kirchenglocken oder Sirene, die im wesentlichen Informationen von außerhalb des persönlichen Umfelds in dieses hineinbrachten[2], ist eine interne Ausprägung dörflicher Kommunikation zu nennen, die Stammtische. Bei etwa 2300 Einwohnern im Jahre 1925 gab es neben etlichen Privatleuten, die genehmigten Flaschenbierausschank betrieben[3], in Reichenbach mindestens 17 Wirtschaften mit verschiedenen Stammtischen[4]. Dort trafen sich sozial Gleichgestellte oder politisch Gleichgesinnte, um beim Bier oder beim Viertele die große Weltpolitik zu debattieren oder kommunale Politik zu machen.

> Die Leute sind Samstag abends zum Kartenspielen in die Wirtschaft gegangen. Vor allem Binockel war das Hauptspiel, aber auch »tappen«, (...) und ein wenig auch Skat und Gaigeln. Doppelkopf haben erst die Bayern mitgebracht.[5]

Vor allem die Honoratiorenstammtische sind neben den zufälligen Treffen in der Wirtschaft hier zu nennen. Diese den Männern vorbehaltenen Zirkel trafen sich oft mehrmals wöchentlich. Der »Skatrunde«, fast schon eine Institution in Reichenbach, gehörten unter anderem Hono-

ratioren wie der Apotheker Lautenschlager, die Fabrikanten Kantenwein und Otto sowie der Arzt Klenk an[6]. Die Eliten, die sich als »Honoratiorengemeinschaft« fühlten, einigten sich dort auf gemeinsame Positionen, letztlich auch über die Haltung und Vorgehensweise in der lokalen oder überregionalen Politik[7].

Für Frauen waren diese Honoratiorenstammtische tabu. Eine vergleichbare Funktion für sie hatte das Backhaus.

> Alle acht Tage ging man ins Backhaus. Die ersten mußten morgens um 6 Uhr anfangen mit Heizen. In einem Backvorgang hat man immer zwölf Laibe backen können zu zweit.[8]

In der Regel buken die aus drei bis vier Familien bestehenden Backgemeinschaften[9] nicht nur ihr Brot zusammen, sondern nutzten die Zeit, häufig genug die einzige Zeit relativer Ruhe, Neuigkeiten auszutauschen und – beim Salz- oder Kümmelfladen, dem sogenannten »Kemmicher«[10] – sich eine Meinung zu bilden.

> Da benötigte man zwei Büschel Holz pro Feuer. Man hat da immer eine Stunde angeheizt und eine Stunde gebacken. Da lohnte es sich nicht, dazwischen heim zu gehen, weshalb man halt einfach geschwätzt hat.[11]

Ein weiteres »Frauenkommunikationszentrum« waren Läden wie der Konsum, das Kaufhaus Strauß oder der Kurzwarenladen der Caroline Bescherer.

Die Caroline Bescherer war die Mutter von ganz Reichenbach und Umgebung. Wenn man nach Reichenbach gegangen ist, ist man zur Carlene in den Kurzwarenladen gegangen.[12]

Die wichtigste Form der dörflichen Kommunikation stellten die Organisationen, Vereine und Verbände am Ort dar. Für die Zeitspanne der Weimarer Republik sind über 30 Vereinigungen nachzuweisen[13]. Ihre Mitglieder kamen zunächst aus den bäuerlichen und gewerbetreibenden Schichten. Sie bestimmten das Erscheinungsbild kirchlicher und weltlicher Festtage, schritten bei Umzügen und Beerdigungen voraus, musizierten und sangen auf dem Festplatz und in der Kirche, unterhielten die Einwohnerschaft mit turnerischen Darbietungen, Gesang und Theater und wurden von groß und klein bewundert und geachtet. Vor und kurz nach dem Ersten Weltkrieg waren die Vereine im wesentlichen bürgerlich dominiert. Innerhalb dieser Vereine hatte sich ein Netzwerk gesellschaftlicher Kontakte entwikkelt, das im folgenden – »kulturelles Milieu«[14] genannt – beschrieben werden soll.

Zu den einflußreichsten bürgerlichen Vereinen im Gemeindeleben nach der Jahrhundertwende gehörte der 1879 gegründete *Kriegerverein* oder *Kyffhäuserbund*[15], der teilweise aus Veteranen des 1870/71er Krieges bestand und lange Jahre vom Kriegsveteranen Christian Barz geleitet wurde[16]. Ebenso einflußreich war der am 27. Juli 1887 gegründete Turnverein[17], der zehn Jahre nach seiner Gründung bereits 50 Mitglieder zählte und von 1913 bis zum Februar 1934 vom Kaufmann Julius Flaig geführt wurde[18]. Beide Vereine hatten sehr gute Verbindungen zu Verwaltung und Gemeinderat[19]. Ebenfalls von Anfang an von der Gemeinde sowie von der örtlichen Industrie[20] unterstützt wurde der am 27. Januar 1895 als »Evangelischer Jünglings- und Männerverein Reichenbach« gegründete CVJM. Im Jahr 1912 gründete Adolf Stotz im Kontext der aus England kommenden Pfadfinderbewegung eine Pfadfindergruppe innerhalb des Vereins[21], deren Beziehungen zur Kirche wie zu den örtlichen Honoratioren bestens waren. Mit der Wiedergründung des vermutlich 1869 gegründeten[22] Gesangvereins »Concordia« am 8. November 1903 im »Grünen Baum« kam ein weiterer Verein aus dem bürgerlichen Milieu hinzu. Vorstand Julius Reutter konnte fünf Jahre später bereits 75 Mitglieder verzeichnen[23]. Der Prokurist und spätere Gemeinderat[24] Theodor Klemm und eine kleine Zahl Gleichgesinnter gründeten im Jahr 1891[25] eine *Ortsgruppe* des Schwäbischen Albvereins[26]. Unter der Leitung von Julius Flaig von 1902 bis 1923, der ab 1913 außerdem Turnvereinsvorstand und ab 1919 Gemeinderat war[27], stieg die Mitgliederzahl des Schwäbischen Albvereins von 15 im Jahre 1900 auf 27 im Jahre 1906 und 36 im Jahre 1913 an. Nach dem Ersten Weltkrieg wuchs die Anzahl der hauptsächlich der Mittel- und Oberschicht angehörenden Mitglieder erheblich[28].

Der im Jahre 1901 gegründete Handels- und Gewerbeverein Reichenbach betrieb als mittelständischer Interessenverband in erster Linie die berufliche und kaufmännische Weiterbildung der Mitglieder durch Lehrgänge und Vorträge[29] und pflegte »den persönlichen Kontakt unter den Gewerbetreibenden durch gesellige Veranstaltungen«[30]. Geführt von den beiden langjährigen Gemeinderäten Julius Flaig und Ferdinand Köst hatte der Verein über deren personelle Verflechtung ebenfalls intensiven Einfluß auf das gesellschaftliche und politische Leben am Ort.

Julius Flaig

Als jüngster dieser konservativen Vereine ist die Reichenbacher Schützengilde zu nennen. Sie wurde im Jahre 1905 von dreißig Reichenbachern gegründet, die sich »neben der schießsportlichen Betätigung die Pflege der Kameradschaft und des geselligen Beisammenseins zum Ziel«

gesetzt hatten[31]. Der verhältnismäßig hohe Aufnahmebeitrag von 50 Mark sorgte für eine soziale Auswahl der Mitglieder. Erster Oberschützenmeister wurde August Alber[32]. Der Bau des Schießhauses im Lützelbachtal gehörte zu den ersten Aktionen nach der Gründung. Noch zu nennen in diesem Zusammenhang ist der vom bedeutendsten Reichenbacher Industriellen, Kommerzienrat Heinrich Otto, begründete Kolonialverein, der spätere Reichskolonialbund[33], dessen »politische Einstellung vor der Machtübernahme«[34] – so heißt es in einem späteren Schreiben des *Ortsgruppenleiters* – »für uns günstig« war[35].

Die hierdurch geprägte politische Kultur[36] des Ortes läßt sich bis in die ersten Jahre des Jahrhunderts hinein beschreiben als im wesentlichen auf den Traditionen einer bäuerlichen Gesellschaft beruhend, konservativ, patriarchalisch, monarchistisch und betont national. Dieses soziale, politische und kulturelle Lebensumfeld, das dem dörflichen Charakter Reichenbachs entsprang, soll im folgenden als »traditionalistisches Milieu« bezeichnet werden[37]. Es war für wirtschaftliche und technische Modernisierungen durchaus aufgeschlossen, stand jedoch gesellschaftlichen Veränderungen ablehnend gegenüber. Der Landwirtschaftliche Ortsverein sowie der Handels- und Gewerbeverein formulierten die aus diesem kulturellen Milieu entstehenden Bedürfnisse ihrer Mitglieder am Stammtisch, in den Vereinen sowie auf kommunalpolitischer Ebene[38]. Gleichwohl kamen soziale Unterschiede auch an Tagen gemeinsamen Feierns zum Vorschein.

Etwa ab 1910 wurde die politische Kultur zunehmend durch die Arbeiterschaft beeinflußt. Das kontinuierliche Anwachsen der Gemeinde besonders von 1880 bis 1910 hatte parallel zur oben angedeuteten Industrialisierung Reichenbachs zu einer Zunahme des Arbeiteranteils innerhalb der Bevölkerung geführt. Dieser war geprägt durch das Nebeneinander der Textilindustrie mit ihrem Bedarf an kaum ausgebildeten, oft weiblichen und ju-

gendlichen Arbeitskräften sowie der chemischen und der holzverarbeitenden Industrie mit ihren vergleichsweise höher qualifizierten Arbeitskräften. Die Arbeiter Reichenbachs waren von jeher sehr von den Göppinger[39] und Esslinger[40] Kollegen beeinflußt worden. Dort hatten sich einen Monat nach der Gründung des ersten Arbeitervereins in Stuttgart im Juni 1848 entsprechende Vereine gegründet[41]. In Reichenbach läßt sich eine solche während der ersten Phase der Arbeiterbewegung bis Ende 1852[42] nicht nachweisen. Der zweite Abschnitt von 1863 bis zur Auflösung aller sozialdemokratischen Organisationen am 21. Oktober 1878 war geprägt durch das Entstehen der sozialen, politischen und wirtschaftlichen Institutionen. Gewerkschaften, Produktivgenossenschaften und Konsumvereine, Freizeit- und Bildungsvereine charakterisierten die deutsche Sozialdemokratie vor 1914. Die Arbeiterbildungsvereine widmeten sich hauptsächlich den Sozial- und Bildungsprogrammen wie Vorträge über Religion, Wirtschaft und Geschichte[43]. In der Tradition der ersten Phase stand der Arbeiterunterstützungsverein, der die erste dokumentierte Arbeiterorganisation Reichenbachs darstellt. Nachdem sich die Reichenbacher Arbeiter zusammen mit Dienstboten und Lehrlingen auf Gemeinderatsbeschluß bereits seit 1872 im Johanniterkrankenhaus in Plochingen versichern mußten[44], beantragten einige Arbeiter der Firma Otto im Dezember 1879 – gut ein Jahr nach Inkrafttreten des Sozialistengesetzes[45] – eine »eingeschriebene Hilfskasse« explizit für Arbeiter gründen zu dürfen, den Arbeiterunterstützungsverein[46]. Wie fast überall im Reich wirkte die von Arbeitern gebildete Unterstützungskasse als Ausgangspunkt des gewerkschaftlichen Zusammenschlusses[47].

Ansonsten erfolgte die Entwicklung der sozialdemokratischen Organisationen in Reichenbach knapp 20 Jahre später als in der Oberamtsstadt Göppingen[48]. Der Reichenbacher Konsumverein folgte der am 25. Mai 1889 in Göppingen gegründeten Konsumgenossenschaft[49] am 24. März 1907. Er wurde mit 64 Mitgliedern gegründet[50] und entwickelte sich rasch. In seinem »Geschäftsbericht« für die Jahre 1909/10 konnte der am 30. September 1910 bereits 170 Mitglieder zählende Verein einen Umsatz von knapp 65 000 Mark verbuchen. Als Reingewinn verzeichnete er knapp 4000 Mark[51]. Zwanzig Jahre später richtete die Verbrauchergenossenschaft einen zweiten Laden mit Wohnung und Kohlenlager an der Ecke Moltke- und Wilhelmstraße ein,[52] und bei ihrem 25jährigen Jubiläum im August 1932 zählte sie insgesamt 470 Mitglieder[53]. Der langjährige Vorsitzende war Geschäftsführer und SPD-Genosse Christian Braun[54]. Die Entstehung sozialdemokratisch orientierter Einrichtungen warf die Frage nach einem gesellschaftlich anerkannten Standort sowie nach einer eigenen Identität auf. Zwar waren auch Arbeiter bei den bürgerlichen Feierlichkeiten als Staffage – etwa beim Gesangverein – geduldet oder als Leistungsträger im wettkampforientierten Turnverein toleriert, doch sie mußten sich als »Bürger zweiter Klasse« fühlen, wenn sie von den bürgerlichen Gremien als »Lausbuben«, »Bettelbuben« oder »Lumpen« bezeichnet wurden[55].

Auch am Wahlverhalten machte sich der Einfluß der Arbeiter bemerkbar. An den Ergebnissen der Reichstagswahlen von 1878 bis 1903 in Reichenbach läßt sich eine deutliche Tendenz ablesen: Die Nationalliberalen fielen von der tonangebenden Partei mit 56,5 Prozent im Jahr 1878 auf den dritten Platz mit 24,3 Prozent im Jahr 1903, die Sozialdemokraten steigerten sich von 1,3 Prozent im Jahr 1893 zur mit Abstand stärksten Partei im Jahr 1903 mit 49,1 Prozent[56]. Bei den Reichstagswahlen 1903, 1907 und 1912 hatten in den Stichwahlen jeweils deutliche Mehrheiten für den sozialdemokratischen Kandidaten Dr. Lindemann gestimmt[57]. Bei den Landtagswahlen im November 1912 bekamen die Sozialdemokraten mit 51,7 Prozent die absolute Mehrheit der abgegebenen Stimmen in Reichenbach[58]. Doch obwohl die meisten Männer – Frauen hatten noch kein Wahlrecht – sozialdemokratisch wählten, es in Reichenbach eine erfolgreiche Konsumgenossenschaft, einen Arbeiterunterstützungs- und Elemente eines Arbeiterbildungsvereins gab[59], konnte die Partei nicht recht Fuß fassen. Wie Reichenbach gab es viele Dörfer, in denen die Sozialdemokraten 300 Stimmen erhielten, in denen aber nur wenige der Partei angehörten, so berichtete Christian Schepperle, einer der führenden radikalen SPD-Genossen aus Göppingen, den örtlichen Genossen immer wieder[60].

Auch in den Reichenbacher Gemeinderat, in dem vor dem Ersten Weltkrieg sonst ausschließlich Vertreter des Landwirtschaftlichen Ortsvereins und des Gewerbevereins saßen, konnte nur einmal, bei der Gemeinderatswahl vom 13. Dezember 1909, ein Sozialdemokrat gelangen[61]. Der am 8. September 1873 in Reichenbach geborene Schlosser Karl Fischer[62], verheiratet mit der gebürtigen Reichenbacher Hausfrau Elise Vetter und Vater von vier Kindern, lebte in gesicherten Verhältnissen[63]. Fischer genoß »abgesehen von seiner politischen Ansicht als Sozialdemokrat mit ihren Begleiterscheinungen«[64] bei der Verwaltung wie bei der Arbeiterschaft gleichermaßen einen guten Leumund.

Generell ist festzuhalten, daß sich vor dem Ersten Weltkrieg in Reichenbach – außer den Sozialdemokraten – nicht im eigentlichen Sinne Parteien nachweisen lassen. Auch die Mitglieder der Honoratiorenstammtische, der bürgerlichen Vereine sowie des Landwirtschaftlichen Orts- und des Handels- und Gewerbevereins kandidierten bei den Gemeinderatswahlen 1903, 1905, 1907 und 1909 als Einzelpersonen und nicht als Vertreter von Listen oder Parteien[65].

Als erste Parteiorganisation am Ort traten die Sozialdemokraten in Erscheinung. Über deren Anfänge lassen sich keine gesicherten Aussagen machen. Die ersten Versammlungen des *Deutschen Arbeitervereins* fanden im »Bierkeller« statt. Kassier war Christian Krapf, Schriftführer sein Freund Holzapfel.

Der Holzapfel ist immer sonntags gekommen, und dann haben sie irgendwas mit Listen verglichen.[66]

Offensichtlich hatten einige Sozialdemokraten am Ort Bücher zur Ausleihe angeschafft, um den örtlichen Arbeitern Möglichkeiten zur Bildung zu geben; diese wurden zum Grundstock der späteren Parteibücherei. Nach dem Bericht des Landesvorstandes der SPD an die Landesversammlung 1907 existierte in Reichenbach vor 1906 kein eigener Ortsverein der SPD[67]. In den Berichten der Oberämter über die »Tätigkeit und Bekämpfung der Sozialdemokratie« der Jahre 1905, 1906, 1907 und 1908 ist nicht von einem Ortsverein Reichenbach die Rede. Dieser wurde formal vermutlich nach 1908[68] und vor September 1910 gegründet, möglicherweise im Vorfeld der Gemeinderatswahlen vom 13. Dezember 1909. Als erste Erwähnung eines Sozialdemokratischen Vereins Reichenbach konnte bisher die Einladung zu einer Parteiversammlung am 26. November 1910 ins Gasthaus »Krone« nachgewiesen werden[69]. Der Wortlaut der Einladung sowie die »Normalität«[70] der folgenden Aktivitäten des Ortsvereins, seiner »Monatsversammlung« am 11. Dezember 1910 beim Genossen Falter im »Waldhorn«, auf der sich die Genossen als einzigem Punkt der Tagesordnung mit der Bürgerausschußwahl befaßten[71], sowie der folgenden Generalversammlung am 15. Januar 1911 ebendort, bei der Geschäftsbericht und Neuwahlen auf der Tagesordnung standen[72], lassen auf eine frühere Gründung schließen.

Einzelne Reichenbacher SPD-Mitglieder wie Karl Fischer engagierten sich früh auf Bezirksebene. Fischer wurde Anfang November 1910 in Ebersbach in eine dreiköpfige Kommission gewählt, die die Verkehrssituation, vor allem die Verspätungen bei den Frühzügen, genauer beleuchten und eine Eingabe an die Generaldirektion der Reichsbahn formulieren sollte[73].

Die Gründung eines SPD-Ortsvereins in Reichenbach läßt sich – die genannte Gemeinderatswahl diente vermutlich als äußerer Anlaß – auf zwei Einflüsse zurückführen: Die Göppinger Genossen versuchten vor der beabsichtigten Gründung einer eigenen Parteizeitung, der »Freien Volkszeitung«, gezielt für den Parteieintritt und für ein Abonnement des zu gründenden Blattes zu agitieren und eine schlagkräftige Organisation aufzubauen. Die meisten kleinen sozialdemokratischen Organisationen in den ländlichen Nachbargemeinden Göppingens wurden auf diese Weise durch persönliche Kontakte und »enge Freundschaften« der in Göppingen arbeitenden Sozialdemokraten wie etwa Karl Dingler, Otto Moser, Christian Link und Hans Walter begründet[74]. Diese gehörten – entgegen der sonst üblichen Situation – dem radikaleren Flügel der Partei an[75]. Bei Gründung der »Freien Volkszeitung« am 24. September 1910 hatte die SPD im zehnten Wahlkreis eine »festgefügte schlagfertige Organisation, die 23 Ortsvereine mit 1768 Mitgliedern umfaßt, darunter 111 weibliche.«[76]

Neben der Einflußnahme aus Göppingen ist die Beeinflussung durch die bei der Maschinenfabrik Esslingen, der »Roten ME«[77], Arbeitenden zu nennen. Vor allem der Reichenbacher Karl Christoph Fischer, der bei der Maschinenfabrik Esslingen als Schlosser arbeitete, brachte von dort »das Gedankengut auch hierher nach Reichenbach.«[78] Wichtige Streiter für die SPD in Reichenbach waren weiter die Familien Mödinger, Gress, Munz, Roth, Schach, Kammerer, Krapf und dann Stöber sowie Werner Kiesel aus Hohengehren.

Die Reichenbacher Sozialdemokraten entwickelten sich zu einer Parteiorganisation, die über Monatsversammlungen im »Waldhorn«[79], thematische Zusammenkünfte in anderen Gasthäusern sowie durch Vorträge und Wahlversammlungen versuchte, die Reichenbacher Arbeiterschaft für die Interessen ihrer Klasse und deren Vertreter, der SPD, zu begeistern. So sprach am 5. Januar 1912 der Referent Fritz Westmeyer aus Stuttgart[80] in Reichenbach. Er hinterließ einen prägenden Eindruck bei den Reichenbacher Genossen, die sich zwei Jahre später in der Frage der Zustimmung zu den Kriegskrediten mehrheitlich der sogenannten Westmeyer-Gruppe anschlossen, die sich entgegen dem Landesvorstand und der Entscheidung der Reichstagsfraktion gegen die Kriegskredite aussprach[81]. Für den 24. November 1912 lud der Sozialdemokratische Verein Reichenbach abends zu einer »öffentlichen Wählerversammlung« ins Gasthaus »Löwen«. Es sprach der Redakteur Crispien zur Frage: »Wer vertritt die Volksinteressen in den Parlamenten? Die Sozialdemokraten oder ihre Gegner?«[82]

Der Erste Weltkrieg brachte die Arbeit der Sozialdemokraten wie auch der bürgerlichen Vereine im wesentlichen zum Erliegen[83]. Unmittelbar nach den Revolutionsumzügen in Stuttgart am 9. November 1918, an denen etliche Reichenbacher teilgenommen hatten[84], trafen sich die Reichenbacher Sozialdemokraten im Waldhorn, wobei der radikalere Flügel, die USPD, »sofort die Oberhand«[85] gewann. Ihr Vorsitzender wurde Friedrich »Fritz« Schlichenmaier, der 1917 verwundet aus dem Ersten Weltkrieg zurückgekehrt war und mit einigen Genossen, Kriegsbeschädigten und Hinterbliebenen aus Reichenbach und den Nachbargemeinden[86] noch während des Ersten Weltkrieges eine *Ortsgruppe* des »Reichsbundes der Kriegsbeschädigten, Kriegsteilnehmer und Kriegshinterbliebenen« gegründet hatte. Weitere einflußreiche Genossen wurden die späteren Gemeinderäte Jakob Roth und Albert Schloz, genannt »Kapitän«, der bei der Marine gedient hatte.

Nach der Niederlage des Deutschen Reiches im Ersten Weltkrieg wurde das Königreich Württemberg zum freien Volksstaat. Am 10. November 1918 bildete der Sozialdemokrat Wilhelm Blos die erste provisorische Regierung und veröffentlichte am 3. Dezember die Wahlordnung für die verfassunggebende Landesversammlung, die am 12. Januar gewählt

wurde. Reichenbacher Schultheiß blieb Karl Stiefel aus Göppingen, der 1917 mit 32 Jahren nach den auf Lebenszeit ernannten Schultheißen Theodor Kirschmer[87] und Johannes Weber[88] das Amt auf zehn Jahre übernommen hatte[89].

Schon unmittelbar nach dem Ersten Weltkrieg versuchte die Gemeinde, den heimkehrenden Soldaten durch Notarbeiten Arbeit und Brot zu verschaffen:

> Es wurden bei der Gemeinde Feldwege ausgebessert, Felder instand gesetzt und Rodungen vorgenommen auf dem Siegenberg, in der Bergklinge, auf dem Risshaldenbuckel und in der Sandgrube, damit also zusätzlich Wiesen- und Ackerland gewonnen. Steine wurden gebrochen am Siegenbergweg, am Sandgrubenweg, im Äußeren Trieb. Zahlreiche Waldwege wurden instandgesetzt. Große Mengen von Kies wurden aus der Fils gebaggert.[90]

Die Republik begann für viele mit Not. Zu Beginn des Jahres 1919 hatte die deutsche Mark ungefähr noch ein Viertel ihrer Kaufkraft der Vorkriegszeit. In der Zeit der Hochinflation stieg die Ausfuhr der Holzproduktion Reichenbachs um 60 bis 70 Prozent, weshalb man in Reichenbach über relativ viele Dollar, Englische Pfund, Belgische, Französische und Schweizer Franken sowie Holländische Gulden verfügte[91]. Die Firma Jakob Bischoff gab eigenes Geld in Form von Gutscheinen aus, die dann in Dollar oder Pfund zum jeweiligen Tageskurs wieder eingelöst werden konnten[92].

Bei den ersten Wahlen der neuen Republik, der Wahl zur württembergischen Landesversammlung am 12. Januar und der Wahl zur deutschen Nationalversammlung am 19. Januar 1919, nahmen die Reichenbacher mit einer relativ hohen Wahlbeteiligung von 84 Prozent teil. Bei der Wahl zur deutschen Nationalversammlung[93] wählte die überwiegende Mehrheit von 57 Prozent die Sozialdemokratische Partei (SPD), und 33 Prozent stimmten für die neugegründete Deutsche Demokratische Partei (DDP), der Nachfolgerin der *Fortschrittlichen Volkspartei*, die in Württemberg beim mittelständischen Gewerbe, beim Handel sowie bei Teilen der Industrie und Beamtenschaft Anklang fand. Die beiden die Republik tragenden Parteien – das Zentrum konnte entsprechend dem minimalen katholischen Bevölkerungsanteil nur knapp ein Prozent erringen – vereinigten damit 90 Prozent der abgegebenen Stimmen. Die Württembergische Bürgerpartei, die als Nachfolgeorganisation der Deutsch-Konservativen Partei mit Unterstützung des rechten Flügels der Nationalliberalen gegründet worden war, erzielte 5,2 Prozent.

Vor dem Krieg hatten die Nationalliberalen, die zur Reichstagswahl nicht antraten, in Reichenbach mehr Stimmen bekommen, die Volkspartei und die Sozialdemokraten jedoch ähnlich hohe Ergebnisse erzielt[94]. Das Wahlverhalten hatte sich demzufolge durch die Frauen, die 1919 erstmals wählen konnten, nicht wesentlich geändert.

Im Vorfrühling 1919 trafen sich die »revolutionären Kräfte« Reichenbachs im »Löwen« und in der »Krone«. In der Nacht zum 1. Mai 1919 waren in Reichenbach überall Zettel angeklebt worden mit der Aufschrift: »Heute wird im ganzen Reich der Generalstreik erklärt, die Arbeiter der Reichenbacher Betriebe werden sich an ihm beteiligen.«[95] Wegen der Zerschlagung der Münchner Räterepublik kam es zu Betriebsstillegungen bei der Firma Blessing, in der Spinnerei Otto und schließlich für knapp drei Tage in der Weberei.

Im Kontext dieser Unruhen standen vier Monate nach den Wahlen auf Landes- und Reichsebene am 18. Mai die ersten Wahlen zum Reichenbacher Gemeinderat an. Anders als die Arbeiter, die sich schon vor dem Ersten Weltkrieg in einer Partei organisiert hatten, hatten sich Bauern und Gewerbetreibende zwar zu Vereinen zusammengeschlossen, daraus hatten sich jedoch keine Parteien im eigentlichen Sinne entwickelt, die etwa ein Wahlprogramm oder Entsprechungen auf Landes- oder Reichsebene hatten. Sie blieben berufsständische Interessengemeinschaften.

Die gemeinsame »Liste des Landwirtschaftlichen Ortsvereins und des Gewerbevereins« konnte sechs der zwölf Sitze erringen, die Mehrheitssozialdemokraten drei, die Unabhängigen Sozialdemokraten zwei und die eilends gegründete »Bürgerpartei Reichenbach an der Fils« einen Sitz[96].

Da die »revolutionären Kräfte« in Reichenbach in den Jahren 1919/20 wuchsen, gründete Schultheiß Stiefel in Reichenbach eine Bürgerwehr. Vor dem Hintergrund harter Auseinandersetzungen am Ort fanden am 6. Juni Reichstags- und Landtagswahlen statt[97]. Als neuer »geistiger Führer«[98] der Unabhängigen Sozialdemokraten am Ort trat erstmals Otto Munz in Erscheinung. Munz kam am 29. März 1895 als Sohn des Fabrikarbeiters und Webers Christian Munz und der Ehefrau Katharine Munz, geborene Roos, zur Welt und machte nach dem Besuch der evangelischen Volksschule Reichenbach ab April 1909 eine Lehre als Buchbinder. Von 1913 bis 1914 arbeitete er als Buchbinder in der Schweiz. Im Mai 1915 wurde er einberufen, er blieb bis Ende des Krieges 1918 an der Front[99]. Geprägt durch die Kriegserlebnisse trat Munz der USPD bei. Von 1919 bis 1927 arbeitete er als Buchbinder bei der Firma Müller in Göppingen[100]. Durch die Agitation von Otto Munz, Jakob Roth und Friedrich Schlichenmaier entwickelte sich die USPD von 4,2 Prozent bei der Wahl zur Nationalversammlung 1919 bis zu den Juniwahlen 1920 mit knapp 30 Prozent zur stärksten Partei in Reichenbach. Die Anzahl der abgeworbenen Mitglieder, denen »die SPD zu labil«[101] war, wuchs auf über 30 – und dies, obwohl die Mehrheits-SPD wie die unabhängigen Sozialdemokraten anfangs sehr wenig Geld

Otto Munz

Am 14. März 1914 trafen sich Karl Benz, Albert Kautter, Franz Herrling, Richard Alber, Albert Wöllhaf, Julius Benz, Eugen Greiner, Ferdinand Barz und Albert Hudelmaier und gründeten den Radfahrverein »All Heil«. Vier der Gründer in Pose.

hatten. »Wenn da ein Mitglied starb, hat man ja eine Schleife für den Kranz gehabt, die hat man nach der Beerdigung wieder geholt für die nächste Beerdigung.«[102] Die Mehrheitssozialdemokraten und die Deutschen Demokraten konnten je etwa ein Viertel der Stimmen erzielen.

Drei Wochen nach den Wahlen kam es am 25. Juni 1920, initiiert von etwa 50 bei der Firma Daimler arbeitenden Reichenbachern, wiederholt zu scharfen Auseinandersetzungen zwischen streikwilligen Arbeitern und den streikunwilligen der Spinnerei Otto. Deshalb mußten sogar Landjägerabteilungen aus den Oberämtern Göppingen, Esslingen und Kirchheim nach Reichenbach beordert werden[103]. Zwölf Reichenbacher *Freikorpsler* meldeten sich in Göppingen zum Einsatz gegen Streikende[104].

Auch für die meisten Arbeiter war das Wirtshaus ein wichtiger Ort dörflicher Kommunikation. Es war der Versammlungsraum für Parteisitzungen und das Streiklokal bei Arbeitsausständen. Abend für Abend traf man dort Kollegen, Gleichgesinnte, Parteifreunde; kurz: Die Kneipe war für zahlreiche sozialdemokratische und kommunistische Arbeiter ein »Ort kollektiver Identität«[105]. Hier fanden auch Vereinsversammlungen statt, und hier wurden neue Arbeitervereine gegründet.

Im Radsport fanden die Arbeiter – wie andernorts in Württemberg[106] – einen Bereich, der noch nicht von einem bürgerlichen Vereinsangebot besetzt war, also eine kulturelle Bereicherung des Reichenbacher Dorflebens darstellte.

Am 14. März 1914 gründeten neun Radfahrer[107] um Karl Benz im Gasthaus zur »Sonne« den Radfahrverein *All Heil*. Obwohl der Verein auch aus dem bürgerlichen Milieu Mitglieder rekrutierte, galt er als eher links orientiert[108], Sozialdemokraten und Kommunisten wie der Schriftführer Gustav Munz übten wichtige Funktionen aus. Die eher bürgerlichen Vorstandsmitglieder ermöglichten durch

Der Radfahrerverein war nicht nur beim zehnjährigen Stiftungsfest 1924 Teil des öffentlichen Lebens.

darauf das Hexenhäusle mit Lebkuchen und Hexe angebracht.«[109] Nach dem Ersten Weltkrieg kamen zu den Kunstradfahrern, dem »6er Kunstreigen«, die Rennabteilung, die Abteilung Radball und die Jugendradfahrgruppe dazu[110]. Auch Frauen radelten, vor allem »solange sie unverheiratet waren, immer mit. Meistens sind sie nach der Heirat, und wenn Kinder kamen, daheim geblieben.«[111] Beim zehnjährigen Stiftungsfest 1924 konnten die Frauen und Männer um Wilhelm und Christian Krapf und Christof Esenwein knapp 100 Mitglieder verzeichnen[112].

Als einen noch deutlicher von Arbeitern geprägten Verein gründeten junge Reichenbacher Fußballfreunde, die vor 1920 in der Fußballabteilung des bürgerlichen Turnvereins gekickt hatten, im

ihre Kontakte zum Turnverein das Üben in dessen Turnhalle.

Die Radler waren berühmt für ihre Corsofahrten, sie gewannen viele Preise für die schönsten Formationen. Die Reichenbacher Figuren waren der »Römerwagen« und »s'Hexenhäusle« mit der Hexe, »dabei wurde an vier Rädern vier Stangen und daran eine Pritsche befestigt,

bewußten Gegensatz zu dessen bürgerlicher Sportkultur Jahnscher Prägung einen eigenen Sportverein.

Der Vorstand des Turnvereins hatte den »Höfleswetzen« der Fußballer sehr wenig Verständnis entgegengebracht. Deshalb trafen sich am 7. Oktober 1920 einige der verärgerten Fußballer um Gustav Schmid im Gasthaus zum »Löwen«

Gründungsmannschaft des VfB Reichenbach (weißes Trikot) bei einem Spiel gegen den SV Ebersbach im Jahr 1921.

und gründeten den »Verein für Bewegungsspiele«[113]. Die Honoratioren im Vereinsvorstand des Turnvereins galten in den Augen der VfB-Mitglieder als arrogant[114]. Die Deutsche Turnerschaft, deren Mitglied der Turnverein war, galt als reaktionär und deutschtümelnd. Wenngleich sich der VfB nicht ausschließlich als Arbeiterverein definierte, blieb der Gegensatz zur Bürgerkultur – für beide Seiten – doch der bestimmende[115].

> Die Turner haben immer etwas runtergeschaut auf den VfB, auf die Kicker. Die Turnvereinler haben uns alle möglichen Prügel in den Weg gelegt, die es gab, etwa in Sachen Hallenbenutzung. Wenn wir mal drin waren, haben sie immer hinterher gesagt: »Jetzt haben die wieder das und das kaputt gemacht.« Oder auf dem Platz, da hat's immer auch Rivalitäten gegeben. Da ist zum Beispiel der TV mit Kugelstoßen auf den Platz gegangen, und wenn dann der VfB kicken wollte, mußte er erst mal die großen Löcher wieder zumachen und den Platz in Ordnung bringen.[116]

Im Jahr 1922 bildete sich als Abteilung des VfB der »Arbeiterschachklub Reichenbach/Fils«, und 1923 bis 1925 bauten Ver-

einsmitglieder zum Großteil in Eigenleistung ein eigenes VfB-Clubhaus[117]. »Material haben verschiedene Baufirmen gegeben.«[118] Die Vereinsmitglieder engagierten sich auch in kultureller Hinsicht. Orientiert an bürgerlichen Vorbildern[119], führten sie auf Freilichtbühnen im Lützelbach- und im Reichenbachtal die Schillerschen Dramen »Die Räuber« und »Wilhelm Tell«[120] sowie in einem gemieteten Festzelt die Operette »Die Blumenmädel« auf[121]. Mit der Bierausschankgenehmigung ab März 1930 wurde das Vereinssporthaus über die 140 VfB-Mitglieder[122] hinaus zu einem gesellschaftlichen Zentrum in Reichenbach[123].

Am 3. Oktober 1921 riefen zehn junge Männer eine Musikkapelle unter dem Namen »Glück auf« ins Leben[124]. Wie kein anderer Verein gab sich der Musikverein, obwohl er als »links im Arbeitermilieu angesiedelt« galt[125], betont unpolitisch. Die Musiker trafen sich zur Probe im Gasthaus zum »Faß«[126]; dort saß man »um den runden Tisch, lehnte die Noten an das Mostglas, sofern man sich überhaupt ein Getränk leisten konnte, und dann wurde

Die Anfänge des Reichenbacher Musikvereins »Glück Auf«, 1921.

gespielt, mit einer Inbrunst und Hingabe, die ganz der neuen Sache entsprach.«[127] Seine Gründungs- und Vorstandsmitglieder[128] Christian Hees, genannt »Zigarren-Hees«, Eugen Bauknecht, Fritz Bullinger, Gustav Blessing senior, Albert Lutz und Gottlieb Gutscher waren aktive Mitglieder und Förderer unter anderem im CVJM, im Turnverein, im Schützenverein, im VfB und in der »Freiheit«, und sie vereinigten parteipolitisch die »Christlichen Vereinigungen«[129], den Gewerbeverein[130], die Deutschnationalen[131] sowie die Sozialdemokraten[132] und die Kommunisten[133]. Der Verein umrahmte denn auch die Feierlichkeiten aller Reichenbacher Vereinigungen durch musikalische Darbietungen oder mit seiner Theatergruppe[134]. Doch »wenn der Musikverein selbst ein Festle veranstaltete, waren viele Arbeiter vertreten; dann haben dort immer die wilden Saufereien stattgefunden.«[135] Obwohl die ortsansässigen Unternehmer durch Spenden weiterhalfen[136], war die Kapellenkasse chronisch leer. Die Musiker versuchten deshalb, bereits in der zweiten Monatsversammlung im November Abhilfe zu schaffen: »Jeder, der 10 Mi-

nuten nach 8 Uhr kommt ohne Entschuldigung, hat zwei Mark Strafe zu entrichten.«[137]

Für unentschuldigtes Fehlen mußten gar drei Mark Buße berappt werden. Ab Januar galten prinzipiell keine Entschuldigungen mehr, auch nicht Fehlen durch Krankheit[138]. Obwohl der Verein offensichtlich bereits im Februar 1922 die Schulden weitgehend zurückbezahlt hatte[139], fertigten Mitglieder einen »Bettelsack« für eventuelle Auftritte an[140]; einige Monate später konnte bereits eine große Trommel gekauft werden[141]. Noch im Jahre 1924 besuchte die Musikkapelle ihr erstes Fest in geliehenen Feuerwehruniformen[142].

Den integrierenden Mittelpunkt der proletarischen Arbeiterbewegung bildete der im Jahre 1921 von »klassenbewußten Arbeitern« im Gasthaus zur »Krone« in Reichenbach gegründete Arbeitergesangverein »Freiheit«[143]. Im Gegensatz zu den meisten Arbeitervereinen, die anfangs versuchten, bürgerliche Bildung nachzuholen[144] und bürgerliche Vereine nachzuahmen[145], waren die Gründungsmitglieder der »Freiheit« klassenbewußte Prole-

Zum integrierenden Mittelpunkt der Arbeiterbewegung und des entstehenden progressiven Milieus entwickelte sich der Arbeitergesangverein »Freiheit«, der linke Sozialdemokraten und Kommunisten im Singen vereinte; Fahnenweihe 1927. Im Vordergrund der Dirigent Gottlieb Gutscher, erster Vorsitzender Otto Munz und Kassier Rudolf Roth (v. l. n. r.).

tarier, Kommunisten und linke Sozialdemokraten[146], die, so heißt es in einer Festschrift, »nicht nur das deutsche Lied pflegen, sondern im Gesang auch ihren Idealen der Freiheit und Völkerverständigung Ausdruck geben«[147] wollten. Das Amt des Vorstands übernahm zunächst Leonhard Gress, als erster Chorleiter wurde ein Herr Bantel aus Ebersbach verpflichtet, die erste Generalversammlung wählte Otto Munz zum Vereinsvorsitzen, Rudolf Roth zum Kassier, Albert Schlichenmayer zum Schriftführer und Lehrer Staiger zum Chorleiter[148].

Anders als die bürgerlichen Gesangvereine, die zunehmend in bewahrender Kulturpflege erstarrten, bemühte sich der reine Männergesangverein »Freiheit«, seinem klassenkämpferischen Bewußtsein einen künstlerischen Ausdruck zu verleihen. Bekannt waren seine Weihnachtsfeiern, an denen die Mitglieder und deren (Ehe-)Frauen neben Lustspielen auch Dramen und Tendenzstücke wie »Die Waffen nieder« von Berta von Suttner[149],

oder »Das Grubenunglück« aufführten[150]. Die Arbeiter entwickelten eigene Formen und Inhalte des Feierns und des Zusammenseins sowie eine proletarische Vereinskultur[151].

> Bei Sängerfesten, lokalen und überörtlichen, haben wir mitgesungen. In den Reden hat immer mitgeschwungen, daß sie sich bewußt sein sollen was sie singen, nicht nur zum Singen, sondern fürs Klassenbewußtsein.[152]

Deshalb sangen nur die linken Sozialdemokraten in der »Freiheit«, die konservativen gingen zur bürgerlichen »Concordia«[153]. Das gemeinsame Singen in der »Freiheit« dämpfte die Spannungen zwischen den Kommunisten und Sozialdemokraten in Reichenbach, deren überregionale Parteiorganisationen sich immer härter bekämpften[154]. Einige Mitglieder der »Freiheit« traten darüber hinaus überörtlichen Arbeitervereinen wie dem Touristenverein »Naturfreunde«[155] bei, gründeten aber keine eigene *Ortsgruppe* in Reichenbach[156].

Arbeitersamariterbund, Kolonne Reichenbach, 1930. Von links nach rechts: Genosse Jörg, Genosse Herrmann, Albert Schlichenmaier, Friedrich Munz (»Backhaus-Frieder«), Karl Pracht und Kolonnenführer Dolch. Unten rechts: Genossin Glöckler, geb. Kienzle.

Die Reichenbacher Kolonne des Arbeiter-Samariter-Bundes wurde über Arbeitskontakte und schließlich verschiedene Schulungen, an denen Reichenbacher teilnahmen, von Esslingen aus initiiert[157]. In den Jahren 1921/22 besuchten in Esslingen arbeitende sozialdemokratische und kommunistische Reichenbacher einen Erste-Hilfe-Kurs bei der Esslinger Kolonne. Die verantwortlichen Ausbilder, der Esslinger Kolonnenführer Immanuel Hägele sowie Kolonnenarzt Dr. Finckh, wirkten auf diese ein, in Reichenbach wie in den umliegenden Orten eine Arbeiterselbsthilforganisation für den Gesundheitsbereich, eine Kolonne des Arbeiter-Samariter-Bundes, zu bilden[158].

Die örtlichen Arbeiterführer unterstützten das gemeinsame Unterfangen von Kommunisten und Sozialdemokraten und befürworteten die Gründung einer eigenen ASB-Kolonne in Reichenbach. Gemeinsam formierten sich linke Sozialdemokraten wie Karl Pracht, Fritz Herr-mann und Friedrich Munz zusammen mit überzeugten Kommunisten wie dem kriegsbeschädigten Schlichenmayer oder Wilhelm Glöckler und Frau, geborene Kienzle, zur Reichenbacher Kolonne[159]. Außerdem wirkten die Samariter Höschele und Jörg aktiv an der Entstehung der Kolonne mit. Zum Kolonnenführer wurde Genosse Dolch gewählt.

Die Reichenbacher Kolonne übernahm die Strukturen und Praktiken des überregional wirkenden sozialistischen Gesundheits- und Lebensreformverbandes[160]. Über die geselligen Zusammenkünfte entwickelte sie sich zunehmend auch zum Bestandteil des Arbeitermilieus. Ab Juli 1929 richtete die Kolonne »in Anbetracht der hiesigen Verhältnisse und des sich immer mehr steigernden Verkehrs sowie bei der Gefährlichkeit des Kreuzungspunktes an der hiesigen Hauptstraße« im Gasthaus zur »Krone« eine »ständige Notwache« ein[161]. Neben ihren »unentgeltlichen Hilfeleistungen« führte die Reichenbacher ASB-Kolonne damit wie die »Freiheit« klassenbewußte Arbeiter, Kommunisten und linke Sozialdemokraten in einer Organisation zusammen und trug damit auch zur Stärkung des Zusammengehörigkeitsgefühls bei.

Die zaghaften Versuche der Reichenbacher Arbeiter vor dem Krieg, eigene Identitäten über Ansätze einer eigenständigen Arbeiterkultur gesellschaftlich auszuleben, wurden in den ersten drei Jahren der Republik intensiviert. Über das Nachahmen der bürgerlichen Formen und Inhalte entwickelte sich über die Arbeiterkultur- und -freizeitvereine, die die bürgerlichen Formen des Vereins beibehielten, aber offen für Neues blieben und im Laufe der Zeit eigenständige Inhalte entwickelten, ebenfalls ein kulturelles Milieu. Die in diesem Umfeld geprägte politische Kultur läßt sich in den ersten Jahren der Republik beschreiben als im wesentlichen auf den Erfahrungen der Industrialisierung der Gesellschaft beruhend, sozial, antimonarchistisch, durchaus patriotisch, aber antinationalistisch bis internationalistisch. Dieses soziale, politische und kulturelle Lebensumfeld, das sich aus dem industriellen Charakter Reichenbachs entwickelte und einen Gegenpol zum traditionalistischen darstellte, soll im folgenden als »progressives Milieu« bezeichnet werden[162].

Laut dem württembergischen Gemeindewahlrecht mußte alle drei Jahre die Hälfte der Gemeinderäte neu gewählt werden. Am 30. Dezember 1922 waren demzufolge sechs Reichenbacher Gemeinderäte neu zu wählen. Da es durch das Kumulieren und Panaschieren die Möglichkeit gab, Persönlichkeiten statt Parteien zu wählen, spielten die Verankerung innerhalb der örtlichen Vereine und der Grad der persönlichen – im Falle der Gewerbetreibenden vor allem der wirtschaftlichen – Beziehungen bei Gemeinderatswahlen eine größere Rolle als die Parteipolitik. Dadurch waren die in die traditionellen Vereinsstrukturen eingebundenen Vertreter des landwirtschaftlichen Ortsvereins und des Gewerbe- und Handelsvereins im Vorteil. Otto Munz, Albert Schloz, Karl Steiß und Karl Mödinger warben deshalb in einem Wahlaufruf der Kommunistischen Partei Reichenbachs:

> Wenn ihr wollt, daß dieselbe Politik der Vetterleswirtschaft auf dem Rathaus nicht weitergetrieben wird (...), daß Recht und Wahrheit ihre Stimme auf dem Rathaus erheben, wenn ihr wollt, daß die Interessen der schaffenden Bevölkerung auf das schärfste vertreten werden, wenn ihr weiter wollt, daß das Gemeindeparlament benützt wird als ein Stück Kampfboden zur Befreiung der geknechteten Menschheit aus Elend, Hunger und Verzweiflung (...), dann gebt eure Stimme den Kandidaten der kommunistischen Partei.[163]

Otto Munz hatte sich unter dem Motto »Wort als Waffe«[164] zum Wortführer der Kommunisten entwickelt. Obwohl durch seine Argumentationen die USPD und später die KPD bei Landtags- und Reichstagswahlen mit knapp 30 Prozent in Reichenbach die meisten Stimmen bekam, blieb seine Partei bei den Gemeinderatswahlen bei knapp 17 Prozent[165]. Allerdings zog Munz Ende 1922 bereits mit 26 Jahren als einziger Vertreter seiner Partei in den Reichenbacher Gemeinderat ein[166]. Die getrennten Listen des Landwirtschaftlichen Ortsvereins (LOV) und des Gewerbevereins (GV) erreichten erneut knapp 27 und knapp 30 Prozent, konnten also ihre Ergebnisse vom Mai 1919 noch steigern. Die Sozialdemokraten fielen von 25,3 auf 14,6 Prozent. Als neue Kraft traten zum ersten Mal die »Christlichen Vereinigungen« in Erscheinung, die zwar knapp 13 Prozent der Stimmen, jedoch keinen Sitz im örtlichen Rat erringen konnten.

Die Arbeitervereine blühten in den Jahren der Weimarer Republik auf und entwickelten sich zu einer »Solidargemeinschaft« und einer Art kulturellen Milieus[167]. Doch auch die bürgerlichen Vereinigungen erlebten einen Aufschwung und beeinflußten die politische Kultur am Ort anhaltend.

Fünfzigjähriges Jubiläum des Kriegervereins 1874 Reichenbach im Jahr 1924.

Nach dem Ersten Weltkrieg gab die jüngere Generation der Kriegsrückkehrer der Kriegerkameradschaft Auftrieb.

Der neue Vorstand des Reichenbacher Kriegervereins, der 1880 geborene Karl Acker, erinnerte sich knapp 30 Jahre nach dem Ersten Weltkrieg: »Nach dem Jahre 1918 kamen wir jungen Leute heim und waren eine Kameradschaft im Krieger-bund. (...) Es war eben eine Kamerad-

schaft, wie sie überall in Deutschland an-zutreffen war.«[168]

Der Kriegerverein pflegte die oft revan-chistisch gefärbte Erinnerung an den Er-sten Weltkrieg und bewahrte die Traditio-nen des Militarismus. In ihnen wirkte die Atmosphäre soldatischer Männerbünde nach und weiter. In oft romantisch ver-klärter Rückschau reduzierten die Män-ner um Karl Acker und Christian Böbel[169]

Die Ortsgruppe Reichenbach des Schwäbischen Albvereins mit der Ortsgruppe Uhingen bei einer Wanderung zum Filsursprung am 7. Juni 1931.

dabei den Krieg auf das Erlebnis echter Kameradschaft, auf vermeintlich männliche Tugenden und auf die »Frontgrabengemeinschaft«[170]. Sie traten vor allem bei den auch nach Ende des Ersten Weltkrieges noch begangenen Gedenktagen wie der *Reichsgründungsfeier* zu Ehren des Bismarckreiches am 18. Januar oder am *Langemarck-Tag*[171] im Oktober auf, setzten sich stark für die Erstellung eines Buches »Unsere Helden im Weltkrieg«[172] der Gefallenen aus Reichenbach ein oder marschierten »meist in Uniform« bei Umzügen durch den Ort[173]. Aus ihren Reihen rekrutierten sich die zwölf Reichenbacher *Freikorpsler*, die sich in Göppingen zum Einsatz gegen Streikende meldeten.

Sie kamen im Freiwilligenverband[174] »Gruppe Haas« zum Einsatz, der gegen die Münchner Räterepublik eingesetzt wurde[175]. In dieser politischen Haltung lag ihr ablehnendes Verhältnis zur Weimarer Republik begründet[176]. Auf dem Tübinger Bezirkskriegerverbandstag im Januar 1931 wurde folgende Erklärung verabschiedet:

Wir weisen erneut die Lüge von Deutschlands Alleinschuld am ersten Weltkrieg zurück. Der auf dieser Lüge beruhende Versailler Vertrag muß revidiert werden.[177]

Die republikfeindlichen Einstellungen wie die des Kyffhäuserbundes zu Führertum und Soldatengehorsam, Front- und Volksgemeinschaft diffamierten demokratische Tugenden als Egoismus und Disziplinlosigkeit[178].

Der von 1923 bis 1927 vom Apothekerehepaar Hans und Margarete Lautenschlager geführte Albverein hatte nach dem Weltkrieg starken Zulauf. Hans Lautenschlager, der 1928 offiziell für die Liste des Handels- und Gewerbevereins kandidierte[179], wurde in der ersten Gemeinderatssitzung nach dem lokalen Machtantritt der Nationalsozialisten im Mai 1933 als »erster Nationalsozialist im hiesigen Gemeindekollegium« bezeichnet[180]. Margarete Lautenschlager, »die Mutter der *Ortsgruppe*«[181], wirkte auch, nachdem der Hochdorfer Schulleiter Albert Weit das Amt des Obmanns übernommen hatte sowie unter dessen Nachfolger Gottlob Fal-

41

Auch die »Concordia«, »Gesangverein mit Schlips und Kragen«, blühte in den Jahren nach dem Ersten Weltkrieg. Sie einte bürgerliche Sozialdemokraten mit Konservativen im gemeinsamen Singen. Das Foto stammt vom 25jährigen Stiftungsfest 1928.

ter ab 1938 und noch lange über den Zweiten Weltkrieg hinaus als Rechnerin und aktives Ausschußmitglied im Verein[182]. Während des Krieges wurde sie NS-*Frauenschaftsleiterin* in Reichenbach[183].

Die »Concordia« blühte unter den Vorständen Karl Braun, Karl Fischer und Karl Eitel ebenfalls auf. Obwohl sie ein »Gesangverein mehr mit Schlips und Kragen«[184] war, hatte sie eine ähnliche Funktion wie der Arbeitergesangverein »Freiheit«. Dieser brachte auf dem linken Spektrum die sich reichsweit bekämpfenden Kommunisten und linken Sozialdemokraten zusammen, die »Concordia« einte bürgerliche Sozialdemokraten[185] wie die Vorstandsmitglieder Karl Braun[186], Karl Eitel[187] oder Julius Reutter[188], die für die SPD kandidierten, mit Konservativen im gemeinsamen Singen. Dies führte schließlich zur erneuten Spaltung der SPD-Aktivisten. Wie bereits drei Jahre zuvor der konservative Sozialdemokrat und Musikvereinsvorstand Eugen Bauknecht von der SPD-Liste auf die des Gewerbe-

vereins gewechselt war[189], verließen Eitel und Reutter die SPD und gründeten zusammen mit dem Mühlenbesitzer Adolf Fischer[190] im Dezember 1925 die Liste des »Freien Wählervereins«[191]. Eitel errang 1928 schließlich für die in »Freie Wählervereinigung« umbenannte Liste einen Sitz im Gemeinderat[192]. Im Gegensatz zur »Freiheit« sangen in der »Concordia« Frauen und Männer gemeinsam. Die Lieder wie beispielsweise »Noch ist die blühende goldene Zeit« waren primär erbauend und bewahrend. Beim 30jährigen Jubiläum des Männerchors »Concordia« am 1. Juli 1933 wurde – nach dem Auftritt einer Militärkapelle, der Ehrung der langjährigen Mitglieder und dem Festzug zum Festplatz in »Albers Garten« – die »vorbildliche kulturelle Arbeit«[193] des Vereins gewürdigt.

Ein weiterer konservativer – aber ausschließlich den Männern vorbehaltener – Zirkel[194] entstand im 1925 gegründeten Obst- und Gartenbauverein. Der Bauernstammtisch im Gasthaus zum Faß be-

Die erste Obstschau des Reichenbacher Obstvereins im »Hirschsaal«, 27. September 1925.

schloß auf Anregung von Gottfried Pracht am 15. März 1925, »die hiesigen Obstzüchter (...) zur Gründung eines Obstbauvereins« einzuberufen[195]. In Gegenwart von Bezirksbaumwart Mayer aus Ebersbach und Bezirksvorstand Riegert aus Göppingen wählten die 37 Anwesenden »nach lebhafter Debatte« Gottfried Pracht (1. Vorstand), Otto Alber (2. Vorstand) und Richard Alber (Kassier und Schriftführer) sowie die Beisitzer Karl Lutz, Hermann Fischer, Ferdinand Greiner und Friedrich Wenzel zum Vorstand[196]. Als Zweck des Vereins wurde die »Pflege der Obstbäume und Förderung des Ertrages« festgeschrieben, der erste Vereinsbeitrag wurde auf eine Mark festgelegt[197]. Bereits ein starkes halbes Jahr später, am 27. September 1925, wurde im Gasthaus Hirsch die erste Obstausstellung organisiert. Im Protokollbuch ist hierzu vermerkt:

Nachmittags war starker Besuch, hauptsächlich von den Auswärtigen. Alle Besucher waren erstaunt darüber, daß in diesem obstarmen Jahr solche viele und schöne Sortimente in einer so großen Ausstellung dargeboten werden konnten.[198]

Neben dem Durchführen von »Rundgängen« auf der Gemarkung und geselligen Zusammentreffen organisierte der Verein auch Vorträge zur Fortbildung der Mitglieder[199]. Als einem der wenigen Vereine trat die Gemeinde dem Obstbauverein als korporatives Mitglied bei. Für die Anschaffung einer pferdebespannten Motor-Baumspritze steuerte die Gemeindeverwaltung 1928 einen Zuschuß von 500 Reichsmark bei, ein Drittel der Gesamtkosten; weitere Gelder stellte sie dem Verein als Darlehen zur Verfügung[200].

Auch die Schützengilde baute ihren Einfluß in Reichenbach aus. Die Mitglieder erweiterten im Jahre 1928 die Schießanlage auf sechs Stände. Ende der dreißiger Jahre stieg die Zahl der Mitglieder auf über hundert an, und das Schützenhaus wurde durch einen Anbau vergrößert. »Der Verein besaß nun ein respektables Schützenhaus und eine großzügige Schießanlage, aber auch eine ganze Menge Schulden.«[201] Doch da der Verein das Vertrauen der Konservativen im Ort wie das besondere Wohlwollen der NSDAP genoß, konnten die finanziellen Probleme

Die am 4. August 1907 eingeweihte Turnhalle entwickelte sich schnell zum wichtigsten Veranstaltungsort aller Reichenbacher Vereine und zu einem kulturellen Zentrum am Ort.

bald gemeistert werden[202]. Höhepunkte der vielen gesellschaftlichen Veranstaltungen des Vereins wurden das jährliche Königsschießen und der Schützenball[203].

Neben den originären Aufgaben der Vereine wirkten diese – wie bereits angedeutet – meinungsbildend und gesellschaftsformend im Ort. Dies soll exemplarisch am Turnverein verdeutlicht werden. Der Turnverein hatte seit seiner Gründung großes Gewicht im örtlichen Leben, war ein bedeutender Gesellschaftsträger in Reichenbach und »hatte die besten Beziehungen zu den Gemeinderäten, dem Bürgermeister und den anderen Autoritäten im Ort.«[204] Im Vereinsvorstand waren der Oberturnwart, der Männer- und der Frauenturnwart (ein Mann!), der Jugendwart, der Spielwart, der Schwimmwart und der »Kinderturnwart, dessen Amt später zumeist von einer Frau wahrgenommen wurde.«[205] Schon vor dem Ersten Weltkrieg hatte neben dem sportlichen Element die Geselligkeit üblicherweise einen hohen Stellenwert. Vor 1907 trafen sich die Mitglieder im Saal des Gasthauses

»Krone« zum Turnen und danach im Café Fischer, jeweils auch zum geselligen Beisammensein[206].

Zum zwanzigsten Stiftungsfest konnte der Verein am 4. August 1907 eine eigene Turnhalle einweihen, die zuvor in Eigenarbeit im »Affenparadies« in Stuttgart, hinter dem Kräherwald, abgetragen und Stein für Stein mit der Bahn nach Reichenbach gefahren und wieder aufgebaut worden war. Da es keinen vergleichbaren Saal gab, entwickelte sich die neue Halle schnell zu einem wichtigen Zentrum und zum zentralen Veranstaltungsort aller Vereine in Reichenbach[207]. In der Vereinsgaststätte, dem »Goldenen Hirsch«, fanden die Monatsversammlungen und auch die Hauptversammlungen statt. Von 1924/25 bis 1932/33 traf sich Mittwoch abends ein vereinseigener Männerchor aus knapp 30 Sängern mit Lehrer und Dirigenten in der Turnhalle[208]. Beliebte Turnvereinsveranstaltungen waren neben dem »Anturnen« im Frühjahr, den Vereinsmeisterschaften in allen Sparten, der Beteiligung an Gauwettkämpfen, Gaufesten, Deutschen Turnfesten und dem »Ab-

Schülerabteilung des Turnvereins beim Abturnen 1931.

turnen« im Herbst, die vereinseigenen Festzüge, Faschings- und Weihnachtsfeiern, Familien- und Gauausflüge sowie Wanderungen[209]. Der Turnverein fungierte hierbei als Kontaktbörse. Der Jugend bot er »eine wichtige Möglichkeit, Buben bzw. Mädle kennenzulernen. Viele Freundinnen haben dort ihren Ehemann gefunden«[210]. Für Zugezogene war der TV eine gern wahrgenommene Gelegenheit, schnell Kontakt und Anschluß zur Dorfbevölkerung zu finden.[211] Etwa 1920/21 wurde die Frauenabteilung des Turnvereins gegründet[212]. Speziell für die jungen Reichenbacher Mädchen und Frauen stellte der Turnverein damit eine der wenigen Möglichkeiten dar, sich im Freizeitbereich organisiert zu beschäftigen. Er bot darüber hinaus eine wichtige Chance zu öffentlicher körperlicher Betätigung, dem Erwerb und dem Vorzeigen von Körperbeherrschung sowie der Befreiung von sittlichen Zwängen.

Neben den sportlichen Aktivitäten, der Geselligkeit und einem emanzipatorischen Element ist die Funktion des Vereins zur Sozialisation und Erziehung der Jugend zu nennen:

Turnen war Ordnung. Für die ganz alten Sportler war Turnen in der Deutschen Turnerschaft Erziehung zur Ordnung. Die Jugend wurde angehalten zur Anständigkeit, nicht zu rauchen, keine Säufernaturen zu sein, für den Körper und für den Geist zu wirken und dem Sport anzuhängen.[213]

Da der TV der konservativ-rechten *Deutschen Turnerschaft* angehörte, ging die Erziehung der Jugend in eine klare Richtung.

Die Jüngeren fühlten sich auch mehr nach rechts gezogen und waren teilweise sogar als reaktionär und als revanchistisch verschrien, die wieder einen Krieg wollten.[214]

Zu Beginn jeder Turnstunde mußten alle unter dem militärischen Befehl »Alles hört auf mein Kommando« antreten, sich nach Reih und Glied ausrichten und stillstehen[215].

Dann ist man herummarschiert und hat »Turner auf zum Streite« oder ein anderes Turnerlied gesungen. Anschließend wurde in verschiedenen Gruppen zu zwei Stunden Freiübungen aufgeteilt, Reck, Barren, Pferd, danach gab's Ballspiele. Das war dem jungen Turner nachher schon zu seinem Vorteil, wenn er nicht so dahing wie ein Sack, etwa auch, wenn er nachher zur Wehrmacht kam. Am Schluß war dann wieder Antreten, Marschieren, und dann wurde nochmals ein Lied gesungen.[216]

Unbedingter Gehorsam, Achtung vor den Alten und Disziplin gehörten zu den vermittelten Tugenden. Der alte Turnwart,

Turnstunde (etwa 1928): Die »Starturner« Leutz, Häußer, Wöllhaf, Reutter.

Gustav Hamman, wurde nicht mit »Herr Hamman« oder »Herr Turnwart«, sondern nur mit *Meister* angeredet.[217]

Regelmäßig kamen 40 bis 45 Aktive, sogar der Bürgermeister. Die besonders Aktiven, die sich dem Sport verschworen hatten, waren etwa 20 bis 30. Wir hatten eine sehr gute Zusammengehörigkeit, gleich welchen Standes, ob Hilfsabeiter, Lehrling oder Angestellter, haben oft 'was zusammen unternommen, sind schwimmen gegangen (...) – wir hatten eine richtige Volksgemeinschaft, waren mit den meisten auf »Du«.[218]

Die ideologisch-völkische Aufladung des Turnens hatte im TV und in der Deutschen Turnerschaft Tradition[219].

Wichtig war uns im Turnverein immer, das deutsche Kulturgut, die Heimatliebe und das deutsche Volk zu pflegen, das gibt es heute beim Fußball nicht mehr. Da geht es nur noch ums Gewinnen.[220]

Dies kam unter anderem in fast allen Artikeln der in Reichenbach neben dem »Turnblatt aus Schwaben« gelesenen »Deutschen Turnzeitung« zum Ausdruck[221]. Auch die spätere Kanalisierung

dieser *»emanzipatorischen«*[222] Bedürfnisse vieler Turnerinnen in den BDM[223] läßt sich deutlich aus den Artikeln und Leserbriefen herauslesen:

Und nur wenn die Frauen selbst stark und kämpferisch, nur wenn sie selbst wehrwillig sind, kann ein tapferes Geschlecht von Jungen und Männern entstehen. Wir erlebten es: Ohne wehrhafte deutsche Frau kein wehrhaftes deutsches Volk.[224]

Das Gegenstück hierzu, die gesuchte Komplementarität der Frauenrolle zur männlichen Welt, schreibt eine gewisse Erna Hahn in derselben Ausgabe eine Seite weiter unter der Titelfrage »Eine neue Frauenbewegung?«:

Nein, eine Wandlung aus einer neuen Besinnung! Die Frau lerne wieder nach ihrem Werte graben. Er heißt *Dienewille* und ist als lebendige Kraft überall wirksam, wo mütterliche Gesinnung nach einem Schwachen sucht, der sich aufrichten läßt. (...) Das ist letztes Ziel der Frauenbewegung: Volkwerdung – Menschwerdung. Und wir werden es erreichen, denn unsere Kraft ist unausschöpfbar, weil wir zum Urgrund des Lebens zurückfanden: zum Knospengrund der Liebe, der selbstvergessenen Mütterlichkeit.[225]

Interessant bei den Kanalisierungstendenzen ist vor allem die Anwendung der Begrifflichkeiten. Der Herausgeber der »Turnzeitung«, Werner Gärtner, schrieb:

Der Turner sei verantwortlich für das *Nationale*, die Turnerin sei verantwortlich für das *Sozialistische* in der Turnerschaft. (...) Wie herrlich wäre es, wenn unsere Turnerinnen durch soziale Betätigung hauptsächlich in den Turnvereinen diese Vereine nun auch in der Tat und nicht nur den Namen nach zu Familien machen würden.[226]

Völkisches Vokabular, die Betonung der *Gemeinschaft*, der *Heimat*, des *Deutschen*, waren nicht erst im Jahrgang 1933 an der Tagesordnung[227]. Otto Alber, Obstbauvereinsvorstand, aktives Turnvereinsmitglied und ab 1922 Gemeinderat über die Liste des Landwirtschaftlichen Ortsvereins[228], hatte lange vor 1933 »besonders den völkischen Wert unserer turnerischen Arbeit erkannt und sich freudig und willig in den Dienst derselben gestellt.«[229] Diese politisch-gesellschaftliche Prägung im Turnverein führte durchaus zum Streit mit VfB-Mitgliedern, bis hinein in die Familien[230].

> Mein Mann war beim VfB. Da bin ich dann weggegangen vom Turnverein, denn das wär' nicht gegangen. Das war manchmal schrecklich, wie die sich oft verhauen haben. Da hat's oft gerasselt, weil sie Streit angezettelt hatten.[231]

Ein weiterer gesellschaftlicher Faktor am Ort waren die Reichenbacher Religionsgemeinschaften, die ebenfalls dem traditionalistischen Milieu zuzuordnen sind und vor allem in der zweiten Hälfte der Weimarer Republik ihren Einfluß ausbauten. Zur Mitte der Weimarer Republik war die Bevölkerung Reichenbachs zu über 95 Prozent evangelisch[232]. In der Beschreibung der Kirchengemeinde Reichenbach im November 1929 wurden 2248 evangelische Kirchenmitglieder sowie 101 Andersgläubige und Dissidenten gezählt[233]. Der Kirchenbesuch im Jahr zuvor sei mit wohl nicht mehr als zehn Prozent der erwachsenen Bewohner »sehr schwach« gewesen, durch den von 1929 bis 1930 in Reichenbach tätigen *Pfarrverweser* Burger jedoch erheblich gesteigert worden. Ähnlich verhalte es sich mit dem Besuch der Bibelstunden, und auch die Kinderkirche blühe. Ein Jungfrauenverein bestehe nicht, dagegen ein rühriger CVJM und ein Kirchenchor mit 30 Sängern; außerdem wurde eine stark besuchte Hahnsche Gemeinschaft verzeichnet[234]. Im Februar 1929 bildete sich die neuapostolische Gemeinde[235], die von Haus zu Haus gehend »harte Propaganda« betrieb[236]. Auch Baptisten »entfalteten eine rege Werbetätigkeit« am Ort. Die katholische Kirchengemeinde in Reichenbach umfaßte im Jahr 1925 80 Seelen[237]. Dies entspricht 3,45 Prozent der Einwohner. Bis zum Bau der Plochinger Stadtpfarrkirche St. Konrad 1928 gingen die Reichenbacher Katholiken entweder nach Wernau in die Kirche oder wurden von einem Vikar aus Plochingen betreut[238].

In der evangelischen Mauritiuskirche entwickelte sich unter dem seit 1930 in Reichenbach wirkenden Pfarrer Karl Christian Erhardt schnell ein reges Gemeindeleben. Montag abends fand im 14tägigen Wechsel mit dem Missionsverein der »Kirchliche Frauenverein« im Vereinshaus unter Leitung von Luise Munz statt[239]. Der »Gustav-Adolf-Frauenverein«, der sich vor allem der Seelsorge und Volksmission widmete[240], traf sich unter Leitung von Helene Bücheler Donnerstag nachmittags in der *Kleinkinderschule*[241]. Neben den verschiedenen Arbeitskreisen fanden regelmäßig Frauenabende, der Familienabend des CVJM[242], Bazare und Vorträge zu erzieherischen, kirchlichen wie weltpolitischen Themen statt. Musikalisch konnte man sich im ab Herbst 1927 wieder erstandenen Kirchenchor unter Leitung von Lehrer Wohlbold sowie im »Leichenchor« und im Orgeldienst betätigen[243]. Selbst engagierte Reichenbacher Christinnen mußten sich hinsichtlich der Angebotspalette überlegen, ob sie sich auch noch am Reichenbacher Gemeindedienst beteiligen konnten[244]. Die Gemeindedienstfrauen meldeten dem Pfarrer jeweils, wenn jemand krank war und betrieben eine Art Nachbarschaftshilfe[245]. Außerdem wirkten sie bei der kirchlichen Armenfürsorge sowie bei verschiedenen Sammlungen mit.

Eine wichtige Stütze der kirchlichen Gemeindearbeit stellte das Gemeindeblatt mit einer Auflage von etwa 700 Exemplaren dar. Der Bezug kostete monatlich 10 Pfennige[246], 16 Mädchen stellten das Blatt, das auch von ausgewanderten Reichenbachern regelmäßig gelesen wurde[247], einmal im Monat in Reichenbach zu[248].

Der Kinderkirchhelferkreis, den Erhardt aufbaute, bereitete jeweils freitags die nach dem Sonntagsgottesdienst angebotene Kinderkirche vor. An kirchlicher Jugendarbeit richtete Erhardt für neu konfirmierte Mädchen den Jungfrauenverein ein[249]. Außerdem gab es den traditionellen Verband kirchlicher Jugendarbeit, den Anfang 1924 in »CVJM« umbe-

Anzeiger des CVJM.

nannten »Evangelischen Jünglings- und Männerverein Reichenbach«. Das 1924/25 von den Mitgliedern weitgehend in Eigenarbeit errichtete Vereinshaus des CVJM war der Mittelpunkt nahezu des ganzen evangelischen Gemeindelebens[250]. Die Jugendorganisationen des CVJM, Jungschar bis 14, dann Jungvolk und Eichenkreuzverband, hatten in Reichenbach regen Zulauf. Dem CVJM gehörten Anfang 1925 mit Posaunenchor und Bibelstundenteilnehmer etwa 50 Jungen an. Ab Mitte 1925 wurde ein zweimonatlich erscheinender »Anzeiger des christlichen Vereins Junger Männer Reichenbach a. F.« herausgegeben[251].

1926 hatte der Verein 29 Mitglieder über 17 Jahre und 21 jüngere. Zusammen mit den fünf Ehrenmitgliedern ergab dies 55, dazu kamen 42 unterstützende und 27 Jungscharmitglieder, so daß der Reichenbacher CVJM insgesamt 124 Mitglieder verzeichnete[252].

Im Juni 1931 hatten sich die Jungen des CVJM-Jungvolks im Garten des CVJM-Vereinsheimes getroffen und vier Sippen, die »Adler«, die »Uhu«, die »Möwen« – die späteren »Schwalben« – und die »Falken« gebildet[253]. Dazu kam einige Monate später noch die Sippe »Greif«. Neben dem ein Dutzend Mann starken und von Karl Frey geleiteten CVJM-Posaunenchor gab es innerhalb des CVJM auch einen Gitarrenchor, der von Herrn Lenz betreut wurde[254].

Die im traditionalistischen Milieu entstandenen Vereinigungen Reichenbachs hatten sich in der ersten Hälfte der jungen Republik zu einem Netz aus religiösen und weltlichen, sportlichen und im weiteren Sinn kulturellen Freizeitorganisationen sowie wirtschaftlichen und politischen Interessenvertretungen entwickelt, das diesen Teil der Reichenbacher Gesellschaft formte und deren Mitglieder in Denken, Fühlen und Handeln beeinflußte. Deren radikal antimoderne Mentalität, die sich nach einer vergangenen Welt sehnte, war in der sich in den neunziger Jahren des 19. Jahrhunderts herausgebildeten »deutschen Ideologie« begründet[255]. Diese verknüpfte extremen Nationalismus mit kolonialen und imperialen Bestrebungen sowie der Begeisterung für den Krieg, und sie verband das Bedürfnis nach einer vorindustriell völkischen Gemeinschaft in Harmonie und Gerechtigkeit mit Ablehnung der Demokratie.

Die meisten Aktiven sowohl des Arbeiter- wie des bürgerlichen Milieus organisierten sich in mehreren Vereinen Reichenbachs zugleich. Über diese Mehrfachmitgliedschaften und die Honoratiorenstammtische entstand eine intensive personelle Verflechtung zwischen den Vereinen, dem Gemeinderat und der Wirtschaft. Fabrikanten wie Otto[256], Kantenwein[257], Blessing[258], Bischoff[259], Alber oder Wacker[260] waren wichtige Sponsoren der Vereine, hatten gewichtigen Einfluß auf diese sowie auf das gesellschaftliche Leben im Ort. Dabei blieben sie oft im Hintergrund. Als Beispiel eines öffentlich wirkenden aktiven Vereinsmachers kann Julius Flaig genannt werden. Der Kaufmann und Prokurist bei der Firma Otto stand über zwei Jahrzehnte an der Spitze des Turnvereins[261]. Von 1902 bis 1923 führte er die *Ortsgruppe* des Schwäbischen Albvereins[262]. Außerdem war Flaig Oberschützenmeister in den frühen Jahren der Reichenbacher Schützengilde nach 1905 und Schützenkönig 1932/33[263]. Während der gesamten Zeit der Weimarer Republik vertrat er die Interessen des Gewerbevereins im Reichenbacher Gemeinderat[264]. Sein Nachfolger, sowohl bei der Firma Otto wie auch innerhalb der Vereinslandschaft, wurde Otto Gaugler, der Männerfreund Heinrich Ottos[265]. Als weitere Beispiele für die personelle Verflechtung der Vereinsfunktionen sind – neben Flaig und Gaugler – Julius Reutter, Hermann Kohlhaas, Otto Alber, Ferdinand Köst und später Walter Müller sowie auf der Arbeiterseite Friedrich Schlichenmaier, Otto Munz, Carl Fischer und Karl Braun zu nennen. Diese Verflechtungen reichten weit in die Kommunalpolitik hinein. Die »Multifunktionäre« traten innerhalb der Vereine als Meinungsführer auf, weshalb ihnen zumindest die jeweiligen Vereinsmitglieder auch ihr kommunalpolitisches Mandat gaben.

Frauen spielten in den kommunalen Strukturen oder gar im örtlichen Machtgefüge – wenn überhaupt – nur eine untergeordnete Rolle. Im Turnverein und beim VfB, beim Tennisclub oder beim Reitverein, beim Gesangverein »Concordia« oder beim Albverein tauchten sie als aktive Sportlerinnen, Wandernde oder Sängerinnen auf sowie jeweils als »gute Seele« oder »Mutter des Vereins«. Die entscheidenden Funktionen hingegen waren nur mit Männern besetzt. Frauen hatten breite Wirkungsmöglichkeiten in kirchlichen Frauenorganisationen oder im caritativen oder sozialen Bereich, jedoch auch hier kaum in verantwortlicher Position. Politische Betätigungen von Frauen in Reichenbach sind nicht nachzuweisen. Die Frauen und Töchter der Arbeitervertreter interessierten sich zwar teilweise sehr für die Belange der Sozialdemokratie[266], hatten innerhalb der Partei jedoch keine Funktionen. Zahlende Mitglieder in der SPD waren nur Männer[267], die »Freiheit« verstand sich als Männergesangverein. Frauen kamen »nur zu den Kundgebungen«[268].

Die Ausdifferenzierung der bürgerlichen sowie der Arbeitervereine, verbunden mit dem Anspruch, neben dem eigentlichen Vereinszweck geselligkeitsfördernd und gesellschaftsformend zu wirken, führte – trotz abpuffernder Elemente[269] – zu einer Polarisierung und Politisierung der Gesellschaft. Dabei entwickelten sich die zwei kulturellen Milieus weiter, in denen neben Elementen der Vereinspraxis, des individuellen Freizeitverhaltens sowie der Entfaltung und Fortschreibung eigener Lebensentwürfe auch gesellschaftsreformerische Prinzipien die jeweiligen Mitglieder beeinflußten. Der ambivalente Charakter des Industriedorfes Reichenbach sowie die intensive personelle Verflechtung innerhalb der Vereinslandschaft verstärkten dies. Überlagert und vorangetrieben wurde diese örtliche Entwicklung 1923/24 durch die innenpolitische Erregung um das »Ermächtigungsgesetz zur Sanierung des Staatshaushaltes« sowie die außenpolitischen Emotionen über den Dawes-Plan. Nach dem Erlebnis der Inflation und der Besetzung des Ruhrgebietes war allenthalben eine starke Bereitschaft spürbar, radikale Parteien zu wählen.

Bei der Landtagswahl vom 4. Mai und der Reichstagswahl vom 7. Dezember 1924 kam es, an den Wahlergebnissen gemessen, zum ersten Mal zu einer Trendwende[270]. Die bürgerlichen Parteien verloren in Reichenbach wie andernorts, allen voran die DDP[271], deren Stimmenanteil sich prozentual gegenüber 1919 von 33 Prozent auf zur Landtagswahl mit 19,5 Prozent und zur Reichstagswahl mit 16,6 Prozent nahezu halbierte. Diese kontinuierliche Abnahme seit den Wahlen zur Nationalversammlung verlief, in Stimmen gemessen, sogar noch deutlicher[272].

Auch die Sozialdemokraten hatten erst leichte Einbrüche von etwa sieben Prozent, die Kommunisten konnten leichte Gewinne verbuchen – nach der Spaltung der USPD war der Großteil deren Mitglieder und Wähler zur KPD gegangen. Zwar konnte die KPD den extrem hohen Stand von knapp 30 Prozent bei den Juniwahlen 1920 (USPD) nicht wiedererlangen, war aber mit knapp 25 Prozent bei den Maiwahlen 1924 die stärkste Partei. Bei den Dezemberwahlen verloren sie knapp 100 Stimmen; die SPD hingegen erreichte mit über 28 Prozent ihr bestes Ergebnis seit der Maiwahl 1919, das sie während der Dauer der Weimarer Republik nicht mehr übertreffen konnte.

Nutznießer der Polarisierung waren die rechtsextremen Parteien. Die monarchistische Deutschnationale Volkspartei (DNVP) hatte in Reichenbach wie landesweit aufgrund der Konkurrenz des Bauern- und Weingärtnerbundes keine große Rolle gespielt. Bei der Maiwahl 1924 ging sie als »*Vaterländisch Völkischer Rechtsblock*« in die Wahl und gewann zusammen mit dem Völkisch-Sozialen Block, einem Zusammenschluß aus Deutscher Arbeiterpartei, Deutsch-Völkischer Freiheitspartei und Nationalsozialistischer Deutscher Arbeiterpartei, 18,4 Prozent. Der Bauern- und Weingärtnerbund fiel, nachdem er bei den Landtagswahlen im

Mai seinen Anteil hatte auf knapp 15 Prozent erhöhen können, bei der Reichstagswahl im Dezember in etwa auf sein Ergebnis der Vorjahre von 8 Prozent zurück. Außerdem profitierte die bei der Reichstagswahl 1924 erstmals in Württemberg kandidierende politische »Bewegung« der »Deutsch-Völkischen Freiheitspartei«, die sich anstelle der 1923 verbotenen NSDAP zur Wahl stellte. In Reichenbach trat sie unter dem Listennamen »NS-Freiheitsbewegung« an und erzielte mit 6,4 Prozent ein Ergebnis, das deutlich über dem Reichsdurchschnitt von 4,1 Prozent und knapp unter dem Landesdurchschnitt von 6,5 Prozent lag.

Mit ähnlichen nationalen Parolen vom »Kampf fürs Vaterland« und der Vorstellung einer harmonisierenden »Volksgemeinschaft«, deren aggressiver Charakter mit einer verklärten Erinnerung an den letzten Krieg verschleiert wurde, hatten die Parteien des rechten Spektrums Wähler gewonnen. Die Verführungskraft solcher Parolen verstärkte die Polarisierung im Ort. Bereits 1924 führte diese bei vielen Bürgerlichen, wenngleich auch nicht so deutlich wie in anderen Teilen des »Ländles«, zu einem ersten »Abmarsch nach rechts«[273].

In den ersten Nachkriegsjahren waren in Reichenbach verschiedene völkisch-nationale Kräfte in Erscheinung getreten. Die oben angedeuteten antidemokratischen und antirepublikanischen Tendenzen im Kyffhäuserbund, bei den Mitgliedern der von Schultheiß Stiefel gegründeten Bürgerwehr sowie bei den zwölf Mitgliedern der »Gruppe Haas« sind als erste zu nennen. Auch hier gab es intensive personelle Verflechtungen und Mehrfachmitgliedschaften. Der neue Kriegervereinsvorsitzende, Kaufmann Karl Acker, Frontsoldat und nationalistischer ehemaliger Offizier, war – zusammen mit seinen Söhnen[274] – Mitglied im Bund Wiking, einem aus der Organisation Consul hervorgegangenen militärischen Verband unter Dietrich von Jagow. Außerdem gehörte Acker der »Kameradschaft Hochdorf – Reichenbach« – einer der ersten 18 im Land[275] – des »Stahlhelm, Bund der Frontsoldaten« an, der sich an den Traditionen des Kaiserreiches orientierte und zur rechtsliberalen DVP sowie zur deutschnationalen DNVP tendierte[276]. Ein anderes Reichenbacher Stahlhelm-Mitglied erinnerte sich: »Nach dem Krieg hatte sich der Stahlhelm gebildet und dann die Brigade Ehrhard, die sich auch in Reichenbach getroffen haben.«[277]

Acker und seine Stahlhelm-Männer wurden dafür gerühmt, sie seien »stets bereit, sich für die völkische und später nationalsozialistische Idee einzusetzen«[278]. Nach 1929 näherte sich der Bund, der die Republik als Kriegsschauplatz[279] verstand, verstärkt den Nationalsozialisten an, wenngleich einige Reichenbacher sich im nachhinein hieran mit eher verharmlosenden Worten erinnerten:

> Ich war beim Stahlhelm, bei den Deutschnationalen. Da sind wir meist nach Ebersbach oder nach Göppingen gegangen. Wir haben uns alle 14 Tage getroffen und ein bißchen Geländespiele gemacht, ein bißchen Soldaterles gespielt.[280]

In den ersten Jahren nach dem Krieg waren die völkisch-nationalistischen Kreise Reichenbachs stark durch die der Oberamtsstadt beeinflußt. Im Jahre 1920 gründete in Göppingen eine kleine Gruppe des »Deutschvölkischen Schutz- und Trutzbundes« einen »Stützpunkt der Bewegung«[281]. Wie bei den meisten der frühen württembergischen Ortsgruppen der NSDAP rekrutierten sich die Gründungsmitglieder aus diesen deutsch-völkischen Organisationen[282]. Anlaß zur Gründung der ersten NSDAP-Ortsgruppe in Stuttgart hatte eine Rede von Adolf Hitler vor dem Deutschvölkischen Schutz- und Trutzbund in Stuttgart im Jahre 1921 gegeben zum Thema »Die Wahrheit über den Gewaltfrieden von Brest-Litowsk und den Frieden der Verständigung und Versöhnung von Versail-

les«[283]. Laut Aussagen von alten NS-Sympathisanten Reichenbachs fand die »erste Hitlerversammlung in der Gegend« 1922 in Plochingen statt[284], wo sich kurze Zeit später eine »Sektion« der NSDAP bildete[285]. Im Dezember desselben Jahres kam es in Göppingen zu blutigen Ausschreitungen, bei denen erstmals von Hitler entsandte bayerische Sturmstrupps der NSDAP in Erscheinung traten[286]. Am 11. Dezember 1922 sollte in Göppingen eine Sturmabteilung (SA) als Versammlungsschutz gegründet werden[287]. Eine große Massenveranstaltung war dafür im »Apostelsaal« in Göppingen geplant. Etwa ein Dutzend Reichenbacher, unter anderem Karl Acker mit Söhnen und Adolf Fischer, genannt »Mühlenfischer«, nahmen daran teil. Letzterer brüstete sich in mehreren Schreiben, so etwa noch im Dezember 1944 gegenüber dem Ortsgruppenleiter, er selbst habe sich »1922 bei dieser kleinen Schar auf dem Kampfplatz in Göppingen bei der Schlacht am Walfischkeller befunden und davon sieben Monate schwerer Krankheit infolge innerer Verwundung« davongetragen[288]. Nachdem Kommunisten die Durchführung der Veranstaltung im vorgesehenen Saal verhindert hatten, marschierten der Münchner Redner mit Parteigenossen (Pg)[289] und Anhängern, begleitet von einer Münchner Sturmabteilung, weiter zum »Walfischkeller«. Es kam zu tätlichen Auseinandersetzungen und einigen Schüssen. Die SA-Männer verbarrikadierten sich im Walfischkeller, bis sie von der Göppinger Polizei, Landjägerabteilungen und hinzugezogenen Esslinger Schupos befreit und »auf Umwegen zum Bahnhof« geleitet wurden[290], von wo aus sie nach München fliehen konnten. Knapp ein Jahr nach dieser »Schlacht am Walfischkeller«[291] kam es Ende November 1923 zur offiziellen Gründung der Göppinger NSDAP. Von insgesamt »zwei oder drei Pgs, die außerhalb Göppingens ihren Wohnsitz« hatten, kam einer aus Reichenbach[292]. »1923–1924 waren die ersten Einflüsse der NSDAP in Reichenbach feststellbar. Mitglieder taten sich als solche hervor.«[293] Im Jahre 1923 legte ein *Parteigenosse* aus München die Grundideen des Nationalsozialismus in einer Versammlung im Gasthaus »Hirsch« in Reichenbach dar. Otto Munz mobilisierte die Kommunisten und über die »Freiheit« auch die Sozialdemokraten am Ort. In einer rückblickenden Darstellung aus dem Jahre 1938 heißt es:

> Die Versammlung war sehr gut besucht, viele mußten stehen. Auch die Gegnerschaft, besonders von der Sozialdemokratie, war stark vertreten; es entspann sich eine hitzige Debatte; zu Tätlichkeiten kam es jedoch nicht.[294]

Zum Ärger der Nationalsozialisten versuchte vor allem Munz, betont durch Argumente, die Münchner Nazi-Redner zu entlarven und die Partei als »für anständige Reichenbacher nicht wählbar«[295] zu etikettieren.

Verschiedene Reichenbacher traten der Göppinger *SA* bei und wurden mit dieser in »Vorpostengefechte« verwickelt, wie etwa bei der Sonnwendfeier 1923 in Kirchheim, bei der rund 4000 Nationalsozialisten ihren Kampfeswillen demonstrierten, oder bei Versammlungen im Sonnensaal in Geislingen, im Kugelsaal in Esslingen, im Stadtgartensaal in Schwäbisch Gmünd oder im Rittersaal in Eislingen[296]. Im Mai 1923 zählte die Göppinger NSDAP-*Ortsgruppe* 120 Mitglieder. Der Göppinger Bezirk galt in Kreisen der Münchner NSDAP-Zentrale als »zufolge seiner ausgesprochen kommunistischen Arbeitnehmerschaft und seiner vielen Juden wegen schwer zu bearbeiten.«[297] Trotzdem hatten die Agitationen bereits zu »kleineren *Ortsgruppen*« in Salach, Süßen und Faurndau geführt.[298] Doch die Gründung einer Reichenbacher Sturmabteilung oder einer *Ortsgruppe* vor dem Verbot der NSDAP ist nicht nachzuweisen[299].

Nach der Verhaftung Hitlers aufgrund des inszenierten »Putschversuches« am 9. November 1923 drohte die »Bewegung« in eine Hitler- und eine Ludendorff-Strömung auseinanderzufallen[300]. Die Unvereinbarkeit von alten und jungen Konservativen, von nationalen Revolutionären und von konservativen Nationalisten, die die alte Ordnung wiederherstellen wollten, führte schließlich zur Spaltung. In Württemberg konkurrierte im Frühjahr 1925 die wiedergegründete NSDAP mit der unter Führung von Christian Mergenthaler während der Verbotszeit gegründeten *Nationalsozialistischen Freiheitsbewegung*[301]. Erst als Mergenthaler 1927 zur NSDAP übertrat, war die Einheit der *Bewegung* auch formal wiederhergestellt.

Mit Beruhigung der wirtschaftlichen Situation, Einführung der Rentenmark und Überwindung der politischen Krise nahm der Stimmenanteil der rechten Parteien wieder ab. Bei den Landtags- und Reichstagswahlen vom 20. Mai 1928 erhielten die Arbeiterparteien KPD und SPD in Reichenbach mit 22 und 27 Prozent zusammen fast 50 Prozent der abgegebenen Stimmen. Der DDP erwuchs eine weitere Konkurrenz mit dem erstmals 1928 zur Landtagswahl angetretenen Christlich-Sozialen Volksdienst, der in Reichenbach 9,3 Prozent der Stimmen erzielte[302].

Die Deutschen Demokraten nahmen weiter ab auf knapp 14 bzw. knapp 15 Prozent der Stimmen. Die DVP hingegen konnte ihr Ergebnis seit 1920 kontinuierlich steigern und 8,7 bzw. 7,9 Prozent erringen. Die DNVP sank nach dem Anwachsen von den Maiwahlen 1924 wieder auf drei Prozent ab. Die NSDAP konnte ebenfalls lediglich 1,4 bzw. 2,4 Prozent der Stimmen erlangen. Die Deutsche Bauernpartei und die Wirtschaftspartei spielten in Reichenbach neben dem Württembergischen Bauern- und Weingärtnerbund, der konstant um die acht Prozent erzielte und damit lokal wie überregional die »erfolgreichste berufsständische Partei in der Weimarer Republik«[303] blieb, keine Rolle.

Bereits bei den Gemeinderatswahlen vom 12. Dezember 1925 konnten die Arbeiterparteien, gestärkt durch die sich entwickelnde Arbeitervereinskultur, ihre Stimmenanteile im Vergleich zu denen des Jahres 1922 leicht steigern, die SPD von 14,6 auf 16,7 Prozent und die KPD von 16,7 auf 20,8 Prozent[304]. Der Landwirtschaftliche Ortsverein mußte erhebliche Verluste hinnehmen und fiel von 26,7 auf 12,7 Prozent – vermutlich zugunsten des Gewerbevereins, der um zehn Prozentpunkte auf knapp 40 Prozent anstieg. Als neue bürgerliche Gruppierung trat – unter dem »gewandelten« Adolf »Mühlenfischer« – der Freie Wählerverein auf,

der zwar zehn Prozent der Stimmen, jedoch keinen Sitz erringen konnte. Ende des Jahres 1926 ergab sich für diese Gruppierung eine Gelegenheit zu zeigen, ob sie eher dem progressiven oder dem traditionalistischen Milieu zuneigte. Die politischen Kräfte am Ort konnten ihren tatsächlichen Einfluß in einer offenen Entscheidung ihrer beiden Kandidaten zum Ausdruck bringen – bei der Wahl des Ortsvorstehers.

Die Bürgermeisterwahl 1926/27

Um die erste demokratische Wahl eines Reichenbacher Bürgermeisters gab es intensive Auseinandersetzungen[305]. Vor allem die Arbeiterschaft und einige Handwerker des progressiven Milieus waren mit dem 1917 noch in der Monarchie ge-

Die beiden Kontrahenten: Schultheiß Karl Stiefel, links (1917 bis 1927) und Bürgermeister Emil Schmid (1927 bis 1945 und 1952 bis 1957).

wählten und sehr autokratisch regierenden »radikalen DNVP-Mann«[306] Stiefel überhaupt nicht zufrieden.

Unterstützt wurde der Amtsinhaber von den traditionalistisch-konservativen Kreisen Reichenbachs, von der Organisation der Ortsvorsteher und Verwaltungsbeamten sowie von seiner vorgesetzten

Behörde. Diese ließ Stiefel als einzigen Bewerber zu, was kurz vor der Wahl vehemente Diskussionen in den Vereinen und Stammtischen auslöste[307]. Vertreter des progressiven Milieus und des Freie Wählervereins beauftragten nach intensiven Beratungen schließlich Adolf »Mühlenfischer« mit der Suche nach einem Gegenkandidaten. Nach einigen Problemen präsentierte dieser den 32jährigen Böblinger Emil Schmid, der seit Mai 1920 als Obersekretär bei der Stadtverwaltung Böblingen arbeitete[308]. Zu seiner politischen Richtung schrieb Schmid selbst rückblickend: »Ich war in der Richtung der früheren Württembergischen Volkspartei und habe von 1919 (..) konsequent und ausnahmslos bis 5. März 1933 deutsch-demokratisch gewählt.«[309]

Vor allem Arbeiter, Kommunisten um Otto Munz und linke Sozialdemokraten, aber auch Handwerker bis in die Reihen der »Concordia« und des Turnvereins hinein, unterstützten den liberalen Demokraten[310]. Sie verteilten ein Flugblatt »Zur Aufklärung an die Wählerschaft«[311], in dem sie Schultheiß Stiefel vorwarfen, er wollte sich keiner »freien Wahl unterwerfen«. Weiter heißt es:

Der Mann mit dem guten Gewissen und seine intimen Freunde haben es verstanden, sowohl die Organisation der Ortsvorsteher und Verwaltungsbeamten als auch die vorgesetzte Behörde dahingehend zu informieren, daß nur ein ganz geringer Teil der Wähler gegen die Wahl des bisherigen Ortsvorstehers Stiefel sei, um damit eine Kandidatensperre zu erzielen. Durch diese offenbare Unwahrheit ist es den Ehrenmännern gelungen, ihren Zweck zu erreichen und sich so der freien Entscheidung der Wähler zu entziehen.[312]

Im Gegensatz zu dieser »Haltung des Ortsvorstehers« wird dann das »charaktervolle Auftreten« und die »ehrenhafte Gesinnung«[313] des Bewerbers Schmid hervorgehoben. Die Flugblattaktion hatte Erfolg. Bei der Wahl am 4. Dezember 1926 entfielen von 1245 gültigen Stimmen 713 auf Emil Schmid und 530 auf den bisherigen Schultheißen Stiefel. Schmid war somit mit einer Mehrheit von 183 Stimmen gewählt. Doch nach intensiven Protesten der Konservativen zeichnete sich ein Reichenbacher Flugblattskandal ab. Am 10. März 1927 wurde die Wahl für ungültig erklärt. Mitte März lasen die Reichenbacher folgende Zusammenfassung im »Filstal- und Schurwaldboten«:

Bei der (...) von Amtswegen vorzunehmenden Prüfung der Gültigkeit hat sich aber ergeben, daß die zugunsten des Gewählten ausgegebenen Flugblätter möglicherweise gesetzeswidrige Wahlbeeinflussungen enthalten, nämlich dann, wenn die in ihnen behaupteten Tatsachen, soweit sie den anderen Bewerber in der öffentlichen Meinung herabzuwürdigen geeignet sind, nicht erweislich waren.[314]

Einem zwischenzeitlich eingetroffenen Schreiben der Ortsvorstehervereinigung war zu entnehmen, daß die angesprochene Kandidatensperre nicht auf Initiative Stiefels oder seiner Freunde unternommen, sondern »von Organisations wegen« erfolgt war. Damit stellte die gegenteilige Behauptung im Flugblatt, so die Prüfungskommission, das Vergehen einer Beleidigung »und damit eine gesetzeswidrige Wahlbeeinflussung« dar. Vor allem in folgender von der Beleidigung abgeleiteten Aufforderung sah die Kommission eine eindeutige Beeinflussung:

Wähler und Wählerinnen! Wollt ihr euch eures Wahlrechts berauben lassen, wollt ihr dulden, daß man euch Herrn Stiefel nur als alleinigen Kandidaten vorsetzt? – Dem muß ein entscheidendes Nein entgegengesetzt werden. Die Ehre der Reichenbacher Wählerschaft erfordert es deshalb, daß sie sich gegen die Beraubung ihres Wahlrechts zur Wehr setzt.[315]

Da bereits 92 Stimmen genügt hätten, um das Wahlergebnis umzustoßen, wurde nach den gesetzlichen Bestimmungen die Wahl deshalb für ungültig erklärt. Munz sprach sich vor dem zweiten Wahlgang öffentlich gegen Schmids Gegenkandidaten Hans Gelersheimer, Sekretär des nicht mehr kandidierenden Schultheiß Stiefel und CVJM-Vorsitzenden[316] aus, »weil dieser in seiner Buchführung keine Ordnung«[317] habe. Hatten bei der ersten Wahl wohl meist Arbeiter und Handwerker für Schmid gestimmt, so konnte dieser bei der zweiten Wahl auch den Großteil der anderen Bewohner für sich gewinnen. Von 1298 abgegebenen Stimmen schlugen 904 für Schmid zu Buche[318], während für Gelersheimer 391 Reichenbacher votierten[319]. Der Kandidat, auf den sich die Arbeiterparteien, progressive Konservative und liberale Demokraten am Ort geeinigt hatten, hatte sich gegen den monarchistisch-traditionalistischen Vertreter durchgesetzt. Am 17. Juni 1927 wurde Schmid ins Amt eingesetzt[320]. Insgesamt erwies sich Schmid in den folgenden sechs Amtsjahren der Weimarer Republik bis zum *Machtantritt* der Nationalsozialisten als verantwortungsvoller Liberaler, der eine Politik des friedlichen Ausgleiches anstrebte und bemüht war, die durch die wirtschaftliche Entwicklung entstehende Not zu lindern.

Wirtschaftliche Krise und Polarisierung der politischen Kultur am Ende der Weimarer Republik

Die große Not und Reichenbacher Gegenmaßnahmen

Nach der Beendigung der Inflation durch Schaffen einer neuen Mark Ende 1923 folgte von 1924 bis 1928 eine Phase des Aufschwungs, die sogenannten *Goldenen Zwanziger*. Ab 1926 nahm die Industrieproduktion kontinuierlich zu, die Wirtschaft florierte, und die Löhne stiegen kräftig an. Das Wirtschaftsleben des besiegten Deutschlands nach dem Ersten Weltkrieg war überwiegend mit kurzfristigen amerikanischen Krediten angekurbelt worden. Die Folge hiervon war die Abhängigkeit vom Weltmarkt und von den amerikanischen Banken.

In Reichenbach forcierte die Gemeinde bereits in den ersten Jahren nach Kriegsende den kommunalen Wohnungsbau[321] und förderte den privaten Wohnungsbau[322]. Zwischen 1924 und 1927 waren die vom Siedlungsverein Göppingen erbauten Häuser in der Stuttgarter und Bismarckstraße entstanden. Außerdem hatte die Kommunalverwaltung verbilligtes Baugelände abgegeben[323], Baudarlehen gewährt[324] oder über die Landesversicherungs- und die Landeskreditanstalt vermittelt[325] und Bürgschaften für die gewährten Gelder übernommen[326]. Allein im November 1926 nutzten zwölf Reichenbacher Familien diese Möglichkeiten, um zu bauen[327]. Bürgermeister Schmid setzte diese Politik fort, ohne die erforderlichen Genehmigungen des Innenministeriums und der Ministerialabteilung für Bezirks- und Körperschaftsverwaltung einzuholen[328]. 1927 erbaute die Gemeinde die Ortsrandsiedlung mit fünf Wohneinheiten. Im Gegensatz zu anderen Gemeinden, deren Maßnahmen »in der Hauptsache von der Sorge um den Gemeindehaushalt geprägt«[329] waren, begann die Reichenbacher Verwaltung etliche Projekte, die den Haushalt massiv einschränkten[330]. Schmid griff dabei auf die gängige Methode zurück, die Wohlfahrtserwerbslosen, für die die Gemeinde sowieso aufkommen mußte, als sogenannte *Fürsorgearbeiter* zu baulichen Tätigkeiten heranzuziehen[331]. So schlug der Einbau einer Haushaltungsschule ins Schulhaus 1927 mit 10 000 Reichsmark zu Buche[332]. Die Erstellung von vier Notwohnungen[333], der Einbau eines Schulsaales für das achte Schuljahr[334] sowie der Ankauf und die Renovierung der Farrenscheuer[335] im Jahr 1928 kosteten 14 000, 7000 und nochmals 7000 Reichsmark, die Erweiterung der Gemeindewasserleitung im Jahr 1929 und der Bau einer fünften Notwohnung Anfang 1930[336] belasteten den kommunalen Haushalt mit weiteren 4300 und 4000 Reichsmark[337]. Weitere Notarbeiten waren der Dränagen- und der Straßenbau. 1929 wurden die Siegenbergstraße gebaut und in den »Feuchten Wiesen« Dränagen gezogen. Die anwohnende Bevölkerung, die hauptsächlich von den Arbeiten profitierte, sollte den dort arbeitenden Menschen – als Teil der Bezahlung – »das Vesper bringen«[338]. Die Notarbeiten erfuhren massive finanzielle Unterstützung durch das Oberamt, das zwischen 1924 und 1929 insgesamt 850 750 Reichsmark hierfür ausgab[339]. Auf die Straßenbauarbeiten in Reichenbach entfielen davon von 1925 bis 1929 insgesamt 42 761 Reichsmark. Die für Straßenbauarbeiten in Reichenbach in diesen fünf Jahren ausgegebenen Aufwendungen vervierfachten sich annähernd[340].

In dieser Phase des wirtschaftlichen Aufschwungs verloren die rechten Parteien Reichenbachs an Attraktivität. Im Gegensatz hierzu konnten die Arbeiterparteien ihre Stimmenanteile bei den Gemeinderatswahlen 1925 enorm stei-

gern[341]. Bei den Wahlen vom 16. Dezember 1928 hielten sie ihr Ergebnis.

Erstaunlich und bemerkenswert hierbei ist, daß die Reichenbacher Arbeiterparteien eine Einheitsliste der »Werktätigen Bevölkerung« bildeten. Die Liste aus linken Sozialdemokraten wie Timotheus Stöber, Rudolf Roth, Karl Erk, Christian Fischer und Kommunisten wie Karl Mödinger, Karl Steiß und Gustav und Otto Munz[342] konnte bei einer niedrigeren Wahlbeteiligung[343] sogar sechs Stimmen mehr gewinnen, als drei Jahre zuvor, als SPD und KPD mit getrennten Listen angetreten waren. Reichsweit war dies undenkbar, da die Auseinandersetzungen zwischen Sozialdemokraten und Kommunisten sich ausweiteten und Stalin die These vom »Sozialfaschismus« 1928 zum Dogma erhoben hatte[344]. Seit Winter 1927/1928 sollten Kommunisten reichsweit wie in allen Komintern-Sektionen unter dem Schlagwort »Klasse gegen Klasse« eine »ultralinke« Isolierungspolitik betreiben[345]. Mödinger war im selben Jahr, weil er am Ersten Mai gearbeitet hatte, noch aus der KPD ausgeschlossen worden[346]. Zusammen mit Otto Munz hatte er Rudolf Roth und die Sozialdemokraten

zu dem örtlichen Arbeiterbündnis bewegt. Munz und Roth wurden als Arbeitervertreter in den Gemeinderat gewählt. Für die Liste des Landwirtschaftlichen Orts- und Obstbauvereins kamen der Landwirt Christian Fallscheer, für den Handels- und Gewerbeverein der Mechanikermeister Ferdinand Köst und der Zimmermeister Friedrich Sanzi senior sowie für die Freie Wählervereinigung, die zum ersten Mal einen Vertreter entsandte, der Weber und frühere Sozialdemokrat Karl Eitel in den Rat[347].

Die fünf Jahre bescheidenen Wohlstandes in Deutschland waren nicht von einer entsprechenden Nachfrage begleitet. Die drohende Krise, die sich 1929 in gleichbleibenden oder gar rückläufigen Preisen, sinkenden Verdiensten und beginnender Arbeitslosigkeit ankündigte, wollten die meisten nicht wahrnehmen. Die *goldenen Zwanziger* fanden mit dem *Schwarzen Freitag*, dem Kurssturz an der New Yorker Börse am 24. Oktober 1929, der eine schnell auf Europa und auf Deutschland übergreifende Wirtschaftskrise auslöste, ihr jähes Ende. Bereits im September 1930 war die Zahl der Arbeitslosen im Reich auf über drei Millionen angestiegen, bis

Oben und linke Seite: In den Jahren 1927 bis 1931 wanderten viele Reichenbacher aufgrund der wirtschaftlichen Nöte ins »Land der unbegrenzten Möglichkeiten«, nach Amerika, aus. Angehörige und Freunde aus Reichenbach begleiteten Karl Leonberger (auf dem großen Bild zweiter von rechts) im Herbst 1927 bis nach Bremen, wo noch einmal Abschied gefeiert wurde. In den Vereinigten Staaten verpflichtete sich Leonberger als Berufssoldat für zwölf Jahre – zu einer Zeit, in der an Krieg nicht zu denken war. Als amerikanischer Hauptmann sollte er seinen Geburtsort 1945 wiedersehen.

September 1932 stieg sie auf 5,1 Millionen und überschritt zum Jahreswechsel 1932/33 die Sechs-Millionen-Grenze.

Ein knappes halbes Jahr nach Ausbruch der wirtschaftlichen Krise stürzte im März 1930 die letzte parlamentarische Regierung über das Problem der Beitragszahlungen zur Arbeitslosenversicherung. Der daraufhin vom Reichspräsidenten Hindenburg ernannte Zentrumspolitiker Heinrich Brüning regierte nach einer kurzen Phase einer parlamentarisch legitimierten Minderheitsregierung praktisch ohne parlamentarische Kontrolle weiter

durch Notverordnungen – unterstützt vom Reichspräsidenten[348]. Aus Angst vor einer Inflation lehnte Reichskanzler Brüning eine Abwertung der Mark ab. Um Haushaltsüberschüsse zu erreichen, wurden statt dessen Löhne gekürzt, Steuern erhöht und Arbeitslosenunterstützungen herabgesetzt, wodurch sich die Situation zuspitzte. Die deutsche Industrieproduktion sank bis 1932 auf unter 60 Prozent des Standes von 1928[349].

Württemberg überstand die Krise am besten von allen deutschen Ländern aufgrund günstiger Faktoren wie eine ausgewogene Wirtschafts- und Sozialstruktur, Dominanz einigermaßen krisenfester Industriezweige, überproportionale Stärke des gewerblichen Mittelstandes, günstige Agrarstruktur, stabile politische und finanzielle Verhältnisse in der Landesregierung sowie ein pietistisch geprägtes Arbeitsethos der Bevölkerung. Die Arbeitslosenquote lag etwa halb so hoch wie im Reich[350]. Selbst Stuttgart, das innerhalb Württembergs relativ schlecht dastand[351], galt im Vergleich mit anderen deutschen Großstädten noch als *Oase der Krise*[352]. Doch auch hier verschlechterte sich die Situation.

Die Arbeitslosigkeit erfaßte relativ stark die in der Metallindustrie zwischen Göppingen und Stuttgart Beschäftigten. Die Landwirtschaft mit ihren unrentablen Betriebsgrößen steckte ohnehin in einer Strukturkrise, die sich ab 1929 katastrophal verschlimmerte. Bürgermeister Schmid formulierte rückblickend auf sein erstes Weihnachten als Reichenbacher Bürgermeister:

Im Jahr 1927 wurden vier Arbeitslose gezählt, zu Weihnachten 1930 waren es schon 66![353]

Die Arbeitslosenrate in Reichenbach und im Arbeitsamtsbezirk Göppingen lag deutlich über dem Durchschnitt des Gesamtbezirks Württemberg[354]. Neben der Metallindustrie mußte auch die Reichenbacher Holzindustrie zu zeitweiliger Kurzarbeit übergehen, nur die Textilindustrie, vor allem die Firma Otto, war im-

Die Gemeinde förderte Ende der zwanziger Jahre stark den kommunalen und privaten Wohnungsbau, beispielsweise in der Stuttgarter, in der Bismarck- oder, wie abgebildet, in der Weinbergstraße.

mer vollbeschäftigt, was vor allem für die Steuereinnahmen Reichenbachs nicht hoch genug eingeschätzt werden kann. Aus einer monatlichen Auflistung der Hauptunterstützungsempfänger von Oktober 1929 bis April 1931 wird ein erster Höhepunkt im Februar 1931 deutlich. Die Zahl der Unterstützten im Arbeitsamtsbezirk kletterte zwischen Dezember 1930 und Februar 1931 von 26,9 auf 46,8 pro 1000 Einwohner[355]; im württembergischen Durchschnitt stieg sie in den entsprechenden Monaten von 21,4, auf 33,8[356]. Die Ausgaben des Oberamtes für Unterstützte beim Arbeitsamt Göppingen von Winter 1929 auf Winter 1930 verdoppelten sich nahezu[357].

Im Herbst 1930 initiierte Bürgermeister Schmid, nachdem bereits ständig kleinere Notarbeiten vergeben worden waren[358], ein »Komitee für eine Bedürftigenhilfsaktion Frühjahr 1931«[359]. Im November beschlossen Bürgermeister und Gemeinderat, nachdem es am Lützelbach zu Erdrutschen gekommen war, eine Korrektur des Flüßchens als Notarbeit durchzuführen[360]. Als im Sommer 1931 der amerikanische Bankenkrach zum Zusammenbruch der Darmstädter und der Nationalbank führte und einen Tag später alle Banken in Deutschland ihre Schalter schlossen, hoben die Reichenbacher panikartig ihre Sparguthaben ab, bis Bürgermeister und Landrat offiziell die Liquidität der Oberamtssparkasse verbürgten[361]. Durch Anzeigen versuchten die Oberamtssparkassen Reichenbach und Ebersbach unter Überschriften wie »Alle gegen Inflation«, »Hier sparst du sicher«, für »Vertrauen zur Mark« zu werben[362]. Im Sommer kamen weitere aus der Unterstützung der Arbeitslosenversicherung Ausgeschlossene, sogenannte »Ausgesteuerte«, hinzu. Diese waren nun ausschließlich auf die kommunale Sozialhilfe angewiesen. Ihre Lage war besonders schwierig. Bereits die Erwerbslosen, die noch Arbeitslosen- bzw. nach einigen Wochen Krisenunterstützung erhielten, mußten mit weniger als der Hälfte des Normallohns eines angelernten Arbeiters auskommen. Den nach 26 Wochen, später bereits nach 20 Wochen, *Ausgesteuerten* blieben nur noch durchschnittlich neun Mark

58

Von der Reichenbacher Gemeinde aufgestellte Notunterkünfte zwischen Reichenbach und Ebersbach 1930 bis 1932 (links: Wilhelm Traub).

in der Woche[363]. Zur Kontrolle der Arbeitslosen mußten diese zwei Mal die Woche nach Ebersbach gehen, um ihre Arbeitslosenunterstützung abzuholen.

> Die haben immer auf den Rathausstaffeln gesessen.[364]

> Mit drei Kindern hatte ich acht Mark pro Woche Arbeitslosenunterstützung. Damit uns nicht zu wohl wurde, mußten wir jedesmal nach Ebersbach laufen, um dort das Geld abzuholen.[365]

Im Herbst 1931 stieg die Zahl der Erwerbslosen erneut. Vor allem in der Holzbranche, aber auch bei der Bahn, wurden die Arbeiter häufig vor Jahresende entlassen.

> Drei Jahre lang habe ich als *Saisonarbeiter* gearbeitet, das heißt, ich wurde im Herbst entlassen, damit ich nicht als fester Stammarbeiter gelten konnte, kein Weihnachtsgeld, keinen Urlaub und auch keine Freifahrten bei der Bahn. Im Frühjahr wurde ich dann jeweils wieder eingestellt. Das war üblich.[366]

Im Februar 1932 erreichten die Auswirkungen der Weltwirtschaftskrise in Reichenbach und im Oberamt Göppingen ihren Höhepunkt. Als Folge der starken In-

dustrialisierung im Oberamt kamen auf 1000 Einwohner 78,4 Arbeitslose. Reichsweit waren mehr als sechs Millionen Arbeitslose gemeldet, und auch in Württemberg erreichte die Zahl der Arbeitslosen und Kurzarbeiter unbekannte Höhen. Im Oktober kamen auf 1000 Württemberger durchschnittlich sechs Hauptunterstützungsempfänger, zehn Krisenunterstützungsempfänger und elf Wohlfahrtserwerbslose[367]. Das Oberamt lag zwar unter dem Reichsdurchschnitt von etwa 90, doch erheblich höher als der Landesdurchschnitt von 49,5 Arbeitslosen auf 1000 Einwohner. Doch die angegebenen Zahlen markieren nur einen Teil der Not, da die offizielle Erwerbslosenstatistik weder mithelfende Familienangehörige noch grundbesitzende Nebenerwerbsbauern, stellenlose Jugendliche und über sechzig Jahre alte Arbeitslose erfaßte[368]. Viele der Befragten erinnerten sich an die Zeit der Not:

> Als Kind betete ich abends immer: Lieber Gott, laß meinen Vater nicht arbeitslos werden. (...) Wir haben als Kinder alles mögliche unternommen, um wenigstens an ein paar Pfennige zu kommen. Wir haben immer wie-

der »Theateraufführungen« organisiert, da mußten die Großmütter kommen und zuschauen, und wir haben eine Ballade oder ein Gedicht vorgetragen. Am Schluß veranstalteten wir eine Tombola, bei der Lose gegen einen Pfennig zu erstehen waren. Es gab auch etwas zu gewinnen dabei: ein Sträußchen Petersilie aus dem Garten.[369]

Mundraub im Sommer hat man immer gekannt. Die Bauern haben Stacheldraht oder Wagenschmiere um die Baumstämme gewickelt.[370]

Die Not der Bevölkerung spiegelte sich in mannigfacher Weise in den Maßnahmen von Bürgermeister und Gemeinderat wider. Die Gemeinde gab sehr viel Geld aus, um die Not lokal zu lindern, und überzog dabei wissentlich den Haushalt. So beschloß der Gemeinderat immer wieder Stundungen der Steuer- und Mietschulden[371], die von den Schuldnern nicht mehr erbracht werden konnten[372], etwa bei der Firma Balluff, die ihre Steuern aus den Jahren 1925 bis 1929 nicht mehr bezahlen konnte und im August 1931 zwangsweise versteigert wurde. Als »uneinbringliche Steuerschuld« für 1929 wurde im Haushalt von 1930 ein Restbetrag von 2545 Reichsmark verbucht[373]. Trotz Mahnungen und Vollstreckungsbefehlen in Höhe von 890 Reichsmark sowie Gerichtsvollzug und Pfändungen in Wert von 471 Reichsmark mußten auch für das Jahr 1930 als »uneinbringliche Steuer« 2928 Reichsmark abgeschrieben werden[374]. Als weitere finanzielle Auswirkung der Not schlugen »uneinbringliche Mietzinse« zu Buche, im Haushaltsjahr 1930 mit 1022 Reichsmark. Der Bürgermeister mußte feststellen, daß gegen die meisten der Schuldner Räumungsurteile vorlagen.

Diese Schuldner stehen durchweg in öffentlicher Fürsorge, teilweise schon seit Jahren. (...) P. S. ist auf Grund des Räumungsurteils in einem Eisenbahnwagen untergebracht worden. Dasselbe gilt für G. K. Derselbe hat seit 1. 10. 1931 monatlich 5 RM zu bezahlen (...), bezahlt hat er noch nichts. Er hat eine kinderreiche Familie und ist viel arbeitslos. Irgendwelcher pfändbarer Fundus ist nicht vorhanden, so daß eine zwangsweise Betreibung von vornherein als erfolglos zu bezeichnen ist.[375]

Der ungedeckte Abmangel 1930 betrug 29 750 Reichsmark[376]. Nach einem Schreiben der Ministerialabteilung für Bezirks- und Körperschaftsverwaltung zum Reichenbacher Haushalt »sind zu seiner Ausgleichung durchgreifende Maßnahmen der Aufsichtsbehörde notwendig, da der Gemeinderat und der Ortsvorsteher die Ausgleichung unterlassen haben«. Vorgeschlagen wurde eine Nachumlage für das Rechnungsjahr 1930 von 25 Prozent der Ertragskataster und ein Bürgersteuerzuschlag von 100 Prozent[377]. Auf die Anforderung, ausstehende Schulden einzutreiben, antwortete das Bürgermeisteramt immer wieder mit folgender Argumentation:

Soweit die Zwangsvollstreckung noch nicht durchgeführt ist, handelt es sich durchweg um Personen, die in solch schlechten Verhältnissen leben, daß eine Betreibung erfolglos wäre und nur noch weitere Kosten verursachen würde.[378]

Der gesamte »tatsächliche Schuldenstand der Gemeinde« zum 1. April 1931 belief sich auf 117 393 Reichsmark[379]. Doch die Steigerung der kommunalen Wohlfahrtsausgaben hielt an. Allein der Haushaltstitel »Ausgaben für Einzelposten der kommunalen Fürsorge«, hierunter fielen unter anderem Kost- und Verpflegungsgaben, Lebensmittel, Kleidung und Heizung, stieg von 700 Reichsmark in den Jahren 1929 und 1930 auf 2000 im Jahr 1931, 3500 im Jahr 1932 und 3800 im Jahr 1933[380].

Am 2. November 1931 eröffnete die Gemeinde im Raum der Hauswirtschaftsschule im Schulhaus eine *Volksküche*[381]. Für 15 Pfennig pro Erwachsenenmahlzeit und 10 Pfennig pro Kinderessen konnten sich Bedürftige vergleichsweise günstig satt essen[382]. Im Folgewinter wurden außerdem eine *Schülerspeisung* und ein *Alten-Kosttisch* eingeführt[383]. Um die Gemeindefinanzen zu schonen, rang sich Bürgermeister Schmid im November 1931 zu einer ungewöhnlichen Handlung

Zur Linderung der durch die Arbeitslosigkeit verursachten Not gab die Gemeinde sogenannte »Notarbeiten« aus; hier die Ausbaggerung der Fils 1931 (Gustav Munz, Wilhelm Traub).

durch. Er richtete einen Aufruf an alle Reichenbacher Bürger, »die dazu noch irgendwie in der Lage und gewillt sind«, die Gemeinde in ihrer »vordringlichen Aufgabe und Pflicht« zu unterstützen und in Anbetracht der großen Not »helfend einzugreifen«[384]. Dabei erachtete Schmid »die Einrichtung einer sogen. Volksküche während der schlimmsten Wintermonate als wirksamste Hilfsmaßnahme«. Unter der Devise »Ein jeder trage des andern Last« bat Schmid um Geldspenden und um alles Entbehrliche.

(...) wir bitten vornehmlich um Naturalgaben, weil wir annehmen, daß ein Opfer in dieser Gestalt heute am leichtesten fällt, willkommen sind Kartoffeln, Wintergemüse, Fett, Oel, Essig, Fleisch, Mehl und sonstiger Kochbedarf.[385]

Vorstand der neugegründeten *Winternothilfe Reichenbach*[386] wurde Friedrich »Fritz« Bullinger, seit 1931 Erster Vorsitzender der *Ortsgruppe* des »Reichsbundes

der Kriegsbeschädigten, Kriegsteilnehmer und Kriegshinterbliebenen«, außerdem Gründungsmitglied und Vorsitzender des Musikvereins[387] sowie sozialdemokratischer Kandidat bei den Gemeinderatswahlen 1931[388]. Auf sein Einwirken beschloß der Musikverein in der Ausschußsitzung vom 5. Dezember 1931, ein Benefizkonzert zugunsten der *Winternothilfe* durchzuführen[389]. Die *Winternothilfe* führte eine Haussammlung für eine Weihnachtsbeihilfe durch[390], über die »rund 1000 Reichsmark«[391], davon 500 durch die Firma Otto[392], knapp 96 durch die Gemeinde[393] und der Rest durch Kleinspenden, erbracht werden konnten. Am 22. Dezember händigte der Bürgermeister die Weihnachtsbeihilfe innerhalb einer Weihnachtsfeier aus, die die evangelischen Frauen um Charlotte Bücheler ausrichteten[394].

Das ganze Frühjahr über reagierte der Gemeinderat durch Einzelfallentscheidungen auf die Notlage vieler Reichenbacher[395]. In der Sitzung der Ortsfürsorgebehörde vom 8. Juli 1932 führte die Gemeinde *Bettlerwohlfahrts-Scheine* zum Bezug von Lebensmitteln ein[396].

Vor allem die jüngeren Arbeitnehmer traf die wirtschaftliche Situation hart. Im September 1932 waren im Arbeitsamtsbezirk Göppingen 1330 männliche und 578 weibliche Arbeitslose unter 25 Jahre gemeldet, was einem Anteil von 30,3 bzw. 41,1 Prozent der Gesamtbevölkerung dieses Alters entspricht[397].

> An die Notarbeiten seitens der Gemeinde kann ich mich sehr gut erinnern, doch die haben zuerst den älteren Familienvätern eine Arbeit gegeben. Man wußte ja über die Familienverhältnisse schon so ungefähr Bescheid. Ich habe da nie eine Arbeit bekommen. Auf dem Rathaus sagte man: Der kann ja bei seinem Vater mitarbeiten, er wohnt auch noch dort, da gibt es vordringlichere Fälle.[398]

Ab Frühsommer 1932 drängte der »Freiwillige Arbeitsdienst Göppingen« ständig beim Bürgermeisteramt auf Vorschläge für ein Arbeitsbeschaffungsprogramm der Gemeinde[399]. Die seit Sommer 1931 von der Regierung geförderten Lager des Freiwilligen Arbeitsdienstes rekrutierten sich hauptsächlich aus Arbeitslosen- und Krisenunterstützungsempfängern, für die die Reichsanstalt für Arbeitsvermittlung und Arbeitslosenversicherung den Betreibern 20 Wochen lang einen Zuschuß gewährte, mit dem Ziel, die Erwerbslosenunterstützung möglichst produktiv zu verwenden[400]. Die in militärischer Disziplin den ganzen Tag arbeitenden Männer bekamen ein Taschengeld von täglich 50 Pfennig, wurden jedoch die 20 Wochen versorgt[401]. Schmid entwickelte daraufhin eine Konzeption mit drei größeren Projekten, die Pflasterung der Durchgangsstraße, die Umstellung der Eisenbahnhauptlinie auf elektrischen Betrieb sowie die Korrektur des Filsbettes[402]. Diese boten in den folgenden Monaten und Jahren über Reichenbach hinaus Arbeit für Arbeitslose und wurden über Staatsgelder finanziert[403]. Die Pflasterung der Durchgangsstraße hätte bereits 1931 verwirklicht werden sollen. Die Gesamtkosten von 108 000 Reichsmark – so Schmids Plan – sollten über einen Staatsbeitrag von 60 000, einen Zuschuß der Grundförderung der Reichsarbeitslosenfürsorge in Höhe von 3500 und über Schuldenaufnahme durch die Gemeinde in Höhe von 45 000 Reichsmark aufgebracht werden[404]. Da der hierfür beantragte Staatsbeitrag nicht bewilligt worden war, hatten Gemeinderat und -verwaltung das Projekt auf 1932 verschoben. Junge Männer aus Reichenbach sowie Männer aus Göppingens Umgebung, aber auch aus Mannheim und Italien, die im Göppinger Arbeitsdienstlager untergebracht waren, arbeiteten von Juli bis Ende September 1932 an dieser *Etterung* der Durchgangsstraße. Gemeinderat und Bürgermeister sahen darüber hinaus eine Erweiterung des Programms über allein finanzierte Notarbeiten vor.

> Nach den Beschlüssen des Gemeinderats Reichenbach vom 18. 3., 17. 4. und 26. 6. 1932 soll zur ortsplanmäßigen Anlegung von Teilstücken der Blumen- und Marienstraße eine Schuld von 13 000 RM aufgenommen werden.[405]

Doch trotz der Notarbeiten verschlechterte sich die Lage gegen Jahresende wieder. Auch für die Vereine am Ort machte sich die »allgemeine fast erdrückende Not (...) immer deutlicher bemerkbar.«[406] So beschloß etwa die Mitgliederversammlung des Musikvereins im Oktober 1932, »infolge allmählicher Erschöpfung der Kasse aus dem Süddeutschen Musikerverband ab 1. Januar 1933 auszutreten.«[407] Die Erwerbslosen-Weihnachtsbeihilfe 1932 beantragten über 130 Reichenbacher[408].

Nicht nur Arbeiter, Ungelernte oder Tagelöhner waren von der Wirtschaftskrise betroffen. Auch Konkursmeldungen und Zwangsversteigerungen von Handwerkern häuften sich in Reichenbach. Neben der mechanischen Weberei Balluff, den Bauunternehmen Stumpp und Wolfer, dem Anwesen des Schreiners Johann Pfeiffer[409] oder des Maurers Johann Müller[410] meldeten in den Jahren 1928 bis 1932 knapp ein Dutzend Betriebe, »in denen in der Regel mindestens fünf Arbeitnehmer beschäftigt wurden«, Konkurs an oder stellten den Betrieb ein[411]. Im Sommer 1930 waren die Betriebe des Kistenfabrikanten Ferdinand Alber mit 37 000 Reichsmark, des Elektroinstallateurs Eugen Bauknecht mit 13 500 Reichsmark, der Holzwarenfabrikanten Jakob Bischoff mit 37 000 und Gustav Blessing mit 25 000 Reichsmark, die Holzhandlung Friedrich Köst mit 41 000 und die Metallwarenfabrik Emil Ziegler mit 28 000 Reichsmark im Soll[412]. Die genannten Betriebsinhaber hatten bei der Darlehnskasse Reichenbach noch Kredite über 25 000, 12 500, 30 000, 15 000, 40 000 und 25 000 Reichsmark laufen[413]. Die Sparprogramme Brünings reduzierten auch die Einkommen von Beamten und Angestellten empfindlich[414]. Die neu geschaffene Krisensteuer zweigte noch einmal bis zu fünf Prozent des steuerpflichtigen Einkommens ab. Der drastisch verminderte Geldumlauf belastete wiederum die Einkommen des gewerbe- und handeltreibenden Mittelstandes.

Im Januar 1933 gründete die Gemeindeverwaltung das »Notwerk der deutschen Jugend Reichenbach«[415]. Vom 2. Februar bis zum 31. März 1933 führte dessen Leiter, Rektor Böhringer, eine achtwöchige Betreuungsmaßnahme für arbeitslose Jugendliche durch. Für 20 Pfennige täglich bekamen die 16 Teilnehmer der Jahrgänge 1909 bis 1914 in den vom CVJM angemieteten Räumen je 24 Wochenstunden »allgemeine und berufliche Fortbildung«, sechs Stunden Leibesübungen und eine warme Mahlzeit[416].

Anfang Januar 1933 mußte Pfarrer Erhardt mitteilen, daß er als Vorsitzender des Kirchengemeinderats zu Beginn des neuen Jahres vor den Oberkirchenrat geladen wurde, um Rechenschaft darüber abzulegen, warum die Reichenbacher Kirchengemeinde mit der Ablieferung ihrer Kirchensteuer des Jahres 1931 immer noch im Rückstand sei, obwohl sie einen der niedrigsten Sätze im ganzen Land erhob.

Es war für mich alles andere als erhebend, bei dieser Gelegenheit zu hören, daß wir zwar nicht die allerletzte Gemeinde seien, aber nur noch mit etwa 8–10 anderen auf dem letzten Bänklein sitzen. Das sollte doch anders werden![417]

Zwischen dem 25. Januar und dem 8. Februar 1933 stieg die Anzahl der unterstützten Arbeitslosen im Bezirk von 3005 auf 3443 und die Zahl der Kurzarbeiter von 3172 auf 3690[418]. Noch im Juni 1933, also zu einer Zeit, in der von der Jahreszeit her die Arbeitslosigkeit rückläufig war und in der die Arbeitsbeschaffungsprogramme der Reichenbacher Gemeinde und des Oberamts deutlich Wirkung zeigten, war die Arbeitslosigkeit in Reichenbach vergleichsweise hoch. 186 Männer und Frauen waren arbeitslos, das sind 13,7 Prozent der Erwerbstätigen und sieben Prozent der Einwohner. Die Familienangehörigen mitgerechnet, mußten aufgrund der Arbeitslosigkeit insgesamt 346 Reichenbacher – also über 13 Prozent[419] – von staatlicher Unterstützung leben. Damit war die Arbeitslosigkeit mehr als doppelt so hoch wie im Durchschnitt des Arbeitsamtsbezirkes Württemberg-Hohenzollern und eine der höchsten überhaupt[420]. Da »21 anerkannte und einige sonstige« Arbeitslose noch nicht in Notarbeitsmaßnahmen eingebunden waren, planten der Bürgermeister und die Verwaltung eine weitere »Korrektion des Lützelbaches«, also verschiedene Uferverbesserungen sowie den Bau dreier Brücken. 20 Notstandsarbeiter seien damit 100 Tage zu beschäftigen[421].

Im Jahre 1914 hatte die Gemeinde ein halbes Prozent der über das Gewerbekataster eingenommenen Gelder für Armenkosten ausgegeben, bis zum Jahr 1933 hatte sich dieser Anteil auf knapp 19 Prozent erhöht. Der *Gemeindeumlagesatz*, die Steuer, über die kommunale Haushaltsdefizite auf die Gemeindebewohner umgelegt wurden, stieg von 17 auf 23 Prozent[422]. Im Bericht über den Gemeindeverlauf 1932 und 1933 faßte der Bürgermeister zusammen:

Kreuzung Ulmer Straße (Rößle/Waldhorn): Treffpunkt der Erwachsenen und fast Erwachsenen – und der vielen Arbeitslosen.

Die Steuerkataster und sonstige Einnahmequellen sind immer mehr zusammengeschmolzen, andererseits sind die Fürsorgelasten in ungeahntem Maß gestiegen (...). Der Steuerschuldenstand der Gemeinde beträgt Ende 1933 etwa 172 300 Reichsmark.[423]

Mehr Geld hereinzubringen erschien aussichtslos, im Gegenteil, die Gemeinde gab noch mehr Geld aus, um über Notarbeiten die Not der Reichenbacher Arbeitslosen zu lindern. Baumaßnahmen am Schulhaus kosteten 8000[424], ein Grundstückserwerb für eine Gemeindehalle schlug mit 15 000[425], ein erster Umbau der Durchgangsstraße mit 45 000[426] und die geplante Erstellung von weiteren sechs Kleinsiedlerstellen mit 14 000 Reichsmark[427] zu Buche. Der Abmangel für das Rechnungsjahr 1933 betrug rund 32 000 Reichsmark.

Die Not war im Dorfbild zum einen durch die an der Kreuzstraße stehenden Arbeitslosen sichtbar.

Da lungerten sie nun herum, auf dem Sportplatz oder an der Hauptstraßenkreuzung, ziellos, planlos, arbeitslos, immer mehr den Glauben an andere und bessere Zeiten verlierend.[428]

Besonders eklatant trat sie darüber hinaus in den bettelnden Arbeitslosen, Zigeunern und Tippelbrüdern zutage[429], »die in ganzen Strömen das Filstal herunterzogen und von der Göppinger ›Herberge zur Heimat‹ kamen«[430].

Man hat's Haus abschließen müssen, denn Diebstähle und Betteleien waren an der Tagesordnung.[431]

Die haben uns auch mal eine Henne gestohlen. Da hieß es: »Zigeuner sind da, alles anbinden!« Und dann die Bettler. Handwerksburschen haben gebettelt und auch mal im Arrest übernachtet. Viele haben immer um Zigarren-Stumpen gebettelt, da hätte man jeden Tag 20 Bettlern etwas geben können.[432]

Unabhängig von persönlicher Betroffenheit bei Arbeitern, ungelernten Tagelöhnern, Handwerkern, Beamten und Angestellten erzeugte die Weltwirtschaftskrise ein Klima der wachsenden Furcht vor Hunger, Verarmung, sozialem Abstieg sowie vor einer kommunistischen Revolution und einem Bürgerkrieg[433].

> Auch in der Kirche hat man öfters gehört, entweder käme der Kommunismus oder der Hitler. Der war dann doch vielleicht noch das kleinere Übel. Viele SA-Leute sind ja sogar in die Kirche gegangen.[434]

Sowohl Angehörige des selbständigen wie des unselbständigen Mittelstandes fühlten sich von dem Abstieg auf der »Stufenleiter der Erniedrigung«[435] bedroht.

Gerade die derart verunsicherten, selbst noch nicht von Arbeitslosigkeit betroffenen Wähler wandten sich wohl in zunehmendem Maße den rechtsextremen Parteien zu[436].

Die *braune Bewegung* Reichenbachs gewinnt Struktur

Die letzten Jahre der Weimarer Republik waren gekennzeichnet durch wirtschaftliche und politische Instabilität. Folgen der katastrophalen wirtschaftlichen Situation waren nicht nur Schuldzuweisungen an die jeweiligen demokratischen Regierungen, sondern eine Infragestellung der Demokratie überhaupt. Die häufigen Wahlkämpfe nach dem Auseinanderbrechen der Großen Koalition im März 1930 führten zu einer oft hitzigen öffentlichen Diskussion und zu einer allgemeinen Politisierung. Zwischen September 1930 und März 1933 wurden die Reichenbacher acht Mal zur Urne gerufen: bei vier Reichstags-, zwei Reichspräsidentenwahlen, einer Landtags- und einer Kommunalwahl. In den *goldenen zwanziger Jahren*, zwischen 1924 und 1928, war die NSDAP in Reichenbach nahezu in der politischen Versenkung verschwunden. Bei den Landtagswahlen 1928 hatten sie 13 Stimmen, also 1,4 Prozent, bekommen, bei der Reichstagswahl desselben Jahres 23 Stimmen, also 2,4 Prozent, und bei den Gemeinderatswahlen desselben Jahres gar nicht erst kandidiert.

1929 handelte unter dem Vorsitz des Amerikaners Owen D. Young[437] eine Sachverständigenkommission in Paris neue Konditionen für die Reparationszahlungen aus. Ihr Vorschlag, die Reduzierung der deutschen Zahlungen, deren zeitliche Begrenzung und eine um fünf

Jahre vorverlegte Räumung des noch besetzten Ruhrgebietes auf den 20. Juni 1930, entfachte einen bitteren Propagandakampf der oppositionellen Nationalisten. Um die stabilisierende Wirkung dieses außenpolitischen Erfolges der republiktragenden Parteien zu torpedieren, setzten sie die Übereinkunft mit dem *Diktat von Versailles* gleich. Am 21. August wurde das Abkommen angenommen[438]. Alfred Hugenberg, der Parteivorsitzende der Deutschnationalen, Franz Seldte, der Führer des *Stahlhelm*, und Adolf Hitler, Führer der Nationalsozialistischen Deutschen Arbeiterpartei, riefen einen Reichsausschuß für das deutsche Volksbegehren gegen den Young-Plan ins Leben[439]. In dem Gesetzentwurf »gegen die Versklavung des deutschen Volkes«[440] forderten die Gegner überdies die strafrechtliche Verfolgung der unterzeichnenden Politiker[441]. Im Zusammenhang mit dieser Kampagne gelangte die NSDAP auch in Württemberg wieder zu Publizität. Ob der intensiven Agitation und Diskussion versandte der Landesausschuß für das Volksbegehren am 25. Oktober weitere »Einzeichnungslisten« an die Gemeinden, »falls die seinerzeit übersandten Listen nicht ausreichen sollten«[442].

Diese Sorge war für Reichenbach unbegründet, da sich insgesamt nur fünf junge Männer – alle übrigens des Jahrganges 1908/09 – für das Volksbegehren eintrugen[443]. Bei der Abstimmung am 22. Dezember konnten die Völkischen immerhin 98 Reichenbacher mobilisieren, die zur Abstimmung gingen und sich für den Gesetzesvorschlag und gegen den Young-Plan aussprachen[444]. Die Zusammenarbeit mit den konservativen Nationalisten machte den als Revolutionär verschrienen Hitler auch in den bürgerlichen Kreisen Reichenbachs salonfähig.

Das Volksbegehren und die hervorgerufene gesellschaftliche Diskussion hatten der nationalsozialistischen Propaganda ein breites Wirkungsfeld eröffnet. Die sich rasch verschlechternde wirtschaftliche Situation stärkte darüber hinaus alle radikalen Parteien erheblich[445]. Aus der Unzufriedenheit und der Angst von Millionen, die von Arbeitslosigkeit, Kurzarbeit und drastischen Steuererhöhungen betroffen waren, konnten sie politisches Kapital schlagen. Seit Beginn der Präsidialkabinette im März 1930 regierten die Minderheitsregierungen lediglich aufgrund des Ausnahmeartikels 48 der Reichsverfassung, gestützt auf das Vertrauen des Reichspräsidenten. Da sich auch das württembergische Parlament seltener auf einen Kompromiß einigen konnte, entschied die geschäftsführende Landesregierung Bolz ebenfalls häufiger ohne das Parlament. Als am 18. Juli das Finanzprogramm des neuen Reichskanzlers durch die Aufhebung einer Notverordnung durch den Reichstag scheiterte, löste der Reichspräsident den Reichstag auf und schrieb für den 14. September 1930 Neuwahlen aus. Dabei bewarb sich erstmals der in der Tradition des württembergischen Pietismus stehende Christliche Volksdienst (CVD), der vorher nur für den Landtag Kandidaten aufgestellt und sich Ende Dezember 1929 auf Reichsebene mit der Christlich-Sozialen Reichsvereinigung, deren Mitglieder nahezu geschlossen aus der DNVP ausgetreten waren[446], zum Christlich Sozialen Volksdienst (CSVD) zusammengeschlossen hatte.

In Reichenbach propagierte den Volksdienst vor allem Adolf »Mühlenfischer«,

der 1922 mit den Nationalsozialisten sympathisiert und an der »Schlacht am Walfischkeller« teilgenommen, im Dezember 1925 die Liste des »Freien Wählervereins« gegründet und sich über die Bürgermeisterwahl an das progressive Milieu angenähert hatte[447]. Auf Anhieb errang die Partei 13,3 Prozent der Stimmen. Über sein Engagement für den Christlichen Volksdienst orientierte sich »Mühlenfischer« wieder nach rechts, und bei den Gemeinderatswahlen im Dezember 1931 kandidierte er schließlich für die Liste des Landwirtschaftlichen Orts- und Obstbauernvereins[448].

Die Nationalsozialisten gewannen immens dazu und erhielten 20,3 Prozent der Stimmen. Der »Erdrutsch«[449], der das Lager der NSDAP reichsweit auf über 37 Prozent hatte anschwellen lassen, hatte Reichenbach zwar noch nicht erreicht, doch begann mit dieser Wahl die kontinuierliche, teilweise sprunghafte Aufwärtsentwicklung der NSDAP in Reichenbach. Interessant ist die Veränderung im Wahlverhalten der Jahre 1928 zu 1930: Die KPD fiel von 21,6 auf 16,5 Prozent, die SPD von 27,5 auf 26,3 Prozent, die DDP von 14,9 auf 8,1 Prozent. Der CVD stieg von 4,2[450] auf 13,3 Prozent und die NSDAP von 2,4 auf 20,3 Prozent[451].

Doch kann von den prozentualen Verlusten der einen nicht direkt auf die Gewinne der anderen geschlossen werden. Die Betrachtung der Stimmenanzahl ist für Aussagen über eventuelle Wahlwanderungen von zentraler Bedeutung: Bei einer Steigerung der Wahlbeteiligung gegenüber den Reichstagswahlen vom Mai 1928 um 295 gültige Stimmen[452] von 62 auf 78 Prozent behielten die Kommunisten (203 zu 204 Stimmen), das Zentrum (10 zu 12 Stimmen) und Splitterparteien wie die Bauernpartei (1 zu 1 Stimme) annähernd ihre Wählerzahl, wie im übrigen auch die Jahre davor. Im Verhältnis zur deutlich gestiegenen Wahlbeteiligung verloren sie damit prozentual erheblich. Die DVP konnte knapp die Hälfte an Stimmen dazugewinnen (74 zu 100 Stimmen) und ihren prozentualen Anteil leicht ausbauen. Der Bauern- und Wein-gärtnerbund mußte leichte Stimmenein-bußen (73 zu 62 Stimmen) hinnehmen und sank damit prozentual spürbar (von 7,8 auf 5 Prozent). Erhebliche Schwan-kungen gab es auch bei der Volksrechts-partei (86 zu 46 Stimmen). Die DNVP, die in Reichenbach ähnlich wie im Land we-gen der Konkurrenz des Bauern- und Weingärtnerbundes sowieso nie eine große Rolle gespielt hatte, mußte eine Halbierung ihrer Stimmenanzahl (30 zu 16 Stimmen) in Kauf nehmen. Die Sozial-demokraten konnten zwar ihren Wähler-stamm um über ein Viertel erhöhen (259 zu 325 Stimmen), relativ zur Zunahme der Gesamtwähler verloren sie damit aber ein starkes Prozent. Verlierer war die staatstragende Deutsche Demokratische Partei, deren Wähleranteil – in gemeinsa-mer Liste mit der Wirtschaftspartei – auf weniger als ein Viertel zusammen-schrumpfte (142 zu 34 Stimmen).

Die Gewinner waren einerseits der Christliche Volksdienst, der in einer Ein-heitsliste mit der Evangelischen Bewe-gung angetreten war und sowohl in Stim-men (40 zu 165 Stimmen) wie in Prozen-ten sein bestes Ergebnis in Reichenbach überhaupt erzielen konnte, und eben die Nationalsozialisten. Im Vergleich zur Reichstagswahl vom Mai 1928 konnte die NSDAP die Anzahl ihrer Wähler mehr als verzehnfachen (23 zu 251 Stimmen). Rela-tiv zur damals gleichzeitigen Landtags-wahl (13 Stimmen) war die Steigerung noch höher. Rechnet man die Steigerung des Völkisch-Nationalen Blocks noch hin-zu, fällt der Wahlsieg noch glänzender aus. Zu erwähnen ist die enge Zusam-menarbeit der christlichen mit der brau-nen Partei; Adolf »Mühlenfischer«, zwi-schenzeitlich zum Gauvorsitzenden des Verbands homöopathischer Vereine »Fils-tal« gewählt[453], protegierte einerseits den Christlichen Volksdienst am Ort, betonte aber auch ständig seine Sympathie für die braune Bewegung. Eventuelle Wahlwande-rungen sind alleine durch Betrachtung der beiden Wahlen von 1928 und 1930 schwer festzustellen. Festzuhalten bleibt,

daß die Kommunisten und das katholi-sche Zentrum ihre Stammwähler behalten konnten und wohl nicht NSDAP wählten. Dies deckt sich mit älteren wie mit neue-ren Untersuchungen, wonach diese bei-den Gruppierungen »sich als einigerma-ßen immun« gegen die Agitation der Na-tionalsozialisten erwiesen[454]. Ebenso zu registrieren bleiben die vielen ehemaligen Nichtwähler (fast 16 Prozent), die durch die Nationalsozialisten zur Beteiligung an der Wahl gewonnen werden konnten. Das Wahlverhalten der bürgerlich-konservati-ven sowie der sozialdemokratischen Wähler soll im folgenden Kapitel zusam-menfassend diskutiert werden[455].

Mit der Wahl vom September 1930 be-gann die Aufwärtsentwicklung der Na-tionalsozialisten in Reichenbach, nicht nur in bezug auf die Wahlergebnisse. Auch die Parteiorganisation nahm klarere Strukturen an und trug massiv zur Durchsetzung der *Bewegung* am Ort bei. Die ersten Nationalsozialisten wie Paul Bescherer[456] und später Karl Acker[457], Hans Lautenschlager und Adolf »Müh-lenfischer« waren als Mitglieder der Göp-pinger *Ortsgruppe* geführt. Nach der In-haftierung Hitlers fanden sie nur gele-gentlich öffentliche Unterstützung, etwa bei Veranstaltungen des Holzarbeiterver-bandes, der im Gasthaus zur »Post« einen Stammtisch hatte und eine Grußbotschaft an Adolf Hitler anläßlich dessen Entlas-sung aus dem Landsberger Gefängnis verabschiedete[458]. Doch aufgrund der Richtungskämpfe innerhalb der *Bewegung* sowie der wirtschaftlich entspannten Si-tuation während der *Goldenen Zwanziger* schrumpfte die NSDAP, die von Munz schon früh in den Veranstaltungen als für anständige Reichenbacher nicht wählbar bezeichnet worden war[459], bis zur Bedeu-tungslosigkeit und war als Partei unat-traktiv. Das sich zunehmend entfaltende Vereinswesen innerhalb der Arbeiter-schaft wie auf bürgerlicher Seite befrie-digte die Bedürfnisse der meisten Rei-chenbacher nach Freizeitgestaltung wie nach einem kulturellen und sozialen Umfeld. Zwar trug die Mehrzahl der Vereine zur Polarisierung und Politisierung der Reichenbacher Gesellschaft bei, doch insbesondere die Vereine des bürgerlichen Lagers, die durchaus auch konservatives, reaktionäres und militaristisches Gedan-

Hans Lautenschlager (links), der »erste Nationalsozialist« im Gemeinderat, und Paul Bescherer (rechts), der Reichenbacher *Parteigenosse* mit der niedrigsten Parteinummer. Beide öffneten nationalsozialistischen Ideen die Türen zu den bürgerlichen Kreisen Reichenbachs.

kengut kultivierten, übertrugen dies noch nicht in parteipolitische Forderungen. Ortsvereine der großen bürgerlichen Parteien gab es nicht am Ort, und die wechselnden Versuche, als »Bürgerpartei«, »Christliche Vereinigungen«, »Freier Wählerverein« oder »Freie Wählervereinigung« entsprechende Parteien am Ort zu verankern, waren alle fehlgeschlagen.

Mit Beginn der Wirtschaftskrise und nachdem Hitler öffentlich erklärt hatte, nur noch mit legalen Mitteln die Macht erobern zu wollen, stieg die Attraktivität der NSDAP für die bürgerlichen Kreise Reichenbachs. Die Agitation um den Young-Plan, die die Partei überregional populär machte, fand am Ort immerhin bei knapp 100 Befürwortern des Gesetzes Resonanz. Auch einige Reichenbacher Arbeitslose, vor allem über die Maschinenfabrik Esslingen rekrutiert, gingen zur Esslinger *SA*.

Da sind einige schon recht früh spinnert rumgerannt; die *SA* war schon 1929 da. Doch erst als die Arbeitslosigkeit größer wurde, wuchs auch die *SA*. Da hat's geheißen: »Gehst in die *SA*, da kriegst a Geschäft.« Die Unternehmen sind alle deutschnational gewesen. Die Einstellungschance war durchaus höher, wenn man in der *SA* war. Ausgenommen der Schöttle, der hat ja mit anderen sympathisiert.[460]

Seit Frühjahr 1930 trafen sich sowohl die eher nach Göppingen orientierten älteren wie die nach Esslingen tendierenden jüngeren Nationalsozialisten Reichenbachs im Gasthaus zur »Post«, dem späteren »Lokal der hiesigen *Ortsgruppe* der NSDAP«[461].

Zwar hatten sie keinen offiziellen Vertreter im örtlichen Gemeindegremium, doch nutzten einzelne angesehene Parteimitglieder durchaus ihre Möglichkeiten der Einflußnahme. Zu nennen sind Paul Bescherer und Hans Lautenschlager, die am Ort im CVJM bzw. im Schwäbischen Albverein aktiv waren und beide mit sehr angesehenen Frauen verheiratet waren. Caroline Bescherer, Mitglied der alteingesessenen Familie Kohlhaas, war Inhaberin eines Kurzwarenladens und bekannt als »Mutter von ganz Reichenbach«[462], und Margarete Lautenschlager war bekannt als »Mutter der *Ortsgruppe*«[463] des Albvereins. Der Stuttgarter Kurzwarenvertreter Bescherer war nach der Heirat 1919 ins Haus seiner Frau nach Reichenbach gezogen. Als engagierter Christ war der Vater von fünf Kindern sehr aktiv im CVJM. Nachdem er Ende der zwanziger Jahre arbeitslos wurde, trat er in die NSDAP ein und half seiner Frau im Laden.

Aus der Nebenverdiensttätigkeit der Frau wurde nach der Arbeitslosigkeit des Mannes die Hauptverdienstmöglichkeit. Vorwiegend hat die Frau das Geschäft gemacht, die Familie hat vom Laden gelebt.[464]

Bescherer galt als die Autorität der Partei am Ort, ein Christ und gemäßigter Nationalsozialist, der über seine Kontakte zum Turnverein und zu kirchlichen Kreisen sowie über familiäre Bande den Ideen der

Hermann Mangold, Sparkassenleiter und Leiter der Reichenbacher Ortsgruppe der NSDAP
– hier im Reichenbacher Rathaus, nach 1933.

braunen Bewegung die Türen bürgerlicher Kreise Reichenbachs öffnete. Der ehemalige Albvereinsvorsitzende Hans Lautenschlager hatte bei den Gemeinderatswahlen 1928 für die Liste des Handels- und Gewerbevereins kandidiert und war nach dem Ausscheiden seines Listenkollegen Sanzi für diesen »als erster Nationalsozialist«[465] ins Gemeindekollegium nachgerückt.

Auch Kommerzienrat Heinrich Otto, Ehrenvorstand im Reichenbacher »Kriegerverein«[466], dürfte hier zu nennen sein. Zwar war Otto nicht Mitglied der NSDAP[467], doch der *Bewegung* sehr wohlgesonnen[468]. Als Reichenbacher Ehrenbürger, Gründer des Kolonialvereins und Mitglied unter anderem im Alldeutschen Verband, in der Schützengilde, im Turnverein und bei der »Concordia«[469] trug Otto durch sein gesellschaftliches Ansehen zu deren Akzeptanz bei[470].

Im Frühjahr 1930 ergab sich im Kontext des Beitritts der Gemeinde zur Konsumgenossenschaft für die Nationalsozialisten eine Möglichkeit, kommunalpolitisch eine Gegenposition zu der der SPD und der KPD zu beziehen, einen traditionellen Bestandteil der Arbeiterkultur anzugreifen und sich gleichzeitig als Interessenvertreter der örtlichen Gewerbetreibenden zu profilieren.

Nach Vorgesprächen und einem Antrag von Gemeinderat Schloz, dem 474 Mitglieder starken Konsumverein[471] beizutreten, kam es am 16. April 1930 zu lebhaften Diskussionen im Gemeinderat. Die Vertreter des Handwerks befanden sich in »heikler Situation«, denn die Konsumgenossenschaft sei für den Einzelhandel »schädlich und existenzbedrohend«[472]. Sozialdemokratische und kommunistische Gemeinderäte forderten für die Konsumvereine, die als preisbildender Faktor im Wirtschaftsleben dringend nötig seien, gleiche Rechte gegenüber den privaten Geschäftsleuten. Da die Städte Göppingen und Esslingen ebenfalls in den dortigen Konsumvereinen Mitglied seien und unter Hinweis auf die Rolle des Vereins als kommunaler Steuerfaktor, hielt es der Vorsitzende des Konsumaufsichtsrats und SPD-Gemeinderat Karl Fischer »für selbstverständlich, daß dem vorliegenden Antrag vom ganzen Gemeinderat mit allen Stimmen zugestimmt wird«. Gemeinderat Lautenschlager appellierte »an die Großmut des Konsumvereins« und meinte, dieser »möchte auf die Mitgliedschaft der Gemeinde freiwillig verzichten«. In geheimer Abstimmung kam es zu sechs »Ja-« und sechs »Neinstimmen« bei einer Stimmenthaltung[473]. Bürgermeister Schmid sprach sich im Stichentscheid für den Beitritt der Gemeinde zum Konsumverein aus.

Mit Verweis auf Punkt 16 des NSDAP-Parteiprogramms von 1920, in dem »die Schaffung eines gesunden Mittelstandes und seiner Erhaltung, sofortige Kommunalisierung der Großwarenhäuser und ihre Vermietung zu billigen Preisen an kleine Gewerbetreibende« gefordert wurde[474], erhoben die örtlichen Nationalsozialisten die Zurücknahme dieser Entscheidung zu einer ihrer zentralen kommunalpolitischen Forderungen in den folgenden drei Jahren. Zwar konnten sie den Beitritt der Gemeinde zur Konsumgenossenschaft nicht verhindern, doch die Nationalsozialisten hatten sich, noch bevor sie sich als *Ortsgruppe* selbst organisiert hatten, außer als Bannerträger allgemeingesellschaftlicher völkisch-nationalistischer Forderungen als möglicher Interessenvertreter gegen die Arbeiterparteien bei den Gewerbetreibenden am Ort empfohlen.

1927 war der am 6. August 1888 in Rommelshausen geborene Hermann Gottlob Mangold als Hauptzweigstellenleiter der Oberamtssparkasse nach Reichenbach gekommen[475]. Zwar hatte der Kaufmännische Angestellte eine nicht unwichtige Position, etwa bei der Vergabe von Krediten an Reichenbacher Bürger, er war jedoch weder in Vereinen noch sonst im gesellschaftlichen Leben Reichenbachs aufgefallen. Im Kontext der Young-Propaganda trat er im Mai 1929 der NSDAP bei[476]. Der Reichenbacher Sparkassenlei-

ter entwickelte schnell beste Kontakte zu den *Parteigenossen* nach Esslingen.

Bis ins letzte Drittel der Weimarer Republik hinein war das »rote Esslingen« eine Hochburg der Arbeiterschaft gewesen. Wie aus einem Bericht der Esslinger *Ortsgruppe* der NSDAP hervorgeht, hatte diese 1928 lediglich 78 Mitglieder. Trotzdem galt Esslingen seit 1925 als »Keimzelle des Nationalsozialismus« für die engere und weitere Umgebung, und 1928 wurde mit der Einsetzung des Esslingers Wilhelm Murr zum *Gauleiter* durch Hitler die Stadt zur Parteizentrale des Landes[477]. Aus einer »Hochburg der Sozialdemokratie«[478] war die »Hochburg der Bewegung«[479] geworden. Durch einen immensen Propagandaaufwand konnten bis zum »Machtantritt«[480] 1933 452 *Parteigenossen* gewonnen werden. Die Esslinger Gaugeschäftsstelle, die die Reichenbacher *Parteigenossen* sehr intensiv betreute[481], verfügte seit 1927 über die zahlenmäßig stärkste *SA*-Truppe in Württemberg, die sich massiv an der intensiven Propaganda der Esslinger beteiligte[482]. Die Standarte 121, der auch einige jüngere Reichenbacher *Parteigenossen* angehörten[483], fehlte bei keiner größeren Saalschlacht und war in allen Städten Württembergs bekannt als der »schlagkräftige Sturm«[484].

Auf Anregung der Esslinger sollte der Oberamtssparkassenleiter ab Mitte 1930 die örtlichen Mitgliedsbeiträge einziehen und eine Reichenbacher *Ortsgruppe* aufbauen.

Ich habe damals die Kassen- und Propagandageschäfte übertragen bekommen und erhielt die Mitglieder von Reichenbach/Fils durch die damalige Gaugeschäftsstelle in Esslingen aufgegeben.[485]

Ohne offizielle Gründungsveranstaltung hatte sich aus den Treffen der örtlichen Nationalsozialisten in der »Post« durch das Übertragen der »Kassen- und Propagandageschäfte« von der *Kreisleitung* an Mangold im Sommer 1930 eine Reichenbacher *Ortsgruppe* der NSDAP gegründet.

Mangold nutzte den Wahlkampf für die Septemberwahl, um verstärkt für die

Anzeige im »Filstal- und Schurwaldboten« vom 8. September 1930, aufgegeben von der jungen nationalsozialistischen *Ortsgruppe* Reichenbachs – einer der ersten im Oberamt.

neue *Ortsgruppe* zu werben. Er lud alle Reichenbacher auf 9. September zu einer öffentlichen Versammlung mit dem *Parteigenossen* Walter Olpp aus Kirchheim in den »Hirschsaal« nach Reichenbach.

> Hierzu ist jedermann freundlich eingeladen. Diese Einladung gilt besonders auch den Herren von der SPD[486].

Persönlich lud Mangold noch den kommunistischen Gemeinderat Schloz und Otto Munz zu der »Freien Aussprache« ein. Wie schon sieben Jahre zuvor mobilisierte Munz die Mitglieder der »Freiheit«. Der Reichenbacher *Ortsgruppenleiter* berichtete zweieinhalb Jahre später darüber:

> Munz war auch Vorstand des Gesangvereins »Freiheit« und hatte demzufolge Einfluß auf die Anhänger der SPD. – Anläßlich einer früheren Versammlung der NSDAP habe ich Munz und Schloz zum Zwecke einer Diskussion eingeladen. Der Einladung leistete er mit den Mitgliedern des Gesangvereins »Freiheit« Folge.[487]

Munz blieb offenbar bei seiner Darstellung, Hitler bedeute Krieg, und die NSDAP sei für »anständige Reichenbacher«, zumal für Arbeiter, »nicht wählbar«[488]. Doch den Ausbau der jungen *Ortsgruppe* konnte er nicht aufhalten. Diese nutzte, gestärkt durch die hervorragenden Wahlergebnisse, eine weitere Gelegenheit, um auf sich aufmerksam zu machen. Bei einer für den 23. November 1930, dem *Gedenktag für die Gefallenen des Weltkrieges*, geplanten Totengedenkfeier wollte Bürgermeister Schmid die Einigkeit der Bürger Reichenbachs in der Frage der Totenehrung demonstrieren. Deshalb war im Vorfeld der Veranstaltung mit allen Beteiligten vereinbart worden, auf politische Reden sowie auf Parteiabzeichen

zu verzichten. Die junge *Ortsgruppe* der NSDAP hielt sich aber nicht daran:

> Unmittelbar vor Beginn der Gedenkfeier (...) wurde ein von der Nationalsoz. Partei vor dem Gottesdienst am Kriegerdenkmal niedergelegter Kranz mit Schleife, welche das Hakenkreuz zierte, entdeckt und ist von den Vorständen des Musikvereins sowohl als auch des Gesangvereins »Freiheit« dem Ortsvorsteher kategorisch erklärt worden, daß sie ihre Vereine zurückziehen werden, sofern die Kranzschleife mit dem Kampfzeichen der NSDAP nicht entfernt werde.[489]

Bürgermeister Schmid riß die Schleife vor den Augen der Anwesenden ab[490]. Der Erste Vorsitzende der *Ortsgruppe* des sozialdemokratischen »Reichsbundes der Kriegsbeschädigten, Kriegsteilnehmer und Kriegshinterbliebenen«, Friedrich Bullinger, hielt nach einem »stimmungsvollen Vortrag des Niederländischen Dankgebetes« durch den Musikverein eine Ansprache, in der er den Zweck dieser Veranstaltung, die Ehrung der Gefallenen, betonte.

> Zugleich aber soll die Feier eine Mahnung an alle sein, alle Kraft für die Verhütung einer derartigen Weltkatastrophe einzusetzen. Friede soll herrschen und nicht Krieg. Wir sind es unseren gefallenen und verstorbenen Kameraden schuldig, darauf hinzuwirken, daß niemals mehr durch solche Weltkatastrophen der Gatte der Gattin, der Vater dem Kind und der Sohn den Eltern entrissen wird.[491]

Dieser »Zwischenfall bei der Totengedenkfeier« rief eine intensive Diskussion am Ort hervor. Bullinger faßte deshalb die »ganz wohlüberlegten Gründe« in einem Leserbrief eine starke Woche später zusammen:

71

Was hat eine Partei mit einer Kriegerge-
dächtnisfeier zu tun? Sind die Toten des
Weltkrieges für eine Partei gefallen oder für
die Gesamtheit? Was hat die NSDAP mit
den Toten des Weltkrieges zu tun? Sind von
Ihrer Partei irgendwelche im Weltkrieg gefallen? Den gleichen Standpunkt nehme ich
auch in Hinsicht auf die KPD. (...) Die Parteien Hände weg von der Gedächtnisfeier,
denn sonst würden wir erleben, daß sie sich
vor dem Gedächtnismal die Köpfe noch einschlagen würden. (...) Nicht Hader soll an
einer Gedächtnisfeier sein, sondern Einheit,
in dem Sinn, daß wir alle der Gefallenen und
der Opfer des Weltkriegs gedenken und keiner Partei das Recht zugestehen wollen und
werden, daß sie an dieser Feier ihr Partei-
süpplein kochen will.[492]

Obwohl Gemeinderat und Verwaltung
aufgrund des Verhaltens der Nationalsozialisten bei folgenden Gefallenengedenkfeiern »die Niederlegung von Krän-
zen der sonstigen Vereinigungen außerhalb der Gemeinde« bereits im Vorfeld[493]
verboten, ließen es sich diese nicht nehmen, den Tod der Soldaten als Opfer zu
heroisieren und diese politisch für den
Entwurf eines neuen, wehrhaften Reiches
zu mißbrauchen[494].

Die junge *Ortsgruppe* präsentierte sich
außerdem bei Veranstaltungen der völkischen Vereine und Gruppierungen am
Ort, Parteimitglieder traten immer häufiger als solche öffentlich in Erscheinung.

Am 25. Januar 1931 hielt der Kriegerverein Reichenbach in der Turnhalle eine
»Reichsgründungsfeier« ab[495], »deren
Verlauf alle Erwartungen übertraf«[496].
Nach dem von der Musikkapelle Hochdorf »schneidig und tadellos« gespielten
König-Karl-Marsch hielt Vereinsvorstand
und *Parteigenosse* Karl Acker eine Begrü-
ßungsansprache, in der er »in eindrucksvollen Worten« darauf hinwies, »wie das
Deutsche Reich vor 60 Jahren unter der
starken Hand eines Bismarck gegründet
wurde«. Danach erklärte Hans Lautenschlager das anschließend dargebotene
historische Drama »Der Lützower« aus
dem Befreiungskrieg von 1813.

Die Reichenbacher *Ortsgruppe* gehörte zu
einer der ersten im Göppinger Oberamt,
das vor 1933 eine Gemeinde über 10 000
Einwohner, 14 Gemeinden über 1000 Einwohner und 18 Gemeinden unter 1000
Einwohner umfaßte. In der Göppinger
Parteichronik heißt es hierzu:

Ende Dezember 1932 waren wir in Göppin-
gen 121, im sonstigen Oberamt verteilt in
kleinen Einheiten weitere 214 Mann. Nur die
Orte Ebersbach, Reichenbach, Uhingen,
Heiningen und Salach hatten mehr als 10
Mitglieder in einer Wohngemeinde[497].

Dies wirkte sich auch auf die Parteistruk-
tur im Oberamt aus. Neben dem *Kreis-*
und *Ortsgruppenleiter* von Göppingen verfügte die NSDAP nur noch über die *Orts-*
gruppenleiter Richard Lange von Salach,
Georg Halder von Heiningen, Immanuel
Langbein von Ebersbach und Hermann
Mangold von Reichenbach. Alle übrigen
Orte waren als *Zellen* oder *Blocks* den oben
genannten zugeteilt[498]. Diese zahlenmäßig und organisatorisch regional sehr unterschiedliche Entwicklung der NSDAP
ist typisch für die zähe Entwicklung der
Partei in Württemberg[499]. Reichenbach
hatte auf Parteiebene wie auch bezüglich
der Gemeindeverwaltung, der Infrastruktur und des Arbeitsmarkts eine Funktion
als Kleinzentrum für die umliegenden Orte wie Baltmannsweiler, Hohengehren,
Hochdorf oder wie Thomashardt, das als
erste Zelle Mitte 1931 zur *Ortsgruppe* Reichenbach kam[500]. Ende 1931 bestand der
»Stützpunkt Reichenbach« bereits aus
fünf »Blöcken«, dem Ort Reichenbach
und den vier genannten[501]. Diese warb intensiv für die Partei wie für die im Frühjahr 1931 gegründete Reichenbacher *SA*,
die immer deutlicher an die örtliche Öffentlichkeit trat[502]. Sie organisierte erste
Versammlungen in Gasthäusern der Umgebung, im »Grünen Baum«, im »Lamm«,
in der »Schurwaldhöhe«. Der Chronist
Baltmannsweilers hielt im Jahr 1936 fest:

Die politische Propaganda in unserem Ort
wurde durch die Ortsgruppe Reichenbach
geleitet. In den Wirtschaften fanden oft heftige Auseinandersetzungen zwischen politisch Andersdenkenden statt.[503]

Christian Traub und Theodor Kiesel taten ab Oktober 1931 *Dienst* in der Reichenbacher *SA*. Zusammen mit Ernst Schloz, Gottlob und Wilhelm Schmid wurden sie zu »Vorkämpfern« der *braunen Bewegung* in Baltmannsweiler ausgebildet[504]. Die Reichenbacher *Parteigenossen* bedienten sich unterschiedlicher Werbemethoden, je nach anvisierter Bevölkerungsgruppe. Den bereits Interessierten gaben sie einzelne Exemplare der erstmals seit Januar 1931 in Württemberg erscheinenden[505] nationalsozialistischen Tageszeitung »Stuttgarter NS-Kurier« sowie später des seit 12. März 1932 in Esslingen erscheinenden »Esslinger Beobachter«[506]. Sie setzten Plakate und Flugblätter ein, agitierten in Kneipen, Betrieben und Vereinszusammenkünften, sprachen mit Honoratioren und organisierten zunehmend *Sprechabende*. Der neue *Ortsgruppenleiter* Reichenbachs hatte über seine Esslinger Zeit »enge Beziehungen zu Wilhelm Murr und Dietrich von Jagow,«[507] den beiden führenden Württemberger *Parteigenossen*. Beide traten deshalb auch schon relativ früh als Redner in Reichenbach auf. Mangold bat nach Gründung der *Ortsgruppe* bei der Gauleitung immer wieder, ihm einen seiner Freunde nach Reichenbach zu schicken, so in seiner »Bitte um Zuteilung eines Redners, Pg Murr oder Pg Dreher«, die die Reichenbacher *Ortsgruppe* für eine Veranstaltung haben wollte[508]. Anfang März 1931 bestätigte die Gaugeschäftsstelle den Termin am 17. Mai, abends 8 Uhr im Gasthaus »Hirsch«. Das Thema der Rede Murrs war: »Auszug der 107 Nationalsozialisten aus dem Reichstag«[509]. Weitaus mehr beschäftigte die Reichenbacher Öffentlichkeit in den Maitagen allerdings der Besuch eines Storchenpaares, das – das erste mal seit vier Jahren – seinen Wohnsitz auf dem Reichenbacher Kirchturm genommen hatte, jedoch durch Böllerschüsse des Kriegervereins aus Reichenbach vertrieben worden war und sich schließlich im Nachbarort niedergelassen hatte[510].

Den Kern der Reichenbacher *SA* bildeten Gustav Blessing, Hans Wacker, Paul Bescherer, Hermann Mangold, Eugen Ehrhardt, Schöllhorn, Ludwig Egerter und Georg Späth[511]. Die acht Mann führten Wahlveranstaltungen im Schurwald, in Hegenlohe, Baltmannsweiler und Thomashardt durch, verteilten Wahlzettel, klebten Wahlplakate und nahmen an Propagandamärschen und -fahrten sowie an Saalschutz-Einsätzen der Esslinger teil[512].

Unter den Reichenbacher Bauern agitierte Konrad Baach, der »erste und lange Zeit einzige Landwirt Reichenbachs, welcher entschieden schon in der Kampfzeit für die Nationalsozialisten und den Führer Stellung nahm.«[513] Baach hatte bei den Gemeinderatswahlen 1919[514], 1922[515] und 1931[516] für den Landwirtschaftlichen Orts- und Obstbauernverein kandidiert und vertrat die Ideen der *braunen Bewegung* innerhalb dessen Reihen.

Die ersten Reichenbacher Mitglieder der NSDAP wie auch die weiteren Reichenbacher Aktiven, die im Schatten der Weltwirtschaftskrise[517] von Herbst 1930 bis Frühsommer 1931 der *Ortsgruppe* beitraten, stammten aus allen sozialen Schichten. Dies entspricht überregional festgestellten Ergebnissen, in denen die NSDAP manchmal als erste *Volkspartei* bezeichnet wurde[518], da sie wie keine andere Partei Wähler und Mitglieder aus verschiedenen sozialen Schichten beider Konfessionen ansprach[519].

Über zwei Drittel der Reichenbacher *Parteigenossen*, die zwischen der Gründung der *Ortsgruppe* und April 1933 der NSDAP beitraten, wurden nach 1900 geboren, waren also unter 30 Jahre alt[520], und – ob Fabrikantensohn[521], Kleinunternehmer[522], Architekturstudent[523], Bauer oder Arbeiter[524] – alle befanden sich in einer wirtschaftlich schwierigen Lage. Der hochverschuldete[525] Kaufmann Gustav Blessing, Jahrgang 1904, trat im Frühjahr 1931 der *SA* bei und avancierte schnell zum Zellenleiter, Bereitschaftsleiter sowie *Ortsgruppen*-Propagandaleiter[526]. Er war seit 1923 als kaufmännischer Angestellter im väterlichen Betrieb tätig, der »vor 1933 (...) knapp vor dem Zusammenbruch stand.«[527] Im Jahre 1929/30 meldete die Firma »wegen Zahlungsunfähigkeit und Überschuldung« den Vergleich an, der, da »die erforderlichen Sicherheiten (...) nicht aufgebracht werden konnten«, nicht durchzuführen war.[528]

> Durch den allgemeinen geschäftlichen Niedergang und die Versprechungen, welche die NSDAP in Bezug auf wirtschaftlichen Aufschwung und Besserung der allgemeinen Lage gemacht hat, hat sich Herr Blessing entschlossen, der Partei beizutreten.[529]

Blessing, der über sein großes Engagement für den VfB durchaus Kontakte zu Arbeiterkreisen hatte, entwickelte sich neben dem *Ortsgruppenleiter* zum Kopf der Partei und zum Verantwortlichen der Wahlkampforganisation. Der Metzger Georg Späth, Jahrgang 1905, trat am 1. April 1931 in die *SA* ein und stieg bald zum *Ortstruppführer* und zur rechten Hand Mangolds auf[530].

> Wirtschaftliche Not war es, welche mich zum Eintritt veranlaßte. Ich war Metzger von Beruf, hatte mich 1930 verheiratet und eine selbständige Metzgerei in Reichenbach geführt. Das Geschäft ging infolge der Wirtschaftsnot zugrunde. Ich selbst wurde arbeitslos, Arbeitslosenunterstützung erhielt ich nicht, weil ich zuvor in keinem versicherungspflichtigen Beschäftigungsverhältnis stand.[531]

Ähnliches läßt sich für den Kistenfabrikanten Ferdinand Alber belegen[532]. Die wirtschaftliche Situation der meisten öffentlich auftretenden *Parteigenossen* war am Ort durchaus bekannt.

> Vor 1933 waren die Nazis hier im Ort hauptsächlich Leute, die am Rande des Konkurses waren, wie der Blessing, Wacker, Leimenstoll und das *Lumpenproletariat*, Arbeitslose, die immer in *SA*-Uniform rumliefen.[533]

Die Propaganda drückte sich vor allem in den Wahlergebnissen und in der sich verändernden Haltung gegenüber der neuen Partei am Ort aus. Allerdings konnte die *Ortsgruppe* vor dem Machtantritt 1933 nicht mehr als zwölf aktive Mitglieder gewinnen[534] – innerhalb des Oberamtes re-

Gustav Blessing, Verantwortlicher der nationalsozialistischen Wahlkampforganisation und Mitglied des inneren Kreises der Reichenbacher NSDAP-*Ortsgruppe*, nach 1933 stellvertretender *Ortsgruppenleiter*.

lativ viel – und kam in der »Kampfzeit«
1930/31 in finanzielle Schwierigkeiten.

> ... der politische Kampf kostete die hiesige
> kleine *Ortsgruppe* zu viel, wir hatten keine
> sogenannten »Gönner«, und dabei hatten
> wir Teile des Schurwaldes und sonstige Orte
> zu betreuen, da mußte zum Kampf alles zu-
> sammengescharrt werden.[535]

Zwar gehörte Kommerzienrat Heinrich
Otto wohl »zu den wichtigsten und finanzkräftigsten Geldgebern der Deutsch-
völkischen und Nationalsozialisten in
Württemberg«[536], da er »nach langem Leiden« am 4. März 1931 verstarb, sind Zahlungen an die sich entwickelnde Reichenbacher *Ortsgruppe* nicht nachzuweisen.

Die Nationalsozialisten wie auch die
Kommunisten nutzten die von der Wirtschaftskrise herrührenden Schreckens-
meldungen, um in lokalen Veranstaltungen die Reichenbacher Bevölkerung für
ihre Parteien zu werben. Am 6. Juni organisierten die Reichenbacher Kommunisten eine »öffentliche Versammlung« im
Gasthaus »Löwen« mit dem Ebersbacher
Genossen Thumm, der über »Die neue
Notverordnung, Finanz- und Steuerpoli-
tik der Reichsregierung« sprach[537]. Knapp
zwei Wochen später luden die Ebersbacher Nationalsozialisten zu einem Vortrag
des NSDAP-Bezirksleiters Maier über
»Die vierte Notverordnung, ein Glied des
Erfüllungssystems der Brüning-Regie-
rung von Sozi-Gnaden« in den »Lamm-
saal«[538].

Der aufgrund der wirtschaftlichen Situation wachsende soziale Druck entlud
sich in zunehmender Aggressivität im politischen wie im sportlichen Bereich.

> Da hat's zum Teil arge Ausschreitungen ge-
> geben zwischen den Zuschauern. Die waren
> manchmal ekelhaft gegeneinander. Man hat
> sich auch die Schiedsrichter vorgenommen,
> dem Schiedsrichter den Stiefel in den Arsch
> gehauen. In Denkendorf sind die mit Stan-
> gen auf die Reichenbacher losgegangen. Da
> hat's ja keine andere Möglichkeit gegeben,
> sich zu amüsieren und auch sich abzurea-
> gieren, da sind deshalb viele auf den Fuß-
> ballplatz gegangen.[539]

Dr. med. Ernst Klenk, Landarzt in Reichenbach, »der reitende Schurwalddoktor« und
Gründer des Reitvereins »Pußta«.

Die Reichenbacher NS-*Ortsgruppe* schürte
Aggressivität und Angst bei der Bevölke-
rung, um für die eigene Partei zu werben.
In der Ankündigung eines Vortrages des
Münchner Parteiredners Joseph Räder am
27. August im »Hirschsaal« über »Die
Prophezeiung des Reichskanzlers Brü-
ning: Der schlimmste Winter seit 100 Jah-
ren steht unserem Volk bevor, 7 Millionen
Arbeitslose! Was nun?«[540] schrieb die
Ortsgruppe im »Filstal- und Schurwaldbo-
ten«:

> Deutsche Frauen und Männer, es geht um
> Sein oder Nichtsein unseres Volkes.[541]

Nicht so sehr existentielle Probleme quäl-
ten die Angehörigen der deutschnationalen Reichenbacher Oberschicht, die ver-
stimmt auf die »proletarischen Umtriebe«
der Nationalsozialisten reagierten und eine ihnen »angemessenere« Form fanden,
sich zu organisieren. Sie investierten ihre
Zeit, ihr Engagement und auch ihr Geld
in den »Ländlichen Reitverein Hochdorf/

Reichenbach«. Etwa zeitgleich mit der Gründung der NSDAP-*Ortsgruppe* hatte der knapp 30jährige Arzt Dr. med. Ernst Klenk, der 1921 als Landarzt nach Reichenbach gekommen war, mit einigen Hochdorfer und Reichenbacher Bauern, die ein oder zwei Pferde hatten, den »Ländlichen Reitverein Hochdorf/Reichenbach« gegründet.

Am Stammtisch im Café Fischer, im »Goldenen Hirsch« trommelte er hartnäckig Leute zusammen und so kam's, daß 1931 in Hochdorf ein kleiner Reitbetrieb aufgenommen werden konnte.[542]

Als einziger Arzt in der Umgebung war Klenk für die Menschen in Reichenbach, Hochdorf, Hohengehren, Thomashardt und Baltmannsweiler sowie für 32 kleinere Gemeinden im Filstal und auf dem Schurwald verantwortlich, in denen jeweils Meldestellen waren[543]. Der als »Reitender Schurwalddoktor«[544] bekanntgewordene Klenk war Mitglied der schlagenden Verbindung »Hohenstaufen«, danach Stahlhelm-Arzt für Württemberg geworden[545].

Zuerst lehrte er die Bauern erst mal richtig reiten. Dazu kam dann die entstehende Hautevolee Reichenbachs.[546]

Bald kam es zu »Mißstimmigkeiten« zwischen den Hochdorfer »Bauern« und den Reichenbacher »Besseren«. Zu Fasching 1932 gründeten letztere im Café Fischer in Reichenbach den Reitverein *Pußta* – scheinbar zunächst ohne offiziellen Vorstand[547], doch die Fabrikanten Fritz Wakker, Hans-Otto Kantenwein, Elisabeth Schmid, Werner Seyfert, Angehörige der Chefetagen der Firma Otto, der Lederfabrik Schmid, auf dessen ehemaligem Firmengelände an der *Reichsstraße* 10 ein erster Stall errichtet werden durfte, sowie Cläre Hermann und weitere Angehörige des deutschnationalen Industriellenkreises Reichenbachs[548] nahmen sich des ehemaligen »Ländlichen Reitvereins« an.

Durch Leute vom Otto, den Herrn Prokurist Neurath, unseren Starreiter Gerhard Rösch und Walter Müller, ebenfalls Prokurist beim Otto, wurde der Verein gefördert.[549]

Zu einem der Hauptorganisatoren entwickelte sich neben den genannten leitenden Angestellten der Firma Otto der ehemalige Offizier der bespannten Artillerie Otto Gaugler, gleichfalls Prokurist bei der Firma Otto[550].

Der war ein sehr umtriebiger und großzügiger Vereinsmann, hat zwei Pferde für die Vereinsmitglieder gehalten und auch sonst mit Veranstaltungen und Festen immer viel gespendet. Bei Vereinsversammlungen wurde immer ziemlich viel gebechert, da hieß es immer, »was du röchelst noch?« Wenn etwa der Büttel am 12 Uhr kam, um die Polizeistunde zu verkünden, hat der Walter Müller dem immer ein Geld in die Hand gedrückt, und dann ist der Büttel wieder für eine Stunde abgezogen. Wir haben dann bis in die frühen Morgenstunden getagt.[551]

Vor allem die Sorge um Pferde stand in der ersten Zeit im Vordergrund. Da sowohl Klenk wie Gaugler, Müller und die anderen Meinungsführer Mitglieder im »Stahlhelm – Bund der Frontsoldaten« waren, erwuchs aus den männlichen Reitern des Vereins noch vor Ende des Jahres 1932 ein »Stahlhelm-Reitersturm«[552].

Unterdessen hatten sich in Bad Harzburg DNVP und NSDAP sowie die paramilitärischen Verbände der Rechten zur Nationalen Opposition formiert. Unter den Schlagzeilen reichsweiter Unruhen begann der Wahlkampf für die württembergischen Kommunalwahlen am 6. Dezember 1931, bei der nach den Vorschriften der Württembergischen Gemeindeordnung die Hälfte des Gemeinderats neu gewählt wurde[553]. Alle Parteien entfalteten dabei eine ungewohnte Aktivität.

Zu erwähnen ist hier, daß in der Endphase der Republik Zeitungen eine gewichtige Rolle spielten. Da es noch wenige Haushalte mit Radioapparaten gab, setzten die Parteien gerade im Wahlkampf neben Agitationsveranstaltungen am Ort zunehmend auf die Mitte 1932 fast 3400 Tageszeitungen, die auf eine Gesamtauflage von 16 bis 20 Millionen kamen[554]. Alleine in Stuttgart gab es »zwanzig Tageszeitungen, zwei davon zweimal täglich«[555]. In Reichenbach wurde als Tageszeitung vor 1933 hauptsächlich das in Ebersbach erscheinende linksliberale[556] »Reichenbacher Tagblatt« gelesen, die für Reichenbach unter diesem Titel gedruckte lokale Ausgabe des »Filstal- und Schurwaldboten«. Darüber hinaus las man in Reichenbach vor 1933 drei in der Oberamtsstadt Göppingen produzierte Zeitungen: Der liberale »Hohenstaufen«, der der DVP nahestand, hatte 1932 eine Auflage von 11 500 Exemplaren, die der SPD nahestehende »Freie Volkszeitung« kam 1931 auf 6000 Exemplare, und die konservative »Göppinger Zeitung« wurde 1932 in 4400 Exemplaren gedruckt[557].

Für die Gemeinderatswahlen 1931 warb sogar der Landwirtschaftliche Ortsverein, der sonst kaum durch Anzeigenschaltung in Erscheinung getreten war, im »Filstal- und Schurwaldboten« gegen »Wahlmüdigkeit und Mutlosigkeit« und für seine Kandidaten, »die selber an der Steuer mitzahlen und es am eigenen Körper spüren, wie schwer es heute ist, das Geld zu den sich immer mehr erhöhenden Steuern aufzubringen.«[558] Heftiger als alle anderen agierten KPD und NSDAP.

Vor den Wahlen haben sie beide die Gosch aufgerissen, die Kommunisten wie die Nazis.[559]

Die Reichenbacher Nationalsozialisten hatten ursprünglich gehofft, »auf die Kandidatenliste des Handels- & Gewerbevereins (...) an halbwegs aussichtsreicher Stelle eines ihrer Mitglieder zu bekommen.«[560] Da Ferdinand Köst auf diesen Wunsch nicht eingehen wollte, entschloß sich die *Ortsgruppe*, »eine eigene Liste aufzustellen.«[561] Platz eins hatte Christian Böbel inne, der bei den Gemeinderatswahlen 1922 für die Liste der »Christlichen Vereinigungen« kandidiert hatte[562]. Ihm folgten der Sägewerkbesitzer Gustav Wacker, der Werkmeister Friedrich Knoblauch, der Formenstecher Willy Kohlhaas, *Ortsgruppenleiter* Hermann Mangold sowie der kaufmännische Angestellte Paul Bescherer. Dabei achteten die Nationalsozialisten darauf, daß die Namen der im Ort bekannten Bürgerlichen, die sich auf die NS-Liste setzen ließen, oben standen. Die beiden einflußreichsten Nationalsozialisten in der Reichenbacher *Ortsgruppe* hingegen, *Ortsgruppenleiter* Mangold und der Träger des *Goldenen Parteiabzeichens*[563], Paul Bescherer, kandidierten erst auf den beiden letzten Plätzen. Sie teilten dies dem Handels- und Gewerbeverein sowie dem Landwirtschaftlichen Ortsverein mit und boten diesen, um »eine Zersplitterung der bürgerlichen Stimmen zu vermeiden«, eine »Listenverbindung« an[564]. Beide gingen darauf ein.

Der in Reichenbach kurz vor dem Ersten Weltkrieg einsetzende und sich nach diesem vor allem durch die Ausdifferenzierung des Vereinswesens geförderte Prozeß der gesellschaftlichen Polarisierung in ein Lager aus sozialdemokratisch-sozialistischen Arbeitern und progressivem Mittelstand und ein Lager aus schollenverbundenen Bauern, konservativen Gewerbetreibenden, völkischen Nationalen und Nationalsozialisten manifestierte sich bei dieser Wahl auf der ortspolitischen Ebene. Bereits vor den Wahlen gaben die fünf Listen die Verbindungen ihrer Listen zu zwei »Fraktionen« bekannt, der Handels- und Gewerbeverein und der Landwirtschaftliche Ortsverein zusammen mit den Nationalsozialisten und die Sozialdemokraten zusammen mit den Kommunisten[565]. Die sozialen und kulturellen Elemente der entstandenen kulturellen Milieus wurden nun auch politisch gebündelt. Dabei vollzogen das traditionalistisch-monarchistische Lager – in Übereinstimmung mit überregionalen Bestrebungen der Harzburger Front – einen Ruck nach rechts hin zu den Nationalsozialisten und das progressive Lager – entgegen der reichsweiten Entwicklung – eine Bewegung weg von kommunistischer Parteidoktrin hin zu demokratisch-sozialem Engagement. Die beiden sozial-politisch-kulturellen Milieus grenzten sich schärfer voneinander ab. Sowohl bei der KPD[566] als auch bei der SPD[567] und der NSDAP waren Mittelstandszugehörige auf der Liste.

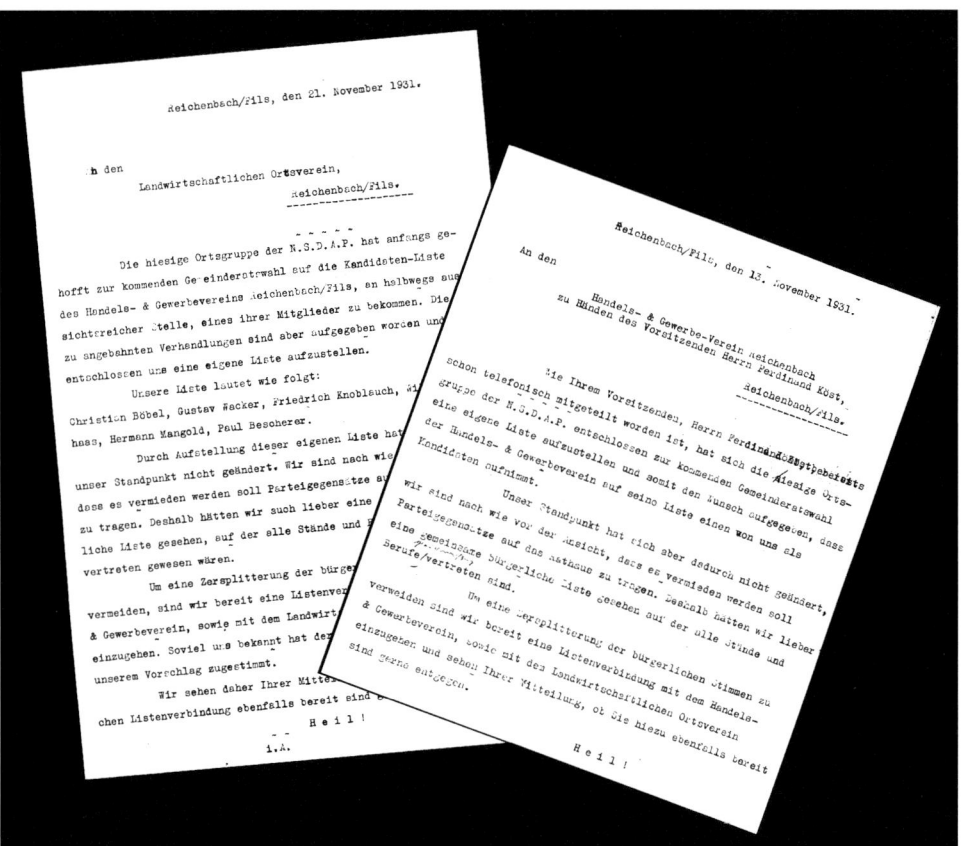

Blaupausen von Schreiben der NSDAP-*Ortsgruppe* Reichenbach an den Landwirtschaftlichen Ortsverein Reichenbach und an den Handels- und Gewerbeverein Reichenbach zur Bildung einer Listenverbindung, datiert 13. November und 21. November 1931.

Festzuhalten ist die mit Abstand höchste Wahlbeteiligung bei Gemeinderatswahlen der Weimarer Republik, die knapp 20 Prozent höher lag als bei den beiden vorhergehenden Wahlen 1925 und 1928.

Die seit 1925 abnehmende Tendenz beim Handels- und Gewerbeverein hielt an[568]. In seinem prozentual schlechtesten Ergebnis[569] während der Weimarer Republik erzielte er 28,3 Prozent. Der Landwirtschaftliche Orts- und Obstbauernverein pendelte wie bei den vorhergehenden Wahlen mit 18,5 Prozent um die 18-Prozent-Marke. Die SPD errang mit 996 Stimmen die höchste Stimmenanzahl bei Gemeinderatswahlen, blieb mit 14,2 Prozent

durch die hohe Wahlbeteiligung aber ein halbes Prozent unter ihrem davor schlechtesten Ergebnis von 1922. Die Kommunisten hingegen, die durch die von ihrem Führer Otto Munz initiierte gemeinsame Liste der Werktätigen Bevölkerung des Jahres 1928 auch für gemäßigte Arbeiter und Anhänger der Sozialdemokraten wählbar geworden waren, konnten mit 21 Prozent ihr bereits 1925 erreichtes Spitzenergebnis halten.

Der Überraschungsgewinner war die NSDAP, die mit 1283 Stimmen und 18,5 Prozent zur viertstärksten Kraft wurde und einen Sitz erringen konnte. Ein Teil der Stimmen kam vermutlich von den »sonstigen« Parteien, der Bürgerpartei

Reichenbach[570], den Christlichen Vereinigungen[571] und dem Freien Wählerverein[572], die in den vorangegangenen Wahlen immer zwischen 10 und 15 Prozent auf sich vereint hatten. Ein weiterer Anteil der Stimmen dürfte von den in der außergewöhnlich hohen Wahlbeteiligung dokumentierten 350 zusätzlich mobilisierten Wählerinnen und Wählern kommen.

Insgesamt saßen damit vier Vertreter des Handels- und Gewerbe- Vereins, darunter ein Nationalsozialist, zwei des Landwirtschaftlichen Ortsvereins, einer der NSDAP sowie zwei der KPD Reichenbach und drei der SPD Reichenbach im Gemeinderat[573]. Im neuen Gemeinderat, so berichtete der »Filstal- und Schurwaldbote« knapp ein Jahr nach der Wahl, sei »ein harmonisches Zusammenarbeiten zu beobachten und die Feststellung zu machen, daß die extremen Parteianschauungen nur selten zum Ausdruck gebracht werden und sich die Ansichten im allgemeinen jeweils auf einer einheitlichen Linie treffen, so daß ein schönes Arbeiten und vor allen Dingen die Sachlichkeit der Beratungen gewährleistet ist.«[574]

Daß dem wohl nicht immer so war, sondern die gesellschaftlich-politischen Spannungen, die sich im Kommunalwahlkampf Ende 1931 in den beiden Fraktionen polarisiert hatten, durchaus im neuen Gemeinderat nachklangen, zeigte sich bald. Zuerst verhinderte die Fraktion aus Bürgerlich-Konservativen und Nationalsozialisten, daß der am Ort sehr beliebte Gemeinderat Munz stellvertretender Bürgermeister wurde. Sie drückten den neu in den Gemeinderat gewählten Oberschützenmeister Schray gegen den erfahrenen Munz durch. Gemeinderat Roth sah darin »eine politische Spitze gegen den von der Arbeiterseite vorgeschlagenen Munz.«[575] Nach der Zusammenstellung der neuen Ausschüsse – Otto Munz war erneut in den Ortsschulrat, dem er seit 1925 angehörte, gewählt worden – betrieben Flaig und Mangold unter der Hand das Ziel, Munz diesen Ausschußsitz vorzuenthalten. Es sei nicht mit

dem Volksschulgesetz zu vereinbaren, so brachten sie in einem Strafantrag gegen Munz vor, daß dieser »Freidenker« sei und »die Zugehörigkeit zu irgend einer Konfession strikt« ablehne[576]. Schmid machte sich darauf in einem Schreiben an das Oberamt für Munz stark. Er bestätigte, »daß es sich bei Herrn Munz um einen äußerst qualifizierten Arbeitervertreter handelt, der jedoch auch die Sympathie der ganzen Einwohnerschaft genießt und sich bisher als äußerst brauchbares Mitglied des Ortsschulrates erwiesen hat.«[577]

Das Oberamt entschied für Munz[578]. Doch in der Folgezeit kam es immer wieder zu Beleidigungsklagen zwischen Rosa Mangold und Gemeinderat Munz[579], zwischen Gemeinderat Julius Flaig und Gemeinderat Munz[580] sowie zwischen dem antikommunistischen Ortspolizisten Lindenschmid und Gemeinderat Munz[581]. Flaig teilte darauf dem Bürgermeister mit, er wolle ob dieser Auseinandersetzungen den künftigen Ratssitzungen fernbleiben:

> Nun scheint es aber, wie die letzte Zeit zeigt, daß von der linken Seite, von den Gemeinderäten der KPD und der SPD (ausgenommen Herr Gemeinderat Stöber) der Boden der Sachlichkeit und des Anstandes immer mehr verlassen wird und nur noch persönliche Anrempelungen und Beleidigungen an der Tagesordnung sind.[582]

Schmid versprach, eine Klärung der Spannungen herbeiführen zu wollen, teilte Flaig jedoch mit, daß persönliche Auseinandersetzungen kein Grund seien, nicht mehr an Gemeinderatssitzungen teilzunehmen.

Vor dem Hintergrund des Höhepunktes der wirtschaftlichen Krise im Februar 1932[583] fanden am 13. März die Wahlen des Reichspräsidenten statt. Der fast 85jährige Paul von Hindenburg, der sieben Jahre zuvor vom rechten Lager auf den Schild gehoben worden war, war nun der gemeinsame Kandidat seiner ehemaligen Gegner, der republikanischen Parteien, und der Deutschen Volkspartei. Die NSDAP stellte Adolf Hitler auf, und die DNVP einigte sich mit dem Bund der

Frontsoldaten auf den *Stahlhelm*-Führer Theodor Duesterberg. Die KPD nominierte erneut Ernst Thälmann. Die Nationalsozialisten warben mit großem Aufwand um die Gunst der Wähler. Der geheime Polizeibericht für Württemberg spricht in diesem Zusammenhang von der »gläubigen Leidenschaft (...), mit der von Seiten der NSDAP geworben und gekämpft worden ist«[584]. Von Hindenburg errang in Reichenbach 48,4 Prozent der Stimmen, Hitler 32,5 Prozent. Auch reichsweit stimmten nur 49,6 Prozent für Hindenburg. Deshalb war ein weiterer Wahlgang erforderlich, für den die einfache Mehrheit ausreichte. Die Nationalsozialisten versuchten in den verbleibenden vier Wochen wiederum, mit massivem Propagandaeinsatz zu werben. Als Hitler auf dem Weg zu einer Wahlkundgebung durch Reichenbach fuhr, standen viele Neugierige und begeisterte Anhänger stundenlang auf der Straße, um den blumengeschmückten Wagen zu begrüßen[585]. Die Wahl war ein großer Erfolg für Hitlers Partei, die im zweiten Wahlgang 40,9 Prozent erringen konnte. 532 Reichenbacher hatten Hitler ihr Vertauen ausgesprochen; die für viele Bürgerliche psychologische Schwelle, ihre Stimme dem Gefreiten Hitler und seiner Schlägerpartei zu geben, war überschritten.

Unmittelbar nach dem Erfolg bei den Reichspräsidentenwahlen rüsteten die Parteien zum Wahlkampf für die Wahlen zum württembergischen Landtag am 24. April. Die Nationalsozialisten attackierten neben der Politik Brünings die seines württembergischen Parteifreundes Bolz. Dabei spielten sie gezielt mit den konfessionellen Vorurteilen der Protestanten gegenüber dem Zentrumspolitiker[586]. Im bewußten Werben um protestantische Wählergruppen grenzte sich die NSDAP auch gegen den Christlich-Sozialen Volksdienst ab, den ein Rundschreiben des NS-Pfarrerbundes als »christlichen Handlanger der Systemparteien«[587] diffamierte. Der CSVD hingegen versuchte – wie die anderen Parteien der Rechten und der rechten Mitte[588] – sich

mit dem mutmaßlichen Gewinner der Wahl zu arrangieren. Alle betonten ihre Gemeinsamkeiten mit dem Nationalsozialismus, teilweise äußerten sie auch offen den Wunsch nach Zusammenarbeit.

Die Sozialdemokraten, seit 1928 stärkste Fraktion im Landtag, nahmen hierzu eine klare Gegenposition ein. Sie argumentierten gegen den demagogischen Stil und die verurteilenswerte politische Kultur der Nationalsozialisten. DDP und Zentrum betonten die föderale Struktur des Reiches und die württembergischen Besonderheiten. Das kurz vor den Wahlen reichsweit erlassene Verbot von *SA* und SS sowie die Verschärfung der Strafen für politische Vergehen sorgten für einen relativ ruhigen Wahlkampf. Die NSDAP erreichte 39 Prozent der Stimmen und konnte damit ihren Erfolg der Reichspräsidentenwahlen wiederholen. Trotz der niedrigen Wahlbeteiligung von knapp 70 Prozent konnte die NSDAP ihren Stimmenanteil halten[589]. Seit der vorigen Landtagswahl bedeutete dies einen Stimmenzuwachs in Reichenbach um das 35fache. Auch im Land war die NSDAP, deren Anteil von 1,6 Prozent im Jahre 1928 auf 16,4 Prozent gestiegen war[590], die eindeutige Gewinnerin der Wahl.

Neun Wochen nach der Landtagswahl wurden die Wähler anläßlich der Reichstagswahl vom 31. Juli 1932 erneut zu den Urnen gerufen[591]. Im Vorfeld des Wahlkampfes kam es immer wieder zu Auseinandersetzungen zwischen Nationalsozialisten, Kommunisten und der Polizei. Aufsehen erregte die Inhaftierung des kommunistischen Gemeinderates Albert Schloz, der sich nach »Zusammenrottungen vor dem Rathaus«[592] und Streitereien mit einem Reichswehr-Soldaten in der Nacht vom 30. April zum 1. Mai mit dem Dorfpolizisten Lindenschmid angelegt hatte und von diesem wegen »versuchten Totschlags und unerlaubten Waffenbesitzes« in Untersuchungshaft genommen wurde[593]. Ein Antrag von Otto Munz an den Gemeinderat, daß dieser »gegen die ungerechtfertigte Verhaftung des Gemeinderats Schloz« protestieren und »seine sofortige Freilassung« fordern sollte, wurde mit den Stimmen der bürgerlich-nationalsozialistischen Mehrheit abgelehnt[594]. Trotz vieler Proteste kam Schloz erst drei Wochen später frei. Auf einer anschließend von der kommunistischen Partei einberufenen und von Munz geleiteten Bürgerversammlung »bekamen insbesondere die anwesenden Nationalsozialisten nicht gerade Schmeichelworte zu hören, und dem ›bürgerlichen‹ Gemeinderat wurde der Vorwurf nicht erspart, daß er dem Antrag des Gemeinderats Munz (...) nicht stattgegeben habe.« Im Hinblick auf die bevorstehende Reichstagswahl sollte darauf ein »Genosse F. aus Stuttgart« sprechen, »was jedoch aber ein Teil der Zuhörer nicht billigte«[595].

»Begeisterten Beifall« fand eine Veranstaltung mit besonderem Charakter. Speziell bürgerliche Frauen luden die Reichenbacher und Ebersbacher NSDAP-Ortsgruppen Ende Juni zu einem Vortrag ein über »Christentum, Nationalsozialismus und die deutsche Frau« mit der Stuttgarterin Elisabeth Bosch, Leiterin der württembergischen NS-Frauenschaften. In »feinfühliger Weise« – so berichtete der »Filstal- und Schurwaldbote« – verstand sie es in ihrer Rede, neben den »Nöten der heutigen Frau«, dem »karitativen Wirken der NS-Frauenschaften« die »Aufgaben der deutschen Frau (...) bei der kommenden Reorganisation unseres Volkes« aufzuzeigen und dabei »die gesamte Zuhörerschaft in ihren Bann zu ziehen«[596]. Dabei legte sie dar,

daß die letzte Stütze des Christentums gegen die ungeheure Gottlosenpropaganda des Bolschewismus allein der Nationalsozialismus mit seinen mehr als 300 Märtyrern ist und daß jede deutsche Frau, der das Christentum noch etwas bedeutet, sich unwillkürlich zum Hakenkreuzbanner der größten deutschen Volksbewegung bekennen muß.[597]

Dieser Vortrag führte zur Gründung einer NS-Frauenschaft in Reichenbach um die erste Leiterin, Frau Knoblauch, sowie Margarete Lautenschlager und Johanna Kohlhaas[598]. Eine politische Organisation,

die sich explizit um Frauen bemühte, war in Reichenbach etwas Neues, doch waren die Frauen – in der aufgezeigten Weise angesprochen – durchaus für Politik, in diesem Fall für braune Politik, motivierbar.

Mit dem Singen unseres Deutschlandliedes und mit einem von der ganzen Zuhörerschaft begeistert aufgenommenen Heil auf Adolf Hitler, den Führer des kommenden Deutschlands, schloß die eindrucksvolle Versammlung.[599]

Vom Reichenbacher *Stützpunkt* aus intensivierten die braunen *Parteigenossen* den *Kampf* in den umliegenden Gemeinden. In Baltmannsweiler hatten sie damit großen Erfolg. Bei Hauptlehrer Siegel aus Ohmden, mit dem die *Ortsgruppe* vor der Juliwahl eine Vortragsreihe organisiert hatte, bedankte sich Mangold nach der Wahl: »Der Zuwachs in Baltmannsweiler ist ohne Zweifel auf deinen Vortrag zurückzuführen, denn das sind harte Sünder dort oben (...).«[600]

Nach der Aufhebung des *SA*-Verbots durch den Reichspräsidenten organisierte die *Ortsgruppe* für den 3. Juli einen großen *SA*-Aufmarsch, an dem »ungefähr 350 Mann (...) von nationalsozialistischen Sturmabteilungen der Stürme Göppingen und Plochingen«[601] teilnahmen.

Wie groß das Interesse und die Spannung der Bevölkerung war, zeigten die starken Ansammlungen auf der Hauptstraße.[602]

Großen Eindruck bei der »freudig bewegten Bevölkerung« hinterließen vor allem der »disziplinierte Verlauf« und der »heilige Ernst auf den Gesichtern der Aufmarschierenden«[603]. Die Sozialdemokraten und Kommunisten versuchten durch Zwischenrufe zu stören.

Vorne draus ist Blessing in *SA*-Uniform marschiert. Otto Munz rief ihm zu: »Du Bankrott-Bruder«.[604]

Darüber hinaus warb die NSDAP massiv durch Anzeigenschaltung, unter anderem im »Filstal- und Schurwaldboten« vom 30./31. Juli 1932 mit einer Anzeige von zwei Drittel Seiten unter der Parole »Unterstützt den um seine Existenz ringenden Mittelstand«[605] und drei weiteren Anzeigen. Die KPD warb vor allem durch Leserbriefe, etwa verschiedene Briefe des Oskar Thumm zur »Erwerbslosenversammlung« in Ebersbach[606]. Heftige Auseinandersetzungen entbrannten um eine von den nationalsozialistischen *Ortsgruppen* zentral für den 24. Juli in Ebersbach geplante Werbeveranstaltung, die von einer Parteikapelle der NSDAP umrahmt und als »Militärkonzert« angekündigt wurde. Thumm schrieb »im Auftrag des Einheitskomitees« aus »SPD- und KPD-Arbeitern« gegen diesen »Begeisterungsrummel für das Dritte Reich«.

> Die Arbeiterschaft (...) gehört in die rote Einheitsfront gegen Faschismus und Kriegsgefahr. Der Kampf, der in den nächsten Wochen in Deutschland ausgefochten wird, geht nicht um die Frage: Demokratie oder Faschistische Diktatur, er geht um die Frage: Wer soll regieren, das Internationale Finanzkapital mit Hilfe der Führer der NSDAP oder die Arbeiter, Bauern und Kleinhandwerker?[607]

Am 26. Juli organisierten SPD und KPD eine gemeinsame Kundgebung »gegen Faschismus und Kriegsgefahr«, die nach einer Störaktion der Nazis in eine Schlägerei beim Gasthof zum Kreuz ausartete[608]. Die Reichenbacher Kommunisten veranstalteten hierzu einen Leiterwagen-Umzug mit Plakataufschriften und Parolen wie »Wer Hitler wählt, wählt den Krieg«[609]. Aktionen wie diese führten meistens zu Rempeleien.

> Wenn die jeweils einen Umzug hatten, KPD oder NSDAP, da hat's am Ende immer a bissle geknallt.[610]

> Ich habe damals etwas Angst gehabt, es war wie eine Gewitterstimmung, allerdings, die großen Grabenkämpfe gab's wohl kaum hier.[611]

Obwohl die Reichenbacher innerhalb von 18 Wochen das vierte Mal wählen mußten, stieg die Wahlbeteiligung sowohl gegenüber den Reichstagswahlen von 1930 (von 70 auf 79 Prozent) als auch gegenüber den Landtagswahlen von 1932 (von 69 auf 79 Prozent). Die Kommunisten konnten im Vergleich zur Landtagswahl knapp die Hälfte an Wählern dazugewinnen und ihren Anteil auf knapp 25 Prozent der Stimmen steigern[612]. Zusammen mit den Sozialdemokraten, die sowohl in absoluten Stimmen wie in Prozentpunkten leicht dazugewannen, erreichten die beiden Arbeiterparteien damit 43 Prozent. Die Talfahrt der DDP, die 1919 maßgeblich an der Ausformung der Weimarer Republik mitgewirkt hatte, hielt mit zwei erzielten Prozentpunkten weiterhin an. Auch die DVP, deren Vorsitzender Gustav Stresemann bis 1929 Außenminister gewesen war und die in den Jahren 1928 bis 1930 in Reichenbach immer um die acht Prozent hatte erringen können, sank mit 0,8 Prozent zur Bedeutungslosigkeit ab. Die Nationalsozialisten mußten trotz Stimmengewinnen prozentual leichte Einbußen hinnehmen, blieben mit 37,6 Prozent jedoch die mit Abstand stärkste Partei.

Festzuhalten sind die Polarisierung am linken und rechten Rand des politischen Spektrums, 62,5 Prozent der Reichenbacher hatten NSDAP und KPD gewählt, sowie das Schrumpfen der staatstragenden Parteien außer der SPD bis zur Bedeutungslosigkeit. DDP, DVP und Zentrum brachten es zusammen auf nur 3,8 Prozent der Stimmen, die SPD konnte 18 Prozent erringen. Allgemein sind zwischen 1930 und 1933 reichsweit ein Ansteigen extremer Parteien wie der NSDAP und der KPD sowie starke Verluste der bürgerlichen Mitte zu verzeichnen. Die NSDAP entwickelte sich von 2,6 Prozent bei der Reichstagswahl 1928 über sensationelle 18,3 Prozent im September 1930 im Juli 1932 mit 37,4 Prozent zur stärksten Partei Deutschlands. NSDAP und KPD stellten zusammen mehr als die Hälfte aller Reichstagsabgeordneten[613].

Doch trotz des überragenden Erfolgs der NSDAP gab es im Reichstag keine arbeitsfähige Mehrheit. Das Scheitern der Papenschen Koalitionsverhandlungen sowie die vernichtende Ablehnung seiner Notverordnungen durch den Reichstag

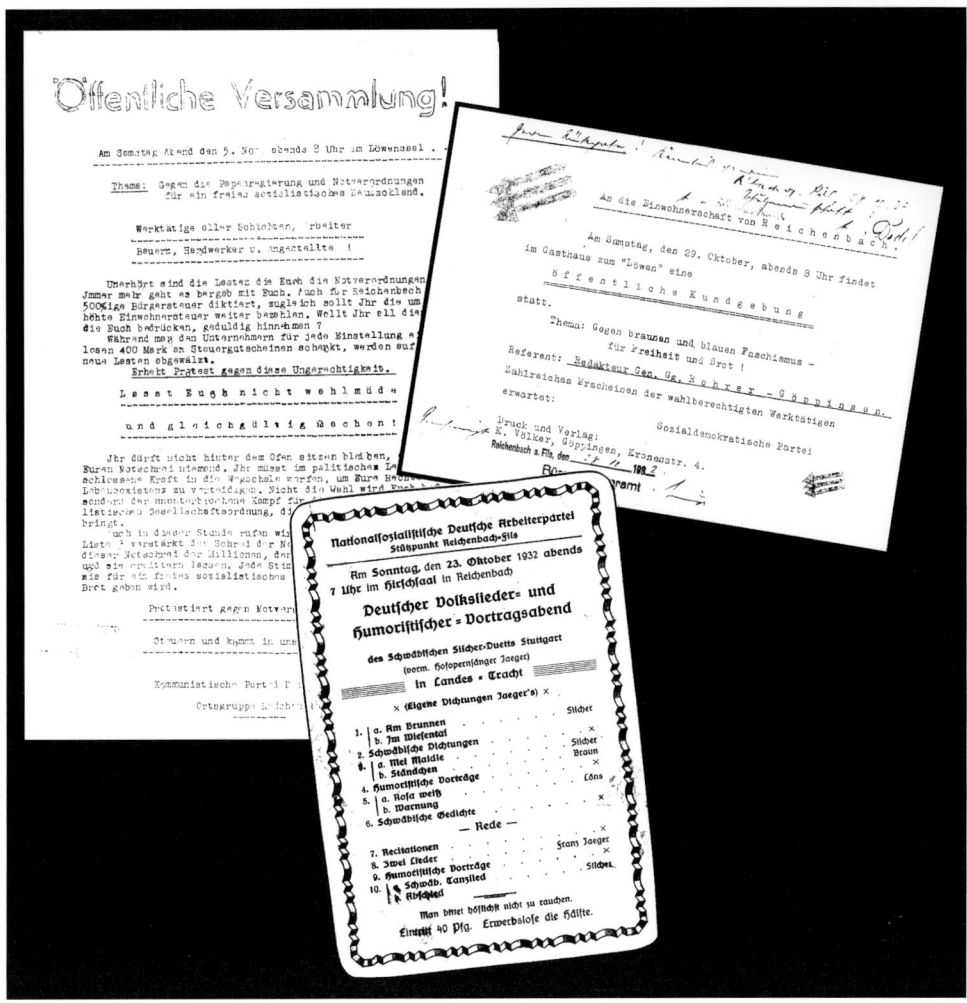

Wahlkampf zur Reichstagswahl am 6. November 1932 – unterschiedliche Formen und Inhalte bei den Reichenbacher Sozialdemokraten, Kommunisten und Nationalsozialisten.

führten im September 1932 zur erneuten Auflösung des Parlaments und zu einsetzenden Aktivitäten der Parteien. Neuwahlen wurden auf den 6. November festgesetzt.

Wenngleich der geheime Polizeibericht für Württemberg meldete, »daß die politischen Ereignisse der letzten Monate sich insbesondere auf die NSDAP bzw. deren politische Tätigkeit außerordentlich lähmend ausgewirkt« sowie »Schwung und Begeisterung (...) gegenüber diesem Früh-

jahr merklich nachgelassen«[614] hätten, so waren die *Parteigenossen* des »Stützpunkts Reichenbach« doch aktiv.

Sie organisierten am 19. Oktober einen Vortragsabend mit Philip Bätzner, Schreinermeister und Landtagsabgeordneter aus Nagold, im »Löwensaal« zum Thema »Handwerk und Gewerbe bei der kommenden Reichstagswahl«[615]. Vier Tage darauf veranstalteten sie im vollbesetzten »Hirschsaal« einen »Deutschen Volksliedder- und humoristischen Vortragsabend«

mit dem Silcher-Duett aus Stuttgart, das »durch seine Heimatklänge (...) die Liebe zur Heimat wecken und fördern« konnte[616].

In der Pause ergriff Pg Gauführer v. Jagow[617] das Wort, um in markigen Zügen die heutige politische Lage zu beleuchten. Seine halbstündigen trefflichen Ausführungen gipfelten in dem Wunsche: Gebe Gott, daß es unserer Bewegung gelingen möge, dem deutschen Volk wieder Ruhe, Arbeit und Brot zu geben![618]

Bei geschickt inszenierten Veranstaltungen wie dieser hatten Störversuche von Sozialdemokraten wie Timotheus Stöber oder von Kommunisten wie Otto Munz wenig Erfolg.

Mein Vater hat auf einer Versammlung Ende 1932 gerufen: »Hitler bedeutet Krieg und Untergang!« Da haben die Leute gerufen: »Nein, nein, der Hitler muß ran!« – man hat ihm nicht geglaubt.[619]

Sogar der Christliche Volksdienst lud am 15. Oktober zu einer Versammlung mit dem Redner Flad aus Boll ins CVJM-Vereinshaus[620]. Vertreter der Einheitsfront aus KPD und SPD forderten die nationalsozialistischen Redner immer wieder per Zeitung auf, mit ihnen »die geistige Klinge zu kreuzen über den historischen Materialismus.«

Erscheinen Sie bitte in der nächsten öffentlichen Versammlung bei der SPD oder bei der KPD. Sie können ja zu Ihrem Schutz Ihre SS mitbringen. Wir bürgen Ihnen dafür, daß Ihnen kein Haar gekrümmt wird.[621]

Die Sozialdemokraten luden per Flugblatt zu einer »öffentlichen Kundgebung« mit dem Göppinger Redakteur Rohrer, der zum Thema »Gegen braunen und blauen Faschismus – für Freiheit und Brot« sprach[622]. Kurz vor der Novemberwahl intensivierten die Reichenbacher Nationalsozialisten noch einmal ihre Agitation über Anzeigen, Plakate und Handzettel[623]. Vier Tage vor der Wahl luden sie erneut zu einer öffentlichen Versammlung in den »Hirschsaal«. Unter dem Motto »Gegen die Macht der Reaktion, die Macht an Hitler!« sprach der Göppinger

NSDAP-Stadtrat Dr. Pack über »die Pflicht, sich auf den Wahlkampf vorzubereiten«, und dazu, »warum erneut gewählt werden muß und was für reaktionäre Machenschaften dies zu Wege brachten.«[624] Am Abend vor der Wahl agitierten die Reichenbacher Kommunisten noch einmal im »Löwensaal« auf einer großen Veranstaltung »Gegen die Papen-Regierung und Notverordnungen für ein freies sozialistisches Deutschland«[625]. In einem Flugblatt warben sie:

Auch für Reichenbach wurde die 500%ige Bürgersteuer diktiert, zugleich sollt Ihr die um 100% erhöhte Einwohnersteuer weiter bezahlen. (,,,) Während man den Unternehmern für jede Einstellung eines erwerbslosen 400 Mark an Steuergutscheinen schenkt, werden auf Euch immer neue Lasten abgewälzt.[626]

Die Agitation vor den Wahlen wirkte sich aus. Es gingen 33 Reichenbacher mehr zur Wahlurne als bei den Juliwahlen, bei denen schon eine hohe Wahlbeteiligung zu verzeichnen war[627]. Überregional büßte die NSDAP in der Novemberwahl 1932 zum ersten Mal Stimmen ein – reichsweit mehr als zwei Millionen[628]. Doch anders in Reichenbach, wo wiederum die starke Polarisierung der extremen Parteien auffällt[629]. NSDAP und KPD erzielten mit 38,8 und 29,2 Prozent ihre jeweils höchsten Ergebnisse bei Reichstagswahlen, zusammen also 68 Prozent. Die Nationalsozialisten konnten ihren Stimmenanteil von 484 auf 515 steigern, die Kommunisten von 321 auf 387. Die Sozialdemokraten fielen von 233 auf 184 Stimmen und damit auf knapp 14 Prozent, die DDP kandidierte gar nicht mehr. Auch bei dieser Wahl sind Aussagen über Wanderbewegungen unter den Wählern nur bedingt zu treffen. Es wurden 33 Stimmen mehr abgegeben als bei den Juliwahlen, die KPD erhielt 66 Stimmen mehr, die SPD 49 weniger und die NSDAP gewann 29 dazu. Es lassen sich keine gesicherten Aussagen darüber treffen, ob die 27 Wähler, die im Juli ihre Stimme der DDP gaben, nun SPD, KPD, NSDAP oder eine der

Splitterparteien wählten oder gar nicht zur Wahl gingen. Die KPD gewann 17 Stimmen mehr dazu als die SPD verlor. Es spricht also vieles dafür, daß die Nationalsozialisten ihre 29 Mehrstimmen aus Kreisen der Neuwähler und von CSVD und DNVP bekamen, die zusammen fünf Stimmen verloren, und nicht von ehemaligen SPD-Wählern. Diese wechselten zur KPD und nicht zur NSDAP über.

Wie im Vorjahr rief Bürgermeister Schmid Anfang Dezember wieder zu der von der Gemeinde und den evangelischen Frauen um Frau Bücheler durchgeführten Haussammlung »zugunsten einer Weihnachtsbeihilfe für die Erwerbslosen«[630] auf. Einige NS-Frauen boten ihre Mithilfe bei der Haussammlung. Die *Ortsgruppe* schaltete sich damit in die »Winterhilfe« ein. Zwei Wochen später beorderte der *Ortsgruppenleiter* am 23. Dezember durch – jeweils mit dem Hakenkreuz, dem Logo der *Ortsgruppe* sowie einem »Heil Hitler« umrahmte – Anzeigen gesondert alle *Parteigenossen* – »Das Erscheinen der gesamten Parteigenossenschaft ist Pflicht« – sowie die »NS-Frauenschaft Reichenbach« um 18 Uhr zum Weihnachtsbaum beim Rathaus sowie zur späteren »NS-Weihnachtsfeier« mit »Bescherung der *SA* durch die Frauenschaft«[631]. In einer weiteren Anzeige lud – ebenfalls unter dem Hakenkreuz – die »NS-Volkswohlfahrt Reichenbach« zu einer Feier unterm Weihnachtsbaum am Rathaus, bei der »die ›Weihnachtsspende der Winterhilfe‹ in würdiger Form zum Abschluß gebracht« werden sollte.

Ab $1/2$ 6 Uhr werden auf einem vor dem Weihnachtsbaum vor dem Rathaus aufgestellten Tisch noch Spenden jeder Art wie Kleidungsstücke, Lebensmittel, Pakete und Barbeträge dankbar entgegengenommen. Ferner ist ein HJ-Schild zur Nagelung aufgelegt. Um 6 Uhr findet die Feier vor dem Weihnachtsbaum statt unter Mitwirkung des Posaunenchores des CVJM und des Gesangvereins »Concordia«. Hierzu wird die gesamte Einwohnerschaft zu recht reger Teilnahme herzlich eingeladen und freundlich gebeten, Christrosen anzustecken.[632]

Auch die Jahre zuvor hatten Verwaltung und Kirchengemeinde ähnliche Veranstaltungen – in privaterem Rahmen – durchgeführt[633], jedoch nie derart öffentlich dargestellt. Da auch 1932 die bürgerliche Gemeinde oder die evangelische Kirchengemeinde nicht gesondert für die Feiern warben, entstand – zumindest bei einem Teil der Öffentlichkeit – der Eindruck, als ob es sich um eine Veranstaltung der neu am Ort in Erscheinung tretenden nationalsozialistischen Volkswohlfahrt handelte.

Im Gegensatz zu vielen anderen Gemeinden[634] und zum landes- und reichsweiten Trend stand die NS-*Ortsgruppe* Reichenbach am Ende des Jahres 1932 in voller Blüte. Am 18. Dezember wiederholte sie im »Hirschsaal« den erfolgreichen Abend mit dem Silcher-Duett[635]. Wenngleich noch gering an Mitgliedern, trat die Partei wie keine andere durch die Veranstaltungen und Aktivitäten ihrer »Gliederungen« wie *SA*, NS-Frauenschaft, Hitlerjugend und NS-Volkswohlfahrt in Erscheinung. Zentrale von den Nationalsozialisten propagierte Ideen und Werte verbreiteten und entwickelten sich in den Vereinen des bürgerlichen Lagers. So wurden beispielsweise in einem Artikel über die Weihnachtsfeier des Turnvereins »die hohen, volksbildenden Werte der Deutschen Turnerschaft ins rechte Licht« gesetzt:

Denn nicht nur der Körper, auch Deutscher Geist und Deutsche Sitten finden eine Pflegestätte in unseren Turnvereinen, und jeder ist uns willkommen, gemäß dem Grundsatz: »Wir fragen nichts nach arm und reich, nach Titel, Rang und Stand – Turnbrüder sind in allem gleich – ihr Gut heißt Vaterland«[636].

Die *braune Bewegung* am Ort, erwachsen aus völkisch-konservativen Einstellungen, nationalen Ressentiments und militaristischen Tendenzen, hatte es verstanden, die durch die Ausdifferenzierung des Vereinswesens sich entwickelnde Polarisierung am Ort zu nutzen, und unter Ausnutzen der dörflichen Kommunikation, der politischen Kultur und schließlich auch des Wahlverhaltens die verschiedenen Interessen und Bedürfnisse des bürgerlich-konservativen Lagers in eine politisch überregional agierende Partei zu kanalisieren und unter dem Symbol des Hakenkreuzes zusammenzuführen.

Über die Attacken gegen den Konsumverein hatte die entstehende nationalsozialistische *Ortsgruppe* 1930 begonnen, sich ein lokales Profil – als Gegenposition zu den örtlichen Arbeitervertretern – zu verschaffen. Sie gab sich den Anstrich einer bewußt karitativen Organisation, die deutsch-christliche Werte aktiv verteidigt gegen die *Gefahr des Bolschewismus*. Darüber glückte es den ersten Reichenbacher Nationalsozialisten, sich als politische Interessenvertreter des lokalen Mittelstandes und gleichzeitig als Wohltäter der Armen darzustellen. Über das Ansprechen der persönlichen Emotionen anläßlich der Totengedenkfeier 1930, die sie vermengt mit nationalem Pathos für die *braune Bewegung* zu kanalisieren versuchten, hinterließen sie – auch und gerade über die entfachte Diskussion am Ort – bei vielen Reichenbachern den gewünschten Eindruck, das alleinige Vertretungsrecht für nationales Erbe zu beanspruchen. Trotz starker kommunistischer Gegner am Ort, konnten sie Ängste vor wirtschaftlichem Abstieg schüren und für sich verwerten. Zwar konnte die örtliche NSDAP ihre Kandidaten nicht auf den bürgerlichen Listen plazieren, doch um die »Zersplitterung der bürgerlichen Stimmen zu vermeiden«[637], bewegten sie die bisherigen lokalpolitischen Vertreter des Ortes bei den Gemeinderatswahlen 1931 zu einer *Listenverbindung*.

Die deutschnationalen Kreise, die sich außer in ihren *Honoratiorenstammtischen* nur sehr locker ab 1932 in einem Reitverein organisiert hatten, meldeten keine Führungsansprüche auf das sich festigende traditionalistische Milieu an und stellten keine politische Konkurrenz zu den Nationalsozialisten dar. Diese verstärkten über eine Mischung aus »heiligem Ernst« bei den »eindrucksvollen« *Sprechabenden*, Ansprachen und »Demonstrationen der Stärke« und humoristischen »deutschen Heimatklängen« bei Unterhaltungsveranstaltungen – unter bewußter Ausgrenzung der anderen, der Kommunisten und Arbeiter des progressiven Milieus – das Zusammengehörigkeitsgefühl des traditionalistischen Milieus und formten eine Art »traditionalistische Dorfgemeinschaft«.

Parallel hierzu bauten sie die eigene Parteiorganisation in Reichenbach und den Nachbarortschaften aus, begannen Ende 1932 erfolgreich damit, vorhandene Felder zu besetzen und in die eigenen Strukturen zu überführen. Ganz im Gegensatz zur reichsweiten Entwicklung, bei der der Höhepunkt der nationalsozialistischen Bewegung – selbst aus dem Blickwinkel führender *Parteigenossen*[638] – bereits überschritten zu sein schien, blickten die Reichenbacher Nationalsozialisten hoffnungsvoll auf das neue Jahr. Am 30. Januar 1933 ernannte Reichspräsident Paul von Hindenburg Adolf Hitler zum Reichskanzler.

Machtantritt

Machtantritt –
»Hier hat m'r nur wenig g'merkt von dem, was geschah«

»Ein Tag wie jeder andere«

Noch am Abend des 30. Januar 1933 feierten die Nationalsozialisten und ihre Sympathisanten in Berlin die »nationale Erhebung« mit einem Fackelzug. Der Akt der Machtübertragung vollzog sich formal legal. Nach den Vorschriften der Weimarer Verfassung hatte der Reichspräsident den Führer der stärksten Reichstagsfraktion mit der Regierungsbildung betraut.

In Reichenbach sind keine Demonstrationen für oder wider die neuen Machthaber in Berlin überliefert. Einzig kirchliche Kreise gedachten – durchaus wohlwollend[1] – des Machtwechsels.

Am 30. Januar 1933 ist man abends erst mal in die Kirche gegangen.[2]

Alles ging seinen normalen Gang. Am Ort wie in ganz Württemberg blieb zunächst alles beim alten. Die Regierung unter dem Zentrumspolitiker Bolz blieb im Amt, und im Gemeinderat standen vor allem Einzelanträge um Steuerstundung, der weitere Fortgang der von Schmid im November intensiv vorangetriebenen »Filskorrektion« zur Arbeitsbeschaffung[3] sowie die »Beschaffungs- und Kohlebeihilfe für die Erwerbslosen«[4] auf der Tagesordnung. Wiederholt verwiesen die Gemeinderäte Schloz und Munz »auf die vielfach in unangebrachter Weise vom Reich in großem Umfang bewilligten Subventionen, während andererseits die Masse der Erwerbslosen sich mit kärglichen Unterstützungen, die zum Leben zu wenig und

zum Sterben zu viel seien, zufrieden geben müßten.«[5] Die beiden Kommunisten forderten immer wieder, daß von seiten des Gemeinderates »gegen den auf Kosten der Gemeinden erfolgten rigorosen Abbau der sozialen Gesetzgebung wie gegen die Finanzpolitik des Reiches (...) energisch Front gemacht werden« müsse. Die Anschaffung von Polizeiuniformen in Reichenbach[6] und das Abdichten der Türen zu Kanzlei und Sitzungssaal, damit »die Aussprachen in den Zimmern auf dem Gang nicht mehr hörbar sind«[7] standen in keinem Zusammenhang mit dem Machtantritt Hitlers. Auch aus den Protokollen der Vereine, die sich in ihren Sitzungen Anfang Februar intensiv über vereinsinterne Probleme[8] auseinandersetzten, ist nichts über die *Nationale Revolution* zu entnehmen.

Doch in Berlin begann deren *Führer*, eine »grundlegende Umwälzung der politischen Verhältnisse« einzuleiten[9]. Hitlers *Kabinett der nationalen Erhebung* war trotz der Mitarbeit der Deutschnationalen mit 42,3 Prozent der Sitze ein Minderheitenkabinett. Hitler verzichtete darauf, durch Einbeziehung des Zentrums eine Mehrheitsregierung zu schaffen, da er sich von Neuwahlen eine absolute Mehrheit versprach. Beim Reichspräsidenten setzte Hitler die Neuausschreibung der Reichstagswahlen auf den 5. März durch, was sofort einen intensiven Wahlkampf auslöste. Nur zwei Tage nach seiner Ernennung zum Reichskanzler hatte Hitler damit das deutschnationale Konzept der »Einrahmung«, die »Hoffnungen auf eine Zähmung der Nationalsozialisten durch Beteiligung an der Macht«[10], ad absurdum geführt. Auf dem Weg ins *Dritte Reich* zeigten die Nationalsozialisten bald deutlich, daß sie nicht gewillt waren, sich noch von der Errichtung einer Diktatur abbringen zu lassen. Durch die Notverordnungen vom 4. und 28. Februar blockierten sie den Wahlkampf der politischen Gegner und denunzierten diese als Staatsfeinde[11]. Wenige Tage vor der Wahl konnten Reichenbacher Zeitungsleser erfahren, daß es »einwandfrei erwiesen« sei,

daß kommunistische Führer mit der Brandstiftung im Reichstag in direktem Zusammenhang stehen, ferner daß die Kommunisten Terrorakte vorbereitet haben (...). Der festgenommene Brandstifter hat ausgesagt, daß er auch mit sozialdemokratischen Führern in Verbindung gestanden habe.[12]

Unter dem Vorwand, »zum Schutze des deutschen Volkes vor der kommunistischen Gefahr« Ruhe und Ordnung wiederherstellen zu wollen, ermächtigte die »Reichstagsbrandverordnung« die Reichsregierung, vorübergehend Befugnisse der Länderregierungen zu übernehmen. Die Hitlerregierung setzte von der Verfassung garantierte Grundrechte außer Kraft, führte die Todesstrafe für Hochverrat, Sabotage und Brandstiftung ein und ermächtigte die Polizei, ohne richterliche Kontrolle verdächtige Personen in *Schutzhaft* zu nehmen[13]. Damit etablierte sie Terror und Gewalt und störte vor allem den kommunistischen Wahlkampf erheblich, dessen öffentliches Wirken auch in Württemberg als »unmittelbare Gefahr für die öffentliche Sicherheit«[14] verfolgt wurde. Wahlkampfveranstaltungen am Ort gab es seitens der Kommunisten keine mehr, nicht einmal mehr im »Filstal- und Schurwaldboten« tauchten die Reichenbacher Kommunisten auf.

Dafür agierten für die Antifaschistische Front die Reichenbacher Sozialdemokraten, die im Vorfeld der vorigen Wahl erstaunlich wenig in der Zeitung präsent gewesen waren. Am 1. März organisierten Rudolf Roth, genannt »Salatöl-Roth«, Timotheus Stöber, Karl Gress und ihre Parteifreunde im »Löwen« eine Wahlkundgebung »für Freiheit, Volk und Sozialismus«. Getreu den Weisungen ihres Parteivorstandes kämpften sie mit dem Redner, dem Reichs- und Landtagsabgeordneten Keil aus Ludwigsburg, streng »auf dem Boden der Verfassung«[15] um den Bestand der Demokratie. In Anzeigen warnten sie:

Die freiheitlichen Rechte des Volkes sind in Gefahr! Verbote anstatt Brote sind das Ergebnis der Regierung Hitler-Hugenberg.[16]

Außerdem warben sie mit der »Pflicht jedes Lesers, sich zu informieren«[17]. Die Parteizeitung »Vorwärts« hatte am 31. Januar die Parole ausgegeben:

Wir denken nicht daran, uns vom Boden der Legalität abdrängen zu lassen.[18]

In einer weiteren Anzeige am Vortag der Wahl warnten die Reichenbacher Sozialdemokraten noch einmal, daß Hitler eine »Parteiendiktatur« errichten würde[19].

Die konservativ-nationalen Kreise Reichenbachs um die Fabrikanten Werner Seyfert, Maria Theurer und Hans-Otto Kantenwein[20], die sich bereits einmal für die Kommunalwahlen 1931 zusammengetan hatten[21], schlossen sich Anfang Februar mit den *Stahlhelmreitern* um Otto Gaugler und Walter Müller zur »Kampffront Schwarz-Weiß-Rot« zusammen. Am 26. Februar lud diese die »nationale Bevölkerung Reichenbachs« ins Gasthaus zur »Post« zu einer Veranstaltung mit Klara Klotz und Schriftleiter Hirsch aus Stuttgart, die über den »Schicksalskampf um Deutschlands Rettung« sprachen[22]. Hitlers Regierungserklärung, die die Bewahrung christlich-nationaler Kulturwerte und die »nationale Einigung über alle Stände und Klassen hinaus« versprach, räumte eventuelle Bedenken auf bürgerlicher Seite gegen den einstigen »Schreier« vollends aus.

Die NSDAP steigerte ihren Einsatz nochmals. In dem 1938 verfaßten ersten Teil einer geplanten Ortschronik heißt es hierzu:

Mit Aufbietung aller Parteikräfte ging die hiesige *Ortsgruppe* in den unmittelbar bevorstehenden Entscheidungswahlkampf.[23]

In einer Art »schleichenden Machtergreifung«[24] hatten die Nationalsozialisten durch das immer wieder gezeichnete Feindbild des Marxismus die Bürgerlichen geeint und durch das Schlagwort von der nationalen Einigung diejenigen gelockt, die der Republik schon immer mit Vorbehalt oder Verachtung begegnet waren. Am 3. März organisierten die Reichenbacher und Ebersbacher Nationalsozialisten zusammen einen Sprechabend mit *Parteigenosse* Häfner aus Weilimdorf zum Thema »Deutschland ist erwacht«[25]. Während überregional – mit dem Blick auf bürgerliche Wählerschichten – vor allem die Angst vor der *Bolschewisierung* geschürt wurde, waren sich die *Parteigenossen* in Reichenbach und der Umgebung dieser Kreise wohl schon sicher und zielten verstärkt auf die Arbeiter am Ort.

Am Tag vor der Wahl erschienen nochmals große Anzeigen der Reichenbacher und Ebersbacher *Ortsgruppen* sowie der Kirchheimer und der Göppinger *Kreisleitung* der NSDAP, in der speziell Arbeiter angesprochen und mit der SPD »abgerechnet«[26] wurde. In einer wie »vom hungernden deutschen Volk« aufgelisteten »Rechnung« wurden in einem Bogen vom Berliner Munitionsarbeiterstreik 1917 über den 9. November 1918 bis hin zu den Notverordnungen alle Vorurteile und Kampfbegriffe von der »Dolchstoßlegende« über den »Schandfrieden von Versailles«, »Dawes-Plan«, »Young-Plan« bis zu Kürzungen der Löhne, Krisenunterstützungen und dergleichen aufgewärmt, alle Emotionen gegen die Republik geschürt und die SPD als verantwortlich für »14 Jahre Knechtschaft« gebrandmarkt. Am selben Tag nahmen die Reichenbacher *Ortsgruppe* sowie die *Stahlhelmreiter* an den »riesigen Propagandaumzügen der *SA*, aber auch des Stahlhelms« in Esslingen und Stuttgart teil[27]. Abends hatten sie anläßlich der Übertragung einer Rede Hitlers dezentrale Veranstaltungen im »Hirsch«, im »Grünen Baum«, in der

»Post«, im »Löwen« und in der »Weinstube Fischer« vorbereitet[28]. Die Taktik der Nationalsozialisten schien aufzugehen. Auch die Wahlen selber zeugten bereits vom *neuen Geist* des *Dritten Reiches*.

Bei der Wahl selbst war es so, daß wir Wählenden bei der Wahlzettelbeschriftung in der Wahlzelle beobachtet wurden. Ich habe mir solches verbeten.[29]

Als erstes fällt die für Reichenbach hohe Wahlbeteiligung – nach den Wahlen zur Nationalversammlung 1919 die mit Abstand höchste – von über 82 Prozent auf[30]. Wie überall im »Ländle« wirkte sich die intensive Politisierung des Alltags und der hitzig geführte Wahlkampf auf die Wahlberechtigten aus. Eindeutige Gewinner waren die Nationalsozialisten. Zwar fiel der Sieg nicht ganz so strahlend wie erhofft aus – die Parteien der »nationalen Erhebung« erhielten in Reichenbach zusammen 47,4 Prozent und verfehlten damit die angestrebte absolute Mehrheit –, doch konnte die NSDAP ihr Rekordergebnis in Reichenbach vom November 1932 noch übertreffen[31]. Mit 672 Stimmen – 157 mehr als bei der letzten Wahl – erzielte sie über 45 Prozent der abgegebenen Stimmen. Die deutschnationale Kampffront Schwarz-Weiß-Rot mußte leichte Verluste hinnehmen und fiel auf zwei Prozent. Damit lagen die Ergebnisse der Nationalsozialisten über dem Landes- und Reichsdurchschnitt, die der Deutschnationalen deutlich darunter[32]. Die Sozialdemokraten konnten 44 Stimmen dazugewinnen und erreichten damit 15,4 Prozent. Die Kommunisten mußten 52 Stimmen einbüßen und fielen damit – prozentual mehr als im Reichsdurchschnitt[33] – auf 22,6 Prozent. Die DVP und der CSVD, die sich in einem Wahlabkommen zusammengetan hatten, errangen in Stimmen gemessen leichte Gewinne, blieben aber durch die hohe Zunahme der Wahlbeteiligung bei knapp 6 Prozent. Die staatstragende DDP konnte die bereits im November einsetzende Aufwärtsentwicklung fortsetzen und – mit 3,6 Prozent der Stimmen – erneut leichte Gewinne verbuchen.

Die lange Zeit vertretenen Thesen, die Wahlerfolge der NSDAP seien hauptsächlich zurückzuführen auf die Angehörigen des »alten« und »neuen« Mittelstandes, wie selbständige Handwerker und Geschäftsleute, mittelständische Bauern oder Angestellte und Beamte, sowie die damit verbundene Behauptung, die Angehörigen der oberen Mittelschicht, Katholiken, und Arbeiter seien weitgehend immun geblieben gegenüber der NS-Propaganda, sind in den letzten Jahren massiv angegriffen worden[34]. Vor allem Jürgen Falter bezweifelte die bisher weitgehend allgemeingültigen Auffassungen zum Wahlverhalten des gehobenen Mittelstandes[35] und der Arbeiterschaft: In seinem Aufsatz, »Arbeiter haben erheblich häufiger, Angestellte dagegen sehr viel seltener NSDAP gewählt, als wir lange Zeit angenommen haben«[36], nimmt er einen Arbeiteranteil von 30 bis 40 Prozent unter den Wählerinnen und Wählern der NSDAP an, wohingegen er für die Angestellten einen deutlich geringeren Anteil als bislang angenommen konstatiert. Weiterhin unbestritten hingegen bleiben die Überrepräsentation des protestantischen Kleinbürgertums, insbesondere der Beamten, Rentner und Pensionäre, sowie die relative Stabilität im Wahlverhalten der gläubigen Katholiken, die weiterhin das Zentrum bzw. die Bayrische Volkspartei wählten, und der KPD-nahen arbeitslosen Arbeiter, die ebenfalls nur unwesentlich von der NSDAP geworben werden konnten.

In Reichenbach gab es keine abgeschlossenen Wohnviertel von Arbeitern, Kleinbürgern und gehobenem Mittelstand. Deshalb läßt sich das Wahlverhalten nicht über die Teilergebnisse von sozialen Schichten zuzuordnenden Wahlbezirken analysieren. Trotzdem läßt die zusammenfassende Beschreibung der Entwicklung der Wahlergebnisse Antworten auf die Frage zu, wer letztlich die Nationalsozialisten wählte[37].

Die Betrachtung der Einzelergebnisse der Reichstagswahlen hat bereits ergeben, daß die Kommunistische Partei und das Zentrum relativ treue Wähler hatten. Von den hohen Einbußen der bürgerlich-christlichen Parteien sowie der bürgerlich-liberalen DDP bei den Landtags- und Reichstagswahlen 1924 hatten die rechtsextremen Gruppierungen profitiert[38]. Bei den Reichstagswahlen vom Mai 1928 war die DDP die große Verliererin. Entsprechende Stimmzahlen waren an die evangelischen Parteien und die NSDAP gegangen. Innerhalb des Lagers der Arbeiterparteien hatte es zwar leichte Verschiebungen gegeben, doch hatten KPD und SPD zusammen betrachtet sowohl in Stimmen wie in Prozenten zugenommen[39].

Zwischen den Wahlen von 1928 und 1930 ist eine immense Steigerung der Wahlbeteiligung festzuhalten[40], verursacht durch die Zunahme der Wahlberechtigten, also der Jungwähler, sowie durch eine erhöhte Wahlmotivation aufgrund der Agitation[41]. Die Stimmwerte der Kommunisten blieben weiterhin konstant, die SPD konnte eine deutliche Zunahme an Wählern verzeichnen. Die Verluste der DDP setzten sich fort, die Parteien der bürgerlich-konservativen Mitte sowie die berufsständisch orientierten Splitterparteien, die den programmatisch die Republik tragenden Parteien systemkritisch bis republikfeindlich gegenüberstanden, verloren. Es kam zu Verschiebungen weiter nach rechts – zugunsten der rechtsliberalen DVP und dem evangelischen CSVD, die bei den Märzwahlen 1933 dann zusammengingen, sowie zugunsten der NSDAP. In Stimmenanteilen ausgedrückt, stieg das rechtskonservative Lager in Reichenbach von 145 auf 622 Stimmen an, das Arbeiterlager von 462 auf 529. Von den Wahlen 1930 auf 1932 gingen die Stimmenanteile des bürgerlichen Lagers leicht zurück. Die NSDAP bezog ihre Stimmengewinne teilweise von der Konkurrenz innerhalb des rechten Lagers – DVP und CSVD hatten beide kräftige Stimmenverluste zu verzeichnen – und teilweise durch den oben beschriebenen Wählerzuwachs. Von Herbst 1932 bis März 1933 ist im rechten Lager erneut ein deutlicher Stimmenzuwachs zu notieren. Sowohl CSVD, DVP wie DNVP hatten jeweils leichte Stimmengewinne zu verbuchen, die NSDAP sehr hohe. Das Arbeiterlager hielt sich – trotz vehementer Angriffe – erstaunlich gut und hatte insgesamt acht Stimmen einzubüßen, die DDP konnte sechs hinzugewinnen. Das Gros des braun-konservativen Stimmenanstiegs von 193 Stimmen ergab sich – zumindest rechnerisch – aus der höheren Wahlbeteiligung.

Die aufgezeigten Überlegungen stellen nur eine Tendenz dar, da freilich auch mehr Neuwähler die KPD oder SPD gewählt haben und deren bisherige Wähler zur NSDAP gewandert sein könnten. Doch der durch die Zahlen gezeichnete Trend ist sehr auffällig. Bestätigt wird er noch durch die Entwicklung innerhalb des örtlichen Vereinswesens und der dörflichen Kommunikationsformen. Im folgenden soll deshalb dieselbe Frage an die Entwicklung der Gemeinderatswahlergebnisse gestellt werden[42].

In den fünf Gemeinderatswahlen – bzw. Teilwahlen – in den Jahren 1919, 1922, 1925, 1928 und 1931 pendelte der (Handels- und) Gewerbeverein mit einer Ausnahme (1925 mit 39,8 Prozent) jeweils um 29 Prozent. Der Landwirtschaftliche Ortsverein erzielte – mit zwei Ausnahmen (1922 mit 26,7 und 1925 mit 12,7 Prozent) – jeweils um 18 Prozent. Die beiden Arbeiterparteien hatten sich nach starken Schwankungen in den ersten sechs Jahren der Republik bei 37 Prozent eingependelt. Zwar gab es innerhalb des Arbeiterlagers zwischen den Sozialdemokraten und den Kommunisten Verschiebungen, zusammen sprachen sie in der zweiten Hälfte der Republik jedoch konstant ein Arbeiterklientel von 37 Prozent der Wählenden Reichenbachs an. Zwischen 10 und 15 Prozent der Reichenbacherinnen und Rei-

chenbacher wählten jeweils die unter den wechselnden Namen »Bürgerpartei«, »Christliche Vereinigungen«, »Freier Wählerverein« oder »Freie Wählervereinigung« auftretenden Versuche, Parteigliederungen für bürgerliche Nationalkonservative, rechtsliberale Demokraten und konservative Sozialdemokraten am Ort zu verankern, die sich nicht durch die Listen des Gewerbe- oder auch des Landwirtschaftlichen Ortsvereins vertreten fühlten.

Aus der Betrachtung der Gemeinderatswahlen vom Dezember 1931 lassen sich weitere Hinweise finden auf die Frage, woher die NSDAP ihre Stimmen bekam. Der Spitzenkandidat der Nationalsozialisten am Ort kam aus dem traditionalistischen Milieu – er hatte 1922 bei den »Christlichen Vereinigungen« kandidiert. Die Wähler kamen vermutlich ebenfalls aus diesen Kreisen. Dafür sprechen nicht nur die persönlichen Beziehungen des Spitzenkandidaten und sein dortiger Bekanntheitsgrad, sondern vor allem das Wahlverhalten der »Stammwähler« der anderen Listen. Die Arbeiterparteien hielten trotz erheblich höherer Wahlbeteiligung bei der Wahl 1931 konstant ihre 37 Prozent, das heißt sie konnten zu ihren Stammwählern noch zusätzliche »Neuwähler« gewinnen. Der (Handels- und) Gewerbeverein hatte 1931 seine Stammwähler halten können, aufgrund der höheren Wahlbeteiligung aber mit 28,3 Prozent das niedrigste Ergebnis in den Weimarer Jahren erreicht. Die Nationalsozialisten sprachen bei ihrem ersten Auftreten in Gemeinderatswahlen bei den Aktiven wie bei den Wählern hauptsächlich die beschriebene christlich-nationalliberale Bevölkerungsschicht an. Durch die Agitation am Ort konnten sie darüber hinaus noch weitere Reichenbacher zum Gang an die Wahlurne motivieren. Diese These wäre zu relativieren, wenn man eine permanente Wählerfluktuation zwischen den vier Listen des Gewerbe- und des Landwirtschaftlichen Ortsvereins sowie der Kommunisten und der Sozialdemokraten, also zwischen den beiden sich herausbildenden und gerade bei der Wahl 1931 polarisierten, zu konkurrierenden Bündnissen zusammenschließenden Lagern unterstellte. Dies ist aber in Anbetracht der beschriebenen politischen Kultur am Ort auszuschließen.

Es bleibt also festzuhalten, daß Aussagen über Beziehungen zwischen der Kategorie der *sozialen* Herkunft und dem Wahlverhalten – etwa Arbeiter wählten Kommunisten und Sozialdemokraten, Bauern, Handel- und Gewerbetreibende die berufsständigen Interessenvertretungen, Selbständige christlich oder deutschnational, Arbeitslose Kommunisten oder Nationalsozialisten und von allen wählten einige die letzteren – nicht möglich sind. Es gab Fabrikanten, Vertreter des selbständigen Mittelstandes und Angestellte, die sich in Arbeiterparteien engagierten, und es gab Arbeiter, die national und bürgerlich wählten. Hingegen lassen sich klare Beziehungen zwischen der im oben beschriebenen Sinne *kulturellen* Herkunft und dem Wahlverhalten aufzeigen.

Kennzeichnend für die politische Kultur des Ortes war die Herausbildung zweier kultureller Milieus, eines traditionalistischen und eines progressiven. Das erste hatte sich im letzten Viertel des vorigen Jahrhunderts entwickelt und war in der monarchistisch-nationalen Tradition der »deutschen Ideologie« verankert. Diesem entgegengesetzt entwickelte sich von 1878 bis 1903 eine stark progressive antimonarchistische Wählerschaft, die 1903 knapp 50 und 1912 bereits über 50 Prozent der Reichenbacher Wähler stellte. Für ein demokratisch-fortschrittliches Milieu allerdings waren mit dem Arbeiterunterstützungsverein nur zarte Wurzeln vorhanden. Mit der Gründung des Konsumvereins 1907, eines sozialdemokratischen Ortsvereins um 1909 und eines Arbeiterradfahrvereins 1914 nahm das Entstehen und Erstarken des progressiven Milieus Formen an. Noch vor dem Krieg zeichnete sich ein Riß innerhalb dieses jungen sich herausbildenden Lagers ab, der die Anhänger in Befürworter und Gegner der Kriegskredite spaltete. Vor al-

lem kurz vor Kriegsende verdichteten sich die Gruppierungen in Befürworter der Demokratie und Protagonisten einer Räterepublik, die Reichenbacher Arbeiterbewegung brach politisch in eine sozialdemokratische und eine kommunistische Richtung auseinander. Trotz dieser unterschiedlichen politischen Ausrichtung gehörten deren Vertreter dem kulturell zusammenhängenden progressiven Milieu Reichenbachs an, in dem sich die Arbeiterkulturvereine entfalteten. Das persönliche Beziehungsgeflecht und die kulturelle Heimat wogen schwerer als das Parteibuch.

Die Grenze zwischen den beiden kulturellen Milieus verlief nicht scharf. Es gab Bürgerliche innerhalb der Arbeiterkulturvereine und Arbeitervertreter und Sozialdemokraten innerhalb der bürgerlichen Solidargemeinschaft. Als Folge hiervon wie des Krieges fanden sich konservative Sozialdemokraten aus dem progressiven Lager um Karl Fischer und Liberale aus dem traditionalistischen um Hermann Kohlhaas zu einer »dritten Kraft«, vereinfacht »Liberale Bürgerliche« genannt, zusammen. Durch die Zusammenarbeit in den Vereinen näherten sich auch die fortschrittlichen Führer von SPD und KPD am Ort an. Die Führer der Reichenbacher Kommunisten wirkten innerhalb des Gemeinderates durchaus demokratiestützend. Die Reichenbacher Sozialdemokraten, die sowohl im traditionalistisch-konservativen wie im fortschrittlich-demokratischen Milieu – als Vorstandsmitglieder der beiden Gesangvereine, beispielsweise Karl Eitel, Julius Reutter und Karl Braun in der »Concordia« und Rudolf Roth, Timotheus Stöber und Karl Gress in der »Freiheit« – aktiv waren, splitteten sich 1925 erneut auf. Die konservativen in der »Concordia« singenden Sozialdemokraten schlossen sich mit den nationalliberal orientierten »Christlichen« um Adolf Fischer zu einer »freien Wählervereinigung« zusammen. Diese »dritte Kraft« – der erste Versuch hatte sich zwischenzeitlich aufgelöst, Karl Fischer und Hermann Kohlhaas kandidierten wieder für die SPD bzw. den Gewerbeverein – entstand wiederum also aus christlich-bürgerlichen, ehemals DDP-orientierten liberalen Demokraten und konservativen Sozialdemokraten. Bei der Bürgermeisterwahl 1926/27 hatten diese sich dem progressiven Milieu angenähert, doch über die kulturellen Anbindungen an das traditionalistische Reichenbacher Milieu, drifteten sie in den folgenden Jahren weiter nach rechts ab und verschmolzen schließlich mit den Rechten. Die wirtschaftlich sich verschärfende Situation trug zur Ausdifferenzierung und Polarisierung der beiden Milieus bei und beschleunigte diese.

Angeregt durch einen sehr aufschlußreichen Versuch Eberhard Jäckels, »Die Wahlentwicklung in Deutschland 1871 bis 1933«[43] in die Gruppen der »Monarchisten« und der »Demokraten« zusammenzufassen, soll im folgenden die »Entwicklung der kulturell-politischen Milieus in Reichenbach anhand der Gemeinderats- und Reichstagswahlen 1878 bis 1933« diskutiert werden[44]. Dabei sollen dem *progressiven Milieu* die antimonarchistischen und die demokratischen Kräfte[45], dem *traditionalistischen* Milieu die antirepublikanisch-autokratischen – darunter monarchistische und antidemokratische – Kräfte[46] zugeordnet werden.

Betrachtet man die Entwicklung der Wahlergebnisse, so fällt erstens ein Unterschied vom kommunalen zum überregionalen Wahlverhalten, also von Gemeinderats- zu Landtags- und Reichstagswahlen auf. Dies entspricht der Feststellung, daß vor allem im traditionalistischen Lager die lokalen politischen Vertreter sich nicht den Reichsparteien zuordnen lassen. Setzt man die kulturellen Milieus mit der Entwicklung der Wahlergebnisse in Beziehung, so ist zweitens festzuhalten, daß die Entwicklung und Ausdifferenzierung des progressiven kulturellen Milieus zeitlich versetzt nach dem Anwachsen der sozial bedingten progressiven Wählerschaft einsetzte. Der Anteil der progressiven Wähler erstarkte auf Kosten des traditionalistischen Lagers, dessen Anteil sich

vor dem Krieg bei 45 Prozent einpendelte. Diese Entwicklung setzte sich über das Kriegsende hinaus fort, so daß auch in Reichenbach eine »bemerkenswerte Kontinuität über das Kriegsende hinweg«[47] notiert werden kann. Drittens läßt sich allerdings eine einschneidende Auswirkung des Ersten Weltkrieges festhalten, der als traumatisches Erlebnis wahrgenommen wurde. Das traditionalistische Lager, das bei den ersten lokalen Wahlen 1919 bei 44 Prozent blieb, wählte vier Monate davor überregional zum überwiegenden Teil demokratisch. Bereits im Juni 1920 allerdings setzte sich das traditionalistische Element durch, und die oben beschriebene Kontinuität wirkte fort. Viertens bildete sich durch die einsetzende Ausdifferenzierung der kulturellen Milieus ein drittes Lager, dessen Mitglieder *politisch* liberal und demokratisch wählten, sich *kulturell* jedoch innerhalb des traditionalistischen Milieus engagierten. Das kulturelle Milieu mit seinem Geflecht persönlicher Beziehungen wirkte sich bei Reichstagswahlen weniger aus als bei Kommunalwahlen. Hierdurch läßt sich das unterschiedliche Wahlverhalten bei lokalen und überregionalen Wahlen erklären. Die Arbeiterparteien erzielten jeweils höhere Ergebnisse bei den Reichstagswahlen. Doch der »Spagat« der sich lokal im traditionalistischen Milieu immer weiter nach rechts bewegenden Mitglieder des liberalen »dritten Lagers«, überregional weiter demokratisch zu wählen, wurde vor allem ab 1930 schwieriger. Auch hier wirkte sich die lokale kulturelle Verwurzelung zunehmend nachhaltender aus als der Schock des Ersten Weltkrieges. Dies spiegelte sich bei überregionalen Wahlen in der kontinuierlichen Abnahme vor allem der DDP wider.

Zusammenfassend lassen sich ein progressives und ein traditionalistisches Milieu feststellen, die sich überregional-politisch und lokal-kulturell voneinander unterschieden. Die anfangs noch unscharfe Trennlinie nahm mit Ausdifferenzierung der kulturellen Milieus und deren Einfluß auf die Haltungen ihrer Mitglieder klarere Konturen an. Die »Bürgerlichen«, die anfangs überregional-politisch die Demokratie unterstützten, drifteten durch ihre lokale kulturelle Zugehörigkeit zum traditionalistischen Milieu, das sich über konservativ-nationale, völkisch-militaristische Tendenzen zur *braunen Bewegung* entwickelte, immer mehr nach rechts. In Reichenbach setzten sich ab 1930 die Nationalsozialisten, die sich geschickt als Vertreter dieser überregional-politischen Gesinnungen wie als Sachwalter wirtschaftlicher und lokal-kultureller – im beschriebenen *traditionalistischen* Sinne *kultureller* – Interessen inszenierten, an die Spitze dieser *Bewegung*.

Die *Nationale Revolution* in Reichenbach –
»... zweckmäßigerweise den Degen senken und ruhig abwarten«

Vor allem in den ersten Monaten nach dem Machtantritt erzeugten die Maßnahmen sowie das Auftreten der nationalsozialistischen Regierung bei vielen Reichenbachern das Gefühl einer Zeitenwende.

> Man hatte plötzlich das Gefühl, wieder wer zu sein. Anfang 1933 fuhr in der Straßenbahn in Stuttgart ein junger Franzose neben mir, und ich hatte auf einmal das Gefühl, dem wieder ebenbürtig in die Augen schauen zu können.[48]

Als sich nach dem Ergebnis der Reichstagswahl zeigte, daß die Nationalsozialisten zusammen mit den Deutschnationalen erneut die Reichsregierung stellen würden, erlebte die Reichenbacher *Ortsgruppe* der NSDAP sowie ihre bereits bestehenden *Gliederungen SA, Frauenschaft* und *Hitlerjugend* einen regelrechten Ansturm neuer Mitglieder. Selbst Arbeiterführer Munz überraschte das Tempo der Opportunisten.

> Vor 1933 hat sich noch keiner so recht mit der Sache befaßt. Als dann aber die *Bewegung* siegte, drängten sich alle dazu.[49]

Besonders interessant ist die dabei auftretende Altersverschiebung. Von den Parteigenossen, die zwischen 1928 und 1930, also vor Gründung der Reichenbacher *Ortsgruppe*, der NSDAP beigetreten waren, wurden 86 Prozent vor 1900 und 14 Prozent zwischen 1900 und 1910 geboren. Die überwiegende Mehrheit war also bei ihrem Parteieintritt älter als 30 Jahre. Bei den zwischen 1930 und April 1933 eingetretenen sind 26,3 Prozent vor 1900 geboren, 68,4 Prozent zwischen 1900 und 1910 und 5,3 Prozent nach 1911 geboren. Die in der »Kampfzeit« der jungen *Ortsgruppe* eingetretenen Parteigenossen, die sich von deren Ideologie begeistern ließen, waren zu knapp drei Vierteln zwischen 20 und 30 Jahre alt.

Von den »Märzgefallenen«, auch »Maiblümchen« genannt[50], die zwischen der Märzwahl und dem 1. Mai 1933 der NSDAP beitraten, waren 94 Prozent vor 1900 und sechs Prozent zwischen 1900 und 1910 geboren[51]. Die meisten Jungen, die sich von Versprechungen und Ideologie hatten anziehen lassen, waren entweder schon eingetreten oder zu träge zum Parteieintritt. Die Mehrzahl der aus Opportunismus nach der Wahl Eingetretenen waren über 30 Jahre alte Männer. Das springflutartige Ansteigen der Eintrittswelle der *Märzgefallenen* war nicht auf Reichenbach begrenzt. Reichsweit traten von 30. Januar bis zum 5. März 1933 etwa 1,6 Millionen in die NSDAP ein, was einer Verdreifachung der Mitgliederzahl entsprach[52]. Nach dem 30. Januar 1933 und vor allem nach dem 5. März wurde die NSDAP zur Massenpartei, so daß ab 1. Mai eine Aufnahmesperre für die Partei verhängt wurde, die zwar bis Mai 1939 in Kraft blieb, für bestimmte Personengruppen allerdings durchlässig war.

Nach dem Wahlsieg vom 5. März 1933, der der NSDAP und dem Kampfbund Schwarz-Weiß-Rot reichsweit die Mehrheit brachte, begann die Reichsregierung mit der Gleichschaltung der unteren Verwaltungsinstanzen. Der Föderalismus der Weimarer Republik wich dem Zentralismus des Dritten Reiches.

Zunächst wurden die noch nicht unter nationalsozialistischem Einfluß stehenden Länder gleichgeschaltet und über diese die Kommunen. Da die Parteien der »nationalen Erhebung« in Württemberg nur 47 Prozent der Stimmen erreicht hatten, zog Reichsinnenminister Frick durch einen Verfassungsbruch die vollziehende Gewalt in Württemberg an sich[53]. Aufgrund der Notverordnung vom 28. Februar ernannte er am 8. März Dietrich von Jagow[54], den Freund Mangolds, der in Reichenbach intensiv für die *Bewegung* geworben hatte und zwischenzeitlich zum NS-Reichstagsabgeordneten und *SA*-Gruppenführer aufgestiegen war, zum NS-Reichskommissar für die württembergische Polizei[55].

Am Tag zuvor hatte von Jagow den Demonstrationszug der *SA* und des *Stahlhelms* durch Stuttgart geleitet, dessen Teilnehmer dafür sorgten, daß auf allen wichtigen Gebäuden die Hakenkreuzfahne gehißt wurde[56]. Tags darauf gab er den Befehl, in den umliegenden Orten die schwarz-weiß-rote Flagge des Kaiserreiches als Absage an die Weimarer Republik und die Hakenkreuzflagge der Partei auf den Rathäusern zu hissen und durch diesen »symbolisch-propagandistischen Akt«[57] den Machtanspruch der Nationalsozialisten auch vor Ort zu dokumentieren.

Seit 8. März 1933, 17 Uhr, wehte auf dem Reichenbacher Rathaus die Hakenkreuzflagge[58].

Kurz vor fünf Uhr nachmittags war eine achtzig bis hundert Mann starke *SA*-Mannschaft aus Esslingen vor demselben aufmarschiert. Zwei der Führer kamen ins Rathaus und verlangten, daß die Hakenkreuzflagge gehißt werden solle. Auf dem Reichenbacher Rathaus war man

sich unsicher, wie man sich verhalten sollte, weshalb auf dem Oberamt Göppingen nachgefragt wurde. Landrat Feurer hatte sich unter Berufung auf seinen Diensteid dem Hissen der Hakenkreuzfahne widersetzt und verlor dafür später sein Amt[59]. Sein Stellvertreter, Regierungsrat Bauer, teilte den Reichenbachern telefonisch mit, daß – nach einem Telegramm des Innenministeriums – »derartigem Ansinnen Widerstand irgendwelcher Art nicht entgegengebracht werden soll«[60]. Hierauf erlaubte Bürgermeister Schmid die Beflaggung[61].

In der am selben Abend stattfindenden Gemeinderatssitzung erklärte der Vorsitzende, »daß angesichts der am 5. März 1933 gefallenen politischen Entscheidung die Andersdenkenden nun eben zweckmäßigerweise den Degen senken und ruhig abwarten sollten, wie sich die Verhältnisse bei uns weiter gestalten werden.«[62] Schmid bat den Gemeinderat, »von irgendwelchem Protest oder sonstigen Aktionen in bezug auf die Flaggenhissung Abstand zu nehmen.«[63] Gemeinderat Munz protestierte hierauf heftig, forderte, »daß der Gemeinderat jegliche Arbeitsleistung verweigern solle, solange die Flagge am Rathaus gehißt (...) und solche nicht gesetzlich zur Reichsflagge erklärt sei«[64], und beantragte die Vertagung der Sitzung. Der Vorsitzende erklärte darauf, die Flagge solle am folgenden Donnerstag abends um 19.30 Uhr wieder eingezogen werden. In der entfachten Diskussion bekräftigte Munz seinen Antrag, da »die Stellungnahme des Innenministeriums nur unter einem gewissen Zwang und in der Absicht erfolgt sei, unnötiges Blutvergießen zu vermeiden.«[65] Der Antrag wurde mit fünf gegen vier Stimmen abgelehnt. Daraufhin verließen die vier Befürworter, die Gemeinderäte Schray, Eitel, Roth und Munz, den Sitzungssaal. Da die Gemeinderäte Fallscheer, Stöber und Schloz nicht anwesend waren, mußte Schmid das Gremium für nicht mehr beschlußfähig erklären und die Sitzung aufheben. Die erste *strahlende Machtdemonstration* der Nationalsozialisten in

Das alte Reichenbacher Rathaus (1964 abgebrochen).

Gemeinderat noch sehr matt und rief bei der Bevölkerung eher Verärgerung denn Freude hervor[66]. Am 10. März wurde die Hakenkreuzflagge – mit Störungen – wieder eingeholt[67]. Doch sie sollte »zwölf bittere Jahre lang auf dem Reichenbacher Rathaus wehen.«[68]

Um die reichsweit legal errungene, in Württemberg bereits verfassungswidrig ausgeübte Macht allerdings auch in Reichenbach ausbauen und sichern zu können, kamen die örtlichen Nationalsozialisten nicht an den Arbeitervertretern Reichenbachs vorbei.

Reichenbach konnte zwar nicht ganz verhindert werden, jedoch blieb sie durch das Engagement der vier Genannten im

Sicherung und Ausbau der Macht

Die nationalsozialistische Politik der Einschüchterung und Entlassung

»... dem werden wir den Kopf abschlagen« – Reichenbacher Bürger im KZ

Kurz nach den reichsweiten Flaggenhissungen kündigte Hitler in einer Rundfunkansprache an, daß »der zweite Abschnitt unseres Ringens« begonnen habe. Der »Kampf der Säuberung und Inordnungbringung des Reichs« sei »ein planmäßiger und von oben geleiteter«.

Ich befehle Euch daher von jetzt an strengste und blindeste Disziplin! (...) Im übrigen laßt Euch in keiner Sekunde von unserer Parole abbringen. Sie heißt: Vernichtung des Marxismus.[69]

Dem entsprach der Reichenbacher *Ortsgruppenleiter*, der in Gesprächen mit der *Ortsgruppe* und übergeordneten Instanzen gegenüber immer wieder zum Ausdruck brachte, daß, um die reichsweit erlangte Macht lokal durchzusetzen und zu sichern, zuerst gegnerische Gemeinderäte auszuschalten und danach die Funktionäre des alten Systems am Ort wie Bürgermeister, Lehrerschaft und Pfarrer auszuwechseln oder unter Kontrolle zu bringen seien[70]. Sein *Kampfgefährte* von Jagow schuf zwei Tage nach seiner Ernennung zum Polizeikommissar – gegen die Weigerung des amtierenden Staatspräsidenten Bolz[71] – vollendete Tatsachen und betraute die *nationalen Verbände SA, SS* und *Stahlhelm* mit Hilfspolizeifunktionen[72], um »dem der deutschen Erhebung feindlichen Volksteil das Handwerk zu legen«[73]. Am 10. März berichtete der »Filstal- und Schurwaldbote« von der »Durchführung der gegen die KPD angeordneten Maßnahmen«. Im Rahmen einer umfassenden Polizeiaktion im Bereich Göppingen

> bei etwa 60 Personen, welche als Funktionäre oder rührige Mitglieder der KPD bekannt waren, wurden Durchsuchungen vorgenommen. Dabei wurden kommunistische Druckschriften (...) im Gewicht von ca. 20 Ztr. beschlagnahmt.[74]

Einen Tag darauf teilte das Blatt mit, daß »die kommunistischen Führer Oskar Thumm in Ebersbach und Albert Schloz in Reichenbach Fils heute in aller Frühe aus politischen Gründen durch Landjägerbeamte festgenommen und nach Göppingen eingeliefert« wurden[75]. Die Festnahmen erfolgten durch Landjäger und durch zu Hilfspolizisten ernannte *SA*-Leute. An diesem 11. März verbot der *Reichspolizeikommissar* die *Eiserne Front* sowie das *Reichsbanner*, den *Kampfbund gegen den Faschismus*, sämtliche kommunistischen Sportvereine und Jugendorganisationen[76] sowie die »Verbreitung von Plakaten und Flugblättern (...) politischen Inhalts«[77]. Darüber hinaus ordnete von Jagow das Verbot der »Herstellung und Verteilung von periodischen Druckschriften der sozialdemokratischen Parteien und ihrer Nebenorganisationen« an[78]. Damit mußte auch die 1910 in Göppingen gegründete »Freie Volkszeitung« unter dem Redakteur Georg Roher[79] mit der Ausgabe vom 10. März ihr Erscheinen einstellen[80]. Dies

war der Anfang der Zerstörung des demokratischen Pressewesens und der Meinungsvielfalt in der Region. Der »Untere Filstal- und Schurwaldbote«, gegründet 1904 in Ebersbach, stellte Anfang des folgenden Jahres ebenfalls »unter Druck sein Erscheinen ein«[81]. Der 1863 gegründete liberale »Hohenstaufen« hatte sich unter dem Herausgeber Illig zum meistgelesenen Nachrichtenorgan im Oberamt Göppingen entwickelt[82]. Der letzte Schriftleiter Dr. Fritz Harzendorf mußte – nach wüsten Anfeindungen in der Göppinger Zeitung[83] – Göppingen im Jahre 1934 wegen seiner NSDAP-feindlichen Veröffentlichungen verlassen. Die Zeitung erlahmte dadurch und verlor ihre Aktualität. Vater und Sohn Illig wurden 1935 wegen »mangelnder Zuverlässigkeit und Eignung«[84] aus der Reichspressekammer ausgeschlossen, die Tätigkeit als Zeitungsverleger wurde ihnen untersagt. Der Verlag ging 1936 an die »NS-Presse Württemberg GmbH« über, im Oktober 1937 meldete *Kreisleiter* Baptist die Zusammenlegung des »ehemals demokratischen Hohenstaufen« mit dem 1933 zum »Alleinigen Amtsblatt der Behörden« erhobenen NS-Organ, der »Göppinger Zeitung«[85].

Der »Staatsanzeiger« berichtete von rund 200[86] und der »Filstal- und Schurwaldbote« sowie die »Süddeutsche Zeitung« von mindestens 500[87] führenden Kommunisten, die während dieser Tage in Württemberg verhaftet wurden. Obwohl SPD und Gewerkschaften ausdrücklich von dem Verbot des *Reichspolizeikommissars* ausgenommen waren, konnten die Reichenbacher Sozialdemokraten auf der Titelseite des »Filstal- und Schurwaldboten« lesen, welche Zukunft ihnen Reichsinnenminister Frick prophezeite:

> Nicht nur die Kommunisten müßten verschwinden, sondern auch ihre roten Genossen von der Sozialdemokratie: Denn die SPD sei die Wurzel, die den Kommunismus hervorgebracht habe. Das sei Adolf Hitlers Ziel, und wer Hitler in den vergangenen vierzehn Jahren verstehen gelernt habe, der wisse, daß er dieses Ziel auch erreichen wird.[88]

Die *Schutzhaftmaßnahmen* betrafen vor allem kommunistische und sozialdemokratische Funktionäre.

Am 15. März wählte der zusammengerufene Landtag den Gauleiter Wilhelm Murr, der wie von Jagow in der *Kampfzeit* seinen Reichenbacher Parteifreund Mangold unterstützt hatte, mit den Stimmen der Nationalsozialisten, des Württembergischen Bauern- und Weingärtnerbunds, der Deutschnationalen sowie des Christlichen Volksdienstes zum Staatspräsidenten von Württemberg und zum Chef der nationalsozialistischen Landesregierung[89]. Sein Kabinett war davor in mehrtägigen Verhandlungen zwischen der Führungsspitze der württembergischen NSDAP, der Reichsleitung und Hitler persönlich entstanden[90]. Auf einer Feierkundgebung im Hof des Stuttgarter Neuen Schlosses am Abend drohte er:

Wir bieten jedem die Hand, der mithelfen will, wir werden aber mit Brutalität jeden niederschlagen, der sich uns entgegenstellt. Wir sagen nicht: Auge um Auge, Zahn um Zahn, nein, wer uns ein Auge ausschlägt, dem werden wir den Kopf abschlagen und wer uns einen Zahn ausschlägt, dem werden wir den Kiefer einschlagen.[91]

Am selben Tag, an der in den Zeitungen über die Wahl Murrs zum Staatspräsidenten und über dessen Drohung berichtet wurde, konnten die Reichenbacher einen weiteren Polizeibericht lesen. Bereits in der Nacht zum 15. März hatten die Häscher erneut zugeschlagen:

Da sich in den letzten Tagen trotz der bisherigen Maßnahmen im Bezirk eine auffallende Rührigkeit und Betriebsamkeit unter den Kommunisten zeigte, wurden heute früh (...) weitere 26 führende Mitglieder der KPD festgenommen (...).[92]

Bei dieser zweiten Verhaftungsaktion konnte der *Ortsgruppenleiter* seinen Hauptkontrahenten, Otto Munz, loswerden.

Am anderen Morgen sagte Mutter tränenüberströmt, sie haben den Vater geholt. Lindenschmid und Landjäger Burckhardt und die Gestapo. Wir waren sehr bestürzt, wir

wußten nicht wo er hingekommen ist. Mein Onkel aus Pforzheim hat herausbekommen, daß er nach Ulm und von dort dann nach Riedlingen ins Gefängnis gekommen ist. Und von Riedlingen auf den Heuberg, von dort kam nach einiger Zeit eine Karte.[93]

Am Tag darauf nahm die Polizeidirektion »mit Unterstützung von Angehörigen der nationalen Verbände über 80 Durchsuchungen bei Kommunisten« Reichenbachs und der umliegenden Gemeinden vor[94]. Der damals elfjährige Sohn von Munz, Emil, litt besonders unter dieser Hausdurchsuchung:

Auf der Bühne stand mein Tip-Kick-Spiel verpackt; die Gestapo riß das Paket auf und meinte, da sei ein Maschinengewehr drin. Als sie gesehen haben, daß es nur ein Kinderspiel war, haben sie das Tip-Kick kaputt gemacht. Das war für mich als Kind ein ganz schrecklicher und prägender Moment.[95]

Ein Bittgesuch der Ehefrau Emma und des Vaters Christian Munz, an das württembergische Innenministerium vom 19. März 1933 wurde von 22 Reichenbacher Bürgern unterstützt, unter anderem von Rektor Böhringer, Bürgermeister Schmid und dem Arbeitgeber von Munz, dem Verleger Johannes Illig[96]. Aufgrund dieses Schreibens beauftragte Landrat Feurer am 30. März die Reichenbacher Landjägerabteilung, den *Ortsgruppenleiter* zur Haftentlassung zu befragen. Dieser gab am 31. des Monats zu Protokoll:

Otto Munz war der geistige Führer der Kommunisten und besitzt großen Einfluß auf die Anhänger der KPD und versteht es, seinen Einfluß auch zur Geltung zu bringen. Munz war nach dem Kriege Führer der USPD und schließlich Führer der Kommunisten. Zusammenfassend möchte ich sagen, daß Munz nicht aus der Haft entlassen werden kann oder doch nur dann, wenn er das Versprechen abgibt, sich nicht mehr politisch zu betätigen. Ich bitte dagegen, den Munz lediglich auf die Gesuche hin nicht freizulassen.[97]

Parallel schrieb er an seinen alten Bekannten Murr und befürwortete diesem gegenüber die Inhaftierung des örtlichen Gegners der *braunen Bewegung*[98]. Trotzdem sprach sich der Landrat für die Freilassung aus[99]. Ebenso ein Göppinger NSDAP-*Parteigenosse*, der ein eigenes Bittgesuch an das Landeskriminalpolizeiamt Stuttgart stellte[100]. Auch Pfarrer Erhardt schrieb – »ohne von irgend einer Seite dazu aufgefordert zu sein«[101] – ein Gesuch an das Innenministerium[102]. In einem Geburtstagsgruß an Munz schrieb der Pfarrer dem Kommunisten ins »Konzentrationslager Heuberg« und bescheinigte ihm, erfüllt zu sein »von rücksichtsloser Liebe zur Wahrheit und vom besten Willen, in tätiger Mitarbeit allen Gliedern unseres Volkes zu dienen.«[103] Nach all diesen Eingaben und Bittgesuchen wurden der *Ortsgruppenleiter* und der *SA*-Truppführer Anfang Juni nochmals um Stellungnahme gebeten, die wiederum vernichtend ausfiel. Nach eingehender Beurteilung der Bittsteller hieß es:

> Nach wie vor stehe ich zu den in meinen an Herrn Staatspräsident Murr gerichteten (...) Schreiben vom 28. 3. 1933 gemachten Angaben. Sollte die zuständige Behörde jedoch glauben, einer Freilassung aufgrund seines seitherigen Verhaltens (während der Haftzeit) entsprechen zu können, so kann dies selbstverständlich nur unter der ausdrücklichen Voraussetzung erfolgen, daß sich Munz in Zukunft jeder politischen Betätigung in gegnerischem Sinne enthält.[104]

Am 17. März konnten die Reichenbacher von einem neu eingerichteten »Konzentrationslager für die Kommunisten« lesen, in dem »die Kommunistenführer Gelegenheit haben werden, sich zum ersten Mal in nützlicher Arbeit für das Wohl der Schaffenden Volksschichten zu betätigen.«[105] Auf dem Heuberg, einem ehemaligen Truppenübungsplatz bei Stetten am Kalten Markt, wurde ein Konzentrationslager errichtet, das bald zum größten *Schutzhaftlager* in Deutschland wurde[106]. Ende April befanden sich in Württemberg bereits 2000 Personen in *Schutzhaft*, insgesamt im Reich waren es 16 000, in Württemberg also vergleichsweise viel. Der Heuberg, auf dem »95 Prozent ›Politische‹ eingesperrt wurden, war neben Dachau damals das bekannteste Konzentrationslager in Deutschland«[107].

Am 19. März fand in der Reichenbacher Turnhalle ein Militärkonzert mit dem Großen Zapfenstreich statt[108]. Vier Tage später wurden in einer weiteren Aktion die beiden Schloz-Brüder, Christian und Karl – der »Leiter des antifaschistischen Kampfbundes in Reichenbach«[109] – sowie der Sohn ihres bereits verhafteten Bruders Albert Schloz sen., der fünfzehnjährige Albert Schloz jun., verhaftet; außerdem Gustav Munz, Adolf Herrlinger, Albert Oettlinger[110] und weitere »etwa acht bis neun Reichenbacher«[111], darunter Josef Prothmann, »der noch politisiert hat: ›Ihr werdet alle bald verschwinden und verrecken‹ hat der gerufen.«[112] Gustav Munz, Vorstandsmitglied der »Freiheit« und Bruder von Otto Munz, schrieb in seinem »Lebenslauf« unmittelbar nach Kriegsende:

> Ich bin geboren am 10. 10. 1901 in Reichenbach/Fils. Am 23. März 1933 wurde ich morgens um vier Uhr von fünf Mann der *SA* und der hiesigen Polizei unter vorgehaltener Waffe aus dem Bett heraus verhaftet, weil ich Gegner der Nazis war. Mein 77 Jahre alter Vater erklärte unter Tränen, einer seiner Söhne sei im Weltkrieg gefallen, den anderen hätten sie vor acht Tagen verhaftet und nun wolle man ihm auch noch den letzten Sohn wegholen! Daraufhin erklärte ihm Polizeiwachtmeister Kurz von Göppingen: »Wenn Sie den Mund nicht halten, dann nehmen wir Sie auch gleich mit, da wird kurzer Prozeß gemacht.« Auf meine Bitte, einen Kaffee trinken zu dürfen, wurde mir gesagt, das bekäme ich nachher in Göppingen, wo wir gesammelt würden. Aber von dort aus ging es ohne dergleichen auf den Heuberg ins Konzentrationslager, wo wir erst nachmittags um drei Uhr eine Suppe bekamen.[113]

Damit waren alle aktiven »Freiheitler«, die sich auf der NSDAP-Versammlung von 1932 gegen die Partei geäußert hatten, verhaftet und auf den Heuberg verbracht[114]. Vier Tage später wurde der dem Arbeitersängerbund angehörende Arbeitergesangverein »polizeilich aufgelöst und das Vereinsvermögen beschlagnahmt«[115]. Der sozialdemokratische Gemeinderat und Kassier des Vereins, Ru-

Postkarten vom Mai und Juni 1933 an Gustav Munz im KZ Heuberg.

dolf Roth, erinnerte sich an diesen »staatlich legitimierten Diebstahl«[116]:

(...) Später wurden die Kasse des Arbeitergesangvereins »Freiheit« und sämtliche Bücher und Unterlagen in meiner Wohnung beschlagnahmt. Der Kassenbestand zu dieser
Zeit war sehr gering, da wir uns ja schon
vorher im klaren waren, daß die Gelder beschlagnahmt würden. Aus diesem Grunde

hatten wir sie bereits vorher verbraucht. Wieder weitere 14 Tage später fand in meiner
Wohnung erneut eine Hausdurchsuchung
statt.[117]

Im Laufe dieser Aktionen wurden vermutlich auch die Unterlagen der Reichenbacher ASB-Kolonne beschlagnahmt. Die
Satzung, ein Mitgliederverzeichnis, eine
Inventarliste und das Kassenbuch waren

nach Aufforderung durch die Ortspolizei-
behörde gemäß dem Erlaß des württembergischen Innenministeriums vom
13. März 1933 vom Kolonnenführer zur
Abgabe auf das Rathaus zusammengestellt worden[118]. Sie wurden nach der offiziellen Auflösung des ASB an den
*Staatskommissar für den Arbeiter-Samariter-
Bund in Württemberg,* Schükle, nach Stuttgart weitergeleitet[119]. Die Reichenbacher
Samariter verteilten – ähnlich wie ihre
Genossen im Bezirk – verschiedene Materialien bereits davor untereinander. Details hierüber sind jedoch nicht mehr zu
ermitteln. Eine letzte materielle Spur des
Arbeitergesangvereins, eine Tafel mit der
Aufschrift »Gesangverein Freiheit Rei-
chenbach/F.«, wurde Ende August 1937
»durch Verbrennen vernichtet.«[120]

Auf dem Heuberg zeigten die Nationalsozialisten ihr wahres Gesicht, das die Reichenbacher, die dort waren, nicht vergessen haben:

Auf dem Heuberg haben die uns allen eine
Glatze geschnitten und uns die Bärte abra-
siert. Wir mußten in Zweierreihen antreten
zum Scheren. Die Leute waren zum Teil im
wörtlichen Sinne von Kopf bis Fuß grün und
blau geschlagen.[121]
Der SPD-Landtagsabgeordnete Pflüger wurde vor unser aller Augen kahlgeschoren. Wir
mußten alle antreten und zusehen.[122]
Als Begrüßungszeremoniell mußten wir auf
die Bühne hochlaufen und uns mit den Fuß-
spitzen und mit der Nase an der Wand in
einer Reihe aufstellen und dort weit über
eine Stunde so stehen zur Schikane. Die
haben dann immer wieder auf uns angelegt.
Geschossen haben sie wohl nicht, aber uns
eben immer wieder bedroht und uns Angst
gemacht. Der Landtagspräsident Pflüger
stand zufällig neben mir. Er hat geweint, da
die Demütigung für ihn, der ja schon alt war,
noch größer war als für uns. (...) Behandlung
und Verpflegung waren die denkbar schlech-
teste. Eßbestecke gab es erst nach einigen
Tagen; Eßnäpfe waren total verrostet und
stammten noch von den Gefangenen des
Ersten Weltkrieges. Wenn frische Häftlinge
ins Lager eintrafen, wurde jedem von uns mit
Erschießen gedroht, der nicht mindestens
drei Meter vom Fenster entfernt stand. Bei

Nacht mußten wir 36 Mann im Zimmer die
Notdurft verrichten, Fenster durften nicht geöffnet werden. Wenn die *SA*-Wachtposten
zwischen zwölf und zwei Uhr nachts wie gewöhnlich betrunken nach Hause kamen, ris-
sen sie uns die Betten weg und ließen uns
im Hemd stillstehen.[123]
Reichsstatthalter Murr und Minister Mergen-
taler und eine Anzahl höherer Nazis besuchten nach einiger Zeit das Lager und befragten uns nach der Verpflegung. Der Stubenälteste erklärte sehr vorsichtig, es ginge soweit, nur die Brotration sei zu knapp. Am
gleichen Tage aber gab es angebrannte Ger-
stensuppe, in der es nur so von Würmern
wimmelte! – Nach kaum einer halben Stunde wurde der Stubenälteste von einem *SA*-
Mann geholt und für dauernd in den Strafbau
versetzt.[124]
Als mein Bruder entlassen wurde, sah ich
ihn durch Zufall an meinem Bau vorüber gehen und winkte ihm durchs Fenster nach.
Der *SA*-Wachtposten (...) bemerkte dies,
sprang in unsere Stube und schrie: »Wenn
sich der Betreffende nicht sofort meldet, bekommt die ganze Stube drei Tage lang nichts
zu fressen!« Nach meinem Vortreten fuch-
telte er mir mit der Klopfpeitsche im Gesicht
herum. Es war dies ein häufig angewandter
Trick, um die Betreffenden so zu reizen, daß
sie sich zu Tätlichkeiten hinreißen ließen. –
Ich mußte nun einige Zeit lang sein Zimmer
putzen und richten, wobei ich die größten
Schikanen über mich ergehen lassen mußte.[125]

Auch die zurückgebliebenen Ehefrauen
hatten es meist nicht leicht.

Meine Tochter war gerade ein halbes Jahr,
als sie meinen Mann geholt haben. Ich wußte überhaupt nicht, daß er in Widerstandsak-
tionen verstrickt war. Ich mußte mit sieben
Reichsmark pro Monat leben. (...) Als ich
meinen Mann besucht habe, legten sie mir
ein Schreiben vor und sagten, ich solle nur
da unterschreiben, dann sei ich sofort von
ihm geschieden. Da sagte ich, aber warum
soll ich mich denn scheiden lassen, ich will
mich doch gar nicht scheiden lassen. (...)
Und als ich vom Besuch meines Mannes
heimkam und seinen Vater besuchte, da
schimpfte der mich, ich sei ein Kommuni-
stenweib, das seinen Sohn ins Gefängnis
gebracht habe.[126]

In der Bevölkerung entstanden Gerüchte
über Mißhandlungen, weshalb allerorts

in den Zeitungen verharmlosende Berichte veröffentlicht wurden[127], die offensichtlich bei einigen Reichenbachern noch lange nachwirkten.

> Der Heuberg war kein KZ, sondern nur ein Umschulungslager, denen ist es (...) sehr gut dort gegangen.[128]

Doch die meisten der Angehörigen und Freunde wußten sehr wohl um die »besonders liebevolle Behandlung«. Viele der »Sangesfreunde« sandten als Zeichen der Solidarität regelmäßig Karten und Briefe, die sie den Inhaftierten ins »Konzentrationslager, Heuberg-Stetten« schrieben[129]. Da der Heuberg wieder für militärische Zwecke benötigt wurde, kamen die Gefangenen, die Ende des Jahres noch nicht entlassen waren, in die »Kasematten« auf den *Oberen Kuhberg* bei Ulm, wo man in einem alten Militärgefängnis ein neues *Schutzhaftlager* errichtet hatte[130]. Otto Munz wurde im Juni 1933 entlassen, die meisten anderen Reichenbacher im Herbst.

> Vater kam Juni 1933 zurück; er war ziemlich gebrochen und wortkarg, ist immer wieder in Weinkrämpfe ausgebrochen.[131]

Nach ihrer Rückkehr nach Reichenbach waren die Schikanen nicht vorbei. Die Kommunisten mußten sich noch bis in den Sommer des folgenden Jahres täglich auf dem Rathaus zur Kontrolle melden[132].

> Ständig wurde ich von den Nazis unter Druck gesetzt und auch meine Braut, jetzt meine Frau, hat unter vielerlei Gehässigkeiten zu leiden gehabt. Unter anderem wurde sie eines Tages (...) mit den Worten gestellt: »Ich will nur sehen, wie lange Sie noch brauchen, bis Sie mit *Heil Hitler* grüßen können!«[133]

Für die meisten Heimkehrenden war es schwer, eine Arbeit zu finden. »Die Glatze hat gereicht, dann gab's keine Arbeit.«[134] Otto Munz hatte Glück und konnte wieder bei seiner Firma weiterarbeiten. Vor ihrer Entlassung war ihnen unter Androhung von sofortiger Wiederverhaftung eingebleut worden, nichts über die Behandlung im KZ auszusagen[135]. Von politischer Betätigung hielten sie sich vorerst

zurück, teilweise durchaus noch in der Hoffnung, das System würde zusammenbrechen.

> Es folgte die Zeit der inneren Emigration, keine politische Betätigung. Wir haben zusammen ein Haus gebaut und landwirtschaftliche Arbeiten gemacht. Es ist schon politisiert worden in privaten Gesprächen, Äußerungen, die alle ablehnend dem Regime gegenüber waren, aber keine politischen Aktionen mehr.[136]
> Damals wurde mir klar, daß ein Staat, der sämtliche demokratischen Einrichtungen beseitigte und die elementarsten Rechtsbegriffe mißachtete, nicht von langer Dauer sein konnte.[137]

Doch vorerst schickte sich das *Tausendjährige Reich* an, die Voraussetzungen für eine lange Dauer zu schaffen. Am 21. März fand aus Anlaß der Reichstagseröffnung in Potsdam ein Feiertag der *Nationalen Erhebung* statt. Die Nationalsozialisten nutzten die Gelegenheit propagandistisch und präsentierten sich als Sachwalter des preußischen Erbes. Die Reichenbacher begingen den Tag mit einer Feier, bei der Rektor Böhringer sprach[138], und einem gemeinsamen Kirchgang, an dem sich die NSDAP mit ihren *Gliederungen* sowie alle Vereine und die Feuerwehr in Uniform beteiligen sollten[139]. In der staatsmännisch zurückhaltenden Regierungserklärung zwei Tage danach versprach Hitler außerdem, beim Neuaufbau des Staates die großen christlichen Kirchen zu respektieren und zu schützen[140]. Auf kommunaler Ebene übte die Partei keine solche Zurückhaltung.

»Gleichschaltung auf nationale Linie heißt die Parole des Tages« – Gleichschaltung von Gemeinderat und Bürgermeister

Da die Reichstagswahl die alten Gemeinderäte nicht betroffen hatte, mußten zuerst die rechtlichen Grundlagen für die Neubesetzung dieses Gremiums geschaffen werden. Über die gewaltsame Behinderung der Arbeit der kommunistischen

Gemeinderäte ist im Gemeinderatsprotokoll vom 24. März nichts zu entnehmen außer dem kleinen Hinweis »Entsch. fehlen GRe Munz u. Schloz«[141]. Der Rumpfgemeinderat tagte, als ob nichts gewesen wäre. Das *Ermächtigungsgesetz*, erlassen am 23. März vom durch die *Schutzhaftmaßnahmen* dezimierten Reichstag, übertrug die gesetzgebende Funktion auf die Regierung. Durch diese Selbstausschaltung der deutschen Volksvertretung, der auch die bürgerliche Mitte, also das katholische Zentrum und die linksliberale Deutsche Staatspartei, vorher DDP, die nationalliberale DVP, dazu die Bayerische Volkspartei und der evangelische CSVD zugestimmt hatte, bekam das Kabinett Hitler die Möglichkeit, Gesetze diktatorisch ohne Zustimmung des Reichstags und des Reichsrats zu erlassen. Am 31. März erließ es das Gesetz zur Gleichschaltung der Länder mit dem Reich, das die Übernahme der Gemeindevertretungen ermöglichte[142] – und damit das Ende der ersten 15 Jahre demokratischer Kommunalpolitik. Der am Nikolaustag 1931 gewählte Reichenbacher Gemeinderat wurde am 6. April 1933 aufgelöst[143]. Das Gremium sollte entsprechend den Ergebnissen der Reichstagswahl vom 5. März 1933 gleichgeschaltet werden[144].

Einen weiteren vehementen Schlag gegen die Demokratie und ihre Vertreter führten die Nationalsozialisten mit Hilfe des »Gesetzes zur Wiederherstellung des Berufsbeamtentums« vom 7. April 1933[145], das die Entlassung von Beamten, Angestellten und Arbeitern aus »rassischen«[146], politischen oder allgemeinen dienstlichen Gründen ermöglichte, und den Nationalsozialisten damit in ihrer Personalpolitik weitgehend freie Hand gab. Das Gesetz war so abgefaßt, daß sämtliche mißliebigen Beschäftigten im öffentlichen Dienst gemaßregelt werden konnten. Paragraph vier verfügte, daß Beamte, die nach ihrer bisherigen politischen Betätigung nicht die Gewähr boten, daß sie rückhaltlos für den nationalsozialistischen Staat eintreten, entlassen werden konnten[147]. Die Reichenbacher Nationalsozialisten wollten zunächst offiziell am Ort die Macht antreten[148].

Bis zur Neubildung des Gemeinderats verfügte Bürgermeister Schmid »auf Grund des Gesetzes des Staatsministeriums über die vorläufige Vertretung der Gemeinde«[149] namens des Gemeinderats alleine. Zusammen mit seinen Kollegen in der »Ortsvorstehervereinigung des Bezirks Göppingen« gab er Mitte April eine öffentliche »Loyalitätserklärung« für das Regime ab[150]. Am 26. April lud er die örtlichen »Vertrauensmänner«[151] der Wahllisten, Karl Vogt für die NSDAP[152], Werner Seyfert für die Kampffront Schwarz-Weiß-Rot[153], Albert Fischer für den Weingärtner- und Bauernbund[154], Ernst Waidelich für die DVP[155], Franz Spohner für das Zentrum[156], Oberlehrer Gustav Wohlbold für die DDP[157] und Timotheus Stöber[158] für die SPD als *Wahlvorstand* dieser seltsamen »Gemeinderatswahl« ins Rathaus[159]. Weder die Reichenbacher Bürger durften ihre lokalen Vetreter wählen noch die bisherigen Vertreter der politischen Kultur am Ort. Vor allem die Wortführer des traditionalistischen Lagers waren mit den örtlichen *Vertrauensmännern* der reichsweit wirkenden Parteien nicht identisch. Die *Ortsgruppe* der DDP hatte sich aufgelöst. Ihr *Vertrauensmann* Wohlbold trat »aufgrund der politischen Umgestaltungen« zwei Tage später – und damit zwei Tage vor der *Wahl* – »aus der demokratischen Partei aus (...), denn es hat keinen Sinn mehr, einer Vereinigung anzugehören, die ihren Einfluß verloren hat.«[160] Ein von der Landesgeschäftsstelle nachgereichter Wahlvorschlag wurde wegen »verspäteter Abgabe« zurückgewiesen. Die Reichenbacher *Ortsgruppe* der Sozialdemokraten gab am 24. April eine Erklärung ab, »daß sie auf eine Kandidatur im neuen Gemeinderat verzichte«[161]. Die Kandidaten des Christlich-Sozialen-Volksdienstes, Karl Fischer, Karl Munz und Robert Raidt, gingen mit der Liste der Nationalsozialisten eine Verbindung ein und übereigneten ihren Stimmenanteil der NSDAP. Diese bekam als Gewinnerin der Maiwahl neun Sitze im neuen

Gemeinderat. Dem gemeinsamen Wahlvorschlag des Württembergisch-Hohenzollerischen Zentrums, der Kampffront Schwarz-Weiß-Rot, der DVP und des Bauern- und Weingärtnerbunds wurde ein Sitz zugesprochen. Die Kommunisten, die im März knapp 23 Prozent der Stimmen hatten erringen können, jedoch zwischenzeitlich alle ins KZ verschleppt worden waren, bekamen keinen Sitz. Auch die Stimmen der Deutschen Bauernpartei blieben unberücksichtigt.

Die Nationalsozialisten, die bei den Märzwahlen in Reichenbach 45,4 Prozent der Stimmen errungen hatten, verfügten nun über neunzig Prozent der zehn Sitze im Reichenbacher Gemeindeparlament. Von den vormals zwölf Gemeinderäten blieben nur Christian Fallscheer, der kurze Zeit später krankheitshalber vom Kriegervereinsvorsitzenden Karl Acker ersetzt wurde[162], und Christian Böbel im Amt, die anderen wurden ihres »Postens als Gemeinderat enthoben.«[163] Im Abschiedsschreiben an ausscheidende bürgerliche Gemeinderäte dankte der Bürgermeister »für die umfangreiche, stets von größter Sachlichkeit getragene und nur auf das Wohl der Gemeinde bedachte beratende Mitarbeit im Kollegium.«[164] Weiter äußerte Schmid den Wunsch, daß »es während der Amtszeit des neuen Kollegiums gelingen möge, unser so schwer bedrängtes Volk und Vaterland aus seiner Not heraus- und einer besseren Zukunft entgegenzuführen.«[165]

Nach einigen Partei-internen Auseinandersetzungen[166] entsandte die NSDAP demzufolge in den Gemeinderat die Kaufmännischen Angestellten Hermann Mangold und Gustav Blessing, den Werkmeister Friedrich Knoblauch, die Landwirte Konrad Baach und Christian Fallscheer, den Schlossermeister Hermann Kohlhaas, den Zimmermeister Friedrich Sanzi, den Eisensäger Christian Böbel und den Schreinermeister Richard Häfner[167]. Als Ersatzleute wurden der Kaufmann Karl Acker, der Fabrikarbeiter August Gschwind, der Holzdreher Richard Barz[168], der Kaufmann Karl Vogt und der

Kistenfabrikant Ferdinand Alber benannt. Für den gemeinsamen Wahlvorschlag wurden der Landwirt Otto Alber entsandt und als Ersatz der Landwirt Theodor Eberle bestimmt. Auch für die umliegenden *Blöcke* erstellte Mangold die »Vorschlagslisten« mit den Namen der neuen Gemeinderäte[169]. Am 5. Mai trat der neu gebildete Rat zusammen. Bürgermeister Schmid bemühte sich, den neuen NS-Gemeinderäten genehm zu erscheinen. In seiner Begrüßungsrede betonte er die loyale Haltung der Verwaltung dem neuen Reichskanzler gegenüber:

> Seit 30. Januar und noch mehr seit 5. März ds. Jrs. vollziehen sich grundlegende Änderungen in deutschen Landen, die Parlamente im Reich, Ländern und Kommunen sowie Vertretungen wirtschaftlicher Verbände (...) erhalten durchweg andere Gesichter, (...) es wird gründlichst umgekrempelt mit dem Ziel, das ganze öffentliche Leben auf den Boden der nationalen Revolution zu stellen. (...) Gleichschaltung auf nationale Linie heißt die Parole des Tages. (...) von Ihrem Vorsitzenden und der übrigen Angestellten- und Beamtenschaft der Gemeinde dürfen Sie versichert sein, daß sie alle rückhaltlos der Proklamation von Potsdam und der darauffolgenden Regierungserklärung zustimmen und ein jedes an seinem Platze freudig gewillt ist, an der Verwirklichung dieses hohen Gedankens mitzuhelfen. Des weiteren erlaube ich mir, Sie auf das von mir am Tag der Nationalen Arbeit abgelegte Bekenntnis zu der heute die Deutschen Lande durchziehenden politischen Bewegung hinzuweisen.[170]

Nach der Vereidigung der neuen Räte ergriff der Führer der nationalsozialistischen Fraktion, *Ortsgruppenleiter* Mangold, das Wort. Aus der von ihm erachteten Notwendigkeit, den Bürgermeister über kurz oder lang auszuwechseln oder doch zumindest massiv einzuschüchtern, nutzte er den Ausnahmecharakter der Situation, um den ansonsten routiniert souveränen Leiter der Reichenbacher Kommunalverwaltung scharf zu attackieren. Mangold dankte zuerst für die Begrüßung, die Schmückung des Sitzungszimmers und den festlichen Empfang. Nach seinem Dank für die bisherige Arbeit im nationalsozialistischen Sinne durch die Gemeinderäte Lautenschlager[171] und Böbel, einem Gruß an den Vertreter des Bauernbundes Alber, verbunden mit der Hoffnung auf »ein jederzeitiges ersprießliches Zusammenarbeiten«, schickte er sich an, »mit dem Vorsitzenden (Bürgermeister Schmid) einige offene Worte zu wechseln«[172]. Er erinnerte daran,

> daß der Bürgermeister seinerzeit in der Hauptsache von den Linksparteien auf den Schild erhoben worden sei, (...), immerhin müsse man annehmen, daß die Vertreter der Linksparteien bis vor kurzem die Freunde des Bürgermeisters gewesen seien. Es sei zu einer Zeit, wo es mit dem Marxismus endgültig vorbei sei, daher notwendig, daß der Bürgermeister eine energische Schwenkung nach rechts vonehme. Es sei an der Haltung des Bürgermeisters weiter zu bemängeln, daß er sich dazu herbeigelassen habe, in letzter Zeit das Gesuch um Haftentlassung eines Kommunisten zu befürworten.[173]

Diesen Bezug zum Wortlaut des »Gesetzes zur Wiederherstellung des Berufsbeamtentums« verstand der Bürgermeister sofort[174]. Den Vorwurf, mit Marxisten im Bunde zu stehen, wies Schmid von sich, in allen anderen Punkten wich der offenbar getroffene Schmid zurück:

> Abgesehen von einer kurzen Zeit vor dem Krieg, während welcher ich offiziell zu den Jung-Demokraten zählte, habe ich einer Partei noch nie angehört, jedenfalls war ich noch nie ein Marxist. Ich gebe unumwunden zu, daß ich sozial gesinnt bin, was aber jedenfalls mit dem Programm des Nationalsozialismus zu vereinbaren ist. Ich habe weiterhin zugegeben, daß ich insbesondere zur Anfangszeit meiner hiesigen Tätigkeit (...) einzelnen Personen gegenüber in sozialer Hinsicht zu weit entgegengekommen bin. Auch bezüglich der Befürwortung des Otto Munzschen Gesuchs wäre es schließlich in Anbetracht der Gesamtumstände besser gewesen, wenn sie seitens des Bürgermeisteramts unterblieben wäre (...).[175]

Von der Erklärung Schmids wurde »ohne weitere Aussprache Kenntnis genommen«. Der verunsicherte Schmid bat daraufhin den Führer der nationalsozialistischen Fraktion, »hinsichtlich der künftigen Geschäftshandhabung (...) etwaige Wünsche vorzubringen«[176]. Dieser trug vor, daß die Mitglieder seiner Fraktion »hinsichtlich der Tätigkeit im Kollegium noch einen Schulungskurs zu absolvieren hätten« und behielt sich vor, danach »noch weitere Wünsche und Anträge (...) einzubringen.«[177]

Schmid war sich der Gefahr durchaus bewußt. Auch konnte er sich denken, welche Entscheidungen der letzten Jahre die neuen Räte nach ihrer »Schulung« angreifen würden. Ende Mai ging er deshalb seinerseits in die Offensive. Er schrieb an den Staatskommissar für Körperschaftsverwaltung, von einem »maßgeblichen Mitglied der hiesigen *Ortsgruppe* der NSDAP« sei mehrmals der Versuch unternommen worden, ihn als »unter den neuen Verhältnissen (...) als Ortsvorsteher der hiesigen Gemeinde nicht mehr tragbar« anzuschwärzen[178]. Er wolle »Veranlassung nehmen, gegen eine vermutlich von der hiesigen Ortsleitung der NSDAP erfolgende oder vielleicht schon erfolgte Anschwärzung meiner Person von vornherein Stellung (...) zu nehmen.«[179] Die vermuteten Angriffe nahm Schmid voraus:

> Zwei Achillesfersen mögen es sein, die wahrscheinlich im besonderen gegen mich ins Felde geführt werden, dies dürfte einmal sein der vor einigen Jahren gegebene Stichentscheid, nach welchem die hiesige Gemeinde als Mitglied dem Konsumverein beigetreten ist, dann wird möglicherweise weiter der Vorwurf gegen mich erhoben werden, ich habe mich im Jahre 1930 bei der Totengedenkfeier am Kriegerdenkmal dazu herbeigelassen, von einem von der Ortsgruppe der NSDAP am Denkmal niedergelegten Kranz die Schleife, welche das Hakenkreuz trug, zu entfernen.[180]

Die von Mangold geforderte energische Rechtswendung vollzog Schmid dann im selben Schreiben:

> Dabei habe ich feierlichst zu erklären, daß ich ab 21. März d. Jrs. begonnen habe, gegenüber dem verehrten Herrn Reichskanzler

Adolf Hitler und seiner Bewegung innerlich und bei Gelegenheit in geeigneter Weise auch öffentlich Abbitte zu leisten und immer mehr mit meiner bisherigen politischen Meinung den Rückzug anzutreten, je öfter der Herr Reichskanzler unsereinen in so angenehmer Weise überrascht hat, ich kann daher mit ruhigem Gewissen versichern, daß ich mit beiden Füßen auf dem Boden der neuen Richtung stehe und ehrlich bemüht sein will, wie bisher so auch im neuen Deutschland nach Vermögen meine Pflicht zu erfüllen (...).[181]

Schmid blieb im Amt, obwohl sich Mangold weiter bemühte ihn loszuwerden. Der von der NSDAP im allgemeinen vorgebrachte Vorwurf des »Parteibuchbeamten«[182] ging bei Schmid ins Leere. Er war in keiner Partei, wenn auch von NS-Gegnern unterstützt und der DDP nahestehend. Er war vor allem ein Verwaltungsfachmann, für den zumindest die Reichenbacher *Ortsgruppe* kaum einen Ersatzmann nennen konnte. Seine Amtsführung war tadellos. Obwohl kein gebürtiger Reichenbacher, war er beliebt und in der Vereinslandschaft sowie in der Kirche – auch über seine Frau, die den Gustav-Adolf-Verein leitete – bestens eingebunden. Im November 1933 trat der Bürgermeister der neu gebildeten *SA*-Reserve bei, nach deren Auflösung wurde er in die aktive *SA* überführt, am 9. November 1935 zum *SA*-Scharführer ernannt[183] und später zum Oberscharführer befördert.

Daß Schmid im Amt blieb, obwohl er erst im Mai 1937 in die Partei eintrat[184], ist für Württemberg keine Besonderheit[185]. Anders als im Reich, wo die nationalsozialistischen Methoden, den eigenen Kandidaten in das einflußreiche Amt zu hieven, von öffentlicher Diffamierung über persönliche Einschüchterung bis zu Mord reichten[186], konnten sich dreiviertel der württembergischen Bürgermeister im Amt halten[187]. In größeren Städten kam es – häufig begleitet von massivem Terror und konstruierten Korruptionsvorwürfen[188] – zur Absetzung der Bürgermeister, doch konnten die Württemberger Nationalsozialisten zur Ablösung der Amtsin-

haber in kleineren Städten und Dörfern nicht genügend kompetente nationalsozialistische »Parteibuchbürgermeister« stellen[189]. Noch 1935 waren etwa 40 Prozent aller württembergischen Bürgermeister parteilos[190]. Gestärkt wurde die Position des Bürgermeisters durch das »Gesetz des württembergischen Staatsministeriums über die Ortsvorsteher« vom 30. Juni 1933[191], das die Wahl der Ortsvorsteher durch die Bevölkerung abschaffte und die am 20. Juli im Amt befindlichen Bürgermeister als lebenslänglich ernannt bestimmte[192]. Damit waren das Führerprinzip auf kommunaler Ebene umgesetzt und die Spitzenbeamten der Notwendigkeit demokratischer Legitimation entzogen. Schmid hatte sein Amt – allerdings unter Aufgabe von eigenen politischen Positionen – gegenüber den neuen Machthabern behauptet.

Zurückgekehrt von der angekündigten Parteischulung für Gemeinderäte, brachte Mangold Ende Mai namens der NSDAP sieben Anträge vor, die der Gemeinderat beschloß:

1. Die Lagerung von in Wagen wanderndem Volk soll künftig möglichst nicht mehr gestattet werden (...).

2. Eine Kommission, bestehend aus den Gemeinderäten Blessing und Knoblauch, wird wegen eventueller Ausscheidung von zu beanstandender Lektüre ermächtigt, die Ortsbibliothek durchzusehen.

3. Zur Abhaltung der Fraktionsbesprechungen wird künftig das Sitzungszimmer des Rathauses zur Verfügung gestellt (...).

4. Die Gemeinde erklärt ihren Austritt aus dem Konsumverein, sämtliche Einkäufe der Gemeinde bei solchem haben mit alsbaldiger Wirkung zu unterbleiben.

5. Der Gemeinderat wünscht die Anstellungsverträge von sämtlichen Beamten und Angestellten der Gemeinde zur Durchsicht. Der Vorsitzende wird das Erforderliche besorgen.

6. Es wird bestimmt, daß diejenigen Feuerwehrleute, welche am Sonntag, 21. ds. Mts. dem Kommando der Feuerwehr insofern

den Gehorsam verweigert haben, als sie nicht zu dem gemeinschaftlichen Kirchgang erschienen sind, aus der Feuerwehr auszuscheiden haben, ferner auch die Gleichschaltung auch für den Zugführer des III. Zugs, den Gärtner Karl Mödinger anzuwenden ist (...).[193]

Wenige Tage bevor die Reichenbacher Nationalsozialisten ihre politischen Forderungen im neu zusammengetretenen Rat verkündeten und damit sozusagen ins politische Tagesgeschäft einstiegen, hatte Reichenbach das erste Mal eine nationalsozialistisch ausgekleidete Feier erlebt, die zum festen Bestandteil des den Reichenbacher Alltag wesentlich verändernden NS-Festkalenders werden sollte, den *Tag der Nationalen Arbeit*.

»... man das Hochgefühl haben durfte, dem deutschen Volk anzugehören« – Der 1. Mai 1933

Große Teile der Arbeiterschaft hatten den Nationalsozialisten vor 1933 ablehnend gegenübergestanden. Mit großem Propagandaaufwand erfüllte die nationalsozialistische Regierung deshalb eine alte Arbeiterforderung und erklärte den *Tag der deutschen Arbeit* zum – erstmals bezahlten – Nationalfeiertag, der überall im Deutschen Reich mit Massenveranstaltungen gefeiert wurde. Damit übernahm sie äußerlich eine alte Tradition der Arbeiterbewegung, die den 1. Mai seit 1890 als internationalen Kampftag gefeiert hatte, belegte diesen aber mit neuen Inhalten des »deutschen nationalen Sozialismus«[194]. Die NSDAP dokumentierte dadurch ihren Anspruch, auch die Interessen der Arbeiter zu vertreten, wenn auch unter anderen Vorzeichen als die Gewerkschaften. Die Betonung lag auf dem *nationalen Charakter* der Arbeit im Gegensatz zu internationalen Vorstellungen der Arbeiterbewegung. Propagiertes Ziel war die »Aufhebung« der Interessenunterschiede zwischen Arbeitern, Angestellten und Unternehmern in der *Volksgemeinschaft*[195]. Das Gefühl für diese *Volksgemeinschaft*, eine

der wichtigsten Komponenten der NS-Ideologie, sollte durch beeindruckende Feierlichkeiten geweckt werden. Alle Reichenbacher Vereine beteiligten sich an dem Spektakel. Bereits am Abend vorher wurde »unter Anteilnahme der ganzen Jugend der hiesige Maibaum eingeholt«[196] und auf dem Sportplatz aufgestellt. Eingeleitet wurde der Tag mit Böllerschüssen. Nach dem Festgottesdienst um 9 Uhr traf sich die Reichenbacher Bevölkerung auf dem Sportplatz, wo der Festakt aus Berlin übertragen wurde. Zum ersten Mal erklang in Reichenbach öffentlich das Horst-Wessel-Lied[197].

> Nachmittags war ein Festzug, wie ihn Reichenbach noch nie gesehen hatte; an der Spitze hoch zu Roß der *SA*-Reitersturm, dann folgte die Musik, ferner Maikönig und Maikönigin auf schön geschmückten Wagen, die Schuljugend als Bild des farbenprächtigen Frühlings. (...) Wer so nicht irgendwie untergebracht war, marschierte hinter der Fahne irgend eines Reichenbacher Vereins. (...) der Arbeitstag wurde von der Industrie bezahlt.[198]

In einem Grußwort legte Bürgermeister Schmid erneut ein Bekenntnis zum neuen Reichskanzler ab und betonte seine Zustimmung zum *Tag von Potsdam* und zu Hitlers Regierungserklärung[199]. Wilhelm Böhringer, seit drei Jahren Rektor an der evangelischen Volksschule Reichenbach und als *Märzgefallener* gerade in die Partei der neuen Machthaber eingetreten, hielt die Festrede[200]. Dem *Ortsgruppenleiter* allerdings waren beide Ansprachen nicht *national* genug. Er nahm sich vor, Schmid in gebührender Weise hierauf hinzuweisen[201]. Anders Pfarrer Erhardt, der am Ende des Monats im »Evangelischen Gemeindeblatt« – unberührt von den drei Verhaftungsaktionen in Reichenbach – zusammenfaßte:

> Mit dem Tag der nationalen Arbeit am 1. Mai hat unser Berichtsmonat festlich begonnen. In der Tat, die Sinngebung dieses Tags, die so ganz anders war, als alles, was früher diesen Tag kennzeichnete, hat das Gefühl vermitteln können, daß nun endlich wieder einmal ein ganzes deutsches Volk in allen

1. Mai 1933: Reichenbacher NSDAP marschiert.

seinen Ständen und Berufen sich seiner Zusammengehörigkeit bewußt geworden sei. Erhebend war insbesondere auch ein Festgottesdienst, in dem eine so zusammengesetzte Gemeinde unsere geräumige Kirche bis auf den letzten Platz füllte, und mit ihren gewaltigen Liedern fast die Mauern des Kirchengebäudes sprengte. Der Festzug des Tages (...) konnte die Älteren unter uns an ihre fröhliche Jugendzeit in einem glücklicheren Deutschland erinnern, etwa an die Sedanstage der 70er und 80er Jahre des vergangenen Jahrhunderts, wo aller Herzen ebenso höher geschlagen haben, und man das Hochgefühl haben durfte, dem deutschen Volk anzugehören. Möchte es einer starken und weisen Regierung gelingen, Einigkeit und Recht und Freiheit in unserem Volk nicht bloß durch notwendig gewordene Maßnahmen staatlicher Gewalt, sondern auch die innere Gewinnung aller Kreise des Volks fortschreitend sicherzustellen.[202]

Den Angehörigen der inhaftierten Kommunisten war nicht zum Feiern zumute, wenngleich auch hier das Gefühl, ebenfalls zu diesem feiernden Volk gehören zu wollen, spürbar war:

Am 1. Mai 1933 gab's ein großes Fest, alle Häuser waren beflaggt, aber unseres nicht, weil mein Vater auf dem Heuberg war. Da sind wir mit der ganzen Schulklasse vorbeimarschiert. Ich habe mich etwas geniert.[203]

Die Reichenbacher Arbeitervertreter, die den »Tag der Arbeit« in *Schutzhaft* auf dem Heuberg verbringen mußten, erlebten die andere Seite des neuen Systems:

In der Stube hing ein Bild vom Hitler. Am 1. Mai 1933 kam der *SA*-Mann Lutz aus Esslingen. Der sagte, wenn das Bild bis heut' Mittag nicht geschmückt ist, krieget Ihr nichts zu fressen! Doch ich hab' es nicht geschmückt, das Bild vom Hitler am 1. Mai! Da haben sie dann eine Linsensuppe gebracht mit mehr Würmern wie Linsen. Da hat's nur so gekrabbelt. Doch wir hatten so furchtbar Hunger, daß wir es gegessen haben.[204]

Wie bereits seit Mitte April geplant, zerschlugen die Nationalsozialisten tags darauf, am 2. Mai 1933, die Gewerkschaftsbewegung[205]. Der »Hohenstaufen« berichtete am 3. Mai unter der Überschrift »Besetzung der Gewerkschaftsbüros«:

Im Rahmen der im ganzen Reich durchgeführten Aktion zur Gleichschaltung der Gewerkschaften wurden gestern morgen auch hier die Geschäftsräume der freien Gewerkschaften durch die *SA* besetzt.[206]

Das beachtliche Vermögen der freien Gewerkschaften wurde beschlagnahmt und zahlreiche Funktionäre wurden verhaftet. Am 6. Mai gab Robert Ley, *Reichsorganisationsleiter* der NSDAP, die Bildung der *Deutschen Arbeitsfront (DAF)* bekannt, in der alle gleichgeschalteten Verbände der Arbeiter und Angestellten zusammengefaßt wurden. Paul Bescherer fand hier »eine gute Stellung.«[207] Wenige Tage darauf war im »Hohenstaufen« ein »Aufruf der Nationalsozialistischen Betriebszellenorganisation« *(NSBO)* zu lesen:

Am 2. Mai begann die Gleichschaltungsaktion der freien Gewerkschaften. Diese Maßnahmen waren unumgänglich, um vor allem die noch vorhandenen Vermögenswerte der Arbeiterschaft sicherzustellen und um durch Umbildung und neue intensive Stärkung den Gewerkschaften ein Rückgrat im Kampf um ihre Lebensinteressen zu geben. Wir wollen also die Gewerkschaften nicht zerstören und nicht zerschlagen.[208]

Die bisherigen Gewerkschaftsspitzenfunktionäre wurden als korrupt dargestellt. Gleichzeitig appellierten die neuen *Gewerkschaften* im folgenden an die Unorganisierten, der *NSBO* beizutreten, »um ihren Berufsstand zu stärken«, und an die bisherigen Gewerkschaftsmitglieder, »ihrer Beitragspflicht nachzukommen.«[209]

»Durch diesen vorgeschlagenen Wechsel (...) wäre aber in diese Linie eine Bresche geschlagen«

Faktisch war die *Ortsgruppe* der NSDAP Anfang Mai, sechs Wochen bevor das *Gesetz gegen die Neubildung von Parteien* vom 14. Juli 1933 »die NSDAP zur einzigen legalen Partei Deutschlands«[210] erklärte, die einzige politische Kraft am Ort. Die bürgerlichen Vertreter, *Christliche* wie *Freie*, waren entweder mit wehenden Fahnen zur *braunen Bewegung* übergelaufen

oder hielten sich elegant im Hintergrund. Die Auflösung der DDP/Deutsche Staatspartei Anfang April dürfte mit der Abwanderung der Mitglieder der bürgerlichen Parteien zur NSDAP seit Anfang der dreißiger Jahre zusammenhängen[211]. Die KPD war zwar offiziell von der württembergischen Regierung nicht verboten[212], doch seit der Reichstagsbrandverordnung Ende Februar standen ihre Aktivitäten unter Strafe[213], und alle aktiven Reichenbacher Kommunisten waren in *Schutzhaft*. Am 11. Mai meldete der »Hohenstaufen« die Beschlagnahmung des Vermögens der Sozialdemokratie und des Reichsbanners[214] sowie die »Selbstauflösung« des württembergischen Landesvorstands der SPD. Dieser teilte dem Innenminister mit:

Im Hinblick auf die Beschlagnahme des Vermögens der SPD und ihrer organisatorischen Einrichtungen und in Würdigung der Tatsache, daß unter den gegebenen politischen Verhältnissen eine Möglichkeit zur Parteibetätigung nicht mehr besteht, haben die Mitglieder des Landesvorstands der SPD in Württemberg ihre Parteiämter niedergelegt.[215]

Der Reichenbacher Ortsverein der SPD hatte sich de facto durch die Erklärung anläßlich der *Gemeinderatswahl* Ende April selbst aufgelöst und bewahrte dadurch – wie auch andernorts[216] – seine Mitglieder vor der direkten Verfolgung, wie sie mittlerweile im ganzen Reich stattfand[217]. Das reichsweite Verbot der SPD erfolgte am 22. Juni 1933. In einem zeitgenössischen Kommentar der am Ort kursierenden[218] Basler Nachrichten heißt es hierzu:

Die deutschen Parteien gaben sich, als in Gestalt des Kommunismus die erste von ihnen erledigt wurde, aufrichtiger Genugtuung hin und ahnten nicht, wie bald auch sie an die Reihe kommen würden. Jetzt, fünf Monate nach der Einsetzung Hitlers als Reichskanzler, ist das große Aufräumen im Gange. Die Sozialdemokratie hat den Gnadenschuß erhalten. Für die Deutschnationalen und das katholische Zentrum ist das Sterben qualvoller, aber kaum weniger sicher. Als letzte Hoff-

Das (alte) Reichenbacher Schulhaus, etwa 1933.

nung klammern sich die Deutschnationalen an die Tatsache, daß das vom Reichstag am 23. März angenommene Ermächtigungsgesetz außer Kraft tritt, wenn die gegenwärtige Reichsregierung (...) abgelöst wird. Aber der Nationalsozialismus wird spielend auch über diese Hemmung hinwegkommen.[219]

Die Reden anläßlich des *Tages von Potsdam* und des *Festes der Arbeit* sowie die Eingaben von Schmid, Böhringer und Erhardt für den kommunistischen Arbeiterführer Munz bestätigten *Ortsgruppenleiter* Mangold in seiner Vorstellung von einer *feindlichen Linie* zwischen dem Bürgermeister, dem Rektor mit einigen Lehrkräften und dem Pfarrer. Hieraus leitete der *Ortsgruppenleiter* die Notwendigkeit ab, zur Konsolidierung der Macht die drei verbleibenden Gegner über kurz oder lang auszuwechseln oder doch zumindest massiv einzuschüchtern. Im militärischen Jargon ging es für ihn darum, im Kampf »eine Bresche« in diese vermeintliche Verteidigungslinie der Gegner zu schlagen.

Bei Schmid hatten die »offenen Worte« vor dem Gemeinderat bereits gewirkt,

Rektor Böhringer sollte *über den Dienstweg* ausgeschaltet werden. Mitte Juni faßte Mangold seine Bedenken in einem Schreiben an das *Württembergische Kultministerium* zusammen. Im Namen der *Ortsgruppe* Reichenbach bat er, »den hier an der Volksschule angestellten Rektor Böhringer anderweitig zu verwenden und an dessen Stelle den hier angestellten Oberlehrer Mühlhäuser als Rektor zu bestimmen.«[220]

Dieser hatte sich bereits vor 1933 zweimal erfolglos um die Reichenbacher Rektorenstelle beworben[221] und bei der Schulentlassungsfeier im April 1933 »eine zündende Rede im nationalsozialistischen Sinne« gehalten, die von Rektor Böhringer »als zu national kritisiert«[222] worden war. Für die freiwerdende Stelle Mühlhäusers erbat der *Ortsgruppenleiter* einen »entschiedenen Nationalsozialisten (älteres Mitglied)«, der die zehn Lehrerinnen und Lehrer an der Reichenbacher Volksschule »im nationalsozialistischen Sinn zu übernehmen« in der Lage sei. Als Grund hierfür gab er folgendes an:

Der hiesige Rektor Böhringer ist in nationaler Hinsicht eine Null. Er ist auch heute bestrebt, die Lehrerschaft in seinem Gedankengang, der für Nationalsozialismus nichts übrig hat, zu bannen. Ebenso waren die Ansprachen des Rektors vom 21. März und vom 1. Mai 1933 alles nur keine Worte eines Nationalen Lehrers, er hat hier jeweils ängstlich vermieden, unsern Führer Adolf Hitler sowie unsere Bewegung, welche diese Zeit gebracht haben, zu nennen.[223]

Des weiteren schwärzte Mangold ihn an als »intimen Freund des Rektors Weimer in Ebersbach, welcher ja bekanntlich als Kommunist schon aktiv tätig war.«[224] Im übrigen, so endete die persönliche *Beschreibung* Böhringers, habe dieser sowieso nur »durch einen Gönner beim früheren *Württembergischen Kultministerium*, entweder direkt, oder über Rektor Weimer, Ebersbach, die hiesige Rektoratsstelle erhalten«[225]. Neben dieser in der *persönlichen Haltung* des zwischenzeitlich in die Partei eingetretenen Böhringer gefundenen Begründung gab Mangold noch eine strukturelle *Notwendigkeit* für die geforderte Ablösung des Rektors an:

Ein Wechsel und nationaler Zuwachs in der Lehrerschaft ist daher im Interesse unserer Bewegung dringend nötig. Der Stand der hiesigen nat.soz. *Ortsgruppe* ist (...) noch lange kein leichter, wenn man bedenkt, daß man den Pfarrer als Gegner hat, der erst kürzlich OL Mühlhäuser glaubte, warnen zu müssen, sich nicht zu arg an die Nazis heran zu machen, und bei einem Ausflug des Kirchenchores das Horst Wessel-Lied als »schamlos« bezeichnete. Ebenso ist auf unseren Bürgermeister für unsere Bewegung kein Verlaß. Doch das nur nebenbei. Durch diesen vorgeschlagenen Wechsel in der Lehrerschaft wäre aber in diese Linie eine Bresche geschlagen.[226]

Der geeignetere Mann schien ihm Ernst Mühlhäuser zu sein, der seiner positiven Einstellung zum Nationalsozialismus bereits mehrmals öffentlich Ausdruck verliehen habe und selbige auch Anfang Juni »bei einem Gespräch mit Herrn Ministerialrat Dr. Beißwänger vom *Kultministerium* klargelegt« habe. So glaubte die *Ortsgruppe*,

Rektor Wilhelm Böhringer

bestimmt OL Mühlhäuser, wenn er auch nicht Mitglied der NSDAP ist, als Rektor für die hiesige Volksschule vorschlagen zu können. Seine nationalen Gedanken sind unbedingt einwandfrei und korrekt, als Charakter ist er untadelig, außerdem gilt er allgemein als vorzüglicher Lehrer.[227]

Doch Böhringer bemühte sich, seine Nähe zur *Nationalen Revolution* nach außen zu tragen. Auch die Schüler nahmen diese Veränderungen wahr:

In der Schule hat man schon gemerkt, daß was anders war. Wir haben andere Lesebücher bekommen, der Rektor Böhringer ist plötzlich in Parteiuniform in die Schule gekommen.[228]

Das gesamte Lehrkollegium war bereits am 15. Mai 1933 zur Bezirksschulversammlung nach Plochingen geladen worden. Schulrat Kimmich erklärte, daß auch die Jugenderziehung »beim Bau des neuen Deutschen Reiches (...) auf neue Grundlagen gestellt« werden müsse.

Eine besonders wichtige Stellung soll in den Schulen des neuen Deutschland der Geschichtsunterricht erhalten. Dem Geschehen des Weltkriegs und der neuesten Zeit ist in der unterrichtlichen Behandlung genügend Zeit einzuräumen. In diesen Stunden soll in den Kindern ein Feuer angezündet werden, das wärmt und heilt. Die Knechtseeligkeit, die unserem Volke in den Knochen steckt, soll dem Stolz des freien und starken Menschen weichen.[229]

Nachdem der *Württembergische Lehrerverein* zwei Tage später zum *Nationalsozialistischen Lehrerbund (NSLB)* übertrat[230], übernahm Böhringer das Amt des *NSLB-Ortsgruppenleiter*. Im Oktober berichteten die Zeitungen von einem Erlaß des *Kultministeriums*, nach dem in allen Schulen im Biologie- aber auch im Deutsch-, Geschichts- und Erdkundeunterricht der »Unterricht in Vererbungslehre und Rassenkunde zu pflegen« sei[231]. Die weitere Entwicklung, insbesondere zwei persönliche »Lehrerwandlungen« sollen später genauer betrachtet werden[232].

In der Frage der Rektoratsneubesetzung konnte sich die *Ortsgruppe* letztlich nicht durchsetzen. Rektor Böhringer blieb im Amt. Doch ähnlich wie Bürgermeister Schmid blieb der – aus dem Blickwinkel *des Ortsgruppenleiters* – vermeintliche *Gegner* des Regimes zwar im Amt, stand aber durch die Einschüchterung der örtlichen Parteifunktionäre wie durch den eigenen politischen Gesinnungswandel – einen »Rückzug der bisherigen politischen Meinung« aufgrund der inszenierten Volksgemeinschaft – »mit beiden Füßen auf dem Boden der neuen Richtung«.

Es blieb nur noch der Pfarrer, der sowohl als Person eine Autorität am Ort war als auch in seiner Funktion über die letzte gesellschaftliche Institution am Ort verfügte, die sich noch eine Unabhängigkeit vom *neuen Geiste* hatte bewahren können, die Kirche. Mit ihren bestehenden Strukturen der Erwachsenen-, Jugend- und Kulturarbeit war sie den Naziführern vor Ort ein ganz besonderer Dorn im Auge.

Nicht nur ein Kampf um Seelen:
Die Reichenbacher Kirche und das Dritte Reich – Gleichschaltung und erste Phase des Kirchenkampfes

Pfarrer Erhardt – Kämpferischer Streiter für den Herrn

Karl Christian Erhardt wurde am 28. August 1874 in Calw geboren und kam 1930 als Dorfpfarrer von Trossingen nach Reichenbach[233]. Bei der Bevölkerung war er einerseits geachtet als der »alte Kommißbeutel«[234] und ehemalige Divisionsprediger, »der uns mit Wonne zum Paradermarsch im CVJM-Vereinshaus hat marschieren lassen,«[235] andererseits beliebt als Musikliebhaber und begeisterter Querflötenspieler[236], der in seiner Gemeindearbeit »viel Wert aufs Singen legte.«[237] In Erinnerung geblieben ist vor allem sein leutseliger Charakter. Bekannt über Reichenbach hinaus war Erhardts selbstgemachter Stachelbeerwein, den er mit Niersteiner Wein vermischte[238].

Wie viele Christen war dieser anfangs den Kreisen einer *nationalen Erhebung* nicht abgeneigt. Noch bei den beiden Reichspräsidentenwahlen 1932 habe er, so teilte er dem Oberkirchenrat (OKR) Mitte Oktober 1933 in einem vertraulichen Schreiben mit, »Adolf Hitler gegen den von mir hochverehrten Herrn Reichspräsidenten gewählt, um letzterem die Möglichkeit zu geben, daß er auf legalem Weg das Reichskanzleramt an Adolf Hitler übertragen könne.«[239] Mit dieser Haltung entsprach Erhardt der Mehrheit der evangelischen Christen Württembergs.

Während der Weimarer Republik hatte die Kirche dem Staat eher gleichgültig gegenübergestanden, ohne direkt gegen ihn zu polemisieren. Der spätere Theologieprofessor, der Ebersbacher Pfarrer Hermann Diem, schrieb in seinen Lebenserinnerungen zur politischen und kirchenpolitischen Vorgeschichte der Gleichschaltung:

> Im Jahr 1927 kam ich im Unterricht in einer Realschulklasse auf den Spruch Römer 13 zu sprechen: »Jedermann sei untertan der Obrigkeit, die Gewalt über ihn hat (...)«. Niemand kannte den Spruch. Ich sagte, den müßten sie doch gelernt haben, und ließ das Spruchbuch holen. Aber siehe da: Er stand nicht mehr darin. Man hatte ihn, wie ich hinterher feststellte, in der Neuauflage von 1926 ersatzlos gestrichen, ohne daß das in der Öffentlichkeit bemerkt oder in einem kirchlichen Gremium öffentlich besprochen worden wäre. Offenbar wollte man den Pfarrern und Religionslehrern nicht zumuten, diesen locus classicus des lutherischen Obrigkeitsdenkens auf den Weimarer Staat anzuwenden. 1933 wäre man froh gewesen, ihn wieder darin zu haben[240].

Demgegenüber präsentierte sich der nationalsozialistische Staat als christlich-autoritärer Volksstaat und »Vorkämpfer für christliche Glaubens- und Kulturgüter«[241], der ein *positives Christentum* propagierte und für die Menschen sichtbar an die preußisch-protestantische Tradition anzuknüpfen schien[242]. In weiten Teilen des evangelischen Württembergs fand er wohlwollende, teilweise begeisterte Aufnahme[243]. Typisch für die Haltung der meisten Christen ist folgende Aussage einer Reichenbacherin:

Pfarrer Karl Christian Erhardt

Auch in der Kirche hat man öfters gehört, entweder käme der Kommunismus oder der Hitler. Der war dann doch vielleicht noch das kleinere Übel. Viele SA-Leute sind ja sogar in die Kirche gegangen.[244]

Sie entspricht der offiziellen Kirchenhaltung, die etwa in einer Stellungnahme des *Evangelischen Volksbundes*[245] zum Ausdruck kommt:

Mit Dank gegen Gott erkennen wir, daß er uns vor den drohenden Schrecken des Bolschewismus bewahrt hat. Dankbar sehen wir an der Spitze des Deutschen Reiches Adolf Hitler, den Führer, der sich feierlich zu den Grundlagen des Christentums bekannt hat.[246]

Die 1933 noch kleine Gruppe der *Glaubensbewegung Deutsche Christen* (DC), Gau Württemberg, deren Programm eine Verbindung von christlichem Glauben und Nationalsozialismus anstrebte[247], propagierte die *Machtergreifung* gar als »Gottes Fügung«[248].

Die anfangs sich als pro-christlich ausgebende Haltung des neuen Regimes, die sich in den Augen der meisten Kirchenglieder und -beamten positiv vom vorherigen Staat abhob, machte viele kirchliche Kreise lange Zeit blind für den Unrechtscharakter des NS-Staates. So schwiegen die Landeskirche und Landesbischof Wurm[249] – trotz Aufforderungen aus dem Kirchenvolk[250] – zum Boykott jüdischer Geschäfte und Praxen[251]. Für die Nöte der politisch, *rassisch* oder sozial Verfolgten[252] hatte sie kein offenes Ohr[253].

Die Gewaltmaßnahmen gegen rechtschaffene Bürger wie Otto Munz, Einschüchterungsversuche gegen seine eigene Person und schließlich der Absolutheitsanspruch der NS-Ideologie, die den Inhalten und endlich auch den Strukturen seiner Kirche entgegenstanden, ließen den aufrechten Bekenner seines Glaubens immer mehr zum Gegner des Regimes werden.

Bereits Ende 1933 wurde Erhardt als einer der ersten Pfarrer geführt in der »Liste der auf dem Weg über die Kirchlich Theologischen Ausschüsse angesammelten württembergischen Notbundmitglieder«[254] sowie in der »Liste des *Pfarrernotbundes*«[255]. Er war einer der 1008 Unterzeichner der Entschließung vom 21. November 1935[256], die die Einrichtung eines Landeskirchenausschusses »zur Befriedung der kirchlichen Lage« nach dem Vorbild von Altpreußen und Nassau ablehnten, da sie darin eine »Antastung oder Einschränkung der Führerschaft von

Herrn Landesbischof D. Wurm« sahen, vor der sie nachdrücklich warnten. Treffend charakterisierte ihn das Evangelische Dekanatsamt Göppingen:

In Pfarrer Erhardt liegen der Vaterlandsfreund und der Theologe miteinander im Streit: Als Patriot gehört er mit ganzem Herzen auf die Seite der nationalen Bewegung, als Theologe lehnt er sich auf gegen ihren Absolutheitsanspruch. Und nun leidet er schwer darunter, daß ihn lokale Parteigrößen um der Zurückhaltung willen, zu der er sich gewissensmäßig verpflichtet fühlt, anfeinden und seine nationale Gesinnung in Zweifel ziehen. Der Dekan zeigte sich darüber gar »ernstlich besorgt, daß seine Gesundheit den Aufregungen des lokalen Kleinkrieges, die bei ihm nach seiner ganzen Art sehr tief gehen, auf die Dauer nicht gewachsen ist.«[257]

Eine erste massive Einschüchterung versuchten die lokalen Parteikämpfer am 11. Juni 1933:

Am Trinitatisfest (...) erschien in meinem Haus in *SA*-Uniform Sturmbannführer Weglehner von Esslingen und *Ortsgruppenleiter* der NSDAP Mangold von hier. Herr W. eröffnete mir, ich hätte vor einiger Zeit bei einem Ausflug in Gegenwart von drei Fräulein M., D. und A.[258] von hier das Horst-Wessel-Lied ein schamloses und gemeines Lied genannt. Es sei dies von »einem Mann«, dessen Name mir trotz meines Ersuchens um Gegenüberstellung nicht genannt wurde, gemeldet worden. Man müsse den Fall der Staatsanwaltschaft vorlegen, wenn ich nicht befriedigende Erklärungen abgeben könne. Zuerst war ich vollständig im Unklaren, wo ich eine Äußerung über das genannte Lied sollte abgegeben haben. Die Nennung der drei Mädchennamen weckte sodann in mir die Erinnerung an den Ausflug unseres Kirchenchors am Sonntag, den 28. Mai zum Randecker Maar, wo ich allerdings mit diesen dreien und zwei weiteren Mädchen, die zusammen mit den obigen (...) zu den treuesten Mitarbeiterinnen in Kinderkirche, Jungfrauenverein und Kirchenchor gehören, (...) zusammengesessen und mich mit ihnen über Sing- und Literatur- und andere Gesprächsstoffe unterhalten hatte.[259]

Er wurde in Reichenbach und auch in den Nachbarorten ob dieses vermeintlichen Vorfalls angeschwärzt, selbst aus seiner früheren Pfarrei Trossingen kamen Anfragen, was es damit auf sich habe. Eines der Mädchen hatte am Abend des Ausfluges zur Tochter von Erhardts Vorgänger im Amte über das Gespräch geplaudert, von »gemein« allerdings war wohl nicht die Rede, und das Mädchen ahnte auch nicht, welche Konsequenzen dieses harmlose Gespräch haben könnte. Nachdem sie nun sah, was entstanden war, konnte »sie nur mit Mühe von einem Selbstmordversuch mit Salzsäure« von der Freundin zurückgehalten werden[260]. Trotz scheinbarer Klärung des Vorfalles noch im Juni führte der *Ortsgruppenleiter* selbigen in einem Schriftsatz an den Oberschulrat im Herbst 1933 erneut an. Pfarrer Erhardt überlegte daraufhin, ob er Mangold wegen Verleumdung und Ehrverletzung verklagen sollte, der Oberkirchenrat riet hiervon deutlich ab, da »durch solch einen Strafantrag die Beziehung zwischen dem Geistlichen und dem *Ortsgruppenleiter* der NSDAP in einer Weise verschärft« werden würde, »die für den örtlichen Frieden nicht förderlich sein würde.«[261]

Erhardt führte diesen und weitere Einschüchterungsversuche auf seine Eingabe an die Gestapo für die Freilassung von Otto Munz zurück:

Es scheint, daß mein Bemühen um diesen Mann und seine hochachtbare Familie den ganzen Zorn der hiesigen leitenden Männer der NSDAP entfacht hat.[262]

Als besondere Provokation hatte es der *Ortsgruppenleiter* anscheinend empfunden, daß Erhardt dieses Bittgesuch für den inhaftierten Kommunisten mit »Pfarrer Erhardt, Leutnant« unterzeichnet hatte[263].

CVJM – Resistenz und Intelligenz

Der CVJM rekrutierte seinen Nachwuchs unter anderem dadurch, daß er jeweils einen Jahrgang der »frisch Konfirmierten« zusammenrief, die sich dann noch eine ganze Zeit lang trafen. Die, die übrig blieben, führte der zuständige Jugendleiter

dann mit den anderen CVJM-Mitgliedern zusammen. »So kam es auch, daß der Sohn *des Ortsgruppenleiters* über ein viertel Jahr bei den CVJM-Treffen war. Der durfte dann aber nicht mehr hin.«[264] Der Reichenbacher CVJM war immer betont apolitisch geblieben. Einer der eifrigsten Jugendleiter erinnerte sich:

Wir haben eigentlich nie politische Themen gehabt. Wenn ich heute darüber nachdenke, ich selber habe mich eigentlich nie für Politik interessiert. Es war politisch eh alles so trostlos. (...) Ich habe immer das nächstliegende gemacht. Wir haben Sport gemacht; ich habe gekuckt, daß ich die Jungen in Fahrt gehalten hab' und daß ich ihnen etwas habe bieten können und daß ich selber auch dabei beschäftigt war. Das einzige war, daß einer oder zwei der älteren CVJM'ler, die beim *Christlichen Volksdienst* waren, ab und zu berichtet haben, aber, wenn man dann nach einer Wahl die Ergebnisse gelesen hat, mußte man sich fragen, wo soll denn das hinführen, die christliche Seite ist ja völlig untergegangen.[265]

Die erste öffentliche Machtprobe konnten die kirchlich organisierten Jugendlichen für sich entscheiden. Die Nationalsozialisten führten am 21. Juni 1933 das Fest der Sonnenwende wieder ein. Die Reichenbacher *HJ* hatte im Gegensatz zum Jungvolk des CVJM noch keine Uniformen, weshalb sie sich nur mit einem weißen Hemd uniformieren konnten. Anders das christliche Jungvolk, das in seiner *Kluft*, olivfarbenes Hemd, braune Wildlederhose und Hosenträger[266], vor der *HJ* marschierte:

Da sind wir mit unserem Jungvolk, 40 Mann stark, im Steinbruch aufmarschiert. Anschließend sind wir in strömendem Regen durch Reichenbach marschiert in unseren kurzen Jungscharuniformhosen. Hinter uns die HJ, die nur etwa die Hälfte waren. Denen haben wir noch lange Paroli geboten.[267]

Die militärische Schulung hatte beim CVJM Reichenbach schon lange vor 1933 Tradition[268]. Nicht zuletzt aus Gründen des Überlebens behielt der Reichenbacher Ortsverein dies auch nach der Machtübernahme bei:

CVJM Reichenbach im Zeltlager Kornberg, 31. Januar 1933. Der militärische Drill hatte beim »Christlichen Verein Junger Männer« schon lange Tradition.

Auch bei uns hat es auch so etwas ähnliches wie Wehrertüchtigung gegeben. In Münsingen war alle 8 bis 14 Tage Geländedienst. Diesen Wehrsport hat man gemacht, damit man nicht ganz verboten wird. Ich habe die alte Erste-Weltkriegs-Uniform meines Vaters angezogen.[269]

Ich erinnere mich noch an eine »CVJM-Schulung zur mannhaften Erziehung«. Man hat seinerzeit sehr viel Wert auf Geländespiele gelegt, auch von oben herunter. (...) Noch sehr gut erinnere ich mich an das CVJM-Pfingstlager '34 in Münsingen auf dem Truppenübungsplatz. Am zweiten Tag kam ein früherer Reichswehr-Offizier und hat uns erklärt, wie's im Ernstfall zugehen würde. Wir haben dann dort einen halben Tag lang so richtig Soldaterles gespielt auf dem Truppenübungsplatz. Am Schluß sind wir gemeinsam am Kriegerdenkmal aufmarschiert.[270]

Auch beim CVJM wie später bei der *HJ* war die Faszination des Militärischen wichtiger Bestandteil der Jugendarbeit:

Das Zackige hat uns alle begeistert. Wissen Sie, da war man nicht so sehr mit dem Kopf dabei. Das war einfach toll, die markige Militärmusik, das Äußere hat beeindruckt.[271]

Die Gleichschaltung fand sukzessive statt und ging mit äußerer Demütigung einher, die sich an der Uniformierung festmachte. Zuerst wurde den Jungvolk-Angehörigen verboten, die Schulterriemen zu tragen, dann das Halstuch und zum Schluß noch das olivfarbene Hemd[272]. Die Reibereien zwischen Parteijugend und kirchlich organisierter Jugend trugen Unruhe in die ohnehin verunsicherten Gemeinden und ließen den Wunsch nach einer offiziellen Regelung zwischen Evangelischer Jugend und *HJ* entstehen[273].

Am 23. Dezember 1933 gab der Oberkirchenrat die *Eingliederung* der Evangelischen Jugend unter 18 Jahren in die *HJ* bekannt. Der *Eingliederungsvertrag*, der die *HJ* zum *Träger der Staatsidee* erklärte, war, ohne den Führerrat der Evangelischen Jugend zu hören, von *Reichsbischof* Müller und *Reichsjugendführer* Baldur von Schirach unterzeichnet worden[274]. Er sah vor, daß eine Mitgliedschaft im Evangelischen Jugendwerk die in der *HJ* vorausgesetzte und daß Geländesport und staatspolitische Erziehung nur noch durch die *HJ* zu erfolgen hätten[275]. Da das Jugendwerk auf dem Grundsatz der Freiwilligkeit aufgebaut war, empfanden die meisten Jugendlichen dies als Verrat, als »Dolchstoß von hinten.«[276] Alle Bemühungen, den Vertrag, der die schlimmsten Befürchtungen übertroffen hatte, zu revidieren, waren vergeblich. Den Auftakt der *Eingliederungsfeiern* bildete eine große Kundgebung in der Stuttgarter Stadthalle am 7. Februar 1934[277]. In Esslingen erfolgte die *Eingliederung* des CVJM-Jungvolks in die *HJ* am 19. Februar 1934[278], die der Evangelischen Jugend Ebersbachs am 25. Februar 1934[279]. Am letzten Sonntag im Februar 1934 entließ auch der CVJM Reichenbach seine Jugendlichen unter 18 Jahren, die nunmehr in die *HJ* eingegliedert wurden. In einem »feierlich aufgezogenen Akt im Zeichensaal des Schulhauses«[280] fand die *Eingliederung* statt. Gedichtvorträge und Aufführungen umrahmten die Feier, die laut einem Bericht der nationalsozialistisch dominierten »Göppinger Zeitung« »einen guten Eindruck hinterließ.«[281] Doch für die Jugendlichen war dies eine schreckliche Niederlage; stellvertretend für die vielen ähnlich lautenden Erlebnisberichte seien folgende Aussagen zitiert:

Da hab ich fürchterlich geheult.[282]
Für uns beim CVJM war 1933 und die *Machtübernahme* durchaus ein tiefer Einschnitt.[283]

Die traditionelle Jugendarbeit mit den unter 18 Jahre Alten wurde dem CVJM untersagt. Neben Radfahrten und wöchentlicher Turnstunde – seit November 1925 verfügte die Turnabteilung des CVJM über einen Barren und ein Reck[284] – hatte der CVJM Reichenbach in eigener Abteilung auf eigenem Feld im Garten hinter dem Vereinshaus immer schon Handball gespielt[285]. Auch dies war jetzt verboten. Nur noch Bibelarbeit war erlaubt. Beim Festzug am 1. Mai 1934 war die Gleichschaltung dann offensichtlich. Die ehemaligen Jungvolk-Angehörigen des CVJM durften ihre Uniformen nicht mehr tragen. Da sie noch keine *HJ*-Uniform hatten, mußten sie die *HJ*-Armbinde anlegen. »So

sind wir in CVJM-Kluft mit *HJ*-Binde, circa 30 Jungen, marschiert.«[286]

Unter dem Etikett *kirchlicher Jungenschaften*, die der Kirchengemeinde unterstellt waren, reorganisierten die ehemaligen CVJM-Jugendleiter die Reichenbacher Jugendarbeit.

Wir haben dann versucht, das alles auf die Kirche zu übertragen, da die doch einen stärkeren Halt im Rücken hatte.[287]

Im Herbst 1934 lud ein Schreiben der Evangelischen Landeskirche die ehemaligen CVJM-Aktivisten Reichenbachs zum Treffen aller Jugendleiter im Bezirk Göppingen[288]. Offiziell durften die *kirchlichen Jungenschaften* zwar nur noch Bibelstunden abhalten, doch fanden auch weiterhin noch *Schulungsfreizeiten*, Wochenendfreizeiten[289], Pfingstradtouren und bis 1937/38 Turnstunden im Vereinshaus statt[290].

Gewarnt durch verschiedene Vorfälle, bei denen Hitlerjungen CVJM-Heime gestürmt hatten[291], überlegte Pfarrer Erhardt mit CVJM-Kreisen, wie das Reichenbacher Vereinshaus geschützt werden könnte. Am 6. Juli 1934 fand eine Besprechung beim Oberkirchenrat statt, bei welcher über die finanzielle Seite einer möglichen Übernahme und über die weitere Vorgehensweise bezüglich des CVJM-Vereinsheimes beraten wurde[292]. Die Belastung des Gebäudes betrug 24 000 Reichsmark, Vermietung an andere Vereine oder etwa auch einen Nähkurs der bürgerlichen Gemeinde erbrachten 1200 Reichsmark, was in etwa dem Zinsaufwand entsprach. Der Oberkirchenrat empfahl Pfarrer Erhardt aufgrund der guten finanziellen Verhältnisse der Reichenbacher Kirchengemeinde, das Anwesen ganz in deren Eigentum zu übernehmen[293]. Diese hatte »nicht unerhebliche Grundstockmittel, Verwaltungsvermögen von ca. 4000 RM.« Die Schuldentilgung sei aus den laufenden Mitteln problemlos möglich. Mit dem Vollzug der Übernahme wartete man aber noch[294].

Eine weitere Methode der Gleichschaltung war das Einbinden bestehender Organisationen in NS-Aktivitäten, wie sie

CVJM-Vereinshaus – bald Reichenbacher *HJ*-Heim?

etwa beim CVJM-Posaunenchor prakti-ziert wurde[295]. Der spätere Leiter erinner-te sich:

> Der *Ortsgruppenleiter* Mangold hat den Po-saunenchor gleich von Anfang an gebeten, am 1. Mai und beim Bauernfest (Erntedank-fest) morgens um 6 Uhr die Morgenwache zu blasen, was wir natürlich auch getan haben. Das hat sich nachher wieder ausgewirkt, da hat der eine dem anderen geholfen[296].

Am 13. Mai 1936 konnten Mitglieder des CVJM Reichenbach auf diese Weise den *Posaunentag des (CVJM-)Bezirks Göppingen/ Geislingen* in Reichenbach organisieren, bei dem 60 Bläser auch auf nichtkirchli-chen Plätzen spielten, etwa vor dem Rat-haus[297]. Erst später kamen Einschränkun-gen und vielfach das Verbot. So auch beim Reichenbacher Posaunenchor: 1939 beim Landesposaunentag in Esslingen unter Hermann Mühleisen war das öffentliche Blasen auf dem Marktplatz schon nicht mehr erlaubt. Nur noch auf kirchlichen Plätzen, etwa um die abseits gelegene Südkirche herum, wo die Reichenbacher bliesen[298], durfte gespielt werden[299].

»Wir aber sind nicht von denen, die da weichen«[300] – Der Kampf wird offiziell eröffnet

Der über das Bittgesuch Erhardts für Munz ausgelöste lokale Kleinkrieg zwi-schen *Ortsgruppenleiter* und Pfarrer wur-de durch die überregionalen Ereignisse verstärkt. Die nationalsozialistische Kir-chenpolitik verlief im Jahre 1933 auf zwei Ebenen. Die Verfassung der Deutschen Evangelischen Kirche vom Juli 1933 stell-te den Versuch dar, die 28 evangelischen Landeskirchen ohne direktes Eingreifen in die landeskirchlichen Verfassungen gleichzuschalten, die *Deutschen Christen* sollten innerhalb der Kirchen das natio-nalsozialistische Gedankengut zur Richt-schnur für Kirche und Theologie erhe-ben[301]. Im Jahr 1934 sollten die Landeskir-chen gemäß dem *Führerprinzip* direkt dem Reichsbischof unterstellt werden, ent-sprechend dem Übergang der Hoheits-rechte der deutschen Länder auf das Reich sollte die Kirche von einem mit dik-tatorischen Vollmachten ausgestatteten

Reichsbischof zentralistisch regiert werden. Doch die zuerst erfolgreichen Versuche, nach der Kirche der Altpreußischen Union auch andere deutsche Landeskirchen einzugliedern, scheiterten am erbitterten Widerstand der Bayerischen und der Württembergischen Landeskirche. Nach einigen weiteren Eingriffen im Zusammenhang mit den *Deutschen Christen*[302] ernannte der Reichsbischof zur Vorbereitung der *Eingliederung* der Württembergischen Landeskirche am 12. April 1934 einen *Rechtswalter der Deutschen Evangelischen Kirche*[303]. Die heftigen Proteste der kirchlichen Kreise führten zur *Ulmer Einung*, auf der sich am 22. April 1934 das erste Mal auf einer gesamtdeutschen Kundgebung Bischöfe, freie Synoden und »bekennende« Gemeindeglieder erhoben und »als rechtmäßige evangelische Kirche Deutschlands vor der gesamten Christenheit« die offizielle Reichskirchenregierung als rechtswidrig, gewalttätig und bekenntnisgefährdend anklagten[304].

Anfang September 1934 kam es zum zweiten Versuch, die Protestanten Württembergs gleichzuschalten. Besagter *Rechtswalter* Jäger erließ am 3. September 1934 eine Verordnung, durch die die württembergische Landeskirche endgültig in die Reichskirche *eingegliedert* werden sollte[305]. Landesbischof Wurm protestierte sofort massiv und deklarierte die Verordnung als nicht rechtsgültig, worauf der *Rechtswalter* einen Kommissar einsetzte und Wurm auf seine geistlichen Rechte beschränkte, was der provisorischen Absetzung Wurms entsprach. Am 8. September 1934 traf der *Rechtswalter der Deutschen Evangelischen Kirche* in Stuttgart mit dem Auftrag ein, die Verwaltungsverhältnisse zu überprüfen. Durch die ganze deutsche Presse ging darauf die im *NS-Kurier* am 10. September 1934 verbreitete Behauptung, im württembergischen Oberkirchenrat seien durch dunkle Geldgeschäfte 230 000 Reichsmark an die Stuttgarter Agentur der Basler Mission und an die Bekenntnissynode in Bad Oyenhausen gegangen, wodurch der Vermögensbestand der württembergischen Landeskirche geschä-

digt worden sei[306]. Wurm hatte bereits am 7. September alle Pfarrer der Landeskirche befragt, ob sie bereit wären, ihn »weiterhin zu unterstützen, komme, was da wolle«[307]. Die überwiegende Mehrheit der württembergischen Pfarrer, 82 Prozent, hatte dies bejaht und sich hinter ihren Landesbischof gestellt[308].

Pfarrer Erhardt, der von Anfang an auf Seiten Wurms gestanden hatte, läutete daraufhin eine neue Phase des lokalen Kirchenkampfes in Reichenbach ein. Am 9. September 1934 sollte die Vereidigung des örtlichen Reitersturms stattfinden. Der Sturmführer bat Pfarrer Erhardt, hierzu einen Feldgottesdienst abzuhalten[309]. Unter Hinweis auf den Kirchenstreit lehnte dieser ab; den Gottesdienst mußte Pfarrer Kinzler von Hochdorf halten. Der *Ortsgruppenleiter* berichtete dies sofort dem *Kreisleiter*, versehen mit einem persönlichen Kommentar:

> Es wird Mißtrauen und Unglauben gegen die Regierung und unseren Führer (...) erzeugt. (Ich bin der festen Überzeugung, daß ein Teil der Neinstimmen am 18. August 34 dadurch erzeugt worden ist). (...) Dies ist alles nicht mehr und nichts weniger als Sabotage gegen die Regierung und deren Maßnahmen und gegen die Volksgemeinschaft. (...) Einem derartigen Geistlichen gehört das Maul gestopft, indem man ihn mindestens zu seinem Wurm & Genossen schickt![310]

Nach sich überstürzenden Ereignissen[311] wurde Wurm, da er sich den Anweisungen des *Rechtswalters* nicht fügte, zusammen mit weiteren Mitgliedern des OKR am 14. September 1934 beurlaubt und am folgenden Tag unter Hausarrest gestellt[312]. Der Reichsbischof ernannte nun auch einen *Geistlichen Kommissar*[313].

Am Montag, den 16. September, machte Pfarrer Erhardt im Rahmen eines Fürbittegottesdienstes auf die Ereignisse um Wurm aufmerksam. Der *Ortsgruppenleiter* übersandte die mitstenographierte Predigt in seinem Bericht vom Tag darauf an die *Kreisleitung*:

> Es trifft nicht zu, daß Landesbischof Wurm bis auf weiteres beurlaubt ist, er ist vielmehr gefangen in seiner Wohnung (...)![314]

Als Text für seine Predigt wählte Erhardt: Hebr. 10 Vers 39. »Wir aber sind nicht von denen, die da weichen!« Er sagte, so heißt es weiter im Protokoll *des Ortsgruppenleiters*:

>»Wir werden unserem Landesbischof Wurm die Treue halten, komme was da wolle!« Auch die Liedverse, die gesungen wurden, paßten natürlich dazu, als ob Glaube und Kirche in Gefahr und ihr Unrecht getan würde.[315]

Der *Ortsgruppenleiter* versuchte hierauf über seine Mittelsmänner im Kirchengemeinderat auf den Pfarrer Druck auszuüben:

>Auf mein Ersuchen sind verschiedene Kirchengemeinderäte, welche Gliederungen der NSDAP angehören, bei Pfarrer Erhardt vorstellig geworden.[316]

Doch dieser ließ sich nicht beirren, so daß jener nur über die weiteren Aktivitäten Erhardts, etwa über die am 30. September von ihm in Reichenbach durchgeführte Unterschriftensammlung[317] berichten konnte:

>Als Pfarrer Erhardt (...) zu Unterschriften für den Landesbischof Wurm aufforderte, war ich zufällig auch in der Kirche. Die Predigt, die derselbe damals gehalten hat, war ein Treuebekenntnis für den Landesbischof unter gleichzeitiger wiederholter Betonung der Treue zum heutigen Staat und Führer (...). Am Schluß der Predigt forderte Pfarrer Erhardt die Gemeindemitglieder auf, sich in der Sakristei in eine Liste einzutragen, die ein Bekenntnis des Vertrauens zum Landesbischof bezeugt. Ich habe mir die Wallfahrt in die Sakristei etwas angesehen.[318]

Eine starke Woche später sammelte Erhardt sogar Unterschriften von Haus zu Haus, obwohl am Montag nach dem Gottesdienst, also am 1. Oktober 1934 der Reichsbischof in Stuttgart weilte[319]. Er bekam insgesamt 350 Unterschriften zusammen[320]. Der *Ortsgruppenleiter* teilte dies dem Reichenbacher *Parteigenossen* Walter Baach mit, der bei der politischen Polizei in Stuttgart angestellt war[321]. Am Samstag, den 13. Oktober, bekam dann Baach von seiner Dienststelle den Auftrag, die

Liste mit den Unterschriften sicherzustellen. Mangold schilderte dies minutiös:

>Ich hatte den Auftrag, den Pfarrer davon zu verständigen und zu mir herzubestellen. (...) Pg Baach machte den Pfarrer darauf aufmerksam, daß er über die heutigen kirchlichen Angelegenheiten ruhig Vorträge halten könne, nur dürfe er dabei sich in keiner Weise gegen die erlassenen Verordnungen der Regierung wenden, sonst müßte die politische Polizei sofort einschreiten.[322]

Seinen Bericht an die *Kreisleitung* beendete der *Ortsgruppenleiter* mit einer persönlichen Erkenntnis

>(...), daß derartige Pfarrer überwacht werden müssen ist mir klar, d. h. ich muß eben künftig öfter in die Kirche gehen oder einen Stellvertreter senden, auch sonst muß über den Umtrieb (Besuche usw.) nachgeforscht werden.[323]

Am 4. Oktober 1934 berief der *Geistliche Kommissar* die neu gebildete württembergische Landessynode auf Dienstag, den 9. Oktober 1934, nach Stuttgart ein[324]. Sie versetzte auf Antrag der Fraktion der *Deutschen Christen* Landesbischof Wurm in den Ruhestand[325].

Da Erhardt am Sonntag, den 14. Oktober, beurlaubt war, konnte er den Protest Wurms in Form eines Hirtenbriefes nicht seiner Gemeinde verlesen, trotzdem aber wich er keinen Deut von seiner Linie ab. Im erneut angefertigten Bericht des *Ortsgruppenleiters* heißt es:

>Nach Schluß des heutigen Gottesdienstes betrat der sich z. Zt. im Urlaub befindliche Ortsgeistliche Pfarrer Erhardt (die Predigt hielt ein Missionar) während des Orgelspiels den Altar und forderte die Gemeindeglieder durch Handheben zum Sitzen und Verbleiben auf.[326]

Der Organist unterbrach sein Nachspiel und Erhardt verlas folgende Erklärung[327]:

>Als Diener des Wortes Gottes bin ich durch mein Amtsgelübde vor Gottes Angesicht gebunden, über Lehre, Gemeinschaft und Ordnung der Gemeinde zu wachen. Um dieser Verantwortung willen bin ich gezwungen, euch folgendes zu bezeugen: Ich erkenne das jetzt mit Gewalt und Unrecht auch in

unserer Württembergischen Landeskirche zur Herrschaft gekommene Kirchenregiment nicht an. Denn es hat sich vielfach der Irrlehre geöffnet, es hat die Gebote Gottes übertreten, es hat die Gläubigen verfolgt, es hat die Gemeinschaft der Kirche zerrissen. Ich stelle mich wie bisher hinter unseren rechtmäßigen Landesbischof Dr. Wurm und weiß mich in *einer* Reihe mit bibeltreuen Gemeinden der Deutschen Evangelischen Kirche. Als getaufte Christen seid auch ihr, liebe Gemeindegenossen mitverantwortlich für alles, was in der Kirche geschieht. Darum rufe ich euch auf: Schließt euch zusammen mit all denen, die sich in dieser Stunde zum Evangelium bekennen. Betet für uns. Bekennet mit uns. Und wenn es sein muß, leidet mit uns. Seid fest, unbeweglich, und

Blick auf die Reichenbacher Mauritiuskirche – »... ich muß eben künftig öfter in die Kirche gehen, auch sonst muß über den Umtrieb (...) nachgeforscht werden.«

nehmet immer zu in diesem Werk des Herrn, sintemal ihr wisset, daß eure Arbeit nicht vergeblich ist in dem Herrn.[329]

Die von Theodor Dipper, dem Leiter des *Kirchlichen Gemeindedienstes*[329], entworfene Kanzelverkündigung war »gedacht für den Fall, daß unser Herr Landesbischof durch einen gewaltsamen Eingriff seines Amtes enthoben wird und das häretische Kirchenregiment der Reichskirche dadurch bei uns wirksam gemacht wird.«[330]

»Die Gemeindemitglieder«, so der *Ortsgruppenleiter* aufgrund der Mitteilung seines Propagandaleiters,

haben sicher das Gefühl bekommen, daß es ihre heilige Aufgabe sei, Wurm und damit dem »Bekenntnis« die Treue zu halten. Besonders das Schlußgebet des Ortsgeistlichen (einige Strophen vom Lied 243) mußte zu dieser Auffassung führen. (...) Es ist daraus zu ersehen, daß Pfarrer Erhardt in ganz frevelhafter Weise weiter das Volk verwirrt und man darf ruhig sagen verhetzt! Er nimmt jede Gelegenheit wahr, für Landesbischof i. R. Wurm und für das bedrohte evg. Bekenntnis zu sprechen, nicht bloß durch Hausbesuche oder im Kirchenchor, den er selber dirigiert, sondern jetzt auch während seines Urlaubs in der Kirche nach dem Gottesdienst. Es sollte dieser Saboteur und Hetzer einmal doch etwas genauer ins Auge gefaßt werden, als die übrige Geistlichkeit, denn er ist schon mehr als eine Ausnahme. Die Nörgler und Kritikaster sowie sonstige Dunkelmänner und -frauen haben natürlich ihre helle Freude daran.[331]

Da aufgrund vielfältiger in- und ausländischer Proteste[332], des Eingreifens des *Reichsaußenministers*, Konstantin von Neurath[333], und beeindruckender Demonstrationen in Stuttgart der württembergische Landesbischof und sein bayerischer Kollege überraschend in ihr Amt eingesetzt und zu einer Audienz bei Hitler am 30. Oktober 1934 geladen wurden[334], bestand dieses »genauer ins Auge Fassen« seitens *Reichsstatthalter* Murr vorerst in der Übersendung des gesamten Schriftsatzes an den Oberkirchenrat »zur Kenntnis und geeigneten weiteren Verfügung«[335]. Am 20. November 1934 übernahm Wurm die Amtsgeschäfte wieder[336].

Die Entwicklung des »lokalen Kleinkrieges« (Dekanatsamt) sowie des Verhältnisses der beiden Kontrahenten läßt sich wie folgt zusammenfassen: Nach der *Machtübernahme* versuchte der *Ortsgruppenleiter* innerhalb der Reichenbacher Gesellschaft Boden gut zu machen, seiner *Bewegung* am Ort *zum Sieg* zu verhelfen. Dabei galt es neben den Institutionen Rathaus und Schule vor allem die Kirche und deren beliebten und einflußreichen Vertreter am Ort, den Dorfpfarrer Erhardt, zu schwächen. Dieser hatte zunächst auf der persönlichen Ebene reagiert und sich – obwohl ehemaliger Hitlerwähler – gegen die Inhaftierung »rechtschaffener« Reichenbacher Bürger eingesetzt und gegen »Gemeinheiten« Stellung bezogen. Aus den Reaktionen des *Ortsgruppenleiters* be-

merkte Erhardt, daß es nicht primär gegen ihn als Person ging, sondern daß ihm als örtliche Autorität Terrain abgewonnen werden sollte. Parallel hierzu wurde ihm bewußt, daß das, was er lokal erlebte, sich auch landesweit abzuzeichnen begann, daß der *Ortsgruppenleiter* nicht nur seinen persönlichen Konkurrenten, sondern seinen funktionalen Gegner darstellte. Er erkannte, daß der totalitäre Charakter des Systems nicht nur seinem Glauben widersprach, sondern dieser auch ihn in seiner Funktion als Pfarrer auf die andere Seite stellte als Mangold in seiner Funktion als *Ortsgruppenleiter*. Auf Ortsebene verweigerte er sich als Pfarrer der Partei, und auf Landesebene trat er in den Pfarrernotbund ein. Er begriff weiter, daß er sich demzufolge auch überregional und sichtbar mit seinem Landesbischof solidarisieren mußte. Durch diese Solidarisierung wiederum fand der *Ortsgruppenleiter* seine lokale Konkurrenzhaltung auch auf Landesebene bestätigt in der resistenten Haltung Erhardts gegenüber der landes- und reichspolitischen Entwicklung.

Auch Erhardt verwandelte sich für ihn vom lokalen Gegenspieler zum funktionalen Kontrahenten. Die Auseinandersetzung verschärfte sich. Der lokale Kampf nahm eine überregionale Dimension an, der *Ortsgruppenleiter* schaltete übergeordnete Instanzen, wie Oberschulrat, *Kreisleitung* und *Gestapo* ein, der Ortspfarrer daraufhin den Oberkirchenrat.

Doch die Repräsentanten dieser funktionalen Ebene, der Oberkirchenrat und der *Reichsstatthalter*, bremsten die beiden lokalen Exponenten. Der kirchlichen Seite schien es wichtiger, den »örtlichen Frieden« zu wahren, als den neuen Machthabern Grenzen aufzuzeigen. Diesen schien dieser *Friede* **noch** dienlich zu sein für die Sicherung und den Ausbau der Macht. Doch es konnte kein echter und kein dauerhafter Friede sein. Es sollte nur eine Frage der Zeit sein, bis eine neue Phase des Kirchenkampfes eingeläutet wurde.

Ausbau der lokalen Macht

Seit dem Frühjahr 1933 betrieben die Nationalsozialisten neben der Eroberung der staatlichen und kommunalen Machtpositionen auf politischer Ebene auch auf gesellschaftlichem Gebiet eine konsequente Politik der Umformung. Ihre totalitäre Ideologie verlangte, alle wirtschaftlichen, sozialen und kulturellen Institutionen entweder zu verbieten oder den eigenen Zwecken unterzuordnen. Rasch hatte sich hierfür der Begriff »Gleichschaltung« eingebürgert, ohne daß jeweils immer völlig klar war, was darunter zu verstehen sei. In Reichenbach lassen sich drei Ebenen dieser gesellschaftlichen Umformung aufzeigen: der Ausbau und die Umgestaltung der nationalsozialistischen *Ortsgruppe* als Voraussetzung zur Durchdringung der örtlichen Gesellschaft, die lokale Umsetzung staatlich vorgegebener Gesellschaftsumformungen und die begeisterte Selbstgleichschaltung der meisten Vereine am Ort.

Ähnlich wie das Hissen der Hakenkreuzfahne als symbolischer Akt den Machtanspruch im lokalen politischen Bereich dokumentierte, machten die neuen Machthaber den totalitären Anspruch ihrer nationalsozialistischen Ideologie auf alle Lebensbereiche bis in die private Sphäre hinein deutlich. An der Grenze von der Privatheit zur Öffentlichkeit stand das täglich von jedem deutschen *Volksgenossen* mehrfach zu wiederholende Ritual, ein »Heil« auf Hitler auszusprechen, den »Deutschen Gruß«. Im Juli 1933 wurde der *Deutsche Gruß* als Pflicht für Beamte und Arbeiter im öffentlichen Dienst eingeführt. Dieser *Hitlergruß* – so unterstrich ein Artikel im »Hohenstaufen« – wurde »auch außerhalb des Dienstes« erwartet[337]. Die örtlichen Parteifunktionäre, vor allem Mangold, Blessing und Knoblauch drängten – so belegen Tagebücher, Erinnerungsberichte sowie Gesprä-

che mit Zeitzeugen[338] – vehement auf die Einhaltung des *Hitlergrußes* in allen Kreisen der Reichenbacher Gesellschaft:

> Frau H., ich mache Sie darauf aufmerksam, daß Sie meinen Gruß *Heil Hitler* zu erwidern haben.[339]

Die meisten befolgten die Anweisungen, und viele erlagen diesem Totalitätsanspruch:

> Bei der Firma Otto hat einer der Meister morgens seine Frau mit *Heil Hitler* begrüßt, anstatt mit *Guten Morgen*, solche Dackel hat's hier schon gegeben.[340]

Doch im *Deutschen Gruß* bot sich für viele auch eine Möglichkeit, sich gegen diese Totalität der Ideologie sichtbar resistent zu zeigen.

> Ich habe ihn oft mit *Grüß Gott* gegrüßt, er hat dann *Heil Hitler* gesagt.[341]

> Meine Mutter hat in ihrem Leben niemals *Heil Hitler* gesagt. Die ist zum *Ortsgruppenleiter* in die Sparkasse oder zum Bürgermeister und hat immer *Grüß Gott* gesagt.[342]

Es waren oft die Zweikämpfe des Alltags zwischen den alten Gegnern des Regimes und dessen örtlichen Vertretern, eine Art »unorganisierter Ungehorsam«[343]:

> Der *Ortsgruppenleiter* hat meinen Vater ab und zu gestellt, wenn der als Sozi mit *Grüß Gott* und nicht mit *Heil Hitler* gegrüßt hat. Da sagte der Mangold dann: »Herr K., wissen Sie nicht, wie man heutzutage grüßt?« Mein Vater hat dann Angst gehabt, daß sie ihn eines Tages holen.[344]

Auch konservative Reichenbacher waren manchen Machtdemonstrationen der Partei gegenüber skeptisch.

> Das Schlimmste für mich, das mir am meisten weh getan hat, war, als der *Deutsche Gruß* bei der Wehrmacht eingeführt wurde. Es hatte immer einen militärischen Gruß gegeben, und das jetzt war ein Parteigruß.[345]

Sowohl in den ersten Notwintern wie auch später im Krieg orientierten sich die Repressionen des Alltags oft am verwen-

Erich Duckeck baute die Reichenbacher *Hitlerjugend* auf.

deten Gruß, etwa im Hinblick auf die Verteilung von Holz oder anderen Mangelwaren. Reichenbacher, die den *Hitlergruß* verweigerten, bekamen weniger Zuteilungen.

> Die Grüß-Gott-Leute können sich ihren Arsch im Bett wärmen, sie brauchen nicht so viel Holz.[346]

Bei den Andersdenkenden entstand die Redewendung »die Grüß-Gott-Leute brauchen ja nicht.«[347]

»... was ihm in hervorragender Weise gelang«[348] – Ausbau der NSDAP-Ortsgruppe

Wichtige Instrumente für die Umgestaltung der Gesellschaft sollten die nationalsozialistischen Gliederungen und Verbände darstellen. Zwar hatte die *Ortsgruppe*

1932 und Anfang 1933 einen ungeheuren Aufschwung erlebt, doch wurde auch sie offensichtlich vom Tempo der *nationalen Revolution* überrascht. Aufgrund der zahlenmäßigen Schwäche der örtlichen NSDAP »entwickelten« sich die meisten Gliederungen nach dem Machtantritt oder traten zumindest erst ab Spätfrühjahr 1933 nennenswert in Erscheinung[349]. Im inneren Kreise der *Ortsgruppe* gingen Mangold, Späth, Blessing, Bescherer, Knoblauch und Leimenstoll daran, die Strukturen der *Ortsgruppe* den neuen Anforderungen anzupassen. Ende August wurde der *Block* Hochdorf zur *Zelle* erhoben[350]. Ende September beschloß die NS-Fraktion im Gemeinderat verschiedene Maßnahmen zur Unterstützung der neuen Gliederungen durch die Gemeinde[351]. »Entwicklung« der Gliederungen ist in diesem Fall so zu verstehen, daß der *Ortsgruppenleiter* Verantwortliche ernannte und diese dann ihren Bereich auf- oder ausbauen sollten.

Dem früheren Angehörigen des Jungstahlhelm, Erich Duckeck, der 19jährig im Juni 1931 in die Reichenbacher NSDAP-Ortsgruppe eingetreten war und ab Spätherbst 1931 das Amt des Unterkassiers übernommen hatte[352], übertrug Mangold den weiteren Auf- und Ausbau der *Hitlerjugend*[353]. *BDM-Führerin* wurde die Lehrerin »Frl. Wahl«, und zur *Jungmädelscharführerin* der etwa 20 Mädchen umfassenden Reichenbacher Gruppe wurde die 30jährige ehemalige kirchliche Jugendleiterin Hedwig Baach ernannt[354]. Anfang August genehmigte der Gemeinderat der *HJ*, den Sportplatz bei der Turnhalle und den Zeichensaal des Schulhauses benützen sowie an letzterem ein »Aushang-Kästchen« anbringen zu dürfen[355]. Da die Reichenbacher *HJ*- und *BDM*-Führer auch verantwortlich für die NS-Jugendorganisationen der umliegenden Ortschaften wie Hochdorf, Baltmannsweiler, Hegenlohe, Thomashardt und die anderen Schurwaldgemeinden waren, mußten sie dort jeweils *HJ*-, *BDM*-, *Jungvolk*- und *Jungmädelgruppen* aufbauen. Duckeck und seine Unterführer versuchten anhand der

»Reichenbacher Jungvolk auf Fahrt«.

Anleitungen »Pimpf im Dienst« und »HJ im Dienst« Jugendarbeit spannend zu machen. Die ersten *HJ*- und *BDM*-Führer kopierten im wesentlichen die Arbeit, die die CVJM-Jugendleiter gemacht hatten und versuchten, ehemalige kirchliche Jugendleiter zur Mitarbeit bei *HJ, Jungvolk, BDM* oder *Jungmädel* zu überreden. Eine bewährte kirchliche Jugendleiterin erinnerte sich:

> 1933 kam ich als eben ausgelernte Kindergärtnerin gleich als BDM-Führerin nach Hegenlohe. Meine erste Gruppenarbeit war das Vorbereiten eines Krippenspiels, das war aber nicht im Sinne des *Ortsgruppenleiters*. Als der davon erfuhr, konnte er jedoch nichts mehr daran ändern. Damals hieß es unter uns Jugendleiterinnen: rein in die NS-Organisationen und drinnen dafür sorgen, daß die Inhalte christlich bleiben.[356]

Die Reichenbacher und Ebersbacher *HJ* warben intensiv[357]. Am 21. Oktober veranstalteten sie einen Vortragsabend mit Gebietsführer Wacha zum Thema »Die Jugend im Dritten Reich«[358]. Die Mitgliedschaft war noch freiwillig, doch – so schrieb ein ehemaliger Reichenbacher Fähnleinführer kurz nach Kriegsende in einem Erinnerungsbericht – verstand man es bis 1936 sehr gut, »durch unmißverständliche Werbung und Druck ein ›freiwilliges Muß‹ daraus zu machen«[359]. Auf jeden Reichenbacher Jungen, »der nicht in der Hitlerjugend war«, wurde »mit Fingern gedeutet, und er wurde als Junge II. Klasse behandelt.«[360]

Mitte November führten die im »Kirnbachfähnlein« zusammengeführten Reichenbacher, Roßwäldener und Ebersbacher *Jungzüge* ein großes Geländespiel durch, bei dem »die Hemden der eingegliederten Verbände (...) noch etwas bunt« schimmerten[361]. Ende desselben Monats organisierte die »Hitlerjugend Standort Reichenbach-Fils« einen »Deutschen Abend«, bei dem sie unter anderem das Theaterstück »Das braune Ehrenkleid« von Max Corus aufführten[362]. Doch nicht nur in den umliegenden Orten hatte die Parteijugend anfangs Probleme.

> Aber so schnell ging das nicht. Zuerst war es noch ein formloser Haufen, größtenteils Jungen und Mädels, deren Eltern Parteimitglieder waren oder aber mit der NSDAP sympathisierten. Amtliche Uniformen gab es noch nicht. Nach Möglichkeit wurde jedoch eine einheitliche Kleidung angestrebt. Weiße Blusen bzw. Hemden, schwarze Röcke bzw. Hosen. Bei den Mädchen wurde diese Zusammenstellung auch später beibehalten, nur mit dem Unterschied, daß die Machart der Blusen und Röcke einheitlich vorgeschrieben wurde. Dagegen führte man für die Hitlerjungen die Braunhemden ein. Zur weiteren Ausrüstung gehörten Schulterriemen, Halstuch mit Lederknoten, ein Schiffchen als Mütze, schwarze Strümpfe, Koppelzeug und Fahrtenmesser.[363]

Mit zunehmenden Mitgliederzahlen, am 1. Januar 1934 zählte die Hitlerjugend 52 Jungen und 46 Mädchen[364], wuchsen auch die Betreuungsprobleme.

Ähnliche Schwierigkeiten hatten der neue *Ortswalter* der *Nationalsozialistischen Volkswohlfahrt (NSV)*, Gewerbeschulassessor Scheufele[365], sowie Friedrich Knoblauch und seine Frau, die zum *Ortsgruppenbetriebswart* der *Nationalsozialistischen Betriebszellenorganisation* bzw. zur Leiterin der *NS-Frauenschaft* ernannt wurden[366]. Noch bis in den Spätherbst hinein trat die Reichenbacher *Frauenschaft* gemeinsam mit den Ebersbacherinnen auf[367]. Den 28jährigen *SA*-Obertruppführer Georg Späth, der im April 1931 der *Ortsgruppe* beigetreten war, beauftragte Mangold mit dem Ausbau der *SA*. Der Vertraute Mangolds und dessen »Rechte Hand« konnte anfänglich »Erfolge« verbuchen. Die *SA* hatte nach intensivem Werben – auch per Anzeige im »Filstal- und Schurwaldboten«[368] – starken Zulauf, so daß im Herbst 1933 eine Reichenbacher *SA*-Reserve – eine der typischen »Mitläufer-Organisationen« – gegründet wurde[369]. Ebensolche Erfolge konnte NS-Gemeinderat Friedrich Sanzi aufweisen, der die nationalsozialistischen Interessen mit denen des gewerbe- und handeltreibenden Mittelstandes Reichenbachs als *Ortsgruppenleiter* der neu gegründeten *NS-Handels-, Handwerks- und Gewerbe-Organisation (NS-HA-GO)*[370] in Einklang bringen sollte[371]. Trotz aller Anfangsschwierigkeiten bei den Jugend- und Frauenorganisationen lassen sich – zumindest quantitativ – erste Erfolge der Partei innerhalb des ersten Jahres festhalten. In einem Schreiben an die *Kreisleitung* Göppingen nannte Mangold im Sommer 1934 folgende Mitgliederzahlen für die Parteigliederungen:

> PO-*Ortsgruppe* Reichenbach: 73, *SA*-Sturm 21/414: 75, *SA*-Reserve-Trupp: 33, *SA*-Reitersturm Nr. 2: 24, NSBO: 17, NS-HAGO: 106, NSV: 85, NS-Frauenschaft: 62, NS-Lehrerbund-Zelle Reichenbach: 11, HJ-Gefolgschaft 5: 60, BDM: 51, Jungvolk: 105, Jungmädchen: 86.[372]

Ein weiterer Aspekt der Machtabsicherung durch parteiinterne Maßnahmen war der Dank an die *Alten Kämpfer*, also vor 1930 in die Partei eingetretene, und an andere verdiente Parteimitglieder. Hierzu zählten die erwähnten Möglichkeiten, deren gesellschaftliche Stellung am Ort zu erhöhen über die Verleihung von Ehrenämtern innerhalb der Parteigliederungen oder über die Belohnung mit einem Sitz im Gemeinderat – und diese damit zu lokalen Honoratioren zu machen. Darüber hinaus erwarteten die *Kampfgefährten* durch die Machtübernahme eine Verbesserung ihrer materiellen Situation, zumindest aber das Ende ihrer Erwerbslosigkeit. *Ortsgruppenleiter* Mangold befriedigte diese Ansprüche.

Dies betraf die Bevorzugung Reichenbacher Betriebe, deren Betriebsinhaber schon früh die *Bewegung* unterstützt oder ihr angehört hatten. Zu nennen sind etwa Vorrechte bei der kommunalen Auftragsvergabe an beziehungsweise Lieferungen für die Gemeinde[373], Überlassung von günstigem Baugelände[374], bevorzugter Anschluß an infrastrukturelle Einrichtungen[375] oder die Vermittlung von überregionalen Partei- oder Wehrmachtsaufträgen durch den *Ortsgruppen-* oder *Kreislei-*

Die Reichenbacher »Sturmabteilung« (SA) 1933.

ter[376]. Einige ortsansässige Betriebe versuchten sich das Wohlwollen des neuen starken Mannes am Ort durch materielle Zuwendungen – etwa durch Schenkung eines Rollschranks für die Geschäftsstelle der Partei[377] oder anderes »Nützliche«[378] – zu sichern. Das überdurchschnittlich großzügige Erlassen von Steuer- und Brandschulden für aktive Nationalsozialisten – und deren Betriebe – nach der kommunalen Machtübernahme sowohl seitens der Gemeinde[379] wie seitens der Darlehnskasse[380], die hieran letztlich einging[381], ist wohl nur in diesem Kontext zu verstehen. Auch die Vergabe von sechs von der Gemeinde erstellten Siedlungshäusern im Jahre 1934 an hauptsächlich engagierte Parteigenossen und SA-Männer[382] dürfte deren Engagement bestätigt und intensiviert haben.

Festzuhalten sind ebenso auffällige Benachteiligungen ehemaliger Gegner der Nationalsozialisten am Ort bei Steuernachlässen, Überlassung von gemeindeeigenem Gelände oder Vergabe von Gemeindeaufträgen[383]. Im Rahmen der »Sonderaktion – Arbeitsvermittlung für langjährige NSDAP-Mitglieder« schrieb

der Ortsgruppenleiter immer wieder einzelne Betriebe oder auch die Arbeitsämter an, um »diesen verdienten Kämpfer in der Sonderaktion entsprechend vorzumerken und bei anfallender Gelegenheit auf ihn bzw. auf mich zurückzukommen.«[384] Paul Bescherer beispielsweise fand auf diesem Weg »eine gute Stellung« bei der Deutschen Arbeitsfront[385].

Etliche Reichenbacher SA-Männer bekamen in den ersten 14 Monaten der nationalen Revolution durch die Vermittlung ihres lokalen Parteichefs eine Stelle – und einige Nicht-Pgs verloren diese auf demselben Weg[386]. Mangold setzte sich für gewünschte Arbeitsortswechsel ein, wenn der jeweilige Pg »seine Dienste in der SA immer regelmäßig und pünktlich« erfüllte[387]. In vielen Schreiben machte er sich massiv für die bevorzugte Behandlung von Pgs und Alten Kämpfern stark. Der Ortsgruppenleiter schrieb in einigen Fällen sogar an die Arbeitgeber, mit der Bitte »um wohlwollende Prüfung«, mehr Gehalt für ein angestelltes Mitglied der NSDAP und der Nationalsozialistischen Volkswohlfahrt zu bezahlen. Für einen bei der Allgemeinen Ortskrankenkasse arbei-

Reichenbacher Feuerwehrleitung am Landesfeuerwehrtag Heilbronn 1930; von links nach rechts: F. Sanzi, W. Kohlhaas, G. Hammann, G. Bader, G. Küstner, K. Müller.

tenden *Pg*, der »in diesem Jahr auch ein Ferienkind genommen hat und (...) auch sonst willig« sei[388], war die Einstellung auch schon auf Wunsch der *Kreisleitung* Göppingen erfolgt und entsprang »mehr dem auf beiden Seiten vorhandenen Willen, altbewährte Kämpfer unterzubringen, als der Notwendigkeit, eine Stelle zu besetzen«[389]. Selbstverständlich trugen diese *Kameradschaftsaktionen* zur Festigung der *Ortsgruppe* und zur weiteren Steigerung des bereits außerordentlich hohen Einflusses *des Ortsgruppenleiters* bei[390].

Aus der Reichenbacher *Ortsgruppe*, die im März 1933 aus zwölf Parteimitgliedern bestanden hatte[391], war ein starkes Jahr später eine ausdifferenzierte Organisation mit 13 Untergliederungen und insgesamt 793 Mitgliedern geworden. Über ideelle und materielle Belohnungen waren das Zusammengehörigkeitsgefühl und die so verstandene *Kameradschaft* sowie die Position *des Ortsgruppenleiters*, der

als starker Mann in Partei und Kommune auftrat, gefestigt. Die formalen Voraussetzungen waren geschaffen, um seitens der *Ortsgruppe* die Ideen des Nationalsozialismus in die Lebensbereiche der Reichenbacher hineinzutragen. Inwieweit der totalitäre Anspruch verwirklicht werden konnte, soll später an deren Engagement überprüft werden[392].

»... bis ins letzte Dorf« – Umsetzung vorgegebener Gesellschaftsumformungen

An lokalen Umsetzungen staatlicher Vorgaben zur Umformung der Gesellschaft sind die weitere Personalpolitik der *Ortsgruppe*, die propagandistische Einbindung bewährter lokaler Aktivitäten in reichsweite Kampagnen sowie die Überführung lokaler berufsständischer Vereinigungen in per Gesetz geschaffene Reichsorganisationen zu nennen.

Reichenbacher Feuerwehr nach der Gleichschaltung, Hauptübung am 2. November 1935 in der Schorndorfer Straße; links Bürgermeister Schmid, in der Tür der neue Kommandant Richard Bischoff.

Die nationalsozialistische *Ortsgruppe* hatte sofort nach der Verordnung des Staatskommissars von Jagow vom 17. März 1933 versucht, den Hilfsarbeiter Georg Späth, der »in letzter Zeit mit Erfolg einen Polizeischulungskurs in Esslingen absolviert« hatte, als bezahlten Hilfspolizisten der Gemeinde anzustellen. Als Begründung hatte die *Ortsgruppe* angegeben, »die Verstärkung der Ortspolizei (...) sei insofern nötig, als der Schutzhäftling Karl Schloz wieder auf freien Fuß gesetzt und daher eine Fortsetzung der kommunistischen Umtriebe in hiesiger Gemeinde zu besorgen sei.«[393]

Als der Gemeinderat nach Anhören der *Kreisleitung* im Mai erneut über den Antrag beriet, äußerten die gehörten Polizeiorgane die Meinung, »daß heute die Anstellung eines Hilfspolizisten nicht mehr erforderlich« sei, da »seitens der Kommunisten nichts mehr zu befürchten sei«[394]. Mangold betonte nochmals, hinsichtlich

»der kommunistischen Umtriebe sei es nach ihrer Auffassung sehr notwendig, nach wie vor strengstens auf der Hut zu sein, da diese Gefahr keineswegs endgültig gebannt sei.« Im übrigen hielte seine Fraktion den Antrag mittlerweile auch für überholt und zog ihn zurück.

Die Personalpolitik der *Ortsgruppe* war darüber hinaus geprägt, regimekritische Gemeindebedienstete aufgrund des »Gesetzes zur Wiederherstellung des Berufsbeamtentums« zu entlassen und bei Besetzung der freiwerdenden Stellen »einem der Zeitdauer der Mitgliedschaft nach älteren Mitglied der NSDAP den Vorzug« zu geben[395]. Zu nennen sind die Entlassung von Karl Steiß[396] sowie der Versuch der NS-Fraktion, den Fronmeister Mezger zu entlassen. Nachdem ein erster Angriff Blessings gegen Mezger abgewehrt wurde, argumentierte der NS-Gemeinderat im August mit Doppelverdienertum, was Gemeinderat Alber aber strikt zurückwies. Mezgers Hof werfe nicht genügend ab, außerdem sei der Fronmeister seit Jahren pflichtbewußt, weshalb es »nicht angängig sei, auf irgendwelches unkontrolliertes Betreiben hin einen bewährten Mann zu entlassen.«[397] Da Fronmeister Mezger sich »bis jetzt nicht dazu herablassen kann, mit *Heil Hitler* zu grüßen«, sollte der Bürgermeister – so setzte Blessing eineinhalb Jahre später nach – ihm »die nötigen Verhaltensmaßregeln erteilen.«[398] Das einzige nicht nationalsozialistische Gemeinderatsmitglied konnte die Angriffe jeweils abpuffern. Zur Entlassung des Fronmeisters – in Württemberg wurden mit Verweis auf das »Gesetz zur Wiederherstellung des Berufsbeamtentums« insgesamt 414 Entlassungen ausgesprochen[399] – kam es nicht.

Im Zuge der »Veränderungen im Stab der Freiwilligen Feuerwehr« schied der langjährige Feuerwehrkommandant, der alte Turnwart Gustav Hammann, im Mai 1933 aus[400]. Bei der Hauptversammlung der 97 Reichenbacher Feuerwehrleute am 6. Mai gab der NS-Gemeinderat Knoblauch die Einführung des *Führerprinzips* bekannt – das heißt der Vorstand wurde nicht mehr von den Mitgliedern gewählt und kontrolliert, sondern »von oben«, vom *Ortsgruppen-* oder *Kreisleiter*, eingesetzt[401]. Der bisherige Stellvertreter Friedrich Bader wurde neuer Kommandant[402]. Darauf wurde »im Zeichen der Gleichschaltung die Person des Kämmerers der Feuerwehr, nämlich des Rudolf Roth, (...) beanstandet«. Auf Antrag der NS-Fraktion erhielt »der Verwaltungsrat der Feuerwehr die Weisung, für alsbaldige anderweitige Besetzung dieses Amtes besorgt zu sein.«[403] Hierdurch angeregt traf sich der Feuerwehrverwaltungsrat am 8. Juni erneut, um die »vom Gemeinderat angeordnete Gleichschaltung innerhalb des Stabes der Freiwilligen Feuerwehr« durchzuführen. Außer dem linken Sozialdemokraten Rudolf Roth wurde der Führer des III. Feuerwehrzugs, der Gärtner Karl Mödinger, »ausgeschieden«, der als alter Sozialdemokrat bei den Gemeinde-

ratswahlen 1925 und 1931 kandidiert hatte und ein erklärter Gegner der Nationalsozialisten war. »Aus Gründen der Zweckmäßigkeit« stellten darauf der im Mai nachgerückte Kommandant Friedrich Bader, die Zugführer Friedrich Bayer und Karl Müller sowie deren Stellvertreter ihre Ämter ebenfalls zur Verfügung, »aus politischer Sicht traten 12 Wehrmänner aus der Feuerwehr aus.«[404] Damit waren alle potentiellen Kritiker des Regimes ausgeschieden. Neuer Kommandant wurde Richard Bischoff, sein Stellvertreter Friedrich Sanzi[405].

Vor dem Machtantritt hatten die Nationalsozialisten – lokal und überregional – vehement den Schutz des Mittelstandes propagiert. Die ersten von Mangold geforderten Maßnahmen bezüglich des Reichenbacher Konsumvereins waren auf ein Verbot des Stuttgarter Staatsministerium zurückgegangen, das den Einkauf in Warenhäusern, Einheitspreisgeschäften und Konsumvereinen untersagt[406] und dieses Verbot wenig später auf Gemeinden und öffentlich rechtliche Körperschaften ausgeweitet hatte[407]. Dies, wie auch das reichsweit erlassene Gesetz zum Schutz des Einzelhandels, kam dem Schutzbedürfnis der Reichenbacher Gewerbetreibenden tatsächlich entgegen. Als im Sommer 1933 die *Deutsche Arbeitsfront* zur Zwangsorganisation für alle in der Wirtschaft Tätigen wurde, beendete der Reichenbacher Gewerbeverein sein Dasein[408].

Friedrich Sanzi jun.

Friedrich Sanzi junior, Reichenbacher Zimmermeister, einflußreicher Vertreter im Handels- und Gewerbeverein und Sohn von Friedrich Sanzi senior, der dessen Interessen seit 1928 im Gemeinderat vertreten hatte, löste im Rahmen der *Gleichschaltung* den bisherigen Vorsitzenden des Vereins, Julius Flaig, ab. Ziel der

Nationalsozialisten war es, anstelle des zersplitterten Verbandswesens des gewerblichen Mittelstandes eine einheitliche, straff gelenkte NS-Organisation zu setzen. Der 37jährige Friedrich Sanzi junior, mehrfacher Schützenkönig der Reichenbacher Schützengilde, war von jeher der *braunen Bewegung* gegenüber aufgeschlossen gewesen und im Rahmen der *Gleichschaltung* zum stellvertretenden Feuerwehrkommandanten ernannt worden. Er war der von Mangold auserkorene ideale Vertreter des örtlichen Gewerbes, der am 5. Mai, obwohl erst am 1. des Monats in die Partei eingetreten[409], für die NSDAP in den gleichgeschalteten Gemeinderat entsandt wurde und nun die Überführung des Handels- und Gewerbevereins in die *NS-HAGO* als deren *Ortsgruppenleiter* abwickelte.

Die mittelständische Reichenbacher Wirtschaft setzte in der Hoffnung auf eine rasche Einlösung ihrer Forderungen den Gleichschaltungsbemühungen keinen Widerstand entgegen. Am 8. Mai berichtete der »Hohenstaufen« über die *Gleichschaltung* der Handwerkskammer Reutlingen und nach einer Tagung der Handwerkerführer in Stuttgart drei Tage später über die *Gleichschaltung* der Handwerkskammer in Stuttgart und im ganzen Land am 12. Mai[410]. Das »Gesetz über den vorläufigen Aufbau des deutschen Handwerks« vom 29. November 1933 führte statt des bisherigen freiwilligen Zusammenschlusses Pflichtinnungen ein, die zwar den traditionellen Forderungen nach einem ständischen Aufbau entsprachen, aber auch eine zentrale Erfassung und Kontrolle des gewerblichen Mittelstandes ermöglichten[411]. Tatsächlich wurden hierdurch die einstigen Selbstverwaltungsorganisationen des Handwerks in staatlich reglementierte und hierarchisch strukturierte Zwangsorganisationen überführt.

Bereits kurz nach dem Machtantritt wurden die spontanen Maßnahmen gegen Kaufhäuser, Einheitspreisgeschäfte und Konsumvereine unterdrückt und verboten[412], was natürlich auf Unver-

ständnis im Mittelstand stieß. Am 16. Mai verblüffte die meisten Reichenbacher ein Artikel mit der Überschrift »Die Neuregelung bei den Konsumvereinen«:

> Der Führer der DAF, Dr. Ley, hat eine Anordnung erlassen, wonach die DAF die Führung über die Konsumvereine übernommen hat. Die Dienststellen der NSDAP wurden ersucht, ihre feindliche Einstellung den Konsumvereinen gegenüber abzulegen.[413]

Die Konsumvereine, die vor dem 30. Januar und noch bis in den Mai hinein die Zielscheibe immer gleichlautender Angriffe mittelständischer NS-Redner waren, wurden nun plötzlich *zu einem Bestandteil der nationalsozialistischen Volksgemeinschaft* erklärt. Der Reichenbacher Konsumleiter Christian Braun signalisierte seine Mitarbeit unter der NS-Regie[414], und so war die *Gleichschaltung* Anfang Juni eine rein formale. Nichtsdestotrotz beschloß der Reichenbacher Gemeinderat auf Antrag der NS-Fraktion Mitte Juni, daß die von der Gemeinde an die Hilfsbedürftigen »ausgegebenen Lebensmittel-Bezugsscheine nicht mehr im Konsumverein eingelöst werden dürfen.«[415] Die Konsumgenossenschaft beschwerte sich hiergegen mit Verweis auf einen Beschluß des *Württembergischen Gemeindetags*, nach welchem »die Konsumvereine bei der Einlösung solcher Lebensmittelgutscheine nicht schlechter gestellt werden« sollten, und mit Verweis auf das Oberamt, das hierin eine »üble einseitige Interessenvertretung« erblickte. Doch die lokale Verwurzelung der Nationalsozialisten überwog. Die Gegnerschaft zu einem wichtigen ehemaligen Bestandteil des progressiven kulturellen Milieus sowie der Einfluß der örtlichen Gewerbetreibenden über ihren NS-Vertreter Sanzi verhärteten den Standpunkt der NS-Fraktion. Der Gemeinderat beschloß – gegen den Protest des Konsumvereins, der DAF, des Bezirksbeauftragten der Württembergischen Konsumvereine, des Führers der Verbrauchergenossenschaften Staatsrat Dr. Ley, des Württembergischen Gemeindetags, des Innen- und Wirtschaftsmini-

steriums und des Oberamts – das Einlöse-
verbot für den Konsumverein aufrechtzuerhalten[416].

Noch in einem weiteren Punkt traten
die Interessen der mittelständischen Han-
del- und Gewerbetreibenden und ihrer lokalen NS-Vertreter mit der überregionalen NS-Politik in Konkurrenz. Bereits vor
dem 30. Januar und vor allem nach dem
5. Mai hatten hauptsächlich Gustav Blessing und andere NS-Politiker die nationalsozialistische Parole »Kaufe am Ort«
propagiert[417]. Seit Ende 1933 wiesen das
württembergische Innen- und Wirtschaftsministerium die Oberämter auf die
Unzulässigkeit der *die gesamtdeutsche
Wirtschaft schädigenden Losung* hin[418].

> Es ist also unrichtig und hat mit Nationalso-
> zialismus nichts zu tun, wenn immer noch
> mancherorts von Amtsstellen, Beamten und
> Privaten die Forderung erhoben wird, nur am
> Platz zu kaufen.[419]

Trotz dieser Enttäuschungen stand der
Mittelstand den neuen Machthabern positiv gegenüber. Sanzi ließ einen Tag vor
Heiligabend per Anzeige die Mitteilung
der *NS-HAGO-Gauamtsleitung* verbreiten,
»daß voraussichtlich am 1. Januar 1934
eine generelle Sperre für die Aufnahme
der Angehörigen des Handels, Handwerks, und Gewerbes in Kraft treten«
würde. Der Erfolg war immens. Die meisten Angehörigen des Reichenbacher Mittelstandes – knapp zwei Drittel der »im
Ort wohnenden hauptberuflichen Betriebsinhaber«[420] – traten der *NS-HAGO*
bei, die binnen weniger Monate zur mit-
gliederstärksten *Gliederung* der Reichenbacher *Ortsgruppe* anwuchs[421]. Verantwortlich für den Aufschwung der *NS-HA-
GO* waren vermutlich die Verwurzelung
des Mittelstands im zur *braunen Bewegung*
gewandelten traditionalistischen Milieu,
der Trick Sanzis sowie die Erfolgsmel-
dungen im Kontext der »Arbeitsschlacht«[422].

Eines der wichtigsten Wahlverspre-
chen der Nationalsozialisten war die
Beendigung der Wirtschaftskrise. Da sich
die neuen Machthaber bewußt waren,

daß ihr Rückhalt in der Bevölkerung wesentlich von einer spürbaren Besserung
der wirtschaftlichen Lage abhing, widmeten sie sich – besonders mit großem Propagandaaufwand – der Massenarbeitslosigkeit und riefen die *Arbeitsschlacht*
aus[423]. Das »Gesetz zur Verminderung der
Arbeitslosigkeit« vom 1. Juni und ein weiteres vom 21. September 1933 eröffneten
pompös die im wesentlichen auf Plänen
der Vorgänger basierenden Notarbeits-
und Arbeitsbeschaffungsprogramme. Der
Ausbau des Freiwilligen Arbeitsdienstes,
Vermittlung von Arbeitslosen in den
Landdienst, Entlassungen von verheirateten Frauen und eine durch großzügige
Kreditvergabe angeregte Belebung des
Baugewerbes führten innerhalb kurzer
Zeit zu einer »Bereinigung« der Arbeitslosenstatistik. Dabei hing die schnelle
Senkung der Arbeitslosenzahlen nach
dem Machtantritt Hitlers im wesentlichen
damit zusammen, daß unregelmäßig Beschäftigte, Teilnehmer an Arbeitsdienstla-
gern, jugendliche Landhelfer und Notstandsarbeiter seit 1933 nicht mehr als Arbeitslose geführt wurden[424].

> Damals kursierte in Reichenbach der Spruch
> Görings: »Zuerst jedem einen Arbeitsplatz,
> dann jedem seinen Arbeitsplatz«.[425]

Die propagandistisch entsprechend begleitete Einführung der allgemeinen Arbeitsdienstpflicht im Juni 1935 im
»Reichsarbeitsdienst« *(RAD)*[426] verdrängte die Erinnerung vieler Reichenbacher an
den *Freiwilligen Arbeitsdienst* der Vorjahre[427]. Die tatsächlich durchgeführten Notstandsarbeiten jedoch waren dieselben
wie vorher. Schmid und der neue Gemeinderat führten die Notarbeitsprogramme fort, die Schmid und der alte Gemeinderat bereits 1932 vorgeschlagen, beraten und eingeleitet hatten. In den Gemeinderatsprotokollen zwischen Mitte
1932 und Ende 1933 – hierin ist keine Än-
derung durch den Machtantritt der Nationalsozialisten zu bemerken – dominierten
kontinuierlich die Beratungen über Einzelfälle von Steuer- und Schuldennachläs-
sen sowie Planung und Durchführung

von Notarbeitsmaßnahmen. Ende September 1933 wurden die Arbeiten für die »in Aussicht genommene Lützelbach-Verbesserung« sowie die »Dränung« der Brühlwiesen vergeben[428]. Im Dezember konnten die »lange geplanten« Vorbereitungen der Notstandsarbeiten zur Filslaufverbesserung abgeschlossen werden. Das Großprojekt sah auf einer Baulänge von 22 Kilometern Baumaßnahmen für rund 100 000 Arbeitslosentagwerke und Gesamtkosten von 801 000 Reichsmark vor[429]. Die Gemeinde Reichenbach, auf deren Gemarkung knapp vier Kilometer bebaut wurden und 23 600 Arbeitslosentagwerke mit Gesamtaufwand von 181 000 Reichsmark entfielen, stimmte einer weiteren Schuldenaufnahme von 110 000 Reichsmark und damit dem Gesamtprojekt Anfang Januar 1934 zu[430].

Ab Ende 1933 und Anfang 1934 wurden die forcierten Arbeitsbeschaffungsmaßnahmen dem Primat der Rüstung untergeordnet. Noch im Dezember entfachte der »Hohenstaufen« mit einem überschwenglichen Bericht über die *Organisation Todt*, der nach ihrem Leiter Fritz Todt benannten staatlichen Organisation für den Bau der *Reichsautobahnen*[431], und über den Bau des Autobahnabschnitts Stuttgart–Ulm eine intensive Diskussion am Ort. Der »ursprüngliche Plan der Linienführung durch das Filstal mußte aus technischen Gründen aufgegeben werden.« Das weitere Großprojekt, dessen Bauzeit mit zwei Jahren veranschlagt wurde, benötige etwa 12 000 bis 15 000 Arbeiter[432]. Wenige Tage später kündigte das Blatt an, daß das »größte Viadukt Europas über das Filstal« – mit einem Gesamtbauaufwand der Strecke Stuttgart–Ulm von 40 Millionen Reichsmark – bereits im Januar begonnen werden sollte[433]. Auch hier verstand es die nationalsozialistische Propaganda ausgezeichnet, vorgefertigte Pläne für die eigenen Zwecke zu nutzen, die Reichsautobahnen zu »Straßen des Führers«, »Straßen des dritten Jahrtausends« und zu einem »Denkmal des Glaubens« zu stilisieren und gezielt »die Erinnerung an die verdienstvolle Vorgeschichte«, so-

wohl an die 1924 gegründete »Studiengesellschaft für Automobilstraßenbau« (Stufa), als auch an den 1926 gegründeten »Verein zur Vorbereitung der Autostraße Hamburg–Frankfurt–Basel« (HAFRABA), zu löschen[434]. So verkündete die »Göppinger Zeitung« wiederholt, »Adolf Hitler« habe »den Bau dieser Reichsautobahnen, die seine ureigenste Idee und sein ureigenstes Werk sind«, alleine bewerkstelligt[435].

Propagandistisch wie nie zuvor schlachteten die Nationalsozialisten auch die bereits zwei Jahre vorher von Bürgermeister Schmid wie in anderen Orten eingeführte *Winternothilfe* aus und rühmten diese als vorbildliche Verwirklichung der nationalsozialistischen *Volksgemeinschaft*[436]. Der damalige Vorsitzende, Fritz Bullinger, blieb – zusammen mit Schmid – auch im Winter 1933/34 für die kommunalen Hilfsmaßnahmen verantwortlich. Zum dritten Male organisierten sie eine *Volksküche*, gaben Gutscheine über Mangelwaren für Bedürftige aus und führten Sammlungen bei der Reichenbacher Bevölkerung durch[437]. Allerdings wurden die Maßnahmen vor Ort eingebettet in eine Kampagne des *Reichsministeriums für Volksaufklärung und Propaganda* zur »Eröffnung des Winterkampfes gegen Hunger und Kälte«. Bereits Mitte September berichtete der »Filstal- und Schurwaldbote« hierüber unter dem neu verwendeten Namen »Winterhilfswerk« *(WHW)*[438]. Bereits im Vorjahr hatte die *Ortsgruppe* den Eindruck zu erwecken versucht, die von den *evangelischen Frauen* durchgeführte *Weihnachtsspende der Winterhilfe* sei im wesentlichen der *Nationalsozialistischen Volkswohlfahrt* zu verdanken, die neubenannten Maßnahmen, etwa die *Arbeitsbeschaffungsspende*, die am Ort 976 und im Bezirk über 27 000 Reichsmark erbrachte, durften nur noch von NS-Organisationen – hauptsächlich von der *HJ* – oder in deren Namen durchgeführt werden[439]. Zum Erntedankfest erging im »Hohenstaufen« zum erstenmal ein Aufruf zum *Eintopfgericht*. Einmal monatlich sonntags sollte »nur« *Eintopf* gegessen und der eingesparte Betrag dem WHW zugeführt werden.

> Es wird mit dem Eintopfgericht bezweckt, daß der Volksgenosse noch sparsamer lebt, als an anderen Sonntagen, um den ersparten Betrag seinen hungernden Schwestern und Brüdern zur Verfügung zu stellen.[440]

Im November rief die NSDAP darüber hinaus zur *Arbeitersolidarität* auf. Nach dem Beispiel der Belegschaftsmitglieder der Firma Jakob Bischoff, die ihren im Oktober erzielten Überstundenlohn dem *Winterhilfswerk* spendeten, sollten die Reichenbacher zu immer mehr privaten Opfern motiviert werden[441]. Dabei wußten vermutlich die wenigsten, daß nur 50 Prozent des Ertrages der WHW-Sammlungen den Bedürftigen des Kreises zugute kamen und die anderen 50 Prozent je zur Hälfte an den Gau sowie nach Berlin abgeführt werden mußten[442].

Ähnlich wie der Verband des Handwerks wurde auch die Selbstorganisation der Bauern, der *Landwirtschaftliche Ortsverein*, durch überregionale Umgestaltungsmaßnahmen aufgelöst und in eine nationalsozialistische Organisation, den »Reichsnährstand«[443] überführt. Über die *Ortsbauernführer* versuchte die Partei, ihren Zugriff »bis ins letzte Dorf« zu verwirklichen[444]. Der Funktion des *Ortsbauernführers* lag – ähnlich wie der *des Ortsgruppenleiters* der *NS-HAGO* – die Idee zugrunde, »durch eine personelle Identität von Dörflern und staatlichen Funktionären dem Dorf den Staatswillen gleichsam als dörfliches Eigeninteresse nahezubringen«[445]. Die Parteiführer am Ort waren sehr vorsichtig mit ihrer Empfehlung eines geeigneten Vertreters. Sie wählten nicht Christian Fallscheer, der in den Vorjahren innerhalb des *Landwirtschaftlichen Ortsvereins* für die *braune Bewegung* Boden gewonnen hatte, und nicht Otto Alber, der die Interessen des LOV bereits seit 1922 im Gemeinderat vertreten hatte. Fallscheer erschien zu alt und mit Alber als einzigem nicht nationalsozialistischem Gemeinderat konnten im gleichgeschalteten Kollegium Reibungsflächen entstehen. Für die sensible Phase der Gleichschaltung schien es darüber hinaus sinnvoll, einen zweiten Ansprechpartner der Bauern zu deren offiziellem Vertreter zu küren, um gegebenenfalls den einen gegen den andern ausspielen zu können. Erster Reichenbacher *Ortsbauernführer* wurde der Landwirt Albert Fischer, der den LOV bereits seit 1919 im Gemeinderat vertreten hatte, und damit, wie die Mehrzahl der 55 000 *Ortsbauernführer*, ebenfalls zu den dörflichen Vertrauensleuten der Bauern gehörte[446] und eine ausgesprochen »lokalistische« Orientierung[447] hatte.

Seinen ersten großen Auftritt hatte er am 1. Oktober 1933, dem in Reichenbach wie andernorts von den Parteigliederungen unter großer Beteiligung der örtlichen Vereine[448] eindrucksvoll inszenierten Erntedankfest. Bereits am Vortag läuteten *HJ* und *SA* mit einem »Fußball-Wettspiel« die Feierlichkeiten ein. Am *Tag der Ernte* vereinnahmte ein enges Festprogramm die Reichenbacher vom »Wecken« mit Böllerschüssen, »Anblasen« und »Ansingen« um 6.30 Uhr über die in der Turnhalle übertragene Eröffnungsansprache von *Propagandaminister* Goebbels um 7.45 Uhr, den gemeinsamen Abmarsch zum großen Festgottesdienst um 9.45 Uhr, die anschließende Rundfunkübertragung des Empfangs der Bauernführer in Berlin durch Hitler und *Reichsernährungsminister* Darré von 11 bis 12 Uhr bis zum gemeinsamen Essen, Sammeln um 13 Uhr, und anschließendem *Festzug durch die Straßen Reichenbachs* zum Festplatz bei der Turnhalle, wo »nach Ankunft (...) verschiedene Ansprachen, Musik, Gesangs- und Rundfunkdarbietungen sowie Volkstänze und Reigen wie auch Volksbelustigungen« dargeboten wurden[449]. Dem zeitgenössischen Chronisten fiel dabei »der zum Ortsbauernführer ernannte Albert Fischer« auf, der »eine Rede ohne das Pathos der neuen Sprache« hielt[450]. Pfarrer Erhardt hingegen berichtete in gewohnt blumiger Sprache, die das Empfinden der meisten Reichenbacher – vor allem über

Erntedankfest, 1. Oktober 1933. Rechts der spätere *Ortsbauernführer* Richard Alber.

die vermeintlich gelebte *Volksgemeinschaft* – widerspiegelte:

> Das große vaterländische und zugleich kirchliche Ereignis des Berichtsmonats war der Erntedanktag (...). Daß Bauernschaft und Bauernarbeit nicht mehr scheel angesehen, sondern als vollwertig und lebensnotwendig im Rahmen der Einheit des ganzen Volkes zu betrachten sei, daß jeder Stand sich seiner Stelle freuen, keiner aber auf den anderen heruntersehen dürfe, das ist ein großer Gedanke. Daß die kirchliche Feier eines solchen Tages nicht bloß als äußere Weihe eines staatlichen Feiertags von den staatlichen Behörden so nebenbei geduldet, sondern ausdrücklich als notwendig gefordert wird, ist hocherfreulich und muß gedankt werden. Herrlich ist an einem solchen Tag, wie auch in der heimatlichen Kirche ein einheitliches zusammengehöriges Volk in die Erscheinung tritt. Und hocherhebend ein Gesang, der aus fast tausend Kehlen dem Frohgefühl des Lobens und Dankens machtvollen Ausdruck gibt.[451]

Zwei Tage später wurden sämtliche Akkerbau- und anderen bäuerlichen Spezialvereine aufgelöst. Ihr Vermögen war bei der neugegründeten Kreisbauernschaft sehr willkommen. Durch das »Gesetz über den vorläufigen Aufbau des Reichsnährstandes und Maßnahmen zur Markt- und Preisregelung für landwirtschaftliche Erzeugnisse« vom 3. Oktober 1933 versuchten die Nationalsozialisten, eine Einheitsorganisation der deutschen Landwirtschaft aus dem Boden zu stampfen, die die staatlichen Interessen am Ort durchzusetzen gestattete, ohne an den – auch der NSDAP bekannten – Barrieren für zentralistische Eingriffe von oben zu scheitern. Als die NSDAP Ende der zwanziger Jahre angetreten war, um die landwirtschaftlichen Organisationen und ihr Wählerpotential zu werben, hatte sie immer die Freiheit von staatlichem Zwang betont.

Die nationalsozialistische Bauernpolitik stand im Spannungsfeld zwischen *Blut- und Bodentheoretikern* wie Darré[452] und den *Agrartechnokraten*, modernistisch orientierten Fachleuten aus der alten Landwirtschaftsbürokratie. Innerhalb kurzer Zeit gelang es dem *Reichsnährstand*, ein breites Spektrum an Bauern haupt- und ehrenamtlich zu binden[453].

Unter immer unverhohlener militärischen Losungen wie »Erzeugungsschlacht«, »Mobilisierung«, »der Bauer als Soldat der Nation« griff der Staat zunehmend zentralistisch über Flurbereinigung, Sortenpolitik, Erbhofgesetz[454] und vor allem über die Neuorganisation der Milchproduktion, -verarbeitung, -vermarktung und -qualitätskontrolle als zwangsstaatliches System in die freie Entscheidung der Bauern ein[455]. Am 12. April 1934 gründeten der *Ortsbauernführer* und 76 Landwirte die »Milchverwertungsgenossenschaft Reichenbach (Fils)«[456]. Der zeitgenössische Chronist benannte bereits einen wichtigen Punkt, weshalb der *Ortsbauernführer* die Genossenschaft am Ort durchgesetzt hatte. Aus den »Fehlern« des Ersten Weltkrieges, so heißt es im Entwurf einer im NS-Auftrag geplanten Ortsgeschichte, daß »während des Weltkriegs die Milchverteilung und Buttererzeugung in ganz Deutschland nur mangelhaft organisiert gewesen« sei, sei gelernt worden. Deshalb sei, damit »dieses wichtige Nahrungsmittel nicht nur erfaßt, sondern auch richtig verteilt werden« könne, die Genossenschaft und in den Folgejahren die mit den modernsten Einrichtungen versehene Milchsammelstelle in der Wilhelmstraße gebaut worden. Für den Krieg seien hier schon »gründliche Vorarbeiten (...) in den Friedenszeiten geleistet worden; beispielsweise stand jeder Liter Milch auch in Reichenbach seit Jahren unter Kontrolle.«[457]

Die Selbstorganisationen der Bauern, der Handwerker sowie der Handel- und Gewerbetreibenden Reichenbachs, der Landwirtschaftliche Ortsverein und der Handels- und Gewerbeverein, die deren Interessen bereits lange vor dem Ersten Weltkrieg auf kommunalpolitischer Ebene vertreten hatten und einen wesentlichen Teil der traditionalistischen politischen Kultur am Ort ausmachten, konnten formal relativ problemlos »verstaatlicht« werden. Hilfreich für die neuen Machthaber hierbei waren die Strukturen der dörflichen Kommunikation, die intensive personelle Verflechtung wie vor al-

lem der Umstand, daß jene zu großen Teilen das kulturelle Milieu bildeten, aus dem die *braune Bewegung* hervorgegangen war. Die Vereinnahmung und propagandistische »Vermarktung« von am Ort bestehenden karitativen Einrichtungen durch die Nationalsozialisten erhöhten deren Akzeptanz. Es wird zu überprüfen bleiben, ob die formalen Umgestaltungen den Weg des Nationalsozialismus »bis ins letzte Dorf« völlig ebneten[458].

»... geführt von der eisernen Faust unseres Führers (...) zur Förderung der Volksgemeinschaft und Einigkeit«[459] – Selbstgleichschaltungen

Die meisten Vereine des kulturellen Freizeitbereichs schalteten sich – getragen von einer Welle der Begeisterung und getrieben vom verbreiteten Konformitätsdruck – seit April 1933 selber gleich. In den meisten Fällen ging der symbolische Akt der *Gleichschaltung* ohne Personalwechsel in den Vorständen vonstatten. In der Hoffnung, daß sich an den Zielen der Vereine nichts ändern möge, nahmen Mitglieder und Vorstand die Einführung des *Führerprinzips* und die Abschaffung der beschlußfassenden Mitgliederversammlung hin.

Seit Mai häuften sich in den Tageszeitungen die Anzeigen, in denen Vereine zu außerordentlichen Mitgliederversammlungen einluden und als einzigen Punkt der Tagesordnung »Gleichschaltung« vermerkten. Fast täglich berichtete der »Hohenstaufen« über *Gleichschaltungen* »im Wirtsgewerbe«[460], »der sportlichen Spitzenverbände«[461], »der Handelskammer«[462] oder des »Kampfbunds der Deutschen Architekten und Ingenieure«[463]. Verbände wie der »Jungbauernbund« unterstellten sich der NSDAP[464], der Württembergische Lehrerverein trat zum NS-Lehrerbund über[465].

Die vaterländisch-militaristischen Zusammenschlüsse erlebten in den ersten Wochen nach dem Machtantritt Hochkonjunktur. »Der Schießsport«, so hieß es in

»Der Schießsport entwickelte sich zum Volkssport«: Reichenbacher Schützengilde.

einem Bericht über das Vereinsschießen der Reichenbacher Schützengilde am 10. September, entwickelte »sich allmählich zum Volkssport«[466]. Oberschützenmeister blieb Julius Flaig, über eine offizielle *Gleichschaltung* ließen sich keine Unterlagen ermitteln.

Die vielen Umzüge und Feiern – spätestens der *Tag von Potsdam* – boten jede Menge Gelegenheiten, sich an die eigene Mitgliedschaft im *Kriegerverein* zu erinnern. Der Führer des Reichenbacher *Kyffhäuserbunds*, der nationalsozialistische Gemeinderat Karl Acker, betonte bei lokalen Gelegenheiten, daß der *Kyffhäuser* schon immer die nationalsozialistischen Ziele verfolgt und deshalb einen großen Anteil am Erfolg der *nationalen Revolution* habe. Nach der formalen Gleichschaltung der Bundesorganisation am 21. Mai feierte deren Zeitschrift, der »Kyffhäuser«, dessen »praktische Eingliederung in vollem Umfange in die nationalsozialistische Bewegung« als logische Konsequenz seines »Bekenntnisses zu Deutschland«[467]. Im Oberamt fand die Überführung in eine formale NS-Organisation Anfang Juni im »vollbesetzten Stadtgartensaal in Göppingen« statt. In einer »Gründungsversammlung des NS-Reichsverbandes deutscher Kriegsopfer« wurde in derselben Veranstaltung »die Gleichschaltung der Kriegsopfer« offiziell vollzogen[468]. Am 12. Juli 1933 trat die Reichenbacher *Ortsgruppe* der *Nationalsozialistischen Kriegsopferversorgung (NSKOV)* bei[469].

Die meisten *Frontkämpfer* schlossen sich im Herbst außerdem der neugegründeten *SA-Reserve* an. Die Reichenbacher *Kameradschaft* der *NSKOV* umfaßte »insgesamt etwa 160 Mitglieder, 80 davon am Ort und etwa ebensoviele Mitglieder in den umliegenden Dörfern.«[470] Der sehr beliebte und engagierte bisherige Leiter des *Reichsbunds der Kriegsbeschädigten und Kriegshinterbliebenen* am Ort, Friedrich Bullinger, blieb *Kameradschaftsführer* trotz seiner mehrfach geäußerten antimilitaristischen

Nach dem 21. März 1933, dem »Tag von Potsdam«, der in Reichenbach von Mitgliedern des Kriegervereins, des Bunds der Frontkämpfer »Stahlhelm« und der Schützengilde in historischen Paradeuniformen ausgestaltet wurde, schalteten sich diese Organisationen selbst gleich.

Grundeinstellung und trotz seines Auftretens bei jenem »Zwischenfall bei der Totengedenkfeier« im November 1930. Unter seiner Führung fuhr die Reichenbacher *Kameradschaft* am 21. Oktober in einem Sonderzug zum »Schwäbischen Kriegsopfertag« nach Stuttgart[471]. An der Totengedenkfeier am 26. November 1933 hingegen sprach – wie auch in den ersten Folgejahren – Paul Bescherer[472].

Am 3. Dezember lud die Reichenbacher *NSKOV* die Kriegsopfer und -hinterbliebenen zu einem Kameradschaftsabend in den »Hirsch«, an dem Bullinger formal verkündete, »daß es endlich gelungen sei, die Kriegsopfer in einem Verband zusammenzuschließen.« Die Kriegsopfer seien nach Ausspruch Hitlers »die ersten Bürger im Staate und somit der langen Trübsal enthoben.«[473] Auch der Volksbund deutscher Kriegsgräberfürsorge (VDK) wurde formal in die *NSKOV eingegliedert*.

Damals gab's in Reichenbach einen Kriegsgräberverein mit über 300 Mitgliedern. Mein Vater war der Kassier und einige Freunde und ich, wir mußten alle zwei Monate die Beiträge sammeln. Von Haus zu Haus gehen und die jeweils eine Mark pro Monat abkassieren. Eines Tages sollte mein Vater auf die Ortsgruppenleitung im Wurzachschen Haus kommen. Da hat ihm der Mangold, der Schuljahrgangskamerad meines Vaters, eröffnet, daß jetzt das Amt eines Kassiers nicht mehr von einem Nicht-*Pg* bekleidet werden könne. Er solle doch endlich in die Partei eintreten. Da hat mein Vater gesagt nein, das mache er nicht, und wenn Mangold wolle, dann bringe er ihm die Kasse und all das Gerümpel und dann solle dieser halt selbst sammeln. Das wollte er dann aber doch nicht, und er ist nicht eingetreten und Kassier geblieben.[474]

Ab Juli 1933 wurden die Mitglieder des *Stahlhelms*, die unter 35 Jahre alt waren, in die *SA* eingegliedert[475], der Rest wurde 1934 in Nationalsozialistischer *Frontkämp-*

Bei der Gleichschaltung der Stahlhelmreiter zum SA-Reitersturm spielte die Musikkapelle Hochdorf, die, in SA-Uniformen gesteckt und auf Pferde gesetzt, damit zur SA-Reitersturm-kapelle Reichenbach-Hochdorf wurde.

ferverband umbenannt – die Reichenbacher *Kameradschaft* traf sich als »SA-Wehrstahlhelm« im »Deutschen Kaiser« weiter[476] – und wurde 1935 aufgelöst[477]. Die Deutschnationalen hatten anfangs durchaus Schwierigkeiten mit der Eingliederung, schickten sich aber in ihr »Los«.

> Der Wacker und der Blessing, die waren hundertprozentige Nazis und beide im Stahlhelm. Als der dann aufgelöst wurde und in die *SA* eingegliedert worden ist, hat's gleich geheißen, jetzt wird da mitmarschiert. Die meisten sind dann mitmarschiert, haben den Schwanz eingezogen, weil die *SA* schon zu stark war.[478]

Der deutschnationale Reitverein »Pußta« und der daraus erwachsene *Stahlhelm-Reitersturm* schalteten sich ebenfalls gleich. Mangold beauftragte im Spätsommer 1933 den Vorsitzenden des Reitvereins, Walter Müller, »gemäß Verfügung des obersten *SA*-Führers« und des »Runderlasses des Referenten für Reit- und Fahr-

wesen der *SA*-Gruppe Südwest (...), am hiesigen Platze« einen Reitertrupp aufzustellen. In der Gemeinderatssitzung vom 29. September meldete Müller den Vollzug und suchte um die »Überlassung von geeignetem in Gemeindebesitz befindlichen Übungsgelände« nach. Müllers Stellvertreter, Turnvereinsvorsitzender Otto Gaugler, hatte bereits im Vorfeld mit dem Bauausschuß die Halbierung des Pachtzinses abgeklärt, so daß der *SA-Reitersturm Reichenbach* vier an den Sportplatz anschließende Wasenteile für die Hälfte der aufzubringenden Miete zur Verfügung gestellt bekam.[479] Der Reitersturm wurde – »unter Federführung der Herren Müller, Gaugler, Seyfert und Otto«[480] – ausgebaut.

> Im ehemals *Königlich Württembergischen Gestüt* Weil wurden bei einer Versteigerung 1933/34 günstige Pferde eingekauft.[481]

Der »Initiator und Sponsor«[482] von Reitverein und *Stahlhelmreiter*, Dr. Klenk, trat

Deutsches Turnfest Stuttgart 1933

Von oben links: R. Schöttle, Gust. Hammann, E. Duckeck, Ed. Fischer, Ad. Hahn, K. Barz, A. Gschwind, Christ. Reiff, Gottl. Stumpp, Gust. Weinland, Fr. Halm, O. Fischer, P. Weiler, K. Bruder, Hans Erz, O. Ehrmann, O. Pracht, A. Bruder, O. Böbel, W. Strauß, G. Weber, K. Munz, E. Hammann, H. Kunzmann, W. Häuser, A. Bader, Fr. Esenwein, E. Wolfer, K. Reuter, K. Leutz, E. Bischoff, R. Rieck, Chr. Bruder, Fr. Stotz, Max Blessing.

Turnerinnen-Riege Deutsches Turnfest Stuttgart 1933

Links oben: Else Schöll-Strauß, Ilse Wetzel, Irma Schmid-Hermann, Anne Weiler-Weible. Else Herb-Keim, Frida Bauknecht-Hild, Julie Hammann-Rieck, Maria Nürk-Schreiner, Ruth Grau, Fridl Fischer-Hagdorn, Frl. Salzmann, Göppingen, Toni Zimmermann-Hees, Else Weinand, Klara Stotz, Berta Wörner-Straub, Berta Unger-Hartmann, Wilma Kautter-Borngräber, Käthe Buchert-Langbein, Liesel Schwab, Liesl Buchert-Amrein, Hedwig Reiß.

Deutsches Turnfest Stuttgart 1933 – Frauen- und Männermannschaft.

zwar ebenfalls in die *SA* über, doch er hatte anfangs offenbar Schwierigkeiten mit der schnellen *Gleichschaltung*.

> Der Stahlhelm-Reitersturm hatte bei der Gleichschaltung ein großes Treffen hier in Reichenbach auf dem alten Sportplatz. Obwohl mein Vater ja den Reitverein gegründet hatte, hat er die *SA*-Uniform nicht angezogen.[483]

Die öffentliche *Gleichschaltung* fand ein Jahr nach der beschriebenen Überführung im Rahmen der Vereidigung des örtlichen Reitersturms am 9. September 1934 statt[484]. Auch der Verein »Pußta«, der bislang noch keine festen Strukturen hatte, wurde an das nationalsozialistische Vereinswesen angepaßt. Am Rosenmontag 1934 »wählten« die Reiter anscheinend »in gehobener Stimmung« im Gasthaus zur »Post« Otto Gaugler zu ihrem *Vereinsführer*[485]. Zweiter Führer und Gauglers Stellvertreter wurde Fritz Wacker.

Der Turnverein, einer der mächtigsten Reichenbacher Vereine, hatte sich bereits in den Weimarer Jahren intensiv für Disziplin, Gehorsam, Volksgemeinschaft und Nation stark gemacht und den gesellschaftlichen Boden der *braunen Bewegung* kultiviert. Formal schaltete sich der Turnverein Anfang November 1933 in einer außerordentlichen Hauptversammlung mit dem einzigen Tagesordnungspunkt »Wahl des I. Führers (Gleichschaltung)« selbst gleich[486]. Am Tag zuvor hatte Eugen Maier, Gauinspektor und Landtagsabgeordneter aus Ulm und »einer der fähigsten und mutigsten Kämpfer der Bewegung« anläßlich der anstehenden »Reichstagswahl« und Volksabstimmung in der Turnhalle gesprochen[487]. Anfang 1934 wurde der Turnverein korporativ in den »Reichsbund für Leibesübungen« überführt[488]. Auch diese formale *Gleichschaltung* war der Abschluß eines freiwilligen Prozesses, der bereits im März mit einer in der Turnerzeitung abgedruckten Vorstandserklärung der *Deutschen Turnerschaft* öffentlichen Ausdruck fand:

> Der Vorstand der Deutschen Turnerschaft begrüßt aus vollem Herzen die Welle der nationalen Erhebung, die zur Zeit durch das deutsche Volk hindurchgeht. (...) Aus diesem Geiste heraus fordert der Vorstand der Deutschen Turnerschaft alle Vereine der D. T. auf, sich mit aller Kraft der nationalen Erhebung des deutschen Volkes und ihren Führern zur Mitarbeit zur Verfügung zu stellen.[489]

Ende April wurde die Gleichschaltung der Deutschen Turnerschaft in der Region verkündet[490], im Mai wurde auf der Sportseite von der »Einführung des Gelände- und Wehrsports in den Sportvereinen« berichtet[491]. Mitte Juni gründete der Reichenbacher Turnverein zur »Heranbildung eines wehrhaften, harten und willensstarken Geschlechts« eine *Turnerwehr*, die Geländeübungen und Wehrsport betrieb und deren Mitglieder »in stahlblauer Uniform neben *SA* und Stahlhelm treten« sollten[492]. In der Ausschreibung hieß es:

> Ganze Kerle werden wir aus dir machen, die fähig und bereit sind, einzutreten für Volk und Vaterland.[493]

Ende September 1933 wurde die Turnerjugend Württemberg in die Hitlerjugend eingegliedert. Zwischen der Gebietsführung der *HJ* und der Gauführung der Deutschen Turnerschaft wurde vereinbart, die gesamte Turnerjugend Württembergs mit sofortiger Wirkung in die HJ einzugliedern[494].

Wie bei den meisten Chören, Gesangvereinigungen und Spielvereinigungen, gaben sich die Nationalsozialisten auch bei der »Concordia« mit einer formalen Gleichschaltung zufrieden. In der Generalversammlung am 28. Januar 1934 im »Löwen« dankte der *Ortsgruppenleiter* der »Concordia« für ihre Mitwirkung bei verschiedenen Veranstaltungen der NSDAP in der *Kampfzeit*[495]. In einem Schreiben vom 22. April 1934 bestätigte der Sängergau XVI, Schwaben, Willi Kohlhaas als *Vereinsführer* der »Concordia« Reichenbach[496]. Doch auch hier machte sich der neue *Deutsche Geist* sichtbar breit. Hatten zehn Jahre zuvor noch die Freude am Singen sowie der Spaß im Vordergrund gestanden und der Verein seine erbauende, im Gegensatz zur »Freiheit« vermeint-

Schwäbischer Albverein – Gleichschaltung 1933.

Aber wir wollen letzten Endes aus dem Lied die Kraft herausholen, um deutsch zu sein bis zum letzten Atemhauch, um unser Allerletztes geben zu können für unser deutsches Volk und das deutsche Vaterland. Das ist unsere letzte Aufgabe. Ihr wollen wir uns verschreiben, ihr sollen auch alle Tagungen und Besprechungen dienen. Wir wollen neben den andern, die sich mit der Waffe in der Hand oder sonstwie dem Führer verschrieben haben, die besten Soldaten unseres Führers Adolf Hitler sein!

Zur »Außerordentlichen Mitgliederversammlung«, in der sich die Reichenbacher Ortsgruppe des Schwäbischen Albvereins am 12. August 1933 gleichschalten sollte, erschienen nur zwei Mitglieder. In der darauffolgenden Sitzung am 31. August »wählten« die Albvereinsmitglieder den »seitherigen Vertrauensmann A. Weit von Hochdorf zu ihrem Führer«. Dieser ernannte darauf Kassier und Schriftführer sowie zu »seinem Stellvertreter Herrn Mangold, der wie verlangt Mitglied und Leiter der hiesigen Ortsgruppe der NSDAP ist.«[498]

Den Protokollbüchern des Musikvereins »Glück auf« ist eine formale *Gleichschaltung* nicht zu entnehmen. Der Verein hatte bereits von Anfang an alle Veranstaltungen – auch die von den Nationalsozialisten organisierten – musikalisch

lich apolitische Ausrichtung betont, so wurden während des »Dritten Reichs« – etwa beim Sängertag des Schwäbischen Sängerbundes – nationalistisch-militaristische Töne laut:

Dank an den Führer, denn (...) heute gibt's nicht mehr Arbeiter- und Bürgergesangvereine, sondern nur noch eine Organisation, die deutsche Männer zusammenschließt, um das deutsche Lied zu pflegen.[497]

Das *deutsche Lied* galt allgemein als ein *Faktor der vaterländischen Einigungsbestrebungen* und der *Volksgemeinschaft*:

Wir denken ja alle nicht daran, weder Soldaten noch Führer, daß wir wieder einmal gegen irgend eine Nation zu Felde ziehen. (...)

142

Musikvereinsmitglieder bei einem Ausflug. Wie die meisten versuchten sie, möglichst unpolitisch weiterzumachen.

umrahmt. Vor allem Vizedirigent Ulmer, so bedankte sich der *Ortsgruppenleiter* rückblickend, »war mir hier stets sehr entgegenkommend und (...) immer aufrichtig und ehrlich bemüht, daß sich die Musik in uneigennütziger Weise der NSDAP bei jedem Anlaß zur Verfügung stellt, was immer restlos gelang.«[499]

Unter Hinweis auf seine »prekäre Finanzlage« beantragte der Musikverein einen laufenden Zuschuß von monatlich zehn Reichsmark. Zwar erachtete der Rat die »Pflege und Erhaltung einer leistungsfähigen Gemeindekapelle« für wichtig, doch bewilligte er »in Anbetracht der mißlichen finanziellen Lage« nur einen Betrag von jährlich 60 Reichsmark – unter der Bedingung, daß der Verein seine Dienste unentgeltlich bei mindestens vier Platzkonzerten jährlich und für sonstige Veranstaltungen der Gemeinde zur Verfügung stelle[500]. Vereinsvorstand blieb weiterhin Gottlieb Gutscher, der mit finanzieller Unterstützung der Firma Otto im August

1933 – gleichsam einer programmatischen Angleichung an das neue Regime – eine Lyra anschaffte[501]. Für das »tatkräftige Mitwirken an den Nationalen Feiern« schenkte die NSDAP dem Musikverein zu Weihnachten 20 Reichsmark[502]. Auf der Generalversammlung vom 20. Januar 1934 berichtete Gutscher unter anderem,

daß gleich zu Anfang vergangenen Jahres über Deutschland die *Nationale Welle* brauste, geführt von der eisernen Faust unseres Führers und Volkskanzlers Adolf Hitler, zur Förderung der Volksgemeinschaft und Einigkeit, so war es auch uns vergönnt, an dieser schweren Arbeit aktiv mitwirken zu können, denn ein Bibelspruch sagt: »Wenn es köstlich gewesen ist, ist es Mühe und Arbeit gewesen.«[503]

Gutscher wurde erneut zum *Vereinsführer* »gewählt«; zweiter *Vereinsführer* wurde Rudolf Kammerer, Kassier Adolf Hahn und Schriftführer Gottlieb Frick. Trotz aller Annäherung an das Regime behielt der *Vereinsführer* des Musikvereins seine persönlichen Wurzeln und die von »Glück auf« im progressiven Milieu Reichenbachs in Erinnerung. In seiner Rede zum zehnjährigen Jubiläum des Vereins fiel allgemein am Ort auf, daß die völkischen Untertöne und die Bedeutung der Musik für das Deutschsein fehlten[504].

Über eine formale *Gleichschaltung* des VfB lassen sich keine Angaben finden; die Funktionäre wurden jedenfalls nicht ausgetauscht.

> Beim Vereinsvorstand war man froh, daß die's noch gemacht haben, die's vorher gemacht hatten.[505]

Zwar wurde der im progressiven Milieu verankerte Fußballverein – durch starke Einflußnahme des Vorstandsmitglieds und nationalsozialistischen Gemeinderats Blessing – nicht aufgelöst oder verboten, doch unternahm der Gemeinderat auch keine Anstalten, dem durch die Auswirkungen der Wirtschaftskrise finanziell in schwere Bedrängnis geratenen Verein zu helfen.

> Man hat die Machtübernahme schon deutlich gespürt. (...) Der VfB ist mehr und mehr zurückgedrängt worden, dann später wurde ihm sogar das Vereinsheim genommen, weil der VfB Zahlungsschwierigkeiten hatte.[506]

Am 7. März 1934 kam es zur Zwangsversteigerung des VfB-Heimes[507]. Der Bauausschuß des Gemeinderats war ursprünglich zu der Ansicht gekommen, »daß es für die Gemeinde zweckmäßiger sein werde« das Gebäude inklusive eines gewährten Baudarlehens schwinden zu lassen. Die NSDAP-Fraktion jedoch kam am Tage vor der Versteigerung zur Ansicht, »daß es doch zweckmäßig sein werde, wenn die Gemeinde das (...) Vereinshaus ersteigere«, denn es »werde damit zu rechnen sein, daß über kurz oder lang die verschiedenen Partei-Formationen wegen Überlassung ständiger Unterkunftslokalitäten an die Gemeinde herantreten werden, und es werde dann gut sein, wenn die Gemeinde mit einem diesbezüglichen Eigentum aufwarten könne.«[508] Im folgenden nutzten das ehemalige Vereinsheim der *SA-Reitersturm*, die

Reichenbacher *SA*, die *NS-Frauenschaft* sowie *HJ* und *BDM*[509], im Oktober 1936 wurde es »zur beliebigen Verwendung der *Ortsgruppe* der NSDAP zur Verfügung« gestellt[510].

Zu erwähnen bleibt noch, daß, ähnlich wie in den umliegende Orten, mit Hilfe der beschlagnahmten Materialien und Gelder der verbotenen Kolonnen des Arbeiter-Samariter-Bunds gegen Ende des Jahres *Ortsgruppen* des Deutschen Roten Kreuzes gegründet wurden[511]. So entstand »auf Veranlassung des Beauftragten der NSDAP« in der Gründungsversammlung am 27. September 1933 eine »Sanitätsabteilung«[512]. Zwei Tage später bewilligte der Gemeinderat der »Rote-Kreuz-Abteilung« die Benutzung eines Schulzimmers »zur Abhaltung eines Sanitätskurses«[513].

»Wahlen nach Nazi-Manier«[514]

Am 12. November 1933 rief das Regime die Bevölkerung auf, in einer Volksabstimmung die Maßnahmen Hitlers, insbesondere den Austritt Deutschlands aus dem Völkerbund, nachträglich zu bejahen. Gleichzeitig sollte die für den Reichstag aufgestellte Einheitsliste, zu der es keine Alternative gab, bestätigt werden[515]. Am 9. November warb die Regierung mit dem Plakat »Der Marschall und der Gefreite« im Filstal- und Schurwaldboten[516]. Über Anzeigen am Freitag und Samstag[517] forderten die NSDAP und die *HJ* zur Teilnahme an einem *Demonstrationszug nationaler Stärke* für Samstag abend durch die Straßen Reichenbachs auf.

> Jeder weiß, um was es morgen geht. Entschuldigungen werden nicht angenommen.[518]

Außerdem machte die *Ortsgruppe* darauf aufmerksam,

> daß sich alles (...) dafür einzusetzen hat, daß am Sonntag die *gesamte Bevölkerung* ihrer Wahlpflicht in entsprechender Weise nachkommt – Propaganda von Mund zu Mund wird als dringend empfohlen.[519]

Abstimmungsvorsteher waren Bürgermeister Schmid und sein Stellvertreter, Gemeinderat Acker, weitere Wahlvorstände Baach, Böbel und Kohlhaas[520]. Unter ihrer Aufsicht scheint es auch in Reichenbach zu Beeinflussungen des Wahlergebnisses gekommen zu sein[521].

Es wurde gesagt, daß sich jemand schon verdächtig macht, wenn er eine Wahlkabine aufsuchte, die meisten hatten doch Angst vor der SA und gaben ihre Stimme vor ihnen ab. (...) Es müßten viel mehr Nein-Stimmen herausgekommen sein, wie das Ergebnis war, da wurde viel gefälscht[522].

Bei der Wahl im November 1933 wurden 15 bis 16 weiße Zettel, das heißt nicht mit »Ja« ausgefüllte Zettel, in die Wahlurne gegeben. Nach der Wahl bei der amtlichen Auszählung stellte sich heraus, daß alle diese Zettel mit »Ja« beschriftet waren.[523]

Damit etwaige Wahlmanipulationen in Württemberg nicht nachprüfbar sein sollten, wurden die Stimmzettel zur Volksabstimmung vom 12. November 1933 in Reichenbach auf Erlaß des Innenministers vom 16. November 1934 am 28. desselben Monats vernichtet[524].

Von 1709 abgegebenen Stimmen für die Reichstagswahl wurden zehn Enthaltungen gezählt, die wie weitere 172 Stimmen als »ungültig« gewertet wurden[525], so daß 1527 Stimmen, also 89 Prozent, für die NSDAP gezählt wurden. Auf die Frage: »Billigst Du, deutscher Mann und Du, deutsche Frau, diese Politik Deiner Reichsregierung und bist Du bereit, sie als den Ausdruck Deiner eigenen Auffassung und Deines eigenen Willens zu erklären und Dich feierlich zu ihr zu bekennen?« antworteten von 1705 Reichenbachern, die ihre Stimme abgaben, 1615, das entspricht 94,7 Prozent, mit »Ja«. Die Reichenbacher Ergebnisse – 89 Prozent für die NSDAP und knapp 95 Prozent Ja-Stimmen – liegen leicht unter den Werten des Oberamtes von 91,6 Prozent für die NSDAP und 95,2 Ja-Stimmen, die bereits unter denen Württembergs lagen[526]. Das Bürgermeisteramt erstellte aufgrund der Beobachtungen am Wahlsonntag am 19. Dezember ein »Verzeichnis der Personen, welche bei der Volksabstimmung und Reichstagswahl am 12. November 1933 nicht abgestimmt haben«, und leitete dies an die Kreisleitung Göppingen weiter[527]. Daraus geht hervor, daß vier Reichenbacher Männer und 20 Frauen sich nicht an der Zustimmungswahl beteiligten[528]. Angesichts der permanenten Appelle an die »Wahlpflicht«[529] war ein Verweigern der Stimmabgabe durchaus riskant und ist als »bewußter Akt der Verweigerung« zu werten[530]. Zusammen mit den »ungültig« Abstimmenden[531] ergab dies eine »Oppositionsquote«[532] von 17,7 Prozent, die nicht für die NSDAP stimmten. Wenn man bedenkt, daß einige Reichenbacher Kommunisten noch inhaftiert waren, resultiert daraus kein ganz so strahlendes Ergebnis für die Nationalsozialisten, wie nach außen dargestellt. Trotzdem mußten die knapp 95 Prozent »gültigen« Ja-Stimmen, verglichen mit den aufgesplitterten Wahlergebnissen der Vorjahre, den Reichenbachern als überwältigende Bestätigung der nationalen Revolution erscheinen.

Neun Monate später wurden die Reichenbacher erneut zur »Wahlurne« gerufen. Am 1. August 1934 beschloß die Reichsregierung ein Gesetz, das nach dem Ableben des Reichspräsidenten von Hindenburg in Kraft treten sollte. Dessen Befugnisse sollten demnach »auf den Führer und Reichskanzler Adolf Hitler« übertragen werden[533]. Tags darauf starb Hindenburg. Für den 19. August verlangte Hitler, um sich seine eigenmächtige Entscheidung im nachhinein bestätigen zu lassen, von jedem deutschen Volksgenossen das »Ja« in einer Volksabstimmung. Da vor allem viele bürgerliche Kreise nach der Röhmaffäre – am 30. Juni hatte Hitler den SA-Stabschef Röhm seines Amtes enthoben und ihn und seine politischen Freunde ermorden lassen[534] – doch irritiert über den Führer und Reichskanzler waren, hatte das Propagandaministerium intensiven Wahlkampf angeordnet. Fortwährend wurden die Reichenbacher auf die erneute Wahlpflicht hingewiesen. Die Ortsgruppe richtete einen »Schleppdienst« ein, um die hundertprozentige Stimmquote zu garantieren[535]. Alle Unterlagen über die »Volksabstimmung« fehlen im Reichenbacher Archiv – vermutlich wurden sie aufgrund der erneut vorgenommenen Wahlfälschungen vernichtet. Überliefert ist ein »Bericht über die Volksabstimmung am 19. August 1934«, den der *Ortsgruppenleiter* gefertigt hatte und am 23. August 1934 an die *Kreisleitung* nach Göppingen übersandte.

Demnach gab es in Hegenlohe nur zwei Neinstimmen und zwei Nichtwähler. Diese führte Mangold auf Klagen über die wirtschaftliche Entwicklung zurück.

> »Überhaupt haben sie noch keine Besserung in ihrem Geldbeutel gespürt«! Netter Standpunkt. Wir werden bestens versuchen, ihnen einen anderen Standpunkt beizubringen.[536]

Für Reichenbach nannte der *Ortsgruppenleiter* 1580 Ja-, 107 Nein-, 34 ungültig und 17 nicht abgegebene Stimmen. Die 17 nicht abgegebenen Stimmen waren, so heißt es, sämtlich »nicht transportfähige Kranke oder Gebrechliche, höchstens bei einem oder zwei liegt der Verdacht vor, daß die Krankheit als Grund zum Nichtabstimmen vorgeschoben worden ist.«[537] Weiter heißt es zu den Nein-Stimmen:

> 107 Nein, das ist viel! Woher kommen sie? So wurde gedacht und gefragt. Im Grund genommen war ich aber nicht besonders enttäuscht. Ich habe als Wahlvorstand die Leute betrachtet und mir während der Abstimmung schon Gedanken über die »Nein« gemacht, denn man konnte dabei vieles den Leuten am Gesicht ablesen. Gut wäre es nach meiner Ansicht auch gewesen, wenn man beim Schleppdienst nicht so nachdrücklich auf 100%ige Beteiligung hingearbeitet hätte, denn bei den Hergeholten hatte es sicher »Nein« oder »Ungültige«. Ein sehr wesentlicher Teil der »Nein« waren aber kommunistische Stimmen.[538]

Damit hatte die Oppositionsquote, vermutlich aufgrund der intensiven *Wahlbetreuung* der Reichenbacher *Ortsgruppe* am Wahltag, auf 10 Prozent der Stimmberechtigten abgenommen. Doch wie im Reichsdurchschnitt hatten »nur« 90 Prozent. landesweit waren es 91,8 Prozent, dem Bild des einigen Volkes entsprochen.

Vergleicht man die Anzahl der aktiven Befürworter des Nationalsozialismus in Reichenbach mit den diesen mehr oder weniger aktiv Ablehnenden, so wird deutlich, daß gut ein Jahr nach der offiziellen »Beendigung der Revolution«[539] Reichenbach noch weit entfernt war von der nationalsozialistischen *Volksgemeinschaft*. Den 73 aktiven Reichenbacher Mitgliedern der *Politischen Organisation* der NSDAP und den 75 Mitgliedern des aktiven *SA-Sturms* Ende Juli 1934 – ein Großteil hiervon war sowohl in der NSDAP als auch in der SA und ist demnach von der sich ergebenden Summe von 148 abzuziehen – standen bei der Wahl im November desselben Jahres 141 Reichenbacher gegenüber, die trotz Propaganda, *Schleppdienst* und angedrohter Verfolgung nicht »Ja« sagten zum Nationalsozialismus. Interessant in diesem Zusammenhang ist die weitere Analyse des Wahlergebnisses durch den *Ortsgruppenleiter* und dessen daraus resultierende Einschätzung. Die aufrechte Haltung der Reichenbacher »Kommunisten« trotz Verschleppung ihrer Parteiführer im März 1933 auf den Heuberg sah Mangold in deren guter Organisation vor 1933 begründet:

> Daß Reichenbach/Fils früher ein gut geleiteter kommunistischer Stützpunkt war, der seinesgleichen an Disziplin und Ordnung im ganzen Filstal nicht kannte, weiß jeder, der die Verhältnisse hier kannte, wissen besonders auch die Redner, die in Versammlungen (auch Pg Hansjörg Maier) zu diesen Gegnern gesprochen und sich mit deren Führern auseinandergesetzt haben.[540]

In fast schon bewundernder Schilderung sah Mangold deren besondere Stärke in ihren geistigen Fähigkeiten:

> Der Kampf wurde hier weniger als anderswo mit der Faust usw. ausgefochten, sondern mehr mit der geistigen Waffe, der des Wortes, gesprochen, geschrieben, und eben darin lag ihre Stärke und sie macht sich auch heute noch spürbar.[541]

Bei den eigentlichen Parteiführern am Ort hatten Einschüchterungsmaßnahmen und *Schutzhaft* »Erfolg« gezeigt. Sie hatten sich nach ihrer Rückkehr im wesentlichen »ins Private« zurückgezogen. Doch gab es offenbar Reste des kulturellen Milieus, sowohl Strukturen wie auch Aktive der ehemals progressiven Vereinslandschaft. Mangold bezeichnete gemäß seinem persönlichen Feindbild alle Vertreter des ehemals progressiven Lagers, die er noch immer als Bedrohung betrachtete, vereinfachend als »Kommunisten«.

Der Kommunismus lebt leider heute noch in Reichenbach, natürlich nicht offen, sondern geheim, versteckt bei Nacht, hinter verschlossenen Türen und Fenstern, da wird alles ausgenützt, niedere Löhne, Kurzarbeit in der Textilbranche usw. Man weiß dies alles bestimmt von den Umtrieben, kann aber nichts nachweisen. Ich habe darüber schon mit Mitgliedern der politischen Polizei gesprochen, aber es heißt hier eben zuwarten und acht geben. Diese Wühlarbeit dürfte heute zum wenigsten von den früheren Führern (Munz & Schloz) gemacht werden, sondern mehr von solchen, die früher nicht direkt hervorgetreten, ich könnte verschiedene Namen nennen.[542]

Es wird zu überprüfen sein, ob diese Strukturen und Personen sich im folgenden bemerkbar machten, und inwiefern die örtlichen Nationalsozialisten gegen sie vorgingen.

Auch die Aktiven des traditionalistischen Milieus, die zwar mit den Nationalsozialisten kooperiert und diesen die Führung des zur *braunen Bewegung* gewandelten Milieus überlassen hatten, durften deshalb nicht vereinfachend als Nationalsozialisten gelten. Auch sie stellten nach Ansicht des *Ortsgruppenleiters* einen Teil der Oppositionsquote am Ort dar. Dabei erkannte Mangold sehr scharfsichtig, daß sie in eine Gruppe um einige deutschnationale Reichenbacher Fabrikanten und in die kirchlichen Kreise zu untergliedern waren.

Der andere Teil Neinsager ist im bürgerlichen Lager, das sind solche, die nie genug bekommen, die »Deutschland« an ihrem »Ich« und ihrem Geldbeutel messen, die bei allem Tun zuerst den eigenen Profit ausrechnen und danach einschätzen. »Krämerseelen«, so wie es sie überall gibt und leider in

Reichenbach schon früher immer zahlreich gegeben hat, die heute notgedrungen schwarz-weiß-rot flaggen, sich national ausgeben, aber hintenherum schimpfen & gerne an jedem Pg etwas auszusetzen haben. Mancher davon hat auch schon vor 1933 ein Ämtchen gehabt oder sonst Ansehen genossen & ist jetzt halt kalt gestellt, das wurmt solche Leute. Menschen die über Konsum-Verein & Warenhäuser schimpfen, und wenn's für sie gilt, selbst dort einkaufen; solche die früher uns sogar die Stimme gaben, aber heute enttäuscht sind und sagen, sie hätten mehr erwartet und dabei nur an sich denken & nicht ans Volksganze. Die Kreise reichen bis zum NS-Hago (...) hinein. Nein-Stimmen aus monarchischer Idee dürften kaum hier gefallen sein, sicher aber einige durch religiösen Wahn erzeugte, von solchen, die glaubten, die Kirche & der evangelische Glaube seien in Gefahr. Internationale Bibelforscher sind hier keine bekannt. Die Ungültigen waren meist solche, die nicht Ja & nicht Nein sagen konnten und wollten, Unentschlossene & Angsthasen. Nur ganz wenige dürften durch Unwissenheit hier einen Fehler gemacht haben.[543]

Mangold faßte seine Analyse zusammen und schlug seinem *Kreisleiter* folgende hieraus resultierende Strategie vor:

Es sind also hier in der Hauptsache zwei Gruppen zu beachten, Kommunisten und Spießer. Eine hauptsächliche Aufgabe muß sein, die erste Gruppe zu gewinnen und zu bekämpfen. Bei der anderen Gruppe darf angenommen werden, daß ein guter Teil allmählich ausstirbt.[544]

Freilich hatten Berichte wie dieser auch die Funktion, dem *Kreisleiter* gegenüber den ach so »schwierigen Stand der Bewegung« in Reichenbach zu schildern, und damit möglichen Angriffen gegen vermeintlich eigenes Versagen – im vorliegenden Fall die hohe Anzahl an »Neinsagern« – vorzubeugen. Wenn die potentiellen Gegner, »klüger«, »stärker« und »besser« waren, geriet darüber hinaus ein vermeintlicher Sieg hinterher ein um so strahlender. Doch lag Mangold in der Grundeinschätzung wohl richtig. Ende 1934 gab es in Reichenbach eine aktive Minderheit, die sich nicht nahtlos einfügen ließ[545].

Nach der mehr oder weniger erzwungenen Auflösung oder dem Verbot der anderen Parteien, der *Gleichschaltung* der Länder mit dem Reich, der Auflösung aller Selbständigenverbände einschließlich der Gewerkschaften und der zwangsweisen Neuorganisation ihrer Mitglieder in den der NSDAP angeschlossenen oder von ihr gelenkten Verbänden erfolgte die *Gleichschaltung* der Kultur- und Freizeitvereine.

Bis auf die Kirche und wenige Ausnahmen[546] waren im Frühjahr 1934 alle politischen, kulturellen und gesellschaftlichen Institutionen Reichenbachs *gleichgeschaltet*. Dabei nahm die örtliche Parteileitung, außer bei den Exponenten der sozialistischen Arbeiterbewegung, durchaus Rücksicht auf das politisch-kulturelle Milieu und die traditionellen Eliten und Meinungsführer. Die örtlichen Vorgänge des Machtantritts und der *Gleichschaltung*, geleitet vom bewußten oder instinktiven Bestreben, das neue Regime mit den alten Eliten zu verschmelzen[547], erleichterten die Akzeptanz und Verankerung der NSDAP innerhalb der nichtnationalsozialistischen Reichenbacher Bevölkerung. Die Mehrheit ließ sich durch die Reduzierung der Arbeitslosigkeit, durch erste Inszenierungen der *Volksgemeinschaft* und durch die Demonstrationen *nationaler Stärke* blenden und bereitwillig von dem überzeugen, was sie für Leistungen des Nationalsozialismus und des *Führers* hielt. Die von der *Welle nationaler Begeisterung* in die NSDAP gespülten Reichenbacher waren in den meisten Fällen weder durch Terror noch durch direkten Zwang getrieben, sondern vom Wunsch, dazuzugehören und etwas vom nun zu verteilenden Kuchen an Ehren, Posten und sonstigen Vorteilen abzubekommen. Doch es gab noch Reste der kulturellen Milieus und eine nicht unerhebliche Minderheit der ehemals Aktiven, die mit dem Kurs der neuen Regierung nicht einverstanden waren oder diesem gar widersprachen. Es bleibt zu überprüfen, ob und in welchem Umfang diese die Konsolidierung des Systems störten und wie die Nationalsozialisten am Ort gegen sie vorgingen. Die strukturellen und personellen Veränderungen hatten die Weichen der gesellschaftlichen Entwicklung gestellt. Um dem totalitären Anspruch des neuen Regimes gerecht zu werden und die Ideen des Nationalsozialismus in alle Lebensbereiche hineinzutragen, mußte darüber hinaus eine »kulturelle Gleichschaltung«[548] die personelle und strukturelle begleiten.

Phase der Konsolidierung –
Alltag unterm Hakenkreuz

»... ein einheitliches zusammengehöriges Volk« –
Kulturelle Gleichschaltung

Bei der »kulturellen Gleichschaltung« spielt der Begriff *Volksgemeinschaft* eine zentrale Rolle. Die Zeit der gesellschaftlichen Umschichtungen mit Industrialisierung und Arbeiterbewegung und ihren politischen Klassengegensätzen war von vielen als höchst beunruhigend empfunden worden. Ihr sollte nun, an vorindustriell-bäuerliche Traditionen anknüpfend, die vermeintlich unpolitische Harmonie der Einheit »gleichberechtigter Stände« innerhalb der *Volksgemeinschaft* gegenübergestellt werden. Hierbei handelte es sich um eine fiktive klassenlose und konfliktfreie Gesellschaftsform, deren Durchsetzung nicht durch Veränderungen im ökonomischen Bereich angestrebt wurde, sondern durch eine propagandistische ideologische Gleichstellung aller Berufsgruppen und Gesellschaftsschichten nach dem *Führerprinzip*[1]. In dieser *Volksgemeinschaft* sollten nicht mehr Besitz, Bildung oder Herkunft die soziale Stellung des Einzelnen bestimmen, sondern die Ausübung einer Funktion in und für die *Volksgemeinschaft*. Hitler schrieb hierzu in »Mein Kampf«:

> Wir haben uns bemüht, (...) Herkunft, Stand, Beruf, Vermögen, Bildung, Wissen, Kapital und alles das zu vergessen, was Menschen zu trennen vermag, und durchzustoßen zu dem, was sie zusammenzufassen vermag.[2]

Ein weiterer Bestandteil der *kulturellen Gleichschaltung* war der ausgeprägte Militarismus, der durchaus bestehende Traditionen – die bis in die SPD und die KPD hineinreichten – aufgriff und weiterführte. Militärische Organisation und Drill, die in einzelnen zivilen Lebensbereichen – etwa im Turnverein – bereits sehr ausgeprägt waren, wurden zur Regel. In Betrieben, Schulen und im Verein wurde jetzt überall *angetreten* und *aufmarschiert*. Allerorts tauchten *Scharen, Gruppen, Kader, Fronten* und *Bataillone* auf. Uniformen und Fahnen sowie weitere Symbole, die auf Krieg und Militär verwiesen, erlebten eine inflationäre Verbreitung. Gezielt setzten die Nationalsozialisten dabei die Sprache als kulturell-ideologisches Kampfmittel ein[3].

Praktischer Bestandteil der Militarisierung war das im Frühjahr 1933 angelaufene Luftschutzprogramm[4]. 1934 wurde in Reichenbach eine Untergruppe des *Reichsluftschutzbundes* gegründet, ihr Leiter wurde Schlossermeister Hermann Kohlhaas[5], der ab Februar 1935 ständig Luftschutzlehrgänge durchführte[6]. Vehement warben die Behörden für ein *Krieger-Ehrenbuch*, das »Eiserne Buch«, das in den Gemeinden aufgelegt werden sollte[7]. Am 12. Januar 1935 erhielten 95 einstmalige Reichenbacher *Frontkämpfer* aufgrund der Verordnung vom 13. Juli 1934 in einer weihevollen Veranstaltung »ihr wohlverdientes Kriegs-Ehrenkreuz, das ihnen 15 Jahre lang versagt blieb«, durch Bürgermeister Schmid überreicht[8]. Im Dezember 1935 schaffte die Gemeindeverwaltung

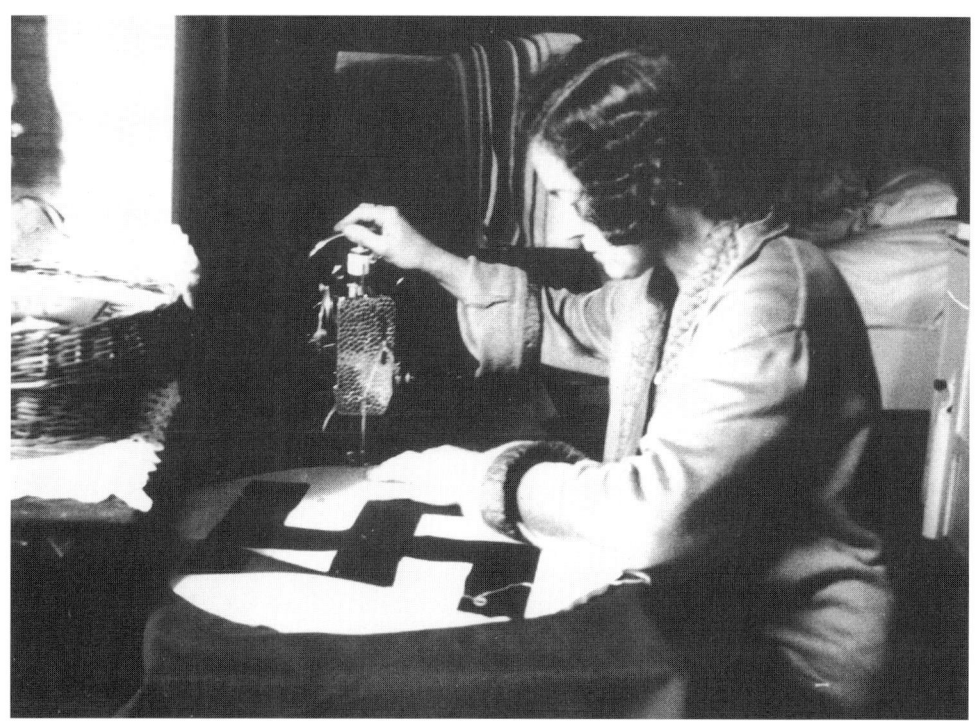

Eine Reichenbacherin bereitet sich auf die Inszenierung der *Volksgemeinschaft* vor – sie näht eine Hakenkreuzfahne.

fünf Gasmasken an[9]. Anfang Dezember 1935 organisierte die Untergruppe des Reichsluftschutzbundes einen Luftschutzvortrag in der Reichenbacher Turnhalle mit anschließender Vorführung von Brandbomben auf dem Sportplatz. Die »Göppinger Zeitung« faßte zusammen:

> Ohne Luftschutz wäre es feindlichen Mächten möglich, unserem Land in kurzer Zeit schwere Schäden zuzufügen.[10]

Ständig liefen – wie Ende Dezember 1936 – »Werbeaktion des Reichsluftschutzbundes«. An alle Reichenbacher Haushalte wurden Fragebögen verteilt, die – so der Bürgermeister in einem begleitenden Zeitungsartikel – »lückenlos auszufüllen sind«[11]. Darin wurde unter anderem zum »Beitritt zur hiesigen Untergruppe« aufgerufen, und die »Betätigung im Dienst des Luftschutzes« als »nationale Pflicht« bezeichnet, der »niemand sich entziehen« dürfe.

Die strukturellen und personellen Gleichschaltungen der ersten Monate der *Nationalen Revolution* ermöglichten über die veränderten Ausbildungs-, Arbeits- und Freizeitstrukturen einen umfassenden Zugriff auf jeden einzelnen. Jeder und jede war eingebunden in ein den Alltag überziehendes Netz von »kleinen Führern«. Die meisten kannten mehrere Rollen, waren Befehlsempfänger in verschiedenen Befehlsgemeinschaften, den *Gefolgschaften*, und hatten beschränkte gesellschaftliche Macht als *Führer* in anderen, sei es in einer Abteilung des Betriebs, in einer der vielen Unterabteilungen der *Parteigliederungen*, im Verein oder als *Luftschutz*- oder *Blockwart*. In der *Volksgemeinschaft* waren alle gleich vor dem *Führer* – oder je nachdem vor dem jeweiligen Vorgesetzten.

Dieses Spiel von der Einheit und Gleichheit aller in der *Volksgemeinschaft* bedeutete zugleich das Einüben des *Füh-*

Im Namen des Führers und Reichskanzlers

Dem Landwirt

        Richard A l b e r in Reichenbach a.F.

ist auf Grund der Verordnung vom 13. Juli 1934 zur Erinnerung an den Weltkrieg 1914/1918 das von dem Reichspräsidenten Generalfeld=marschall von Hindenburg gestiftete

Ehrenkreuz für Frontkämpfer

verliehen worden.

Göppingen, den 18.Januar   193 5.

Oberamt:

Nr. 2275 /3 5.

In einer Feier am 12. Januar 1935 erhielten 95 Reichenbacher das »Ehrenkreuz für Frontkämpfer«, eine Woche später die abgebildete Urkunde.

rerprinzips, die freudige Akzeptanz gemeinsamer Ohnmacht und die fraglose Einordnung des einzelnen in die Hierarchie des *Führerstaates*.

Die *Volksgemeinschaft*, permanent und in allen Variationen inszeniert, sollte den einzelnen jederzeit und überall erreichen, einbeziehen und für den Nationalsozialismus vereinnahmen. Sie fügte vor der Kulisse Reichenbachs alle Einwohner, ob als unbeteiligter Passant beim Gang durch die fahnengeschmückte Haupt- oder Bismarckstraße, als Zuschauer beim Erleben der zahlreichen Kundgebungen oder als aktiv teilnehmendes Mitglied einer *Parteiformation* bei Aufmärschen, zu einem »bedeutungsgeladenen Ganzen«[12]. Die *Volksgemeinschaft* versprach, die beiden kulturellen Milieus, die sich vor 1933 in Reichenbach herauskristallisiert hatten, aufzuheben. Deshalb mußte sie ebenfalls eine kulturelle Heimat bieten. Sie war damit nicht nur Konsum von Kult. Alle

spielten mit, hatten ihre Rolle, die ihnen, ob freiwillig oder erzwungen, von der Regie und Choreographie dieser »totalen Theaterform« zugewiesen wurde, als Solist, Chormitglied, Statist oder auch als Spielverderber, als *Volksverräter*. Die bewußt zweideutig inszenierte *Volksgemeinschaft* bewegte sich »zwischen Harmonie und Zwang, zwischen der Herstellung und Propagierung von menschlicher Nähe einerseits und gegenseitiger Überwachung andererseits«[13].

Die Androhung von Gewalt und Ausgrenzung bei Nichtbeteiligung war stets gegenwärtig. Elementare Bestandteile der *Volksgemeinschaftsideologie* waren Einbindung, Kontrolle und die »Ausgrenzung«.

Gruppen definieren sich bewußt als solche, indem sie Nichtmitglieder ausgrenzen. Auch in diesem Bereich spielte die Sprache mit ihrer wirklichkeitsstiftenden Bedeutung eine wichtige Rolle. Die

151

Seite 152 bis 159: Der Festumzug durch Reichenbach gehörte zum wichtigsten Bestandteil der Inszenierung der »Volksgemeinschaft«.

durchgeführten Ausgrenzungen waren Bestandteil der *Volksgemeinschaft*, der braunen (Un-)Kultur. Elemente der *kulturellen Gleichschaltung* waren demzufolge nicht nur das Propagieren der Ausgrenzung, das Reden über *Minderwertige, Asoziale* und *Gemeinschaftsfremde*, sondern auch deren Durchführung.

»... müssen von jungen Leuten mit echt deutschem Aussehen dargestellt werden«

Die Methoden der ideologischen Gleichschaltung stammten zum Teil aus der *Kampfzeit* der *Bewegung*. Zum intensiven Einsatz der alten und neuen Medien wie Zeitungen, Aushängekästen, Flugblätter und Radioübertragungen, den bewährten *Sprechabenden* mit Vorträgen der *Propaganda-* und *Ortsgruppenleiter* sowie professioneller auswärtiger Redner kamen das ständige Einüben durch eine vom Propagandaministerium vorgegebene »Regie des öffentlichen Lebens«[14].

Eine Möglichkeit, beim einzelnen ein Gefühl der Zusammen- und der Zugehörigkeit zur vermeintlichen *Volksgemeinschaft*, zu erzeugen und gleichermaßen dasselbe der Gesamtheit vorzutäuschen, stellten die vom örtlichen *Propagandawart* an den zentralen Vorgaben ausgerichteten Parteiveranstaltungen, etwa Kundgebungen, *Demonstrationszüge*, *Weihestunden*, *Morgenfeiern* und Fackelzüge, dar. Bei diesen an religiös-kultische Traditionen anknüpfenden Inszenierungen[15] sollte jeder *Volksgenosse* sinnlich erleben, was real nie existierte, die *Volksgemeinschaft*[16].

Mangold hatte zum verantwortlichen *Propagandawart* in Reichenbach den Oberlehrer Ernst Mühlhäuser ernannt[17]. Im März 1937 wurde dieser von Friedrich Sanzi abgelöst[18], der das Amt des *Propaganda-Amtsleiters der Ortsgruppe Reichenbach* bis zum Kriegsende ausübte. Höhepunkte der sinnlich erlebten *Volksgemeinschaft* stellten die Feiern dar, die sich in einer Art »Kultkalender« über das ganze Jahr hinzogen und deren Faszination sich – zumindest anfangs – in Reichenbach wie anderswo nur wenige zu entziehen vermochten. Mühlhäuser und später Sanzi orientierten sich an diesem Kalender, der als reichsweiter Rahmen nationalsozialistisches Feiern vor Ort vereinheitlichte. Zur *Maifeier* 1934 beispielsweise bekam Mühlhäuser eine fünfseitige Anweisung von der »Abteilung Gaupropaganda« der Stuttgarter Parteizentrale, in der bis in kleinste Details genaue Vorgaben

über den Ablauf der Veranstaltungen am Vorabend und am 1. Mai gegeben wurden[19]. Demnach sollte der Festzug »den Gedanken ›Deutsches Volk‹, ›Deutsche Arbeit‹ zum Ausdruck bringen.« Die Maikönigin sollte das »gemeindeutsche, uralte Sinnbild des stets sich erneuernden Lebens der Natur und der deutschen Nation« dokumentieren.

> Sie fährt auf blumengeschmücktem Wagen, zur Seite reitet der Maigraf; beide müssen von jungen Leuten mit echt deutschem Aussehen dargestellt werden.[20]

Wichtig war den Regisseuren, daß nicht historische Verkleidungen den Charakter der Feier zu sehr entfremdeten. Sie sollte nicht als Schauspiel wirken, sondern als Wirklichkeit. Die *Parteigliederungen* sollten demzufolge in ihren Uniformen auftreten und die Bevölkerung nur in ortsüblichen Trachten.

Den Auftakt des braunen Festkalenders bildete der *Geburtstag des Dritten Reiches* am 30. Januar, den die Reichenbacher jeweils mit »einer großen Kundgebung in der Turnhalle« feierten[21]. Am 23. Februar gedachte vor allem die Hitlerjugend des nationalsozialistischen »Helden« Horst Wessel[22]. Im März stand das Gedenken an die Toten des Weltkrieges an. Der ursprünglich als betont unpolitischer *Volkstrauertag* im November begangene Tag, der der Trauer um die Opfer vorbehalten bleiben sollte, wurde unter nationalsozialistischer Regie vom – auf den fünften Sonntag vor Ostern gelegten – *Heldengedenktag* abgelöst[23], an dem zunehmend *na-*

tionalsozialistischer Wehrwillen, Rache und Vergeltung im Mittelpunkt standen. Persönliche Gefühle über den Verlust von Angehörigen wurden ausgenutzt, um nationalsozialistischen Militarismus mit propagandistischer Breitenwirkung zu inszenieren. Hierfür zeichnete ab 1935 in Reichenbach die *Nationalsozialistische Kriegsopferversorgung* unter ihrem (zwischenzeitlich »geschulten«) Leiter Friedrich Bullinger verantwortlich, der noch 1930 darauf bestanden hatte, daß bei Kriegergedächtnisfeiern neben dem Gedenken an die Opfer keine anderen »Süppchen gekocht« werden dürften. Vormittags trafen sich »die marschfähigen« Mitglieder meist zu einem Gedenkmarsch durch Reichenbach, der mit einer Kranzniederlegung und Ansprachen von Bullinger, Schmid oder Bescherer endete[24]. Nachmittags zeigte die NSKOV häufig Lichtbilder. Bei der Feier des Jahres 1935 sang die »Concordia« vom »Morgenrot« und *Ortsgruppenleiter* Mangold hielt eine weitere Ansprache, in der er auf das am Vorabend des *Heldengedenktages* ergangene Gesetz zur allgemeinen Wehrpflicht einging[25]. Nach Beginn des Krieges kultivierten die *Ortsgruppen* der NSDAP und der *NSKOV* den Gefallenenkult und führten zudem »würdevolle« *Gefallenengedenkfeiern* ein. Die örtlichen Vereine halfen bereitwillig mit:

> Bei den Gefallenengedenkfeiern sang die »Concordia« immer: »Nun schweige jeder, nun schweige jeder von seinem Leid / Sind wir nicht alle zum Opfer bereit und zu dem Tod / Eins stehet groß in den Himmel gebrannt / Alles darf untergehen / Deutschland,

unser Kinder- und Vaterland, / Deutschland muß bestehen.« Das war kein Choral, sondern in Männerstimme gesetzt. Oh, mir ist bei diesen Veranstaltungen immer das große Grausen gekommen.[26]

Vor allem nach dem Ausrufen des *Totalen Krieges* entwickelte sich der *Heldengedenktag* zur Werbeveranstaltung für Ausharren und Durchhalten. Noch 1944 benutzte Rektor Böhringer in seiner Gedenkrede die Gefühle für die Gefallenen, um die Reichenbacher zum Durchhalten und Weitermachen anzuspornen[27]. Auf den *Heldengedenktag* folgten in Reichenbach meist noch im März die *Schulabschluß*- und die *Verpflichtungsfeiern*, während derer in Reichenbachs geschmückter Turnhalle Mangold oder ein *HJ-Führer* auf die Pflichten als Mitglied in der *HJ* sowie im *BDM* hinwies. Oberlehrer Friedrich Löffler beispielsweise ermahnte 1935 die Scheidenden zu »deutschem Fühlen, deutschem Denken und deutschem Handeln«[28] und Schulleiter Böhringer erinnerte noch 1944 daran, daß das »Vaterland (...) dringend einen pflichtbewußten Nachwuchs zu all den Aufgaben der Zukunft« bräuchte[29]. Am 20. April folgte der *Geburtstag des Führers*. Im Rahmen der Feiern brachte die Reichenbacher *Gefolgschaft* ihrem *Führer* jährlich ihre Treue als Geschenk dar. Nach der Gedenkrede Mangolds, der »im Sinne des treuen Gefolgsmannes ein klares Bild des Führers« zeichnete[30], fand in der Regel »die Vereidigung zahlreicher Amtsträger durch *Ortsgruppenleiter* Mangold« statt[31]. Auch hier stand das Wecken von Emotionen im Vordergrund:

Hell loderten die Fackeln zum sternenübersäten Himmel, als der Zug der Formationen unter klingendem Spiel durch die Straßen Reichenbachs zog. Aus übervollem Herzen donnerte das Sieg-Heil, das sich den Worten des *Ortsgruppenleiters* anschloß, in die von Fackelschein erleuchtete Nacht, und jeder drückte dem Führer im Geiste die Hand, ihm unverbrüchliche Treue zu geloben.[32]

Knapp zwei Wochen später folgte dann der »wirkliche Volkstag erster Klasse«[33]. 1935 berichtete die »Göppinger Zeitung« unter der Überschrift »Maienkranz im Reigen deutscher Mädel«[34]:

Auftakt zum höchsten Feiertag der Schaffenden Deutschen bildete die Einholung des Maibaumes am Vorabend des 1. Mai. Mit der Flaggenhissung am Schulgebäude begann das Programm (...). Anschließend marschierte die Schuljugend unter Vorantritt der HJ zum Festplatz, woselbst Standortführer Duckeck die Eingliederung der »Rekruten« in feierlicher Weise vornahm. Inzwischen übermittelte der Lautsprecher die Jugendkundgebung vom Berliner Lustgarten. (...) Der Festzug stellte sich gegen 10.30 Uhr auf. Die Wagen in der Hauptstraße, die Fußgänger in der Bismarckstraße. 11.15 Uhr setzte sich der erste Teil, voran die Spielmannszüge des Turnvereins und der HJ, in Bewegung, um in der Bismarckstraße am zweiten Teil des Festzuges, der sich aus den Belegschaften der Betriebe zusammensetzte, vorbei zu ziehen. (...) Den Gruppen der Hitlerjugend und des Bund Deutscher Mädels, die die Symbole der erwachenden Natur mit sich führten, folgte der Wagen der »Maikönigin« begleitet vom »Maigrafen«. Den Schluß bildete die Paddelgruppe in Hochsommerkleidung. Trotz Schneegestöber behielten sie ihre Auguststimmung.[35]

Obwohl die Betriebe hinterher meist geschlossen zur Betriebsfeier ins Gasthaus gingen, die NS-Frauenschaft jedes Jahr andere »Mai-Küchle« verteilte und alljährlich vor allem der abendliche Maitanz lockte[36], ließ die Faszination im Laufe der Jahre nach. 1939 fiel der Bericht weit weniger enthusiastisch aus:

> Der Nationalfeiertag wurde in üblicher und würdiger Weise begangen.[37]

Häufiger erfolgten mehrfach wiederholte nachdrückliche Aufforderungen zur Teilnahme, doch zunehmend mehr Reichenbachern wurde das fortwährende Jubeln auf Staat, Partei und *Führer* zuviel, und einzelne dem Regime distanziert gegenüberstehende Reichenbacher erkannten hinter der *gelebten Volksgemeinschaft* bunte Illusion.

> Mein Vater war alter Sozi. Am 1. Mai nahm er sich immer Urlaub und hat Mist gefahren, damit nicht auffällt, daß er nicht zur nationalsozialistischen 1.-Mai-Feier gegangen ist.[38]

Außerdem stand im Mai die *Mütterehrung* an. Der Muttertag, in Deutschland 1922/23 nach amerikanischem Vorbild eingeführt, aber kaum beachtet[39], wurde zur zentralen Feier des nationalsozialistischen *Mutterkults*[40]. In den ersten Jahren ehrten die Reichenbacher *Ortsgruppe* der NSDAP und die *NSKOV* Kriegshinterbliebene zum Muttertag mit einem Blumenstrauß[41] und luden kinderreiche Familien in den Bierkeller ein, wo zu Kaffee und Kuchen verschiedene Tänze vorgeführt wurden[42]. Die durch den National-

sozialismus forcierten *Muttertagsfeiern* sind kennzeichnend für die ideologische Aufwertung der traditionellen Frauenrolle. Das in den rezitierten und abgedruckten Gedichten wiederholt gezeichnete Frauenbild – jungfräulich rein, aber viele gesunde Kinder gebärend – erinnert fast an den katholischen Marienkult[43]. Der männliche Charakter des NS-Staates verhinderte zwar die Beteiligung der Frauen am politischen Leben der Gemeinde, hofierte diese andererseits wie nie zuvor. Im den Frauen angeblich *wesensgemäßen* Familien- und Sozialbereich sollten sie das Sagen haben, darüber hinaus nicht. Durch zinslose *Ehestandsdarlehen*, die allerdings die Berufsaufgabe der Frau voraussetzten und *abgekindert*[44] werden konnten, durch Berufsverbot für verheiratete Frauen im öffentlichen Dienst bei *Doppelverdienertum*, durch Beschränkung der Zahl der Studentinnen sowie mit Hilfe von hauswirtschaftlichem Unterricht und *Pflichtjahr*[45] sollten die Frauen auf Mutterschaft und Familie zurückgeführt werden[46].

Ab 1939 unterstrich die Partei die von ihr propagierte Frauenrolle als Erzeugerin möglichst vieler *erbgesunder* Kinder durch Verleihung des »Ehrenkreuzes für kinderreiche Mütter«. Frauen mit vier und mehr Kindern, die der NS-Ideologie entsprachen[47], bekamen das *Ehrenkreuz* mit der Inschrift »Das Kind adelt die Mutter« verliehen.

> Die meisten lieben Alten, die für die Verleihung des vom Führer gestifteten Ehrenkreuzes in Betracht kamen, wurden mit dem Wagen in ihrer Wohnung abgeholt.[48]

Feierlich umrahmt überreichte Mangold im Mai 1939 den Reichenbacherinnen wie bei einer olympischen Siegerehrung des Kindergebärens die Orden für vier und fünf Kinder in Bronze, für sechs und sieben Kinder in Silber und ab acht Kindern in Gold. Im Mai gab es 18 goldene, 25 silberne und 34 bronzene *Ehrenzeichen*[49], im Dezember wurden 138 *Mütterehrenkreuze* nachgereicht, 18 goldene, 32 silberne und 88 bronzene[50]. *Ortsgruppenleiter* Mangold und Bürgermeister Schmid betonten bei den alljährlichen Festansprachen die Funktion der Mütter für den Staat. Das *Ehrenkreuz der deutschen Mutter* sei »Ausdruck der Dankbarkeit einer zielbewußten Staatsführung«, die es als wichtigste Aufgabe erachte, »den bevölkerungsmäßigen Zuwachs zu fördern.«

So will die Regierung die Frau ehren als Mutter und als denjenigen Faktor in unserem Volke, der die Gewähr dafür ist, daß unser Volk nicht stirbt, sondern immerdar lebe und wirke.[51]

Mit diesem besonderen Frauenorden konnten nur »würdige« Mitglieder der *Volksgemeinschaft* geehrt werden. Schmid, der 1944 die alte Mutter eines Kommunisten vorgeschlagen hatte, mußte auf Nachfrage des *Kultministeriums* zurückziehen.

Frau F. (...) sind zweifelsohne die Eigenschaften abzusprechen, welche als Voraussetzung für die Verleihung des Mutter-Ehrenkreuzes gelten. Es ist zweifellos erwiesen, daß ihr die Fähigkeit fehlt, ihre Kinder zu brauchbaren Gliedern der Volksgemeinschaft zu erziehen (...), und ich bin daher der Meinung, daß sie selbst die in Frage stehende Ehrung nicht verdient.[52]

Am 26. Mai feierten die Reichenbacher die *Schlageterfeier*[53], eine Gedenkfeier für den 1923 von Franzosen hingerichteten Freikorpsführer Albert Leo Schlageter[54].

Beliebt im braunen Festkalender waren die Sommersonnwendfeiern, denen die nationalsozialistische Regie einen betont antichristlichen Charakter verlieh. Die erste Feier 1933, das »Fest der Jugend«[55], war noch etwas improvisiert, doch in den Folgejahren marschierte »die gesamte Parteimitgliedschaft einschließlich Gliederungen und Verbände mit Fahnen und Wimpel (Uniformierte im Dienstanzug)« zum Rathaus[56].

Es ist auch hier bereits sicheres Brauchtum geworden, daß die Partei und alle ihre Gliederungen am Abend des längsten Jahrestages am Rathaus sich sammeln, um in geschlossenem Zug und mit wehenden Fahnen hinauf zu marschieren zum mächtigen Holzstoß auf dem »Asang«. (...) *Ortsgruppenleiter* Mangold mahnte mit den Worten: Wir könnten uns heute nicht mehr hunderterlei Privatmeinungen leisten, sondern eine einheitliche Gesinnung und Richtung sei staatspolitische Notwendigkeit, und wer sich dieser widersetze, sei ein Feind des Staats.[57]

Nach der Sommerpause zog die Partei das Interesse der Bevölkerung durch Berichte über den Reichsparteitag auf sich, auf den die Reichenbacher *Ortsgruppe* jedes Jahr mindestens einen *Blockleiter* oder ähnliche Funktionäre entsandte, der nach seiner Rückkehr dann berichten mußte[58]. Im Oktober folgte das Erntedankfest, das in Reichenbach jedes Jahr ebenfalls nach

einem vorgegebenen Rahmen ablief. Es widmete den Bauern mit Vorankündigungen unter Überschriften wie »Tägliches Brot aus heiligem Boden«[59] die Aufmerksamkeit, die ihnen das Jahr über an Respekt und Unterstützung versagt blieb. Dem Bericht vom Erntedankfest im Oktober 1936 sind die Stichworte der Regieführung zu entnehmen:

> Böllerschüsse zur Eröffnung (...) festlich geschmückter Ort (..) 12 Uhr Festzug mit zwei nett aufgemachten Wagen zum Festplatz (...) Flaggenhissung (...) Ansprache des Ortsbauernführers Richard Alber und des *Ortsgruppenleiters* Mangold über Sinn und Zweck des Tages (...) Reigen und Tänze der Jugend (...) Vorführungen einer Reitergruppe (...) Übertragung der Veranstaltung mit Adolf Hitler auf dem Bückeberg bei Hameln (...) Abendveranstaltung in der überfüllten Turnhalle bei »pfundiger« Volksmusik (...) BDM im Dirndl und HJ in Gamsledernen führen Tänze und Reigen vor (...) Ehrung des früheren Ortsbauernführers Albert Fischer mit einem Krug[60].

Die Wirkung der Inszenierung war vor allem die ersten Jahre nach dem Machtantritt und bei jüngeren Reichenbachern am größten.

> Beim Erntedankfest 1933 war ich zwölf Jahre alt. Da ging die SA mit ihren Fahnen geschlossen zum Gottesdienst. Wir Mädchen mußten Blumenkränze im Haar tragen. Es war ein großes und schönes Fest und ich habe niemals mehr ein solch großes Aufgebot von Menschen in unserer Kirche gesehen. Die Deutsche Fahne und die Fahnen der Partei wurden in die Kirche getragen. Das war aber auch das einzige Erntedankfest mit Parteigenossen.[61]

Am Sonntag nach Erntedank begingen die Reichenbacher meist noch einen besonderen »Eintopf-Sonntag«, für den intensiv geworben wurde[62]:

> Du fühlst dich an diesem Tage verbunden mit all deinen Volksgenossen, die wie du aus einem Topfe essen. Wir rücken enger aneinander, Schranken, die Unvernunft und Dünkel aufgerichtet haben, fallen. Und wenn

Seite 157 bis 159: Reichenbacher Kinderfest 1935.

dann der Kamerad kommt, der sich dem WHW zur Verfügung gestellt hat und um deine Gabe bittet, so gibst du gern. Eintopf-Sonntag! Das freiwillige Opfer eines großen Volkes! Ausdruck sozialistischer Tat.[63]

Am 9. November konzentrierten sich die Reichenbacher Nationalsozialisten wie andernorts auf weitere vermeintliche *Helden* in ihren eigenen Reihen. Sie fanden sich alljährlich »zusammen mit vielen sonstigen Volksgenossen in der sinnig geschmückten Turnhalle ein, um in ehrfurchtsvoller Stille der Toten der Bewegung zu gedenken.« Nationalsozialistische Legendenbildung hatte schon bald nach dem 9. November 1923 aus dem etwas dilettantisch anmutenden Zug der »Putschisten« einen »Marsch auf die Feldherrnhalle«, aus der blamablen Niederlage einen strahlenden Sieg gemacht[64]. Um das Schauspiel in Reichenbach korrekt aufzuführen, hatten sich die Hauptdarsteller, »sämtliche Pgs, (...) zur Generalprobe für 9. 11.« einzufinden[65]. Nach der Veranstaltung – 1935 wurde dabei der

1932 verstorbene Hans Lautenschlager als erster nationalsozialistischer Gemeinderat am Ort geehrt[66] – fand jeweils »ein Schweigemarsch zum Kriegerdenkmal statt, wo ein Kranz niedergelegt wurde.« Paul Bescherer, Parteimitglied mit der niedrigsten Parteinummer am Ort, sprach jährlich über die *Blutzeugen der Bewegung*[67]. *Musikverein* oder »Concordia« beschlossen meist die Feier. Die *Deutsche Volksweihnacht* beendete das nationalsozialistische Festjahr. Der neue Propagandawart Reichenbachs, Ernst Mühlhäuser, sollte die *Deutsche Weihnacht*, die die christliche Sinngebung durch eine völkische ersetzen sollte, Ende 1933 zum ersten Male ausrichten, was aber nicht so ganz gelang:

Der Vater, der wurde vom *Ortsgruppenleiter* zum Propagandaleiter ernannt. Er sollte die Deutsche Weihnacht 1933» vorbereiten und durchführen, hat dazu Bilder deutscher Maler über Christi Geburt mit Hilfe von Dias gezeigt und die entsprechenden erbaulichen Verse dazu vorgetragen, ganz im christli-

chen Sinn. Das hat den Pg's nicht so sehr gefallen, darnach wurde er vom *Ortsgruppenleiter* nicht mehr mit der Durchführung einer entsprechenden Veranstaltung beauftragt.«[68]

Der dargestellte Rahmen nationalsozialistischen Feierns markierte die Eckpunkte dieses Aspekts des Reichenbacher Alltags. Dazu kamen im Laufe der Jahre Feiern, die nationalsozialistischer Erfolge gedachten, wie das Jubiläum der *Eingliederung des Saarlandes* am 1. März 1935, der Gedenktag zur »Wiederherstellung der vollen Souveränität des Reiches« am 7. März 1936, der an den Einmarsch der deutschen Truppen ins Rheinland erinnerte, oder der »Tag des Großdeutschen Reiches« nach dem »Anschluß« Österreichs am 9. April 1938. Die Parteiaktiven am Ort füllten die Zwischenräume mit kleineren und lokalen Veranstaltungen auf. Zur Veranschaulichung der Vereinnahmung der Reichenbacher durch die freizeitfüllenden »Pflichttermine« und Angebote der Partei sollen einige Auszüge aus der »Göppinger Zeitung« dienen, die – beispielhaft – einen Monat vom 25. Mai bis zum 26. Juni 1935 umfassen:

26. Mai, vormittags: Feierliche Gedenkveranstaltung für den Parteihelden Leo Schlageter.

26. Mai, nachmittags: Ausstellung von Nähprodukten aus »Vistra«, einem Kunstgarn aus Perlon und Nylon, die Arbeiterinnen der Firma Otto in einem kostenlos angebotenen Nähkurs gefertigt hatten, im Gasthaus »Hirsch«[69].

1. Juni, 16.15 Uhr: Versammlung für alle *Parteigenossen* in Sportkleidung in der Turnhalle[70].

1. Juni, 20.15 Uhr: Lichtbildervortrag der *Nationalsozialistischen Kriegsopferversorgung* über »Deutsche Soldatenfriedhöfe im Ausland«[71].

2. Juni: »Demonstrationszug auf den Festplatz« im Rahmen der *Reichssportwerbewochen*, veranstaltet von der NSDAP in Zusammenarbeit mit dem *Turn-* und dem *Musikverein*[72].

4. Juni, abends: »Öffentliche Pflichtversammlung mit der Rednerin Anna Müller aus Göppingen« im Gasthaus »Hirsch«[73].

7. Juni: Aufruf zur Musterung der Mitglieder des Jahrgangs 1914 und 1915 aus Reichenbach und Schlierbach im Ebersbacher Schulhaus[74].

13. Juni: Artikel über Aktivitäten der Reichenbacher *Hitlerjugend*: »Jugend im Braunhemd auf Pfingstfahrt«[75].

14. Juni: Pompöse Eröffnung der »Erdbewegungsarbeiten« zur Filskorrektur[76].

21. Juni: Sommersonnwendfeier[77].

22. Juni: »Großer Aufmarsch von 800 Arbeitsdienstmännern des RAD«, die im Rahmen der Filskorrekturen beschäftigt waren[78].

22. Juni: Reichenbacher Kinderfest mit einem Festzug[79].

26. Juni: *Appell* für alle Funktionsleiter der *Deutschen Arbeitsfront* zu einem Vortrag im Gasthaus »Post« mit *Kreiswalter Pg* Lage und *Pg* Schulz[80].

Bei diesen Veranstaltungen stellten die Verantwortlichen alles als angenehm Empfundene jeweils als Leistung Hitlers dar. So verkündete beispielsweise Bürgermeister Schmid in seiner Begrüßungsrede zum Kinderfest, daß Reichenbach dieses Fest »in erster Linie unserem herrlichen Führer zu verdanken« habe, »der die Not der vergangenen Jahre, in deren die Abhaltung eines Kinderfestes nicht mehr möglich war, abgewendet« habe[81].

Radio und Zeitungen, insbesondere die Tageszeitungen wie die »Göppinger Zeitung« und ab 1938 zunehmend die »Eßlinger Zeitung« bestimmten, wie das Erlebnis in Erinnerung bewahrt werden sollte, indem sie im nachhinein für dramatische »Inszenierungen der Inszenierung«[82] sorgten. Diese Veranstaltungen waren primär Freizeitangebote, und als solche wurden sie von den meisten Reichenbachern auch wahrgenommen. Sie befriedigten deren Bedürfnisse nach Harmonie und nach dem Gefühl der Zugehörigkeit zu einer Gruppe. Gleichzeitig schufen sie durch die hervorgerufenen emotionalen Erlebnisse Identifikationsmöglichkeiten mit dem nationalsozialistischen Staat und transportierten dessen Ideologie. Durch dieses Ansprechen von Gefühlen und durch ständige Wiederholung konnten sich die wenigsten Reichenbacher den dabei vermittelten Inhalten entziehen. Dieser Aspekt des vom totalitären System geprägten Alltags, der die Reichenbacher beider ehemaliger kultureller Milieus umspann, läßt sich am besten als ein andauernd versuchtes Ein- und Durchdringen, ein »ständiger *brauner* Kulturkampf«[83], beschreiben.

»Ausmerze« und »Aufartung«

Den positiven Definitionen der *Volksgemeinschaft* stimmte die überwiegende Mehrheit der Reichenbacher zu. Auch Teile der erwähnten Oppositionellen, die gegen das Regime Hitlers stimmten, konnten sich mit der Idee von der Gemeinschaft eines einheitlich zusammengehörigen Volkes identifizieren. Doch der Mythos der *Volksgemeinschaft* brauchte von Anfang an äußere wie innere Feinde. Die *Dorfgemeinschaft*, das war für jeden offensichtlich, bestand nicht etwa aus allen Reichenbachern und die *Volksgemeinschaft* nicht aus allen Deutschen oder aus allen Einwohnern des Reichsgebiets. Hier wie dort wurde zwischen *Volksgenossen* und *Gemeinschaftsfremden* unterschieden[84]. Kommunisten und engagierte (Sozial-)Demokraten, überhaupt politische Gegner der Nationalsozialisten, waren bereits vor dem Machtantritt deren erklärte Gegner gewesen. Sie hatten als »Sündenböcke« für alle Probleme der Gesellschaft und des einzelnen herhalten

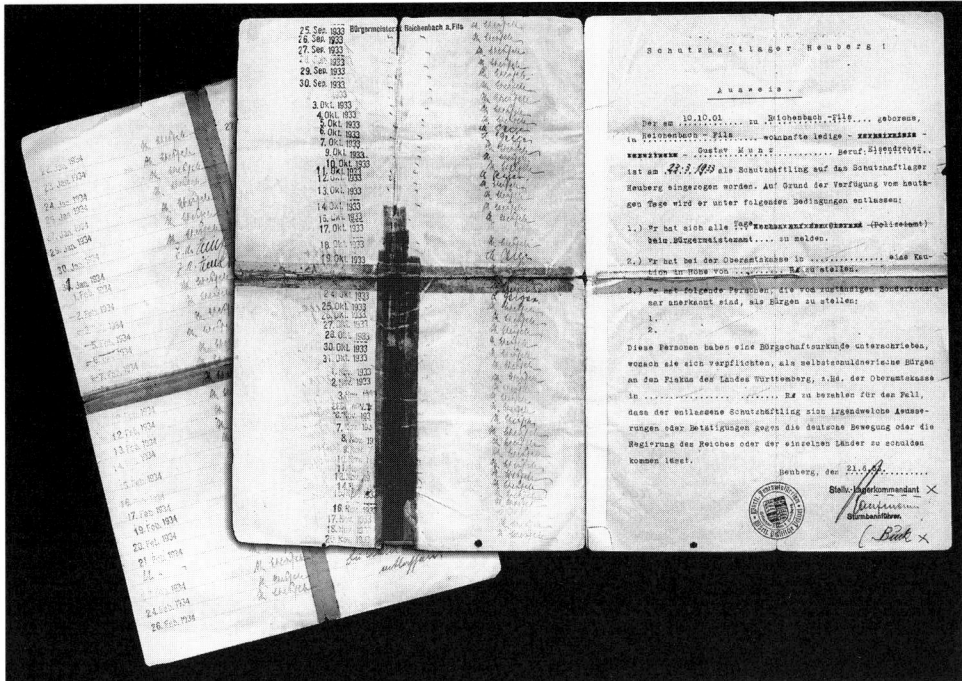

Die aus der *Schutzhaft* entlassenen politischen Gegner der Nationalsozialisten mußten sich täglich auf dem Rathaus melden. Abgebildet ist der Entlassungsausweis von Gustav Munz aus dem *Schutzhaftlager Heuberg* vom 21. Juni 1933 mit täglich abgestempelter Anwesenheitsbestätigung bis 20. November 1933.

müssen, und ihnen war – als vermeintlich einfache Antwort auf allzu komplexe Fragen – die Schuld an der gesellschaftlichen Entwicklung wie beispielsweise der Weltwirtschaftskrise zugeschoben worden.

Zur Genugtuung vieler Reichenbacher des traditionalistischen Milieus waren die Organisationen der als *Volksschädlinge* diffamierten politischen Gegner aus dem progressiven Milieu zerschlagen und die zugehörigen Reichenbacher verschleppt oder eingeschüchtert. Otto Munz, Karl, Albert und Christian Schloz, Albert Oettlinger, Josef Prothmann sowie die anderen aus der *Schutzhaft* Entlassenen mußten sich nach ihrer Rückkehr vom Heuberg täglich im Rathaus melden[85]. Mangold ließ keine Gelegenheit aus zu betonen, daß Gegner des Regimes auch zukünftig verfolgt, aus der *Volksgemeinschaft* politisch ausgegrenzt und *ausgemerzt* werden würden. Neben dieser politischen

definierten sich aus der nationalsozialistischen Ideologie heraus medizinische, soziale und sogenannte »rassische« Ausgrenzungen, die neben den erwähnten militaristischen Elementen in Reichenbach spätestens seit den ersten Monaten der *Nationalen Revolution* wahrzunehmen waren – und meist bereitwillig mitgemacht wurden.

Neben der inszenierten »Gemeinschaft« ist das »Volk« die zweite Komponente des Begriffs *Volksgemeinschaft*. Die sogenannte *Rassenzugehörigkeit* war für die Nationalsozialisten, außer politischen, sozialen und medizinischen eines der wichtigsten Kriterien der Zugehörigkeit zu einem *Volk*. Ein zentraler Aspekt ihrer Herrschaft, den die Nationalsozialisten bereits vor dem Machtantritt vehement betont hatten und der sich wie ein roter Faden durch diese zog, war der Rassismus[86]. *Juden*, Zigeuner, geistig und körperlich Behinderte, Homosexuelle, Prostituierte und sogenannte *Asoziale* wurden als Untermenschen stigmatisiert, durch zahllose *rassenpolitische* Maßnahmen ausgegrenzt, terrorisiert und schließlich ermordet.

Der wichtige »rassenhygienische« Aspekt der nationalsozialistischen Politik sah die »Gesundung des Volkskörpers« vor. Nach innen sollte dabei alles, was den *Volkskörper* schwächte, isoliert und entfernt sowie vermeintlich zukünftig Schwächendem vorgebeugt werden. Der *Volkskörper* sollte hierdurch »aufgeartet«, das »Gemeinschaftsfremde« bekämpft und »ausgemerzt« werden[87]. Nach außen wurde in einer pseudowissenschaftlichen *Rassenlehre* die *arische Herrenrasse* als die den *anderen Völkern und Rassen überlegene* gepriesen, getreu nach dem massenpsychologisch wirksamen Effekt »die anderen sind die Bösen, wir die Guten«.

»Die Judenfrage«

In Reichenbach lebten 1933 und in den Folgejahren keine Menschen jüdischen Glaubens[88]. In Deutschland lebten 1933 insgesamt etwas mehr als eine halbe Million *Juden*, das entspricht bei einer Gesamtbevölkerung von etwa 66 Millionen einem Anteil von 0,76 Prozent[89]. Obwohl es sich hierbei also um eine verschwindend kleine Minderheit handelte, nahm die Diskussion der »jüdischen Frage« inflationäre Ausmaße an[90]. Auch in Reichenbach wurde die »Judenfrage« am Stammtisch, im Backhaus und in den traditionalistischen Vereinen[91] diskutiert als ein »Problem«, das es zu lösen galt. In Zeitungsartikeln wurde sie erörtert, und dabei »die Juden« zur »Bedrohung« stilisiert. Das Bekenntnis zum Antisemitismus hatte sich in der deutschen Gesellschaft bereits gegen Ende des 19. Jahrhunderts zum Zeichen der Zugehörigkeit zum kulturellen »deutschen« Lager entwickelt. Die sich zu diesem Lager Zählenden bekundeten durch antisemitische Äußerungen die Übernahme sozialer, politischer und moralischer Normen, die gegen Fortschritt und Emanzipation standen. Diese Normen stimmten mit den beschriebenen Haltungen des traditionalistischen Reichenbacher Milieus, wie Herstellung einer harmonisch-völkischen Gemeinschaft, nationalistische und militaristische Tendenzen und Ablehnung der Demokratie, weitgehend überein. Antisemitismus war zum Kürzel für ein ganzes System von Einstellungen und Ideen geworden, zum »kulturellen Code«[92].

Vor allem in der nationalsozialistischen Agitation spielte die antisemitische Hetze von Anfang an eine zentrale Rolle. Hitler gab den *Juden* an allem nationalen und persönlichen Unglück die Schuld. Neben der »Eroberung von Raum« war die »Entfernung der Juden« der zweite zentrale Bestandteil von Hitlers Weltanschauung[93]. Bereits im Parteiprogramm der NSDAP vom 24. Februar 1920 war die Ablehnung des *Judentums* mehrfach verankert[94]. Im vierten von fünfundzwanzig Programmpunkten hieß es, daß »kein Jude (...) daher Volksgenosse sein« könne[95]. Folglich sollten alle *Juden* ihre staatsbürgerlichen Rechte verlieren.

Mit diesen und anderen antisemitischen Äußerungen hatten es Hitler und die anderen Organisatoren der NSDAP verstanden, sich im Verlauf der zwanziger Jahre zu Wortführern einer bereits bestehenden Vielzahl kleinbürgerlicher und antisemitischer Gruppierungen aufzuschwingen[96]. Die Nationalsozialisten haben also den Antisemitismus nicht erfunden, doch sie verliehen ihm eine extreme biologisch-*rassistische* Begründung. Das Volk, also auch die *Herrenmenschen* der *germanischen Rasse*, definiere sich durch sein Blut, und *Juden* seien der Inbegriff des *Blutfeindes*. Während der folgenden Jahre äußerte sich der *Juden*haß in Hetzpropaganda, antisemitischen Demonstrationen und provozierenden Zwischenfällen. Die Überzeugung, es gebe wirklich eine *Judenfrage*, die der Staat zu lösen habe, schwächte von vornherein die Kritikfähigkeit und Abwehrbereitschaft der einzelnen.

Die erste zentral gesteuerte Aktion der Nationalsozialisten gegen die *Juden* war der Aufruf zum eintägigen *Abwehrboykott* der jüdischen Geschäfte für Samstag, den 1. April 1933. Da es in Reichenbach auch keine jüdischen Geschäfte gab[97], nahm die Bevölkerung die Kampagne gegen eine angebliche Hetzpropaganda des *Weltjudentums* entweder in Göppingen, in Esslingen oder aus den Zeitungen wahr.

> Das, was später mit den Juden passiert ist im Osten, das hat man in Reichenbach wohl nicht so mitbekommen. Aber was man mitgekriegt hat, war natürlich der Boykott in Göppingen und in Esslingen.[98]

Am 31. März waren in der »Göppinger« und der »Eßlinger Zeitung« Appelle der Ausschüsse »gegen die jüdische Greuelhetze« abgedruckt, in denen zu einem Boykott jüdischer Geschäfte aufgerufen wurde:

> Jeder, der ihn bricht, stellt sich in die Front der Gegner unseres Volkes und wird wie diese behandelt. Ein Volksverräter ist, wer noch ein jüdisches Geschäft betritt![99]

An den Schaufenstern der einschlägigen Geschäfte, vor deren Eingänge *SA-Männer* als Doppelposten aufzogen, hingen Plakate mit der Aufschrift

> Juda hat Deutschland den Krieg erklärt. Ein Vaterlandsverräter, wer dieses Geschäft betritt![100]

Dies war der Auftakt der *rassischen* Ausgrenzung und der Beginn einer langen Reihe schrittweiser Entrechtungen durch insgesamt 2000 antijüdische Bestimmungen und Gesetze[101] sowie unzähliger Maßnahmen gegen die zu den vermeintlichen Hauptgegnern des deutschen Volkes, ja der westlichen Zivilisation, stilisierten *Juden*[102]. Durch das erwähnte »Gesetz zur Wiederherstellung des Berufsbeamtentums« vom 7. April 1933 sowie durch das »Reichsbürgergesetz« vom 15. September 1935 wurden sie aus dem öffentlichen und wirtschaftlichen Leben ausgeschlossen. Dieses Gesetz gehörte zu den sogenannten »Nürnberger Gesetzen«, die, auf dem Parteitag in Nürnberg verkündet, die Entrechtung jüdischer

Deutscher für alle offenbaren und festschrieben[103]. Die erste Durchführungsverordnung zum *Reichsbürgergesetz* vom 14. November 1935 definierte nun auch, wer als »Jude« galt. Hatte ein Großelternteil der jüdischen Religionsgemeinschaft angehört, galt dieser als »jüdisch«[104]. Die Nationalsozialisten bestimmten also die Zugehörigkeit zur »jüdischen Rasse« mit der Religionszugehörigkeit und nicht, wie in ihrer *Rassenlehre* und in den Hetztiraden ständig betont, mit biologischen Kriterien, die es nicht gibt. Das gleichzeitig verkündete »Gesetz zum Schutze des deutschen Blutes und der deutschen Ehre« verbot die Eheschließung und den außerehelichen Geschlechtsverkehr zwischen *Juden* und Staatsangehörigen »deutschen oder artverwandten Blutes«[105]. Mit Verordnung vom 26. April 1938 wurden die *Juden* verpflichtet, ihr Vermögen anzumelden, wenig später mußten sie sich im Verkehr mit amtlichen Dienststellen als *Juden* bezeichnen. Durch die Verordnung vom 17. August 1938 wurde ihnen auferlegt, »Israel« und »Sarah« als zusätzliche Vornamen zu führen.

In Reichenbach allerdings beschränkte sich der Antisemitismus – mangels Gelegenheit – auf mentale Haltungen und auf einen Schaukasten des rassistischen Hetzblattes »Der Stürmer«.

> Am schwarzen Brett an der Post standen immer antijüdische Parolen des *Stürmers* angeschlagen: »Die *Juden* sind unser Unglück«. Außerdem stand noch »Trau keinem Fuchs auf grüner Heid und keinem Jud' bei seinem Eid.«[107]

Der *Propagandawart*, der *Ortsgruppenleiter* und der *Kreisleiter* hielten Vorträge und Schulungen, machten »Ausführungen über die Judenfrage« auf Versammlungen der entstehenden *Parteigliederungen*[107] oder in Reichenbacher Vereinen, und in den Zeitungen erschienen ständig antijüdische Artikel, wie der folgende Anfang Mai 1935:

> Mit ihrem schändlichen Geschacher und Wucher – ein württembergisches Gesetz aus dem Jahre 1567 – Jüdische Ärzte nicht geduldet[108].

Friedrich Sanzi verteilte am Ort ein Verzeichnis jüdischer Geschäfte in Württemberg mit dem Titel »Deutscher kaufe nicht beim Juden!«[109] Im Laufe der Entwicklung dieser durch die Propaganda kultivierten »Judenfrage«, an deren Ende die »Endlösung«, der Mord an den europäischen *Juden*, stand, wirkten einige Reichenbacher noch deutlich aktiver mit[110].

»Zur Verhütung erbkranken Nachwuchses«

Das Vorbeugen gegen *Krankheiten am Volkskörper* ermöglichte das von Hitler am 14. Juli 1933 erlassene »Gesetz zur Verhütung erbkranken Nachwuchses« (GVeN)[111], das am 1. Januar 1934 in Kraft trat[112] und die Sterilisation von »Erbkranken« vorschrieb. Nach der Definition des Gesetzes galten als »erbkrank« Personen, die an angeborenem Schwachsinn, Schizophrenie, manisch-depressivem Irresein, erblicher Fallsucht, erblichem Veitstanz, erblicher Blind- und Taubheit, schwerer körperlicher Mißbildung oder schwerem Alkoholismus litten. Im offiziellen juristischen Kommentar wurden diese ungenauen Angaben näher beschrieben. Als schwachsinnig beispielsweise wurden Personen charakterisiert, die nicht fähig waren, in einem geordneten Berufsleben ihren eigenen Unterhalt zu verdienen, Frühkriminelle sowie Menschen, die Konflikte mit Schule oder Polizei hatten. Auch sozial Schwache, Unangepaßte, Verhaltensauffällige und soziale Randgruppen wurden hierunter zusammengefaßt und als »Erbfeinde des deutschen Volkes« stigmatisiert[113]. In diesem Gesetz manifestierten sich die Vorstellungen der *Rassenhygieniker*, die Fortpflanzung »schwer erblich belasteter Personen zu verhindern«[114]. Diese Ideen waren nicht spezifisch nationalsozialistisch. Bereits im 19. Jahrhundert hatten Mediziner und Politiker vor dem Hintergrund *rassenhygienischer* und sozialdarwinistischer Vorstellungen Theorien zur Sterilisation und *Euthanasie* diskutiert[115]. Neu waren Art

und Umfang der Maßnahmen, die Ausweitung des Personenkreises über die Insassen von Pflege- und Heilanstalten hinaus sowie die rigorose Umsetzung in der Politik mit radikal angewandter Gewalt[116]. Da die Erblichkeit der angeführten Krankheiten und Verhaltensweisen in der Praxis häufig nicht mit Sicherheit nachgewiesen werden konnte, wurde der Begriff »angeboren« eingeführt. Auf diese Art konnten in die »Diagnose angeborener Schwachsinn« neben Geisteskranken auch Hilfsschüler, Kleinkriminelle, Bettler oder Nichtseßhafte und andere »Gemeinschaftsunfähige« mit einbezogen werden. Die Hauptkriterien, nach denen im nationalsozialistischen Staat selektiert wurde, lagen in der Nützlichkeit und der Verwertbarkeit der Menschen für die Gesellschaft[117]. Der »gesunden« Bevölkerung sei nicht mehr zuzumuten, die Kosten, die durch die genannten Personenkreise entstünden, zu tragen.

Für dieses Sterilisationsgesetz warben die Nationalsozialisten mit einem erheblichen propagandistischen Aufwand. In mehreren Artikeln *informierte* der »Filstal- und Schurwaldbote« die Reichenbacher, was sie unter einem »erbbiologischen Grundbuchamt« sowie unter dem Gesetz im allgemeinen zu verstehen hätten[118]. Anfang August 1933 betonte ein Artikel die »Verantwortung« des »am Erbstrom« sitzenden Standesbeamten »für den ordnungsgemäßen Vollzug der Ehe.« Dieser sollte dafür sorgen, daß nicht gleichermaßen »anständige Bürger und Verbrecher, Vernünftige und Geisteskranke, Sieche und Gesunde, Bettler und Millionäre (...) die gesetzliche Bewilligung zur Fortpflanzung ihrer Art« bekämen. »Damit die biologischen Kräfte des Volkes nicht untergraben« würden, sollten die Standesämter zu »Sippenämtern« ausgebaut werden, die »Karteien (...) mit Aufzeichnungen über die Erbqualität eines jeden Einzelnen« einrichten sollten[119].

Kurz vor Inkrafttreten des Gesetzes meldete der »Filstal- und Schurwaldbote« unter der Überschrift »Zur Verhütung erbkranken Nachwuchses«, daß »reichsweit bereits 1700 Erbgesundheitsgerichte eingerichtet« seien[120]. Ferner kündigte das Blatt den Beginn der Sterilisation von etwa 400 000 Deutschen ab Januar an. Der Reichenbacher *Propagandawart* Mühlhäuser griff das Thema bei mehreren Schulungen und in zwei öffentlichen Vorträgen auf, zu denen die *Ortsgruppe* die Reichenbacher Bevölkerung einlud. Am 22. März 1934 sprach er im Rahmen eines Lichtbildervortrags über »Die Arische Rasse«. Im nachträglichen Zeitungsbericht gab der Schreiber den Kernsatz des Abends wie folgt wider:

Wir Deutsche bestehen hauptsächlich aus der nordischen Rasse; die übrigen Rassen spielen eine untergeordnete Rolle.[121]

Drei Wochen später wandte sich Mühlhäuser erneut dem Thema zu, in Form eines Lichtbildervortrags im »Hirschsaal« zur »Verhütung erbkranken Nachwuchses«. Dabei blieb bei dem Redakteur vor allem die Aussage hängen:

Viel Geld bezahlt der Staat für die Anstalten.[122]

Die Schulungsvorträge lassen sich also auf die Aussage reduzieren: Wir sind die Auserwählten, die *Arier*, und für die andern zu sorgen ist zu teuer. Daß sich nicht nur Parteikreise mit dem Thema beschäftigten, zeigt eine im März 1935 organisierte vom *Propagandawart* in Zusammenarbeit mit dem Leiter der Gewerbeschule erarbeitete »Ausstellung über Familienkunde, Erblehre, Erbgesundheitspflege und Rassenkunde«. Offizielle Veranstalter waren die Gewerbe- und die Volksschule sowie das Pfarramt[123].

Dem Wortlaut des Gesetzes nach war die Unfruchtbarmachung eine freiwillige Entscheidung der Betroffenen oder ihrer gesetzlichen Vertreter. Doch in Reichenbach lassen sich keine Anhaltspunkte finden, daß sich während dieser ersten Phase der Anwendung des Gesetzes »Freiwillige« gefunden hätten. Etwa zur Mitte des Jahres 1936 erschienen im Rahmen einer weiteren Welle der »Aufklärung« mehrere Zeitungsartikel. Darin wurde die »Gefahr des Volkstodes« gezeichnet[124], dem »Krieg gegen das Kind« der »Krieg für das Kind« erklärt und über »Rasse und Erbgut im neuen deutschen Strafrecht« berichtet. Mit Überschriften wie »Schutz der Rassenehre«, »Abwehr der Rassengefährdung«, »Erschleichung einer rasseschädigenden Ehe«, »Eheerschleichung und Ehebetrug« oder »Unzucht zwischen Männern« wurden die anstehenden Zwangssterilisationen vorbereitet[125]. In der Reichenbacher Schule wurde seit Herbst 1933 *Vererbungslehre*, vermengt mit *Rassenlehre*, intensiv durchgenommen.

Das Allerbescheuertste waren ja die Indexmessungen, Kopfform und so. Ich, obwohl ich schwarz war und überhaupt nicht arisch aussah, ausgerechnet ich hatte die laut Rassenlehre »beste« Kopfform, die unsere »Vorzeigearierin« nicht hatte.[126]

Doch trotz aufwendiger Propaganda und Schulung erreichte die pseudowissenschaftliche, als »Rassenlehre« verbrämte Ideologie nicht alle Reichenbacher:

Das mit der Rasse, war schon komisch, mit den Schwarzen beispielsweise. 1936 bei der Olympiade, dort wurden sie verehrt, da haben wir den Jesse Owens verehrt, wie der gelaufen ist, und andererseits sollten sie Untermenschen sein; da gab es schon Widersprüche, die geweckt wurden. Hitler, Göring und Goebbels sahen alle nicht aus wie Arier. Bei uns waren viele nicht arisch, viele hatten eine Brille.[127]

Zu Aktivitäten irgendeiner Art gegen diese am Ort propagierte und praktizierte Ideologie ist es allerdings bis auf einzelne Äußerungen des Unmuts nicht gekommen. Im Gegenteil, es ist erstaunlich, wie selbstverständlich sich örtliche Parteifunktionäre, Bürgermeister, Arbeitgeber, Betriebskrankenkassen und Vormünder an der geschäftlichen Abwicklung der Zwangssterilisationen beteiligten[128].

Insgesamt wurden in den Jahren 1936 bis 1941 in Reichenbach mindestens vier Männer und vier Frauen zwangsweise sterilisiert[129]. Bis auf einen älteren verheirateten Mann waren zum Zeitpunkt des

Eingriffs alle zwischen 18 und 28 Jahre alt und ledig. Allen wurde attestiert, »leicht verwirrt, aber harmlos und durchaus ungefährlich«[130] zu sein und »selbständig schaffen« zu können[131]. Ein Mann starb an den Folgen der Unfruchtbarmachung. Er wurde im April/Mai 1941 wegen Nervenzusammenbruchs ins »Christophsbad« nach Göppingen eingeliefert und dort am 27. Juni 1941 zwangssterilisiert[132]. Nach »furchtbarer Behandlung« verstarb er an den Folgen des Eingriffs am 13. August 1941[133], vermutlich wie die meisten der reichsweit etwa 5000 Menschen, die den Eingriff nicht überlebten, aufgrund des Zwangscharakters der Sterilisation. Die Zwangsnarkose und die zusätzliche meist zwangsweise verabreichte Vorsatznarkose erhöhten das Komplikations- und Todesrisiko beträchtlich.[134] Der Bruder sprach hierüber mehrmals im Gasthaus »Lamm« in Reichenbach, unter anderem warf er den Behörden vor, man hätte seinen Bruder »im Christophsbad gemetzgert.«[135] Er mußte sich deshalb bei der *Ortsgruppenleitung* einfinden, die ihn eingehend verwarnte und ihm im Falle der wiederholten Äußerung Einweisung in ein *Konzentrationslager* androhte[136].

Bei keinem der nachgewiesenen Reichenbacher »Fälle« ist das Mitwirken der Betroffenen, etwa als Antragsteller, zu konstatieren. Die Eingriffe wurden aufgrund der nationalsozialistischen *Rassenhygiene* ohne Wissen der Opfer angeordnet und gegen ihren Willen durchgeführt. So beispielsweise bei einer jungen Reichenbacherin, die am Ort zur Schule gegangen und als »geistig verwirrt« bekannt war.

> Die (...) konnte bei Schulende gerade den Namen schreiben, doch die Männer haben sie immer herumgezogen. Das ist ja klar, wenn ein Lehrer so viele Schüler hat, konnte der sich natürlich nicht um jedes einzelne kümmern (...). Die ist dann beim Hitler fortgekommen, aber was mit ihr passiert ist, weiß ich nicht.[137]

Dieses »herumgezogen« ist vermutlich auch im sexuellen Sinne zu verstehen.

Aufgrund einer Geschlechtskrankheit wurde die 18jährige – ohne ihr Wissen – am 31. Juli 1938 auf Kosten der Betriebskrankenkasse zwangssterilisiert[138]. Dies entspricht dem eindeutigen Zwangscharakter der Sterilisierungen ab 1935 in Württemberg[139]. An den Vor- und Nachbereitungen der Zwangssterilisationen – vor allem Charakterbeschreibungen und Leumundszeugnisse sowie finanziellen Regelungen – waren das Gesundheitsamt und das Erbgesundheitsgericht sowie die jeweiligen Arbeitgeber, (Betriebs-) Krankenkassen und das Reichenbacher Bürgermeisteramt sowie Gemeinderat und NSDAP-*Ortsgruppe* maßgeblich beteiligt.

Das »Gesetz zur Verhütung erbkranken Nachwuchses« und seine Umsetzung waren der Auftakt der medizinischen Ausgrenzung und Beginn einer langen Reihe von Maßnahmen und Gesetzen, die jene Menschen aus der *Volksgemeinschaft* entfernen sollten, die nach Meinung der Nationalsozialisten aus *biologisch-medizinischen* Gründen nicht dazugehörten. Am Ende dieses Weges, quasi als endgültige Lösung dieses von den Nationalsozialisten formulierten »Problems« der »Minderwertigen«, stand die Tötung sogenannten »lebensunwerten Lebens«[140].

»... ist es Aufgabe des Ortsgruppenleiters und des Bürgermeisteramtes Reichenbach, asoziale Elemente in ein Arbeitshaus zu bringen«

Neben den *Juden* und den »Erbkranken« waren die Landstreicher, Kriminelle und sogenannte »Asoziale« weitere Personengruppen, die nach 1933 als *Gemeinschaftsfremde, Gemeinschaftsunfähige, Parasiten* oder *asoziale Elemente* verfolgt und terrorisiert wurden[141]. Bereits vor 1933 hatte die Reichenbacher Verwaltung auf Gemeindeunterstützung angewiesene, auffällige oder unbequeme Mitbürger aus der Gemarkung ausweisen lassen[142]. Doch der nationalsozialistische Staat systematisierte und intensivierte das behördliche Vorgehen gegen Wanderarbeiter, Langzeitarbeitslose, Wohnsitzlose, Bettler sowie teilweise aus der Jugendbewegung stammende Vagabunden und Landstreicher[143]. Mit der Kampagne gegen das »Bettelunwesen« legte die NS-Führung im Herbst 1933 einen Grundstein für die Ausschaltung der Unerwünschten, angeblich sozial *Entarteten*. Am 19. September eröffneten Polizei und *SA* eine in ganz Württemberg durchgeführte »groß angelegte Razzia«, im Verlauf derer im Göppinger Oberamt 103 Personen »angehalten und einer eingehenden Kontrolle unterzogen« wurden. 41 davon wurden »der Bestrafung zugeführt«, also in *Arbeitshäuser*, Zwangsarbeitsanstalten oder *Konzentrationslager* eingeliefert[144].

> Unter den Festgenommenen befinden sich zahlreiche, insbesondere auch solche jüngeren Alters, die schon seit Jahren keiner Beschäftigung mehr nachgehen, sondern nur vom Bettel leben, obwohl sie zweifellos bei ernsthaftem Bemühen im freiwilligen Arbeitsdienst hätten unterkommen können. (...) Jedoch sind alle polizeilichen Maßnahmen auf die Dauer erfolglos, wenn sich nicht die Bevölkerung grundsätzlich entschließt, keinem Bettler mehr etwas zu geben.[145]

Innerhalb dieser Aktion gingen die Behörden auch gegen Zigeuner vor, die seit Mitte der dreißiger Jahre von den Nationalsozialisten als Bedrohung für die »Reinerhaltung des Volkskörpers« betrachtet und als *kriminell* und *asozial* verunglimpft wurden. Die Fraktion der NSDAP hatte bereits Ende Mai 1933 einen Antrag im Reichenbacher Gemeinderat durchgebracht, »in Wagen wanderndem Volk« Lagerung und Aufenthalt auf Reichenbacher Gemarkung nicht mehr zu gestatten[146]. Am 3. November forderte Schmid nach Verweisen auf die »beachtlichen Erfolge« der Maßnahmen die Bevölkerung auf, »die vorsprechenden Bettler grundsätzlich ab- und sie an die bestehenden Fürsorgeeinrichtungen zu verweisen.«[147] Einem fahrenden Geschäftsmann mit Wohnwagen drohte die Gemeinde im Februar 1934 den »zwangsweisen Abschub« an, wenn er nicht weiterführe[148]. Diese

kleinen Taten vor Ort halfen ein Klima zu bereiten, in dem sich eine Verschärfung des Vorgehens entwickeln konnte. In einem Kommentar zur Durchführungsverordnung des »Blutschutzgesetzes« wurde die Eheschließung zwischen »deutschblütigen Personen mit Negern, Zigeunern und ihren Bastarden«[149] verboten. Auch Zigeuner gerieten über die gewohnte gesellschaftliche Diskriminierung hinaus in den Sog der Maßnahmen zur *rassenhygienischen Reinigung der Volksgemeinschaft* bis hin zur Massentötung in den Vernichtungslagern[150]. Ende Januar 1943 ordnete das *Reichssicherheitshauptamt* an, alle im Reichsgebiet lebenden Zigeuner festzunehmen und in *Konzentrationslager* einzuweisen[151]. Der erste Transport erreichte das hierfür eingerichtete sogenannte *Zigeunerlager* in Auschwitz-Birkenau am 26. Februar 1943[152]. Die meisten der etwa 20 000 dort internierten Zigeuner verhungerten, starben an Seuchen oder wurden in den Gaskammern ermordet.

Vor allem im Zusammenhang mit den fortwährenden Aufforderungen zur Mehrarbeit wirkten die in regelmäßigen Abständen erscheinenden Artikel über Zwangsmaßnahmen gegen *Asoziale* – wie der am 11. Juni 1935 in der »Göppinger Zeitung« unter der Überschrift »Arbeitsscheue werden erzogen«[153] – anspornend. Zum Begriff »asozial« schreibt Eugen Kogon, Häftling in Buchenwald, daß es »unter den als asozial Verhafteten auch genug Leute« gab, »denen nichts anderes vorzuwerfen war, als daß sie zweimal zur Arbeit zu spät gekommen waren oder unberechtigt Urlaub genommen, ohne Genehmigung des Arbeitsamtes den Arbeitsplatz gewechselt (...) hatten«[154]. Ende August 1935 beauftragte die *Kreisleitung* ausdrücklich *Partei* und Verwaltung in Reichenbach, sich um diese Personengruppe zu kümmern:

> (...) ist es Aufgabe des Ortsgruppenleiters und des Bürgermeisteramtes Reichenbach, asoziale Elemente in ein Arbeitshaus zu bringen.[155]

Mit erstaunlichem Pflichteifer kamen Bürgermeister und *Ortsgruppenleiter* dieser »Aufgabe« nach.

Der Reichenbacher Eisendreher Wilhelm Traub war Mitglied beim Arbeitergesangverein »Freiheit« und fand nach dem Machtantritt der Nationalsozialisten keine Arbeit mehr. Er wurde in Notarbeitsprogramme der Gemeinde einbezogen, blieb aber nach deren Auslaufen arbeitslos und Reichenbacher Fürsorgeempfänger. Traub trank offensichtlich und hatte auch sonst in Reichenbach auffallende Angewohnheiten.

> Der Traub ist öfters auf die Walz, beispielsweise auf die Reeperbahn nach Hamburg gegangen. Er hatte zwei Kinder und ab und zu einen über den Durst getrunken. Der kam dann als *asozial* und *arbeitsscheu* nach Welzheim.[156]

Als er das erste Mal aus Welzheim zurückkehrte und sich wegen einer angeblichen Zivilstraftat vor Gericht verantworten mußte, versicherte sich die *Ortsgruppe*, daß Traub auf jeden Fall fortbliebe. Sie übersandte zwei Wochen vor der Verhandlung am 31. Juli 1936 eine Stellungnahme an die politische Polizei in Stuttgart. Diese sollte dafür Sorge tragen, daß Traub entweder aufgrund des Strafantrages ins Gefängnis oder durch zu verhängende *Schutzhaft* nach Welzheim zu verbringen sei. Traub, so schrieb der *Ortsgruppenleiter*,

> erregte schon längere Zeit durch sein asoziales Verhalten (...) verbunden mit seiner heute noch kommunistischen Einstellung unter der Bevölkerung allgemeines Ärgernis. Wegen Gefährdung der öffentlichen Sicherheit und Ordnung ist er daher in Schutzhaft zu nehmen.[157]

Am 31. Juli 1936 erließ das *Württembergische Politische Landespolizeiamt* »auf den Bericht vom 14. Juli 1936 der Ortsgruppe der NSDAP Reichenbach« erneut Schutzhaftbefehl gegen den Reichenbacher Eisendreher[158]. Nach erneuter Entlassung am 9. Dezember 1936[159] blieb er arbeitslos. Die *Ortsgruppenleitung* drohte ihm an, ihn erneut nach Welzheim zu bringen. Am

24. Juni 1937 zog der 35jährige die schreckliche Konsequenz[160].

> Anschließend kehrte er wieder nach Reichenbach zurück. Dann haben sie ihm kundgetan, daß sie ihn wieder holen würden. Er sagte immer, »die bringen mich nicht mehr fort«. Aus Angst hat er sich dann aufgehängt. Vorher hat er seinen Körper nach Tübingen verkauft. Das Geld hat er dann noch vertrunken. Das war besser so, sonst hätten sie ihn doch wieder geholt.[161]

Der Gefährte Traubs, der Arbeiter Hermann Roth, war ebenfalls im früheren progressiven kulturellen Milieu Reichenbachs gewesen. Auf Betreiben örtlicher Nationalsozialisten kam er zusammen mit Traub ins »Arbeitslager«[162] Welzheim.

> Mehrmals wurde er, weil er sich im Gasthaus »Zum Waldhorn« Reichenbach in abfälliger Weise gegen die führenden Nazis in unserem Ort äußerte, einige Tage später vom Landjäger verhaftet und ohne Verhandlung ins Arbeitslager Welzheim verbracht. Dort mußte er im Steinbruch schwerste Arbeit verrichten. Nach Verbüßung dieser Strafe mußte er sich jeden Tag auf der Polizei in Reichenbach melden.[163]

Kurz nach seiner Freilassung unternahm das Bürgermeisteramt Anstrengungen, Roth wieder loszuwerden. Am 18. Juni 1936 schrieb Schmid an das Oberamt mit der Bitte, gegen den 21jährigen »arbeitsscheuen Hilfsarbeiter Hermann Roth die geeignet erscheinenden Maßnahmen ergreifen zu wollen.«[164] Über das Wehrbezirkskommando erwirkten *Ortsgruppe* und Bürgermeister direkt einen *Schutzhaftbefehl*. Am 21. Oktober 1936 wurde Roth auf *Schutzhaftbefehl* vom 10. des Monats nach Welzheim verbracht[165], von wo er neun Monate später wegen guter Führung »beurlaubt« wurde[166]. Einen Tag nach seiner Entlassung schrieb die *Kreisleitung* Göppingen an die *Ortsgruppe* Reichenbach:

> Sie wollen veranlassen, daß Roth auch in Zukunft immer streng überwacht wird.[167]

Die »Überwacher« setzten erneut das Wehrbezirkskommando ein; am 3. November 1937 zog das 56. Infanterieregiment den Hilfsarbeiter als »Arbeitsscheuen« nach Ulm in die Wilhelmsburgkaserne ein[168]. Am 8.10.1945 kehrte Roth aus der Gefangenschaft nach Reichenbach zurück. Der ehemalige Schriftführer desArbeitergesangvereins, Gustav Munz, erinnerte sich kurz nach Kriegsende an die beiden:

> Bei Wilhelm Traub und Hermann Roth handelte es sich keineswegs um *arbeitsscheue Elemente*, wohl aber um solche, die hin und wieder dem Alkohol zuviel zusprachen und sich in angeheitertem Zustand über das Naziregime mißliebig äußerten[169].

Johannes Brendle – auch dieser »kommunistisch angehauchte«[170] Antifaschist fiel unter die nationalsozialistischen Maßnahmen zur *Bekämpfung Gemeinschaftsunfähiger*. Der 1883 geborene Reichenbacher Kaufmann Brendle war im Ort bekannt als »Querulant«, der »gehetzt hat im Flecken«[171]

Nr. 2821.   C

Oranienburg, den 2. Oktober 1942.

Der Notariatskandidat Johannes B r e n d l e - -
- - - - - - - - - - - - evangelisch - - - - - - - -
wohnhaft in Reichenbach, Kreis Eßlingen, Eichstraße 24 - -,
ist am 25. September 1942 - - um 17 - - Uhr - - - Minuten
in Oranienburg im Lager Sachsenhausen - - - - - verstorben.
Der Verstorbene war geboren am 24. März 1883 - - - -
in Thieringen, Kreis Balingen. - - - - - - - - - - - -
(Standesamt Tieringen - - - - - - - - Nr. 14/1883 -)
Vater: Ludwig Brendle, letzter Wohnort unbekannt. - -
- -
Mutter: Anna,Maria Brendle, geborene Weber, letzter -
-- Wohnort unbekannt. - - - - - - - - - - - - - - - -
Der Verstorbene war — nicht — verheiratet mit Frieda Brendle-
-- geborenen Fink, wohnhaft in Reichenbach. - - - - - -

Eingetragen auf mündliche — schriftliche — Anzeige des Lagerkomman-
---danten des Lagers Sachsenhausen in Oranienburg. - -
Der Anzeigende - - - - - - - - - - - - - - - - - -
- -
- -

Vorgelesen, genehmigt und - - - unterschrieben
- -

Die Übereinstimmung mit dem Erstbuch wird beglaubigt.
Oranienburg, den 2.10.19 42.
Der Standesbeamte
In Vertretung :

Der Standesbeamte
In Vertretung : K e m p f e r.

Todesursache: Ruhr.
Grundleiden: wie vor.

Beischließung des Verstorbenen am   in
Standesamt   Nr.   ).

Todesurkunde von Johannes Brendle, ausgestellt vom Standesbeamten des Konzentrationslagers Sachsenhausen-Oranienburg am 2. Oktober 1942.

und sich nichts gefallen ließ, auch nicht von der Obrigkeit. Er prozessierte häufig für sein vermeintliches Recht. Sein Sohn erinnerte sich nach Kriegsende: »Er hat sich in verschiedenen Rechtsstreitigkeiten vielleicht nicht ganz korrekt benommen.«[172] – Auf Betreiben des *Ortsgruppenleiters* und zweier weiterer führender Na-

169

zis am Ort[173] verhaftete ihn die *Geheime Staatspolizei* Ende November 1934 im Rahmen der Aktion gegen »Asoziale« und internierte ihn im Schutzhaftlager Kuhberg in Ulm[174]. Auf Anfrage berichtete der Bürgermeister im September 1938: »Er trägt das Merkmal eines Querulanten«[175]. In einem Bericht im Oktober fügte der *Ortsgruppenleiter* hinzu: »Asozialer Einschlag ist vorhanden«[176]. Mit diesem Urteil war für Brendle kein Platz mehr in der *Volksgemeinschaft*. Im Dezember 1938 bekräftigte Mangold das verhängnisvolle Zeugnis:

> Wenn dieser nun seit seiner Schutzhaft sich ruhig verhalten hat, so daß keinerlei Beanstandungen seither vorgekommen sind, so ist das bei dem Charakter des Brendle noch lange nicht gesagt, daß künftig nichts mehr vorkommen soll.[177]

Kurz vor dem Krieg entlassen, wurde er am 14. Juni 1941 für ein Jahr ins *Arbeitslager* nach Welzheim verbracht, von wo aus er zu einer Gerichtsverhandlung nach Ulm vorgeladen wurde.

> Nach einer Schwurgerichtsverhandlung im Jahre 1942 in Ulm, bei der mein Vater – vermutlich wegen eines privaten Streits zwischen Brendle sowie einer Verwandten eines führenden Nazis am Ort[178] – »zu vier Monaten Gefängnis verurteilt wurde (...), kam es nur noch auf das politische Führungszeugnis des *Ortsgruppenleiters* an.«[179]

Dieser blieb bei seinem vernichtenden Urteil, weshalb Brendle am 1. Juli 1942 vom »Polizeigefängnis Welzheim« ins Konzentrationslager Oranienburg-Sachsenhausen »verschubt«[180] wurde. Der Sohn schrieb mehrmals an die *Partei* und an die Behörden mit der Bitte um Freilassung. Von der *Geheimen Staatspolizei* wurde der Sohn an den *Ortsgruppenleiter* verwiesen. Im Sommer 1942 besuchte Sohn Erich den *Ortsgruppenleiter* und versuchte, diesen zu einem zur Freilassung seines Vaters führenden Schreiben zu bewegen[181]. Mangold forderte ihn zu erneuter schriftlicher Bittstellung auf. Auf weitere Eingaben der Familie erbat schließlich die *Geheime Staatspolizei* Stellungnahmen des Bürgermeisters wie des *Ortsgruppenleiters*. Beide

versicherten einhellig, Brendle selbst habe »keinerlei Rücksicht und Entgegenkommen verdient«, doch sei es für die Verwandten sehr schwer. Deshalb befürworteten sie eine Freilassung »auf Probe«, wobei Brendle eindringlich klarzumachen sei, daß er im Falle der »geringsten Verfehlung unnachsichtig« verfolgt würde und mit einer Einweisung »für dauernd« zu rechnen hätte[182]. Zu dieser Freilassung kam es nicht mehr. Am 25. September 1942 starb Johannes Brendle in seinem 60. Lebensjahr im *Konzentrationslager* Oranienburg-Sachsenhausen[183]. Als offizielle Todesursache wurde Ruhr angegeben[184].

Vermischt waren diese Maßnahmen mit Aktionen gegen »Miesmacher und Nörgler«, die in Reichenbach ab 1934, andernorts ab 1935/36 immer wieder zu *Schutzhaftbefehlen* führten. Die Bevölkerung war aufgefordert, aktiv an der Formung der *Volksgemeinschaft* auch durch Denunziation *Gemeinschaftsunfähiger* beizutragen. Am 7. November 1934 gab der 35jährige Raddreher Wilhelm Noll im Reichenbacher Café Dangelmaier in leicht angetrunkenem Zustand seinem Unmut über Hitler, die *HJ* und das System freien Lauf. Zwei Reichenbacher hörten dies und denunzierten ihn beim *Ortsgruppenleiter*.

> Nach Verlauf dieser ganzen Geschichte schenkte ich dem weiters keine Beachtung mehr, bis ich nach etwa 14 Tagen bei einem Unterrichtsabend der *SA* in der hiesigen Schule von dem Sturmtruppführer S. (...) sowie von Truppführer B. und L. vor die Tür gerufen wurde und Aussagen zu Protokoll geben mußte. (...) Nach einiger Zeit bekam ich nun eine Vorladung zum Amtsgericht Göppingen und mußte dort den gesamten Sachverhalt vom Café Dangelmaier nochmals genauestens schildern.[185]

Der Sachverhalt ging zum Sondergericht in Stuttgart und von dort zum *Reichsjugendführer* Baldur von Schirach in Berlin. Die Anklageschrift der Anklagebehörde beim Sondergericht Stuttgart vom 11. Juli 1935[186] stellte fest, der Angeklagte habe am betreffenden Tage im Café Dangelmaier folgendes geäußert:

1. »Hitler ist ein Arschficker, sonst wäre er verheiratet.«

2. »Wenn eines meiner Kinder in die Hitlerjugend will, verschlage ich ihm zuerst den Ranzen und dann jage ich es ins Bett. In den Zeltlagern der HJ lernen die Hitlerjungen nur die Hurerei.«[187]

Aufgrund der Zeugenaussagen galt Noll trotz Abstreitens als »überführt«. Die Anklagebehörde beim Sondergericht verurteilte ihn am 11. Juli 1935 wegen »Führerbeleidigung« zu einem Jahr Gefängnis[188]. Die Strafe sollte er im Rottenburger Gefängnis verbüßen[189]. Offensichtlich gelang es ihm, einen Teil der Strafe mit Verweis auf seinen gesundheitlichen Zustand abzuwenden[190]. Deshalb mußte er »in jeder zweiten Woche ein amtsärztliches Zeugnis über seinen Gesundheitszustand vorlegen«, da der Bürgermeister vermutete, »daß Noll mehr oder weniger hinsichtlich seiner Krankheit simuliert, um nach Möglichkeit die ihm diktierte Gefängnisstrafe abzuwenden«[191]. Im Sommer 1936 mußte er die Strafe doch antreten[192].

Parallel zu den lokalen Anstrengungen, »Arbeitsscheue« aus der Reichenbacher *Volksgemeinschaft auszumerzen*, wirkten zentrale Maßnahmen der Berliner Machthaber. Am 26. Januar 1938 kündigte Himmler in einem Schreiben an das *Geheime Staatspolizeiamt* und die Leiter der Staatspolizeistellen einen »einmaligen, umfassenden und überraschenden Zugriff« gegen »Arbeitsscheue« und »Asoziale« an, dessen Vorbereitungen unter Geheimhaltung abzulaufen hätten[193]. In zwei Aktionen verhafteten Kriminalpolizei und *Gestapo* vom 21. bis 30. April und vom 13. bis 18. Juni 1938 einer internen Bilanz zufolge weit über 10 000 »Landstreicher, Bettler, Zigeuner und Zuhälter (...) und schließlich die Unterhaltsverweigerer.«[194] Diese Aktion sollte den Auftakt einer langfristig angelegten Politik der »vorbeugenden Verbrechensbekämpfung« darstellen; die *Gestapo* sollte in »rechtzeitiger Fühlungnahme« mit Arbeitsämtern, Ortspolizei, Kriminalpolizei

und den Wohlfahrtsämtern, die alle bereitwillig mithalfen, Erhebungen »über den in Betracht kommenden Personenkreis« in Form von Listen anstellen. Den eigentlichen Grund gab das *Reichskriminalpolizeiamt* einen Monat nach der ersten Aktion in einem Schnellbrief an seine Dienststellen an:

> Die straffe Durchführung des Vierjahresplanes erfordert den Einsatz aller arbeitsfähigen Kräfte und läßt es nicht zu, daß asoziale Menschen sich der Arbeit entziehen und somit den Vierjahresplan sabotieren.[195]

Zugleich mit diesem Schreiben wurden die Dienststellen aufgefordert, in jedem Bezirk mindestens 200 männliche arbeitsfähige »Asoziale« festzunehmen[196].

Im Rahmen dieser Aktion wurden weitere Reichenbacher aus der *Volksgemeinschaft ausgemerzt*. Leonhard Nosseck, Jahrgang 1901[197], dessen Vater ein guter Turner war und sich stark für den Turnverein engagierte, galt im Ort als »Tunichtgut« und hatte demzufolge »als asozial im nationalsozialistischen Staat kein Lebensrecht.«[198] Er kam nach Welzheim in den Steinbruch. Ebenso ist Karl Eberle zu nennen, der leicht behindert war, als »aggressiv und asozial«[199] galt und im Rahmen der Aktion von 1938 abgeholt wurde[200]. Mehrere Reichenbacher erinnerten sich an ihn.

> Der Karl Eberle, Jahrgang '01, war geistig a bissle verwirrt. Sein Vater war Meister beim Daimler. Der ist dann fortgekommen, später aber wiedergekommen. Der ist aber zu lange als asozial im Gefängnis gesessen, ist nachher schlimm geworden und hat gestohlen. Da haben sie ihn wieder geholt und der ist dann nicht mehr gekommen.[201]

Wie er umkam, ist unklar. Die Leiche des 42jährigen wurde am 27. Februar 1943 eingeäschert und in Reichenbach auf dem Urnenfriedhof beigesetzt[202]. Da die als *asozial* Verfolgten oft schwierige Persönlichkeiten waren, stießen die Maßnahmen in weiten Bevölkerungskreisen Reichenbachs auf Zustimmung. Niemand fragte nach deren weiterem Schicksal.

Wie bei den Behinderten war auch bei den als *asozial* Geltenden die pflichtgemäße Erfüllung der Arbeit ein nach außen wichtiges Kriterium. Im Rahmen der durchgeführten Aktionen sollten potentielle Störfaktoren für die wirtschaftliche Aufrüstung entfernt werden.

Der Begriff »asozial«, der im zeitgenössischen Schriftverkehr jeweils verwendet wurde, soll in diesem Zusammenhang etwas genauer betrachtet werden. In den verschiedenen Erlassen zur Errichtung von *Arbeitserziehungslagern* ab dem Bau des *Westwalls* 1939 und im Erlaß des *Chefs der Sicherheitspolizei* vom 28. Mai 1941 zur »Errichtung von Arbeitserziehungslagern« heißt es zwar, die Lager seien »ausschließlich zur Aufnahme von Arbeitsverweigerern und arbeitsunlustigen Elementen, deren Verhalten einer Arbeitssabotage gleichkommt, bestimmt (...)«, eine präzisere Definition des Deliktes oder des Haftgrundes wurde in all den Erlassen nirgends gegeben[203].

Jedoch gibt es in Reichenbach keinen belegten Einzelfall, wo jemand, »nur« weil er entweder faul, *arbeitsunwillig*, schlampig oder etwa Alkoholiker war, in ein *Arbeitserziehungslager* oder Konzentrationslager kam. Es lagen immer Kombinationen von Kriterien vor. Die häufigste Variante war, daß eine Person in ihrem Arbeitsverhalten auffiel und zusätzlich kommunistisch angehaucht, politisch nörgelnd oder sonstwie ein *Unruhefaktor* für das System darstellte. Eine zweite Variante war auffallendes Arbeitsverhalten in Kombination mit Alkoholproblemen und Äußerungen der Kritik in betrunkenem Zustand gegen Hitler oder das Regime. Beim Einschreiten des Bürgermeisters lag als dritte Kombinationsmöglichkeit mit den Problemen bei der Arbeit, äußerem Erscheinungsbild oder geistiger Verwirrtheit die finanzielle Belastung für den Ortswohlfahrtsfond der Gemeinde als häufiges Kriterium der Entscheidung zu Grunde. Desöfteren wandten sich Arbeitgeber an den Bürgermeister oder den *Ortsgruppenleiter*, um auf diesem Wege vermeintlich *Arbeitsunwillige* ihres Betrie-

bes zu mehr Leistung »bewegen« oder diese »entfernen« zu lassen. Dabei blieben – wie bei den folgenden Beispielen – häufig Konsequenzen aus.

Mehrmals beklagte sich der Inhaber eines Reichenbacher Metallwarenbetriebes beim Bürgermeister, daß der bei ihm beschäftigte 52jährige U. K. nicht regulär seiner Arbeit nachgehe. K. habe, so schrieb er Anfang 1940 erneut, »wieder an mehreren Tagen gefehlt aus einer gewissen Arbeitsscheu heraus.« Schmid leitete die Angelegenheit mit der Bitte, »nach der Sache zu sehen und geeignete Maßnahmen zu ergreifen«, an den Landrat weiter[204]. K. wurde daraufhin zum Leiter des Arbeitsamtes Esslingen zitiert und von diesem »eindringlich verwarnt, seine Arbeit nun ordnungsgemäß zu erfüllen.«[205] Doch darüber hinaus sind keine Folgen dokumentiert[206]. Luise F., geboren im April 1901, hatte ein schweres Los zu tragen. Ihr Ehemann war unverhofft in die Vereinigten Staaten ausgewandert und hatte nichts mehr von sich hören lassen. Sie wohnte in einer ärmlichen Wohnung ohne elektrisches Licht und hatte einen Sohn mitzuversorgen, dem beidseitig die Beine amputiert waren. Von ihrem Arbeitgeber wurde ihr mehrfach vorgeworfen, nicht regelmäßig zur Nachtarbeit zu erscheinen. Schließlich beantragte er über das Arbeitsamt, Frau F. in ein *Arbeitslager* einzuweisen. Ein Beamter der *geheimen Staatspolizei*, der sich daraufhin nach Reichenbach begab, um die Verhältnisse zu prüfen, lehnte die Einweisung ab[207].

Anzumerken bleibt noch, daß Reichenbacher, die aufgrund ihrer Arbeitslosigkeit Depressionen oder aufgrund ihrer psychischen Konstitution Probleme mit ihrer Leistungsfähigkeit am Arbeitsplatz hatten, ebenfalls im Rahmen der *Entfernung Asozialer* ausgesondert wurden. Diese kamen unter dem Vorwand der medizinischen Ausgrenzung in Heime. Viele weitere Reichenbacher wurden auf diese Art und Weise aus der *Volksgemeinschaft ausgemerzt*. Drei davon mußten sterben[208]. Bei allen dokumentierten Reichenbacher »Fällen« wurde das rigorose Vorgehen wegen *asozialen Verhaltens* entweder mit die Gemeindefinanzen betreffenden oder im weitesten Sinne politischen Überlegungen begründet und nicht mit dem

vordergründig geäußerten auffälligen Arbeitsverhalten – die freilich die behördlichen Vorgehensweisen ebensowenig gerechtfertigt hätten.

»... ein fleißig und arbeitsam lebendes Volk« – wirtschaftliche Konsolidierung

Auch die nationalsozialistische Wirtschaftspolitik kann nur im Zusammenhang mit dem totalitären Ideologieanspruch der politischen Führung verstanden werden. Dabei waren Krisenbekämpfung und Kriegsvorbereitung im Wirtschaftskonzept eng miteinander verknüpft, der wirtschaftliche Aufschwung das Ergebnis einer verstärkten Aufrüstung[209]. Zwar verbarg Hitler aus innen- wie außenpolitischer Rücksichtnahme

seine Rüstungspläne hinter Friedensbeteuerungen, doch waren von Anfang an alle öffentlichen Maßnahmen zur Arbeitsbeschaffung dem Primat der »Wehrhaftmachung« und den Bedürfnissen der Wehrmacht unterzuordnen[210]. Unabhängig von den anstehenden Problemen legten die 1933 und 1934 erlassenen Gesetze[211] die Grundlagen für die nach dem *Führerprinzip* geordnete Wirtschaftsorganisation.

Betriebsgemeinschaft und *Kraft durch Freude* an der Reichenbacher *Arbeitsfront*

Überaus positiv für die Unternehmer wirkte sich die Zerschlagung der Arbeiterorganisationen aus. Streiks und Lohnkämpfe waren verboten, und die *Betriebsführer*[212] hatten mit dem *Führerprinzip* fast unbeschränkte Macht über ihre *Gefolgschaft*. Diese rechtlose Unterordnung der Belegschaft wurde ab dem 1. Mai 1933 als neugeschaffene Harmonie der *Betriebsgemeinschaften* und als Einheit zwischen *Betriebsführer und Gefolgschaft* gefeiert. Ohne Schwierigkeiten wurden in Reichenbach Ende 1933 Unternehmer und *Gefolgschaft* unter das *einigende Dach* der *Deutschen Arbeitsfront* gebracht.

Die *Volksgemeinschaft* innerhalb der Betriebe sollte nicht durch eine Umverteilung des Besitzes, sondern durch eine Bewußtseinsveränderung geschaffen werden. Der Arbeiter sollte als ebenso wert-

voll wie der *Betriebsführer* gelten. Es gab nur noch *Volksgenossinnen* und *Volksgenossen,* wobei die Entscheidungskompetenzen der Leiter nicht angetastet wurden.

Diese Scheinnivellierung hatte also die Verschleierung der wirklichen Verhältnisse zum Zweck. Soziale Unruhen sollten durch die Inszenierung der *Volksgemeinschaft* vermieden und die Konsolidierung der nationalsozialistischen Diktatur vorangetrieben werden. Eine zentrale Rolle bei der Inszenierung der innerbetrieblichen *Volksgemeinschaft* kam der *Deutschen Arbeitsfront* zu. Sie entwickelte sich nach Umstrukturierungen in der Folge der Novemberwahlen 1933 weg von einer Vertreterin der Arbeits- und Sozialpolitik hin zu einer Propaganda- und Schulungseinrichtung. In einem »Aufruf an alle schaffenden Deutschen« hieß es:

Das hohe Ziel der Arbeitsfront ist die Erziehung aller im Arbeitsleben stehenden Deutschen zum nationalsozialistischen Staat und zur nationalsozialistischen Gesinnung.[213]

Um den Eindruck einer sozialen Dienstleistungsorganisation für Arbeitnehmer beizubehalten, wurde am 17. November 1933 mit großem Pathos die Begründung eines Feierabendwerkes der *Deutschen Arbeitsfront* nach dem italienischen Vorbild »Dopo Lavoro« und mit Namen »Nach der Arbeit« bekanntgegeben, das später in die *Nationalsozialistische Gemeinschaft* »Kraft durch Freude«, kurz *KdF*, umbenannt wurde[214]. Für die Funktion des *KdF-Ortswarts* fand sich zunächst kein geeigneter Reichenbacher *Parteigenosse*, so daß sie Mangold vorerst selbst ausübte[215]. Die Reichenbacher Unternehmer stifteten bereits ab Ende 1933 für die neu geschaffene Organisation, doch trat sie bis Frühsommer 1935 kaum in Erscheinung.

Schwierigkeiten hatten die Reichenbacher Nationalsozialisten beim Auf- und Ausbau der *Nationalsozialistischen Betriebszellen-*

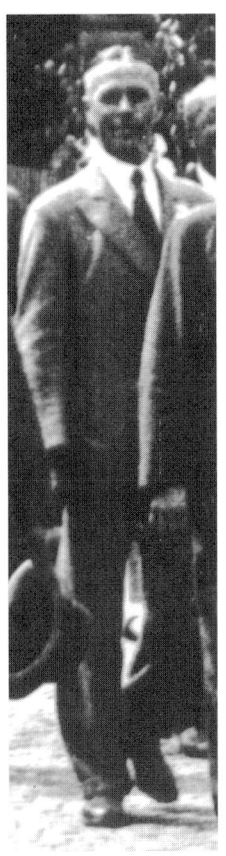

Friedrich Knoblauch

organisation, die als Parteiorganisation den Aufbau der innerbetrieblichen *Volksgemeinschaft* vorantreiben sollte.

Zum *Ortswalter* der *Deutschen Arbeitsfront* und zum *Ortsgruppenbetriebswart* der *NSBO* hatte Mangold seinen Vertrauten, den 40jährigen Friedrich Knoblauch, ei-

nen der verbissensten Nationalsozialisten innerhalb der *Ortsgruppe*, ernannt. Knoblauch, der bereits bei der *Gleichschaltung* in den neuen Gemeinderat gekommen war, stieg damit innerhalb der ersten Monate der *Nationalen Revolution* vom Werkmeister bei der Firma Otto zum obersten Arbeitervertreter Reichenbachs auf.

Mit dem formalen Einsetzen eines Verantwortlichen war die *Gleichschaltung* offiziell zwar abgeschlossen, doch mußten sich dieser und die von ihm eingesetzten *Betriebsobmänner* erst als nationalsozialistische *Arbeiterführer* innerhalb der Betriebe bewähren. Dies galt insbesondere für Knoblauch selbst, der zusätzlich als *Vertrauensmann* bei der Firma Otto eingesetzt war – gegen die Vorbehalte des *Betriebsführers*. Der schon vorher »innerhalb der Belegschaft nie sehr beliebte«[216] Vertraute Mangolds wollte den nationalsozialistischen Machtanspruch ohne Rücksicht auf innerbetriebliche Gegebenheiten durchsetzen. Eine Möglichkeit, den Unwillen hierüber zum Ausdruck zu bringen, bot das erste wichtige Gesetz des Jahres 1934, das »Gesetz zur Ordnung der nationalen Arbeit«[217], das das Verhältnis zwischen Arbeitgebern und Arbeitnehmern bestimmte. Es räumte der *Arbeitsfront* in Tarif- und Arbeitsvertragsfragen nur noch eine beratende Funktion ein, ansonsten blieben nur kümmerliche Reste der Arbeitnehmermitbestimmung übrig. Jährlich sollte im Einvernehmen zwischen *Betriebsführer* und *NSBO-Obmann* eine *Vertrauensmännerliste* aufgestellt werden, zu der die *Betriebsgefolgschaft* in geheimer Abstimmung Stellung nehmen konnte. Bei Ablehnung der Liste durch die *Gefolgschaft* allerdings konnte der *Treuhänder der Arbeit*, ein der Dienstaufsicht des Reichsarbeitsministerium unterstehender weisungsgebundener Reichsbeamte, den Vertrauensrat von sich aus einsetzen[218]. Bei der Firma Otto kam es anläßlich des Erstellens der *Vertrauensmännerliste* im Frühjahr 1934 zu »schweren Differenzen zwischen dem *Ortsgruppenbetriebswart* und dem *Betriebsführer*. Die Arbeiter nutzten die Chance und wechselten gleich auf die Seite des Chefs.«[219] Die Belegschaft sprach in der im Gesetz vorgesehenen Abstimmung Knoblauch und den von ihm benannten Nationalsozialisten ihr Mißtrauen aus. Obwohl sich die *Partei* laut Gesetz hätte durchsetzen können, wurde *Ortsgruppenbetriebswart* Knoblauch am 24. Mai 1934 vom *Gauorganisationsamt* der *DAF* abgesetzt. Der *Betriebszellenobmann* der *Kreisleitung* Göppingen schrieb hierzu an Mangold:

> Ich bedaure sehr, daß man Knoblauch in Reichenbach derart den Strick gedreht hat; wer der Haupturheber ist, weiß ich offiziell nicht, aber ausschlaggebend für die Entscheidung für das Gauamt war das Wahlergebnis der Firma Heinrich Otto.[220]

Mangold fand keinen Ersatzmann und schlug Mitte Juni erneut Knoblauch vor[221]. Seinen Schritt begründete er damit, daß es in der Firma zu viele Intrigen gäbe, etwa »die Weberei kontra die Spinnerei« und »auch innerhalb der Pg's«[222]. Doch der Vertrauensmann Mangolds konnte sich wiederum nicht behaupten. Der *Ortsgruppenleiter* machte in einem Schreiben an die *Gauamtsleitung* des *NSBO* die »Marxistische Arbeiterschaft bei der Firma Otto in den Jahren des Kampfes« für diese peinliche Niederlage verantwortlich[223]. Mangold konnte sich letztlich nicht durchsetzen, er mußte einen *Parteigenossen* aus dem Plochinger Werk seinem Vertrauten vorziehen. Neuer *Betriebszellenobmann* wurde *Pg* Fuchs[224] und neuer *DAF-Obmann* Reichenbachs der 40jährige Karl Klotz[225]. Seinem Freund Knoblauch trat Mangold das Amt des *KdF-Ortswarts* ab[226], das dieser bis zu seiner Berufung zum *Ersten Beigeordneten*, dem stellvertretenden Bürgermeister, am 1. April 1935 behielt[227]. In diesem Amt folgte ihm zum 1. Mai 1935 der 32jährige Ernst Deuschle nach, Buchhalter der Firma Otto, der zwar *Deutscher Christ*, jedoch kein *Parteigenosse* war[228].

Nach der Amtsübernahme durch Ernst Deuschle blühte die *KdF-Ortsgruppe* Reichenbach auf[229]. Innerhalb weniger Wochen bot sie die Teilnahme an *KdF-Fahrten* nach Oberbayern-Chiemgau, ins Lahntal, in die Norwegischen Fjorde und zwei Ausflüge in den Schwarzwald[230] an. Der Preis dieser Gruppenfahrten lag deutlich unter dem vergleichbarer Angebote. Die sieben Tage Chiemgau[231] kosteten 27,10 Reichsmark, die sechs Tage Norwegen[232] 59 Reichsmark, die sieben Tage Lahntal[233] 28 Reichsmark und Tagesausflüge[234] in den Schwarzwald 18,80 Reichsmark. Bei einem Wochenverdienst von durchschnittlich 33 bis 40 Reichsmark zwischen 1934 und 1939 ermöglichte *KdF* dadurch – häufig das erste Mal – den Beziehern niedriger Einkommen, eigene Urlaubsreisen zu unternehmen, die sie außerhalb Reichenbachs führten[235].

> Dann die KdF-Reisen, der Fabrikant Schöttle ist nach Madeira, das war sensationell. Eine ganze Reihe Leute sind das erste Mal verreist, auch die Gemeindeverwaltung hat zum ersten Mal einen Betriebsausflug gemacht.[236]

Intensiv warb die *KdF* unter dem Motto »Jedem Arbeiter seine Urlaubsreise«[237] für die angebotenen Fahrten und pries diese hinterher propagandistisch als »Sozialismus der Tat«[238]. Die von der Propaganda besonders herausgehobenen Fahrten wie beispielsweise eine Reise nach Madeira für 155 Reichsmark war für die meisten Arbeitnehmer allerdings nicht zu bezahlen[239]. Mehrere Untersuchungen über das Freizeitwerk gelangten zum Ergebnis, daß weniger als 20 Prozent der Arbeiter tatsächlich mit *KdF* reisten[240]. Dies stellt zwar eine Zunahme im Arbeitnehmertourismus gegenüber der Weimarer Republik dar, relativiert aber die Darstellung der Propaganda, nach welcher Urlaubsreisen für deutsche Arbeiter geradezu selbstverständlich erschienen. Vielmehr nutzten zunehmend der Mittelstand und, wie im genannten Fall, sogar ein Fabrikant diese »Einrichtung für den deutschen Arbeiter«[241]. Trotzdem hinterließen die Fahrten bei den meisten Reichenbacher Teilnehmern einen tiefen Eindruck, der die Bindung an die *Volksgemeinschaft* und an das System stärkte.

175

einem Sprachkurs und zu Vorträgen über *germanische Rassenkunde* lud die Reichenbacher *KdF* Ende Mai zu einem Tenniskurs sowie Kursen in Jiu-Jitsu und Sport-fechten ein[245].

> Das war völliger Alltag ohne jegliche Politik! Erlebnisse und Freuden des Alltags.[246]

KdF-Ortswart Ernst Deuschle erinnerte sich kurz nach Kriegsende an weitere Veranstaltungen und an das mangelnde Interesse:

Ein Reichenbacher »auf großer Fahrt mit KdF«, 1938.

> In den Wintermonaten Oktober bis März fanden jährlich etwa vier bis fünf Veranstaltungen statt, meist vom Kreisamt Esslingen aus organisiert. Wenn jemand seitens der Ortsgruppen- oder Kreisleitung eine Veranstaltung für den Sommer plante, erhob ich Einspruch, weil alle Reichenbacher im Sommer in Feld und Garten arbeiten mußten. Wenn Generäle oder Redner des deutschen Auslandsinstituts Vorträge halten sollten, (...) nahm ich gegen Veranstaltungen oder Vorträge solcher Art gleichfalls Stellung, (...) da es nicht gut anging, den Redner vor einem größtenteils leeren Saal sprechen zu lassen.[247]

Das war mein erster Urlaub 1938, da haben wir eine Fahrt an die Nordsee gemacht, eine Wattwanderung mit Rucksack. Von Büsum mit einem Fischkutter nach Helgoland, das war eine schöne Fahrt, viele sind seekrank geworden. Später machte ich noch einen Urlaub im Allgäu, mit Schwester und Schwager. Wir sind auf den harten Holzbänken mit dem Zug von Stuttgart aus losgefahren.[242]

Neben Urlaub mit Gruppenfahrten, Bildungsreisen, historischen Rundfahrten in Städte der Umgebung wie Regensburg[243], gemeinsamen Wanderungen in der Region, »Kreistheaterfahrten« etwa nach Ulm[244] oder Kreuzfahrten nach Madeira bot die *KdF* ein breit gefächertes Angebot verschiedenster Freizeitbeschäftigungen an. Außer zum Briefmarkensammeln, zu

Im Rahmen der Winterveranstaltungen fanden hauptsächlich Varietéveranstaltungen, Aufführungen von Bauerntheatern und Bauernkapellen, lustige Abende oder Vorführungen der Württembergischen Landesbühne Esslingen statt[248]. Darüber hinaus organisierte der *Kdf-Ortswart* auch Filmvorführungen in der Turn-

Die Deutsche Arbeitsfront

N·S GEMEINSCHAFT
Kraft durch Freude

Gaudienststelle Württemberg-Hohenzollern
Kreisdienststelle Eßlingen a. N.

/Amt Kulturgemeinde

Der Kreisamt   Eßlingen a. N., Den .... 22. November ....8..
Abtlg.   Ju/Z.   Kanalstraße 29   193

An das
Bürgermeisteramt

R e i c h e n b a c h /Fils.

Verschiedene Esslinger Betriebe haben von unserem früheren Angebot, ihren Gefolgschaftsangehörigen den Besuch einer Theatervorstellung im Esslinger Stadttheater zu ermöglichen, in Form von Betriebs= sondervorstellungen bereits in erfreulicher Weise rege Gebrauch gemacht.

In den Monaten Januar und Februar bringen wir für Betriebs-Sonder= vorstellungen 2 Operetten mit der Stuttgarter Kammeroper zur Aufführung und zwar:

1.) Der grosse Operetten-Erfolg:
    "Der Vetter aus Dingsda"
    Operette in drei Akten von Ed. Künnecke.

2.) In Neuinszenierung:
    "Dichter und Bauer"
    Operette in drei Akten von Suppé.

Die Kosten einer geschlossenen Vorstellung betragen bei:

        "Der Vetter aus Dingsda" . . . . . RM 625.--
        "Dichter und Bauer". . . . . RM 720.--.

Zu einer solchen Vorstellung werden 400 Eintrittskarten ausgegeben.

Um auch kleineren Betrieben die Möglichkeit eines geschlossenen Theaterbesuches zu ermöglichen, werden wir verschiedene Betriebs= gemeinschaften zu Sondervorstellungen zusammennehmen. Der Eintritts= preis beträgt dann pro Karte RM 1.80.

Um bei der starken Nachfrage nach Betriebsvorstellungen ordnungs= gemäss terminieren zu können, bitten wir Sie, die beigefügte Anlage ausgefüllt an uns einzureichen.

                                        Heil Hitler!

                                        Kreisreferent.

Anlage.

Fernsprecher 7747 und 7748 / Girokonto: 3900 Kreisparkasse Eßlingen / Postscheckkonto: 11065 Stuttgart

»Kraft durch Freude«.

halle oder in den Betrieben[249]. Schließlich gelang es der *KdF-Ortsgruppe* Reichenbach, eine Handharmonika-Spielschar sowie zwei Spezialisten im Schuhplatteln für die *Ortsgruppe* zu gewinnen, die sie auch der *Kreisleitung* zur Verfügung stellen konnte[250]. Vor allem im Krieg nahmen Volkstheater-Vorführungen wie »Der Frontgockel« von Fitz[251], »Bunter Abend der *NS-Gemeinschaft KdF*«[252] und andere Veranstaltungen »unter dem Motto ›Frühling und Freude‹«[253] oder mit Ankündigungen wie »Zwei Stunden Fröhlichkeit«[254] zu.

In der Erinnerung vieler Reichenbacher wie innerhalb der sozialgeschichtlichen Forschung gilt die *KdF* deshalb als einer der populärsten und einflußreichsten Verbände unter nationalsozialistischer Herrschaft[255]. Die Veranstaltungen der *KdF* waren in erster Linie Freizeitgestaltung und als solche wurden sie von den meisten Reichenbachern wahrgenommen. Doch ähnlich wie die nationalsozialistischen Feiern dienten sie der Inszenierung der *Volksgemeinschaft* und wirkten als Mittel der kulturellen *Gleichschaltung*. Drei beabsichtigte Effekte der *KdF* lassen sich zusammenfassen.

Eine Aufgabe der *KdF* war die Befriedung und Integration der Arbeiterschaft nach der Zerschlagung der Gewerkschaften. Das Freizeitwerk sollte die 40 Prozent der Reichenbacher Wähler erreichen, die vor 1933 die kommunistischen und sozialdemokratischen Parteien gewählt hatten und somit zur Konsolidierung des Systems auch in den dem Nationalsozialismus distanziert gegenüberstehenden Gesellschaftsgruppen beitragen[256]. Den Arbeitern wurden nun kulturelle und touristische Veranstaltungen angeboten, die bislang den Besserverdienenden vorbehalten waren. Diese Teilnahme am bürgerlichen Kulturbetrieb sollte die potentiell oppositionelle Arbeiterschaft kulturell und gesellschaftlich integrieren und ihr das Gefühl der Gleichbehandlung geben. Dadurch sollte gleichzeitig deren eigenes Selbstwertgefühl wie das Sozialprestige bei anderen *Volksgenossen* geho-

ben[257], wiederum also die *Volksgemeinschaft* inszeniert werden. Nachträgliche Berichte in den Zeitungen verstärkten dies noch. Als zweiter Effekt bot die Schaffung einer nationalsozialistischen Freizeitorganisation eine viel weitreichendere und direktere Möglichkeit, Einfluß auf die Freizeitgestaltung der Menschen am Ort zu nehmen, als über die *Gleichschaltung* der bestehenden Vereine. *KdF* ermöglichte die Erfassung der Bevölkerung im Privaten, die Einschränkung der individuellen Freizeitgestaltung und dadurch die Erhöhung der sozialen Kontrolle. Der *Führer der Deutschen Arbeitsfront, der* »braune Kollektivist« Robert Ley[258], hatte den *Soldaten der Arbeit* bereits 1930 verkündet:

> Es gibt keine Privatleute in Deutschland mehr. Eine Person ist nur privat, wenn sie schläft.[259]

Die dritte zentrale Aufgabe, die auch den Arbeitgebern sofort einleuchtete, war die Steigerung der Arbeitskraft. Da die nationalsozialistische Wirtschaftskonzeption eine fortwährende Produktionssteigerung ohne Arbeitszeitverkürzungen und Lohnerhöhung anstrebte, konnte die sich als *Arbeiterpartei* bezeichnende neue Macht im Staat mit keinen Anreizen für die Arbeitnehmer aufwarten. Um so wichtiger wurde es, den Erholungswert der Freizeit zu erhöhen und die Arbeitsatmosphäre über das Amt »Schönheit der Arbeit«, eine Abteilung der *KdF*, angenehm zu gestalten. Dieses sollte sich um die Einrichtung »würdiger« Arbeitsplätze, ausreichende Waschgelegenheiten, Aufenthaltsräume und ähnliche Sozialeinrichtungen kümmern. Den leistungserhaltenden Aspekt der *KdF* propagierten die Zeitgenossen vor allem mit Kriegsbeginn:

> Wir taten das nur, um die Arbeitskraft des einzelnen zu erhalten und um ihn gestärkt und neu ausgerichtet an seinen Arbeitsplatz zurückkehren zu lassen. KdF überholt gewissermaßen jede Arbeitskraft von Zeit zu Zeit, genauso wie man den Motor eines Kraftwagens nach einer gewissen gelaufenen Kilometerzahl überholen muß.[260]

Im Rahmen vor allem dieser drei system-stützenden Funktionen[261] forderte die *Deutsche Arbeitsfront* von den Reichenbacher Unternehmern die *selbstverständliche Unternehmenspflicht* zu erfüllen und mit »Sozialismus der Tat« an der *Errichtung einer wahren Volksgemeinschaft* mitzuwirken. Bei *Partei* und *Gefolgschaft* sehr geschätzt waren materielle Unterstützungen wie Fortzahlung von Lohn für Feiern, Fahrten und Schulungen, die zum Entstehen einer *Betriebs-*, *Orts-* und *Volksgemeinschaft* beitrugen, desweiteren Betriebskrankenkassen, -stiftungen und vor allem Betriebsausflüge. Hauptsächlich jüngere Reichenbacher Arbeiter erinnerten sich gerne an dieses »soziale Engagement«:

> Während der Arbeitszeit haben die Räder in der Weberei still gestanden, und dann war Singstunde. Da mußten wir rüber in den Speisesaal und den *deutschen Gruß* und das Horst-Wessel-Lied lernen. Regelrechte Schulungen waren das. Wir haben auch gelernt »Die Fahne hoch, die Reihen fest geschlossen, SA marschiert mit ruhig festem Tritt«. All die Lieder, die man dann bei den Versammlungen wie dem 1. Mai hat singen müssen, wurden uns von Herrn Berger, Meister in der Weberei bei Otto, beigebracht. Die Alten haben lange Gesichter gemacht, aber wir Jungen haben gerne mitgesungen, der Text war da nicht so wichtig. Wir haben uns ja nichts weiter daraus gemacht. Das Tolle war, daß man das während der Arbeitszeit gemacht hat, daß das Singen sozusagen noch bezahlt war.[262]

Hinter diesen Erscheinungen des »Sozialismus der Tat«, die zuerst mit angenehmer Überraschung aufgenommen wurden, stand immer ein dezenter Zwang zur Übereinstimmung, auf den manche mit Trotz reagierten.

> Als der Hitler in Stuttgart war, haben wir von der Firma Otto 10 Reichsmark bekommen, damit wir nach Stuttgart zur Kundgebung fahren konnten und die Rede hören sollten. Davon hätte man nach Stuttgart fahren und den ganzen Tag in Stuttgart leben können. Ich war da vielleicht 16 oder 17, bin aber nicht mitgegangen. Da wurde ich aufs Büro zitiert. Der Herr Deuschle hat mich dann ge-

fragt, warum ich nicht bei der Frauenschaft sei und warum ich nicht in Stuttgart gewesen wäre.[263]

Die Staubsaugerfabrik Robert Schöttle war schon vor 1933 als soziales Unternehmen bekannt. Am 1. Mai 1934 gab sie bekannt, »daß sie ihren Arbeitern durch eine Stiftung zum Eigenheim verhelfen wolle. Das ist eine soziale Tat, die höchste Anerkennung verdient«[264].

Die am eindrücklichsten empfundene, willkommene Neuerung waren die Betriebsausflüge der Reichenbacher Firmen, über die die Zeitungen häufig und ausführlich berichteten[265]. Als besonderes Erlebnis wirkte bei vielen Reichenbachern der Betriebsausflug der Firma Otto des Jahres 1935 nach: Mitte Oktober fuhren 820 *Gefolgschaftsangehörige* der Firma zusammen mit den Bürgermeistern Schmidt und Häussler sowie den *Ortsgruppenleitern* Mangold und Weiß aus Reichenbach und Plochingen zum Betriebsausflug nach München. Dort angekommen, ging es mit einer Musikkapelle zum UfA-Palast zur *Morgenfeier*. Verschiedene Gruppen besichtigten nachmittags die Stadt, und eine Gruppe traf den *Führer*. Nach dem Abendessen nahm die ganze Belegschaft an einem Tanzabend teil, und danach trat sie die Heimfahrt an. Bei dieser Gelegenheit ließ der Firmeninhaber als weitere Aktion des *Sozialismus der Tat* verkünden, daß die Firma Otto fürderhin nach dem zweiten Kind drei Reichsmark Kindergeld zuzüglich zum Lohn bezahle[266].

Durch weitere eingeführte Bräuche, die gleichzeitig zur Inszenierung der *Volksgemeinschaft* wie zur Leistungssteigerung am Arbeitsplatz beitrugen, wurden die jeweils Besten aus der *Betriebsgemeinschaft* herausgehoben, mit Hilfe des *Reichsberufswettkampf*, des *Reichsjugendwettkampf* und der *Treuedienstehrenzeichen*. Am 31. März 1934 erschienen die Bedingungen zum *Reichsjugendwettkampf* der in der »Ausbildung Stehenden« und zum Reichenbacher *Berufswettkampf*, der »Wille und Recht zur Arbeit« aller Schaffenden

Rückkehr vom Betriebsausflug der *Gefolgschaft* der Firma Köst nach Waldenburg 1934.

in einem Wettkampf verschiedener Berufsgruppen und verschiedener Aufgabenstufen zum Ausdruck bringen sollte und deren Sieger nach Berlin eingeladen wurde[267]. Die *Reichsberufswettkämpfe* stellten, so *Gefolgschaftsführer* Erich Duckeck 1935, »den besten Weg« dar, »in dem Bemühen um die Erreichung vorbildlicher Werks- und Präzisionsarbeit vorwärts zu kommen«[268]. Jedes Jahr Anfang Mai wurden die *Ortssieger*, *Kreissieger* oder *Gausieger* in den jeweiligen Gruppen, Metall, Elektrik, Holz und so weiter, öffentlich bekanntgegeben und die Siegerliste des *Reichsberufswettkampfes* nochmals in der Zeitung abgedruckt. Anschließend wurden unter anderem der ortsbeste Gerber, der ortsbeste Maler und selbst die ortsbeste Hilfsarbeiterin gefeiert[269].

Der familiäre Charakter der *Betriebsgemeinschaft* kam etwa bei Verabschiedungen zum Ausdruck, die in »feierlichem Betriebsappell« begangen und bei denen massenhaft *Treuediensteherenzeichen* in Silber und in Gold oder »Treuediensteherenzeichen der Sonderstufe« verliehen wurden[270]. Ähnlich wie beim *Mutterkreuz*

durften dieser »Ehre« nur politisch zuverlässige Arbeiter teilhaftig werden. F. K., der seit 2. Oktober 1889 ununterbrochen bei der Firma Otto gearbeitet hatte, sollte das *Treuediensteherenzeichen* erhalten[271]. Er mußte deshalb ein Leumundszeugnis, einen Auszug aus dem Strafregister und eine Stellungnahme der Partei über politische Zuverlässigkeit einholen. Der *Kreisleiter* erklärte im Januar 1940, »daß die politische Zuverlässigkeit nicht ausreicht, um den Antrag auf Verleihung eines Treudiensteherenzeichens zu befürworten.«[272] Der württembergische Wirtschaftsminister jedoch verlieh das Ehrenabzeichen Ende Oktober 1940 trotzdem[273], da »guter Leumund und keine Vorstrafen« vorlagen[274]. Von Februar 1943 bis zum Kriegsende wurde die Verleihung des *Treudiensteherenzeichens* eingestellt[275].

Zur *Betriebsgemeinschaft* gehörten neben den »positiven« Vorbildern auch die »negativ« Herausgehobenen. Offensichtlichster Ausdruck hiervon war eine Verfügung der Betriebskrankenkasse Otto vom Februar 1936, die vorsah, »arbeitsunfähige Krankenkassenmitglieder am ›Schwarzen Brett‹ zu vermerken.«[276] Von Anfang April bis Ende Juni 1936 wurde dies so gehandhabt und von der *Deutschen Arbeitsfront* Esslingen als »eine Erziehung der Gefolgschaftsmitglieder zum Gemeinschaftsgedanken« begrüßt[277]. Der *Betriebszellenobmann*, der sich durchaus noch als Interessenvertreter der Arbeiter empfand, lehnte dies als »empfindliche Störung des Vertrauensverhältnisses der Gefolgschaftsmitglieder« ab, weshalb der Leiter der Kasse die Wiederabnahme verfügte[278].

Aber auch ein anderes Element der *Volksgemeinschaft* wie etwa die Überwachung findet sich in der *Betriebsgemeinschaft* wieder. Sehr häufig gingen Anfragen verschiedener Firmen nach »Beurteilungen in charakterlicher und politischer Hinsicht« beim *Ortsgruppenleiter* ein[279]. Auch »Ersuchen um vertrauliche Auskunft« über Inhaber, *Betriebsführer*, Direktoren oder Angestellte gewerblichen oder industriellen Unternehmens mußte vor allem der *Ortsgruppenleiter* ständig beantworten[280].

Die Elemente der *Betriebsgemeinschaft*, der *nationalsozialistischen Gemeinschaft Kraft durch Freude* sowie der *Deutschen Arbeitsfront*, das Freizeitangebot und das geschaffene Arbeitsethos dienten wie die Maifeiern der Inszenierung der *Volksgemeinschaft*. Darüber hinaus sollten sie zur Identifikation mit dem Betrieb und mit dem System und hierüber zur Leistungssteigerung beitragen. Über Schulungen, Artikel[281], Anschläge im Betrieb, bei Betriebsausflügen und Betriebsfeiern sowie durch Wettkampf und Belohnung wurden die Arbeiter zu unermüdlichem Einsatz in der *Arbeitsschlacht* aufgefordert.

Die Reichenbacher *Arbeitsschlacht*

Die unter dem Motto der »Arbeitsschlacht« eingeleiteten Arbeitsbeschaffungs- und Rüstungsprogramme der nationalsozialistischen Regierung verhalfen der Wirtschaft nach 1933 zu einer raschen Überwindung der Weltwirtschaftskrise[282].

Hjalmar Schachts Finanzierungssystem schien sich auf den wirtschaftlichen Aufschwung positiv auszuwirken. Die Aufhebung der Kraftfahrzeugsteuer für neue Kraftwagen im April 1933 gab der Automobilindustrie und ihren Zulieferbetrieben im mittleren Neckar- und unteren Filsraum gewaltigen Auftrieb. Die Umsätze in manchen Branchen explodierten regelrecht; Die Daimler-Benz AG konnte beispielsweise von 1932 bis 1939 ihren Umsatz von 65 auf 532,3 Millionen Reichsmark, das entspricht 819 Prozent, steigern[283].

Handwerker, Kleinbauern und Arbeiter waren größtenteils mit der nationalsozialistischen Regierung, die aktive Konjunkturpolitik zu bieten vermochte, zufrieden[284].

Auch die Reichenbacher Industrie profitierte von den wirtschaftspolitischen Maßnahmen der neuen Regierung. Die Holzwarenfabrik Jakob Bischoff, die noch im Sommer 1930 mit 37 000 Reichsmark im Soll stand und einen Kredit beim örtlichen *Darlehenskassenverein* über 30 000 Reichsmark laufen hatte[285], bekam durch Vermittlung des *Ortsgruppenleiters* schon früh Kontakte zur Wehrmacht. Sie wurde als einer der ersten »Rüstungsbetriebe« im Mobilmachungskalender des späteren Kreises Esslingen genannt[286] und ab 1936 in der *Reichsbetriebskartei* geheim geführter »Wehrbetrieb«[287]. Bereits Anfang Mai 1934 konnte die Firma einen Neubau und die Erweiterung der Produktionsanlagen ankündigen[288]. Im Januar 1935 arbeiteten – laut Auskunft des Bürgermeisters an den politischen Leiter der NSDAP in Melchingen, Hohenzollern – 30 Mitarbeiter im Betrieb, der noch eine hohe Hypothek von 20 000 Reichsmark abzubezahlen hatte. Drei Jahre später stand das Unternehmen in voller Blüte und vermeldete 98 *Gefolgschaftsangehörige*[289]. Auch die Holzwarenfabrik Gustav Blessing Söhne war in den Jahren der Wirtschaftskrise in arge finanzielle Bedrängnis geraten und hatte bei der Gemeinde, bei der *Darlehenskasse* sowie bei Banken und Reichenbacher Firmen Schulden[290]. Sie profitierte nach dem Machtantritt von Steuernachlässen des *gleichgeschalteten* Gemeinderates sowie von günstigen Grundstücksverkäufen[291]. Die Firma begann 1933, »Hakenkreuz-Ausstecherle« und -Model für Lebkuchen zu machen. Ab 1935/36 bekam sie ebenfalls über Vermittlung des *Ortsgruppenleiters* Rüstungsaufträge, vor allem Munitionskisten für die Wehrmacht, durch die das Unternehmen stark wuchs[292]. Für eine Reise nach Berlin im Januar 1937 schrieb Mangold ein Empfehlungsschreiben der *Ortsgruppe* an das *Reichswirtschaftsministerium*, damit sein Parteifreund Blessing von diesem Ministerium bei der Vergabe von Aufträgen des *Oberkommandos des Heeres* unterstützt werde[293]. Ab April 1937 erweiterte das Unternehmen um die Firma »Farina« – Bäckerei- und Konditoreigeräte, Blessing & Co[294]. Auch die kleineren holzverarbeitenden Betriebe wie die Firma Wacker Holzindustrie[295] und ihre Zulieferer profitierten hiervon. Das am 22. April 1933 eröffnete Konkursverfahren[296] über das Vermögen der Firma F. & G. Wacker, Sägewerk, Reichenbach, offene Handelsgesellschaft, wurde am 2. Januar 1935 nach Abhaltung des Schlußtermins aufgehoben[297]. Zum Reichenbacher Rüstungsaufschwung schrieb Wohlbold:

> Die Holzindustrie bekam bald große Aufträge von der Heeresverwaltung, ebenso das holzverarbeitende Handwerk. Berge von Munitionskisten konnte man damals z. B. sehen bei der Firma Gustav Blessing und bei Malermeister Erhardt.[298]

Selbstverständlich setzten sich die *Ortsgruppen*- und *Kreisleiter* nur für diejenigen Reichenbacher Betriebe ein, die national-

sozialistische *Betriebsführer* hatten, oder in denen zumindest das *Führerprinzip* eingeführt war und die Mitglied in der *Deutschen Arbeitsfront* waren. Die *Ortsgruppe* achtete darüber hinaus bei den turnusgemäß von der Gemeinde an örtliche Betriebe zu vergebenden Jahresarbeiten und Lieferungen streng darauf, »daß die Handwerksmeister bzw. Firmeninhaber Mitglieder sind«, sowohl in der *Deutschen Arbeitsfront* als auch in der *Nationalsozialistischen Volkswohlfahrt*[299]. Im März 1938 schloß die nationalsozialistische Gemeinderatsfraktion fünf Reichenbacher Geschäftsleute aus der Vergabe aus. Daraufhin wurden diese beim *Ortsgruppenleiter* und beim Bürgermeister vorstellig und versicherten, in die *DAF* und in die *NSV* einzutreten. In der darauf vorgenommen Neuvergabe wurden sie berücksichtigt[300].

Die 1932 in Reichenbach angelaufene Produktion der »Süddeutschen Wellpappenfabrik Werner Seyfert« nahm nach dem nationalsozialistischen Machtantritt rasch zu. Mit dem Aufschwung der deutschen Wirtschaft entwickelte sich »Wellpappe zu einem Verpackungsmittel besonderer Bedeutung«[301]. Im Februar 1939 zählte das kleine Unternehmen bereits 47 *Gefolgschaftsangehörige*[302].

Der Vierjahresplan brachte die meisten Betriebe noch mehr unter staatliche Kontrolle als die Gesetze zur *nationalen Arbeit*. Die rigorose Einflußnahme des Staates auf die Betriebspolitik bekam vor allem die Firma »Elektrostar« zu spüren. Robert Schöttle hatte den Anfang der zwanziger Jahre in Stuttgart gegründeten Betrieb elektromotorischer Hausgeräte Ende 1928 mit etwa 30 Mitarbeitern nach Reichenbach verlegt[303]. Im Gegensatz zu den holzverarbeitenden und Textilbetrieben hatte »Elektrostar« die Wirtschaftskrise durch starke Exportsteigerung – 1932 exportierte das Unternehmen 90 Prozent seiner Erzeugnisse in 40 Länder – relativ gut überstanden[304]. Einer der Hauptabsatzmärkte für die Staubsauger der Firma Schöttle war Holland. 1932 verließen monatlich 1000 Staubsauger das Reichenbacher Werk in Richtung Holland. Um seinen Einfluß auf dem holländischen Markt weiter auszubauen, wollte Schöttle unter Umgehung holländischer Einfuhrbeschränkungen für deutsche Produkte mehrere Reichenbacher für einige Zeit nach Holland schicken, damit diese die als Einzelteile eingeführten Staubsauger dort zusammenbauen und mittelfristig holländische Arbeiter hierzu ausbilden konnten. Das Unternehmen wurde daran gehindert, da die Reichenbacher ihre Pässe und die erforderlichen Ausreisegenehmigungen nicht bekamen. Als Begründung diente die Argumentation, die in Holland Ausgebildeten würden schließlich deutsche Arbeiter ersetzen[305]. Insgesamt ging der Export der Firma im Jahr 1934 auf 39 und im Jahre 1938 auf 3,8 Prozent zurück. Doch über die Ausweitung auf dem deutschen Markt sowie über Rüstungsaufträge – Spezialdrehteile für die Kugellagerindustrie und Spezialmotoren für die Rüstungsindustrie – konnte das Unternehmen bereits 1934 einen Erweiterungsbau für 70 000 bis 80 000 Reichsmark ankündigen[306], seinen Umsatz im Jahre 1937 auf 1,4 Millionen Reichsmark steigern[307] und seine Gefolgschaft auf 46 Mitarbeiter im Jahr 1936[308], 105 im Jahr 1937[309] und 127 im Jahr 1938[310] erhöhen.

Der von Hitler auf dem *Parteitag der Ehre* 1936 angekündigte *Vierjahresplan* sollte Deutschland vom Weltmarkt unabhängig machen[311]. Das größte Reichenbacher Unternehmen, die Firma Heinrich Otto, die in den Jahren 1930 bis 1932 trotz hoher Umsätze gewerbliche Verluste erlitten hatte, profitierte vor allem von diesen Autarkiebestrebungen der nationalsozialistischen Wirtschaftspolitik. Der Ottosche Betrieb hatte schon 1928 begonnen[312], auf die »Vistra-Faser«, ein Kunstgarn aus Perlon und Nylon, umzustellen[313], das die deutsche Textilproduktion von Rohstoffeinfuhren aus Ägypten, Marokko und Südamerika unabhängig machen sollte. Die »außerordentliche Steigerung der Betriebsergebnisse« im Jahr 1935 beruhte vor allem darauf, daß es Otto »als einer

der wenigen Feinspinnereien gelang, durch ihre Erfahrung auf dem Gebiet der Zellwolle fabrikationsmäßig rechtzeitig in Gebiete einzudringen, die bisher ausschließlich der Wolle, Seide und Kunstseide vorbehalten waren.«[314] Auf der Textilleistungsschau 1937, dem »größten Ereignis im Stuttgarter Wirtschaftsleben« in diesem Jahr, feierte die Chemiefaser – und damit die Firma Heinrich Otto – ihren »Siegeszug«[315]. Spätestens hier nannte Robert Ley die Kriegsvorbereitung als Grund der angestrebten wirtschaftlichen Autarkie: »Deutschland kapituliert niemals wieder.«[316] Als erste Fabrik Deutschlands dieser Größenordnung[317] hatte Otto ab 1. Juli 1939 die gesamte Produktion auf »Zellwolle« (»Vistra« – entspricht der späteren Viscose) umgestellt[318]. Vor allem die immensen Gewinnsteigerungen in den Jahren 1936 bis 1940 – auffallend vor allem die höchsten erzielten Überschüsse des Jahres 1938 – sind zusätzlich auf die Umsatzsteigerungen eines von Otto mit entwickelten Spezialgarnes zurückzuführen[319]. Auch die Gemeindekasse profitierte hiervon, zwei Drittel des gesamten Reichenbacher Steueraufkommens des Jahres 1939 stammten von der Firma Otto[320].

Die Absetzung Knoblauchs hatte das bereits vorher angespannte Verhältnis zwischen dem *Ortsgruppenleiter* und dem *Betriebsführer* Hans Otto[321], verschlechtert. Nachdem Oskar Dürr, der als »ausgesprochen aktiver Nazi« nach Fuchs zum *Betriebsobmann* bestellt worden war, ebenfalls auf Betreiben Ottos wieder von diesem Posten entfernt wurde[322], mied Mangold den einflußreichsten *Betriebsführer* am Ort. Im Zusammenwirken mit den Göppinger und Esslinger *Kreisleitern* und der *Reichszeugmeisterei* der NSDAP in München versuchte die *Ortsgruppe*, Otto dazu zu bringen, sich seiner *jüdischen* Mitarbeiter zu entledigen. Doch anders als bei vielen *Arisierungen* – etwa bei der in Reichenbach plakatierenden Stuttgarter Firma »Plakatanschlag«, die innerhalb weniger Tage in *arische* Hände übergegangen war[323] – wehrte sich Otto hiergegen. In einem Schreiben Ende März 1936 drohte die *Reichszeugmeisterei*, den Berufsgenehmigungsnachweis aufzuheben, wenn Otto nicht alle *nichtarischen Handelsvertreter* entließe[324]. Dabei sollte er den auf ihn ausgeübten Druck verschweigen.

> Es wird ausdrücklich betont, daß eine etwaige Kündigung auf keinen Fall auf Veranlassung der Reichszeugmeisterei erfolgt, sondern ausschließlich auf Ihren freien Willen zurückzuführen ist.[325]

Da Otto nicht reagierte, forderte die *Reichszeugmeisterei* Ende April eine »Liste aller nichtarischen Vertreter« an und betonte nochmals, daß diesen bis spätestens 30. Juni 1936 zu kündigen sei[326].

Otto verwies auf die *nichtarischen* Abnehmer, weshalb er aus betriebswirtschaftlichen Gründen seine *jüdischen* Handelsvertreter benötigte[327]. Nach intensiven Verhandlungen und über 50 Schreiben kam es schließlich im Mai 1937 zu einem ersten Ergebnis, einer Teilung des Vertriebs, wonach für *arische* Betriebe neue Vertreter eingestellt werden sollten, für *nichtarische* Betriebe der *jüdische* Berliner Handelsvertreter der Firma im Amt bliebe. Darauf nun griffen der Reichenbacher *Ortsgruppen*- sowie die Göppinger und Esslinger *Kreisleiter* den Fabrikanten in seiner Eigenschaft als *SA-Reitersturm*-Mitglied an. Er rechtfertigte sich Mitte Juli durch einen Brief, aufgrund dessen er im August von *Kreisleiter* Hund[328] nach Esslingen geladen wurde[329].

Nach diesem Gespräch, einer weiteren Besprechung mit der Reichenbacher *Ortsgruppe* sowie einem weiteren Schreiben Hunds Anfang September, in welchem dieser auf die »Ausführungen des Ministerpräsidenten Göring (...) bezüglich der Verwendung jüdischer Handelsvertreter« verwies[330], teilte Otto der *Ortsgruppe* am 21. September mit, er werde »seinen letzten jüdischen Handelsvertreter in Berlin nun auf 31. Dezember 1937 entlassen.«[331] Der Göppinger und der Esslinger *Kreisleiter* stimmten sich Ende September ab, daß die Angelegenheit »jetzt erledigt« sei[332].

In einer Denkschrift zum *Vierjahresplan* 1936 formulierte Hitler die zwei für ihn zentralen Aufgaben:

> 1. Die deutsche Armee muß in 4 Jahren einsatzfähig sein.
> 2. Die deutsche Wirtschaft muß in 4 Jahren kriegsfähig sein.[333]

Doch die laufenden Einnahmen des Staates waren nicht ausreichend, den für die Aufrüstung erforderlichen Militärbedarf zu decken. Da öffentliche Anleihen zur Finanzierung eines Krieges nicht gegeben werden sollten, erprobten die Nationalsozialisten eine *geräuschlose Finanzierung* – auch während des Krieges die dominierende Finanzierungsmethode. Dabei wurde das Kapital unmittelbar an den Geldsammelstellen wie Banken, Sparkassen und Versicherungen abgeschöpft. Auch Wechsel[334] und Schatzanweisungen gehörten zum Repertoire der finanziellen Kriegsvorbereitung[335]. Durch eine Senkung der vorgeschriebenen Deckung der Kreditinstitute wurde das bei den Geldsammelstellen eingezahlte Privatvermögen dem Staat vollständig zur Verfügung gestellt, ohne daß die Einzahler das Geld hätten zurückerhalten können. Einzige Voraussetzung für das Funktionieren dieser *geräuschlosen Finanzierung* war, daß die Bevölkerung tatsächlich sparte, daß sie ihr Geld zu Bausparkassen, Versicherungen, Banken und Sparkassen trug. Die Propaganda »Wir bauen nach dem Kriege unser Eigenheim«, Aufforderungen, Geld für einen *Volkswagen*[336] nach dem Krieg zurückzulegen sowie die periodisch veranstalteten Geldsammelaktionen des Winterhilfswerkes dienten der Umlenkung des privaten Geldvermögens in öffentliche Kanäle[337].

Da die Kontrolle des Reichshaushaltes seit der Ausschaltung des Reichstages nicht mehr möglich war, ging die Reichsregierung dazu über, den Haushalt geheim zu halten. Deshalb erfuhr die Bevölkerung nichts über die rapide Zunahme der Reichsverschuldung, die von 12,4 Milliarden Reichsmark im Jahr 1933 auf 31,5 Milliarden Reichsmark im Jahr 1939,

100,5 Milliarden Reichsmark im Jahr 1942 bis auf 387,9 Milliarden Reichsmark am 21. April 1945 anstieg[338]. Nach der Kapitulation wurde für die deutsche Bevölkerung das jahrelang verschleierte Ausmaß der Inflation offenkundig. Die Nationalsozialisten hatten gehofft, die Begleichung der immensen Kriegsschulden auf die eroberten Gebiete abwälzen zu können. Doch Begriffe wie *Siegfrieden* und *Endsieg* waren verpufft, und die Nachkriegswirtschaft mußte die Folgen der unseriösen Kriegsfinanzierung tragen. In den drei Westzonen brachte die Währungsreform von 21. Juni 1948 einen Neuanfang. Unter anderem durch die Verminderung der Bankeinlagen auf ein Zehntel ihres Wertes beglich damit nachträglich die breite Masse der Bevölkerung die Kriegsfolgelasten[339].

Sowohl die Arbeitsbeschaffungsmaßnahmen, die direkte Rüstungsproduktion und deren Finanzierung wie die Inszenierung der *Volksgemeinschaft* in den Betrieben dienten der forcierten Kriegsvorbereitung.

Laut der Arbeitslosenstatistik des Arbeitsamts Göppingen nahm die Zahl der Arbeitslosen im Oberamt von 6143 im Jahr 1932 auf 406 im Jahr 1936 ab[340]. Die Reichenbacher *Ortsgruppe* konnte in ihrem wirtschaftlichen Tätigkeitsbericht im April 1937 an die *Kreisleitung* melden:

Erwerbslose gibt es keine, im Gegenteil es sind im letzten Monat eine größere Anzahl Arbeiter aus der Mannheimer Gegend wieder zugewandert und werden hier in der Holzbranche beschäftigt.[341]

In der Tat waren unter Zurückgreifen auf Planungen der letzten Jahre der Weimarer Republik wie Notarbeitsprogramme und Arbeitsdienst und vor allem über die rigorose Rüstung die Arbeitslosen von den Straßen und aus dem Blickpunkt der – gelenkten – Medien gerückt.

Bürgermeister Schmid hatte in den Jahren nach der *Nationalen Revolution* seine Bemühungen um »Ansiedlung weiterer Industriebetriebe in Reichenbach« intensiviert[342]. Zwischen 1933 und 1939 nahmen 19 neue Firmen ihren Betrieb in Reichenbach auf, darunter vier mit mehr als fünf Beschäftigten, so daß vor Kriegsbeginn 186 Betriebe am Ort ansässig waren[343]. Die größeren Betriebe wie Heinrich Otto, Robert Schöttle, Jakob Bischoff, Seyfert Wellpappe, Nägele & Schock, Emil Ziegler, F. & G. Wacker und Gustav Blessing & Söhne hatten Einbußen durch die Wirtschaftskrise überwunden und standen – die meisten mit Hilfe von Aufträgen, die der Aufrüstung Deutschlands dienten, in voller Blüte[344]. Es wird zu verfolgen bleiben, wie sich die Reichenbacher Betriebe in der Kriegswirtschaft ab 1939 entwickelten[345].

»... ein dienendes Volk« – Totale Indienstnahme

»Dienst« war ein weiteres Schlüsselwort des nationalsozialistischen Alltags.

Die Jugendlichen *dienten* bei der *HJ* und im *BDM* und die Heranwachsenden im *Arbeitsdienst* oder im *Landdienst*. Jüngere Männer *dienten* bei der Wehrmacht oder hatten *SA-Dienst,* und Frauen *dienten* bei der NS-Frauenschaft. Die einen taten *Dienst* bei der *NSV* oder der *NSBO,* die anderen bei der *NSKOV* oder beim *NSKK,* überhaupt wandelte sich das ganze Leben zum *Dienst* am Vaterland, an der *Bewegung,* an Deutschland.

Im folgenden sollen das Engagement der Reichenbacher und die Grenzen ihrer *Indienstnahme* an den Beispielen des *Dienstes* in Verwaltung und *Partei* sowie des *Dienstes* der Jugend beleuchtet werden.

Am zweiten Jahrestag der *Nationalen Revolution*, dem 30. Januar 1935, fand der politische Machtausbau der Nationalsozialisten auf kommunaler Ebene mit der neuen reichseinheitlichen »Deutschen Gemeindeordnung« seinen vorläufigen Höhepunkt[346]. Die Einflußmöglichkeiten der *Partei* nahmen formal drastisch zu; der NSDAP-*Beauftragte* schlug sowohl den Bürgermeister wie die neu eingeführten *Beigeordneten*, seine Stellvertreter, nach Zustimmung staatlicher Instanzen zur Ernennung vor[347]. Für Reichenbach waren offiziell *Kreisleiter* Baptist aus Göppingen und ab 1938 *Kreisleiter* Hund aus Esslingen zuständig, die sich mit dem Reichenbacher *Ortsgruppenleiter* abstimmten.

Im Vorfeld dieser Machtstärkung des Bürgermeisters hatten vor allem Mangold, Knoblauch und Blessing immer wieder versucht, Schmids Position am Ort zu schwächen, seine Amtsführung und »zu laxe Personalpolitik« zu kritisieren und insbesondere seine »Nebenämter« anzugreifen. Über seine verschiedenen Tätigkeiten in örtlichen Vereinsvorständen, die ein wichtiges Element seines örtlichen Einflusses bildeten, war der Bürgermeister in die örtlichen Kommunikationsstrukturen eingebunden. So war Schmid unter anderem »Rechner« bei der *Milchverwertungsgenossenschaft,* eine Funktion, die er schließlich niederlegen mußte[348]. Vor allem Schmidts Vorsitz im *Darlehenskassenverein* zog den Ärger der nationalsozialistischen Fraktion auf sich. Dieser war, so Schmid in einer seiner Verteidigungsreden vor dem Gemeindegremium,

von jeher die Kasse des Dorfes (...), in welcher ein Großteil der hiesigen Bevölkerung (insbesondere auch die heute vorzugsweise zu betreuenden landwirtschaftlichen Kreise) vereinigt ist (...).[349]

Dieses traditionelle Element der Bauernschaft war noch nicht *gleichgeschaltet,* das *Führerprinzip* im *Darlehenskassenverein* nicht umgesetzt. Vor allem, um in gutem Kontakt mit den Bauern zu bleiben und anfallende »grundbuchamtliche Geldgeschäfte« tätigen zu können, sah es Schmid als Vorteil an, »wenn der Bürgermeister (...) das Amt des Vorstehers versieht.«[350] Doch sein Einfluß in der Bauernschaft war den Reichenbacher NSDAP-*Führern* suspekt, da ihnen der betagte *Ortsbauernführer* offenbar nicht ausreichend der *nationalen Sache diente.* Mehrfach hatte der nationalsozialistische Gemeinderat versucht, den Verwaltungschef zur Aufgabe des Amtes zu bewegen und ihn zu verpflichten, einen dem *Darlehenskassenverein* bereits vor Schmids Amtsbeginn im Rathaus zur Verfügung gestellten Dienstraum zu kündigen[351]. Da Schmid auf eine erste während seiner Urlaubszeit vom Gemeinderat beschlossene Kündigung nicht reagierte, sprach die Mehrheitsfraktion in der Gemeinderatssitzung vom 18. Januar 1935 eine zweite Kündigung der Räume auf 30. Juni aus. Der Bürgermeister bestand darauf, daß er »doch viel eher beurteilen« könnte als der Gemeinderat, ob die Raumbenutzung durch die Darlehenskasse »mit dem sonstigen Rathausbetrieb vereinbar« sei oder nicht.

Anschließend ging Schmid in die Offensive und erklärte, das »Vorgehen des Gemeinderates gegen die *Darlehenskasse* müsse ihn als Vorsteher der Kasse (...) sehr befremden«. Er sprach mögliche persönliche Interessen verschiedener Nationalsozialisten am Niedergehen des landwirtschaftlichen Bankvereins an, die bei diesem zum Teil immense Schulden hatten. Außerdem brachte er die Beschlüsse nach dem nationalsozialistischen Machtantritt zur Sprache, nach welchen einige besonders *nationale Betriebsführer* beträchtliche Kreditnachlässe gewährt bekommen hatten. Danach spielte er auf die beruflichen Interessen des *Ortsgruppenleiters* an, der sich als Sparkassenleiter am Ort zwar nicht offiziell an der Diskussion im Gemeindegremium beteiligt hatte, doch bei der bereits vorher innerhalb der

NS-Fraktion getroffenen Entscheidung durchaus persönliche Interessen habe – Mangold plante die Erweiterung des von ihm geleiteten Geldinstituts.[352] Schmid machte, so ist es im Protokoll festgehalten,

> keinen Hehl daraus, daß er die Vermutung habe, daß dieser Beschlußfassung in der Hauptsache eben nur allzu menschliche Motive zugrunde liegen.[353]

Gemeinderat Knoblauch warf Schmid nun seinerseits persönliche Bevorteilung vor, stellte »die Unparteilichkeit des Ortsvorstehers« in Frage und kritisierte, daß Schmid durch »diese sonstigen Engagements« nicht genügend Zeit für seine *Dienstpflichten* hätte. Die Auseinandersetzung nahm an Schärfe zu, Schmid wies alle Angriffe zurück, machte »die Motive dieser Anzapfungen (...) wiederum als nur allzu menschliche« erkennbar, brachte erneut »seinen Unmut über die von der NS-Fraktion gemachten Hinweise (...) zum Ausdruck« und wollte keine weitere Erklärung darüber abgeben, was er in der Sache zu tun gedenke[354]. In der folgenden Sitzung – die neue Gemeindeordnung war bereits veröffentlicht – bekräftigte Schmid seine Haltung.

> Aus diesen Gründen ist es daher nicht so einerlei, wie offenbar innerhalb der NS-Fraktion darzustellen versucht wurde, wer Vorsteher der Darlehenskasse ist, der übrigens immer noch von der Generalversammlung der Genossenschaft gewählt werden muß.[355]

Eine durchzuführende »Sanierungsaktion«, so fügte er an, erlaube »es dem Vorsitzenden auch keinesfalls (...), vor Ablauf seiner Wahlzeit (1937) seinen Posten als Darlehenskassenvorsteher ohne zwingenden Grund zu verlassen.«[356] Mangold und Blessing verwahrten sich in Erklärungen »gegen etwaige Vorwürfe persönlicher Art, die etwa dahin gerichtet wären, als ob die Beschlüsse (...) aus irgendwelchen Konkurrenzabsichten heraus getätigt worden seien. Solchen liegen rein sachliche Motive zu Grunde«. Diese Erklärungen wurden »ohne weitere Stellungnah-

me zur Kenntnis genommen«. Schmid hatte sich durchgesetzt, die *Darlehenskasse* zog zum 30. Juni nicht aus, und er blieb ihr Vorsitzender[357].

In teilweise sehr hart geführten Auseinandersetzungen wie dieser hatte es Schmid jeweils sehr gut verstanden, das tatsächliche Verhalten der örtlichen Nationalsozialisten an öffentlich geäußerten Haltungen und nationalsozialistischen Ehrvorstellungen, nach denen »Gemeinnutz vor Eigennutz« zu gehen hatte, zu messen. Die in diesem Beispiel anklingenden Vorwürfe, daß einer »sachlichen« Entscheidung »allzumenschliche« persönliche Motive zugrundelägen – bei Knoblauch etwaiger Neid auf höhere Einkünfte, bei Blessing persönliche Vorteilnahme und bei Mangold wirtschaftliches Konkurrenzdenken – hätten den Vorstellungen des *Dienstes* – in diesem Fall des Dienstes an der Reichenbacher Gemeinde – widersprochen. Die Betroffenen konnten nur den Rückzug antreten, versichern daß dem nicht so sei und es sich um eine »rein sachliche« Entscheidung handelte. Schmid konnte, trotz der sehr persönlichen Note solcher Auseinandersetzungen, seine Position als Bürgermeister dadurch stärken.

So gab es bei der Entscheidung, wer aufgrund der *Deutschen Gemeindeordnung* nun als Bürgermeister »einzusetzen« sei, keine Alternative zu Schmid. Als Ziel benannte die Präambel der *Gemeindeordnung*,

> die Gemeinschaft wieder vor das Einzelschicksal zu stellen, Gemeinnutz vor Eigennutz zu setzen und unter Führung der Besten des Volkes die wahre Volksgemeinschaft zu schaffen, in der auch der letzte willige Volksgenosse das Gefühl der Zusammengehörigkeit findet.[358]

Die neue *Gemeindeordnung* beseitigte den demokratischen Interessenausgleich in der Selbstverwaltung der Gemeinden, und Schmid wurde gemäß dem *Führerprinzip* zum alleinigen Vertreter und Entscheidungsorgan der Gemeinde. Da es keine Abstimmungen mehr gab, hatten die Gemeinderäte – in den Städten hießen sie fortan »Ratsherren« – nur noch beratende Funktion. Die 1933 eingesetzten Gemeinderäte wurden offiziell abgelöst. Die neuen Gemeinderäte berief der Beauftragte *Kreisleiter* Baptist »im Benehmen mit dem Bürgermeister«[359]. Mangold erstellte für Reichenbach und die umliegenden Ortschaften wiederum eine »Vorschlagsliste zur Berufung in den Gemeinderat zum 1. April 1935«[360] – in Reichenbach mit denselben Gesichtern. Alte und neue Gemeinderäte wurden Hermann Mangold, Gustav Blessing, Karl Acker, Christian Böbel, Friedrich Sanzi, Richard Häfner, Konrad Baach und Otto Alber[361]. Der als *NSBO-Ortswart* abgesetzte Friedrich Knoblauch wurde auf Einwirken Mangolds *Erster Beigeordneter* und damit Stellvertreter des Bürgermeisters. Zum zweiten *Beigeordneten* ernannte Baptist den 57jährigen Schlossermeister Hermann Kohlhaas, der seit 1919 für die »Bürgerpartei Reichenbach«, seit 1925 für den Gewerbeverein und ab 1933 für die NSDAP im Reichenbacher Gemeinderat vertreten war[362]. Der *Ortsgruppen*leiter setzte sich außerdem bei der Neubenennung eines *Ortsbauernführers* durch. *Kreisleiter* Baptist ernannte »im Benehmen mit dem Bürgermeister« den Landwirt Richard Alber zum Nachfolger Albert Fischers als neuer *Ortsbauernführer* Reichenbachs[363]. »Auf Grund der Berufung durch den Beauftragten der NSDAP vom 1. Juli 1935« rückte Alber »unter Berufung in das Beamtenverhältnis mit Wirkung vom 1. August 1935« in den Gemeinderat ein[364].

Bei der ersten »Beratung mit den Gemeinderäten« am 10. Mai wies Schmid die neun anwesenden Gemeinderäte – Mangold hatte sich entschuldigen lassen – darauf hin, daß ihnen »künftig kein Beschluß- bzw. Bestimmungsrecht mehr« zustehe, »solches vielmehr ausschließlich auf den Bürgermeister übergegangen und der Gemeinderat nur noch zu beratender Tätigkeit heranzuziehen« sei[365]. Gemäß der Präambel der neuen Ordnung betonte Schmid jedoch, daß er den »Gemeinderat auch künftig zu tatfroher verantwor-

tungsbewußter Mitarbeit« heranziehen wolle, daß hierzu allerdings notwendig sei, »daß gegenseitig streng sachlich und gerecht die zu entscheidenden Fragen geprüft und entschieden werden und beide Seiten eifrig bestrebt« seien, »in gegenseitigem Vertrauen ausschließlich zum Wohl des großen Ganzen arbeiten zu wollen.«[366]

Formell stellte die *Deutsche Gemeindeordnung* einen Machtzuwachs für die Partei und ihre *Beauftragten* dar. Für eine Persönlichkeit wie Schmid bot sie jedoch einen Freiraum, innerhalb dessen der Bürgermeister eigenständige Entscheidungen treffen konnte, ohne sich den örtlichen Nationalsozialisten gegenüber rechtfertigen zu müssen. Hierdurch änderte sich das *Dienstverständnis* des *Ortsgruppenleiters* als Gemeinderat und nationalsozialistischer Fraktionsführer abrupt. Sein Interesse an Gemeinderatssitzungen scheint nach Einführen der *Deutschen Gemeindeordnung*, nach der auch er, der »starke Mann« im Ort, nur noch beratende Funktion für den Bürgermeister hatte, rapide gesunken zu sein. Ein Blick auf die Anwesenheit des *Ortsgruppenleiters* bei Gemeinderatssitzungen zeigt, daß Mangold 1933 und 1934, als er innerhalb des Gemeinderates noch mehr zu bewegen können glaubte, seinen *Dienst* sehr intensiv versah. Im Jahr 1933 war er von 16 Gemeinderatssitzungen bei zwölf anwesend und 1934 bei 13 von 15. Im Jahr 1935 sank sein Interesse auffällig, er war von 11 Sitzungen nur bei dreien anwesend. 1936 nahm er gerade bei jeder zweiten Sitzung teil und in den Folgejahren ließ sein Interesse stetig nach, 1937 erschien Mangold bei vier Sitzungen, 1938 bei zwei, 1939 bei einer und 1940 ließ er sich von allen Sitzungen »beurlauben«[367].

Zu den wichtigsten Themen der »Beratungen mit den Gemeinderäten« gehörten auch weiterhin die Auswirkungen der wirtschaftlichen Not. In jeder Sitzung der folgenden Jahre mußten Beschlüsse über Einzelfälle der Ortsfürsorgekasse, Miet- oder Krankenhauskostenzuschüsse, Übernahme von Medikamentenkosten oder Unterstützung zum Lebensunterhalt getroffen werden. Die Propaganda stellte dies zwar anders dar, in den Zeitungen stand nichts über die anhaltende Not vieler *Volksgenossen,* doch Verwaltung und Rat beschäftigte diese sehr. Auch die Entwicklung der kommunalen Baupolitik wurde in der Öffentlichkeit anders dargestellt, als sie sich tatsächlich verhielt. Die Wohnungsnot blieb eines der zentralen Themen auch nach der *Nationalen Revolution.* In der Göppinger Zeitung war wiederholt vom Aufschwung im Bauwesen die Rede:

> Auch in Reichenbach geht es aufwärts, Rückschau 1936 und Ausblick auf neue Bauvorhaben.[368]

Im 1938 verfaßten Teil der Ortschronik heißt es:

> In der Zeit der großen Arbeitslosigkeit vor der Machtübernahme des Führers kam der Wohnungsbau wieder fast zum Erliegen; als aber dann nach 1933 die ganze Gemeinde wieder in Arbeit und Verdienst stand, wurde der Wohnungsbau wieder stark gefördert.[369]

In der Tat führte Bürgermeister Schmid seine Baupolitik sowie die bereits vor dem nationalsozialistischen Machtantritt geplanten Bauvorhaben weiter. Im Februar gab er die beabsichtigte Errichtung von sechs Häusern als Randsiedlungen auf der Rißhalde bekannt[370]. Der neue »Ortsbauplan Reichenbach West«[371], im Rahmen dessen Ende 1936 erste Baugenehmigungen erteilt werden konnten[372], beschäftigte die Gemeinderäte bis ins Frühjahr 1938 hinein[373]. Doch auf Einwirken der vorgesetzten Behörden wurde Schmid mehrfach angehalten, weniger Geld für bauliche Maßnahmen auszugeben. Außerdem bekam der Ortsvorsteher im September 1933, da die Gemeinde Reichenbach »in den Jahren 1924–1927 den privaten Wohnungsbau durch Ausgabe von Baudarlehen gefördert, und Bauplatz-Kaufpreis gestundet« hatte, ohne die erforderliche Genehmigung des Innenministeriums oder der Ministerialabteilung für Bezirks- und Körperschafts-

verwaltung einzuholen, rückwirkend einen »Verweis« des Oberamts Göppingen[374]. Ein Vergleich des Wohnungszugangs der ersten vier Jahre von Schmids Amtszeit mit den vier ersten Jahren nach dem nationalsozialistischen Amtsantritt zeigt die drastische Abnahme. In den Jahren von 1927 bis 1931 wurden in Reichenbach 176 neue Wohnungen erstellt, in den Jahren von 1934 bis 1938 nur 57 Wohnungen[375]. Dies entspricht der landesweiten Entwicklung des Wohnungsbaus. Insgesamt ging der Wohnungszuwachs in Württemberg von 1934 insgesamt 15 564 neu erstellten Wohnungen in 10 163 Gebäuden im Jahr 1935 auf 12 658 neue Wohnungen in 9536 Gebäuden zurück. Ein Bericht in der »Göppinger Zeitung« nannte als Erklärung für diesen Rückgang die Abnahme der Umbautätigkeit nach Wegfall der staatlichen Zuschüsse[376]. Schmid versuchte diesem Trend durch eine schrittweise Senkung der Reichenbacher Baulandpreise zu begegnen[377]. Doch die Wohnungsnot stieg weiter. Vor allem 1938 häuften sich die Wohnungsgesuche, sowie auch die Kündigungen, Zwangsandrohungen und Räumungen[378]. Allein in den zwei Sommermonaten Juli und August wurden sechs Wohnungen in Reichenbach zwangsweise geräumt. Ein Beispiel soll die dahinterstehende Not beleuchten: Jakob S., der eine kleine Werkstatt betrieb, konnte den Mietzins für seine Reichenbacher Wohnung nicht mehr bezahlen. Die Familie mußte deshalb 1934 in eine kleinere Parterrewohnung in der Seestraße umziehen.

> Die Wohnung besteht aus 1 früheren großen, nunmehr 2 kleinen Räumen, abgeteiltem Zimmer und 1 kleinen Küche, die Familie S. zählt jedoch 6 Köpfe und setzt sich zusammen aus den Eltern und 4 Kindern im Alter von 13, 10, 7 und 3 Jahren – 2 Mädchen und 2 Knaben. Ein weiteres Kind wird erwartet.[379]

Da die neue Wohnung nicht den entsprechenden Vorschriften entsprach, wurden »diese mißlichen Wohnungszustände von wohnungsaufsichtswegen länger nicht mehr geduldet.«[380] Binnen acht Tagen hatte die Familie die Wohnung zu räumen. In der Zwangsankündigung hieß es kühl:

> Es steht Ihnen frei, sich sonstwie nach einer für Ihre Verhältnisse ausreichenden Ersatzunterkunft umzusehen.[381]

Falls die Familie in den verbleibenden acht Tagen keine Wohnung finden sollte, sollten die sechs Personen ins »Ostsiedlungsheim«, das gemeindeeigene Armenhaus, eingewiesen werden.

> Für den Fall, daß die Räumung nicht freiwillig erfolgt, wird solche auf Ihre Rechnung durch den Beauftragten der Gemeinde vorgenommen werden.[382]

S. legte aus geschäftlichen Gründen Beschwerde ein[383] und war klug genug, darüber hinaus auf andere offizielle Stellen zu verweisen und diese für seine Beschwerde zu nutzen. Er schaltete unter anderem die Fürsorgeschwester des Jugendamtes Göppingen ein, die in einem Bericht vom 26. April 1937 bereits festgestellt hatte, daß die Kinder, wenn sie »in die verrufene Ostsiedlung kämen«, dort »unbedingten sittlichen Schaden nehmen« müßten[384]. Der Landrat entschied ausnahmsweise für S., denn es sei

> ein kleineres Übel, wenn die Familie mit ihren Kindern bis auf weiteres in dieser kleinen Wohnung in einwandfreier Umgebung verbleibt, als wenn die Kinder in einer großen Wohnung in der Ostsiedlung, wo ihnen sittlicher Verfall droht, aufwachsen.[385]

Weitere ähnliche Fälle sind belegt[386].

Im Zusammenhang mit dem »Ortsbauplan Reichenbach West« erörterte die erweiterte »gemeinderätliche Kommissions-Beratung« Mitte November 1936 die Frage, ob »die neu vorgesehenen Straßen (...) sowie ältere Straßenzüge des Orts (...) den heutigen führenden Persönlichkeiten nach oder zwecks Hervorhebung sonstiger markanter Zeitgeschehnisse umzubenennen sind.«[387] Ohne Zutun des *Ortsgruppenleiters* beschloß diese Kommission, die Blumenstraße in »Adolf-Hitler-Straße«, die Fürstenstraße

in »Hindenburgstraße«, die Neuwiesenstraße in »Wilhelm-Murr-Straße«, die Kirchheimer Straße in »Heinrich-Otto-Straße« und die Paulinen- und Bergstraße in »Saarstraße« umzubenennen[388]. Der in der darauffolgenden »Beratung mit den Gemeinderäten« befragte *Ortsgruppenleiter* erklärte, »daß er im Allgemeinen die Vorschläge billige, (...) jedoch noch einen mit Reichenbach in besonderer Verbindung gestandenen alten Kämpfer erwähnen müsse, der in diesem Zusammenhang schließlich auch geehrt werden könne, es sei dies Dietrich von Jagow.«[389] Hierauf änderte Schmid seinen Vorschlag und beschloß, die Neuwiesenstraße in »Dietrich-von-Jagow-Straße« und die bisherige Wilhelmstraße zusammen mit der Karlstraße in »Wilhelm-Murr-Straße« umzubenennen. Doch so einfach gestaltete sich die Umbenennung nicht. Der Landrat verwies – so berichtete Schmid in der folgenden Sitzung – auf Erlasse des Reichs- und des württembergischen Innenministers, nach welchen »Straßenneu- und Umbenennungen nach Lebenden nicht mehr stattfinden« dürften[390]. Mangold erklärte darauf, »daß dann die Straßen-Umbenennungen eben über die Parteistellen angestrebt werden müßten.«

> Es wird darauf hingewiesen, daß bald der unbedeutendste Ort seine Adolf Hitler-Straße habe und daher Reichenbach nicht darauf verzichten könne (...), so sei festzustellen, daß die zu ehrenden Männer Wilhelm Murr und Dietrich von Jagow ganz persönliche Beziehungen zu Reichenbach hätten, seien es doch diese Männer gewesen, welche vom nahen Esslingen aus in Reichenbach den Grund für die nat. soz. Idee gelegt haben.[391]

Auf Bitte des *Ortsgruppenleiters* sprach nun *Kreisleiter* Baptist persönlich bei *Gauleiter* Murr vor. Doch auch dieser hatte, so Baptist in einer Mitteilung an Mangold, »in letzter Zeit erst wieder Erlasse herausgegeben (...), wonach Straßen usw. nur noch die Namen von Gefallenen der Bewegung tragen sollen, nicht aber Namen von Männern, die heute noch leben.«[392] Deshalb einigten sich der *Ortsgruppenlei-*

»In Anbetracht der heutigen Gemeinnützigkeit eines Schießhauses« bezuschußte der nationalsozialistische Gemeinderat den Bau eines Pistolenschießstandes und die Elektrifizierung des Reichenbacher Schießhauses; hier um 1939.

ter und der Bürgermeister darauf, die Neuwiesenstraße in »Schlageterstraße« und die Wilhelmstraße in »Horst-Wessel-Straße« umzubenennen. Die Blumenstraße sollte »zunächst ihre bisherige Bezeichnung behalten und gewissermaßen dafür reserviert bleiben, sie aus irgend einem besonderen Anlaß doch noch nach dem Namen des Führers umzubenennen zu können.«[393]

Nationalsozialistische Kommunalpolitik in Reichenbach schlug sich deutlich in finanziellen Unterstützungen und Ausgaben seitens der Gemeinde für die *Parteigliederungen* oder für die Rüstung, etwa für den (Luft-)Kriegsfall[394], nieder und machte sich in neugeschaffenen »Ordnungen« zur weiteren Inszenierung der *Volksgemeinschaft* bemerkbar. Der nationalsozialistische Gemeinderat beschloß im Juni 1937 beispielsweise den Kauf eines Kleinkalibergewehrs für die Schießübungen der *Hitler-Jugend*[395], im November 1938 machte sie sich für einen Pistolen-Schießstand stark, vor allem der aktive Schütze Blessing setzte sich dafür ein, daß die Gemeinde den Schießstand des Schützenvereins ausbaute[396]. Außerdem

setzte er einige Monate später »in Anbetracht der heutigen Gemeinnützigkeit eines Schießhauses« durch, daß der Schießstand auf Kosten der Gemeinde an das elektrische Stromversorgungsnetz angeschlossen wurde[397].

Neben den permanenten Zuschüssen für die *Hitlerjugend*[398], die *NSV*[399] oder die *NSKOV* sind verschiedene »einmalige Sonderzuwendungen« für die NSDAP und ihre *Gliederungen* anzuführen[400]. Als Beispiele der kommunalen Förderung der Inszenierung der *Volksgemeinschaft* sind die Anschaffung einer Salutkanone im Oktober 1937[401] oder die Einführung einer »Reichenbacher Leichenordnung«[402] zu nennen. Da »bei den Leichenzügen (...) bisher in bezug auf die Reihenfolge der Leichenzugsteilnehmer keine Regelmäßigkeit« bestand, »was manchmal ganz ungute Bilder verursachte« beschloß eine eingesetzte Kommission, »um hier eine gewisse Ordnung aufzustellen«, die »Reichenbacher Leichenordnung«, die genau den Ablauf eines Trauerzuges regelte. Die *Formationen*, Vereine mit Fahnen, Altersgenossen, Sänger, Musiker und Leichenträger führten ihn an, gefolgt vom »Leichenwagen, hierauf die Angehörigen männlichen und weiblichen Geschlechts« und hernach das »Leichengefolge, und zwar wenn es sich bei dem Verstorbenen um einen Mann handelt, zuerst die Männer und im umgekehrten Falle die Frauen.«[403]

Wichtiger Bestandteil nationalsozialistischer Einflußnahme auf die Reichenbacher Kommunalpolitik war weiterhin die Personalpolitik, beispielsweise bei der Besetzung des zweiten Standesbeamten und Gemeindepflegers 1938[404]. Schmid bevorzugte einen ausgebildeten Verwaltungsfachmann, der ihm »durch Vermittlung eines Bekannten« genannt und zur »Einreichung einer Bewerbung aufgefordert worden« war. Mangold sprach sich für den bewährten Parteifachmann am Ort, Friedrich Sanzi, aus. Wiederum nutzte Schmid den ihm durch die *Deutsche Gemeindeordnung* vorgegebenen Freiraum und widersprach Mangold öffentlich, deutlich und »in längeren Ausführungen«.

> Er erklärt, daß dies vom Standpunkt der Verwaltung aus einfach nicht denkbar sei und es als unklug bezeichnet werden müßte, wenn wir von dem Angebot eines Verwaltungsfachmanns zu Gunsten eines Nichtfachmanns keinen Gebrauch machen würden.[405]

Über sachliche Argumente setzte Schmid sich erneut gegen Mangold durch und überzeugte sogar die anderen Nationalsozialisten, die auf Schmids Linie einschwenkten[406].

Der Verwaltungsfachmann Emil Weiler trat am 29. Juli 1938 sein Amt an[407]. Schmid hatte Weilers Ausbildung und die Empfehlung eines »Bekannten« als Argumente verwendet. Um so mehr mußte es den Reichenbacher *Ortsgruppenleiter* treffen, als er wenige Tage nach dieser öffentlichen Auseinandersetzung einige Schreiben über Weiler erhielt. Der 36jährige Emil Weiler war Bürgermeister in Aufhausen, Kreis Neresheim, gewesen und bekam immer wieder Schwierigkeiten wegen seines katholischen Glaubens[408],

und da er offenbar am 7. März 1933 die Hakenkreuzfahne nicht hatte hissen lassen wollen[409]. Im Frühjahr 1938 konnte er die Spannungen nicht mehr ertragen – einer seiner Brüder war 1937 »trotz Beschwerde unfruchtbar gemacht« worden und der andere galt in Aufhausen als ausgemachter Gegner des Nationalsozialismus[410]. Aus »Angst davor, in Aufhausen als Bürgermeister eines Tages beseitigt« zu werden[411], meldete er sich auf die Stelle nach Reichenbach. Mitte Juni und Anfang Juli gingen mehrere Schreiben beim *Ortsgruppenleiter* in Reichenbach ein. Die *Kreisleitung* Esslingen warnte vor dem Katholiken, der »nur zum Schein *Pg*« sei[412], die *Kreisleitung* Aalen ließ ausrichten, daß *Parteimitglied* und Standesbeamter Weiler an der Fronleichnahmsprozession in Aufhausen teilgenommen habe[413], und der *Ortsgruppenleiter* der *Ortsgruppe* Oberndorf am Ipf, Knapp, warnte einen Monat später gesondert vor dem »schwarzen Parteigenossen«[414]. Mangold versuchte, erneut beim Bürgermeister vorzusprechen. Seinem *Kreisleiter* berichtete er Mitte August:

> Als ich die Warnung damals erhielt, habe ich beim Bürgermeister versucht, die Anstellung des Weiler rückgängig zu machen, derselbe bekam aber von der Gauamtsleitung für Kommunalpolitik die beste Auskunft über Weiler und den Rat, die Anstellung bestehen zu lassen (...). Nun haben wir also den Salat, der Mann ist ein Pg aber »schwarz«. (...) Kann nun so ein schwarzer Pg (...) Standesbeamter in unserem Sinne sein? Wo wir doch die Eheschließung vor dem Standesamt in unserem Sinne ausbauen wollen. So ein »Schwarzer« wird nie die richtige Weihe hineinbringen (...). Ich muß also hier vorerst mit »Nein« antworten. (...) Mich interessiert, wer sich hier durchsetzt, die Behörde mit der Gauamtsleitung oder der Hoheitsträger Kreis- und *Ortsgruppenleiter*. Interessant ist für mich persönlich auch, wie man mit dem Amt eines Standesbeamten umgeht. (...) Wer setzt die Standesbeamten ein und wer entläßt sie?[415]

Nach verschiedenen Besprechungen, bei denen Mangold versuchte, den *schwarzen Parteigenossen* wieder loszuwerden, einigten sich *Kreisleiter* und Landrat schließlich, das teilte der *Kreisleiter* »streng vertraulich« dem Reichenbacher *Ortsgruppenleiter* mit, Weiler solle zwar offiziell zum Ersten Stellvertreter ernannt werden, aber »als Standesbeamter nie in Tätigkeit treten.«[416] Schmid hatte sich erneut durchgesetzt.

Am 1. Oktober 1938 kam Reichenbach im Rahmen der Kreisreform vom Oberamt Göppingen zum Kreis Esslingen unter dem neuen Landrat Dr. Häcker[417]. Württemberg bestand nach der Reform anstelle der 61 nur noch aus 34 Land- und drei Stadtkreisen[418]. Zwar versuchten Blessing und vor allem der *Erste Beigeordnete* Knoblauch, Einfluß auf die Reichenbacher Kommunalpolitik zu nehmen, doch die nationalsozialistischen Gemeinderäte wirkten weder bei der erwähnten Baupolitik noch bei der Einführung der Müllabfuhr im April 1937[419] oder bei der Ansiedlung weiterer Industrie[420] innovativ oder entscheidend mit. Außerdem kamen der Bürgermeister und sein *Erster Beigeordneter* wohl nicht sehr gut miteinander aus. Nach mehreren persönlichen Auseinandersetzungen[421] brachte Schmid Anfang Januar 1937 den Gemeinderäten zur Kenntnis,

> daß sich der 1. Beigeordnete Friedrich Knoblauch aus persönlichen Gründen veranlaßt gesehen hat, die innerhalb der Gemeindeverwaltung innegehabten Ehrenämter niederzulegen, und das Gesuch um Entlassung als 1. Beigeordneter dem Herrn Landrat bzw. dem Beauftragten der NSDAP in Göppingen vorgelegt worden ist.[422]

Anfang Februar 1937 wurde auf Vorschlag des anwesenden *Kreisleiters* Baptist Gustav Blessing als Nachfolger von Friedrich Knoblauch *Erster Beigeordneter*. Als Nachfolger von Gustav Blessing wurde der 39jährige Gustav Weinland zum Gemeinderat benannt[423], Kaufmann bei der Firma Otto und als solcher der neue Verbindungsmann der *Partei* zum größten Arbeitgeber.

Die Benennung Weinlands zeugt von den internen Problemen der Reichenbacher NSDAP-*Ortsgruppe*. Weinland war 1934 in die Reichenbacher *SA* eingetreten, wie er selbst angab, »nach einer öffentlichen Veranstaltung, bei der eine Liste herumgereicht wurde.«[424] Zum Zeitpunkt seiner Ernennung wirkte der Freund und Kampfgefährte von Pfarrer Erhardt aktiv im Reichenbacher Kirchengemeinderat. Doch die *Ortsgruppe* und ihr Leiter hatten erhebliche Schwierigkeiten, überhaupt Nachfolger für ständig frei werdende Posten zu finden.

Durch die vielen Veranstaltungen und *Dienste*, die die *Parteigenossen* zunehmend vereinnahmten, ging deren Engagement für den *Dienst* an und in der *Partei* zurück, und die Reichenbacher *Ortsgruppe* kam ihren Aufgaben nicht nach. Im März 1935 stand in der »Göppinger Zeitung« zu lesen, daß verschiedene *Ortsgruppen*, darunter die Reichenbacher, die »WHW-Kassen noch nicht abgerechnet« hatten[425]. Einen Monat später mußten die Angehörigen der *Hitlerjugend* lesen, daß die Reichenbacher *Gefolgschaft* den »volkssportlichen Monatsbericht« noch nicht abgegeben hatte, weshalb den Reichenbachern öffentlich eine Meldung an den Bann angedroht wurde[426]. Immer wieder gingen Schreiben beim *Ortsgruppenleiter* ein mit der Bitte, von diesem oder jenem Amte entbunden zu werden. So schrieb am 24. November 1936 *KdF-Ortswart* Ernst Deuschle, der nach knapp zwei Jahren *Dienst* für die *KdF* noch immer nicht in die NSDAP hatte eintreten wollen:

> Ich habe sowieso schon seit einiger Zeit den Eindruck, daß es viel besser ist, wenn dieses Amt, wie vorgeschrieben, von einem Parteigenossen eingenommen wird.[427]

Da Mangold keinen Geeigneten fand, überredete er Deuschle dazu, die Freizeitangebote noch einen Winter lang zu koordinieren, fünf Monate später, am 15. April 1937 trat Deuschle »aus Zeitgründen« von seinem Amt als *Ortsleiter der KdF* zurück[428]. Die *Dienststellenappelle* selbst der *Zellenleiter* waren – laut der Berichte Mangolds an den *Kreisleiter* – ständig »sehr mangelhaft besucht«. Anfang Mai 1937 ließ Mangold die entsprechenden *Zellen-leiter* zur Strafe jeweils Sonntag früh um 10 Minuten vor 8 Uhr bei sich zu Hause erscheinen – so schrieb er ihnen – »wenn Sie vermeiden wollen, daß Sie von mir der Kreisleitung gemeldet werden. Eine derartige Bummelei muß endlich aufhören.«[429] Trotzdem mußte der *Kreispersonalamtsleiter* 1938 bemängeln:

> Es ist mir aufgefallen, daß die *Ortsgruppe* Reichenbach in letzter Zeit es mit der Einhaltung der Termine bei der politischen Beurteilung wie auch der sonstigen Termine nicht mehr so genau nimmt. (...) Ich kann es nicht länger verantworten, zuzusehen, wie die *Ortsgruppe* Reichenbach unbeachtlich über Termine hinweggeht.[430]

Nachdem Johanna Kohlhaas, die der *Frauenschaftsleiterin* Knoblauch 1937 im Amt nachgefolgt war, im Februar 1941 aus beruflichen Gründen ausschied[431], mußte Mangold die Witwe des *Alten Kämpfers*, Margarete Lautenschlager, zur Übernahme des Amtes bitten[432]. Als Gewerbeschul-Assessor Scheufele im Oktober 1936 aus Reichenbach wegzog und demzufolge als *Ortswalter der NSV* ausfiel[433], hatte Mangold Schwierigkeiten, jemanden für das Amt zu finden. Da er zumindest für das Kassieren der Beiträge dringend einen Nachfolger benötigte, bat er den Schwager Scheufeles, den Vorwerkmeister bei Otto, Robert Ruoff, mit den Worten, er »habe keinen anderen geeigneten Mann. Ruoff habe schließlich Kinder, die es machen könnten.«[434] Doch es konnte nicht nur beim Kassieren bleiben. Die Reichenbacher *NSV* hatte im Juni 1938 nur einen Mitgliederstand von elf Prozent der Gesamtbevölkerung aufzuweisen. Von den 38 Kreisgemeinden war dies der fünftschlechteste Platz und deutlich unter dem Kreisdurchschnitt von knapp 16 Prozent[435]. Ständig mußten die Parteiaktiven für jede Gliederung sowie für die *politische Organisation* werben; nicht immer mit großem Erfolg. Trotz massiven Einsatzes durch die *Deutsche Arbeitsfront* waren Ende April 1937 von 733 Arbeitern bei der Firma Otto nur neun

Beschäftigte, also 1,2 Prozent, *Parteigenossen*, Ende Juli 1939 waren es erst 31 von 679 Arbeitern, das entspricht 4,6 Prozent[436].

Auch die Gemeinde- und Schulbediensteten klagten zunehmend über die »zu große Belastung«[437]. 1939 mußte dessentwegen das geplante Kinderfest ausfallen[438]. Nach dem Ausscheiden Mühlhäusers[439], für dessen Funktion als *Propagandawart* Mangold seinen Getreuen Sanzi verpflichten konnte, fand sich niemand, der das von Mühlhäuser ebenfalls ausgeführte Amt des Ortsbüchereiverwalters übernehmen wollte. Schmid führte deshalb gegen die Einwände der *Beigeordneten* und Gemeinderäte eine materielle Honorierung ein[440].

> Bei der heutigen Überinanspruchnahme von jedem Einzelnen könne aber nach Ansicht des Bürgermeisters von niemand erwartet werden, daß er zu seinen sonstigen Funktionen hin ein solches Nebenamt ohne angemessene Vergütung übernimmt.[441]

Hauptlehrer Stotz bekam eine Vergütung von 100 Reichsmark pro Jahr.

Voller Stolz berichtete der *Ortsgruppenleiter* im Juli 1938 an die *Kreisleitung* über die Straffung seiner Organisation. Reichenbach war in 14 Blöcke eingeteilt, die jeweils mit einem Blockwart besetzt werden konnten[442]. Alleine im Monat Juni 1938 sei es gelungen, 15 neue Mitglieder in die Arbeitsfront zu werben. Weitere *Volksgenossen*, die außerhalb der Organisation gestanden hätten, konnten im Juli 1938 eingereiht werden. Alle *Parteigenossen* hatten jeden Dienstag und Donnerstag von 18.30 Uhr bis 20.00 Uhr *Dienststunde*. Für die im Oktober 1937 inklusive *Zellen-* und *Blockobmänner* insgesamt 33 *Politischen Leiter*[443] waren darüber hinaus monatlich zwei *Sprechabende* Pflicht[444]. Im Protokoll eines *Dienstappells* vom 13. Dezember 1937 in der Turnhalle sind zuerst die nur 22 anwesenden politischen Leiter namentlich genannt. Hernach heißt es:

> Nach Behandlung einiger geschäftlicher Angelegenheiten sprach der *Ortsgruppenleiter* über die Haltung eines Nationalsozialisten

und im besonderen des politischen Leiters. Die hieran anschließenden Exerzier- und sportlichen Übungen bestanden in der Hauptsache, wegen des beschränkten Raumes, aus Wendungen, Schwenkungen und Singen von Marschliedern. Dauer des Dienstes 1$^1/_2$ Stunden[445].

Vor allem in den Sommer- und Herbstmonaten, insbesondere während der (Heu-) Ernte, mußte der *Ortsgruppenleiter* seinem *Kreisleiter* immer wieder Bericht über den schlechten Besuch selbst der *Sprechabende* erstatten[446].

Die *Politische Organisation* der Reichenbacher NSDAP-*Ortsgruppe* wuchs bis zum Kriegsende 1945 trotz Gefallener auf 222 Mitglieder an[447], 158 Reichenbacher Frauen waren in der *NS-Frauenschaft* und im Deutschen Frauenwerk eingeschrieben[448] und 38 aktive *SA-Männer* taten

Dienst in Reichenbach[449]. Doch sangen diese nicht im gewünschten Gleichklang.

Noch im November 1940 mußte der *Gesangsleiter* Löffler – offenbar nach störenden Fehlklängen bei der *Heldengedenkfeier* – Nachhilfe hierin geben:

> Es ist dringend nötig, daß in Versammlungen usw. neuzeitliche Lieder der Bewegung ohne weiteres gesungen werden können, um dies endlich zu ermöglichen, ist der Besuch dieser Singstunde für jeden *Pg* Pflicht![450]

Der immer wieder geäußerte Anspruch, daß ein jeder *Volksgenosse* und erst recht alle *Parteigenossen* freudig erregt mit einem »Sieg Heil« auf den Lippen immer bereit zu sein hätten, alles *für Führer, Volk und Vaterland* zu geben, sah in der Reichenbacher Realität oft anders aus.

Dienende Jugend

Ganz besonders war der *Dienst* für die jungen Reichenbacherinnen und Reichenbacher verpflichtend[451]. Die Jugend als Ideal war ein weiterer elementarer Bestandteil der nationalsozialistischen Ideologie, und als wichtige Zielgruppe erlebte sie eine starke gesellschaftliche Aufwertung. Die Parteijugend erhob absoluten Anspruch auf die Erziehung der jungen Deutschen und trat damit vehement zu bisherigen Erziehern wie Schule und Eltern in Konkurrenz[452]. Hitler, *Reichsjugendführer* von Schirach und andere betonten oft die zentrale Aufgabe der Erziehung der Jugend zum *Dienst an der Volksgemeinschaft*[453]. Die NSDAP sollte hier – wie in folgender Rede Hitlers auf einer Wahlkundgebung 1938 im schlesischen Reichenberg zum Ausdruck kommt – die zentrale Vorreiterrolle einnehmen:

> Diese Jugend, die kennt ja nichts anderes als deutsch denken, deutsch handeln, und wenn nun diese Knaben, diese Mädchen mit ihren zehn Jahren in unsere Organisation

hineinkommen (...) dann kommen sie vier Jahre später vom Jungvolk in die Hitlerjugend, und dort behalten wir sie wieder vier Jahre, und dann geben wir sie erst recht nicht wieder zurück in die Hände unserer alten Klassen- und Standeserzeuger, sondern dann nehmen wir sie sofort in die Partei oder in die Arbeitsfront, in die SA oder in die SS, in das NSKK[454] und so weiter. Und wenn sie dort zwei Jahre (...) sind und noch nicht ganze Nationalsozialisten geworden sein sollten, dann kommen sie in den Arbeitsdienst und werden dort wieder sechs und sieben Monate geschliffen, alle mit einem Symbol: dem deutschen Spaten. (...) und wenn sie dann nach zwei (...) Jahren zurückkehren, dann nehmen wir sie, damit sie auf keinen Fall rückfällig werden, sofort wieder in die SA, SS und so weiter, und sie werden nicht mehr frei ihr ganzes Leben, und sie sind glücklich dabei.[455]

In den ersten Jahren waren die meisten Mädchen wie Jungen begeistert von den organisierten Freizeitangeboten der Reichenbacher *Hitlerjugend*. »Ich muß jetzt zum Dienst« war für viele der Schlüssel,

»Reichenbacher Jungvolk« 1939.

der – zum Ärger mancher Eltern – die Tür zur »Freiheit« und weg von haushaltlichen oder sonstigen von den Eltern auferlegten »Pflichten« öffnete. Die meisten empfanden die *HJ* in erster Linie als willkommenes Freizeitangebot.

Was waren für Angebote da in Reichenbach? Nichts, deshalb sind wir ja nachher ins Jungvolk und in die HJ. Ich bin 1935 mit stiller Duldung meines Vaters noch ohne Uniform ins Jungvolk gegangen. Da war was geboten, da war was los! Man hat Geländespiele[456] gemacht, ist auswärts ins Kino gegangen, das hat einen schon gereizt.
Ja was gab's denn in Reichenbach? Es waren ein paar Vereine da, etwa der Turnverein, aber da mußte man auch im Jahnschen Sinne stramm stehen. Dann bei der *HJ* und beim *Jungvolk* hat man Geländespiele gemacht, abends durfte man länger aufbleiben; das waren alles Dinge, die uns jungen Kerlen gefallen haben.
Wir haben in der HJ oft am Lagerfeuer gesessen und Würstchen gegrillt, das war schön. Überhaupt die Fahrten mit Tornister und Zelt waren toll, genau wie vorher beim CVJM.[457]

Die *HJ* bot den jungen Reichenbachern Möglichkeiten, die auf deren Wünsche nach Abenteuer, sich Messen und Gemeinschaftserleben zugeschnitten waren. Fröhlichkeit, Freiheit in der Natur und Fahrten ermöglichten einen Vorgeschmack auf die spätere Macht und Stärke, die die Jugendlichen mitprägen und erkämpfen sollten. Dadurch sollte ihnen der Eindruck ihrer Wichtigkeit und Bedeutung in Gegenwart und Zukunft vermittelt werden. Auch bei diesen Angeboten für Jugendliche und junge Erwachsene stand die Verbreitung nationalsozialistischer Ideologie, insbesondere die Inszenierung der Gemeinschaft, im Vordergrund. Viele verspürten das Bedürfnis dazuzugehören, sich nach außen durch das Tragen einer Uniform als zur Gemeinschaft zugehörig zu zeigen.

> Mein Bruder und ich wollten so gerne eine HJ-Uniform haben. Wir mußten immer als letzte bei einem Umzug im Trainingsanzug hinterher marschieren, durchs ganze Dorf, das war wie Spießrutenlaufen. Doch meine Mutter konnte sich die beiden Uniformen für uns nicht leisten. Jedesmal, wenn wir vom Dienst heimkamen, bedrängten wir sie, (...) und so kauften wir die zwei Uniformen auf Pump. (...) Ich hab die Uniform so gerne angezogen, damit ich hab' vorne mitmarschieren dürfen.[458]

Vor allem die Mädchen nahmen anfangs die Angebote meist sehr gerne wahr.

> Als Mädchen ist man froh gewesen, wenn man endlich mal hat abends fortgehen dürfen »zum Dienst«, wie es hieß. Man ist ja nie rausgekommen sonst als Mädle.[459]

Im *Dienst* wurde den Mädchen das Gefühl vermittelt, vom deutschen Staat gebraucht zu werden und als Mädchen ein wichtiger Teil der *kämpfenden Gemeinschaft* zu sein. Die an den *Heimabenden* gebotene Mischung aus viel Sport, Volkstänzen, Wandern und Singen, Lesen von schwäbischen Heimatdichtern sowie Basteln entsprach den Bedürfnissen der meisten Reichenbacher Mädchen[460].

> Das war ein Reiz! Beim Heimabend wurde immer etwas vorgelesen und meistens zuerst gesungen, damit man lustig geworden ist. So bißle etwas Politisches ist auch an uns hingeschwätzt worden.[461]

Dabei kamen freilich Ausführungen über *Rassen- und Volkstumspolitik* oder das Rollenbild der *Deutschen Frau* nicht zu kurz, die darüber hinaus über Schule und Zeitung vermittelt wurden. Für 17- bis 21jährige warb die NS-Organisation »Glaube und Schönheit«:

> Die heutige Jugend will mit einer ganz intellektuell gewordenen und gerade deshalb geisttötenden Schleiereule so wenig etwas zu tun haben wie mit Animiermädchen und zigarettenrauchenden Großmüttern oder Buschnegerinnen.[462]

Bei den Jungens standen von Anfang an die Erziehung zur Härte, militärische Schulung, soldatische Sozialisation des *Dienstes* und Erziehung zum Krieg im Vordergrund[463].

> Manchmal hatten wir groß angelegte Fehden, die Gefolgschafts- und Jungvolkzüge zusammen. Einmal war Reichenbach gegen Baltmannsweiler angesagt. Die in Baltmannsweiler sollten um sieben Uhr antreten, dann ein Verteidigungsnest anlegen, das wir dann finden und ausheben sollten. Unser Gefolgschaftsführer Arthur Pracht sagte dann, »wir schicken den Spähtrupp schon um 6.00 Uhr nach Baltmannsweiler«. Er hat also um sechs das Haus verlassen. Die *Kolben* aus Baltmannsweiler waren schon um fünf aufgestanden und hatten ihn abgepaßt und verprügelt. Normalerweise sollte das nicht so blutrünstig abgehen, sondern wir hatten alle einen roten oder blauen Lebensfaden, und wenn der abgerissen war, durfte man nicht mehr weiterkämpfen, aber die *Kolben* aus Baltmannsweiler haben das öfters ignoriert. Die Ebersbacher haben uns einmal auf dem Rückweg von einer großen Fehde von der Alb aufgelauert, überfallen und uns die Fahne geklaut. Da kamen wir also müde und schlapp, überfallen und ohne Fahne in Reichenbach an. Der *Ortsgruppenleiter* mußte intervenieren, daß wir unsere Fahne wieder bekamen.[464]

Mit den von der Gemeinde angeschafften kleinkalibrigen Gewehren wurde eine eigene Schießausbildung betrieben[465]. Das Schießabzeichen zu erringen »war eine besondere Art von Ansporn. Solch eine ordensgeschmückte Brust eines ›Pimpfen‹ machte sich komisch aus und förderte sei-

Reichenbacher HJ.

ne Einbildungskraft.«[466] Bereits zehnjährige Pimpfe sollten auf den späteren Krieg vorbereitet werden.

Auch die Massenhysterie, diese Massensuggestion, die wir dann später beim Üben des Attackereitens erlebt haben, konnten wir als Kinder beim Jungvolk schon erleben.[467]

Im Rahmen der Brand- und Luftschutzübungen bildete *Luftschutzlehrer* Stotz die Jungen aus. Die besten wurden ab Mai 1939 in einer Reichenbacher *HJ-Feuerwehr* zusammengefaßt.

Ich kam 1939 auf die HJ-Luftschutzschule in die Obere Beutau nach Esslingen; da wurde ich für eine Woche von der Schule freigestellt. Wir haben desöfteren umeinandergezündelt und einen Luftschutzanzug bekommen, das war eine Sensation.[468]

Auch etwa 50 Mädchen und junge Frauen wurden als Zweig der Sonderausbildung im Sanitätsdienst geschult.

Wenn nun in den kommenden Wochen die jugendliche Amazonenschar wohldiszipliniert und festgefügt in männlicher Haltung und Kleidung zum Übungsgebäude marschiert, wird sie das Interesse von alt und jung für sich in Anspruch nehmen können.[469]

Das Lied der *Hitlerjugend* begann mit den Worten: »Vorwärts, vorwärts schmettern die hellen Fanfaren! Vorwärts, vorwärts, Jugend kennt keine Gefahren!«[470] Über seine eigene Pädagogik hierzu schrieb der ehemalige Reichenbacher *Jungvolkführer*:

Mit Kriegsbeginn war auch Stoff für die Dienstgestaltung mehr als genug vorhanden. Die anfänglichen deutschen Erfolge waren dazu angetan, gerade bei der Jugend wahre Begeisterungsstürme zu entfachen. Dieses Feuer wurde natürlich von der HJ-Führung geschürt und dazu benutzt, die Kriegsbegeisterung in der heranwachsenden Jugend immer mehr zu steigern. Deutsche Soldatenhelden wurden als leuchtende Beispiele vorangestellt, Heldentaten mit übertriebenem Pathos nacherzählt. In den Heimabenden beherrschte das Kriegsthema eindeutig das Feld und je spannender die vorgelesene Kriegsgeschichte war, um so ruhiger war es bei den Zuhörern. Auch mit der militärischen Gelände- und Schießausbildung brauchte man nicht mehr hinterm Berg zu bleiben, denn mit der jungen Generation war es offensichtlich ernst geworden.[471]

Durch die häufige Inanspruchnahme der Kinder durch die *HJ-* und *BDM-Dienste*

Reichenbacher BdM.

und durch die Lageraufenthalte »war mit der Zeit eine gewisse Entfremdung der Mädchen und Knaben dem Elternhaus gegenüber unverkennbar.«[472]

Die meisten Eltern begrüßten jedoch die Unterstützung bei der Erziehung ihrer Kinder im Sinne der *Volksgemeinschaft*[473] oder setzten deren Engagement zumindest keine Widerstände entgegen. Einzig Eltern, die früher dem progressiven Milieu angehört hatten oder bewußt in christlichen Werten verwurzelt lebten, versuchten durch ein intaktes Familienleben im Privaten einen Gegenpol zur allgegenwärtigen öffentlich inszenierten *Volksgemeinschaft* zu erhalten. Doch es war schwer, sich dem Gruppendruck zu entziehen. Der Sohn von Otto Munz erinnerte:

1935 kam ich in die höhere Handelsschule nach Göppingen. Drei Schüler waren nicht in der HJ, Alois Buntschuh, ein Katholik aus Süßen, der Göppinger Jude Erich Bahnemann[474] und ich als Kommunist aus Reichenbach. Für uns kam extra ein Lehrer. Eines Tages kam der Jude nicht mehr. Sie wollten daß wir der HJ beitreten. Doch mein Vater gestattete das nicht. Wir bekamen eine Mahnung und wurden dann nach Göppingen

zur HJ Göppingen zugewiesen, mußten mitmachen in Zivil, das war halt für uns sehr diskriminierend. Ein Freund empfahl mir, nach Reichenbach zur HJ zu gehen, was ich auch tat. Damaliger HJ-Führer war der Karl Weller, den ich vom VfB Reichenbach gut gekannt hatte. Der sagte mir: Ich war ja auch mal links eingestellt und jetzt bin ich bei der HJ. Schließlich hat's der Vater erlaubt. Da bin ich halt mitgerannt mit dem Haufen.[475]

Die Tochter von sehr engagierten Reichenbacher Christen berichtete:

Ich komme aus frommem Hause und hatte Schwierigkeiten, weil ich gerne zum BDM wollte, aber mein Vater mich nicht gelassen hat. Man ist dadurch einfach auf einem anderen Gleis gewesen als die anderen im Ort; man hat nicht so richtig dazugehört. Mir war das peinlich, daß ich nicht in den BDM durfte. Das war schon faszinierend, Volkstanz, schöne Uniformen.[476]

Die *HJ* wurde auf vielfältige Weise in die nationalsozialistische Aufbauarbeit der Vorkriegszeit integriert. Im Auftrag des *Winterhilfswerks* und anderer Einrichtungen führte sie verschiedene Lebensmittel-, Altmaterial-, Maikäfer-, und Straßensammlungen durch[477].

Ein Thema für den Kunstunterricht: Sammeln für das *Winterhilfswerk*. Ein Bild des Sechst-klässlers Robert Böhringer, Februar 1935.

Da das Betteln nicht jedermanns Sache ist, wurden diese ehrenvollen Aufträge mit unterschiedlicher Begeisterung aufgenommen.[478]

Doch auch hierbei gab es andere Reize als nur die ideologischen:

Ich hab mich immer freiwillig gemeldet zum Sammeln, fürs WHW. Warum? Nun, bei uns in Reichenbach wurde immer ein Junge und ein Mädchen zusammen losgeschickt zum Sammeln. Deshalb hab' ich mich freiwillig gemeldet. Wenn man sich freiwillig meldete und früh dran war, konnte man sich aussuchen, mit wem man sammeln wollte.[479]
Sonntags war oft Straßensammlung, immer zusammen mit einem Mädle. Da war man oft sulzig, weil man mit dem oder dem Mädle unbedingt sammeln wollte. Und wenn einem schier die Füß' abgefroren sind, man war selig, daß man mit dem und jenem Mädle sammeln durfte.[480]

Nicht nur bei Sammlungen stellte die *Hitlerjugend* eine der Möglichkeiten dar, mit dem anderen Geschlecht in Berührung zu kommen:

Mittwoch abends gingen wir immer zum Heimabend, zwar Mädchen und Jungen getrennt, aber beide im Schulhaus, und die Mädchen hätten doch sonst abends gar nicht fortgedurft. Und bei den Volkstanz- oder Singabenden war man auch mal beisammen. Dort haben wir Gesellschaftsspiele, Kartenlesen, Einordnen von Karten und ähnliches gemacht oder den Hitlerjungen Quex» vorgelesen.[481]
Das war schön anzuschauen, die Jungmädel im braunen Trägerrock und in der weißen Bluse und die BDM-Mädel in blauen Röcken, weißen Blusen mit Lederknoten.[482]

Doch der *Dienst* war nicht nur angenehm. Im Laufe der Zeit gingen der dauernde Druck, die ständige Vereinnahmung und die »Pflichten« vielen auf die Nerven. Manche versuchten, aus der vorgegebenen Gleichförmigkeit auszubrechen und sich eine individuelle Freizeitgestaltung zu ermöglichen – innerhalb und außerhalb der *HJ*.

Innerhalb der HJ hier gab's einen Lederhosenclub. Wir sind zusammen ins Remstal marschiert und sind dort Wein probieren gegangen oder haben auf dem Schurwald einen getrunken.[483]

Vor allem den ehemals zum progressiven Milieu gehörenden jungen Erwachsenen, wie etwa den Mitgliedern des Fußballvereins, wurden die permanenten Ansprüche durch die *Partei* manchmal zuviel. Der VfB als Verein war intakt geblieben, hatte einen Vorstand, taktischen Unterricht und Training. Doch zu den Spielen mußten die jungen Fußballer in *HJ*-Uniform fahren[484]. Eine Gruppe aus acht jungen Fußballspielern reagierte im Frühsommer 1936 auf den »heiligen Ernst« und die zunehmende Militarisierung.

Wir spielten in der A-Jugend, waren also 17jährige Kerle, als wir aus der *HJ* austraten. Weil uns der Dienst gestunken hat – nicht aus politischen Gründen. Wir haben dem Standortführer einen Zettel in den Briefkasten geworfen, daß wir lieber Fußball spielen als die vormilitärischen Geländespiele. Das ist dann auch in deren *Bann*-Blättle berichtet worden. Da haben wir Sachen gehört, wir seien *Vaterlandsverräter* und noch schlimmere Dinge. Die, die das alles geschrieben und gesagt haben, die sind nachher aber weniger eingerückt als wir. Ein halbes Jahr später war die HJ dann Pflicht, da waren wir aber schon zu alt.[485]

Wichtiges Prinzip bei der Ausbildung bei Jungen wie bei Mädchen war die Losung »Jugend führt Jugend«. Mit diesem Zitat Hitlers leitete *Reichsjugendführer* Baldur von Schirach die 1936 erschienene Ausgabe seines Buches »Die Hitlerjugend – Idee und Gestalt« ein. Doch auch hierbei – so erinnerte sich der ehemalige Reichenbacher *Jungvolkführer* – gab es manchmal Probleme:

Jugend soll Jugend führen, hieß ein Leitwort. Das war schön und gut, aber was konnten Kinder Kindern befehlen. (...) Wie konnte ich z. B. als 15jähriger Junge vor einen Schulsaal von Kindern hintreten, Respekt und Achtung verlangen und schließlich auch noch einen politischen Vortrag halten. Das war unmöglich. Durch Schulungshefte wurden wir wohl unterstützt, aber das, was ich den Jungen vorlas von Politik, verstand ich

selbst nicht. (...) Da das Verständnis fehlte, blieb natürlich auch die Aufmerksamkeit und die Ruhe in solch einem Heimabend aus.[486]

Anfang Dezember 1936 wurde die *Hitlerjugend* per Gesetz zur »Staatsjugend« erklärt. Das Gesetz verfügte[487]:

(§ 1) »Die gesamte deutsche Jugend innerhalb des Reichsgebiets ist in der HJ zusammengefaßt.« (§ 2) »Die gesamte deutsche Jugend ist außer in Elternhaus und Schule in der HJ körperlich, geistig und sittlich im Geiste des Nationalsozialismus zum Dienst am Volk und zur Volksgemeinschaft zu erziehen.« (§ 3) »Die Aufgabe der Erziehung der gesamten deutschen Jugend in der HJ wird dem Reichsjugendführer der NSDAP übertragen.«

Spätestens damit beherrschte die Parteijugend das Spannungsfeld von Schule, Elternhaus und Freizeit.

Wir wurden alle listenmäßig erfaßt, und es wurde den Eltern zur Aufgabe gemacht, eine Uniform zu kaufen. Zuwiderhandlungen strafte die *Ortsgruppe* der NSDAP mit Vorladungen und Verweisen.[488]

Durch die Wandlung der *HJ* zur *Staatsjugend* wuchs die Mitgliederzahl stark, doch der Zusammenhalt der Reichenbacher *Hitlerjugend* erhielt dadurch einen gehörigen Schock.

Die seitherige Opposition mußte im Gleichschritt mitmarschieren. Das tat auf die Dauer nicht gut. Auch hier in Reichenbach erlebte man Schulbeispiele dafür. Was seither ein noch einigermaßen geordneter Trupp gewesen war, bildete nun einen regelrechten »Sauhaufen«.[489]

Die Reichenbacher *HJ* hatte zunehmend Probleme, genügend qualifizierte und engagierte Leiter zu finden. Die zwei *HJ-Scharen* in Reichenbach leitete seit dem Weggang Duckecks, der im Frühjahr 1938 nach einer Ausbildung auf der NS-Parteihochschule »Ordensburg« Vogelsang[490] als *Kreishauptstellenleiter* nach Heilbronn ging, bis Anfang Februar 1939 der bei der Firma Otto arbeitende *HJ-Gefolgschaftsführer* Erich Weimer. Auch die Aufsichtsprobleme verschlimmerten sich und nahmen nach dessen Weggang im Frühjahr 1939 –

Reichenbacher *Hitlerjungen* beim Wettkampf.

wie sich der nachfolgende *Standortführer* später ausdrückte – die Formen »untragbarer Zustände« an[491]. Ein wütender Vater, der Fabrikant Hans Otto, schrieb im Frühjahr 1939 an den *Ortsgruppenleiter,* »die Buben des Reichenbacher Jungvolkes« seien seit dem Ausscheiden des bisherigen *Jungvolkführers* »sehr zuchtlos geworden. Infolge dauernden Zuspätkommens des das Jungvolk Beaufsichtigenden trieben die 11jährigen allerhand Unsinn«[492]. Dabei hatte sein Sohn den Arm gebrochen. Otto ging darauf zum *Ortsgruppenleiter* und beschwerte sich nochmals über diese Zustände. Diesem waren die »Verhältnisse bekannt, jedoch hatte er, wie er mir sagte, keine geeigneten Kräfte, die eine Besserung erwarten ließen.«[493]

Auf weiteres Betreiben Ottos ernannte Mangold schließlich den bei Otto arbeitenden 24jährigen Willy Clapham zum Reichenbacher *HJ-Standortführer.* Ab 1. Mai 1939 übernahm Clapham die Führung der *HJ* in Reichenbach, die er bis zum 1. März 1944 inne hatte. Clapham war nicht Mitglied der NSDAP – er trat erst am 1. April 1941 ein[494] – doch er hatte

eine andere dringend benötigte Qualifikation, eine Ausbildung als – katholischer[495] – Jugendleiter.

Die Aufgabe erschien mir an sich nicht unsympathisch, weil ich schon früher in Immenstadt in der Jugendbewegung als Führer des dortigen katholischen Jugendvereins und Ausschußmitglied des katholischen Gesellenvereins des sogenannten Kolping-Vereins tätig war.[496]

Seine Erziehungsmethoden als *HJ-Führer* orientierte er daran, wie er sie »während der eigenen aktiven Dienstzeit gelernt hatte«, um so seine »Jungens zu unbeirrbaren Streitern des geliebten Führers zu machen.«[497] Als erster *HJ-Führer* hatte Clapham auf Einwirken des Pfarrers[498] den *Dienst* Sonntag morgens so festgelegt, daß die Jungen noch in den Kindergottesdienst gehen konnten. Kurz nach seinem *Dienstantritt* wurden den Reichenbacher *HJ-Einheiten* noch diejenigen von Hochdorf, Hegenlohe und Thomashardt angegliedert[499].

So umfaßte das Jungvolk 220 Pimpfe, die HJ 164 Jungen, der BDM 161 Mädels, bei den Jungmädels waren es 198 Mitglieder.[500]

Damit hatte die Reichenbacher Parteijugend eine Stärke von 743 Jungen und Mädchen. Jede Einheit hatte ihr eigenes *Dienstzimmer*. Für die Hitlerjugend war zuerst das Sporthaus des VfB auf dem Sportplatz belegt. Danach wurden ein *HJ-Heim* in der »Nähstube« der Firma Otto an der Heinrich-Otto-Straße und hierauf mehrere *Dienstzimmer* im Wurzachschen Anwesen eingerichtet, in denen sämtliche Akten und Befehle wie auch das Schulungsmaterial aufbewahrt wurden[501].

> Außerdem waren auch die Fahnen und Sportgeräte dort untergebracht. Das Jungvolk legte sich in den Jahren 1940/41 eine umfangreiche Bücherei an, welche hauptsächlich kleine und leicht verständliche Lektüre des Krieges enthielt.[502]

Im sogenannten »Rittersaal« trafen sich monatlich alle *Einheiten-Führer* unter dem Vorsitz des *Ortsgruppenleiters* zu einer *Führerbesprechung*. Der ehemalige *Fähnleinführer* erinnerte sich nach Kriegsende an diese Zusammenkünfte:

> Im Laufe solcher Sitzungen wurden oft ziemlich unmilitärische Debatten über belanglose Dinge geführt. Meistens war es ein recht unterhaltsamer Abend, in dessen Verlauf der Ortsgruppenleiter nicht immer den Mittelpunkt bildete und eine Überorganisation deutlich zu Tage trat.[503]

Die Schule stand der *Staatsjugend* in nichts nach, wenn es darum ging, die Reichenbacher Jugendlichen gemäß nationalsozialistischen Rollenerwartungen zu erziehen, ihnen *Führerkult*, militaristische und rassistische Inhalte nationalsozialistischer Ideologie zu vermitteln und sie – wie es auf einer Reichenbacher *Schulentlaßfeier* hieß – »zu unverbrüchlicher Treue zu Führer und Reich« zu führen[504]. Die Reichenbacher Volksschule folgte hierbei Hitlers Bildungskonzeption, nach der das »Heranzüchten kerngesunder Körper« wichtiger war als die »Ausbildung der geistigen Fähigkeiten«; bei diesen zählte »besonders die Entwicklung der Willens- und Entschlußkraft«, um hierdurch »das für die letzten und größten Entscheidungen auf diesem Erdball reife Geschlecht zu erhalten (...)«[505].

Zwar war die personelle *Gleichschaltung* in der Reichenbacher Volksschule nicht nach den Wünschen des *Ortsgruppenleiters* erfolgt[506], doch hatten sich die vermeintlichen Gegner außerordentlich schnell angepaßt und geradezu zu Vorkämpfern der nationalsozialistischen Idee entwickelt[507].

Im Unterrichtsbetrieb machte sich der Einfluß der *Staatsjugend* als andauernde Störung bemerkbar[508]. Die Abrechnungen der Sammelergebnisse nahmen viel Unterrichtszeit in Anspruch. Außerdem forderten die zusätzlich zum *HJ-Dienst* zu erbringenden Sammelaktivitäten Zeit und Konzentration, die der Leistung für den Unterricht abgingen. Viele Stunden wurden der Vorbereitung der *braunen Feiertage* geopfert, die oft mit *Flaggenhissungen* und einer feierlichen Ansprache Rektor Böhringers eingeleitet wurden. Der *Gemeinschaftsempfang* von Reden führender Nationalsozialisten während der Schulstunden, *Fahnenappelle* zum Wochenbeginn, *Schulbeginn-* und *-abschlußfeiern*, *Führers Geburtstag* und *Reichsgründungsfeiern* schränkten die Unterrichtszeit massiv ein[509]. Selbstverständlich waren aktuelle politische Ereignisse im Unterricht zu behandeln, worunter ebenfalls die Zeit für den regulären Unterrichtsstoff litt. Wie bei der oben geschilderten Feuerwehrausbildung ließ die *HJ* ihre *Führer* häufig für mehrtägige Schulungen und Lehrgänge beurlauben[510]. Entschuldigten Schüler nicht erledigte Hausaufgaben mit dem *Dienst*, hatten die Lehrer kaum Möglichkeiten, diese hierfür zu bestrafen[511]. Erschwerend für den Schulalltag wirkte sich die Schulreform des Jahres 1938 aus, die die Schulzeit von neun auf acht Jahre verkürzte, ohne die Lehrpläne zu reduzieren[512].

Die Stoffmenge wurde zwar nicht reduziert; dafür die Lerninhalte, Lehrpläne, Lernziele sowie Schulbücher und Didaktik vehement geändert. Nationalsozialistische Indoktrination erfolgte in Mathematik, Physik, Sport und natürlich über Geschichte und Deutsch, sowie in einer allgemeinen Militarisierung der Schule und der Vorbereitung zum Krieg. Darin unterschied sich der Reichenbacher Schulalltag nicht von dem der umliegenden Städte und Gemeinden[513]. Hiervon zeugen Bilder und Aufsätze von Schülern der Reichenbacher Volksschule. So mußte der im September 1922 geborene Robert B. Bilder zu Themen der inszenierten Volksgemeinschaft malen: In der sechsten Klasse »Wir spenden für das WHW« (Februar 1935) und in der achten dann Bilder zum »1. Mai 1936« oder zum »Tag der nationalen Solidarität« (Dezember 1936)[514]. Der im Dezember 1925 geborene Otto S. schrieb von Dezember 1938 bis März 1940 Aufsätze unter anderem zu folgenden Themen[515]:

> »Wir sammeln für das WHW«, »Judenfrage«, »Was unser Führer bisher geleistet hat«, »Deutschland will seine Kolonien wieder haben«, »Gemeinnutz geht vor Eigennutz«, »Schulausflug«, »Stanley in Uganda«, »So ein Frühjahr«, »Sonnwende in Reichenbach«, »Wir reden vom Menschen«, »Deutschland, Deutschland, Deutschland«, »Bismarck«, »Es ist Krieg«, »Entwicklung und Zerstörung Polens«, »Einsatz der Jugend ...«, »Brief an meinen Bruder vom Westwall«, »So ein Regenwetter«, »Die Engländer«, »Unsere Flieger gegen England«, »Mein Lebenslauf«, »Das Verbrechen von München«[516].

Die Reichenbacher Volksschule arbeitete außerdem mit der im August 1930 von einigen jungen Reichenbachern gegründeten »Flug- und Arbeitsgemeinschaft Reichenbach« (FAG) zusammen[517]. Die Gruppe hatte sich aus Begeisterung fürs Segelfliegen zusammengefunden und in vielen Nachtarbeitsstunden ein eigenes Segelflugzeug gebaut.

> Die haben ihren Segelflieger in der alten Kegelbahn in der Bahnhofswirtschaft zusammengebaut und stehen gehabt. Wir sind da als Kinder immer hin, um durchs Fenster zu spickeln und den Flieger zu sehen. Gestartet haben sie den mit einer Gummiwinde.[518]

Nach dem Machtantritt war der Verein unter Beibehaltung des Namens »Württembergischer Luftfahrtverband, Ortsgruppe Reichenbach«, gleichgeschaltet

worden[519]. Vereinsaktive waren Karl und Rudolf Stöber, Ferdinand Unger, Kurt Leimenstoll, Willy Remtschler, Alfred Fischer, Christian Krapf, Albert Schloz junior, Alfred Dormeier, Alfred Hoyler und Fritz Höger. Sehr schnell wurde die Gruppe um die Gebrüder Stöber – wie andere Modellflugbauer und Fliegergruppen[520] – entdeckt für die geheime Aufrüstung einer Luftwaffe. Ihre Kompetenz als Flieger und vor allem als Flugzeugbauer zog weite Kreise[521]. Die Arbeitsgemeinschaft wurde zu einer *Ortsgruppe* des »Deutschen Luftsportverbands« und bekam überregionale Unterstützung. Sie warb am Ort für den »Luftsport«, am 20. Januar 1934 beispielsweise durch eine Filmvorführung über das Segelfliegen. Der »Hohenstaufen« schwärmte:

> In Reichenbach soll auch eine starke Gruppe entstehen.[522]

Im Mai 1935 wurde die *Flug- und Arbeitsgemeinschaft* des *Deutschen Luftsportverbands* in eine *Ortsgruppe* des *Nationalsozialistischen Fliegerkorps (NSFK)* umgewandelt.

> Da hat es angefangen mit Parteiuniformen. Da bin ich dann weggegangen. Mitte Mai 1935 bin ich in die Nachtjagdschule gekommen.[523]

Die Zusammenarbeit mit der Reichenbacher Schule geschah durch eine Unterabteilung der *FAG*, die FAG-Modellbaugruppe[524].

> Wir haben in der Schule Flugzeugmodellbau im Werkunterricht angeboten. Natürlich trug das zur Faszination der Technik und der Flugzeuge bei, und später haben wir auch Schiffe und Panzer gebaut.[525]

Die »Pflege und Förderung des Luftfahrtgedankens« machte das *Kultministerium* seit 1935 den Schulen per Erlaß zur Aufgabe[526]. Die von ehemaligen *FAG*-Mitgliedern angebotenen Segelflugzeugmodellbaukurse erfreuten sich großer Beliebtheit[527] und wurden von der Gemeindeverwaltung finanziell gefördert[528].

> Während die Mädchen Handarbeitsunterricht hatten (Stricken), haben wir im Werkunterricht Segelflugzeugmodelle gebastelt.[529]

»'s Benzer Lädle« an der Schulstraße – Dorfsupermarkt und ein Begriff für alle damaligen Schulkinder.

Die Erziehung zum Krieg praktizieren die verschiedenen Lehrer – wie sich eine bei Kriegsbeginn 20jährige Reichenbacherin erinnerte – mit unterschiedlichen Methoden und mit unterschiedlichem Erfolg.

> Mir ist das so geblieben, ein anderer Lehrer hat immer seinen Tatzenstock zwischen die Arme genommen und so ist er in der Klasse auf und ab gelaufen und hat uns seinen ganzen Feldzug in Verdun von vorne bis hinten mindestens drei, vier Mal im Jahr erzählt. Das war interessant. Aber zwei drei Mal hab ich's gerne angehört. Doch mit der Zeit hat man ja schon gewußt, was kommt, und da hat man hinter seinem Rücken gelacht. Die Männer haben das mit dem Franzosenhaß auf uns übertragen. Der Vater hat daheim auch immer bloß vom Krieg und von alledem geschwätzt. So war man gegen die Franzosen schon voreingenommen.[530]

Die Schule richtete ihren Alltag in vielen weiteren Belangen an den Bedürfnissen der *Wehrmacht* aus. Die angesprochene Verkürzung der Schulzeit für die Abiturienten um ein Jahr kam ebenfalls diesen Bedürfnissen entgegen, sie galt demzufolge auch nur für die Jungen, Mädchen mußten weiterhin neun Jahre bis zum Abitur absolvieren[531].

Der *Dienst* der Jugend, bei *HJ* oder *BDM*, der *Dienst bei der Partei* oder der *Dienst* der *Parteigenossen* etwa für die Gemeinde, der *Dienst* in allen seinen Formen und Facetten war letztlich immer auch Vorbereitung auf den höchsten *Dienst*, »den ein Deutscher seinem Vaterland erbringen konnte«, den *Soldatendienst*.

Das Ethos vom *Dienst* diente einer Leistungssteigerung, förderte das Engagement und die Identifikation mit dem nationalsozialistischen Staat und war nicht zuletzt militärische Vorübung. Der *Dienst* erfaßte nicht nur die Arbeitskraft, er erfaßte den ganzen Menschen. Wer den *Dienst* aufkündigte, verlor mehr als einen Posten oder einen Arbeitsplatz; er verzichtete auf den wärmenden Schutz der Gemeinschaft, begab sich ins Abseits und machte sich dadurch verdächtig. Er verletzte seine *Dienstpflicht* und seine Ideale und mußte entweder wieder in *Dienst* genommen oder aber ganz ausgestoßen werden. Von einem *Dienst* kam man nahtlos in den nächsten. Befehl und Gehorsam sowie innere Identifikation beim *Dienst* waren nach wenigen Jahren für die große Mehrheit der Reichenbacher – trotz der aufgezeigten Grenzen – selbstverständliche Verhaltensweisen.

Doch es gab noch eine nicht unerhebliche Minderheit von Reichenbachern, die diese *Dienste* verweigerte, ihr Verhalten nicht an nationalsozialistischen Erwartungen ausrichtete oder im Laufe der Zeit zu Gegenpositionen fand. Diese Reichenbacher Bürger sollen in den folgenden beiden Kapiteln im Mittelpunkt stehen.

Die Reichenbacher Mauritiusgemeinde und die Reichskirchenpolitik 1938 – zweite Phase des Kirchenkampfes in Reichenbach

Reichenbach wird zu einem »administrativen Zentrum der Bekennenden Kirche«

Pfarrer Erhardt ist am Ende – er gibt auf

Am Sonntag, 22. Mai 1938 teilte Erhardt im Hauptgottesdienst mit, er sei durch Erlaß vom 12. April 1938 in den Ruhestand versetzt. Wie der Göppinger Dekan bereits Mitte Oktober 1933 befürchtet hatte, setzte der »lokale Kleinkrieg« mit der *Ortsgruppenleitung* seiner Gesundheit hart zu[532]. Obwohl er auch kleine Erfolge erreicht hatte, das CVJM-Vereinsheim etwa war nicht in den Besitz der HJ übergegangen, und Erhardt war es gelungen, notwendige kirchenbauliche Maßnahmen zu erwirken[533], hatte *die Bewegung* sich auf fast allen Gebieten durchgesetzt.

Eine Variante des Kleinkriegs war die Verdrängung Erhardts aus allen sozialen Gremien, auch aus dem *Ortswohlfahrtsausschuß*[534] und dem *Ortsschulrat*[535], beides traditionelle Tätigkeitsfelder des Dorfpfarrers. Der *Ortsschulrat* setzte sich seit Frühsommer 1937 zusammen aus dem Rektor als Vorsitzendem, zwei parteitreuen Lehrern sowie dem *Ortsgruppenleiter*, dem Bürgermeister und drei Gemeinderäten[536]. Auf Anfrage der *Kreisleitung* teilte der *Ortsgruppenleiter* bezüglich

der Mitarbeit des Pfarrers im September 1938 mit:

> Der Pfarrer wird schon längere Zeit, d. h. seit der Eidesverweigerung des Geistlichen, zu keiner Sitzung mehr zugezogen, dies wird natürlich jetzt, wenn auch der Eid geleistet ist, so beibehalten.[537]

Die Jugendarbeit am Orte hatte bis 1933 der rührige Ortsverein des CVJM durchgeführt. Unter dem Namen und unter der juristischen Person »Kirche« konnten die CVJM-Mitarbeiter, die allerdings ständiger Überwachung unterstanden, weiterhin wirken[538].

Der gesamte Bereich traditioneller Jugendarbeit bis auf die Bibelarbeit waren offiziell verboten. Die sportlichen Veranstaltungen der HJ erschienen den Jugendlichen mehr und mehr attraktiv, weshalb es oft nicht einmal mehr des Drucks seitens der *HJ-Führer* bedurfte, um die Teilnahme an Veranstaltungen durchzusetzen. Zwar hatten einzelne CVJM-Mitglieder den Nazis »noch lange Paroli geboten«,[539] doch dünnten *Eingliederung*, Überwachung, Drohungen und Verfolgungen die Reihen der Getreuen im Laufe der Jahre erheblich aus.

Pfarrer Erhardt mit dem Kinderkirchhelferkreis, 1938.

Im Frühjahr 1938 verließen die beiden Schwestern Bücheler, die die evangelische Frauenarbeit in Reichenbach ein Vierteljahrhundert betreut hatten, den Ort. Man kann aus Erhardts Laudatio anläßlich ihres Weggangs nur erahnen, daß auch diesem Bestandteil kirchlichen Wirkens seit Beginn des *Dritten Reiches* das Leben erschwert worden war:

> Möchte Ihnen, das ist unser herzlicher Wunsch, nach so viel Schwerem, das Sie in den letzten Jahren Ihres Hierseins noch haben durchkämpfen müssen, am neuen Ort ein freundlicher Lebensabend beschieden sein![540]

Der Kirchenkampf hatte sich nicht nur atmosphärisch in der Kirchengemeinde und im Verhältnis zu Verwaltung und Partei niedergeschlagen, sondern auch finanziell bemerkbar gemacht[541]. Aufgrund vielfältiger Wohlfahrtsgaben in den Krisenjahren während Erhardts erster Dienstzeit war das kirchliche Gemeindevermögen erheblich geschrumpft, der

Haushaltsplan für 1932/33 hatte ein Defizit von 4653 Reichsmark verbucht[542]. Die sonntäglichen Opfergaben, die sich auch in Zeiten tiefster wirtschaftlicher Not »immer noch auf dankenswerter Höhe gehalten« hatten, flossen offensichtlich »noch reichlicher (...), so daß auf diese Weise ein annähernder Ausgleich des Haushalts der Kirchengemeinde erzielt«[543] und im Sommer 1934 der Reichenbacher Kirchengemeinde »gute finanzielle Verhältnisse (...), nicht unerhebliche Grundstockmittel und ein Verwaltungsvermögen von ca. 4000 RM« bescheinigt werden konnten[544].

Ein Jahr später reichte das Opfer – durchaus als Auswirkungen des Kirchenkampfes – nicht mehr für die wachsenden Aufgaben des Kirchengemeinderates, und die Kirchensteuern gingen zurück[545]. Parallel hierzu wurden die Staatsleistungen zum Budget der Landeskirche im Zeitraum von 1933–1938 um 15,6 Prozent gekürzt, was ebenfalls den örtlichen Haushalt nachhaltig belastete[546]. Kirchli-

Theodor und Hildegard Dipper mit »Familie«, 1938.

che Sammlungen wurden staatlich verboten, weshalb eine Haussammlung zur Finanzierung der Renovierungsarbeiten
des Kirchenvorplatzes und der Zugän-
ge[547] nicht stattfinden konnte. So mußte
über das Evangelische Gemeindeblatt
Reichenbach »herzlich um Spenden in die
Opferkasse oder an den Pfarrer gebeten«
werden[548].

Die zahlenmäßige Abnahme von Taufen und Konfirmationen im Verhältnis zu
den Geburtenzahlen während der Zeit
seines Wirkens um 44 Prozent[549], die unter anderem auf die massive Kirchenaustrittspropaganda seitens der Partei zurückzuführen ist, belastete den Seelsorger
schwer. Selbst seine alten Freunde und
ehemaligen Kampfgefährten, Kaufmann
Weinland und Bürgermeister Schmid,
hatten ihn im Stich gelassen und sich im
Dezember 1937 veranlaßt gesehen, »aus
parteipolitischen bzw. auch berufsdienli-
chen Bindungen«[550], ihr Amt als Kirchen-

gemeinderäte niederzulegen[551]. – Erhardts
Dienstzeit in Reichenbach vom 30. Juli
1930 bis zum 30. Juli 1938, also auf den
Tag genau acht Jahre, endete auf seinen
eigenen Wunsch[552]. Er selbst formulierte
dies im Reichenbacher Gemeindeblatt
wie folgt:

Ich habe aber jedenfalls das Gefühl, daß
meine in den letzten Jahren doch in ziemlich
gesteigertem Maß in Anspruch genommene
Kraft nicht mehr genügt, um allen Anforderungen, so wie es nötig ist, gerecht zu werden. Wenige mögen sich eine Vorstellung
machen, wie sehr gerade ich bei meiner
ganzen Veranlagung unter soviel Fragen
und auch Mißverständnissen zu leiden und
zu kämpfen gehabt habe.[553]

In seinem letzten zahlreich besuchten
Gottesdienst nahm Erhardt am 26. Juni
Abschied und mahnte darin nochmals »in
eindringlichen Worten, auf sich selbst
acht zu haben und wach zu sein gegenüber allen Mächten der Verführung.«[554]

Pfarrverweser Dipper

Auf 15. Juli 1938 wurde Theodor Dipper vom Evangelischen Gemeindedienst beauftragt, als Pfarrverweser nach Reichenbach zu gehen[555]. Davor war Dipper als Krankheitsvertretung in Untertürkheim[556] eingesetzt und zuvor als Pfarrvertreter in Neckartailfingen[557] tätig gewesen. In seinem ersten Bericht im Reichenbacher Gemeindeblatt formulierte er nach einer Laudatio auf Erhardt seine Vorstellung vom Gehorsam gegenüber staatlicher und kirchlicher Obrigkeit:

> In Zeiten großen nationalen Erlebens, in Zeiten der Arbeitslosigkeit, in Zeiten des Kampfes um die Reinhaltung der Verkündigung der Kirche hat Pfarrer Erhardt der Gemeinde das Wort Gottes verkündigt. (...) In allem Ringen um die Reinhaltung der Verkündigung des Evangeliums ist es der christlichen Gemeinde und ihren Pfarrern immer ein Anliegen gewesen, nach dem Wort der Schrift unserem Volk und unserer Obrigkeit die Treue zu halten und »dem Kaiser zu geben, was des Kaisers ist, und Gott, was Gottes ist« (Matth. 22, 21). (...) Das unter Anrufung Gottes dem Führer Adolf Hitler geleistete Gelöbnis gibt der Treue- und Gehorsamsverpflichtung den Ernst der Verantwortung vor Gott und damit ihre rechte Begründung. Es schließt durch die Berufung auf Gott ein Tun aus, das wider das in der Heiligen Schrift bezeugte Gebot Gottes ist. Damit halten wir uns an das Wort des Herrn: »Gebt dem Kaiser, was des Kaisers ist, und Gott, was Gottes ist«.[558]

Die ersten beiden Sonntagspredigten des neuen Pfarrverwesers im Juli 1938 mußten wegen Maul- und Klauenseuche ausfallen[559]. Zur dritten, der einzigen, die Dipper als Pfarrverweser in Reichenbach gehalten hat, schrieben die Kirchengemeinderäte, die schon knapp zehn Jahre zuvor von einem nach Reichenbach passenden Pfarrer erwartet hatten, daß er »der Jetztzeit gebührende Rechnung tragen und dementsprechend eine fortschrittliche Gesinnung an den Tag legen« müsse[560], an den Dekan:

> Aber was wir hörten, hat uns vollauf befriedigt und geneigt, unser ganzes Vertrauen diesem Manne zu schenken. Wir glauben bestimmt, daß Pfarrer Dipper der Mann ist, den die Gemeinde Reichenbach braucht, und möchten herzlich bitten, dessen Ernennung zu beschleunigen.[561]

Am 16. August 1938 wurde ihm die Pfarrei Reichenbach übertragen; am 31. August 1938 bezog er das Reichenbacher Pfarrhaus[562].

Theodor Dipper war eine der wichtigsten Persönlichkeiten der evangelischen Kirche Württembergs, der als Dorfpfarrer nach Reichenbach kam. Er war Leiter der Württembergischen Bekenntnisgemeinschaft, des *Kampfbundes Württemberg*[563] und des Landesbruderrates Württemberg sowie Vertreter desselben im Reichsbruderrat, dessen Vorsitz er nach Niemöllers Verhaftung übernahm[564]. Außerdem war er Geschäftsführer im Gemeindedienst von 1935 bis 1938 sowie der die *Männerarbeit*[565] im ganzen Land betreuende und wie kein anderer prägende Mann. Sowohl seine Person, die Umstände seiner Versetzung nach Reichenbach wie auch sein Wirken dort sind vielfältig und eng mit der württembergischen Bekenntnisgemeinschaft und deren Stand im Kirchenkampf verbunden. Da dies in der bisherigen Literatur jedoch noch nicht berücksichtigt wurde, soll die Ausleuchtung der Vorgänge um den Reichenbacher Dorfpfarrer von 1938 bis 1945 mit einem kleinen Exkurs in die Geschichte dieses Aspektes des Kirchenkampfes verknüpft werden[566]. Dies dürfte für die Reichenbacher Bevölkerung um so interessanter sein, da nur die wenigsten der Gemeindemitglieder um die theoretischen und praktischen Anliegen wußten, die hinter den manchmal seltsam und unverständlich anmutenden Handlungen ihres Dorfpfarrers Dipper standen[567].

Theodor Dipper wurde als Sohn des Pfarrers Richard Dipper und seiner Frau Sophie am 20. Januar 1903 in Unterheinriet, Kreis Heilbronn, geboren und war verheiratet mit Hildegard Hedwig Dipper, geboren am 23. Mai 1900 in Schwaigern, Kreis Heilbronn[568]. Nach seinen theologischen Dienstexamen 1925 und

1929 wirkte er von 1930 bis 1935 als Pfarrer in Würtingen. Er leitete den 1927 gegründeten »Freudenstädter Kreis«, dem unter anderem Hermann Gölz, Heinrich Lang und Otto Mörike angehörten[569]. Dieser sollte der »Kirchwerdung der Kirche«, also der inneren Erneuerung der Kirche dienen. Äußerer Anlaß des Zusammenschlusses verschiedener jüngerer Theologen der Schule Karl Barths war unter anderem die Neubearbeitung des Kirchenbuchs I der Gebete für den Gottesdienst im Jahre 1929, die jeden »Versuch einer theologischen Wertung der einzelnen Gebete entsprechend ihrem Verhältnis zur Schrift« vermied[570].

Der Weg nach Reichenbach

Es war im wesentlichen dieser Arbeitskreis, der im Oktober 1930 in Stuttgart zusammenkam, um über die Bildung von *Kirchlich-Theologischen Arbeitsgemeinschaften* (KTA) in einzelnen Dekanatsbezirken zu beraten, die praktisch zur *Bekenntnisgemeinschaft* wurden[571]. Dipper nahm als einer der neun württembergischen Vertreter an der ersten *Bekenntnissynode der Deutschen Evangelischen Kirche* (DEK) in Barmen teil[572], wurde Landesbruderratmitglied[573], und im Dezember 1934, noch Pfarrer in Würtingen, schließlich zu dessen Leiter gewählt[574]. Im Januar 1935 übernahm er die Funktion des zweiten Geschäftsführers des Gemeindedienstes, beauftragt speziell mit der Männerschulungsarbeit.

Dipper hatte durch seine Arbeit im Gemeindedienst, dem Amt für Gemeindeaufbau und für Volksmission, breite Wirkungsmöglichkeiten für die *Bekenntnisgemeinschaft*: Über die vielfältigen Informationen aus kirchlichen und weltlichen Bereichen, die in Dippers Cannstatter Büro eingingen, entwickelte sich dieses zu einer Art kirchlichem Nachrichten- und Informationsdienst, der die Informationen sammelte, auswertete und verbreitete. Dipper schreibt selbst hierzu:

Die Rundbriefe der *Bekenntnisgemeinschaft*, das Schrifttum der BK im Reich und zahlreiche einschlägige Flugblätter wurden von dort ausgegeben, die Bibelwochenarbeit der *Bekennenden Kirche* wurde vom Gemeindedienst übernommen und durchgeführt. Der Besuch auswärtiger Redner aus der BK im Reich wurde dort vermittelt und organisiert, ebenso der Einsatz einheimischer Prediger und Redner für einzelne Vorträge und große gemeinsame Aktionen.[575]

Der Gemeindedienst war die einzige Organisation in Württemberg, die – über die Pfarrer in jeder Gemeinde – legal Informationen über das System sammeln, diese im Cannstatter Büro bündeln und von dort aus wieder gezielt verbreiten konnte. Neben *harmlosen* innerkirchlichen Mitteilungen ging es durch den sich verschärfenden Kirchenkampf dabei auch um brisante Materialien. Es konnte unter diesen Umständen nicht ausbleiben, daß Dipper zu den bestinformierten Männern gehörte, daß aber auch die *Gestapo* mit der Zeit ein häufiger Gast im Gemeindedienst wurde.

Mitte Juli 1935 unternahm die *Bekenntnisgemeinschaft* unter den Vertrauensleuten der Bezirke eine Umfrage zu den *Deutschen Christen*. Alle Fragebögen gingen zur Auswertung an Dipper[576]. In Göppingen sollten demnach etwa 150 Mitglieder eingeschrieben sein. Unter den verschiedenen *Ortsgruppen* (Heiningen, Salach, Uhingen und Albershausen), in denen offenbar recht erfolgreich für die DC geworben wurde, ist Reichenbach nicht genannt.

Dippers analytisches Denkvermögen, verbunden mit praktischer Weitsicht, waren von zentraler Bedeutung für seine Arbeit im Gemeindedienst wie für seine Funktionen im Landes- und im Reichsbruderrat. Der Freund Dippers, Heinrich Lang, faßte zusammen:

Was wir anderen aus der Lektüre in Teilpartien wußten, hat Dipper uns zu einer lehrreichen und für unser Tun weiter helfenden, großangelegten wie großartigen Zusammenschau gefügt. (...) Dippers Bericht war seit 1933 ein wesentlicher Punkt, nicht etwa nur im Programm unserer Tagungen, vielmehr in den uns allen je vor Ort gestellten Aufgaben, Lehre von Irrlehre, Verkündigung von Irreführung, Ordnung von Zerstörung zu unterscheiden.[577]

Am 16. August 1938 bekam Dipper den Auftrag, die Pfarrei Reichenbach an der Fils zu versehen, die Amtseinführung war am 4. September[578]. Aber warum kam solch ein Mann als Dorfpfarrer nach Reichenbach? Dipper selbst erinnerte sich am 17. Februar 1947 in diesem Zusammenhang:

> Meine Versetzung nach Reichenbach beruhte auf Maßnahmen der *Gestapo*. Ich hatte totales Redeverbot seitens der *Gestapo* für Predigt und Vorträge. Dadurch wurde meine Tätigkeit in Stuttgart und im ganzen Lande lahmgelegt. Nur in Reichenbach durfte ich predigen.[579]

Wie kam es zum Redeverbot Dippers? Nach einem *Führererlaß* vom 15. Februar 1937 sollten »in voller Freiheit«[580] Wahlen zur Generalsynode »nach eigener Bestimmung des Kirchenvolkes«[581] abgehalten werden, was die Gemeinden zuerst aufatmen ließ. Damit hoffte Hitler, nach der fehlgeschlagenen Befriedung durch einen Reichskirchenausschuß den Kirchenkampf beenden zu können. Dieser Erlaß führte innerhalb der Kirche zu starken, die Kirchenwahlen vorbereitenden Aktivitäten. In Württemberg wurde ein von Dipper geleiteter Wahldienst eingerichtet, der durch Rundschreiben die Gemeinden über die weltanschauliche Situation in Württemberg und im Reich aufklärte. Diese Aufklärungsarbeit mußte größtenteils verdeckt laufen. Trotzdem heizte sie die Atmosphäre des Kirchenkampfes noch einmal heftig an. »*Der Deutsche Sonntag*«, das von Dr. Schairer herausgegebene Organ der *Deutschen Christen* in Württemberg, veröffentlichte eine Artikelserie zur Kirchenwahl über »Gott als Mordbrenner«, »Gott als Massenschlächter«, »Gott als Frauenschänder«, »Hohngelächter der Hölle« (...)[582]. Hitler hingegen sollte den *deutschen Christen* als »Aufgang eines neuen Jahrtausends der deutschen Geschichte und der Kirchenge-

schichte« gepredigt werden[583]. Eine Befriedung war nicht in Sicht, und spätestens im November 1937 war offensichtlich, daß die kirchlichen Wahlen nicht stattfinden würden – ein Ziel, auf das Dipper und der Gemeindedienst mit hingearbeitet hatten.

Die vielen Vorträge Dippers im Rahmen des Wahldienstes hatten im Sommer 1937 zu vielen Anzeigen und zahlreichen Verhören durch die *Gestapo* geführt. Nach einer durch diese ausgesprochenen Verwarnung und nach heftigen Angriffen im NS-Kampfblatt *Flammenzeichen*[584] gegen einen weiteren Vortrag Dippers folgte ein weiteres Verhör. Dipper hatte sich sehr kritisch mit dem durch den Nationalpreis ausgezeichneten Propagandabuch Alfred Rosenbergs gegen die evangelische Kirche, »Protestantische Rompilger«, auseinandergesetzt.

Am 16. Dezember 1937 schließlich verhängte die *Gestapo* ein Redeverbot über Pfarrer Dipper – ohne Angabe von Gründen, aber mit Verweis auf den gegen kommunistischen und marxistischen Widerstand gerichteten Erlaß vom Februar 1933[585]. Nachdem eine persönliche Rücksprache bei der *Gestapo* keine Klärung der Angelegenheit gebracht hatte, legte Dipper am 23. Dezember 1937 Verwahrung gegen das Redeverbot ein:

> Ich muß gegen diese Verfügung schärfsten Protest erheben. Mit kommunistischen oder marxistischen Umtrieben habe ich nie etwas zu tun gehabt und ich habe mich nie politisch gegen den heutigen Staat betätigt. Ich habe in meinem Amt das Evangelium verkündet und seine Wahrheit, wo es Not tat, gegenüber allem Antichristentum bezeugt – frei und öffentlich und mit gutem Gewissen auch meiner Obrigkeit gegenüber. (...) Sie haben mir mit Ihrer Verfügung die Verkündigung des Wortes Gottes verboten. Diese Verkündigung aber ist mir als Prediger des Wortes Gottes befohlen. In meinem Ordinationsgelübde habe ich vor Gott und der christlichen Gemeinde gelobt, dieses Amt redlich auszurichten. Von dieser Verpflichtung kann mich kein Mensch entbinden. Ich muß mir daher gegen diese Verfügung alle Freiheit vorbehalten.[586]

Dipper ging es mit diesem Widerspruch – wie er dem Oberkirchenrat am 2. Januar 1938 mitteilte – »nicht um die Romantik und die Selbstbehauptung eines gesuchten Märtyrertums, sondern einzig darum, den Weg des Gehorsams zu gehen, der allein Verheißung hat«[587], also um die Freiheit des Amtes. Er sei gerne bereit, »dem Staat für ein gerichtliches Verfahren zur Verfügung«[588] zu stehen, doch sei er überzeugt, daß der Staat mit diesem Redeverbot »die Sache selbst treffen möchte, die ich im Auftrag der Kirchenleitung kraft meines Amtes als Prediger des Evangeliums zu vertreten habe. Wird aber die Sache bekämpft, so darf es kein Ausweichen geben.«[589] Nach Bekanntwerden des Redeverbots gingen bei ihm und beim Landesbischof viele Zuschriften, die ihn der Fürbitte und Unterstützung seitens Freunden und Gemeinde versicherten, sowie Treuebekundungen von ehemaligen Teilnehmern an *Männerrüstzeiten* und von Pfarrkollegen ein[590]. Die Vertrauensleuteversammlung sprach am 27. Januar 1938 dementsprechend die Bitte an die Kirchenleitung aus, öffentlich zu erklären, daß Pfarrer Dipper mit ihrem Einverständnis sein Amt weiterführe[591]. Obwohl auch der Oberkirchenrat das Redeverbot zunächst nicht widerstandslos hinnehmen wollte, protestierte und Akteneinsicht verlangte und bekam, wollte er vor einem entscheidenden Wort an die Gemeinde alle Verhandlungsmöglichkeiten ausschöpfen. Ende April war dann klar, so formulierte es Dipper rückblickend, »daß die Kirchenleitung den Weg des Widerstandes nicht gehen, sondern unter Zustimmung der *Gestapo* dem Betroffenen ein Gemeindepfarramt übertragen wollte.«[592] Da das Redeverbot im übrigen bis zum Ende des Regimes mit einigen unwesentlichen kriegsbedingten Auflockerungen aufrecht erhalten wurde[593], hatte die *Gestapo* ihr Ziel im wesentlichen erreicht. Nur in Reichenbach durfte er predigen[594].

Auf Weisung des Oberkirchenrates wurde das Büro der *Bekenntnisgemeinschaft* am 2. Mai 1938 in Dippers Privatwohnung verlegt[595]. Dipper ließ sich da-

von und vom Redeverbot nicht entmutigen, vom 10. bis 12. Mai 1938 wollte er auf einer Rüstzeit des *Pfarrernotbundes* in Freudenstadt teilnehmen und dort ein Referat zum Thema »Bruderschaft und Pfarramt«[596] halten, was durch seine erneute Verhaftung unmöglich wurde[597]. Da der Oberkirchenrat, trotz vorheriger ausdrücklicher Bitte der Vertrauensleute, nicht daran dachte, den durch das Redeverbot betroffenen Dipper in seinem Gemeindienstauftrag zu bestätigen, billigten die Vertrauensleute am 28. April 1938 die Weisung des Landesbischofs für Dipper, in ein Pfarramt zu gehen[598].

Dipper selbst wollte nicht in den Pfarrdienst nach Reichenbach, sondern im Gemeindienst bleiben. Er erkannte, daß dem Handeln der *Gestapo* hier deutliche Grenzen hätten gesetzt werden müssen, und er wäre bereit gewesen, die Folgen zu tragen. Seiner offiziellen Bewerbung um die Pfarrei Anfang August 1938 fügte er folgende Erklärung bei:

(...) Ich also scheide nicht aus Amtsmüdigkeit aus meinem Amte im Gemeindienst oder, weil mir der Sinn der Männerarbeit fraglich geworden wäre. (...) Auch das über mich verhängte polizeiliche Redeverbot ist nicht der Grund meines Ausscheidens. Die *Geheime Staatspolizei* hat, indem sie mir die freie Verkündigung des Wortes Gottes und damit die Ausübung des mir übertragenen Amtes verbot, ihre Befugnis überschritten und in das Amt der Kirche eingegriffen. Darum erschien es mir als kirchlich geboten, (...) dieser Behinderung nicht zu weichen, sondern ihre Überwindung zu erkämpfen. Durch einen solchen Widerstand wäre die *Geheime Staatspolizei* im Namen Gottes gewarnt worden, die Macht, die ihr von Gott anvertraut ist, zu mißbrauchen. So aber wird nun die *Geheime Staatspolizei* mein Ausscheiden aus dem Gemeindienst als einen von ihr errungenen Erfolg werten, und dadurch ermuntert werden, in künftigen Fällen ähnlich zu verfahren. (...) Aus diesen Gründen habe ich mich von Anfang an bereit erklärt, und bin heute noch bereit, auch die etwaigen Folgen eines Widerstandes gegen dieses Verbot mit Gottes Hilfe auf mich zu nehmen. (...) Wenn ich aus dem Gemeindienst scheide, so geschieht es vielmehr auf

212

Bergstraße zur Mauritiuskirche.

den ausdrücklichen, mir mündlich mitgeteilten Wunsch des Herrn Landesbischofs. Abgesehen von meiner polizeilichen Behinderung sind für diese Entschließung der Kirchenleitung die schmerzlichen Spannungen zwischen der Kirchenleitung und dem Landesbruderrat bestimmend gewesen. So schwer ich dadurch getroffen bin (...), so unterwerfe ich mich doch gerne und ohne Bitterkeit dem Willen des Herrn Landesbischofs. (...) Für mich selbst aber ist die Rückkehr ins Gemeindepfarramt sicher nur förderlich. Daß ich für meine zukünftige Gemeinde möglicherweise durch die zurückliegenden Schwierigkeiten auch besondere Belastungen mitbringe, bin ich mir wohl bewußt. Doch befehle ich mich der Führung Gottes. (...) In dieser Zuversicht bewerbe ich mich um die Pfarrei Reichenbach/Fils. (gez.) Dipper.[599]

Bereits zwei Tage nach seiner Einsegnung in Reichenbach teilt Dipper am 6. September 1938 in einem Rundschreiben mit:

> Die Anschrift der Evang. *Bekenntnisgemeinschaft* hat sich geändert. Wir bitten alle Zuschriften für die Württembg. *Bekenntnisgemeinschaft* an Pfarrer Dipper, Reichenbach/Fils zu richten, (Tel. Plochingen 504). Reichenbach/Fils liegt in der Nähe von Stuttgart an der Linie Stuttgart – München. Ich bin also dort (...) für Besuche leicht zu erreichen.[600]

Reichenbach wurde, ohne etwas davon zu ahnen, zum Verwaltungssitz der *Bekenntnisgemeinschaft* und damit zu einem administrativen Zentrum der *Bekennenden Kirche* in Württemberg[601].

Standort Reichenbach

Für die Reichenbacher Kirchengemeinde bedeutete der neue Pfarrer eine Umstellung.

Im Gegensatz zum lebenslustigen, leutseligen Erhardt, der trotz allen Kämpfens eine gemütliche Ruhe ausstrahlte, wirkte der sehr fromme, aber auch intellektuelle Dipper eher streng und brachte Unruhe ins Dorf.

Standort im Reich

Bereits in der letzten Septemberwoche 1938 trafen sich mehrere Pfarrer der Bekennenden Kirche in Reichenbach, um verschiedene kirchliche Anliegen zu beraten. In einem Schreiben eine Woche später, am 1. Oktober 1938, an Pfarrer Mörike, Kirchheim, schrieb Dipper:

Ebenso aber gilt es auch die Sünde unseres Volkes zu bekennen, daß das Recht gebeugt wird, daß Glieder unseres Volkes ohne Rechtsspruch oder gar gegen den Spruch ordentlicher Gerichte im Konzentrationslager festgehalten werden, daß an den nicht arischen Angehörigen unseres Staates auf mannigfache Weise Unrecht getan wird – über notwendige und deshalb auch gerechtfertigte Schutzmaßnahmen hinaus, daß endlich die Freiheit des Evangeliums und der dem Evangelium dienenden kirchlichen Ordnung beschränkt wird.[602]

Auch in den folgenden Jahren fanden im Pfarrhaus in Reichenbach verschiedene von Dipper organisierte Diskussionen, Frühjahrstagungen und Bruderschaftszusammenkünfte sowie Treffen von Bruderschaftsfrauen und *Männerrüstzeiten* statt, die viele Fremde ins Dorf führten[603]. Eine Haushaltsgehilfin erinnert sich:

> Da waren immer wieder so Treffen, wo alle möglichen Pfarrer aus der Umgebung mit den Fahrrädern gekommen sind. Ich mußte dann den Hof kehren und nach einem Losungswort fragen. Falls sie es gewußt haben, sagte ich ihnen, wo sie hingehen sollten. Man hat schon Angst gehabt.[604]

Dipper kam als Landesbruderratsvorsitzender inmitten der inneren und äußeren Auseinandersetzungen des Kirchenkampfes nach Reichenbach. Mit der Forderung, einen Treueid auf Hitler abzulegen, spitzten sich die Ereignisse dramatisch zu. In einem Rundschreiben des Landesbruderrats vom 17. Juni 1938 brachte Dipper nach intensiver Diskussion die Überzeugung zum Ausdruck, den Eid auf Hitler ablegen zu können, denn es ließe sich »an diesem Wortlaut des Gelöbnisses kein Merkmal feststellen, durch welches er uns zur Sünde würde.«[605] Pfarrer Hermann Diem aus Ebersbach hingegen, der Wortführer eines zweiten, radikaleren Lagers der *Bekennenden Kirche*, der *Sozietät*[606], weigerte sich zusammen mit etwa 80 Pfarrern, den Treueid abzulegen. Trotz Verbots des Oberkirchenrats verlas dieser eine Erklärung von der Ebersbacher Kanzel, weshalb er am 30. Juni 1938 beurlaubt und am

18. Juli gar die vorläufige Dienstentlassung ausgesprochen wurde[607].

Die aufkeimenden Auseinandersetzungen der beiden innerkirchlichen Lager, *Sozietät* und *Bekenntnisgemeinschaft*, hatten unter maßgeblicher Mitwirkung Dippers im Herbst 1937 beigelegt werden können. Auf der ersten Sitzung des neugewählten Landesbruderrates am 10. November 1937 war Dipper zum Ersten Vorsitzenden und Hermann Diem zum stellvertretenden Vorsitzenden gewählt worden[608]. Doch der Streit der beiden Gruppierungen verschärfte sich über Vorwürfe seitens der *Sozietät*[609], bis die *Sozietät* am 24. Oktober 1938 aus dem Landesbruderrat austrat. Dessen Vorsitzender blieb Theodor Dipper[610]. Obwohl die beiden Wortführer nun räumlich in unmittelbarer Nähe wohnten, entfernten sich die beiden Zusammenschlüsse immer weiter, bis durch die Erklärung der *Sozietät* vom 30. April 1940 diese aus der Bekennenden Kirche ausschied und sich – über drei Jahre – von der *Bekenntnisgemeinschaft* vollständig trennte[611].

Doch nicht nur als Vorsitzender des Landesbruderrates war Dipper überregional gefordert. Immer wieder gingen Schreiben der verschiedensten Pfarrer an Dipper in Reichenbach ein mit der Bitte, Richtlinien, Verhaltensweisen oder Hintergrundinformationen »allen Brüdern bekanntzugeben.«[612] Auch in Reichenbach blieb Dipper ein Informationsknotenpunkt, der wie zuvor im Cannstatter Gemeindedienst ständig mit den neuesten Informationen, Lageberichten über Verfolgungen und anderen Materialien auf dem Laufenden gehalten wurde, die er dann wiederum seinen Vertrauten oder auch den württembergischen Pfarrern weitergab. Möglicherweise brisante Briefe wurden dabei meist »auf Umwegen« an das Pfarramt gesandt, da man nie sicher sein konnte »wie weit Post direkt und ohne Verzögerung ankommt.«[613] Da auf dem Reichenbacher Postamt zuverlässige Mitarbeiterinnen der *Partei* saßen[614], die auch den Postabgang des

Pfarramtes genauestens überwachten, organisierte Dipper eine sicherere, dafür um so personalintensivere Lösung mit Reichenbacher Frauen:

> Mehrere Frauen haben die Post an verschiedene Orte mitgenommen und dort eingeworfen, obwohl sie wußten, wie gefährlich das war. Beispielsweise Johanna Munz, die als Kindergärtnerin in Esslingen arbeitete.[615]

Viele der damals beteiligten jungen Frauen erinnern sich an die täglichen Kurierdienste:

> Ich mußte die Post oft nach Göppingen, Esslingen oder manchmal auch nach Gerstetten bringen und dort einwerfen, oder Freunde in der Schule mitbringen, die sie dann andernorts einwarfen, damit die Briefe nicht auf dem Postamt in Reichenbach von einem Parteimitglied geöffnet wurden.[616]

Es scheint zeitenweise sogar »eine regelrechte Motorradstaffette gegeben zu haben, die Kurierdienste zu leisten hatte, also Mitteilungen, die nicht mit der Post befördert werden konnten, direkt übermittelte.«[617]

Allgemein verfügte Dipper, das ist seinem Nachlaß zu entnehmen, über ausgezeichnete Informationen aus allen Bereichen des kirchlichen und weltlichen Wirkens, Abschriften von Schreiben der *Vorläufigen Kirchenleitung* (VKL)[618], des Landesbischofs oder auch parteiliche und staatliche Unterlagen, etwa zur sogenannten *Euthanasie*[619]. Als engagierter Landesbruderrat beteiligte er sich von Reichenbach aus intensiv an der innerkirchlichen Diskussion Württembergs sowie an daraus entstehenden Planungen, etwa der *Kammer für kirchlichen Unterricht*[620]. 1940 wirkte Dipper federführend an der Erarbeitung eines neuen Konfirmandenbüchleins mit[621], brachte sich vielfältig in die sogenannte Konfirmationsdebatte ein[622] und schrieb in einem Predigtband über »Gebt dem Kaiser, was des Kaisers ist«[623]. Trotz Redeverbots mischte sich der Reichenbacher Dorfpfarrer vehement auch in außerwürttembergische Kirchenfragen ein; so wies er den Oldenburger Pfarrer Kloppenburg mehr oder weniger direkt an, »in Nassau-Hessen umgehend nach dem Rechten zu sehen«[624], warf dem Landesbischof Marahrens in Hannover vor, daß dessen »Wort zur Kirchenregierung an die Landeskirche« vom 23. Juni 1939 »notwendig die Zerstörung der Kirche des Evangeliums zur Folge haben«[625] müsse und stand in Korrespondenz mit den wichtigsten Akteuren der Evangelischen Landeskirchen. Doch er genoß es, dies alles von Reichenbach aus tun zu können, sich zwar hie und da in Landes- oder Reichskirchenangelegenheiten einzumischen, aber das Leben als Dorfpfarrer in Reichenbach führen zu können. Im April 1940 schrieb er – nicht nur in Anspielung auf den beginnenden Frühling – an seinen Kollegen und Freund Mörike: »Gelt es ist gegenwärtig schön, Landpfarrer zu sein!«[626]

Doppelbelastung und neue Standortstrukturen

Wenngleich seine Arbeit ihm offensichtlich auch Spaß machte, strengte die Doppelbelastung einer Gemeindpfarrei und der Arbeit im Landesbruderrat den gesundheitlich geschwächten Dipper sehr an. Einem befreundeten Pfarrer schrieb er Ende Oktober 1938:

> Die Arbeit im Landesbruderrat erfordert von jedem der Beteiligten ernste Opfer, denn er muß viel Zeit und viel Kraft seiner eigentlichen Berufsarbeit entziehen, sieht oft genug keinerlei Erfolg seiner Tätigkeit im Landesbruderrat, und muß immer wieder oft zu solchen Fragen das Wort ergreifen, zu denen er lieber schweigen möchte. Dazu kommen dann noch gelegentlich die sehr ernsten, die Existenz bedrohenden Situationen, welche diese Arbeit mit sich bringt.[627]

Um der Kontinuität der Arbeit willen erklärte sich Dipper trotz der neuen Verantwortung für seine Reichenbacher Pfarrei bereit, wieder die Verantwortung für das Amt zu übernehmen. Andererseits war Dipper der Ansicht, daß – gerade in Württemberg mit dem anfänglich sehr auf friedliche Koexistenz setzenden Wurm an

Dipper mit seinen Helferinnen und Helfern 1939, darunter (links vorne) Mühlhäuser.

der Spitze – die örtliche Gemeinde mit ihren Einrichtungen und den in ihr wirkenden Personen zum »Kampfplatz zwischen Kirche und nationalsozialistischem Weltanschauungsstaat«[628] wurde. Um also sowohl auf lokaler Ebene als Gemeindepfarrer in Reichenbach wie auf regionaler und nationaler Ebene als Landes- und Reichsbruderratsmitglied den zunehmend schärferen Anforderungen des Kirchenkampfes gerecht werden zu können, mußte er sich in Reichenbach Strukturen schaffen, die ihn entlasteten.

Als erstes galt es, eine Mitarbeiterin zu finden, die ihn als Schreibkraft für die *Bekenntnisgemeinschaft* und als Gemeindehelferin in der Gemeinde unterstützen konnte. Doch kirchliches Personal war knapp, und wie sollte es finanziert werden in einer Zeit, in der die kirchlichen Mittel sowieso knapper wurden? Weiterhin war es wichtig, den persönlichen Rückhalt in seiner Gemeinde zu stärken, sich ein Netz von Menschen aufzubauen, auf die er sich am Ort verlassen konnte. Als eines seiner besonderen Talente im

Gemeindedienst hatte er vor allem »eine Männerarbeit aufgebaut, in der »Laien« aus allen Ständen zur kirchlichen Mitverantwortung in Wort und Tat aufgerufen und gerüstet wurden.«[629] Es war also geradezu seine Spezialität, Laien zur kirchlichen Mitverantwortung zu führen. Sich hierauf besinnend, organisierte Dipper auch in Reichenbach schon bald *Männerrüstzeiten*[630].

An bestehenden Strukturen boten sich im wesentlichen der Kirchengemeinderat, der Frauen- und Missionsverein, der Gemeindedienst, der Kirchenchor, der CVJM und der Kinderkirchhelferkreis an. Der Kirchengemeinderat stand bereits bedingt auf seiner Seite, waren es doch die Kirchengemeinderäte, die, beeindruckt durch die Predigten des jungen Pfarrverwesers, Dipper in Reichenbach hatten haben wollen. Doch das in der Öffentlichkeit stehende Gremium mit seinen alteingesessenen ehrenamtlich arbeitenden Reichenbacher Honoratioren hatte bereits ein weites Aufgabenfeld in Verwaltung, Organisation und Außenvertretung der Gemeinde. Zwar unterließ der Kirchengemeinderatsvorsitzende Dipper keine Gelegenheit, auch dieses Gremium noch intensiver in seine Gemeindearbeit einzubinden[631], doch schien es nicht das Forum sein zu können, das darüber hinaus noch zusätzliche Arbeiten übernehmen oder ihm in inhaltlichen Diskussionen zur Seite stehen konnte.

Der offiziell eingegliederte CVJM, der unter kirchlichem Deckmantel noch mehr oder weniger gut funktionierende Jugendarbeit in Form von Bibelarbeit betrieb, unterstand strenger Überwachung, außerdem hatten sich schon zu Erhardts Zeiten die Reihen der Getreuen auch im CVJM-Haus gelichtet.

Seine Hauptstütze, sein engster Vertrautenkreis sollte demzufolge der Kinderkirchhelferkreis werden, bei dem er schon auf die guten Vorarbeiten von Pfarrer Erhardt bauen konnte. Der Helferkreis, der die Kindergottesdienste vorbereitete, traf sich jeden Freitag. »Dipper hat uns die Bibelstelle immer erst selbst erklärt und danach, wie wir's den Kindern erklären könnten.«[632] Über die intensiven theologischen Gespräche entstand eine Nähe, die für viele Reichenbacher noch heute nachhallt:

> Bis zu Pfarrer Dipper wußte ich nicht, daß Männer richtig glauben können. Es war für mich faszinierend, daß ein gescheiter Mann an Christus glaubt. Mein Vater war auch ein gescheiter Mann, aber der war Atheist.[633]

> Vor Frau Dipper war der Mädchenkreis stinklangweilig. Er und sie haben die Bibel so interessant ausgelegt und viel für junge Leute gemacht, das hat mir unheimlich viel gebracht.[634]

Im Gegensatz zur Arbeit des CVJM, die betont unpolitisch geblieben war[635], führte Dipper auch für Christen interessante zeitpolitische Themen ein[636]. Die ehemalige Gemeindehelferin erinnert sich hierzu:

> Im Vertrautenkreis haben wir oft diskutiert, ob Tyrannenmord erlaubt sei nach der Bibel. Einmal hab' ich eine Bibelstunde gemacht mit dem Thema: Ist Krieg führen im Sinne der Bibel?[637]

Darüber wurde diese Runde, zusammen mit einigen Frauen aus dem Gemeindedienst, zum echten Vertrautenkreis, mit dem Dipper sich auch in politischen Dingen austauschen, den er andererseits auch für verschiedene »Erledigungen« heranziehen konnte[638].

> Dort hat uns der Herr Pfarrer Dipper verschiedene Informationen weitergegeben, welcher Pfarrer unter Kontrolle stand oder eingesperrt wurde. Wir bekamen dies dann auch als Gebetsanliegen, wir sollten beten für die Eingesperrten oder die Verfolgten. Wir haben oft über die politische Situation gesprochen, die uns der Herr Pfarrer Dipper als Informationen weitergegeben hatte.[639]

Die Mehrzahl dieser Vertrauten waren Frauen. Die ehemalige Gemeindehelferin Dippers erinnerte sich hierzu:

> Ich muß den Frauen in Reichenbach ein großes Lob zollen. Die waren durchweg mutiger und bereiter, dem Pfarrer Dipper bei seiner schwierigen Arbeit zu helfen. Um Dipper hat sich ein Kreis treuer Frauen geschart, bestehend aus den etwa 12–15 Frauen des Gemeindedienstes und des Kinderkirch-Helferkreises.[640]

Als eine der ersten Maßnahmen führte er darüber hinaus eine Idee in Reichenbach ein, die sich andernorts teilweise schon sehr gut als Hilfestellung für die Kirchengemeinde bewährt hatte, den Gemeindeverein. In ihm führte er den engeren Kreis der kirchlichen Mitglieder von Kirchengemeinderat, Frauen- und Missionsverein, Gemeindedienst, Kirchenchor, CVJM und Kinderkirchhelferkreis zusammen. Im August 1938 zog Dipper zum ersten Mal einen Beitrag für den neugegründeten Gemeindeverein ein. Einen Monat später konnte er feststellen, daß der »Gedanke des Gemeindevereins freundlich aufgenommen« wurde[641]. Er warb im Gemeindeblatt weiter für die Neuerung in Reichenbach:

> Die ganze kirchliche Entwicklung verläuft ja mehr und mehr in der Richtung, daß die Gemeinde selbst viel mehr wie früher sich verantwortlich hinter jeden Dienst stellen muß, der in ihr geschieht. (...) Darum haben wir zum Gemeindeverein eingeladen. Wir

möchten damit aufrufen zum inneren und äußeren Miteinstehen für die Anliegen und Aufgaben der Gemeinde. In diesem Sinne haben wir auch die Beiträge zum Gemeindeverein erbeten. Es gibt eine Menge von Aufgaben, für die der ohnehin stark belastete Haushalt der Kirchengemeinde nicht oder nur zum Teil herangezogen werden kann. Hier muß die Freiwilligkeit der Gemeinde einspringen und den nötigen finanziellen Rückhalt für die Durchführung dieser Aufgaben schaffen. Dabei wird der Ausschuß des Gemeindevereins darüber wachen, daß diese Gelder, die ja oft mit großer Liebe aufgebracht und als wirkliches Opfer gegeben wurden, auch sorgfältig und sparsam verwaltet werden.[642]

Dipper schuf mit dem Gemeindeverein einen Freiraum, in dessen Rahmen Vorträge zur Familien- und Erwachsenenbildung angeboten und gemeinsam aktuelle Themen besprochen wurden. Im Gemeindeverein sollte der Zusammenhalt der Gemeinde gefördert und jeder einzelne zur Übernahme der Verantwortung für sein Handeln befähigt werden. Nicht zuletzt trug er zur Geldbeschaffung für den Kirchenhaushalt bei. Am 15. Juni 1939 verbot die Gestapo, *Stapoleitstelle* Stuttgart, sämtliche konfessionellen Gemeindevereine und verfügte deren Auflösung, da diese als *Konkurrenzunternehmen* zu NSV-Einrichtungen betrachtet wurden[643]. In dem knappen Jahr seines Bestehens hatte der Reichenbacher Verein neben allgemeinen Spenden unter anderem 45 Schulbibeln für den Konfirmandenunterricht angeschafft[644], Mitglieder bei erzieherischen Aufgaben unterstützt[645], sowie Aufgaben des Gemeindedienstes übernommen[646].

Dies waren Möglichkeiten, sich ehrenamtliche Hilfestellungen zu verschaffen. Um seine überregionalen Aufgaben wahrnehmen zu können, schaffte er einen Vervielfältigungsapparat an[647]. Darüber hinaus gelang es Dipper als erstem Reichenbacher Pfarrer, eine hauptamtliche Schreibkraft anzustellen. Allerdings arbeitete Emma Schwille mehr für die Bekennende Kirche und für die anderen Unternehmungen Dippers, als für die Rei-

chenbacher Kirchengemeinde. Ihre Nachfolgerin drückte dies wie folgt aus:

Ich hab' weiß net wieviel Portokassen gehabt, bei den vielen Ämtern des Herrn Dipper.[648]

Die Gemeindehelferin war die rechte Hand Dippers und in die meisten Angelegenheiten eingeweiht[649]. Zu Beginn arbeitete sie verdeckt:

Ich konnte nicht offiziell in Reichenbach angestellt oder auch nur gemeldet werden, damit der *Ortsgruppenleiter* es nicht mitbekommt. Ich wohnte auf dem Papier bei einer Tante in Bad Cannstatt, bezahlt wurde ich vom Männerwerk in Stuttgart.[650]

Finanziert wurden die fünf Gemeindehelferinnen, die bis Kriegsende im Pfarrhaus beschäftigt waren[651], zu großen Teilen jedoch Arbeiten für die Bekennende Kirche verrichteten, unter anderem durch »die vielen *arischen Nachweise*[652], bei denen manchmal gar keine Heldentaten bedeutender Vorfahren zutage kamen.«[653] Die sich während der Jahre unterscheidenden Finanzierungsmodelle pendelten alle um das Grundmodell, wonach ein Drittel vom Oberkirchenrat bezahlt wurde, ein knappes Drittel von Gemeinde oder Gemeindeverein und ein starkes Drittel durch die Ariernachweise erbracht wurden[654].

Nationale und lokale Umstände von Dippers Inhaftierung

Die Umstände, wie Dipper an seine erste Schreibkraft und spätere rechte Hand kam, sind im Zusammenhang mit seinen späteren Verhaftungen wichtig: Am 12. März 1938 waren die deutschen Truppen in Österreich einmarschiert und am 13. wurde per Reichsgesetz der *Anschluß der Ostmark* an das Deutsche Reich vollzogen, das nunmehr zum *Großdeutschen Reich* geworden war. Am Sonntag, den 10. April 1938, einen Tag nach dem *Tag des Großdeutschen Reiches*, sollte im ganzen Deutschen Reich über den *Anschluß Österreichs* und die Zustimmung zur Politik des *Führers* abgestimmt werden. Die Kirche unterstützte und begleitete die Wahlen mit dem Hauptgottesdienst am 20. März 1938, für den der Oberkirchenrat an die Stelle der Schriftlesung eine Ansprache anordnete. In der zur Verwendung angebotenen Ansprache heißt es, die evangelische Kirche nehme an »der Freude des ganzen deutschen Volkes über die Heimkehr Österreichs ins Deutsche Reich (...) aus vollem Herzen Anteil.«[655] Das Wort des Lutherrates, in dem die dem Rat der Lutherischen Kirche Deutschlands angeschlossenen und befreundeten Kirchenleitungen ihre »Treue zum neugeschaffenen Großdeutschen Reich und seinem Führer« bekundeten, gleichzeitig die Entschlossenheit bezeugten, »unablässig daran zu arbeiten, daß Christus dem Deutschen Volke gepredigt werde«[656], sollte am 3. April, sieben Tage vor der Abstimmung, auch in Reichenbach verkündet werden und forderte die Gemeindemitglieder mehr oder weniger unverblümt zur Ja-Stimme auf. Am Tag der Abstimmung und davor sollten Glockengeläut und ein entsprechendes Schlußgebet den sakralen Rahmen für diese Zustimmungswahl geben[657]. Dipper, der zu dieser Zeit noch den evangelischen Gemeindedienst leitete, weigerte sich. »Woher«, so formulierte er rückblickend, »nahm der Lutherrat und mit ihm auch die württembergische Kirchenleitung die Freiheit, in dieser Weise über die Gewissen der ans Wort gebundenen Pfarrer und Gemeindeglieder zu verfügen?«[658] Gegen die vom Lutherrat für den 3. April 1938

An die Reichenbacher Bevölkerung!

An das Deutsche Volk!

Wenn am Samstag mittag 12 Uhr der „Tag des Großdeutschen Reiches" proklamiert wird und auf das Kommando: „Heißt Flaggen!" in ganz Deutschland, von der Hütte bis zum Palast, die Fahnen hochgehen und eine Verkehrsstille von 2 Minuten herrscht, um so die Geburtsstunde dieses Reiches einzuleiten und sich auf den kommenden Tag, den 10. April zu rüsten, so darf auch Reichenbach nicht fehlen.

Wir richten daher an die gesamte Reichenbacher Bevölkerung die Aufforderung:

Am Samstag mittag 12 Uhr die Häuser zu beflaggen! **Es darf kein Haus ohne Fahne sein!** Wer keine hat, oder sich keine beschaffen kann, wende sich an die Ortsgruppenleitung. Ganz besonders gilt diese Aufforderung denjenigen Hausbesitzern, die aus irgend welchen Gründen sich noch keine Fahne des neuen Reiches beschafft haben.

Weiter laden wir zur Kundgebung am Rathaus ein:

Am Samstag abend 7 Uhr tritt die NSDAP. mit ihren Gliederungen, sowie sämtliche Vereine mit Fahnen zum Fackelzug durch Reichenbach an. Um 8 Uhr abends findet dann die Schlußkundgebung beim Rathaus statt. Die Musikkapelle und der Gesangverein „Konkordia" werden diese umrahmen, dabei wird die Ansprache des Führers durch Großlautsprecher übertragen.

Volksgenossen und Genossinnen!

Rüstet Euch zu diesem großen Generalappell unseres Volkes! **Jung und Alt muß dabei sein!**

Es lebe der Führer!   **Es lebe Großdeutschland!**

Reichenbach=Fils, den 8. April 1938

Schmid, Bürgermeister.   Mangold, Ortsgruppenleiter.

Julius Benz, Reichenbach - Fils

»An die Reichenbacher Bevölkerung« – Aufruf von Bürgermeister Schmid und *Ortsgruppenleiter* Mangold zum »Tag des Großdeutschen Reiches«, April 1938.

formulierte Kanzelverkündigung, die erst am 2. April an die Pfarrer ausgegeben wurde, protestierte Dipper sofort telefonisch beim Oberkirchenrat[659] und gab außerdem sofort ein entsprechendes Schreiben an alle Pfarrer heraus[660].

In Reichenbach, wo am 3. April – noch durch Pfarrer Erhardt – 49 Konfirmanden eingesegnet werden sollten, gab es Unruhe ob der kirchlichen Forderung nach einem eindeutigen *Ja*. Im Mantelteil des Evangelischen Gemeindeblatts Reichenbach hatte die württembergische Kirchenleitung aufgefordert:

> Das JA des 10. Aprils. (...) Jeder evangelische Deutsche kennt am 10. April seine Pflicht. Die Gebete unserer Kirche begleiten das Geschehen dieses Tages.[661]

Eine für den am Abend des 10. April vorgesehene Abendmahlsfeier mußte wegen der Volksabstimmung, die »für die Abendstunden kaum die nötige Stille freigeben wird«[662], entfallen. An die Reichenbacher Bevölkerung war die Aufforderung ergangen,

> am Samstag mittag 12 Uhr die Häuser zu beflaggen! *Es darf kein Haus ohne Fahne sein!* Wer keine hat, oder sich keine beschaffen kann, wende sich an die Ortsgruppenleitung.[663]

Abends gab es einen Fackelzug und eine große Kundgebung, im Verlauf derer die »Ansprache des Führers durch Großlautsprecher übertragen« wurde[664]. Offiziell wurden im Wahllokal in der Kinderschule »0-Nein-Stimmen« und im Wahllokal im Rathaus »2-Nein-Stimmen« gezählt[665], inklusive der sechs in Reichenbach wohnenden Österreicher, die nun mit abstimmen durften. Doch in einer eidesstattlichen Erklärung versicherten neun Reichenbacher kurz nach dem Krieg, sie hätten bei der Volksabstimmung am 10. April 1938 mit »Nein« gestimmt[666].

Dipper gab seine Neinstimme in Stuttgart ab[667]. Sein Freund, der Kirchheimer Pfarrer Mörike, gab in seinem Wahlumschlag eine lange Begründung für seine Neinstimme auf die zweite Frage[668]. Nach einem nächtlichen Überfall auf Mörike,

schlimmen Mißhandlungen und dessen Verhaftung distanzierte sich der Landesbischof von ihm. Dipper hingegen verschickte umgehend eine kurze Mitteilung und später noch einen Tatsachenbericht an alle Pfarrer, der der *Gestapo* in die Hände fiel. »Es kam zu Verhören, Beschlagnahme von Büroeinrichtungen im Gemeindedienst und schließlich zur Verhaftung« Dippers. Erst auf den energischen Einsatz des Oberkirchenrats hin wurde er nach acht Tagen wieder entlassen[669].

Ein für Reichenbach ebenfalls nicht folgenloser, ähnlich organisierter Überfall ereignete sich einige Kilometer entfernt in Neckartailfingen, Kreis Nürtingen: Laut einer Veröffentlichung im »Nürtinger Tagblatt« vom 11. April 1938 stimmte die Gemeinde Neckartailfingen am 10. April 1938 hundertprozentig mit »Ja« ab[670]. Auf einer Gemeindeveranstaltung am Abend des 12. April 1938 erklärte der *Ortsgruppenleiter*, unter den erzielten 100 Prozent Ja-Stimmen seien sieben Neinstimmen. Er verlas – unter den Rufen der Versammlung »Bolschewisten« »Landesverräter« – sieben Namen[671]. Zu den beiden Frauen bemerkte er:

> Was die beiden zu ihrer Tat getrieben hat, ist als Religionswahngebilde anzurechnen. Im Übrigen werde er es aufs Äußerste treiben.[672]

Er forderte die Versammlungsteilnehmer zu einer Demonstration auf, die mit Bedrohungen und Haßtiraden auf die beiden Frauen vor deren verbarrikadierter Wohnung endete[673].

> Im Sprechchor wurde von meinem Manne (...) die Herausgabe von Mutter und Tochter Schwille erfolglos verlangt. Weiter folgten ebenfalls im Sprechchor ausgebrachte Rufe wie: »Gebt ihnen eine Freikarte nach Moskau! Für euch ist es Zeit, daß ihr morgen verschwindet! Pfui Schande! Gebt die Volksverräterinnen heraus usw. usw.« Ein Steinhagel gegen die verschlossenen Fensterläden begleitete den ganzen Vorfall. (...) An unserem Haus, an Staffel und Pflaster wurde mit weißer Farbe Hammer und Sichel, (...) sowie auf der Straße »2 Volksverräterinnen« angebracht.

Trotz erklärender Schreiben an den *Ortsgruppen* und an den Nürtinger *Kreisleiter*[674] blieb die ausgesprochene Entlassung Emma Schwilles bei der Kreissparkasse aufrecht. Eine Parteiversammlung beschloß Anfang Juni, über das Ladengeschäft Schwille »den vollständigen Boykott« auszusprechen[675]. In ihrer Not ging Emma Schwille zu Pfarrer Dipper, der im Mai 1938 als Urlaubsvertreter in Neckartailfingen tätig gewesen war und zwischenzeitlich als Pfarrverweser in Reichenbach wirkte. Er holte die Tochter, Emma Schwille jun., zu sich nach Reichenbach und stellte sie dort als Gemeindehelferin an, und in Reichenbach organisierte er die Unterstützung der Familie, indem er Aufträge besorgte und mit einem Kleinlaster eines Reichenbacher Industriellen nach Neckartailfingen fuhr, um die Aufträge abwickeln zu können. Noch sehr gut erinnern sich verschiedene Reichenbacher Familien hieran:

Ihre Familie stammte aus Neckartailfingen, das von den dortigen Behörden boykottierte Geschäft wurde von Dipper unterstützt. Dipper fragte hier in Reichenbach herum, wer Baumaterialien brauchte, stellte eine Liste zusammen und fuhr damit nach Neckartailfingen zur Unterstützung der Familie Schwille.[676]

Darüber hinaus suchte er den Vertrauensmann der Evangelischen *Bekenntnisgemeinschaft* im Bezirk Nürtingen, Pfarrer Hermann in Neckartenzlingen, auf und besprach die Angelegenheit mit diesem. Da Dipper selbst ja Redeverbot hatte, gab jener dann eine Erklärung mit der Bitte um Unterstützung der Familie an zehn bis zwölf Pfarrersfrauen des Bezirks hinaus[677], die anläßlich einer Hausdurchsuchung bei Pfarrer Weimer in Bempflingen der *Gestapo* in die Hände fiel. Darauf wurden am 15. Dezember 1938 Pfarrer Hermann und Pfarrer Dipper verhaftet. Während der offiziell verantwortliche Verfasser der Aufforderung, Pfarrer Hermann, am 24. Dezember 1938 wieder entlassen wurde, hielt man Dipper weiter fest und verbrachte ihn am 3. Januar 1939 ins *Schutzhaftlager*[678] Welzheim[679]. In der Verlautbarung des Oberkirchenrats »An sämtliche Pfarrämter« vom 5. Januar 1939 heißt es:

Unter Hinweis auf die im Erlaß (...) enthaltenen Mitteilungen und Gebetsanliegen wird den Pfarrämtern bekanntgegeben, daß Pfarrer Dipper am 3. Januar 1939 in das *Schutzhaftlager* Welzheim verbracht worden ist. (...) Der Oberkirchenrat wird weiterhin bemüht sein, die Freilassung von Pfarrer Dipper zu erreichen.[680]

Laut der offiziellen Liste über »Maßregelungen von Pfarrern und Nichtpfarrern in der DEK« ist Dipper der fünfte dort aufgeführte Inhaftierte, für den reichsweit um Gebetsgottesdienste gebeten wurde[681].

Während Dippers Zeit in Welzheim gingen viele Treuebekundungen von Pfarrkollegen und Würdenträgern der Bekennenden Kirche aus ganz Deutschland in Reichenbach[682] und beim Landesbischof ein[683]. Anfang Januar konnte ihn seine Frau Hildegard in der Gefangenschaft besuchen und ihm die Grüße des Reichsbruderrats-Vorsitzenden Müller, Berlin-Dahlem, übermitteln[684]. Der Krankheitsvikar Hermann Lang aus Sulzgries wurde auf den 11. Januar 1939 zum Amtsverweser in Reichenbach bestellt[685].

Stiller denn sonst ist die hiesige evangelische Gemeinde in ein neues Jahr getreten.[686]

Viele Gemeindemitglieder distanzierten sich von Dipper und seiner Frau, die schon vor dieser härtesten Zeit, in der ihr Mann im Lager war, mehrmals wegen Depressionen in klinische Behandlung mußte[687]. Doch einzelne hielten gerade jetzt zu den Dippers. Die ehemalige Gemeindehelferin erinnert sich:

Der Frau Mack, der Putzfrau von Dippers, müßte ein Denkmal gesetzt werden. Jeder von uns hatte Angst, weil Dipper im KZ war. Wir sind am liebsten zum Hintereingang hinein, solche Helden waren wir auch nicht. Die Frau Mack, die treue Seele, kam – als Frau Dipper alleine war – teilweise sogar ohne Wissen ihres Mannes noch immer und unterstützte sie.[688]

Der Kirchengemeinderat und einige Reichenbacher Bürger aus den kirchlichen Kreisen versuchten das ihrige für den inhaftierten Seelsorger zu tun. Sie beteten regelmäßig für ihn[689], machten Eingaben[690] und besuchten ihn »bei der *Gestapo* in Stuttgart und im Lager in Welzheim.«[691] Selbst Bürgermeister Schmid verwendete sich im Januar 1939 bei der *Gestapo* für den Ortspfarrer[692]. Dessen Chef, Landesbischof Wurm wandte sich an den *Reichsführer SS* Heinrich Himmler, der sich für Dippers Freilassung verwandte[693].

Am 20. Januar 1939 wurde Dipper aus der Haft entlassen.[694] Er glaubte, nach Dachau verbracht zu werden[695] und hatte nicht mit seiner Freilassung gerechnet, wenige Tage später schrieb er:

> Die Entlassung am Freitag erfolgte wider alles Erwarten. Wir mußten bereits ziemlich Schlimmes befürchten. Um so größer war dann die Überraschung und Freude (...).[696]

Über den Lageraufenthalt selbst ist nicht viel überliefert. Im Kinderkirchhelferkreis muß er – unter dem Siegel der Verschwiegenheit – später wohl ab und zu von den Mißhandlungen gesprochen haben[697]. Er selbst schrieb in einem Dankesbrief an Dekan Keppler vom Lutherischen Rat in Berlin nur:

> Es war mir in der Zeit meiner Einsamkeit (wie ja auch sonst) ein großes Anliegen, daß doch die inneren Nöte der Kirche überwunden werden möchten. Und eben darum freue ich mich über die weite, alle Grenzen überspringende Gemeinschaft des Helfens und Mittragens, die bei diesem Anlaß sichtbar geworden ist.[698]

Nach der Rückkehr sandten Dipper und seine Frau einen vervielfältigten Brief an die ihn unterstützenden und für ihn betenden Freunde, wie die Frau des Präses von Hamburg oder Frau Pfarrer Niemöller in Dahlem[699], und legten die Kopie von Dippers erster Predigt, die er nach seiner Entlassung aus dem *Schutzhaftlager* in Reichenbach gehalten hatte, bei[700]. Nach der Entlassung versuchte Dipper, wohl um seinen Widersachern nicht noch

mehr Angriffsfläche zu bieten, den Aufenthalt in Welzheim herunterzuspielen. Im Gemeindeblatt drückte er nur seinen Dank an den Vikar aus, verlor jedoch kein Wort über seinen Lageraufenthalt, sondern schrieb nur von seiner »Abwesenheit«[701]; auch in seinen Personalakten ist offiziell nichts von der Inhaftierung im *Schutzhaftlager* zu finden[702]. Am 1. Februar siedelte Vikar Hermann Lang nach Ebersbach über[703], am 5. Februar holte Dipper die Altenfeier nach[704]. Die *Gestapo* forderte nach der Entlassung, daß Rundschreiben, die beanstandet werden könnten, vorher mit ihr abzuklären seien. Zwar gab Dipper keinerlei Versprechen dieser Art ab, doch »hielt man es unter diesen Umständen um der Sache willen doch für besser, daß ein anderer für die *Bekenntnisgemeinschaft* verantwortlich zeichnet.«[705] Die Geschäftsführung wurde offiziell Pfarrer Schmid in Esslingen übertragen, das Büro der *Bekenntnisgemeinschaft* aber verblieb bis zum Kriegsende in Reichenbach[706]. Dipper selbst blieb der offizielle württembergische Vertreter bei der Konferenz der Landesbruderräte und nahm an den Zusammenkünften der württembergischen *Bekenntnisgemeinschaft* sowie des Reichsbruderrates der Bekennenden Kirche teil. Sein Name allerdings erschien fortan nicht auf den Programmen, seine Berichte und Vorträge wurden als »Diskussionsbeiträge« vorgetragen[707].

Standort im lokalen Kirchenkampf

Nachdem die Versuche der NS-Führung, die Kirchen gleichzuschalten, gescheitert waren, sollten sie wenigstens aus dem öffentlichen Leben und Bewußtsein verdrängt und ins Abseits geschoben werden. Unter der Parole der »Entkonfessionalisierung des öffentlichen Lebens«[708] sollte die *Entchristlichung des deutschen Volkes* über Propaganda, Verlockung und Verführung, durch den Zwang der Organisation und durch massiven Terror herbeigeführt werden. Die Kirchenleitung wurde in Verhandlungen durch Beschwichtigungen hingehalten, während der Kampf auf den verschiedensten Gebieten immer wieder neu entbrannte. Entscheidungen der Kirchenleitung hatten nur soweit Gewicht, als sie die Gemeinden und ihre Pfarrer durch ihren persönlichen Einsatz vertraten. Damit wurde die örtliche Gemeinde mit ihren Einrichtungen und den in ihr wirkenden Personen zum wesentlichen Kampfplatz zwischen Kirche und nationalsozialistischem Weltanschauungsstaat. Dipper erkannte dies schon früh:

> Hier galt es den Kampf im einzelnen und im besonderen zu führen. Hier vollzog sich im fortlaufenden Dienst die Predigt des Evangeliums im Dritten Reich, die treulich ausgerichtet, ein Bollwerk des Widerstandes war, an der die Macht der Lüge und der Drohung zerbrachen, und von der Tröstung und Stärkung, Mahnung und Warnung ausgingen.[709]

Unter dem erwähnten Stichwort der »Entkonfessionalisierung« des öffentlichen Lebens« übte die *Nationalsozialistische Volkswohlfahrt* einen starken Druck auf kirchliche Kindergärten aus, besonders wenn diese finanziell von der bürgerlichen Gemeinde abhingen wie in Reichenbach.

In den Schulen war der Kampf in Württemberg durch den *Kultminister* Mergenthaler bereits seit 1933 entschlossen geführt worden[710]. Ende Oktober 1933 hatte er seine Vorstellungen einer *Deutschen Einheitsschule* anstelle der bisherigen Konfessionsschulen im einzelnen ausgeführt[711]. Nach Beseitigung der konfessionellen Schulaufsicht und der konfessionellen Lehrerbildung[712], sollten die Konfessionsschulen abgeschafft werden. Nur stark drei Monate nach Einweihung der ersten *Deutschen Volksschule* in Württemberg[713], war die bisher bestehende evangelische Konfessionsschule in Reichenbach durch einen Erlaß des *Kultministers* vom 17. Juli 1936 in eine *Deutsche Gemeinschaftsschule*, die *Deutsche Volksschule* umgewandelt worden[714]. Der Staat hatte zwar versichert, daß der Religionsunterricht nicht angetastet werden sollte[715], dies sah freilich in der Wirklichkeit nicht

nur in Reichenbach ganz anders aus. Die Lehrer wurden im Sinne der nationalsozialistischen Weltanschauung geschult, wodurch inbesondere christliche Lehrer in starke Gewissenskonflikte kamen. Christentum und Nationalsozialismus, so wurde immer wieder betont, seien unüberwindbare Gegensätze. Es sei die Aufgabe der Lehrer, »bei den Kindern alles das wieder gerade zu biegen, was eine Art Fremdreligion in unseren Jungen täglich verbiegt.«[716] Christen wurden Lehrer minderen Rechts und konnten sich teilweise nicht an der Schule halten. Ende 1936 war einigen Pfarrern das Recht zur Erteilung des Religionsunterrichtes entzogen worden, und laut Erlaß des *Kultministers* vom 28. April 1937 hatte die »Erziehung der deutschen Jugend (...) einheitlich im Geiste des Nationalsozialismus zu erfolgen.«

> Da Religion ordentliches Lehrfach der Schule ist, ist dieser Notwendigkeit auch im Religionsunterricht Rechnung zu tragen. (...) Gewisse Teile des Alten Testaments können daher für den Unterricht nicht in Frage kommen, andere werden stark in den Hintergrund treten müssen.[717]

Der Forderung evangelischer Mitglieder in nationalsozialistischen Organisationen, sich uneingeschränkt auf die nationalsozialistische Weltanschauung, einer neuen Religion gleich, zu verpflichten, hielt Dipper entgegen:

> Wenn hier Blut, Rasse, Volkstum und Ehre den Rang von Ewigkeitswerten erhalten, so wird der evangelische Christ durch das erste Gebot gezwungen, diese Bewertung abzulehnen. Wenn der arische Mensch verherrlicht wird, so bezeugt Gottes Wort die Sündhaftigkeit aller Menschen.[718]

Auf die Verfügung des *Kultministers* vom 28. April 1937, der Religionsunterricht sei gemäß dem »Sittlichkeitsempfinden der germanischen Rasse« zu erteilen[719], war am 11. Juni 1937 auf Grund einer Anordnung des Reichserziehungsministeriums die Forderung erfolgt, daß die Geistlichen, die Religionsunterricht erteilten, folgendes Gelöbnis abzulegen hätten:

Ich gelobe, ich werde dem Führer des Deutschen Reiches, Adolf Hitler, treu und gehorsam sein und meine Dienstobliegenheiten gewissenhaft und uneigennützig erfüllen.[720]

Viele Pfarrer, darunter auch Karl Christian Erhardt aus Reichenbach[721], hatten sich geweigert, dieses Gelöbnis abzulegen. Insgesamt etwa 700 von 1000 Pfarrern in Württemberg war darauf das Recht entzogen worden, Religionsunterricht zu erteilen. Ab 1. Juli 1937 wurden die staatlichen Zuschüsse zu ihren Gehältern gesperrt[722]. Trotz der Versuche, Reserven heranzuziehen und die Einbußen auf die ganze Pfarrerschaft umzulegen, konnten den einzelnen nur zwei Drittel des Gehaltes ausbezahlt werden[723].

Bei den Versuchen, kirchliche Aufgaben oder Einrichtungen vollständig durch NSDAP-*Gliederungen* zu vereinnahmen, waren die Nationalsozialisten nicht zurückgeschreckt, ursprünglich kirchliche Kulte durch solche der Partei zu ersetzen und diesen so einen religiösen Anstrich zu verpassen. Im den »Richtlinien für die kulturelle Dienstgestaltung in der *SA*« vom 1. Juli 1937, die Dipper in seinen Gemeindedienstzeiten an alle Pfarrer versandt hatte, ging es unter anderem um die Verdrängung der christlichen Weltanschauung »durch die Kraft unseres Glaubens« und des Brauchtums, die sich in der *SA*-Dienstgestaltung ausdrücken sollte:

Appelle des Glaubens, der Heimat, des Kampfes und dergl. legt man zweckmäßig auf einen Sonntagvormittag. Hierdurch erhält der Sonntagvormittag mit der Zeit seine bestimmte Bedeutung für die *SA* und darüberhinaus für das dt. Volk (...), ein Brauch, der zur Gewohnheit wird, wie früher der regelmäßige Gang zum Dienst einer fremden Weltanschauung.[724]

Vor allem nach Beginn des Krieges intensivierten die Vertreter der *Partei* diese Versuche. Als letzte Stufe der *Entkonfessionalisierung* der Schule wurde in Württemberg als einzigem Gau im *Deutschen Reich*[725] die Einführung des *Weltanschauungsunterrichts* angestrebt. Der mit Erlaß vom 5. April 1939 eingeleitete Kampf, *Weltanschauungsunterricht* gegen Reli-

gionsunterricht, eröffnete eine neue Phase des lokalen Kirchenkampfes. In der Reichenbacher Volksschule hatte der Pfarrer Religionsunterricht an den obersten drei Klassen erteilt[726], bis im Juni 1939 der weltanschauliche Unterricht eingeführt wurde[727]. Sobald Dipper von den Plänen der Partei erfahren hatte, hatte er sich auf die vermehrte Abhaltung von Religionsunterricht außerhalb der Schule vorbereitet. Im April ließ er über den Gemeindeverein eine Schultafel für den Bibelsaal der Kirche anschaffen[728] und diesen mit Tischen und Bänken ausstatten[729]. Die erste Aktion der *Ortsgruppe* war mitten in der Heuernte. Der Ortspfarrer erinnerte sich nach dem Krieg:

Ferdinand Baach

So wie ich noch weiß, war an einem Donnerstagabend eine Parteiversammlung, in der Zettel verteilt wurden, daß die Eltern ihre Kinder vom Religionsunterricht abmelden und zum weltanschaulichen Unterricht anmelden sollen. (...) Am Freitag wurden die Zettel in der Schule an die Schulkinder ausgegeben. Die Schulkinder hatten diese Zettel ihren Eltern zu bringen und sollten die Zettel am nächsten Tag, also am Samstag, mit der Unterschrift der Eltern in der Schule wieder abgeben. Es gab hierwegen eine große Aufregung in meiner Gemeinde. Ich habe an dem betreffenden Freitagabend (...) einen Gottesdienst in der Kirche abgehalten, wobei ich die Eltern warnte, ihre Kinder vom Religionsunterricht abzumelden. Dekan Ströhle aus Esslingen war bei meinem Gottesdienst zugegen und sprach auch im Sinne der Beibehaltung des Religionsunterrichts.[730]

Der Erfolg dieser intensiven Bemühungen blieb nicht aus: Im Juni 1939 besuchten nur sieben Kinder den *Weltanschauungsunterricht* in Reichenbach[731]. Doch auch die örtliche Parteileitung sah hierin ein Kampffeld für die Durchsetzung der *Bewegung* und gab nicht nach.

Ferner war nach dem Gesetz die Abmeldung vom Religionsunterricht nur auf Schluß eines Schuljahres möglich. In Reichenbach wurden die Kinder sofort aus dem Religionsunterricht herausgenommen, nicht erst Ende des Schuljahres (...). Im Gegensatz zu vielen anderen Gemeinden des Landes Württemberg wurde der weltanschauliche Unterricht in Reichenbach forciert betrieben.[732]

Einigen Anteil hieran dürfte der vierzigjährige Oberlehrer Ferdinand Baach gehabt haben, der den Unterricht erteilte[733]. Er war erst kurz vorher aus Oberjettingen nach Reichenbach gezogen und dem Ortspfarrer von dessen Oberjettinger Kollegen angekündigt worden als einer, der aus der Kirche ausgetreten sei und »vor dem man sich in Acht zu nehmen hätte.«[734] Jeder *Parteigenosse* sollte sein Kind in den weltanschaulichen Unterricht schicken. Bei Beginn jedes Schuljahrs wurden die Väter der neu in die Schule kommenden Kinder von *Parteigenossen* auf das Büro der *Ortsgruppe* vorgeladen. Eine *Dreierkommission*, bestehend aus *Ortsgruppenleiter*, Rektor und einer anderen örtlichen Persönlichkeit setzte die Väter – die Mütter wurden im allgemeinen nur gefragt, wenn die Väter im Krieg waren – dort unter Druck, dem Wunsch der Partei zu folgen und ihre Kinder zum weltanschaulichen Unterricht anzumelden[735].

Eigentlich war die Unterschrift beider Elternteile erforderlich, aber in Reichenbach genügte der eher der Parteipropaganda zugänglichere Vater.[736]

Die andere Seite hielt ebenfalls intensiv dagegen. In einem in Reichenbach verteilten Flugblatt »An alle Evangelischen Eltern«, herausgegebenen vom Esslinger Dekan Ströhle, wurden diese zur Entscheidung aufgerufen, ob sie die Kinder im Evangelischen Glauben haben wollten, oder ob sie, wie es heißt, »durch den neuen *Weltanschauungsunterricht* einer neuen Gläubigkeit zugeführt werden sollen. (...) Meldet eure Kinder unter keinen Umständen zum *Weltanschauungsunterricht* an.«[737] Als Baach nach einer Kropfoperation in Folge einer Kriegsverwundung die Stimme verlor, wurde dies von einigen religiösen Menschen – auch in der Bevölkerung Oberjettingens – als »Gottesgericht« hingestellt, wogegen sich freilich der *Ortsgruppenleiter* wandte[738]. Insgesamt meldeten sich in Reichenbach kaum mehr als zehn Prozent der entsprechenden Schuljahrgänge zum weltanschaulichen Unterricht an[739]. Zum Kindergottesdienst fand sich – so ist in der Februarausgabe 1940 des Evangelischen Gemeindeblatts Reichenbach zu lesen – »ziemlich regelmäßig eine Schar von 220 Kindern ein.«[740] Außerdem veranlaßte die Kirchenleitung die Einrichtung eines zusätzlichen außerschulischen kirchlichen Unterrichts, der in Reichenbach ab Februar 1940 für alle schulpflichtigen Jahrgänge in je einer Wochenstunde erteilt wurde[741].

Die Einführung des *Weltanschauungsunterrichtes* konnte in Reichenbach im wesentlichen wirkungslos gemacht werden. Die erste Auseinandersetzung zwischen der *Partei* und dem neuen Pfarrer hatte letzterer für sich entscheiden können, doch war abzusehen, daß sich die *dem Kampf verschriebene braune Bewegung* mit einer Niederlage nicht abfinden würde. Die Evangelische Mauritiusgemeinde Reichenbach ging in jeder Beziehung kriegerischen Zeiten entgegen.

»... ein widersetzliches Volk?« – Von aktiven Nazis, von Mit- und Weitermachern und von Neinsagern in Reichenbach

Das breite Spektrum Reichenbacher Verhaltens läßt sich – vereinfacht – im wesentlichen in drei Grundhaltungen beschreiben, die teilweise nochmals zu unterteilen sind. Zuerst sind die »aktiven Nationalsozialisten« zu nennen, die sich in »Schreibtischtäter« und »Krawallmacher« untergliedern lassen. Die weitaus größte Gruppe bilden die den nationalsozialistischen Vorgaben und Erwartungshaltungen entsprechenden Reichenbacher, die »Mit- und Weitermacher«.

Als dritte Gruppe läßt sich eine nicht unerhebliche Zahl von Reichenbachern beschreiben, die den Ansprüchen und Normen nicht entsprach, die »Neinsager«. Diese Gruppe läßt sich in zwei Untergruppen aufteilen, die sich auf die zwei vor dem Machtantritt der Nationalsozialisten aktiven kulturellen Milieus zurückführen lassen. Die eine besteht im wesentlichen aus ehemaligen Mitgliedern des progressiven Milieus, die andere – dem traditionalistischen Milieu zuzuordnende – ist nochmals zu unterteilen in bürgerlich-elitäre Fabrikantenkreise und in überzeugte Christen. Zwischen der Gruppe der Mit- und Weitermacher und

der Neinsager bleibt eine breite Grauzone der punktuell geäußerten Unzufriedenheit, die ebenfalls zu erhellen sein wird.

Diese Gruppierungen stellen zusammenfassende Vereinfachungen dar. Es gab Überschneidungen der Verhaltensweisen, und die Grenzen zwischen diesen »Typen« waren jeweils fließend, so daß letztlich für jedes individuelle Verhalten von Reichenbachern eine eigene Klassifizierung vorgenommen werden könnte. Doch durch diese Bündelung des Verhaltens und durch den Blick auf die jeweilige Motivation und auf die Wirkung sollen Tendenzen aufgezeigt und einem wichtigen Aspekt des Lebens in Reichenbach unter der Hakenkreuzdiktatur nachgegangen werden, der Frage, ob es Entscheidungs- und Handlungsfreiräume gab.

Aktive Nazis

Wie angedeutet, können die in Reichenbach auftretenden Nationalsozialisten in »Schreibtischtäter« und »Krawallmacher« untergliedert werden.

Zu den ersten gehören die Drahtzieher der *NSADP* am Ort, die kühl überlegenden, taktisch planenden und strategisch handelnden Nationalsozialisten des inneren Kreises der Reichenbacher *Ortsgruppe*. Sie gehörten bürgerlich-traditionalistischen Kreisen an, zählten entweder bereits zur dörflichen Elite Reichenbachs oder hätten aufgrund ihrer familiären Situation oder ihrer beruflichen Perspektiven – vom heutigen Standpunkt aus betrachtet – auch ohne den Machtantritt der Nationalsozialisten in diese hineingelangen können. Allerdings spielten subjektive Ängste vor einem möglichen sozialen und wirtschaftlichen Abstieg oder Nicht-Hineingelangen in die dörfliche Elite wohl eine Rolle für ihr Engagement innerhalb der *SA* oder der NSDAP. Der persönliche Einsatz sowie der Machtantritt för-

derten durchaus ihre beruflichen Karrieren und die jeweilige gesellschaftliche Stellung.

Diese »Schreibtischtäter« koordinierten den Ausbau der Parteiorganisation, banden traditionalistisch-bürgerliche Kreise in die *braune Bewegung* ein, stimmten die entsprechend flexibel gestaltete *Gleichschaltung* auf Reichenbacher Verhältnisse ab, und verhalfen somit dem Nationalsozialismus in Reichenbach zum Durchbruch. Sie benannten vermeintliche Gegner und versuchten, diese auszuschalten – mit unterschiedlichen Methoden und mit unterschiedlichem Erfolg. Aus ideeller Überzeugung propagierten sie die *Volksgemeinschaft*, an deren Errichtung in Reichenbach sie sich mit allen einbindenden und ausgrenzenden Aspekten aktiv beteiligten. Sie handelten je nach Charakter eher im Vordergrund, wie Mangold, Blessing oder Sanzi, oder eher in der zweiten Reihe, wie Bescherer, Akker oder Kohlhaas[742]. Es waren durch

Ideale von *Ehre, Nation* und *Kameradschaft* geprägte Nazis, die – von idealistischen Ansprüchen geleitet – durchaus eine vermeintlich »bessere«, »biologisch gerechtere« Gesellschaft anstrebten, an *NSV, KdF* und *NSBO* und vor allem an ihren *Führer* glaubten. Dabei hielten sie eine zunehmende Radikalisierung nach innen mit politischer, sozialer, medizinischer und *rassischer* Ausgrenzung für »erforderlich« und förderten diese ebenso aktiv wie eine Militarisierung nach außen mit zunehmender militärischer Aufrüstung und klar gezeichneten Feindbildern.

Erich Duckeck gehörte ebenfalls zu dieser Gruppe aktiver Nazis. Er baute die *Hitlerjugend* Reichenbachs auf, ging dabei rigoros gegen Andersdenkende vor und war als Gefahr bekannt bei den Jungen, die nicht in die *HJ* wollten.

> Oft, wenn wir aus dem Ort marschiert sind, sind wir an Jugendlichen vorbeigekommen, die bei der Kreissparkasse saßen. Wenn die dann die Fahne nicht gegrüßt haben, ist der HJ-Führer Duckeck meist zu denen hingerannt und hat denen geschwind links und rechts eine geschmiert.[743]

Sein ausgeprägt bürgerlicher »Ehrenkodex« schimmert aus einem Feldpostbrief, den der Reichenbacher Anfang Dezember 1939 seiner Frau schrieb:

> Ich habe hier eine üble Angewohnheit wahrgenommen. Hier in Wittingau wird von den Soldaten direkt gehamstert. Du wirst verstehen, wenn ich mich an solchen Auswüchsen nicht beteilige. Durch dieses Gebaren wird für unser Reich eine schlechte Propaganda gemacht.[744]

Die Nationalsozialisten vom Typ »Krawallmacher« unterschieden sich von den »Schreibtischtätern« nicht in der Ideologie und nicht in ihrem Engagement für deren Umsetzen in Reichenbach. Sie unterschieden sich in ihrer Herkunft, bedingt in ihrer Motivation sowie vor allem in ihren Methoden. Sie entstammten meist den unteren sozialen Schichten, waren »Verlierer«, die die vermeintlich einfachen nationalsozialistischen Antworten auf komplizierte gesellschaftliche Fragen

sowie entsprechende Sündenbock-Theorien aufsogen, um damit gesellschaftliche Hemmnisse der Persönlichkeitsentfaltung sowie ihr persönliches Versagen zu »erklären«. Darüber hinaus bot ihnen die *braune Revolution* eine Möglichkeit zu sozialem und wirtschaftlichem Aufstieg und zumindest einer in Parteikreisen geachteten Stellung innerhalb der Reichenbacher Gesellschaft. Sie traten hauptsächlich durch ihre Brutalität in Erscheinung, weshalb sie – etwa wie Knoblauch oder Späth – auch Grenzen der Akzeptanz anderer Reichenbacher wahrnehmen mußten. Meist innerhalb der aktiven Reichenbacher *SA* lebten sie martialischer als die *Schreibtischtäter* die darwinistischen Vorstellungen vom Kampf und vom Überleben des Stärkeren. Sie waren die *Schwächeren* gewesen und nun zu den *Stärkeren* geworden. Dies mußten meist die jetzt zu *Schwächeren* Gestempelten spüren. Ihren abgrundtiefen Haß gegen »Staatsfeinde« reagierten sie auf brutale Weise an Einzelpersonen ab. Sie nutzten die Gelegenheiten, die aus der *Volksgemeinschaft* ausgegrenzten Vogelfreien zu mißhandeln, vor allem Kommunisten[745], aber auch Christen, *Asoziale*, Behinderte und ab 1936 zunehmend *Juden*, die außerhalb Reichenbachs lebten[746].

Auch an organisierten »Aktionen«, etwa dem Brandanschlag auf die Göppinger Synagoge, nahmen die Reichenbacher *SA-Aktivisten* teil. In der sogenannten »Reichskristallnacht« vom 9. zum 10. November 1938, bei der unter dem Vorwand eines »spontanen Sühneaktes« des deutschen Volkes auf die Ermordung des deutschen Legationsrates vom Rath in Paris durch den 17jährigen polnischen *Juden* Herschel Grynspan[747] Terrorakte und Kundgebungen im ganzen Reichsgebiet organisiert wurden, steckten *SA-Männer* die Göppinger Synagoge in Brand[748].

> Mehrere Reichenbacher SA-Männer, die nach Göppingen gegangen sind, um die dortige Synagoge niederzubrennen, haben nach der Brandstiftung hier ein Saufgelage abgehalten und sich gebrüstet. Man wußte schon, der und jener waren dabei.[749]

Tags darauf fuhren die Reichenbacher Männer um *SA-Chef* Späth, Herrlinger, Merkle, Hild, Igzl, Spengler und der *Ortsgruppenleiter* Hummel von Hochdorf – insgesamt ein knappes Dutzend – nach Esslingen und beteiligten sich an dem »Sturm auf das jüdische Waisenhaus«[750]. Der Esslinger *Kreisleiter* Hund hatte für 10. November, 12 Uhr mittags eine Kundgebung auf dem Esslinger Marktplatz angeordnet. Nach einer kurzen Ansprache eines *DAF*-Redners – so wird es in einem späteren Urteil des Landgerichts Stuttgart gegen die Organisatoren geschildert[751] – sollen Anwesende aufgefordert haben, »etwas gegen die Juden zu unternehmen«.

Zwei Gruppen machten sich auf den Weg zur Esslinger Synagoge und zum israelitischen Waisenhaus »Wilhelmspflege«. In der Synagoge zerschlugen sie die Einrichtung, raubten die wertvollen Kultgegenstände und weitere Kostbarkeiten, schlugen die Fenster und die Fensterkreuze hinaus und verbrannten alles[752]. Den Plan, das Gotteshaus in Brand zu setzten, vereitelten einige um ihre Häuser besorgte Nachbarn.

Die zweite Gruppe, darin die meisten Reichenbacher, drang unter Führung des Esslinger *SA-Sturmführers* Sepp Eichbauer[753] ins Waisenhaus ein. Die Nationalsozialisten warfen Tische mit Geschirr und Essen um, schrien Kinder und Lehrer an, rannten, so schilderte die zweite Ehefrau des Anstaltsleiters, Ina Rothschild rückblickend, »durch die Küche und unteren Räume und zerschlugen alles, was sie gerade sahen.« Sie flüchtete mit den Kindern auf den Hof.

Unterdessen holten sich diese Helden »Keulen« und Stangen aus dem Turnsaal, mißhandelten die beiden Lehrer (...). Andere (...) nahmen dabei Gegenstände, die man in die Tasche stecken konnte: Taschenuhren, Wecker, kleine Silberleuchter etc. Im inneren Hof unter dem Arbeitszimmer hatten sie einen Scheiterhaufen errichtet und verbrannten Thorarollen und einen Teil der wertvollen Bibliothek meines Mannes. Andere Bücher wurden zerrissen, viele gestohlen.[754]

Die Reichenbacher beteiligten sich offenbar an den Diebstählen. Herrlinger nahm eine Ziehharmonika mit und brüstete sich der Beute abends in Reichenbach. Dabei mußte er sich wohl durchaus auch weniger freundliche Worte ob seiner »Ruhmestaten« anhören, *jüdische* Kinder verprügelt und deren Instrument gestohlen zu haben. In Reichenbach war dies offensichtlich noch länger das Ortsgespräch, das Instrument mußte er später bei der *DAF* abliefern[755]. Auch die andern ließen sich abends in Reichenbach »feiern«.

Am Tag nach der Sache mit dem Esslinger Waisenhaus hat sich ein Reichenbacher vor mir gebrüstet: »Heut' Nacht hab' ich Judenkinder zum Fenster rausgeworfen.« Da hab' ich ihm gesagt, das sei aber eine Schande.[756]

Fast alle der befragten Reichenbacher erinnerten sich sehr lebhaft an die Gespräche nach dieser »Aktion« der Reichenbacher SA-Männer.

Das mit der Reichskristallnacht hat mich sehr umgetrieben. Etliche Reichenbacher sind da mit nach Esslingen gefahren und haben das jüdische Waisenhaus regelrecht umgekrempelt. Ich war ein halbes Jahr vorher noch im Waisenhaus und habe gesehen, wie die zu Essen bekommen haben und wie sich die Menschen um die armen Kinder gekümmert haben. Die haben sich danach noch gebrüstet, was sie mit den Juden alles angefangen hätten. Einer bei mir im Posaunenchor ist nachher zur SA gegangen. Ich habe mich dann später sehr mit diesem angelegt.[757]

Wenngleich die Bevölkerung ihren Unmut hierüber äußerte[758], kam es wie in den meisten Fällen nicht zu einer Verurteilung der Anstifter und Täter. Der Staat deckte sie letztendlich. Er verwarf diese Form der Aktionen nicht aus moralischen Beweggründen, sondern weil sie Unruhe und Unmut bei der Bevölkerung erzeugten.

Beide Gruppierungen innerhalb der aktiven Reichenbacher Nationalsozialisten hatten sich den *Kampf* zum Lebensideal erhoben. Darin unterschieden sie sich am ehesten von der zweiten Gruppe, die vor allem ihre Normalität weiterleben wollte.

Diese Gruppe der Reichenbacher Bevölkerung war die unauffälligste und zahlenmäßig bei weitem die größte. Die ihr zurechenbaren Reichenbacher wollten wie vor 1933 weitermachen, singen in der »Concordia«, turnen im *Turnverein* oder schießen in der *Schützengilde*, dabei aber auch die »Neuerungen« der nationalsozialistischen Gesellschaft, vom *Ehestandsdarlehen*, den vielen Festen bis zur angebotenen Freizeitgestaltung »mitnehmen«. Hierzu zählten auch die nicht zu den »aktiven Nationalsozialisten« gehörenden *Parteigenossen*. Teilweise paßten sie sich den neuen Formen und Inhalten an, also änderten sich. Teilweise machten sie aber einfach nur weiter und mit. Sie mußten sich gar nicht groß ändern oder anpassen, sondern sie lebten ihre Bedürfnisse weiter, die sie beispielsweise in den Jugendorganisationen, in der *SA*, in der *NS-Frauenschaft*, in der *NSBO* oder vor allem in der *KdF* ausleben konnten.

Über 45 Prozent der Reichenbacher hatten im März 1933 nach vielen intensiv geführten Wahlkämpfen, in denen die nationalsozialistische »Weltanschauung« ausführlichst dargestellt worden war, die NSDAP gewählt. Die Inhaftierung der Kommunisten, die Abnahme der Arbeitslosigkeit und und vor allem deren propagandistische Verwertung entkräfteten mögliche Gegenargumente[759]. Durch die flexible *Gleichschaltung* – die einflußreichsten Vereine am Ort schalteten sich selbst gleich – hatte die Akzeptanz des Regimes am Ort auch nach dem Umsetzen der vorher angekündigten Maßnahmen, wie der Abschaffung der Demokratie oder der Gewaltmaßnahmen gegen örtliche Kommunisten und gegen sozial und medizinisch Ausgegrenzte, nicht ab- sondern zugenommen. Dies wirkte bei vielen noch lange bis nach Kriegsende nach:

Denen in den Umschulungslagern, ist es den ganzen Krieg über sehr gut gegangen. (...) Die Kriegsopfer sind wir, die armen Mütter, Väter und Geschwister, die ihre Lieben im Krieg verloren haben, die den ganzen Körper voller Splitter haben, und nicht die Asozialen und Kastrierten. Mir sind an der Front gestrackt.[760]

Die Reichenbacher »Mitmacher« und »Weitermacher« bejahten prinzipiell die *Volksgemeinschaft*, da sie als Dazugehörige von ihr profitierten. Die Mehrzahl der Reichenbacher Bevölkerung und selbst der NSDAP verurteilten die oben beschriebenen Exzesse und Ausschreitungen einzelner Nationalsozialisten gegen *Schwächere*, sie begrüßten jedoch staatliche Maßnahmen, wirtschaftspolitische Entscheidungen und beispielsweise diskriminierende »antijüdische« Gesetze der Regierung[761]. Viele der »Weitermacher« blieben einfach gleichgültig. Ein ehemaliger Reichenbacher CVJM-Jugendleiter und späterer Kirchengemeinderat brachte dies – im Nachdenken über seine eigene Haltung – auf den Nenner:

Das war alles am Rande, das hat uns net so interessiert.[762]

Auch wenn einzelne lokale oder überregionale Entscheidungen oder Maßnahmen vor Ort auf Unverständnis stießen, etwa die Behandlung des Konsumvereins oder auch der Mord an den *SA-Führern* um Röhm, so fand die völkisch-nationalistische Politik, einschließlich der Aufrüstung und der Außenpolitik, prinzipielle Zustimmung. Das »normale Weiterleben« stand im Vordergrund.

Gerade hierin zeigten sich aber auch Trägheiten, die allzuvielen Änderungen des eigenen Alltags entgegenstanden. Bereits ab Frühjahr 1934 häuften sich Äußerungen des Unmuts und der symbolischen Verweigerung. Bald lästig werdende *Dienste*, Sammlungen und selbst *braune Feiern* verursachten nicht nur bei Mitgliedern des ehemals progressiven Milieus oder erklärten Regimegegnern, sondern auch bei bürgerlichen »Mitläufern«[763], nationalen Sympathisanten des Machtantritts und sogar bei *Parteigenossen*

Fasnacht 1938 beim Turnverein.

zunehmend Unbehagen. Mit Ausflüchten oder durch Abwesenheit versuchten sie, allzu intensives Engagement zu umgehen und sich der Vereinnahmung der *Partei* zu entziehen. Die Reichenbacher *Ortsgruppe* und ihre Gliederungen mußten wiederholt in Zeitungsannoncen darauf hinweisen, daß »Entschuldigungen nicht angenommen werden« könnten. Bei den Veranstaltungen und Umzügen waren längst nicht alle Häuser beflaggt[764], was meist Disziplinierungsmaßnahmen nach sich zog.

> Wegen Nichthissung der Hakenkreuzfahne habe ich zweimal anonyme Briefe erhalten, wo unter anderem geschrieben stand, »wer am Wahltage die Hakenkreuzfahne nicht hißt, ist ein Volksverräter.«[765]

Der *Ortsgruppenleiter* ging jeweils die Reichenbacher Straßen ab, kontrollierte sämtliche Häuser auf die Beflaggung und ließ die betreffenden Wohnungsinhaber, die nicht beflaggt hatten, durch die zuständigen *Blockleiter* zur Rechenschaft ziehen und ermahnen[766]. Allenthalben wur-

de den Parteioberen außerdem zuviel gemeckert und *miesgemacht*. Immer wieder versuchte der *Ortsgruppenleiter* durch Aufrufe gegen Nörgler und *Miesmacher* zur Volksgemeinschaftsraison aufzufordern. Darüber hinaus reagierte die *Ortsgruppe* mit zunehmendem moralischem Druck und Appellen an das Pflichtbewußtsein – »Erscheinen ist unbedingte Pflicht« wurde zum häufig an Einladungen, Plakate oder Zeitungsanzeigen angehängten Nachsatz[767].

Doch gerade durch den erzeugten Druck nahm die Lust auf Mitarbeit und Engagement noch mehr ab. Zwischen 1936 und 1938 gingen beim Reichenbacher Bürgermeisteramt ständig Gesuche um Befreiung von der Ableistung des *Arbeitsdienstes* oder vorzeitiger Entlassung aus selbigem ein. Bauern, Unternehmer und kleine Gewerbetreibende gaben alle erdenklichen Gründe an, um ihren Söhnen eine besondere Behandlung angedeihen zu lassen[768]. *Parteigenossen* schickten dem *Ortsgruppenleiter* ständig Entschuldigungen, daß sie an Versammlungen aus diesem oder jenem Grunde nicht teilnehmen könnten[769]. Selbst die Funktionsinhaber legten immer häufiger ihre Ämter mit Verweis auf finanzielle oder zeitliche Belastungen nieder.

Doch diese Formen von punktueller Unzufriedenheit und situationsbedingtem nonkonformen Verhalten reichten nicht zu einer generellen Ablehnung des Regimes. Dennoch hatte es bei der Zustimmungswahl im November 1933 eine nicht unerhebliche Minderheit gegeben, die dem Regime ihre Zustimmung versagte.

Was war aus ihnen in den Folgejahren geworden? Wie waren sie mit ihrer Freiheit des eigenverantwortlichen Handelns umgegangen?

Neinsager

Im folgenden sollen zuerst zwei Beispiele aufgezeigt werden, die das Verhalten von Mitgliedern der ehemaligen kulturellen Milieus und das entsprechende Verhalten der nationalsozialistischen Parteiführer am Ort beleuchten. Mit einem dritten Beispiel soll der Frage nach Möglichkeiten eigenverantwortlichen Handelns außerhalb dieser Gruppenbindung nachgegangen werden. Anschließend sollen die aufgezeigten Verhaltensweisen im zeitgeschichtlichen Zusammenhang betrachtet werden.

Progressive Resistenz

Auch nachdem die ehemaligen Wortführer und aktiven Mitglieder des progressiven Milieus vom Heuberg nach Reichenbach zurückgekehrt waren, versuchten sie, Elemente ihres kulturellen Milieus zu bewahren – teilweise noch im Glauben, das nationalsozialistische Regime würde irgendwann zusammenbrechen. Einfach weitermachen wie vorher, dafür hatten die Nationalsozialisten gesorgt, konnten sie nicht mehr. Doch einige ehemaligen Mitglieder des verbotenen Arbeitergesangvereins »Freiheit« versuchten, persönliche Beziehungsgeflechte und Strukturen aufrecht zu erhalten, in denen sie sich mit Gleichgesinnten treffen konnten. Ein traditioneller Bestandteil der dörflichen Kommunikation waren die Stammtische in den Gasthäusern des entsprechenden Milieus gewesen. Auch den Nationalsozialisten und den Sicherheitskräften am Ort war bekannt, daß sich die ehemaligen progressiven, jetzt regimekritischen Reichenbacher weiter im »Waldhorn« trafen. Vorkommnisse wie die von mehreren bezeugte und nachfolgend von einem Heuberg-Rückkehrer beschriebene Provokation kennzeichnen einen zentralen Aspekt deren Alltags.

Wie jede Woche saßen die Gleichgesinnten an einem Abend im Herbst 1935 im Waldhorn, als der Dorfpolizist Lindenschmid, genannt »Hüftle«, hereinkam und die Anwesenden laut zweimal mit »Heil Hitler« grüßte.

> Er nahm dabei eine stramme soldatische Haltung an. Über dieses Benehmen (...) löste sich bei den Gästen ein Gelächter aus und ich sagte, nachdem das Gelächter abgeflaut war, zu meinem Tischnachbarn: »Hier grüßt man doch mit Grüß Gott!« Hüftle kam umgehend von hinten auf mich zu und schlug mir, ohne ein Wort zu sagen, zweimal ins Gesicht. Daraufhin entstand ein allgemeiner Tumult, die anderen anwesenden Gäste sowie ich selbst stellten sich dem Betroffenen entgegen. (...) In dem Bewußtsein, was mir vor dem Gericht geschehen könnte, unterließ ich jegliche Schritte gegen den Betroffenen, zumal mir bekannt war, wie eine solche Angelegenheit dann als politischer Gegner des Nationalsozialismus für Folgen gehabt hätte.[770]

Neben der täglichen Schikane erschwerte die intensive Überwachung das Aufrechterhalten der Zirkel. Aus den Schreiben des *Ortsgruppenleiters* an die *Kreisleitung* geht hervor, daß Mangold sehr eng mit den örtlichen Polizeibeamten zusammenarbeitete und sowohl über Zusammenkünfte wie über einzelne Mitglieder des ehemaligen progressiven Milieus kenntnis- und detailreich Auskunft geben konnte[771]. Trotzdem trafen sich die »Freiheitler« wöchentlich zum Kartenspielen und zum politischen Austausch bei einem ehemaligen Mitglied des progressiven Milieus, dem Gipser Albert Kautter, der nebenberuflich einen Flaschenbierhandel betrieb.

> Die sind Samstag abends immer zum Kautter auf ein Bier und zum Politisieren gegangen. Der Doormaier, Bauknecht, Mödinger, Pfeiffle usw.[772].

Darüber hinaus versuchten sie, gemeinsam mit ihren Familien die Freizeit mit den alten Freunden zu verbringen, mit denen sie sich auch vor dem nationalsozialistischen Machtantritt getroffen hatten.

> Die Ex-Freiheitler trafen sich außer Samstags bei Kautter auch oft Sonntags zu Spaziergängen mit der ganzen Familie.[773]

Mangold, der bei jeder Gelegenheit betonte, die von den Kommunisten ausgehende Gefahr sei noch nicht gebannt, wollte an dieser Gruppe ein Exempel statuieren. Am 9. November 1935, abends um 21.30 Uhr, überraschten Kriminalbeamte sechs jüngere Reichenbacher, die sich bei Kautter wie gewohnt zum Kartenspielen verabredet hatten. Willi Pfeiffle, Fritz Fischer, Hermann Bauknecht, Karl Hermann, Wilhelm Hermann und Albert Kautter wurden verhaftet und ins Polizeigefängnis nach Stuttgart in die Büchsenstraße verbracht[774]. Ein siebter Reichenbacher, Karl Kautter, der »an diesem Abend zufällig dort war«[775] und auch der »Freiheit« angehört hatte, wurde ebenfalls verhaftet. Offensichtlich war die Aktion innerhalb einiger Vertrauter der nationalsozialistischen *Ortsgruppe* abgesprochen; Friedrich Sanzi erkundigte sich abends nach der Gedenkfeier für die Toten der Bewegung

und für Hans Lautenschlager vor dem Gasthaus zum »Rößle« vor mehreren Zeugen, ob »die ›Freiheitler‹ schon verhaftet worden wären.«[776] »Kommunistische Zusammenrottung« dürfte wohl der »Straftatbestand« gewesen sein, doch während ihrer dreitägigen Haft in Stuttgart wurde den sieben kein Grund ihrer Verhaftung angegeben. Sie wurden vor allem eingeschüchtert.

> Wilhelm Herrmann mußte sich in der Büchsenstraße vollständig nackt ausziehen.[777]

Auch die Angehörigen hatten keine Ahnung, was geschehen war. Anderentags gaben weder Bürgermeister Schmid noch der *Ortsgruppenleiter* den anfragenden Verwandten Auskunft, was gegen die sieben vorliege.

Der vermeintliche Hauptzweck war, die ehemaligen Aktiven des progressiven Milieus einzuschüchtern[778] – offenbar mit Erfolg:

> Nachdem die von Stuttgart zurückkamen, sagte mein Vater, jetzt wolle er sich absolut raushalten aus der Politik. Er hatte große Angst und sagte immer, »wenn man Familie hat«.[779]

Aktionen wie diese verstärkten die Haltung vieler ehemaliger Gegner der Nationalsozialisten, sich in die »innere Emigration« zu begeben. Trotzdem trafen sich verschiedene Zirkel immer wieder, um sich über politische Ereignisse auszutauschen oder Radio Moskau zu hören, Rudolf Roth etwa und Otto Munz, dessen Sohn sich erinnerte.

> Der *Anschluß* Österreichs hat mich und unsere Familie sehr ergriffen. Wir haben mit Rudolf Roth zusammen Radio Moskau gehört, welche Hintergründe an Druck und andere Dinge da gelaufen sind. Aber nach dem Einmarsch in Österreich gab es spätestens keinen organisierten Widerstandszirkel oder ähnliches mehr in Reichenbach. Auch gegen den Krieg ist nichts mehr unternommen worden. Feindsender wurde nachher gehört oder eben Radio Moskau. Es kursierte einmal ein Büchle über den Reichstagsbrand, daß der von den Nazis, von Goebbels und Göring selbst inszeniert wurde. Das Heft-

chen wurde von einem von uns aus der Schweiz herübergeschmuggelt. Das zirkulierte in Reichenbach, auch ich hab' das von meinem Vater bekommen und selbst gelesen.[780]

Diese Zusammenkünfte wie das angesprochene »Heftchen« – dabei handelt es sich mit hoher Wahrscheinlichkeit um ein aus der Schweiz auf Dünndruckpapier eingeschmuggeltes Exemplar des »Braunbuches«[781], einer der wichtigsten Tarnschriften des kommunistischen und sozialdemokratischen Widerstandes[782] – lassen auf Formen des Widerstandes schließen, wie sie spätestens ab 1935 linke Sozialdemokraten und ab 1937 alle politischen Widerstandszirkel praktizierten[783]. Dies weist darauf hin, daß zumindest Munz über Kontakte zur »Transportkolonne Otto«[784] oder zu Widerstandskreisen bei der Reichsbahn verfügte. Der wichtigste Sinn der Tarnschriften und der Zusammenkünfte waren der Informationsaustausch – etwa über den Reichstagsbrand – sowie das Ziel, sich die eigene geistige Unabhängigkeit und die Überzeugung des Milieus zu bewahren – in Erwartung eines zukünftigen Endes des verhaßten Regimes.

Traditionalistische Distanz

Die traditionalistische dörfliche Elite hatte sich zur Kooperation mit den Nationalsozialisten bereit gezeigt. Diese gestalteten die *Gleichschaltung* flexibel und ließen jene zur besseren Verschmelzung der alten mit der neuen Gesellschaft in ihren Ämtern. Darüber konnte die *Gleichschaltung* vor Ort reibungslos vollzogen werden und die im traditionalistischen Boden der *braunen Bewegung* erwachsene NSDAP mit ihren *Gliederungen* sich zum in der Reichenbacher Gesellschaft verankerten, dominanten, politischen, sozialen und kulturellen Faktor entwickeln. Die im Amt belassenen kulturellen und wirtschaftlichen *Führer* waren aber (noch) nicht unbedingt überzeugte Nationalsozialisten. Über besondere Schulungen so-

wie über sich regelmäßig wiederholende Rituale und Feiern sollte die nationalsozialistische Ideologie verinnerlicht werden. Doch die traditionalistische Haltung der verbleibenden dörflichen Elite, die sich gesellschaftlich vermeintlich »Neuem« gegenüber zuerst zurückhaltend bis ablehnend verhielt, machte sich auch den neuen Machthabern und deren Vereinnahmungsversuchen gegenüber bemerkbar. Die Mentalität möglichst »normal weiterzumachen« mit ihren systemstützenden und systembegrenzenden Tendenzen wurde bereits beschrieben. Diese war auch bei den Meinungsführern im Handels- und Gewerbeverein, in der »Concordia«, im CVJM, im Albverein, oder im *Obstbauverein* gegenwärtig. Doch es gab noch die gesellschaftlich einflußreichen ehemaligen deutschnationalen Industriellenkreise Reichenbachs. Sie schauten etwas abwertend auf den »nationalsozialistischen Mob« der nationalsozialistischen Krawallmacher sowie auch auf die meisten *NS-Funktionäre* herab.

Die NS-Frauenschaftsführerin, Frau Lautenschlager, war strohdumm, die machte das zu einem gut Teil aus Geltungsbedürfnis.[785]

Sie hatten sich im *Reitverein* und über den *SA-Reitersturm* eine Struktur aufgebaut, in der sie offiziell in eine NSDAP-*Gliederung* eingebunden waren und damit zum System dazugehörten, jedoch gleichzeitig einen Freiraum hatten, in dem sie ohne die störenden nationalsozialistischen Rituale feierten. Doch sie waren nicht im eigentlichen Sinne Gegner der Nationalsozialisten. Sie begehrten nicht gegen deren völkisch-biologistischen Vorstellungen auf und verhinderten nicht die Einführung des *Führerprinzips*, sondern sie begrüßten die soziale und die politische Ausgrenzung gegen links gleichermaßen wie die gesellschaftliche und militärische Aufrüstung oder die außenpolitischen Maßnahmen. Einzig die pseudogleichmachende *Volksgemeinschaft* und die diese inszenierende und vortäuschende *braune Kultur* widersprachen den elitären Vorstellungen dieser Reichenbacher Industriellenkreise. Deshalb versuchten sie, die ihnen häufig als lächerlich erscheinenden Aktivitäten der *Ortsgruppe* zu ignorieren. Der *Ortsgruppenleiter* hatte die früheren Mitstreiter schon bald als »Spießer« ausgemacht und sich deshalb 1933 geweigert, einen ihrer Meinungsbildner, den Fabrikanten Hans Otto, in die Liste für den *gleichgeschalteten* Gemeinderat aufzunehmen.

Ein konkreter Anlaß, auch gegen diese »Neinsager« vorzugehen, bot sich bei der Neubesetzung des Gemeinderats im Frühjahr 1935 nach Einführung der Deutschen Gemeindeordnung. Der *Ortsgruppenleiter* hatte Anfang März 1935 erneut eine »Vorschlagsliste zur Berufung in den Gemeinderat« zum 1. April 1935 erstellt, bei der er den Fabrikanten Otto, der weiterhin zu den deutlichsten Kritikern des *Ortsgruppenleiters* innerhalb des *Reitvereins* gehörte, wiederum nicht vorgesehen hatte[786]. *Kreisleiter* Baptist, der Otto wohl ganz gerne als Aushängeschild im Gemeinderat gehabt hätte, schrieb ihm darauf:

Otto als einziger eigentlicher Arbeitgeber und nicht zu unterschätzender Faktor der Gemeindekasse (als Firma) kann schon deshalb von uns getragen werden.[787]

Für Mangold kam dies nicht in Frage. Er bestand auf »die für uns selbstverständliche Nichtbenennung des Fabrikanten Otto zum Gemeinderat.« Darauf einigten sich die Bauern, Weingärtner und anderen im *Kampfblock Schwarz-Weiß-Rot* vereinigten Kräfte darauf, Otto als ihren Kandidaten dem *Ortsgruppenleiter* vorzuschlagen. Otto schlug jedoch die Kandidatur zugunsten eines anderen Nicht-*Pg* aus[788]. Heftige Kritik am Vorgehen Mangolds machte sich am Ort breit. In einem Brief an die *Kreisleitung* Göppingen beklagte sich der *Ortsgruppenleiter* über die mangelnde Solidarität der ehemaligen Verbündeten der *nationalen Erhebung*, richtete seinen Angriff aber auf einen vergleichsweise »ungefährlichen« Gegner, einen Ausländer:

Seit längerer Zeit muß ich die leidliche Feststellung machen, daß sich am hiesigen Platze ein kleiner Kreis »Herren« (zumeist Angehörige des hiesigen Reitvereins) breit macht und sich anmaßt, *jegliche Handlung* der Reichenbacher NSDAP, wie die Maifeier, Gemeinderatsbenennung, Schlageterfeier usw. öffentlich herabzuwürdigen und ins Lächerliche zu ziehen. Es ist interessant und komisch, daß einer der eifrigsten Schürer dieser unsauberen Clique ein ausgesprochener Ausländer ist.[789]

Mangold zielte damit auf den am 1. Dezember 1907 im russischen Saraisk geborenen schweizerischen Staatsbürger Kurt Stahel, der seit 19. November 1929 in Reichenbach wohnte und bei der Firma Otto arbeitete[790].

Dieser etwa 25jährige Mensch glaubt berechtigt zu sein, und sich anmaßen zu dürfen, die für uns selbstverständliche Nichtbenennung des Fabrikanten Hans Otto zum Gemeinderat als eine Gemeinheit der hiesigen NSDAP öffentlich zu brandmarken und sämtliche ernannten Gemeinderäte als Dummköpfe zu bezeichnen.[791]

Von Reitvereinsmitgliedern um Stahel – so beschwerte sich Mangold weiter – wurden »die Handlungen meiner *Ortsgruppe* allmählich am laufenden Band als zug- und schwunglos charakterisiert«, was der Autorität des *Ortsgruppenleiters* am Ort schwer schadete.

Von verschiedenen Reichenbacher Bürgern (Nichtmitglieder) wurde mir wiederholt vorgeworfen, warum ein derartiges Treiben nicht unterbunden und solchem nicht energisch Einhalt geboten würde.[792]

Obwohl der angefragte Bürgermeister Schmid in einem Schreiben mitteilte, daß ihm nichts diesbezügliches bekannt sei, beantragte der *Ortsgruppenleiter* die Ausweisung Stahels »als lästigen Ausländer«[793]. Kurt Stahel, von November 1929 bis 30. November 1934 bei der Firma Otto beschäftigt, mußte Reichenbach verlassen und wanderte nach Sao Paolo aus[794]. Die Wut entlud sich außerdem an den alten Feinden. Knapp zwei Jahre nach seiner Entlassung aus dem *KZ Heuberg* holten zwei *Gestapo*-Beamte den nichts ahnenden Gustav Munz aufs Rathaus. Ihm wurde vorgeworfen, er stünde mit »einem Kommunisten aus der Schweiz« in Verbindung, der aus Reichenbach ausgewiesen worden sei[795]. Obwohl Munz nichts mit Stahel und dieser nichts mit den örtlichen Kommunisten zu tun hatte, versuchten der Dorfpolizist und die örtliche SA durch ein *verschärftes Verhör*, während dessen sie Munz »mit Händen und Fäusten mehrere Male ins Gesicht schlugen«[796], eine Verbindung zu konstruieren.

Eine weitere Möglichkeit, die ungeliebten »Spießer« zu treffen, bot sich dem *Ortsgruppenleiter* zwei Jahre später. Dieses Mal konzentrierte sich die Attacke auf einen ihrer Wortführer, den Chef des Reichenbacher *SA-Reitertrupps, Obertruppführer* Walter Müller. Der innere Kreis der *Ortsgruppe* erfuhr, daß Müller wohl in den zwanziger Jahren Mitglied einer Freimaurerloge gewesen sei. Sowohl in einem von Müller 1934 ausgefüllten *Führerfragebogen* wie in einem 1936 unterschriebenen *Verpflichtungsschein* hatte er pflichtgemäß angegeben, »nie einer Loge angehört« zu haben[797]. Die *Ortsgruppe* setzte im Sommer 1937 die oberste SA-Führung hierauf an. Auf Vorhalten der *Gruppe Südwest* gab Müller im November 1937 eine Erklärung ab, er sei tatsächlich bis 1932 Mitglied der Johannisloge »EOS« gewesen, in der er bis zum III. Grad aufgestiegen sei[798]. Der *Führer* der Gruppe Südwest sprach hierauf im Januar 1938 die Entlassung aus der SA aufgrund »falscher ehrenwörtlicher Erklärung« aus[799]. Müller legte Widerspruch ein mit Verweis auf ein Schreiben der Loge vom November 1932, nach welchem er »wenig Interesse am Logenleben bewiesen« habe und demzufolge »vermutlich« im Jahr 1932 aus der Mitgliederliste gestrichen worden sei[800]. Die Beschwerde Müllers wurde im Juni 1938 abgewiesen, seine »falsche ehrenwörtliche Erklärung« als »grober Verstoß gegen Treu und Glauben« sowie als gröbste Verletzung der »Ehrauffassung der SA« gewertet, und die »strafweise dauernde Entlassung aus der SA unter Enthebung vom Dienstgrad« bestätigt[801].

Der aus dem Blickwinkel des *Ortsgruppenleiters* »parteioffizielle Anstrich« der vermeintlichen »Spießer« war ins rechte Licht gerückt und seine eigene Position innerhalb der Ortes gestärkt. Ähnlich wie die progressiven Aktiven zogen sich auch die Wortführer der nichtnationalsozialistischen Rechten »ins Private«, das heißt hier zu ihren Reitzusammenkünften und -turnieren, zurück.

Doch auch einzelne, nicht einer Gruppe angehörende Reichenbacher hatten durchaus Möglichkeiten und Gelegenheiten, auf menschenfeindliche Tendenzen der nationalsozialistischen Ideologie aufmerksam zu werden – sowie den Freiraum, sich in die eine oder in die andere Richtung zu wandeln. Mehrere Beispiele ließen sich hierfür aufzeigen. Die Verantwortung für eigenes Handeln soll am Verhalten der beiden Lehrer Wohlbold und Mühlhäuser sowie dessen Tochter beispielhaft beleuchtet werden.

Lehrerwandlungen

Ernst Mühlhäuser war vor 1933 nicht in die NSDAP eingetreten. Doch hatte er sich, teils aus Überzeugung und teils aus Karrieredenken, bereits in den ersten Monaten der *Nationalen Revolution* bei den örtlichen Nationalsozialisten als *zündender Redner im nationalsozialistischen Sinne*, und damit als zukünftiger Schulrektor Reichenbachs empfohlen – und dabei zusammen mit dem *Ortsgruppenleiter* eine peinliche Niederlage einstecken müssen[802]. Mangold hatte ihn hierauf als örtlichen *Propagandaleiter* gewonnen und seinen Prestigeverlust dadurch abgemildert. In den ersten Jahren glaubte Mühlhäuser, seinen christlichen Glauben und seine Funktion als zweiter Organist der Reichenbacher Mauritiusgemeinde[803] mit nationalsozialistischen Vorstellungen von *Volksgemeinschaft* und Ausgrenzung und seiner Funktion als *Propagandawart* der Reichenbacher NSDAP-*Ortsgruppe* vereinen zu können. Seinem ersten Versuch,

Das Reichenbacher Schulhaus, aus der Nähe gesehen; 1939.

der *Deutschen Weihnacht 1933*, war nur mäßiger Erfolg beschieden. Seine *Schulungen* und Vorträge im Herbst 1933 und im Frühjahr 1934 für das Lehrerkollegium[804], für *Parteigenossen* und für die Reichenbacher Öffentlichkeit[805] sowie die mit dem *NSV-Leiter* Scheufele und Pfarrer Erhardt zusammen erstellte Ausstellung zur *nationalsozialistischen Rassenlehre* erschienen ihm und den anderen als offenbar gelungene Verbindung dieser beiden Grundhaltungen.

Über die Auseinandersetzungen zwischen Mangold und Erhardt kam es immer wieder zu Zusammenstößen zwischen dem christlichen *Ortspropagandawart* mit den zwischenzeitlich gewandelten überzeugten *Parteigenossen* innerhalb des Lehrerkollegiums, vor allem mit Hauptlehrer Friedrich Stotz und dem *Ortsgruppenleiter* des *Nationalsozialistischen Lehrerbundes,* Rektor Wilhelm Böhringer. Anfang August 1935 sollte Mühl-

häuser in das Schulungslager nach Rottenburg einberufen werden. Er wollte dies nicht, da er für die zweite Organistin eine Ferienstellung übernommen hatte und, so gab er in einem Schreiben an, wegen »Leibschaden« und Sehnenverzerrung noch in Bandage ging. Vor allem wollte er nicht zusammen mit den ungeliebten Reichenbacher Kollegen auf Schulung. Die Ministerialabteilung für die Volksschulen schrieb hierüber an die *Ortsgruppe:*

Unter Hinweis auf einige Namen in der Liste erklärte er: »Mit diesem Kollegium gehe ich nicht nach Rottenburg, nein mit Lausbuben heuchle ich keine Kameradschaft in einem Lager.«[806]

Damit meinte er Stotz und Böhringer, er bezog sich dabei auf die »Rektoratsgeschichte«, bei der Mühlhäuser habe »Ehrverlust« hinnehmen müssen. Auf Einwirken Mangolds nahm er am 21. Juli die

Beleidigung »mit dem Ausdruck des aufrichtigen Bedauerns zurück«[807]. Trotzdem verurteilte ihn die Ministerialabteilung Ende Juli 1935 zu 40 Reichsmark Strafe. Das Oberschulamt in Göppingen erteilte ihm im August die Auflage, »sich beschleunigt von Reichenbach wegzumelden«[808].

Er tat dies nicht und Mangold deckte ihn. Im Frühjahr 1936 beauftragte ihn Schmid im Namen des *Ortsgruppenleiters*, eine Chronik der Weltkriegs- und Nachkriegszeit zu verfassen[809]. Doch Mühlhäuser hatte sich bereits zu weit vom Regime entfernt, um sich als dessen »Glorienschreiber« zu betätigen – und etwas anderes, das wußte er, konnte es nicht sein. Im März legte er sein Amt als *Propagandawart* nieder und im April 1937 teilte Mühlhäuser dem Bürgermeister mit, er wolle »wegen angeblicher sonstiger zu starker Inanspruchnahme die Arbeit ruhen lassen« und habe dessentwegen »dem Herrn *Ortsgruppenleiter* den Auftrag zurückgegeben.«[810] Seine Nachfolge als *Propagandaleiter* der *Ortsgruppe* trat Friedrich Sanzi an[811], die Suche nach einem Bearbeiter der Ortsgeschichte gestaltete sich schwieriger. Der *Ortsgruppenleiter* war Anfang 1938 noch damit beschäftigt, eine Person zu finden, »die sich mit der örtlichen Parteigeschichte befassen soll.« Er hoffte, »daß diese Person dann auch die Niederschrift der Ortsgeschichte der Nachkriegszeit übernehmen wird.«[812] Im Februar 1938 erklärte sich jemand dazu bereit, von dem das die örtlichen *Parteistellen* am allerwenigsten geglaubt hatten, der Kollege Mühlhäusers, Oberlehrer Wohlbold. Er kündigte an, zuerst über »die Zeit des Krieges zu schreiben«[813]. Allerdings bat Wohlbold sich »im Interesse der Vollständigkeit und der Sorgfalt, mit welcher er sich seiner Aufgabe unterziehen« wollte, »eine längere Frist aus (...), so daß es jedenfalls noch etliche Zeit dauern wird, bis dieser Abschnitt der Ortsgeschichte vorliegt.«[814]

Oberlehrer Gustav Wohlbold hatte genau die entgegengesetzte Wandlung wie sein Kollege Mühlhäuser hinter sich. Die

Gustav Wohlbold

Lehrer Wohlbold und Löffler hatten bis 1933 am Ort als Demokraten gegolten. Wohlbold hatte kurz vor der Verhaftung von Otto und Gustav Munz im März 1933 bei der goldenen Hochzeit von deren Eltern mit dem Kirchenchor gesungen. Er war bis zu seinem Austritt Ende April 1933 Vertrauensmann der *DDP* am Ort und blieb Leiter des Kirchenchores. Mehreren Schilderungen nach schmunzelte man am Ort über seine auffallende Verhaltensweise, morgens entweder immer den Nebeneingang der Schule zu benützen oder derart bepackt zum Haupteingang hineinzugehen »mit seiner Mappe in der einen und dem Hut oder irgend etwas anderem in der anderen Hand«[815], daß es ihm offensichtlich unmöglich war, die Hakenkreuzfahne mit dem *deutschen Gruß* zu grüßen. Mangold hatte ihn dem *Kultministerium* 1933 entsprechend geschildert:

> Wir haben hier noch genügend Lehrer, welche aus mehr oder weniger Zwang jetzt »auch national« sind, so den früheren Pazifisten Oberlehrer Wohlbold, der sich am 21. März noch scheute, beim Ausgang und Eingang vom Schulgebäude das Hauptportal zu benützen (was er sonst immer machte), da ihn das Hakenkreuz und die schwarz-weiß-rote Fahne, wie er sich selbst ausdrückte, genierten (...).[816]

Doch durch die Inszenierung der *Volksgemeinschaft* – Wohlbold war verantwortlich für die *Schulsammlungen*[817] – sowie vor allem durch die Wiedereinführung der *Allgemeinen Wehrpflicht*, das wiederholte er offenbar ständig im Unterricht[818], änderten sich seine politischen Einstellungen. Durch Hitlers »Rücknahme« der deutschen Unterschrift unter die Versailler »Kriegsschuldlüge« am 30. Januar 1937,

Ernst Mühlhäuser, Kinderkirchhelferinnen.

durch außenpolitische »Erfolge« des *Reichskanzlers* wie die *Eingliederung* der Saar in das *Deutsche Reich*, die Kündigung des *Vertrags von Locarno*[819] und die Besetzung der entmilitarisierten Rheinzone im März 1936, den *Anschluß* Österreichs am 13. März 1938 mit nachfolgender Ausrufung des *Großdeutschen Reiches* sowie den *Anschluß* des Sudetenlandes am 1. Oktober desselben Jahres, wandelte sich der nationalliberale Demokrat zum glühenden Verehrer Hitlers.

Über die Auseinandersetzungen zwischen dem *Ortsgruppenleiter* und den beiden Pfarrern entwickelte er sich zum regelrechten Gegner der Kirche. Im Februar 1939 bat Oberlehrer Wohlbold schließlich schriftlich um sofortige Enthebung von seinem Amt als Kirchenchorleiter und spätestens ab Ostern von der Stelle des ersten Organisten[820]. Nach 30 Jahren schied er im Juni aus diesem Amt[821]. Im August folgte der Austritt aus dem Kirchengemeinderat[822]. Seine Veränderung zeigte er auch den Schülern gegenüber:

1939 äußerte er sich bereits als richtiger Kirchenfeind. 1941/42 nannte er uns drei *Hauptfeinde* Deutschlands: Das *internationale Judentum*, den *Katholizismus* und den *Bolschewismus*.[823]

Mühlhäuser unterdessen freundete sich zuerst mit Erhardt und später noch enger mit Dipper an. Er engagierte sich in der *Bekennenden Kirche* und vertrat immer deutlichere Gegenpositionen zur nationalsozialistischen Ideologie, die seine beiden Töchter, die nach 1933 beide als *Jungmädel*- und dann *BDM-Führerinnen* gewirkt hatten, übernahmen. In Folge dessen trat eine von beiden, die 21jährige Esther Mühlhäuser, Anfang Oktober 1937 aus der nationalsozialistischen Organisation aus. In ihrem der Reichenbacher *Führerin* übersandten Austrittsschreiben heißt es:

Ich erkläre hiermit meinen Austritt aus dem BDM. Es ist mir rein zeitlich nicht mehr möglich, am Dienst teilzunehmen. Die Austeilung des »deutschen Nationalpreises« an Alfred Rosenberg, dadurch dessen »Privatmeinung« doch wohl zur »offiziellen Weltanschauung« gestempelt wurde, macht mir die Zugehörigkeit auch als Christ unmöglich. Es ist mir doppelt schwer, diese Konsequenz zu ziehen, weil ich dankbar anerkenne, was außen- und innenpolitisch in den letzten Jahren geleistet worden ist. Ich scheide in der festen Gewißheit und Überzeugung, daß die Treue gegen Jesus Christus und sein Wort der beste Dienst am Volk ist. Heil Hitler.[824]

Hiermit bot sich für den *Ortsgruppenleiter* und den Esslinger *Kreisleiter* Hund eine Handhabe, um gegen den unliebsam gewordenen Lehrer vorzugehen. Hund beorderte den Vater der Briefschreiberin auf die *Kreisleitung* nach Esslingen. Mühlhäuser faßte die weiteren Ereignisse im Oktober in Schreiben an die Ministerialabteilung für die Volksschulen und an das *Württembergische Kultministerium* zusammen:

Betreff: Bericht des Hauptlehrers Ernst Mühlhäuser in Reichenbach a. d. Fils über eine Auseinandersetzung mit der Kreisleitung Esslingen. (...)
Am 14. Oktober d. J. wurde ich von Herrn Ortsgruppenleiter Mangold hier vormittags telefonisch davon benachrichtigt, daß mich Herr Kreisleiter Hund in Esslingen an diesem Tag mittags 3 Uhr zu sprechen wünsche, wenn möglich, mit meiner Tochter Esther zusammen. Als ich nach dem Vormittagsunter-

richt bei Herrn Mangold vorbeikam, erfuhr ich, daß meine Tochter Esther ihren Austritt aus dem BDM schriftlich erklärt und begründet hatte. Herr Mangold sagte mir, es werde vermutet, daß ich den fraglichen Brief diktiert oder inspiriert hätte. Da ich wußte, daß meine Tochter nicht abkömmlich war, meldete ich mich nachmittags 4 Uhr allein bei Herrn Kreisleiter Hund. Ich hatte eine etwa zweistündige Unterredung mit ihm. Zuerst las er mir den fraglichen Brief (...) meiner Tochter Esther (...) vor. Ich glaube, daß ich ihn davon überzeugt habe, daß ich der Abfassung u. Formulierung dieses Briefes vollständig fernstehe. Sicherlich hat er aber auch den Eindruck gewonnen, daß wir trotzdem eines Geistes sind. In der Unterredung, bei der es sich um Fragen wie Antisemitismus – »Gottes Offenbarung« – »Sünde« – »Gnade« – »Erlösung« – »Kirche« handelte, präzisierte Herr Kreisleiter Hund seine Ansicht etwa so: »Wenn Sie das Ihnen durch Blutsbande doch wohl am nächsten stehende Kind nicht zur Nationalsozialistin zu erziehen vermögen, wie wollen Sie dann Ihnen doch sicher ferner stehende Schüler zu Nationalsozialisten erziehen? Ich glaube, daß Sie mit Ihrer Einstellung den Wünschen und dem Erlaß des Herrn *Kultministers* nicht gerecht zu werden vermögen. Es gibt da eben nur ein Entweder – Oder! Sie werden sich entscheiden u. die Konsequenzen ziehen müssen. Überlegen u. überdenken Sie sich dies einmal.«

Nach 8tägiger Überlegung bin ich zu der Entscheidung gekommen, die Ministerialabteilung bzw. das Kultministerium zu bitten, in dieser Angelegenheit eine Klärung herbeiführen zu wollen. Ich bin von jeher ein Mensch gewesen, der in seinem Beruf nur dann Ersprießliches leisten kann, wenn er das Vertrauen seiner Vorgesetzten und Mitarbeiter besitzt. Wäre die Ministerialabteilung oder das Kultministerium der Ansicht, daß ich unter den obwaltenden Umständen als Erzieher nicht mehr erwünscht oder / und tragbar bin, oder würde es den Standpunkt einnehmen, daß meine Einstellung und Überzeugung in Glaubensdingen die mir seit 1923 immer wieder in Aussicht gestellte »Beförderung« nicht zulassen, dann würde ich mein Pensionierungsgesuch sofort einreichen, weil ich in dem Gefühl, der nur Geduldete zu sein, das doch nicht leisten könnte, was Volk und Staat schlechterdings von mir verlangen können.

Heil Hitler! (gez. Ernst Mühlhäuser).[825]

Hund wertete diesen Austritt als einen »Mißerfolg der Erziehungsarbeit des Vaters, der als NS-Erzieher vom Dritten Reich bezahlt« würde. Mühlhäuser, so schrieb er dem *Ortsgruppenleiter* sei »ein eitler Tropf, der nur seine verletzten Gefühle in der Bekenntnisfront abreagiert«. Als abschließendes Urteil fügte er dem Schreiben an Mangold an:

Für irgendeine Beförderung kommt er vorerst nicht in Frage. Ich bitte Sie, hierüber zu wachen und mir, falls Mühlhäuser zu neuen Entschließungen käme, hierher Nachricht zu geben.[826]

Trotzdem arbeitete Mühlhäuser eng mit seinem Freund Dipper zusammen und setzte sich massiv für ihn ein. Als dieser nach Welzheim kam, ging er sogar zu *Reichsstatthalter* Murr[827].

Fast zeitgleich mit Oberlehrer Gustav Wohlbold mußte der zweite Organist der Reichenbacher Mauritiusgemeinde, Oberlehrer Ernst Mühlhäuser, den Organistendienst aufgeben. Er wurde zum 1. April 1939 zwangsweise nach Stuttgart versetzt[828].

Soweit die Beispiele für reflektiertes eigenverantwortliches Handeln einzelner. Die beiden Lehrer entwickelten sich dabei aus eigenem Antrieb und eigener Entscheidungsfreiheit vom Befürworter des Systems – einer für die eigene Karriere zuträglichen Haltung – zum bewußten Gegner – einer für die eigene Karriere schädigenden Haltung – und umgekehrt.

Bemerkungen zum *Braunen Kulturkampf* und zu Reichenbacher Widersetzlichkeiten

Der Zeitabschnitt zwischen 1934 und 1939, also nach dem offiziellen Ende der *Nationalen Revolution* bis zum Beginn des Zweiten Weltkrieges, wird oft als »Konsolidierung des Systems« bezeichnet, also als eine Phase der Festigung und Absicherung des bereits Bestehenden nach der »Machtübernahme« und der Phase der »Gleichschaltung«. Zwar war »die Partei zum Staat geworden«[829], dies hieß aber nicht, daß auf die ersten Auseinandersetzungen nach dem Machtantritt nun eine Phase des friedlichen Zusammenlebens folgte. Im Gegenteil, diese Jahre waren vor allem geprägt durch eine permanente kulturelle *Gleichschaltung*. Der »Revolution von unten«[830] folgte also ein Kulturkampf von oben[831], durch den bestehende Traditionen in Kultur und Bewußtsein sowohl des progressiven wie des traditionalistischen Milieus, einschließlich der hierzu gehörenden Kirche, durch einen »ständigen braunen Kulturkampf« aufgehoben und durch *braunen* »Kult« ersetzt werden sollten.

Hierdurch sollte die nationalsozialistische Ideologie bis in alle Lebensbereiche hineingetragen werden. Deren menschenverachtender Charakter, vor allem die rassistischen, radikal antisemitischen Züge, wurden über Maßnahmen der *Ausmerze* und *Aufartung*, an denen sich verschiedene Reichenbacher Bürger, *Parteigenossen* und *-führer* sowie die Reichenbacher Kommunalverwaltung in unterschiedlichem Maße beteiligten, für jeden Reichenbacher offensichtlich. Auch die wirtschaftliche Entwicklung war geprägt durch nationalsozialistischen Kult. Die Umsetzung bereits vorhandener Notarbeitskonzepte, verbunden mit wirtschaftlich-militärischer Aufrüstung war eingebettet in die propagandistische Inszenierung der *Betriebs-* und *Volksgemeinschaft*. Die Inszenierung der *Volksgemeinschaft*, die durchaus von vielen als »Verbesserung« ihrer Lebensumstände wahrge-

nommen wurde, diente als ein Mittel zum Zweck, als Element des braunen Kulturkampfes zur kulturellen Gleichschaltung – und damit letztlich zur materiellen und mentalen Kriegsvorbereitung[832]. Die »Indienstnahme« weiter Teile der Bevölkerung war ein weiteres Element dieses Kulturkampfes. Verwaltung, *Parteigenossen*, Mitglieder der *Gliederungen* und vor allem die Jugend sollten vollständig in *Dienst* genommen und für die *Bewegung* vereinnahmt werden. Das Jahr 1935 brachte der NSDAP mit Einführung der *Deutschen Gemeindeordnung* juristisch zwar eine Stärkung auf kommunaler Ebene, die sich in Reichenbach faktisch aber in einer Schwächung des *Ortsgruppenleiters* und einer Stärkung des Bürgermeisters auswirkte. Dieser nutzte den sich ihm bietenden Freiraum lokal, um über Notarbeiten, Bauförderung und Industrieansiedelung seine eigene Politik zu verwirklichen; er trug letztlich damit und über effizientes Umsetzen seiner *dienstlichen Pflichten* durch medizinische und soziale *Ausmerze* vehement zur Stabilisierung des Systems bei. Der *Ortsgruppenleiter* intensivierte über verstärkte Überwachung und Einschüchterungsmaßnahmen seinen Druck auf die Reste des traditionalistischen und des progressiven Milieus, die sich im wesentlichen »ins Private« zurückzogen. Der Zeitpunkt dieser Aktionen unmittelbar nach Einführen der *Deutschen Gemeindeordnung* legt die Vermutung nahe, daß es sich hierbei um direkte Reaktionen auf Mangolds Machtverlust innerhalb der Reichenbacher Kommunalpolitik handelte.

Mit Erstarken der *Hitlerjugend* und Erhebung zur *Staatsjugend* verlor die Familie ihre Rolle als wichtigste Erziehungsinstanz, und die Schule ordnete sich den Bedürfnissen der *HJ* unter. Wenngleich einzelne Reichenbacher Jugendliche versuchten, der ständigen Vereinnahmung durch *HJ* und *BDM* zu entgehen und sich

Teil des *Braunen Kulturkampfes:* Die Bismarckstraße im »Fahnenschmuck«.

in privaten Cliquen zu organisieren, sahen die meisten Jugendlichen und jungen Erwachsenen Reichenbachs den Nationalsozialismus als ihre *Bewegung* an. Durch die »totale Erziehung« in der *Parteijugend* war die Reichenbacher Jugend bereit zum »totalen Krieg«[833].

Doch der totalitäre Anspruch der nationalsozialistischen Machthaber wurde in Reichenbach nicht erfüllt. Bei der Reichenbacher Bevölkerung überwogen Verhaltensweisen, die nicht durch Anpassung, sondern durch Trägheit und »normales Weitermachen« bestimmt waren. Die Nationalsozialisten hatten nicht vollkommen neues Gedankengut von außerhalb in Reichenbach installiert, an das sich die Bevölkerung nun hätte anpassen müssen, sondern – was *Volksgemeinschaft* und *Ausmerze*, völkisch nationales Gedankengut, Militarismus und auch Antisemitismus angeht – bestehende Bedürfnisse und Geisteshaltungen aufgegriffen, weiterentwickelt und radikal umgesetzt. Dieses Weitermachen verhinderte zwar größten-

teils die totale kulturelle *Gleichschaltung* der Reichenbacher Gesellschaft, es verhinderte aber auch ein Aufbegehren gegen offensichtliches Unrecht. In diesem Weitermachen lagen auch Grenzen der nationalsozialistischen *Indienstnahme* sowohl bei Nichtnationalsozialisten wie bei vielen *Parteigenossen* begründet, letztlich auch das Verhalten der meisten Neinsager.

Zur Beurteilung des in Reichenbach festgestellten Verhaltens ist die Unterscheidung hilfreich zwischen »Verweigerung« als persönlicher Abwehr von Herrschaftsanspruch und Selbstbehauptung von Gruppen, »Opposition« als Haltung grundsätzlicher Gegnerschaft und »Widerstand« als bewußtes Handeln, das aus grundsätzlicher, auf ethischen, politischen, religiösen, sozialen oder individuellen Motiven beruhender Ablehnung heraus darauf abzielte, zum Ende des Regimes beizutragen[834].

Das breite Spektrum an nicht konformem Verhalten, das sich in punktueller

Unzufriedenheit äußerte, die bedrohte Identität zu wahren suchte und sich bis zu öffentlichem Protest erstreckte, ist nicht als Widerstand im engeren Sinne zu verstehen. Für diesen partiellen Widerstand bestimmter Bevölkerungsschichten, »die sich ohne politische Flagge konkret, praktisch und relativ offen gegen die Eingriffe des Nationalsozialismus in das gesellschaftliche Leben (...)« richten, wurden Begriffe wie »Resistenz«[835] oder »Gesellschaftliche Verweigerung«[836] verwendet. Diese Resistenz läßt sich in der Regel nur indirekt über nationalsozialistische Verfolgung fassen und wird am Anspruch des totalitären Staates gemessen.

> Alles Handeln, durch das dieser sich gefährdet sieht, trägt den Charakter der Resistenz – unabhängig vom subjektiven Empfinden des Täters, der allzu oft das Wesen des Nationalsozialismus verkannte.[837]

»Resistent« können die Reichenbacher genannt werden, die sich weder durch Lockung noch durch Zwang vom Nationalsozialismus vereinnahmen ließen und ihre geistige Unabhängigkeit und die Überzeugung ihres Milieus bewahrten. Doch auch hier muß noch einmal unterschieden werden.

Die erste Ebene von nicht konformem Verhalten ist in den vielen Äußerungen »unorganisierten Ungehorsams«, wie dem Verweigern des *deutschen Grußes* oder der vorgeschriebenen Beflaggung, sowie der von den Nationalsozialisten als *Nörgeln* und *Miesmachen* bezeichneten punktuellen Kritik zu sehen. Dieses Verhalten reichte bis weit in die Reihen der »Weitermacher« hinein. Hierunter zu zählen sind auch spontane Reaktionen wie der Austritt der jungen VfB-Spieler aus der *HJ* oder oppositionelle Äußerungen ehemaliger Mitglieder des progressiven Milieus, die ohnehin und aufgrund des hierdurch gebotenen Anlasses noch härter verfolgt wurden, etwa Wilhelm Traub, Hermann Roth, Johannes Brendle oder Wilhelm Noll.

Eine zweite Gruppe bildeten die im *Reitverein* organisierten traditionalistischen Fabrikantenkreise. Sie stimmten mit den meisten Inhalten der nationalsozialistischen Ideologie überein. Doch wollten sie sich ihren Freiraum, vor allem ihre Distanz zur scheinbar gleichmachenden *Volksgemeinschaft* bewahren und sich nicht vollkommen vom »braunen Kulturkampf« vereinnahmen lassen. Ihr Verhalten war passiv und noch nicht resistent, ihr Neinsagen lag in einer »kulturellen Distanz« zum Regime begründet.

Für das Verhalten der zur dritten Ebene zu zählenden war ein hoher Grad an moralischer und politischer Reflektiertheit und parteipolitischer, christlicher, humanistischer oder demokratisch-rechtsstaatlicher Gesinnung die Voraussetzung[838]. Reflektierter als etwa die Reiterkreise verweigerten sich Ernst und Esther Mühlhäuser – unter bewußter Inkaufnahme persönlicher Nachteile – dem aktiven Mitmachen. Sie blieben – trotz erster Begeisterung – resistent gegenüber der menschenverachtenden nationalsozialistischen *Weltanschauung,* bewahrten sich ihren christlichen Glauben und bekannten sich hierzu den *Parteistellen* gegenüber. Doch waren diese Haltung und die daraus resultierenden Handlungen auf die eigene Person beschränkt und außerdem nicht gegen den Fortbestand des nationalsozialistischen Systems gerichtet. Ihr Verhalten läßt sich mit »passiver Resistenz« beschreiben.

Pfarrer Erhardts Verhalten ging hierüber hinaus. Er versuchte, gegen die Angriffe des Systems auf ihn als Person und als Funktionsträger kirchlicher Macht zu bestehen und sich dem »braunen Kulturkampf« gegenüber als resistent zu erweisen. Darüber hinaus bekannte er sich öffentlich zu seiner oppositionellen Haltung und forderte andere aktiv zu selbiger auf. Doch auch er reagierte »nur« auf Angriffe. Sein Handeln war ebenfalls nicht darauf ausgerichtet, das »gegnerische« System zu Fall zu bringen, sondern die Auswirkungen nationalsozialistischer Politik zu beschränken, das heißt, eine stärkere Einflußnahme und nationalsozialistisches Eindringen in seinen Machtbereich zu verhindern. Sein Verhalten soll deshalb ebenfalls mit »passiver Resistenz« beschrieben werden.

Die Aktiven des progressiven Milieus stellten ein Widerstandspotential dar, das auf einen politischen Umsturz des Regimes hin orientiert war. Sie verfügten über eine reflektiert oppositionelle Haltung, die zu politischem Handeln führte. Bis auf einige Ausnahmen von SPD-Mitgliedern wurden sie bereits in den ersten Wochen der *Nationalen Revolution* durch Inhaftierung außer Gefecht gesetzt. Die einschüchternde Wirkung war – auch auf die Sozialdemokraten – so groß, daß sie sich nach der am eigenen Leib gemachten Erfahrung eines nationalsozialistischen *Konzentrationslagers* »ins Private« zurückzogen. Trotzdem entsprachen sie in ihrer grundsätzlichen Haltung wie in den alltäglichen Dreistigkeiten dem verhaßten »Hüftle« gegenüber dem *Gestapo*-Begriff der *Volksopposition*, die es zu bekämpfen galt.

Die zweite Reihe der progressiven Aktiven – wie auch einige der im Reitverein organisierten traditionalistischen – wurde deshalb durch Aktionen 1935 »ausgeschaltet«, das heißt ebenfalls entsprechend eingeschüchtert, zum »Rückzug ins Private«, also zur Unterlassung öffentlich-politischer Stellungnahmen gegen das Regime, gebracht. Spätestens ab 1935 waren auch sie vor allem darum bemüht, gegen die kulturelle *Gleichschaltung* resistent zu bleiben und ihre Strukturen, Informationsmöglichkeiten und Beziehungen aufrechtzuerhalten. Auch sie leisteten »passive Resistenz«. Jedoch hinter dieser stand die Überzeugung, daß der Nationalsozialismus Deutschland in einen Krieg treiben würde, den es nicht gewinnen könnte. Für diese »Stunde Null« galt es, sich vorzubereiten.

Ebenfalls aus einer klaren Überzeugung heraus versuchte Pfarrer Dipper, Widerstand zu leisten. Er selbst empfand dies so und gebrauchte bewußt diesen Begriff. Doch auch bei ihm lag das Hauptaugenmerk auf der Bewahrung von Strukturen und Inhalten – in seinem Fall Strukturen der Bekennenden Kirche und der evangelischen Bekenntnisgemeinschaft und Inhalte christlichen Glaubens, die er gegen nationalsozialistisches Eindringen aktiv verteidigte. Darüber hinaus griff er Inhalte und Vorgehensweisen der Nationalsozialisten an, nicht um das System zu stürzen – deshalb handelt es sich im oben beschriebenen Sinne noch nicht um Widerstand –, jedoch um dessen totalitären Charakter anzugreifen und diesem die Schranken zu weisen. Hier brachte er eigene Ideen und Initiativen ein, wirkte nicht nur reaktiv, sondern handelte aktiv gegen das System. Sein Verhalten soll deshalb mit »aktiver Resistenz« bezeichnet werden.

Bei der Betrachtung des nicht konformen Verhaltens der Reichenbacher Bevölkerung lassen sich im wesentlichen vier Verhaltensweisen zusammenfassen, die der Mehrheit der Mit- und Weitermacher sowie den Resten der beiden kulturellen Milieus zuzuordnen sind. In allen drei Bevölkerungsgruppen lassen sich Elemente des »unorganisierten Ungehorsams« finden, bei den dem ehemaligen traditionalistischen Milieu angehörenden Fabrikanten-Kreisen läßt sich eine geäußerte »kulturelle Distanz« festhalten und bei den ehemals progressiven wie bei kirchlichen Kreisen eine »passive Resistenz«. Einige wenige sich um den 1938 nach Reichenbach gekommenen Pfarrer Dipper scharende Mitglieder der evangelischen Kirchengemeinde unterstützten diesen bei seiner »aktiven Resistenz«.

Da fast alle dieser Ausprägungen ungehorsamen oder resistenten Verhaltens darauf abzielten, die eigene geistige Unabhängigkeit und die Überzeugung des Milieus zu bewahren, und nicht auf einen Umsturz des Regimes hin orientiert waren, stellten sie – spätestens nach den Einschüchterungen des Jahres 1935 – keine eigentliche Gefahr mehr für dieses dar. Der weiterhin bewußt auf Abschreckung setzende Umgang des Regimes und seiner Reichenbacher Vertreter mit seinen vermeintlichen »Gegnern« – über Schikane, Drohung und Verfolgung sowie durch rhetorische Angriffe – entsprang vor allem der Notwendigkeit, dem Mythos der *Volksgemeinschaft* gerecht zu werden, und dem Prestigedenken des *Ortsgruppenleiters*, der fortwährend den Topos von der »Gefahr« vermeintlicher *Volksschädlinge* kultivierte. Bei den beiden »Wahlen« von 1936 und von 1938 sind nur die offiziellen Ergebnisse überliefert. Bei der »Reichstagswahl« am 29. März 1936[839], bei der in Reichenbach das erste Mal auf großen Plakaten geschrieben stand, daß »Juden und Mischlinge nicht wahlberechtigt« wären[840], stimmten bis auf 18 »ungültig« Wählende, alle mit »Ja«. Bei der »Volksabstimmung und Wahl zum Großdeutschen Reichstag am 10. April 1938« gab es offiziell zwei Nein-Stimmen[841]. Auch bei Berücksichtigung nationalsoizialistischer Wahlfälschungen lassen diese Ergebnisse zumindest auf einen deutlichen Rückgang der »Nein-Sager« schließen, wenngleich hierin keine Aussage über die Anzahl der »Nein-Denker« liegt. Doch in Reichenbach sind keine Vergeltungsaktionen gegen weitere »Nein-Sager« dokumentiert – anders als in vielen umliegenden Städten und Gemeinden[842]. Dies deutete auf ein Fortschreiten des Prozesses der »inneren Emigration« hin. Auf Anfragen 1937 nach kommunistischen Umtrieben und 1939 nach *Asozialen* meldete Bürgermeister Schmid für Reichenbach dem Oberamt jeweils »Fehlanzeige«[843]. Eine potentielle Gegnerschaft zum Nationalsozialismus wurde nach innen gekehrt. Nach außen machte auch die Mehrzahl der ehemals resistenten Kreise mit. Die überwiegende Mehrheit der Reichenbacher hatte bereits nach dem Machtantritt freiwillig weiter- und mitgemacht. Trotz der geschilderten Ermüdungserscheinungen waren die Reichenbacher bereit, auch weiterhin weiter- und mitzumachen sowie mitzumarschieren, auch, als am 1. September 1939 deutsche Truppen Polen überfielen und damit – nur 25 Jahre nach Beginn des Ersten – den Zweiten Weltkrieg begannen.

Reichenbach im Krieg

Kriegserleben und -alltag während der Blitzkriege

»... sind unsere Gedanken bei dem großen Ringen«

Der Krieg kam für die meisten Reichenbacher nicht überraschend. Er war weder Zufall noch Unfall, sondern gewollt. Schon seit Beginn der nationalsozialistischen Herrschaft war die Reichenbacher Bevölkerung mit der kriegerischen »Eroberung von Raum«, einem der zentralen Punkte des Hitlerschen Herrschaftsentwurfs, vertraut gemacht worden[1]. *Volksgemeinschafts*-Ideologie und *Rassenlehre*, kulturelle *Gleichschaltung*, wirtschaftliche und gesellschaftliche Aufrüstung und *Wehrhaftmachung,* verbunden mit Erziehung zu »Opferbereitschaft« und »Kampfeswille« sowie Luftschutzlehrgänge und -übungen hatten die Reichenbacher theoretisch und praktisch auf die Stunde X vorbereitet[2].

> Man hat schon lange vorher Angst gehabt, es könnte was kommen[3].

Immer wieder hatten die letzten Jahre über Redner auf lokalen oder regionalen Kundgebungen vom vermeintlich erforderlichen »Lebensraum im Osten« gesprochen. Auf einer zentralen Großkundgebung für den ganzen Bezirk hatte *Gauamtsleiter* Thurner aus Stuttgart Mitte Februar 1939 im »Blauen Haus« in Plochingen über »Der Nationalsozialismus im Kampf gegen internationale Widersacher«[4] gesprochen. Dabei hatte er die Friedensliebe des »Führers« und das Kriegstreiben der »Gegner« betont.

> Daß es Deutschland wieder gut geht, verdanken wir dem Führer. (...) Es regt sich Neid. Es ist klar zu entscheiden zwischen dem Weg eines dauernden Friedens, den Deutschland und seine Verbündeten wünschen durch Gewährung gleichberechtigten Lebensrechtes und Lebensraumes für sämtliche Völker der Erde, und dem Weg, den unsere Gegner wünschen, und der auf der Basis des Versailler Vertrages dem einen mehr Recht als dem anderen einräumen soll[5].

Im Frühjahr 1939 hatte sich die weltpolitische Situation drastisch geändert. Im März waren deutsche Truppen in Prag einmarschiert und die »Eßlinger Zeitung« hatte verkündet: »Die Tschechoslowakei besteht nicht mehr«[6]. Im Rahmen einer Versammlungswelle im Kreis Esslingen zum »friedlichen Krieg« mit der Tschechoslowakei hatte am 18. März der *Ortsgruppenleiter* Harsch aus Birkach in der Reichenbacher Turnhalle über den »Triumph der nationalsozialistischen Idee« gesprochen[7]. Der »erprobte Kämpfer« – so schrieb die »Eßlinger Zeitung« – berichtete »in packender Weise vom entsagungsreichen Weg bis zum Durchbruch der Idee des Nationalsozialismus« und nannte dabei »Turnvater Jahn und Bismarck als zwei Gestalten, denen das deutsche Einigungswerk nicht gelang.«[8] Ende April »informierte« das Blatt in einem siebenseitigen Artikel über »deutschen Lebensraum« in Böhmen und Mähren sowie über die Kündigung des deutsch-englischen Flottenabkommens und des deutsch-polnischen Abkommens[9]. Ab Juli wurden in Deutschland territoriale Forderungen im Zusammenhang mit dem polnischen Korridor zwischen dem Reich und Ostpreußen sowie um Danzig laut, Gebiete also, die Deutschland nach dem Versailler Vertrag hatte abtreten müssen. Den ganzen August über hatte die gelenkte Presse eine regelrechte Hetzkampagne gegen Polen geführt, die in der Überschrift der Abendausgabe des »NS-Kuriers« vom 31. August »Polens Kriegstaumel auf der Spitze«[10] gipfelte. In der folgenden Nacht inszenierten Angehörige des *Sicherheitsdienstes* der *SS* einen »polnischen« Angriff auf den Rundfunksender Gleiwitz, bei dem sie ermordete *KZ*-Häftlinge in polnischen Uniformen vor dem Gebäude liegen ließen. Diesen vorgetäuschten Angriff nutzte Hitler – der Befehl zum Angriff war schon vorher gegeben[11] – als Begründung für den deutschen Angriff.

Die Reichenbacher Bevölkerung und die Verwaltung waren bestens gerüstet für den Ernstfall. Der *Luftschutzleiter* – Bürgermeister Schmid – sowie der örtliche Leiter des *Reichsluftschutzbundes* – Hermann Kohlhaas – hatten fortwährend darauf hingewiesen, daß Luftschutz vor allem Selbstschutz bedeute[12]. Fieberhaft waren Luftschutzvorkehrungen getroffen, -keller gebaut und weitere »Feuerwehrluftschutzkurse« durchgeführt worden[13]. Die Mobilmachungsvorschriften lagen seit 1938 in den Schubladen. Die Reichenbacher Kommunalverwaltung hatte im August 1939 für die »Volkskartei« alle Personen vom vollendeten fünften bis zum 70. Lebensjahr erfaßt und aktualisierte die Kartei noch den ganzen September über[14]. Das Vieh war bereits davor verzeichnet worden[15].

Unser Pferd wurde schon einige Zeit vor dem Krieg zur Musterung vorgeführt und wir hatten da von heute auf morgen kein Zugtier mehr.[16]

Darüber hinaus hatten zahlreiche bürokratische Kriegsvorbereitungen die Sommermonate auf dem Reichenbacher Rathaus geprägt[17]: Erlasse betreffs Urlaubssperre, schriftliche Anweisungen an das Gesundheitsamt und zur Zurückberufung der auf Lehrgängen befindlichen Gemeindeangestellten und Polizeibeamten, die Einrichtung von Tag- und Nachtdiensten auf dem Bürgermeisteramt, das Anlegen von Verzeichnissen von Bürgern, Pferden, Brücken, Straßen, Verkehrsverbindungen, Industriebetrieben, sowie Vorkehrungen für Verdunkelung und weitere Luftschutzmaßnahmen[18]. Außerdem hatten die Gemeindebediensteten Vorbereitungen für die technische Nothilfe, den Tierluftschutz, die Regelung der Kraftfahrzeugnutzung sowie für die Sicherung und Rationierung der Lebensmittelversorgung und die Organisation der Lebensmittelmarken getroffen. Da Sommerferien waren, wurden im Rahmen der verdeckten Mobilmachung Beamte im Urlaub per Telegramm »Chef erkrankt! Sofort zurückkehren!«[19] und Polizeibeamte unter dem Vorwand »bevorstehender Besichtigung« zurückbeordert[20]. Am 30. August hatte Schmid, »da die politischen Verhältnisse sich immer mehr zuspitzen«, beschlossen, zwei Handsirenen für den Luftschutz-Alarm zu kaufen[21].

Der größte Teil der Reichenbacher Wehrpflichtigen – 230 Mann – war bereits in den Nächten vorher in die verschiedenen Garnisons- und Versammlungsorte abgegangen[22]. Viele waren schon im Juli eingezogen worden[23], die meisten bekamen ihre Einberufung am 26. August 1939[24]:

Dann am 28. August 1939 begann der Krieg. Man hatte schon ab 1938 das Gefühl gehabt, daß irgend etwas in der Luft liegt. Am Samstag, den 26. August wurde mir der »blaue Brief« von der Post zugestellt, daß ich mich am 28. in der Funkerkaserne zu melden hätte. Dann hab' ich fast alle Feldzüge mitgemacht, den Polenfeldzug, den Frankreichfeldzug, dann wieder in Esslingen, in Frankreich, dann in Rußland.[25]
Da war ein ziemlicher Aufruhr in der Ortsmitte am Rathaus. Die älteren, die noch nicht gedient hatten, der Friseur Frank, der Löwenwirt, der Hans Erz (...), alle waren sie vorm Rathaus. Da sind nachts die Leute noch auf die Straße gegangen, waren sehr aufgeregt, haben noch schnell eingekauft.[26]

An dem Tag haben wir den letzten Öhmd heimgefahren und aufgeladen. Bis halb 12 in der Nacht haben wir abgeladen, und dann ist mitten in der Nacht um 1. 30 Uhr der Briefträger Unrath gekommen und hat den Stellungsbefehl für denselben Morgen um 6 Uhr gebracht. Wir sind dann halt schnell aufgestanden, haben die Koffer gepackt und um 5. 11 Uhr ist der Zug nach Plochingen gefahren. 14 Tage später war mein Mann schon in Polen. Erst ein Jahr später kam er wieder zurück, dann konnte er sich »uk.«[27] stellen lassen als Farrenwärter.[28]

Am Sonntag, den 27. August, führte die Reichsregierung »in weiser Voraussicht«, wie der NS-Kurier seinen Artikel begann, die Bezugsscheinpflicht für Lebensmittel, Stoffe und Schuhe ein, die in Reichenbach – wie in den meisten schwäbischen Orten[29] – noch am Sonntag verteilt wurden.

Doch trotz der unübersehbaren propagandistischen Vorboten sowie der verwaltungstechnischen und privaten Kriegsvorbereitungen hatten viele Reichenbacher noch die Hoffnung, es könne »ein weiteres Mal ohne Krieg enden.«[30] Die kampflos verlaufenen außenpolitischen Vorstöße Hitlers, begleitet von den entsprechenden Lobeshymnen, hatten den Eindruck und die hieraus resultierenden Hoffnungen erweckt, dem *Führer* sei alles möglich[31].

Als es dann doch losging, waren wir ganz erschüttert. Wir sind auf dem Sofa gesessen und haben geheult.[32]

Der Großteil der Bevölkerung war skeptisch.

Unsere Eltern haben den Kriegsbeginn teilweise sehr mit Sorgen betrachtet. Sie erinnerten sich noch mit Schrecken an das Ende des Ersten Weltkrieges. Als Jungens hatten wir aber anderes im Sinn, auch regelrechte Feindbilder. Bei Kriegsbeginn hieß es bei uns: »den Pollacken hauen wir eins aufs Kappendach! Die haben wir bald klein gemacht, der Krieg ist bald aus.« Das Verdunkeln, all das war für uns Junge ein Abenteuer.[33]

Bei den meisten Reichenbachern – so ist es den Interviews zu entnehmen – war die Stimmung gekennzeichnet durch Betrof-

fenheit, Angst, Passivität und Unruhe, einer Art »zweifelnden Treue«; sie murrten zwar, aber sie gehorchten[34].

Vor allem zwei Bevölkerungsgruppen teilten diese Stimmung nicht. Die meisten *Hitlerjungen* Reichenbachs zweifelten nicht, sondern waren begeistert[35].

Der Krieg, das war schon ein großes Abenteuer, auch nachher beim Kampfverband.[36]

Mancher erhoffte sich vom Krieg die Verwirklichung seines männlichen Daseinszwecks oder zumindest die Vervollkommnung seiner männlichen Persönlichkeit, den »letzten Schliff«[37].

Im Gegensatz hierzu mischte sich bei Mitgliedern des progressiven Milieus das Unbehagen und die Angst vor dem Krieg mit der Freude über die am 3. September erfolgte Kriegserklärung Englands und Frankreichs und das erhoffte baldige Ende des Regimes[38].

Der Kriegsbeginn war deutlich wahrzunehmen. Über 15 Prozent der männlichen Bevölkerung fehlten. Die Gemeinde richtete einen Bereitschaftsdienst ein, bestehend aus den Gemeindebediensteten, den Gemeinderäten Acker und Weinland sowie der Lehrerschaft[39]. Außerdem wurde ein »Luftschutzwarndienst« installiert, der aber nach einigen Wochen vorerst wieder aufgelöst wurde[40]. Die Sommerferien 1939 sollten am 2. September enden, doch nach einer Anweisung des *Kultministers* wurden diese an allen Orten mit achtklassigen Schulen verlängert, damit die Schulen auf Luftangriffe vorbereitet werden konnten[41].

Drei Lehrer in Reichenbach waren schon eingerückt, dann war eine Woche schulfrei, weil der Lehrplan und der Lehrkörper umgeschichtet werden mußten, so hieß es. Acht Tage später war wieder regulärer Unterricht. Nach Kriegsbeginn durfte man plötzlich französisch, das ich so gehaßt hatte, abwählen.[42]

Insgesamt war im Herbst 1939 ein Drittel der 7500 württembergischen Volksschullehrer zu den Waffen gerufen worden. Ruhestandsbeamte konnten sie nur zum Teil

»Mühlteich im Glanze der Morgensonne«.

ersetzen[43]. In Reichenbach fing die Schule wie überall im Gau Württemberg – mit Ausnahme von Stuttgart – trotzdem bereits eine Woche später wieder an[44].

Einen deutlichen Einschnitt im Reichenbacher Alltag stellten die kriegsbedingten Rationierungen dar[45]. Die Bevölkerung empfand die Lebensmittelrationen als zu knapp, was zu Hamsterei und Schwarzhandel führte, obwohl beides hart bestraft wurde[46].

Die Auswirkungen der knappen Rationen waren in Reichenbach weniger dramatisch als in den Städten[47], da die meisten Reichenbacher ihren Bedarf aus den zahlreichen Gemüsegärten, »Stückle«, oder sonstigen Nebenquellen befriedigen konnten. Permanent erschienen Aufrufe, Verordnungen und Erlasse. So wurde beispielsweise *Schwarzschlachten* unter schwere Strafe gestellt, wodurch das Schlachten in Reichenbach über die vorgegebenen und kontrollierten Quoten hinaus jedoch nicht verhindert werden konnte.

Wir haben freilich alle schwarz geschlachtet. Ich mußte als kleines Mädchen stundenlang spielen und Wache halten, ob wer kommt. Dann mußte ich immer laut pfeifen, mit Topf und Peitsche Krach machen und singen: »Wem Gott will rechte Gunst erweisen«.[48]

Als weitere *Kriegsmaßnahmen* wurden private Autofahrten eingeschränkt, und wer Verdunklung und andere Kriegsbedingungen für Verbrechen ausnützte, hatte nach der *Volksschädlingsverordnung* vom 5. September 1939[49] mit der Todesstrafe zu rechnen. Das Abhören von ausländischen Radiosendern war bei Zuchthausstrafe, das Verbreiten ausländischer Nachrichten bei Androhung der Todesstrafe verboten[50]. Die »Eßlinger Zeitung« druckte wiederholt Artikel über »Ernste Warnungen für Unbelehrbare«, sowie Beispiele für verhängte »schwere Zuchthausstrafen für das Abhören ausländischer Rundfunksender«[51]. Abgeschnitten von jeder objektiven Information und verunsichert durch Unstimmigkeiten in der öffentlichen Propaganda entstanden viele Gerüchte[52].

Der am 1. September begonnene Feldzug gegen Polen endete binnen eines Monats mit einem vollständigen Sieg. Bis auf einen Verwundeten waren alle Reichenbacher Soldaten, die sogenannten »Ausmarschierten«, unversehrt geblieben[53]. Von den Kampfhandlungen hatten die Reichenbacher direkt nichts wahrgenommen. Pfarrer Dipper beschrieb die Situation Mitte Oktober 1939:

> Still und friedlich liegt unser Dorf da. Jeder geht seiner Arbeit nach. Abends ist es dunkel wie zu Großvaters Zeiten, aber man legt sich ruhig zu Bett, ohne Angst vor nächtlichen Überraschungen. Es ist halt wie im Frieden – so denken wir oft mit tiefem Dank, daß unser Land bisher so gnädig von den Schrecken des Kriegs verschont worden ist. Und doch ist es nicht ganz wie im Frieden. Unablässig sind unsere Gedanken bei dem großen Ringen, in das unser Volk heute gestellt ist.[54]

Am 15. Dezember trat der Reichenbacher Gemeinderat das erste Mal seit Kriegsbeginn zu einer Beratung zusammen. Im Protokoll heißt es:

> Der Bürgermeister weist in gebührender Weise auf den Ernst der heutigen Zeit (...) hin. Mit Genugtuung stellt er aber auch fest, daß das deutsche Volk heute eindeutig seinen Erzfeind, den judenhörigen Engländer erkannt hat und zur Genüge wisse, daß dieser es auf die restlose Vernichtung des deutschen Volks abgesehen habe.[55]

Auf die Bevölkerung in Reichenbach hinweisend fuhr Schmid fort:

> Man könne daher auch erfreulich feststellen, daß in allen Kreisen der Bevölkerung eine zuversichtliche Stimmung herrscht, und man mit unbeirrbarem Vertrauen auf den Führer in die Zukunft blicke.[56]

Schmid teilte den Gemeinderäten mit, daß er zur »Anlegung der Volkskartei« und zur »Ausgabe der Lebensmittelkarten« eine halbtags arbeitende Hilfskraft eingestellt und die Bezugsschein-Verteilung aufgeteilt habe, die Ausgabe der Scheine für Spinnstoff- und Schuhwaren erfolgte über die Gemeindepflege, die Ausgabe von Lebensmittelkarten sowie Bezugsscheine für Kleinverteiler über das Bürgermeisteramt. Vor allem finanziell belastete der Krieg die Gemeinde bereits in den ersten Wochen immens. Die »Kreisverbandsumlage«, die 1938 monatlich knapp 4000 Reichsmark betragen hatte, stieg ab September 1939 auf 5800 Reichsmark. Dazu kam ein zu entrichtender »Kriegsbeitrag der Gemeinde« von monatlich 9242 Reichsmark[57].

Mitte Dezember wurden alle Vereinsvorstände Reichenbachs vom stellvertretenden *Ortsgruppenleiter* Blessing und von Rektor Böhringer, der den Titel des *Ortskulturwarts* verliehen bekommen hatte, zu einer Tagung geladen, bei der es um die Abstimmung der Vereinsweihnachtsfeiern im Krieg ging[58]. Sie einigten sich darauf, eine gemeinsame Feier zu Gunsten der Reichenbacher *Ausmarschierten* durchzuführen[59]. Viele Reichenbacher glaubten zu diesem Zeitpunkt schon an das Ende der militärischen Auseinandersetzungen[60]. Doch Deutschland befand sich weiterhin im Kriegszustand mit England und Frankreich. Die Kriegsverordnungen blieben in Kraft, die Rationierungen wurden ausgeweitet, am 1. Dezember wurde die »Reichskleiderkarte« eingeführt[61], das Kartensystem insgesamt wurde zunehmend komplizierter[62] und die Lebensmittelrationen wurden eingeschränkt[63]. Bereits im ersten Kriegswinter kam es zu Schulschließungen wegen fehlenden Heizmaterials. Auch in den folgenden Wintern gab es in Reichenbach immer wieder »Kohleferien«[64]. Die Kirchengemeinde lud im Frühjahr die Frauen und Mütter der *Ausmarschierten* zu einem Lichtbildervortrag von Rudolf Schäfer, bei dem Feldpostbriefe von Reichenbacher *Ausmarschierten* verlesen wurden[65].

Hitler hatte weitergehende Kriegspläne. Er bereitete gemäß seinem im Dezember 1926 veröffentlichten zweiten Band von »Mein Kampf«, den Angriff auf den Westen vor, der wiederum die Voraussetzung für den Angriff auf die Sowjetunion schaffen sollte[66]. In Abänderung seiner ursprünglichen Vorhaben befahl er im April 1940 den Überfall auf Dänemark und Norwegen. In sogenannten »Blitzkriegen«[67] überfielen deutsche Truppen Luxemburg, Holland und Belgien und besiegten diese in nur 14 Tagen fast ohne eigene Verluste. Anschließend zwangen sie Frankreich nach nur eineinhalb Monaten im Juni zur Kapitulation, die im Wald von Compiègne im selben Eisenbahnwagen unterzeichnet wurde, in dem der Waffenstillstand des Ersten Weltkrieges unterzeichnet worden war – damit war in den Augen der meisten Deutschen die *Schmach* von 1918 revidiert. Dipper schrieb:

> Aber nun ist der Feind bezwungen, alte Schmach ist getilgt und die Waffen ruhen.[68]

Doch der Krieg war noch nicht zu Ende. Seit Juni 1940 ließ Hitler die Invasion Englands vorbereitet, im Frühjahr 1941 kam die deutsche *Wehrmacht* ihren italienischen Bündnispartnern in Nordafrika zu Hilfe und erzwang im Balkankrieg die Kapitulation der jugoslawischen und griechischen Armee[69]. Im Frühsommer 1941 standen deutsche Truppen vom Nordkap bis Kreta und Nordafrika sowie vom Ärmelkanal bis in die Mitte Polens.

Am 22. Juni überfielen drei Millionen deutsche Soldaten die Sowjetunion. Damit konnte Hitler, für den alles andere nur vorbereitende Feldzüge gewesen waren, seine beiden eigentlichen Ziele verwirklichen, die »Eroberung von neuem Lebensraum im Osten« und die »endgültige Entfernung der Juden«[70].

Am 11. Dezember 1941, vier Tage nach dem japanischen Angriff auf den US-amerikanischen Stützpunkt Pearl Harbour, erklärte Deutschland den Vereinigten Staaten den Krieg. Aus den europäischen *Blitzkriegen* war ein Weltkrieg geworden.

»... die Fortführung eines geregelten Wirtschaftslebens zu gewährleisten« – Kriegswirtschaft

Die Nationalsozialisten in Reichenbach wie im Reich hatten in der Zeit vom Machtantritt bis zum Beginn des Krieges im wesentlichen durch drei Methoden versucht, eine höhere Motivation bei den Arbeitenden zu erzielen und dadurch eine fortwährende Erhöhung der Arbeitskraft sowie eine Produktionssteigerung zu erreichen.

Die erste Methode war, durch die kulturelle *Gleichschaltung*, die *Indienstnahme* sowie durch die inszenierte *Volks-* und *Betriebsgemeinschaft* die Befriedung und Integration der Arbeiterschaft sowie deren Identifikation mit dem System zu erzielen.

Als zweites sollten durch materielle Anreize in Form von Angeboten der *Nationalsozialistischen Gemeinschaft Kraft durch Freude* Bedürfnisse der Arbeiter befriedigt werden. Drittens sorgte die Androhung von Verfolgung, die in der ständigen Berichterstattung über Maßnahmen gegen die sogenannten *Arbeitsunwilligen* oder *Arbeitsscheuen* mitschwang, für keine allzu lauten Proteste gegen zunehmende Leistungsanforderungen. Mit Beginn des Krieges verstärkte sich der Druck auf die Arbeitenden. Die »Kriegswirtschaftsverordnung« vom 4. September 1939 forderte:

> Die Sicherung der Grenzen unsres Vaterlandes erfordert höchste Opfer von jedem deutschen Volksgenossen. Der Soldat schützt mit der Waffe unter Einsatz seines Lebens die Heimat. Angesichts der Größe dieses Einsatzes ist es selbstverständliche Pflicht jedes Volksgenossen in der Heimat, alle seine Kräfte und Mittel Reich und Volk zur Verfügung zu stellen und dadurch die Fortführung eines geregelten Wirtschaftslebens zu gewährleisten.[71]

Für die nicht eingezogenen Arbeitnehmer bedeutete dies vor allem unbezahlte Mehrarbeit. Alle tarifrechtlichen Bestimmungen und vorerst sämtliche Zuschläge für Überstunden, Feiertags- und Nachtarbeit wurden abgeschafft, Urlaub gab es nur noch, »wenn der Betrieb es ertragen kann oder wenn er gesundheitlich notwendig ist«, und ein Arbeitsplatzwechsel war nur noch mit Genehmigung des Arbeitsamtes möglich[72]. Proteste zwangen das Reichsarbeitsministerium allerdings wenige Wochen später, das Zuschlagsverbot für Feiertags- und Nachtarbeit zu korrigieren[73]. Unentschuldigtes Fehlen wurde bereits an wenigen Tagen als »Arbeitsverweigerung« unnachgiebig geahndet. Darüber hinaus konnten Männer, die als »unabkömmlich« oder *uk.* vom Kriegsdienst freigestellt waren, dieses »Privileg« jederzeit verlieren.

Doch nicht nur durch verschärften Leistungsdruck am Arbeitsplatz war die Umstellung auf die Kriegswirtschaft für die Reichenbacher Bevölkerung deutlich spürbar. Die Auswirkungen der *Totalen Mobilisierung* und der kriegsbedingten Einschränkung der Lebensmittelversorgung sowie die Folgen des Material- und des Raummangels veränderten den Reichenbacher (Arbeits-)Alltag ebenso wie der Arbeitskräftemangel von Beginn des Krieges an. Die erstgenannten Auswirkungen sollen nach deren Intensivierung im *Totalen Krieg* genauer betrachtet werden[74], im folgenden soll der Mangel an Arbeitskräften im Mittelpunkt stehen.

»... der sehr scharfe Kampf um die Arbeitskräfte«

In den ersten Jahren der nationalsozialistischen Herrschaft bestand in Anbetracht der Massenarbeitslosigkeit kein Interesse, ausländische Arbeitskräfte in der Landwirtschaft oder in der Industrie einzusetzen. Durch die intensiven Kriegsvorbereitungen hatte sich der Arbeitsmarkt 1935/36 jedoch grundlegend geändert. Vorerst versuchte das Regime, den Arbeitskräftemangel durch innenpolitische Maßnahmen auszugleichen: Die Konsumgüterindustrie wurde zugunsten kriegswichtiger Wirtschaftszweige, vor allem der Metallindustrie und der Landwirtschaft, stark beschränkt, der Arbeitsmarkt reglementiert, um die Arbeitskräfte im Sinne der kriegsvorbereitenden Wirtschaftspolitik lenken zu können. Da der enorme Arbeitskräftebedarf dadurch aber nicht befriedigt werden konnte, blieben zwei Möglichkeiten: Das verstärkte Heranziehen von deutschen Frauen zur Arbeit und der Einsatz von Ausländern. Die Frauen, die nach 1933 mit Verweisen auf »Doppelverdienertum« und ihre angeblich »natürliche Rolle« als Hausfrau und Mutter aus dem Arbeitsmarkt hinausgedrängt worden waren, wurden ab 1936 – trotz Widerspruchs zur offiziellen nationalsozialistischen Rollenzuweisung – wieder verstärkt umworben. Seit 1936 warben die Reichenbacher Betriebe darüber hinaus vermehrt ausländische Arbeitskräfte an – im Sommer 1937 wohnten 35 am Ort arbeitende ausländische Staatsangehörige in Reichenbach[75]. Dies waren vor allem Jugoslawen, Holländer, Österreicher und Polen. Nach der Besetzung der Tschechoslowakei im März 1939 kamen Tschechen, bis 1939 noch mehr oder weniger freiwillig[76].

Obwohl auf diesem Wege bis zum Beginn des Krieges weitere Ausländer nach Reichenbach gekommen waren[77], bekam Bürgermeister Schmid die Ängste der Reichenbacher Fabrikanten bei seinen Versuchen, neue Industriebetriebe in Reichenbach anzusiedeln, merklich zu spüren.

Im Sommer 1940 mietete die Stuttgarter Firma Luft ein Fabrikgebäude in der Olgastraße an und betrieb mit 30 Arbeitskräften die Herstellung von »feinmechanischen Spezialgeräten«[78]. Im Spätsommer 1940 wandte sich die Esslinger Firma Traub mit der Bitte um Überlassung von Baugelände an die Reichenbacher Gemeindeverwaltung, da die »Betriebsräumlichkeiten in Oberesslingen sehr eingegrenzt« seien[79]. Der Betrieb Hermann Traubs, der sich nach Entwicklung und

Konstruktion eines Metall-Drehautomaten Mitte September 1938 selbständig gemacht hatte[80], war »Wehrbetrieb der höchsten Dringlichkeitsstufe«[81]. Schmid stimmte dem Antrag sofort zu, da

es keinesfalls von Nachteil sein könne, wenn die hiesige nur wenig Branchen umfassende Industrie eine weitere Durchsetzung mit einem Eisen-Betrieb erfahren würde, zumal hier nach einem gewissen Mißverhältnis die Textil- und Holzbranche dominierend ist.[82]

Die ansässigen Industrieunternehmer sahen das jedoch anders. Sie liefen »gegen das Vorhaben Sturm« und versuchten, »dem Plan der Gemeindeverwaltung (...) entgegenzutreten.« Eine mehrköpfige Vertretung hatte am 19. Oktober eine einstündige Besprechung, bei der Reichenbacher *Betriebsführer* forderten, alle Vereinbarungen rückgängig zu machen. Das Hauptargument war,

der bisher schon sehr scharfe Kampf um die Arbeitskräfte werde durch Ansiedlung weiterer Industrie noch krassere Formen annehmen, weiter werde die in Frage stehende Firma mit ihren Spezialfabrikaten höhere Löhne und sonstige weitergehende Sozialleistungen auf sich nehmen können, als dies ihnen möglich sei.

Schmid hingegen trieb die weitere Ansiedlung von Industrie mit Blick auf die Zukunft voran:

Dieses Vorbringen mag wohl in Bezug auf die heutigen Verhältnisse seine Richtigkeit haben, jedoch wird die hiesige Gemeinde bei ihrer günstigen Lage inmitten eines gut ausgebauten Industriegebietes und ihren sonstigen günstigen Voraussetzungen nicht stille stehen, sondern sich weiterentwickeln und damit werden sich auch die Bedürfnisse steigern.

Dazu kam seine Sorge, ob die unausgeglichene Industriestruktur sich möglicherweise in Zukunft nachteilig für den Ort auswirken könnte:

(...) auch können für einzelne Branchen- und Fabrikationszweige einmal flauere Zeiten kommen und empfiehlt es sich jedenfalls, für diese Fälle vorzubeugen und das Steuerpotential zu steigern.

Schmid wollte »in dem auf weite Sicht berechneten Plan« die Reichenbacher Industrie »nach Möglichkeit mit verschiedenen Branchen und innerhalb der gleichen Branchen wieder mit verschiedenen Fabrikationszweigen« durchsetzen. Ein weiteres gewichtiges Argument war ihm, die vielen »nach auswärts fahrenden Fachkräfte der Eisenbranche im Laufe der Zeit in hiesige Betriebe überzuleiten.« Traub brachte zuerst zu 100 Prozent seine Arbeitskräfte mit. In einem Schreiben bat der *Gemeindeführer* den Landrat mit Verweis auf einen »sehr abträglichen Prestigeverlust, welchem die Gemeindeverwaltung dadurch ausgesetzt würde«, den ansässigen Wirtschaftsführern mit einer »dem heutigen Zeitgeist nicht mehr zu vereinbarenden Politik durch Stellungnahme den Boden zu entziehen.« Der Wirtschaftsminister legte auf Einwirken der Industrie Widerspruch ein und empfahl die Verlegung nach Neuhausen[83]. Nach diversen Telefonaten zog er diesen am 12. Februar 1941 jedoch zurück[84]. Bereits am 16. November 1941 teilte der Landrat mit, die »Arbeiten (...) zur Betriebsverlegung könnten unbedenklich in Angriff genommen werden.«[85] Schmid unterstützte daraufhin die örtlichen *Betriebsführer* in ihrem Bemühen um neue Arbeitskräfte. Durch die erfolgreichen *Blitzkriege* 1939 kamen diese vor allem aus den besiegten Ländern Europas.

Das nationalsozialistische Deutschland, das zwischen 1939 und 1945 mit der halben Welt im Krieg lag, konnte diesen Krieg nur führen, indem es sich der Ressourcen der nach und nach eroberten oder von ihm abhängigen Länder Europas bemächtigte. Das galt für die Wirtschaftskraft dieser Länder, für ihre Rohstoffe, Devisen- und Goldvorräte, für militärtechnische Ausrüstung – und eben für Arbeitskräfte. Im Herbst 1944 waren auf dem Gebiet des »Großdeutschen Reiches« 7 906 760 ausländische Zivilarbeiter und Kriegsgefangene aus 26 Ländern als »im Arbeitseinsatz« gemeldet[86]. Rund 2,8 Millionen kamen aus der Sowjetunion,

Böckelsches Haus. Hier waren die jungen Polinnen untergebracht.

1,7 Millionen aus Polen, 1,2 Millionen aus Frankreich, 700 000 aus Italien, 300 000 aus der Tschechoslowakei, je 250 000 aus Belgien und den Niederlanden, 180 000 aus Jugoslawien[87].

Diese Zahlen beziehen sich nur auf die im Herbst 1944 im *Deutschen Reich* gemeldeten Arbeitskräfte. Die Zahl der insgesamt während des Zweiten Weltkrieges für längere oder kürzere Zeit zum sogenannten »Reichseinsatz« nach Deutschland verbrachten Ausländer war jedoch erheblich höher. Schätzungen gehen, auf Daten der deutschen Besatzungsbehörden basierend, von 9,5 Millionen aus. Hinzu kommen noch die etwa 400 000 KZ-Häftlinge, die zur selben Zeit als Zwangsarbeiter innerhalb des Reiches eingesetzt wurden[88], so daß wir von einer Zahl von knapp 10 Millionen sogenannter »Fremdarbeiter« ausgehen müssen.

Das entspricht 33 Prozent aller im September 1944 in der deutschen Wirtschaft beschäftigten Angestellten und Arbeiter. In einzelnen Branchen und Betrieben war der Anteil noch höher: In der Landwirt-

schaft bei 46 Prozent, im Bergbau bei 36 Prozent und in Betrieben mit hohem Anteil an Angelernten und Hilfsarbeitern bis zu 80 Prozent[89]. Vom Großbetrieb über Verwaltungen, dem kleinen mittelständischen Unternehmen, dem Kleinhandwerksbetrieb bis zum Kleinstbauernhof, aber auch in vielen privaten Haushalten, die eines der mehr als 200 000 überaus begehrten, weil billigen ukrainisch-russischen Dienstmädchen im Haushalt beschäftigten, lebten sie inmitten der deutschen Zivilbevölkerung. Dabei lag das Durchschnittsalter zwischen 20 und 24 Jahren; allerdings verzeichneten die Behörden auch zahlreiche Kinder von 13 und 14 Jahren als »beschäftigt« gemeldet und sehr viel mehr jüngere lebten in den Lagern.

Unmittelbar nach der Besetzung Polens richteten die deutschen Behörden dort Arbeitsämter ein, vier Wochen nach Beginn des Zweiten Weltkriegs waren bereits 115 Dienststellen im Betrieb[90]. Im Januar 1940 forderte Hans Frank, *Generalgouverneur* in Polen:

Holländische Fremdarbeiter in Reichenbach.

Bereitstellung und Transport von mindestens 1 Million Land- und Industriearbeitern und -arbeiterinnen ins Reich – davon etwa 750 000 landwirtschaftliche Arbeitskräfte, von denen mindestens 50 Prozent Frauen sein müssen – zur Sicherstellung der landwirtschaftlichen Erzeugung im Reich und als Ersatz für im Reich fehlende Industriearbeiter.[91]

Auch nach Reichenbach kamen nach Kriegsbeginn die verschiedensten Fremden. Unmittelbar nach dem Polenfeldzug kamen polnische Fremdarbeiterinnen, Zwangsarbeiter und Kriegsgefangene. Von den noch 1939 eintreffenden angeworbenen jungen Polinnen arbeiteten 21 Frauen bei der Firma Otto, insgesamt kamen in den folgenden fünf Jahren 39 Polinnen[92]. Sie wohnten in einem eigenen Lager im ehemaligen Böckelschen Anwesen, dem »Nähhäusle«, das davor als HJ-Heim gedient hatte. Zehn weitere Polinnen arbeiteten bei der Firma Schöttle, in deren Lager sie auch lebten[93]. Im Ortskern Reichenbachs waren im Februar 1940

noch keine polnischen Kriegsgefangenen untergebracht[94], anders als in Baltmannsweiler[95]. Die danach eintreffenden *zwangsverpflichteten* Holländer arbeiteten hauptsächlich bei Schöttle und schliefen in einem Lager im »Bierkeller«[96].

Bei den in Reichenbach wohnenden und tätigen ausländischen Arbeitskräften muß unterschieden werden zwischen den mit Gewalt Verschleppten und den angeworbenen Fremdarbeitern, die sich »freiwillig« meldeten, etwa, weil sie sich in Deutschland bessere Lebensverhältnisse erhofften als in ihrer von deutschen Besatzern ausgepreßten Heimat.

Da die Anwerbung von Arbeitskräften auf freiwilliger Basis nicht ausreichte und nach Eintreffen von Berichten über die Lebens- und Arbeitsbedingungen in Deutschland fast völlig zurückging, ordnete die Regierung des *Generalgouvernements* im April 1940 für alle Jahrgänge zwischen 1915 und 1925 die »Arbeitspflicht« in Deutschland an[97]. Wurden die Kontingente einzelner Dörfer nicht erreicht, bedienten sich deutsche oder polnische Sicherheitskräfte verschiedener Zwangsmaßnahmen, die von der Umstellung einzelner Dörfer, dem Abbrennen von Gehöften, Straßenrazzien bis zu regelrechtem Menschenfang reichten[98].

Neben diesen »Zivilarbeitern« – *Freiwillige, Dienstverpflichtete* und *Verschleppte* – gab es das riesige Reservoir der zur Arbeit gezwungenen »Kriegsgefangenen«, die nach den schnellen Siegen über Norwegen, Holland, Belgien und Frankreich das Anwerbeproblem zunächst verminderten. Ende Oktober 1940 waren bereits etwa 1,2 Millionen französische und britische Gefangene zur Arbeit eingesetzt[99].

Wenn nicht gesondert ausgeführt, werden diese auf unterschiedliche Art und Weise nach Reichenbach gekommenen ausländischen Arbeitskräfte unter dem Begriff »Fremdarbeiter« zusammengefaßt. Im folgenden sollen die in Reichenbach wohnenden Fremdarbeiter danach unterschieden werden, wie sie am Ort untergebracht waren: in dezentralen Lagern, bei Reichenbacher Privatpersonen und im

Französische und belgische Kriegsgefangene bei der Firma Seyfert, 1942.

ab 1942 entstehenden großen Reichenbacher »Ostarbeiterlager«[100]. Aufgrund der rassistischen nationalsozialistischen Vorstellungen gilt es darüber hinaus, die Hierarchisierung der einzelnen Ausländergruppen und damit verbunden die unterschiedliche »Qualität« der Unterbringung, die unterschiedliche Behandlung sowie die unterschiedlichen, für die »Ostarbeiter« beispielsweise unzureichenden Verpflegungssätze festzuhalten.

Insgesamt lebten während der Zeit vom 1. Juli 1940 bis zum 8. Mai 1945, ohne die im *Ostarbeiterlager* untergebrachten Sowjetbürger, 650 Fremdarbeiter in Reichenbach: 32 Belgier, 182 Franzosen, 14 Kroaten, ein Däne, ein Norweger, 57 Holländer, 11 Jugoslawen, sieben Letten, ein Litauer, 102 Polen, 81 Italiener, 129 Russen, 28 Tschechen und vier Ungarn[101].

»Vite, vite, travaillez!« – Dezentrale (Kriegsgefangenen-)Lager

Da im ersten Kriegsjahr über zehn Prozent der Reichenbacher Bevölkerung eingerückt waren und durch den Krieg verstärkt Rüstungsgüter produziert werden mußten, fehlte es – trotz der eingetroffenen Polinnen – doppelt an Arbeitskräften. Am 11. Juli 1940 waren – bewacht von zwei Landwehrleuten[102] – 16 französische Kriegsgefangene im gemeindeeigenen früheren VfB-Vereinshaus beim Sportplatz untergebracht[103]. Von den ersten 16 Mann arbeiteten fünf bei der Gemeinde, fünf bei den Reichenbacher und sechs bei den Hochdorfer Landwirten[104]. Ende Juli 1941 wohnten und arbeiteten bereits knapp 80 Franzosen und Belgier in sieben Lagern mit zehn Wachmannschaften bei verschiedenen Firmen und bei den Gemeinden Reichenbach und Hochdorf[105]. Im Januar 1942 teilte Bürgermeister Schmid den *ausmarschierten* Soldaten mit, daß zwischenzeitlich »175 zivile Ausländer (...) verschiedener Nationalität«[106] am Ort seien.

Zu gewissen Tageszeiten sind daher in den Straßen Reichenbachs Laute aus halb Europa zu vernehmen.[107]

Im Verlauf des Krieges kamen immer neue Fremdarbeiter nach Reichenbach. Allein bei der Betriebskrankenkasse der Firma Heinrich Otto waren 237 Fremdarbeiter verschiedener Nationalitäten versichert[108].

Außer dem kommunalen Kriegsgefangenenlager im ehemaligen VfB-Heim und einem im Fabrikgebäude der Lederwarenfabrik Schmid lassen sich im Februar 1944 weitere zwölf Lager mit jeweils mehr als fünf Fremdarbeitern bei den Firmen H. Traub, F. G. Wacker, J. Bischoff, G. Blessing und Söhne, G. Ommerle, W. Ommerle, O. Danner, G. Lufft, W. Seyfert, Heinr. Otto K. G., R. Schöttle K. G. und E. Ziegler belegen[109].

Darüber hinaus konnten die Reichenbacher Firmen und Privatleute sich einen Arbeiter aus dem kommunalen Lager entleihen.

Ich kann mich erst ans Frühjahr 1942 erinnern, da hatten wir einen Franzosen, der vor allem im Wald gearbeitet hat. Die haben wir im Sportheim gewohnt, morgens mußten wir den immer abholen und abends wieder hinbringen.[110]

Alleine die in einer Liste des Gendarmeriepostens verzeichneten 66 Kriegsgefangenen wurden an 44 verschiedene »Arbeitgeber« verliehen[111]. An eine Zurücksendung der in Deutschland arbeitenden französischen Kriegsgefangenen war Ende 1940 aus wirtschaftlicher Sicht nicht mehr zu denken, die Franzosen waren vor den Polen – in Reichenbach wie im Reich[112] – mittlerweile zur stärksten Ausländergruppe geworden, und ihr Fehlen hätte in großen Teilen der Landwirtschaft und in Baubetrieben zu schwerwiegenden Produktionsrückgängen geführt.

Die Kriegsgefangenen lebten und arbeiteten zusammen mit den Reichenbachern und kamen dabei mit diesen in Kontakt.

Ich habe zusammen mit französischen Kriegsgefangenen bei der Firma Deffner Geschoßkörper gemacht. Die wohnten oben in einem Lager der Firma. Nebenher hab' ich noch a bißle Französisch gelernt: »Vite, vite, travaillez«.[113]

Schon von Beginn an standen der *Ortsgruppenleiter* und die Reichenbacher Polizei in engem Kontakt miteinander, um etwaige »Rassenvermischungen« und andere »volkstumspolitische Gefahren« zu verhindern. Ab Frühjahr 1940 konnten sie sich hierbei auf gesetzliche Grundlagen stützen. Die sogenannten *Polenerlasse* vom 8. März 1940, bestehend aus zehn bis Kriegsende gültigen Dokumenten, bildeten die Grundlage für ein umfassendes System der Beaufsichtigung und Repression der polnischen Arbeiter und dienten zwei Jahre später als Vorlage für die *Ostarbeitererlasse*[114]. Ein sichtbarer Ausdruck war die obligatorische Kennzeichnung jedes polnischen *Zivilarbeiters* durch ein auf der Spitze stehendes Quadrat, in dem – violett umrandet – auf gelbem Grund in violetter Schrift ein »P« zu sehen war. Diese erste öffentliche Kennzeichnung von Menschen war Muster für die ab September 1941 eingeführte Kennzeichnung der *Juden* durch den gelben Stern. Weitere Bestimmungen betrafen die Verbote des Besuches von Gaststätten, kulturellen Veranstaltungen, des Kirchgangs sowie der Benutzung öffentlicher Verkehrsmittel[115]. Auch Kriegsgefangene mußten sich verpflichten, »jede (...) vom Arbeitsamt zugewiesene Arbeit zu verrichten« und die »Arbeitsstelle ohne Genehmigung des Arbeitsamtes oder der Polizei nicht zu verlassen.«[116]

Zivilarbeiter und Zivilarbeiterinnen polnischen Volkstums, die mit Deutschen Geschlechtsverkehr ausüben, oder sich sonstige unsittliche Handlungen zuschulden kommen lassen, sind sofort festzunehmen und (...) zur Erwirkung einer Sonderbehandlung (...) zu melden.[117]

Polnische Fremdarbeiterinnen in einer Arbeitspause.

Trotz des Verbots stellten die fremden Einwohnerinnen einen Reiz für die jungen Reichenbacher dar.

> Die Polinnen waren sehr schöne Frauen. Mir haben die gefallen, die waren zum Teil schöner wie die meisten Reichenbacherinnen; andere allerdings haben sehr auffällig deprimiert ausgesehen.[118]

> Viele haben's wohl sehr intensiv versucht bei denen.[119]

Im September 1940 wurde die obige Anordnung insofern eingeschränkt, als nur noch männliche polnische Zivilarbeiter bei Geschlechtsverkehr mit deutschen Frauen *sonderbehandelt* werden sollten, da

> fast durchweg die intimen Beziehungen zu den Polinnen von dem betreffenden deutschen Mann gesucht worden sind. (...) Vielfach sind es die Bauernsöhne oder dienstliche Vorgesetzte, in einzelnen Fällen sogar die Diensttherren selbst, die die Polinnen zum Geschlechtsverkehr veranlassen.[120]

Geschlechtsverkehr von Deutschen mit Westarbeitern war hingegen offiziell nicht verboten, was vom *Sicherheitsdienst* zwar mehrfach mißbilligt wurde[121], den jungen

Reichenbacher Männern hingegen recht war.

> Oh, die Französinnen, das waren füchse Mädle, denen hat man gerne nachgeguckt. In der HJ und so hat's zwar geheißen, man soll die Finger von den Weibern lassen, aber da hat's viele gegeben, die sich überhaupt nicht daran gehalten haben. Die Französinnen sind aufgefallen, weil sie schick und geschminkt waren. Mehrere Reichenbacher haben da ihre ersten Freundinnen gehabt.[122]

> Der Pfarrer Dipper, der war nicht tolerant. Der hat mal eine Liste anbringen lassen an der Post, wo er meinen Bruder (...) und seinen Freund hat namentlich genannt, daß die zu den Französinnen gegangen sind. Da hat's natürlich den Höllenkrach gegeben daheim, dabei wollten die jungen Kerls nur mit den hübschen Französinnen. Der hat Unfrieden gebracht ins Dorf anstatt Frieden.[123]

Obwohl die »Eßlinger Zeitung« ausführlich über die »Volksjustiz«[124] im benachbarten Denkendorf berichtet hatte, wo bereits im August 1940 acht »ehrvergessene Frauen« des »verbotenen Umgangs mit Polen« und der »Wehrkraftzersetzung« bezichtigt und verhaftet worden waren, ihnen darauf die Haare abgeschnitten, sie durch den Ort geführt und »sie in gemeinster Weise durch Parteianhänger beschimpft und verhöhnt« worden waren[125], freuten sich viele Reichenbacherinnen ob der »bildhübschen Polen«[126] oder der vielen »schmucken Franzosenbuben« im Ort:

> Uns wurde beim BDM immer gesagt, daß wir uns auf gar keinen Fall mit diesen Untermenschen abgeben durften. Doch wir haben immer wieder gehört und getuschelt, welche der älteren Mädchen wieder was mit wem hatte. (...) Doch man war ja nicht dumm, man hat ja gesehen, wie die Augen leuchteten. Wenn man auf dem Feld geschafft hat, hat man ja auch austreten müssen und da immer wieder ein Kopftuch am Waldrand gesehen. Auch die Franzosen haben öfters mal austreten müssen. (...) Die Franzosen haben schon Kontakt gehabt zu Reichenbacher Mädle, aber die hätten die ja nie brüskiert, die mußten ja wieder in den Dienst, das waren doch BDM-Mädle. Doch die hatten ja keine Kerle hier in Reichenbach. Die waren ja auf die angewiesen, wenn sie etwas erfahren wollten. Aber geschwätzt wurde da nie etwas, denn die Kerle hätten ja ins KZ gemußt und die Mädle wären kahl rasiert worden und öffentlich herumkutschiert, das wußte man. Doch doch, es hat schon einige Feuerle gegeben in Reichenbach.[127]

Von der Schwester eines in Reichenbach lebenden Unternehmers war bekannt, daß die damals 20jährige 1942 wegen »Umgang mit einem ausländischen Gefangenen« verhaftet worden und nach zwei Jahren Haft im Frauen-KZ Ravensbrück an Schwindsucht verstorben war[128]. Allerdings scheinen die Reichenbacher »Feuerle« dem eifrigen Dorfbüttel – trotz eindringlicher Aufforderung seitens der Gestapo[129] und des Landrats[130] – bis kurz vor Kriegsende nicht aufgefallen zu sein. Doch am 17. April, fünf Tage vor Einmarsch der Amerikaner, strengte Lindenschmid ein »Rassenschande«-Verfahren wegen Umgang eines knapp 25jährigen belgischen und eines knapp 35jährigen französischen Kriegsgefangenen mit zwei jungen Reichenbacherinnen an, das aber aufgrund des Kriegsendes keine Folgen hatte[131].

Der Alltag der in Lagern wohnenden Kriegsgefangenen war geprägt durch harte Arbeit und geringe Lebensmittelrationen. Die Kriegsgefangenen versuchten deshalb häufig, nebenher »privat« arbeiten zu können, um sich auf diese Weise ein Vesper oder Alkohol dazuzuverdienen. Immer wieder versuchten vor allem französische Kriegsgefangene, wie im folgenden Beispiel beschrieben, zu fliehen.

Der 24jährige Hilfsschreiner André O. aus einem kleinen Dorf in der Nähe von Sainte Savine[132] bei Troyes und sein Kamerad, der 30jährige Schreiner Jean B. aus Nizza, entwichen am Sonntag, den 5. Oktober 1941 aus dem Kriegsgefangenenlager Nr. 06195 der Firma Blessing in Reichenbach. In der Polizeimeldung heißt es:

> Die Kriegsgefangenen sind im Erdgeschoß des Fabrikgebäudes untergebracht, die Fenster mit Flacheisenstäben, die auf einen Fensterrahmen aufgeschraubt sind, verkleidet. Eben die dazu benützten Holzschrauben wurden entfernt, die Gewinde abgeschliffen und dann wieder in die vorhandenen Löcher eingesteckt. Bei der Flucht haben die Flüchtigen die Flacheisenstäbe nach außen gebogen und haben durch die entstandene Öffnung das Lager verlassen. Die Fluchtrichtung ist nicht bekannt, jedoch dürften sie versuchen, über den Schwarzwald nach Frankreich zu gelangen. Die Nachforschungen nach den Entflohenen bleiben bis jetzt erfolglos.[133]

Tags darauf meldete der Gendarmerieposten, daß zwei Schuljungen die Briefmappe des Kriegsgefangenen André O. am Fabrikwehr der Firma Otto gefunden hätten. Diese enthielt

> einen Zettel, auf welchem die mutmaßliche Fluchtrichtung aufgezeichnet ist, einen Schriftschlüssel zur Benachrichtigung vermutlich der zurückgebliebenen Lagerkameraden, die ebenfalls im Besitz eines solchen Schlüssels sein dürften, sowie 18,96 Mark Lagergeld, Photographien und Heiratspapiere des O.[134]

Die *Zivilarbeiter* waren außer in den Lagern bei den Reichenbacher Firmen und der Gemeinde vor allem in Gasthäusern und in Reichenbacher Familien einquartiert.

Knechte, Mägde und Hausmädchen

Im März 1945 lebten und arbeiteten mindestens in 63 Reichenbacher Privathaushalten einer oder mehrere Fremdarbeiter[135]. Zu nennen sind Franzosen, die als Knechte bei Reichenbacher Bauern beschäftigt waren, sowie vor allem junge polnische – später ukrainisch-polnische oder ukrainisch-sowjetische – Frauen, die als Mägde in landwirtschaftlichen Betrieben oder als Dienstmädchen im Haushalt mithalfen.

Sowohl die ukrainischen Mägde wie die bei Reichenbacher Bauern beschäftigten französischen Gefangenen waren – obwohl dies verboten war – wie in anderen ländlichen Regionen[136] meist in die Familie integriert.

> Der französische Arbeiter Michel hat bei uns wie ein Knecht gearbeitet. Mein Vater sagte dann zu ihm, er solle doch diese störende Erkennungsmarke ausziehen. So saß er wie ein Knecht bei uns am Tisch und aß mit. (...) Doch eines Tages kam plötzlich ein Wachmann zur Türe herein, während der Franzose mit nacktem Oberkörper ohne Erkennungsmarke bei uns beim Vesper am Tisch saß. Der Wachmann hat fürchterlich geschimpft, der Michel würde ins Lager kommen und mein Vater bekäme Schwierigkeiten. Da hat ihm mein Vater erst mal einen Birnenmost hingestellt. Zu mir sagte er, ich solle immer ein bissle nachschenken, wenn das Glas zu Neige ginge. Schließlich war der Wachmann so betrunken, daß er nicht mehr laufen konnte und wir haben ihn auf eine Mistkarre gelegt und die Franzosen haben ihn dann zurückgebracht. Der Wachmann ist dann versetzt worden, aber unserem Franzosen ist nichts passiert.[137]

Trotzdem waren die Menschen Gefangene, die hart arbeiten mußten und wohl auch Heimweh hatten.

> René, unser Fremdarbeiter, hat immer viel geweint. Auch nach dem Krieg sagte er immer, er habe viel geweint in Reichenbach.[138]

Stellvertretend für die in Reichenbacher Privathaushalten untergebrachten »Mägde« soll die Geschichte einer jungen ukrainischen Frau erzählt werden, die als Fremdarbeiterin nach Reichenbach kam, dort schwanger wurde, trotz widriger Umstände ihr Kind zur Welt bringen konnte, es bei Kriegsende »verlor« und es nach über 45 Jahren wieder fand, die Geschichte von Anna Rudawska[139].

Anna Rudawska wurde am 21. Dezember 1921 in Dessno, Kreis Sanok, im ehemals polnischen Teil der Ukraine geboren[140]. Sechs Monate nach dem Überfall der deutschen Truppen auf Polen kam die russisch-orthodoxe Christin aus dem *Generalgouvernement* als Fremdarbeiterin nach Reichenbach, wo sie am 2. März 1940 angemeldet wurde. Die deutschen Besatzungsbehörden hatten sie gezwungen, nach Deutschland zu fahren und in Reichenbach, von dem sie zuvor noch nie etwas gehört hatte, zu arbeiten[141]. Eine ihrer Leidensgefährtinnen – so erinnerten einige Reichenbacher – erzählte über das Verbringen der Frauen nach Deutschland:

> Die Frau M. hat mir mal erzählt wie sie hierher kam. Sie konnte sehr gut deutsch, was ihr auch zum Verhängnis wurde, wenngleich sie es hier in Reichenbach dadurch auch leichter hatte. Sie stand auf dem Feld in ihrer Heimat, so erzählte sie mir, da kamen deutsche Soldaten und fragten sie, ob sie deutsch könne. Sie bejahte in ihrer Ehrlichkeit und wurde sofort auf den LKW aufgeladen. Sie konnte nicht einmal ihren Kindern ade sagen, war einfach weg, von einem auf den anderen Moment.[142]

Der ab März 1942 für die *Heranziehung von Fremdarbeitern für die Kriegswirtschaft* Verantwortliche, der *Generalbevollmächtigte für den Arbeitseinsatz* Sauckel, erklärte später zur Rekrutierung der Fremdarbeiter:

> Ich habe meinen Auftrag von Adolf Hitler erhalten, und ich werde die Millionen Ostarbeiter nach Deutschland holen ohne Rücksicht auf ihre Gefühle, ob sie wollen oder nicht.[143]

Anna lebte bei Nane Pracht in der Stuttgarter Straße 15 in Reichenbach und arbeitete in deren Landwirtschaft und im Haus. Sie hatte Glück und wurde dort wie eine zur Familie Gehörende aufgenommen. Bald lernte sie einen über die *Kinder-*

Die schwangere Anna Rudawska im Frühjahr 1943.

landverschickung ins Hause Pracht nach Reichenbach gekommenen Jungen sowie die Enkelin von Nane kennen, mit der sie sich anfreundete. Im Laufe der Zeit begegnete sie einem polnisch-ukrainischen Fremdarbeiter, dem am 7. April 1921 in Rybne, ebenfalls Kreis Sanok, geborenen Schreiner Iwan (Johann) T.[144] Iwan arbeitete und lebte bei den Gebrüdern Häfner in Hochdorf. Sie verliebten sich ineinander, und Anfang Januar 1943 wurde Anna von ihm schwanger.

Bis zum Jahre 1942 wurden schwangere ausländische Frauen in sogenannten *Rückkehrtransporten* in ihre Heimatgebiete abgeschoben. Die Arbeitsämter und Parteistellen hegten deshalb den Verdacht, daß die meisten der Abgeschobenen die Schwangerschaft absichtlich herbeigeführt hätten[145]. Sie nannten als Lösungsvorschlag, den Müttern die Kinder wegzunehmen:

> Die Kinder guten Blutes könnten in Heime untergebracht werden, während die anderen

einer Sonderbehandlung[146] zugeführt werden müßten. M. E. (Meines Erachtens) würde dadurch mit einem Schlage die Kinderfreudigkeit bei diesen Polinnen nachlassen.[147]

Der *Reichsführer SS,* Heinrich Himmler, vereinbarte wegen des erhöhten Arbeitskräftebedarfs daraufhin Ende 1942 mit Sauckel, schwangere Frauen nicht mehr abzuschieben, um sie unmittelbar nach ihrer Entbindung wieder zum Arbeitseinsatz verwenden zu können. Begleitend versuchten sie, Methoden auszuarbeiten, um mit der – wie es hieß – »ungeheuren Vermehrungskraft dieser Primitiven fertig zu werden.«[148] Wenn polnische oder sowjetische Frauen schwanger wurden, so war es das Bestreben seitens der Nationalsozialisten, das Kind irgendwie abzutreiben. Die »billigste« Lösung dabei war der verstärkte Arbeitsdruck für die Mutter. Mitte 1942 machte der *Chef des Sicherheitsdienstes und der Sicherheitspolizei* den Vorschlag,

> gleich ob im Altreich oder im Warthegau, jede polnische schwangere Person bis zum achteinhalbten Monat zum vollsten Arbeitseinsatz heranzuziehen. Die daraus möglicherweise entstehende Schwangerschaftsunterbrechung und Störung sind nicht nur gewollt, sondern erwartet (...)[149].

Es sei notwendig, so hieß es weiter, »die Dienststellen im Altreich darauf aufmerksam zu machen, daß dem deutschen Staat jedes Mittel recht sein muß, die hemmungslose Fortpflanzung des rassisch unbrauchbaren Polentums zu verhindern.«[150] Im März 1943 erteilte das *Reichssicherheitshauptamt* die pauschale Genehmigung zur Abtreibung bei *Ostarbeiterinnen* im Falle einer Schwängerung durch einen »fremdvölkischen« Mann. Von sogenannten *Rasseprüfern* wurden die Frauen – zum Teil als normale Gesundheitsuntersuchung getarnt – einer »rassenbiologischen Untersuchung« unterzogen und nach einer vorgegebenen Werteskala in bestimmte Kategorien eingestuft. Hiernach entschied sich, ob die Kinder einen »unerwünschten Bevölkerungszuwachs« darstellten und demzufolge zur Abtreibung empfohlen wurden[151]. Diese wurde auch häufig gegen den Willen der Frau durchgeführt. Auch im Reichenbacher *Ostarbeiterlager*, so erinnerte sich, eine ehemalige Lagermitarbeiterin, »wurde am laufenden Band (...) abgetrieben.«[152]

Wenn das Kind trotz aller Maßnahmen zur Welt kam, so beschlossen Himmler und Sauckel weiter, sollten »gutrassige« Kinder polnischer und sowjetischer Frauen als deutsche Kinder erzogen und »schlechtrassige« Kinder in sogenannten *Kindersammelstätten* konzentriert werden[153]. Die *rassisch wertvollen* Kinder von Fremdarbeiterinnen wurden in jedem Fall von ihren Müttern getrennt und im Normalfall in einer »Ausländerkinder-Pflegestätte«, einem Heim der *Nationalsozialistischen Volkswohlfahrt* oder des *Lebensborns*[154] betreut[155].

Auf dem Land allerdings wuchsen die Kinder von sowjetischen und polnischen Arbeiterinnen meist zusammen mit den Kindern der deutschen Bäuerinnen und Mägde auf, zum Leidwesen und unter Protest der *Rassenspezialisten* des *Reichssicherheitshauptamtes* sowie der *Parteidienststellen*. Diese wiesen wiederholt auf die, so hieß es, daraus resultierende *volkstumpolitische Gefahr* hin und forderten die Unterbringung der Kinder in zentral eingerichteten Kinderheimen unter der Trägerschaft des *Reichsnährstandes*[156]. Den als *nicht arbeitseinsatzfähig* geltenden sogenannten *schlechtrassigen* Kindern sollte kein Lebensrecht eingeräumt werden. Die meisten, durchaus in gutem gesundheitlichen Zustand und mit warmer Kleidung versehenen Kinder, die in die eingerichteten *Ausländerkinder-Pflegestätten* eingeliefert wurden, starben binnen kurzem an Unterernährung, Epidemien und »allgemeiner Schwäche«[157].

Selbst verschiedenen *SS-Führern* war die Behandlung der Kinder zu unklar. Ein *SS-Gruppenführer* schilderte die Zustände in einem Schreiben an Himmler vom August 1943:

Die augenblickliche Behandlung der Frage ist meines Erachtens unmöglich. Es gibt hier

Anna Rudawska mit ihrer Helferin Nane Pracht und der kleinen Erika, Frühjahr 1944.

nur ein Entweder-Oder. Entweder will man nicht, daß die Kinder am Leben bleiben, dann sollte man sie nicht langsam verhungern lassen und durch diese Methode noch viele Liter Milch der allgemeinen Ernährung entziehen; es gibt dann Formen, dies ohne Quälerei und schmerzlos zu machen. Oder man beabsichtigt, die Kinder aufzuziehen, um sie später als Arbeitskräfte zu verwenden. Dann muß man sie aber auch so ernähren, daß sie einmal im Arbeitseinsatz vollwertig sind.[158]

Allgemein läßt sich festhalten, daß die »für den Arbeitseinsatz nicht brauchbaren polnischen und sowjetischen Kleinkinder (...) planmäßig entweder derart mangelhaft hygienisch versorgt bzw. ernährt« wurden, daß »viele von ihnen an Seuchen, Krankheiten oder Unterernährung starben«, oder gar »Opfer direkter Tötungshandlungen« wurden[159].

Anna Rudawska gebar am 30. September 1943 um 3.30 Uhr im Hause des Dr. Klenk in Reichenbach ein uneheliches Kind[160]. Nach einiger Zeit – der Vater be-

Im Juni 1992 fragte eine amerikanische Staatsbürgerin, Frau Lisa Gibney, beim Autor nach, ob es möglich sei, etwas über die Abstammung ihrer Mutter zu erfahren, von der sie nichts außer einer amerikanischen Urkunde hatte, auf der als Daten »Erika Rudawska, deutsch, geboren am 30. 9. 1943 in Reichenbach/F.« angegeben war. Die vom Autor in Reichenbach gegründete »Geschichtswerkstatt«nahm sich des Falles Erika Rudawska an und konnte im Oktober 1992 die recherchierten Unterlagen und Fotos an einem Abend zeigen, zu dem Erika Gibney, geborene Rudawska, mit ihren beiden Töchtern Lisa und Laura nach Reichenbach kam und sich mit den ermittelten »Pflegegeschwistern« treffen und austauschen konnte. In der Folge konnten durch Recherchen in verschiedenen Archiven, bei der ukrainischen Botschaft und bei Reichenbacher Zeitzeugen sowie – vor allem mit Hilfe von Lisa Gibney, die, angeregt von dem Erfolg der Recherchen, in den Geburtsort ihrer Großmutter reiste – bei Anverwandten der Großelternteile die beiden Großeltern, Anna Arsienkow, vormals Sarkissian, geborene Rudawska, sowie Iwan T., die unabhängig voneinander in die Vereinigten Staaten und nach Kanada ausgewandert waren, gefunden werden. Nach über fünfzig Jahren konnten sich Mutter Anna und Tochter Erika umarmen.

kannte sich erst Anfang Januar 1944 zur Vaterschaft[161] – durften die Eltern dem Mädchen den *deutschen* Namen Erika geben[162]. Offenbar erlaubten die lokalen Behörden den beiden nicht, zu heiraten[163]. Die kleine Erika Rudawska wurde daraufhin in Plochingen katholisch getauft[164].

In einer Statistik über die »Anzahl der unehelichen Kinder mit fremdländischem Elternteil im Kreis« tauchte Erika als eines

von elf im Jahr 1943 und von 67 zwischen 1939 und 1945 geborenen Kindern auf[165].

Anna war eigentlich zum Arbeiten in Reichenbach. Unmittelbar nach der Geburt mußte sie demzufolge das Haus Pracht verlassen und ins »Russenlager«. Annas Arbeitgeberin, Nane Pracht, setzte sich für die junge Mutter ein. Sie suchte eine Möglichkeit, das Kind irgendwie zu versorgen, ohne es – wie von den *Parteidienststellen* gefordert – in ein *Ausländer-*

kinder-Pflegeheim zu bringen. Als geeignete Pflegefamilie für das Kind fand sie ihre Schwester, Frau Kathrin Fischer. Diese lebte mit ihrer Familie im benachbarten Bahnwärterhaus in Reichenbach. Das schien vor allem für die Besuche der jungen Mutter eine günstige Voraussetzung zu sein, und so nahm Frau Kathrin Fischer die kleine Erika auf. Anna konnte weiterhin in der Prachtschen Landwirtschaft arbeiten und durfte die Arbeitsstelle verlassen, um ihr Kind zu stillen. Die kleine Erika konnte auf diese Weise überleben. Die meisten der im Lager wohnenden Kleinkinder – das belegen die Reichenbacher Totenregister – starben binnen kurzem. Auf den Reichenbacher Friedhöfen liegen 23 ehemals im Lager untergebrachte Kinder[166]. Der Pflegebruder Erikas erinnerte sich, daß Anna ihr Töchterchen auch später täglich besuchen konnte[167]. Die Familie Fischer gewann die kleine Erika so lieb, daß sie das Kind später adoptieren wollte, was aber Anna nicht erlaubte. Nach Ende des Krieges kamen Anna, Erika[168] und Annas im Juli geborener Sohn Iwan wie alle Ukrainer der Region in das Ukrainerlager nach Plochingen[169]. Anna holte die kleine Erika einige Zeit später ab. Die drei verloren sich. Die kleine Erika tauchte am 30. Juli 1947 auf dem US-amerikanischen Waisentransportschiff »S.S. Ernic Pyle« auf, das im Sommer 1947 in den Vereinigten Staaten eintraf. Sie wurde zur Adoption freigegeben[170].

Die befragten Zeitzeugen, die Anna Rudawska kannten, Fotos von ihr und ihrem Kind machten – und sie auch mochten – konnten glaubhaft versichern, daß es Anna vergleichsweise gut ging, daß sie immer viel lachte und daß die Arbeit auf dem Lande – bei aller Anstrengung – auch eine schöne Arbeit gewesen sei. Anna sagte nach 50 Jahren aus, es sei eine unbeschreiblich schwere Zeit in ihrem Leben gewesen[171]. Durch diesen »Widerspruch« kann ein Stück Wirklichkeit beleuchtet werden. Vermutlich stimmt beides oder von beidem etwas. Die Fremdarbeiter – die meisten waren sehr jung – versuchten

natürlich, sich mit der Situation zu arrangieren, es sich auch gut gehen zu lassen, zu lachen, sich zu verlieben und aus der Situation »das Beste« zu machen. Doch erstens war Anna weit weg von ihren Liebsten zuhause in der Ukraine – alle hatten wohl mehr oder weniger Sehnsucht und Heimweh –, und zweitens war sie Gefangene im Krieg, der Zwangscharakter des Arbeitseinsatzes[172] – und sei es auch nur die Möglichkeit der Gewaltandrohung durch den nationalsozialistischen Terrorapparat – war ständig präsent. Ihr blieb wie den meisten Fremdarbeitern nichts anderes übrig, als gute Miene zum bösen Spiel zu machen, aber dieses Lachen änderte nichts am teuflischen Charakter des »Spiels«[173].

Die meisten Fremdarbeiter waren jedoch nicht privat untergebracht. Ihnen ging es nicht »relativ gut«, sondern sie lebten einen völlig anderen Alltag als etwa Anna Rudawska. Es waren sogenannte *Ostarbeiter*. Sie lebten unter katastrophalen Bedingungen im großen Reichenbacher *Ostarbeiterlager*.

Ostarbeiterlager Reichenbach/F.

Mit der Unterstützung von Bürgermeister Schmid[174] begann die Reichsbahn im Winter 1941/42 mit dem Bau von vier Holzbaracken in Reichenbach zur Unterbringung von russischen *Kriegsgefangenen* und *Zivilarbeitern*. Auf dem »Wasen bei der Turnhalle (bisheriger Reitplatz)«, so teilte Schmid in seinem Jahresbericht mit, entstand das »Ostarbeiterlager Reichenbach/F.«[175]

Noch während der Planungen des Rußlandfeldzuges war an einen Arbeitseinsatz russischer Kriegsgefangener im Deutschen Reich nicht nur überhaupt nicht gedacht worden, sondern es bestand ein ausdrückliches Verbot Hitlers hierfür[176]. Erste Initiativen, trotz aller ideologischer und sicherheitspolitischer Vorbehalte russische Kriegsgefangene im Reich einzusetzen, gingen von der Industrie und nicht von behördlicher Seite aus[177]. »Vernichtung durch Arbeit« war der »Kompromiß«, auf den sich der *Reichsführer SS* und der *Reichsjustizminister* 1942 einigen konnten[178].

Am 14. April 1942 trafen die ersten 20 russischen Männer in Reichenbach ein, im August 1942 waren es bereits rund 600 Mann[179]. In Archiven konnten erstaunlich viele Unterlagen und Quellen zu dem *Reichenbacher Ostarbeiterlager* ermittelt werden. Im folgenden sollen vor allem zwei ausgewählte Blickwinkel vorgestellt werden, ergänzt durch Erinnerungen anderer Reichenbacher Bürger. Es handelt sich um die Beobachtungen einer Reichenbacherin, die in der Verwaltung des Lagers arbeitete und nach Kriegsende ihre Erinnerungen aufschrieb, sowie um die Sicht des zuständigen Lagerarztes, Dr. Ernst Klenk, dessen zeitgenössischen Berichte und Briefe an die Verantwortlichen einen Einblick in das Reichenbacher *Ostarbeiterlager* vermitteln. Im übrigen soll an dieser Stelle auf die bisher einzige fundiert recherchierte Untersuchung über Fremdarbeiter im Kreis Esslingen, »Räder müssen rollen für den Sieg«[180], hingewiesen werden, die auch zum *Reichenbacher Ostarbeiterlager* – bis auf einige kleinere Ungenauigkeiten[181] – zuverlässig Auskunft gibt. In den Erinnerungen der ehemaligen Reichenbacher Lagermitarbeiterin heißt es:

Es war im Frühjahr 1942. Die deutschen Truppen standen weit, weit in Rußland drinnen. Der Rußlandkrieg erforderte unzählige Menschenmengen. Immer mehr Männer mußten ihre Arbeitsplätze verlassen und den Soldatenrock anziehen. Ein großer Arbeitermangel machte sich allmählich bemerkbar. Da hieß es eines Tages in Reichenbach: Russen sollen als Arbeitskräfte nach Deutschland kommen. Und wieder einige Wochen später: Auch Württemberg wird Russen aufnehmen müssen. Und dann ging es wie Lauffeuer durch unsern Ort: Russen kommen nach Reichenbach! Wie da die Menschen aufhorchten! Russen in Reichenbach! Das war etwas Unerhörtes. So etwas war noch niemals passiert, und viele Menschen schauderten bei dem Gedanken, daß solche Menschen, von denen man doch durch Radio, Zeitungen und selbst von Soldatenberichten so viel Schreckliches hörte,

nun auf einmal unter uns leben sollten. Da war man ja seines Lebens nicht mehr sicher. (...) Da schimpften die Leute: Warum denn ausgerechnet zu uns nach Reichenbach, als ob es nirgends Platz hätte als hier bei uns. Was brauchen wir solche unkultivierten Menschen. Wir haben jetzt schon so wenig zu essen, alles ist rationiert, und dann noch die Russen. (...) Kurzum, auf das Kommen der Russen freute sich niemand. (...) Doch eines Tages waren sie da. Ein Transport von ca. 150 bis 200 Menschen. Zerlumpte Gestalten waren es. Die meisten gingen barfuß oder hatten mit Lumpen umwickelte Füße. Die Kleider waren so grau wie die Farbe der Landstraße. In den Gesichtern spiegelten sich Elend, Entsetzen und Not. Ein schmutziges, zusammengeballtes Bündel – ihr ganzes Hab und Gut – trugen sie fest an sich gepreßt mit sich. (...) Gewiß waren es früher stämmige, gesunde Menschen gewesen, aber was haben das Leid, die Sorgen und Not aus ihnen gemacht. (...) Hinter dem Sportplatz, umsäumt von Eisenbahnlinie und der Fils entstand nach und nach das Ostarbeiterlager Reichenbach/Fils. (...) Vorerst mußten die Russen mit den Zelten vorlieb nehmen. Aber sie waren ja vieles gewohnt. Schon monatelang waren sie auf der Fahrt, kamen von Lager zu Lager und waren nun froh, daß sie endlich am Ziel sein sollten. Und so hausten sie vorerst in den Zelten, streng bewacht von Wachleuten.[182]

Das Lager wurde vom Reichsbahnausbesserungswerk (RAW) verwaltet. Alle arbeitsfähigen Männer und Frauen kamen dort und in den Betriebswerken und Verladebahnhöfen zum Arbeitseinsatz. In dem Bericht heißt es weiter:

Jeden Morgen um 3.00 Uhr war Wecken. Um 4.15 Uhr Abmarsch vom Lager unter Bewachung. Dann gings zum Bahnhof Reichenbach. In gesonderten Zugabteilen wurden sie dann nach Esslingen transportiert. Um 6.00 Uhr früh begann dort die Arbeit. (...) Das Lager Reichenbach wuchs. Es kamen nicht nur arbeitsfähige Männer und Frauen dorthin, sondern auch Alte, Kranke und Kinder. Es wurde ein richtiges Familienlager. Es wurden dort auch einige Kinder geboren, die meisten starben aber bald. Die Russen, die bei uns waren, sollten eigentlich freiwillige Arbeitskräfte sein. Aber (...) davon konnte keine Rede sein. Sie waren auch völlig rechtlos und uns Deutschen ausgeliefert.[183]

Inspektion im *Ostarbeiterlager* Reichenbach, links Büroleiter Hauff, dritter von links Lagerleiter Gottlob Bräuninger.

Erster Wachkommandoführer im *Ostarbeiterlager* Reichenbach 1942 war *Reichsbahnoberinspektor* Siegel[184]. In der Anfangsphase, so erinnerten mehrere Reichenbacher, muß viel geschlagen worden sein[185]. Ein etwa 50 Meter neben dem Lager wohnender Reichenbacher gab kurz nach dem Krieg zu Protokoll:

> Die Ostarbeiter mußten morgens zum Essenfassen antreten, ebenso auch abends. Dabei habe ich beobachtet, wie die Wachleute, insbesondere ein gewisser S. aus Stuttgart, welcher letztere zu beaufsichtigen hatte, auf die Ostarbeiter bei geringstem Anlaß einschlugen.[186]

Viele Bewohner Reichenbachs, so berichten mehrere Zeitzeugen, regten sich über die Behandlung der Fremdarbeiter im Reichenbacher Lager auf.

> Mein Mann und ich, wir sind zwischen 1942 und 1943 oft zusammen spazieren gegangen, und da sind wir am Russenlager vorbei. Da haben wir uns immer sehr aufregen müssen, weil die haben die Russen geschlagen. Die haben wohl Streiche bekommen, die haben so geschrien. Auch Parteigenossen haben sich entsetzt, das ist doch eine Unverschämtheit, wie mit denen umgegangen wird.[187]

Der erste Lagerkommandant, der offenbar besonders viel geschlagen hat, soll auf Betreiben verschiedener Reichenbacher weggekommen sein[188]. Ob dies der tatsächliche Grund war, ist nicht zu belegen, doch decken sich diese Aussagen mit Quellen, wonach im Juni ein »Personenwechsel in der Lagerverwaltung stattgefunden« hat[189]. Zum 1. Juni 1942 übernahm der 43jährige Reichsbahn-Obersekretär Gottlob Bräuninger[190] die Leitung des Reichenbacher Lagers. Seine ehemalige Mitarbeiterin beobachtete die Fremden sehr genau und beschrieb dies eindrücklich:

Durch die erste Behandlung, die die Russen in Deutschland erfuhren, wurden sie eingeschüchtert und verloren jedes Selbstvertrauen. Sie waren gefangene Menschen, die nur zur Arbeit da waren, die von allen anderen Menschen von der Seite betrachtet wurden. Man schenkte ihnen heimlich Brot und dergleichen, aber man hätte sich geschämt, wenn es jemand gesehen hätte. Das empfanden auch diese Menschen, und ihr eigenes Ich verkroch sich ganz hinter der Angst, die aus ihren freudlosen Augen blickte. Doch allmählich wurde auch dieser Zustand besser. (...) Am Anfang durften sie nicht ohne Bewachung das Lager verlassen. Sie wurden durch Wachmannschaften zur Arbeitsstätte gebracht, dort den ganzen Tag beaufsichtigt und abends wieder abgeholt. Aber man merkte, daß sie eigentlich nicht gefährlich waren, daß sie mehr Angst hatten vor uns als wir vor ihnen.[191]

Doch die Situation änderte sich nur unwesentlich. Die Hierarchisierung der einzelnen Ausländergruppen und die Situation in dem von der Öffentlichkeit mehr oder weniger abgeschlossenen Lager bildeten den idealen Nährboden für Schwarzmarkt und Korruption[192]. Nicht selten unterschlug der Lagerführer einen Teil der Lebensmittelrationen und bot sie dann im Lager zu überhöhten Preisen an. Vielerorts entwickelte sich ein weitverzweigtes System von Lagerprostitution[193]. Dies mag es in Ansätzen auch in Reichenbach gegeben haben[194], jedoch ein von den deutschen Behörden unterstütztes Lagerbordell, von denen es im November 1943 reichsweit bereits etwa 60 gab, ist für Reichenbach nicht zu belegen[195]. Allerdings berichteten die meisten Reichenbacher unmittelbar nach Kriegsende von der schlechten Versorgungslage im »Russenlager«, der Not der Insassen und darüber, daß die Wachmannschaften Lebensmittel verschoben hätten. Vor allem Bräuninger und der deutsche Koch des Russenlagers saßen demnach häufig »bis in die frühen Morgenstunden im Hirsch«[196] in Reichenbach und aßen »Mengen von Fleisch« und tranken gut[197]. Die ehemalige Lagermitarbeiterin hielt fest:

Iwan, der russische Koch, hat immer geweint bei mir. Der deutsche Koch (...), der in der

Aufsichtsbaracke wohnte, hat ihm immer Lebensmittel gestohlen, Torten backen lassen und abends mit einigen Reichenbacher Frauen Feste gefeiert.[198]

Ab Ende 1942 durften sich die *Ostarbeiter* sonntags im Ort frei bewegen. Mehrere Reichenbacher erinnerten sich an Versuche, den »Russen« eine Aufbesserung zu den kargen Rationen zukommen zu lassen oder durch Kleinigkeiten das Leben in Reichenbach etwas würdiger zu gestalten.

Meine Mutter hat jeden Tag Zigarrenstumpen auf den Fenstersims gelegt und manchmal eine frische dazu; und da kam einer vom Russenlager immer vorbei und hat sie sich geholt. Die wußten das schon, die Zigarren lagen keine zehn Minuten. Sie sagte »sag bloß nichts dem Vater«, der wußte aber schon, was sie mit seinen Stummeln machte.[199]

Die Lagermitarbeiterin notierte hierzu weiter:

Bei den einen wurden sie weggejagt, bei den anderen freundlich aufgenommen. Eigentlich war es ja der Bevölkerung verboten, den Russen Kleider oder Essen zu schenken. Aber doch hat manche Mutter in Reichenbach den armen Menschen etwas in die Hand gedrückt in der Hoffnung, daß es ihrem Sohn im Krieg wieder vergolten werde.[200]

Aufgrund der unzureichenden Versorgung im Lager meldeten sich die meisten Insassen, wenn Anfragen nach russischen Arbeitskräften von Reichenbacher Betrieben oder Einzelpersonen kamen. Dort konnten sie ein Vesper bekommen, eine Zwiebel oder ein Glas Most. Die meisten Reichenbacher berichteten, daß sie sich wiederholt tageweise »einen Russen entliehen hatten«.

Ich habe jeweils drei bis vier Russenfrauen geholt zum Flaschen Putzen. Die Russen waren fleißige, anständige Leut'.[201]

Ich hab' auch mal welche geholt, die haben sich ja geschlagen nach der Arbeit, daß sie mal etwas zum Essen bekommen haben. Die sind geschlagen worden, wenn sie ein Brotkrümel mitgebracht haben.[202]

Ostarbeiterlager Reichenbach.

Ich habe immer einen Russen zum Garten schoren geholt. Denen hat man in der Waschküche was zu essen gegeben, weil in die Wohnung hat man sie ja nicht lassen dürfen.[203]

Die sind Samstag morgens oder mittags einfach gekommen und haben, ohne zu reden, zu schaffen angefangen. Das Holz, das bei uns immer herumlag, das haben sie gehackt, hernach haben sie dann ein Vesper bekommen und einen Most. Da ist kein Wort gefallen.[204]

Zu intensiveren Kontakten konnte es aufgrund der Sprachbarriere meist nicht kommen. Ein Werkmeister bei der Firma Otto erinnerte sich:

Deutsch konnten die ja nomalerweise kaum, man hat denen halt gezeigt, was die tun sollten. Doch meistens hat man denen nur untergeordnete Arbeiten anvertraut, als Putzkolonnen oder ähnliches, nicht an den Maschinen.[205]

Wiederholt brachten die nationalsozialistischen Behörden den Reichenbacher Betrieben »per Umlauf« zur Kenntnis, daß sowjetische Kriegsgefangene und *Ostarbeiter* »angesichts der Heimtücke und politischen Einstellungen« keine Sonderrationen und keine Geschenke erhalten dürften[206] sowie besonders streng zu bewachen seien[207]. Die *Gestapo* beauftragte darüber hinaus die Landräte, zusammen mit dem *Kreisleiter* geeignete *Parteigenossen* zur »Überwachung fremdvölkischer Arbeitskräfte« zu benennen[208]. *Ortsgruppenleiter* Mangold beauftragte hierauf am 12. November 1942 fünf Reichenbacher Männer damit[209], übrigens *Parteigenossen*, die bislang als solche noch nicht sonderlich aufgefallen waren.

Insgesamt 44 *Ostarbeiter* aus dem Reichenbacher Lager überlebten die Torturen nicht[210]. 39 davon wurden auf den Reichenbacher Friedhöfen beerdigt[211], fünf liegen auf dem Gräberfeld für Fremdarbeiter auf dem Friedhof in Esslingen-Sulzgries[212]. Die angegebenen Todesursachen, »Vergiftung durch Genuß von Motoröl«, »Lungenentzündung«, »Fieberhafter Brechdurchfall« oder »Wasserpocken,

Eingang zum *Ostarbeiterlager* Reichenbach; links Büroleiter Hauff, 2. v. l. Lagersanitäter.

Ernährungsstörung, Darmverschluß«, weisen andeutungsweise auf die Lebensbedingungen im Reichenbacher *Ostarbeiterlager* hin.

Der Arzt sah das Lager aus einem anderen Blickwinkel. Er beschäftigte sich gemäß seiner Aufgabe mit den gesundheitsschädigenden Bedingungen im Lager. Seine »Ausländerkartothek«, eine von Dr. Klenk erstellte Kartei, in der er jeden von ihm behandelnden *Fremdarbeiter* namentlich verzeichnete, umfaßte insgesamt etwa 2500 Ausländer[213]. Ein Problem stellten die zum Teil schweren Mißhandlungen der Lagerinsassen dar, die Klenk daraufhin behandeln mußte. Er äußerte sich hierzu wie folgt:

Verschiedene Fälle von Mißhandlungen (eine mit Todesfolge) sind mir bekannt. Einmal lag Hodenverletzung durch Fußtritt vor. Ich kann mich an einen Russen namens Klenko erinnern, der sehr viel geschlagen wurde.

Der Dolmetscher H. aus Wittels (...) hat viel geschlagen.[214]

Ein junger Russe, der offenbar auf der Baustelle geschlagen wurde, wurde mit Brustquetschung bei Klenk eingeliefert, welcher aber nicht mehr verhindern konnte, daß jener seinen Verletzungen erlag[215]. Bereits 1942 beschwerte sich Klenk mehrfach schriftlich bei den zuständigen Stellen über die katastrophale hygienische Situation im Reichenbacher Lager:

Ende April kamen ca. 150 Russen hier an und belegten sofort die nagelneuen Barakken. Waschgelegenheit war damals nur im Freien.[216]
Heute sind es etwa 600 und wie ich höre, sollen es über 1000 Leute werden. Das Lager hat sich enorm vergrößert, 3 große Baracken und die Desinfektionsbaracke sind noch im Bau.[217]
Als Ende April die ersten 6 in meine Behandlung kamen, hatte der erste massenhaft Läuse. Darauf schickte ich alle zurück in ihr La-

ger und begab mich regelmäßig ins Lager, um die dort anfallenden Erkrankungen zu betreuen. Gleich in den ersten Tagen wurde das Lager (...) entlaust, was aber völlig zwecklos war, da die Leute ja keinerlei Wäsche oder Kleidungswechsel vornehmen konnten. (...) Seit Mitte Mai ist die Küchenbaracke in Betrieb, prompt stellten sich kleinferkelgroße Ratten aus der Fils ein und springen am hellen Tage unter den Baracken herum.[218]

Seit 15. Juni 1942 war die sanitäre Baracke mit circa 40 Waschgarnituren in Betrieb.

Die Leute arbeiten alle in der RAW Esslingen werden dabei sehr schmutzig, sie sind entsprechend verdreckt. 95 % aller Erkrankungen sind Schmutzeiterungen, (...) an inneren Erkrankungen hauptsächlich Magenstörungen.[219]

Das allerdringlichste Bedürfnis (...) ist die Versorgung der Insassen mit einem 2. Hemd und einer 2., wenn auch noch so primitiven Kleidung. Der eine hat kein Hemd an, weil es ihm gestohlen ist, der andere hat bei der derzeitigen Sommertemperatur 2 oder 3 Garnituren an, weil er Angst hat, sie würde ihm gestohlen, wenn er es nicht am Leibe trägt. (...) So wie es zur Zeit ist, daß sie nach dem Waschen und nach dem Baden ihre häufig einzigen öl- und dreckstarrenden Kleidungsstücke wieder anziehen, kann es nicht weitergehen. Jeder Kampf gegen Seuchen ist fruchtlos, solange dieser Zustand vorhält. Die in meinem ersten Schreiben erwähnte Rattenplage ist immer noch vorhanden.[220]

Am 9. Juli 1942 besichtigten Regierungsrat Dr. Pesendörfer und Medizinalrat Dr. Mayser zusammen mit Dr. Klenk das Russenlager. Im Bericht heißt es:

Nach seinem Ausbau soll nach vorliegenden Plänen das Lager 14 Baracken umfassen. Im Juli stehen die Küchenbaracken, zugleich Verwalterwohnung, 3 Lagerbaracken und eine Waschbaracke. (...) In den Gassen zwischen den Lagerbaracken sind zahlreiche Rundzelte aufgestellt. (...) Alkoholische Tropfen werden als Schnapsersatz begehrt, Salben jeder Art als Brotaufstrich verwendet.[221]

Die Wohnbaracken sind in 5 Abteile unterteilt. In jedem Abteil sind 24 Betten übereinander aufgestellt, so daß in jeder Baracke 120 Personen untergebracht werden können. (...) Außerdem sind in der Lagermitte

noch 16 Spitzzelte errichtet; in jedem Zelt liegen zur Zeit 14–16 Personen.[222]

Neben dem Verwaltungspersonal ist im Lager noch eine Bahnpolizeiwache von 8 Mann vorhanden und in wöchentlichem Personalwechsel eingesetzt.[223]

Für die Absonderung von Kranken ist kein Raum vorhanden. (...) Der Krankenstand ist nach Angaben des Lagerarztes sehr hoch.[224]

Nach Fertigstellung sollte das Lager 1680 Personen in den Baracken und 240 Personen in den Zelten, also 1920 Personen Platz bieten. Doch bereits in der Enstehungsphase zeigten sich Probleme, die der Personenaufnahme Grenzen setzten. Am 10. Juli 1942 war das Lager »mit 501 männlichen und 104 weiblichen Sowjetarbeitskräften belegt«[225] – und scheinbar alles noch »in Ordnung«. Einen Tag später, am 11. Juli 1942, so heißt es in einem vertraulichen Schreiben, brach Flecktyphus im Reichenbacher Lager aus[226]. Die betroffenen Russen wurden am 12. Juli ins Lagerkrankenhaus Pleidelsheim verbracht. Da für die »Entlausung eines größeren Personenkreises« die Einrichtung des Städtischen Krankenhauses Esslingen »völlig unzureichend«[227] war – in ihr konnten nur etwa 50 Personen täglich entlaust werden – mußte die motorisierte Entlausungsanlage der Medizinischen Landesuntersuchungsanstalt Stuttgart herangezogen werden. Am 14. Juli entlauste sie das Lager Reichenbach und seine Insassen. Im erwähnten Schreiben heißt es weiter: Bis 1. August »dürfen Insassen des Reichenbacher Lagers nicht in andere Lager verlegt oder an die Landwirtschaft abgegeben werden.«[228] Am 14. Juli erging Nachricht hiervon an die Bürgermeister von Reichenbach und Hochdorf[229]. Die geplante Isolation der Reichenbacher *Ostarbeiter* wegen des Fleckfiebers war, so meldete der Reichenbacher Gendarm, nicht möglich, da die im Nebenlager Hochdorf untergebrachten *277* Insassen im Hauptlager Reichenbach zwar gesondert verpflegt wurden, jedoch trotzdem in Kontakt mit den »Reichenbacher Russen« kamen[230]. Wiederholt kam es in den fol-

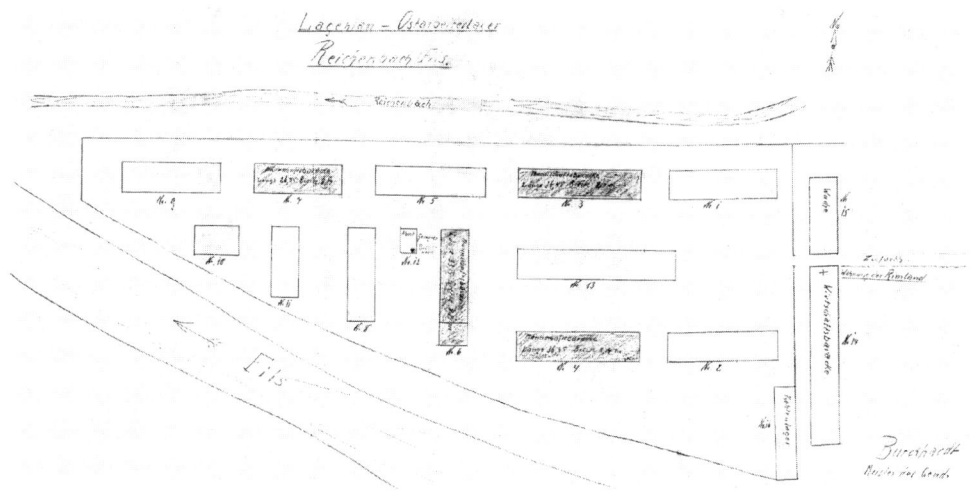

Lageplan des *Ostarbeiterlagers* Reichenbach.

genden Jahren deshalb zu Fleckfiebererkrankungen.

Darüber hinaus beklagte Klenk mehrfach den Gesamtzustand des Lagers. Ende August 1942 übersandte er der Kassenärztlichen Vereinigung eine Aufstellung, »19 Fehlerpunkte zum Ostarbeiterlager«[231], in der er neben dem Abstellen des Wassers während der schlimmsten Hitzeperiode die hohen Belastungen durch zusätzliche Privatarbeiten im Ort, die schlechte Entsorgung der Latrine, den unzulänglichen Vorrat an Verpflegung, Verbandsstoff und sonstigem Verbandsmaterial sowie die nicht vorhandene Katastrophen- oder Luftkriegsvorsorge anprangerte. Er schrieb zusammenfassend:

Ich kann mir nicht vorstellen, wie schlimm es ausfallen möchte, wenn eine einzige Sprengbombe in der Nähe explodieren würde.

Das *Ostarbeiterlager* Reichenbach wuchs. Im Zusammenhang mit dessen Ausbau bekam Bürgermeister Schmid Ende November 1942 das »Kriegsverdienstkreuz zweiter Klasse«, da er

die kriegswirtschaftlichen Aufgaben seiner Gemeinde, die durch deren strukturelle Zusammensetzung, insbesondere aber durch die hohe Zahl ausländischer Zivilarbeiter, eine besondere Note haben, unter Einsatz seiner ganzen Persönlichkeit sehr gut gemeistert hat[232].

Es ist schwer festzustellen, zu welchem Zeitpunkt wieviele *Ostarbeiter* tatsächlich im Reichenbacher Lager waren. Eine Untersuchung nach dem Krieg kam zu folgendem Ergebnis:

In Reichenbach (...) wurde während der letzten Kriegsjahre ein Russenlager mit zeitweise bis 2000 Insassen gehalten, in dem es wie üblich auch zu Mißhandlungen von Lagerinsassen gekommen ist.[233]

Dies scheint etwas hoch gegriffen. Da leider keine Begründungen für die Zahl gegeben wurde, soll im folgenden anhand der vorhandenen Quellen dieser Frage nachgegangen werden.

Bereits im Juli 1942 war ein »Nebenlager Hochdorf« gebaut worden, das der Verwaltung des *Hauptlagers Reichenbach* unterstand und in dem knapp 300 *Ostarbeiter* untergebracht waren[234]. Das »Hauptlager« war zu dieser Zeit mit »605 Sowjetarbeitskräften belegt«[235]. Ein vom Reichsbahn-Betriebsamt Esslingen im September 1942 erstellter Plan[236], wurde am 15. Oktober 1943 durch einen neuen »Lageplan« ersetzt, von dem nur noch der das westliche Drittel des Lagers abbildende Teil vorliegt[237]. Dieser »Lageplan« bestätigt die Angaben von Regierungsrat Dr. Pesendörfer vom Juli 1942, nach denen das *Hauptlager* bis zu einer Kapazität von maximal 1920 Personen ausgebaut werden sollte[238]. Dies scheint spätestens im Oktober 1943 geschehen zu sein. Da das im Januar 1942 gemietete Gelände, das 15,1 Ar[239] umfaßte, offenbar nicht ausreichte, mietete das Reichsbahnbetriebswerk Esslingen Anfang April 1944 weitere knapp drei Ar zur Erstellung einer größeren »Lehmbaracke zur Unterbringung ausländischer Arbeiter«[240]. Im Jahre 1944 vergrößerte sich das *Hauptlager* Reichenbach durch neu ankommende Transporte so stark, daß sich die Fälle von Flecktyphus »sehr häuften«[241] und die Fleckfieberepidemie von Anfang März bis Mai auf den Ort übergriff[242]. Ein »Ausweichlager« in Esslingen mußte erstellt werden.

Ein junger 25jähriger Mann wurde zum Lagerführer bestimmt. Viele Russen von Reichenbach kamen dann in dieses Lager.[243]

Polnische Fremdarbeiterinnen, die im Böckelschen Haus untergebracht waren; sitzend von links nach rechts: Janina Ograbek (mit einer geliehenen Puppe), Helene Sczesna, Ada Augustiniak; stehend von links nach rechts: Danuta Groszewska, Maria Kowalczyk, Wera Piasta.

Die Versorgung scheint noch schlechter als im Reichenbacher Hauptlager gewesen zu sein.

Die Lebensmittel, die für dieses Lager zur Verfügung gestellt wurden, verschwanden immer wieder auf mysteriöse Weise. Die Kartoffeln, das Hauptnahrungsmittel der Russen, wurden im Freien gelagert und (...) durch den starken Frost, der im November 1944 einsetzte, zum größten Teil ungenießbar.

Durch diese unverantwortliche Leichtsinnigkeit des Lagerführers waren die Russen vom

Ostarbeiterlager Reichenbach.

November 1944 bis zu ihrer Befreiung im April 1945 dem Hunger ausgesetzt. Und so kamen sie am Samstagabend erschöpft und ausgehungert ins Lager Reichenbach anmarschiert, um wenigstens einen Teller warme Suppe zu bekommen. Lagerführer Bräuninger vom Lager Reichenbach (...) erlaubte dem Russenkoch Iwan, an den Wochenenden die doppelte Menge Suppe zu kochen.

Der Lagerführer floh, als das Lager Esslingen von den Alliierten übernommen wurde. Die Russen suchten ihn überall (...), und ich erfuhr von der Dolmetscherin Maria vom Reichenbacher Russenlager, daß die Russen ihn buchstäblich totgeschlagen hätten.[244]

Ende Mai 1944 waren nach Eröffnung des Esslinger *Ausweichlagers* im *Reichenbacher Hauptlager* noch mindestens 900 *Ostarbeiter* untergebracht[245]. Diese Zahl ist vermutlich zu niedrig angesetzt. Dr. Schneider nannte sie in einem Brief zu seiner Verteidigung, auf Angriffe gegen ihn, daß er sich zu wenig Zeit für die Betreuung des *Ostarbeiterlagers* nähme. Der Reutlinger Arzt war als Nachfolger von Dr. Klenk, dessen ständige Eingaben der

Reichsbahn wohl auf die Nerven gefallen waren, eigens als Lagerarzt eingestellt und dafür *uk.* gestellt worden[246]. Seine *uk-* Stellung war nun in Gefahr, da er vom Gesundheitsamt heftig kritisiert, seine Arbeit als nicht zufriedenstellend betrachtet und sein Verhalten in einem Aktenvermerk vom Medizinalrat als »medizinische Schlamperei« bezeichnet worden war[247]. Dem Arzt wurde vorgeworfen, daß er das Reichenbacher Lager nur dreimal pro Woche für höchstens eine Stunde besuchte[248]. Er hatte von daher eher das Motiv, die zu behandelnde Zahl an *Ostarbeiter* in seiner Verteidigung herunterzuspielen, so daß ihm die eine Stunde eher ausreiche, den Weg zum Lager hin- und zurückzugehen und die »nur« 900 Menschen medizinisch zu betreuen.

Ein von Gendarmeriemeister Burckhardt im Mai 1945 angefertigter Plan stimmt zumindest im Westteil mit dem Plan aus dem Jahre 1943 überein[249]. Allerdings zeichnete Burckhardt anstelle der beabsichtigten 14 Wohnbaracken nur 13 ein, außerdem eine große »Wirtschaftsbaracke« (Nr. 14), eine Baracke für die Wachmannschaften (Nr. 15) sowie ein »Kohlenlager« (Nr. 16). Das Hauptlager hätte demnach ein Fassungsvermögen von 13 Baracken mit je 120 Personen, ergibt 1560 Personen. Falls die vorhandenen Spitzzelte zum Einsatz kamen, konnten damit weitere 240, also insgesamt maximal 1800 Personen untergebracht werden.

Unter den Fremdarbeitern gab es – soweit dies noch nachzuweisen ist – unterschiedliche Beziehungen und Organisationsformen. Die jungen Polinnen im »Nähhäusle« hatten – so berichtete Janina Ograbek, die nach dem Krieg in Reichenbach blieb und heiratete[250], einen guten, eher freundschaftlich-geselligen Zusammenhalt. Sie versuchten, trotz Überwachung, Angst und Zwang auch unbeschwerte Zeiten zu verbringen, *organisierten* sich beispielsweise ein Radio, mit dem sie tschechische Nachrichten und Tanzmusik hörten, bis sie ertappt wurden[251]. Die Beziehungen der in Reichenbach arbeitenden französischen Kriegsgefangenen waren geprägt von einer untereinander gut funktionierenden militärisch-hierarchischen Organisation. Einige von ihnen gehörten einem Verbindungsnetz französischer Kriegsgefangener an[252].

> Die wußten genau, was los war an der Front.[253]

Ähnliches gab es im *Ostarbeiterlager*, dessen Lagerdolmetscher Köhler offenbar der Führer der – vorrangig politisch – organisierten Russen im Lager war. Die Reichenbacher Lagermitarbeiterin erinnerte sich:

> Er war ungefähr 25 Jahre alt, sprach ein akzentfreies Deutsch und (...) hatte Papiere, die ihn eindeutig als Deutschrussen auswiesen. Trotzdem hatte die Lagerleitung wohl ihre Bedenken, da er, wenn Lagerführer Bräuninger nicht anwesend war, seine Leute zusammentrommelte und ihnen kommunistische Vorträge hielt.[254]

Köhler gehörte der russischen Widerstandsorganisation »Brüderliche Zusam-menarbeit« an, zu deren Zentrale sich 1943 das »Stammlager Ludwigsburg« (StaLag) entwickelt hatte[255]. Bereits vor der Befreiung organisierte Köhler eine Abstimmung im Lager, was mit dem Leiter Gottlob Bräuninger geschehen solle. Als im April 1945 die Amerikaner das Lager befreiten, erklärte Köhler, er sei eingeschleuster sowjetrussischer Funktionär und habe seine Ausbildung in der kommunistischen Partei erhalten. Auf seine Fürsprache blieb Bräuninger im Amt und führte – zusammen mit Köhler – das Lager bis zu dessen Auflösung weiter[256].

Reichenbacher »Doppelrollen«

Zur Gewährleistung der »Fortführung eines geregelten Wirtschaftslebens« in Reichenbach wurden die bereits hochgeschraubten Leistungsanforderungen an *unabkömmliche* Arbeiter und an vermehrt angeworbene Arbeiterinnen unter ideologischen Verweisen auf die *Volksgemeinschaft, Indienstnahme,* und – als Steigerung dessen im Krieg – auf »Dienstverpflichtung« und »Opferbereitschaft« nochmals angehoben.

Die meisten Reichenbacher Betriebe und Privatpersonen konnten außerdem kleinere Gruppen der »billigen« *Ostarbeiter* für mehrere Tage oder Wochen – etwa bei produktionsbedingten Engpässen – anstellen oder sich tageweise für landwirtschaftliche Arbeiten »einen Russen entleihen«, wovon intensiv Gebrauch gemacht wurde[257]. Darüber hinaus bleibt festzuhalten, daß während der Kriegswirtschaft alle Reichenbacher Unternehmen, vom Großbetrieb bis zum Einmann- oder Einfraubetrieb, in der Landwirtschaft, im Bäcker- und Metzgerhandwerk auf die in Reichenbach wohnenden und in den örtlichen Betrieben und Haushalten arbeitenden 650 – sehr kostengünstigen – Fremdarbeiter angewiesen waren und von diesen profitierten.

Fast alle Reichenbacher Unternehmen wuchsen innerhalb der viereinhalb Kriegsjahre. Interessant ist in diesem Zusammenhang, die Rolle der drei größten Industrieunternehmen am Ort, Schöttle, Traub und Otto, zu beleuchten, die für die »Fortführung eines geregelten Wirtschaftslebens« in Reichenbach eine zentrale Rolle spielten, deren *Betriebsführer* in Reichenbach und darüber hinaus ein unterschiedlich distanziertes Verhältnis zum Regime hatten.

Die Firma Hermann Traub profitierte als »Wehrbetrieb der höchsten Dringlichkeitsstufe«[258] von der nationalsozialistischen Rüstungspolitik. Äußere Zeichen waren die expansiven Baumaßnahmen sowie das firmeneigene Fremdarbeiterlager. Dabei machte der ehemalige Sozialdemokrat Traub[259] als Unternehmer zwar die nationalsozialistische Wirtschaftspolitik mit, versuchte sich jedoch einen Freiraum zu erhalten, der im Ort – auch bei den lokalen *Parteiführern* – bekannt war. So galt Traub als einer der Betriebe in der Region, in denen »KZ-Rückkehrer« Arbeit fanden. Ein ehemaliger Kommunist erinnerte sich, daß Traub

die erste Forderung der Arbeitsfront, mich als ehemaligen Häftling eines Konzentrationslagers nicht mehr weiter zu beschäftigen, (...) trotz wiederholter Drohung ablehnte.[260]

Ein im Jahre 1941 wegen Beleidigung der Reichsregierung verhafteter Traub-Arbeiter berichtete:

Während meiner Verhaftung ging Herr Traub zweimal zur Gestapo, um mich wieder frei zu bekommen. (...) Nach meiner Verurteilung vor dem Sondergericht versuchte (...) Traub (...) mit zwei Gesuchen an die Oberstaatsanwaltschaft, mich zurückzuholen. (...) Endlich, nach 28monatiger Haftdauer, krank an Körper und Seele, wurde ich in Welzheim entlassen und sofort von Traub (...) wieder eingestellt und an meinen alten Arbeitsplatz gestellt, obwohl längst Ersatz für mich vorhanden war.[261]

Ebenso fand ein mit einer *Jüdin* verheirateter Betriebswirt, der deshalb nach zwei Jahren Einsatz in Rußland als »wehrunwürdig« aus der *Wehrmacht* entlassen worden war, trotz Warnung der Reichen-

bacher NSDAP-*Ortsgruppe,* im Herbst 1944 Arbeit bei Traub[262] – damit zog seine Ehefrau als die einzige *jüdische* Einwohnerin ebenfalls nach Reichenbach.

Der Betriebszellenobmann der Partei bei der Firma Traub (...) war sehr nett. Der hat immer gesagt, er müsse mich jetzt wieder aushorchen; befragen, was ich denn vom Krieg halte und so. Ich habe dem dann halt erzählt, daß wir ihn natürlich gewännen, da sagte er, das habe er hören wollen und ging wieder.[263]

Darüber hinaus unterhielt Traub Kontakte zu verfolgten Tschechen, wie Jan E. Solmanz, der am 2. Oktober 1944 durch die Prager *Gestapo* unter der Beschuldigung des Hoch- und Landesverrats, Spionage, Sabotage und Mitarbeit am slowenischen Aufstand vom Jahre 1944 verhaftet worden war, oder zum Bruder des ehemaligen tschechoslowakischen Ministerpräsidenten im Londoner Exil, Georg Jiri Outrata, nach dessen Verhaftung und Einlieferung ins Konzentrationslager Dachau. Beide unterstützte Traub materiell und bot sich an, deren Familien in Reichenbach aufzunehmen[264].

Der Betrieb Robert Schöttles florierte ebenfalls durch die Rüstungsproduktion[265]. Auch er baute seinen als sehr sozial bekannten Betrieb unter anderem auf Kosten der beschäftigten Fremdarbeiter, die im ebenfalls firmeneigenen Lager untergebracht waren, weiter aus. Die Betriebsbilanz verzeichnete 1937 einen Umsatz von 1,4 Millionen Reichsmark, der durch Rüstungsaufträge bis Kriegsbeginn bereits auf 1,8 Millionen gesteigert werden konnte und im Jahr 1944 die Summe von 3,3 Millionen Reichsmark erreichte[266]. In seinem Wochenendhaus im Reichenbachtal lagerten 1943 Materialien des eigenen Betriebs sowie verschiedener Stuttgarter Firmen, darunter elektrische Bordgeräte für Flugzeugsteuerungen im Werte von 250 000 Reichsmark[267]. Schöttle selbst hatte sich dem progressiven Milieu zugehörig gefühlt, von dessen Angehörigen viele in seinem Betrieb arbeiteten[268]. In den Jahren 1912 bis 1914 hatte er der SPD angehört, aus der er bei Kriegsbeginn ausgetreten war. Bis 1918 hatte er darauf der USPD und dann bis 1926 wieder der SPD angehört[269]. Er war 1933 mehrfach wegen antinazistischer Äußerungen in Reichenbach und Ebersbach sowie wegen »Nichtaufstehens und Nichterhebens der Hand beim Absingen der Nationallieder« bei einer sportlichen Veranstaltung im Schützenhaus in Kirchheim verhaftet worden. Interessanterweise war es jedesmal *Ortsgruppenleiter* Mangold, der verhinderte, »daß die Sache zu Weiterungen kam.« In Ebersbach ließ es der dortige *Ortsgruppenleiter* mit Verwarnungen und einer Buße von 1000 Reichsmark bewenden und auch in den anderen Fällen kam Schöttle jedesmal mit einer kräftigen Geldstrafe davon, selbst, als er den Reichenbacher *Gestapo*-Beamten Leimenstoll einen »Gestapo-Banditen« nannte[270]. Der *Ortsgruppenleiter* erledigte die Sache mit einer Geldbuße – offenbar ein Beitrag des *Ortsgruppenleiters* zur Gewährleistung der »Fortführung eines geregelten Wirtschaftslebens« in Reichenbach. Aufgrund seiner abfälligen Äußerungen über Mussolini teilte ihm der italienische Generalvertreter der Firma, Paolo van den Doele, im Januar 1935 mit:

Ihre politische Gesinnung hat mein Vertrauen zu Ihnen gänzlich vernichtet.[271]

Im September 1943 schließlich wurde beim *Ortsgruppenleiter* angezeigt, Schöttle habe nach dem Sturz Mussolinis geäußert,

(...) daß nun der erste Verbrecher weg sei und der zweite nachfolgen werde.[272]

Wiederum war es Mangold, der »mit größter Mühe« verhinderte, daß Schöttle verhaftet wurde – möglicherweise, so wurde im Ort vermutet, weil Schöttle und Mangold gleich alt waren und weil der älteste Sohn Schöttles und der Sohn Mangolds zur gleichen Zeit bei der selben Einheit gefallen waren[273]. Als sich Schöttle im Dezember 1944 weigerte, am Reichenbacher *Volkssturm*[274]-Dienst teilzunehmen, ging zwar ein drohendes Denunziations-

schreiben bei den *Volkssturm-* und *Ortsgruppenleitern* ein, doch ohne sichtbare Auswirkungen[275].

Die immensen Gewinne der Firma Otto in den Jahren 1937 bis 1939, die durch das nationalsozialistische Bestreben nach nationaler wirtschaftlicher Unabhängigkeit zunächst begünstigt worden waren[276], gingen mit dem Beginn des Krieges zurück. Als Ursachen für die Gewinneinbußen nannte der Stuttgarter Wirtschaftsfachmann Wilhelm Starnitzki in einem »Gutachten über die Einkommens- und Vermögensverhältnisse des Fabrikanten Hans Otto« während der Zeit von 1932 bis 1945[277] vor allem den Verzicht »auf typische Aufrüstungs- oder Kriegsgeschäfte«[278]. Demnach bezahlte das Unternehmen 1940 noch 40 Prozent der Umsatzsteuer des Jahres 1938, 1944 gar nur noch 10 Prozent[279]. Der Anteil der Lieferungen an die *Wehrmacht*, einschließlich an das Deutsche Rote Kreuz, betrug in den Jahren 1940 bis 1944 etwa 5,6 Promille des Gesamtumsatzes; die *Reichszeugmeisterei* der NSDAP sei von Otto direkt überhaupt nicht und indirekt nur »minimalst« über Zulieferbetriebe bedient worden[280]. Die Beschäftigtenzahl ging deshalb – so das Gutachten – von 668 Arbeitern und 62 Angestellten im Jahr 1938 auf 320 beziehungsweise 45 im Jahr 1944 und auf 217 beziehungsweise 39 im Jahr 1945 zurück. Der Export hingegen wurde – trotz des Krieges – von 1930 (1,3 Prozent) und 1935 (0,1 Prozent) kontinuierlich auf 14 Prozent im Jahr 1944 gesteigert[281]. Dazu kam, daß die Firma Otto Räume an die ausgelagerte Firma Bosch abgeben mußte, wodurch sie erhebliche finanzielle Einbußen erlitt[282].

Wenngleich Otto und seine deutschnationalen Freunde viel zum Erstarken und zur Durchsetzung der *braunen Bewegung* in Reichenbach beigetragen hatten, so war es über die entstehende »kulturelle Distanz« zur Entfremdung zwischen Otto und der nationalsozialistischen *Ortsgruppe* gekommen[283], die sich im Krieg zuspitzte. Selbst der Göppinger *Kreisleiter*

Baptist, der Otto in den ersten beiden Jahren nationalsozialistischer Herrschaft gerne als Reichenbacher Gemeinderat gesehen hätte, erwirkte beim Kommandanten des Fliegerhorstes Göppingen nach Kriegsbeginn ein Verbot, »wonach den Offizieren ein Verkehr im Hause Otto wegen antinazistischer Einstellung dieses Hauses untersagt war.«[284]

Über verwandtschaftliche Verbindungen seiner Ehefrau kam Otto darüber hinaus mit Kreisen des Widerstands in engen Kontakt. Frau Annemarie Otto war die Schwester des Obersten Cäsar von Hofacker, von dem Hans Otto im Frühjahr 1943 zum ersten Mal von Widerstandsbestrebungen und deren Vorbereitungen erfuhr, die zum Attentat auf Hitler am 20. Juli 1944 führen sollten[285]. Die Grafen Stauffenberg waren Hans Ottos Vettern und Claus Graf Stauffenberg der Patenonkel seiner ältesten Tochter[286]. Durch diesen Kreis, dem auch der Onkel, Nikolaus Graf Üxküll angehörte, »war die Familie Mitwisser von den Einzelheiten der Vorbereitungen, des Fortgangs und der Entwicklung zum 20. Juli.«[287] Claus Graf Stauffenberg wurde noch am 20. Juli erschossen, die übrigen unmittelbar beteiligten Familienmitglieder Bertold von Stauffenberg und Graf Üxküll durch den Strang hingerichtet[288]. Die Schwägerin von Annemarie Otto, Frau Lieselotte von Hofacker, und zwei ältere Kinder wurden am 30. Juli 1944 verhaftet. Sie kam in *Sippenhaft*, zuerst drei Monate ins Gefängnis und anschließend in die Konzentrationslager Stutthof bei Danzig, Buchenwald und zuletzt Dachau[289]. Eine weitere Schwägerin der Ottos, Frau Brigitte von Kaehne, geborene von Hofacker, war zuerst im Amtsgerichtsgefängnis in Tübingen, danach im *Gestapo*-Frauengefängnis in Stuttgart-Bad Cannstatt und wurde anschließend von der Familie Otto in Reichenbach aufgenommen.[290]

Ihre beiden Kinder, Marianne und Peter, lebten von September 1944 bis Mai 1945 im Hause Otto in Reichenbach[291]. Peter sollte am 20. April 1945 noch ins Reichenbacher *Jungvolk* aufgenommen werden, wozu es dann aber nicht mehr kam[292]. Frau Albertine von Hofacker war von November 1944 bis März 1945 und vom 20. Mai 1946 bis Ende Juni 1946 bei der Familie Otto gemeldet[293] und die Kinder der Familie von Hofacker von Mai 1945 bis August 1945. Während der Zeit der Inhaftierung besuchten Hans und Annemarie Otto ihre Verwandten[294] mehrfach im Gefängnis, versorgten sie mit Lebensmitteln und Kleidern und setzten sich – laut Angaben der Betroffenen – wiederholt bei der *Gestapo* für sie ein.[295] Die Mutter Graf Stauffenbergs faßte in einem Schreiben ihren persönlichen Eindruck über Hans Otto zusammen:

> Mein Sohn Claus (...) wie sein als Teilnehmer der Widerstandsbewegung hingerichteter Schwager Oberst Cäsar von Hofacker würden jederzeit für seine aufrechte Haltung und einwandfreie politische Gesinnung eingetreten sein.[296]

Die drei genannten Reichenbacher Fabrikanten hatten – wie Munz es später ausdruckte – eine »Doppelrolle«[297] inne: In ihren Betrieben ließen sie in eigens hierfür gebauten Betriebslagern Fremdarbeiter für billiges Geld arbeiten. Otto war einerseits deutschnationaler Royalist, verhalf über die anfängliche Listenverbindung und die Unterstützung im örtlichen Reitverein den örtlichen Nationalsozialisten als »Steigbügelhalter zur lokalen Macht«, und andererseits war er über seine Frau mit von Hofacker und dem 20. Juli verbunden. Traub als ehemaliger Sozialdemokrat verdiente intensiv an der Rüstung und Schöttle als ehemaliger Kommunist, der KZ-Insassen unterstützte und schließlich sogar untergetauchten *Juden* half[298], hatte beste Beziehungen zur *Ortsgruppe* der NSDAP und zum *Ortsgruppenleiter* und war ebenfalls im Rüstungsgeschäft rege tätig[299].

Mit Beginn des Krieges hatte die national-sozialistische Regierung die Rüstungs-produktion noch einmal erheblich for-ciert. Vor allem auf Einwirken Hitlers, der glaubte, daß im Ersten Weltkrieg eine aus-gehungerte und unzufriedene *Heimatfront* der kämpfenden Truppe in den Rücken gefallen war, und deshalb einen zweiten »Dolchstoß« vermeiden wollte[300], wurde die vorhandene wirtschaftliche Kapazität nicht vollkommen für die Kriegswirt-schaft ausgenutzt. Wenngleich die Abstri-che am gewohnten Lebensstandard der meisten Reichenbacher in den ersten Kriegsjahren – verglichen etwa mit Groß-britannien oder mit den von Deutschen besetzten Gebieten – gering waren[301], hat-te der Krieg doch – lange bevor die Kampfhandlungen Reichenbach erreich-ten – durch alltägliche Einschränkungen, erhebliche Mehrarbeit, verschärfte Stra-fen schon bei kleineren Vergehen sowie vor allem die Sorge um eingezogene Fa-milienmitglieder den Alltag der Reichen-bacher sehr stark verändert.

Bis Kriegsbeginn waren 230 Reichenba-cher eingezogen worden. Im Laufe des Winters wurden davon 30 entlassen und bis zum März 1940 gingen 60 Neueinbe-rufungen in Reichenbach ein, im März 1940 standen also 260 Reichenbacher »un-ter Waffen«[302]. Am 15. April hatte Rei-chenbach bereits 312 *Ausmarschierte* zu verzeichnen[303], über zehn Prozent der Be-völkerung. Nach dem Frankreichfeldzug ging der Anteil zurück und stieg zu Ende des Jahres 1941 auf 320[304] und zum 1. April 1942 auf 365 Ausmarschierte an[305]. Mit Verschlechterung der militäri-schen Lage und der hieraus resultieren-den »Auskämmung im zivilen Sektor«[306] nahm die Zahl der eingerückten Reichen-bacher Soldaten noch deutlich zu[307].

Die Reichenbacher Bevölkerung hatte den Kriegsbeginn wie die meisten im Reich mit großer Skepsis aufgenom-men[308]. Das Stimmungsbarometer der Reichenbacher stieg jedoch mit jedem siegreich abgeschlossenen *Blitzfeldzug*. Wie im ganzen Land lösten die *Sondermel-dungen* mit den Siegesnachrichten »im-mer neue Wellen der Begeisterung« aus[309]. Selbst Pfarrer Dipper jubelte:

> Während diese Zeilen geschrieben werden, wehen auf unseren Straßen und Plätzen im herrlichen Sonnenschein dieser Tage die Fahnen. Die große Schlacht in Flandern ist geschlagen und der erste Abschnitt des Feldzugs im Westen ist mit der Kapitulation Hollands und Belgiens und mit der Vernich-tung der feindlichen Nordarmee beendigt.[310]

Es gab zwar einige Verwundete zu ver-melden, aber noch in keiner Familie Ge-fallene[311]. Die Identifikation mit dem Re-gime nahm zu. Nach dem Sieg über Frankreich brach offene Begeisterung aus. Vergessen schienen »Kriegslasten« wie die Reglementierung lebenswichtiger Gü-ter, Kohlemangel, Einberufungen und die ersten vier Gefallenen[312]. Bei der Rück-kehr der Frankreichsieger jubelte ganz Reichenbach. Der Präsident des Oberlan-desgerichts beobachtete Anfang Juli im gesamten Bezirk eine nochmals verstärkte Bindung an das Regime:

> Auch Kreise, die bisher dem Nationalsozia-lismus vielleicht innerlich noch nicht so nahe gekommen waren, erkennen rückhaltlos die Größe des Führers und der durch den Na-tionalsozialismus erzielten Erfolge an.[313]

Die örtlichen Parteibehörden förderten die Akzeptanz mit Propagandaveranstal-tungen. Im Mai 1940 zeigten sie einen Film über die *Ostgaue*. Die *Kreisleitung* hatte in einem begleitenden Rundschrei-ben den Zweck dieser Veranstaltung er-läutert:

> Interesse für die Ostgaue und die in sie ein-gewanderten deutschen Volksgenossen muß in jeder Ortsgruppe lebhaft geweckt werden. Durch den neuen zur Verfügung stehenden Film kann propagandistisch die Auffüllung durch die Volksgenossen aus den Ortsgruppen im Altreich vorbereitet werden. Diese Absicht ist jedoch nicht besonders hervorzustellen.[314]

Fliegeralarm hatte es zu diesem Zeitpunkt weder in Reichenbach noch sonst in der Umgebung gegeben, da die britische Regierung erst nach dem deutschen Flächenangriff auf Rotterdam im Mai 1940 das Bombardierungsverbot für deutsche Städte aufhob[315]. Den ersten Fliegeralarm in Reichenbach gab es – etwa eine Stunde lang – in der Nacht vom 26. auf 27. Juli 1940. Man hörte das Schießen der Flak rund um Stuttgart[316]. Ab 1. August wurde eine Luftschutz-Turmbeobachtung auf dem Dach der Spinnerei Otto eingerichtet, eine Zeit lang wurden jede Nacht von 22 Uhr bis 4 Uhr zwei Wachposten aufgestellt, doch sie hatten nichts zu tun, und diese Art »Luftschutz« wurde wieder eingestellt. Fast auf den Tag genau vier Wochen nach dem ersten Fliegeralarm wurde es zum ersten Mal Ernst. Der erste Luftangriff der Region galt in der Nacht vom 24. auf 25. August 1940 dem Daimler-Benz-Werk in Untertürkheim. Er forderte die ersten vier Luftkriegstoten des Zweiten Weltkriegs in Stuttgart[317]. In den Jahren 1940/41 gab es auch in Reichenbach öfters Fliegeralarm[318].

Die Reichenbacher NSDAP-*Ortsgruppe* versuchte durch eine Mischung aus Unterhaltung und Appellen an den *Volksgemeinschaftsgedanken*, die »Stimmung der Bevölkerung« positiv zu halten. Die *KdF* organisierte einen großen Jahrmarkt mit »Weber's Amerikanischer Luftschiffschaukel« sowie Preis- und Blumenschießen[319]. Die *Ortsgruppe* hängte ab Sommer 1940 jeweils zwei Exemplare des von der *Reichspropagandaleitung* herausgegebenen Wochenplakates »Parole der Woche«, in Reichenbach aus, die als »wesentliches Mittel für die psychologische Führung unseres Volkes in diesem Krieg« angesehen wurden[320], und veranstaltete Kundgebungen und »Aufklärungsveranstaltungen« zum Krieg. Auf einer »Großkundgebung der NSDAP« am 26. Oktober sprach der *Parteigenosse* Rottler von der *DAF* Stuttgart zum Thema »Front und Heimat«[321]. Laut dem nachträglichen Zeitungsbericht erntete der Redner »reichen Beifall«:

Warum überhaupt Krieg? Antwort: Die anderen Völker werden durch das Weltjudentum regiert, zum Krieg gehetzt; was blieb uns anderes übrig als uns unserer Haut zu wehren? (...) Wir stehen nun mitten im Krieg und solange die Front mit der Waffe in der Hand unser Lebensrecht erkämpft, hat die Heimat wie ein Block dahinter zu stehen, gegenseitiges Verstehen und wahre Volksgemeinschaft gehört hierzu. Die Opfer, die wir in der Heimat bringen, sind Selbstverständlichkeiten, die wir unseren Soldaten schuldig sind. Die Parole heißt: Mitarbeiten, nicht kritisieren, gegenseitig einander Verstehen lernen. Gemeinsames Handeln, gemeinsames Denken und gemeinsames Schaffen wird uns die Lebensrechte Großdeutschlands sichern.[322]

Auch die Alliierten führten Propagandakrieg, vor allem Propaganda-Luftkrieg. In der Nacht vom 12. auf 13. Oktober 1941 warfen englische Flieger zahlreiche Flugblätter in deutscher Sprache über Reichenbach ab, in denen dem deutschen Volk Frieden, Gleichberechtigung, Zugang zu allen Rohstoffen der Welt und Befreiung von Krieg und Kriegsgefahr versprochen wurde, wenn es die Hitlersche Kriegsmaschinerie zerstörte[323]. Jedoch wurden alle brav auf das Rathaus und von da auf das Landratsamt gebracht. – Anfang 1942 mußte die Gemeinde 15 Gefallene verzeichnen[324], im Herbst waren es bereits 38[325]. Im Januar 1942 stellte Bürgermeister Schmid noch fest, das Jahr 1941 sei

für die Gemeindeverwaltung trotz der durch die Kriegswirtschaft bedürftigen Mehrarbeit (...) reibungslos verlaufen. (...) Auch der Gang der Dinge in der Gemeinde selbst vollzog sich in ziemlich normaler Weise.[326]

Zu dieser »Normalität« freilich gehörte, daß sich der Großteil der Reichenbacher Bevölkerung über die gewonnenen *Blitzkriege* freute.

Vor allem, als die Pelzmäntele aus Belgien und Frankreich kamen, das war a Sach.[327] Man hat hier zwar Toska und Kölnisch Wasser gehabt, aber Parfum oder Halsketten hat man aus Frankreich mitgebracht. Außerdem Spitzenunterwäsche, todschicke Sächle, Ledertäschle, Seife, Kleider, Cognac, damit hat man auch gehandelt, hat man angefangen, zu tauschen, eine Flasche Cognac gegen einen Sack Mehl. Des weiteren Lippenstift und Puder, denn eine deutsche Frau schminkt sich ja nicht, und dort drüben gabs Puder. Vorher hat man sich mit Zichorienpapier die Lippen und Bäckle gefärbt. Die Verpackung vom Kaffee-Ersatz, das Papier hat rot gefärbt. Jetzt gabs echten französischen Puder.[328]

Selbst der ehemalige *HJ-Führer* Duckeck übersandte seiner Frau auf deren Bitte – allerdings mit dem deutlichen Hinweis, daß dies eine Ausnahme sei – »Organisiertes« aus dem *Feindesland*:

Ich habe Dir einige Taschenlampenbatterien besorgt und hoffe, daß sie gut ankommen und möglichst lange halten und Dich nicht ermutigen, mir den Auftrag zu geben, weitere Gegenstände und Waren zu hamstern.[329]

Die Mehrheit der Reichenbacher war gerne bereit, die positiven Auswirkungen der gewonnenen *Blitzkriege* in Kauf zu nehmen. Auch wenn dabei vielleicht andere – »Besiegte« – litten. Die sowieso schon sehr geringe Bereitschaft gegen offensichtliches Unrecht aufzubegehren, sank weiter – auch gegenüber den Maßnahmen des Krieges nach innen.

Krieg im Innern

Am 1. September 1939 begann nicht nur ein Weltanschauungs- und Vernichtungskrieg nach außen, sondern – das hatte Hitler ebenfalls mehrfach angekündigt[330] – auch der Weltanschauungs- und Vernichtungskrieg nach innen. Randgruppen, Minderheiten und Andersdenkende sowie Säulen der »alten«, vornationalsozialistischen Gesellschaft waren bereits während der Phase der Konsolidierung des Regimes im Rahmen des »braunen Kulturkampfes« bekämpft worden. Der Krieg nach außen bot nun den Rahmen, die begonnenen Ausgrenzungen zu verschärfen, die *Ausmerze* zu vollenden, die von den Nationalsozialisten formulierten »Probleme« endgültigen »Lösungen« zuzuführen.

Krieg gegen Randgruppen und Minderheiten – Ausgrenzungen

Auf das Datum des Kriegsbeginns hatte Hitler ein formloses Ermächtigungsschreiben zurückdatiert, mit dem er im Oktober 1939 *Reichsleiter* Philipp Bouhler – den Chef der *Kanzlei des Führers* – und Dr. med. Karl Brandt – Begleitarzt des *Führers* – mit dem als Sterbehilfe oder »Euthanasie« getarnten Massenmord an Behinderten und psychisch Kranken beauftragte[331]. Ebenfalls für den Kriegsbeginn hatte Hitler wiederholt die »endgültige Lösung der Judenfrage« angekündigt[332]. Der Krieg erleichterte die Durchführung dieser – in der Geschichte einzigartigen – staatlich organisierten Mordaktionen, da er ein breiteres Verständnis für angeblich kriegsnotwendige *Selbstverteidigungsmaßnahmen* sowie unauffällige Vorwände für Massenverlegungen schuf und weil, wie *Reichsärzteführer* Wagner es ausdrückte, »im Krieg alle Welt auf den Gang der Kampfhandlungen schaut und der Wert des Menschenlebens ohnehin minder wiegt.«[333]

»Daß man für die Behinderten ein Gefühl gekriegt hat, ist erst viel später gekommen« – Die Aktion T4

Unter dem Tarnnamen »Aktion T4« – benannt nach der Zentrale der »Sanierung des Volkskörpers«, die ihren Sitz in der Berliner Tiergartenstraße 4 hatte[334] – setzten die Nationalsozialisten die Maßnahmen und Gesetze der medizinischen Ausgrenzung mit der Tötung sogenannten »lebensunwerten Lebens« fort, die mit dem im Juli 1933 erlassenen »Gesetz zur Verhütung erbkranken Nachwuchses« begonnen hatten[335].

Auch Reichenbacher Geisteskranke, Behinderte und zu »Volksschädlingen« oder »Gemeinschaftsfremden« abgestempelte Unangepaßte und Unerwünschte mußten die tödlichen Auswirkungen eines »sozial« gewendeten Rassismus erleiden. Mit Hilfe von Meldebögen, die an alle Heil- und Pflegeanstalten ausgegeben wurden, sollten zunächst die Kranken erfaßt werden, wobei besonders ausführlich nach der Arbeitsfähigkeit gefragt wurde[336]. Aufgrund dieser Fragebögen begutachteten drei von der Tiergartenstraße 4 benannte medizinische Gutachter die Patienten und empfahlen auf den Bögen, ohne die betroffenen Menschen je gesehen zu haben, diese entweder zu töten, zurückzustellen oder erneut zu prüfen. Die Akten der zur Tötung Bestimmten wurden an die neu gegründete Tarnorganisation »Gemeinnützige Krankentransport GmbH« (Gekrat) übersandt, die Sammellisten zusammenstellte und mit ihren berüchtigten grauen Bussen die Patienten abholte und in die insgesamt sechs Vernichtungszentren überführte. Für den Einzugsbereich Süddeutschland bis Tirol war die im »Schloß Grafeneck«, Kreis Münsingen, untergebrachte »Anstalt A« zuständig[337], die Mitte Januar 1940 ihren Betrieb aufgenommen hatte[338].

Die Gutachter schickten die Transportlisten – ohne Angaben über Zweck oder Hintergründe – zur Vorbereitung der Verlegung an die Anstalten. Der Leiter der Anstalt Winnental, Dr. Gutekunst, vermutete noch am 8. Februar 1940,

> daß die Kranken in großen Asylen irgendwo aufgesammelt und unter möglichst einfachen primitiven Verhältnissen verpflegt werden. (...) Andere Gedanken verdränge ich noch in mir.[339]

Doch den Anstaltsleitern und auch den Angehörigen wurde sehr bald klar, was mit den von den grauen Omnibussen abgeholten Patienten geschah. Die jeweils etwa 70 Patienten eines Transportes wurden in Grafeneck noch einmal von Ärzten untersucht, mit Morphium ruhiggestellt und danach nackt in den Duschraum geführt. Nach Einströmen des Kohlenmonoxids dauerte das Sterben etwa 20 Minuten. Ein anwesender Arzt sprach über einen »qualvollen Tod«.

> Die Dauer meiner Beobachtung erstreckte sich nur auf circa drei Minuten, da ich den Anblick nicht länger ertragen konnte.[340]

Die Angehörigen bekamen die Urne und eine Mitteilung, daß der Patient unerwartet an einer Krankheit verstorben sei.

Über Opfer aus Reichenbach lassen sich nur teilweise gesicherte Aussagen treffen. Die Urnenverzeichnisse des Reichenbacher Friedhofsamtes, an Hand derer sich die Zahl der Getöteten andernorts annähernd bestimmen ließ, sind »nicht mehr aufzufinden«[341]. Deshalb mußten über staatliche und private Archive sowie über Gespräche Informationen zu einzelnen Reichenbacher Behinderten gesammelt und ausgewertet werden. Insgesamt konnten von 46 Reichenbachern, die zu den medizinisch Ausgegrenzten zu zählen sind, biographische Daten und teilweise die (Kranken-) Geschichten recherchiert werden[342]. Der Großteil der Reichenbacher Behinderten lebte mehr oder weniger verborgen bei den Familienangehörigen im Ort und überlebte deshalb die auf die Insassen von Heilanstalten beschränkte Aktion T4.

> Daß man für die Behinderten ein Gefühl gekriegt hat, ist erst viel später gekommen, die ganze Familie hatte da drunter zu leiden.[343]

Von mindestens vier Reichenbacher Behinderten läßt sich belegen, daß sie im Rahmen der *Aktion T4* ermordet wurden, bei acht ist unklar, was aus ihnen geworden ist.

Wohl das bekannteste Opfer in Reichenbach war »'s Fischers Mariele«. Die am 5. April 1893 geborene Frau arbeitete bei ihrem Halbbruder im Café Fischer. Die meisten der befragten Reichenbacher erinnerten sich spontan an die »schwermütig gewordene« Frau.

> Das mit dem Fischers Mariele, die sie weggeschafft haben, (unter Tränen, d. A.) das war Unrecht![344]

> Des Mariele Fischer, die ist den Rauch nauf! Die ist ein lediges Fräulein gewesen.[345]

Wie mehrere Reichenbacher berichteten, konnte die vorher als »lebenslustig« bekannte Frau die Enttäuschung über eine zerbrochene Liebesbeziehung nicht verkraften und wurde darüber depressiv, »schwermütig«[346].

> Die Marie Fischer hat eigentlich gar nichts gehabt, die hat in der Backstube geholfen, feste geschafft. Sie hatte früher einen Freund, der dann von einer anderen ausgespannt wurde. Von da an hat sie durchgedreht. Sie hat öfters in Reichenbach Klavier gespielt. Dann hat's mal geheißen, sie hätten sie fortgebracht.[347]

> Sie war damals verliebt in den jungen G., aber der hat dann eine andere geheiratet, das hat sie nicht recht verkraftet, da ist sie dann ganz in sich gekehrt geworden.[348]

Ihr Bruder suchte im März 1938 um Einlieferung seiner Schwester in die Heilanstalt Göppingen nach[349]. Zwei gute Bekannte der Familie erinnerten sich:

> Das Fischers Mariele war ein feiner Mensch. Die war völlig normal, man hat sie vielleicht nach Stetten gebracht, damit sie etwas unter die Leute kommt. Nach Stetten hat man Leute gebracht, die daheim übrig waren. 's Mariele haben alle gekannt, die war gebildet und sehr angenehm als Mensch. Man hat halt gehört, daß sie sie umgebracht hätten, das hat man g'schwätzt im Dorf, aber sonst hat man nicht d'rüber geschwätzt.[350]

Marie Fischer wurde eine Woche vor Heiligabend, am 17. Dezember 1940, in Grafeneck ermordet[351].

Die meisten Reichenbacher wußten davon; vielleicht nicht alle von einem Einzelfall aus der persönlichen Bekanntschaft, doch was in Grafeneck geschah, war im wesentlichen bekannt, selbst bei Kindern.

> Auf dem Jungvolklager 1940 im Gestüt Marbach hat man nach Grafeneck gesehen. Der Kamin hat geraucht und geraucht, man hat schon gewußt, warum.[352]

Der Stuttgarter Oberlandesgerichtspräsident teilte Anfang November 1940 dem *Reichsjustizminister* mit, daß sich »ernste Unruhe« breit mache unter der Bevölkerung und sogar Kinder wüßten, daß Grafeneck ein Ort des Todes sei. Bei den Bewohnern des Neckar- und Filstals ging offenbar das Gerücht um, »jetzt, nachdem die Geisteskranken im wesentlichen erledigt seien, gehe es an die Alten und Gebrechlichen.«[353]

Die gebürtige Stuttgarterin Helene W. wohnte seit Ende 1931 in Reichenbach[354] und hatte einen guten Leumund[355]. Die Reichenbacher Ortsfürsorgebehörde beteiligte sich finanziell am Unterhalt für die ledige, als Haustochter arbeitende Geisteskranke. Pro Jahr entstanden dadurch Kosten von etwa 1000 Reichsmark[356]. Offenbar verschlechterte sich ihr Zustand, so daß sie in die staatliche Irrenanstalt eingewiesen wurde. Am 28. August 1940 wurde Helene im Alter von 36 Jahren »nach Grafeneck verlegt«[357] und dort am 10. September umgebracht[358]. Im Reichenbacher Gemeindeblatt wurde nur ihr Tod vermeldet und nichts zu dessen Umständen[359]. Einzig am Totensonntag, nach Bekanntgabe der Anzahl der Gestorbenen des Jahres 1940, deutete Pfarrer Dipper hiervon etwas an.

> Es war oft ein schweres und ganz plötzliches Leid.[360]

Von einem tuberkulös-lungenkranken Mädchen im Alter von 20 Jahren – sie hatte in der Spinnerei der Firma Otto gearbeitet[361] – kam im Spätherbst 1940 die Urne.

> Daß der Hitler die hat alle umbringen lassen, hat man gewußt. Lungenkranke Mädchen durfte man nicht fortbringen in ein Heim oder

so, sonst wären sie nicht mehr zurückgekehrt.[362]

Schon im Mai 1939 hatte die Tötung mißgebildeter Kinder begonnen, die seit dem Runderlaß vom 18. August 1938 von Ärzten und Hebammen gemeldet werden mußten, in sogenannte Kinderfachteilungen gebracht und dort ermordet wurden[363]. In Reichenbach waren zu dieser Zeit noch vier behinderte Kinder und Jugendliche der Jahrgänge 1927 bis 1937 gemeldet[364]. Ein fünftes, die neunjährige Berta, war bereits im April 1933 in die Jugendanstalt Stetten verbracht worden[365]. Die Anstaltsleitung schrieb:

Vorgenanntes Kind ist geistig erheblich zurückgeblieben und insbesondere im Sprechen voll und ganz gehemmt.[366]

Ihr Vater war Alkoholiker und lebte im Reichenbacher Bettelhaus. Der jüngste Bruder Bertas, Gustav, wurde in die Fürsorgeerziehungsanstalt Tempelhof, Kreis Crailsheim verbracht[367].

Dazu wird berichtet, daß den Einkommens- und Vermögensverhältnissen nach die Eltern des Kindes nicht in der Lage sind, die Kosten zu tragen.[368]

Die kleine Berta kam dann wieder zurück nach Reichenbach und darauf nach Göppingen in die Heilanstalt Christophsbad, von wo sie am 6. August 1938 wieder »ungebessert nach Hause entlassen«[369] wurde. Sie litt, so ist den Schreiben zu entnehmen, an multipler Sklerose,

sie ist absolut nicht mehr arbeitsfähig und sollte, da der Haushalt der Kranken (...) seit Jahren schon vollständig verwahrlost ist und auch das einzige Kind, das sich noch zu Hause befindet, der Verwahrlosung ausgesetzt ist, möglichst bald einer Fürsorge- oder sonstigen Anstalt, etwa Winterbach im Remstal, zugewiesen werden.[370]

Mehrere Reichenbacher erinnerten sich an Berta.

Das war noch ein kleines Mädchen, noch keine 14 Jahre. Die ist fortgekommen, ich weiß nicht wohin.[371]

Vermutlich als eine der ersten Ermordeten starb die kleine Berta am 14. Februar 1940[372].

Bei diesen »Fällen« halfen Reichenbacher Verwaltungsbeamte eifrig mit. In Gesprächen zeigten sie sich noch über fünfzig Jahre später durchaus fasziniert von der reibungslosen Abwicklung.

Eines muß ich Ihnen sagen, die Organisation war gigantisch, das war unwahrscheinlich; das könnten wir heute nicht mehr. Bis ins Kleinste hat man das alles geordnet und gemacht. Die Notare haben bei Sterbefällen nicht locker gelassen, bis alles ordentlich eingetragen war.[373]

Nach zahlreichen Protesten, vor allem aus kirchlichen Kreisen und von Angehörigen der Opfer, ließ Hitler am 24. August 1941 die *Aktion T4* in der bis dahin durchgeführten Form einstellen. Bereits 70 273 Bewohner von Heimen waren dem »Euthanasieprogramm« zum Opfer gefallen. Allein in Grafeneck wurden zwischen Januar und Dezember 1940 über 10 500 Anstaltspatienten umgebracht, hauptsächlich aus Württemberg, aber auch aus badischen und aus bayerischen Anstalten[374]. Das offizielle Ende des Programmes bedeutete jedoch nicht dessen tatsächliche Einstellung. In der sogenannten »Wilden Euthanasie« wurden zuerst pflegebedürftige *Ostarbeiter*, dann *Juden* und andere KZ-Insassen getötet, das Personal der *Aktion T4* übernahm die Berliner Dienststelle teilweise in die »Aktion Reinhard«, den Massenmord an den polnischen *Juden*[375]. Darüber hinaus wurden auch weiterhin Heiminsassen vielerorts Opfer, alleine die Tötungsformen waren andere, nämlich Giftinjektionen, Verabreichung tödlicher Medikamente oder schlicht Verhungernlassen[376].

Verschärfung des Kampfes gegen *Gemeinschaftsfremde*

Nach dem Willen der nationalsozialistischen Führung sollten alle diejenigen aus der *Volksgemeinschaft ausgemerzt* werden, die nicht vorbehaltlos zum Regime standen oder sich nicht entsprechend den Anforderungen der Kriegssituation verhielten. Außer den Behinderten, die laut nationalsozialistischer Ideologie »lebensunwertes Leben« verkörperten, deren Pflege der Gesellschaft – zumal im Krieg – zu teuer kam, gingen eilfertige Richter im Rahmen einer Abschreckungsjustiz[377] auch gegen »Volksschädlinge«, »Gewohnheitsverbrecher«, »Heimtücketäter« sowie vor allem gegen »Wehrkraftzersetzer« mit Höchststrafen vor[378].

Im Rahmen des verschärften Umgangs mit Gemeinschaftsfremden gingen die Behörden auch gegen ehemalige Mitglieder des progressiven Milieus vor, beispielsweise gegen Christian und Karl Schloz, die beide bereits mehre Monate »Haft« auf dem Heuberg abgesessen hatten. Christian Schloz hatte 1935 in betrunkenem Zustand das Fahrrad des Dorfpolizisten gestohlen und zusammen mit seinem Bruder Karl im nachfolgenden Handgemenge den Beamten mit einem Beil bedroht. Die Kommunisten wurden deshalb wegen »politischem Totschlags« zu fünf Jahren Gefängnis verurteilt, damit ihr »kommunistischer Tätigkeitsdrang unterbunden« werde. Nach diesen fünf Jahren kam Christian nach Welzheim und anschließend ins *Konzentrationslager* nach Dachau.

> Im Jahre 1940 wurde ich in das KZ Dachau gebracht, wo ich (...) der politischen Abteilung vorgeführt wurde. Man machte mir wieder über meine illegale Tätigkeit Vorhalte. (...) Hier ist ein Schreiben von einem (...) aus Reichenbach, aus dem hervorgeht, daß Sie sich illegal betätigt haben. Wir werden Sie aufheben, damit Sie uns nie mehr gefährlich werden können.[379]

Der 28jährige[380] verschwand für die ganze Zeit des Krieges im Konzentrationslager Dachau[381]. Der Bruder Karl, der während der Haftzeit vom Gefangenenlazarett Hohen Asperg flüchtete und sich zur französischen Fremdenlegion meldete, wurde nach der Besetzung Frankreichs durch deutsche Truppen an die *Gestapo* ausgeliefert und war bis zum Kriegsende in verschiedenen *Konzentrationslagern*[382].

Ein anderer von seiner Umgebung als *Gemeinschaftsfremder* eingestufter Reichenbacher war ein bei Kriegsbeginn 29jähriger Mann, der »stark gehbehindert war und a bissle laut und derb. Er war aber sehr musikalisch, hat oft in der Wirtschaft gesessen und hat Klavier gespielt.«[383] Auf Wunsch seiner Verwandten sollte er im Frühjahr 1941 in eine Anstalt kommen. Mitte Juni 1941 schrieb er selbst an die Kreisfürsorgebehörde, er sei

> unter keinen Umständen damit einverstanden, daß ich in einer Anstalt untergebracht werde und widerspreche einem solchen Vorhaben aufs entschiedenste.[384]

Der befragte Bürgermeister gab nach Rücksprache mit den Verwandten deren Angaben zu Protokoll:

> In den Wirtschaften werde er gehänselt und gefoppt, man treibe sozusagen das Michele mit ihm, gebe ihm Tropfbier zu trinken, in das dann Schnaps oder sonstige berauschende Sachen hineingeworfen werden.[385]

»Deshalb«, so schrieb Schmid abschließend, könne er »es befürworten«, daß der junge Mann »zwangsweise in eine geeignte Anstalt untergebracht wird.« Dabei, so fügte Schmid an, hofften seine Angehörigen, »daß er dort einmal Ordnung und sich zu benehmen lernt.«[386] Der 33jährige Mann überlebte diese »Ordnung« nicht[387].

Einige der als *Gemeinschaftsfremde* Bedrohten begingen Selbstmord aus Angst vor dem, was sie erwartete[388]. Ein prominentes Beispiel unter vielen stellt Erich Ohser dar, dessen unter dem Pseudonym E. O. Plauen in den Jahren 1935/36 veröffentlichten »Bildergeschichten« über »Vater und Sohn«[389] schon vielen Generationen von Kindern und Erwachsenen Freude machten. Nach der Machtübernahme der Nationalsozialisten hatte Ohser wegen seiner politischen Zeichnungen Berufsverbot bekommen. Die Reichenbacher Totengräberin erinnerte sich an ihn und seine Urne, die in Reichenbach beigesetzt wurde:

> Der Erich Ohser lebte kurzzeitig in Reichenbach und seine Mutter, Frau Ohser, wohnte hier am Ort in der Villa Otto als feine Dame. Als Ohser wieder politische Karikaturen herausbrachte und in privater Runde über das

Bernhard Grimm malte dieses Bild wenige Tage vor seiner Hinrichtung und schrieb auf die Rückseite des Bildes: »Das sind meine Lieblinge. Lieber Vater! Da ich sie nicht mehr blühen sehen soll / und nicht mehr malen kann, / bitte ich dich, lieber Vater, / pflanze Du eine, eine ganz **dunkel**rote, / zu meinem Andenken. / Weinet aber nicht, wenn sie blüht, / denn: Wo Rosen sind, sind Dornen.«

Regime schimpfte, wurde er denunziert und am 4. April 1944 verhaftet. Am Tag vor seiner Verhandlung vor dem berüchtigten Volksgerichtshof beging Erich Ohser in seiner Gefängniszelle in Berlin Selbstmord. Die Urne ist hierher nach Reichenbach gekommen und wurde hier auf dem Urnenfriedhof beerdigt. Nachdem Frau Ohser später weggezogen ist, hat sie die Urne mitgenommen[390].

Mit zu den Schlimmsten gehörte in den Augen der Machthaber, wer sich dem höchsten *Dienst* an der *Volksgemeinschaft*, dem Soldatendienst, entzog, beispielsweise Kriegsdienstverweigerer[391].

In Reichenbach und den umliegenden Schurwaldgemeinden, vor allem in Baltmannsweiler hatten sich nach 1935 – trotz eines Verbots – kleine Gemeinden der Glaubensgemeinschaft Zeugen Jehovas entwickelt, die seit 1913 den Namen »Internationale Vereinigung ernster Bibelforscher« trug.

1933 bekannten sich in Deutschland zwischen 19 000 und 25 000 Menschen zu der 1870 von dem Kaufmann Charles Taze Russel in den Vereinigten Staaten gegründeten Glaubensgemeinschaft[392]. Sie waren wegen ihrer Lehre vom tausendjährigen Reich einer klassenlosen Gesellschaft ohne Rassenunterschiede und ihrer Nähe zum Alten Testament mit der totalitären antisemitischen Ideologie des Nationalsozialismus in Konflikt geraten und in Württemberg am 1. Februar 1934 verboten worden[393]. Ihr Verweigern des Hitlergrußes sowie des Wehrdienstes zog die Brutalität des nationalsozialistischen Terrorapparates auf sich. Hier ging es gleichzeitig um eine Randgruppe, die dazu oppositionell eingestellt war und jetzt im Krieg dem »Gemeinwohl« ihren *Dienst* versagte.

Alle Mitglieder der Glaubensgemeinschaft, die ihre Strukturen in lokalen Treffen und Gottesdiensten sowie über illegale Kuriere aufrechterhielten, wußten um Verfolgung und Terror, auch die Familie Grimm in Baltmannsweiler.

Karl Grimm senior war bereits in den ersten Monaten nach dem nationalsozialistischen Machtantritt wegen seines Glauben verfolgt worden[394]. Er hatte deshalb ein gutgehendes Café mit Pension in Christophstal bei Freudenstadt und danach ein Einzelhandelsgeschäft bei Nagold aufgegeben[395].

Seine beiden Söhne, Karl und Bernhard, besprachen innerhalb der Familie und der Glaubensgemeinde, was sie im Falle der Einberufung zu tun gedachten. Der am 14. Mai 1923 geborene Bernhard bekam das bedeutungsschwere Schreiben am Ostersonntag 1942[396]. Er sollte sich bei einer Wehrmachtseinheit in Ludwigsburg-Ossweil melden. Am 15. April trat

Bernhard – so formulierte der *Oberreichskriegsanwalt* in der *Anklageverfügung* – bei

der Einteilung der Rekruten auf dem Kasernenhof (...) aus dem Glied hervor und erklärte dem diensttuenden Oberwachtmeister, daß er den Dienst in der Wehrmacht verweigere. Als Begründung gab er an, in der Bibel stehe geschrieben: »Du sollst nicht töten«. Sein Gewissen erlaube daher nicht, (...) mit der Waffe in der Hand zu kämpfen.[397]

Er wurde sofort in Haft genommen. In einer richterlichen Vernehmung am 26. Mai blieb er bei dieser Weigerung, erklärte sich jedoch bereit, »Dienst als Sanitäter oder Monteur« zu leisten[398]. Den *Fahneneid* auf Hitler könnte er aber nicht leisten. Am 14. Juli 1942 verurteilte ihn das Berliner Kriegsgericht zum Tode. In seinem letzten Brief an seine Eltern und an seinen Bruder schrieb er aus dem *Wehrmachtsuntersuchungsgefängnis* Berlin-Tegel zweieinhalb Stunden vor seiner Hinrichtung:

Sagt nicht die Hl. Schrift, daß jeder für sich selbst stehen muß. Ja, (...) diese Stätte und der täglich gleiche Rhythmus, sowie die Verwerfung der ganzen Hl. Schrift, Christus Jesus als »Saujude« usw. gaben mir die letzten Bestätigungen (...) von Gottes Wort; das erst recht als ein evangelischer Pfarrer, der mich besuchte, das alte Testament als Geschichtsbuch der Juden bezeichnete, die Auslegung der Offenbarung als sehr gefährliche Geschichte (...). Seid stark, denn ich bin ja nicht verloren (...). Nochmals die allerherzlichsten Grüße und Küsse, Euer Euch heißliebender Bernde.[399]

Der 19jährige Bernhard Grimm wurde am 21. August 1942 hingerichtet[400].

Knapp zwei Monate später bekam sein Bruder Karl, geboren am 20. Oktober 1924, den Stellungsbefehl nach Ulm[401]. Auch er weigerte sich, Kriegsdienst mit der Waffe zu leisten. Er berief sich auf die Bibelworte:

»Du sollst nicht töten« und »Eure Rede sei ja, ja, nein, nein!«

Doch Karl junior erklärte sich bereit, den Eid auf den *Führer* abzulegen und Kriegs-

Bildnis von Bernhard Grimm, gemalt wenige Tage vor seiner Hinrichtung im August 1942 im Wehrmachtsuntersuchungsgefängnis Berlin-Tegel von seinem französischen Zellengenossen P. Marcellin.

dienst ohne Waffen abzuleisten. Der zweite Senat des Reichskriegsgerichtes in Berlin verurteilte Karl Grimm junior am 18. Februar 1943 zu drei Jahren Gefängnis.

Bis zum 21. April befand sich Karl in Berlin-Tegel in Haft, dann wurde die Strafe bis Kriegsende ausgesetzt.

In den umliegenden Dörfern wurden zwei weitere Fälle von wegen »Fahnenflucht« und »Wehrkraftzersetzung« erschossenen jungen Männern bekannt. Der Oberkanonier Otto R., der als »Kriegsdienstverweigerer in Kriegszeiten« am 5. März 1940 erschossen wurde[402], sowie Obergefreiter Horst M., der im März 1944 ohne Erlaubnis zur Braut gefahren war, ertappt und anschließend erschossen wurde[403].

Exkurs:
»Der für die Menschheit gefährlichste Reichenbächer« – Karriere wurde außerhalb Reichenbachs gemacht

Das üblichste Verhalten der meisten Reichenbacher war das Mit- und Weitermachen[404]. Im folgenden soll ein »normaler« Reichenbacher vorgestellt werden, der dort wie die anderen geboren ist, aufwuchs und sozialisiert wurde. Wie die anderen lernte er, »seine Pflicht zu erfüllen«, gehorsam und eifrig weiterzumachen und seine alltägliche Arbeit zu erledigen, die dann doch nicht ganz so alltäglich blieb. Walter Baach wurde durch seine Karriereplanung und sein »Weitermachen« in seinem Beruf als Verwaltungsbeamter zum Mitmacher. Die »Normalität« seines *Dienstalltags* steht beispielhaft für die als »Banalität des Bösen«[405] bezeichnete Brutalität des Systems, zu der Baach aktiv beitrug.

Walter Baach wurde am 30. September 1908[406] in der Brunnengasse in Reichenbach geboren. Er stammte aus bürgerlich-ländlichem Elternhaus; sein Vater war Gipsermeister und offensichtlich ein »fanatischer 1870er Altveteran, der immer begeistert zu Sedanfeiern gegangen ist, ein Militarist«[407], der deutschnational wählte und seine sechs Kinder zu Gehorsam und Pflichterfüllung erzog[408]. Nach dem Besuch der Volksschule in Reichenbach und der Oberrealschule in Göppingen, die er 1924 mit der Mittleren Reife verließ, trat er bei Bürgermeister Stiefel in den Verwaltungsdienst ein. Bis Oktober 1929 war er auf dem Bürgermeisteramt in Reichenbach und den Nachbargemeinden Baltmannsweiler und Heiningen als Verwaltungskandidat tätig[409]. Nach einjährigem Besuch der staatlichen Verwaltungsschule Stuttgart legte er im November 1930 die Eignungsprüfung für den gehobenen Beamtendienst ab und arbeitete jeweils ein Jahr bei den Landratsämtern Kirchheim/Teck, Geislingen und Künzelsau. Baach trat am 1. Februar 1931 mit 22 Jahren der NSDAP bei – aufgrund der Werbung des Reichenbacher Apothekers Lautenschlager. Am 13. Juni 1933 wurde Baach zum Württembergischen Innenministerium nach Stuttgart zur politischen Polizei versetzt[410], die Anfang 1934 zum politischen Landespolizeiamt Württemberg verselbständigt und erhoben wurde.

Unter dem Stichwort »Neuorganisation der Polizei« sollte diese zu einem Instrument der Führerexekutive gemacht werden. Ende April 1934 wurde *Reichsführer SS* Heinrich Himmler zum Inspekteur und stellvertretenden Chef des *Preußischen Geheimen Staatspolizeiamtes* und durch Erlaß vom 17. Juni 1936 zum Chef der gesamten deutschen Polizei ernannt. Über strukturelle und persönliche Umschichtungen trieb Himmler seine Politik voran, *SS* und Polizei zu verschmelzen.

Walter Baach, 1939

In den ersten Jahren seiner neuen Tätigkeit war der im November 1935 zum Polizeiobersekretär beförderte Baach mit der Verwaltung des aufgrund von Reichsverordnungen beschlagnahmten »Volks- und staatsfeindlichen Vermögens« befaßt[411]. Sein Vorgesetzter, der Leiter des politischen Landespolizeiamtes, Dr. Mattheis, wurde als *SA*-Angehöriger im Zuge der Röhm-Affäre Mitte 1934 von einem *SS-Kommando* ohne Gerichtsverfahren standrechtlich erschossen[412], was sicherlich Baachs Bereitschaft, mit der *SS* zu kooperieren, um nicht empfindliche Nachteile in Kauf nehmen zu müssen, deutlich steigerte. Bereits 1937 waren die Dienststellen der Höheren *SS*- und *Polizeiführer* geschaffen und mit weltanschaulich gefestigten, treuen *SS-Führern* besetzt worden. Sie vereinigten in ihrer Person auf regionaler Ebene die Befehlsgewalt über SS und Polizei. Mit dem Herauslösen der politischen Polizei aus der inneren Verwaltung und Überführung in die *Geheime Staatspolizei* im April 1937 wurde der Reichenbacher Angehöriger der neu gebildeten, für ganz Württemberg zuständigen *Stapoleitstelle Stuttgart*, bei der er im Jahre 1937 zum Kriminalkommissar auf Probe und im Frühjahr 1938 zum Kriminalkommissar ernannt wurde. Er übernahm zu seiner bisherigen Tätigkeit die Leitung der »Abteilung für weltanschauliche Fragen, Vereins- und Versammlungswesen, *Judentum*, Freimaurerei, Pazifismus, Kirchen und Sekten«[413].

Seine neue Aufgabe bestand unter anderem im Einzug und in der Verwaltung des Vermögens von aufgelösten Freimaurerlogen, Überwachung von Redeverboten gegen Geistliche, etwa auch gegen Pfarrer Dipper, der mittlerweile Ortspfarrer in Baachs Heimatort Reichenbach geworden war, sowie in der Überwachung und Genehmigung *jüdisch*-kultureller Aufführungen. Desweiteren fungierte er als »Leiter der Judenaktion in der Gestapo« in Württemberg[414]. Baach hatte sehr gute Kontakte zu Karl Adler, dem Leiter der *jüdischen* Kunstgemeinschaft, der nach der Reichspogromnacht inhaftiert und nach seiner Freilassung zum alleinverantwortlichen Leiter der auf Weisung der *Gestapo* errichteten *jüdischen* Zentralstelle für alle in Württemberg lebenden *Juden* geworden war[415]. Adler konnte offensichtlich über Baach erreichen, daß »in Stuttgart im Gegensatz zu anderen Städten im Reichsgebiet der weitaus größte Teil der am 9./10. November 1938 inhaftierten *Juden* bereits nach etwa einem Monat wieder frei war.«[416] Sein Pflichtgefühl und sein persönlicher Ehrenkodex veranlaßten Baach wohl auch, die Ermittlung und Bestrafung eines Parteimannes in die Wege zu leiten, der in der »Reichskristallnacht« einen aus Bopfingen am Ipf stammenden jungen *Juden* erschossen hatte[417].

Im August 1939 wurde Baach zu einem »Einsatzkommando«[418] des *Sicherheitsdienstes* unter Leitung von Oberregierungsrat Dr. Brunner abgeordnet. Mit Beginn des Polenfeldzuges wurde er zuerst zum *SS-Untersturmführer* und kurz darauf zum *SS-Obersturmführer* ernannt. Mit dem »Einsatzkommando Dr. Brunner« rückte Baach in die Tschechoslowakei ein.

Nach Beendigung des Polenfeldzugs kam das Kommando nach Krakau und wurde dort aufgelöst. Baach erhielt im November 1939 den Auftrag, mit 10–15 Beamten und Angestellten in Reichshof/Polen eine *Außenstelle der Sicherheitspolizei (Sipo)* zu errichten, deren Leitung ihm zugleich übertragen wurde. Am 31. Mai 1940 übernahm er die Leitung der *Sipo-Außenstelle* Tarnow, der bisherige Leiter dort wurde Nachfolger Baachs in Reichshof.

Das eroberte Polen wurde in drei Gebiete aufgeteilt, ein Teil fiel laut dem geheimen Zusatzprotokoll des »Hitler-Stalin-Paktes« an die Sowjetunion, ein Teil um Lódz (»Litzmannstadt«) wurde als »Wartegau« dem deutschen Reichsgebiet einverleibt und der dritte Teil als *Generalgouvernement* ab 26. Oktober 1939 vom *Generalgouverneur* Dr. Hans Frank verwaltet. Von Anfang an bestand hier das Bestreben, den etwa 2,5 Millionen Menschen starken *jüdischen* Bevölkerungsteil vollständig zu erfassen, zu konzentrieren und zu gettoisieren, um so die Voraussetzungen für die späteren Gewaltmaßnahmen zu schaffen. Das *Generalgouvernement* umfaßte zunächst die Distrikte Krakau, zu dem auch die Stadt Tarnow gehörte, Lublin, Warschau und Radom. Nach dem Rußlandfeldzug kam noch Galizien mit der Distrikthauptstadt Lemberg hinzu.

Die etwa 80 Kilometer östlich von Krakau gelegene Kreisstadt Tarnow hatte in den ersten Kriegsjahren 65 000 bis 70 000 Einwohner[419] und spielte in der gewerblichen Wirtschaft sowie in Handwerk und Handel eine ausschlaggebende Rolle. Durch Konzentration der *Juden* aus den umliegenden Landgemeinden in Tarnow vergrößerte sich die Anzahl der *Juden* in Tarnow von etwa 20 000 bei Kriegsbeginn auf 35 000 bis 40 000 im Juni 1942. Im Mai 1942 ging die damalige Zuständigkeit in Judenangelegenheiten an die *Sicherheitspolizei* über[420]. Hinsichtlich der Dienst- und Fachaufsicht unterstand die Außendienststelle der *Sicherheitspolizei* und dem *SD* in Krakau, dem wöchentlich ein Tätigkeitsbericht und monatlich ein Lagebericht vorgelegt werden mußte, und bei dem alle vier bis sechs Wochen Besprechungen mit *Außendienststellenleitern* des Distriktes stattfanden. Der *Dienststelle* der *Sipo* gehörten insgesamt 20–30 Personen an. Bis zur Aufteilung der *Dienststelle* in *Referate* und *Abteilungen* im Sommer 1942 mußten alle dienstlichen Vorgänge dem *Dienststellenleiter* oder seinem Stellvertreter vorgelegt werden. Baach ordnete an, daß ihm alle Einzelfälle schriftlich vorzulegen seien[421]. Im April 1942 erging von Krakau aus der allgemeine Befehl, Häftlinge, vor allem *Juden*, gegebenenfalls »örtlich sonderzubehandeln«[422], also zu ermorden. Dabei konnte der *Dienststellenchef* entsprechende Vermerke, etwa auch »KZ«, machen, womit das Schicksal des Betroffenen ebenfalls besiegelt war.

Der *Sipo-Außenstelle* angegliedert und unterstellt war eine Abteilung der Kriminalpolizei. Im Sommer 1940 wurde in Tarnow eine Abteilung der Schutzpolizei eingesetzt, die für den Stadtbereich zuständig war. Neben ordnungs- und gewerbepolizeilichen Aufgaben oblagen ihr auch die Hilfsarbeiten beim »Judenaussiedeln«, wie beispielsweise das Absperren des Gettos, das Zusammentreiben und Bewachen der auf dem Sammelplatz befindlichen *Juden* oder das Durchkämmen der Häuser. Ihr oblag ferner der Einsatz und die Überwachung der etwa aus 100 Angehörigen bestehenden, von Oberleutnant Lasky geleiteten polnischen Stadtpolizei[423].

Die Zivilverwaltung des Kreises Tarnow lag in Händen der im Oktober 1939 aufgebauten *Kreishauptmannschaft*, einer von zwölf im Distrikt Krakau. Nach Beginn des Krieges und unmittelbar vor der Besetzung Tarnows durch die deutschen Truppen waren zahlreiche *Juden* aus der Stadt in den ostgalizischen Raum in die Lemberger Gegend geflüchtet. Einer Aufforderung der *jüdischen* Gemeinde folgend, hatten sie sich dem zurückweichenden polnischen Militär angeschlossen. Nach Beendigung der Kampfhandlungen wurde zwischen den russischen Besatzern in Galizien und dem deutschen *Generalgouvernement* eine Demarkationslinie gebildet, die im Tarnower Raum der Fluß San darstellte. Etliche der geflohenen Tarnower Bürger *jüdischen* Glaubens versuchten nun, über die streng bewachte Grenze zurückzukehren. Die meisten wurden von Angehörigen der Dienststelle Baachs festgenommen und erschossen. Sehr viele der im Prozeß gegen Baach aussagenden Zeugen beschrieben Erschießungen im Rahmen dieses »Ostrückkehrer-Komplexes«. Insbesondere die Erschießung des in Tarnow sehr bekannten und wohl allseits beliebten *jüdischen* Rechtsanwaltes und früheren Reservehauptmanns des österreichischen Heeres, Dr. Speiser, der verschiedene Organisationen begründet und unter anderem dem Sportvereinsvorstand angehört hatte, wird sehr ausführlich in Erinnerung gerufen[424]. In den Gerichtsakten heißt es hierzu:

> Zum Zeitpunkt dieser Erschießungen war Kriminalkommissar Baach verantwortlicher Dienststellenleiter.[425]

Im Urteil gegen den Reichenbacher heißt es zu den ersten Tagen nach der Besetzung:

> Abgesehen von den höheren Ortes allgemein angeordneten Maßnahmen, kam es nach der Okkupation in Tarnow bereits vor den großen Aussiedlungsaktionen in zunehmendem Maße zu Ausschreitungen gegen die Bevölkerung (...). Auch auf den Straßen und Plätzen der Stadt wurden vor allem jüdische Menschen mißhandelt und vereinzelt sogar (...) völlig willkürlich erschossen[426],

Hierbei haben sich die Angehörigen der *Sicherheitspolizeiaußenstelle* offenbar »besonders hervorgetan«[427].

Nach dem Einmarsch der deutschen Truppen wurde weisungsgemäß ein »Judenrat«[428] gebildet, zu dessen Präses (Vorsitzendem) der Rechtsanwalt Offner bestimmt worden war. Nach wenigen Wochen wurde er von Rechtsanwalt Dr. Goldberg abgelöst, 1940 dieser vom ehemaligen Offizier Volkmann. Durch die Zusammenziehung der *jüdischen* Bevölkerung vom Lande in großen Städten kam es zur Bildung von Großgettos in Lódz, Warschau, Krakau, Lublin, Radom und Lemberg sowie zahlreicher kleinerer Gettos, wie auch in Tarnow. Der Gettobezirk Tarnows war völlig von der Außenwelt abgeschlossen und konnte nur durch wenige Tore betreten werden. Die Bewachung der Tore und die Aufrechterhaltung der Ordnung im Innern des Gettos oblag dem »jüdischen Ordnungsdienst«. Wer das Getto unbefugt verlassen wollte, wurde sofort erschossen. Angehörige von Baachs Polizeitruppen gingen im Laufe der Zeit, so stellte das Gericht fest, dazu über,

> unter Mißachtung der an sich gegebenen Zuständigkeit der Sondergerichte[429], Juden (...) ohne jedes Verfahren zu erschießen oder auf andere Weise zu liquidieren. Später wurden jüdische Menschen auch schon erschossen, wenn sie aus irgend einem Grunde, z. B. durch Nichttragen des Davidsterns (...), aufgefallen waren.[430]

Im Frühjahr 1942 setzte die groß angelegte Ermordung aller *jüdischen* Bewohner durch Zusammentreiben und Abtransport in die Vernichtungslager ein. Bei diesen »Aussiedlungen«, wie es in der Sprache der *SS* und der Polizei hieß, wurden die entsprechenden Wohnbezirke von Postenketten abgeriegelt und den Bewohnern befohlen, sich auf Sammelplätzen zu melden.

> Wer dem Befehl zum Antreten nicht rechtzeitig nachkam, wurde erbarmungslos geschlagen und mißhandelt oder bereits in der Wohnung oder auf der Straße erschossen. Besondere Kommandos durchkämmten die Häuser nach versteckten Juden und erschossen sie (...) teilweise an Ort und Stelle.[431]

Bei diesen »Aussiedlungen« kam es zu »grausamen, mit Einzeltötungen verbundenen Ausschreitungen gegen die verzweifelten Menschen, die versuchten, ihrem Schicksal zu entgehen.«[432] Mit dem ersten großen Auschwitz-Transport am 14. Juni 1940 wurden 728 Männer ins Lager gebracht.

> Noch vor Jahresablauf erhielten viele der nächsten Verwandten telegraphische Nachricht aus Auschwitz, daß ihre Angehörigen dort verstorben seien; gegen ein bestimmtes Entgelt würde ihnen die Urne mit der Asche des Verstorbenen ausgehändigt werden.[433]

Verschiedene weitere Aktionen sind aktenkundig geworden, so unter anderem die folgenden:

> Laut Gefangenenbuch wurden im Oktober und November 1940 die polnischen Brüder Franz, Josef und Jan Zmuda von der Gestapo in die Strafanstalt Tarnow eingeliefert, unter dem 4. Februar 1941 ist der Tod eines der Brüder dort verzeichnet. Josef wurde offensichtlich (...) in der Gestapodienstzelle totgeschlagen, die beiden Brüder nach vielen Quälereien nach Auschwitz verbracht.[434]

Am 2. April 1941 verhaftete die *Sicherheitspolizei* 22 Bewohner der Stadt. Baach hatte dies im Rahmen einer größeren Aktion gegen »Widerständler« angeordnet[435]. Im Spätsommer 1941 erhielt Baach eine Anerkennung durch ein persönliches Schreiben des *Reichsführers* SS Heinrich Himmler für »besonders hervorragende fachliche Leistungen.«[436] Im Rahmen der »Kommunistenaktion« erhielten Mitte April 1942 alle *Sipo-Außendienststellen* des Distriktes ein Fernscheiben aus Krakau, mit dem die Feststellung aller *Juden* angeordnet wurde, die im Verdacht standen, Kommunisten zu sein oder mit ihnen zu sympathisieren. An »Führers Geburtstag«, dem 20. April 1942, wurden »in Tarnow annähernd 50 Juden erschossen.«[437] Bereits Anfang Februar 1942 bemühte sich Baach um eine Versetzung nach Athen, die ihm nach einem Heimaturlaub von Mitte März bis Mitte April 1942 genehmigt wurde. Ab 16. Mai 1942 wurde er »als Leiter der dortigen Dienststelle des Chefs der Sicherheitspolizei und des Sicherheitsdienstes« in Athen eingesetzt[438], der Zentrale der *Sicherheitspolizei* und des *SD* im besetzten Griechenland.

Unmittelbar nach Weggang Baachs setzte im Rahmen der »Endlösungs«-Aktionen im Juni 1942 die große, von ihm mit vorbereitete *Aussiedlungsaktion* ein, bei der insgesamt 36 000 »Tarnower Juden (...) unter unwürdigsten und qualvollsten Umständen« getötet wurden, teilweise im Vernichtungslager Belzec, teilweise über die *Konzentrationslager* Auschwitz und Plaszow und zu einem weiteren Teil »örtlich ausgesiedelt, also auf den Straßen und in den Häusern, auf dem Sammelplatz und auf dem jüdischen Friedhof sowie in dem Waldgelände Zbilitowska-Gora in der Nähe von Tarnow einzeln oder gruppenweise erschossen wurden.«[439]

Währenddessen stieg Baach zum Polizeiattaché und Polizeiverbindungsführer in Athen und persönlichen Referenten des Befehlshabers der *Sicherheitspolizei* und des *SD* auf. Im Juli 1942 wurde er unter Aufrechterhaltung seiner Abordnung nach Athen von der *Stapoleitstelle* Stuttgart zum *Reichssicherheitshauptamt (RSHA)* nach Berlin versetzt[440], im Frühjahr 1943 zum *SS-Hauptsturmführer* und im November 1943 zum Kriminalrat ernannt[441].

Nach dem Rückzug der deutschen Truppen aus Griechenland betreute er Mitglieder der griechischen und albanischen Exilregierung in Wien, die geheimdienstlich für ihn tätig wurden. Unmittelbar vor dem Einmarsch der russischen Truppen in Wien im Frühjahr 1945 setzte er sich in Zivil mit dem Ausweis einer Wehrmachtsdienststelle, die ihn als Gefreiten kennzeichnete, über Salzburg und München nach Reichenbach ab und versteckte sich danach in Zell am See. Unter dem Namen Willy Bauer arbeitete er in den folgenden Jahren in verschiedenen Landwirtschaftsbetrieben. Am 11. November 1950 meldete er sich unter seinem richtigen Namen im Kreis Waiblingen an, seit dem 18. November 1950 wohnte er wieder in Reichenbach. Am Ort – so berichteten diejenigen, die ihn kannten – sah man den jungen Baach

immer wieder in der Uniform. Nachher hat man ihn immer als großen Mann kennengelernt, aber man hat nicht mitbekommen, was für eine Funktion er genau hatte.[442]

Nicht ohne Neid wurde wahrgenommen, daß »die Familie Baach immer alles gehabt und von überall her Pakete bekommen hat.«[443] Auffällig war freilich auch der »richtige Luftschutzkeller, der der Familie Baach (...) eingebaut worden ist, in den auch die Leute aus der Brunnengasse konnten.«[444] Man hörte dies und jenes, auch von einem Anschlag in Polen, der auf ihn verübt wurde.

Er sollte von der dortigen Untergrundorganisation vergiftet werden. Es traf dann aber wohl seine Sekretärin.[445]

Registriert wurde vor allem von den treu zur Kirche Haltenden, wie der ehemalig überzeugte »Deutsche Christ« »nach dem Krieg wie so viele andere auch dann plötzlich in die Kirche gegangen ist«[446] und »kurz drauf schon in Bad Boll war.«[447] In seinem Heimatort sah man ihn als etwas »Besonderes«:

Walter Baach war der für die Menschheit gefährlichste Reichenbächer.[448]

Von Anfang November 1950 bis Ende Februar 1951 arbeitete Baach im Kultusministerium von Baden-Württemberg in der Abteilung »Internationaler Buchaustausch«, anschließend wurde er zum Referatsleiter für Kommunal- und Rechtsfragen beim Kreisverband Nürtingen ernannt. 1952 bewarb er sich als Bürgermeister in Reichenbach/Fils, unterlag jedoch dem ehemaligen Bürgermeister Emil Schmid. Im Frühjahr 1953 wurde Baach zum Amtmann im Beamtenverhältnis auf Lebenszeit bei der württembergischen Prüfungsanstalt für Körperschaften in Stuttgart ernannt, wo er am 28. März 1957 zum Oberamtmann, am 22. Dezember 1960 zum Verwaltungsrat und am 10. Mai 1963 zum Oberverwaltungsrat befördert wurde – obwohl bereits seit 1960 im Zusammenhang mit seiner Tätigkeit als Leiter der *Sipo-Außenstelle* Tarnow gegen ihn verhandelt wurde. Am 28. September

1965 wurde der bereits ein Jahr davor schon einmal verhaftete[449] Reichenbacher mit einem erneuten Haftbefehl unter dem Vorwurf der Beihilfe zum Mord an mindestens 31 *jüdischen* Menschen bis zum 17. März 1966 in Untersuchungshaft genommen[450]. Trotzdem erhielt er 1969 für seine 40jährige »verdienstvolle Tätigkeit« im öffentlichen Dienst eine Ehrenurkunde vom Ministerpräsidenten Baden-Württembergs.

Die Staatsanwaltschaft Dortmund klagte den Reichenbacher Oberverwaltungsrat und ehemaligen *SS-Hauptsturmführer*, Kriminalkommissar und Leiter der *Sipo-Außenstelle* Tarnow/Polen Walter Baach am 17. November 1970 an, »in den Jahren 1940 und 1941 durch (...) selbständige Handlungen zusammen mit anderen Personen vorsätzlich und mit Überlegung und aus niederen Beweggründen, in zwei Fällen auch grausam, mindestens 112 Menschen getötet zu haben,«[451] worauf sich Baach mit Wirkung zum 21. April 1971 in den Ruhestand versetzen ließ. Vom 21. November 1971, dem Beginn der Hauptverhandlung, bis zum 26. Juni 1972, dem Tag der Urteilsverkündung, wurde vor dem Landgericht Bochum gegen Walter Baach dann wegen Beihilfe zum Mord verhandelt. In der Urteilsbegründung verwies das Gericht darauf, daß das Verfahren schwer juristisch einwandfrei zu führen sei.

Beim Studium der Gerichtsakten entsteht der Eindruck, daß im Verfahren mit großem Engagement Widersprüche in Details der Zeugenaussagen gesucht wurden, welche dann als Beleg der mangelnden Beweisfähigkeit der Taten Baachs interpretiert wurden. Bei so bestehenden Zweifeln mußte selbstverständlich für den Angeklagten entschieden werden:

Die größere Anzahl der Beweispersonen, die jüdischen Zeugen, aber stammen aus dem Kreis der Opfer und können sich – menschlich verständlich – teilweise auch heute noch nicht innerlich von Haßgefühlen lösen. Die Zuverlässigkeit ihrer Aussagen wird weiter dadurch beeinträchtigt, daß sie damals in Angst, Furcht und Schrecken lebten, ferner

Personalbestand, Aufgaben und Organisation der deutschen Dienststellen in Tarnow nur in Ausnahmefällen genauer kannten. (...) Für sie ist es nur schwer vorstellbar, daß Baach, obwohl Gestapochef in Tarnow, doch im Einzelfall nicht für solche Tötungshandlungen verantwortlich zu sein braucht, die von Angehörigen seiner Dienststelle während seiner (...) Amtszeit verübt worden sind.[452]

Diese Aussage des Gerichts steht in bemerkenswertem Widerspruch zu andernorts von Nationalsozialisten verwendeten und von Richtern übernommenen Argumentationen über das System aus »Befehl und Gehorsam«, nach dem vermeintliche »Täter« jeweils alles auf die »verantwortlichen Vorgesetzten« abschoben. Erstaunlich ist außerdem die unterschiedliche Gewichtung der Begründung; sind bei früheren Vernehmungen etwa die Erinnerungen noch sehr wach und die Anschuldigungen dementsprechend vehement, so wurden diese mit obiger Argumentation als zu emotional entkräftet; erinnerten sich die Zeugen zuerst nicht sehr konkret, kamen durch den bei ihnen durch erste Befragungen ausgelösten persönlichen Prozeß dann aber an verdrängte Erinnerungsschichten heran, die sie in späteren Befragungen dann zu Protokoll gaben, so diente dies wiederum als ein Indiz gegen ihre Glaubwürdigkeit. In der Urteilsbegründung heißt es hierzu:

Seit dem Ermittlungsbeginn im Jahre 1960, den fortlaufenden Ermittlungen sowie der Durchführung des Strafverfahrens gegen den Angeklagten sind bis zur Anklageerhebung im vorliegenden Prozeß nahezu 10 Jahre verflossen. Es liegt auf der Hand, daß auch durch diesen Zeitablauf die Fähigkeit der immer wieder vernommenen Zeugen, sich in Bezug auf bestimmte Personen nach Zeit und Ort noch zuverlässig zu erinnern, erheblich vermindert worden ist.[453]

Der Untersuchungsrichter in Bochum bescheinigte Baach, er »gehörte der Gestapo-Führungsschicht auf höher Ebene« an und »sei ein Mann von Intelligenz und bemerkenswertem Geschick.«[454] Als *Dienststellenleiter* wirkte Baach meist im

Hintergrund, war letztlich aber verant-wortlich. Trotz vieler Augenzeugenbe-richte, die von den grauenhaften Folter- und Verhörmethoden berichten[455], wurde Walter Baach mit Urteil vom 27. Juni 1972 am Landgericht Bochum freigespro-

chen[456]. All diese Dinge, so heißt es dort, seien

in der heutigen Zeit recht erst begreiflich vor dem Hintergrund der gänzlich anders gear-teten politischen Begebenheiten zur Zeit des Nationalsozialismus.[457]

Krieg gegen zentrale Säulen der *alten* Gesellschaft am Beispiel Kirche: Gemeindearbeit im Krieg und Intensivierung des lokalen Kirchenkampfes – dritte Phase

Bis 1939 hatte sich der nationalsozialisti-sche Staat für kritische Beobachter »im-mer konsequenter in seiner Christen-tumsfeindschaft«[458] enthüllt. Nach Be-ginn des Krieges schien sich zunächst ei-ne gewisse Entspannung im Verhältnis zwischen Partei, Staat und Kirche anzu-bahnen. Am 16. September 1939 ordnete *Reichsstatthalter* Murr ein vorsichtigeres Vorgehen in Sachen *Weltanschauungsun-terricht* an[459]. Trotz dieses Burgfriedens[460] betrachtete die Kirchenleitung diese Ent-wicklung bereits knapp zwei Monate spä-ter sehr kritisch. Die Einschränkung der kirchlichen Zeitschriften, die Schließung theologischer Fakultäten, die Beschlag-nahme zahlreicher kirchlicher Räume, die Einberufung vieler Pfarrer zum Heeres-dienst und die Erhebung eines ansehnli-chen Kriegsbeitrages von den Kirchen sind nur einige Stichworte des Berichts zur Lage der Kirche vom November 1939. Zwei Jahre später sah die Situation noch deutlich bedrohlicher aus. In einem inter-nen Bericht der Landeskirche über die kirchliche Lage »Zur Jahreswende« 1941/1942 heißt es:

Der Staat verdrängt die Kirche aus allem, was er zur politischen Sphäre rechnet. So-dann aber soll die Kirche auch in sich selbst verkümmern. Zunächst werden ihr die Geld-mittel entzogen. In den neuen Reichsgauen, ausgenommen zunächst Elsaß-Lothringen, werden staatliche Zuschüsse überhaupt nicht mehr bezahlt. (...) Die Möglichkeit zu freiwilligen Opfern wurde und wird ständig

beschränkt. Im Warthegau sind auch die got-tesdienstlichen Kollekten verboten. Sodann wurden große kirchliche Vermögenswerte kurzerhand enteignet.[461]

Für die Reichenbacher Mauritiusgemein-de hatte sich die Situation bereits vor Kriegsbeginn verschlechtert. Eine Krisen-sitzung im Kirchengemeinderat Ende Au-gust 1939 offenbarte die bedrängte Lage. Trotz verschiedener eindringlicher Ge-spräche lehnten auch engagierte CVJM-Mitglieder weiterhin die Zuwahl in den Kirchengemeinderat ab[462], die Partei er-schwerte die Erfüllung des Läutedienstes für Jungen, weshalb eine Regelung mit dem *Jungvolk* nötig wurde. Der Einfluß der NSDAP-Propaganda auf die Eltern führte dazu, daß die Pflicht zum Besuch der Christenlehre trotz Mahnung und Hausbesuchen seitens der Kirchenge-meinderäte, der Gemeindehelferin und des Pfarrers teilweise nicht ernst genom-men wurde. Dipper, der sehr viel Wert auf die äußere Form legte[463], verfaßte deswe-gen ein seelsorgerisches Schreiben mit der Drohung, die entsprechenden Reichenba-cher aus der Liste der Kirchenmitglieder zu streichen[464], was am 26. Februar 1940 vollzogen werden mußte[465]. Nicht nur in Gesprächen mit dem Kinderkirchhelfer-kreis, sondern auch in intensiver Ausein-andersetzung mit seiner Gemeinde ver-suchte er den »Kampfplatz zwischen Kir-che und nationalsozialistischem Weltan-schauungsstaat[466]« zu nutzen, um im Pre-

Blick auf die »Heimatfront«, an der die Auseinandersetzungen zwischen Ortsgruppenleiter und Pfarrer erneut Züge eines persönlichen Duells annahmen.

digtamt – etwa in der Karfreitagspredigt 1941[467] – seine Vorstellungen von Frömmigkeit und Glauben mit dem Stand des Einzelnen in der zu Zweifeln verführenden Zeit in Beziehung zu setzen. In einer früheren Predigt hatte er gewarnt: »Und es ist keinem Menschen geraten, dem Worte Gottes zu widerstreben.«[468]

Auch der *Ortsgruppenleiter* nahm den Begriff der *Heimatfront* ernst und ging mit allen Mitteln gegen die vermeintlichen Gegner im Innern vor. So nahmen die Versuche, die Kirche völlig aus der Öffentlichkeit zu verdrängen[469], bald erneut Züge eines persönlichen Duells zwischen dem *Ortsgruppenleiter* und dem Ortspfarrer an. Hatte der Ortsgeistliche allen staatlichen und parteilichen Festakten auch noch lange nach 1933 als Ehrengast eine sakrale Weihe verliehen, so versuchte nun der *Ortsgruppenleiter* zunehmend, diese Rolle zu übernehmen. Aus den in der Kirche stattfindenden Gedenkgottesdiensten für Gefallene wurden in der Turnhalle zelebrierte Gedächtnisfeiern

für die toten *Helden*. Auch hierbei ersetzte der *Ortsgruppenleiter* oder ein Stellvertreter den Pfarrer. Selbst auf Trauungen, *Jugendweihen* und Beerdigungen versuchten die *Ortsgruppe* und deren Chef Einfluß zu nehmen. Dipper hierzu:

> Die Beteiligung der Partei bei der kirchlichen Beerdigung von Parteigenossen wurde unter seiner Führung mehr und mehr zu einer peinlichen Angelegenheit. Schließlich veranstaltete er selbst Parteitrauungen und Parteibeerdigungen ohne kirchliche Mitwirkung.[470]

Im einzelnen lassen sich bei der Verschärfung des lokalen Kirchenkampfes verschiedene Mittel festhalten, derer sich die *Ortsgruppe* bediente. *Massive Propaganda, personelle Auszehrung des Gegners* und schließlich *materielle Schwächung* waren dabei die drei hauptsächlichen Vorgehensweisen. Für Dipper ist mit dem Vorantreiben des *Krieges im Innern* noch eine vierte Belastung zu nennen, die daraus erwuchs, aus christlicher Nächstenliebe und politischer Überzeugung heraus den

Verfolgten zu helfen und die Auswirkungen nationalsozialistischer Verfolgung zu dämpfen.

Kriegführung durch massive Propaganda

Neben den verstärkten allgemeinen Angriffen gegen evangelische und vor allem gegen katholische Gläubige[471], sind hier der energische Kampf um den *Weltanschauungsunterricht* und die gesteigerte Kirchenaustrittspropaganda zu nennen.

Der *Ortsgruppenleiter*, der diesen Kleinkrieg besonders engagiert betrieb, vermied große öffentliche Konflikte und betätigte sich sehr aktiv im Hintergrund. Nach dem Fehlschlag bei der Einführung des *Weltanschauungsunterrichts* 1939 setzte er alles daran, um im zähen Kleinkampf die Ziele der Partei durchzusetzen[472]. Offensichtlich wurden das Verhältnis der einzelnen Gemeindeglieder zur Kirche überwacht und ihnen gelegentlich Vorhaltungen über ihren Gottesdienstbesuch oder über den ihrer Frauen und die Beteiligung ihrer Kinder am kirchlichen Jugendwerk gemacht[473]. Der *Weltanschauungsunterricht* bot während des Krieges fortwährend Konfliktstoff im Verhältnis zwischen Partei und Kirche, über den der Pfarrer häufig im Kirchengemeinderat berichten mußte[474]. Als im Juni 1940 der Sohn von Bürgermeister Schmid den *Weltanschauungsunterricht* nicht besuchte, befürchtete die örtliche Parteileitung, daß damit auch andere junge Leute den *Weltanschauungsunterricht* nicht ernst nehmen könnten. Deshalb sollte eine Aussprache zwischen Pfarrer, *Ortsgruppenleiter* und Schulleitung stattfinden[475]. Die Gemeindehelferin erinnerte sich an weitere Vorfälle:

> Das Töchterchen von einem Nazilehrer kam auch zu mir in den Religionsunterricht. Die gab so intelligente Antworten. Anfang 1943 kam sie plötzlich nicht mehr. Als ich sie darauf ansprach, sagte sie mir, ihr Vater habe ihr gedroht, er schlage ihr das Kreuz ab.[476]

Von 1939 bis 1944 waren in Reichenbach 114 Kirchenaustritte zu verzeichnen[477]. Hiervon fielen allein 35 Prozent auf die sechs Monate von Oktober 1940 bis März 1941, was erheblich über dem Kreisdurchschnitt lag, der in dieser Zeit *nur* 11 Prozent betrug[478]. Dies dürfte auf die ab Herbst 1940 noch einmal verstärkte[479] massive Kirchenaustrittspropaganda der Reichenbacher *Ortsgruppe* der NSDAP zurückzuführen sein. Neben der weiteren Kürzung der Staatszuschüsse an die Kirche trug dies erheblich zur Erhöhung des Reichenbacher Kirchensteuersatzes bei[480]. Doch trotz des scheinbar *positiven Ergebnisses* für die *Ortsgruppe* der NSDAP, innerhalb weniger Monate eine beachtliche Steigerungsrate von Kirchenaustritten erzielt zu haben, war der Erfolg doch relativ: Von allen evangelischen Gläubigen in Reichenbach traten zwischen 1939 und 1945 insgesamt *nur* 4,4 Prozent, von den katholischen 1,4 Prozent aus den Kirchen aus[481].

Kriegführung auf personeller Ebene

Das Spektrum dieses Kleinkrieges im personellen Bereich reicht von der Behinderung der Teilnehmer und der Aktiven kirchlicher Veranstaltungen, etwa der Jugendarbeit, über Benachteiligung, Überwachung, Einschüchterung und massiver Bedrohung von in kirchlichen Diensten oder Gremien Wirkenden bis zu den Versuchen, sich der jeweiligen *Gegner* zu entledigen.

Eine beliebte Methode, kirchliche Jugendarbeit zu behindern, war es, HJ-Veranstaltungen, *Pimpfenfehden* oder Fahrten auf Termine kirchlicher Zusammenkünfte zu legen.

> Der *Ortsgruppenleiter* und der *HJ*-Führer setzten den Dienst dann an, wenn wir uns getroffen haben. Teilweise sind die Jungs da hingegangen, manche haben sich aber auch entschuldigt mit irgend einem Grund, und einige wenige sind auch weiter zu uns gekommen.[482]

Dadurch wurden deren Teilnehmer zu persönlichen Entscheidungen gezwungen, für deren Folgen sie dann auch persönlich einstehen mußten. Die bereits vor Kriegsbeginn lästig gewordene Überwachung der kirchlichen Jugendarbeit nahm im Krieg, so erinnern sich viele Reichenbacher, penetrante Ausmaße an:

> Wir sind verstärkt beobachtet worden im CVJM. Einmal lief einer vorbei, wie wir gerade Fußball spielten. Der meinte dann gleich, er würde uns anzeigen, wenn wir nicht sofort aufhörten oder nochmals Sport betreiben würden.[483] »Im Sommerferienlager (...) kam jeden Tag zweimal die Polizei, um zu kontrollieren, ob wir auch ja nicht Ball spielten. Zweimal kam sogar die *Gestapo* aus Stuttgart mit dem Dienstmercedes angefahren, um uns zu überprüfen.«[484]

Auch persönliche Benachteiligungen für CVJM-Mitarbeiter, die nicht bei der *HJ* waren, etwa bei Berufswahl oder Karriere, traten häufiger auf[485].

Es war schon vor dem Krieg nicht einfach gewesen, engagierte Christen zu bewegen, öffentliche Verantwortung in kirchlichen Gremien zu übernehmen[486]. Persönliche Angriffe auf Kirchengemeinderäte nahmen zu[487]. Dipper versuchte deshalb nach der Auflösung des Gemeindevereins, den Kirchengemeinderat personell zu verstärken, und so der seitens der Partei angestrebten personellen Auszehrung entgegenzuwirken. »Da man mit Behinderungen des ersten Vorsitzenden zu rechnen hatte« und »um dem Vorsitzenden etwas Arbeit abnehmen zu können«[488], erhöhte der Kirchengemeinderat Anfang Januar 1940 die Anzahl seiner Mitglieder schließlich von sieben auf acht.

Ein Angriffsziel der örtlichen *Parteiführer* stellte die Gemeindehelferin dar. Sie versuchten mehrmals, Grete Hickel, die Nachfolgerin Emma Schwilles, vom Esslinger Arbeitsamt *dienstverpflichten* zu lassen. Der Kirchengemeinderat sowie der Oberkirchenrat machten deswegen am 12. September 1941 Eingaben beim Esslinger und beim Landesarbeitsamt[489]. Hickel besorgte offiziell die Kirchenbuchfüh-

rung, die Gemeindekartei und die *Ariernachweise* mit wöchentlich 20–24 Stunden, erteilte vier Wochenstunden kirchlichen Unterricht, weitere vier Stunden wurden zur Vorbereitung verbucht, zwei Stunden wurden für den wöchentlichen Bibeltreff für Frauen und Mädchen und fünf Wochenstunden für Krankenbesuche, Organisten- und Mesnerdienst veranschlagt[490]. Die kirchlichen Antragsteller argumentierten mit der Größe der Kirchengemeinde sowie mit der schlechten gesundheitlichen Verfassung Dippers für eine Weiterbeschäftigung der Gemeindehelferin. Trotz aller Versuche bestand das Arbeitsamt Esslingen zuerst auf der *Dienstverpflichtung*, so daß Dipper an der offiziellen Argumentation des Arbeitsamtes, *Arbeitskräftemangel*, zu zweifeln begann:

> Geht es hier wirklich um die Sache? Besonders wenn ärztlich festgestellt worden ist, daß Frl. Hickel gesundheitlich (...) derartig angegriffen ist, daß eine 6-monatige Befreiung von jeglichem Arbeitseinsatz (...) ärztlich gefordert wird.[491]

Vermutlich ahnten die Behörden, daß die Gemeindehelferin für Arbeiten der Bekennenden Kirche eingesetzt wurde. Der Fall Hickel ging bis zum *Reichsarbeitsminister*. Mitte September ließ dieser an die Kirchenkanzlei der Deutschen Evangelischen Kirche in Berlin-Charlottenburg ausrichten, er habe »das Landesarbeitsamt Südwest gebeten, von einer Dienstverpflichtung der Gemeindehelferin H. nach Möglichkeit abzusehen.«[492] Ende November 1941 stand eine in Berlin zu treffende Entscheidung über den Arbeitseinsatz allerdings noch immer aus[493]. In den Folgejahren schafften es der Kirchengemeinderat und sein Vorsitzender Dipper in hartnäckigem Einsatz, weitere derartige Versuche der *Ortsgruppe* erfolgreich abzuwehren[494].

Eine wichtige Möglichkeit, die örtliche Kirchenarbeit zu lähmen, bestand darin, den Ortsgeistlichen zum Kriegsdienst einzuberufen. Am Ende des Krieges waren von den 1225 württembergischen Pfarrern 759 eingezogen, 194 davon gefallen und 55 vermißt[495]. Zum 5. Juni 1940 wurde Pfarrer Diem aus Ebersbach zum Heeresdienst nach Prag einberufen. Dipper sollte in Ebersbach aushelfen[496]. Ebenso geschah es mit Pfarrer Palmbach aus Plochingen vom 6. Februar bis zum 21. Mai 1940[497], sowie in den meisten umliegenden Gemeinden[498]. Darüber hinaus mußte der Reichenbacher Ortspfarrer die Schurwaldgemeinden mitversorgen. Da er an einem Sonntag nur in drei Orten predigen konnte, mußte die Gemeindehelferin in den Orten Baltmannsweiler, Thomashardt, Hegenlohe, Lobenrot immer abwechselnd Kindergottesdienst und Lesepredigten halten[499]. Die ehemalige Gemeindehelferin Ott erinnerte sich:

»Dipper hat seine Predigten immer in die Schreibmaschine getippt und mir mitgegeben, so daß die Menschen in den Filialorten auf dem Schurwald die original Dipper-Predigten gehört haben. Damit man mich besser versteht, hat der Pfarrer Dipper verlangt, daß ich auf die Kanzel stehe. Wissen Sie, für eine Frau, auf der Kanzel zu stehen, das hat hier in der Gegend sonst ja nur die Frau Stöffler, Pfarrfrau in Köngen, gemacht, das war schon besonders und etwas ganz Neues. Deshalb wurde ich wohl auch ›d'r Ott‹ genannt.«[500]

Immer wieder versuchte die Partei, gerade Dipper über den Einzug zum Heeresdienst los zu werden. Am 11. Dezember 1939 schrieb Dipper im Gemeindeblatt:

Von morgen ab bin ich zu den Waffen gerufen und werde voraussichtlich Weihnachten im grauen Soldatenkleid feiern.[501]

Bei der großen Zahl einberufener Pfarrer konnte aber weder für Reichenbach noch für die verwaisten umliegenden Gemeinden eine Vertretung bestellt werden. Nachdem Dipper aus gesundheitlichen Gründen wieder zurückkam, mußte er deshalb einen Teil der Stellvertretung in Plochingen von Reichenbach aus weiterversehen[502]. Obwohl bereits längere Zeit an *Knochentuberkulose* leidend[503], wurde er mit zum 6. Februar 1941 und darauf bis

zum 28. Januar 1942 zwei weitere Male einberufen und aus gesundheitlichen Gründen jeweils wieder zurückgestellt[504]. Nach verschiedenen Eingaben seitens des Dekans und des Oberkirchenrates wurde Dipper Anfang April 1942 endgültig wegen Rippenkaries ausgemustert[505].

Im April 1940 hatte der Oberkirchenrat – mit Verweis auf die 435 zum Wehrdienst eingezogenen Geistlichen der Landeskirche – die Notwendigkeit unterstrichen, Pfarrer Dipper »in möglichst weitgehendem Maße zu Aushilfsdiensten heranzuziehen«. Er fragte deshalb bei der *Stapoleitstelle* Stuttgart um eine Lockerung des Redeverbots nach[506]. Die *Stapoleitstelle* Stuttgart stimmte Dippers Einsatz zu[507], beschränkte die Lockerung des Redeverbots jedoch »um Mißverständnissen vorzubeugen«, ausdrücklich nur auf die Vertretungstätigkeit[508]. In weiteren Schreiben betonte die *Gestapo* wiederholt, das Redeverbot sei damit nicht aufgehoben worden[509], und der Stadtkreis Stuttgart bliebe für Dipper versagt[510]. Trotz weiterer Versuche des Oberkirchenrats, das Redeverbot aufzuweichen, blieb die *Gestapo* bei ihrer harten Linie.

Die Überwachung Dippers hielt unvermindert an. Vor allem die Töchter zweier Nationalsozialisten am Orte stenographierten seine Predigten mit[511]. Immer wieder untersuchte die *Gestapo* das Reichenbacher Pfarrhaus, so daß die Gemeindehelferin und die Ehefrau Dippers nicht nur einmal »die gefährlichen Akten in einem Koffer neben der Miste in einem Haufen Laub und im Holzstall unter Reisigbüscheln, ebenfalls in meinem Bett« verstecken mußten[512]. Dipper bediente sich deshalb einer speziellen Kurzschrift, die er zu seiner persönlichen Geheimschrift weiterentwickelte, die außer ihm niemand lesen konnte und bis heute niemand zu lesen vermag[513]. Häufig diente die Überwachung mehr der Schikane als sicherheitspolitischem Nutzen. Da er im Rahmen der Evangelischen Jugendarbeit im Dezember 1941 in Reichenbach ein »Puddingfest« für Kinder veranstaltet hatte, kam es zur »staatspolizeilichen Ver-

Kindergartenschwester Barbara Riecker.

warnung« Dippers. In einer Zurückweisung des oberkirchenrätlichen Einspruchs seitens der *Stapoleitstelle* Stuttgart vom 14. Februar 1942 heißt es:

> Die seinerzeit von Pfarrer Dipper in Reichenbach abgehaltene Veranstaltung wurde ausdrücklich unter der Bezeichnung »Puddingfest« durchgeführt. Alleine schon aus der Bezeichnung ist klar zu ersehen, daß die Verabreichung des Puddings den wesentlichen Inhalt des Nachmittages dargestellt hat. (...) Aber selbst wenn die Verabreichung des Puddings nur als Umrahmung gedacht war, so geht dieselbe doch erheblich über den für die kirchliche Betätigung gezogenen Rahmen hinaus. Die ausgesprochene »staatspolizeiliche Verwarnung« ist daher zu Recht erfolgt.[514]

Kriegführung durch materielle Schwächung

Wo immer es ging versuchten die Machthaber, kirchliche Mitarbeiter materiell zu schikanieren[515] und kirchliche Einrichtungen unter ihre Kontrolle zu bekommen oder aufzulösen. Im wesentlichen sind hierfür die Überführung des Evangelischen Kindergartens in die *Nationalsozialistische Volkswohlfahrt*, die Einstellung des Gemeindeblatts, die Glockenabnahme so-

wie die versuchte Beschlagnahme des CVJM – Vereinshauses zu nennen:

Unter dem erwähnten Stichwort der »Entkonfessionalisierung des öffentlichen Lebens«[516] übte die *NSV* einen starken Druck auf die kirchlichen Kindergärten aus, besonders dort, wo sie finanziell von der bürgerlichen Gemeinde abhingen wie in Reichenbach. Der Kindergarten wurde am 15. Januar 1898 in der ehemals alten Schule mit einer Großheppacher Schwester eröffnet, das Kinderschulgebäude war früher die alte Schule. Seine Leitung lag seit der Gründung in den Händen der Kirche[517]. Schwester Barbara Riecker, eine dem Mutterhaus Groß-Heppach zugehörende Kinderschwester, betreute ihn 22 Jahre lang, von 1923 bis zu ihrer vorzeitigen Pensionierung 1945. Weltanschauliche Gründe führten zu einem gespannten Verhältnis zwischen dem Pfarrer und der Leiterin der Kinderschule, die die Kinder mehr im *neuen* als im evangelischen Geiste erziehen wollte und sich im August 1939, obwohl kirchliche Schwester, für die Übernahme der Kinderschule durch die bürgerliche Gemeinde einsetzte[518]. Der Kirchengemeinderat strebte daraufhin einen Wechsel in der Leitung an, aber nur mit Einverständnis der Leiterin, weshalb er ihr im Frühsommer 1940 eine andere

Kopf des Evangelischen Gemeindeblatts Reichenbach.

Stelle anbot. Als Reaktion hierauf wandte sich die Schwester an die *NSV* mit der Bitte um Übernahme der Kinderschule[519], die Partei nahm sich der Sache an. Ob der Bau des Werkskindergartens der Firma Otto im Juli 1940 im Zusammenhang mit diesen Auseinandersetzungen steht[520], läßt sich nicht mit Bestimmtheit feststellen, der Zeitpunkt allerdings ließe sich durchaus als Argument hierfür anführen.

Da die *NSV* allerdings nicht eine Ordensschwester übernehmen wollte, einigte man sich darauf, daß die bürgerliche Gemeinde den Kindergarten betreuen sollte. So wurde der Kindergarten, der »vierzig Jahre unter der Leitung und Verwaltung der kirchlichen Gemeinde gestanden hatte«, trotz massiven Protests letzterer am 1. Juni 1940 zuerst von der bürgerlichen Gemeinde übernommen[521] und von ihrer Trägerschaft laut Vertrag vom 5. November 1941 in die der *Nationalsozialistischen Volkswohlfahrt* überführt[522]. Im August 1944 schließlich vermeldete der Landrat dem württembergischen Landesjugendamt, daß die seitherige Kindergartenschwester »zur *NSV* übergetreten« sei[523]. Der ehemals rein kirchliche Kindergarten unterstand nun formal, inhaltlich, finanziell und schließlich personell vollkommen der *NSV*.

Als »wohl der schwerste Schlag, der die Kirche bis jetzt getroffen hat«[524], fiel das Gemeindeblatt, das bereits während des *Landjahres* und des *Arbeitsdienstes* nicht mehr hatte zugesandt werden dürfen[525] und schon seit Kriegsbeginn unter den massiven Hindernissen für die Verbreitung kirchlicher Schriften gelitten hatte[526], schließlich im Mai 1941 dem Verbot der kirchlichen Presse zum Opfer. Die evangelische Gemeinde Reichenbach bezog das Blatt mit einem besonders stark ausgebauten örtlichen Teil in etwa 700 Exemplaren. Sie empfand, so formulierte Dipper rückblickend, »seinerzeit das Verbot ihres Gemeindeblattes sehr schmerzlich«[527].

In der letzten Ausgabe Mitte Mai 1941 hieß es, das Blatt habe »bis auf weiteres sein Erscheinen eingestellt, um Menschen und Material für andere kriegswichtige Zwecke freizumachen. (...) Wir danken herzlich allen Lesern, die bisher dem Gemeindeblatt die Treue gehalten haben. Unser Gemeindeblatt wollte ein stiller Bote sein, der an das Große und das Kleine in Haus und Gemeinde noch einmal erinnert und es in das Licht des Wortes Gottes rückt. (...) Und so wollen wir (...) Gott herzlich danken für den Dienst, den unser Bote in unserer Reichenbacher Gemeinde hat tun dürfen. Gott segne alle in der Nähe und in der Ferne! In herzlicher Verbundenheit Euer Pfarrer Dipper.«[528]

Damit war eine wichtige Stütze der kirchlichen Gemeindearbeit Reichenbachs, Kommunikationsorgan und zusammenschließendes Band gleichermaßen, bis zum 8. Juni 1945 außer Gefecht gesetzt[529].

Im Rahmen der kriegswirtschaftlichen Maßnahmen waren Materialsammlungen und -»Spenden« an der Tagesordnung. Wie schon im Ersten Weltkrieg wurden die meisten Kirchenglocken der Region beschlagnahmt und nach einem Erlaß des *Reichsministers des Innern* vom 14. November 1941 abgenommen[530]. Insgesamt wurden im Bezirk der Kreishandwerkerschaft Esslingen 99 Bronzeglocken mit einem Gesamtgewicht von 36 573,5 kg eingeschmolzen[531]. Drei Reichenbacher Glocken mit insgesamt 1086 kg Bronzegewicht wurden am 4. und am 13. März 1942 abgenommen. Auf einer vom Bürgermeister ausgestellten Urkunde vom 17. März 1942 heißt es:

Während des großen Schicksalkampfes des Deutschen Volkes vom Herbst 1939 bis _____ (an dieser Stelle sollte das Datum des »Sieges« eingetragen werden, d. A.) wird im Herbst 1941 und Frühjahr 1942 eine Glockenaktion durchgeführt in der Absicht, das dabei zu gewinnende Metall (Bronze) der Rüstungsproduktion zuzuführen. So werden am Mittwoch, 4. März 1942, vom Kirchturm der hiesigen Kirche die größte und die mittlere Glocke herabgenommen. Außerdem wird das aus dem Jahr 1608 stammende, 24,2 kg schwere Rathausglöckchen am 13. März 1942 vom Rathaustürmchen herabgenommen, um ebenfalls der Glockensammelstelle in Esslingen zugeführt zu werden.[532]

In einem Abendgottesdienst am Sonntag, den 1. März 1942 verabschiedete Pfarrer Dipper »feierlich« die Glocken, die dann eingeschmolzen wurden. Die auf dem Kirchturm verbleibende kleinste Glocke trägt die Inschrift: »Hoffet auf ihn allezeit!«[533].

Im Dezember 1941, im Kontext einer erneut vorangetriebenen Kampagne zur Beschaffung von *HJ*-Heimen[534], beeilte

Glockenabnahme, März 1942.

sich der örtliche CVJM, das bisher noch ihm gehörende Vereinshaus an die Kirchengemeinde zu übergeben. Die Gesamtschuld auf dem Haus betrug noch 15 000 Reichsmark, wovon 4000 Reichsmark der bürgerlichen Gemeinde gehörten. Diese sollte »zur Vermeidung von Schwierigkeiten (...) vor Übertragung des Vereinshauses« beglichen werden, weshalb die Kirchengemeinde beim Oberkirchenrat ein Darlehen von 4000 Reichsmark beantragte und bewilligt bekam[535].

Zwar nicht für ein *HJ*-Heim, aber für den Fall einer Katastrophe, wurde dem Pfarramt am 24. August 1943 die Beschlagnahme des Saales des Vereinshauses durch die Gemeinde angekündigt. Dipper legte Einspruch beim Landrat ein mit Verweis auf die Nutzung für den Gottesdienst im Winter[536]. Am 16. Oktober 1943 erschien Medizinalrat Dr. Forstner vom Gesundheitsamt Esslingen, um die Verlegung seiner Dienststelle im Bombenfalle ins ehemalige CVJM-Vereinshaus nach Reichenbach vorzubereiten. Dieses sollte deshalb erneut beschlagnahmt werden. Dipper schrieb abermals an den Landrat und an den Oberkirchenrat:

> Er fand die Räumlichkeiten wenig geeignet, doch offenbar weitaus besser als alles, was er bislang besichtigt hatte. (...) Dr. Forstner ließ sich weder durch Hinweis auf die mangelnde rechtliche Grundlage noch durch meine sonstigen Vorstellungen beeindrukken (...) und sagte: Es sei gerade ein Zeichen von Bewährung einer Gemeinde, wenn sie ungeachtet der kalten Füße zum Gottesdienst komme.[537]

Der Reichenbacher Ortspfarrer führte die vielfältigen Notwendigkeiten für die Kirchengemeinde ins Feld[538] und hatte damit Erfolg, die Beschlagnahme wurde vom Landrat Ende Oktober aufgehoben[539].

»Eine Wende vom Jenseits zum Diesseits«

Die Reichenbacher Maßnahmen standen im Zusammenhang mit einer landesweiten Verschärfung des Kirchenkampfes, die in einem Bericht des Landesbischofs vom September 1941 zum Ausdruck kommt:

> Ziemlich gleichzeitig mit der Stillegung der kirchlichen Presse erfolgte weiter die Kürzung der Staatszuschüsse an die Kirche um ein Drittel, was eine Erhöhung der Landeskirchensteuer um 15 Prozent zur Folge hatte, (...) weiter die Aufhebung der Theologischen Seminare, wodurch die Frage des Pfarrernachwuchses (...) sehr ernst wurde, das Verbot des Schulgebets, die Abschaffung des Religionsunterrichts und Einführung obligaten Weltanschauungsunterrichts (...), das Verbot der Behandlung der wichtigsten kirchenpolitischen Stoffe im Religionsunterricht, zuletzt die Überführung der konfessionellen Kindergärten in die *NSV*.[540]

Trotz einer auf *Führerbefehl* erlassenen Anweisung des Propagandaministeriums,

»während des Krieges alle Polemik« zurückzustellen, »die die innere Einheit des Volkes störe«[541], verstärkten die Parteiorgane ausgerechnet im Krieg den Kampf gegen die Kirche und das Christentum. Eine Erklärung hierfür gibt eine Anfang 1941 erschienene parteiamtliche Schrift des Hauptschulungsleiters im Amt Rosenberg, Friedrich Schmidt[542]. Unter dem Titel »Das Reich als Aufgabe« wurde in einer Auflage von 700 000 Exemplaren verbreitet, daß das Christentum »nun nachgewiesenermaßen« nicht mehr in der Lage sei, »ein Band des geistigen Zusammenhalts« der »europäischen Völker zu bilden«. Das Christentum sei demzufolge wie »alle Traditionsbelastung (...) für immer abzustreifen und aus unserem Leben auszulöschen.« Dies habe vor allem im Krieg zu gelten:

> So bedeutet der Krieg und die Zeit von heute eine Weltenwende, eine Wende vom Jenseits zum Diesseits. Die NS-Weltanschauung darf nicht zurückgestellt werden bis der Krieg vorbei ist, im Gegenteil, der Krieg wird nur gewonnen, weil sich die NS-Weltanschauung als stärker erwiesen hat und ferner erweisen wird als die Weltanschauung unserer Gegner.[543]

Durch die von den Nationalsozialisten betriebene Verschärfung des Kampfes gegen *Gemeinschaftsfremde* bezog sich auch Dippers Handeln zunehmend konkreter auf Hilfe im »Diesseits«.

Unterstützung Verfolgter – Dipper und der Kinderkirchhelferkreis

Eine – indirekte – Belastung der Gemeindearbeit stellte die Verschärfung der gesamtgesellschaftlichen Situation, des *Krieges im Innern*, dar. Dipper versuchte die Folgen dieses Krieges zu lindern, wo immer es ging.

Eine der häufigen Abendbeschäftigungen Dippers, der laut Erinnerungen der ehemaligen Gemeindehelferin enge Beziehungen zum Kreis um Goerdeler und Stauffenberg hatte[544], war das Schreiben an verfolgte und inhaftierte Pfarrkollegen wie Albertz in Spandau[545], Niemöller in Dahlem oder von Jan in Oberlenningen sowie an deren Ehefrauen[546], häufig noch unter Beigabe von Geld oder anderen nützlichen Dingen[547]. In Reichenbach warb er um Hilfe, die ihm von den traditionellen Sponsoren kirchlicher Projekte wie etwa der Familie Otto[548], aber auch von nicht so Begüterten gegeben wurde, etwa die Gabe von 2,70 Reichsmark der Frau H.[549] aus Reichenbach, die Dipper mit einem Brieflein an Frau Niemöller weiterleitete:

> Sie kommt aus treuem Herzen und bedeutet auch ein wirkliches Opfer, denn Frau H. ist mit irdischen Gütern wenig gesegnet. Mögen Sie daraus sehen, daß Ihr lieber Mann und seine Familie trotz der Länge der Zeit nicht vergessen ist.[550]

Ab Herbst 1943 sandten Dipper und seine Helferinnen an die in *Konzentrationslagern* inhaftierten Pfarrer der bekennenden Kirche regelmäßig Lebensmittelpakete, um diese vor dem Hungertod zu bewahren[551]. Nur die vertrautesten Kreise, im wesentlichen die Mitarbeiterinnen und Mitarbeiter des Kinderkirchhelferkreises, waren darin eingeweiht. Sie halfen bei Fürbitte, Fürsorge und Pflege für die in Konzentrationslagern inhaftierten Pfarrer und deren Familienangehörige und schnürten die Pakete.

> Pfarrer Dipper erzählte uns einmal, daß Pfarrer Niemöller in Dachau eingesperrt sei, weil er gegen den NS-Staat gesprochen hat. Wir haben dann alle zusammengelegt und ihm mit Hilfe unserer Lebensmittelmarken ein Paket geschickt. Ob er dies erhalten hat, weiß ich nicht.[552]

Als Pakete nur noch auf beschränkte Entfernungen versandt werden durften, wurden Stafetten eingerichtet, von Reichenbach nach Dachau beispielsweise über Zwischenadressen in Ulm und Augsburg[553]. Darüber hinaus luden die Dippers viele Verfolgte ins Pfarrhaus nach Reichenbach, häufig genug, um sie moralisch und gesundheitlich aufzupäppeln. Die ehemalige Gemeindehelferin erinnerte sich:

> Das Haus Dipper war ein sehr offenes Haus, in dem täglich viele Menschen ein und aus gingen und beherbergt wurden. Nicht nur politisch Verfolgte (...), sondern auch viele Pfarrfrauen mit Kindern, deren Männer verfolgt oder krank waren.[554]

Eine besondere Ausprägung von Dippers praktizierter Nächstenliebe führte zu einer völligen Fehleinschätzung seiner Person durch einen Großteil der Reichenbacher Bevölkerung, das »Verstecken von Juden«. In vielen Gesprächen erzählten die Menschen von dem »unchristlichen« Verhalten ihres Dorfpfarrers.

> Aber das Dorf sah den Pfarrer immer mit vollen Taschen den Berg hinaufschnaufen. Er galt als der größte Fresser im Dorf. Bei Fliegerangriffen ließ er die dem Pfarrhaus zugeteilten Nachbarn nicht herein. Sie hätten hier nichts zu suchen, sagte er kalt. So häufte er Schande über Schande auf sein Haupt.[555]

> Der Pfarrer Dipper war der verfressenste Pfarrer Reichenbachs, den es je gegeben hat. (...) Er hat immer, wenn er auf Besuch kam und man ihm was angeboten hat, gesagt: »Danke nein, aber ich nehm' gern was mit«. Da hat man ihm jedesmal ein Brot und ein paar Eier in seine Tasche getan.[556]

> Auch die *Parteigenossen* haben sich beklagt, daß dem Pfarrer immer die Brotzipfel aus der Tasche herausgeschaut haben, wo doch die deutschen Soldaten nichts zu essen hätten.[557]

> Frau Dipper hatte immer viele Brot- und Fleischmarken. Nachts haben die Frauen vom Schurwald ihm Säckchen mit Essen und sonstigem und Milchkännchen gebracht. Erst nach dem Krieg haben wir erfahren, daß Juden dort versteckt waren und daß das der Grund für all die Merkwürdigkeiten war, die wir uns natürlich nicht erklären konnten. (...) Vor allem Leute, die der Kirche nicht so nahe standen, haben dies natürlich aufgespießt, vor allem im Waschhaus und im Backhaus.[558]

Zwar sprach Dipper mit einigen Mitgliedern des Kinderkirchhelferkreises über die Verfolgung und Ermordung der europäischen *Juden*[559], doch auch ihnen stellte er die untergebrachten Gäste jeweils als *Bombenflüchtlinge* vor. Selbst der Bruder

Dippers, der häufig als Gast im Reichenbacher Pfarrhaus weilte, wußte nichts:

> Mein Bruder hat nie verraten, daß die Beherbergten Juden waren, es waren immer »Evakuierte«. Er war halbe Nächte unterwegs mit der Suche nach Unterkünften für die versteckten Juden.[560]

Von Anfang November bis Ende 1943 wurde eine ältere *jüdische* Dame, das *Fräulein Schulz* aus Berlin im Pfarrhaus versteckt. Eingeweiht war die Gemeindehelferin:

> Sie wurde angekündigt durch eine Postkarte, auf der »ein großes Postpaket aus Berlin zur Auslagerung« in Reichenbach vorgemerkt wurde. Dipper sagte auf meine Einwände, wo wir denn dies alles noch unterbringen sollten, dieses Paket habe zwei Beine. Nach Weihnachten wurde sie dann ins Remstal weitergereicht, doch sie durfte nicht wissen, wohin sie kam. Dipper mußte sie regelrecht bearbeiten, daß sie weiterging, ohne den Zielort zu wissen. Wir hatten alle Angst, daß sie möglicherweise auf dem Reichenbacher Bahnhof auffallen könnte.[561]

Außer »Fräulein Schulz« fanden mindestens noch weitere zwölf *Juden* Unterschlupf im Reichenbacher Pfarrhaus. Es handelte sich dabei nicht um zufällige Bekannte Dippers oder um alte Freunde, sondern um Menschen, die auch Dipper vorher nicht gekannt hatte, und die er von anderen »übermittelt« bekam. Dahinter stand eine »kleine Untergrundorganisation, der etliche württembergische Pfarrhäuser angehörten«[562]. Diese Organisation, zu deren Hauptkoordinator der Reichenbacher Dorfpfarrer wurde, schleuste untergetauchte *Juden* durch Württemberg.

Exkurs:
Der Bruderring – Organisiertes Verstecken von *Juden* in Württemberg

Der Bruderring war eine im Verborgenen arbeitende Organisation und bestand im wesentlichen aus württembergischen Pfarrfamilien und deren Vertrauten. Diese beherbergten untergetauchte *jüdische* Flüchtlinge oder vermittelten ihnen weitere Fluchtquartiere. Da selbstverständlich keinerlei schriftliche Unterlagen angefertigt wurden, um bei etwaigen Hausdurchsuchungen der *Gestapo* keine Beweise zu liefern[563], außerdem die meisten der Mithelfenden auch nach dem Krieg aus Bescheidenheit und aus einem Gefühl heraus, viel zu wenig getan zu haben[564], ihre Aktivitäten für sich behielten, gibt es kaum Informationen hierüber. Es liegt deshalb bislang leider keine wissenschaftliche Untersuchung zu diesem Thema vor[565].

Die Initiative ging vermutlich vom Theologen Karl Barth aus, der unter dem Druck des NS-Regimes nach Basel emigrierte und vor seiner Abreise »seine mit Pfarrstellen ausgestatteten ehemaligen Schüler« aufforderte, »soviele Juden als möglich zu retten.«[566]

Einer der letzten, der vor Barths Emigration bei ihm studieren und die Mahnungen Barths an die deutschen Pfarrer überbringen konnte, war Kurt Müller von der Reformierten Gemeinde in Stuttgart[567]. Müller hatte 1933/34 als Anwalt in Bremen Kommunisten und Sozialdemokraten verteidigt und wurde deshalb aus dem Amt gedrängt. Daraufhin ging er zu Karl Barth. Während des Krieges wirkte er bei der Reformierten Gemeinde in Degerloch. Müller knüpfte die ersten Kontakte, brachte aus Berlin geflüchtete *Juden* in württembergischen Pfarrhäusern unter und begann zusammen mit seiner Frau, das Versteck-System aufzubauen. Er bat gute Freunde und Bekannte, denen er vertrauen konnte, um Mithilfe. Die Untergetauchten wurden als »Bombenflüchtlinge« getarnt, wechselten aber sicherheitshalber alle vier Wochen den Wohnort[568].

Zentraler Bestandteil des Wirkens der Organisation war, so beschrieb es der selbst versteckte und nach New York ausgewanderte Jude Dr. Herman O. Pineas, ehemaliger Chefarzt der neuro-psychiatrischen Abteilung des *jüdischen* Krankenhauses in Berlin[569],

> daß ihre Mitglieder eine Zahl untergetauchter deutscher Juden ohne polizeiliche Anmeldung als »Besuch« in ihre Pfarrhäuser aufnahmen, sie unentgeltlich beköstigte, sie mit Geld und durch Sammlungen aufgebrachten Lebensmitteln versorgte, endlich ihnen bei der Beschaffung von Personalausweisen und illegalem Grenzübertritt behilflich waren. Nach einem etwa dreiwöchigen Aufenthalt an einem Ort wurde der jeweilige jüdische Schützling an ein anderwärts gelegenes Pfarrhaus geschickt und so immer weiter.[570]

In der Regel wurde aus Sicherheitsgründen nie mehr als ein Jude auf einmal in dieser Weise beherbergt. Anscheinend gab es in verschiedenen Teilen Deutschlands »Obleute«, die schutzbedürftige *Juden* auf ihre *Unterbringungsfähigkeit* untersuchten.

> Für Frauen war das am leichtesten; denn die konnten (und sollten) sich als Haushilfen betätigen. Männer hingegen waren viel schwerer unterzubringen, da sie (...) entweder militärpflichtig oder im Arbeitseinsatz waren.[571]

Schwierigkeiten bereitete zu Beginn die Tasache, daß die oppositionellen Pfarrer Württembergs in die beiden konkurrierenden Gruppen, die Sozietät unter dem Ebersbacher Pfarrer Diem und die Bekenntnisgemeinschaft unter dem Reichenbacher Pfarrer Dipper, aufgespalten waren[572]. Kurt Müller organisierte den Bruderring seitens der Sozietät[573]. Er sprach *Dipper* als Landesbruderratsvorsitzenden der Bekennenden Kirche in Württemberg darauf an, ob Pfarrer der Bekenntnisgemeinschaft sich an der Hilfe beteiligen könnten. Ob die Bekenntnisgemeinschaft zu diesem Zeitpunkt bereits eine eigene Organisation aufgebaut hatte,

läßt sich nicht mehr nachvollziehen. Zu Beginn arbeiteten die beiden Gruppen noch getrennt. Offenbar betrieben beide[574] anfänglich auch Fluchthilfe in die Schweiz[575]. Dippers Ebersbacher Kollege Diem schrieb zu deren Organisation:

> Einer unserer Freunde, der Verleger Walter Classen in München, brachte geflüchtete Juden im bayerischen Oberland unter und organisierte zugleich einen Fluchtweg nach der Schweiz. Für diesen Fluchtweg war ein Relais gebildet worden, in dem (...) jeder Posten nur die Adresse seines Vordermannes kannte.[576]

Ab Sommer 1943 übernahm Dipper die Koordination des Ringes. Zuerste wandte er sich an seine ehemaligen Studienfreunde des »Freudenstädter Kreises«, den er 1927 gegründet und danach geleitet hatte[577]. Mit diesen hatte er über die regelmäßig versandten »Bruderschaftsbriefe« in engem Kontakt und regem Austausch gestanden[578]. Hermann Gölz in Wankheim bei Tübingen und Otto Mörike in Flacht bei Böblingen waren die ersten Freunde, die er zum Mitmachen bewegte[579]. Mörike erinnerte sich zur weiteren Entwicklung des Bruderrings:

> Also die Schaltzentrale, das heißt der Ausgangspunkt, war Stuttgart. Er ist aber völlig zurückgetreten, und in der Hauptsache waren es der Leiter der Bekenntnisgemeinschaft, Theodor Dipper, und meine Person. Wir zwei haben für Unterkünfte gesorgt, und das war ja das Entscheidende. Ich raste mit meinem Motorrad durch die Gegend, um immer wieder neue Entdeckungen zu machen. (...) Die offizielle Leitung hatte niemand. Sondern die war selbstverständlich verankert in der Bekenntnisgemeinschaft, bei Dipper und bei mir und bei anderen, bei Dilger und wie sie alle heißen. (...) Dipper war auch vorher im KZ gewesen, hat sich nicht drausbringen lassen, trotzdem er KZ hinter sich gebracht hatte. Und hat die Leute aufgenommen. Er mußte wissen, daß er dauernd beäugt, beobachtet wird, wie wir. Er hat sich dadurch nicht beengen und bedrängen lassen.[580]

Anscheinend arbeiteten nach der verstärkten Einflußnahme Dippers die vormals verfeindeten kirchlichen Gruppie-

Reichenbacher Pfarrhaus, in dem die untergetauchten Juden sich aufhielten, versorgt und teilweise versteckt wurden.

rungen Sozietät und Bekenntnisgemeinschaft – zumindest in Sachen Hilfe für flüchtende *Juden* – wieder enger zusammen. Sie trafen sich beispielsweise mehrmals bei Pfarrer Stöffler in Köngen, um über die gemeinsame Zusammenarbeit zu beraten[581]. Es lassen sich mehrere Untergetauchte nachweisen, die sowohl bei Pfarrern der Bekenntnisgemeinschaft als auch der Sozietät untergebracht waren[582], darunter die unten Beschriebenen. Zeitlich fällt die beginnende Kooperation im Bruderring mit der äußeren Annäherung der beiden Lager zusammen. Möglicherweise ist das Zusammenfinden auf theologischer Ebene erst durch die im gemeinsamen Helfen entstandene menschliche Nähe unter Gefahr erwachsen. Am 19. August 1943 erkannte die Sozietät Landesbischof Wurm und den Evangelischen Oberkirchenrat als rechtmäßiges Kirchenregiment wieder an[583].

»Versteck« Reichenbach

Zwischen 29. Januar 1943 und 23. April 1945 war das *jüdische* Ehepaar Max und Karoline Krakauer alias Ackermann auf der Flucht vor seinen Verfolgern und wurde dabei von seinen Helfern während banger 800 Tage durch 66 Häuser geschleust.

Am 29. Januar 1943 kam Karoline Krakauer abends von der Arbeit heim und wurde von einer befreundeten Christin gewarnt:

> Die Gestapo ist in der Wohnung. Machen Sie schnell, daß Sie wegkommen![584]

Ihren Ehemann, den verantwortlichen Leiter einer Leipziger Filmverleihfirma, konnte sie noch beim Arzt antreffen und ebenfalls warnen. Eine abenteuerliche Flucht durch Deutschland begann, die von Berlin bis Pommern, von Pommern wieder nach Berlin und von dort nach Süddeutschland, zuletzt nach Württemberg führte, wo Reichenbach zum wichtigsten Aufenthaltsort für die beiden wurde. Fast alle ihre Angehörigen und Freunde wurden ermordet; die Krakauers konnten den Häschern entgehen und wurden schließlich durch den Einmarsch der Amerikaner erlöst. Davor mußten sie manchmal täglich ein anderes Versteck aufsuchen, immer in der Gefahr schwebend, bei Entdeckung in ein KZ eingelie-

304

fert zu werden und auch die Helfer ans Messer zu liefern.

Im Frühjahr 1944 kamen sie nach Reichenbach. Max Krakauer selbst schrieb die Ereignisse unmittelbar nach Kriegsende nieder:

> Als die Nachricht eintraf, daß einer von uns beiden nach Reichenbach/Fils zu Pfarrer D. kommen konnte, brachte ich meine Frau zur Bahnstation nach Stetten und gab ihr unseren kostbarsten Schatz, den Fliegergeschädigtenausweis, in die Hand. Dennoch fuhr sie mit klopfendem Herzen über Cannstatt bis Plochingen, immer darauf bedacht, nur Vorortszüge zu benutzen. Dann ging sie zu Fuß nach Reichenbach. Ihre Bitte, auch mich dort aufzunehmen, wurde sofort gewährt. Ein verdecktes Telefongespräch kündigte mir die Bereitwilligkeit des Reichenbacher Pfarrhauses an, und auch ich machte mich zu Fuß über Endersbach und Schnait auf den einsamen Weg. Es lag noch viel Schnee auf den Höhen, und in stundenlangem beschwerlichem Marsch ging ich meinen trüben Gedanken nach. Sollte man versuchen, zu Fuß die Schweizer Grenze zu erreichen und über die Berge hinüber zu kommen? Ich hielt es für sinnlos, genauso wie unser jetziges ruheloses Weiterziehen von Haus zu Haus. Wie lange noch? In Pfarrer D. lernte ich einen sehr jugendlich aussehenden Mann kennen, dem ich in den folgenden Monaten noch viel zu danken haben sollte, denn gemeinsam mit seinem Freunde M.[585] übernahm er fast ausschließlich unsere weitere Unterbringung und unsere Versorgung mit Lebensmitteln. Beides wurde schwerer von Woche zu Woche, denn die Beobachtung jedes einzelnen, besonders aber der Fremden, nahm immer schärfere Formen an. Manches Pfarrhaus, das früher gern bereit gewesen wäre, uns eine Zuflucht zu gewähren, schreckte jetzt zurück, wenn es an die Folgen dachte, die unsere Entdeckung mit sich bringen würde. Oft wußten wir nicht, wie die beiden Freunde es trotz der unsäglichen Schwierigkeiten immer wieder fertig brachten, uns neue Türen zu öffnen. Bei Wind und Wetter, bei Tag und Nacht zogen sie für uns durch das Land, sicher oftmals abgewiesen. Aber das konnte sie nicht entmutigen, und wenn wir bange und zaghaft fragten, gab es nur einen Antwort: »Es wird schon gehen. Machen Sie sich keine Sorgen.« Und es ging. Pfarrer D., selbst nicht ganz gesund, hatte mit dem KZ schon

> einmal Bekanntschaft machen müssen. Doch auch das konnte ihn nicht davon abhalten, für uns tätig zu sein, und lächelnd erklärte er, er und seine Frau seien bereit, die Folgen dafür auf sich zu nehmen. Es würde schwer sein zu schildern, was so ein schweres Wort alles in sich einschließt. Vor allem sah der erfahrene Mann, daß mir Arbeit nottat, um mich vom Grübeln abzulenken (...); wenn jemand so lange an einem Ort »auf Urlaub« blieb, war gar nicht zu vermeiden, daß Neugier und Gerede entstand. Dennoch mußte das Ehepaar D. mich behalten, (die Ehefrau konnte für einige Zeit im nahen Göppingen untergebracht werden, d. A.). Das Gastzimmer, in dem wir bisher gewohnt hatten, wurde auch gebraucht. Man erwartete eine Pfarrfrau aus Westfalen, deren Mann in einem Konzentrationslager saß. Pfarrer D. hatte sie mit ihren zwei Kindern eingeladen, obwohl sie ihm genauso fremd war wie wir. Aber danach fragte er nicht. (...) Unterstützt von seinen Gemeindemitgliedern sandte er Pakete an KZ-Häftlinge, um zu verhindern, daß sie dem Hungertod erlagen. Wie viele solcher Sendungen habe ich selbst für ihn gepackt! Zu den Empfängern gehörte auch der Mann des neuen Gastes. Leidensgenossen, die in derselben Lage waren wie ich, waren fast ununterbrochen im Haus, vor mir wie auch nach mir, und unser Tisch war immer reichlich gedeckt. Die Verlängerung meines Aufenthaltes brachte es mit sich, daß ich auch das Osterfest in Reichenbach verlebte, und beim Ostereiersuchen wurde ich auf die rücksichtsvollste Art mit manchem nützlichen Gegenstand versehen.[586]

Doch immer wieder mußte der Aufenthaltsort gewechselt werden und sie wurden vor die Frage gestellt, wie der neue Fluchtort am sichersten zu erreichen sei. »Ein regelrechter Schlachtplan mußte entworfen werden.«[587]

> Das Jahr 1944 neigte sich zu Ende. Es war bereits November geworden, und das Wetter zeigte sich entsprechend. Trotz scheußlicher Nässe, trotz Schnee und Regen war Pfarrer D. tagelang für uns unterwegs. Die Lage an den Fronten und im Innern Deutschlands hatte sich rapide verschlechtert. Es begann an allen Ecken und Enden empfindlich an Soldaten zu fehlen und der »Volkssturm« wurde aufgerufen. Eine neue Situation trat damit für mich ein, bedrohlicher noch als die bisherige. Denn dem Volks-

sturm mußte jeder Deutsche angehören, also auch ich, Hans Ackermann. (...) Wieder erschien Freund D. in Bempflingen und sprach uns begütigend zu. Doch der Klang seiner Worte war anders als sonst. Obwohl er darauf achtete, uns nicht merken zu lassen, welche Arbeit ihm die ununterbrochene Sorge um unsere Quartiere aufbürdete, spürten wir doch instinktiv und mit Schrecken aus ein paar vorsichtigen Andeutungen, daß es nunmehr auch ihm nicht mehr möglich sei, Unterkünfte aufzutreiben, in denen wir uns wie bisher jeweils einige Wochen aufhalten konnten.

Die einzige Chance, die er und seine Freunde noch sahen, war, uns Quartiere für erheblich kürzere Fristen zu beschaffen. Man sprach von drei Tagen. Wir wußten, wenn uns so etwas schon von dieser Seite eröffnet werden mußte, dann stand es schlimm, sehr schlimm. Das schnelle Wechseln nach so kurzem Aufenthalt in den einzelnen Orten, das pausenlose Hetzen und Wandern über die Straßen des Landes vergrößerte die Gefahr einer Ausweiskontrolle ins Unermeßliche. Als Pfarrer D. unsere völlige Mutlosigkeit sah, beschwor er uns mit den Worten: »Die letzten fünf Prozent des Weges sind die schwersten. Aber auch die werden Sie mit Gottes Hilfe überstehen«. (...) Daß Pfarrer D. uns versicherte, wir würden über die Feiertage in seinem eigenen Haus sein, hat uns geholfen, den vielen bis dahin noch nötigen Unterkünften mit einiger Zuversicht entgegenzusehen.[588]

Inzwischen war es Mitte Dezember geworden, und in unsere ewige Sorge um die Wegkontrollen mischte sich bereits ein klein wenig Vorfreude auf den uns versprochenen Weihnachtsaufenthalt in Reichenbach. Aber von Neuffen nach dort war ein sehr weiter Weg. Das Thermometer zeigte zehn Grad unter Null, als wir aufbrachen. (...) das letzte Stück gingen wir zu Fuß, erfüllt von allerlei Befürchtungen, je näher wir dem Ziele kamen. Denn ein paar Tage vorher hatten wir gehört, daß der Vater von Frau Pfarrer D., Prälat G.,[589] bei dem schweren Luftangriff auf Heilbronn sein Haus und seinen gesamten Besitz verloren habe und mit seiner Schwester und mit seiner Hausgehilfin in Reichenbach Aufnahme fand. Wir waren bereits auf eine Absage gefaßt, aber sie erfolgte nicht. Pfarrer D. hatte uns über Weihnachten zu sich eingeladen, und er stand zu seinem Wort, so schwierig es ihm jetzt auch

war, es zu halten. Drei Personen zählte die Pfarrfamilie, drei die Familie G., eine Gemeindehelferin wohnte auch noch im Haus, und dazu noch zwei evakuierte Duisburger Kinder. Außer im Arbeitszimmer standen überall Betten. Zum Schluß traf noch das Töchterchen einer Schwester des Hausherrn ein und die Eltern eines der Duisburger Kinder. Diese beiden ließen sich allerdings im Pfarrhaus beim besten Willen nicht mehr unterbringen, zu den Mahlzeiten jedoch waren auch sie anwesend. Die Weihnachtstafel hatte der Überfüllung des Hauses entsprechend ein gewaltiges Format, und auch wir wurden mit einigen schönen und uns wichtigen Geschenken bedacht. Die Feiertage waren kaum vorüber, als Pfarrer D. bei tiefem Schnee und beißender Kälte wieder aus dem Hause ging, um für uns ein neues Versteck ausfindig zu machen. Tag für Tag tat er das, und manchmal war es noch tiefe Nacht, wenn er aufbrach. (...)

Für mich gab es in diesen Tagen eine besonders schöne Tätigkeit, da ich die Pfarrhausbibliothek katalogisieren und ordnen durfte. Vier Wochen vergingen damit wie im Fluge. Pfarrer D. brachte die Nachricht, daß wir demnächst in der Herrenberger Gegend Quartier bekommen sollten. Der Weg dorthin war weit, und skeptisch betrachteten wir bei diesem Gedanken unsere Schuhe. Pfarrer D. fand auch hier den rettenden Ausweg. Ein Reichenbacher Fabrikant sollte uns mit seinem Lastauto holen und zu unserem neuen Zufluchtsort bringen. Er war genau über uns orientiert, wollte aber, um den Fahrer nicht aufmerksam zu machen, so tun, als ob wir nur zufällig mitführen. Doch das Schneetreiben nahm zu und ein Wagen konnte die Straßen kaum noch passieren. (...)

Zwei Tage später fuhr auch der Lastwagen vor, der so beladen war, daß wir selbst kaum noch Platz darin fanden. Es schneite und regnete abwechselnd, doch unter der Plane saßen wir trocken, wenn auch bitter kalt. Warum war der Wagen, der doch nur gekommen war, um uns zu holen, so voll beladen? Herr Sch.,[590] der Fabrikant, gab uns bald Auskunft. Autofahrten durften nur noch gemacht werden, wenn sie lebenswichtig waren. Also täuschte er eine lebenswichtige Fahrt vor, indem er eine Portion von ihm produzierte Waren spazieren fuhr[591]. Und daß die Fahrt lebenswichtig war, stimmte sogar genau, wenn auch nicht für das Dritte Reich, so doch für uns. Herr Sch. war aus der Kirche bereits vor vielen Jahren ausgetreten, aber Pfarrer D. wußte dennoch genau, daß er in ihm einen scharfen Gegner des Nationalsozialismus vor sich hatte[592], und er entschloß sich, mit ihm über uns zu sprechen und ihn um seine Hilfe zu bitten. So arbeiteten die verschiedensten Richtungen Hand in Hand. Der Fabrikant entschuldigte sich, daß er uns nicht aufforderte, in seinem Hause zu wohnen, aber besondere Umstände erlaubten das nicht. Er bedauerte, daß er von dem Mangel nicht unterrichtet worden sei, den wir an Kleidung und Schuhwerk litten, denn er hätte uns gern etwas verschafft. Er gab uns alles, was er bei sich hatte, Lebensmittelmarken, Proviant, Rauchwaren und auch Bonbons. – In diesem Mann repräsentierte sich eine ganz andere Welt als die, die wir in den Pfarrhäusern kennengelernt hatten. (...) Sie halfen uns nicht, weil das Gebot des Alten und Neuen Testaments sie dazu verpflichtete, nicht aus betont christlicher Nächstenliebe, nicht um dem Heiland und dem barmherzigen Samariter nachzueifern, sondern ihr Einstehen für uns war eine rein psychische Reaktion der Abwehr gegen den unerhörten Terror, unter dem das ganze Volk litt.[593]

Ende Januar 1945 verließen die Krakauers auf diesem Wege Reichenbach. Der Wunsch und Abschiedsspruch, mit dem Dipper die Beherbergten verabschiedete, war »Bleiben Sie übrig«[594]. Das Kriegsende erlebten sie am 21. April 1945 im Stettener Pfarrhaus im Remstal[595]:

Es wurde 16 Uhr, und wir saßen am Kaffeetisch, als von der Straße ein Ruf ins Zimmer drang: »Amerikanische Tanks!«[596]

Zwei Tage später meldeten sie sich zusammen mit Dekan Zeller beim amerikanischen Kommandanten von Waiblingen, der zuerst äußerst vorsichtig war:

(...) er glaubte mir nicht! Zwei Juden über zwei Jahre im Herzen Deutschlands vor den Nazis auf der Flucht! Zu ungeheuerlich erschien ihm das, als daß er es für möglich gehalten hätte.[597]

Trotz der Unterstützung durch Gemeindemitglieder war der Alltag mit den »Versteckten«, die unter der dauernden Anspannung sehr litten, nicht immer einfach. Frau Krakauer beispielsweise war

starke Raucherin, für die demzufolge Zigaretten zu besorgen waren. Die Frauen, die für die Flüchtlinge sorgten, mußten mit deren persönlichen Schwierigkeiten umgehen.

Bei uns waren die Juden jeweils etwa vier Wochen versteckt. Es war nicht immer einfach mit den versteckten Menschen, die im Laufe der Flucht teilweise ihre Eigenarten bekommen hatten, verständlicherweise, und nicht immer die ausgeglichensten Menschen waren. Manchmal haben die mich ziemlich aufgeregt, aber wir mußten sie auch oft trösten und aufbauen.[598]

Vor allem die Ängste und die nervliche Konstitution der auf der Flucht lebenden *Juden* stellten ein häufiges Problem dar.

Wenn es abends geläutet hat, hat die Frau Krakauer immer Zustände bekommen aus Angst, abgeholt zu werden. Sie fuhr zusammen mit einem spürbaren Ruck, und hat sich oft aufs Klo geflüchtet und eine Zigarette geraucht, bis sie sich wieder gefaßt hatte.[599]

Nur schwer zu beschreiben sind die eigenen Ängste der Helfer, wenn wieder einmal ein *Gestapo-Wagen* vorfuhr, und Dipper gerade mal wieder unterwegs war. Andere Frauen, die die Krakauers ebenfalls versteckt hatten, berichteten:

Da mußte man zur eigenen Angst, die man freilich auch bekam, dann immer noch sie beruhigen und aufbauen. Die Männer waren da ja meist weg, so daß das häufig Frauensache war.[600]

Die Angst freilich war nicht unbegründet. Es bestand die Gefahr, von eifrigen *Parteigenossen* am Ort oder auch von Mitarbeiterinnen und Mitarbeitern des »Jüdischen Fahndungsdienstes«, für die *Gestapo* arbeitende *Juden*, aufgespürt und an die *Gestapo* verraten zu werden[601].

»Zu einer Organisation gehören eine Schreibmaschine und ein Karteikasten«[602]

Aus Sicherheitsgründen hielt Dipper alle organisatorischen Elemente, die das Interesse der *Gestapo* auf sich ziehen könnten, auf ein Minimum reduziert. Die »U-Boote«, so nannten sich die untergetauchten *Juden* selbst[603], waren häufig nicht wirklich versteckt.

> Eigentlich waren die Juden nicht versteckt. Die sind mit uns in die Kirche gegangen.[604]

Dipper und Mörike erkannten, daß die Chancen, nicht entdeckt zu werden, größer waren, wenn die Untergetauchten als »Bombenflüchtlinge« bei den Nachbarn eingeführt waren, und sich »ganz normal« im Ort bewegten. Außerdem konnte er dadurch auch »offiziell« Lebensmittel erbitten. Krakauer führte auf Wunsch Mörikes beispielsweise verschiedene Lichtbildervorführungen in den umliegenden Gemeinden durch[605].

Doch in zwei Fällen konnten die nationalsozialistischen Verfolger nicht getäuscht werden. Beim einen wurde der Helfer verhaftet und ins *Konzentrationslager* verbracht und beim anderen eine untergetauchte Jüdin schließlich aufgedeckt und nach Auschwitz deportiert. Sehr schnell sprach sich vor allem bei den »U-Booten« herum[606], daß Pfarrer Richard Gölz aus Wankheim bei Tübingen im August 1944, unmittelbar nach Abreise von Dr. Herman O. Pineas, verhaftet und verhört wurde. Gölz wurde »wegen Beherbergung eines illegal lebenden Juden« im Dezember 1944 ins *Schutzhaftlager* nach Welzheim verbracht und mußte dort bis zur Befreiung durch die Amerikaner im Frühjahr 1945 bleiben[607]. Die Frau eines jüdischen Kantors sowie ihre zwei Söhne von sechs und acht Jahren waren in Ebersbach/Fils versteckt. Ihr Mann war vor Kriegsbeginn nach England ausgewandert und konnte seine Frau nicht mehr nachholen. Herrmann Diem, der die untergetauchte Frau über Kurt Müller aus Berlin benannt bekommen hatte, versuchte die Frau wieder »auftauchen« zu lassen. Er weihte den Bürgermeister ein und unternahm den Versuch, sie wieder anzumelden und die Kinder in die Schule zu schicken. Am Tage nach dieser Verabredung kam eine Nachricht, daß die *Gestapo* der Frau auf der Spur war. Alle Rettungsversuche waren vergebens.

Währenddessen wurde die Frau in meinem Haus abgeholt und in den Ortsarrest gebracht. Am anderen Morgen begleiteten meine Frau und ich die Kinder zum Bahnhof, wo die Frau in Begleitung eines Polizisten auf sie wartete, der sie nach Stuttgart transportieren mußte. (...) Deren Spuren konnte ich hinterher bis auf den Weg nach Auschwitz verfolgen.[608]

Diem blieb 1949 nichts übrig, als den Ehemann, zwischenzeitlich Rabbiner einer streng orthodoxen Gemeinde in New York, vom Schicksal seiner Familie zu informieren[609].

Bei diesen Hilfsaktionen gab es vermutlich sechs »Organisatoren und Erstverantwortliche«, namentlich die Pfarrer Müller (Stuttgart), Dipper (Reichenbach), Mörike (Flacht), Dilger (Bad Cannstatt), Dekan Zeller (Waiblingen) und Stöffler (Köngen). Als wichtige Kuriere wirkten Dora Pfeiffer aus Stuttgart, Martin Lörcher aus Urach, Frieder Mörike aus Flacht und Pfarrfrau Stöffler aus Köngen[610].

> Meine Mutter, Pfarrfrau Stöffler, ist oft mit der Taxe durch den Bezirk gefahren, von einem Pfarrhaus zum andern. Das »Taxi« war eine Frau, die zwar kein Taxischild hatte, aber regelrechte Fahrten gegen Bezahlung durchführte. Bestimmte Papiere, die man nicht mit der Post schicken konnte oder wollte, hat meine Mutter allen vorbeigebracht und Antworten mitgenommen. Da war ich öfter dabei. Häufig hat sie dabei auch nach weiteren Unterschlupf-Möglichkeiten gefragt.[611]
>
> Innerhalb der Organisation haben die schon verschiedene feste Mitglieder gehabt, von denen die Adressen natürlich bekannt waren.[612]

Niemand, auch nicht Dipper, kannte also alle Beteiligten des Bruderringes. Nur die Pfarrbrüder waren ihm bekannt. Außer den ehemaligen Studienkollegen Dippers waren dies – so berichtete Krakauer – wohl vor allem die Mitglieder des Bruderrats.

> (...) die einzelnen Pfarrer des Bruderrats nahmen uns von da an in ihre Obhut bis zum letzten Tage unserer Flucht.[613]

Nur diese kannten wiederum ihre Helfer, Menschen in ihren Gemeinden, denen sie selbst vertrauten. Eine ehemalige Mitarbeiterin des Bruderringes erinnerte sich:

> Wir haben uns untereinander nicht gekannt. Meine Kontaktperson war der Pfarrer Mörike. Im Februar 1945 kam Mörike ins Stettener Pfarrhaus, da er meinen Mann als Bundesbruder gut kannte. Da er nun ihn gut kannte, und der im Krieg war, glaubte er, er könne auch zu seiner Frau, also zu mir, kommen. Und er eröffnete mir, daß er zwei Juden, Herrn und Frau Ackermann, unterzubringen hätte. Ob er die im Notfall auch mal bei mir vorbeischicken könnte. Ich habe mir das lange überlegt und dann zugesagt. Im April 1945 kamen sie dann zu mir. In Stetten hat das kein Mensch gewußt. Ich habe die nicht wirklich versteckt. Mörike sagte mir, sie sollten so offen, wie möglich herumlaufen. Ich bin mit ihnen in Stetten spazieren gegangen – als Bombenflüchtlinge. Krakauer hat mein Holz gehackt. Ich hab nie darüber gesprochen, das war immer eine so persönliche Sache, daß ich nicht darüber sprechen und nicht damit hausieren gehen wollte.[614]

Niemand außer Dipper wußte beispielsweise vom Reichenbacher Fabrikanten Schöttle[615], der die oben beschriebene »lebenswichtige Fahrt«[616] vortäuschte, um die *jüdischen* Flüchtlinge zum nächsten Quartier in der Nähe von Herrenberg zu bringen.

Es ist unklar, wieviel Mitwirkende insgesamt dem Kreis angehörten, jedoch wurden alleine die Krakauers in über 40 württembergischen »Verstecken« untergebracht, »meist bei Pfarrern und Gliedern der Bekennenden Kirche«[617], für ihre Flucht lassen sich 56 Helfer namentlich benennen[618].

Auch wieviele *Juden* durch den Bruderring gerettet wurden, ist nicht genau zu sagen. Doch lassen sich mindestens 13 *jüdische* Personen nachweisen, die durch Württemberg geschleust wurden und von denen die meisten sich eine gewisse Zeit in Reichenbach aufhielten[619]. Der Autor verfügt neben Material zu Max und Karoline Krakauer, (alias »Ackermann«) aus Berlin über persönliche Informationen zu Frau Ella Friedemann (alias »Frau

Braun«) aus Berlin, Senta Maria Klatt aus Berlin, Frau Klein aus Göppingen, Frau Manthey aus Berlin, Frau Gretel Mittelbach (alias »Frau Michel«) aus Stuttgart, Dr. Herman O. und Frau Herta Pineas (alias »Herr und Frau Dr. Günther«) aus Berlin, Frau Elisabeth Schmidt aus Berlin, Frau Schulze (alias »Schulza-Bäbele«) aus Schlesien, Frau Beate Steckhan, geborene Hecht (alias »Frau Juckelring«), Rudi Vogel aus Berlin[620].

Die meisten *Juden* wurden Müller und danach Dipper vermutlich über das Büro des Berliner Bischofs Dibelius genannt. Dessen Sekretärin, Senta Maria Klatt, war *Halbjüdin*, etwa Anfang 30 und hatte offenbar Kontakte zu untergetauchten *Juden*, bis sie schließlich selbst untertauchen mußte. Sie wurde jeweils mehrmals kurze Zeit in Köngen, in Flacht und in Reichenbach »versteckt« und überlebte den Krieg[621]. Das Eintreffen der Flüchtlinge wurde meist verschlüsselt per Telefonanruf oder per Postkarte angekündigt.

Ein »offizieller« Name der Organisation ist nicht überliefert. Manche der Beteiligten nannten sie Pfarrkreis[622], andere sprachen von »einer ganz großen Kette«[623] oder von einem »Ring«[624], und wieder andere Mitglieder nannten sich selbst »Pfarrbruderschaft« oder »Pfarrbrüder«[625]. Krakauer schrieb von einem »Hilfsdienst für geflüchtete *Juden*«[626] und Diem von einer »Organisation zur Rettung der »untergetauchten« Juden«[627]. Der Kern der aktiven Helfer bestand aus Pfarrbrüdern, die versuchten, in brüderlicher Nächstenliebe mit dem Risiko, bei Entdeckung in ein Konzentrationslager zu kommen, andersgläubigen und ihnen fremden Menschen zu helfen. Dabei bildeten sie einen Ring, unter dessen Mitglieder und – in einer Art Extra-Schleife bei Vertrauten der Ringmitglieder – die Untergetauchten »weitergereicht« wurden. Die Flüchtigen kamen dabei meist mehrmals zu Mitgliedern des Hauptringes, den »Brüdern« des »Ringes«. Die Organisation wird deshalb in dieser Arbeit »Bruderring« genannt.

Dipper versuchte, Kontakt zu ähnlichen bestehenden Hilfsorganisationen zu knüpfen. Für die 100 bis 200 sogenannten *Nichtglaubensjuden* in Stuttgart, die der Evangelischen Kirche angehörten[628], richtete die Landeskirche im Dezember 1938 beim Landesverband der Inneren Mission Stuttgart eine »Hilfsstelle für nichtarische Christen« ein. Verantwortlich war der Geschäftsführer der Inneren Mission, Pfarrer Immanuel Fischer, im Krieg dann Pfarrer i. R. Alfons Schlosser. Sachbearbeiter war der mit Berufsverbot belegte *jüdische* Zahnarzt Dr. Erwin Goldmann[629].

Die Stuttgarter Hilfsstelle wurde vom Oberkirchenrat aus dem jährlichen Pfingstopfer finanziert[630] und arbeitete wie die anderen[631] eng zusammen mit dem »Büro Grüber« der zentralen Hilfsstelle gleicher Art in Berlin. Diese Hilfe für getaufte *Juden* war im Herbst 1938 von der Bekennenden Kirche mit Zustimmung des Reichsinnenministeriums und

des Außenministeriums ins Leben gerufen worden. Die Hauptaufgaben umfaßten Auswanderungsberatung, Versorgung mit Kleidung und Medikamenten, Rechtsberatung, schulische Betreuung von Kindern und Seelsorge.

Laut dem Ebersbacher Pfarrer Diem gab es »in ganz Deutschland gut getarnte und voneinander unabhängig arbeitende Organisationen zur Rettung der ›untergetauchten‹ Juden«[632]. Offensichtlich gab es auch in Berlin[633] und in Pommern[634] zumindest kirchliche Kreise, die es sich zur Aufgabe machten, *Juden* zu helfen. Inwiefern auch hier eine Organisation dahinterstand, ist unklar.

Nicht nur die Hilfe für untergetauchte *Juden* wurde ungleich schwieriger, nachdem der *Totale Krieg* die *Heimatfront* erreichte.

Der *Totale Krieg* an der Reichenbacher *Heimatfront* und sein Ende

Obwohl das *Deutsche Reich* und seine Verbündeten im Sommer 1942 die größte Machtausdehnung erreicht hatten, konnten sie keine Entscheidung des Krieges herbeiführen. Vielmehr verursachte die trotz erschöpfter Kraftreserven weitergetriebene Expansion den Zusammenbruch auf dem Höhepunkt der militärischen Machtentfaltung[635].

Der Krieg, der von deutschem Boden ausgegangen war, traf seit dem dritten Kriegsjahr auch die deutsche Bevölkerung mit seiner ganzen Härte. Auf einmal bedeutete der Krieg auch in Reichenbach nicht mehr nur Verdunklung, Mehrarbeit und die Trennung von Familien. Alltag im Krieg hieß nicht mehr nur Abstecken neuer Siege auf der Landkarte, die von fernen Fronten per Sondermeldung nach Reichenbach kamen, oder Anstehen um knappe Lebensmittel, Kleider oder andere Gebrauchsgüter. Ab Mitte 1943 ent-

wickelte sich die Heimat mehr und mehr zum Ort der Kampfhandlungen, der Propagandabegriff *Heimatfront* bekam eine ungewollt realistische Bedeutung[636].

Die heraufgesetzten Leistungsanforderungen und der verschärfte Terror, mit denen das Regime auf die sich abzeichnende Niederlage und die zunehmende Skepsis der Bevölkerung reagierte, erschwerten auch das Leben zu Hause mehr und mehr. Totale Mobilisierung, Arbeit eines jeden für den Krieg und Unterstützung der kämpfenden Truppe, wo immer es ging, bedeuteten auch, sich keine Zweifel am Endsieg und an der Richtigkeit des Krieges und des Systems anmerken zu lassen[637]. Müdigkeit und vermehrte Krankheitsfälle traten als Folge dieser Mehrbelastungen und der enorm gesteigerten Rüstungsproduktion auf[638]. Das Regime freilich ahndete diese oft genug als politischen Widerstand und Sabotage[639].

Mobilisierung zum *Totalen Krieg*

Die *Mobilisierung zum Totalen Krieg* nach der Niederlage von Stalingrad prägte den Reichenbacher Alltag. Gaststätten, Metzgereien und Läden mußten aus Personalmangel schließen[640]. Nahezu sämtliche wehrfähigen Männer wurden aus Industrie und Verwaltung *ausgekämmt*, u.k.-Stellungen neu überprüft und auch die Lazarette wurden ausgesiebt[641].

Dabei lockerte die Wehrmacht ihre Kriterien der Tauglichkeitsprüfung. Unter »Hintanstellung von Bedenken, die unter anderen Umständen berechtigt waren, und ohne falsche Nachgiebigkeit« hatten die Sanitätsoffiziere die Gemusterten an die Front zu schicken[642], wurden die Altersgrenzen für den Kriegseinsatz verschoben[643]. Die Reichenbacher Parteigrößen nutzten dies, um mißliebige Mitbürger, im wesentlichen politisch Andersdenkende, in bewährter Weise über Einberufungen loszuwerden. In den letzten Kriegswochen gingen auf deren Betreiben noch 83 Einberufungsbefehle des Wehrbezirks Esslingen beim *Volkssturmbataillon* Reichenbach ein[644]. Dabei wurden trotz verschärfter Mobilisierungskriterien einzelne *Parteigenossen* bevorzugt zurückgestellt oder die Einberufungen im letzten Moment aufgehoben[645]. Hieraus entstand eine aufgeregte Diskussion im Ort darüber, wer als Nicht-*Pg* oder Regimegegner einberufen und wer als *Pg* mit gutem Draht zum *Ortsgruppenleiter* noch nicht einberufen worden war[646].

Nicht nur alle verfügbaren Männer sollten den *Totalen Krieg* führen, sondern auch die Frauen. Sowohl passiv wie aktiv, im privaten wie im öffentlichen Leben veränderte der Krieg den Alltag der Frauen total. Der am direktesten spürbare Einschnitt im Alltag der Frauen bestand im Weggang der Männer. Die Angst um den Mann, Vater oder Bruder wuchs von Kriegsjahr zu Kriegsjahr, und die jüngeren Frauen spürten das Fehlen junger Männer in Reichenbach. Mit Fortgang des

Krieges häuften sich auch die Todesnachrichten[647]. Die Angst prägte die Beziehungen zwischen Liebenden. Aus einem 1946 verfaßten *Erinnerungsbericht* einer jungen Reichenbacherin entnehmen wir:

> Kurz bevor er eingezogen wurde (...) verlief dieser Spaziergang nicht wie bei jungen Leuten. Als wir im Mondenschein über die Wiese gingen, fragte er mich: Kannst du mir etwas sagen, wie es sein wird nach dem Tode? Und wir führten zusammen einen ganzen Abend ein Gespräch darüber. Ein Jahr später war mein Freund tot – gefallen in Rußland. Ich bekam die Nachricht dadurch, daß mein Brief, den ich ihm nach Rußland geschrieben hatte, zurückkam. Auf dem Kuvert stand in großen Buchstaben quer darauf: Gefallen für Großdeutschland.[648]

Ab 1943 häuften sich die Nachrichten über Gefallene in den Zeitungen. In einem Tagebuch heißt es hierzu:

> In der Zeitung standen »Todesanzeigen von für ihren geliebten Führer Gefallenen« (...)! Viele, erschreckend viele! Aber es steht nicht darin, daß die Zeitungen – je nach ihrer Größe – täglich nur bis zu zwanzig solcher Anzeigen bringen dürfen, daß hohe Stapel auf den Redaktionen wartend liegen und daß eine Anzeige 60 Mark kostet, was von vornherein ausschließt, daß die ärmere Bevölkerung den Verlust einer ihrer gefallenen Angehörigen durch die Zeitung bekanntgibt.[649]

Als ob die Chance auf ein Überleben des Liebsten dadurch vergrößert werden könnte, versuchten viele Paare, wenn der Mann auf Urlaub kam, »schnell noch zu heiraten«[650]. Ausdruck dessen sind die vielen Eingaben um *Aufgebotsverkürzung* von vier Wochen auf bis zu vier Tage, je nachdem, wie lange der Freund Urlaub hatte[651]. In einigen Fällen, in denen *Aufgebotsbefreiung* beantragt worden war, ist in den Urkunden des Reichenbacher Standesbeamten davon die Rede, daß der *Verlobte* gerade auf Urlaub, außerdem auch eine Wohnung vorhanden sei und demzufolge »sofort« geheiratet werden müsse. Eine Reichenbacherin erzählt hierzu:

> Wir haben 1942 geheiratet, da hat mein Mann, der schon seit vor dem Krieg bei der Wehrmacht war, kurz Heiratsurlaub bekommen, darnach habe ich ihn bis 1947 nicht mehr gesehen.[652]

Jüngere Ehepartner, sofern sie überhaupt Gelegenheit zum Kennenlernen hatten, wie auch schon länger Verheiratete entfremdeten sich durch den Krieg voneinander.

> Wir haben im Juli 1939 geheiratet und waren vier Monate verheiratet, als mein Mann zur Infanterie in die Tschechoslowakei eingezogen wurde. Von da ab war mein Mann über den ganzen Krieg bei der Wehrmacht, und ich hatte nichts als Angst und Sorge um ihn auszustehen, wenn ich oft wochenlang kein Lebenszeichen von ihm erhielt oder erfuhr, daß er verwundet worden war.[653].

Oft kannten die Väter wie bei dieser Reichenbacher Familie ihre Kinder gar nicht oder nur von Bildern, die ihnen ihre Frauen *ins Feld* sandten. Die Abwesenheit der Reichenbacher Männer ließ die Frauen mit ihren Liebessehnsüchten allein. Um die Kriegskinder noch nicht Verheirateter zu legitimieren, führten die NS-Behörden bereits 1939 die Möglichkeit der *Ferntrauung*[654] ein, von der in Reichenbach scheinbar aber kein Gebrauch gemacht wurde[655]. Durchaus Anwendung hingegen fand eine andere Möglichkeit, uneheliche Kinder von gefallenen Soldaten zu legalisieren und den Unterhalt der jungen *Witwe* zu sichern, die *Post-mortem*-Trauung[656]. Wenn die Heiratsabsicht eines Gefallenen nachgewiesen werden konnte, etwa mittels geeigneter Äußerungen in Feldpostbriefen, durfte dessen *Braut* den Namen des Mannes annehmen und galt als dessen Ehefrau. Im Fall des gefallenen Reichenbacher Obergefreiten A. S. und seiner Braut E. F. wies der Landratsbeamte den Reichenbacher Standesbeamten gemäß einer Anordnung des Innenministers vom 11. Februar 1943 an, die Urkunde so auszustellen, daß diese »nur den Zeitpunkt des Wirksamwerdens der Ehe, nicht dagegen den tatsächlichen Vorgang der nachträglichen Eheschließung, (...) den Tod des Ehemannes und den Tag der Eheschließung, erkennen lassen« dürfte[657]. Über ein Jahr nach der Beantragung[658] wurde der Reichenbacherin »der Gnadenakt der nachträglichen Eheschließung« zuteil, offiziell gelegt auf den Tag vor dem Sterbedatum des Soldaten[659].

Doch nicht nur passiv und im privaten Leben waren die Frauen den erheblichen Veränderungen ausgesetzt, der *Totale Krieg* forderte sie auch aktiv und öffentlich und belastete sie mehr und mehr. Im Reichenbacher Gemeindeblatt hieß es Mitte Juni 1940 hierzu:

> Es bedeutet für unsere Frauen, die oft genug der männlichen Hilfe entbehren müssen, sehr viel, nun all den Aufgaben in der Kinderstube, in Haus und Garten, im Geschäft und auf dem Acker nachzukommen.[660]

Mit Kriegsbeginn wurden die *Mütter der Nation* zu *Heldenmüttern* und zu *Kameraden*. Sie sollten hegen, pflegen und reparieren, was der Krieg zerstörte, und *opfermütig* durch bessere Arbeits- und durch höhere Gebärleistung die abwesenden oder gefallenen Männer ersetzen, auch in den Betrieben. Zwar kam es nicht zur Einführung einer allgemeinen Dienstverpflichtung für Frauen, doch über Propaganda und die Masseneinrichtungen *BDM* und *Reichsarbeitsdienst*, durch die die weibliche Jugend bereits vor Kriegsbeginn erfaßt worden war, zu einer großangelegten Mobilisierungskampagne. Mitte Oktober 1939 verkündeten Radio und Presse:

> Heimat und Front gehören untrennlich zusammen, und hier liegen für jede Frau, für jedes Mädchen heute so große Aufgaben: Kamerad zu sein. (...) NS-Frauenschaft, Frauenwerk, NSV, weiblicher Arbeitsdienst, das Rote Kreuz, alle brauchen helfende Hände.[661]

Einige Tage zuvor, am 17. Oktober 1939, mußten sich alle ledigen weiblichen Jugendlichen Reichenbachs des Jahrgangs 1920/21 im Gesundheitsamt Esslingen zur Untersuchung melden[662]. Im Rahmen des Kriegseinsatzes von *Arbeitsmaiden* vor allem im Staatlichen Gesundheitsamt, den Landkreisbehörden, in den Kreissparkassen, den Bürgermeisterämtern, in Flughafen und in der Polizeidirektion wurden 15 der jungen Frauen für ein Taschengeld von 50 Pfennig und einer Reichsmark Kleidergeld pro Tag bei Esslinger Kreisbehörden eingesetzt[663].

Doch die wichtige Arbeit der Frauen im Krieg wurde anfangs in den meisten (Männer-) Kreisen noch nicht entsprechend geachtet. Zu tief saßen die althergebrachten, von den Nationalsozialisten übernommenen und in den ersten sechs Jahren ihrer Herrschaft verstärkt propagierten Rollenzuweisungen. Bestimmte Würdigungen sollten durchaus den Männern vorbehalten bleiben. So beschloß etwa die Mitgliederversammlung des Reichenbacher Musikvereins am 11. August 1940:

Frauenarbeit bei der Firma Jakob Bischoff, etwa 1943; Kochlöffel für die Wehrmacht.

> Es wird (...) vom Vereinsführer bestimmt, daß bei einem eintretenden Todesfall bei weiblichen Mitgliedern eine Kranzniederlegung in Wegfall kommt.[664]

Zu einem Zeitpunkt, da die Männer mehr denn je auf die Frauen angewiesen waren, wurde diesen die posthume Ehrung in einem Teil ihres sozialen Umfeldes, im Verein, abgesprochen. Die Propaganda versuchte mehr und mehr bei Männern und Frauen für die Akzeptanz des Fraueneinsatzes in der Rüstungsindustrie zu werben. 1941 verkündete *Reichsfrauenführerin* Gertrud Scholz-Klink:

> Uns're Männer haben zu den Waffen gegriffen, und wir Frauen reichen ihnen diese Waffe zu, bis der letzte Sieg errungen ist.[665]

Im *Totalen Krieg* mußte »jeder«, so formulierte es das Propagandawerk *Frauen hel-*

Frauenalltag im Reichenbacher Waschhaus, November 1942.

fen siegen, »der Kopf und Arme brauchen kann, seinen Beitrag zum Kampf leisten.«[666] Das bis dato in der Theorie vorgezeichnete Frauenbild im Rahmen von Kindern und Küche konnte in der Praxis nicht mehr aufrechterhalten werden. Bereits seit dem Vierjahresplan von 1936, spätestens jedoch seit dem Rüstungsboom 1938 sah die Praxis ganz anders aus: Frauen wurden dringend als Arbeitskräfte in den Fabriken benötigt.

Bereits 1939 lag die Frauenerwerbsquote in Deutschland bei 37 Prozent, ein Wert, der in Großbritannien trotz Arbeitsverpflichtung noch 1944 nicht erreicht werden konnte[667]. Mit Kriegsbeginn verschärfte sich dieser Gegensatz zwischen ideologischem Anspruch und praktizierter Wirklichkeit. »Vor dem Krieg«, so erinnerte sich eine Reichenbacherin, die es bereits 1938 bis zur Meisterin gebracht hatte, sei »gar nichts los« gewesen an Arbeitsmöglichkeiten für Frauen.

> Die eine Hälfte ist zu Otto in die Spinnerei und die andere zu Otto in die Weberei. Dann

noch ein paar beim Konsum und vielleicht noch bei zwei Tante-Emma-Lädchen, das war's. Erst im Krieg haben sie die Frauen zum Arbeiten gebraucht.[668]

Bei der Firma Otto, einem Betrieb mit traditionell hohem Frauenanteil[669], stieg die Anzahl der Arbeiterinnen von durchschnittlich 65 Prozent in den Jahren von 1927 bis 1939 auf über 80 Prozent während des Krieges an[670].

> Mit Ausnahme der schweren Transport- und Magazinarbeiten standen nur Frauen an den Maschinen, größtenteils aus Baltmannsweiler, Hohengehren, Hegenlohe, Thomashardt.[671]

Dabei können die schwierigen Umstände, unter denen die Frauen arbeiten mußten, oft nur vermutet werden. Viele Arbeiterinnen mußten sommers wie winters frühmorgens zu Fuß nach Reichenbach und spätabends wieder nach Hause gehen. Die allgemeine Verschärfung der Arbeitssituation, Mindestarbeitszeit von über 56 Stunden pro Woche sowie Nachtarbeit kamen belastend hinzu. Ab Sommer 1940 wuchs der Bedarf an weiblichen Arbeitskräften in den Rüstungsbetrieben verstärkt. In der »Eßlinger Zeitung« häuften sich entsprechende Stellenangebote von Reichenbacher Firmen:

Einige Frauen für leichtere Arbeiten evtl. Anlernung an Maschinen gesucht.[672]

Mädchen oder Frauen sofort gesucht.[673]

Zum sofortigen Eintritt suchen wir einige FRAUEN und HILFSKRÄFTE für leichtere Arbeiten gegen Bezahlung, Halbtagsarbeit möglich.[674]

Dieser Gegensatz zum ursprünglich propagierten Frauenbild entwickelte sich auch nach außen immer sichtbarer, so bewegten sich Frauen etwa im Bereich der Wirtschaft nicht nur in traditionellen »Männerräumen«, sondern sie hatten auch Männerkleidung an[675], was die Machthaber jedoch nicht gerne sahen. Ein als *Hosenerlaß* in die Akten eingegangenes Verbot des *Reichsstatthalters* aus dem Jahr 1941 wurde wie folgt begründet:

Die zunehmende Unsitte, daß Frauen sich auf der Straße mit Männerhosen bekleidet bewegen, wird in der Öffentlichkeit als unvereinbar mit dem Ernst der Zeit empfunden.[676]

In bewohnten Gebieten wurde dies – mit Ausnahme von Arbeitskleidung – damit verboten. In der Reichenbacher Wirklichkeit aber wurde dieser neuartige *Kleiderzwang* kaum beachtet[677].

Die Propaganda gab sich zwar alle Mühe, die verlangte Rüstungsarbeit als *Ehrendienst der Frau*[678] zu verkaufen, doch ohne den gewünschten Erfolg[679]. Aussagen von Reichenbacher Arbeiterinnen zur Verschärfung der Arbeitssituation und zu ihrem Unmut über die offensichtliche Arbeitsunlust bei einigen Frauen der Mittel- und Oberschicht[680] sowie zur praktizierten »Schonung der besseren Damen«[681] decken sich mit den *Stimmungsberichten des Sicherheitsdienstes* über Beschwerden kriegsdienstverpflichteter Frauen, daß etwa »noch kinderlose Ehefrauen und unbeschäftigte Töchter aus sogenannten besseren Kreisen untätig seien«[682]. Diese

Unzufriedenheit wurde verstärkt durch die ungleiche Bezahlung der Arbeitenden. Bei einer tariflichen Regelung der Frauenarbeit sollte, so entschied das Reichsarbeitsgericht im August 1942, »auch für den Fall, wo Männerarbeit von Frauen zu leisten ist«, der Billigkeitsgrundsatz der gleichen Entlohnung »außer Betracht bleiben«[683]. Im mehrfach formulierten nationalsozialistischen Anspruch der *Volksgemeinschaft* tat sich hierin ein weiterer Widerspruch zwischen Theorie und Praxis auf.

Im Frühjahr 1942 wurden der NSDAP-*Ortsgruppe* die Namen von 48 Reichenbacherinnen genannt, die vermeintlich noch zu weiterem Arbeitseinsatz herangezogen werden könnten[684]. Doch diese »Auskämmung im zivilen Sektor« hatte Grenzen[685]. Aus den Randnotizen Bürgermeister Schmids auf der vom *Ortsgruppenleiter* zum 1. Mai 1942 hieraus angefertigten »Vorschlagsliste zum Einsatz in der Landwirtschaft«, ist zu entnehmen, daß fast alle arbeitsfähigen Reichenbacherinnen schon relativ früh in der Kriegswirtschaft eingesetzt worden waren und diejenigen, die Mangold noch als einsetzbar nannte, überwiegend tatsächlich verhindert waren[686]. Doch der *Ortsgruppenleiter* hakte nach. Er erstellte eine weitere Liste und leitete diese an das Arbeitsamt Esslingen weiter, so daß Schmid den ganzen Frühsommer über Einzelauskünfte über Dienstverpflichtungen »zum Zwecke des totalen Arbeitseinsatzes« erteilen mußte[687] und schließlich im August eine Liste mit den Namen von 31 Frauen als »einsatzfähig« an das Arbeitsamt übersandte[688]. Ein knappes Jahr später nannte die *Ortsgruppe* der NSDAP dem Arbeitsamt weitere fünf Frauen, unter anderem die Pfarrfrau Hildegard Dipper, die »sich nicht gemeldet hatten für Aufgaben der Reichsverteidigung«.

Eine Methode, der totalen Mobilisierung in der Rüstungsarbeit zu entgehen, war die Rückbesinnung auf die vor Kriegsbeginn propagierte Aufgabe der Frau, auf das Gebären von Kindern.

Als dann mein Mann im Januar 1943 einrücken mußte, da sagte er, jetzt machen wir
ein Kind, damit du weg vom Geschäft
kommst, und das haben wir dann auch gemacht.[689]

Aber auch kinderlose Frauen – dies zeigen die vielen, gegen Kriegsende noch zunehmenden *Eingaben* der Reichenbacher
Frauen – versuchten, sich mit teilweise
vorgegebenen *Begründungen* von der *Arbeitsdienstpflicht* entbinden zu lassen oder
über vermehrte Krankmeldungen den zunehmenden Anforderungen zu entgehen[690].

Jedoch mit dem Arbeitseinsatz war es
um den *Beitrag für den Endsieg* noch nicht
getan. Je mehr Männer eingezogen wurden, desto dringlicher wurden Frauen
aufgefordert, die entstehenden Lücken zu
schließen. Der riesige Personalbedarf der
Wehrmacht war aus dem Reservoir der
wehrfähigen Männer nicht mehr zu dek-
ken. Deshalb wurden in größerem Umfange auch Frauen und Mädchen rekrutiert. Ab September 1944 wurden Angehörige des weiblichen Arbeitsdienstes als
Luftwaffenhelferinnen an die Scheinwerfer der Heimatflak abkommandiert[691], für
den Truppeneinsatz etwa der Luftwaffe
waren, so berichtete der »Hohenstaufen«
fortwährend, bis zum 15. Januar 1945
150 000 *Wehrmachtshelferinnen* aufzubringen[692]. Im Schnellverfahren bildete die
Wehrmacht deshalb Frauen für Hilfsdien-
ste als Nachrichten-, Stabs-, Marine-, Luft-
waffen-, Schwestern- und Flakhelferin-
nen aus[693], wovon bei Kriegsende insgesamt etwa 450 000 *Wehrmachtshelferinnen*
im Einsatz waren[694]. Im Februar 1945 befahl Hitler sogar die probeweise Aufstellung eines kämpfenden Frauenbataillons,
wozu es durch den Kriegsverlauf aber
nicht mehr kam.

Die Situation der Reichenbacher Frau-
en im *Totalen Krieg* ist gekennzeichnet
durch das Bedürfnis nach Männern und
Bindungen, nach privatem Glück und Sicherheit. Sie konnten ihre Räume »durch
den Krieg in die Reviere der Männer«
ausweiten[695], ohne allerdings deren Grenzen prinzipiell anzutasten. Spätestens

nach der Rückkehr der Männer sollten
sich hieraus mannigfache Konflikte ergeben[696]. Eine Vielzahl von Frauen nahm die
aufgezeigten privaten und öffentlichen
Mehrbelastungen und Anforderungen
des Krieges murrend auf sich. Ein Großteil versuchte soweit es ging, sich den zusätzlichen Anforderungen des *Totalen
Krieges* zu entziehen. Die *totale Mobilisierung* aller Frauen, dies läßt sich durchaus
festhalten, scheiterte an der hartnäckigen
Verweigerung vieler[697].

Neben Männern und Frauen im arbeitsfähigen Alter sollten auch die Alten und die
Jungen kämpfen. Die unter Versorgungs-
engpässen leidende *Heimatfront* sollte bei
Zuspitzung der Lage das letzte Aufgebot
zur Verteidigung der Heimat stellen. Am
25. September 1944 hatte Hitler die Bildung des *Deutschen Volkssturmes* zur Verteidigung des deutschen Heimatbodens
befohlen. Er sollte alle noch nicht zur
Wehrmacht eingezogenen Männer zwischen 16 und 60 Jahren umfassen, in der
Mehrzahl Wehruntaugliche und einige
vom Wehrdienst befreite Facharbeiter[698].
Was einer regulären Armee nicht gelungen war, sollten nun unausgebildete Jugendliche und unzureichend ausgerüste-
te Großväter vollbringen. Sie mußten dem
Führer des *Großdeutschen Reiches* bedin-
gungslose Treue und Gehorsam geloben
und versprechen,

daß ich für meine Heimat tapfer kämpfen
und lieber sterben werde, als die Freiheit
und damit die soziale Zukunft meines Volkes
preiszugeben.[699]

Im Herbst 1944 formierte sich das Reichenbacher *Volkssturm-Bataillon*[700] als eines von 21 im Kreis Esslingen[701]. Kom-
mandeur des aus drei Kompanien bestehenden Reichenbacher Bataillons wurde
der Prokurist der Firma Otto und Major
des Ersten Weltkrieges, der Turnvereins-
vorsitzende Otto Gaugler. Führer der ersten Kompanie des *Volkssturms* in Reichenbach wurde – angeblich gegen seinen
Willen[702] – Walter Müller, die zweite
Kompanie befehligte nach einigen partei-

internen Besetzungsschwierigkeiten Gustav Blessing[703], *SA-Führer* sowie einer der treibenden Nationalsozialisten Reichenbachs, und der Führer der dritten, der *Invalidenkompanie*, war Karl Acker[704]. Militärisch war der *Volkssturm* eine sinnlose Einrichtung, das wußten auch die meisten der Dazugehörigen[705], doch er sollte Vorbereitungen zur Verteidigung Reichenbachs treffen und – laut Befehl an die Reichenbacher *Ortsgruppe* Ende März 1945 – auf genaue Streifendienstanweisung achten, Luftbeobachtung und ein Wachlokal betreiben[706]. Seine tatsächliche Rolle bei der Verteidigung Reichenbachs, Anspruch und Wirklichkeit, wird bei den Betrachtungen der letzten Kriegstage in Reichenbach genauer zu beleuchten sein[707].

Der *Totale Krieg* machte nicht halt vor der Jugend. Nachdem die Hitlerjugend zwischen 1933 und 1939 die lückenlose Erfassung aller Jungen und Mädchen erzwungen hatte, konnten diese nun eingesetzt werden, wo immer es der Krieg erforderlich machte[708].

Die Mädchen kamen hauptsächlich in der Landwirtschaft und – wie oben erwähnt – in den Verwaltungen des Landkreises zum Einsatz. Die Jungen wurden immer nachdrücklicher auf ihre künftige Rolle als Soldaten vorbereitet. Seit Oktober 1939 mußten sie in halbjährlich stattfindenden Wochenendkursen eine *Wehrertüchtigung* absolvieren. Diese paramilitärische Ausbildung umfaßte Schießen mit dem Kleinkalibergewehr und *Geländespiele*. Seit 1942 fand diese Ausbildung in dreiwöchigen Lehrgängen, den sogenannten *Wehrertüchtigungslagern*, statt, bei denen die Jugendlichen noch besser an den militärischen Drill gewöhnt werden konnten[709]. Die Propaganda wurde nicht müde, den *Kampf* als die angemessene Haltung der deutschen Jugend hervorzuheben[710]. Viele der Jugendlichen sahen dann auch tatsächlich im Kampf bis zum Tod das höchste Lebensziel. Andere zeigten, enttäuscht durch die ständigen Beschränkungen des Kriegsalltages, deutlich weniger Begeisterung. Dazu kam, daß die *HJ* sich durch die Einführung der *Staatsjugend* von einer *freiwilligen Eliteorganisation* zur Zwangsorganisation verändert hatte. Mehr und mehr organisierten Jugendliche auch private Radtouren und Wanderungen, um dem tristen Kriegsalltag zu entgehen. Andere Jugendliche schwänzten die *HJ* so oft es ging oder versuchten, in Einheiten mit *HJ*-Führern zu gelangen, die auf »langweilige politische Schulungen«[711] oder autoritäres Gehabe verzichteten.

Wenn sich Jugendliche außerhalb der *HJ* zusammenschlossen, wie etwa die Clique um einige junge Reichenbacher VfB-Spieler[712], schritten die Behörden sofort ein. So harmlos Cliquen wie diese oder in urbaneren Gemeinden etwa die *Swing-Jugendlichen*[713] auch waren, »für das Regime stellten sie einen nicht tolerierbaren Angriff auf das Monopol der Staatsjugend und damit des Systems schlechthin dar.«[714] Die Kontrolle über die Jugendlichen war den Repräsentanten des Systems freilich aus mehreren Gründen wichtig. Einerseits stellten sie die *Zukunft Deutschlands* dar, andererseits versteckte sich im Auflehnen der Jungen gegen die

Aus dem Schulheft eines elfjährigen Reichenbachers. »10 Sätze mit fiel – 10 Sätze mit viel« lautete im November 1944 die Hausaufgabe.

Alten, zu denen mittlerweile auch einige der Träger des *neuen* Systems geworden waren, ein gewichtiges Konfliktpotential. Anfang 1940 schränkte die Polizeiverordnung die abendlichen Ausgangszeiten für Jugendliche ein und verbot ihnen weitgehend den Besuch von Gaststätten, Kinos und Tanzveranstaltungen. Seit Herbst 1940 konnte die Polizei *Wochenendkarzer* und bis zu vierwöchigen Jugendarrest ohne Gerichtsurteil verhängen. Seit 1942 schließlich konnten Jugendliche, die den *HJ*-Dienst schwänzten, von der Polizei abgeholt werden – ein deutlicher Hinweis darauf, daß eine wachsende Zahl Jugendlicher nicht bereit war, »sich den ständig wachsenden Anforderungen von Regime und Krieg bedingungslos unterzuordnen.«[715] Je näher das Kriegsende rückte, desto geringer war bei diesen Jugendlichen die Motivation, sich noch für diesen Staat zu opfern. Dies wirkte sich aus, als in der ersten Aprilwoche 1945 alle noch verfügbaren jungen Männer der Jahrgänge 1926 bis 1929 die Aufforderung bekamen, sich in Esslingen am Blarerplatz im Gemeindehaus zu melden:

> Wir sind also alle hin und haben, da die Reichenbacher als letzte drangekommen sind, mitbekommen, daß alle zur SS in eine Kaserne nach Ulm gezogen werden sollten. Da ist keiner von uns reingegangen. Schindelin, der Verbindungsmann des Landratsamtes zum Wehrbezirkskommando, hat daraufhin den Bürgermeister Schmid angerufen und ihm mitgeteilt, Reichenbach sei komplett weggeblieben, das würde ernste Folgen nach sich ziehen, wenn die sich nicht sofort melden täten.[716]

Alle wurden daraufhin nochmals per Amtsboten aufgefordert, nach Esslingen zu gehen. Sie sollten zur *Waffen-SS* in die Moritzkaserne nach Ulm kommen. Keiner der Reichenbacher ging hin, und das Kriegsende verhinderte entsprechende Repressalien.

Doch für die meisten der bereits ausgerückten jüngeren Reichenbacher galt es – wie für viele der jungen Soldaten[717] – als Selbstverständlichkeit, sich im Krieg *für Führer, Volk und Vaterland* als »Mann« be-

währen zu dürfen. Besonders bei Kriegsende standen sie dabei vor oft schwierigen Entscheidungen. Genauso wie die Daheimgebliebenen mußten sich die *im Felde* Stehenden überlegen, wie sie das Kriegsende persönlich organisieren wollten. Die meisten Soldaten hatten »nur noch das Bestreben, so anständig wie möglich aus diesem Krieg herauszukommen und – wenn möglich – zu überleben.«[718] Eine Minderheit ging freiwillig in Gefangenschaft. Die meisten versuchten, sich im geeigneten Moment abzusetzen und auf eigene Faust nach Hause durchzuschlagen, Straßen meidend, um nicht einer alliierten oder deutschen Streife in die Hände zu fallen. Vor allem den jungen Soldaten fiel es dabei besonders schwer, trotz des sicheren Ausgangs des Krieges an das eigene Überleben zu denken und sinnloses Töten oder Getötetwerden zu vermeiden oder gar zu desertieren[719]. Zu tief saßen bei den meisten die jahrelang eingehämmerten Begriffe und *Ideale* wie »Pflicht«, »ein deutscher Mann ergibt sich nicht«, »Treue zum Vaterland«, »Verteidigung der Frauen und Geschwister,«[720] gepaart mit der Perspektivlosigkeit, keine Alternative zum NS Staat zu kennen. Ein weiteres »Denkhemmnis« lag in der Angst vor Repressalien des *Feindes*.

> Wie es besiegten Völkern erging, wußten wir. Zerlumpte Kriegsgefangene sah man seit Jahren auf den Straßen. (...) Wir mußten damit rechnen, daß es uns nach dem verlorenen Krieg genauso ergehen würde.[721]

Als ein Beispiel für die Lebenssituation junger Reichenbacher *Soldaten* in den letzten Kriegstagen sollen die Erlebnisse eines knapp 18jährigen Reichenbachers dienen, der an *Führers Geburtstag*, nur wenige Kilometer von seinem Geburtsort entfernt, seinen ersten Einsatz zur *Verteidigung der Heimat* hatte:

> Am 20. April 1945 kam ich zu einem *Sonderkommando* auf die Filder. Vorher sind wir einige Male hin- und hertransportiert worden auf einem Lastwagen, sind auch mal durch Stuttgart gekommen. Da war ein großes Durcheinander, ein richtiges Chaos[722]. Nie-

mand hat g'wußt, wie und was, und was es mit dem *Sonderkommando* auf sich hat. Eines Tages hat es dann geheißen, jetzt ist der Einsatz auf den Fildern. Wir haben dann Stellung bezogen in der Nähe der Autobahn, wo es genau war, haben wir gar nicht gewußt. (...) Wir haben unsere MG-Stellung im Halbkreis ausgehoben, daß man das MG hat schwenken können, und die anderen haben sich in Schützenlöchern eingegraben. Die anderen hatten Karabiner oder, soweit vorhanden, ein *Sturmgewehr*, und ich hatte das *MG 42*. Dann war es die ganze Nacht ruhig und dann kam ein Aufklärungsflieger. Kurze Zeit später sind wir mit Ari-Beschuß zugedeckt worden und später sind dann die Panzer gekommen. (...) Wir hätten absichern sollen nach der einen Seite, auf der anderen war ja irgendwo die Heimat. Nun sind die aber plötzlich von da gekommen, also von hinten. Nun, da haben wir uns eben umgedreht und in die andere Richtung verteidigt. (...) Und da ist was Sonderbares passiert. Als ich aus meinem Loch rausrenne, um das MG in Stellung zu bringen, reißt mir plötzlich mein Koppel. Da hingen ja Spaten und Patronentaschen und alles mögliche dran. Da ist natürlich alles runter'hängt. Ich hab das alles wieder hingezogen und wollte vorwärts, da hat mein MG-Schütze zwei, ein älterer Mann mit vielleicht 30 gerufen, »bischt verrückt, da kannst doch hin sein, das hat doch

keinen Wert mehr« – und hat mich an den Füßen hinten gepackt und ins Loch hineingezogen. Damit hat er mir vermutlich das Leben gerettet. (...) Das war einfach ein Stück Autobahn, das eben verteidigt werden sollte. Für mich als jüngeren Soldaten war klar, daß ich losrenne, wenn das befohlen wird. So sind wir erzogen worden, daß man den Befehl natürlich ausführt. Es war klar, wir müssen uns jetzt einfach verteidigen, unsere Heimat verteidigen. Das war mein erster Einsatz, und ich hätte das MG aufgebaut. Einer der Unteroffiziere hat die Hände hochgestreckt, und dann haben die auch aufgehört zu schießen, dann sind die gekommen, haben uns die Uhren abgenommen, das waren Marokkaner. Da war ich 18 Jahre. Wir waren Buben. Man hätte können heulen. Aber ich habe die ganze Zeit nicht geheult. (...) Da hat's keine Toten gegeben, nur der eine hat direkt einen Kopfschuß gekriegt. (...) Und in dem Moment ist mir aufgegangen, »so ein Blödsinn«, so ein guter Kamerad. Wegen so einem Scheißdreck hat der jetzt sterben müssen. Vorher spielst' Kriegerles, aber wenn's dann so ernst wird, so todernst wird, dann fällt auf einmal irgendwo ein Schleier runter, wenn's dich direkt betrifft. Das heißt, ich hab' gar nicht geschossen in dem Krieg, weil in die Richtung, in die ich verteidigt habe, da sind sie gar nicht hergekommen.[723]

»Da galt es bei uns zusammenzurücken«

Seit Herbst 1940 waren Tausende von Kindern aus den bombengefährdeten Städten im Norden und Westen Deutschlands in ländliche Gebiete, darunter auch nach Württemberg, gebracht worden.

Schon relativ früh versuchten einzelne Eltern aus Stuttgart oder anderen möglicherweise vom Luftkrieg betroffenen Städten, ihre Kinder zu Verwandten *aufs Land* zu geben. Die von der NSDAP unter *Reichsjugendführer* Baldur von Schirach propagierte *Erweiterte Kinderlandverschikkung* gestaltete sich im Frühsommer 1941 im Kreis Esslingen sehr schwierig. Wie der *Kreisamtsleiter* der NSDAP mitteilte,

gab es trotz fortgesetzter Werbung Schwierigkeiten, da die Raumnot im Kreis Esslingen überdurchschnittlich hoch war[724]. Er bat daher die *Gauleitung*, »von einer weiteren Belegung des Kreisgebiets Abstand nehmen zu wollen.«[725]

Mit Beginn des *verschärften Luftkrieges* über der Landeshauptstadt sollten auch Stuttgarter nach Reichenbach evakuiert werden[726]. Die kleinsten sollten zusammen mit ihren Müttern, die Sechs- bis Zehnjährigen bei Pflegeeltern und die Zehn- bis Vierzehnjährigen in speziellen Lagern untergebracht werden[727]. Obwohl auch in Reichenbach die Raumsituation schon mehr als angespannt war, wurden im Herbst 1943 zusätzliche 22 Schüler von Stuttgart nach Reichenbach verlegt[728].

> Ich bin mit zwei weiteren Mädchen nach Reichenbach gekommen. Meine Schwester mit 12 hat man zur Schwester meiner Mutter nach Schorndorf getan. Ich habe in einem Häusle von Otto, in der Stuttgarterstraße vis-à-vis vom *Deutschen Kaiser*, wohnen dürfen.[729]

Diese gingen in Reichenbach zur Schule und später auf die Realschule nach Esslingen[730]. Die teilweise willkürliche und oft kurzfristig mitgeteilte Einquartierung der Kinder war »mit einer Beschlagnahmung der Zimmer zu vergleichen«[731], weshalb es oft Schwierigkeiten gab. Nicht selten wechselten die Kinder mehrmals innerhalb des Ortes die Quartiere, sei es, weil die Pflegeeltern das unerwünschte Kind ausquartierten oder weil die Kinder selbst nicht in der ihnen zugeteilten Familie bleiben wollten[732]. Die groß geplante und als »eines der größten Erholungswerke des deutschen Volkes«[733] gepriesene Aktion der *Erweiterten Kinderlandverschickung* scheiterte in Stuttgart, einerseits an der mangelnden Bereitschaft der Stuttgarter Eltern, sich von ihren Kindern zu trennen, andererseits am fehlenden Entgegenkommen der potentiellen Gastgeber. Ende Juli 1943 hatten lediglich 600 von 53 000 Kindern die Stadt verlassen[734]. Erst die geschlossene Verlegung der Stuttgarter Schulen im September 1943, worunter auch die 22 nach Reichenbach evakuierten fielen, hatte Erfolg. Anfang Oktober hatten bereits knapp 20 000 Schülerinnen und Schüler die Stadt verlassen[735].

Zu den präventiv verschickten Kindern kamen nach den ersten größeren Luftangriffen die *Ausgebombten*. Unterbelegte Räume in Reichenbach waren nach dem Reichsleistungsgesetz für Luftkriegsbetroffene aus Essen bestimmt[736]. Zusätzlich kamen über verschiedene verwandtschaftliche oder geschäftliche Beziehungen auch aus anderen Gebieten, wie etwa aus Wuppertal-Barmen[737], Duisburg, Frankfurt[738] und Stuttgart[739], *Fliegergeschädigte* nach Reichenbach. Drei Jahre nach Kriegsende schrieb der Bürgermeister hierzu:

> Am und nach dem 20. September 1943 kamen rund 200 Evakuierte hierher, hauptsächlich aus dem Rheinland, auch vom luftgefährdeten Stuttgart. Sie waren in Reichenbach bis zum Sommer 1945, einzelne Familien aus unserer Landeshauptstadt sind jetzt – nach 3 Jahren – noch hier.[740]

Reichenbach war nicht gerüstet für den Zustrom an Menschen. Der Wohnungsbau im Ort war in den Jahren der Naziherrschaft zurückgegangen[741], *Kriegswichtigeres* hatte Vorrang vor Wohnungen gehabt. Offiziell war die *NSV* für die Betreuung der *Fliegergeschädigten* und *Umquartierten* zuständig, zwangsläufig mußten sich aber auch Gemeindeverwaltung und der Landrat – widerwillig – mit den Evakuierungsfragen befassen. Einerseits hatten sich die *Volksgenossen aus den Räumungsgebieten* polizeilich beim Bürgermeisteramt zu melden, andererseits mußte dieses für *Räumungsfamilienunterhalt*, Lebensmittelmarken und eben die Bereitstellung geeigneter Unterbringungsmöglichkeiten sorgen. Festzuhalten bleibt, daß die Reichenbacher den »Reing'schmeckten« nicht gerade wohlgesonnen waren. Für die meisten *Volksgenossen* wirkte die Sprache gleichzeitig als äußeres Erkennungsmerkmal sowie als Integrationsbarriere.

> Ich hab' net schwäbisch g'schwätzt, das war das Schlimmste. Viele Reichenbacherinnen haben mich noch weit über das Kriegsende hinaus geschnitten und sich etwa nicht von mir im Laden bedienen lassen, weil ich nicht schwäbelte.[742]

Auch die Lebens- und Eßgewohnheiten der Rheinländer ärgerten die oft schwerfälligen Schwaben[743]. Dies verursachte Schwierigkeiten, die häufig im Streit endeten, der zumeist nicht der *NSV* oder dem *Ortsgruppenleiter*, sondern dem Bürgermeister oder Landrat vorgetragen wurde[744].

Hinzukommend suchten die Reichenbacher Firmen permanent Wohnungen

Gemeindeverwaltung
- Der Bürgermeister -
Reichenbach a. Fils.

Reichenbach a. Fils, Mitte Dezember 1943.

An unsere Ausmarschierten!

Wiederum stehen die Weihnachtsfeiertage vor der Türe und das Jahr 1943 schickt sich an, in die Geschichte einzugehen. Ihr aber, unsere lieben Soldaten, steht immer noch draussen auf dem Euch zugewiesenen Posten, um in tapferem Einsatz - vielfach z. Zt. in härtesten Kämpfen - den Ring und Wall um die engere und weitere Heimat zu bilden und diese vor dem Eindringen eines erbitterten uud nur auf unsere Vernichtung bedachten Feindes zu schützen. Wenn wir uns auch immer Eures wackeren Einsatzes bewusst sind und uns klar ist, zu welch' grossem Danke Euch die Heimat verpflichtet ist, so treten diese Gefühle in diesen Tagen in besonderer Weise an uns heran und fühle ich mich veranlasst, Sie alle namens Ihrer Heimatgemeinde zum Weihnachtsfest und Jahreswechsel herzlichst zu grüssen und Sie aufrichtigst zu versichern, dass sich die Heimat immer in Dankbarkeit und Treue mit ihren Soldaten verbunden fühlen möchte. Gerne hätten wir Ihnen auch wieder einen materiellen Gruß zukommen lassen, doch die postalischen Verhältnisse lassen dies z. Zt. nicht zu, solches wird nachgeholt werden, sobald dafür die Möglichkeit gegeben ist. - Das Leben in der Heimat geht bis jetzt unverändert weiter, bisher glücklicherweise durch feindliche Flieger - Einwirkung unbehelligt, sind dafür gottlob auch alle Voraussetzungen noch gegeben. Eine seltene Abwechslung und ein schöner Tag für die Gemeinde war der 30. Oktober 1943, als wir unsern 1. Ritterkreuzträger HE. Hauptmann Karl B i e g feierten. Wir haben auf einige Stunden den Alltag beiseite gelegt, um dem tapferen Soldaten eine der Bedeutung dieses Ereignisses würdige Ehrung zu bereiten. - Sonst aber wird in allen Betrieben auf Hochtouren gearbeitet, es fehlt nur da und dort an Arbeitskräften, von denen im Laufe der Zeit infolge der Einberufungen zur Wehrmacht immer mehr abgezogen wurden. In Anbetracht einer fast durchweg guten Ernte gilt die Ernährungsgrundlage für das deutsche Volk auf alle Fälle bis zur nächsten Ernte gesichert. Die Heimat weiss, dass es gilt, den Krieg unter allen Umständen durchzuhalten. Sie ist sich ihrer Aufgaben bewusst und gewillt, weiterhin einsatzfreudig ihre Pflicht zu erfüllen und damit zusammen mit der feldgrauen Front die Voraussetzungen für den Endsieg in unserem schweren Kampfe zu schaffen. Somit grüsst Euch die Heimat in Verbundenheit, Dankbarkeit und Treue und wünschen wir Euch für die Zukunft alles Gute. Wir geben der Hoffnung Ausdruck, Euch in Bälde wohlbehalten in der Heimat begrüssen zu dürfen.

Heil Hitler !

Der Bürgermeister:

O/0812

»An unsere Ausmarschierten«, 1943.

Der erste Ritterkreuzträger wird am 30. Oktober 1943 in Reichenbach empfangen; von links: *Ortsgruppenleiter* Hermann Mangold, der Geehrte Karl Bieg und Bürgermeister Emil Schmid.

für ihre Mitarbeiter[745]. Das Raumproblem steigerte sich noch massiv durch die *ausgelagerten* Firmen, die sowohl Büro-, Fertigungs- wie auch Wohnräume für ihre Belegschaften benötigten[746]. Bereits 1934/35 hatte der Reichswirtschaftsminister über eine »Standortverlegung der Stuttgarter Industrie« aus »wehrpolitischen Gründen« nachgedacht[747]. Aufgrund der Aussicht, hohe Steueraufkommen zu verlieren, hatte sich die Stadt gesperrt und durch Geländeverkäufe die Großbetriebe in der Stadt gehalten[748]. Angesichts der zunehmenden Bedrohung und der tatsächlichen Zerstörung der Industrieanlagen ließ sich 1944 eine *Auslagerung* der wichtigsten Betriebe in weniger luftgefährdete Gebiete und in teilweise nur hierfür erstellte oder ausgebaute unterirdische Anlagen im Umland nicht länger vermeiden. Dies führte in Reichenbach zu vielfältigen Problemen:

Bereits im August 1943 kam es zu massiven Schwierigkeiten im Zusammenhang mit der Auslagerung des Verkehrsamtes 2 der Reichsbahn Stuttgart. Als Büroräume hatte dieses am 11. August 1943

sämtliche Wirtschaftslokalitäten des Gasthauses »Zum Löwen« angemietet[749]. Da diese ursprünglich als Verpflegungsgaststätte im Katastrophenfall vorgesehen waren, erhob der Bürgermeister Einspruch, den er am 18. August 1943 wieder zurückzog, da er »andere Möglichkeiten« sah[750].

Der Bürgermeister beschlagnahmte daraufhin am 24. August 1943 den Saal des Vereinshauses des CVJM, um diese Räumlichkeiten im Falle einer Katastrophe zu nutzen. Dagegen erhob Pfarrer Dipper mit sechs Kirchengemeinderäten Einspruch, da der Saal des Vereinshauses im Winter dem öffentlichen Gottesdienst einer öffentlich-rechtlichen Religionsgemeinschaft diente und viele andere Funktionen innehatte[751]. Der Bürgermeister gab nach Weisung des Landrats vom 19. Oktober 1943 diesem Einspruch am 21. des Monats statt. Die Beschlagnahme wurde zurückgenommen. Nachdem der *Kreisleiter* am 27. Dezember 1943 sein Einverständnis erklärte[752], genehmigte der Landrat am 30. Dezember 1943 die Auslagerung wie ursprünglich geplant.

322

Das ganze Jahr 1944 über verlegten verschiedene Firmen ihre Produktion nach Reichenbach, so Mitte Februar die Firma Erich Herion, Spezialapparate, Stuttgart[753], die Stuttgarter Firma Luft, die in einem gemieteten Fabrikgebäude in der Olgastraße 19 mit 30 Arbeitskräften die Herstellung von »feinmechanischen Spezialgeräten« betrieb[754], oder im Dezember die Fertigungseinrichtungen des Zündwerkes von Bosch aus Stuttgart-Feuerbach, die ebenfalls nach Reichenbach kamen[755]. Die größten Schwierigkeiten bereitete den Reichenbachern die ständige Raumsuche der in Sachen *Auslagerung* als *vorbildlich* geltenden Firma Robert Bosch[756], die zusammen mit der Firma Luft bereits am 26. März 1941 verschiedene Abteilungen und Büros nach Reichenbach ausgelagert hatte[757]. Die Firma Otto hatte im Jahre 1943 Räume an Bosch abgegeben, wodurch sie – nach eigenen Angaben – »durch Freimachen der Räume und daraus resultierend kaputte Maschinen und 300 verrottete Webstühle, die zwei Jahre im Freien gestanden hatten«, einen Schaden von 180 000 Reichsmark in Reichenbach und 650 000 Reichsmark in Plochingen hatte hinnehmen müssen[758].

Am 22. September 1944 fragte die Robert Bosch AG beim Landrat unter anderem nach drei Schulräumen in Reichenbach an[759]. Der Landrat genehmigte die Überlassung »eines im I. Stock des Schulgebäudes in Reichenbach/Fils gelegenen Unterrichtssaales in der Größe von 70 qm und (...) eines weiteren Unterrichtssaales derselben Größe im II. Stock sowie (...) des Zeichensaales im Ausmaß von 120 qm im II. Stock«[760] für die Verlagerung von Büros[761]. Rektor Böhringer wehrte sich vehement und beklagte im Schreiben vom 25. September »unlauteres Vorgehen der Vertreter der Firma Bosch«. Diese hatten eine Woche zuvor bei einer Ortsbesichtigung erklärt, sie kämen im Auftrag der *Gauleitung*. Am 21. September hatten zwei Ministerialräte und ein Regierungsdirektor des *Kultministeriums* behauptet, 50 Prozent der Räume sämtlicher Schulämter zwischen Oberesslingen und Uhingen

seien Bosch zugesagt, was so nicht stimmte. Böhringer wies vor allem auf die sowieso schon sehr angespannte Raumsituation in Reichenbach und insbesondere in der Schule hin:

> Die Schule benötigt die genannten Räume für den Unterricht in Zeichnen und Singen, weiter für die Hausarbeit, während der dritte Raum zur Lagerung der von der Schule gesammelten Altstoffe dient.[762]

Hinzu kam, daß ein Schulsaal an die Gendarmerie abgegeben werden mußte und die Luftschutzräume in der Schule dringend benötigt wurden, so daß diese ebenfalls unmöglich an die Firma abgetreten werden konnten. Da darüber hinaus ein Höchststand von Schülern – 392 Schüler[763] in sieben Schulräumen, einem Zeichensaal und einem Handarbeitsraum – zu verzeichnen war, und die Räume noch für weitere Funktionen herhalten mußten[764], käme eine Belegung, so Böhringer, »auf keinen Fall in Frage«. Nachdem der *Kultminister*, der Innenminister und der *Kreisleiter* der Auslagerung trotzdem zustimmten[765], bestätigte der Landrat am 30. Oktober 1944, trotz erneuten Anrufs von Böhringer[766], seine Entscheidung[767]. Die Bedürfnisse der Bildung mußten hier eindeutig hinter denen der Rüstungsindustrie zurückstehen.

Die anderen Räumlichkeiten in Reichenbacher Gasthäuser, der Schule oder der Turnhalle waren entweder als Lager, Wohnung für *Gefolgschaftsmitglieder* sowie Büroeinrichtungen durch Firmen belegt, dienten zur Unterbringung von Möbeln von *Fliegergeschädigten*, zur Verköstigung von Kriegsgefangenen oder waren für »Auffangzwecke in Katastrophenfällen« reserviert[768]. Der Anfang November 1944 von Bosch als Büroraum angemietete Saal im Gemeindehaus[769] reichte noch nicht aus, weshalb die Firma sich bereit erklärte, eine Baracke für die in Reichenbach untergebrachten Ausländer zu bauen, um dann ihre Arbeitnehmer in die freiwerdenden Quartiere einzumieten[770].

Doch auch die von den Firmen bis auf kleine Gemeindezuschüsse[771] selbst fi-

nanzierten Baracken konnten das Wohn-
raumproblem nur teilweise mindern. Die
Gemeindeverwaltung beschrieb dies in
einem Rundbrief an die *ausmarschierten*
Reichenbacher Weihnachten 1944:

> Zur Erleichterung der Unterbringung der
> Fliegergeschädigten aus der Stadt dienen
> die sog. Behelfsheime. Auch hier sind 6
> Stück erstellt, 4 Doppel-Behelfsheime im
> Bau, und eine Anzahl weiterer solcher Hei-
> me wird noch folgen. Eine größere Anzahl
> Fliegergeschädigter ist sonstwie in Privat-
> quartieren untergebracht, so daß der verfüg-
> bare Wohnraum in Reichenbach nun so
> ziemlich restlos beansprucht sein dürfte.[772]

Zu den drei von der Gemeinde und zu
den drei von der Firma Schöttle im Spätsommer 1944 gebauten *Behelfsheimen zur
Unterbringung von Luftkriegsbetroffenen*[773]
kamen Ende 1944 weitere vier von Firmen
gebaute hinzu[774]. Im Frühjahr 1945 sollten
erneut vier Baracken von Firmen gebaut
werden[775].

Bei Kriegsende hatte die Einwohnerzahl gegenüber Kriegsbeginn um knapp
16 Prozent zugenommen, obwohl seit
Kriegsbeginn kein Haus mehr errichtet
worden war[776]. Der Mangel an Wohnraum und die daraus folgenden Zwangs-
einweisungen trugen erheblich zur Verschlechterung der Stimmung innerhalb
der Bevölkerung bei. Die Wohnungsbesit-
zer weigerten sich – zum Teil mit weit
geholten Argumenten –, *Volksgenossen aus
geräumten Kampfgebieten* bei sich in Reichenbach aufzunehmen[777]. Die sogenannte *Volksgemeinschaft* war selbst bei einflußreichen *Parteigenossen* nicht übermäßig
ausgeprägt[778]. Nach dem Sankt-Florians-
Prinzip wurden, um die Belegung des eigenen Wohnraumes zu verhindern, andere vermeintlich »leerer stehende Wohnungen« angegeben[779], was häufig zu deren
Beschlagnahmung führte[780]. Teilweise
wurden die Bombenflüchtlinge auch in
Gasthäusern untergebracht. Die Betreibe-
rin eines Reichenbacher Gasthauses erinnert sich:

> Wir haben Ausgebombte aus der Gegend
> von Essen in den Gaststätten aufgenom-

men. Das wurde bezahlt. Etwa sechs bis
acht Frauen mit Kleinkindern waren da einige Monate bei uns. Die kommen teilweise
heute manchmal noch hierher.[781]

Die Wohnungsnot verstärkte die ohnehin
schon gereizte Stimmung und das organi-
satorische Chaos – so sollten mehrfach Familien, die endlich in Reichenbach hatten
einquartiert werden können, nach wenigen Tagen wieder *weitergereicht* werden,
da *ausgebombte* Freunde und Verwandte
aus der Umgebung untergebracht werden
mußten:

> Anfang 1945 kam eines Morgens der Block-
> wart und sagte, die neu Ausgebombten
> müßten jetzt bei uns untergebracht werden,
> und wir müßten weiter Richtung Göppingen.
> Da hab' ich gesagt, das tue ich nicht, sie
> sollten doch gleich die Neuen nach Göppin-
> gen bringen. Das war schon das zweite Mal,
> wo ich hätte gehen sollen. Da bin ich einfach
> geblieben.[782]

Die meisten Haushalte nahmen zusätzlich zu den offiziell einquartierten Evakuierten und Ausgebombten aus dem Norden Verwandte, Freunde und Bekannte
aus Esslingen, Stuttgart, Heilbronn oder
anderen Städten der Umgebung auf. In
den letzten Kriegswochen trafen diese –
zumeist unangemeldet und völlig erschöpft – in Scharen in Reichenbach ein
und vergrößerten die Belastungen für die
dort lebenden Frauen erheblich. Das folgende Zitat beschreibt die Situation der in
Reichenbach Lebenden sehr treffend:

> In Stuttgart verlor meine Schwester bei ei-
> nem Bombenangriff ihre Wohnung. Sie
> brannte aus. Meine Schwester kam völlig
> erschöpft und seelisch am Ende mit ihrer
> achtjährigen Tochter bei uns in Reichenbach
> an. Ihr zehn Jahre alter Sohn wohnte schon
> einige Zeit bei uns, er wurde zu uns nach
> Reichenbach evakuiert, damit er nicht so oft
> Schulausfall hatte. (...) Aber nicht nur wir
> bekamen Zuwachs. Überall in Reichenbach
> ging es ähnlich zu. Meine Nachbarin bekam
> von Esslingen acht Personen auf einmal. Da
> galt es bei uns zusammenzurücken.[783]

Die private Solidarität, Verwandten,
Freunden oder auch spontan durchziehenden fremden Soldaten gegenüber,

hielt noch bis fast zum Ende des Krieges an. Doch die Bereitschaft für vermeintliche *Volksgenossen* oder für die propagierten *Interessen des Volkes* organisiert, gewissermaßen auf Anweisung, zusammenzurücken und persönliche Bedürfnisse hint-

an zu stellen, nahm mit zunehmendem Kriegsdruck und sich verschlechternder Lage ab. Die staatlichen Appelle durchzuhalten, zusammenzustehen und alles für Deutschland zu geben verhallten mehr und mehr ungehört.

Luftkrieg: »Die Bomber im Ohr, die Jabos vor Augen«[784]

Seit der erfolgreichen Landung der Alliierten in der Normandie am 6. Juni 1944 verstärkten sich die Luftangriffe auf Deutschland. Bereits ab Dezember 1943/Januar 1944 waren vermehrte Luftangriffe auf den Stuttgarter Raum zu verzeichnen, der wegen seiner Industrie für das deutsche Coventry[785] gehalten wurde[786]. Der bis dahin schlimmste Nachtangriff am 15. März 1944 hatte einen Schock unter der Bevölkerung nach sich gezogen[787], ein knappes halbes Jahr später, am 6. September 1944, fand der erste größere Tagesangriff statt. In den Tagebuchaufzeichnungen eines Reichenbachers heißt es hierzu:

> Um 11 Uhr morgens über dem Filstal und über Stuttgart kreisende Alliierte Bomber, die von Deutschen Jägern angegriffen worden waren. Sie luden im Notabwurf 32 schwere Sprengbomben über Baltmannsweiler, Hegenlohe und hauptsächlich im Reichenbachtal hinter der Bahnmühle ab.[788]

Immer größere Bomberverbände drangen nahezu unbehelligt von der zahlenmäßig weit unterlegenen deutschen Luftwaffe in den deutschen Luftraum ein und bombardierten Industrieanlagen, Verkehrswege und Wohngebiete. Auch in Reichenbach bekamen die Menschen eine Ahnung davon, was Krieg, im direkten Umfeld erlebt, bedeuten konnte. Annähernd jede Nacht gab es Fliegeralarm, am Ortsrand von Hohengehren fielen 25 bis 30 Brandbomben in den Schnee, das Reichenbacher Schulhaus bekam eine neue Sirene. Auf Anordnung des Landrats zur bomben- und feuersicheren Lagerung vom

15. Januar 1943[789] wurden die Personenstandsbücher im Bunker des Rathauses und im öffentlichen Luftschutzraum der Gemeinde – zugleich Luftschutz-Befehlsstelle – im Gebäude der Hauptstraße 7 in eingebauten Regalen gesichert[790] und die Kirchenbücher im feuersicheren Schrank in der Registratur des Pfarrhauses untergebracht[791]. Eine sichere Auslagerung letzterer sei laut Pfarrer Dipper nicht möglich, »weil die Bücher fortgesetzt für die laufenden Kirchenbucharbeiten, Abstammungsnachweise usw. benötigt«[792] würden. Die letzte Filmvorführung in Reichenbach fand im Februar 1944 statt[793].

Am 21. Februar 1944 war der mittlere Neckarraum abermals Ziel eines alliierten Großangriffes, wobei auch Wendlingen etliche Brandbomben abbekam. Ferner wurde die Hochspannungsleitung der Reichsbahn zwischen Esslingen und Stuttgart stark zerstört. Einen kleinen Eindruck vom Alltag der Bombennächte der letzten Kriegsmonate vermitteln die Tagebuchaufzeichnungen Wohlbolds vom Angriff auf die Maschinenfabrik Esslingen am 1./2. März 1944:[794]

> Es mag nach Mitternacht gewesen sein. Im warmen Bett hören wir in weiter Ferne, Richtung Nordwest, Fliegeralarm; dieser kommt näher. Die Stuttgarter Sirenen hören wir nicht, wohl aber diejenigen auf den Fildern; bald kommt Plochingen; die Filstalgemeinden aufwärts sind heute etwas früher dran als Reichenbach; es ist natürlich nicht immer so; jetzt heult's auch bei uns über dem Schulhaus. Raus aus dem Bett. Der alte Hausherr Maier ist schon auf mit seiner

Frau; das Luftschutzgepäck wird gerichtet: Gasmaske, Verbandszeug, Kleider, einige Bettstücke, das sind allernotwendigste Hausgeräte, etwas Lebensmittel; hinunter geht's in unseren feuchtkalten Keller; Herr Maier schimpft resolut über Engländer und Amerikaner; seine Frau jammert – im Schwäbischen sagt man »mautzt« –, meine Ehehälfte ist nervös wie gewöhnlich; ihr fast 70jähriger Bruder aber war – wie meistens – im Bett geblieben. Ich gehe ins Freie zur Beobachtung. Man hört das Anrollen der Bomber, dumpf und schwer, Richtung Reichenbacher Kirchturm, also höchstwahrscheinlich Angriff auf Stuttgart. Zum Donnerwetter, beim Nachbar ist ja Licht! Ich schreie mit Tenorstimme: »Licht aus!«

Es ist dunkel. Mit Genugtuung stelle ich fest: Der Teil Reichenbachs, den man übersehen kann, ist ausgezeichnet verdunkelt. Schon kreisen über uns die ersten Flieger. Zurückgekehrt in den Keller jammert meine Frau: »Was tust du denn draußen, wenn's so gefährlich ist?« Es war aber noch kein Schuß gefallen; nur die Scheinwerfer geistern von allen Seiten über dem Stuttgarter Kessel. Mit einem Schlag setzen die Abwehrbatterien rund um die Landeshauptstadt ein. Sie sind in unserem Keller ganz deutlich vernehmbar. Es fällt die erste Bombe, wir hören's gut. Und nun geht's los: ein Höllenkonzert des Teufels über diese arme, gepeinigte Menschheit da drunten in Stuttgart. Das elektrische Licht ist ausgegangen; wir zünden eine kleine Kerze an. Ich gehe ins Freie zur Beobachtung; die Männer der Nachbarschaft sind alle oben. Über Stuttgart ist ein riesiges Feuermeer.

Meinen Schwager hat's nun auch nicht mehr im Bett gelitten. Wir alle fragen uns: Wo ist der Hauptangriff? Es muß im Neckartal sein. Esslingen? Daimler? 23 Minuten dauert der Orkan. Eine unheimlich lange Zeit. Die Bomber haben ihr Zerstörungswerk getan, sie ziehen ab. Das Abwehrfeuer läßt nach; bald hört man nur noch einzelne Schüsse. Über Reichenbach ist Nacht, Stille, Friede. Über Stuttgart aber haben wir das gleiche Bild wie bei allen Großangriffen; zu beobachten war dies auch, freilich schwächer, bei den feindlichen Unternehmungen gegen Ulm, Heilbronn und Reutlingen: blutrot ist der Himmel von den Riesenbränden bis in den Morgen hinein, beim frühen Tag aber sieht man mächtige Rauchwolken, schwarz, schwer, unheimlich am wintergrauen Himmel. Die Reichenbacher Feuerwehr ist

alarmbereit gewesen, zu befehlsmäßigem Einsatz. Zug- und Postverkehr stocken am 2. März. Von Eisenbahnern, die drunten in Stuttgart Dienst getan hatten, erfahren wir: Der Angriff galt den großen Industriewerken im Neckartal. Aber weder die Maschinenfabrik Mettingen, noch Daimler in Unterürkheim haben sie richtig getroffen; dafür mußten Oberürkheim und das industrielose, weinberühmte Uhlbach bitter büßen. Mein Schwiegersohn hat in sein Haus nicht weniger als acht Brandbomben bekommen und sie mit seinem Vater gelöscht, dadurch haben sie Haus, Einrichtung und Familie gerettet; alles in höchstens fünf Minuten! Trotzdem war der Sachschaden sehr groß, das Dach war fast vollständig abgedeckt; schwere Möbelstücke wurden von der Saugluft herumgeworfen, wie wenn sie Gummibälle gewesen wären. Mutter und Kinder suchen an diesem Tag von Plochingen mit dem Kinderwagen auf der Landstraße kommend, bleich, abgehärmt, übernächtigt, verstört bei uns Großeltern Zuflucht in Reichenbach. Die Hauseinrichtung mußte auf den Hof gestellt werden und war drei Tage lang Wind und Wetter ausgesetzt. Überall war angeschlagen gewesen: »Wer plündert, wird erschossen!« Die Entwarnung kam nach diesem Angriff verhältnismäßig rasch; es war nicht immer so. Wir brachten unsere sieben Sachen wieder herauf in die Wohnung, oftmals ließ man sie auch unten stehen, bis zum andern Tag, weil man ja keinen Augenblick sicher war, ob nicht neuer Alarm kommt. Wir gingen ins kalte Bett, an einen richtigen Schlaf war bei uns älteren Leuten nicht mehr zu denken; am andern Morgen forderte der Alltag wieder sein Recht.[795]

Doch lange nicht alle Reichenbacher hatten einen Luftschutzkeller, den sie für sicher hielten, und etliche hatten Angst, in ihren Kellern verschüttet zu werden. Deshalb flohen sie, da bis Ende 1944 nicht ausreichend öffentliche Bunker zur Verfügung standen und kaum Stollen vorhanden waren, einfach in den Wald. In einem anderen Tagebuch einer Reichenbacherin heißt es:

1944. Bei uns war fast jede Nacht Fliegeralarm. Das hieß für uns: Raus aus den Betten, das stets bereitgestellte Köfferchen schnappen – es enthielt das Allernotwendigste sowie Personalausweis, Geld und Sparbuch – und sich in Sicherheit bringen. Meistens gingen wir nicht in den Keller, weil wir gehört hatten, daß (...) in Stuttgart, Karlsruhe, usw. viele Menschen in den Kellern verschüttet wurden (...). So wanderten wir nachts den kleinen, steilen Fußweg am alten Friedhof entlang hinauf bis zum Wald. (...) Dort warteten wir dann oft stundenlang auf die Entwarnung. Manchmal ging ich einfach nicht aus dem Bett, wenn die Sirenen heulten, denn ich war zu müde. Allzuschnell war die Nacht vergangen und der Wecker klingelte uns beim Morgengrauen unbarmherzig zu einem neuen schweren Arbeitstag heraus.[796]

Im Monat März 1945 warfen Amerikaner und Briten zusammen 130 000 Tonnen Bomben über Deutschland ab[797]. Insgesamt verloren in Deutschland etwa 410 000 Zivilpersonen ihr Leben durch den Luftkrieg, 2,5 Millionen Wohnungen wurden total zerstört, vier Millionen unterschiedlich schwer beschädigt[798]. Nicht nur in Reichenbach wußten die Menschen, daß sie »diesem Lufterror völlig ohnmächtig gegenüberstanden.«[799] Mit Intensivierung des Luftkrieges häuften sich die Angriffe auf Zielobjekte in der Nähe um Reichenbach. Ein alliiertes Flugzeug, das einen Angriff auf den Plochinger Bahnhof flog, wurde abgeschossen und klinkte seine Bomben als Notabwurf im Reichenbachtal aus. Sie trafen fast die Wasserversorgung von Baltmannsweiler, und im hinteren Reichenbachtal, dem sogenannten Katzenbachtal, blieben sieben große Bombenlöcher[800]. Die Gefahr eines unmittelbaren Angriffes näherte sich Reichenbach, und die Faszination des Luftkriegs, die noch Mitte 1944 junge Erwachsene dort hatte aus dem Haus laufen lassen, um zu schauen, wie »phantastisch das aussah, wenn die Bomberstaffeln nach Stuttgart einflogen,«[801] wich zunehmend der Angst:

Im Januar und Februar 1945 steigerten sich die Luftangriffe. Es wurden jetzt sogar so kleine Bahnhöfe wie Plochingen angegriffen, Ich war mit den Nerven völlig am Ende. Ich bekam schon Zustände, wenn die Sirenen heulten, und begann am ganzen Leibe zu zittern. Ich betete in dieser Zeit zu Gott, daß endlich der Terror aufhören und wir endlich einmal eine Nacht durchschlafen könnten. Das war in dieser Zeit mein einziger sehnlichster Wunsch. Aber es kam noch viel schlimmer.[802]

Nach den anfänglich wenig erfolgreichen »Präzisionsangriffen« auf einzelne Ziele folgte – auch als Reaktion auf die ersten Flächenbombardierungen in Rotterdam, Coventry, London und Warschau durch die deutsche Luftwaffe – die gezielte Wendung zum »area bombing«[803]. Paradoxerweise glaubte die britische Luftwaffenführung, gerade durch strategische Flächenbombardements die Widerstandskraft der Zivilbevölkerung zu brechen, die Produktion der deutschen Rüstungsindustrie kriegsentscheidend zu schwächen und damit eine viele Menschenleben rettende schnelle Kriegsentscheidung herbeiführen zu können[804]. Einig waren sich die meisten Historiker bislang über die Bedeutung der Bombardierungen für die Kriegsentscheidung: »Der Krieg wurde auf dem Land und nicht in der Luft entschieden«[805]. Weder sei es den Alliierten gelungen, so die bisher bis auf wenige Ausnahmen[806] vorherrschende Meinung, die Rüstungsproduktion, die in ländliche Regionen wie Reichenbach ausgelagert oder unter Tage verlegt wurde, entscheidend zu beeinträchtigen, noch die Moral der Bevölkerung zu untergraben. Statt eine Auflehnung gegen das Regime zu provozieren, hätten die *Terrorangriffe* eher einen trotzigen Durchhaltewillen unterstützt[807].

Und tatsächlich, in Reichenbach war seit Herbst 1944 der Ruf nach einem Luftschutz-Stollenbau dringender geworden[808]. Im Februar 1945 wurde geplant, an der Heinrich-Otto-Straße »auf Höhe der bisherigen Polen-Unterkunft, an der Haldenstraße zwischen Haus Wurster und dem Steinbruchgelände und an der Ulmer Straße im Böschungs-Terrain oberhalb des Anwesens Spieth« Luftschutz-Stollen anzulegen. Das *Ostarbeiterlager* stellte ständig »zehn Mann Arbeitskolonne zur Verfügung«[809]. Ein Tunnelbunker war gedacht vom Reichenbachtal zum

Lützelbachtal vom Anwesen Mühlstraße 23 bis ein Stück vor dem Schießhaus[810]. Dieser wie auch der zweite Versuch eines Stollens zwischen der Spinnerei und der Weberei Otto kamen jedoch »nicht über die aller bescheidensten Anfänge hinaus.«[811] Die Propaganda, die das Entsetzen der Bevölkerung auszunützen und *Haß und Abscheu* gegen die *Luftgangster* zu schüren versuchte[812], interpretierte das Funktionieren des sogenannten Selbstschutzes als ungebrochenen Widerstandswillen. Doch spricht wenig dafür, daß mit dem Kampf ums eigene Überleben auch eine verstärkte Bindung an das Regime verbunden gewesen wäre. Sowohl die vorbereitenden Arbeiten in Reichenbach als auch das unermüdliche nachbereitende Aufräumen der Trümmerberge in den Großstädten, bei dem zunehmend Fremdarbeiter und Kriegsgefangene eingesetzt wurden[813], entsprangen den individuellen Bedürfnissen. Dieser Überlebenswille war »regime-neutral.«[814] Vielmehr kommen sowohl in zeitgenössischen Aufzeichnungen[815], in den Berichten der Bürgermeister[816] wie in vielen Erinnerungen[817] neben den Beschimpfungen auf die Alliierten auch Kritik an verantwortlichen Stellen der deutschen Luftabwehr, an den obersten Parteiführern, am Regime und schließlich an Hitler zum Ausdruck[818]. Nicht nur für die Reichenbacher Bevölkerung ist also durchaus eine demoralisierende Wirkung der Luftangriffe festzuhalten.

Penetranter noch und mindestens ebenso zermürbend wie die fortwährende Belastung durch den nächtlichen Bombenterror und die Angst vor möglichen Notabwürfen waren die amerikanischen Jagdbomber. Die *Jabos* tauchten ohne Vorwarnung auf und schossen auf alles, was sich bewegte[819]. Vor allem bei der ländlichen Bevölkerung stellten sie eine starke Beeinträchtigung der Arbeit dar:

Das Schlimme gegen Kriegsende war, daß die Märztage so lau und klar waren, so daß die Jagdflieger den ganzen Tag fliegen konnten und man die Felder nicht bearbeiten konnte. Gepflügt habe ich morgens um fünf Uhr, aber wir konnten unsere Kartoffeln nicht stecken. Die sind immer Richtung Bahnlinie und Plochinger Bahnhof geflogen. Da lag hier in Reichenbach alles voller Patronenhülsen von deren Bord-MG, die hat's hier regelrecht geregnet. Dann am 12. April ist der Roosevelt gestorben, und da war einen ganzen Tag lang Ruhe am Himmel, da haben wir endlich unsere Kartoffeln gesteckt.[820]

Dies wirkte sich massiv auf die Stimmung aus. Dem Feldpostbrief einer Reichenbacherin an ihren Ehemann vom 11. April 1945 ist zu entnehmen:

Jeden Tag sind die Jabos da und beschießen, was sie gerade finden, hauptsächlich Straße und Bahnlinie. In jedem 2. Bahnwärterhäusle haben sie dem Mann seine Kuh im Stall erschossen. (...) Das Elend ist in jeder Hinsicht grenzenlos, so hätte es nie kommen dürfen. Jede Stadt und jedes Dorf, wo Widerstand leistet, wird dem Erdboden gleichgemacht und dann kommen sie einen oder zwei Tage später doch. Auch Jammer und Elend werden täglich größer, wenn es keine Arbeit mehr gibt und keinen Zahltag und nichts mehr zu essen und alles kaputt ist.[821]

Die zunehmende Angst vor dem »grenzenlosen Elend« und vor persönlichem Leid relativierte die Angst vor den Repressalien des Systems, in diesem Falle etwa die Angst vor den Feldpostprüfstellen[822]. Obwohl Reichenbach am Rande der Hauptangriffsziele lag, schürten die direkten und indirekten Auswirkungen des Luftkrieges diese Angst. Zwar versuchten die Reichenbacher so gut es ging, sich mit angenehmeren Dingen – beispielsweise mit einem »Schwäbischen Dorfabend« im Dezember 1944[823] – abzulenken, doch in der Endphase des *Totalen Krieges* lebten sie mit den Bombern im Ohr, den *Jabos* vor Augen und der Angst im Bauch.

Der *Totale Krieg* beanspruchte alle Reserven der Bevölkerung. Die wachsenden Transportschwierigkeiten schränkten die Versorgung Reichenbachs – besonders mit Kohle – drastisch ein, was sich in verschiedenen Maßnahmen zur Einschränkung des Energieverbrauchs und Stromsperrzeiten auswirkte. Ab Januar 1945 tauchten vermehrt gute Ratschläge beispielsweise über das richtige Verhalten bei plötzlichem Stromausfall oder die richtige Ernährung trotz schwieriger Versorgungslage in den Zeitungen auf[825].

Zeitenweise gab's Strom nur von fünf bis sieben Uhr morgens.[826]

Mit Anordnung vom 6. Februar 1945 verbot der *Reichsstatthalter* die Nutzung aller Strom oder Gas verbrauchenden Geräte wie Heizkörper, Kocher, Warmwasserspeicher, Haushaltswaschmaschinen[827]. Ausgenommen von diesem Verbot waren nur explizit berechtigte Verbraucher[828]. Durch die Stromsperre verloren im Februar einige Reichenbacher ihre Arbeit[829]. Sowohl die Bevölkerung wie die Gemeinde waren vor allem bemüht, die Fremdarbeiter und Kriegsgefangenen nicht beschäftigungslos werden zu lassen. Sie sollten von der Gemeinde beim Stollenbau eingesetzt werden[830]. Eine Erhebung ergab, daß die ortsansässigen Betriebe größtenteils in der Lage waren, ihre »ausländischen Arbeitskräfte auch während der stromlosen Zeit zu beschäftigen. Lediglich die Firma Heinrich Otto arbeitet beschränkt, das gleiche trifft zu bei der Firma Nägele-Schock und zwar wegen Rohstoffmangels, ferner ruht der Betrieb Reinhold Bührle.«[831]

Auch die Schulen waren von den Energieversorgungsproblemen betroffen. Bereits Ende Januar 1942 waren viele Schulen im Kreis wegen Kohlenmangel auf zwei Wochen geschlossen worden[832]. Gegen Kriegsende war die Hauptsorge der Bezirksschulämter, den Schulbetrieb noch irgendwie am Laufen zu halten[833].

Die Versorgungslage mit frischen Lebensmitteln war auf dem Land weitaus besser als etwa in Stuttgart, doch zeigen Äußerungen wie die folgenden, daß der Überlebensalltag auch hier – zumeist für die Frauen – vielfältige Schwierigkeiten mit sich brachte:[834]

Wenngleich auch die Versorgungslage in Reichenbach gut war, hat doch manches gefehlt. Obst, Gemüse haben wir immer gehabt, aber Butter, Milch und Brot hat oft gefehlt. Haferflocken hat man zwar meist als Nährmittel gehabt, aber meist mit vielen Würmern. Mehl war ebenfalls da, aber oft war mehr Sägemehl drinnen. (...) Oft lehnte ich am leeren Schrank und fragte mich, was ich heute kochen solle. Meistens gab's Kartoffeln mit Magermilch. (...) Das Organisieren war die wichtigste Voraussetzung zum Überleben. Mein Mann hat einen halben Zentner Weizen auf dem mehrfach geflickten Fahrrad von Rottenburg nach Reichenbach gebracht. Spät nachts kam er an, und am anderen Morgen um vier Uhr mußte er wieder arbeiten.[835]

Morgens hat man meist Malzkaffee und schon geröstete Kartoffeln gegessen, weil man kein Brot hatte. Diese Kartoffeln wollte man meist anbraten, was schwierig war, weil man kein Fett hatte. Man hat das dann mit Milch gemacht, aber das war ja meist Magermilch, die kaum Fett hatte, so daß man höllisch aufpassen mußte, daß die Kartoffeln nicht anbrannten. Etwas ganz besonderes war es, wenn der Sonnenwirt ab und zu Fisch hatte oder wenn es *Iaha-Fleisch*, also Eselsfleisch, gab.[836]

Um eine Verbesserung der Ernährungslage zu erreichen, wurde die Bevölkerung angehalten, Brachland zu kultivieren. Anfang April wurde angeordnet, Sportplätze in Kartoffeläcker zu verwandeln[837].

Die katastrophalen wirtschaftlichen Auswirkungen des Krieges konnten die Reichenbacher unter anderem an Sammlungen und Spendenaktionen erkennen, zu denen Partei und Staat immer wieder aufriefen. So etwa beim mit großem propagandistischem Aufwand vorbereiteten sogenannten *Volksopfer*, zu dem der Leiter der Parteikanzlei, Martin Bormann, der Reichswirtschaftsminister Funk sowie Goebbels und Himmler am 5. Januar 1945 aufforderten. Gesammelt werden sollten Sachspenden wie Wäsche und Kleidung aller Art, Uniformen, Uniformteile und Schuhwerk sowie Ausrüstungsgegenstände wie Zelte, Wolldecken, Schlaf- und Rucksäcke, Sanitätsmaterial, Ferngläser, Brotbeutel, Rucksäcke, Kochgeschirre,

Koppel, Schulterriemen, Spaten, Stahlhelme und vieles andere. Wie sehr man auf diese Gegenstände angewiesen war, geht aus dem Führererlaß hervor, der in allen Zeitungen abgedruckt wurde[838]. Durch den Parteibefehl Bormanns, daß alle nichtaktiven Mitglieder der Partei- und ihrer Gliederungen ihre Uniformen abzugeben hätten, begann die »Überführung der braunen Bewegung ins Zivile.«[839]

Einschätzungen: »Der *Totale Krieg* verlängerte nur die Niederlage«

Wann war der Krieg für die Deutschen und ihre Wehrmacht eigentlich verloren? Es spricht viel für die Annahme, daß der Krieg bereits seit dem 3. September 1939, dem Kriegseintritt Englands und Frankreichs, nicht mehr gewonnen werden konnte[840]. Hitler hatte Polen am 1. September unter der Voraussetzung angegriffen, daß die Westmächte, Großbritannien und Frankreich nicht eingreifen würden. Trotz dieser Fehlkalkulation sah die Situation ein Jahr später, im Sommer 1940, siegversprechender aus. Frankreich war in einem überraschend kurzen Feldzug besiegt worden, Großbritannien vom europäischen Festland vertrieben und das eigentliche Ziel des Krieges, der Angriff auf die Sowjetunion, konnte vorbereitet werden. Dieser war im Juni 1941 unter der Voraussetzung eingeleitet worden, daß Rußland in wenigen Wochen zusammenbrechen würde, da Deutschland auch nach Ansicht Hitlers einen langen Krieg nicht gewinnen konnte.

Doch der Widerstand der Roten Armee war bereits im Sommer erheblich stärker als erwartet, schon im August stockte der Vormarsch. Erneut sprechen verschiedene Anzeichen dafür, daß Hitler den Krieg verloren gab, doch »einen Kompromiß schloß er immer aus, vermutlich schon deswegen, weil er noch ein anderes Kriegsziel hatte, nämlich die Ermordung

der europäischen Juden.«[841] Nachdem im Dezember 1941 die Vereinigten Staaten in den Krieg mit Japan eingetreten waren, erklärte ihnen Hitler von sich aus den Krieg. Ein weiterer Schlag war der Untergang der Sechsten Armee der deutschen Wehrmacht vor Stalingrad zu Anfang 1943. Doch Hitlers Ansicht, nur lange genug aushalten zu müssen, galt weiterhin als Richtschnur militärischen Verhaltens. Die Anti-Hitler-Koalition hatte seit der Konferenz von Casablanca im Januar 1943 die Forderung nach *unconditional surrender*, einer bedingungslosen Kapitulation, zur Grundlage ihrer Politik und Kriegführung gegen Deutschland gemacht[842]. Seit 1942/43 war für Hitler und für seine militärischen Berater klar, daß kein Weg an der Niederlage vorbeiführen könnte, keine Zwischenlösung möglich sei.

Kriegsverlängerung konnte weder Positionsverbesserungen noch einen günstigeren Frieden bescheren – im Gegenteil.[843]

Dem Führer des Kriegstagebuches der Wehrmacht, Percy Ernst Schramm, erschien diese Einsicht ab Mitte 1944 als »unabänderlich«[844]. Hitlers Minister für *Rüstung und Kriegsproduktion*, Albert Speer, hatte bereits im Herbst 1943 die industriellen Reserven für annähernd ausgeschöpft gehalten und das Kriegsende auf einen Zeitpunkt »zehn Monate nach dem Verlust des Balkans« prognostiziert[845]. Der Chef der Heeresrüstung und Befehlshaber des Ersatzheeres, Generaloberst Fromm, hielt schon Ende April 1942 ein siegreiches Ende des Krieges nur noch für möglich, wenn Deutschland »eine Waffe mit völlig neuen Wirkungen«[846], die Atombombe, entwickelte, deren Produktion bereits zu diesem Zeitpunkt nur unter Beeinträchtigung anderer Rüstungsfaktoren möglich gewesen wäre.

Anders als im Ersten Weltkrieg, bei dem von einem »schleichenden Prozeß des Kräfteverfalls« gesprochen werden kann[847], kündigte es sich im Zweiten in »dramatischen Sprüngen und Katastrophen an.«[848] Parallel zum verheerenden Verlust an Offizieren[849] und Mannschaftssoldaten[850] sowie den einem Aderlaß gleichkommenden materiellen Einbußen der *Luftflotte Reich*[851] lief der Verlust der strategischen Initiative in folgender Szenenfolge ab: Kapitulation in Tunesien im Mai 1943, Scheitern der letzten größeren Offensive bei Kursk im Juli 1943, alliierte Landungen in Sizilien und Unteritalien im Juli und im September desselben Jahres, Beginn des massiven strategischen Luftkrieges über dem Reich und Wende im U-Boot-Krieg ebenfalls noch 1943. Mit dem Zusammenbruch der Heeresgruppe Mitte im Osten und der alliierten Invasion in Frankreich zeichnete sich 1944 definitiv der Anfang vom Ende ab[852].

Bereits im Sommer 1943 hatte der Sicherheitsdienst der SS eine wachsende Beunruhigung der Bevölkerung vermeldet[853], und im Frühsommer 1944 glaubten nur noch wenige an den Endsieg[854]. Doch die Mehrheit der Deutschen wollte das Ausmaß der Katastrophe noch nicht wahrhaben. Die Hoffnung, genährt durch Propaganda, den Glauben an die *Wunderwaffe* und durch Ängste, war noch nicht erloschen. Einige Reichenbacher versicherten glaubhaft, bis zuletzt auf die Kriegswende durch die von der Propaganda vielsagend als *Wunderwaffe* bezeichneten V1 und V2 gehofft zu haben:

> Wir haben immer auf die Wunderwaffe gewartet, wir haben daran geglaubt, obwohl ich ganz bestimmt kein Nazi gewesen bin. Und als der Krieg angefangen hat, da glaubte man, daß der in acht Tagen zu Ende ist, das hat man geglaubt.[855]

Eine immer wieder geäußerte Angst bestand neben der Angst vor Vergewaltigung durch gegnerische Soldaten darin, daß sich die Sieger rächten für die von den Deutschen begangenen Verbrechen. Gegen die Angst vor Plünderungen durch die Besatzer schützten sich die Reichenbacherinnen tatkräftig und praxisnah:

> Wir haben das Weißzeug und das gute Geschirr in einem Mostfaß in der Erde vergraben, weil wir so Angst hatten, vor dem, der reinkommt, man wußte ja nicht wer reinkommt, die Franzosen oder die Amerikaner. Der Totengräber hat für uns auf dem Friedhof ein Loch gegraben am Kriegsende und das Geschirr, Weißzeugs und das Kaffeeservice und alles in Fäße vergraben und ein paar Wochen nach dem Krieg wieder herausgetan. Aber das hätte man ja gar nicht gebraucht, die Amerikaner wollten da ja nichts. Einige Nazifamilien haben ihr Sach von Volkssturm-Männern vergraben lassen.[856]

Das Lebensgefühl der meisten Menschen in der Endphase ab 1944 war geprägt von einer Mischung aus Hoffnung, Angst und wachsender Resignation. Nach dem Zusammenbruch der Ardennenoffensive innerhalb weniger Tage im Dezember 1944 gaben die meisten Deutschen den Krieg endgültig für verloren[857]. Die militärische und politische Führung des Reiches hatte die Fühlung mit *dem Volk* verloren. Menschen und Sachwerte bedeuteten für die Durchhaltestrategen nicht mehr als *Rohstoff*. Für Hitler und die Partei konnte es »nur noch um Existenzverlängerung gehen, für Land und Leute aber um das Ausmaß von Unglück, um die Größenordnung des materiellen Schadens, um Leib und Leben der Angehörigen.«[858] Der Kampfes- und Durchhaltewillen der Soldaten sollte durch gesteigerten Druck, ein drastisch verschärftes Strafrecht und die Angst vor Repressalien des Gegners erzwungen werden. »Zweifel am Führer und am Endsieg«, »Äußerungen gegen die NS-Weltanschauung«, »Äußerungen mangelnden Vertrauens in die deutsche Kraft, den Angriffsgeist der Truppe oder die Schlagkraft der deutschen Waffen« waren nur einige der ab November 1944 mit der Todesstrafe bedrohten *Fehlhaltungen* deutscher Soldaten[859]. In den noch für Juni bis Dezember 1944[860] herausgegebenen monatlichen Mitteilungsblättern der *Kreisleitung*, »Aufklärungs- und Propagandadienst«, heißt es in Anlehnung an Hitlers Rundfunkansprache[861] im Neujahrsaufruf 1945:

> Mehr als je ist unser Weg klar vorgezeichnet. Komme 1945 was da kommen mag, wir müssen jeder Belastung standhalten und trotzig kämpfen. (...) Es gibt kein Kapitulieren, weil wir sonst Leben und Ehre für immer verlieren würden.[862]

Die Ehre ginge – so drohten die Durchhalteparolen – verloren. Doch auch alle anderen Begriffe, die im Laufe der Jahre für nationalsozialistisch gefärbtes *Deutschtum* und für dessen Gegner herhalten mußten, tauchten im »Hohenstaufen« auf:

> Würden wir jetzt auch nur eine Stunde in unserem Willen und in unserer Kraft, Leib und Leben, Volk und Reich, Weib und Kind, Haus und Hof zu verteidigen, nachlassen, wir wären *rettungslos verloren*. Auf diese Selbstaufgabe in höchster Not sollen unsere vernichtungsbesessenen, bis zur Unmenschlichkeit entarteten Feinde vergebens warten.[863]

Parallel zu diesen Appellen an Ehrbegriff, Deutschtum und Verantwortung für die Seinen inszenierten die Medien täglich neue Schreckensszenarien der zu verhindernden Besetzung. Von »Vergewaltigung der deutschen Zivilbevölkerung« und der »Verschleppung von Zivilisten nach dem Osten«, Diebstählen und Zerstörungen der Wohnungseinrichtungen war die Rede. Dabei überschlug sich die Polemik wie bei folgender Überschrift im »Hohenstaufen« vom 13. März 1945:

Deutsche Freiwild für vertierte Untermenschen. Entsetzlicher Lustmord amerikanischer Negersoldaten an deutschen Jungen.[864]

Die in vielen Orten des Kreises am Sonntag, dem 11. März 1945 abgehaltenen Totengedenkfeiern wurden größtenteils zu Propagandaveranstaltungen der Parteifunktionäre[865]. Bereits das Jahr zuvor hatte *Pg* Böhringer in seiner Gedenkrede bei der *Heldenehrung für die Gefallenen* in der Reichenbacher Turnhalle festgestellt:

> Das harte Geschick, das große Leid, die schweren Stunden können unseren Willen in diesem schicksalhaften Tagen nicht lähmen; nur so sind wir der Haltung unserer Gefallenen würdig. Voll Stolz sehen wir auf ein Mannestum, das sich in erster Linie an der Front, aber auch in den Bombennächten der Heimat bewährt hat. Wer sich aber auf den Beinen noch halten kann, während der andere schon fällt, der gewinnt den Krieg; das müssen wir sein, um der Zukunft des Vaterlandes willen[866]

Doch all dies half nichts. Nur wenige Fanatiker glaubten noch an die kriegsentscheidende *Wunderwaffe*. Nicht nur in Reichenbach harrten die meisten lethargisch der Dinge, die da kamen. Die Menschen waren ausgezehrt und am Ende. Der letzte erhaltene Stimmungsbericht des Sicherheitsdienstes der SS gibt die verzweifelte Lage erstaunlich ungeschönt wider:

> Das Volk hat kein Vertrauen zur Führung mehr. Es übt scharfe Kritik an der Partei, an bestimmten Führungspersonen und an der Propaganda. (...) Der Führer ist für Millionen der letzte Halt und die letzte Hoffnung, aber auch der Führer wird täglich stärker in die Vertrauensfrage und in die Kritik mit einbezogen. (...) Der Zweifel am Sinn des weiteren Kampfes zerfrißt die Einsatzbereitschaft, das Vertrauen der Volksgenossen zu sich selbst und untereinander.[867]

Doch die Front des Bodenkrieges hatte Reichenbach noch nicht erreicht. Noch war der Ort unzerstört geblieben. Ein Ende das Krieges war zwar in Sicht, wie dieses jedoch aussehen sollte, war den meisten unklar.

Zu Beginn der Gemeinderatssitzung am 19. Februar 1945 verlas der Bürgermeister die 14 Namen der seit August 1944 durch *Feindeinwirkung* gefallenen und ums Leben gekommenen Reichenbacher. Hierauf stellte er fest, »daß uns auch diese Opfer heilige Verpflichtung zu weiterer Standhaftigkeit in unserem schweren Kampfe sein mögen.«[868] Nachdem den Amerikanern am 7. März 1945 der Übergang über den Rhein bei Remagen gelungen war, drangen sie Ende März zuerst den Main entlang, dann ins Neckartal und in den Odenwald vor. Am 1. April 1945 betraten die ersten Amerikaner im Kreis Mergentheim württembergischen Boden. In den folgenden Tagen stießen sie den unteren Neckarlauf entlang vor und verhielten vom 2. bis zum 13. vor Heilbronn und vom 9. bis zum 21. April in Bietigheim. Bis Crailsheim vorgestoßene Panzerverbände wurden in heftigen Kämpfen vom 6. bis zum 10. April zurückgeschlagen. Erst Mitte des Monats begannen die Amerikaner im Norden des Landes weiter vorzudringen, während die französische Armee, die den Rhein in der Nacht zum 31. März 1945 überschritten hatte, über Karlsruhe und Bruchsal vorrückte, um durch das untere Neckartal eine große Zangenbewegung um Stuttgart einzuleiten[869].

In den ersten Apriltagen des Jahres 1945 nahmen die *Jabo*-Angriffe nochmals zu. Ein Ebersbacher Bürger notierte in sein Tagebuch:

> 5. April: Wie gewöhnlich fing der Tag an mit einem Jabo-Angriff um 8 Uhr – am westlichen Ortsausgang sowie am östlichen standen je 1 Zug, die zusammengeschossen wurden – ich habe mich gerade gewaschen in der Küche und glaubte, der Jabo komme im Tiefflug zum Fenster herein – da hat es schwer gekracht – die Leute sind sehr erregt – Züge fahren nicht mehr – entlang der Landstraße ziehen Zivilisten, insbesondere deutsche Soldaten humpelnd an Stöcken ostwärts – (...) bei der Traube (Gaststätte, d. A.) warten den ganzen Tag Hunderte, um von Autos mitgenommen zu werden, ein Betrieb nach dem anderen schließt seit Osterdienstag.[870]

An jenem 5. April ereignete sich ein für Reichenbach folgenreicher Tiefflieger-Angriff. Der Bürgermeister schilderte dies dem Landrat wie folgt:

> Am 5. 4. 1945 vormittags zwischen 9 u. 10 Uhr wurde von feindlichen Tieffliegern ein schwerer Angriff auf einen Transportzug östlich des Bahnhofs Reichenbach unternommen. Die Maschine wurde schwer getroffen u. blieb bewegungsunfähig. Militär- u. Zivilpersonen verließen in höchster Aufregung den Zug u. suchten am Hang gegen die Landstraße (bei der Überführung) Schutz vor den feindlichen Geschossen.[871]

Fünf im Zug mitfahrende »Zivilisten«[872] und eine Arbeiterin starben gegen 9.15 Uhr, die Frau durch Kopfschuß[873]. Die fünf wurden in Reichenbach beerdigt, die Frau in ihre Heimat überführt. Weiter heißt es in dem Bericht:

> Gleichzeitig bewegte sich hart neben der Bahn eine Russenkolonne in gleicher Höhe Richtung Göppingen, sie suchte natürlich Schutz im umliegenden Gelände, tödliche Verluste traten hier keine ein.[874]

Vehement erinnerten sich die befragten Reichenbacher an diesen für sie doppelt glücklichen Umstand[875]. Zum einen enthielt der Versorgungszug eine Vielzahl von begehrten Lebensmitteln wie Reis und Konserven sowie neben anderen Materialien vor allem Leder, feldgraue, arbeitsdienstbraune und marineblaue Stoffe, von denen sich viele Reichenbacher nur zu gerne mit nach Hause nahmen, soviel sie tragen konnten.

> Auch meine Mutter und ich haben eine ganze Menge Stoff und Leder mitgenommen. Da sind ja ganze Lederballen rumgelegen.[876]

> Ganz Reichenbach hat sich bedient, und noch Monate später erkannte man die Reichenbacher an Kleidern aus diesen Stoffen.[877]

An alle, die reisen müssen!

Fliegergefahr!
Den Zug räumen.

Feindliche Terrorflieger führen auch Tief-
angriffe auf Personenzüge durch. Wenn also
die Bahnbeamten die Reisenden auffordern,
die Wagen wegen drohender Angriffsgefahr
zu räumen, so ist dieser Aufforderung ruhig
und schnell nachzukommen! Frauen, Kinder
und Gebrechliche durch die Türen – Männer
aus den Fenstern – so geht es am schnellsten!
Gepäck bleibt im Zug, nur das Notwendigste
wird in einer leichten Tasche mitgenommen.
Und dann: niemals am Zug stehen bleiben!
Sofort ins Gelände verstreuen und einzeln
oder in kleinsten Trupps etwa 300 bis 400 m
vom Zuge entfernt Deckung nehmen! Abwarten, bis die Bahnbeamten das Zeichen
zur Rückkehr geben. Neugier kann sehr gefährlich werden!

Anzeige im »Hohenstaufen«, 10. April 1945.

Die Plünderungen des Zuges gingen of-
fensichtlich soweit, daß Bürgermeister
Schmid hinaus zu dem Zug ging und eine
Rede hielt:

> Er sagte, das, was hier geschähe (...) sei
> eine Kulturschande. Da war Kunsthonig,
> Knäckebrot in Massen; Stoffe und sogar ei-
> ne Schreibmaschine und vieles mehr, das
> letzte Aufgebot an materieller Substanz. Das
> war das Glück für Reichenbach. Die haben
> den Zug natürlich ausgeladen. (...) Nachher
> gab es einen Aufruf des Bürgermeisters, alle
> Stoffe sollten auf dem Schulhaus abgege-
> ben werden. Die wurden nachher offiziell an
> alle Reichenbacher verteilt.[878]

Vor allem aber im Hinblick auf das Ende
des Krieges und die über 1500 Kriegsgefangenen und Zwangsdeportierten stellte
der Zug in zweierlei Hinsicht eine große
Erleichterung dar, die Reichenbacher
selbst konnten plündern, und die befreiten Fremdarbeiter plünderten weniger im
Ort.

> Wir haben am Kriegsende nur immer Angst
> gehabt, was beim Umsturz mit den Russen
> da draußen passieren möge. Gott sei Dank
> ist ja dann der Zug liegen geblieben, sonst
> hätten die sich sicher bei uns bedient.[879]

Dann war der Krieg aus und auf einmal waren die ganzen Russen und Franzosen frei.
Von einem auf den anderen Tag. Nun war ja
der Zug, der entgleist war, und da waren die
ganzen Russen und Franzosen seitlich gelagert an dem Zug.[880]

So sind die (...) gar nicht auf die Idee gekommen, in Reichenbach zu plündern.[881]

Ende März 1945 war in Esslingen der von
Hitler am 19. März 1945 erlassene *Ver-
brannte-Erde-Befehl* oder auch *Nero-Befehl*
eingetroffen[882], der die Zerstörung aller
Verkehrs-, Nachrichten-, Industrie- und
Versorgungsanlagen sowie aller Sachwerte innerhalb des Reichsgebietes durch die
Wehrmacht, die *Gauleiter* und die *Reichs-
verteidigungskommissare* vorsah, »die sich
der Feind für die Fortsetzung seines
Kampfes irgendwie sofort oder in abseh-
barer Zeit nutzbar machen« könnte[883]. Die
Zerstörung der für die Fortsetzung des
Kampfes dem Feind hilfreichen Anlagen
war Bestandteil der strategischen Überlegungen jedes Krieges – so etwa beim
Rückzug der Französischen Armee 1940.
Die Konsequenz und Brutalität allerdings, mit der hier nicht nur strategisch
wichtige Einrichtungen vernichtet werden sollten, entsprach mehr dem Denken
in Darwin'schen Kategorien. Hitler hatte
schon Ende Januar 1942 bei seinen *Tisch-
gesprächen* ausgeführt, das deutsche Volk
sollte verschwinden, wenn es nicht bereit
wäre, für seine Selbsterhaltung zu kämpfen[884]. Speer hatte in einem Schreiben vom
19. März 1945 an Hitler dessen *Verbrann-
te-Erde-Befehl* als »Zerstörung der Grundlage unseres Volkslebens« bezeichnet,
und ihn gebeten, »nicht selbst am Volk
diesen Schritt der Zerstörung zu vollzie-
hen.«[885] Am 26. März 1945 wurde der Befehl durch *Kreisleiter* Wahler den Esslinger
Industriellen Kessler, Dick und Tessky eröffnet, sowie an die *Ortsgruppenleiter* wei-
tergegeben[886]. Der *Ortsgruppenleiter* Reichenbachs versuchte mit verschiedenen
Maßnahmen, diesem letzten Befehl Hitlers gerecht zu werden. Am 8. April ließ
er den sich seit einigen Tagen wegen
Überbelegung des Reservelazarettes Ess-

334

lingen in Reichenbach befindlichen ehemaligen Fähnleinführer H. W. zu sich kommen und gab ihm den Auftrag, die Hitlerjugendeinheiten aufzulösen und die Unterlagen auf den Dienstzimmern zu verbrennen[887].

> Die Mädeleinheiten sowie die HJ waren diesem Ansinnen schon ohne ausdrücklichen Befehl gefolgt, sodaß nur noch das Jungvolk übrigblieb. Die Jungen ließ ich im Schulhof zusammenkommen, erzählte ihnen noch ein paar meiner Kriegserlebnisse, erklärte die fast hoffnungslose Lage und entließ sie formlos mit den besten Wünschen für die Zukunft. Alle Akten zu verbrennen, das hätte ein Höhenfeuer ungeahnten Ausmaßes gegeben. So beschränkte ich mich mit Hilfe einiger Kameraden auf wenige Bündel, um dem *Ortsgruppenleiter* wenigstens den guten Willen zu zeigen. (...) Sämtliche Fahnen der Hitlerjugend und der Partei wurden in luftdichte Blechbüchsen verpackt und an einem mir unbekannten Ort vergraben.[888]

Doch die Vernichtung unliebsamer Akten ging nicht ganz so reibungslos vonstatten wie geplant:

> Wir haben die Akten dann mittags angezündet, mußten das Feuer gegen Abend löschen wegen der Flieger. Da kam in der Nacht unglücklicherweise ein Wind auf, und am anderen Morgen kam ein Sparkassenbote, der mich zum *Ortsgruppenleiter* beorderte. Der war ziemlich sauer, weil da Bannbefehle und ähnliches auf der Stuttgarter Straße herumflatterten.[889]

In den letzten drei Kriegsmonaten waren einige Reichenbacher Familien in die »Bannmühle«, ein eingerichtetes Lazarett im Reichenbachtal, evakuiert worden[890]. In den ersten Apriltagen erging der Evakuierungsbefehl der Partei für den ganzen Ort. Als Aufnahmegebiete war die Gegend um Riedlingen, Biberach, Tuttlingen und Ebingen vorgesehen[891]. Am 19. März hatte Hitler einen geheimen Befehl herausgegeben, in dem er bei drohender feindlicher Besetzung – zusammen mit der Zerstörung – die Evakuierung der Bevölkerung anordnete, den sogenannten *Cäsarbefehl*. Viele Reichenbacher berichteten, daß der *Ortsgruppenleiter* mit der *SA*

in ihre Häuser kam und sie aufforderte, diese zu verlassen[892]. Verschiedentlich habe er sogar verlangt, »bevor die Amerikaner kämen, die Koffer zu packen, ihre Häuser anzuzünden und auf die Alb zu gehen«[893] oder

> ins Allgäuische zu fliehen, die Frauen und Kinder wenigstens. Da hab' ich den Mann gefragt, ob seine Frau und Kinder auch dorthin fliehen würden. Auf seine verneinende Antwort hab' ich gesagt, sehen Sie, und ich bleibe auch da.[894]

Wie in Reichenbach wurde dieser Befehl der letzten Tage in den meisten Orten nicht ausgeführt[895]. Der Nero- und der Cäsar-Befehl untergruben die letzten Reste der Staats- und Parteiautorität. Nicht nur die Bevölkerung erkannte deren Unsinnigkeit und Undurchführbarkeit. Joseph Goebbels, der unter anderem die Funktion des *Reichsverteidigungskommissars* von Berlin innehatte, bemerkte am 23. März 1945 zum Evakuierungsbefehl in seinem Tagebuch:

> Praktisch ist dieser Befehl überhaupt nicht durchführbar, denn die Menschen gehen einfach nicht weg, und die Kräfte, sie dazu zu zwingen, stehen uns nicht zur Verfügung. Es findet sich niemand, der den Mut hat, das dem Führer in aller Offenheit darzulegen. Und so läßt man das Problem dahinschleppen, das heißt, man tritt auf der Stelle und fügt damit der Staatsautorität natürlich erneut einen schweren Prestigeverlust zu.[896]

Einen weiteren wichtigen Gegenstand des Nerobefehls sowie aller strategischer Überlegungen stellten die Brücken dar. Die Filsübergangsmöglichkeiten in Reichenbach waren bereits im Mobilmachungskalender 1939/40 aufgelistet worden[897]. Sie zu sprengen gaben die Verteidiger gegen Kriegsende als wirkungsvolle Möglichkeit aus, die anrückenden Feinde aufzuhalten. Anfang April 1945 wurde in Reichenbach bekannt, daß wie die Neckarbrücke in Plochingen auch die Filsbrücke von einem besonderen Kommando der Wehrmacht gesprengt werden sollte. Einige Tage darauf waren auch bereits die zwölf Bomben je fünf Zentner angefahren und zur Sprengung bereit gelegt[898]. Die Sprengung der leichten Filsbrücke hätte keinerlei militärischen Wert oder Nutzen gehabt.

> Es hieß, die Brücke sollte gesprengt werden, damit die amerikanischen Tanks (Panzer, d. A.) nicht über die Fils fahren könnten, so ein Blödsinn, die hätten doch problemlos durch das Bächlein durchfahren können.[899]

Dagegen hätte sie ganz erhebliche Nachteile und Störungen für die Gemeinde, die Stromversorgung, die Wirtschaft und den allgemeinen Verkehr bedeutet. Wie in Esslingen traten auch in Reichenbach nicht etwa Männer der Partei dem Nerobefehl entgegen, sondern hauptsächlich Menschen »aus Kreisen der Industrie«, die ihre wirtschaftlichen Interessen vertraten[900]. Major Otto Gaugler, außer *Volkssturm*-Bataillonsführer in Reichenbach auch Prokurist bei der Firma Otto, strengte zusammen mit seinem Chef Hans Otto, dem Feuerwehrkommandanten Richard Bischoff und Jakob Fischer verschiedene Verhandlungen an. Bei allen in Betracht kommenden militärischen und zivilen Dienststellen versuchten sie, die Verhinderung der Sprengung zu erwirken[901]. Dabei dürften militärisch-strategische oder allgemein gegen den letzten Verteidigungswillen der Machthaber gerichtete Überlegungen deutlich hinter den privatwirtschaftlichen Belangen rangiert haben[902]. Die durchziehenden amerikanischen Truppen interessierte die Filsbrücke kaum, für die wirtschaftlichen Interessen der Firma Otto hingegen, die ohne die Brücke abgeschnitten von den Verkehrswegen gelegen hätte und durch zu große Sprengladungen möglicherweise weitere empfindliche Schäden hätte hinnehmen müssen, hatte die Verhinderung der Sprengung oberste Priorität[903]. In einer Niederschrift Gauglers vom 1. Mai 1945 heißt es hierzu:

> Noch am 20. April war ein Oberleutnant des Armeepionierführers in meiner Wohnung, trat sehr schroff auf und wollte den Stand der Sprengvorbereitungen an der Filsbrücke, sowie an der Eisenbahnüberführung feststellen. Er drohte mit Schwierigkeiten für mich und meiner Verhaftung, weil nichts vorbereitet war.[904]

Gauglers Äußerung diesem gegenüber, erstens habe er keinen Auftrag, zweitens gehe ihn das gar nichts an, und drittens würden sie sich mit allen Mitteln gegen die nutzlose Sprengung wehren[905], wollte er seiner Dienststelle melden. Daraufhin beauftragte Gaugler am 20. April 1945 den *Volkssturm*-Kompanieführer Walter Müller, erneut auf dem Gefechtsstand des Kampfkommandanten von Plochingen, Walther Gerstenmaier, vorstellig zu werden, um sich für die Erhaltung der Fils- und der Eisenbahnüberführung zu verwenden. Gerstenmaier erwirkte schließlich eine Weisung, wonach die Brücken nicht zu sprengen seien[906].

In den letzten Wochen war das Ortsbild Reichenbachs geprägt von durchziehenden deutschen Soldaten auf der Flucht.

> Die deutschen Soldaten sind vom Remstal gekommen und wollten sich vor den Franzosen retten zu den Amerikanern. In Wernau war der Franzose, bis hier zwischen Reichenbach und Plochingen war der Franzose. Und hier in Reichenbach wollten alle über die Filsbrücke weiter in Richtung Bünzwangen, Weiler, zum Teil mit Arbeitsstiefel, Schippe oder Hacke. Deswegen waren hier immer viele Leute in Reichenbach.[907]

Dieses Schauspiel bot für die Bevölkerung kein schönes Bild; die Soldaten liefen in zerrissenen Strümpfen und teilweise barfuß die Bismarckstraße hinunter.

> Das war furchtbar, ein unendlich langer Zug voll flüchtender deutscher Soldaten.[908]

Diese fliehenden Deutschen, die »oft Leiterwagen geklaut hatten, um ihr Zeugs mitzunehmen,«[909] stellten in mehrfacher Hinsicht eine Bedrohung für den noch unzerstörten Ort dar: In den letzten Kriegstagen blieben Munitionswagen der zurückflutenden deutschen Truppen auf der Reichenbacher Gemarkung stehen, einer davon bei der Firma Otto vor der Spinnerei. Ein Gemeindeangestellter erinnerte sich:

Die haben einfach den Anhänger abgekoppelt, damit sie schneller vorwärts kommen. Dieser Wagen stellte natürlich eine große Gefahr dar, da in den letzten Kriegstagen ja durchaus auch Geschosse in Reichenbach einschlugen. Am vorletzten Kriegstag wurden diese drei bis vier Anhänger vom Herrschaftschauffeur der Familie Otto mit einem ihrer Lastwagen ins Lützelbachtal, etwa 200 Meter hinter das Schießhaus gefahren. Drei bis vier Wochen nach Kriegsende wurden sie dort gesprengt.[910]

Trotz vielerlei Gefahren hatten die Reichenbacher Glück. Bis zur allerletzten Kriegsphase hatte es im Ort keine größeren Beschädigungen gegeben. Doch noch mußte der *Zusammenbruch* bewältigt werden.

Die Gretchenfrage: Verteidigen oder kapitulieren?

Auch aus anderem Grunde waren deutsche Soldaten in den letzten Tagen vor Kriegsende nicht gerade gern gesehene Gäste in Reichenbach. In den meisten Ortschaften, dies ist als ein allgemeines Problem des Kriegsendes festzuhalten, war die Bevölkerung in einer vergleichbar schwierigen Situation. Einerseits war es der erklärte Wille Hitlers, wie es vom Oberkommando der Wehrmacht, dem *Reichsstatthalter*, den NS-Medien und den lokalen Parteibehörden vertreten und von *SS*, Wehrmacht und *Volkssturm* kontrolliert wurde, jeden Meter Boden – bei Androhung von Sippenhaft[911] – *bis zum letzten Blutstropfen* zu verteidigen. Aus jedem deutschen Dorf, also auch aus Reichenbach, sei eine Festung zu machen, »an der sich der Feind entweder verblutet oder die ihre Besatzung im Kampf Mann gegen Mann unter sich begräbt. (...) Jeder, der seine Aufgabe nicht unter vollem Einsatz seines Lebens löst, ist zu beseitigen.«[912] Dies galt ebenso für die Zivilbevölkerung. Ende März 1945 war vom Chef des Generalstabes der 19. Armee, Oberst Brandstätter, folgender Befehl bekantgegeben worden:

Aus einem Haus, aus dem eine weiße Fahne erscheint, sind alle männlichen Personen zu erschießen. Es darf bei diesen Maßnahmen keinen Augenblick gezögert werden.[913]

Den Zeitungen war täglich zu entnehmen, daß es sich hierbei nicht nur um leere Drohungen handelte. Begebenheiten, wie die in Heilbronn[914], Karlsruhe[915], Ingelheim[916], Brettheim[917] oder dem nahen Heiningen[918] waren auch in Reichenbach nur zu bekannt. Andererseits wußte der Großteil der Bevölkerung, daß der Versuch, den Heimatort zu verteidigen, dessen sichere Verwüstung durch die Alliierten bedeutete. Die amerikanischen Bodentruppen zogen sich bei leisesten Anzeichen des Widerstandes zurück und forderten Artillerie oder Luftunterstützung an, die eventuelle Verteidigungsnester dann zerstörten[919]. In jedem Ort kam es darauf an, wie sich die Einwohnerinnen und Einwohner aus dieser Zwickmühle aus Partei, *SS* und *Volkssturm* auf der einen und der eigenen Vernunft auf der anderen Seite herauswinden konnten[920]. Häufig genug war dies eine Frage des richtigen Zeitpunktes. Auch die deutschen Sicherheitsbehörden und der Generalstab wußten, wie es am 19. März 1945 auf einem Lehrgang vor 800 Offizieren formuliert wurde, daß die Bevölkerung »den Endkampf im eigenen Dorf nicht mehr wollte.«[921]

Die Ereignisse in Reichenbach überschlugen sich. Der genaue Standort der Amerikaner war niemandem im Ort bekannt, nur daß der Anmarsch von Norden erfolgte und daß die Franzosen bereits in Plochingen eingerückt waren. Eine Lücke in Richtung Kirchheim – Schwäbische Alb war noch offen[922]. Hinter der Gaststätte »Deutscher Kaiser« hatten sich offensichtlich Angehörige einer deutschen Division eingerichtet, vermutlich der 189. Infanteriedivision. Diese hatten auf Höhe des Gasthauses unter einem Kastanienbaum ein großes Geschütz aufgestellt und wollten Reichenbach gegen die heranrückenden Amerikaner verteidigen[923]. Die meisten Reichenbacher wußten, was das hieß und sahen die *Beschützer* deshalb nicht gerne, zumal »die doch keine Chance gehabt hätten gegen die amerikanischen Tanks«[924]. Einige Frauen flohen deshalb aus Reichenbach:

> Reichenbach sollte verteidigt werden, das hatten wir mitbekommen. Wir sind (...) mit dem Leiterwägele, das mit Kochtöpfen usw. angefüllt war, in den Wald gegangen. Einfach raus aus Reichenbach. Wenn die das verteidigen wollten, würde ja nichts mehr übrigbleiben. Die Leute sind fast alle dagegen gewesen, daß es verteidigt wird.[925]

Andere Frauen ergriffen – wie in vielen anderen Orten bei Kriegsende[926] – die Initiative, um die Soldaten loszuwerden. Verschiedene Versionen kursieren über diese letzten Kriegstage unter den Reichenbacher Frauen, einige behaupteten sogar, die deutschen Soldaten überwältigt und »in den Keller gesperrt«[927] zu haben. Nach der weiteren Quellenlage dürfte jedoch die folgende die wahrscheinlichste Version der etwas anderen »Wehrmachtshelferinnen« darstellen:

> Wir sind also weinend zu den Soldaten hin und haben gebittet und gebettelt, sie sollten doch weitergehen oder doch wenigstens Reichenbach nicht mehr verteidigen, die würden sonst doch alles zusammenschießen. Da sagten die deutschen Soldaten, »Wenn wir sterben müssen, dann müßt ihr's auch.« Die waren halt völlig fertig und konnten nicht mehr, denen war alles piepegal, uns aber nicht, wir waren ja noch junge Frauen und haben Kinder gehabt. Deshalb sind wir dann zu dem Stab und haben da so gebettelt, das war eine lange Zeit, die wir da gebettelt haben. Wir haben gesagt, das sehen sogar wir als Frauen, daß das keinen Sinn hat. Die hätten das kleine Reichenbächle ja sofort zusammengeschossen. (...) Einige Tage später haben die dann plötzlich abgebaut. Wir haben's gar nicht glauben wollen. Die haben alles abgebaut und sind

dann (...) abgefahren. (...) So nah war der Amerikaner schon, und die wollten Reichenbach noch g'schwind opfern. Wir haben dann nachher gesagt, wenn wir nicht so eisern gewesen wären, hätten wir jetzt auch keine Stube, auch keine Wohnung mehr.[928]

Zusammen mit einer deutschen Nachrichtenabteilung, die am Donnerstag, dem 19. April, noch im Quartier in Reichenbach war[929], zogen Reichenbachs *Verteidiger* Freitag früh ab.

In der Nacht vom 19. auf den 20. April erreichte den Bürgermeister die Meldung, daß »die Umgegend von Göppingen, so auch Faurndau, von den Amerikanern besetzt sei.«[930] Am Freitagmorgen um 6 Uhr kam Daueralarm von fünf Minuten, er bedeutete: »Feind in der Nähe.« Es gab in Reichenbach durchaus auch Fanatiker, die »noch jeden Johannisbeerbusch verteidigt« hätten[931]. Offensichtlich waren dem *Ortsgruppenleiter* die Aktionen der Frauen zu Ohren gekommen. Beim Antritt einer Kompanie des *Volkssturms* morgens gegen 6.30 Uhr hielt er im Alberschen Garten eine Rede mit etwa folgendem Inhalt: Eingangs verwies er auf die Verhaftungen der letzten Tage durch die *Gestapo* in Esslingen[932]. Dann fuhr er fort, ihm sei zu Ohren gekommen, daß es Leute in Reichenbach gebe, insbesondere Frauen, die, wenn der Feind nach Reichenbach käme, die weiße Fahne hissen wollten. Es sollte keiner wagen, ob Mann oder Frau, die weiße Fahne zu hissen, auch dann nicht, wenn der Auftrag von einer anderen Seite käme. Er werde jeden, der das tue, ausmerzen[933]. Er werde, so bestätigen weitere Hörer der Rede in unabhängigen Aussagen bald nach Kriegsende[934], die letzte Phase seines Lebens daran setzen, »mit denjenigen, die eine weiße Fahne zeigten oder sich dem Feind in die Hände spielten, später abzurechnen!«[935] Am anderen Morgen setzte er sich zusammen mit seinem Parteifreund Gustav Blessing über Murrhardt in seinen Heimatort Rommelshausen ab[936]. Den ganzen Freitag über war eine intensive feindliche Fliegertätigkeit festzustellen. Ein amerikanisches Auflärungs-flugzeug kreise stundenlang über Reichenbach. Zwischen 16.30 und 17 Uhr schlugen 50 bis 60 Artillerie-Schüsse in der Paulinen- und der Schillerstraße sowie in der Nähe des Schulhauses ein. Im Konsumverein in der Wilhelmstraße wollten die Verkäuferin Elisabeth Vetter und der 22jährige holländische Fremdarbeiter Marinus van der Stoep[937] gerade vom Keller herauf in den Verkaufsraum eintreten, als ein Artilleriegeschoß krepierte. Die Splitter fuhren durch die Kellertüre, die zwei jungen Menschen liefen in die Splittergarbe hinein und waren sofort tot. Der achtjährige Siegfried Karl Alber hielt sich mit seinem Vater im Hof des elterlichen Anwesens auf und wurde ebenfalls tödlich getroffen[938]. Dem jungen Emil Ziegler wurde Ecke Schiller- und Karlstraße durch einen Volltreffer der Kopf vom Rumpf völlig getrennt. In der Berg- und Schillerstraße, auch in der Nähe des Schulhauses, wurde einiger Schaden angerichtet[939].

Warum Reichenbach beschossen wurde, ist nicht völlig zu klären. Die sechsjährige Russin Antonina Koslowa, die am 18. April 1945 im Reichenbacher *Ostarbeiterlager* gestorben war[940], wurde am Spätnachmittag des 20. April »bei Regen und Schnee in einem Trauermarsch der russischen Arbeiter mit einer Trompete zu Grabe getragen.«[941] Möglicherweise hielt das Aufklärungsflugzeug den Zug für einen Umzug zu »Führers Geburtstag«[942]. Wahrscheinlicher allerdings ist, daß die Amerikaner die inzwischen von der zweiten *Volkssturmkompanie* geschlossene Panzersperre als dokumentierten Willen interpretierten, Reichenbach verteidigen zu wollen.

Im Verlauf dieses Freitags besetzten die Franzosen vom Schönbuch und Neckartal kommend die meisten Filderorte, wie auch vom Enz- und Nagoldtal her einige Orte im Strohgäu vor Leonberg. Die Amerikaner stießen von Gmünd (19. 4.) aus über Göppingen (20. 4., 6 Uhr; in Faurndau schon am 19. 4. um 21 Uhr) und Kirchheim zum Neckar und zum Albrand

vor, gleichzeitig auch auf das Murr- und Remstal auf Waiblingen (21. 4. um 11.20 Uhr) und den Neckar zu. Am späten Samstag Nachmittag standen sie vor Beutelsbach und Stetten (Einmarsch 16 bis 17 Uhr)[943]. In Reichenbach befürchtete man starken Beschuß der Gemeinde, und es hieß, die Amerikaner seien schon in Schlichten und Thomashardt[944]. Die Panzersperren vor Reichenbach wurden an der Straße nach Hegenlohe mit großen, dicken Baumstämmen verstärkt. Viele Familien gingen in den Wald. Nun wurde es mit der Verteidigung Reichenbachs durch den *Deutschen Volkssturm* ernst.

Bis zu diesem Zeitpunkt war der Krieg, seine Entstehung, sein militärischer Verlauf, die Kriegsauswirkungen von der Lebensmittelrationierung über amerikanische Jagdbomber bis zum Nero- oder Cäsarbefehl für die Reichenbacher fremdbestimmt gewesen. Reichenbacher Strukturen hatten hierbei keine Rolle gespielt. Erst ganz zu Ende, als die Reichenbacher »auf sich« gestellt waren, als vor Ort und selbständig entschieden werden mußte, wie man sich verhalten würde, als man die Verantwortung für eigenes Handeln und dessen Folgen, die man vorher gerne an andere abgegeben hatte, wieder persönlich tragen mußte, spielten am Ort bestehende Strukturen wieder eine größere Rolle, entstanden Gretchenfragen.

Eigenverantwortliches Handeln war wieder gefragt. Alle mußten sich überlegen, wieviel sie riskieren konnten, durften oder mußten, um die todbringende »Verteidigung« zu verhindern. Sowohl die bürgerlich-traditionalistischen Kreise, deren wirtschaftliche Existenz durch irrsinnige Durchhalteparolen gefährdet war, wie auch vormals progressive Regimegegner, die sich bisher dem angedrohten Terror gebeugt hatten, begannen – innerhalb ihrer Verantwortung im *Volkssturm* – in Anbetracht des offensichtlichen *Zusammenbruchs* des Regimes mit vorsichtigen Aktivitäten der Schadensbegrenzung, von denen sie wußten, daß NS-Fanatiker innerhalb und außerhalb des Ortes diese als Widerstandshandlungen betrachten und gnadenlos verfolgen würden.

Viele der ehemaligen Regimegegner des progressiven Milieus sollten im *Deutschen Volkssturm* als letztes Aufgebot zur Verteidigung des NS-Unrechtsstaates beitragen[945]. Deren Engagement hielt sich verständlicherweise in Grenzen, und resistente Verhaltensweisen äußerten sich im *Volkssturm* am offensichtlichsten als Nichtbefolgen von Befehlen, Sabotage und Widerstand. Einige Wochen vor Kriegsende bildete sich ein Kreis aus ehemaligen Aktiven des progressiven Milieus, der »Aktionsausschuß«[946]. Vor allem über unregelmäßige Treffen in Gasthäusern, über »unpolitische« Aktivitäten der Freizeitgestaltung wie Kartenspielen sowie über Wandergemeinschaften hatten deren Mitglieder persönliche Bindungen aufrechterhalten. Am 15. April traf sich der »Antifaschistische Aktionsausschuß«[947], um sich Gedanken über Aktionen und Verhalten zur Übergabe des Ortes an die Alliierten und über die Zeit nach dem Krieg zu machen[948]. Als es wenige Tage später in Reichenbach bedrohlich wurde, etwa beim ersten Artilleriebeschuß, machte sich die Absprachen der *Verteidiger* bemerkbar. Ein Nichtmitglied des »Aktionsausschusses« erinnerte:

Ein Dutzend Reichenbacher im Volkssturm mit Knickerbockern und in Zivil sollten Reichenbach verteidigen. Als Ari-Beschuß war, sollten wir in Stellung gehen. Da habe ich bemerkt, wie einer nach dem anderen sich verabschiedete. Plötzlich war ich noch alleine da, dann bin ich halt auch heimgegangen, das war am Abend, bevor die Amerikaner gekommen sind (...).[949]

Offensichtlich hing der Handlungsspielraum massiv davon ab, wie sich die jeweiligen VS-Kommandoführer verhielten, ob sie entsprechende Maßnahmen durch »Verzögerungstaktik« boykottierten wie Müller[950] oder befehlsgemäß bearbeiteten wie Blessing. Der *Ortsgruppenleiter* und der Führer der Zweiten *Volkssturmkompanie* versuchten, »widerborstige« Reichenbacher, die dem *Volkssturm* angehörten, hinter dem Rücken dessen Kommandan-

ten noch zur Wehrmacht zu bringen und *Parteigenossen* daheim zur Verteidigung einzusetzen[951]. In den letzten Wochen gingen deshalb noch 83 Einberufungsbefehle zur Wehrmacht mit Unterschrift und Dienststempel des Wehrbezirks Esslingen beim *Volkssturmbataillon* ein[952]. Einige Vertreter des ehemals deutschnationalen Teils des traditionalistischen Milieus hatten ihr Verhalten bei Kriegsende – hier sind keine speziellen Treffen nachzuweisen – offenbar ebenfalls abgesprochen. Der Bataillonskommandeur und der Führer der Ersten Kompanie, Gaugler und Müller, verschleppten die Verfahren, indem sie diese nicht an die Adressaten weiterleiteten[953].

Auf Befehl der *Kreisleitung*, Panzersperren und Barrikaden zu errichten sowie Schützengräben anzulegen, sollten in Reichenbach fünf Panzersperren vorbereitet werden: an der Bahnüberführung Richtung Ebersbach, am alten Hegenloher Sträßchen, an der Straße im Reichenbachtal, an der Baltmannsweiler Straße und an der Landstraße nach Plochingen[954].

Diese wurden jedoch nicht in dem Umfange und lange nicht in der Stärke gebaut, wie vorgeschrieben, was wiederholte Beanstandungen seitens der Kontrolleure der Partei hervorrief.[955]

Ortsgruppenleiter und *Kreisleiter* hatten noch in den letzten Tagen versucht, über Telefonate und Besuche Drohungen auszusprechen und den *Volkssturm* zu eifrigerem Einsatz und durchschlagenderen Maßnahmen zur Ortsverteidigung zu bewegen[956]. Der Führer der Zweiten *Volkssturmkompanie* maßregelte *Volkssturmmann* Wilhelm Noll, der anscheinend öfters beim *Volkssturm* fehlte, noch wenige Tage vor Kriegsende vor versammelter Kompanie in der Turnhalle:

Wenn wir lauter solche Männer hätten wie diesen hier, dann hätten wir den Krieg schon längst verloren.[957]

Obwohl immer wieder in der Zeitung unter Androhung der Todesstrafe davor gewarnt wurde[958], die aus Kanalisationsröhren, Baumstämmen oder aus zusammengeholten Bauernfahrzeugen[959] bestehenden Panzersperren zu entfernen, planten sowohl ehemalige Mitglieder des progressiven wie des traditionalistischen Milieus, verantwortungsbewußte, mutige Reichenbacher, eben dieses. Das Öffnen der Panzersperren gegen den Befehl des zuständigen Kampfkommandanten von Plochingen, der Reichenbach verteidigen lassen wollte, war ein äußerst gefährliches Unterfangen[960]. Bis zum letzten Augenblick passierten Einheiten der Wehrmacht und der *SS* Reichenbach, permanent berichteten die Zeitungen von Todesurteilen und Terror gegen sogenannte *Verräter*. Erst zwei Tage zuvor war im »Hohenstaufen« von den »Männern von Brettheim« berichtet worden[961]: Ein Bauer, der vier Hitlerjungen die Panzerfäuste abgenommen und diese in den Dorfweiher geworfen hatte, sowie der Bürgermeister und der *Ortsgruppenleiter*, die das eilig verhängte Todesurteil nicht unterzeichnen wollten, waren am Abend des 10. April vor dem Eingang zum Brettheimer Friedhof aufgehängt worden[962]. Auch der *Volkssturm*-Kompanieführer Walter Müller wußte, daß es viele Fanatiker im Ort gab, die die *Volkssturmführung* argwöhnisch beobachteten[963], und er »bei Bekanntwerden (...) unbedingt damit rechnen mußte, erschossen zu werden.«[964] Trotzdem telefonierte er einen Tag vor dem Einmarsch der Amerikaner mit dem Bataillonskommandeur, seinem Reiterfreund Gaugler[965]. Da am Vortage Artilleriebeschuß eingesetzt hatte, schien die Eroberung und damit die Frage der Verteidigung Reichenbachs unmittelbar bevorzustehen. Müller war entschlossen »die Panzersperre öffnen zu lassen, um eine sinnlose Zerstörung des Ortes Reichenbach zu verhindern.«[966] Gaugler gab Müller in diesem Telefonat wohl keine Zusage, doch sicherte er ihm vermutlich Stillschweigen zu. Ob es davor Absprachen zwischen den Vertretern der beiden Milieus gegeben hat, ist nicht zu klären. Noch in der Nacht nach diesem Gespräch wurde die Panzersperre geöffnet[967]. Der

Melder der ersten VS-Kompanie, der ehemalige KZ-Insasse Gustav Munz, faßte die Vorgänge der letzten Kriegswochen in seinem unmittelbar nach Kriegsende geschriebenen Lebenslauf zusammen:

Ich hatte das Glück, dem ersten Aufgebot zugeteilt zu werden, dessen Kompanieführer Herr Walter Müller war. (...) Ich war als Melder eingesetzt und hatte somit Gelegenheit, über alle wichtigen Vorkommnisse im Bilde zu sein. Während sich die Naziführer, *Ortsgruppenleiter* Mangold und der Führer der zweiten Kompanie, Blessing, noch eifrig bemühten, den größten Teil des Volkssturmes, über dessen wahre Gesinnung sie inzwischen zweifellos Kenntnis hatten, in die Wehrmacht einzureihen, hintertrieb unser Kompanieführer diese Absicht durch eine hinausschiebende Taktik. In der letzten entscheidenden Nacht konnten wir auf eigenmächtige Entscheidung unseres Kompanieführers die wichtige Panzersperre am Ausgang des Ortes in Richtung Ebersbach öffnen, so daß eine sinnlose Zerstörung von Reichenbach verhindert wurde.[968]

Am Samstag abend nach Eintritt der Dunkelheit verließen die letzten deutschen Truppen fluchtartig den Ort, gegen 21.30 Uhr war die Nachhut abgerückt. »Einzelne versprengte Soldaten klopften freilich noch später an die Häuser.« Viereinhalb Stunden später – am Sonntag, den 22. April 1945, morgens gegen zwei Uhr – rückten die Amerikaner von Hegenlohe über den Probst – also über die alte Straße – in Reichenbach ein. Sie fuhren weiter in Richtung Hochdorf und Kirchheim, von der verängstigten Bevölkerung kaum gesehen.

Zusammenfassend beschrieben die amerikanischen GI's in der »Geschichte des 397ten Infanterie-Regiments«, dem »Regiment des Jahrhunderts«[969], unter der Abhandlung »Altbach, April 14–23«[970] den Vormarsch von Heilbronn nach Altbach, während dessen die drei Bataillone 19 Gemeinden eroberten und 2259 Gefangene machten. Das erste Bataillon drang über Weinsberg in einem leichten Bogen über Löwenstein, Spiegelberg, Schorndorf, Winterbach und Hohengehren nach Baltmannsweiler und dann hinunter nach

Reichenbach und bei Plochingen wieder zum Neckar vor, wohingegen das zweite Bataillon etwas weiter westlich über Murrhardt und Schnait, Krummhardt und Aichschieß bis nach Deizisau und Wolfschlugen vorrückte, und das dritte über Untergruppenbach und Oppenweiler kommend, nach Backnang, Beutelsbach und Schorndorf marschierte und nach erheblichen Kämpfen Altbach eroberte. Teile des Ersten Bataillons erreichten am Samstag, den 21. April, gegen 23 Uhr Hohengehren. In der Regimentsgeschichte heißt es hierzu:[971]

> Während das Erste Bataillon die vorteilhafte Route des Dritten Bataillons verfehlte, traf es auf starken Widerstand, weshalb in Betracht kam, die ganze Nacht in Hohengehren auszuhalten. (...) Andere Teile des Regiments erreichten in der Zwischenzeit die Rems. Das Erste Bataillon traf auf keinen Widerstand beim Einmarsch in Schorndorf um 4.00 Uhr. Als wir die Rems überquerten und die Fils erreichten, gab es bis auf die unvermeidlichen Straßenblockaden noch immer keinen nennenswerten Widerstand. (...) Nachdem Schorndorf genommen worden war, drehte es westwärts, um sich nahe Winterbach zu reorganisieren und den Angriff südlich der Rems wieder aufzunehmen. (...) Am 22. hatten alle Teile des Regiments erfolgreich ihre Ziele erreicht, und der Neckar floß erneut vor unseren Augen. (...) Das Erste Bataillon behielt seinen immerfort vorrückenden Kurs in Richtung Süden bei, die Waldgebiete entlang der Route zu seinem Ziel säubernd (...). Die Gemeinden Engelberg, Hohengehren, Baltmannsweiler, Reichenbach und Plochingen wurden währenddessen vorläufig gesichert, während der Kontakt zum Dritten Bataillon auf der Rechten hergestellt wurde. Übergänge über den Neckar wurden ausgekundschaftet. (...) Die Rolle, die wir bei der endgültigen Kapitulation der Deutschen Wehrmacht spielten, wird nur in einem größeren Zusammenhang deutlich, doch an unserer Front waren einige Teile der ganzen Geschichte des möglichen Zusammenbruchs der deutschen Kriegsmaschinerie.[972]

Die Einheimischen hatten die Nacht im Keller verbracht, an ein Schlafen war nicht zu denken gewesen. Der Krieg war für Reichenbach vorüber[973]. Er endete in Reichenbach, wie er dort die ganze Zeit

gewesen war: vergleichsweise harmlos, ohne größere Zerstörungen und damit auch ohne gesellschaftliche Verwahrlosung[974]. Im Verlauf der letzten Kampfhandlungen wurden unter anderem in einer Klinge im Reichenbachtal an der Straße nach Hegenlohe noch ein Hitlerjunge erschossen[975] und vor dem Wasserturm an der Weggabelung nach Baltmannsweiler und Hohengehren der Stab der *Kreisleitung* Esslingen in einem Scharmützel mit den Amerikanern verwickelt, wobei sechs Personen aus dem Gefolge des *Kreisleiters* starben[976]. Die Besetzung von Reichenbach erfolgte ohne jeden Widerstand[977]. Die Parole des *Reichsverteidigungskommissars*, »Haß ist unser Gebet und Rache unser Feldgeschrei«[978], stieß weitgehend auf taube Ohren, der Hitlermythos faszinierte nicht mehr[979].

> Vorräte waren noch genügend im Ort, den ganzen Tag über konnten die Leute einkaufen, alle Lebensmittelmarken wurden eingelöst. Am Sonntag Vormittag übergab Bürgermeister Schmid dem amerikanischen Offizier den Ort; bestimmend waren nur die Anweisungen der Besatzungsmacht. Zu Zwischenfällen irgendwelcher Art kam es nicht.[980]

Die Mehrzahl der Reichenbacher Bevölkerung verband mit der kampflosen Übergabe – wie in fast allen württembergischen Gemeinden – weniger eine Befreiung vom Nationalsozialismus als eine Befreiung vom Krieg.[981] Erstaunlich für die meisten war, daß die *Feinde*, die teilweise Farbige waren, sich unerwartet freundlich verhielten:

> Die ersten Truppen waren sehr freundlich, haben nichts weggenommen, sogar noch was liegen lassen, bei mir z. B. einen Pullover.[982]

Die Amerikaner hatten vom Schurwald herab über die Reichenbacher Brücke das untere Filstal in Richtung Kirchheim/Teck überschritten. Da die Franzosen bereits in Plochingen eingerückt waren, verhinderten strenge Kontrollen an der »Zonengrenze« Tag und Nacht die problemlose Fahrt von Reichenbach nach Plochingen[983]. Reichenbach wurde »Grenzort«.

Reichenbach nach dem Krieg

Zusammenbruch oder Befreiung?

Übergabe Reichenbachs

Zwei Tage vor dem Einmarsch der ersten Amerikaner konnten die Reichenbacher zu »Führers Geburtstag« in der Eßlinger Zeitung lesen:

> Was er war, soll er immer bleiben: Unser Hitler (...). Unsere Treue zu ihm wird unser Sieg und dieser der Anfang einer neuen Blütezeit für unser Deutschland und für ganz Europa sein.[1]

Doch der *Ortsgruppenleiter* hatte just an diesem 20. April Reichenbach verlassen. Männer des progressiven wie des traditionalistischen Milieus sowie vermutlich unorganisierte Frauen hatten unabhängig voneinander ihre Verantwortung für den Ort wahrgenommen und dessen geplante militärische Verteidigung verhindert. Am Sonntag früh, den 22. April 1945, übergab Bürgermeister Schmid offiziell den Ort an den zuständigen amerikanischen Offizier[2].

Die militärischen Kampfhandlungen waren zu Ende. Doch nicht die Freude über das Ende der Naziherrschaft, sondern ein Gefühl der Unsicherheit, Deprimiertheit und Angst vor der Zukunft bestimmte die Menschen. Die Männer, die sich größtenteils als »Kämpfer« definiert hatten, waren zu Verlierern geworden.

> Werte, die einst Gültigkeit hatten, galten nicht mehr.[3]

Das alte System, für viele jüngere die einzige auch kulturelle »Heimat«, die sie kannten, war zerbrochen.

> Da ist die Welt – das war 1933 bis 1945 – für mich echt zusammengebrochen. Das hat mir schon einen Schlag versetzt, innerlich. Und man hat ja mit niemandem so richtig d'rüber schwätzen können. Man ist da immer a bissle allein gewesen mit solchen Gefühlen, man wußte ja nie, wie die anderen darüber denken. Das Thema war die ganzen letzten Wochen immer nur, daß man überlebt. Und dann noch das Essen. Beruf hatte ich ja auch noch keinen nach dem Krieg.[4]

Vorherrschend in den ersten Tagen waren die Furcht vor dem Kommendem, vor den Besatzern und möglichen Racheaktionen, die Angst vor Plünderung und Vergewaltigung, die Unsicherheit, ob sich die vielen Fremdarbeiter für erlittenes Unrecht an der Reichenbacher Bevölkerung rächen würden sowie die Befürchtung vor einschneidenden materiellen Auswirkungen des Kriegsendes. Friede war noch lange nicht in Sicht.

Nach Abzug der Panzertruppen kamen am Nachmittag des 23. April Vertreter der amerikanischen Militärregierung für Stadt und Landkreis Esslingen, die das Esslinger Rathaus besetzt hatte[5], nach Reichenbach. Der später eingesetzte Bürgermeister berichtete dem Landrat:

> Reichenbach bekam seiner Größe entsprechend eine amerikanische Besatzung. Belegt waren Blumenstraße, Wilhelmstraße, Jahnstraße, Teile der Weinberg- und Stuttgarter Straße.[6]

Chef der Militärregierung im Landkreis wurde Major Joseph Taylor[7], Reichenbacher Ortskommandant war die ersten Tage ein Offizier polnischer Herkunft. Ein ehemaliger Rathausangestellter berichtete:

> Als die Amerikaner Reichenbach besetzten, ging ich auf's Rathaus. Dort waren alle Telefonleitungen durchgeschnitten. Im Sitzungssaal hingen Bilder vom Hitler und vom Hindenburg, in denen Seitengewehre und Bajonette steckten.[8]

Von Ende April bis zum 7. Juni 1945 befehligte Leutnant Singer die örtlichen Truppen und vertrat die Esslinger Militärregierung[9].

> Singer war deutscher Abstammung und regierte in der unmittelbaren Nachkriegsphase hier in Reichenbach. Da sie die nächste militärische Einheit in der ganzen Umgebung waren, war der Ortskommandant von Reichenbach gleichzeitig verantwortlich für Baltmannsweiler und Umgebung.[10]

Die ersten Maßnahmen dienten vor allem der Sicherheit der Besatzungstruppen – immerhin war noch Krieg. Alle Waffen mußten abgegeben werden und eine Ausgangssperre von 19 bis 6.30 Uhr wurde verhängt. Gast- und Vergnügungsstätten wurden geschlossen, Reichsbahn und Wirtschaftsunternehmen, Post und Rundfunk stillgelegt, politische Parteien blieben untersagt, und die »Eßlinger Zeitung« wurde als ehemaliges NS-Presseorgan verboten[11]. Der Leiter der amerikanischen Militärregierung im Landkreis, Major Taylor, ernannte am 30. April den Augenarzt und stadtbekannten liberal-demokratischen Antifaschisten Dr. Fritz Landenberger zum Landrat für den Kreis Esslingen[12].

Noch bis Ende April führten Trupps zu vier bis fünf Mann Durchsuchungen aller Reichenbacher Haushalte durch.

> Die Amerikaner haben sich die Häuser rausgesucht, in denen sie wohnen wollten. Da haben wir unser Haus verlassen müssen. (...) Ab 19 Uhr durfte man nicht mehr aus dem Haus raus. Ich weiß noch, einmal sind wir vom Milchholen in Roßwälden nach sieben heim gekommen; da haben wir vielleicht Angst gehabt.[13]

Zuerst richteten sich die Amerikaner eine Feldküche im Konsum ein, und Mitte Mai wurde das Schulhaus zur Kaserne hergerichtet und belegt[14].

> In der Schulküche wurde gekocht. Die nachbarlichen Handwerker wurden von der Besatzungsmacht in Anspruch genommen; in den entfernteren Ortsteilen merkte man nicht viel von der Truppe.[15]

Anfänglich schliefen die amerikanischen Soldaten in ihren Feldbetten, ab Anfang Juni mußten ehemalige Reichenbacher *Parteigenossen* insgesamt 180 Sommerbetten stellen[16]. Die für die Fahrt ins benachbarte Plochingen erforderlichen »Passierscheine« waren ungewohnt und lästig, wenngleich »Leutnant Singer seine Unterschrift für Passierscheine immer gegeben hat.«[17]

> Der US-Kommandeur hatte sich im Haus von Bäcker-Lutz einquartiert. Die Filsbrücke war gesperrt. Da bin ich hingegangen und habe ihm gesagt, er möge mir bitte Passierscheine für die Filsbrücke ausschreiben, da die Leute das benötigten. Der hat mir dann in der Tat eine Anzahl Passierscheine gegeben. Als ich damit an der Brücke ankam, hatten die schon von alleine die Leute rübergelassen.[18]

Bei anderen Maßnahmen war der Reichenbacher Ortskommandant nicht so nachsichtig. Singer legte Wert darauf, daß die Befehle der Militärregierung umgehend ausgeführt wurden. Im Zusammenhang mit angeordneten Wohnungsräumungen drohte er Bürgermeister Schmid an, ihn des Amtes zu entheben, wenn er nicht härter durchgreifen würde[19].

Am 10. Mai 1945 hielten neun Reichenbacher Männer, alle Mitglieder des ehemaligen progressiven Milieus und des »Aktionsausschusses«,

> eine Besprechung ab und beschlossen, einen Beirat zu bilden, der der bestehenden Gemeindeverwaltung angegliedert wird, um in allen Fragen seinen Einfluß im Sinne der jetzigen Zeit auszuüben.[20]

Der »Aktionsausschuß« wurde in »antifaschistischer Arbeitsausschuß« umbenannt[21]. Das Gremium übernahm die

Funktion eines Gemeinderates. Völlig selbstverständlich arbeiteten hierin Mitglieder des ehemaligen progressiven kulturellen Milieus, also Kommunisten und Sozialdemokraten, zusammen, und versuchten, aktiv den politischen Neuanfang zu beeinflussen – im Gegensatz zur Kreisstadt Esslingen, wo Kommmunisten und Sozialdemokraten in »der gewohnten Oppositionsrolle« verharrten und die neue Regierung den bürgerlich-wirtschaftlich-christlichen Kreisen überließen[22]. Sie baten den neuen Landrat, in den folgenden Tagen nach Reichenbach zu kommen und die vorgeschlagenen Beiräte in ihre Befugnisse einzusetzen. Am 14. Mai wurde im Büro des Fabrikanten Schöttle der Beirat in Anwesenheit des Landrats eingesetzt[23]. Damit gab es im Sommer faktisch zwei Bürgermeister, Bürgermeister Schmid und Ausschuß-Vorsitzenden Otto Munz.

In den zwölf Jahren zuvor hatten die Mitglieder der ehemaligen beiden Milieus – bis auf eine Außnahme[24] – nie versucht, sich in ihren gegen die braunen Machthaber gerichteten Haltungen und Handlungen untereinander abzustimmen. Dementsprechend hatten nun die Vertreter des progressiven »Aktionsausschusses« im Alleingang ein politisches Gremium im Ort eingesetzt. Darauf beanspruchten beispielsweise die Kirchengemeinderäte, ebenfalls »Verantwortung für die Neubildung« nach dem Kriege zu tragen. Sie sahen es – wie wohl auch die amerikanischen Militärbehörden[25] – als ein Problem an, daß sich im »Aktionsausschuß« »nur Männer der früheren Linksparteien« befanden.

> Unter ihnen befindet sich nicht ein einziger Mann, der für kirchliche Dinge Verständnis hat. Dies entspricht nicht der tatsächlichen Zusammensetzung der Gemeinde und gibt Anlaß zu ernsten Besorgnissen.[24]

Der Kirchengemeinderat ermächtigte deshalb am 21. Mai Pfarrer Dipper, wenn keine freiwilligen Änderungen sich ergäben, die Anliegen der Kirchengemeinde höheren Orts vorzubringen[27].

US-amerikanischer »Besatzungssoldat« patrouilliert in Reichenbach.

Die Mitglieder des Ausschusses sicherten inzwischen Bürgermeister Schmid die Zusammenarbeit zu. Schmid lud sie darauf am 23. Mai zu einer Sitzung ein, die in den Gemeinderatsprotokollen als Beratung mit dem »Aktions-(Arbeits-)Ausschuß« protokolliert ist[28]. Zentrale Themen waren die Versorgung mit Brennmaterialien[29], Lebensmitteln[30] und Wohnraum[31] sowie die Auflösung des *Ostarbeiterlagers*[32], die Übertragung der Kindergartenleitung an die Reichenbacher Mauritiusgemeinde unter Pfarrer Dipper[33] und die erfolglos angestrebte Rückführung Reichenbachs in den Kreis Göppingen[34]. Außerdem wurden die Horst-Wessel- in Wilhelm-Straße, die Schlageter- in Neuwiesen-Straße, die Hindenburg- in Fürsten-Straße und die Saar- in Paulinen- und Bergstraße umbenannt[35].

Doch vor allem die Behandlung der ehemaligen aktiven *Parteigenossen* am Ort führte zu Unstimmigkeiten zwischen dem »Aktions-Arbeits-Ausschuß« und Bürgermeister Schmid. Auf Anordnung der Militärregierung wurden ehemals führende *Parteigenossen* zu Straßen- und Holzfällarbeiten für die Allgemeinheit herangezogen. Auf Veranlassung Schmids waren sie dafür aus der Gemeindekasse entlohnt worden[36]. Munz widersprach

> dieser Handhabung (...), zumal doch angenommen werden könne, daß jeder derselben eine gewisse Zeit von der Substanz leben könne.[37]

Die von Singer angeordneten Wohnungsräumungen wurden von einer von
Schmid einberufenen Wohnungskommission verschleppt. Am 4. Juni gingen Singer und vier Mitglieder des Ausschusses
zur tagenden Wohnungskommission. Singer ordnete an, zwölf Wohnungen von
führenden örtlichen *Parteigenossen* zu räumen[38]. »Im Falle der Verzögerung oder
Weigerung« – so endet die Aufforderung
– »müssen Sie damit rechnen, von dem
französischen Kriegsgericht in Esslingen
abgeurteilt zu werden.«[39]

Drei Tage später jedoch rückte Singer
mit seinen Truppen aus Reichenbach ab[40].
Der folgende Besatzungskommandeur
hob auf Drängen Pfarrer Dippers am
12. Juni 1945 die Verfügung Singers wieder auf. Schmid benachrichtigte am 14.
Juni die Betroffenen, sie könnten wieder
einziehen. Der Wohnungsbevollmächtig-
te des Ausschusses, Bauer, wurde über-
gangen und der Ausschuß ebenfalls nicht
gefragt. Am Freitag, den 15. Juni bemän-
gelten fünf Ausschußmitglieder das eigenmächtige und verfrühte Handeln und
forderten den Bürgermeister auf, seine
schriftliche Aufhebung des Räumungsbe-
fehls zurückzunehmen[41]. Als dieser sich
weigerte[42], wurde durch

Befehl der alliierten Militärregierung (...) Herr
Otto Munz von hier mit sofortiger Wirkung
zum 1. Bürgermeister der Gemeinde Reichenbach an der Fils ernannt. Der seitherige
Bürgermeister Schmid wurde ihm gleichzeitig zur Assistenz als 2. Bürgermeister unterstellt.[43]

Anfang September 1945 wurde entsprechend der Aufteilung bei den letzten frei-
en Gemeinderatswahlen 1931 die Vertreter der verschiedenen Gruppierungen in
einem »Beirat« zusammengeführt, in dem
sechs der elf Ausschuß-Mitglieder vertreten waren[44]. Das neue Gremium bestand
aus zehn »Beiräten« und trat am 20. September zum ersten Mal zusammen[45].

Emil Schmid mußte laut fernmündli-
cher Mitteilung des Landrats aufgrund
der Bestimmungen der amerikanischen
Militärverwaltung – diese hatte am 31. Juli befohlen, daß alle ehemaligen *Parteigenossen*, die 1937 und früher in die NSDAP
eingetreten waren, bis zum 8. September
die Verwaltung zu verlassen hätten – sein
Amt zum 15. September 1945 niederlegen[46]. Damit schied Schmid für sieben
Jahre, während derer er als Rechnungs-
prüfer beim Oberkirchenrat tätig war, aus
der Reichenbacher Verwaltung aus[47].

Das »Recht des Siegers«

Das beherrschende Problem bei der Beset-
zung Reichenbachs – wie jedes anderen
Ortes – war die Angst der Frauen vor dem
»Recht des Siegers«. Plünderungen im
Krieg und Vergewaltigungen der Frauen
sind so alt wie Kriege selbst.

Das In-Besitz-Nehmen der Frauen als
wirkungsvolle Demonstration der Macht
sollte vor allem die besiegten Gegner er-
niedrigen[48]. Die ersten Tage waren – egal
ob Franzosen, Engländer, Russen oder
Amerikaner kamen, geprägt von Angst.

Wir Mädchen haben uns angezogen wie die
alten Weiber. In Hegenlohe, da haben sie die

Frauen zum Teil so mißhandelt, daß man sie
ins Krankenhaus bringen mußte.[49]

Die Frauen versteckten sich und entwik-
kelten individuelle Techniken, sich zu
schützen.

Als die Amis kamen, mußte mein Sohn immer »Mama schlafen« sagen. Sobald man
denen couragiert entgegentrat, sind die gegangen.[50]
Ich habe ja eigentlich englisch gesprochen,
aber ich habe vor lauter Angst nichts mehr
herausgebracht. Großmutter lag krank im
Bett, da hat man zu den Amis gesagt, »sie
habe TBC«, da haben sie fluchtartig das
Haus verlassen.[51]

Als »Schutz« vor den amerikanischen Männern empfanden die meisten Reichenbacher Frauen[52] offenbar die am Ort anwesenden polnischen Frauen, die der »Fraternisierung« der Besatzer mit den jungen Reichenbacherinnen offensichtlich zuvor kamen.

Trotzdem wurde am 19. Mai gegen 10 Uhr die driundzwanzigjährige ledige Kontoristin J. M. auf der Straße zwischen Köngen und Plochingen von einem »unbekannten Soldaten der Besatzungsarmee vergewaltigt und dabei durch Erwürgen getötet.«[53]

Keine so existenzielle Gefahr, jedoch allemal angsteinflößend waren die Plünderungen.

Oh, die haben sich zum Teil schon auch wie die Besatzer aufgeführt. Haben Schinkenwürste um sich rumgehängt, Bier getrunken in der Wirtschaft. Da haben sie schon auch mal auf den Tisch geschissen, eingemachte Obstgläser geplündert. Sind in der »Post« und im »Grünen Baum« mit »leichten Weibern« gesessen.[54]
Wir hatten Most im Keller. Die Amerikaner haben den getrunken, waren besoffen und haben den Hahn offengelassen. Da ist der ganze Most ausgelaufen[55].

Von Juni bis Oktober 1945 wurden allein im Kreis Esslingen 151 Fahrraddiebstähle angezeigt, acht davon in Reichenbach[56], sowie sieben weitere gemeldete Diebstähle und Plünderungen in Reichenbach zwischen Juli und Mitte September[57].

»Die sind plötzlich frei rumgelaufen« – Displaced Persons

Die größte Angst hatten die Reichenbacher vor den befreiten Insassen des *Reichenbacher Ostarbeiterlagers*.

Da sind ja über 2000 Russen plötzlich frei rumgelaufen nach dem Zusammenbruch.[58]

Trotz des Anfang April bewegungsunfähig geschossenen Zuges, aus dem sich auch die Fremdarbeiter intensiv bedienten, scheinen diese in den ersten Tagen nach der Ortsübergabe teilweise plündernd durch den Ort gezogen zu sein. Die ehemalige Lagermitarbeiterin schrieb in ihren Erinnerungen:

Niemand wehrte ihnen, alle hatten Angst. Die Russen wurden zu einer regelrechten Plage in Reichenbach. Sie gingen in die Häuser und nahmen Lebensmittel und viele andere Sachen mit. Ganz scharf waren sie auf Armbanduhren. (...) Sie hatten auch bald heraus, wo die Nazis wohnten. (...) Diese hatten nach Kriegsende bei niemand eine Hilfe, ja im Stillen freute man sich, daß die nun auch einmal Unrecht erleiden mußten.[59]

Die Angst vor befreiten Fremdarbeitern war ein allgemeines Problem für die Bewohner von Orten, an denen größere Fremdarbeiterlager waren. Insgesamt befreiten die Alliierten laut einer Untersuchung für die Westzonen 5 846 000 Fremdarbeiter[60]. Kriegsgefangene, Zwangs- und Fremdarbeiter sowie andere Opfer der deutschen Politik, »Zivilpersonen, die sich aus Kriegsfolgegründen außerhalb ihres Staates«[61] befanden und auf dem von Alliierten besetzten Territorium aufhielten, wurden pauschal als »displaced persons« bezeichnet, im allgemeinen Sprachgebrauch als »DPs« abgekürzt.

Die einzige Möglichkeit für die Reichenbacher, die DPs loszuwerden, bestand darin, sich an die Besatzer zu wenden[62]. Unter den ersten Amerikanern befand sich ein ehemaliger Reichenbacher, Karl Leonberger, der 1928 mit seiner Familie nach Amerika ausgewandert war. Leonberger war zwischenzeitlich zum Offizier bei der amerikanischen Militärpolizei aufgestiegen[63]. Er war bei Heidelberg stationiert und kam noch am 22. April nach Reichenbach, um nach seinem Vater und seinen Schwestern zu sehen[64].

Die Amerikaner hatten die schönsten Häuser beschlagnahmt. Als sich herumsprach, daß Karl in Reichenbach war, haben die Leute, die uns während des Krieges teilweise sehr

Der Reichenbacher Karl Leonberger, der 1927 nach Amerika ausgewandert war und sich in Friedenszeiten freiwillig bei der US-Army verpflichtet hatte, kehrte am 22. April 1945 als Hauptmann der amerikanischen Militärpolizei nach Reichenbach zurück. – Er war Anlaufstelle und inoffizielle Vermittlungsinstanz für viele Reichenbacher.

deutlich hatten spüren lassen, daß der Bruder, bzw. der Sohn »beim Feind« war, gebittelt und gebettelt, er solle sich doch für sie einsetzen.[65]

Verschiedene Reichenbacher – so notierte sich die ehemalige Lagermitarbeiterin – bedrängten Leonberger, der die Verbringung der Russen in die Kaserne nach Esslingen »betrieb«[66], wo sie bis zu ihrem Transport nach Rußland blieben. Laut dem Bericht des ehemaligen *Lagerführers* Bräuninger wurden sämtliche Lagerinsassen am 4. Mai 1945 von 9.30 Uhr bis circa 17 Uhr mit amerikanischen LKW in die Kaserne nach Esslingen gebracht[67].

Ob und in welchem Umfang die Räumung tatsächlich auf die Einflußnahme Leonbergers zurückzuführen ist, bleibt of-

fen. Die Rückführung der befreiten Ausländer in ihre Heimatländer, die »Repatriierung«, durch die bereits im November 1943 von 44 Staaten gegründete Hilfsorganisation UNRRA[68], war vom westalliierten Oberkommando seit Herbst 1944 geplant. Für die Zusammenführung und Betreuung der häufig verstreut lebenden DPs richteten die Westalliierten in unzerstörten und aufnahmefähigen Orten »Assembly Centres« (Sammelzentren) ein, so auch in Plochingen, Esslingen und Stuttgart[69].

Am Montag, den 7. Mai 1945 brach zwischen 22.15 und 22.30 Uhr im ehemaligen *Ostarbeiterlager* ein Brand aus, bei dem vier »große Holzwohnbaracken mit Einrichtung völlig verbrannten.«

Die anderen elf Baracken sowie die Abortanlage Nr. 12 konnten gerettet werden, ebenso die Wirtschaftsbaracke Nr. 14.[70]

Vermutlich legten drei US-Soldaten den Brand vorsätzlich[71]. Die Eisenbahndirektion Stuttgart bekam für die abgebrannten Baracken von der Württembergischen Gebäudebrandversicherung 1950 und 1951 insgesamt 24 280 DM ausbezahlt[72].

Hingegen weigerten sich die Eisenbahndirektion und die Nachfolgeorganisation der Reichsbahn-Betriebskrankenkasse nachhaltig, die Krankenhauskosten von ehemals im *Ostarbeiterlager* Reichenbach wohnhaften russischen Fremdarbeitern, die beim RAW Esslingen und der Umladestelle Plochingen gearbeitet hatten[73], zu übernehmen. Sie betrachteten das

Arbeitsverhältnis der ausländischen Zivilarbeiter bei der Deutschen Reichsbahn ab 21. 4. 1945 als gelöst.[74]

Die Krankheitsfälle seien »nach deren Ausscheiden aus dem Reichsbahndienst (...) eingetreten.«[75] Die entstandenen Kosten von 1543 Reichsmark[76] bezahlte schließlich die AOK Esslingen[77].

Im Zuge des allgemeinen Runderlasses bezüglich der Instandsetzung und Pflege der Gräber von Angehörigen der Vereinten Nationen[78] erhielten Ende Mai 1947 die Gräber der Russen Grabsteine und die der Kaukasier und Holländer Holzkreuze[79]. Die Leiche Marinus van der Stoeps wurde im Frühjahr 1956 exhumiert und auf einen Ehrenfriedhof in Frankfurt am Main umgebettet[80]. Vom 21. bis zum 28. Mai 1951 besichtigte eine sowjetische Kommission die russischen Gräber in Reichenbach[81]. Der Russenfriedhof Obere Rinne lag sehr ungünstig und wurde 1955 mehrfach überschwemmt[82]. Er befand sich deshalb »in einem schlechten Zustand«[83] und wurde im Oktober 1956 höher- und neu angelegt[84].

»Da war's noch schlimmer als im Krieg« – Hunger, Flüchtlinge und Wohnungsnot

Kaum waren die Angst vor den Besatzern und vor den »befreiten« Fremdarbeitern vorüber, zeichneten sich zwei Probleme ab, die den Alltag der folgenden Jahre nachhaltig beeinflußten: die Versorgungsschwierigkeiten und die Wohnungsnot, verstärkt durch immer mehr zuströmende Flüchtlinge.

»Der Hunger, der ist erst angegangen, als der Krieg aus war«[85]

Zwar waren die militärischen Kampfhandlungen vorbei, doch die Versorgung mit Lebensmitteln blieb weiterhin rationiert. Für die Reichenbacher verschlechterte sich die Situation, trotz eigenem Anbau im Hausgarten oder »auf dem Gütle«, drastisch.

> Der Hunger, der kam erst nach dem Krieg. Nach dem Krieg dann sind wir Hamstern gegangen. Mal Eier oder eine Handvoll Mehl. Ich habe mit dem Stoff und mit dem Leder vom Zug oder mit einem Koffer voll Äpfel gehandelt, gegen Mehl oder a bissl Fett. Da bin ich bis nach Günzburg gefahren.[86]

Die Angst vor *Jabos* wurde abgelöst durch die Angst um das tägliche Brot. Die knappen Lebensmittelrationen, so erklärte Bürgermeister Schmid am 30. Mai vor dem »Aktionsausschuß«, seien auf den Einfluß der französischen Militärregierung zurückzuführen[87]. Infolge des Gebietsaustausches zwischen französischer und amerikanischer Zone hatten am 3. Mai französische Truppen Esslingen besetzt. Bis zur Rückkehr Taylors am 7. Juli unterstand Reichenbach, in dem keine französischen Soldaten stationiert waren, der strengen französischen Besatzung unter dem Kreiskommando von Major Borie. Im Gegensatz zum amerikanischen Besatzungskommando, dessen Ziel es war, »den Deutschen die Verantwortung für ihre eigenen Angelegenheiten zu überlassen und sie dazu anzuhalten, die Initiaive bei der Lösung ihrer eigenen Probleme zu ergreifen«[88], war die französische Besatzung vom Gedanken an Vergeltung für das an ihrer Bevölkerung begangene Unrecht geleitet. Im Protokoll des Beirats heißt es hierzu:

> So seien z. B. für die Fleischzuteilung durch das Ernährungsamt 250 g pro Woche vorgeschlagen worden, ein Satz, der den Beständen nach auch ohne weiteres hätte erfüllt werden können, die Militärregierung sei jedoch zu mehr als 100 g nicht zu bewegen gewesen.[89]

Die kargen Rationen entsprachen den von deutschen Besatzungsbehörden in Frankreich angeordneten[90]. Doch nach dem Abzug der französischen Besatzungstruppen verbesserte sich die Lage nicht. Vor allem im Winter 1946/47 war der Hunger sehr schlimm[91].

Eine Untersuchung des Staatlichen Gesundheitsamtes Esslingen von Anfang 1947 zeigte die katastrophale Unterernährung. Vier Fünftel aller Schulkinder im Kreis Esslingen waren untergewichtig[92]. Obwohl dies zwar in den Kreisgemeinden besser aussah, waren die weiteren Untersuchungen auch für Reichenbach alarmierend: Von 536 Schülern in Reichenbach litten 22 Prozent an Rachitis und 2,5 Prozent an anderen ernährungsbedingten Krankheiten[93]. Trotz Verbots versuchten die meisten Frauen über Hamstern und Schwarzmarktgeschäfte ihren Warenkorb aufzubessern.

> Das war manchmal wie ein Sport, für meine Mutter war das immer das größte Vergnügen, nach Hochdof rüber zu gehen und zu hamstern, und wenn sie einen Korb voll Eier gehabt hat, und ihr dann ein Büttel begegnet ist, und sie hat den so in ein Gespräch verwickeln und so anlügen können, dem eins auszuwischen, da ist sie freudestrahlend heimgekommen und hat gesagt, jetzt hab' ich wieder einen drangekriegt.[94]

Die Berichte von Bürgermeister Munz zeugen von der nur schleppenden Verbesserung. Ende 1946 mußte er dem Landrat mitteilen, die Nahrungsmittelversorgung der Bevölkerung sei »nach wie vor unzureichend«[95], und die »Zonengrenzen« bildeten »weiterhin das größte Hindernis für das Anlaufen des Wirtschaftsverkehrs«[96]. Im Bericht für den Januar heißt es:

> Der Einbruch einer neuen Kältewelle bringt schwere Sorgen für den größten Teil der Bevölkerung. Die völlig ungenügende Versorgung mit Brennmaterial gibt zu neuer Kritik Anlaß. (...) Überall fehlen Arbeitskräfte, und doch laufen Faulenzer genügend herum. (...) Die völlig unzureichende Versorgung der Bevölkerung mit Waren aller Art gibt viel böses Blut. Auf dem schwarzen Markt und zu Hamsterpreisen kann ein Teil der Begüterten jedoch kaufen. (...) Der Besitzerin eines hiesigen Kolonialwarenladens, die seit Jahren hamsterte und mehrere Zentner Lebensmittel zugrunde gehen ließ, ist bis heute noch kein Jota geschehen.[97]

Trotz der auch in Reichenbach eintreffenden und von der evangelischen Kirchengemeinde verteilten[98] »CARE-Pakete«[99] spitzte sich die Situation zu. Im April 1947 berichtete Bürgermeister Munz:

> Am brennendsten ist zur Zeit wieder die Ernährungsfrage. Durch die Herabsetzung der Fleisch-, Fett- und vor allem der Brotration ist eine ernste Krise zu verzeichnen, die sich durch den fast vollständigen Verbrauch der Kartoffeln aus der vorjährigen Ernte noch wesentlich verschärft.[100]

Als Gründe nannte Munz mangelnde Ablieferung der Bauern, Ausbleiben der US-Lebensmitteltransporte sowie vor allem schlechte Versorgung der Bauern mit Maschinen und Düngemittel[101]. Als Folge des heißen Sommers 1947 gingen die Kartoffelernte und die Milchanlieferung stark zurück. In der 111. Zuteilungsperiode vom 2. bis zum 29. Februar 1948 gab es außerdem überhaupt kein Fett[102]. Von Januar 1949 an beteiligte sich Reichenbach an der im Kreisgebiet angebotenen Hoover-Speisung – einer vom ehemaligen US-Präsidenten organisierten kostenlosen Essenausgabe an Schulkinder – bis zu deren offiziellem Ende im Juli 1950[103].

»Mit den Flüchtlingen sind (...) die Katholiken gekommen und die Wohnungen noch knapper geworden«

Zwischen 1945 und 1950 strömten fast zwölf Millionen deutsche Flüchtlinge und Vertriebene aus dem Osten in die westlichen Besatzungszonen. Dabei galten die Heimatvertriebenen nicht als international anerkannte Flüchtlinge, sondern wurden als rein deutsche Angelegenheit betrachtet[104]. Schon vor der deutschen Kapitulation waren auf den alliierten Kriegskonferenzen 1943 in Teheran und im Februar 1945 in Jalta die Aussiedlung deutscher Bevölkerungsgruppen vor allem aus Polen besprochen worden. Bereits kurz nach Einstellung der Kampfhandlungen kam es zu ersten Massenaustreibungen in Polen und der Tschechoslowakei. Erlebnisberichte einzelner Vertriebener aus dem Kreis Esslingen geben »beredtes Zeugnis für Inhumanität unter Menschen, die durch die Kriegsbrutalität ihre gegenseitige Achtung weitgehend verloren hatten.«[105]

Die Wohnraumsituation in Reichenbach ließ eigentlich keine Aufnahme von Flüchtlingen zu. Die Wohnungsnot hatte in den letzten Kriegsjahren katastrophale Ausmaße angenommen[106] und steigerte sich durch die Zahl der rückkehrenden und in Reichenbach »wegen Meidung des französischen Gebiets haltmachenden ehemaligen deutschen Soldaten.« Im Juni 1945 konnten für diese kaum mehr Quartiere gestellt werden[107]. Trotzdem hatte Reichenbach in der Zeit vom 30. November 1945 bis zum 22. Dezember 1946 zu den 200 zurückgebliebenen *Luftkriegsevakuierten* zusätzlich über 1200 Flüchtlinge aus dem deutschen Osten, aus Böhmen, Mähren, Ungarn und Jugoslawien aufzunehmen. Die Transporte kamen aus den verschiedensten Zwischenlagern in Esslingen, der erste kam mit 72 Oberschlesiern am 30. November mit Omnibussen in Reichenbach an. In einem der wenigen heizbaren Schulräume konnten sie zuerst einmal auftauen. Eine Zeit lang kamen fast jede Woche 30–35 Personen in Reichenbach an, die vom Bürgermeisteramt auf Privatquartiere verteilt werden mußten. Von 1405 »Neubürgern« waren 183 Evakuierte und 1222 Ausgewiesene. Knapp die Hälfte davon, 538, kamen als Sudetendeutsche aus der ehemaligen Tschechoslowakischen Republik, 343 aus der Region östlich der Oder/Neiße und 341 aus anderen Ländern[108]. Da die Ankommenden zumeist überhaupt keine Möbel mehr besaßen, ließ die Gemeindeverwaltung unter Bürgermeister Munz

neue Möbel herstellen. 42 Kleider- und 35 Küchenschränke sowie gebrauchte Möbel, Haushaltsgegenstände, Wäsche und Kleider in bedeutenden Mengen konnten zur Verfügung gestellt werden[109]. Die örtliche Industrie half ebenfalls: Die Firma Otto gab Stoffe, die Firma Schöttle Haushalts- und Elektrogeräte, Walter Müller[110] Textilien, Karl Kurz Arbeitsanzüge, W. Ommerle Blech für Ofenrohre und die Holzindustrie ihre Erzeugnisse[111].

Die Flüchtlinge bekamen kleine Parzellen Land auf dem Areal des ehemaligen *Ostarbeiterlagers* und auf anderem Gemeinde- und Privatbesitz angewiesen. Allen Neubürgern stand mindestens ein halbes bis ein Ar Nutzfläche zum Anbau zur Verfügung, wodurch der sehr angespannte Gemüsemarkt 1946 wesentlich entlastet werden konnte.

Die Bevölkerungszahl stieg von 3243 Einwohnern im Dezember 1945 auf 4100 Ende Oktober 1946[112] an. Die Wohnungssituation spitzte sich zu; 114 Einwohner waren in Notunterkünften, Notwohnungen, Baracken und Wohnlauben untergebracht[113]. Knapp die Hälfte der »Neubürger« lebte in überbelegten Wohnungen[114].

Hierüber kam es zu Konflikten zwischen begüterten ehemaligen Reichenbacher *Parteigenossen*, »die noch schöne Wohnungen besitzen und überreich mit Möbeln, Haushaltsgegenständen und Kleidern versorgt sind«[115], und den sich teilweise als »deren Opfer«[116] empfindenen Flüchtlingen, die »meist in Dachkammern«[117] hausen mußten. Immer wieder berichtete Munz – wie im September 1946 – dem Landrat:

Die Unterbringung der Flüchtlinge bringt Härten und Schwierigkeiten mit sich und die Bevölkerung verlangt, daß in erster Linie ehemalige Pg zusammenrücken sollen und ein Unterschied zu machen ist zwischen Pg und Nicht-Pg. (...) Unverständlich ist es auch, daß aktive Nazis heute noch die schönsten und reichsten Wohnungseinrichtungen besitzen, die Schränke voll mit Kleidern und Wäsche haben, die Ausgebombten und Flüchtlinge dagegen vor einem Nichts stehen.[118]

Auch 1949 hatte sich daran anscheinend noch nicht viel geändert. Der *Kreisflüchtlingskommissar* berichtete:

> Die allgemeine Lage der Flüchtlinge im Kreis Esslingen hat sich infolge der wirtschaftlichen Verhältnisse sehr verschlechtert. (...) Wenn man im letzten Vierteljahr in die Gesichter der alleinstehenden Frauen und der Alten sieht, dann kann man es kaum mitansehen, was für eine unsagbare Not unter diesen Menschen herrscht. Die Schikanen der Altbürger gegen die Neubürger reißen nicht ab.[119]

Über die Belegung in Reichenbach gab eine Kommission im November 1949 folgenden Bericht ab[120]: Von 4410 Einwohnern waren 1263 »Neubürger« und 155 *Evakuierte*. Aus Kriegsgefangenschaft wurden noch 17 Heimkehrer erwartet, 106 waren noch vermißt. Es könnten nach entsprechenden Umquartierungen noch 108 Zimmer und drei Kammern belegt werden. Der noch erfaßbare Wohnraum betrug 3,8 Prozent des Gesamtwohnraums. Die Liste der Wohnungssuchenden umfaßte 86 Bewerber, war aber nicht vollständig. Zusätzliche 62 Wohnräume wurden benötigt. Laut einer im Dezember 1949 durchgeführten Wohnraumüberprüfung war die Belegungsdichte von Altbürgerwohnungen in Reichenbach die niedrigste im ganzen Kreis[121].

Doch mit den nachströmenden Flüchtlingen nahmen nicht nur die Wohnungs- und Versorgungsprobleme zu. Kulturelle Unterschiede sowie Vorurteile entwickelten sich zu massiven Auseinandersetzungen, die noch lange nachklangen:

> Dann sind die Flüchtlinge gekommen. Da hat's ganz fleißige Leute gegeben, aber das Unangenehme war, daß sie an uns Schwaben nichts Gutes gelassen haben. »Ach die dummen Schwaben, wie sie die Rübe behacken«, haben die immer gesagt, weil es in Schlesien schon mehr Maschinen gab und unsere Bauern haben das noch wie vor dem Krieg von Hand gemacht. Die haben immer geprahlt, was sie alles zuhause hatten. Andererseits war es bei uns so, daß wenn jemand von denen gestorben ist, hieß es immer »bloß ein Flüchtling«.[122]

Die hartnäckige fremdenfeindliche Mentalität vieler Ortsansässiger war von einem nationalsozialistischen Heimatbegriff geprägt, der noch lange nachwirkte. Einen deutlichen kulturellen Unterschied stellte die andere Konfessionszugehörigkeit der meisten Flüchtlinge dar. Bereits im Oktober 1946 war über ein Viertel der Reichenbacher katholisch[123].

> Mit den Flüchtlingen sind dann auch die Katholiken gekommen. In den wenigen umliegenden Orten, die davor katholisch waren, (...) da hätte nie eine Reichenbacherin hineingeheiratet. (...) Dann sind die Flüchtlinge gekommen. Bei der Familie Zerrer an der Tankstelle Unger hatten die einen kleinen Beetsaal[124] und danach im Paul-Schneider-Haus.[125]

1946 erhielt Reichenbach mit Pfarrer Miller zum ersten Mal seit der Reformation wieder einen katholischen Geistlichen, und am 4. und 5. Dezember 1954 konnte die neue St.-Michaels-Kirche geweiht werden[126].

Noch bis in die fünfziger Jahre kam es immer wieder zu Auseinandersetzungen, Prozessen und Beschwerden[127] sowie zu aktenkundigen Tätlichkeiten zwischen Altbürgern und »Neubürgern«. Einer der im Ort aufsehenerregendsten Fälle ging auf folgende Ereignisse zurück: Ein Reichenbacher Vermieter hatte dem »Neubürger« S. gleich nach dem Einzug die Miete erhöht, die Benutzung der Badeinrichtung und des Trockenbodens untersagt sowie vor Einzug des »Neubürgers« das Küchen- und Speisegeschirr aus der Küche entfernt. Dem »Neubürger« leihweise zur Verfügung gestellte Nachttöpfe und Vorhänge mußten kurz nach dem Einzug zurückgegeben werden. Immer wieder bekam die sich beklagende »Neubürgerfamilie« zu hören, sie solle

> doch wieder dahin gehen, wo sie hergekommen sei.[128]

Am 14. Juli 1947 beschwerte sich der »Neubürger« S. beim Flüchtlingsobmann. Er und seine Frau waren im Gefolge der Auseinandersetzungen mit einem Beil tätlich angegriffen worden. Beide waren –

Blick auf Reichenbach, etwa 1955: Der Turm der katholischen Kirche veränderte nicht nur das äußere Ortsbild Reichenbachs.

so teilte der Flüchtlingsobmann dem Landrat mit – »noch blutig im Gesicht, Frau S. am Arm verwundet«[129]. Bei der Vernehmung des Altbürgers kam es zu einer Schlägerei auf dem Rathaus. »Neubürger« und »Altbürger« erschienen gegen 9 Uhr getrennt auf dem Rathaus. Der Flüchtlingskommissar protokollierte:

> Dieser Vorfall wurde unter den hiesigen Neubürgern bekannt und hat großen Unwillen hervorgerufen. Sehr viele Neubürger sind an mich herangetreten und haben, das Verhalten (...) aufs strengste verurteilend, die Anwendung schärferer Maßnahmen (...) gefordert. Es hatte sich aus diesem Anlaß bereits eine Gruppe von Neubürgern gebildet, die fest entschlossen war, zur Selbsthilfe zu greifen und durch eine geplante Aktion (...) durch Einschlagen seiner (des »Altbürgers«, d. A.) Fensterscheiben und Demolierung seines Hausgartens den Unwillen der hierdurch gereizten Neubürger zu demonstrieren. Nur dem besonnenen Verhalten des Flüchtlingsausschusses sowie dem Dazwischentreten

des Bürgermeister Munz ist es zu verdanken, daß diese Aktion nicht zur Tatsache wurde.[130]

Ein »Neubürger« verfertigte daraufhin verschiedene Flugblätter und heftete diese überall in Reichenbach an[131]. In einem vom 15. Juli 1947 datierten Brief wurden verschiedene Schikanen geschildert und hernach gefordert, den betreffenden »Altbürger« in ein Lager einzuweisen und schwer zu bestrafen[132].

Die Reichenbacher Kommunalverwaltung versuchte, die Flüchtlinge in den Personalbestand der Gemeinde zu integrieren. 1949 war dieser zu 29 Prozent mit Flüchtlingen besetzt, damit lag Reichenbach an sechster Stelle im Kreis[133].

In Anbetracht einer Vielzahl ähnlicher Fälle ist es um so bemerkenswerter, in welch kurzer Zeit sich die »Neubürger« in die Vereine und in die Kommune »einbürgerten«.

353

»Auch in Reichenbach war mit einemmal wieder alles zu haben.«

»Über Nacht waren die Schaufenster voll« – Die Währungsreform

Reparationen, Materialverknappung, Behinderung des Warenverkehrs durch die Zoneneinteilung, fehlende Absatzmärkte und mangelnde Kaufkraft führten bereits 1946 zu erheblichen Veränderungen in der Wirtschaftsstruktur des Kreisgebietes.

Als Folge der Dezentralisierungsmaßnahmen erhöhte sich zwar die Anzahl der Betriebe in allen Wirtschaftsbereichen, doch in den drei wichtigen lokalen Wirtschaftsbereichen, Metallwaren-, Maschinenbau- und Textilindustrie sanken die Produktions- und Beschäftigungszahlen drastisch. Im Vergleich zum Wirtschaftsjahr 1939 reduzierte sich im Kreis Esslingen in der Textilindustrie die Zahl der Beschäftigten von 3300 auf 1600, in der Metallwarenindustrie von etwa 5000 auf 3200 und im Maschinenbau gab es fast 3000 Beschäftigte weniger. Lediglich in der Elektrotechnik, der Feinmechanik, im Holzgewerbe, bei der Energieversorgung und im Einzelhandel war eine geringe Steigerung zu verzeichnen[134].

Die Nachkriegswirtschaft war massiv beeinträchtigt durch die Folgen der unseriösen Kriegsfinanzierung der Nationalsozialisten[135]. Hinzu kamen die Bestimmungen des Potsdamer Abkommens vom 2. August 1945, das unter anderem die »Vernichtung der übermäßigen Konzentration der Wirtschaftskraft« vorsah und die Hauptaufmerksamkeit »auf die Entwicklung der Landwirtschaft und der Friedensindustrie für den inneren Bedarf« richten wollte. Außerdem legte es fest, daß jede »Besatzungsmacht (...) ihre Reparationen aus ihrer Zone« entnehmen könne[136]. Unterdessen schlossen sich die Unternehmer der Region zum »Industrieverband für den Kreis Esslingen« zusammen, der im Mai 1946 in die »Industrie- und Handelskammer Esslingen« umgewandelt wurde[137].

In den drei Westzonen brachte die Währungsreform von 21. Juni 1948 einen Neuanfang[138]. Am Sonntag, dem 20. Juni 1948, wurde auf dem Reichenbacher Rathaus das neue Geld ausgehändigt[139]. Jeder Reichenbacher erhielt wie Millionen anderer deutscher Bürger im Umtausch gegen 60 Reichsmark zunächst ein »Kopfgeld« in Höhe von 40 Deutschen Mark und einige Zeit später weitere 20 Deutsche Mark. Wer darüber hinaus noch Reichsmark tauschen konnte, bekam jeweils zehn Prozent in Deutscher Mark. Doch die Behauptung, alle Westdeutschen seien ab diesem Datum gleich arm gewesen, stimmt nur für den »Kopfgeldbetrag«, nicht für alle anderen Bestimmungen. Die Währungsumstellung bevorzugte die Sachwertbesitzer und benachteiligte die Sparer, also Bargeldbesitzer. Bank- und Sparguthaben wurden im Wert auf 6,5 Prozent herabgesetzt.

Da Löhne und Gehälter bei der nächsten Fälligkeit im Verhältnis 1 : 1 ausbezahlt werden mußten, verschlechterte sich die allgemeine Finanzsituation der Reichenbacher Gemeindeverwaltung durch die Währungsreform »gewaltig«[140]. Die Mehreinnahmen für 1947 von 1 142 451 Reichsmark, darunter Rücklagen von 975 163 Reichsmark, wurden, wie Munz beklagte, »durch den völlig unsozialen ungerechten Währungsschnitt

100prozentig entwertet.«[141] Grund-, Gewerbe- und Gebäudesteuer betrugen zum 31. Juli 1948 nur 607 Deutsche Mark. Alleine für Löhne und Gehälter hatte die Gemeinde für Juni und Juli 1948 insgesamt 15 118 Deutsche Mark zu bezahlen. Dringend anstehende Arbeiten, wie die Instandsetzung diverser Straßen, der Bau eines Wasserleitungsstranges in die Marienstraße und die Reparatur eines Stücks Filsufer, das durch Hochwasser beschädigt worden war, konnten nicht in Angriff genommen werden.

> Jetzt ist zwar Material für Wohnungsbau verfügbar, allerdings so teuer, daß aus Steuern die Mittel allein nicht mehr aufgebracht werden können.[142]

Doch die Reichenbacher staunten, als »über Nacht die Schaufenster voll«[143] waren. »Auch in Reichenbach war mit einemmal wieder alles zu haben.«[144] Große Mengen an Vorräten waren in Erwartung des neuen Geldes zurückgehalten worden. Allerdings profitierten nicht alle von diesem »Wunder«. Noch waren viele Konsumartikel nur auf Marken zu haben, und das, was es zu kaufen gab, war für viele zu teuer. Es dauerte noch einige Zeit, bis das »deutsche Wirtschaftswunder«[145], angekurbelt durch das im April 1948 verabschiedete amerikanische Hilfsprogramm für Europa, den »Marshallplan«, in Schwung kam.

Neubeginn und Demokratisierung

Entnazifizierung

Der demokratische Neubeginn sollte mit der »Entnazifizierung« der Gesellschaft eingeleitet werden. Neben der Entlassung aus dem öffentlichen Dienst und der juristischen Verfolgung von vermeintlichen oder tatsächlichen Nationalsozialisten –

der ehemalige *Ortsgruppenleiter* Mangold hatte sich durch Flucht der Verfolgung vorerst entzogen – sollten durch Aufklärung über nationalsozialistische Verbrechen, durch individuelle Entnazifizierungsverfahren und gegebenenfalls persönliche Bußen die verantwortlichen Nationalsozialisten zur Rechenschaft gezogen werden.

Durch Installieren von demokratischen Strukturen und durch positives Aufzeigen von verantwortungsvollem Verhalten, verbunden mit einem Schuß Wirtschaftswunder und dem »American way of life« wollten vor allem die amerikanischen Besatzer ein demokratisches Bewußtsein erzeugen[146] und damit die *kulturelle Gleichschaltung* der deutschen Bevölkerung wieder rückgängig machen. Im Vergleich zu den benachbarten französischen Besatzern, denen die gesellschaftliche und wirtschaftliche Gesundung Frankreichs wichtiger war als die Stärkung einer demokratischen deutschen Gesellschaft, war die in Reichenbach angewandte amerikanische Entnazifizierungspolitik – zumindest in den ersten Monaten – vergleichsweise streng[147].

Als erstes sollten ehemalige *Parteigenossen* aus dem öffentlichen Dienst entlassen werden. Vor allem auf die Entnazifizierung der Institution Schule – die für die Erziehung einer demokratischen Jugend verantwortlich werden sollte – legten die Besatzer und der »Aktionsausschuß« gleichermaßen großen Wert. Da fast alle Beamten und Lehrer *Parteigenossen* waren, wurden im Herbst 1945 sieben Lehrkräfte ihres Dienstes enthoben. Die 450 Kinder blieben von April bis September ohne Unterricht. Eine Lehrerin und ein Lehrer blieben übrig. Da letzterem die Gesundheit versagte, übernahm am 1.Oktober 1945 »das Fräulein Stotz«[148] die Schulleitung und sechs junge ehemalige Oberschülerinnen wurden als Vertretung angestellt.

Die Entnazifizierung der Reichenbacher Gemeindebeamten gestaltete sich schwieriger, da die Personalakten der Reichenbacher Rathausangestellten auf Weisung des Innenministeriums im Frühjahr 1945 vernichtet worden waren[149]. Deshalb verfügten die Amerikaner mit Erlaß vom 27. September 1945 beispielsweise auch die Entlassung des Gemeindepflegers Weiler und eines Schreibgehilfen[150], für

die im Dezember eine Ersatzkraft anzustellen war[151]. Am 23. Dezember 1947 befürwortete der Landrat deren Wiedereinstellung bei der Militärregierung[152]. Die beiden Polizeibeamten Albert Lindenschmid und Heinrich Burckhardt wurden nach Entscheid der Alliierten Militärregierung am 6. September 1945 aus dem Amt entlassen[153], ebenso ehemalige nationalsozialistische Angestellte bei der Post[154].

Gemäß dem Erlaß des Landrats vom 18. Juli und vom 28. August 1945 wurde am 11. September 1945 alle NS-Literatur, insgesamt 366 nationalsozialistische Bücher und Hefte, aus Reichenbach nach Esslingen abgeliefert und in der Augustinerstraße verbrannt[155]. Darunter waren Titel wie »Afrika braucht Großdeutschland«, »Unser Wille und Weg«, »Vererbungslehre, Rassenkunde und Erbgesundheitspflege«, je zwei Ausgaben von Hitlers »Mein Kampf« und Alfred Rosenbergs »Mythos des 20. Jahrhunderts« sowie »Ich war Arbeitsmaid im Kriege«[156].

Außerdem erhielten alle erwachsenen Reichenbacher Bürger einen »Meldebogen«, in dem unter anderem nach einer Mitgliedschaft in der NSDAP oder deren Hilfsorganisationen sowie nach Ehrentitel und Militärdienst gefragt wurde. Am 15. August 1945 sperrte die Militärregierung alle Konten von vermutlichen Nazis und ihren Ehepartnerinnen und Kindern[157].

Im Herbst richtete die Militärregierung verschiedene »Entnazifizierungs-Ausschüsse« in Reichenbach ein, etwa Betriebsausschüsse, die die Entnazifizierung in den Betrieben vorantreiben sollten. Im November 1945 nahm die Reichenbacher »Spruchkammer«, die die Verfahren gegen Reichenbacher Bürger gewährleisten sollte, ihre Arbeit auf. Sie bestand aus drei Arbeitgebern, drei Arbeitnehmern und vier Mitgliedern des »Beirats«[158]. Wie überall wurde es für ehemalige Reichenbacher Nationalsozialisten wichtig, glaubwürdige Entlastungsschreiben von Unbelasteten oder gar von Verfolgten des Naziregimes vorzuweisen, die sie von der Mitverantwortung reinwaschen konnten, sogenannte »Persilscheine«.

Mit den zunehmenden Alltagsnöten, der Verschlechterung der Lebensmittel- und der Wohnraumsituation nahm das Interesse an der Entnazifizierung bei den meisten Reichenbachern – auch bei der Militärregierung – ab. Nur einige dem ehemaligen progressiven Milieu Zugehörige betonten wiederholt deren Bedeutung. Immer wieder berichtete Munz – wie im November 1946 – hierüber dem Landrat:

> Die inneren Kämpfer gegen den Nazismus stimmen mit den Besatzungsmächten darin überein, daß nur durch eine restlose Säuberung von Nazis und Militaristen eine wahre Demokratie errichtet werden kann. Die Jahre 1918–1933 sollten uns eine Mahnung sein.[159]

Vor allem im Hinblick auf die steigende Zahl an Flüchtlingen, denen es ungleich schlechter ging als den meisten ehemaligen Parteigenossen, schrieb Munz einen Monat später:

> Von allen Seiten der Bevölkerung (...) wird immer noch an der unzureichenden Tätigkeit der Spruchkammern Kritik geübt. (...) Sofern einem fanatischen Nazi also nicht direkt eine verbrecherische Handlung nachgewiesen werden kann, wird er automatisch Mitläufer. Sind die Trümmer und Krüppel auf der ganzen Welt denn keine ausreichenden Zeugen für das Verbrechen der Nazis? (...) Auch die von den Spruchkammern verhängte Sühneleistung der Mitläufer wird nicht als gerecht empfunden angesichts der herrschenden Flüchtlingsnot. Es ist eine Tatsache, daß sämtliche Nazis auch heute noch mit Möbeln, Haushaltsgegenständen und Bekleidungsstücken ausgezeichnet versehen sind, die sie sich während der Hitlerzeit ergatterten, während Flüchtlinge und Bombengeschädigte vor einem gar Nichts stehen.[160]

Und in Gedanken an seine Freunde, die durch Einflußnahme örtlicher Nationalsozialisten noch kurz vor Kriegsende zur Wehrmacht einberufen worden und in Kriegsgefangenschaft geraten waren, formulierte er schärfer werdend:

> Es schlägt doch der Gerechtigkeit ins Gesicht, wenn ein deutscher Antinazi, der in die graue Uniform gezwungen, nun unglücklicherweise in Kriegsgefangenschaft sitzt, und hinter Stacheldraht Hitlers Schandtaten abbüßen soll, während aktive Nazis zu Hause herumsitzen und für ihr Spruchkammerverfahren Entlastungszeugen sammeln.[161]

In der Tat wurden manche »Persilscheine« regelrecht gekauft[162]. Ein ehemaliger Nationalsozialist erinnert sich:

> Das mit der Entnazifierung, das war der mittlere Witz, eine mündliche Unterredung, damit hatte es sich.[163]

Doch es gab auch empfindliche Strafen für ehemalige Nazis. Der ehemalige *Ortsgruppenleiter* Mangold wurde am 9. Oktober 1945 verhaftet und kam ins Internierungslager Ludwigsburg[164]. Im zweiten Hauptverfahren des Entnazifizierungsausschusses wurde Mangold in der öffentlichen Sitzung am 9. Juni 1948 zum »Hauptschuldigen« erklärt[165]. Er legte Berufung ein, blieb bis zum 11. Juni 1948 in Haft und verstarb kurz nach seiner Entlassung am 26. September 1948 im Kreiskrankenhaus Göppingen[166]. Die Zentralspruchkammer stufte den ehemaligen Reichenbacher *Ortsgruppenleiter* am 16. Mai 1949 »post mortem« zurück in die Kategorie »Belasteter«. Fast alle ehemaligen aktiven Reichenbacher NSDAP-Mitglieder legten Berufung gegen ihre Klassifizierung durch die Spruchkammern ein. Fast alle wurden schließlich zu »Mitläufern« oder in mildere Kategorien eingestuft.[167]

Ehemalige *Parteigenossen* wurden mehrfach zu Arbeitseinsätzen herangezogen, die Mitglieder der NS-Frauenschaft besorgten unter anderem das Ausgrasen des Friedhofes[168]. Vor allem ältere Reichenbacher Nationalsozialisten empfanden die körperliche Arbeit als ungerechtfertigt oder doch zumindest als übertrieben hart[169]. Als sich auf Anordnung der Militärregierung eines Sonntag morgens *Parteigenossen* zu Aufräumarbeiten im ehemaligen *Ostarbeiterlager* zu melden hatten, beteiligte sich Bürgermeister Munz an der Aktion mit den Worten:

Wir haben den 2. Weltkrieg gemeinsam verloren.[170]

Die Aktivitäten seitens ehemaliger Gegner des Systems, lokale Parteigrößen zur Verantwortung zu ziehen, stießen bei vielen Reichenbachern, die »nur noch im Hintergrund bleiben« wollten, auf wenig Verständnis:

> Der Pfarrer Dipper war nicht sehr christlich. Ich finde, ein Pfarrer müßte doch ein Vorbild sein in Sachen Nächstenliebe. Und da heißt's in der Bibel doch: »Wenn dir einer auf die rechte Wange haut, dann halt ihm die linke hin«. Und der Pfarrer Dipper nach dem

Krieg, der war der erste, der den Ortsgruppenleiter anzeigt hat.[171]

Der größte Teil der Bevölkerung hatte kein Verständnis für die von der Militärregierung, den Entnazifizierungsausschüssen sowie dem »Beirat« und Bürgermeister Munz durchgeführten Maßnahmen. Der Sohn erinnerte sich:

> Wir, speziell mein Vater, haben uns damals mit vielen Reichenbacher Familien verfeindet, da mein Vater all die Entnazifizierungen, Einquartierungen, Zuweisungen für Flüchtlinge und vieles andere machen mußte.[172]

Politische Parteien und Wahlen

Als Bestandteil der von den Amerikanern gewünschten Selbstverwaltung und Demokratisierung sollten nach dem Etablieren der lokalen Verwaltungen Parteien ihren Beitrag leisten. Nach den Bestimmungen des Potsdamer Abkommens war ab August 1945 die Zulassung demokratischer Parteien wieder erlaubt. Die Esslinger Militärregierung genehmigte deren Zulassung durch Veröffentlichung am 8. September 1945 im Amtsblatt[173].

Trotz intensiver Gespräche gelang es Otto Munz nicht, die führenden örtlichen Sozialdemokraten, die in einer »Einheitsfront« im »Aktionsausschuß« und im Beirat gesessen hatten, in einer Partei zusammenzuführen. In Reichenbach organisierten sich bald darauf um Otto Munz, Hermann Bauknecht, Albert Kautter und Albert Schloz die »Freie Demokratische Wählervereinigung« (FDW)[174], um Timotheus Stöber und Rudolf Roth die »Sozialdemokraten« (SPD)[175], und als Sammelbecken für christlich-bürgerlich orientierte Beiratsmitglieder um Ferdinand Köst, Richard Alber, Ernst Ommerle, Robert Raidt, Georg Hoyler und Gustav Weinland die »Christlich Soziale Volkspartei« (CSV)[176].

Gemäß dem Erlaß der amerikanischen Militärregierung vom 23. November 1945, fanden in allen Gemeinden der amerikanischen Zone von 3000 bis 20 000 Einwohnern am 27. Januar 1946 Gemeinderatswahlen statt[177]. 115 Reichenbacher waren aus politischen Gründen vom Wahlrecht ausgeschlossen[178]. Verschiedene Widersprüche dagegen gingen beim Landrat ein, wurden aber zum Großteil nach einer Überprüfung abgewiesen[179]. Drei Wahlvorschläge mit insgesamt 27 Kandidaten von CSV, SPD und FDW wurden zur Wahl zugelassen[180].

Die Betrachtung der Wahlen zum Gemeinderat am 27. Januar 1946 und am 7. Dezember 1947 sowie der Wahl zur verfassungsgebenden Landesversammlung am 30. Juni 1946 weist auf starke Schwankungen im Wahlverhalten der Reichenbacher[181]. Bei den ersten Gemeinderatswahlen konnten die Konservativen bei einer Wahlbeteiligung von 92 Prozent knapp 55 Prozent der Stimmen und damit sieben der zwölf Sitze erringen. Die »Freien Demokratischen Wähler« erzielten knapp 28, die Sozialdemokraten knapp 18 Prozent und erhielten drei beziehungsweise zwei Sitze[182]. Der Gemeinderat wählte in

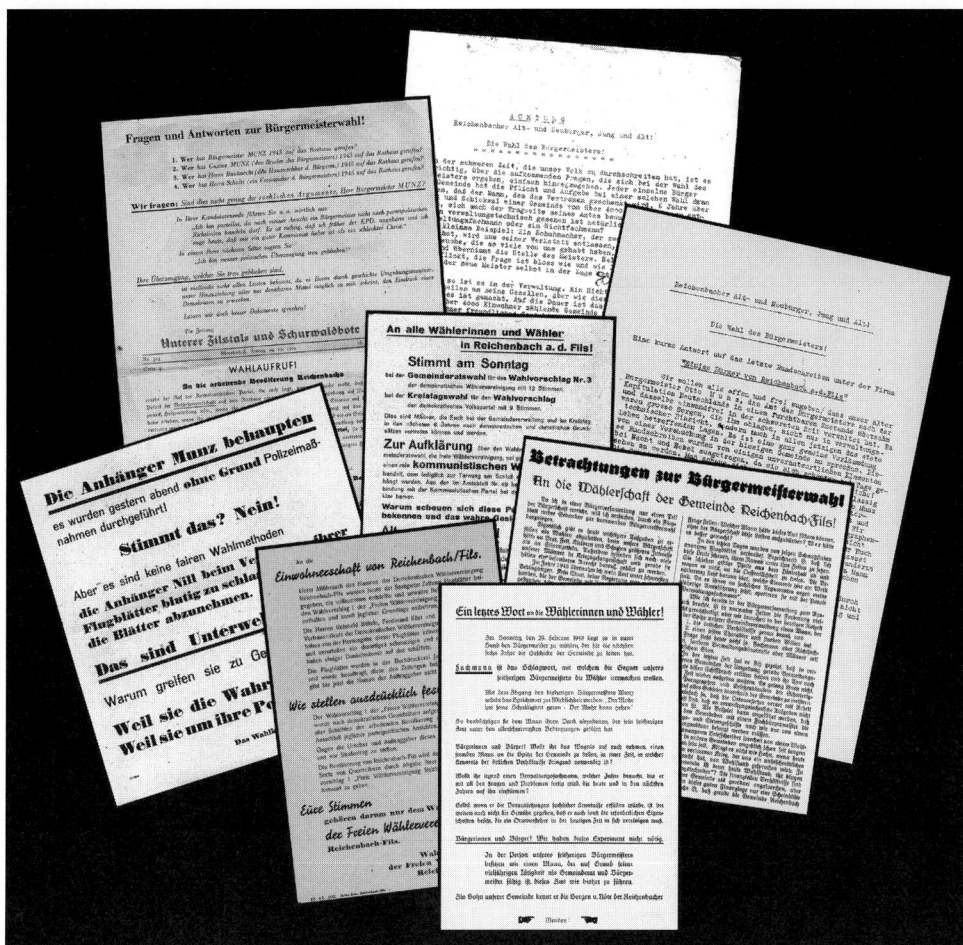

Flugblätter zur Bürgermeisterwahl 1948.

seiner ersten Sitzung im April 1946 einstimmig Otto Munz zum Bürgermeister[183].

Bei der Wahl zur verfassungsgebenden
Landesversammlung fünf Monate später
fielen die Konservativen zur dritten Kraft
mit 20 Prozent der Stimmen hinter den
Sozialdemokraten mit knapp 25 und den
Kommunisten mit knapp 23 Prozent zurück[184]. Erstaunlich bei den Gemeinderatswahlen eineinhalb Jahre später sind
die immensen Gewinne der »Munzschen
Demokraten« (FDW), die mit 54 Prozent
die absolute Mehrheit errangen. Die bürgerlich Liberalen – zwischenzeitlich zur
»Deutschen Volkspartei« gewandelt – er-

hielten 26 und die Sozialdemokraten 19
Prozent[185].

Am 29. Februar 1948 waren die Reichenbacher aufgerufen, ihren Bürgermeister
zu wählen. Wie bei der Ortsvorsteherwahl 1926/27 polarisierten sich die noch
diffusen politischen Vorstellungen. Im
Gegensatz zu damals war der Amtsinhaber 1948 ein Vertreter des ehemals progressiven Milieus, sein Hauptkontrahent
wurde vor allem von ehemals traditionalistischen Kräften unterstützt sowie von
ehemaligen *Hitlerjugendführern*, die sich
von der allgemeinen »Ohne-mich-Hal-
tung« nicht hatten anstecken lassen.

Für das Amt bewarben sich der Amtsinhaber und die Kandidaten Bracher, Nill, Gatys und Übele. Bei der Kandidatenvorstellung am 22. Februar in der Turnhalle zog Bracher seine Bewerbung zurück[186]. Da sich die konservativen und liberalen Gruppierungen auf den liberalen Polizeiinspektor Erich Nill aus Stuttgart geeinigt hatten[187], kam es zu einem »Kopf-an-Kopf-Rennen« zwischen diesem und Otto Munz.

In insgesamt acht Flugblättern[188] verunglimpften verschiedene Wahlkomitees und anonym oder unter falschem Namen agierende Gegner den amtierenden Bürgermeister mit zum Teil deutlich unter die Gürtellinie treffenden Vorwürfen. Das Wahlkomitee Nill erwies sich als besonders eifrig. Mit Blick auf die »Neubürger«, die Munz viel zu verdanken hatten, sich aber häufig als »Opfer des Sowjetkommunismus«[189] betrachteten, wurde dessen Liste als »rein kommunistischer Wahlvorschlag«[190] diffamiert, wobei auf alte Ängste und das Denkschema vom »Untermenschen« Bezug genommen wurde:

> Wollt Ihr Vertreter russischer Kultur und Zivilisation? Verfechter sowjetischer Ideen? Interessenten östlicher Diktatur?[191]

In einem Flugblatt »Betrachtungen zur Bürgermeisterwahl«[192] schrieb Otto Munz Mitte Februar 1948 hierzu:

> Im Jahre 1945 übernahm ich mein Amt unter schwersten Bedingungen. Kein Staat, keine Regierung war mehr vorhanden, die der Gemeinde mit Unterstützung zur Verfügung gestanden hätte. (...) Im Jahre 1946 wurde der Bürgermeister vom Gemeinderat gewählt. Obwohl ich keine Bewerbung abgegeben hatte, wurde ich vom Gemeinderat gebeten, das Amt weiter zu führen und es erfolgte meine einstimmige Wiederwahl. (...) In den letzten Tagen wurden von feigen Schmutzfinken anonyme Flugblätter verbreitet. (...) Sie schießen giftige Pfeile aus dem Hinterhalt ab und wagen es nicht, an die Öffentlichkeit zu treten.[193]

Gewählt wurde der Polizeiinspektor Erich Nill mit 1273 von 2430 gültigen Stimmen. Munz erhielt 1143 Stimmen.

Wie bereits bei der Ortsvorsteherwahl 1926[194] erhoben auch dieses Mal einige Bürger Einspruch wegen »gesetzeswidriger Beeinflussung durch ein Flugblatt«, der vom Gemeinderat zunächst allerdings abgelehnt wurde. Die Militärregierung Esslingen hatte die Verteilung von Flugblättern durch Postwurfsendungen am 26. Februar ausdrücklich untersagt[195]. Trotzdem verteilten die Anhänger Nills, um den Kommunistenhaß der meisten Flüchtlinge auf Munz zu lenken, zwei Tage vor der Wahl fingierte Flugblätter, in denen es hieß:

> Achtung Reichenbacher! Jeder wähle wie er will. Der Antikommunist heißt Nill! Wir Kommunisten wählen Munz! Darum wähle Du mit uns den Kommunisten Munz!

Am Tag vor der Wahl hatten zwei ehemalige *HJ-Führer* außerdem die amerikanische Militärpolizei mit der Begründung nach Reichenbach gerufen, es gebe eine kommunistische Verschwörung am Ort. Infolgedessen waren drei Vertraute von Munz kurzzeitig inhaftiert worden. Munz bezeichnete die Aktion als »planmäßige Demonstration von ehemaligen Nazis.«[196]

Am 17. April 1948 unterzeichneten 114 Reichenbacher eine Bestätigung, daß sie sich bei der Wahl vom 29. Februar durch das Flugblatt »Wir Kommunisten wählen Munz« hätten rechtswidrig »in ihrer Entscheidung bei der Stimmabgabe beeinflussen« lassen[197].

Da Munz 1946 aus der KPD ausgetreten war, legten dessen Freunde Beschwerde beim Landrat ein, welcher mit Verfügung vom 23. April 1948 die Wahl für ungültig erklärte. Einer Klage Nills vor dem Verwaltungsgericht wurde am 7. August 1948 stattgegeben mit der Begründung, »die Behauptung, Munz sei ein Kommunist, sei nicht unwahr, weil er bis 1946 Mitglied der kommunistischen Partei gewesen sei.«[198] Nill blieb Bürgermeister. Otto Munz blieb Gemeinderat bis zur 700-Jahr-Feier Reichenbachs im Jahre 1968, anläßlich derer Munz zum Ehrenbürger der Gemeinde ernannt wurde. Er starb am 10. Dezember 1981.

»Ohne mich« – Kriegsbilanzen, Sichtweisen und Folgen

Der vom nationalsozialistischen Deutschland begonne Zweite Weltkrieg kostete in Reichenbach 285 Männern und zwei Frauen das Leben[199], einschließlich der Opfer der »Heimatvertriebenen«.

Außer diesen »Kriegstoten« beklagten die Familien der mindestens 88 Reichenbacher, die als politisch, medizinisch, *rassisch* und sozial *Ausgegrenzte* ermittelt werden konnten[200], deren mehr oder weniger schlimme Schicksale. Mindestens 15 namentlich bekannte Opfer davon fanden den Tod, mindestens 25 waren von Gefängnis-, *Konzentrations-* und *Arbeitslageraufenthalten* körperlich und vor allem seelisch gezeichnet. Fast 1500 deutsche Reichenbacher »Neubürger« hatten ihre Heimat verloren und etwa ebensoviele ausländische Menschen hatten nach mehreren Jahren »Zwangsaufenthalt« Reichenbach verlassen – durch deutsche Gewaltmaßnahmen aus ihrer Heimat und ihren gewohnten Lebensbedingungen entwurzelt – »displaced«.

Schon der *Totale Krieg* war von den meisten Reichenbachern als typisches Beispiel für Fremdbestimmtheit des Alltags erlebt worden[201]. Bei Kriegsende empfanden die meisten den Krieg noch deutlicher als ein fremdproduziertes Unglück, das über sie hereingebrochen war. Dabei gingen unterschiedliche Bevölkerungskreise von unterschiedlichen verantwortlichen »Produzenten« und damit von unterschiedlichen »Schuldigen«, aus. Für ehemalige Mitglieder des progressiven Milieus waren Hitler und die Nationalsozialisten – und damit auch benennbare Frauen und Männer im Ort, die sich aktiv am Vorbereiten und Durchsetzen der nationalsozialistischen Herrschaft beteiligt hatten – zur Verantwortung zu ziehen. Für viele Mitglieder des traditionalistischen Milieus waren die »Feinde«, etwa Amerikaner und Engländer, die durch ihre Bomber und Jagdbomber in Reichenbach »gegenwärtig« waren oder auch die direkt sichtbaren »Feinde«, also Kriegsgefangene und Fremdarbeiter, Verantwortliche, denen die »Schuld« an ihrem »Unglück« zugeschoben werden konnte[202].

Aus diesen unterschiedlichen Erklärungen ergaben sich sehr verschiedene Haltungen und Verhaltensweisen. Die am Ort nach Mitverantwortlichen suchenden Vertreter des progressiven Milieus unterstützten die Forderungen der ersten Besatzer nach »Sühnemaßnahmen« sowie nach völliger »Entnazifizierung« der Gesellschaft. Diejenigen, die sich mehr oder weniger mit dem System identifiziert hatten, vor allem die jüngeren, die glaubten, für »Ehre«, für ihr Vaterland und für »eine gute Sache« gedient, gekämpft und sich engagiert zu haben, reagierten entweder unbelehrbar oder fühlten sich von den Nationalsozialisten getäuscht. Verschiedene junge Reichenbacher gaben ihre Waffen nicht ab, da sie immer noch hofften, im »Wehrwolf« einen Partisanenkrieg fortsetzen und schließlich gewinnen zu können[203]. Sie wurden wegen Waffenbesitzes im Sommer 1945 vom »Aktionsausschußmitglied« Albert Kautter gestellt und entwaffnet[204]. Doch die meisten hatten das Gefühl, in ihrem Idealismus mißbraucht worden zu sein.

> Eines habe ich mir damals geschworen: Ich mache nirgends mehr 'was mit. Ohne mich![205]

> »Von Politik habe ich da gar nichts mehr wissen wollen. Nie wieder Partei, nie wieder Soldat, jetzt bin ich mal Mensch und guck nach mir. Schluß aus. 's Vaterland kann einem gestohlen bleiben.«[206]

Trotzdem beschimpften die meisten der Mitglieder des ehemaligen traditionalistischen Milieus, die sich von »den Nazis« wegen der Niederlage betrogen fühlten, aktive Antifaschisten, die gegen braune *Parteigenossen* vorgingen und diese zum Arbeitseinsatz und Aufräumarbeiten heranzogen, als Denunzianten. Der ehemalige HJ-Führer schrieb resigniert:

Die Jugend war von nun an an nichts mehr gebunden. Der Idealismus gebrochen, die Moral zerschlagen, so setzte bald eine beängstigende Resignation ein. Die Kriminalstatistik nahm zu.[207]

Viele wollten endlich etwas »Leben nachholen«.

Arbeiten war jetzt wichtig, daß man wenigstens ein Geld verdient, ich brauch ja wenigstens ein Geld. Man will einmal was zum Anziehen, will einmal a bissle leben.[208]

Diese »Ohne-mich«-Haltung wirkte sich nach den Neu- und Wiederzulassungen der Vereine deutlich im mangelnden Engagement der Reichenbacher aus. Auch der Kreisbrandinspektor Ertinger sah die Ursachen für den Mitgliederrückgang der Freiwilligen Feuerwehr

im allgemeinen in der Ablehnung der aus dem Krieg heimgekommenen jungen Männer, wieder eine Uniform anzuziehen und sich einer Disziplin zu unterwerfen, die sie fälschlicherweise als verwandt mit der militärischen betrachten.[209]

Die zentrale Verhaltensweise der Reichenbacher 1933 und in den folgenden Jahren war das Weitermachen gewesen. Die äußeren Umstände hatten sich mit Ende des Krieges gewaltig gewandelt. Die hohe Zahl an Flüchtlingen, die selbst ihrer geographischen und kulturellen Heimat entwurzelt waren, versuchten, an alten Traditionen festzuhalten, die den Reichenbachern fremd waren. Das deutlichste verbindende kulturelle Element, die »braune Kultur«, durfte nicht mehr gelten.

Das progressive Milieu existierte so nicht mehr. Dessen ehemals der Arbeitertradition verbundene Vereine, die überlebt hatten, der »Verein für Bewegungsspiele Reichenbach«, der Radfahrverein »All Heil« und der Musikverein »Glück auf«, nahmen 1946 ihre Vereinsaktivitäten wieder auf[210]. Doch sie versuchten im Kontext der »Ohne-mich«-Mentalität betont unpolitisch zu bleiben und beschränkten sich auf den Sport beziehungsweise die Musik. Ihre Zugehörigkeit zu einem kulturellen Mileu hatten sie verloren. Die Einrichtungen wie die Mit-

glieder des aufgelösten »Arbeitersamariterbundes« waren im neu gegründeten »Deutschen Roten Kreuz« aufgegangen. Die Aktiven des ehemaligen progressiven kulturellen Milieus versuchten im Jahr 1953, dessen integrierenden Mittelpunkt, den Arbeitergesangverein »Freiheit«, wiederzugründen. Doch die Vereinsarbeit mußte 1968 eingestellte werden, »da zu wenig Mitglieder da waren.«[211]

Auch die Kernvereine des ehemaligen traditionalistischen Milieus bemühten sich im ersten Jahr nach dem Kriegsende um eine Wiederzulassung bei den amerikanischen Behörden[212]. Der Reitverein begann 1946[213], die »Concordia« 1946/47[214] und der Turnverein 1947[215] mit der Vereinsarbeit, und »nach langen Verhandlungen« durfte schließlich auch die »Reichenbacher Schützengilde« ihr Schießhaus beziehen und den Sportbetrieb aufnehmen[216]. Bei den Mitgliedern dieser Vereine wie bei den sich bereits Anfang Dezember 1945 organisierenden Feuerwehrleuten[217] hatten die Erlebnisse des Krieges und des »Zusammenbruchs« deutliche Spuren hinterlassen[218]. Neben den allgemeinen Nachkriegsproblemen[219] machten sowohl die vielen Gefallenen[220] als auch die Vorsicht ihrer Mitglieder, sich für irgend eine Idee zu engagieren, die Vereinsarbeit oft schwer.

In den folgenden Jahren sollten die Menschen – zumindest nach dem Willen der Besatzer – eine demokratische Kultur aufbauen. Die Grundhaltung jedoch hatte sich durch die Entnazifizierung oder durch die Verkündung des Grundgesetzes der Bundesrepublik Deutschland am 23. Mai 1949 bei den wenigsten wirklich verändert.

Die entstehende politische Kultur lebte von der Tabuisierung der Verbrechen und von Verdrängung. Äußerer Ausdruck hierfür war die Bürgermeisterwahl vom 26. Oktober 1952, bei der Emil Schmid und Walter Baach[221] für das Amt des Bürgermeisters kandidierten. Mit großer Mehrheit wurde der ehemalige Bürgermeister Emil Schmid gewählt. Er bekam im Sommer 1957 während einer Gemeinderatssitzung eine Lungenembolie und verstarb am 11. Juli[222].

Die sich weiterentwickelnde politische Kultur fußte auf einem weitverbreiteten Bewußtsein des »Mitläufertums«[223], das aus Verdrängung und nicht ausreichender Fähigkeit zur Kommunikation entstanden war. Für die meisten Reichenbacher ging es zunächst darum, sich eine eigene materielle Existenz aufzubauen sowie sich am Aufbau der bundesdeutschen Wirtschaft zu beteiligen.

> Ärmel hoch, Schaffen und Verdrängen war angesagt, vergessen, was war.[224]

Nachbemerkung

Es veränderte sich einiges. Viele Reichenbacher fanden nicht nur eine materielle Existenz, sondern nach und nach auch eine eigene Identität. In den fünfziger Jahren entwickelte sich ein pulsierendes Vereinsleben, ein kommunalpolitisches Leben und – zumindest nach Einschätzung der befragten Zeitzeugen[225] – eine demokratische Kultur. Deren Erträge drücken sich in vielen sichtbaren Einrichtungen und Beziehungen sowohl innerhalb der Vereine, in der Kommune sowie in anderen Institutionen aus, nicht zuletzt in einer lebendigen Partnerschaft mit ehemaligen »Feinden«.

Wichtiger Bestandteil der politischen Kultur einer Demokratie ist es, sich selbst seiner Geschichte bewußt zu werden, und über unterschiedliche Erinnerungen und Sichtweisen ins Gespräch zu kommen. Das am Anfang der Arbeit erwähnte Bedürfnis der Gemeinde, die eigene Geschichte aufarbeiten zu wollen, zeugt von stattgefundenen Entwicklungen. Auch die vielfältige Unterstützung des Projektes durch Reichenbacher Vereine und Einzelpersonen steht hierfür. Der angesprochene Prozeß konnte möglicherweise hierzu noch beitragen.

Diese Arbeit ist unter anderem ein Produkt der Auseinandersetzung vieler Menschen mit der Ortsgeschichte Reichenbachs unterm Hakenkreuz.

Doch dieser Prozeß ist dadurch nicht abgeschlossen, sondern erfährt durch die vorliegende Untersuchung und ihre Veröffentlichung einen Beitrag, einen weiteren Anfang.

Anhang

Tabellen

Tabellen zur Bevölkerung Reichenbachs

Einwohnerzahlen Reichenbachs in der historischen Entwicklung von der Gründung des Zollvereins 1834 bis 1993[1]			
Stichtag	Einwohner	Davon weiblich	Anteil der weiblichen Einwohner in Prozent
1834	766		
1844	937		
01.12.1871	970	485	50,0
01.12.1880	1110	550	49,6
01.12.1890	1349	674	49,7
01.12.1900	1481	749	50,6
01.12.1910	1982	1009	50,9
1919	2082		
16.06.1925	2349	1140	48,5
16.06.1933	2644	1310	49,5
19. 6. 1937	2750[2]		
17.05.1939	2863	1452	50,7
01.09.1939	2980	1635	54,9
12.01.1942	2951[3]		
04.12.1945	3243	1828	56,4
29.10.1946	4100	2260	55,1
01.06.1948	4325		
13.09.1950	4517	2428	53,7
25.09.1956	5600	2886	51,5
06.06.1961	6495	3306	50,9
31.12.1993	7416	2667	36,0

Absolutes und durchschnittlich jährliches Bevölkerungswachstum Reichenbachs 1919 bis 1967[4]

Zeitabschnitt	Anzahl der Monate	Jeweilige Wohnbevölkerung	Absolutes Wachstum	Jahres-durchschnitt
1919–1925	72	2082 zu 2349	267	44,5
1925–1933	96	2349 zu 2644	295	36,9
1933–1939	71	2644 zu 2863	219	37
1939–1945	65	2644 zu 2863	380	70,2
1945–1946 (Okt.)	11	2863 zu 4100	1237	1349
1946–1950	47,5	4100 zu 4517	417	105,3
1950–56	71,5	4517 zu 5600	1083	181,8
1956–1961	56	5600 zu 6495	895	191,8
1961–1967	72	6495 zu 7821	1326	221

Wohnbevölkerung in Reichenbach sowie in Oberamt, Kreis und Stadt am 16. Juni 1933[5]

Gebiet	Wohnbevölkerung
Gemeinde Reichenbach an der Fils	2644
Oberamt Göppingen	68 698
Gemeinde Esslingen	43 089
Landkreis Esslingen	94 673

Erwerbstätige Reichenbachs in Berufssparten in der historischen Entwicklung 1895 bis 1933[6]

Berufssparte	1895	1907	1933
Land- und Forstwirtschaft	34,6 %	21,2 %	16,1 %
Industrie und Handwerk	56,5 %	67,4 %	65,7 %
Handel und Verkehr	7,1 %	8,9 %	11,1 %
Sonstige[7]	1,8 %	2,5 %	7,1 %

Arbeitslosigkeit 1933 in Reichenbach und im Oberamt[8]

Gebiet	Einwohner[9]	Erwerbs-tätige[10]	Arbeitslosen-Familien-mitglieder[11]	Arbeits-lose[12]	Arbeitslose in Bezug zu Er-werbstätigen[13][5]	Arbeitslose in Bezug zu den Einwohnern[14]
Reichenbach	2644	1363	346	186	13,7 %	7,0 %
Oberamt Göppingen	68 698	37 996	9496	5388	14,2 %	7,8 %

Erwerbstätige in Berufssparten 1933 in Reichenbach und im Oberamt[15]

	Reichenbach		Oberamt Göppingen
	absolut	in Prozent	in Prozent
Gesamtzahl der Erwerbstätigen	1363		
davon im Erwerb stehend	1177	86,4	
davon Arbeitslose	186	13,7	
Pendler	127	9,3	16,0
Berufslose (Rentenempfänger, Pensionäre, von Vermögen oder Unterstützungszuwendungen lebend)	157	11,5	13,6
Erwerbstätige Landwirtschaft	189	13,9	21,3
Erwerbstätige Industrie	773	56,7	47,6
Erwerbstätige Handel und Vekehr	134	9,8	9,0
Sonstige Erwerbstätige[16]	81	5,9	8,0

Hauptunterstützungsempfänger im Arbeitsamtsbezirk Göppingen in den Monaten Oktober 1929 bis April 1931 auf 1000 Einwohner[17]

Jahr	Arbeitsamtsbezirk Göppingen	Arbeitsamtsbezirk Württemberg
Oktober 1929	6,6	6,1
November 1929	9,0	7,9
Dezember 1929	14,8	11,0
Januar 1930	26,1	18,5
Februar 1930	25,0	19,9
März 1930	22,4	19,9
April 1930	17,2	13,1
Mai 1930	13,1	11,3
Juni 1930	11,1	10,2
Juli 1930	11,4	10,6
August 1930	12,2	11,9
September 1930	14,6	13,8
Oktober 1930	17,3	15,9
November 1930	18,2	18,2
Dezember 1930	26,9	21,4
Januar 1931	36,2	28,4
Februar 1931	46,8	33,8
März 1931	44,9	33,7
April 1931	37,5	27,1

Erwerbspersonen und Angehörige in Berufssparten in der historischen Entwicklung 1933 bis 1946[18]

	Erwerbspersonen und Angehörige ohne Beruf		Im Erwerb stehend	
	1933	1939	1933	1946
Landwirtschaft	240	224	189	222
Industrie/Handwerk	1355	1924	773	1097
Berufslose Rentner	316	—	—	—
Handel/Verkauf	—	—	134	230
Öffentlicher Dienst	—	—	81	186
Häuslicher Dienst	—	—	—	45
Erwerbstätige	—	—	1177	1780
Arbeitslose	—	—	186	—
Berufslose Selbständige	—	—	255	223

Anzahl und Berufssparten der im Ort wohnenden hauptberuflichen Betriebsinhaber 1933[19]

Handwerker und Industrielle	122
Händler und Handelsvertreter	31
Freie Berufe und Dienststellenleiter	11
Insgesamt	164

Historische Entwicklung der nichtlandwirtschaftlichen Betriebsstruktur in Reichenbach und der in diesen Betrieben Beschäftigten 1933 bis 1948[20]

Nichtlandwirtschaftliche Betriebe	1933	1939	1948
Zahl der Betriebe insgesamt	167	186	171
Darin Beschäftigte	1016	1256	o. A.
Größere Betriebe	17 (6 und mehr Beschäftigte)	21 (5 und mehr Beschäftigte)	8 (20 und mehr Beschäftigte)
In diesen Betrieben insgesamt Beschäftigte	732	950	414

Steigerungsraten der nichtlandwirtschaftlichen Betriebe in Reichenbach und der darin Beschäftigten 1933 bis 1939[21]

	1933	1939	Steigerung in Prozent
Beschäftigte insgesamt	1016	1256	23,6
Betriebe insgesamt	167	186	11,4
Kleinstbetriebe	150	165	10,0
Größere Betriebe	17	21	23,5
Beschäftigte in Kleinstbetrieben	284	306	7,8
Beschäftigte in größeren Betriebe	732	950	29,8

Einpendler und Auspendler 1939, unterschieden nach Geschlecht[22]

	insgesamt	männlich	weiblich	Anteil der weiblichen Pendler in Prozent
Auspendler	474	409	65	13,71
Einpendler	370	209	161	43,51

Ziele der Auspendler 1939 und 1947[23]

Zielorte	1939	1947
Esslingen	205	256
Stuttgart	104	109
Sonstige Orte (insbesondere Göppingen)	165	187

Auspendler in der historischen Entwicklung 1933 bis 1947[24]

	insgesamt	männlich	weiblich
1933	127	96	31
1939	474	409	65
1947	552	463	89

Betriebsstruktur in Reichenbach 1948[25]

Handwerksbetriebe	104
Kleinbetriebe	11
Einzelhandelsgeschäfte	33
Großhandelsgeschäfte	7
Handelsvertreter	4
(Größere) Industriebetriebe	19

Berufliche Gliederung von Alt- und Neubürgern 1946[26]		Altbürger		Neubürger	
	Insgesamt	männlich	weiblich	männlich	weiblich
Landwirt/Gärtner	226	84	121	16	5
Stoffproduktion und -verarbeitung	943	527	109	223	84
Technisch	39	35	—	4	—
Verteilung (Kaufleute, Verkehr)	220	122	44	45	9
Haushalt	96	18	53	3	22
Verwaltung	124	41	47	20	16
Geistesleben	45	9	15	13	8
Erwerbspersonen insgesamt	1780	853	441	336	150
Rentner u. ä.	354	85	170	21	76

Tabellen zur Wohnsituation in Reichenbach

Wohnungszugang 1927 bis 1938[27]	
1927 bis 1931	176 Wohnungen
1934 bis 1938	57 Wohnungen

Gebäudestand 1933 und 1939[28]	
Gebäudestand (1933)	604
Wohngebäude (1939)	470
Haushaltungen (1939)	799

Wohnungen und Notunterkünfte 1946[29]	Wohnungen	Einwohner
insgesamt	869	4104
davon beschlagnahmt	2	—
in Notunterkünften untergebracht	—	28
Notwohnungen	1	3
in Wohngebäuden	791	3756
in gewerblichen und öffentlichen Gebäuden	52	262
in Baracken	9	36
in Behelfsheimen, Wohnlauben u. ä.	14	47
in zerstörten Gebäuden	—	—

Größe der Wohnungen und Räume 1946[30]

Wohnwürdige Wohnungen	davon mit ... Räumen							
	1	2	3	4	5	6	7	8 und mehr
866	10	50	161	266	188	100	45	46

insgesamt	3928 Räume
davon gewerblich genutzt	172 Räume
bewohnt	3728 Räume
unbewohnt	28 Räume

Belegung der Wohnungen 1946[31]

	insgesamt	davon mit ... bewohnten Räumen			
		1 bis 2	3	4	5 und mehr
Wohnwürdige Wohnungen insgesamt	866	69	185	278	334
mit 1 Haushaltung	468	67	167	175	59
1 Haushaltung und Untermieter	112	2	12	46	52
2 Haushaltungen und Untermieter	242	—	6	56	180
3 Haushaltungen und Untermieter	44	—	—	1	43

Tabellen zum Wahlverhalten

Reichstagswahlergebnisse 1878 bis 1912[32]

Jahr	Gültige Stimmen (= 100 %)	Volkspartei		Nationalliberale		Sozialdemokraten		Zentrum/Bauern	
		Absolut	%	Absolut	%	Absolut	%	Absolut	%
1878	184	80	43,5	104	56,5	0	0,0	—	—
1893	230	115	50,0	112	48,7	3	1,3	—	—
1903	263	70	26,6	64	24,3	129	49,1	—	—
1912	383	—	—	157	41,0	210	54,8	16,2	4,2

Die Wahlen zur Nationalversammlung und zum Reichstag 1919 bis 1924[33]

	Wahl zur Nationalvers. 19. Januar 1919	Reichstagswahl 6. Juni 1920	Reichstagswahl 7. Dezember 1924
Wahlberechtigte	1223	1223	1385
Abgegebene Stimmen	1026	955	986
davon gültig	1025	890	935
davon ungültig	1	65	51
NSDAP[34]	—	—	6,4 %
DNVP	—	—	12,7 %
DVP	—	3,8 %	7,9 %
WBWB[35]	5,2 %	8,2 %	8,0 %
WBP[36]	—	5,1 %	—
WVP[37]	—	—	—
Zentrum[38]	0,8 %	0,7 %	1,0 %
DDP	33,3 %	23,4 %	16,6 %
SPD	56,5 %	25,4 %	28,2 %
USPD	4,2 %	29,4 %	—
KPD	—	4,0 %	17,4 %
Sonstige	0,1 %	0,0 %	1,7[39] %
Wahlbeteiligung	84 %	78 %	71 %

Die Landtagswahlen 1920 bis 1932[40]				
Landtagswahl vom	6. Juni 1920	4. Mai 1924	20. Mai 1928	24. April 1932
Wahlberechtigte	1223	1340	1527	1679
Abgegebene Stimmen	951	1029	952	1173
davon gültig	883	1020	942	1170
davon ungültig	68	9	10	3
NSDAP	—	—	1,4 %	39,0 %
Rechtsblock	—	18,4[41] %	—	—
DNVP	—	—	3,1 %	1,7 %
DVP	—	4,0 %	8,7 %	1,5 %
CSVD[42]	—	—	9,3 %	8,6 %
WBWB[43]	8,5 %	14,5 %	8,4 %	5,8 %
WBP[44]	5,7 %	—	—	—
WVP[45]	3,1 %	—	5,9[46] %	1,7[47] %
Zentrum[48]	0,8 %	0,6 %	1,2 %	0,6 %
DDP	24,3 %	19,5 %	13,5 %	5,3 %
SPD	24,5 %	17,6 %	26,7 %	17,2 %
USPD	29,6 %	—	—	—
KPD	3,6 %	24,6 %	21,8 %	18,6 %
Sonstige	—	0,8[49] %	—	—
Wahlbeteiligung	77,8 %	76,8 %	62,4 %	69,9 %

Die Reichstagswahlen 1928 bis 1933[50]

Reichstagswahl vom	20.05.1928	14.09.1930	31.07.1932	06.11.1932	05.03.1933
Wahlberechtigte	1527	1590	1645	1699	1676
Abgegebene Stimmen	953	1242	1300	1333	1492
davon gültig	942	1237	1287	1327	1481
davon ungültig	11	5	13	6	11
NSDAP	2,4 %	20,3 %	37,6 %	38,8 %	45,4 %
Rechtsblock	—	1,6[51] %	0,2[52] %	—	—
DNVP	3,2 %	1,3[53] %	1,9 %	2,7[54] %	2,0[55] %
DVP	7,9 %	8,1[56] %	0,6 %	0,4 %	0,8 %
WBWB[57]	7,8 %	5,0 %	4,6 %	4,5 %	3,1[58] %
WVP[59]	9,1[60] %	3,7[61] %	1,6[62] %	—	—
CSVD	4,2[63] %	13,3[64] %	6,7 %	5,5 %	5,9 %
Zentrum[65]	1,1 %	1,0 %	1,1 %	1,1 %	0,9 %
DDP/WP[66]	14,9 %	2,7 %	2,5[67] %	2,6[68] %	3,6 %
SPD	27,5 %	26,3 %	18,1 %	13,9 %	15,4 %
KPD	21,6 %	16,5 %	24,9 %	29,2 %	22,6 %
Sonstige	0,4[69] %	0,2[70] %	0,2[71] %	1,4 %	0,3[72] %
Wahlbeteiligung	62,4 %	78,1 %	79,0 %	78,5 %	89,2 %

Entwicklung der Stimmenanteile der DDP 1919 bis 1933[73]

Wahl	Wahltag	Stimmen	in Prozent
Wahl zur Nationalversammlung	19.01.1919	341	33,3
Landtagswahl	06.06.1920	215	24,3
Reichstagswahl	06.06.1920	208	23,4
Landtagswahl	04.05.1924	199	19,5
Reichstagswahl	07.12.1924	155	16,6
Landtagswahl	20.05.1928	127	13,5
Reichstagswahl	20.05.1928	140	14,9
Reichstagswahl	14.09.1930	100	8,1
Landtagswahl	24.04.1932	62	5,3
Reichstagswahl	31.07.1932	27	2,1
Reichstagswahl	06.11.1932	34	2,6
Reichstagswahl	05.03.1933	53	3,6

Entwicklung der Stimmenanteile der Arbeiterparteien bei den Reichstagswahlen 1920 bis 1933[74]

Wahlen	1920	1924	1928	1930	1932	1933
Prozent	57,7	45,6	49,1	42,8	43,1	38,0
Stimmen	524	426	462	529	571	563

Ergebnisse von KPD, SPD, DDP und NSDAP 1928 und 1930 im Vergleich[75]

Partei	in Prozent		in Stimmen	
	1928	1930	1928	1930
KPD	21,6	16,5	203	204
SPD	27,5	26,3	259	325
DDP	14,9	8,1	10	12
NSDAP	2,4	20,3	23	251
Wahlbeteiligung	62,4	78,1	953	1242

Entwicklung der Wahlbeteiligung 1919 bis 1933[76]

Wahlen	Wahltag	Stimmen	Prozent
Wahl zur Nationalversammlung	19.01.1919	1026	84
Gemeinderatswahl	18.05.1919	805	71,6
Reichs- und Landtagswahl	06.06.1920	955	78
Gemeinderatswahl	30.12.1922	980	75
Landtagswahl	04.05.1924	1029	76,8
Reichstagswahl	07.12.1924	1385	71,2
Wahl des Reichspräsidenten	29.03.1925[78]	734	53
Gemeinderatswahl	12.12.1925	900	65,7
Reichs- und Landtagswahl	20.05.1928	953	62,4
Gemeinderatswahl	16.12.1928	934	62,6
Reichstagswahl	14.09.1930	1242	78,1
Gemeinderatswahl	06.12.1931	1289	81,2
Wahl des Reichspräsidenten	13.03.1932[80]	1361	81,4
Landtagswahl	24.04.1932	1173	69,9
Reichstagswahl	31.07.1932	1300	79
Reichstagswahl	06.11.1932	1333	78,5
Reichstagswahl	05.03.1933	1492	82,2

Entwicklung der Stimmenanteile von KPD, SPD, DDP, CSVD, DVP, DNVP und NSDAP bei den Reichstagswahlen 1920 bis 1933[81] (Angaben in Stimmen)

Jahr	Wahlberechtigte	Abgegebene Stimmen	KPD	SPD	DDP	CSVD	DVP	DNVP	NSDAP
1920	1223	955	298	226	208	—	34	—	—
1924	1385	986	162	264	155	—	74	119	65[82]
1928	1493	953	203	259	140	18	74	30	23
1930	1590	1242	204	325	—	165	100	16	251
1932[83]	1699	1333	387	184	34	73	6	24	515
1933	1676	1492	335	228	53	88	12	29[84]	672

Entwicklung der Gemeinderatswahlergebnisse 1919 bis 1931 (in Prozent)[85]

Wahltag	Wahlbeteiligung	KPD/USPD	WB	SPD	LOV	GV LOV/GV	BP/CV	NSDAP
18.05.1919	71,6	16,6		25,3		44,4	13,7	
30.12.1922	75	16,7		14,6	26,7	29,1	12,8	
12.12.1925	65,7	20,8	16,7		12,7	39,8	10,0	
16.12.1928	62,6		36,6		17,7	30,9	14,8	
06.12.1931	81,2	20,6		14,2	18,5	28,3		18,3

Entwicklung der Gemeinderatswahlergebnisse 1919 bis 1931 (in Sitzen)[86]

Wahltag	KPD/USPD	WB	SPD	LOV	GV LOV/GV	BP/CV	NSDAP
18.05.1919	2		3		6	1	
30.12.1922	1		1	2	2	0	
12.12.1925	1		1	1	3	0	
16.12.1928		2		1	2	1	
06.12.1931	1		1	1	2		1

Wahlverhalten 1945 bis 1947[87] – Angaben in Prozent (gegebenenfalls Sitze)

Partei	GR-Wahl 27.01.1946	LV-Wahl 30.06.1946	GR-Wahl 07.12.1947
Wahlbeteiligung	92	71	81
CDU	54,6 (7)	20,3	—
FDW / KPD	27,6 (3)	22,7	54,2 (3)
SPD	17,8 (2)	24,7	19,3 (1)
DVP	—	26,4	—
Freie Wähler	—	5,9	26,5 (2)

Gleichschaltung des Gemeinderats im April 1933[88]

Partei		Stimmen bei der Reichstagswahl	Sitze im Gemeinderat
NSDAP		672	9
Gemeinsamer Wahlvorschlag von Württembergisch-Hohenzollerischem Zentrum	(13)	100	1
Kampffront Schwarz-Weiß-Rot	(29)		
DVP	(12)		
Bauern- und Weingärtnerbund	(46)		
SPD (kein Wahlvorschlag)		228	0
KPD (Stimmen entfallen)		335	0
DDP (Wahlvorschlag wg. verspäteter Abgabe zurückgewiesen)		53	0
CSVD		88	0
Deutsche Bauernpartei		5	0

Entwicklung der kulturell-politischen Milieus in Reichenbach anhand der Gemeinderats- und Reichstagswahlen 1878 bis 1933[89]

Wahl	Progressives Milieu			»Freie Bürgerliche«	Traditionalistisches Milieu		
	Antim.	Dem.	Ges.		Monarch.	Antid.	Ges.
Reichstagswahl 1878		—	0		100		100
Reichstagswahl 1893		1,3	1,3		98,7		98,7
Reichstagswahl 1903		49,1	49,1		50,9		50,9
Reichstagswahl 1912		54,8	54,8		45,2[90]		45,2
Reichstagswahl 1919	4,3[91]	56,5[92]	60,8	34,1[93]	5,2[94]		5,2
Gemeinderatswahl 1919	16,6[95]	25,3	41,9	13,7[96]	44,4[97]		44,4
Reichstagswahl 1920	33,4[98]	25,4[99]	58,8	24,1[100]	17,1[101]		17,1
Gemeinderatswahl 1922	16,7[102]	14,6[103]	31,3	12,8[104]	55,8[105]		68,6
Reichstagswahl 1924	17,4[106]	28,2[107]	43,6	17,6[108]	30,4[109]	6,4[110]	36,8
Gemeinderatswahl 1925	20,8[111]	16,7[112]	37,5	10[113]	52,5[114]		52,5
Reichstagswahl 1928	21,6[115]	27,5[116]	49,1	16[117]	32,6[118]	2,4[119]	35
Gemeinderatswahl 1928		36,6[120]	36,6	14,8[121]	48,6[122]		63,4
Reichstagswahl 1930	16,5[123]	26,3[124]	42,8	1[125]	35,9[126]	20,3[127]	56,2
Gemeinderatswahl 1931	20,6[128]	14,2[129]	34,8	—	46,8[130]	18,3[131]	65,1
Reichstagsw. Juli 1932	25,1[132]	18,1[133]	43	3,3[134]	15,9[135]	37,8[136]	53,7
Reichstagsw. Nov. 1932	29,2[137]	13,9[138]	43,1	3,7[139]	14,5[140]	38,8[141]	53,3
Reichstagswahl 1933	22,6[142]	15,4[143]	38	4,5[144]	12,2[145]	45,4[146]	57,6

Tabellen zu Kirchen und Religionsgemeinschaften

Religionszugehörigkeit der Reichenbacher Bevölkerung in der historischen Entwicklung[147]		
Stichtag	Evangelisch	Katholisch
16. Juni 1925	95,7%	3,5%
1. September 1939	87,1%	9,3%
29. Oktober 1946	71,1%	25,7%

Einwohnerzahlen und Religionszugehörigkeit in der historischen Entwicklung[148]					
Stichtag	Einwohner	davon evangelisch		davon katholisch	
		absolut	in Prozent	absolut	in Prozent
16. Juni 1925	2349	2248	95,7	80	3,5
1. September 1939	2980	2596	87,1	277	9,3
29. Oktober 1946	4100	2914	71,1	1055	25,7

Ortssatz der Kirchensteuer in Reichenbach im Vergleich zum landeskirchlichen Tarif[149] (Angaben in Prozent)		
Jahr	Kirchensteuer	Vermögenssteuerzuschlag
1938	70	3,5
1939	70	3,5
1940	70	3,5
1941	80	4,0
1942	80	4,0
1943	80	4,0
1944	80	4,0[150].

Kürzung der Staatsleistung zum Budget der Landeskirche von 1933 bis 1938[151]	
Staatsleistung 1933	7 094 000 M
Staatsleistung 1938	5 990 000 M
= Kürzung um	1 104 000 M = 15,6 Prozent[152]

377

Historische Entwicklung der Kirchenaustritte in Reichenbach und im Kreis von 1939 bis 1943 (1944)[153]

Zeitraum	Evangelisch		Katholisch insgesamt	Reichenbach insgesamt	Kreis insgesamt
	männlich	weiblich			
01.01. bis 31.03.1939	10	7	—	17	144
01.04. bis 31.06.1939	1	1	—	2	88
01.07. bis 30.09.1939	6	6	—	12	108
01.10. bis 31.12.1939	—	—	—	—	18
01.01. bis 31.03.1940	2	—	1	3	38
01.04. bis 31.06.1940	2	2	—	4	36
01.07. bis 30.09.1940	2	—	—	2	21
01.10. bis 31.12.1940	9	11	—	20	33
01.01. bis 31.03.1941	10	9	1	20	56
01.04. bis 31.06.1941	5	2	1	8	56
01.07. bis 30.09.1941	2	1	1	8	56
01.10. bis 31.12.1941	1	3	—	4	20
Jahr 1942	8	5	—	13	109
Jahr 1943	3	2	—	5	47

Im Jahr 1944 keine Austritte mehr.

Konfirmationen und Taufen in Reichenbach während der Wirkungszeit Pfarrer Erhardts (1931 bis 1939)

1931	29 Konfirmanden (17 Jungen und 12 Mädchen) 30 Taufen[154]
1932	15 Taufen[155]
1935	69 Konfirmanden (37 Jungen und 32 Mädchen)[156]
1938	49 Konfirmanden[157]
1939	39 Konfirmanden 29 Taufen 8 kirchliche Trauungen[158]

Tabellen zum Krieg

Steigerung der Steuermeßbeträge im Krieg (in Reichsmark)[159]			
	1938	1944	Zunahme
Landwirtschaftliche Grundsteuer	9 350	9 600	2,7 %
Gebäudesteuer	40 000	47 400	18,5 %
Gewerbesteuer	76 000	112 400	47,9 %
Bürgersteuer	4 400	6 400	45,5 %
Gesamt	129 750	175 800	35,5 %

Kriegsbeitragsumlage der Gemeinde 1939 bis 1944 (in Reichsmark)[160]		
Jahr	Gesamt	Reichenbach
1939	851 186	36 969
1940	1 748 928	95 066
1941	2 770 784	110 543
1942	3 077 300	97 635
1943	3 631 955	127 421
1944	4 553 274	166 251

Gefallene, Gefangene, Vermißte[161]		
Stand	29. Oktober 1946	1. Mai 1947
Gefallene	90	90
Gefangene	140	170
Vermißte	85	—
Evakuierte	—	200
Flüchtlinge	1045[162]	1213

Tabellen zu den kommunalen Finanzen

Bezuschussung der Reichenbacher Straßenbauarbeiten 1925 bis 1929[163]	
1925	4155 RM
1926	6541 RM
1927	8034 RM
1928	8861 RM
1929	15 170 RM.

Entwicklung der Ausgaben des Oberamts für Unterstützte beim Arbeitsamt Göppingen von Winter 1929 bis Winter 1930[164]		
	1929/30	1930/31
Arbeitslosenunterstützung	939 355,15 RM	1 709 837,74 RM
Krisenunterstützung	116 763,09 RM	310 379,09 RM

Entwicklung der Ausgaben der Gemeinde für öffentliche Fürsorge von 1929 bis 1933[165]	
1929	870[166] (davon 700[167]) + 3900[168] = 4770[169]
1930	870 (davon 700) + 4500 = 5370
1931	2250 (davon 2000) + 4600 = 6850
1932	3650 (davon 3500) + 4700 = 8350
1933	4450 (davon 3800) + 3050 = 7500

Sonstige Tabellen

Aufschlüsselung der interviewten Zeitzeuginnen und Zeitzeugen nach Geschlecht, Alter und sozialer Zugehörigkeit (in Prozent)			
Aufschlüsselung nach Geschlecht		**Aufschlüsselung nach sozialer Zugehörigkeit**	+
Frauen	48	Hausfrauen	18
Männer	52	Hausfrauen/Arbeiterinnen	5
Aufschlüsselung nach Alter		Arbeiterinnen und Arbeiter	21
geboren vor 1900	3	Angestellte	34
geboren 1901 bis 1915	38	Selbständige	16
geboren 1916 bis 1925	44	Beamte	6
geboren 1926 bis 1935	11		
geboren nach 1935	4		

Entwicklung des Eintrittsalters der Reichenbacher NSDAP-Mitglieder[170] (in Prozent)

Geburtsdatum	vor 1900	1900 bis 1910	nach 1911
Eintritt 1928 bis 1930	85,7	14,3	—
Eintritt 1930 bis April 1933	26,3	68,4	5,3
Eintritt am 1. Mai 1933	93,8	6,2	—
Eintritt nach dem 1. Mai 1933	40,7	51,8	7,4

Sitzungen des Reichenbacher Gemeinderats und Anwesenheit des Ortsgruppenleiters von Mai 1933 bis Februar 1945[171]

	Anzahl der Sitzungen	Ortsgruppenleiter anwesend
Mai bis Dezember 1933	16	12
1934	15	13
1935	11	3
1936	10	5
1937	13	4
1938	8	2
1939	6	1
1940	5	0
1941	5	4
1942	6	4
1943	5	4
1944	2	1
1945	1	1

Verzeichnis der Reichenbacher Vereine und Vereinigungen vor 1933

Über das Gemeindearchiv Reichenbach, die Göppinger und Esslinger Vereinsregister sowie die entsprechenden Jahrgänge der wichtigen Zeitungen konnten für die Zeit während der Weimarer Republik folgende Vereine recherchiert werden:

Arbeitergesangsverein »Freiheit«
Arbeiterschachklub Reichenbach/Fils
Arbeiterunterstützungsverein Reichenbach/Fils
Arbeiter-Samariterbund, Kolonne Reichenbach
Allgemeiner Unterstützungsverein
Darlehnskassenverein
Flug- und Arbeitsgemeinschaft (FAG) Reichenbach
Gewerkschaftsbund der Angestellten (GDA), Ortsgruppe Plochingen-Reichenbach
Gesangsverein »Concordia«
Handels- und Gewerbeverein
Handharmonika-Club »Alpenveilchen«
Jünglingsverein/Christlicher Verein Junger Männer (mit Untergruppen und fünf »Sippen«)
Jungfrauenverein
Kolonialverein (später Reichskolonialbund)
Konsumverein
Kriegerverein Reichenbach/Fils (»Kyffhäuser«)
Landwirtschaftlicher Ortsverein
Musikverein »Glück auf«

Obstbauverein Reichenbach/Fils
Ortskrankenpflegeverein
Ortsviehversicherungsverein
Radsportverein »All Heil«
Reichenbacher Mieterverein
Reichenbacher Schützengilde
Reitverein »Pußta« Reichenbach
Schwäbischer Albverein
Siedlungsgenossenschaft
Turnverein Reichenbach
Verband Deutscher Kriegsgräberfürsorge
Verband der Kriegsbeschädigten und -Hinterbliebenen
Verband homöopatischer Vereine »Filstal«
Verein für Feuerbestattung
Verein für Bewegungsspiele Reichenbach/Fils
Vereinigung der Opernfreunde, Ortsgr. Reichenbach
Württembergischer Neuhausbesitzerverband, Ortsgruppe Reichenbach

Dazu kamen – teilweise sehr kurzlebige – parteipolitsche Vereinigungen:

Bürgerpartei Reichenbach
Christliche Vereinigungen Reichenbach
Christlicher Volksdienst Reichenbach a. F.
Freier Wählerverein Reichenbach
Freie Wählervereinigung Reichenbach
Kommunistische Partei, Ortsverein Reichenbach

Liste der Unabhängigen Sozialdemokratischen Partei Reichenbach
Ortsgruppe Reichenbach der Nationalsozialistischen Deutschen Arbeiterpartei
Sozialdemokratischer Ortsverein Reichenbach
Werktätige Bevölkerung

Für die nach 1933 ins Register eingetragenen Vereine, wie die Milchverwertungsgenossenschaft Reichenbach, existierten vereinsähnliche Vorformen. Da die entsprechenden Quellen unsystematisch oder unvollständig sind, dürfte von weiteren Vereinen ausgegangen werden.

Verzeichnis toter *Ostarbeiter*

Aleksejew, Iwan, geboren am 28. 12. 1923 in Andreikowo, Sowjetunion, orthodox, *Ostarbeiter*, ist am 12. 5. 1944 um 4.30 Uhr im *Ostarbeiterlager* Reichenbach verstorben (Ursache: offene Lungentuberkulose)[172]. Grab Nr. 16 des *Ostarbeiterfriedhofs* Obere Rinne Reichenbach.

Alexejewa, Elisawetha, geboren am 20. 5. 1943 in Bietigheim, Durchgangslager, wohnhaft in Reichenbach, *Ostarbeiterlager*, ist am 8. 23 1944 verstorben (Ursache: Darmstörung, Darmkatharr)[173]. Grab *Ostarbeiterfriedhof* Reichenbach.

Antonowa, Faina, geboren am 25. 3. 1944 in Reichenbach, ist am 25. 3. 1944 verstorben (Ursache: Totgeburt)[174]. Kein Grab angelegt.

Beresowski, Wasil, Rumäne, Hilfsarbeiter, geboren am 18. 12. 1914, wohnhaft in Reichenbach, *Ostarbeiterlager*, ist am 4. 2. 1945 um 23.30 Uhr im Krankenhaus verstorben[175]. Grab in Sulzgries.

Bobkow, Wasyl, geboren am 25. 12. 1909 in Mega, Sowjetunion, griech.-kathol., Hilfsarbeiter, wohnhaft in Reichenbach, *Ostarbeiterlager*, ist am 24. 8. 1942 um 4.30 Uhr im *Ostarbeiterlager* verstorben (Ursache: Zellgewebsentzündung linker Überarm, Eiterungen rechte Lendengegend, Herz- und Niereninsuffizienz, Wassersucht, Pyämie)[176]. Grab Nr. 2 des *Ostarbeiterfriedhofs* Obere Rinne Reichenbach.

Borstsch, Dimitri, geboren am 21. 9. 1893 in Burin, Kreis Burin, gebiet Sumsk, Rußland, orthodox, *Ostarbeiter*, wohnhaft in Reichenbach, *Ostarbeiterlager*, ist am 13. 2. 1944 im *Ostarbeiterlager* verstorben (Ursache: Herzlähmung)[177]. Grab Nr. 9 des *Ostarbeiterfriedhofs* Obere RInne Reichenbach.

Buhai, Olga, geboren am 18. 3. 1944 in Reichenbach (Zwillingsschwester von Wladimir), wohnhaft in Reichenbach, *Ostarbeiterlager*, ist am 4. 4. 1944 verstorben (Ursache: Lebensschwäche)[178]. Grab *Ostarbeiterfriedhof* Reichenbach.

Buhai, Wladimir, geboren am 18. 3. 1944 in Reichenbach (Zwillingsbruder von Olga), wohnhaft in Reichenbach, *Ostarbeiterlager*, ist am 8. 8. 1944 verstorben (Ursache: Lungenentzündung)[179]. Grab *Ostarbeiterfriedhof* Reichenbach.

Dobronowa, Aneta, geboren am 22. 1. 1943 in Stuttgart, wohnhaft in Reichenbach, *Ostarbeiterlager*, ist am 6. 12. 1943 verstorben (Ursache: Fieberhafter Brechdurchfall)[180]. Grab *Ostarbeiterfriedhof* Reichenbach.

Dobronowa, Maria Eleonora, geboren am 11. 8. 1944 in Reichenbach, wohnhaft in Reichenbach, *Ostarbeiterlager*, ist am 13. 4. 1945 verstorben (Ursache: Lungenentzündung)[181]. Grab *Ostarbeiterfriedhof* Reichenbach.

Drawenkowa, Raisa, geboren am 30. 9. 1944 in Reichenbach, wohnhaft in Reichenbach, *Ostarbeiterlager*, ist am 3. 4. 1945 verstorben (Ursache: Lungenentzündung)[182]. Grab *Ostarbeiterfriedhof* Reichenbach.

Dsubak, Iwan, geboren am 28. 2. 1912 in Belain, Rußland, verheiratet, Schlosser, wohnhaft in Reichenbach, *Ostarbeiterlager*, ist am 20. 10. 1944 um 14.50 Uhr im RAW in Esslingen »bei feindlichem Luftangriff gefallen.«[183] Grab in Sulzgries.

Gronova, Anna, geboren am 8. 10. 1923 in Tjutizy bei Leningrad, Sowjetunion, orthodox, *Ostarbeiterin*, wohnhaft in Reichenbach, *Ostarbeiterlager*, ist am 30. 5. 1944 im *Ostarbeiterlager* Reichenbach verstorben (Ursache: Typhus 1:1000, Sepsis)[184]. Grab Nr. 17 des *Ostarbeiterfriedhofs* Reichenbach.

Iwanowa, Jesefina, geboren am 8. 8. 1873, Geburtsort unbekannt, *Ostarbeiterin*, wohnhaft in Reichenbach, *Ostarbeiterlager*, ist am 26. 7. 1944 im *Ostarbeiterlager* Reichenbach verstorben (Ursache: Altersschwäche)[185]. Grab Nr. 20 des *Ostarbeiterfriedhofs* Obere Rinne Reichenbach.

Kayutin, Iwan, geboren am 10. 5. 1924 in Starzewo, Sowjetunion, *Ostarbeiter*, wohnhaft in Reichenbach, *Ostarbeiterlager*, ist am 17. 4. 1943 um 14.15 Uhr im *Ostarbeiterlager* Reichenbach verstorben (Ursache: Lungen-Drüsen-Tuberkulose)[186]. Grab Nr. 5 des *Ostarbeiterfriedhofs* Obere Rinne Reichenbach.

Kleschtsch, Walentina, geboren am 13. 8. 1944 in Reichenbach, ist am 2. 1. 1945 verstorben (Ursache: vermutlich Lungenentzündung)[187]. Grab *Ostarbeiterfriedhof* Reichenbach.

Koslow, Walentin, geboren am 6. 12. 1944 in Reichenbach, ist am 28. 12. 1944 verstorben (Ursache: Lebensschwäche)[188]. Grab *Ostarbeiterfriedhof* Reichenbach.

Koslowa, Antonina, geboren am 3. 2. 1941 Geburtsort unbekannt, wohnhaft in Reichenbach, *Ostarbeiterlager*, ist am 18. 4. 1945 verstorben (Ursache: Herzbeutelentzündung)[189]. Grab *Ostarbeiterfriedhof* Reichenbach.

Kowaluk, Iwan, geboren am 29. 1. 1942 in Stuttgart-Bad Cannstatt, wohnhaft in Reichenbach, *Ostarbeiterlager*, ist am 5. 4. 1945 verstorben (Ursache: Lungenentzündung)[190]. Grab *Ostarbeiterfriedhof* Reichenbach.

Kovolew, Semjon, geboren am 2. 3. 1902 in Starj-Sklow, Rußland, verheiratet, Schlosser, wohnhaft in Reichenbach, *Ostarbeiterlager*, ist am 20. 10. 1944 um 14.50 Uhr im RAW Esslingen »bei feindlichem Luftangriff gefallen.«[191] Grab in Sulzgries.

Krilas, Maria, geboren am 15. 1. 1919 in Romanow, Rußland, röm.-kath., Arbeiterin, wohnhaft in Reichenbach, *Ostarbeiterlager*, ist am 9. 2. 1945 um 22.00 Uhr in der Städtischen Frauenklinik verstorben[192]. Grab in Sulzgries.

Kusnictzowa, Swetlana, geboren am 22. 4. 1944 in Reichenbach, ist am 24. 4. 1944 verstorben (Ursache: Entwicklungsanomalie)[193]. Grab *Ostarbeiterfriedhof* Reichenbach.

Lewtschuk, Luise, geboren am 12. 6. 1944 in Reichenbach, wohnhaft in Reichenbach, *Ostarbeiterlager*, ist am 12. 8. 1944 verstorben (Ursache: Brechdurchfall mit hohem Fieber)[194]. Grab *Ostarbeiterfriedhof* Reichenbach.

Makarow, Peter, geboren am 22. 5. 1943 in Bietigheim, Durchgangslager, wohnhaft in Reichenbach, *Ostarbeiterlager*, ist am 6. 5. 1943 verstorben (Ursache: Wasserpocken, Ernährungsstörung, Darmblähung, Darmverschluß)[195]. Grab *Ostarbeiterfriedhof* Reichenbach.

Makarow, Tamara, geboren am 30. 5. 1944 in Reichenbach, wohnhaft in Reichenbach, *Ostarbeiterlager*, ist am 6. 6. 1944 verstorben (Ursache: Meningozele)[196]. Grab *Ostarbeiterfriedhof* Reichenbach.

Nilowa, Irina, geboren am 1. 5. 1872 im Dorf Waskowa, Bezirk Lokmanski, Gebiet Kalinin, Sowjetunion, orthodox, Hilfsarbeiterin, wohnhaft in Reichenbach, *Ostarbeiterlager*, ist am 9. 9. 1944 um 18.00 Uhr im *Ostarbeiterlager* Reichenbach verstorben (Ursache: Herzwassersucht)[197]. Grab Nr. 28 des *Ostarbeiterfriedhofs* Obere Rinne Reichenbach.

Osadsckij, Fyodor, geboren am 16. 5. 1893 in Barwenkowo, Sowjetunion, orthodox, Eisenbahnarbeiter, wohnhaft in Reichenbach, *Ostarbeiterlager*, ist am 10. 8. 1943 um 2.00 Uhr im *Ostarbeiterlager* Reichenbach verstorben (Ursache: Herzmuskelentartung)[198]. Grab Nr. 7 des *Ostarbeiterfriedhofs* Obere Rinne Reichenbach.

Padalka, Iwan, geboren am 22. 9. 1943 in Reichenbach, wohnhaft in Reichenbach, *Ostarbeiterlager*, ist am 26. 10. 1943 verstorben (Ursache: Lungenentzündung)[199]. Grab *Ostarbeiterfriedhof* Obere Rinne Reichenbach.

Perow, Alexander, geboren am 25. 8. 1910 in Sloboda, Sowjetunion, griech.-kathol., Hilfsarbeiter, wohnhaft in Reichenbach, *Ostarbeiterlager*, ist am 1. 8. 1942 um 2.30 Uhr im *Ostarbeiterlager* in Reichenbach verstorben (Ursache: Vergiftung durch Genuß von Motoröl)[200]. Grab Nr. 1 des *Ostarbeiterfriedhofs* Obere Rinne Reichenbach.

Prochorek, Dimitri, geboren am 1906 im Dorf Marywka, Kreis Stalindorski, Gebiet Dnepropetrowsk, Sowjetunion, *Ostarbeiter*, wohnhaft in Reichenbach, *Ostarbeiterlager*, ist am 17. 8. 1944 um 11.30 Uhr im *Ostarbeiterlager* in Reichenbach verstorben (Ursache: Herzschlag)[201]. Grab Nr. 26 des *Ostarbeiterfriedhofs* Obere Rinne Reichenbach.

Prozenkow, Alexander, geboren am 11. 4. 1944 auf dem Weg von der Sowjetunion nach Reichenbach, wohnhaft in Reichenbach, *Ostarbeiterlager*, ist am 28. 8. 1944 verstorben (Ursache: Brechdurchfall)[202]. Grab *Ostarbeiterfriedhof* Reichenbach.

Postelnjakowa, Klara, geboren am 8. 7. 1944 in Reichenbach, wohnhaft in Reichenbach, *Ostarbeiterlager*, ist am 8. 7. 1944 verstorben (Ursache: Lebensschwäche)[203]. Grab *Ostarbeiterfriedhof* Reichenbach.

Salikow (Mädchen), geboren am 7. 6. 1944 in Reichenbach, ist am 7. 6. 1944 verstorben (Ursache: Totgeburt)[204]. Grab *Ostarbeiterfriedhof* Reichenbach.

Sirostanow, Mitrofan, geboren am 12. 4. 1944 in Reichenbach, wohnhaft in Reichenbach, *Ostarbeiterlager*, ist am 10. 12. 1944 verstorben (Ursache: Brechdurchfall)[205]. Grab *Ostarbeiterfriedhof* Reichenbach.

Smirnowa, Katharina, geboren am 31. 12. 1943 in Stuttgart, wohnhaft in Reichenbach, *Ostarbeiterlager*, ist am 8. 8. 1944 verstorben (Ursache: Lungenentzündung)[206]. Grab *Ostarbeiterfriedhof* Reichenbach.

Stepanow, Ewgeni, geboren am 21. 9. 1944 in Reichenbach, wohnhaft in Reichenbach, *Ostarbeiterlager*, ist am 9. 8. 1944 verstorben (Ursache: Brechdurchfall)[207]. Grab *Ostarbeiterfriedhof* Reichenbach.

Stepanuk, Dimitri, geboren am 23. 10. 1891 in Pustoiwani, Gebiet Rowen (Sowjetunion), verheiratet, *Ostarbeiter*, wohnhaft in Reichenbach, *Ostarbeiterlager*, ist am 26. 3. 1945 um 1.00 Uhr im *Ostarbeiterlager* Reichenbach verstorben (Ursache: Herzleiden)[208]. Grab Nr. 8 des *Ostarbeiterfriedhofs* beim alten Friedhof Reichenbach.

Sujenko, Alexej, geboren am 22. 9. 1927 in Pisariwka, Kreis Chulin, Sowjetunion, orthodox, *Ostarbeiter*, wohnhaft in Reichenbach, *Ostarbeiterlager*, ist am 4. 8. 1944 um 16.00 Uhr im *Ostarbeiterlager* Reichenbach verstorben (Ursache: Lungentuberkulose)[209]. Grab Nr. 21 des *Ostarbeiterfriedhofs* Obere Rinne Reichenbach

Surikow, Alexander, geboren am 25. 2. 1926 in Kobilknio, Kreis Staraja Russa, Sowjetunion, orthodox, *Ostarbeiter*, wohnhaft in Reichenbach, *Ostarbeiterlager*, ist am 14. 4. 1944 um 9.40 Uhr im *Ostarbeiterlager* Reichenbach verstorben (Ursache: Lungenentzündung)[210]. Grab Nr. 14 des *Ostarbeiterfriedhofs* Obere Rinne Reichenbach.

Trofimenko, Alexei, geboren am 17. 9. 1906 im Dorf Wolkowyz, Kreis Schepetowka, Gebiet Kamenez-Podolsk, Sowjetunion, orthodox, *Ostarbeiter*, wohnhaft in Reichenbach, *Ostarbeiterlager*, ist am 18. 4. 1945 um 23.00 Uhr im *Ostarbeiterlager* Reichenbach gestorben (Ursache: Lungenleiden, Bauchfelleiterung)[211]. Grab Nr. 8 des *Ostarbeiterfriedhofs* Reichenbach, Dreipersonengrab.

Werakso, Stanislawa, geboren am 17. 1. 1945 in Reichenbach, wohnhaft in Reichenbach, *Ostarbeiterlager*, ist am 20. 1. 1945 verstorben (Ursache: angeborener Magenverschluß)[212]. Grab *Ostarbeiterfriedhof* Reichenbach.

Woronin, Dimitri, geboren am 28. 5. 1915, Geburtsort unbekannt, orthodox, *Ostarbeiter*, wohnhaft in Reichenbach, *Ostarbeiterlager*, ist am 3. 3. 1945 um 4.00 Uhr im *Ostarbeiterlager* Reichenbach verstorben (Ursache: Methylalkoholgenuß?)[213]. Grab Nr. 8 des *Ostarbeiterfriedhofs* Reichenbach, Dreipersonengrab.

Woronkowa, Anna, geboren am 17. 11. 1925 in Bondavowka, Kreis Markowsk, Rußland, Arbeiterin, wohnhaft in Reichenbach, *Ostarbeiterlager*, ist am 3. 12. 1943 in Esslingen-Oberesslingen um 19.02 Uhr im Bahnhof verstorben[214]. Grab in Sulzgries.

Bearbeitete Zeitungen, Zeitschriften, Gesetze und Statistiken

Amtsblatt der Evangelischen Landeskirche (1933 bis 1947).

Amtsblatt des Württembergischen *Kultministeriums*.

Blätter für Württembergische Kirchengeschichte.

»Blick in die Zeit. Pressestimmen des In- und Auslandes zu Politik, Wirtschaft und Kultur.« Hrsgg. von Dr. A. Ristow. Reprintausgabe in 3 Bänden mit einem Vorwort von Herta Mendel und einer Einführung von Peter Lösche und Michael Scholing (16.06.1933–26.07.1935). Niederhausen 1988.

Civitas et Regio Eselingas. Soziologisches Gutachten, erstattet im Auftrage des Kreisverbandes von Stadtbaudirektor a.D. Wilhelm Hallbauer. 5 Bde. Esslingen 1948.

Das Reichswahlgesetz vom 27. April 1920 in der Fassung vom 06. März 1924, hrsgg. von Heinrich von Jan. München, Berlin und Leipzig ²1924.

»Das Land Baden-Württemberg«, Amtliche Beschreibung nach Kreisen und Gemeinden, Bd. III, Regierungsbezirk Stuttgart, Regionalverband Mittlerer Neckar; hrsgg. von der Landesarchivdirektion Baden-Württemberg, Stuttgart 1978.

»Das Land Baden-Württemberg«, Bd. III, Heft 47 Esslingen, Historisches Gemeindeverzeichnis mit Bevölkerungszahlen von 1871 bis 1961 und der Erwerbstätigen nach Wirtschaftsbereichen 1895, 1907 und 1933 (Statistik v. Baden-Württemberg, Bd. 108).

»Das Württembergische Handwerk«.

Der Hohenstaufen, Göppingen (1925, 1929–1934).

Der Prozeß gegen die Hauptkriegsverbrecher vor dem Internationalen Militärgerichtshof Nürnberg, 14. November 1945 bis 1. Oktober 1946, Bd. I–XLII, Nürnberg 1947–48.

Der Reichsbote, Deutsche Wochenzeitung für Christentum und Volkssturm.

Deutsche Gemeindeordnung vom 30. Januar 1935, erläutert von Max Schattenfroh. München, Berlin und Leipzig 1935.

Deutsches Pfarrerblatt.

Die Großunternehmen im Deutschen Reich. Handbuch der Ges. m. b. H. mit einem Kapital ab RM 500 000 einschl. der Kom.-Ges., Off. Handels-Ges. und Einzelfirmen der gleichen Größenordnung, Bd. 7. Berlin 1941.

Die nationalsozialistische Gemeinde, Ausgabe Württemberg-Hohenzollern.

Esslinger Allgemeine.

»Esslinger Beobachter. Nationalsozialistisches Nachrichtenblatt für den Oberamtsbezirk Esslingen«, bald in »Esslinger Tagblatt« umbenannt

Eßlinger Zeitung (1936–1945; 1949–1950).

Evangelisches Gemeindeblatt für Württemberg.

Evangelisches Gemeindeblatt Reichenbach an der Fils (1932–1941).

Evangelium und Kirche.

Filstal- und Schurwaldbote, Ebersbach – Reichenbach (1925–1933).

Flammenzeichen, »Überparteiliche Blätter für deutsche Selbstbesinnung und nordisches Rassebewußtsein gegen ultramontane Machtgier und allen Fremdengeist«. Herausgegeben in Leonberg und Stuttgart (1936–1937).

Freie Volkszeitung, Göppingen (1910–1933).

Führerdienst der schwäbischen Hitlerjugend.

Geislinger Zeitung (1935).

Gemeinde- und Kreisstatistik Baden-Württemberg (Statistik von Baden-Württemberg, Band 3, 1. Teil: Regierungsbezirk Nordwürttemberg); hrsgg. vom Statistischen Landesamt Stuttgart 1952.

Göppinger Zeitung (1929–1939).

Griesmeier, Josef: Die Reichswahlen im Wahlkreis Württemberg von 1919–1930; in: Württembergische Jahrbücher für Statistik und Landeskunde 1930/31, S. 77–158.

Handbuch der Württembergischen Wirtschaft, hrsgg. von Dr. Arthur Katz-Foerstner, Berlin 1931.

Internationale Wissenschaftliche Korrespondenz zur Geschichte der deutschen Arbeiterbewegung (IWK).

»Landkreis Esslingen«, hrsgg. vom Innenministerium und Wirtschaftsministerium Baden-Württemberg (Die Stadt- und Landkreise Baden-Württembergs in Wort und Zahl, Heft 47).

Mitteilungen des Württembergischen Statistischen Landesamtes, No. 13 vom 28.12.1925; Nr. 4/5 vom 10.12.1940.

Neue Politische Literatur.

Nationalsozialistisches Mitteilungsblatt des Gauamtes für Kommunalpolitik.

NS-Kurier Stuttgart.

NS-Mitteilungsblatt des Gauamtes für Kommunalpolitik Württemberg-Hohenzollern.

Nürtinger Tagblatt.

NWZ, Göppingen, ab 1947.

Regierungsblatt für Württemberg.

Reichsstrafgesetzbuch, Berlin und Leipzig 1920.

Reichssturmfahne. Das Blatt der Württembergischen Hitlerjugend.

Schwäbischer Merkur.

Schwäbische Tagwacht.

Schwarzes Korps.

Sonntagsruf! Deutsch-Evangelisches Familienblatt für Wissen und Wirken im Dritten Reich.

Staatsanzeiger für Württemberg.

»Staatshandbuch für Württemberg«, 1925, 1928, 1933, 1936 und 1939.

Statistik des Deutschen Reiches, Bd. 291: Die Wahlen zum Reichstag am 6. Juni 1920, Berlin 1920. Bd. 315: Die Wahlen zum Reichstag am 4. Mai 1924 und am 7. Dezember 1924, Berlin 1925. Bd. 321: Die Wahl des Reichspräsidenten am 29. März und am 26. April 1925, Berlin 1925. Bd. 322: Volksbegehren und Volksentscheid »Enteignung der Fürstenvermögen«, Berlin 1926. Bd. 372: Die Wahlen zum Reichstag am 20. Mai 1928, Berlin 1930. Bd. 382: Die Wahlen zum Reichstag am 14. September 1930, Berlin 1930. Bd. 402: Volks-, Berufs- und Betriebszählung vom 16. Juni 1925. Die berufliche und soziale Gliederung der Bevölkerung des Deutschen Reiches, Berlin 1927. Bd. 405: Volks-, Berufs- und Betriebszählung vom 16. Juni 1925. Die berufliche und soziale Gliederung der Bevölkerung in den Ländern und Landesteilen. Süddeutschland und Hessen, Berlin 1928. Bd. 427: Die Wahl des Reichspräsidenten am 13. März und am 10. April 1932, Berlin 1932. Bd. 434: Die Wahlen zum Reichstag am 31. Juli 1932 und am 6. November 1932 sowie 5. März 1933, Berlin 1935. Bd. 449: Die Wahlen zum Reichstag und die Volksabstimmung am 12. November 1933 sowie die Volksabstimmung am 19. August 1934. Bd. 456: Volks-, Berufs- und Betriebszählung vom 16. Juni 1933. Berufszählung. Die berufliche und soziale Gliederung der Bevölkerung in den Ländern und Landesteilen, Süddeutschland und Hessen, Berlin 1936. Bd. 479: Die Wahlen zum Reichstag am 29. März 1936, Berlin 1937. Bd. 531: Die Volksabstimmung und die Wahlen zum Großdeutschen Reichstag am 10. April 1938; die Ergänzungswahlen zum Großdeutschen Reichstag am 4. Dezember 1938, Berlin 1939.

Statistische Monatshefte Württemberg-Baden von 1947–1958.

Statistisches Handbuch für Württemberg, Jahrgang 1927–1935; Hrsgg. vom Württembergischen Statistischen Landesamt, Stuttgart 1937.

Stuttgarter Evangelisches Sonntagsblatt.

Theologische Literaturzeitung.

Ulmer Sturm.

Verhandlungen des Reichstags, VIII. Wahlperiode, 1934.

Württembergische Gemeindeordnung vom 28.7.1906, hrsgg. und erläutert von Georg Schmid. Stuttgart 1906.

Württembergische Gemeindeordnung vom 19.3.1930. Textausgabe mit systematischer Inhaltsdarstellung, hrsgg. von Karl Eberhardt. Stuttgart 1930.

Württembergische Gemeinde- und Bezirksstatistik. Hrsgg. vom Württembergischen Statistischen Landesamt nach dem Stand von 1933. Stuttgart [3]1935.

Zeitschrift für Württembergische Landesgeschichte, Stuttgart.

Verzeichnis der gesichteten und benutzten Archive und Sammlungen

Archiv der Anstalt Stetten, Kernen im Remstal.
Archiv der Bezirksärztekammer Nordwürttemberg, Stuttgart.
Archiv der Botschaft der Ukraine, Bonn.
Archiv der Bundesbahndirektion Stuttgart, Stuttgart.
Archiv der Eßlinger Zeitung, Esslingen.
Archiv der KPD/DKP, Esslingen.
Archiv der Neuapostolischen Kirche in Württemberg und Hohenzollern, Stuttgart.
Archiv der Sozialen Demokratie, Bonn.
Archiv des Amtsgerichts Esslingen (Vereinsregister), Esslingen.
Archiv des Amtsgerichts Göppingen (Vereinsregister), Göppingen.
Archiv des Deutschen Gewerkschaftsbundes, Esslingen.
Archiv des ehemaligen Frauenkonzentrationslagers Ravensbrück.
Archiv des ehemaligen Konzentrationslagers Oranienburg – Sachsenhausen.
Archiv des Hauses »Tempelhof«, Wohnheim für Behinderte, Kreßberg-Tempelhof.
Archiv des SPD–Kreisverbandes Esslingen.
Archiv des SPD–Ortsvereins Esslingen.
Archiv des SPD–Ortsvereins Göppingen.
Berlin Document Center (BDC), Berlin.
Bundesarchiv, Abteilung Potsdam, Berlin.
Bundesarchiv, Koblenz (BAK).
Bundesarchiv–Militärarchiv Freiburg (BA-MA), Freiburg i. Br.
Daimler-Benz-Archiv, Stuttgart.
Deutsches Volksliedarchiv, Freiburg i. Br.
Dokumentationszentrum »Obererer Kuhberg«, Ulm.
Einwohnermeldeamt Aichwald.
Einwohnermeldeamt Süd Georgsfehn, Kreis Ostfriesland.
Evangelisches Dekanatsamt Esslingen (EDE).
Evangelisches Dekanatsamt Göppingen (EDG).
Evangelisches Kirchenarchiv Reichenbach (EKAR) [= Archiv der Evangelischen Mauritiusgemeinde Reichenbach an der Fils, Reichenbach].
Evangelisches Zentralarchiv Berlin (EZAB).
Firmenarchiv der coop AG.
Firmenarchiv der Robert Bosch AG, Stuttgart.
Gedenkstätte Grafeneck, Gomadingen-Marbach.
Gemeindearchiv Reichenbach (GAR).
Hauptstaatsarchiv (HStA) Stuttgart.
Haus der Geschichte Baden-Württemberg (HdG), Stuttgart.
Institut für Zeitgeschichte (IfZ), München.
International Tracing Service, Arolsen bei Kassel.
Justizarchiv Sigmaringen.
Katholisches Kirchenarchiv Plochingen (KaKAP) [= Archiv der Katholischen Sankt-Konrad-Gemeinde Plochingen].
Kreisarchiv Esslingen (KrArE).
Kreisarchiv Göppingen (KrAGöp).
Landesamt für Wiedergutmachung Baden-Württemberg, Stuttgart.

Landesarchiv der Vereinigung der Verfolgten des Naziregimes / Bund der Antifaschisten (VVN-Archiv), Stuttgart.
Landesbildstelle Württemberg, Stuttgart.
Landesgeschäftsstelle der SPD, Stuttgart.
Landeskirchliches Archiv (LKA), Stuttgart.
Landesmuseum für Technik und Arbeit, Mannheim.
Landratsamt Oranienburg.
Privatsammlung Alber, Reichenbach.
Privatsammlung Bauknecht, Reichenbach.
Privatsammlung Baumann, Reichenbach.
Privatsammlung Berger, Reichenbach.
Privatsammlung E. Bescherer, Eutendorf.
Privatsammlung H. Bescherer, Esslingen.
Privatsammlung Böbel, Reichenbach.
Privatsammlung Bräuninger, Ditzingen.
Privatsammlung Bühler, Reichenbach.
Privatsammlung Dr. Schlack, Uhingen.
Privatsammlung Duijvelaar, Dordrecht, Niederlande.
Privatsammlung Koch, Reichenbach.
Privatsammlung Faul, Calw-Heumaden.
Privatsammlung Friedrich, Esslingen.
Privatsammlung Gers, Sachsenheim.
Privatsammlung Gibney, Oaks Lane, Westport, USA.
Privatsammlung Goller, Reichenbach.
Privatsammlung Grimm-Sachs, Kraichtal.
Privatsammlung H. Fischer, Reichenbach.
Privatsammlung L. Fischer, Reichenbach.
Privatsammlung Harigel, Reichenbach.
Privatsammlung Hauff, Plochingen.
Privatsammlung Hoyler, Reichenbach.
Privatsammlung von Kaehne, Mönchengladbach.
Privatsammlung Keppler, Stuttgart.
Privatsammlung A. Klenk, Reichenbach.
Privatsammlung H.-O. Klenk, Reichenbach.
Privatsammlung Krause, Reichenbach.
Privatsammlung Künstner, Reichenbach.
Privatsammlung Mammel, Reichenbach.
Privatsammlung M. Meißner, Reichenbach.
Privatsammlung W. Meißner, Reichenbach.
Privatsammlung Mödinger, Reichenbach.
Privatsammlung Mühlhäuser, Barthenbach.
Privatsammlung E. Munz, Reichenbach.
Privatsammlung G. Munz, Reichenbach.
Privatsammlung Neumann, Reichenbach
Privatsammlung Ritschel, Hegenlohe.
Privatsammlung Röder, Reichenbach.
Privatsammlung Rössler, Reichenbach.
Privatsammlung Schmid, Reichenbach.
Privatsammlung Schöttle, Reichenbach.
Privatsammlung Siebert, Reichenbach.
Privatsammlung B. Söll, Reichenbach.
Privatsammlung O. Söll, Reichenbach.
Privatsammlung Sterr, Reichenbach.
Privatsammlung K. Stöber, Freudenstadt.
Privatsammlung R. Stöber, Reichenbach.
Privatsammlung van Ginkel, Reichenbach.
Privatsammlung Widmann, Reichenbach.
Privatsammlung Winter, Reichenbach.

Privatsammlung Wirth, Reichenbach.
Privatsammlung Wöllhaf, Reichenbach.
Privatsammlung Wurster, Reichenbach.
Reichspräsident Friedrich Ebert Gedenkstätte, Heidelberg.
Samariterstift Grafeneck, Gomadingen-Marbach.
Sammlung des Turnvereins, Reichenbach.
Staatsarchiv Ludwigsburg (StALu).
Staatsarchiv Sigmaringen (StASig).
Stadtarchiv Ebersbach (StArEb).
Stadtarchiv Esslingen (StAE).
Stadtarchiv Filderstadt (StAFi).
Stadtarchiv Göppingen (StAGöp).
Stadtarchiv Ostfildern (StAOf).
Stadtarchiv Plochingen (StAPlo).
Stadtarchiv Stetten am Kalten Markt.

Stadtarchiv Stuttgart (StAS).
Standesamt Reichenbach an der Fils.
Standesamt Stuttgart-Münster.
Statistisches Landesamt Baden-Württemberg (StaLASt), Stuttgart.
Studienkreis Deutscher Widerstand, Dokumentationsarchiv des deutschen Widerstandes, Frankfurt/Main.
United Nations Archives, New York.
Wirtschaftsarchiv Hohenheim (WAH), Stuttgart-Hohenheim.
Yad Vashem, The Holocaust Martyrs and Heroes Remembrance Authorithy, Jerusalem, Israel.
Zentrale Stelle der Landesjustizverwaltungen zur Aufklärung von nationalsozialistischen Verbrechen (ZSL), Ludwigsburg.

Übersicht über die bearbeiteten Bestände der wichtigsten Archive

Gemeindearchiv Reichenbach an der Fils (GAR)

I.1. Bürgermeisterrechnungen 1776–1957
ab 1908 in »Hauptbuch der Gemeindepflege«
(Bürgermeisterrechnung)
R 134–R 136   1929–1931

I.2. Beilage zur Gemeinde-Rechnung
Ra 11–Ra 58   1947

I.3. Steuerabrechnungsbücher
Rb 37–Rb 61   1930–1947
Bürgersteuerliste
Rc 1–Rc 9   1934–1942
Wertpapiere der Gemeinde
Rc 11   1890–1930, Verzeichnis
Ortsarmenpflege-Rechnung

II.3. Gemeinderatsprotokolle
Bd. 34   1925–27 mit Register!
Bd. 35   1927–29
Bd. 36   21.08.1929–16.09.1932
Bd. 37   05.10.1932–20.11.1935
Bd. 38   31.1.1936–04.02.1938
Bd. 39
Bd. 40   09.12.1940 – 1945
Bd. 44   04.1.1950 – 18.12.1950

II.4. Sühne-Protokolle
Privatgerichtl. »Protokoll über Sühneversuche,
         Privatklagesachen.«
B 42   1930–37
B 43   1937–48
        (28.1.–24.7.)

II.5. Strafverzeichnisse
B 48   Verzeichnis der angefallenen polizeilichen Strafverfügungen 1930–45
        1. 10. Sept. 1930–15. April 1933
        2. 15. April 1933

II.12. Gemeindeangelegenheiten
B 78   Vormerkungsbuch der Gemeindepflege 1910–34
B 80   Gebäude und Grundstücke der Gemeinde 1901–48
B 81   Inventar der Schule 1906–26

II.18. Brandversicherungen
B 150–B 153   Schätzung-Prot. zur Gem.
              Brandvers. VIII 1928–40
B 151   Schätzung-Prot. zur Gem.
              Brandvers. IX 1931–33
B 152   Schätzung-Prot. zur Gem.
              Brandvers. X 1934–38
B 153   Schätzung-Prot. zur Gem.
              Brandvers. XI 1938–40
B 165   Schätzungsprotokolle für
              Fabrikanlagen
              Seyfert 1933–39

II.19. Personenverzeichnisse
B 183   Bürgerbuch 1916
B 184   Verzeichnis d. auswärt. Bürger 1924
B 186   Verzeichnis d. nutzungsberecht.
        Bürger 1922–35
B 193   Hebeliste der allgemeinen
        Versicherungspflichten 1935
        nach Arbeitgebern geordnet, alle
        Angestellten, Bedienstete
        mit Eintritt; hinten freiwillige
        Mitglieder
B 194   Verzeichnis der ausgestellten
        Quittungskarten für Pflicht-,
        Selbst- und Weiterversicherte
        1939–44. (u.a. Fremdarbeiter mit
        Angaben über Name,
        Geb.datum, Herkunftsland
B 195   desgl. 1944–1952

387

d) 1948	Statist. Jahresbericht d. GR	1135	Akten des Württ. Gemeindetages
e) 1949	– Zeitungsrückblick v. 1950		(Verband der Württ. Kleinstädte
	– Jahresbericht des GR.		und Landgemeinden) am 23.11.1920
	– Verzeichnis der größeren Betriebe	1150	Ortsnamenänderungen

f) 1950 Tätigkeitsbericht des GR.

1121   Gemeinde, Allgemeines
a) Akten der Gemeindevisitation v. 15. u. 19.11.1926
b) Akten der Gemeindevisitation v. 1. u. 7.11.1932
– Niederschrift
– keinere Beanstandungen
– Auszug aus GM-Protokoll

1130   Akten über den Beitritt d. Gemeinde zum Bezirksplanungsverbund Stuttgart 1932

Bis Ende 1992 mußten die Aktenbestände vom Autor selbst geordnet und verzeichnet werden. Für weitere Flattich-Bestände wird auf von dem ein Jahr angestellten Gemeindearchivar Martin Burkhardt verwiesen, der – leider erst in der Endphase dieser Arbeit – die Bestände auf 58 Seiten vorbildlich verzeichnete:
»Verzeichnis der nach dem Flattich-Aktenplan geordneten Archivbestände. Detaillierte Ausführung. Bezug: Findbuch von Wilh. Böhringer. Bearbeitet 1993/94 von Martin Burkhardt, Gemeindearchivar.«

Laufendes Totenregister ab 1902

Kreisarchiv Esslingen (KrArES)

I. Bestand E 1

E 1/0481	Dt. Emigranten und Ausländer 1922–1948	E 1/0652	Eintragungen in die Handwerksrolle 1936–1960
E 1/0489	Meldung jüdischer Gemeindebewohner Juni 1938	E 1/0674	Statistik d. nichtstehenden Gewerbebetriebe 1937–1949
E 1/0490	Erfassung und polizeiliche Überwachungvon Staatsangehörigen aus den Niederlanden und aus der Schweiz 1933–1936	E 1/0682	Haushaltssatzungen und -Pläne 1939–1953
		E 1/0737	Haushaltspläne der Gemeinde Reichenbach 1939–50
E 1/0492	Erfassung und polizeiliche Überwachung von Staatsangehörigen aus der Tschechoslowakei 1935–1938	E 1/0769	Ansiedelung weiterer Industrie
		E 1/0787	Zwangsarbeiter in Reichenbach / Fils 1940–1945
E 1/0494	Aberkennung der dt. Staatsangehörigkeit 1935–1937	E 1/0841	Gesetzeswidrige Benutzung von Kfz
E 1/0496	Ausweisungen 1886–1939	E 1/0842	Gefangenentransporte nach Lodz 1942–1943
E 1/0500	Suchverfahren für Ausländer	E 1/0846	Behandlung dt. Häftlinge aus dem KZ 1945
E 1/0519	Mobilmachungskalender für Landkr. ES 1939–1940	E 1/0848	Judenfrage und Denunziantentum 1939
E 1/0536	Hochwasserkatastrophe am 3.3.1956	E 1/0865	Einziehung d. Wehrm.ausw. Karl Meissner 1940
E 1/0538	Strafverfügungen 1939–1947 (darin Überwachungen)	E 1/0870	Gefangenentransporte 1939–1946
E 1/0553	Selbstmorde und unnatürl. Todesfälle 1939–1948	E 1/0871	Kosten der Gefangenentransporte 1942–1947
E 1/0562	Geburts- u. Sterbefälle 1943–1949	E 1/0872	Kosten f. Krankenhaus u. Bestattung f. Häftlinge 1944
E 1/0563	Befreiung und Verkürzung v. Aufgebot 1939–1948	E 1/0890	Erstellung einer Volkskartei 1939–1944
E 1/0565	Garnisonen, Kasernen, Lazarette	E 1/0891	Medizinalpersonen 1940–1945
E 1/0570 bis /0572	Polit. Überprüfung einzelner Personen A–N, 1937–1940	E 1/0894	Erlaubnis zur Wiederaufnahme der Vereinstätigkeit 1946–1948
E 1/0608	Neueröffnungen und Verl. v. Einzelhandelsunternehmen 1939–1945	E 1/0895	Vereinsgründungen 1945–1947
		E 1/0905	Meldung polit. wichtiger Ereignisse
E 1/0615	Nichtgenehmigungspflichtige Handw.betr. in Rb.	E 1/0909	Behandlung von »Gemeinschaftsfremden« und »Arbeitsscheuen« 1939–45
E 1/0627	Preisbild. u. -Überwachung in Rb. 1939–1949	E 1/0913	Fürsorge für unsittliche Mädchen 1942
E 1/0635	Markt- u. Ladenpreise 1939–1943		
E 1/0639 bis /0641	div. Preisüberschreibungen in Reichenbach	E 1/0918	Luftschutzräume in Gaststätten 1940–1941
E 1/0646	Preisüberprüfungen und Bußgeldverfahren in Rb.	E 1/0920	Verdacht auf Kuppelei 1940 (kassiert)

Archivbestände des Kreisarchivs Göppingen (KrAGöp)

I. Einzelakten

024.41 Verzeichnis der Namen der Ehren-
kreuzinhaber für Frontkämpfer,
Kriegsteilnehmer, Wittwen (1934)

000.02 Werbung für NS-Reiterkorps
(Statistik, 1937)

000.02 Förderung des Arbeitsdienstes
(mit 20 RM, 1935)

000.02 Arbeitsdienstfreistellung für Ernte-
arbeiten (Urlaub, 1935)

II. Festschrift »Kreis-Kongreß der NSDAP am 3. und 4. November 1934 in Göppingen und Eislingen«

III. Fleischer, Knut: Die Machtergreifung in zwei Gemeinden des Filstals. (unveröff. Typoskipt) Wiss. Zulassungsarbeit, Deggingen 1978.

IV. Abt, Dorothea: Der Nationalsozialismus in Geislingen an der Steige in den Jahren 1936 bis 1939. – Didaktische Vorüberlegungen. (unveröff. Typoskipt) Wiss. Zulassungsarbeit, Reutlingen 1980.

V. Hörmann, Friedrich: Die Gleichschaltung einer Württembergischen Kleinstadt. Aalen in den ersten Jahren des Nationalsozialismus. (unveröff. Typoskipt) Wiss. Zulassungsarbeit, Schwäb. Gmünd 1970.

VI. Olpp, Christian (Hrsg.): Adreßbuch Plochingen, Reichenbach-Fils. Plochingen 1931, 1934, 1937.

VII. Eberle, Albert: Ortsgeschichte von Baltmannsweiler. Stuttgart 1936.

Staatsarchiv Ludwigsburg (StALu)

I. F 170 III Oberamt Göppingen: Sämtliche Akten der allgemeinen Verwaltung des Zuständigkeitsbereiches des Oberamts Göppingen für Reichenbach / Fils bis 1938.

F 170 III, Bü 4 Verfassung und Verwaltung der
Gemeinde (Haushaltssatzungen)

F 170 III, Bü 6 Gesundheitswesen (Geisteskranke, Einzelfälle)

F 170 III, Bü 9 Öffentliche Sicherheit, Ordnung
und Sitte (Tanzerlaubnissportel,
Fernsprecher, Kabellegung)

F 170 III, Bü 10 Öffentliche Sicherheit, Ordnung
und Sitte (Maßnahmen gegen arbeitsscheue Hilfsarbeiter)

F 170 III, Bü 11 Öffentliche Sicherheit, Ordnung
und Sitte (Spülaborte, Abwasser)

F 170 III, Bü 13 Bau- und Feuerpolizei, Verkehrswe-
sen (Sperrung d. Reichenbach-
straße) 1930/31

F 170 III, Bü 18 Bau- und Feuerpolizei, Verkehrswe-
sen (Straßenbau 1908–1933)

F 170 III, Bü 26 Wirtschaftsleben (Schankerlaubnis
VFB-Heim)

F 170 III, Bü 28 Schule und Kirche (Lehrer)

F 170 III, Bü 29 Schule und Kirche (Schulgebäude)

F 170 III, Bü 38 Gesundheitswesen (Bausache Turnhalle)

F 170 III, Bü 41 Gesundheitswesen (Scharlach 1934)

F 170 III, Bü 44 Verfassung und Verwaltung der
Gemeinde (Hauptsatzung Reichen-
bach)

F 170 III, Bü 45 Personenstandswesen, Arbeitsdienst (Arbeitsdienst)

F 170 III, Bü 46 Arbeiter- und Krankenversicherung (Gewährung von Krankenhil-
fe)

F 170 III, Bü 47 Verfassung und Verwaltung der
Gemeinde (Erholungsurlaub des
Bürgermeisters)

F 170 III, Bü 48 Personenstandswesen, Arbeitsdienst (Vornamensänderungen)

F 170 III, Bü 55 Arbeiter- und Krankenversicherung
(Betriebskrankenkasse Heinr. Otto)

F 170 III, Bü 56 Gesundheitswesen (Freibad)

F 170 III, Bü 57 Verfassung und Verwaltung der
Gemeinde (Bürgschaften)

F 170 III, Bü 78 Verfassung und Verwaltung der
Gemeinde (Geldanlagen, darin Sat-
zung Konsumverein)

F 170 III, Bü 82 Verfassung und Verwaltung der
Gemeinde (Auszeichnung und Eh-
rung für Lebensrettung)

F 170 III, Bü 87 Schule und Kirche (Ortsschulrat)

F 170 III, Bü 80 Verfassung und Verwaltung der
Gemeinde (Besoldungssatzung Reichenbach 1921–1938)

F 170 III, Bü 107 Bau- und Feuerpolizei, Verkehrswe-
sen (Feuerwehr 1929–1943)

F 170 III, Bü 112 Bau- und Feuerpolizei, Verkehrswe-
sen (Drogenhandel des L.L., Rei-
chenbach)

F 170 III, Bü 118 Verfassung und Verwaltung der
Gemeinde (Schuldenaufnahmen)

F 170 III, Bü 119 Öffentliche Sicherheit, Ordnung
und Sitte (Lotterien)

F 170 III, Bü 125 Verfassung und Verwaltung der
Gemeinde (Gemeindevisitationen
1926–1936)

F 170 III, Bü 128 Wirtschaftsleben (Ortsviehversicherungsverein)

F 170 III, Bü 129 Wirtschaftsleben (Erweiterung des
Ortsleitungsnetzes)

F 170 III, Bü 130 Wirtschaftsleben (Elektr. Hausein-
richtungen)
F 170 III, Bü 132 Wirtschaftsleben (Durchführung d.
Arbeitsbeschaffungsprogramms)

II. F 270 III, FL 300/12 III Amtsgericht Göppingen: Vereins- und Handelsregisterakten, u. a. zu Reichenbacher Vereinen und Firmen

F 270 III, Vereinsregister Bü 315; VR-Nr. III, 45,
Nr. 27 (Reichenbacher Mieterverein)
F 270 III, Vereinsregister Bü 317; VR-Nr. IV, Bl 106,
Nr. 151 (Jacob-Bischoff-Hilfe)
F 270 III, Vereinsregister Bü 318; VR-Nr. IV, Bl. 307,
Nr. 217 (Freiwillige Feuerwehr Reichenbach)

III. FL 200/15 Schulamt Nürtingen (Bü 130, 175): Akten über Schule und Lehrerstellen in Reichenbach / Fils 1913–1965

FL 200/15, Bü 130; Kumi, Lehrplaninhalte
FL 200/15, Bü 175; Oberschulrat

IV. FL 30/6 »Erbgesundheitsakten« des Staatl. Gesundheitsamtes Esslingen: Sterilisation und erbgesundheitliche Überprüfung von Familien im Dritten Reich.

V. PL 504/9 NSDAP-Ortsgruppen im Kreis Esslingen (Bü 32–62), Akten der NSDAP-Ortsgruppe Reichenbach/Fils

PL 504/9, Bü 32; Personalakten, Organisation und
Verwaltung (Personalakten)
PL 504/9, Bü 33; Personalakten, Organisation und
Verwaltung (Geschäftsbetrieb d. Ortsgruppe)
PL 504/9, Bü 34; Personalakten, Organisation und
Verwaltung (Organisation der Ortsgruppe)
PL 504/9, Bü 35; Personalakten, Organisation und
Verwaltung (Waffen für Politische Leiter)
PL 504/9, Bü 36; Personalakten, Organisation und
Verwaltung (Uniformen für Politische Leiter)
PL 504/9, Bü 37; Personalakten, Organisation und
Verwaltung (Monatsbericht, KDF, Arbeiterschaft;
Betriebsangelegenheiten)
PL 504/9, Bü 38; Personalakten und Organisation
der angeschlossenen Verbände (SA)
PL 504/9, Bü 33; Personalakten und Organisation
der angeschlossenen Verbände (Jungvolk)
PL 504/9, Bü 402; Personalakten und Organisation
der angeschlossenen Verbände (HJ)
PL 504/9, Bü 41; Personalakten und Organisation
der angeschlossenen Verbände (BDM-Heim)
PL 504/9, Bü 42; Personalakten und Organisation
der angeschlossenen Verbände (NS-Frauenschaft)
PL 504/9, Bü 43; Personalakten und Organisation
der angeschlossenen Verbände (DAF, KDF)
PL 504/9, Bü 44; Personalakten und Organisation
der angeschlossenen Verbände (NSV)
PL 504/9, Bü 45; Personalakten und Organisation
der angeschlossenen Verbände (NSKOV)
PL 504/9, Bü 51; Personalakten und Organisation
der angeschlossenen Verbände (Verkehr mit der
Wehrmacht)
PL 504/9, Bü 52; Organisation und Verwaltung
(Aufbau des Volkssturmes)
PL 504/9, Bü 53; Öffentliche Sicherheit und Ordnung, Vereine (Vereinsführer)

PL 504/9, Bü 54; Öffentliche Sicherheit und Ordnung, Vereine (Anzeigen von politisch unadäquatem Verhalten)
PL 504/9, Bü 55; Wirtschaft und Soziales (Abeitsplatzvermittlung für PGs)
PL 504/9, Bü 56; Wirtschaft und Soziales (Förderung der örtlichen Wirtschaft)
PL 504/9, Bü 57; Wirtschaft und Soziales (Altmaterialsammlungen der NSDAP)
PL 504/9, Bü 58; Wirtschaft und Soziales (Arbeitsverhältnisse)
PL 504/9, Bü 59; Wirtschaft und Soziales (Wehrmachtsfürsorge)
PL 504/9, Bü 60; Wirtschaft und Soziales (Sammlungen der NSDAP)
PL 504/9, Bü 61; Wirtschaft und Soziales (Betreuung zurückgekehrter Auswanderer)
PL 504/9, Bü 62; Wirtschaft und Soziales (Ehestandsbeihilfen,...)

VI. PL 502/9 NSDAP-Kreisleitung Esslingen
PL 502/9, Bü 1; Rundschreiben 1936–1943
PL 502/9, Bü 3; Personalangelegenheiten 1930–1942
PL 502/9, Bü 4; Ortsgruppenleiter
PL 502/9, Bü 5; Zellenleiter im Kreis
PL 502/9, Bü 7; Ehrenzeichenträger
PL 502/9, Bü 9; Überprüfung der politischen Leiter
der Ortsgruppen
PL 502/9, Bü 18; Rechnungsrevisionen der Ortsgruppen
PL 502/9, Bü 19; Tätigkeitsberichte der Ortsgruppenleiter und Kulturhauptstellenleiter
PL 502/9, Bü 24; »Heimatbriefe« der Ortsgruppen
1940–1944
PL 502/9, Bü 25; Eingesandte Berichte an die EZ
1933–1945
PL 502/9, Bü 31; 1. Mai und Erntedankfest
PL 502/9, Bü 32; Reichsparteitag
PL 502/9, Bü 37; RT-Wahl, Abstimmung nach Tod
Hindenburgs (1933/34)
PL 502/9, Bü 41; Monatl. Meldungen der Gefallenen aus den Ortsgruppen 1942–1943
PL 502/9, Bü 43; Überwachung der Schutzhäftlinge
1933–1938
PL 502/9, Bü 45; Bestätigung von Vereinsvorständen
PL 502/9, Bü 46; Unerlaubte Verwendung des Hakenkreuzes
PL 502/9, Bü 52; Förderung einzelner Wirtschaftbetriebe des Kreises
PL 502/9, Bü 56; Altpapiersammlung
PL 502/9, Bü 60; Überpüfung von Nichtparteimitgliedern
PL 502/9, Bü 62; Übersicht der NSV-Mitglieder im
Kreis
PL 502/9, Bü 64; Gesundheitsstammbücher
PL 502/9, Bü 65; Feldpostpäckchen Weihnachtsaktion 1940

VII. PL 502/13 NSDAP - Kreisleitung Göppingen

VIII. JL 409 Zeitungen

IX. JL 430 Zeitungsnachweiskartei, Erscheinungsortregister

X. K 110 Leitabschnitt Stuttgart des Sicherheitsdienstes der SS
K 110, Bü 48; Geheimer Lagebericht vom Sommer 1941

XII. K 310/ 1 II Landesarbeitsamt Südwestdeutschland (RAD Arbeitsgau 26)

XII. K 411, Bü 142 Bahnhofseinrichtungen 1928–1944
K 411, Bü 143; Bahnhofseinrichtungen 1928–1944
K 411, Bü 210; Berichte über hygienische Verhältnisse im »Russenlager« der Reichsbahn
K 411, Bü 265; Bau u. Unterhaltung v. Gebäuden ES I
K 411, Bü 366; Bau und Unterhaltung von Gebäuden ES II

XIII. K 601, Lageberichte des Oberlandesgerichtspräsidenten und des Generalstaatsanwalts Stuttgart an den Reichsjustizminister 1940–1944.

XIV. E 179, II, Regierung für den Donaukreis
E 179, II, Bü 6952; Tätigkeit und Bekämpfung der Sozialdemokratie, Berichte der Oberämter
E 202, Bü 58; Kultminister

**XV. Bearbeitete Spruchkammer-Akten:
(EL 902/6, Bü 11/22/ff)**
EL 902/6, Bü 11/22/249
EL 902/6, Bü 11/22/---
EL 902/6, Bü 11/22/1316
EL 902/6, Bü 11/22/242
EL 902/6, Bü 11/22/3258
EL 902/6, Bü 11/35/164
EL 902/6, Bü 11/22/1846
EL 902/6, Bü 11/22/1022
EL 902/6, Bü 11/22/2654
EL 902/6, Bü 11/22/161
EL 902/6, Bü 11/22/961
EL 902/6, Bü 11/22/1337
EL 902/6, Bü 11/22/84
EL 902/6, Bü 11/22/2333
EL 902/6, Bü 11/22/520
EL 902/6, Bü 11/22/1750
EL 902/6, Bü 11/22/1358
EL 902/6, Bü 11/22/655
EL 902/6, Bü 11/22/291
EL 902/6, Bü 11/22/25
EL 902/6, Bü 11/22/2660
EL 902/6, Bü 11/22/1978
EL 902/6, Bü 11/22/236
EL 902/6, Bü 11/14/888
EL 902/6, Bü 11/22/---
EL 902/6, Bü 11/22/2062
EL 902/6, Bü 11/22/1302
EL 902/6, Bü 11/22/2450
EL 902/6, Bü 11/22/2450
EL 902/6, Bü 11/22/3056
EL 902/6, Bü 11/22/3056
EL 902/6, Bü 11/22/1147
EL 902/6, Bü 11/22/3132
EL 902/6, Bü 11/22/673
EL 902/6, Bü 11/22/200
EL 902/6, Bü 11/22/1041
EL 902/6, Bü 11/22/

EL 902/6, Bü 11/22/486
EL 902/6, Bü 11/22/867
EL 902/6, Bü 11/22/2343
EL 902/6, Bü 11/22/101
EL 902/6, Bü 11/31/2075
EL 902/6, Bü 11/22/2068
EL 902/6, Bü 11/22/1538
EL 902/6, Bü 11/22/1539
EL 902/6, Bü 11/22/2068
EL 902/6, Bü 11/4/634
EL 902/6, Bü 11/22/2124
EL 902/6, Bü 11/22/2657
EL 902/6, Bü 11/22/161
EL 902/6, Bü 11/22/1713
EL 902/6, Bü 11/22/830
EL 902/6, Bü 11/22/961
EL 902/6, Bü 11/22/784
EL 902/6, Bü 11/22/2222
EL 902/6, Bü 11/22/365, Blatt
EL 902/6, Bü 11/22/229
EL 902/6, Bü 11/22/3207
EL 902/6, Bü 11/31/4158
EL 902/6, Bü 11/22/107
EL 903/3, Bü J 75/647
EL 902/6, Bü 11/22/2346
EL 902/6, Bü 11/22/2501
EL 902/6, Bü 11/22/2997
EL 902/6, Bü 11/22/---
EL 902/6, Bü 11/22/2076
EL 902/6, Bü 11/22/145
EL 902/6, Bü 11/22/1955
EL 902/6, Bü 11/22/620
EL 902/6, Bü 11/32/3283
EL 902/6, Bü 11/22/50
EL 902/6, Bü 11/14/918
EL 902/6, Bü 11/22/663
EL 902/6, Bü 11/22/346
EL 902/6, Bü 11/22/664
EL 902/6, Bü 11/22/1555
EL 902/6, Bü 11/22/2659
EL 902/6, Bü 11/22/2664
EL 902/6, Bü 11/9/1861
B 5991/48, Bü 11/22/770, Blatt
EL 902/6, Bü 11/22/
EL 902/6, Bü 11/22/2255
EL 902/6, Bü 11/21/3352
EL 902/6, Bü 11/22/1107
EL 902/6, Bü 11/22/974
EL 902/6, Bü 11/22/1691
EL 902/6, Bü 11/22/1073
EL 902/6, Bü 11/22/2360
EL 902/6, Bü 11/31/11238
EL 902/6, Bü 11/4/1255
EL 902/6, Bü 11/22/3049
EL 902/6, Bü 11/22/1534
EL 902/6, Bü 11/22/1535
EL 902/6, Bü 11/22/908
EL 902/6, Bü 11/22/--
EL 902/6, Bü 11/22/2408
EL 902/6, Bü 11/22/863
EL 902/6, Bü 11/22/2436
EL 902/6, Bü 11/22/742
EL 902/6, Bü 11/22/2060
EL 902/6, Bü 11/31/14151
EL 902/6, Bü 11/22/640

Gnadenakten

Wiedergutmachungsakten
ES 7525; (Sickert, Friedrich – Witwe Maria; 1884–1950)

ES 17600; (Otto Mödinger; 1893–1965)
ES 6684; (Otto Greiener; 1899–)
ES; (Karl Steiss)
ES 29 367; (Bernhard Grimm, 1923–1942)
ES 29 112; (Karl Grimm jun.)

Landeskirchliches Archiv Stuttgart (LKA)

I. Personalakte Theodor Dipper (B-Bestand der Registratur)

II. Bestand Generalia/Altregistratur 115 c Sonderbünde; 13 Bunde: Kirchenkampf
S I	1934–1936
S II	1933–1945
S III	1936-1
S IV	1936-2
S V	1933–1944 (Notbund)
S VI	Handakten Borst (intus: Rundschreiben DC)
S VII	1933–1934
S VIII	1934–1935 (intus: Rundbriefe Würtembg. Bekenntnisgemeinschaft
S IX	1935–1936
S X	1936–1936
S XI	1936–1937

III. Bestand Generalia/Altregistratur 380 d I (noch nicht archiviert): Kriegsgefangene

IV. Bestand Generalia/Altregistratur Kirchengemeinde Reichenbach

V. Bestand A 26, Allg. Kirchenakten, Teil I, Abt. IV, Bd.746–805 Jugendunterweisung

VI. Bestand A 29 Ortsakten Reichenbach/Fils
Bd. 3706	Reichenbach, Pfarrei, Schule, ect.
Bd. 3707	Pfarrei Reichenbach, Besoldung, ect.
Bd. 3708	Besetzungsakten Reichenbach / Fils
Bd. 3709	Pfarrberichte Reichenbach

VII. Bestand D I »Wurm-Nachlaß«
Chronolog. Handaktenbestand zum Kirchenkampf. Abt. III (Die Zeit des Kirchenkampfes und des Zweiten Weltkrieges 1932–1945)

Bü 40-41	Kirchl. Theolog. Abeitskreise
Bü 42-56	Württ. Evang. Landeskirche Jan. '33–Dez. '34
Bü 57-80	Vertrauenserklärungen f. Wurm 1934
Bü 59.2	Eingliederung d. Evang. Jugendarbeit in HJ
Bü 60-64	Württ. Evang. Landeskirche Jan. 1935 – Dez. 1935
Bü 66-73	Württ. Evang. Landeskirche Jan. 1936 – Dez. 1937
Bü 75.3	Information: Die Männergemeinde 1935–1938
Bü 76-77	Württ. Evang. Landeskirche Mai 1938 – Juli 1938 (Intus: Entwurf des Stoffplanes für Weltanschauungsunterricht)
Bü 87-99	Evang. Bekenntnisgemeinschaft Jan. 1934 – Dez. 1934
Bü 100	Evang. Bekenntnisgemeinschaft Württemberg 1934–1938
Bü 101-111	Württ. Evang. Landeskirche Jan. 1939 – 8.5.1945.
Bü 113	Euthanasie
Bü 124	Mitteilungen
Bü 124.1	Glaubensbewegung Dt. Christen
Bü 140	Bekenntniskirche
Bü 194.4	Spätere Dokumente zur politischen Haltung Wurms und seiner Mitarbeiter (1946–1966, 1984/85, 1990)
Bü 245 bis Bü 264	Allgemeine Korrespondenz 1945–1948

VIII. Bestand D 31 unverzeichneter »Nachlaß Dipper« (von mir gesichtet)
Bü I	VKL I
Bü Ia	VKL II
Bü Ib	Altpreußen
Bü I/12	Rheinland
Bü I/6b	Schlesien
Bü I/11	Lageberichte
Bü I/12	NB Pfarrernotbund
Bü II/2	Bayern
Bü II/3	Sachsen
Bü II/4	Hannover
Bü II/1	Lutherrat, Luther. Hilfsverein, Luther. Tag in Hannover, Treffen in Springe
Bü III/1a	Landesbischf D. Wurm
Bü III/1b	OKR
Bü III/1c	Landeskirchentag
Bü III/2b	Bekenntnisgemeinschaft, Bezirk Backnang, LBR
Bü III/4	KTA (Kirchl. Theolog. Arbeitskreis) 1935–1939
Bü III/4	KTA (Kirchl. Theolog. Arbeitskreis) 1936–1936 - 1
Bü III/4	KTA (Kirchl. Theolog. Arbeitskreis) 1936–1936 - 2
Bü III/5	Schreiben an Ehefrauen verfolgter Pfarrer
Bü III/6	Sozietät
Bü	»Lutherrat 1936, 1937, Anf. 1938«
Bü	»Bekenntnissynode der EKD, Barmen,...«

Bü	»Reichsbruderrat«
Bü	»VKL 1936, 1937 - RBR 1936 - BK im Reich 1936, 1937; Bekenntnissynode 17.–22.2.1937«
Bü	»Informationen 1934; Württemb. Bekenntnisfront«
Bü	»Informationen 1934–1937«
Bü	»Informationen 1938–1939«
Bü	»Reichskirche« (Ministerium, Finanzverwaltung 1937, RK-Ausschuß 1935, 1936, 1937, Württemberg Landeskirchenausschuß 1936)
Bü	»Kommissarische Kirchenleitung in Wttmbg.«
Bü	»Landesbischof und OKR« (Landesbischof und OKR 1936, 1937, 1938 – Gehaltskürzungen für Pfarrer 1938 – LBR 1936, 1937 – Wahlen 1936, 1937 – Religionsunterricht 1936, 1937)
Bü IV/2	Einzelfälle Verfolgungen: Schwille - Neckartailfingen
Bü IV/3	Einzelfälle Verfolgungen: Von Jan, Josenhans, Bezner-Gäckingen
Bü IV/4	Einzelfälle Verfolgungen: Niemöller
Bü IV/5a	Einzelfälle Verfolgungen: Dipper
Bü IV/5b	Einzelfälle Verfolgungen: Dipper
Bü IV/6	Einzelfälle Verfolgungen: Diem – Sozietät
Bü IV/6	Bruderhilfe
Bü IV/7	Einzelfälle Verfolgungen: Mörike (darin Flugblatt, Bericht Mörikes v. 23.4.1938)
Bü IV/7	Einzelfälle Verfolgungen: Dipper 1937, Mörike 1936, Niemöller 1937, 1938, Steinbauer 1936, 1937
Bü V/1	Eid 1938 (Partei und Staat – BK im Reich 1938)
Bü	»Eid 1938« (Sozietät, Korrespondenz, Eid 1936, 1937)
Bü V/2	Theologischer Nachwuchs
Bü V/3	Polizeimaßnahmen
Bü V/4	Finanzabteilung beim OKR
Bü V/5	Fürbittenliste
Bü V/6	Religionsunterricht
Bü VI/1	Reichs- und Landesregierungen
Bü VI/2	Deutsche Christen, Reichsbischof u.ä. (Fragebögen zu DC in den Bezirken)
Bü VI/3	Öffentliche Äußerungen
Bü VIIa	Bibelwochen
Bü VIIb	Volksmission
Bü IX	Kathol. Kirche
Bü	»Ältere Akten zum Kirchenstreit April – Juli 1933«
Bü	»Bekenntnisrundschreiben«
Bü	»Kirchenwahlen 1937«
Bü	»Sozietät, Diem, Schempp, Simultaneum«
Bü	»Landesbruderrat und Sozietät«
Bü	»Kundgebungen aus der Gemeinde«
Bü	»Richtsätze und Rundschreiben«
Bü	»Schiftwechsel 1934«
Bü	»Korrespondenz 1934–1939«
Bü	»Korrespondenz 1937« (alphabetisch)
Bü	»Akten BK 1937« (incl. alphab. Korrespondenz 1938)
Bü	»Akten BK 1938« (incl. alphab. Korrespondenz, Rundschreiben)
Bü	»BK - Akten 1.2.1939–1.2.1942« (incl. alphab. Korrespondenz, Euthanasie-Akten, zu neuem Konfirmandenbüchlein)
Bü	»BK - Akten 1.4.1942–August 1945«
Bü	»1945« (darin u. a. Predigt d. Bischofs v. Münster v. 13.7.1941; Referat Dippers, Bekenntnis in der EKD v. 25.2.1946)
Bü (a–f)	»Bekenntnisgemeinschaft 1933–1945«
Bü	»Männerarbeit 1934–1938«
Bü	»Fürbitte (1936–1938), Fürsorge (1938), Notbund (1936–37)«
Bü	»Protokollbuch LBR« (Okt. 1937–24.5.1938)
Bü (a–d)	»Sammelakten 1934–1939« (enthält Rundbriefe)
Bü	»Rundbriefe 1934«
Bü	»Rundbriefe 1934/1935«
Bü	»Arbeitstagung Esslingen 1935«
Bü	»Mitgliederlisten«
Bü	»NSV (1936), NS-Propaganda (1936–1938), Stürmer (1936), Georg Schneider (1936), DC (1936)«
Bü	»LBR und Bekenntnisgemeinschaft 1936–1938« (Finanzen)
Bü	»LBR und Bekenntnisgemeinschaft 1937«
Bü	»LBR Mitglieder 1935–1939«
Bü	»Rundfrage des LBR am 14.3.1937«
Bü	»Bruderschaftsbriefe (Freudenstätter Kreis) 1938–1942«
Bü	»KTA - Berichte 1937«
Bü	»KTA« (darin: Fragebögen der Bezirke)
Bü	»Nachlese«
Bü	»Vorträge (Männerarbeit)«
Bü	»Materialübersicht«
Bü	»Nachschriften 1938 – Manuskripte«

Nach 1945:

Bü Ia/3	Landesbruderrat; (3) Schriftverkehr mit einzelnen Mitgliedern (6.11.1946–30.1.1969)
Bü Ib/3	Vertrauensleute der BK; (3) Sonst. Schriftverkehr mit einzelnen Vertrauensleuten (2.2.1946–14.11.1967)
Bü Ic/1	Gottesdienstl. Fragen (7.6.1946 bis 19.11.1955)
Bü Ic/2	»Handreichungen« (»Evang. und das Leben in der DDR«; »Christl. Gemeinde und der Atheismus«; »Handreichung West«; »Lage der Kirche in Westdeutschland«)
Bü 1c/3	Abendmalsfrage (1959)
Bü 1d	KTA (9.9.1946–26.3.1969)

Bü Ia/1	KTA; (1) Verzeichnis, Neuberufungen usw.			

Bü Ia/1   KTA; (1) Verzeichnis, Neuberufungen usw.

Bü Ie   Theolog. Nachwuchs (Bultmann-Frage; 18.7.1946–Okt.1969)

Bü If   Schulen, Seminare, Religionsunterricht, Konfirmation (14.5.1946–28.6.1966)

Bü Ig   Besond. relig. Erscheinungen, schwärmer. Bewegungen vom 11.5.1946 bis 14.7.1960

Bü Ih   Fürsorge, Hilfsmaßnamen, Flüchlinge (3.6.1946–23.3.1962)

Bü Ih/1   Judenfrage (4.11.1947–1.6.1967)

Bü Ii   Militärregierung, dt. Behörden, Parteien, Remilitarisierung (15.2.1946 bis 13.4.1968)

Bü Ii/1   Entnazifizierung (31.3.1946–27.12.1960)

Bü Ii/2   KDV (20.3.1954–11..1958)

Bü Ik   Personelles (5.11.1946–20.12.1969)

Bü Il   Drucksachen, Vervielfältigungen (29.3.1946–7.9.1967)

Bü Im   Presse, Rundfunk, Bücher (20.6.1946–20.12.1969)

Bü In   Theolog. Kammer, Evang. Akademie (18.10.1946–27.2.1968)

Bü Ip   Gemeinschaften (22.10.1949–23.9.1960)

Bü Iqu   Besuchsdienst in den Gemeinden (8.1.1954–7.1.1963)

Bü Ir   Baugemeinde (30.7.1949–10.10.1949)

Bü Is   Evangelisationsarbeit (24.3.1950–11.8.1959)

Bü Is/1   Berichte von Evangelisationen (1951/52)

Bü It   Militärseelsorge (28.4.1960–23.3.1961)

Bü Iu   Kirchliche Bruderschaft (28.11.1962–Advent 1967)

Bü   Protokolle Landesbruderrat 18.6.1945–19.11.1964

Bü   Protokolle Landesbruderrat 28.1.1965–28.11.1968

Bü   Zweitschriften der Landesbruderrat-Protokolle vom 10.7.1958–6.6.1969.

Bü   Belege 1961–1963

Bü   Rechnungsakten Bekenntnisgemeinsch 11.1.1960 – 31.12.1966

Bü   »Manuskript ›25 Jahre KTA und Bekenntnisgemeinschaft‹«

Bü   »Rezeptionen, Korrespondenz um Dippers Buch«

IX.   *»Das Evangelische Württemberg; 2. Hauptteil: Generalmagisterbuch Mitteilungen aus dem Leben der Evangel. Geistlichen von der Reformation an bis auf die Gegenwart«, Bd. D–E, Nr 1047*

X. Bestand E 98; Personalakte Karl Ehrhard (geb. 28.08.1874)

XI. Bestand Sammelstelle: Dipper, Th.

XII. Sozietät – Akten (Diem-Dipper)

Evangelisches Dekanatamt Esslingen (EDE)

I. Bestand Altregistratur: Reichenbach

Az 124   Pfarrer, Pfarrstelle
     a) Pfarrer, Pfarrstelle 1828–1929
     b) Unständige Geistliche 1868–1929
     c) Pfarrbeschreibung 1818–1871
     d) Einkommensbeschreibung 1840–1922
     e) Amtsübergabe 1840–1922

Az 125   Kirchengemeinde 1852–1928
     a) Haushaltspläne 1892–1923
     b) Ortskirchliche Vermögensverwaltung, 1892–1921
     c) Innere Angelegenheiten der Kirchengemeinde 1872–1922
     d) Kirchengemeinderat, Wahlen 1892–1910
     e) Kinderpflege 1897–1928
     f) Rechnungspüfung 1896–1910

Az 201   Kirchenbezirk

Az 206   Kirchenbezirkstag 1925–1938/ 1943–1944

II. Bestand Ortsakten Reichenbach
A. Pfarrei und Kirchengemeinde

I. Geistliche
I.1. Pfarrer
I.2. Unständige Geistliche und Pfarramtsbewerber
I.3. Gemeindeblatt
II. Pfarrstelle
II.1. Pfarrbeschreibung, Geschäftsordnung
II.2. Einkommensbeschreibung
II.3. Sonstige Angelegenheiten der Pfarrstelle
III. Kirchengemeinde
III.1. Ortskichliche Haushaltspläne
III.2. Landes- und Ortskirchensteuer
III.3. Sonstige Ortskirchliche Vermögensverwaltung
III.4. Innere Angelegenheiten der Kirchengemeinde
III.5. Kirchengemeinderat und seine Mitglieder
III.6. Beamte und Angestellte der Kichengemeinde
III.7. Sonstiges

III. Bestand III, A 15, Verwaltung

IV. Bestand III, B 18 a,b, Kirchliches Leben
Bü »Gottesdienst allg; DC-Gottesdienste, Gottesdienstordnung im III.Reich, Kinderkirche«

V. Bestand III, B 18 b, Kirchliches Leben
Bü »Reformationsfest, Bibelwoche, Evangelisation,...«

VI. Bestand III, B 18c, Kirchliches Leben
Bü »Einzelne kirchliche Handlungen«

VII. Bestand III, B 19, Kirchliches Leben
Bü »Religionsunterricht, Allgemeines«
Bü »Religionsunterricht, Rechenschaftsbericht«
Bü »Kirche und Schule, Schulaufsicht«
Bü »Religionsunterricht an allen Schulen, PJ, Schulandacht«

VIII. Bestand III, B 25 a, Kirchliches Leben,
Bü »Evang. Gemeindedienst«

XI. Bestand III, B 25 b, Kirchliches Leben,
Bü »Männerwerk, Aktionsgemeinschaft für Arbeiterfragen«

X. Bestand III, B 25 c, Kirchliches Leben,
Bü »Bücherei, Presse, Zeitungsausschnitte«

XI. Bestand III, C 27, Verhältnis,
Bü »Landeskirche, EKD, Ökumene«
Bü »Neuapostolische Kirche, Zeugen Jehovas, Allerlei Sekten«
Bü »Neue DC, Christengemeinschaft,...«
Bü »Eintritt in die Evang. Kirche«
Bü »Austritt aus der Evang. Kirche«

XII. Bestand III, C 29, Verhältnis,
Bü »Stadt, Kreis, Staat,...«
Bü »Politische Fragen, Parteien,...«
Bü »Im 3. Reich«

XIII. Bestand I, II, Bü »Kirchenbezirk, Kirchenbezirkstag«

XIV. Bestand IV, Bü »Steuerwesen seit 1939«

XV. Bestand V, 1,2,3, Bü »Visitationen Allgemein, Vororte«

XVI. Bestand V, 2, Bü »Visitationen Köngen bis Zell«

Evangelisches Kirchenarchiv Reichenbach (EKAR)

I. Evangelisches Kirchenarchiv Reichenbach (EKAR) [= Archiv der Evangelischen Mauritiusgemeinde Reichenbach an der Fils, Reichenbach]

II. Taufregister 1935–1958; Arch.-Nr. 2.6.

III. Eheregister 1875–1936; Arch.-Nr. 3.2.

IV. Eheregister 1937–1985; Arch.-Nr. 3.3.

V. Begräbnisregister 1891–1954; Arch.-Nr. 4.3. (Mit Gefallenen-Verzeichnis, darin 52 Namen des 1. WK)

VI. Konfirmandenregister 1924–1960; Arch.-Nr. 5.8.

VII. Familienregister 1930–1952; Arch.-Nr. 6.5.

VIII. Familienregister für gemischte Ehen 1930 bis 1952; Arch.-Nr. 6.6.

IX. Index zum Familienrregister; Arch.-Nr. 7.3.

X. Amtskalender 1931–1940; Arch.-Nr. 52.33. bis 52.42.

XI. Amtskalender 1941 Arch.-Nr. 52.43.

XII. Amtstagebuch 1942; Arch.-Nr. 52.44.

XIII. Amtstagebuch und Terminkalender 1943; Arch.-Nr. 52.45.

XIV. Amtstagebuch und Terminkalender 1944–1945; Arch.-Nr. 52.46.–52.47.

XV. Amtskalender 1946; Arch.-Nr. 52.48.

XVI. Kirchengemeinderats-Protokoll mit Entwurf zum Register) 1923–1938; Arch.-Nr. 53.10.

XVII. Kirchengemeinderats-Protokoll 1939–1959; Arch.-Nr. 53.11.

XVIII. Index zu den Kirchengemeinderats-Protokollen zu Band III. von 1939–1959 und zu Band IV von 1950ff; Arch.-Nr. 53.15.

XIX. Evangelisches Gemeindeblatt Reichenbach an der Fils; Jg. 1932/1933, Arch.-Nr. 56.17. bis Jg. 1945–1947, Arch.-Nr. 55.35.

XX. Beiblatt zum Amtsblatt; Arch.-Nr. 55.34.

XXI. Oberkirchenrat; Arch.-Nr. 201.12.

XXII. Innerkichliche Richtungen, Religionsgemeinschaften, (...) Statistiken 1899–1977; Arch.-Nr. 201.13.

XXIII. Eintritte, Übertritte, Austritte 1899–1977; Arch.-Nr. 201.14.

XXIV. Mitarbeiter der Kirche – Allgemeine Verhältnisse, Fortbildungen... 1861–1977; Arch.-Nr. 202.20.

XXV. Mitarbeiter der Kirche – Pfarrer, Ausbildungen, Pfarrbesoldungen... 1840–1977; Arch.-Nr. 202.21.

XXVI. Pfarrverein, Wittwen, Angestellte und Arbeiter 1894–1977; Arch.-Nr. 202.22.

XXVII. Pfarramt, Pfarrberichte, Organe der Kirchengemeinde 1891–1977; Arch.-Nr. 203.31.

XXVIII. Kirchenälteste; Kirchengemeinderat 1854–1977; Arch.-Nr. 203.32.

XXIX. Kindergärten, Kindergärtnerinnen (...) 1898–1977; Arch.-Nr. 204.47.

XXX. Öffentlichkeitsarbeit, Diaspora, Mitarbeiter (...) 1932–1977; Arch.-Nr. 205.56.

XXXI. Religionsunterricht 1921–1944; Arch.-Nr. 206.60.

XXXII. Rechnungsunterlagen im Deckelband 1928 bis 1947; Arch.-Nr. 400.19–400.28.

XXXIII. Korrespondenz

XXXIV. Verkündbücher

XXXV. »Evangelische Freiheit und kirchliche Ordnung.« Hrsgg. v. Landesbruderrat der Evang. Bekenntnisgemeinschaft in Württemberg. Freundesgabe anläßlich des 65. Geburtstages von Theodor Dipper. Stuttgart 1968.

Zentrale Stelle der Landesjustizverwaltungen zur Aufklärung von nationalsozialistischen Verbrechen (ZSL)

I. *Sammelakte 425 Az II 206 AR–Z; 232/1960*
  Band I, Bl.1–199.
  Band II, Bl.200–417.
  Band III, Bl.418–924.
  Band IV, Bl.925–1285.
  Band V, Bl.1286–1558.
  Band VI, Bl.1559–1689.
  Band VII, Bl.1690–1965.
  Band VIII, Bl.1966–2172.
  Band IX, Bl.2173–2400.
  Band X, Bl.2401–2511.
  Band XI, Bl.2512–2673.
  Band XII, Bl.2674–2913.
  Band XIII, Bl.2914–3122.
  Band XVII, Bl.3811–4007.

II. Akten Walter Baach
Az 45 JS 18/61 (Staatsanwaltschaft Bochum).

Az 16 KS 2/70 (Landgericht Bochum).
Anklage gegen den Reichenbacher ehem. SS-Obersturmführer Walter Baach vom 17.11.1970.
Urteil gegen den Reichenbacher ehem. SS-Obersturmführer Walter Baach vom 27.6.1972.

III. Akten Josef Palten
Az 45 JS 18/61 (Dortmund).

IV. Akten Karl Oppermann
Az 45 JS 27/63 (Dortmund).
Az 10 VSS 12/63 (Bochum).

V. Akten Hermann Blache
Az 45 JS 18/61 (Dortmund).
Sammelakte 411 (Hermann Blache).

Statistisches Landesamt Baden-Württemberg, Stuttgart (StatLaSt)

I. Daten der »Großzählungen«
Gemeindeergebnisse 1933, 1939, 1945/46, 13.9.1950.

II. »Statistische Monatshefte Württemberg-Baden« v. 1948–1958
Bd.3 »Eheschließungen der Vertriebenen in BaWü 1950–52«, S. 69–74 (Masch Lanka/Köhler).

Bd.10 »Vertriebene und Flüchtlinge als Inhaber von Betrieben«, S. 334–335 (Emil Fiedler).

Bd.12 »Die Kriegsverluste im Zweiten Weltkrieg«, S. 383–384 (Linus Weber).

Die Zahl der Kriegsgefangenen und Vermißten, Heft 3, März 1950, S. 77/78 (Dr. Fiedler).
»Flüchtlinge in BaWü.«; Heft 10, Oktober 1948.

III. »Die Heimatvertriebenen in Württemberg-Baden und ihre wirtschaftliche Eingliederung«, hrsgg.v. Staatsbeauftragten für das Flüchtlingswesen in BaWü. Stuttgart (Juni) 1950.

IV. Kromer, Wolfgang und Stanislaus Stepien: »Arbeit unter Zwang«, in: Beiträge zur Landeskunde, Nr. 2, April 1985, S. 5–10.

V. »Staatshandbuch für Württemberg«, 1925, 1928, 1933, 1936 u. 1939.VI. Statistisches Handbuch für Württemberg, Jahrgang 1927–1935; Hrsgg. vom Württembergischen Statistischen Landesamt, Stuttgart 1937.

VII. »Das Land Baden-Württemberg«, Bd. III, Heft 47 Esslingen, Histor. Gemeindeverzeichnis mit Bevölkerungszahlen von 1871 bis 1961 und der Erwerbstätigen nach Wirtschaftsbereichen 1895, 1907 und 1933.

VIII. Erhebung des Württembergischen Statistischen Landesamtes zur »Geschichtl. Darstellung der letzten Kriegstage«.

IX. »Landkreis Esslingen«, hrsgg. vom Innenministerium und Wirtschaftsministerium Baden-Württemberg (Die Stadt- und Landkreise Baden-Württembergs in Wort und Zahl, Heft 47).

X. Gemeinde und Kreisstatistik Baden-Württemberg (Statistik von Baden-Württemberg, Band 3, 1. Teil: Regierungsbezirk Nordwürttemberg); hrsgg. vom Statistischen Landesamt Stuttgart 1952.

XI. »Verwaltungsraum Reichenbach«, in: »Das Land Baden-Württemberg«, Amtliche Beschreibung nach Kreisen und Gemeinden, Bd. III, Regierungsbezirk Stuttgart, Regionalverband Mittlerer Neckar; hrsgg. von der Landesarchivdirektion Baden-Württemberg, Stuttgart 1978, S. 240 bis 245.

Hauptstaatsarchiv Stuttgart (HStA Stgt.)

I. *J 170 Geschichtliche Darstellung der letzten Kriegstage aufgrund des Erlasses des Württembergischen Statistischen Landesamtes vom 14.7.1948*

II. *E 151 d I – III Akten der Kommunalabteilung des Innenministeriums*

III. *E 151/03, früher E 151 c I–III Akten der Polizeiabteilung des Innenministeriums*

IV. *E 151–410 Runderlasse des Innen- und Wirtschaftsministeriums*

V. *E 397 und E 398 Akten des Wirtschaftsministeriums (Versorgung Zwangsarbeiter).*

Landesarchiv der Vereinigung der Verfolgten des Naziregimes / Bund der Antifaschisten, Stuttgart (VVN-Archiv)

I. *Archivbestände Verfolgte (D-Bestand)*
D 450
D 557
D 669
D 844
D 1098

II. *Archivbestand Wiedergutmachungsakten (E-Bestand)*
E Akte, Bü ES 17 600
E Akte, Bü ES 16 684
E Akte, Bü ES 1 718
E Akte, Bü ES 7 525
E Akte, Bü ES 29 112
E Akte, Bü ES 29 367

und weitere alphabetisch verzeichnete Akten.

Staatsarchiv Sigmaringen (StASig)

Bestand Geheime Polizeiberichte für Württemberg Wü 65/36, Acc. 31/1973, Nr. 321.

Staatsarchiv München

Bestand Pol. Dir. München 6760 (früher Guide 1519),

»Bericht über den Stand der Bewegung (nationalsozialistisch) in Württemberg, Ende Mai 1923«

Berlin Document Center (BDC)

I. NS-Personalkartei; Bestände zu folgenden Personen

Ferdinand Baach, Oberlehrer
Hedwig Baach, Haustochter
Karl Baach, Oberlehrer
Walter Baach, Verwaltungsmann
Richard Barz, Holzdreher
Paul Bescherer, Kaufmann
Wilhelm Böhringer, Rektor
Gottlob Bräuninger, Lagerleiter
Heinrich Burckhardt, Gendarmeriemeister
Dr. med. Karl Christ, Arzt
Willy Clapham, HJ-Führer
Ernst Deuschle, Buchhalter
Erich Duckeck, HJ-Führer, Kreishauptstellenleiter
Albert Eberle, Automechaniker
Eugen Eberle, Schreiner
Eduard Fischer, Beamter
Georg Häcker, Dachpolier
Richard Häfner
August Herrlinger, Flaschner
Max Huttenlocher, Schlosser

Wilhelm Kammerer, Elektriker
Theodor Kiesel, Mechaniker
Dr. Ernst Klenk, Arzt
Albert Lutz, Mechaniker
Hermann Mangold, Ortsgruppenleiter
Alfred Merkle, Rottenführer
Fritz Merkle, Weber
Walter Müller, Kaufmann, Obertruppführer
Wilhelm Noll
Wilhelm Noll, Schlosser
Frida Rein
Robert Ruoff, Vorwerksmeister
Friedrich Sanzi, Propagandawart
Emil Schmid, Bürgermeister
Friedrich Ströbele
Hermann Traub, Fabrikant
Fritz Ulmer
Fritz Wacker
Hans Wacker, stud. arch.
Klara Wacker, Hausfrau
Emil Wenzelburger, stud. ing.

Stadtarchiv Göppingen (StAGöp)

I. Göppinger Zeitung, Jahrgang 1932–1938

II. Hohenstaufen, Jahrgang 1932–1934

III. Freie Volkszeitung, Jahrgang 1910–1913; 1929–33

Stadtarchiv Ebersbach (StArEb)

I. Filstal- und Schurwaldbote, Jahrgang 1929–1933

Archiv der Eßlinger Zeitung (EZA), Esslingen

I. Eßlinger Zeitung, Jahrgang 1938–1946

Bundesarchiv Koblenz (BAK)

I. Bestand R 3/2015 Reichsbetriebskartei

II. Bestand NS 26-1404

III. Deutsches Reichsadressbuch für Industrie, Gewerbe, Handel, Ausgabe 1940

IV. Die Großunternehmen im Deutschen Reich, 1941.

Bundesarchiv – Militärarchiv Freiburg (BA-MA)

I. Kriegstagebuch des Rüstungskommandos Stuttgart von 1.10.1942 – 31.3.1944 (Fremdarbeiter in Rüstungsindustrie)

II. Akten des Wehrwirtschaftsamtes

III. Akten des Rüstungsamtes

VI. Kriegstagebuch der 19. Armee

V. Kriegstagebuch des LXXX. Armeekorps vom 28.12.1944–18.4.1945 (BA-MA, RH 24-80/70, Bl. 392–397).

VI. Kriegstagebuch des LXIV. Armeekorps vom 21.IV.1945–5.IV.1945 (BA-MA, B-191).

VII. Historical Division, Headquaters United States Army, Europe, Foreign Military Studies Branch: XIII CORPS (21 Mar – 2 May 45). (BA-MA, B-173).

VIII. Office of the Chief of Military History Department of the Army: United States Army in World War II. Special Studies. Chronology 1941–1945. Compiled by Mary H. Williams. Washington D.C. 1960.

Auszüge der wichtigsten Privatsammlungen

Privatsammlung Alber, Reichenbach

Ehrenkreuz für Frontkämpfer (Richard Alber, sen.) für 1. WK, Verleihung aufgrund der Verordnung v. 13.7.1934, gez. 18.1.1945 (Orden & Urkunde).
Schreiben des Bügermeisters vom 3.5.1933.
Urlaubsschein mit Fahrkarte f. Soldat
Kriegsbeorderung vom 1.3.1939; »Im Falle der 1. Mobilmachung hat er sich um 8.00 Uhr einzufinden«.
Div. Schreiben des Wehr-Bezirkskommando Esslingen, Befreiungsbefürwortungen (Bürgermeister, Schreiben an Landrat,...).
Urkunde zur »Kriegsverdienstmedaille« 30.1.1944.
Berufung des Landwirts Richard Alber zum Ortsbauernführer durch den Beauftragten der NSDAP vom 1.7.1935.

Ernennung des Landwirts Richard Alber zum Gemeinderat durch den Bürgermeister 2.8.1935.
»Letzter Brief« des Turnvereins ob des Gefallenen Otto Alber vom 14.12.1942, Blatt 11–12.
»Letzter Brief« des stellvertr. Kompanieführers ob des Gefallenen Otto Alber vom 2.10.1942, Blatt 31.
»Letzter Brief« eines Kameraden ob des Gefallenen Otto Alber mit Lagezeichnung des Grabes vom 2.10.1942, Blatt 35–36.
Diverse Besitzzeugnisse für Panzerkampfabzeichen, Nahkampfspange, EK II, EK I, u.a.
»Meine Ahnen« –»Ariernachweis«, Stammbaum der Fam. A.
»Wir schreiten über die Straßen«. Lieder der Hitlerjugend. Herausgegeben im Auftrag des Gebiets 20 der württembergischen Hitlerjugend. Heft 1. Stuttgart, Berlin und Leipzig o.J.

Polizeiliche Vorladung vom 23.9.1939.
Ausweis des Reichsverbandes für Lohndrescher v. 19.1.1939.
Todesanzeige Otto Alber v. 9.11.1942.
Danksagung Otto Alber v. November 1942.
Soldatisches Notizbuch mit Einnahmenauflistung und Adressenliste
Urkunde über »Heldentod für Führer, Volk und Vaterland«.
Mitgliedskarte Marktvereinigung der deutschen Forst- und Holzwirtschaft.
Reichsnährstand, Bescheinigung über die Befähigung zur »Neubildung deutschen Bauerntums« vom 16.5.1939 (Briefkopf »Blut und Boden«).
Sterbeurkunde v. Siegfried Karl Alber, 25.4.1945.
Bild der Gründer des Radsportvereins.
Diverse Fotos von Erntedankfest 1933 (Blatt 43–44), Erntedankfest 1934 –Pferd mit Wagen (Blatt 48), Erntedankfest 1936 – Bahnhof u. Turnhalle, Vollmer auf dem Bock (Blatt 45), 1. Mai 1933 –Schulklasse »Mädle Jg 19/20 – Köst, Greiner und Ulmerstraße« – Musikverein Glück Auf, SA (Blatt 46, 49), Heuernte 1933 (Blatt 47), Tanzstunde 1936/1937 (Blatt 50), Hochwasser vor dem Krieg (Blatt 51), 10 Jähriges Stiftungsfest von »All Heil« 1924 (Blatt 52, 53); Autorennen mit Manfred v. Brauchitsch und Stuck, Faschingsfeier 1936/37, Konfirmandenbild 1937: von 24 Jungen sind zwölf gefallen, Balkan, Otto Alber an der Front.
Wehrpaß.
Diverse Feldpostbriefe.

Privatsammlung Gers, Sachsenheim

Fotos: Dipper mit Frau, Singwoche, Dorfkirche; Gemeindehelferin Dippers, Frl. Ott; Nachfolgerin im Amte, Erntedankaltar, Kruzifix im Amtszimmer Dippers (eines Tages fehlte der Finger), Taufe von Christa-Maria Zantow, 1.1.1943.

Privatsammlung Harigel, Reichenbach

Zweiter Rundbrief des Jahrganges 1927 an die »Ausmarschierten« vom 28.12.1944.
»An unsere Ausmarschierten!« Rundbrief der Gemeindeverwaltung Reichenbach handunterschrieben vom Bürgermeister, Weihnachten 1944.
Kopie des Kriegskochbuches, hrsgg. von der Stadtverwaltung Stuttgart, bearb. v. Dr. E. Ingelfinger.
»Evangelisches Gemeindeblatt Reichenbach a. d. Fils«, Nr. 12, 1936 bis Nr. 8/9, 1940.

Privatsammlung Herman, Reichenbach

»60 Jahre Obst- und Gartenbauvereins Reichenbach / Fils e.V.« Festschrift zum 5.und 6.10.1985.
Protokollbuch des Obst- und Gartenbauvereins Reichenbach / Fils e.V. v. 15.3.1925 – 1.2.1959.

Privatsammlung Koch, Reichenbach

Milch-Verwertungs-Genossenschaft Reichenbach/ Fils e.G.m.b.H.: Liste der Genossen 1934 bis 1974.
– Protokollbuch für die Generalversammlung vom 12.4.1934–21.4.1951.
– Protokollbuch für die Generalversammlung vom 17.5.1953–18.7.1957.

– Protokollbuch für den Vorstand vom 1.12.1948– 31.12.1956.
– Verzeichnis der Geschäftsguthaben, Rechnungsjahr 1934–Juli 1937.
– Verzeichnis der Geschäftsguthaben, Rechnungsjahr 1940–31.12.1961.
Tabellarisches Hauptbuch 1935–1940 und 1947–1954.

Privatsammlung Meißner, Reichenbach.

Esslinger Gau 1988. Schwäbischer Albverein, herausgegeben zum 100jährigen Jubiläum des Schwäbischen Albvereins. Plochingen 1988.
Entlassungsschein der Amerikaner.
Protokollbuch der Ortsgruppe Reichenbach des Albvereins vom 8.1.1931 bis zum 23.4.1949.

Privatsammlung Mühlhäuser, Barthenbach

Brief Mühlhäusers an das *Kultministerium* vom 22.10.1937, in welchem er ein Schreiben des Kreisleiters Hundt zitiert.
Fotoalbum als Abschiedsgeschenk des Kinderkirchhelferkreises an Oberlehrer Mühlhäuser (mit vielen Bildern und Sprüchen aus Alt-Reichenbach).
Diem, Hermann: Wie wenig haben wir geholfen? In: Fink, Heinrich: Stärker als die Angst, (Ost-) Berlin 1968, S. 132–141.
Dipper, Theodor: »23. Sonntag nach Trinitatis: Gebt dem Kaiser, was des Kaisers ist...« In: Beckmann, Joachim und Friedrich Linz (Hrsg.): Meine Worte werden nicht vergehen. Gütersloh 1940, S. 309 bis 315.

Privatsammlung E. Munz, Reichenbach

Anweisung des Landrates und Bestätigung durch Bürgermeister zur leihweisen Requisition von 9 Radiogeräten für die Militärregierung.
Aufforderungsschreiben des Bürgermeisters »betreffs Wohnungs- bzw. Häuserräumung auf unbestimmte Zeit« vom 4.Juni 1945.
»Auszug aus einem die Umbildung des Beirats in Reichenbach betreffenden Brief an den Herrn Landrat«.
»Bericht von Bürgermeister Munz an den Landrat über die politische und wirtschaftliche Entwicklung seit 1918«, Reichenbach, den 12.11.1946.
Bericht des *Ortsgruppenleiters* an *Kreisleitung* Göppingen vom 23.8.1934.
Bestätigung der Requisition für die Militärregierung vom 13.3.1946 (Schreibtisch, Tisch, 2 Bürostühle, Papierkorb).
Bestellungsurkunde des Bürgermeisters Otto Munz zum Standesbeamten vom 11.10.1946. (Originalblatt ist ehem. »Ernennungsurkunde« noch mit altem Text –»darf er sich des besonderen Schutzes des Führers und Reichskanzlers sicher sein«.
Bevölkerungsstatistiken aus dem Nachlaß von Bürgermeister Otto Munz, Stand 30.4.1947 (3 Blätter).
Bittgesuche zur Haftentlassung des Otto Munz an das Landeskriminalpolizeiamt Stuttgart, an die Kommandantur des *Schutzhaftlagers* Heuberg und an das Württ. Innenministerium: des Parteigenossen E. R. (24.3.1933), des Schwagers (31.3.1933), von Emma und Christian Munz (19.3.1933) und von Pfarrer Erhardt (22.3.1933).

Brief des Sohnes an den im KZ inhaftierten Vater vom 8.5.1933.

Diverse Listen über Gemeinderatsausschüsse und deren Mitglieder.

Diverse Schreiben des Landrats an Bürgermeister Munz vom 26.8.1946, vom 31.10.1946 und vom 16.12.1946.

Diverse Schreiben von A.F. an *Ortsgruppenleiter* (1.12.1944), Bürgermeister (23.11.1945, 6.4.1946).

Einsatzbefehl der NSDAP-*Kreisleitung* zu Schanzarbeiten vom 18.9.1944.

Einsetzungsbescheid für Bgm. Munz vom 15.6.1945.

Entlassungsausweis aus dem *Schutzhaftlager Heuberg* vom 21.6.1933 mit täglich abgestempelter Anwesenheitsbestätigung bis 20.11.1933.

Flugblatt des Bürgermeisters zur »Bereitstellung 1 Bettgestells, 1 Matratze, 1 frischen Leintuch und 1 Kopfkissen mit frischem Bezug für die amer. Besatzungsbehörde« vom 3.7.1945.

Flugblatt des Bürgermeisters zur Aufforderung an »sämtliche Funktionäre der ehemaligen NSDAP, alle Block- und Zellenleiter« zum Arbeitsdienst am 14.10.1945, Treffpunkt Turnhalle 8.30 Uhr.

Foto: SA-Standarte Reichenbach.

Geburtstagsbrief Pfarrer Erhardt an im KZ inhaftierten Otto Munz vom 29.3.1933.

»Gesangverein ›Freiheit‹ Reichenbach/Fils. Festschrift zum 35 jähriges Jubiläum am 21., 22. und 23. Juli 1956.« Reichenbach 1956.

»Im Blickfeld«, hrsg. vom SPD-Ortsverein Reichenbach, Nr. 23, Januar 1983.

»Informations-Bericht‹ des Bürgermeisters an den Landrat, Berichte vom 30.12.1946, 26.1.1947 und 26.4.1947.

»Meldungen« des aus dem KZ entlassenen E.M. beim Bürgermeisteramt mit täglich abgestempelter Anwesenheitsbestätigung von 20.11.1933 bis 28.2.1934.

Miller, Max: »Das Kriegsende in Esslingen.« Bericht im Auftrag der Stadt Esslingen. Esslingen 1952.

»1920–1970 50 Jahre Verein für Bewegungsspiele Reichenbach-Fils.« Festschrift aus Anlaß des 50jährigen Jubiläums vom 20. Mai – 1. Juni 1970. Reichenbach 1970.

Schreiben des ehem. *Ortsgruppenleiters* an Bürgermeisteramt Reichenbach vom 20.9.1945.

Schreiben O. Munz an Amtsgericht Göppingen, Az. 145a-49 vom Juni 1948.

Schreiben O. Sch. an Amtsgericht Göppingen, Az. 145a-49 vom 14.6.1948.

Schreiben von Bürgermeister Schmid an die Mitglieder des Aktionsausschusses der Gemeindeverwaltung vom 17.6.1945.

Stellungnahme des Landrats zur Haftentlassung des Otto Munz vom 31.3.1933.

Stellungnahme des *Ortsgruppenleiters* zur Haftentlassung des Otto Munz vom 2.6.1933.

»Stimmungsbericht« des Bürgermeisters an den Landrat vom 8.9.1946.

»Verzeichnis der NS-Frauenschaft und des Deutschen Frauenwerks, aufgestellt nach Angaben der Kassiererin Frl. I.E.« (Stand 22.5.1945).

»VFB ECHO«, Jubiläumsausgabe »60 Jahre VFB«, Chefred. Armin Schwilk, Reichenbach. Reichenbach 1981.

Privatsammlung G. Munz, Reichenbach

»Abschrift vom Mitgliederverzeichnis der NSDAP Reichenbach/F. alphabetisch aufgestellt am 6.11.45«.

»Aufstellung der Politischen Leiter bis einschl. Blockleiter nach dem Stand vom 10. Okt. 1937« 8.12.1937.

Lebenslauf des Gustav Munz, geschrieben im Mai 1945.

Entlassungsausweis aus dem *Schutzhaftlager Heuberg* vom 21.6.1933 mit täglicher abgestempelter Anwesenheitsbestätigung bis 20.11.1933.

»Meldungen« beim Bürgermeisteramt mit täglich abgestempelter Anwesenheitsbestätigung bis 28.2.1934.

Flugblätter zur Bürgermeisterwahl vom 18.2.1948.

Schreiben von G. M. an die Spruchkammer Esslingen vom 28.1.1947.

Schreiben von der Landesbezirksstelle für Wiedergutmachung vom 21.7.1950.

Postkarte vom 3.6.1933 an »Herrn Gustav Munz, Konzentrationslager, Heuberg-Stetten, Block 20, Z.4«.

Postkarte vom 8.5.1933 an »Herrn Gustav Munz, Schutzhaftlager, Heuberg-Stetten, Block 20, Z.4«.

Schreiben der AOK Göppingen-Land in Eislingen/Fils vom 4.3. und vom 6.3.1935.

Verzeichnis der SA-Männer und -Führer, aufgestellt im Bürgermeisteramt Reichenbach am 22. Mai 1945.

Privatsammlung Neumann, Reichenbach

Protokoll-Bücher des Musikvereines »Glück auf« von 3.10.1921 bis 25.5.1955.

Kontobuch des Musikvereines »Glück auf«.

»Musikverein «Glück auf» Gemeindekapelle Reichenbach/Fils, Vereinschronik«. Typoskript.

Foto: 10jähriges Jubiläum des Musikvereines »Glück auf« 1931.

Privatsammlung Röder, Reichenbach

C.V.J.M. Anzeiger des christlichen Vereins Junger Männer. Reichenbach a.F., 1. Jg. Nr. 5, Dez. 1925 (2 Exemplare), bis Nr. 1, Jan.–Febr. 1927.

»Dankfeier der Evang. Kirchengemeinde im wiedergefundenen Gemeindehaus«, Programm der Dankfeier am 29.9.1946.

»Spareinlagen-Sammelstelle des evang. Jünglings- und Männervereins e. V. Reichenbach«.

Protokollbuch des Christlichen Vereins Junger Männer Reichenbach; 25.1.1925 – 21.3.1932.

Vereinsgeschichte »Evangelischer Jungmännerein« Reichenbach a.F., gegr. 1895 e.V. fortgeführt bis August 1929. @ANH BEST HEAD = Privatsammlung Dr. Schlack, Uhingen

Korrespondenz des Reitvereins (Auszug).

Photoalbum 1935/1936.

Fotos div. Bilder v. Reichenbacheitern im Einsatz »Stuttgarter Leben« 1938.

Otto Schlack mit Araberhengst »Dschandar«; Turnier Burg Esslingen Mai ’37; Stempel mit Emblem Reitverein Reichenbach.

Viele Fotos zum Esslinger Turnier und zum Reitverein Alltag im Album.

Festschrift »Reit- und Springturnier auf der Burg in Esslingen a.N.« vom 9. bis 10.5.1936.

Festschrift »2. Reit- und Springturnier auf der Burg in Esslingen a.N.« vom 29. bis 30.5.1937.

Herold. Nachrichtenblatt für Pferdezucht und Pferdesport. München (hier Nr. 57/1938).

Programm für das Reit- und Fahrturnier in der Bodensee-Kampfbahn Konstanz a.B. vom 2. bis 3.7.1938.

Teilnehmerkarte für das Reit- und Fahrturnier in der Bodensee-Kampfbahn Konstanz a.B. vom 2. bis 3.7.1938.

Zugfahrkarte für vier Pferde nach Konstanz.

15 Verpflegungskarten Abendessen f. Konstanz.

Programm für 6. öffentliches Reit- Spring- und Fahrturnier am 30. u.31. Juli 1938 in Bietigheim.

Programme für die Frühjahrspferderennen auf dem Cannstatter Wasen, Mai 1938.

Pferdeführer-Ausweis fürs Volksfestrennen Cannstatt, 24./25.9.1938.

Privatsammlung Schmid, Reichenbach

Fotos: Betriebssport, Feldhandball bei der Fa. Schöttle, VFB-Bilder, Konfirmanden Jg. 1919, 1. Schuljahr Jg. 1919.

Privatsammlung O. Söll, Reichenbach

Schulaufsätze »Unsere Flieger gegen England« (20.1.1940), »Judenfrage« (13.1.1939), »Was unser Führer bisher geleistet hat« (31.1.1939), »Wir sammeln für das WHW« (20.12.1938), »Gemeinnutz geht vor Eigennutz« (14.2.1939), »Deutschland will seine Kolonien wieder haben« (Ende Febr. 1939), »Schulausflug« (5.6.1939), »Stanley in Uganda« (12.6.1939), »So ein Frühjahr« (19.6.1939), »Sonnwende in Reichenbach« (26.6.1939), »Wir reden vom Menschen« (3.7.1939), »Deutschland, Deutschland, Deutschland« (3.7.1939), »Bismarck« (11.7.1939), »Es ist Krieg« (11.9.1939), »Entwicklung und Zerstörung Polens« (11.9.1939), »Einsatz der Jugend...« (28.9.1939), »Brief an meinen Bruder vom Westwall« (20.10.1939), »So ein Regenwetter« (27.10.1939), »Die Engländer« (3.11.1939), »Das Verbechen von München« (17.11.1939), »Mein Lebenslauf« (13.3.1940).

Vermißten-Anzeige vom 7.3.1944.

Suche des O.S. über Ortsgruppenleiter vom 16.3.1944.

Mitteilung über US-Gefangenschaft vom 6.6.1944.

Weihnachtsrundschreiben des Bürgermeisters an Ausmarschierte Dez. 1943.

HJ-Ausweis vom 1.10.1936 mit Bild und Marken.

Privatsammlung R. Stöber, Reichenbach

Gesundheitspaß.

Anmeldeerklärung der Flug- u. Arbeitsgemeinschaft (FAG) Reichenbach von 1930 (Unterschiften).

Foto FAG Reichenbach von 1930: Die Mitglieder, gebauter Flugapparat bei Fam. Ungerer in der Tankstelle, gebauter Flugapparat in der Luft, Flugapparat April 1930 (Gerüst eines Doppeldeckers) - Hirth, Kirchheim. Ausstellung in Reichenbacher Gaststätte, mehrere Segelflieger in Kirchheim.

FAG Reichenbach: Schreiben Luftamt Stuttgart vom 25.1.1938.

Gründung FAG Reichenbach: Schreiben des Württ. Luftfahrt-Verbands e.V. vom 4.8.1930; FAG-Bestimmungen werden zugesandt.

FAG Reichenbach: Deutscher Gleitfliegerausweis vom 13.11.1932.

FAG Reichenbach: Württ. Luftfahrtverband - Mitgliedskarte vom 2.11.1932.

FAG Reichenbach: Vorläufiger Segelfliegerausweis, 23.7.1934 daran richtiger Ausweis vom 28.2.1936 mit Lichtbild.

Broschüre »10 Jahre Schempp-Hirth O.H.G. Kirchheim/Teck, 1935–1945« vom 5.1.1945.

Korrespondenz Karl Stöber, Luftfahrtverband.

Zeitungsausschnitte alte SPD-Mitglieder.

Foto: Der alte Timo Stöber noch mit einem Flugzeug.

»Deutsche Luftwacht«, 1. Jg., Nr. 4, 15. Sept 1939; 6. Jg., Nr. 2, 15. Febr. 1939.

»Deutsche Flugillustrierte«, versch. Ausgaben ab Nr. 23, 10.6.1934.

Diverse Artikel über die FAG aus zeitgenössischen Zeitungen.

Privatsammlung Wöllhaf, Reichenbach

Schulheft von H.W. vom 31. Oktober 1944 bis 19. April 1945.

DRK-Suchantrag, Ergebnisbericht vom 8.9.1969.

Zeichnung von R.B. »Tag der nationalen Solidarität« vom Dez. 1936 (8. Klasse).

Zeichnung von R.B. »Wir spenden für das WHW« vom Febr. 1935 (6. Klasse).

Zeichnung von R.B. »1. Mai 1936« vom Mai 1936 (8. Klasse).

Deutsche Karte (Reichenbach/Göppingen) mit Stempel »NSDAP, Deutsches Jungvolk in der HJ, Fähnlein 23/365 Reichenbach/Fils; Jungzug III ›Major Wick‹«.

Suchbrief an Türk. Roten Halbmond vom 21.4.1943.

Familienunterhalt - Bescheid für Ehefrau und zwei Kinder des Soldaten W. (179,25 RM/Monat) vom 21.5.1940.

Familienunterhalt-Bescheid für Ehefrau und drei Kinder des Soldaten W. (207,25 RM/Monat) vom 23.8.1940.

Entlassungsschreiben als nicht erdkampffähiges Personal vom 28.4.1945 / 1.5.1945.

Verwaltung des Soldaten W. mit Einsatzorte vom 10.3.1945.

»Ein Volk, ein Reich, ein Führer« – Werbezeitschrift zur Volksabstimmung vom 10. April 1938.

»Junge Welt – Reichszeitschrift der Hitlerjugend«, Heft 5, Mai 1940 und Heft 11, November 1941.

Übersichtskarte, hrsg. von der örtl. Luftschutzleitung Stgt..

Illustrierte Führerkarte, hrsg. von W. Pfau, Stgt..

Mitteilung über Weihnachtszuwendung des Reichsbahn-Kameradschaftswerk zu Weihnachten 1942/43 vom 18.12.1943.

Diverse »Göppinger Zeitungen« vom 4.1.1937, 5.1.1937, 20.4.1939.

Vier Ansichtskarten und ein Foto mit drei Frauen.

96 Feldpostbriefe von Maria und Robert Böhringer von 10.10.1941 – 27.12.1943.

Beurteilung des Majors für Ufz. Ernst Wöllhaf vom 15.1.1945.

Bescheinigung, daß Ufz. W. der Alarmstufe III angehört und demnach nicht bei Alarmstufe II - Einheiten verwendet werden darf.

Feldpostbrief von Fridel Wöllhaf an Ernst Wöllhaf vom 11.4.1945, Brief Nr. 21/1945.

Aufforderung zur Requirierung von Betten mit Bettzeug durch US-Besatzung vom 8.6.1945.

Diverse Unterlagen zur Entnazifizierung von E.W. (9 Schriftstücke)

Schreiben über Kontensperre, gemäß Gesetz Nr. 52/104, vom 31.12.1947.

Privatsammlung Wurster, Reichenbach

Evangelisches Feldgesangbuch.

Weihnachtsfeier 1943 – Programm d. 4. Kompanie.

Entfernungsschätzbuch für Geländesport des Jungzugführers Wurster, Fähnlein 25/365.

HJ-Bann- und Untergausporttreffen am 21./22.6. 1941 in Essl.; 1. Sieg im 1000 Meter-Lauf.

Feldpostbrief über befohlene Eingliederung in SS.

»Reichenbachs Jugend im ›Dritten Reich‹.« Aufsatz von H. W. vom 10.4.1949.

Verzeichnis der geführten Interviews

Im Zeitraum vom Juli 1990 bis zum September 1994 führte der Autor Interviews und Gespräche mit folgenden Personen:

Frau Maria Alber, geb. Unrath, am 12.9.1990.
Herrn Richard Alber, am 12.9.1990.
Herrn Gerhard Bauknecht, am 15.8.1990.
Herrn Otto Baun, am 29.9.1994.
Frau Christiane Berger, geb. Leonberger (†), am 5.2.1991 und am 10.5.1991.
Frau Hannelore Berger, am 5.2.1991, am 10.5.1991 und am 22.9.1994.
Herrn Hans Bescherer, am 11.7.1990.
Frau Klara Bieg, am 23.7.1990.
Frau Dora Bitzer, am 21.1. und am 4.2.1991.
Herrn Hugo Bitzer, am 21.1. und am 4.2.1991.
Herrn Emil Böbel (†), am 12.3.1991.
Frau Bosch, geb. Falch (†), am 26.4.1991.
Herrn Dieter Bräuninger, am 8.1.1991.
Frau Bührle, geb. Falch (†), am 24.4.1991.
Herrn Hellmuth Damm, am 23.4.1991.
Frau Hildegard Daur, am 28.8.1993.
Frau Emilie Diemer, geb. Walz, am 9.1.1991.
Herrn Karl Dipper, am 13.4.1991, am 12.6.1991 und am 1.11.1992.
Frau Lieselotte Dipper, am 8.3.1991.
Herrn Peter Dipper, am 16.4.1991.
Herrn Eugen Eberle, am 15.8.1990.
Frau Eckert, am 11.2.1993.
Herrn August Eichhorn, am 3.3.1991.
Herrn Christoph Esenwein, am 15.8.1990.
Herrn Rudi Faul, am 3.3.1991.
Frau Elsbeth Fischer, geb. Lindenschmid, am 4.9.1990.
Herrn Ernst Fischer, am 15.8.1990.
Frau Frida Fischer, am 26.11.1990.
Herrn Hans Fischer, am 26.11.1990.
Frau Helene Fischer, am 5.12. und am 17.12.1991.
Frau Julie Fischer (†), am 25.7.1990.
Herrn Otto Fischer, am 4.9.1990.
Herrn Reinhold Fischer, am 28.12.1990. und am 11.1.1991.
Frau Sofie Fischer (†), am 5.12.1990.

Frau Hildegard Friedrich, am 6.5.1991.
Frau Magdalene Fritz, am 3.3.1993.
Frau Elfriede Gers, geb. Ott, am 11.4.1991.
Frau Erika und Lisa Gibney, am 17.6.1992.
Herrn Ludwig van Ginkel, am 8.8.1990.
Herrn Heiner Gölz, am 16. 3. 1993.
Frau Inge Goller, geb. Greiner, am 14.3.1991.
Herrn Gerhard Goller, am 14.3.1991.
Herrn Walter Gress, am 14.12.1990.
Frau Vera Grimm-Sachs, am 18.9.1994.
Frau Emma Häderle, geb. Mödinger, und Frau Siggi Häderle, am 19.9.1991
Herrn Eugen Häfner, am 30. 10. 1992.
Herrn Dr. Walter Hahn, am 17.4.1991.
Frau Else Hangleiter, geb. Reutter, am 29.11.1990.
Herrn Erich Hangleiter, am 29.11.1990.
Herrn Karl Harigel, am 21.5.1990.
Frau Josefine Henk (†), am 20.6.1990.
Frau Elisabeth Hermann, am 23.7.1990.
Herrn Erich Hermann, am 29.5.1991.
Frau Erna Heusel, geb. Heinemann, am 18.1.1991.
Herrn Willi Heusel, am 18.1.1991.
Herrn Oskar Holzwarth, am 20.8.1990.
Herrn Georg Hoyler (†), am 26.6.1990.
Herrn Peter von Kaehne, am 1. 10. 1994.
Herrn Hermann Karle (†), am 4.7.1990.
Frau Hedwig Kautter, am 20.8.1990.
Herrn Erwin Keller, am 30. 10. 1992.
Frau Eugenie Keppler, am geb. Greiner, am 16.4.1991.
Frau Klärle Kern, am 24.4.1991.
Herrn Albrecht Klenk, am 5.12.1990.
Herrn Eugen Koch, am 28.2., am 17.4. und am 17. 12.1991.
Frau Frida Koch, geb. Schmid (†), am 28.2., am 17.4. und am 17.12.1991.
Herrn Karl Köder (†), am 30. 10. 1992.
Frau Lore Köder, am 30. 10. 1992.
Frau Helene Krapf, am 16.5.1991.
Herrn Christian Krapf (†), am 16.5.1991.
Herrn Wilhelm Krapf, am 13.4. und am 16.5.1991.
Frau Else Kress, am 29.11.1990.
Frau Barbara Kuhlmann am 29.6.1990.

Frau Johanna Künstner, geb. Munz, am 17.1.1991.
Herrn Gottfried Künstner, am 17.1.1991.
Frau Klara Leutz, am 27.11.1990.
Herrn Karl Leutz (†), am 27.11.1990.
Herrn Otto Lörcher 3.3.1993.
Herrn Fritz Maisch, am 28.8.1990.
Frau Lene Mammel, am 29.11.1990 und am 17.12.1990.
Frau Hilde Meißner (†), am 11.1.1991 und am 29.4.1991.
Herrn Wilhelm Meißner. 17.4.1991.
Herrn Walter Mittelbach, am 23.2.1993
Frau Dora Mörike-Metzger, am 11.2.1993.
Herrn Gerhard Moser, am 17.4.1991.
Frau Esther Mühlhäuser, am 31.5.1991.
Frau Heide Mühlhäuser, am 31.5.1991.
Herrn Emil Munz, am 23.5.1990.
Frau Elli Munz, am 19.11.1990.
Herrn Gustav Munz (†), am 18.9.1990.
Herrn Heinz Munz, am 22.4.1991 (T) und am 5.2.1993.
Frau Lotte Munz, am 19.11.1990 (T) und am 5.2.1993.
Frau Pauline Nahs, am 17.4.1991.
Herrn Alois Neumann, am 24.4.1991.
Herrn Sebastian Otto, am 1. 10. 1994.
Frau Elisabeth Pfarrherr, am 9.1.1991.
Herrn Helmut Pfeiffer, am 6.3.1993
Herrn Walter Quist, am 10.5.1991
Frau Berta Rein, am 17.4. und am 13.5.1991.
Herrn Erich Rein, am 17.4. und am 13.5.1991.
Frau Paula Reiner, am 3.12.1990.
Frau Julie Rieck, am 1.9.1990.
Frau Anna Röder, am 1.7.1991.
Herrn David Röder (†), am 1.7.1991.
Herrn Jakob Roos, am 3.12.1990.
Frau Elfriede Roth, am 17.8.1990.
Frau Emilie Ruoff, geb. Leonberger, am 23.8.1990.
Herrn Robert Ruoff, am 23.8.1990 und am 29.7.1994.

Herrn Dr. Otto Schlack, am 16.8.1990.
Herrn Otto Schloz (†), am 26.6.1990.
Frau Elisabeth Schmid, am 2.7.1990.
Frau Gertraud Schmid, geb. Böbel, am 18.1.1991.
Herrn Albert Schmid, am 18.1.1991.
Herrn Hans Schöttle, am 23.5.1990 und am 20.7.1992.
Frau Gertrud Schöttle, am 20.7.1992.
Frau Hedwig Schott, am 26.4.1991.
Herrn Karl Schwarz, am 29.4.1991.
Herrn Hermann Schwarz, am 17.4.1991.
Herrn Hans Seyboth, am 28.2.1991, am 24.4.1991.
Frau Ilse Siebert, am 14.11.1990.
Herrn Heinz Siebert, am 14.11.1990.
Frau Luise Sinn, am 20.8.1990.
Herrn Helmut Sinn, am 15.8.1990.
Frau Berta Söll, am 16.5.1990.
Herrn Otto Söll, am 1.5. und am 16.5.1991.
Frau Hildegard Spieth 31. 3. und am 1. 4. 1993.
Herrn Rudolf Stöber, am 6.8.1990.
Herrn Karl Stöber, am 6. 11. 1990.
Frau Ruth Stöffler, am 19.6.1993.
Herrn Albert Stumpp, am 16.4.1991.
Herrn Christian Tröbst, am 6.8.1990.
Frau Klärle Wacker, am 23.7.1990.
Frau Luise Weber (†), am 7.8.1990.
Frau Janina Widmann (†), am 12.9.1990.
Herrn Martin Widmann, am 1.8.1993.
Herrn Erwin Wirth, am 14.8.1990.
Herrn Heinz Wöllhaf, am 21.8.1990.
Herrn Helmut Wurster, am 8.1.1991 und am 3.10.1993.
Frau Gertrud Zandow, am 14.3.1991, am 19.3.1991 und am 1.11.1992.
Frau Emilie Ziegler, am 3.3.1993.
Frau Marga Ziegler, am 16.9.1994.

Ihnen sei an dieser Stelle nochmals herzlich gedankt für Ihre Offenheit und für Ihren Mut.

Literatur

Literatur zur Alltags- und Regionalgeschichte allgemein (nicht im NS)

Allgemeine Literatur zur Alltags- und Regionalgeschichte

Theorie und Methodik

Arbeitsgruppe Bielefelder Soziologen (Hrsg.): Alltagswissen, Interaktion und gesellschaftliche Wirklichkeit. 2 Bde. Frankfurt 1973 (Opladen ⁵1981).
Bausinger, Hermann: Volksideologie und Volksforschung. In: Zs. für Volkskunde 61, 1965, S. 117–204.

Bergmann, Klaus und Rolf Schörken (Hrsg.): Geschichte im Alltag – Alltag in der Geschichte. Düsseldorf 1982.
Brückner, Peter: Psychologie und Geschichte. Vorlesungen im »Club Voltaire« 1980/81. Berlin 1982.
Brüggemeier, Franz-Josef: Traue keinem über 60? Entwicklungen und Möglichkeiten der Oral History in Deutschland. In: Geschichtsdidaktik 9 (1984), S. 199–210.
Conze, Werner: Sozialgeschichte. In: Hans-Ulrich Wehler (Hrsg.): Moderne deutsche Sozialgeschichte (Neue Wiss. Bibl. 10), Königstein im Taunus 1966.

Filser, Karl: Geschichte: Mangelhaft. Zur Krise e. Unterrichtsfaches in der Volksschule. München 1973.

Ginzburg, Carlo: Spurensicherung. Über verborgene Geschichte, Kunst und soziales Gedächtnis. Berlin 1983.

Greiffenhagen, Martin und Sylvia: Ein schwieriges Vaterland. Zur politischen Kultur Deutschlands. Stuttgart ²1979.

Greverus, Ina-Maria: Alltag und Alltagswelt: Problemfeld oder Spekulation im Wissenschaftsbetrieb? In: Zs. für Volkskunde 79, 1983, S. 1–14.

Heer, Hannes und Volker Ullrich (Hrsg.): Geschichte entdecken. Reinbek 1985.

Heintel, Peter: Über den Umgang mit Geschichte. Thesen und Fragen zum Gebrauch von Geschichte und zum Sinn von Geschichtswissenschaft. In: Wolfram/Brunner (Hrsg.): Vorschläge für ein Studium der Geschichte, Salzburg 1975; S. 11– 47.

Heller, Agnes: Das Alltagsleben. (...) Frankfurt/M. 1975.

Iggers, Georg G.: Neue Geschichtswissenschaft. Vom Historismus zur Historischen Sozialwissenschaft. Deutsche Erstausgabe München 1978.

Kinter, Jürgen, Manfred Koch und Dieter Thiele: Spuren suchen. Leitfaden zur Erkundung der eigenen Geschichte. Hamburg 1985.

Knoch, Peter und Thomas Leeb (Hrsg.): Heimat oder Region? Grundzüge einer Didaktik der Regionalgeschichte. Frankfurt/M. 1984.

Kocka, Jürgen: Aufgaben und Funktionen von Geschichtswissenschaft und Geschichtsunterricht. In: Beiträge zur historischen Sozialkunde 3, 1974.

Kocka, Jürgen: Zurück zur Erzählung. Plädoyer für historische Argumentation. In: Geschichte und Gesellschaft, 10.Jg., 1984, S. 395–408.

Kosellek, Reinhard: Wozu noch Historie? In: Historische Zeitschrift 212, 1972.

Kuhn, Axel: Alltagsgeschichte, Regionalgeschichte, mündliche Geschichte – Neue Wege der Spurensicherung in unserer Vergangenheit. In: Loccumer Protokolle 55, 1984, S. 126–139.

Leeb, Thomas: Region als Figuration. Bemerkungen zu einer Didaktik der Regionalität des Menschen. In: Geschichtsdidaktik 9 (1984), S. 121–130.

Leithäuser, Thomas: Formen des Alltagsbewußtseins. 2. korr. Aufl. Frankfurt/M. 1979.

Lüdtke, Alf (Hrsg.): Alltagsgeschichte. Zur Rekonstruktion historischer Erfahrungen und Lebensweisen. Frankfurt/M. u.a. 1989.

Medick, Hans: »Missionare im Ruderboot?« Ethnologische Erkenntnisweisen als Herausforderung an die Sozialgeschichte. In: Geschichte und Gesellschaft 10 (1984), S. 295–319.

Niethammer, Lutz: Anmerkungen zur Alltagsgeschichte. In: Geschichtsdidaktik 5, 1980, S. 231–242.

Niethammer, Lutz:(Hrsg.): Lebenserfahrung und kollektives Gedächtnis. Die Praxis der Oral History. Frankfurt/M. 1980.

Nipperdey, Thomas: Die anthropologische Dimension der Geschichtswissenschaft. In: Ders.: Gesellschaft, Kultur, Theorie. Gesammelte Aufsätze zur neueren Geschichte. Göttingen 1976, S. 33–58.

Ost, Peter, Wolfgang Sander und Josef Sayer: Der Aufbau unserer Alltagswelt. Lehrgang und Fallbeispiele. Stuttgart 1977.

Peukert, Detlev: Neuere Alltagsgeschichte und Historische Anthropologie. In: Süssmuth, Hans (Hrsg.): Historische Anthropologie. Der Mensch in der Geschichte, Göttingen 1984, S. 57–72.

Rudolf, Fritz: Zur Soziologie des Alltags: Eine Einleitung in die sozialwissenschaftliche Forschung über das Alltagswissen. In: Rolf Schörken (Hrsg.): Alltagswissen und sozialwissenschaftliche Erkenntnis. Stuttgart 1977, S. 618–633.

Schörken, Rolf (Hrsg.): Alltagswissen und sozialwissenschaftliche Erkenntnis. Stuttgart 1977.

Schörken, Rolf: Geschichte in der Alltagswelt. Stuttgart 1981.

Tenfelde, Klaus: Schwierigkeiten mit dem Alltag. In: Geschichte und Gesellschaft, 10. Jg. 1984, S. 376–394.

Ullrich, Volker: Alltagsgeschichte. Über einen neuen Geschichtstrend in der Bundesrepublik. In Neue politische Literatur 1, 1984, S. 50–71.

Ullrich, Volker: Geschichte des Alltags – Alltagsgeschichten. In: Beiträge zur histoischen Sozialkunde 1. Wien 1984.

Wehler, Hans-Ulrich: »Geschichte von unten gesehen. Wie bei der Suche nach dem Authentischen Engagement und Methode verwechselt wird«. In: DIE ZEIT vom 3. Mai 1985.

Zang, Gert (u.a.): Mündliche Geschichte – ein neues Instrument zur Annäherung an die historische Wirklichkeit? Lebengeschichten aus der Bodenseeregion (Schriften des Vereins für Geschichte des Bodensees und seiner Umgebung). Friedrichshafen 1985.

Zang, Gert: Die unaufhaltsame Annäherung an das Einzelne. Reflexionen über den theoretischen und praktischen Nutzen der Regional- und Alltagsgeschichte. Konstanz 1985.

Spezialuntersuchungen

Berlin, Jörg (Hrsg.): Das andere Hamburg. Freiheitliche Bestrebungen in der Hansestadt seit dem Spätmittelalter. Köln 1981.

Billstein, Reinhold (Hrsg.): Das andere Köln. Demokratische Traditonen seit der französischen Revolution. Köln 1977.

Blasche, Margret und Inhetveen, Heide: Frauen in der kleinbäuerlichen Landwirtschaft. Opladen 1983.

Borscheid, Peter und Hans J. Teuteberg (Hrsg.): Ehe, Liebe, Tod. Zum Wandel der Familien-, Geschlechts- und Generationsbeziehungen in der Neuzeit (Studien zur Geschichte des Alltags 1). Münster/Westf. 1983.

Brüggemann, Beate und Rainer Rühle: Das Dorf. Über die Modernisierung einer Idylle. Frankfurt/M. 1986.

Demokratie- & Arbeitergeschichte: Jahrbuch 3. Hrsg. von der Franz-Mehring-Gesellschaft. Stuttgart (3) 1983.

Ehalt, Hubert Ch. (Hrsg.): Geschichte von unten. Wien, Köln, Graz 1984.

Elias, Norbert: Über den Prozeß der Zivilisation. Soziogenetische und psychogenetische Untersuchungen. 2 Bde., Frankfurt/M. 1976 (Nachdruck der erweiterten 2. Auflage, Bern 1969).

408

Erler, Wolfgang und Inhetveen, Heide: Dorfleben und Staatsraison, Konturen eines aktuellen und historischen Konflikts – dargestellt an bayerischen Beispielen. (unv. Manuskript) Erlangen 1984.

Haindl, Erika: Das Dorf als Lebensraum. In: Agrarsoziale Gesellschaft (Hrsg.): Unser Dorf – Lebensraum heute und morgen. Göttingen 1978.

Halbwachs, Maurice: Das kollektive Gedächtnis. Stuttgart 1976.

Haumann, Heiko (Hrsg.): Vom Hotzenwald bis Wyhl. Demokratische Traditonen in Baden. Köln 1977.

Jarren, Otied: Ländlicher ›Lokalismus‹ durch Massenkommunikation? Daten und Anmerkungen über ländliche Kommunikationsverhältnisse. In: Schmals, Klaus M. und Rüdiger Voigt (Hrsg.): Krise ländlicher Lebenswelten. Analysen, Erklärungsansätze und Lösungsperspektiven. Frankfurt/M. und New York 1986, S. 297–319.

Kuczynski, Jürgen: Geschichte des Alltags des deutschen Volkes. 5 Bde. Ostberlin 1980–82.

Matter, Max: Sozioökonomische Entwicklung, Kollektives Gedächtnis und Dorfpolitik – Ein Beitrag zur Historischen Analyse zentraler Werte und Bestimmung lokaler politischer Kultur am Beispiel eines Dorfes in der Hocheifel. In: Schmals, Klaus M. und Rüdiger Voigt (Hrsg.): Krise ländlicher Lebenswelten. Analysen, Erklärungsansätze und Lösungsperspektiven. Frankfurt/M. und New York 1986, S. 163–192.

Paul, Gerhard und Berhard Schoßig (Hrsg.): Die andere Geschichte. Köln 1986.

Poppinga, Onno Hans: Bauern und Politik. Frankfurt/M. und Köln 1975.

Schmals, Klaus M. und Rüdiger Voigt (Hrsg.): Krise ländlicher Lebenswelten. Analysen, Erklärungsansätze und Lösungsperspektiven. Frankfurt/M. und New York 1986, S. 133–162.

Teichler, Hans Joachim (Hrsg.): Illustrierte Geschichte des Arbeitersports. Berlin 1987.

Ueltzhöffer, Jörg: Die kommunale Machtelite und der politische Meinungsbildungsprozeß in der Gemeinde. In: Wehling, Hans-Georg (Hrsg.): Kommunalpolitik. Hamburg 1975.

Ullrich, Volker: Kriegsalltag. Hamburg im Ersten Weltkrieg. Köln 1982.

Wiegelmann, Günter (Hrsg.): Geschichte der Alltagskultur. Münster 1982

Zang, Gert: Randwelten – Wie ein dörflicher Strukturumbruch Lebensläufe und diese Lebensläufe den Strukturumbruch beeinflußt haben. In: Schmals, Klaus M. und Rüdiger Voigt (Hrsg.): Krise ländlicher Lebenswelten. Analysen, Erklärungsansätze und Lösungsperspektiven. Frankfurt/M. und New York 1986, S. 91–132.

Zolling, Peter: Zwischen Integration und Segregation. Sozialpolitik im *Dritten Reich* am Beispiel der *Nationalsozialistischen Volkswohlfahrt* (NSV) in Hamburg. Frankfurt/M., Bern und New York 1986.

Allgemeine Literatur zur Region

Literatur zu Reichenbach/Fils

Brotzer, Hermann: Zwei Jahrzehnte Erwachsenenbildung in Reichenbach. In: Heimatbuch Reichenbach an der Fils. Reichenbach 1968, S. 340–341.

»Chronik«. Reitverein Reichenbach/F.-Hochdorf E.V. (Bearb. von Otto Schlack). Reichenbach o. J. (1991).

Eberle, Albert: Ortsgeschichte von Baltmannsweiler. Stuttgart 1936.

»75 Jahre. 1914–1989 Radsportverein Reichenbach/Fils ›All Heil‹« (Bearb. von Andrea Petz, Angelika Riemer, Elke Fischer und Helga Sedlacek). Reichenbach 1989.

»50 Jahre Handball TV«. Reichenbach. Programm d. Sportwoche vom 12. 6. – 17. 6. 1973 aus Anlaß des 50jährigen Jubiläums d. Handballabt. des TV Reichenbach/Fils 1973.

»Gesangverein ›Freiheit‹ Reichenbach/Fils. Festschift zum 35jährigen Jubiläum am 21., 22. und 23. Juli 1956«. Reichenbach 1956.

Grundbücher der ev. Volksschulen in Württemberg von 1856 (Wieler), 1876 (Gubitz), 1890 (Buob), 1902 (Buhl), 1914,1927,1933. o. O, o. J.

Hahn, Joachim: Die Evangelische Mauritiusgemeinde vom zweiten Weltkrieg bis zur Gegenwart. In: Heimatbuch Reichenbach an der Fils. Reichenbach 1968, S. 306–312.

Heimatbuch Reichenbach an der Fils. Hrsgg. vom Bürgermeisteramt Reichenbach an der Fils. (Bearb. von Wilhelm Böhringer) Reichenbach 1968.

Höger, Walter: Radsportverein »All Heil«. In: Heimatbuch Reichenbach an der Fils. Reichenbach 1968, S. 365–368.

»100 Jahre Feuerwehr Reichenbach«. Chronik und Festschrift zum Hundertjährigen Jubiläum der Feuerwehr Reichenbach/Fils. (Berab. von Albert Faiß) Reichenbach 1986.

»100 Jahre Turnverein Reichenbach«. TVR-Blättle, Heft Nr. 18, Jubiläumsausgabe, o. J.

»125 Jahre Gesangverein ›Concordia‹ 1869 e. V. Reichenbach an der Fils«. Festschr., Reichenbach 1994.

»Im Blickfeld«, hrsg. vom SPD-Ortsverein Reichenbach, Nr. 23, Januar 1983.

Kuberski, Günter: Im Zeichen des »spähenden Adlers«. Ortsgruppe Reichenbach (Fils) der Deutschen Lebens-Rettungs-Gesellschaft e.V. In: Heimatbuch Reichenbach an der Fils. Reichenbach 1968, S. 374–376.

Langhans Manfred: Ortskunden vom Schurwald. Reichenbach(Fils) 1970.

Langhans, Manfred: Der Schurwald, Land und Leute einst und jetzt. Stuttgart u.a. 1972; ebenda ²1980.

Munz, Gustav: Gesangverein »Freiheit«. In: Heimatbuch Reichenbach an der Fils. Reichenbach 1968, S. 356–358.

Neues Rathaus Reichenbach. Reichenbach a. d. Fils: Bürgermeisteramt 1964.

»1920–1970 50 Jahre Verein für Bewegungsspiele Reichenbach-Fils.« Festschrift aus Anlaß des 50 jährigen Jubiläums vom 20. Mai–1.Juni 1970. Reichenbach 1970.

Olpp, Christian (Hrsg.): Adreßbuch Plochingen, Reichenbach-Fils. Plochingen 1931, 1934, 1937.

Regiment of the century. The story of the 397th infantry regiment. Written and designed in Stuttgart, Germany, 1945.

Reichenbach an der Fils im Wandel der Zeit. Horb a.N. 1987.

Reichenbach an der Fils. Kissing 1983.

Reichenbach anno dazumal. Reichenbach/Fils 1982–1983.

Reichenbacher Hefte. H.1–3. Reichenbach a. d. F. (Bürgermeisteramt) 1970, 1971, 1976.

Seyboth, H. W. und H. C. Sigrist (Hrsg.): Reichenbach/Fils. Das Beispiel einer Entwicklungsplanung. Versuch einer Analyse von Planungszusammenhängen im Kapitalimus unter besonderer Berücksichtigung der historischen Entwicklung. Hamburg 1975.

»700 Jahre Reichenbach a. d. F.« Eßlinger Zeitung Sonderbeilage vom 20. 9. 1968.

Ulmar Wilhelm: Musikverein »Glück auf«. In: Heimatbuch Reichenbach an der Fils. Reichenbach 1968, S. 376–377.

Unger, Ferdinand: Verein für Bewegungspiele Reichenbach (Fils) e. V. In: Heimatbuch Reichenbach an der Fils. Reichenbach 1968, S. 361–365.

»VFB ECHO«, Jubiläumsausgabe »60 Jahre VFB«, Chefred. Armin Schwilk, Reichenbach. Reichenbach 1981.

Wohlbold, Gustav: »Der zweite Weltkrieg«. In: Heimatbuch Reichenbach an der Fils. Reichenbach 1968, S. 101–114.

Wohlbold, Gustav: »Die Zeit nach 1945«. In: Heimatbuch Reichenbach an der Fils. Reichenbach 1968, S. 115–126.

Wohlbold, Gustav: »Gemeinde Reichenbach/Fils, Ortschronik, Teil III: 1918– nach der Jahrhundertmitte«, (unveröffentlichtes Typoskript). Reichenbach 1952.

Wohlbold, Gustav: »Reichenbacher Kriegs-Chronik«, (unveröffentlichtes Typoskript). Reichenbach 1938.

Wohlbold, Gustav: »Zwischen den beiden Weltkriegen«. In: Heimatbuch Reichenbach an der Fils. Reichenbach 1968, S. 95–100.

Wurster Otto: Heimatgeschichte Plochingen. Plochingen 1949.

Wurster, Helmut: Turnverein Reichenbach a.d.Fils. In: Heimatbuch Reichenbach an der Fils. Reichenbach 1968, S. 358–361.

Untersuchungen zum Oberamt Göppingen und zum Kreis Esslingen

Basler, Gunther und Frank Thalhofer: Fremdarbeiter in Kirchheim unter Teck 1939–1945. (»Stadt Kirchheim unter Teck.« Schriftenreihe des Stadtarchivs Kirchheim, Bd.4.) Kirchheim 1987.

Berg, Waldemar: Die Arbeiterbewegung. In: Walter Ziegler (Hrsg.): Der Kreis Göppingen (Veröffentlichungen des Kreisarchivs Göppingen, Bd. 11). Stuttgart 1985.

Donner, Hermann: Geschichte der Gemeinde Ebersbach (Fils). Ebersbach 1964.

Esslinger Gau 1988. Schwäbischer Albverein, herausgegeben zum 100 jährigen Jubiläum des Schwäbischen Albvereins. Plochingen 1988.

Grube, Walter: Aus der Geschichte des Kreises Nürtingen, in: Heimatbuch des Kreises Nürtingen, Bd.1. Nürtingen 1950.

Hallbauer, Wilhelm: Civitas et Regio Ezelingus. 5 Bde. Esslingen 1948. Quelle!

Hofmann, Emil: Die Industrialisierung des Oberamtsbezirks Göppingen. Göppingen 1910.

Junte, Rolf: Überschwemmungen im Filstal 1817–1982. (Veröffentlichungen des Kreisarchivs Göppingen, Bd.7) Göppingen 1983.

Kirschmer, Karl und Walter Ziegler: Faurndau 875–1975. Weg und Schcksal einer Gemeinde. Faurndau 1974.

Kirschmer, Karl: Die Geschichte der Stadt Göppingen. Göppingen 1937.

Kirschmer, Karl: Geschichte der Stadt Göppingen. 2 Bde, Göppingen 1952.

Kirschmer, Karl: Mühlen-Chronik des Filstales. Göppingen 1960.

Kneher, Brigitte: Chronik der jüdischen Bürger Kirchheims seit 1896. In: Schriftenreihe des Stadtarchivs Kirchheim unter Teck, Band 3. Kirchheim unter Teck 1985.

Köhle, Martin: 140 Jahre Zeitung in Göppingen – Die Geschichte des Göppinger Zeitungswesens von 1827–1967. (Hohenstaufen. Veröffentlichungen des Geschichts- und Altertumsvereins Göppingen e.V., 6. Folge, Jahresheft 1966) Göppingen 1966.

Köhle-Hezinger, Christel: Studie zur Geschichte der Esslinger Maschinenfabrik (ME), verfaßt im Auftrag des Museums für Technik und Arbeit Mannheim, MS. masch. Esslingen 1983.

Lang, Walter: Fabrik und Arbeitersiedlung in Kuchen – Ein frühes Beispiel der Industrialisierung im Filstal. In: Geschichte regional, Heft 2, S. 81–97.

Munz, Georg und Walter Lang: Die Jebenhäuser Judengemeinde und ihre Bedeutung für die wirtschaftliche Entwicklung der Stadt Göppingen. In: geschichte regional. Quellen und Texte aus dem Kreis Göppingen, Heft 2 (Folge 12 der Veröffentlichungsreihe »Hohenstaufen« des Geschichts- und Altertumsverein Göppingen e.V.) 1982, S. 74–99.

Pospiech, Friedrich: Der Fall Dr. Staffa/Wittikobund oder: Wen oder was man in der Bundesrepublik »nazistisch« nennen kann? Eine Dokumentation. Esslingen 1979.

Reineke, Ina: Das Rote Esslingen. Geschichte der Esslinger Arbeiterbewegung von ihren Anfängen bis zum Ende der Weimarer Republik. Esslingen 1976.

Riebl, Reinhold und Axel Kuhn: Die Anfänge der Gewerkschaften in Esslingen bis 1878. Dargestellt von Reinhold Riebl und Axel Kuhn im Auftrag des DGB Esslingen. Esslingen 1979.

Scherrieble, Joachim: »Vorwärts immer, rückwärts nimmer.« Geschichte der Kolonne Esslingen des Arbeiter-Samariter-Bundes. In: Esslinger Studien. Zeitschrift 32/1993, S. 165–261.

Schmierer, Wolfgang: Das »rote« Esslingen. In: Merian, H.1/27 (1975).

Schmierer, Wolfgang: Die Anfänge der Abeiterbewegung in Göppingen. In: Hohenstaufen (Göppingen), Nr.9, 1975, S. 118–127.

Seebich, Gustav: Kreischronik 1918–1966. In: Dr. Paulm Goes (Hrsg.): Der Kreis Göppingen. (Veröffentlichungen des Kreisarchivs Göppingen, Band 1). Stuttgart und Aalen 1973, S. 95–132, besonders 106–116.

Tänzer, Aron: Die Geschichte der Juden in Jbenhausen und Göppingen. (Unveränderter Nachdruck der Ausgabe von 1927), (Veröffentlichungen des Stadtarchivs Göppingen, Band 23). Göppingen 1988.

Theiss, Konrad und Hermann Baumhauer: Heimat und Arbeit: Der Kreis Esslingen. Aalen 1965.

Wuerth, Dieter: Radikalismus und Reformismus in der sozialdemokratischen Arbeiterbewegung Göppingen 1910–1919 (Veröffentlichungen des Stadtarchivs Göppingen, Bd. 15, hrsgg.v. Dieter Kauss). Göppingen 1978.

Untersuchungen zu Württemberg

Bausinger, Hermann: Zur Politischen Kultur Baden-Württembergs. In: Bausinger, Hermann, Theodor Eschenburg u.a.: Baden-Württemberg. Eine politische Landeskunde (Schriften zur politischen Landeskunde Baden-Württembergs, Bd. 1); hrsgg. von der Landeszentrale für Politische Bildung Baden-Württemberg. Stuttgart [2]1981, S. 13–40.

Boelcke, Willi A.: Wege und Probleme des industriellen Wachstums im Königreich Württemberg. In: Zeitschrift für württembergische Landesgeschichte 32 (1973), S. 442ff.

Christ-Gmelin, Maja: Die württembergische Sozialdemokratie 1890–1914. Ein Beitrag zur Geschichte des Reformismus und Revisionismus in der deutschen Sozialdemokratie. Stuttgart 1976.

Decker-Hauff, Hansmartin: Die Entstehung der altwürttembergischen Ehrbarkeit 1250–1534, Diss. Phil. (Masch), Wien 1946.

Gerhardt, Kurt: Vogt – Oberamtmann – Landrat. Zur Geschichte der Hauptverwaltungsbeamten des Landkreises in Württemberg. In: Beiträge zur Geschichte der Landkreise in Baden und Württemberg. Festschrift zum 20jährigen Landratsjubiläum von Landrat Dr. Wilhelm Bühler Alb-Donau-Kreis am 11. März 1987, hrsgg. vom Landkreistag Baden Württemberg. Stuttgart 1987, S. 67–74.

Grube, Walter: Dorfgemeinde und Amtsverwaltung in Alt-Württemberg. In: Zeitschrift für württembergische Landesgeschichte, Jahrgang XIII, 1954, S. 194–219.

Handbuch der Württembergischen Wirtschaft, hrsgg. von Dr. Arthur Katz-Foerstner, Berlin 1931.

Kolb, Eberhard und Klaus Schönhoven: Regionale und lokale Räteorganisation in Württemberg 1918/19. In: Quellen zur Geschichte der Rätebewegung in Süddeutschland 1918/19. Hrsgg. v. der Kommission für Geschichte des Parlamentarismus und der politischen Parteien, bearbeitet von Eber-hard Kolb und Klaus Schönhoven. Düsseldorf 1976.

Marquardt, Ernst: Geschichte Württembergs. Stuttgart 1961.

Megerle, Klaus: Württemberg im Industrialisierungsprozeß in Deutschland: Ein Beitrag zur regionalen Differenzierung der Industrialisierung (Geschichte und Theorie der Politik: Unterreihe A, Geschichte, Band 7), Stuttgart 1982.

Miller, Max und Paul Sauer: Die württembergische Geschichte von der Reichsgründung bis heute. Stuttgart u.a. 1971.

Mühl, Albert und Kurt Seidel: Die württembergischen Staatseisenbahnen. Stuttgart 1970.

Nachtmann, Walter: Karl Strölin – Ein Oberbürgermeister im Führerstaat. Diss. phil. (unveröffentl. Typoskript) Stuttgart 1991.

Neuschel-Manzahn, Sylvia: Geschichte der USPD in Württemberg oder über die Unmöglichkeit einig zu bleiben. Esslingen 1983.

Rieber, Christof: Das Sozialistengesetz und die Sozialdemokratie in Württemberg 1878–1890 (Schriften zur südwestdeutschen Landeskunde 19/1 und 19/2), Stuttgart 1984

Schad, Jörg und Wolfgang Schmierer: Die SPD in Baden-Württemberg und ihre Geschichte. Stuttgart 1979.

Schmierer, Wolfgang: Von der Arbeiterbildung zur Arbeiterpolitik. Die Anfänge der Arbeiterbewegung in Württemberg 1862/63-1878. (Schriftenreihe des Forschungsinstituts der Friedrich-Ebert-Stiftung) Hannover 1970.

Schnabel, Thomas: »Warum geht es den Schwaben besser?« Württemberg in der Weltwirtschaftskrise 1928–33, in: ders (Hrsg.): Die Machtergreifung in Südwestdeutschland. Das Ende der Weimarer Republik in Baden-Württemberg 1928–33 (Schriften zur politischen Landeskunde Baden-Württembergs, Bd.6). Stuttgart u.a. 1982, S. 184 –218.

Schnabel, Thomas: Von Bazille bis Mergenthaler. Parteien und Wahlen in Württemberg 1928–1933. In: Burkhardt, Bernd, Karlheinz Fuchs und Walter Nachtmann (Hrsg.): Ausstellungsreihe Stuttgart im Dritten Reich, Bd. 1, Prolog. Politische Plakate der späten Weimarer Republik. Stuttgart 1982, S. 240–262.

Seidelmann, Wolf-Ingo: der Neckar-Donau-Kanal. 200 Jahre Planung für eine Wasserstraße quer über die Alb. St. Katharinen 1988. (Beiträge zur südwestdeutschen Wirtschafts- und Sozialgeschichte, Bd. 6).

Tänzer, Aron: Die Geschichte der Juden in Württemberg. Frankfurt/M. 1937. (Unveränderter Nachdruck Frankfurt/M. 1983).

Was war hier eigentlich los? Wegweiser zu historischen Quellen der SPD-Ortsvereine in Baden Württemberg. Hersgg. v. d. Historischen Kommission der SPD Baden Württemberg, Stuttgart (o. J.).

411

Allgemeine und übergreifende Literatur zum Nationalsozialismus

Theorie und Methodik

Adorno, Theodor W: Was bedeutet: Aufarbeitung der Vergangenheit. In: Ders. Erziehung zur Mündigkeit. Vorträge und Gespräche mit Hellmut Becker 1959–1969, hrsgg. von Gerd Kadelbach. Frankfurt/M. 1970, S. 10–29.

Broszat, Martin: Plädoyer für Alltagsgeschichte. In: Merkur Heft 12, 1981, S. 1244–1248.

Diner, Dan (Hrsg.): Ist der Nationalsozialismus Geschichte? Zu Historisierung und Historikerstreit. Frankfurt/M. 1987.

Frei, Norbert: »Machtergreifung«. Anmerkungen zu einem historischen Begriff. In: Vierteljahreshefte für Zeitgeschichte 31, 1983, S. 136–145.

Friedländer, Saul: Überlegungen zur Historisierung des Nationalsozialismus. In: Freibeuter. Vierteljahreszeitschrift für Kultur und Politik 36. Berlin 1988, S. 33–52.

Hildebrand, Klaus: Grundprobleme und Tendenzen der Forschung. In: Hildebrand, Klaus: Das Dritte Reich. (Grundriß der Geschichte, Bd. 17). München und Wien (1980) [3]1987, S. 117–194.

Hillgruber, Andreas: Endlich genug über NS und Zweiten Weltkrieg? Forschungsstand und Literatur. Düsseldorf 1982.

»Historikerstreit«. Die Dokumentation der Kontroverse um die Einzigartigkeit der nationalsozialistischen Judenvernichtung. München 1987.

Jäckel, Eberhard und Ernst Weymar (Hrsg.): Die Funktion der Geschichte in unserer Zeit. Stuttgart 1975.

Köhler, Ernst: Die langsame Verspießerung der Zeitgeschichte. Martin Broszat und der Widerstand. In: Freibeuter. Vierteljahreszeitschrift für Kultur und Politik 36. Berlin 1988, S. 53–72.

Wippermann, Wolfgang: Die Bonapartismustheorie von Marx und Engels. Stuttgart 1983.

Wippermann, Wolfgang: Faschismustheorien. Zum Stand der gegenwärtigen Diskussion (Erträge der Forschung Bd. 17). Darmstadt 1989.

Überblicksdarstellungen

Bracher, Karl Dietrich, Manfred Funke und Hans-Adolf Jacobsen (Hrsg.): Nationalsozialistische Diktatur. Eine Bilanz. Düsseldorf 1986.

Bracher, Karl Dietrich: Die deutsche Diktatur. Entstehung, Struktur, Folgen des Nationalsozialismus. Frankfurt/M. [6]1979.

Broszat, Martin, Elke Fröhlich und Anton Grossmann (Hrsg.): Bayern in der NS-Zeit. 6 Bde, München und Wien 1977–1983.

Broszat, Martin: Der Staat Hitlers. Grundlegung und Entwicklung seiner inneren Verfassung. München 1969 ([12]1989).

Broszat, Martin: Die Struktur der NS-Massenbewegung. In: VjZG 31, 1983, S. 52–76.

Broszat, Martin: Grundzüge der gesellschaftlichen Verfassung des Dritten Reiches. In: Broszat, Martin und Horst Möller (Hrsg.): Das Dritte Reich. Herrschaftsstruktur und Geschichte. München 1983, S. 28–63.

Das Deutsche Reich und der Zweite Weltkrieg. Herausgegeben vom Militärhistorischen Forschungsamt der Bundeswehr in Freiburg. Bd. 1–5.1, Stuttgart 1979ff.

Die Nationalsozialisten. Hrsgg. von R. Mann. Stuttgart 1980.

Erdmann, Karl Dietrich: Der Zweite Weltkrieg. (Handbuch der deutschen Geschichte, Bd. 21). München 1980.

Erdmann, Karl Dietrich: Deutschland unter der Herrschaft des Nationalsozialismus 1933–1939. (Handbuch der dt. Geschichte, Bd.20). München 1980.

Erdmann, Karl Dietrich: Die Weimarer Republik. Stuttgart 1976.

Eschenburg, Theodor: Die improvisierte Demokratie. Gesammelte Aufsätze zur Weimarer Republik. München 1963.

Fischer, Wolfram: Deutsche Wirtschaftspolitik 1918–1945. 3. verbesserte Auflage, Opladen 1968.

Frei, Norbert: Der Führerstaat. Nationalsozialistische Herrschaft 1933 bis 1945. München 1987.

Funke, Manfred: Großmachtpolitik und Weltstreben. In: Broszat, Martin und Norbert Frei (Hrsg.): Ploetz. Das Dritte Reich. Ursprünge, Ereignisse, Wirkungen. Freiburg und Würzburg 1983, S. 196–208.

Graml, Hermann und Klaus-Dietmar Henke (Hrsg.): Nach Hitler. Der schwierige Umgang mit unserer Geschichte. Beiträge von Martin Broszat. München 1987.

Grosser, Alfred (Hrsg.): Wie war es möglich? (Paris [1]1976), München und Wien 1977.

Gruchmann, Lothar: Der Zweite Weltkrieg. Kriegführung und Politik. München 1967.

Herbst, Ludolf: Deutschland im Krieg. In: Broszat, Martin und Norbert Frei (Hrsg.): Ploetz. Das Dritte Reich. Ursprünge, Ereignisse, Wirkungen. Freiburg und Würzburg 1983, S. 63–74.

Hildebrand, Klaus: Das Dritte Reich. (Grundriß der Geschichte, Bd.17). München und Wien (1980) [3]1987.

Hillgruber, Andreas und Gerhard Hümmelchen: Chronik des Zweiten Weltkrieges. Kalendarium militärischer und politischer Ereignisse 1939–1945. Königstein/Ts. 1978.

Hofer, Walther: Die Entfesselung des Zweiten Weltkrieges. Eine Studie über die internationalen Beziehungen im Sommer 1939. Stuttgart 1967.

Jäckel, Eberhard: Hitlers Herrschaft. Vollzug einer Weltanschauung. Stuttgart 1986.

Jäckel, Eberhard: Hitlers Weltanschauung. Entwurf einer Herrschaft. Stuttgart 1981.

Kershaw, Ian: Der NS-Staat. Geschichtsinterpretationen und Kontroversen im Überblick. Reinbek 1988.

Kuhn, Axel: Das faschistische Herrschaftssystem und die moderne Gesellschaft. Hamburg 1973.

Malettke, Klaus (Hrsg.): Der Nationalsozialismus an der Macht. Göttingen 1984.

Michalka, Wolfgang (Hrsg.): Der Zweite Weltkrieg. Analysen, Grundzüge, Forschungsbilanz. München 1989.

Michalka, Wolfgang (Hrsg.): Die nationalsozialistische Machtergreifung. München 1984.

Vespignani, Renzo: Faschismus. Hrsg. Neue Gesellschaft für bildende Kunst und Kunstamt Kreuzberg. Berlin 1976.

Wistrich, Robert: Wer war Wer im Dritten Reich. Anhänger, Mitläufer, Gegner aus Politik, Wirtschaft, Militär, Kunst und Wissenschaft. München 1983.

Young, Peter (Hrsg.): Der große Atlas zum Zweiten Weltkrieg. München 1974.

Zentner, Christian (Hrsg.): Lexikon des Zweiten Weltkrieges mit einer Chronik der Ereignisse von 1939 – 1945 und ausgewählten Dokumenten. O.O. 1977.

Zentner, Christian und Friedemann Bedürftig (Hrsg.): Das große Lexikon des Dritten Reiches. München 1985.

Zentner, Christian und Friedemann Bedürftig: Das große Lexikon des Dritten Reiches. München 1985.

Zentner, Christian: Der Zweite Weltkrieg. Stuttgart 1981.

Zentner, Christian: Heim ins Reich. Der Anschluß Österreichs 1938. München 1988.

Zentner, Christian: Illustrierte Geschichte des Driten Reichs. Stuttgart 1984.

Einzeluntersuchungen

Literatur zur Kirchengeschichte im Nationalsozialismus

Barth, Karl: Eine Schweizer Stimme 1938–1945. Zollikon 1945.

Baumgärtner, Raimund: Weltanschauungskampf im Dritten Reich. Die Auseinandersetzung der Kirchen mit Rosenberg. Veröffentlichungen der Kommission für Zeitgeschichte, Reihe B, Bd.22. Mainz 1977.

Binder, Gerhart: Irrtum und Widerstand. Die deutschen Katholiken in der Auseinandersetzung mit dem Nationalsozialismus. Mit einer Einführung von Felix Messerschmid. München 1968.3.

Bizer, Ernst: Ein Kampf um die Kirche. »Der Fall Schempp« nach Akten erzählt. Tübingen 1965.

Boberach, Heinz (Hrsg.): Berichte des SD und der Gestapo über Kirchen und Kirchenvolk in Deutschland 1934–1944 (Veröffentlichungen der Kommission für Zeitgeschichte bei der katholischen Akademie in Bayern A 12). Mainz 1971.

Broszat, Martin (Hrsg.): Dokumente und Reflexionen zur Stuttgarter Schulderklärung vom 18./19. Oktober 1945. München 1982.

Brunotte, Heinz und Otto Weber: Evangelisches Kirchenlexikon. 3 Bde. Göttingen 1956–1959.

Busch, Eberhard: Karl Barth und die Juden 1933–1945. In: Norden, Günther van und Volkmar Wittmütz (Hrsg.): Evangelische Kirche im Zweiten Weltkrieg. (Schriftenreihe des Vereins für Rheinische Kirchengeschichte. Bd. 104. Köln 1991, S. 23–55.

Busch, Eberhard: Karl Barths Lebenslauf: Nach seinen Briefen und authobiographischen Texten. München 1975.

Busch, Eberhard: Karl Barths Lebensweg. München 1975.

Cancik, Hubert: »Neuheiden« und totaler Staat. Völkische Religionen am Ende der Weimarer Republik. In: Ders.: Religions- und Geistesgeschichte der Weimarer Republik. Düsseldorf 1982, S. 176–212.

Conway, John S.: Die nationalsozialistische Kirchenpolitik 1933–1945. Ihre Ziele, Widersprüche und Fehlschläge. München 1969.

Denzler, Georg und Volker Fabricius: Die Kirchen im Dritten Reich. Christen und Nazis Hand in Hand? 2 Bde. (Darstellung/Dokumente). Frankfurt/M. 1984.

Die Hahn'sche Gemeinschaft. Ihre Entstehung und seitherige Entwicklung. Stuttgart 1949.

Die Stuttgarter Schulderklärung 1945. (Christian Körner u. a.). Dresden 1985.

Diem, Hermann: Ja oder nein. 50 Jahre Theologe in Kirche und Staat. Stuttgart, Berlin 1974.

Diem, Hermann: Wie wenig haben wir geholfen?, in: Fink, Heinrich: Stärker als die Angst, (Ost-) Berlin 1968, S. 132–141.

Diem, Hermann: Zur Kontroverse über den deutschen Kirchenkampf. In: Für Arbeit und Besinnung 1974, S. 260ff.

Diem, Otto: Bibliographie zur Geschichte des Kirchenkampfes 1933–1945. Arbeiten zur Geschichte des Kirchenkampfes, Bd. 1. Göttingen 1958.

Diem, Otto: Eure Rede sei Ja, Ja; nein, nein! Predigt über Math. 5,33–37 (...) am 11.97.1937 in Ebersbach/F. Ebersbach 1937.

Diem, Otto: Folge mir nach! Predigt über Joh. 21, 15–24 am 4.11.1937 in Ebersbach/F. Stuttgart 1937.

Diem, Otto: Karl Barths Kritik am deutschen Luthertum. Zürich 1947.

Diem, Otto: Predigten aus Ebersbach (Kirche für die Welt 15). Stuttgart 1947.

Dipper, Theodor: »23. Sonntag nach Trinitatis: Gebt dem Kaiser, was des Kaisers ist...« in: Beckmann, Joachim und Friedrich Linz (Hrsg.): Meine Worte werden nicht vergehen. Gütersloh 1940, S. 309–315.

Dipper, Theodor: »Gelobt sei der Herr täglich!« Predigt über Ev. Joh. 2,1-11 an 3. Sonntag nach dem Erscheinungsfest, 22. Jan 1939 in Reichenbach a.d.F. Stuttgart 1939.

Dipper, Theodor: An die Teilnehmer des Laienschulkurses in Schmie (Als Maschienenschrift) Stuttgart 1934.

Dipper, Theodor: Das Amt der Kirche. Stuttgart 1947.

Dipper, Theodor: Die evangelische Bekenntnisgemeinschaft in Württemberg 1933–1945. Ein Beitrag zur Geschichte des Kirchenkampfes im »Dritten Reich«. Göttingen 1966.

Dipper, Theodor: Evangelische Gewissensberatung für Wehrpflichtige. Stuttgart 1957 (Calwer Hefte 7).

Doerne, Martin: Neubau der Konfirmation. Grundzüge einer Erneuerung des kirchlichen Jugendkatschumenats. Bertelsmann 1936.

Doetsch, Wilhelm: Württembergs Katholiken unterm Hakenkreuz 1930–1935. Stuttgart, Berlin., Köln und Mainz 1969.

Ericksen, Robert P.: Theologen unter Hitler. Das Bündnis zwischen evangelischer Dogmatik und Nationalsozialismus. München 1986.

»Evangelische Freiheit und kirchliche Ordnung.« Hrsgg. v. Landesbruderrat der Evang. Bekenntnisgemeinschaft in Württemberg. Freundesgabe anläßlich des 65. Geburtstages von Theodor Dipper. Stuttgart 1968.

Fricke, Paul: »Zur Lage der Konfirmation heute«, in: Haus und Gemeinde, März 1939.

Gotto, Klaus und Konrad Repgen (Hrsg.): Die Katholiken und das Dritte Reich. Mainz 1981.

Graml, Helmut: Katholische Jugendorganisation und Hitlerjugend. In: Gutachten des Instituts für Zeitgeschichte, Bd.2. Stuttgart 1966, S. 14–19.

Grossmann, Kurt R.: Die unbesungenen Helden. Menschen in Deutschlands dunklen Tagen. Köln und Berlin 1947.

Grossmann, Kurt R.: Die unbesungenen Helden. Zeugnisse der Menschlichkeit aus Deutschlands dunklen Tagen. Hamburg 1957.

Grüber, Heinrich: Erinnerung an 7 Jahrzehnte. Köln und Berlin 1968.

Helmreich, Ernst C: The Arrest and Freeing of the Protestant Bishops of Württemberg and Bavaria, September–October 1934. Centural European History, Bd. 2, Atlanta 1969.

Helmreich, Ernst C: The German Churches under Hitler. Background, Struggle and Epilogue. Detroit 1979.

Hetzer, Gerhard: Ernste Bibelforscher in Augsburg. In: Broszat, Martin, Elke Fröhlich und Anton Grossmann (Hrsg.): Bayern in der NS-Zeit. München und Wien 1977–1983, Bd. 4, S. 621–643.

Hieronimus, Ekkehard: Zur Religiosität der völkischen Bewegung. In: Cancik, Hubert: Religions- und Geistesgeschichte der Weimarer Republik. Düsseldorf 1982, S. 13–48.

Hutten, Kurt: Seher, Grübler, Enthusiasten. Stuttgart 1961.

Iber, Harald: Christlicher Glaube oder rassischer Mythos. Die Auseinandersetzung der Bekennenden Kirche mit Alfred Rosenbergs »Der Mythus des 20. Jahrhunderts« (Europäische Hochschulschriften. Reihe 23, 286) Frankfurt/M. 1986.

Kantzenbach, F. W.: Widerstand und Solidarität der Christen in Deutschland 1933–1945. Einzelarbeiten aus der Kirchengeschichte Bayerns, Bd. 15. Neustad/Aisch 1971.

Kater, Michael H: Die Ernsten Bibelforscher im 3. Reich. In VjZG 17 (1969), S. 181–219.

Keller, Wilhelm: »Der Esslinger Kirchenstreit« von Pfarrer Wilhelm Keller. (Seinerzeit Vikar in ES, gefallen 1942). Esslingen o.D. (ca. 1940) Unveröffentlichte Zusammenfassung in: Evangelisches Dekanatamt Esslingen, Altregistratur, Bestand: Ortsakten, Fach 28, Reichenbach, C III, Bü 29)

Klee, Ernst: »Die SA Jesu Christi« Die Kirche im Banne Hitlers. Frankfurt/M. 1989.

Köhler, Joachim: Die katholische Kirche in Baden und Württemberg in der Spätphase der Weimarer Republik und zu Beginn des Dritten Reiches, in: Schnabel, Thomas (Hrsg.): Die Machtergreifung in Südwestdeutschland. Das Ende der Weimarer Republik in Baden-Württemberg 1928–33 (Schriften zur politischen Landeskunde Baden-Württembergs, Bd. 6). Stuttgart u.a. 1982, S. 257–294.

Köhler, Joachim und Georg Ott: Katholiken in Stuttgart 1939 bis 1945. In: Hiller, Marlene P. (Hrsg.): Stuttgart im Zweiten Weltkrieg. Ausstellungskatalog. Gerlingen 1989, S. 211–218.

Lersner, Dieter, Freiherr von: Die Evangelischen Jugendverbände Württembergs und die Hitlerjugend 1933/1934. (Arbeiten zur Geschichte des Kirchenkampfes, Bd. 4.) Göttingen 1958.

Ludwig, Helmut: Die Entstehung des Darmstadter Wortes. Dortmund 1977.

Mayer, Eberhard: Deutschkirche oder Bekenntniskirche. Der Ulmer Bekenntnistag 1934 und der Kampf um die rechtmäßige Evangelische Kirche Deutschlands. Langenau/Ulm 1984.

Meier, Kurt: Der Evangelische Kirchenkampf. 2 Bde. Göttingen 1976.

Meier, Kurt: Die Deutschen Christen. Arbeit zur Geschichte des Kirchenkampfes. Ergänzungsreihe Bd. 3. Göttingen 1977.

Müller, Manfred: Jugend in der Zerreißprobe. Persönliche Erinnerungen und Dokumente eines Jugendpfarrers im Dritten Reich. Stuttgart 1982.

Niemöller, Wilhelm: Die Evang. Kirche im Dritten Reich. Handbuch des Kirchenkampfes. Bielefeld 1956.

Niemöller, Wilhelm: Kampf und Zeugnis der Bekennenden Kirche. Bielefeld 1948.

Norden, Günther van und Volkmar Wittmütz (Hrsg.): Evangelische Kirche im Zweiten Weltkrieg. (Schriftenreihe des Vereins für Rheinische Kirchengeschichte. Bd. 104. Köln 1991.

Norden, Günther van: Der deutsche Protestantismus im Jahr der nationalsozialistischen Machtergreifung. Gütersloh 1979.

Prolingheuer, H. Der Fall Karl Barth. Chronographie einer Vertreibung 1934–1935. Neukirchen 1977.

Raupp, Werner: Gelebter Glaube. Erfahrungen und Lebenszeugnisse aus unserem, Land. Metzingen/Württ. 1993. S. 361–369.

Röhm, Eberhard und Jörg Thierfelder: »Die Evangelische Kirche im Zweiten Weltkrieg.« In: Hiller, Marlene P. (Hrsg.): Stuttgart im Zweiten Weltkrieg. Ausstellungskatalog. Gerlingen 1989, S. 195–209.

Röhm, Eberhard und Jörg Thierfelder: Anpassung, Zweifel, Protest. Das evangelische Stuttgart zwischen 1933 und 1939. In: Burkhardt, Bernd, Karlheinz Fuchs und Walter Nachtmann (Hrsg.): Ausstellungsreihe Stuttgart im Dritten Reich, Bd.4: Anpassung, Widerstand, Verfolgung. Die Jahre von 1933 bis 1939. Stuttgart 1984, S. 342–364.

Röhm, Eberhard und Jörg Thierfelder: Evangelische Kirche zwischen Kreuz und Hakenkreuz. Bilder und Texte einer Ausstellung. Stuttgart 1981.

Röhm, Eberhard und Jörg Thierfelder: Juden, Christen, Deutsche.

Band 1: 1933 bis 1935. Stuttgart 1990.
Band 2/II 1935–1938. Stuttgart 1992.

Schaeder, Grete (Hrsg.): Martin Buber. Briefwechsel aus sieben Jahrzehnten. Bd. 2, 1918–1938, Heidelberg 1973.

Schäfer, Gerhard: Die Evangelische Landeskirche in Württemberg und der Nationalsozialismus. Eine Dokumentation zum Kirchenkampf. 6 Bde. Stuttgart 1971–1986. – Bd.1: Um das politische Engagement der Kirche. Stuttgart 1971. – Bd.2: Um eine deutsche Reichskirche 1933. Stuttgart 1972. – Bd.3: Der Einbruch des Reichsbischofs 1934. Stuttgart 1974. – Bd.4: Die intakte Landeskirche 1935–1936. Stuttgart 1977. – Bd.5: Babylonische Gefangenschaft 1937–1938. Stuttgart 1982. – Bd.6: Von der Reichskirche zur Evangelischen Kirche in Deutschland 1938–1945. Stuttgart 1986.

Schäfer, Gerhard: Landesbischof Wurm und der nationalsozialistische Staat 1940–1945. Eine Dokumentation, zusammengestellt in Verbindung mit Richard Fischer. Stuttgart 1968.

Scharf, Kurt: Der Pfarrernotbund. In: Bekennende Kirche. Martin Niemöller zum 60. Geburtstag. München 1952, S. 136–141.

Schempp, Paul: Der Weg der Liebe. Dokumente über einen unerledigten Streit. Berlin 1985.

Scherffig, Wolfgang: Junge Theologen im »Dritten Reich«. Dokumente, Briefe, Erfahrungen. 3 Bde Neukirchen-Vluyn 1989, 1990, 1991.

Scherrieble, Joachim: Reichenbach/Fils im Kirchenkampf. In: Die Alte Stadt. Vierteljahreszeitschrift für Stadtgeschichte, Stadtsoziologie und Denkmalpflege. 4/93, S. 305–320.

Schnaufer, Gerhard und Eberhard Dietrich: Christen sehen weiter. Das Gustav-Adolf-Werk der Evangelischen Landeskirche in Württemberg in den Jahren 1943–1968. In: Blätter für Kirchengeschichte 1968, S. 3–87.

Scholder, Klaus: Die Kirche und das Dritte Reich. 2 Bde. Frankfurt/M., Berlin 1977–1985.

Schwarz, Manfred: Die Göppinger Kirchen in der Zeit des Nationalsozialismus 1933–39 (Zula-Typoskript). Göppingen-Jebenhausen 1976.

Stöffler, Erika: Initiativen – Lebensbilder evangelischer Frauen. Stuttgart 1984. (LKA: A 10/1648)

Thierfelder, Jörg und Eberhard Röhm: Die evangelische Landeskirche in Baden Württemberg in der Spätphase der Weimarer Republik und zu Beginn des Dritten Reiches, in: Schnabel, Thomas (Hrsg.): Die Machtergreifung in Südwestdeutschland. Das Ende der Weimarer Republik in Baden-Württemberg 1928–33 (Schriften zur politischen Landeskunde Baden-Württembergs, Bd.6). Stuttgart u.a. 1982, S. 219–256.

Thierfelder, Jörg: Die Auseinandersetzung um Schulreform und Religionsunterricht im Dritten Reich zwischen Staat und evangelischer Kirche in Württemberg. In: Heinemann, Manfred: Erziehung und Schulung im Dritten Reich, Bd. 6, Stuttgart 1980, S. 232–250.

Thierfelder, Jörg: Die Kirchen. In: Borst, Otto (Hrsg.): Das Dritte Reich in Baden und Württemberg. Stuttgart 1988, S. 74ff.

Tröbst, Christian: Gebete aus der Provinz. (Kaiser Traktate 19) München 1976.

Vöhringer, Karl: Der Kirchenkampf im Kirchenbezirk Urach. In: Evangelisches Gemeindeblatt für den Kirchenbezirk Urach. »Sonderausgabe« 41.Jg., Nummer 8, August 1985.

Wentorf, Rudolf: Der Fall des Pfarrers Paul Schneider. Eine biographische Dokumentation. Neukirchen-Fluyn 1989.

Widmann, Martin: Die Geschichte der kirchlich-theologischen Sozietät in Württemberg. In: Predigtamt ohne Pfarramt? Die Illegalen im Kirchenkampf. Geleitwort von Eberhard Bethge, hrsgg. von Karl A. Bauer. Neukirchen Vluyn 1993, S. 110–190.

»Wir aber sind nicht von denen, die da weichen.« Zeugnisse der Bekennenden Kirche. Der Kampf um die Kirche. (Das Christliche Deutschland 1933 bis 1945. Dokumente und Zeugnisse, Evangelische Reihe, Heft 1) Tübingen und Stuttgart 1946.

Wurm, Theophil: Erinnerungen aus meinem Leben. Stuttgart 1953.

Wurm, Theophil: Zur Geschichte des Kirchenkampfes. In: Für Arbeit und Besinnung 1947, S. 266ff.

Zipfel, Friedrich: Der Kirchenkampf in Deutschland 1933–1945. Berlin 1965.

Literatur zu Verfolgung und Holocaust

(siehe hierzu auch unten unter »Literatur zum biographischen Zugang zum Nationalsozialismus« bibliographierte Werke)

Literatur zu Verfolgung und Holocaust – allgemein

Adler, Hans-Günter, Hermann Langbein und Ella Lingens-Reiner: Auschwitz. Zeugnisse, Berichte. Frankfurt/M. 1962.

Adler, Hans-Günter: Theresienstadt 1941–1945. Das Antlitz einer Zwangsgemeinschaft. Geschichte, Soziologie, Psychologie. Tübingen 1955.

Arndt, Ino: »Das Frauenkonzentrationslager Ravensbrück.« In: Studien zur Geschichte der Konzentrationslager (Schriftenreihe der VfZ), Nr 21.

Battel, Franco: Flüchtlinge in Schaffhausen 1933 bis 1945. Licentiatsarbeit Zürich 1992.

Billig, Joseph: Les Camps de concentration dans l'économie du Reich hitlérien. Paris 1973.

Bock, Gisela: »Keine Arbeitskräfte in diesem Sinne. Prostituierte im Nazi-Staat.« In: Biermann, Piecke: Wir sind Frauen wie andere auch. Prostituierte und ihre Kämpfe. Hamburg 1980, S. 70–106.

Böckle, Bärbel: »Das Arbeits- und Krankenlager Vaihingen (Enz)«. In: Varländer, Herwart: Nationalsozialistische Konzentrationslager im Dienst der totalen Kriegführung. Sieben württb. Außenkommandos des KZ Natzweiler/Elsaß (Veröffentl. der Kommission f. gesch. Landeskde. in BaWü, Reihe B, Forschungen, 91. Bd., Stuttgart 1978, S. 175–224.

Buchheim, Hans, Martin Broszat, Hans-Adolf Jacobsen, Helmut Krausnick: Anatomie des NS-Staates. 2 Bde. München 1967.

Czech, Danuta: Kalendarium der Ereignisse im Konzentrationslager Auschwitz-Birkenau 1939–1945. Reinbek 1989.

Delarue, Jaques: Geschichte der Gestapo. (Dt. Übersetzung) Königstein/Ts. und Düsseldorf (Nachdr.) 1979.

Drobisch, Klaus und Günther Wieland: Das System der NS-Konzentrationslager 1933–1939. Berlin 1993.

Finck, Peter: Namenlos – Vergessen – Verdrängt: Das KZ Oberer Kuhberg. In: Garbe, Detlev (Hrsg.): Die vergessenen KZs? Gedenkstätten für die Opfer des NS-Terrors in der Bundesrepublik. Bornheim-Merten 1983, S. 93ff.

Garbe, Detlev (Hrsg.): Die vergessenen KZs? Gedenkstätten für die Opfer des NS-Terrors in der Bundesrepublik. Bornheim-Merten 1983.

Garbe, Detlev: Zwischen Widerstand und Martyrium. Die Zeugen Jehovas im Dritten Reich. München 1993.

Gellately, Robert: Die Gestapo und die deutsche Gesellschaft. Die Durchsetzung der Rassepolitik 1933–1945 (Sammlung Schöningh zur Geschichte und Gegenwart). Paderborn u. a. 1993.

Georg, Enno: Die wirtschaftlichen Unternehmungen der SS. In: Schriftenreihe der Vierteljahreshefte für Zeitgeschichte. Stuttgart 1963.

GrenzWege. Widerstand an der Schweizer Grenze 1933–1945. Hrsgg. von Paula Lutum-Lenger. Stuttgart 1994.

Hamburger Institut für Sozialforschung (Hrsg.): Die Auschwitz-Hefte. Texte der polnischen Zeitschrift »Przeglad Lekarski« über historische, psychische und medizinische Aspekte des Lebens und Sterbens in Auschwitz. 2 Bde, Weinheim 1987.

Heimatgeschichtlicher Wegweiser zu Stätten des Widerstandes und der Verfolgung 1933–1945, Band 2, Niedersachsen I; hrsgg. vom Studienkreis: Deutscher Widerstand, Köln 1985.

Heimatgeschichtlicher Wegweiser zu Stätten des Widerstandes und der Verfolgung 1933–1945, Band 5, Baden-Württemberg I; hrsgg. vom Studienkreis: Deutscher Widerstand, Frankfurt/M 1991.

Hrabar, Roman, Zofia Tokarz und Jacek E. Wilczur: Kinder im Krieg – Krieg gegen Kinder. Die Geschichte der polnischen Kinder 1939–1945. Reinbek 1981.

Hüttenberger, Peter: Heimtückefälle vor dem Sondergericht München 1933–1939. In: Broszat, Martin, Elke Fröhlich und Anton Grossmann (Hrsg.): Bayern in der NS-Zeit. Bd. 4. München und Wien 1981, S. 435–530.

Institut für Zeitgeschichte, Gutachten des Instituts für Zeitgeschichte, Bd. 1, München 1958 und Bd. 2, Stuttgart 1966.

ITS, International Tracing Service, Arolsen, Verzeichnis der Haftstätten unter dem Reichsführer-SS (1933–1945). Konzentrationslager und deren Außenkommandos sowie andere Haftstätten unter dem Reichsführer-SS in Deutschland und deutsch besetzten Gebieten. Arolsen 1979.

Justiz und NS-Verbrechen. Sammlung deutscher Strafurteile wegen nationalsozialistischer Tötungsverbrechen 1945–1966. (Bearb. von C. F. Rüter u. a.) 22 Bde., Amsterdam 1968–1981.

Keller, Gerd und Graham Wilson: Konzentrationslager Welzheim. 2 Dokumentationen. Welzheim 1975.

Keuerleber-Siegle, Barbara: »Das Lager Echterdingen«. In: Varländer, Herwart: Nationalsozialistische Konzentrationslager im Dienst der totalen Kriegführung. Sieben württb. Außenkommandos des KZ Natzweiler/Elsaß (Veröffentlichungen der Kommission für geschichtliche Landeskunde in BaWü, Reihe B, Forschungen, 91. Band, Stuttgart 1978, S. 131–148.

Klee, Ernst und Willi Dreßen: »Gott mit uns«. Der deutsche Vernichtungskrieg im Osten 1939–1945. Frankfurt/M. 1989.

Klee, Ernst, Willi Dreßen und Volker Rieß: »Schöne Zeiten« Judenmord aus der Sicht der Täter und Gaffer. Frankfurt/M. 1988.

Klingel, Jürgen: »Das Lager Leonberg«. In: Varländer, Herwart: Nationalsozialistische Konzentrationslager im Dienst der totalen Kriegführung. Sieben württb. Außenkommandos des KZ Natzweiler/Elsaß (Veröffentlichungen der Kommission für geschichtliche Landeskunde in Baden-Württemberg, Reihe B, Forschungen, 91. Band, Stuttgart 1978, S. 19–70.

Kogon, Eugen, Hermann Langbein, Adalbert Rückerl u.a.(Hrsg.): Nationalsozialistische Massentötungen durch Giftgas. Eine Dokumentation. Franfurt/M 1983.

Kogon, Eugen: Der SS-Staat. Das System der deutschen Konzentrationslager. Frankfurt/M. 1946 (München ³1974).

Kolb, Eberhard: Die Maschinerie des Terrors. Zum Funktionieren des Unterdrückungs- und Verfolgungsapparates im NS-System. In: Bracher, Karl Dietrich, Manfred Funke und Hans-Adolf Jacobsen: Nationalsozialistische Diktatur 1933–1945. Eine Bilanz. Düsseldorf 1983, S. 270–284.

Krausnick, Helmut und Hans-Heinrich Wilhelm: Die Truppe des Weltanschauungskrieges. Die Einsatzgruppen der Sicherheitspolizei und des SD 1938–1942. (Quellen und Darstellungen zur Zeitgeschichte, Bd. 22) Stuttgart 1981.

Krausnick, Helmut: Hitlers Einsatzgruppen. Die Truppe des Weltanschauungskrieges. 1938–1942. Frankfurt/M. 1985.

Kühnrich, Heinz: Der KZ-Staat. Die faschistischen Konzentrationslager 1933–1945. Berlin 1980.

Längericht, Christoph: »Von ›gutrassischen‹ und ›schlechtrassischen‹ Kindern. Grausige Entdeckung in Kelsterbach.« In: Die Kriegsjahre in Deutschland 1939–1945. Ergebnisse und Anregungen aus dem Schülerwettbewerb Deutsche Geschichte des Bundespräsidenten 1982/83. Hamburg 1985.

Lechner, Silvester: Das KZ Oberer Kuhberg und die NS-Zeit in der Region Ulm/Neu-Ulm (Die NS-Zeit in der Region Ulm/Neu-Ulm. Vorgeschichte, Verlauf, Nachgeschichte. Eine Schriftenreihe des Dokumentationszentrums Oberer Kuhberg e. V., Band 1). Stuttgart 1988.

Mitscherlich, Alexander und Fred Mielke: Wissenschaft ohne Menschlichkeit. Medizinische und eugenische Irrwege unter Diktatur, Bürokratie und Krieg. Heidelberg 1949.

Pingel, Falk: Häftlinge unter SS-Herrschaft. Widerstand, Selbstbehauptung und Vernichtung im Konzentrationslager. Hamburg 1978.

Riesel, Heinz: »Das Lager Neckargartach«. In: Varländer, Herwart: Nationalsozialistische Konzentrationslager im Dienst der totalen Kriegführung. Sieben württb. Außenkommandos des KZ Natzweiler/Elsaß (Veröffentlichungen der Kommission für geschichtliche Landeskunde in BaWü, Reihe B, Forschungen, 91. Band, Stuttgart 1978, S. 109–130.

Schätzle, Julius: Stationen zur Hölle. Konzentrationslager in Baden und Württemberg 1933–1945. Hrsg. im Auftrag der Lagergemeinschaft Heuberg – Kuberg – Welzheim. 2. verb. Auflage Frankfurt/M. 1980.

Schätzle, Julius: Wir klagen an! Ein Bericht über den Kampf, das Leiden und Sterben in deutschen Konzentrationslagern. Stuttgart 1946.

Segev, Tom: Die Soldaten des Bösen. Zur Geschichte der KZ-Kommandanten. Reinbek 1992.

Sofsky, Wolfgang: Die Ordnung des Terrors. Das Konzentrationslager. Frankfurt/M. 1993.

Solidarität und Widerstand. Dachauer Hefte 7 (1991).

Tuchel, Johannes und Reinhold Schattenfroh: Zentrale des Terrors. Prinz-Albrecht-Straße 8: Hauptquartier der Gestapo. Berlin 1987.

Varländer, Herwart: Nationalsozialistische Konzentrationslager im Dienst der totalen Kriegführung. Sieben württb. Außenkommandos des KZ Natzweiler/Elsaß (Veröffentlichungen der Kommission für geschichtliche Landeskunde in BaWü, Reihe B, Forschungen, 91. Band, Stuttgart 1978.

Vogt, Hannah: KZ Mohingen. Männerlager, Frauenlager, Jugendschutzlager. Eine Dokumentation. Göttingen 1983.

Weinmann, Martin (Hrsg.): Das nationalsozialistische Lagersystem (CCP), Frankfurt/M. 1990.

Literatur zu Verfolgung und Widerstand politisch Andersdenkender

Aicher-Scholl, Inge (Hrsg.): Sippenhaft. Nachrichten und Botschaften der Familie in der Gestapo-Haft nach der Hinrichtung von Hans und Sophie Scholl. Frankfurt/M. 1993.

Altmann, Peter u.a. (Hrsg.): Der Deutsche antifaschistische Widerstand 1933–1945. In Bildern und Dokumenten. Frankfurt/M. [3]1984.

Aufstand des Gewissens. Der militärische Widerstand gegen Hitler und das NS-Regime 1933–45. Im Auftrag des Bundesministeriums der Verteidigung zur Wanderausstellung herausgegeben vom Militärgeschichtlichen Forschungsamt. Herford und Bonn [2]1985.

Autobiographie eines Attentäters: Johann Georg Elser. Der Anschlag auf Hitler im Bürgerbräukeller 1939, hrsgg. und eingeleitet von Lothar Gruchmann. Stuttgart [2]1989.

Baigent, Michael und Richard Leigh: Geheimes Deutschland. Stauffenberg und die Hintergründe des Attentats vom 20. Juli 1944. München 1994.

Beck, Johannes u.a. (Hrsg.): Terror und Hoffnung in Deutschland 1933–1945. Reinbek 1980.

Benz, Wolfgang und Walter H. Pehle(Hrsg.): Lexikon des Deutschen Widerstandes. Frankfurt/M. 1994.

Broszat, Martin: »Resistenz und Widerstand«. Eine Zwischenbilanz des Forschungsprojekts. In: Broszat, Martin u.a. (Hrsg.): Bayern in der NS-Zeit. Bd. IV, München 1981, S. 691–709.

Dähn, Horst: SPD im Widerstand und Wiederaufbau (1933–1952). In: Schadt, Jörg und Wolfgang Schmierer (Hrsg.): Die SPD in Baden-Württemberg und ihre Geschichte. Von den Anfängen der Arbeiterbewegung bis heute. Stuttgart, Berlin, Köln, Mainz 1979, S. 192–232.

Kaehne, Brigitte von: Meine Erlebnisse als politischer Häftling 1944/45. (Unveröffentlichtes Typoskript) Tübingen 1982.

»Die Weiße Rose und das Erbe des deutschen Widerstandes.« Gedächtnisvorlesungen an der Universität München. München 1993.

»Doch die Freiheit, die kommt wieder«. NS-Gegner im Württembergischen Schutzhaftlager Ulm 1933–1935. Stuttgart 1994.

Dossier. Kreisauer Kreis. Dokumente aus dem Widerstand gegen den Nationalsozialismus, aus dem Nachlaß von Lothar König, hrsgg. und kommentiert von Roman Bleistein. Frankfurt/M. 1987.

Dudley, Leigh A.: Braunbuch über Reichstagsbrand und Hitler-Terror. (Faksimile-Nachdruck der Originalausgabe von 1933). Frankfurt/M. 1978.

Elling, Hanna: Frauen im deutschen Widerstand 1933–1945. Frankfurt/M. 1981.

Esters, Helmut, Hans Pelger und Alexandra Schlingensiepen: Gewerkschafter im Widerstand. Berlin und Bonn 1983.

Gittig, Heinz: Illegale Antifaschistische Tarnschriften 1933–1945. Aus dem Englischen übertragen von Karl und Heidi Nicolai. Paderborn, München, Wien und Zürich 1993.

Graml, Hermann (Hrsg.): Widerstand im Dritten Reich. München 1994.

Haag, Lina: Eine Handvoll Staub. Frankfurt/M. [7]1985.

Hartmann, Albrecht: Kriegsdienstverweigerung im Dritten Reich. Magisterarbeit an der Universität Stuttgart. Stuttgart 1982.

Jens, Inge (Hrsg.): Hans und Sophie Scholl: »Briefe und Aufzeichnungen«. Frankfurt/M. 1988.

Jens, Inge und Annelies Knoop-Graf (Hrsg.): Willi Grafs: »Briefe und Aufzeichnungen«. Frankfurt/M. 1988.

Kammler, Jörg: »Ich habe die Metzelei satt und laufe über.« – Kasseler Soldaten zwischen Verweigerung und Widerstand (1939–1945). Eine Dokumentation. (Kasseler Quellen und Studien. Schriftenreihe des Magistrats der Stadt Kassel, Bd. 6). Fuldabrück 1985.

Kershaw, Ian: »Widerstand ohne Volk?« Dissens und Widerstand im Dritten Reich. In: Schmädeke, Jürgen und Peter Steinbach (Hrsg.): Der Widerstand gegen den Nationalsozialismus. Die deutsche Gesellschaft und der Widerstand gegen Hitler. München und Zürich (1986), S. 779–798.

Klausch, Hans-Peter: Antifaschisten in SS-Uniform. Schicksal und Widerstand der deutschen politischen KZ-Häftlinge, Zuchthaus- und Wehrmachtsstrafgefangenen in der SS-Sonderformation Dirlewanger (DIZ Schriften, Bd. 6). Bremen 1993.

Klausch, Hans-Peter: Die Geschichte der Bewährungsbataillone 999 unter besonderer Berücksichtigung des antifaschistischen Widerstandes. 2 Bde (Pahl Rugenstein Hochschulschriften – Gesellschaft und Naturwissenschaft 245) Köln 1987.

Klemperer, Klemens von, Enrico Syring und Rainer Zitelmann (Hrsg.): »Für Deutschland«. Die Männer des 20. Juli. Frankfurt/M. und Berlin 1994.

Klemperer, Klemens von: Die verlassenen Verschwörer. Der deutsche Widerstand auf der Such nach Verbündeten 1938–1945.

Knauer, Mathias und Jürg Frischknecht: Die unterbrochene Spur: Antifaschistische Emigration in der Schweiz von 1933–1945. Zürich 1983.

Leber, Annedore (Hrsg.): Das Gewissen steht auf. Lebensbilder aus dem deutschen Widerstand 1933–1945. Vorwort und hrsgg. von Karl Dietrich Bracher in Verbindung mit der Forschungsgemeinschaft 20. Juli e. V. Mainz 1984 [1. Aufl. hrsgg. in Zusammenarbeit mit Willy Brandt und Karl Dietrich Bracher. Berlin und Frankfurt/M. 1954].

Lill, Rudolf und Heinrich Oberreuter (Hrsg.): 20. Juli. Portraits des Widerstandes. Düsseldorf und Wien 1994.

Löwenthal, Richard und Patrik von zur Mühlen: Widerstand und Verweigerung in Deutschland 1933–1945. Berlin und Bonn 1982.

Löwenthal, Richard: Widerstand im totalen Staat. In: Löwenthal, Richard und Patrik von zur Mühlen: Widerstand und Verweigerung in Deutschland 1933–1945. Berlin und Bonn 1982, S. 11–24.

M.d.R. <Mitglied des Reichstags> Die Reichstagsabgeordneten der Weimarer Republik in der Zeit des Nationalsozialismus. Politische Verfolgung, Emigration und Ausbürgerung 1933–1945. Eine biographische Dokumentation. Hrsgg. und eingeleitet von Martin Schuhmacher, berab. von Katharina Lübbe in Verbindung mit Wilhelm H. Schröder (Veröffentlichung der Kommission für Geschichte des Parlamentarismus und der politischen Parteien). Düsseldorf 1991.

Maaßen, Hans: Vom Heuberg weht ein scharfer Wind. Ausgewählte Erzählungen. Berlin 1978.

Mallmann, Klaus-Michael. und Gerhard Paul: Resistenz oder loyale Widerwilligkeit? In: Zeitschrift für Geschichtswissenschaft 41 (1993), S. 99–116.

Müller, Klaus-Jürgen (Hrsg.): Der deutsche Widerstand 1933–1945. Wien, Zürich 1990.

Nachtmann, Walter: Allein gegen rechts. In: Siegfried Bassler: Mit uns für die Freiheit. Stuttgart 1987.

Nachtmann, Walter: Erwin Schöttle. Grenzsekretär der Sozialdemokraten für Württemberg. In: Bosch, Michael und Wolfgang Niess: Der Widerstand im deutschen Südwesten 1933–45. (Schriften zur politischen Landeskunde Baden-Württembergs, Bd 10) Stuttgart, Berlin, Köln und Mainz 1984, S. 153–161.

Ortner, Helmut: Der Einzelgänger. Georg Elser. Der Mann, der Hitler töten wollte. Rastatt 1989.

Roon, Geer van: Widerstand im Dritten Reich. Ein Überblick. München 1979/1994.

Schlie, Ulrich: Kein Friede mit Deutschland. Die geheimen Gespräche im Zweiten Weltkrieg 1939–1941. München und Berlin 1994.

Schmädeke, Jürgen und Peter Steinbach (Hrsg.): Der Widerstand gegen den Nationalsozialismus. Die deutsche Gesellschaft und der Widerstand gegen Hitler. München und Zürich (1985) 1994.

Scholl, Inge: Die Weiße Rose. Erweiterte Auflage Frankfurt/M. 1993.

Steffahn, Harald: Claus Schenk Graf von Stauffenberg. Reinbek 1994.

Steffahn, Harald: Die Weiße Rose mit Selbstzeugnissen und Bilddokumenten. Reinbek 1992.

Steinbach, Peter und Johannes Tuchel (Hrsg.): Lexikon des Widerstandes 1933–1945. München 1994.

Steinbach, Peter und Johannes Tuchel (Hrsg.): Widerstand gegen den Nationalsozialismus. Berlin 1994.

Steinbach, Peter und Johannes Tuchel (Hrsg.): Widerstand in Deutschland 1933–1945. München 1994.

Striefler, Christian: Kampf um die Macht. Kommunisten und Nationalsozialisten am Ende der Weimarer Republik. Berlin 1993.

Ueberschär, Gerd R. (Hrsg.): Der 20. Juli 1944. Bewertung und Rezeption des deutschen Widerstandes gegen das NS-Regime. Köln 1994.

Weisenborn, Günther: Der lautlose Aufstand. Berichte über die Widerstandsbewegung des deutschen Volkes 1933–1945. Frankfurt/M. 1974.

Wenke, Bettina: Interviews mit Überlebenden. Verfolgung und Widerstand in Südwestdeutschland. Stuttgart 1980.

Zeller, Eberhard: Oberst Claus Graf Stauffenberg. Ein Lebensbild. Paderborn 1994.

Literatur zur Verfolgung »Asozialer« und Homosexueller

Auerbach, Helmut: »Arbeitserziehungslager 1940 bis 1944«, in: Gutachten des Instituts für Zeitgeschichte, Bd.2. Stuttgart 1966, S. 196–201.

Ayaß, Wolfgang: Die Verfolgung von Bettlern und Landstreichern im Nationalsozialismus. In: Wohnsitz: Nirgendwo. Vom Leben und vom Überleben auf der Straße; hrsgg. vom Künstlerhaus Bethanien. Berlin 1982.

Grieb, Friedrich K.: Das württembergische Arbeitshaus für Männer in Vaihingen. Ein Vorbericht. In: Schriftenreihe der Stadt Vaihingen a.d. Enz, Bd.4, 1985, S. 98–112.

Gruchmann, Lothar: »Blutschutzgesetz« und Justiz. In: Aus Politik und Zeitgeschichte 48/1985, S. 28–38.

Werner, Wolfgang Franz: »Arbeitserziehungslager als Mittel nationalsozialistischer ›Sozialpolitik‹ gegen deutsche Arbeiter«. In: Dlugoborski, Waclaw: Zweiter Weltkrieg und sozialer Wandel. Göttingen 1981, S. 138–147.

Literatur zum Holocaust – Juden

Aly, Götz, Susanne Heim, Miroslav Karny, Petra Kirchberger und Alfred Kniecizny: Sozialpolitik und Judenvernichtung. Gibt es eine Ökonomie der Endlösung? Berlin 1987.

Antisemitismus. Von der Judenfrage zum Holocaust, hrsgg von Herbert A. Strauß und Norbert Kampe. Frankfurt/M. und New York 1985.

Arndt, Ino: »Organisierter Massenmord an Juden in nationalsozialistischen Vernichtungslagern«. In: Bracher, Karl Dietrich, Manfred Funke und Hans-Adolf Jacobsen (Hrsg.): Nationalsozialistische Diktatur. Eine Bilanz. Düsseldorf 1986.

Auerbacher, Inge: I am a Star. Child of the Holocaust. New York 1986.

Bankier, David: The Germans and the Holocaust: What they know? In: Yad Vashem Studies 20 (1990), S. 69–98.

Barkai, Avraham: Vom Boykott zur »Entjudung«. Der wirtschaftliche Existenzkampf der Juden im Dritten Reich 1933 – 1943. Frankfurt/M. 1988.

Barnavi, Eli (Hrsg.): Universalgeschichte der Juden. Von den Ursprüngen bis zur Gegenwart. Ein historischer Atlas. Wien 1993.

Benz, Wolfgang (Hrsg.): Die Juden in Deutschland 1933–1945. Leben unter nationalsozialistischer Herrschaft. München 1988.

Benz, Wolfgang: Die Juden im Dritten Reich. In: Deutschland 1933–1945. Neue Studien zur nationalsozialistischen Herrschaft, hrsgg. von Bracher, Karl Dietrich, Manfred Funke und Hans-Adolf Jacobsen. Bonn 1992, S. 273–290.

Block, Gay und Malka Drucker: Rescuers. Portraits of Moral Courage in the Holocaust. New York und London 1992.

Boehm, Eric: We survived. The Stories of Fourteen of the Hidden and Hunted of Nazi Germany. New Haven 1949.

Bosch, Manfred: Der Abschied von Singen fiel uns nicht schwer... Die Hohentwielstadt als letzte deutsche Station auf der Flucht verfolgter Juden. In: Singener Jahrbuch 1983, S. 40–48.

Das Sonderrecht für Juden im NS-Staat. Eine Sammlung der gesetzlichen Maßnahmen und Richtlinien. Hrsgg. von Joseph Walk. Heidelberg und Karlsruhe 1981.

»Deutscher kaufe nicht beim Juden!« Verzeichnis jüdischer Geschäfte in Württemberg und in Hohenzollern. Hrsgg. von der NS-Hago-Gauamtsleitung Stuttgart. Stuttgart 1935.

Deutschkron, Inge: Ich trug den gelben Stern. München 1985.

Dick, Lutz van: Der Attentäter. Herschel Grynspan und die Vorgänge um die »Kristallnacht«. Reinbek 1989.

Die Lage der Juden in Deutschland 1933. Das Schwarzbuch. Tatsachen und Dokumente. Hrsgg. vom Comité des Délégations Juives. Neuaufl. Frankfurt/M., Berlin und Wien 1983.

Die Nacht, in der im Deutschen Reich die Synagogen brannten. Dokumente u. Materialien zur Information und zur Orientierung über das Judenpogrom »Reichskristallnacht«; hrsgg. v. d. Landeszentrale f. pol. Bildg. Bd-Wü. Villingen-Schwenningen 1988.

Diner, Dan: Jenseits des Vorstellbaren – der »Judenrat« als Situation. In: »Unser einziger Weg ist Arbeit«. Das Getto in Lódz 1940–1944. Berab. von Hanno Loewy und Gerhard Schoenberner. Katalog zur Ausstellung des Jüdischen Museums Frankfurt. Frankfurt/M. 1990, S. 32–40.

Frei, Alfred G: Als die Grenzen tödlich waren. Fluchthilfe aus dem Dritten Reich in die Schweiz. In: Allmende 34/35, 1992, S. 116–129.

Gedenkbuch – Opfer der Verfolgung der Juden unter der nationalsozialistischen Gewaltherrschaft in Deutschland. 1933–1945, bearbeitet vom Bundesarchiv Koblenz und dem Internationalen Suchdienst Arolsen. Koblenz 1986.

Genschel, Helmut: Die Verdrängung der Juden aus der Wirtschaft im Dritten Reich. (Göttinger Bausteine zur Geschichtswissenschaft 38) Göttingen 1966.

Gilbert, Martin: Endlösung. Die Vertreibung und Vernichtung der Juden. Ein Atlas. Reinbek 1982.

Gross, Leonard: Versteckt. Wie Juden in Berlin die Nazi-Zeit überlebten. Reinbek 1994.

Hilberg, Raul: Die Aktion Reinhardt. In: Jäckel, Eberhard und Jürgen Rohwer (Hrsg.): Der Mord an den Juden im Zweiten Weltkrieg. Entschlußbildung und Verwirklichung. Stuttgart 1985, S. 125–141.

Hilberg, Raul: Die Vernichtung der europäischen Juden. Die Gesamtgeschichte des Holocaust. Berlin 1982.

Jäckel, Eberhard und Jürgen Rohwer (Hrsg.): Der Mord an den Juden im Zweiten Weltkrieg. Entschlußbildung und Verwirklichung. Stuttgart 1985.

Jäckel, Eberhard, Peter Longerich und Julius H. Schoeps (Hrsg.): Enzyklopädie des Holocaust. Die Verfolgung und Ermordung der Europäischen Juden. Bd. 1–3. [Wiss. Leitung: Israel Gutmann.] Berlin 1992.

Jochheim, Gernot: Frauenprotest in der Rosenstraße. Berlin 1993.

Katz, Jacob: Vom Vorurteil bis zur Vernichtung. Der Antisemitismus 1700–1933. München 1989.

Keller, Stefan: Grüningers Fall. Geschichten von Flucht und Hilfe. Zürich 1993.

Kershaw, Ian: Antisemitismus und Volksmeinung. Reaktion auf die Judenverfolgung. In: Broszat, Martin, Elke Fröhlich und Anton Grossmann (Hrsg.): Bayern in der NS-Zeit. München und Wien 1977–1983, Bd. 2, Widerstand und Verfolgung in Bayern, München 1979, S. 281–348.

Kershaw, Ian: German popular Opinion and the »Jewish Question« 1939–1943. Zusf. in deutscher Sprache in Paucker, Arnold (Hrsg.): Die Juden im nationalsozialistischen Deutschland. (Schriftenreihe wissenschaftlicher Abhandlungen des Leo Baeck Instituts 45), S. 365–386.

Krakauer, Max: Lichter im Dunkel. Flucht und Rettung eines jüdischen Ehepaares im Dritten Reich; neu herausgg. v. Otto Mörike. Stuttgart 1975.

Krausnick, Helmut: Judenverfolgung. In: Broszat, Martin, Hans-Adolf Jacobsen und Helmut Krausnik: Anatomie des NS-Staates. Bd.2. Frankfurt/M. [3]1982, S. 235–366.

Kulka, Otto Dov: Die Nürnberger Rassengesetze und die deutsche Bevölkerung im Lichte geheimer NS-Lage- und Stimmungsberichte. In: VjZG 32, 1984, S. 582–624.

Laqueur, Walter: Was niemand wissen wollte. Die Unterdrückung der Nachrichten über Hitlers »Endlösung«. Frankfurt/M., Berlin, Wien 1981.

Leydesdorff, Selma: »Wir haben als Menschen gelebt«. Das jüdische Proletariat von Amsterdam. Frankfurt/M. 1993.

Lookstein, Haskel: Were we Our Brothers Keepers? New York 1985.

419

Miller, Max: Zur neueren Geschichte der Juden in Württemberg. In: Zeitschrift für württembergische Landesgeschichte, Band XXVI, 1967, S. 121–131.

Poliakov, Leo und Josef Wulf: Das Dritte Reich und die Juden. Dokumente und Aufsätze. Berlin 1955.

Reitlinger, Gerald: Die Endlösung. Hitlers Versuch der Ausrottung der Juden Europas 1939–1945. Berlin 1979.

Sauer, Paul: »Geschichte der Juden in Württemberg 1924–1939«, in: ders.: Die jüdische Gemeinde in Württemberg und Hohenzollern. (Veröffentlichungen der Staatlichen Archivverwaltung Baden-Württemberg Bd. 18). Stuttgart 1966.

Sauer, Paul: Die Schicksale der jüdischen Bürger Baden-Württembergs während der nationalsozialistischen Verfolgungszeit 1933–1945. Stuttgart 1968.

Sauer, Paul: Dokumente über die Verfolgung der jüdischen Bürger in Baden-Württemberg durch das NS-Regime 1933–1945, 2 Bde. (Veröffentlichungen der Staatlichen Archivverwaltung Baden-Württemberg Bd. 16 u.17). Stuttgart 1966.

Schwersenz, Jizchak: Die versteckte Gruppe. Ein jüdischer Lehrer erinnert sich an Deutschland. Berlin 1988.

Silver, Eric: Sie waren stille Helden. Frauen und Männer, die Juden vor den Nazis retteten. München 1994.

Steinberg, Jonathan: Deutsche, Italiener und Juden. Der italienische Widerstand gegen den Holocaust. Göttingen 1992.

Stiefele, Werner: »Banditentum, gesetzlich geschützt.« Die Arisierung jüdischer Geschäfte in Stuttgart. In: Burkhardt, Bernd, Karlheinz Fuchs und Walter Nachtmann: Ausstellungsreihe Stuttgart im Dritten Reich, Bd. 4. Stuttgart 1984, S. 538 bis 555.

Ullrich, Volker: »Wir haben nichts gewußt«. Ein deutsches Trauma. In: 1999, 6 (1991), H. 4, S. 11–46.

Volkov, Shulamit: Die Erfindung einer Tradition. Zur Entstehung des modernen Judentums in Deutschland. In: Historische Zeitschrift, Bd. 253 (1991), S. 603–628.

Volkov, Shulamit: Jüdisches Leben und Antisemitismus im 19. und 20. Jahrhundert. Zehn Essays. München 1990.

Wollenberg, Jörg (Hrsg.): »Niemand war dabei und keiner hat's gewußt.« Die deutsche Öffentlichkeit und die Judenverfolgung 1933–1945. München 1989.

Wyden, Peter: Stella. Göttingen 1993.

Zelzer, Maria: Weg und Schicksal der Stuttgarter Juden. Stuttgart 1964.

Literatur zum Holocaust – Literatur zu den Zwangssterilisationen und zur »Aktion T 4«

Alltag im Nationalsozialismus: Grafeneck / Buttenhausen. Tübingen 1985.

Aly, Götz (Hrsg.): Aktion T4 1939–1945. Berlin 1989.

Aly, Götz u.a.: Aussonderung und Tod. Die klinische Hinrichtung der Unbrauchbaren. Berlin 1985.

Arbeitskreis Gedenkstätte Grafenek und Samariterstiftung Nürtingen (Hrsg.): »Das Gedenken braucht einen Ort.« Schrift zur Einweihung der den Opfern der »Euthanasie« gewidmeten Gedenkstätte in Grafeneck (...). Gomadingen-Marbach 1990.

Baader, Gerhard: Zur Ideologie des Sozialdarwinismus. In: Baader, Gerhard und Ulrich Schultz (Hrsg.): Medizin und Nationalsozialismus, Tabuisierte Vergangenheit – Ungebrochene Tradition? Berlin ²1983.

Binding, Karl und Alfred Hoche: Die Freigabe der Vernichtung lebensunwerten Lebens. Ihr Maß und ihre Form. Leipzig 1920.

Bock, Gisela: »Zum Wohle des Volkskörpers«. Abtreibung und Sterilisation im Nationalsozialismus. In: Journal für Geschichte 2, 1980, S. 58–65.

Bock, Gisela: Zwangssterilisation im Nationalsozialismus. Studien zur Rassenpolitik und Frauenpolitik. Opladen 1986.

Brändle, Hans-Ullrich: Aufartung und Ausmerze, NS-Rassen- und Bevölkerungspolitik im Kräftefeld zwischen Wissenschaft, Partei und Staat am Beispiel des »angeborenen Schwachsinns«. In: Volk und Gesundheit. Heilen und Vernichten im Nationalsozialismus. Begleitbuch zur gleichnamigen Ausstellung, hrsg. von der Projektgruppe »Volk und Gesundheit«. Tübingen 1982, S. 149–171.

Dapp, Hans-Ulrich: Emma Z. Ein Opfer der Euthanasie. Stuttgart 1990.

»Das vergess' ich nie mehr, solange ich lebe...« Dokumentation über Sterilisation und Euthanasie in der Gustav-Werner-Stiftung im Bruderhaus Reutlingen 1933–1945. Reutlingen 1990.

Dörner, Klaus: Nationalsozialismus und Lebensvernichtung. In: Ders. u. a.: Der Krieg gegen die psychisch Kranken. Nach »Holocaust«: Erkenntnis – Trauern– Begegnen. (Sonderband der »Sozialpsychiatrischen Informationen«) Loccum 1980.

Dörner, Klaus: Tödliches Mitleid. Gütersloh 1988.

Ebbinghaus, Angelika u.a.: Heilen und Vernichten im Mustergau Hamburg. Hamburg 1984.

Faulstich, Heinz: Von der Irrenfürsorge zur »Euthanasie«. Geschichte der badischen Psychiatrie bis 1945. Freiburg 1993.

Gaupp, Robert: Das Gesetz zur Verhütung erbkranken Nachwuchses und die Psychiatrie. In: Klinische Wochenschrift 13 (1934) 1.

Gaupp, Robert: Die Unfruchtbarmachung geistig und sittlich Kranker und Minderwertiger. Berlin 1925.

Klee, Ernst (Hrsg.): Dokumente zur »Euthanasie«. Frankfurt/M. 1985.

Klee, Ernst: »Euthanasie« im NS-Staat: Die Vernichtung »lebensunwerten Lebens«. Frankfurt/M 1983.

Klee, Ernst: Was sie taten – was sie wurden. Ärzte, Juristen und andere Beteiligte am Kranken- und Judenmord. Frankfurt/M. 1986.

Kühnl, Stefan: The Nazi Connection. Eugenics, American Racism and German National Socialism. New York und Oxford 1994.

Lebensunwertes Leben: »Aktion Gnadentod« in der Stiftung Liebenau 50 Jahre danach. Liebenau 1990.

Mitscherlich, Alexander und Fred Mielke: Medizin ohne Menschlichkeit. Frankfurt/M. 1960.

Morlok, Karl: Wo bringt ihr uns hin? »Geheime Reichssache« Grafeneck. Stuttgart 1985.

»1940 verlegt«. Bearbeitet von Theodor Dierlamm, Stetten 1990.

Nowak, Kurt: »Euthanasie« und Sterilisierung im »Dritten Reich«. Göttingen 1980.

Richarz, Bernhard: Heilen, Pflegen, Töten. Zur Alltagsgeschichte einer Heil- und Pflegeanstalt bis zum Ende des Nationalsozialismus. Göttingen 1987.

Schleunes, Karl A.: Nationalsozialistische Entschlußbildung und die Aktion T 4. In: Jäckel, Eberhard und Jürgen Rohwer (Hrsg.): Der Mord an den Juden im Zweiten Weltkrieg. Entschlußbildung und Verwirklichung. Stuttgart 1985, S. 70–83.

Schmuhl, Hans-Walter: Die Selbstverständlichkeit des Tötens. Psychiater im Nationalsozialismus. In: Geschichte und Gesellschaft, 16. Jg. 1990, Heft 4, S. 411–439.

Schmuhl, Hans-Walter: Rassenhygiene, Nationalsozialismus, Euthanasie. Göttingen 1987.

Schultz (Hrsg.): Medizin und Nationalsozialismus. Tabuisierte Vergangenheit – Ungebrochene Tradition? Berlin ²1983.

Stöckle, Thomas: Die »Aktion T4« in Grafeneck. In: Borst, Otto (Hrsg.:) »Lokalstudien zum Nationalsozialismus«. Die Alte Stadt. Vierteljahreszeitschrift für Stadtgeschichte, Stadtsoziologie und Denkmalpflege, 4/93. Stuttgart, Berlin und Köln 1993, S. 381–384.

Literatur zum Holocaust – Kriegsgefangene und »Fremdarbeiter«

Alltag im Nationalsozialismus: Wie erging es den Kriegsgefangenen bzw. Fremdarbeitern während des Nationalsozialismus an unserem Ort? (Initiator und Mitwirkender: Klaus Hausmann). Friedrichshafen 1983.

August, Jochen: Erinnern an Deutschland. Berichte polnischer Zwangsarbeiter. In: August, Jochen u. a.: Herrenmenschen und Arbeitsvölker. Ausländische Arbeiter und Deutsche 1939–1945 (Beiträge zur nationalsozialistischen Gesundheits- und Sozialpolitik, Bd. 3). Berlin 1986, S. 109–130.

Brodski, Josef, A.: Im Kampf gegen den Faschismus. Sowjetische Widerstandskämpfer in Hitlerdeutschland 1941–1945. Berlin (Ost) 1975.

Brodski, Josef, A.: Timor und andere – Sowjetische Zwangsarbeiter im Widerstand und ihr Schicksal nach der Befreiung. In: Herbert, Ulrich: Europa und der »Reichseinsatz«. Essen 1991, S. 251–269.

Czeslaw, Luczak: Polnische Arbeiter im nationalsozialistischen Deutschland während des Zweiten Weltkrieges. Entwicklung und Aufgaben der polnischen Forschung. In: Herbert, Ulrich: Europa und der »Reichseinsatz«. Essen 1991, S. 90–105.

Durand, Yves: Vichy und der »Reichseinsatz«. In: Herbert, Ulrich: Europa und der »Reichseinsatz«. Essen 1991, S. 184–199.

Fröbe, Rainer und Claus Füllberg-Stollberg (u. a.): Konzentrationslager in Hannover. KZ-Arbeit und Rüstungsindustrie in der Spätphase des Zweiten Weltkrieges. 2 Bde. Hildesheim 1985.

Hamann, Matthias: »Die Morde an polnischen und sowjetischen Zwangsarbeitern in deutschen Anstalten.« In: Aussonderung und Tod. Die klinische Hinrichtung der Unbrauchbaren. (Beiträge zur nationalsozialistischen Gesundheits- und Sozialpolitik, Bd. I) 1985.

Hamburger Institut für Sozialforschung (Hrsg.): Das Daimler-Benz Buch. Ein Rüstungskonzern im »Tausendjährigen Reich«. Nördlingen 1988.

Herbert, Ulrich: Arbeit und Vernichtung. Ökonomisches Interesse und Primat der »Weltanschauung« im Nationalsozialismus. In: ders.: Europa und der »Reichseinsatz«. Essen 1991, S. 384–426.

Herbert, Ulrich: Der »Ausländer-Einsatz«. Fremdarbeiter und Kriegsgefangene in Deutschland 1939–1945 – ein Überblick. In: Herrenmenschen und Arbeitsvölker. Ausländische Arbeiter und deutsche 1939–1945. (Beiträge zur Nationalsozialistischen Gesundheits- und Sozialpolitik 3) Berlin 1986, S. 13–54.

Herbert, Ulrich: Europa und der »Reichseinsatz«. Ausländische Zivilarbeiter, Kriegsgefangene und KZ-Häftlinge in Deutschland 1938–1945. Essen 1991.

Herbert, Ulrich: Fremdarbeiter. Politik und Praxis des »Ausländer-Einsatzes« in der Kriegswirtschaft des Dritten Reiches. Berlin, Bonn 1985.

Herbert, Ulrich: Geschichte der Ausländerbeschäftigung in Deutschland 1880–1980. Saisonarbeiter – Zwangsarbeiter – Gastarbeiter. Berlin, Bonn 1986.

Herbert, Ulrich: »Zwangsarbeiter in der deutschen Kriegswirtschaft 1939–1945«. In: Junge Kirche 7/8, 1989, S. 450–456.

Hirschfeld, Gerhard: Die Niederländischen Behörden und der »Reichseinsatz«. In: Herbert, Ulrich: Europa und der »Reichseinsatz«. Essen 1991, S. 172–183.

Kleist, Peter: Zwischen Hitler und Stalin 1939–1945. Bonn 1950.

Klingel, Bettina u. a: Fremdarbeiter und Deutsche. Das Schicksal der Erna Brehm aus Calw. Bad Liebenzell 1984.

Kromer, Wolfgang und Stanislaus Stepien: »Arbeit unter Zwang«, in: Beiträge zur Landeskunde, Nr. 2, April 1985, S. 5–10.

Lehmann, Joachim: Zwangsarbeiter in der deutschen Landwirtschaft 1939–1945. In: Herbert, Ulrich: Europa u. d. »Reichseinsatz«. Essen 1991, S. 106–126.

Majer, Diemut: »Fremdvölkische« im Dritten Reich. Ein Beitrag zur Rechtsetzung und Rechtspraxis in Verwaltung und Justiz unter besonderer Berücksichtigung der eingegliederten Ostgebiete und des Generalgouvernements (Schriften des Bundesarchivs 28). Boppard 1981.

Mantelli, Bruno: Von der Wanderarbeit zur Deportation. Die italienischen Arbeiter in Deutschland 1938–1945. In: Herbert, Ulrich: Europa und der »Reichseinsatz«. Essen 1991, S. 51–89.

Müller, Rolf-Dieter: Die Rekrutierung sowjetischer Zwangsarbeiter für die deutsche Kriegswirtschaft. In: Herbert, Ulrich: Europa und der »Reichseinsatz«. Essen 1991, S. 234–250.

Projektgruppe »Fremde Arbeiter« am Ludwig-Uhland-Institut für Empirische Kulturwissenschaft der Universität Tübingen, Fremde Arbeiter in Tübingen 1939–1945. Tübingen 1985.

Schäfer, Annette: Zwangsarbeiter im Gau Württemberg-Hohenzollern 1939–1945. Geislingen 1988. Masch.Manuskript (Mag.-Arb. an der Freien Univ. Berlin).

Schminck-Gustavus, Christoph: Hungern für Hitler. Erinnerungen polnischer Zwangsarbeiter im Deutschen Reich 1940–1945. Hamburg 1984.

Schönhagen, Benigna: Das Gräberfeld X. Eine Dokumentation über NS-Opfer auf dem Tübinger Stadtfriedhof (Kleine Tübinger Schriften 11). Tübingen 1987.

Schupetta, Ingrid H.E.: »Jeder das Ihre – Frauenerwerbstätigkeit und Einsatz von Fremdarbeiterinnen im Zweiten Weltkrieg.« In: Frauengruppe und Faschismusforschung (Hrsg.): Mutterkreuz und Arbeitsbuch. Zur Geschichte der Frauen in der Weimarer Republik und im Nationalsozialismus. Frankfurt/M. 1983, S. 292–317.

Seeber, Eva: Zwangsarbeiter in der faschistischen Kriegswirtschaft. (Ost) Berlin 1964.

Stepien, Stanislaus: Der alteingesessene Fremde. Ehemalige Zwangsarbeiter in Westdeutschland. Frankfurt/M. 1989.

Streim, Alfred: Die Behandlung sowjetischer Kriegsgefangener im »Fall Barbarossa«. Eine Dokumentation. Heidelberg, Karlsruhe 1981.

Streim, Alfred: Sowjetische Gefangene in Hitlers Vernichtungskrieg. Heidelberg, 1982.

Streit, Christian: Keine Kameraden. Die Wehrmacht und die sowjetischen Kriegsgefangenen 1941–1945. Stuttgart 1978.

Streit, Christian: »Sozialpolitische Aspekte der Behandlung der sowjetischen Kriegsgefangenen.« In: Dlugoborski, Waclaw: Zweiter Weltkrieg und sozialer Wandel. Göttingen 1981, S. 184–196.

Zwangsarbeit bei Daimler Benz. Zeitschrift für Unternehmensgeschichte. Beiheft 78. Stuttgart 1994.

Literatur zum Holocaust – Literatur zu Roma und Sinti

Döring, Hans-Joachim: Die Zigeuner im NS-Staat. Hamburg 1964.

Ficowski, Jercy: Die Vernichtung, in: In Auschwitz vergast, bis heute verfolgt. Zur situation der Roma (Zigeuner) in Deutschland und Europa, hrsgg. von Tilman Zülich. Reinbek 1979.

Franz, Philomena: Zwischen Liebe und Haß: Ein Zigeunerleben. Freiburg, Basel, Wien 1985.

Hohmann, Joachim Stefan: Geschichte der Zigeunerverfolgung in Deutschland. Frankfurt/M. 1981.

Kenrick, Donald und Gratton Puxon: Sinti und Roma – die Vernichtung eines Volkes im NS-Staat. Göttingen 1981.

Lang, Hans-Joachim: Zwangssterilisation und Massenmord. Beiträge Tübinger Wissenschaftler zur »endgültigen Lösung der Zigeunerfrage.« In: Schwäbisches Tagblatt (Südwestpresse) vom 25. 5. 1985.

Müller-Hill, Benno: Tödliche Wissenschaft. Die Aussonderung von Juden, Zigeunern und Geisteskranken 1933–1945. Reinbek 1984.

Szymanski, Tadeusz, Danuta Szymanski und Tadeusz Snieszko: Das »Spital« im Zigeuner-Familienlager in Auschwitz-Birkenau. In: Die Auschwitz-Hefte, hrsg. vom Hamburger Institut für Sozialforschung, Bd. 1, Weinheim und Basel 1987, S. 199–207.

Zimmermann, Michael: »Verfolgt, vertrieben, vernichtet.« Die nationalsozialistische Vernichtungspolitik gegen Sinti und Roma. Essen 1989.

Zülich, Tilman (Hrsg.): In Auschwitz vergast, bis heute verfolgt. Zur Situation der Roma in Deutschland und Europa. Hamburg 1979.

Zülich, Tilman: Sinti und Roma in Deutschland. 600 Jahre Geschichte einer verfolgten Minderheit. Sonderdruck zum 20. Evangelischen Kirchentag. Hannover 1983.

Literatur zum Bereich Jugend und Erziehung im Nationalsozialismus

Abendroth, Wolfgang: Die deutschen Professoren und die Weimarer Republik. In: Tröger, Jörg (Hrsg.): Hochschule und Wissenschaft im Dritten Reich. Frankfurt/M. und New York 1984, S. 11–25.

Arbeitsgruppe Pädagogisches Museum (Hrsg.): Heil Hitler, Herr Lehrer. Volksschule 1933–1945. Das Beispiel, Berlin. Reinbek 1983.

Bernett, Hajo: Der Weg des Sports in die nationalsozialistische Diktatur. Die Entstehung des Deutschen (national-sozialistischen) Reichsbundes für Leibesübungen. Schorndorf 1983.

Brückner, Peter: Das Abseits als sicherer Ort. Kindheit und Jugend zwischen 1933 und 1945. Berlin 1980.

Ehrentreich, Alfred: Dresdner Elegie. Schule im Krieg: Die Kinderlandverschickung im 3. Reich. Bielefeld 1985.

Eilers, Rolf: Die nationalsozialistische Schulpolitik. Eine Studie zur Funktion der Erziehung im totalitären Staat. Köln und Opladen 1963.

Flessau, Kurt Ingo: Schule der Diktatur. Lehrpläne und Schulbücher des Nationalsozialismus. Hamburg 1979.

Franke, Elk: Der Sport nach 1933: Äußere Gleichschaltung oder innere Anpassung? Osnabrück 1983.

Genuneit, Jürgen: »Mein Rechenkampf«. Mathematik an Württembergs Schulen im Dienst des Nationalsozialismus. In: Burkhardt, Bernd, Karlheinz Fuchs und Walter Nachtmann: Ausstellungsreihe Stuttgart im Dritten Reich, Bd. 4. Stuttgart 1984, S. 205 bis 236.

Heinemann, Manfred: Erziehung und Schulung im Dritten Reich. (Veröffentlichungen der Historischen Kommission der Deutschen Gesellschaft für Erziehungswissenschaft, Bd. 4) 2 Bde. Stuttgart 1980.

Helbig, Ludwig: Erziehung zum Krieg. In: Die Männer von Brettheim. Lesebuch zur Erinnerungsstätte. Hrsgg. von der Landeszentrale für politische Bildung Baden-Württemberg. Villingen-Schwenningen 1993, S. 85–115.

Hellfeld, Matthias von und Arno Klönne: Die betrogene Generation. Jugend in Deutschland unter dem Faschismus. Quellen und Dokumente. Köln 1985.

Hopster, Norbert und Ulrich Nassen: Literatur und Erziehung im Nationalsozialismus. Deutschunterricht als Körperkultur. Paderborn u. a. 1983.

Hopster, Norbert und Ulrich Nassen: Vom »Bekenntnis« zum »Kampf«. Jugend und Jugendliteratur auf dem Weg ins »jugendliche Reich«. In: Koebner, Thomas, Rolf-Peter Janz und Frank Trommler: »Mit uns zieht die neue Zeit«. Der Mythos Jugend. Frankfurt/M. 1985, S. 546–562.

Huber, Karl-Heinz: Jugend unter dem Hakenreuz. Frankfurt/M. 1986.

Kade, Franz: Die Wende in der Mädchenerziehung. Dortmund und Breslau 1937.

Kater, Michael: Die deutsche Elternschaft im nationalsozialistischen Erziehungssystem. Ein Beitrag zur Sozialgeschichte der Familie. In: Vierteljahresschrift für Sozial- und Wirtschaftsgeschichte 67, 1980, S. 484–512.

Kater, Michael: HJ und Schule im Dritten Reich. In: Historische Zeitschrift 228, 1979, S. 572–623.

Kater, Michael: Studentenschaft und Rechtsradikalismus in Deutschland 1918–1933. Eine sozialgeschichtliche Studie zur Bildungskrise in der Weimarer Republik. Hamburg 1975.

Klaus, Martin: Mädchen im Dritten Reich. Der Bund Deutscher Mädel (BDM). Köln 1983.

Klaus, Martin: Mädchen in der Hitlerjugend. Die Erziehung zur »Deutschen Frau«. Köln 1980.

Klaus, Martin: Mädchenerziehung zur Zeit der faschistischen Herrschaft in Deutschland. Der Bund Deutscher Mädel 2 Bde. (Sozialhistorische Untersuchungen zur Reformpädagogik und Erwachsenenbildung, Bd.3/4) Frankfurt / M. 1983.

Klönne, Arno: Jugend im Dritten Reich. Die Hitler-Jugend und ihre Gegner. Dokumente und Analysen. Düsseldorf und Köln 1984.

Meißner, Toni Richard: Der politische Sport und seine Fachpresse unter besonderer Berücksichtigung ihrer politischen Propaganda während des nationalsozialistischen Regimes (1933–1945). Diss. phil. München 1956.

Möhle, Robert: »Laß uns stets treu und gehorsam sein«. Schulalltag am Adam-Karillon-Gymnasium zu Mainz. In: Dieter Gallinski und Ulla Lachauer (Hrsg.): Alltag im Nationalsozialismus 1933 – 1939. Jahrbuch zum Schülerwettbewerb Deutsche Geschichte um den Preis des Bundespräsidenten. Braunschweig 1982, S. 154–163.

Ottweiler, Ottwilm: Die Volksschule im Nationalsozialismus. Weinheim und Basel 1979.

Petrat, Gerhardt: Schulerziehung. Ihre Sozialgeschichte in Deutschland bis 1945. München 1987.

Peukert, Detlev (Hrsg.): Die Edelweißpiraten. Protestbewegungen jugendlicher Arbeiter im Dritten Reich. Eine Dokumentation. Köln 1980.

Peukert, Detlev: Jugend unter Hitler. Alltag im Nationalsozialismus. Mainz, Stuttgart 1985.

Peukert, Detlev: Jugend zwischen Disziplinierung und Revolte. In: Funkkolleg Jahrhundertwende 1880–1930. Die Entstehung der modernen Gesellschaft. Herausgegeben vom Deutschen Institut für Fernstudien an der Universität Tübingen. Studienbegleitbrief 3. Tübingen 1988, S. 49–96.

Peukert, Detlev: Jugend zwischen Krieg und Krise. Köln 1987.

Ruhl, Klaus-Jörg: Deutschland 1945. Darmstadt 1984.

Schmitt-Sasse, Joachim: »Der Führer ist immer der Jüngste«. Nazi-Reden an die deutsche Jugend. In: Koebner, Thomas, Rolf-Peter Janz und Frank Trommler: »Mit uns zieht die neue Zeit«. Der Mythos Jugend. Frankfurt/M. 1985, S. 128–149.

Scholtz, Harald: Die Schule als Erziehungsfaktor. In: Heinemann, Manfred (Hrsg.): Erziehung und Schulung im Dritten Reich. (Veröffentlichungen der Historischen Kommission der Deutschen Gesellschaft für Erziehungswissenschaft, Band 4,1 und 4,2). 2 Bde. Stuttgart 1980, S. 31–48.

Scholtz, Harald: Erziehung und Unterricht unterm Hakenkreuz. Göttingen 1985.

Scholtz, Harald: Nationalsozialistische Ausleseschulen. Internatsschulen als Herrschaftsmittel des Führerstaates. Göttingen 1973.

Schörken, Rolf: Luftwaffenhelfer und Drittes Reich. Die Entstehung eines politischen Bewußtseins. Stuttgart 1984.

Tenorth, Heinz-Elmar: Geschichte der Erziehung. Eine Einführung in die Grundzüge ihrer neuzeitlichen Entwicklung. Weinheim und München 1988.

Trepte, Erika: Die Bedeutung der Jugendbewegung für die Erziehung des deutschen Mädchens. Diss. phil. Jena 1942.

Trommler, Frank: Mission ohne Ziel. Über den Kult der Jugend im modernen Deutschland. In: Koebner, Thomas, Rolf-Peter Janz und Frank Trommler: »Mit uns zieht die neue Zeit«. Der Mythos der Jugend. Frankfurt/M. 1985.

Wortmann, Michael: Baldur von Schirach. Hitlers Jugendführer. Köln 1982.

Literatur zur zeitgenössischen Vorstellung von Jugend und Erziehung

Beumelburg, Werner: Das jugendliche Reich. Reden und Aufsätze zur Zeitwende. (Schriften an die Nation, 49) Oldenbug 1933.

Das Jugendbuch im Dritten Reich. Verzeichnis empfehlenswerter Jugendbücher (herausgegeben vom NSLB). Stuttgart 1933.

Dost, Georg: Jugend und Buch. Ein Beitrag zur literarischen Erziehung der Jugend. Leipzig/Berlin 1929.

Flintner, Wilhelm: Die junge Generation im Volke. In: Maaß, Hermann (Hrsg.): Die Lebenswelt der Jugend in der Gegenwart. Berlin 1928.

Grolmann, Adolf von: Lage und Verlagerung der bürgerlichen Jugend Deutschlands. Versuch eines Umrisses. Stuttgart 1932.

Gründel, E. Günther: Die Sendung der Jungen Generation. Versuch einer umfassenden revolutionären Sinndeutung der Krise. München 1932.

Lüddecke, Theodor: Meisterung der Maschinenwelt. Menschentum und Möglichkeit. Leipzig 1931

Maßmann, Kurt: Wir Jugend! Ein Bekenntnisbuch der deutschen Nachkriegsgeneration. Berlin 1933.

Schirach, Baldur von: Die Hitlerjugend – Idee und Gestalt. München 1936.

Schirach, Baldur von: Revolution der Erziehung. München 1938.

Weyer, Adam (Hrsg.): Reden an die deutsche Jugend im zwanzigsten Jahrhundert. Wuppertal 1966.

Biographien zum Nationalsozialismus in der Jugendliteratur

Burger, Horst: Warum warst du in der Hitlerjugend? 4 Fragen an meinen Vater. Reinbek 1978.

Finck, Renate: Mit uns zieht die neue Zeit. Baden-Baden 1979.

Grund, Josef, G.: Flakhelfer Briel. Nürnberg 1965.

Richter, Hans Peter: Wir waren dabei. München 1973.

Schönfeld, Sybill Gräfin: Sonderappell: 1945 – Ein Mädchen berichtet. Wien und Heidelberg 1979.

Seiffert, Dietrich: Einer wie Kisselbach. Recklinghausen 1977.

Literatur zum biographischen Zugang zum Nationalsozialismus

Allgemein

Alheit, Peter: Alltag und Biographie. Studien zur gesellschaftlichen Konstitution biographischer Perspektiven. Forschungsreihe des Forschungsschwerpunktes »Arbeit und Bildung«, Band 4. Bremen 1985.

Alheit, Peter: »Neue Aspekte der ›biographischen Methode‹: Interdisziplinäre Tendenzen und eine qualitativ-politische Wende in der Sozialforschung.« In: Alheit, Peter: Alltagsleben: Zur Bedeutung eines gesellschaftlichen »Restphänomens«. Frankfurt/M. und New York 1983, S. 198 bis 218.

Baacke, Dieter und Theodor Schulze (Hrsg.): Pädagogische Biographieforschung. Weinheim und Basel 1985.

Bausinger, Hermann: Einleitung, in: Brednich, Rolf W. u.a. (Hrsg.): Lebenslauf und Lebenszusammenhang. Autobiographische Materialien in der volkskundlichen Forschung. Freiburg 1982, S. 5–7.

Bergmann, Klaus: Personalisierung im Geschichtsunterricht – Erziehung zu Demokratie? (Anmerkungen und Argumente zur historischen und politischen Bildung 2) Stuttgart 1972.

Bosch, Manfred (Hrsg.): Persönlichkeit und Struktur in der Geschichte. Historische Bestandsaufnahme und didaktische Implikation. Düsseldorf 1977.

Bühl, Walter L. (Hrsg.): Verstehende Soziologie. Grundzüge und Entwicklungstendenzen. München 1972.

Fuchs, Werner: Biographische Forschung. Eine Einführung in Praxis und Methoden. Opladen 1984.

Gestrich, Andreas, Peter Knoch und Helga Merkel (Hrsg.): Biographie – sozialgeschichtlich. Sieben Beiträge. Göttingen 1988.

Ginzburg, Carlo: Der Käse und die Würmer. Die Welt eines Müllers um 1600. (Turin [1]1976) Frankfurt/M. 1979.

Grünenberg, A. und B. Voigt: Das merkwürdige Interesse an Biographien. In: Berliner Hefte. Zeitschrift für Kultur und Politik 5 (1977), S. 28–37.

Heinritz, Charlotte: BIOLIT. Literaturüberblick aus der Biographieforschung und der Oral History 1978–1988. In: BIOS. Zeitschrift für Biographieforschung und Oral History, 1/88, S. 121–167; Zweiter Teil und Autorenregister, 2/88, S. 103–138.

Hermann, Ulrich: Biographische Konstruktionen und das gelebte Leben. Polegomena zu einer Biographie- und Lebenslaufforschung in pädagogischer Absicht. In: Zeitschrift für Pädagogik 33 (1987), S. 303–323.

Hermann, Ulrich: Probleme und Aspekte historischer Ansätze in der Sozialisationsfoschung. In: Hurrelmann, Klaus und Dieter Ulrich (Hrsg.): Handbuch der Sozialisationsforschung. Weinheim 1980, S. 227–252.

Hoerning, Erika, M.: Biographie und historisches Ereignis. In: BIOS. Zeitschrift für Biographieforschung und Oral History, 2/88, S. 101–102.

Klingenstein, Grete u.a. (Hrsg.): Biographie und Geschichtswissenschaft. Ansätze zu Theorie und Praxis biographischer Arbeit. Wien 1979.

Kohli, Martin: Wie es zur »biographischen Methode« kam und was daraus geworden ist. Ein Kapitel der Sozialforschung. In: Zeitschrift für Soziologie 10 (1981), S. 273–293.

Kornbichler, Thomas: Psychobiographie. Ein Ansatz tiefenpsychologischer Geschichtsforschung. Bd. I: Tiefenpsychologie und Biographik. Bd. II: Adolf Hitler – Psychogramme. Bd. III: Lebensgeschichte und Selbsterkenntnis. Frankfurt/M., Bern und New York 1987.

Krappmann, Lothar: Soziologische Dimensionen der Identität. Strukturelle Bedingungen für die Teilnahme an Interaktionsprozessen. Stuttgart 1971.

Kröll, Friedhelm: Biographie. Ein Sozialforschungsweg? In: Das Argument 126 (1981), S. 181–196.

Le Roy Ladurie, Emmanuel: Montaillou. Ein Dorf vor dem Großinquisitor. (Paris [1]1976) Berlin 1980.

LeGoff, Jacques: »Der Historiker als Menschenfresser«, in: Freibeuter. Vierteljahreszeitschrift für Kultur und Politik 41. Berlin 1989, S. 21–28.

Lehmann, Albrecht: Erzählstruktur und Lebenslauf. Autobiographische Untersuchungen. Frankfurt/Main – New York 1983.

Matthes, Joachim (Hrsg.): Biographie in handlungswissenschaftlicher Perspektive. Nürnberg 1981.

Matz, Klaus-Jürgen: Reinhold Maier (1889–1971). Eine politische Biographie (Beiräge zur Geschichte des Parlamentarismus und der politischen Parteien 89). Düsseldorf 1989.

Niethammer, Lutz, Bodo Hommbach, Tilmann Fichter und Ulrich Borsdorf (Hrsg.): »Die Menschen machen ihre Geschichte nicht aus freien Stücken, aber sie machen sie selbst.« Einladung zu einer Geschichte des Volkes in NRW. Berlin/Bonn 1984.

Niggl, Günter: Geschichte der deutschen Autobiographie im 18. Jahrhundert. Theoretische Grundlegung und literarische Entfaltung. Stuttgart 1977.

Oelkers, Jürgen: Biographik. Überlegungen zu einer unschuldigen Gattung. In: Neue Politische Literatur 3 (1974), S. 296–309.

Reif, Heinz: Westfälischer Adel 1770–1860. Vom Herrschaftsstand zur regionalen Elite. Göttingen 1979.

Romein, Jan: Die Biographie. Einführung in ihre Geschichte und ihre Problematik. Bern 1948.

Sartre, Jean-Paul: Der Idiot der Familie. Flaubert 1821–1857. 5 Bde., Reinbek 1977 und 1978.

Schleef, Einar: Gertrud. Frankfurt/M. 1980.

Schleef, Einar: Gertrud. Zweiter Band, Frankfurt/M. 1984.

Schulze, Hagen: Die Biographie in der »Krise der Geschichtswissenschaft«, in: Geschichte in Wissenschaft und Unterricht 29 (1978), S. 508–518.

Slotterijk, Peter: Literatur und Organisation von Lebenserfahrung. Autobiographien der Zwanziger Jahre. München 1978.

Sombart, Nikolaus: Jugend in Berlin 1933–1943. München 1984.

Süssmuth, Hans (Hrsg.): Historische Anthropologie. Der Mensch in der Geschichte, Göttingen 1984.

Voges, Wolfgang (Hrsg.): Methoden der Biographie- und Lebenslaufforschung. Opladen 1987.

Warneken, Bernd Jürgen: Populäre Autobiographik. Empirische Studien zu einer Quelengattung der Alltagsgeschichtsforschung. Tübingen 1985.

Wehler, Hans-Ulrich: Geschichtswissenschaft und Psychohistorie. In: Innsbrucker Historische Studien 1 (1978) S. 201–213.

Wehler, Hans-Ulrich: Zum Verhältnis von Geschichtswissenschaft und Psychoanalyse. In: ders.(Hrsg.): Geschichte und Psychoanalyse. Köln 1971, S. 7–26.

Im Nationalsozialismus

Alvensleben, Konstantin von: Gustav Alkmar von Alvensleben. Ein junges Deutschafrikaner- und Fliegerleben. Nach Tagebuchaufzeichnungen über seine frühere Jugend und nach seinen eigenen Briefen Potsdam 1938.

Amman, Max: Max Amman. Ein Leben für Führer und Volk. 1889–1941. Berlin 1941.

Andel, Horst, J.: Kollaboration und Resistance. »Der Fall Barbie«. München, Berlin 1987.

Arendt, Hannah: Eichmann in Jerusalem. Ein Bericht von der Banalität des Bösen. Neuausgabe München 1986.

Boveri, Margaret: Tage des Überlebens: Berlin 1945. München 1968.

Bucheit, Gert: Richter in roter Robe. Freisler, Präsident des Volksgerichtshofes. München 1968.

Bude, Heinz: Deutsche Karrieren. Lebenskonstruktionen sozialer Aufsteiger aus der Flakhelfer-Generation. Frankfurt/M. 1987.

Dapp, Hans-Ulrich: Emma Z. Ein Opfer der Euthanasie. Stuttgart 1990.

Die Wissenschaftliche Normalität des Schlächters. Joseph Mengele als Anthropologe. (Mitteilgn. der Dokumentationsstelle zur NS-Politik, Jg. 1, 1985, H. 2).

Durand, Pierre: La chienne de Buchenwald. [Biographie zu Ilse Koch.] Paris 1982.

Eberle, Eugen und Peter Grohmann: Die schlaflosen Nächte des Eugen E. Erinnerungen eines neuen schwäbischen Jacobiners. Stuttgart 1987.

Emmerich, Wolfgang (Hrsg.): Proletarische Lebensläufe. Autobiographische Dokumente zur Entstehung der Zweiten Kultur in Deutschland. Bd.1 (Anfänge bis 1914) Reinbek 1974, Bd.2 (1914–1945) Reinbek 1975.

Frank, Johannes: Eva Braun: ein ungewöhnliches Frauenschicksal in geschichtlich bewegter Zeit. Preussisch Oldendorf 1988.

Frank, Niklas: Der Vater. Eine Abrechnung. München 1987.

Fröhlich, Elke (Hrsg.): Die Tagebücher von Joseph Goebbels. Hrsg. im Auftrag des Instituts für Zeitgeschichte und in Verbindung mit dem Bundesarchiv 5 Bde. München usw. 1987.

Fröhlich, Elke: Die Herausforderung des Einzelnen. Geschichten über Widerstand und Verfolgung. (Bayern in der NS-Zeit VI). München 1983.

Goeb, Alexander: Er war sechzehn, als man ihn hängte. Das kurze Leben des Widerstandskämpfers Bartholomäus Schink. Reinbek 1981.

Granzow, Klaus: Tagebuch eines Hitlerjungen 1943–1945. Bremen 1965.

Grieser, Utho: Himmlers Mann in Nürnberg. Der Fall Benno Martin. Eine Studie zur Struktur des Dritten Reiches in der »Stadt der Reichsparteitage« (Nürnberger Werkstücke zur Stadt- und Landgeschichte. Schriftenreihe des Stadtarchivs Nürnberg, Bd. 13). Nürnberg 1974.

Guderian, Heinz: Erinnerungen eines Soldaten. Nekkargemünd 1960.

Gumkowski, Janusz u.a. (Hrsg.): Briefe aus Litzmannstadt. Köln 1967.

Haffner, Sebastian: Anmerkungen zu Hitler. München 1978.

Heer, Hannes (Hrsg.): Als ich 9 Jahre alt war, kam der Krieg. Ein Lesebuch gegen den Krieg. Schüleraufsätze 1946. Köln 1980.

Heinritz, Charlotte: »Nun hieß es eben, nochmal von vorn anfangen!« Rundbrief einer Dresdner Mädchenklasse. Leverkusen 1989.

Heinritz, Charlotte: »Schlüsselszenen in Autobiographien der 1929–1940 Geborenen«. In: Fischer, Arthur, Werner Fuchs und Jürgen Zinnecker: Jugendliche und Erwachsene '85. Generationen im Vergleich. 10. Shell-Jugendstudie, Band 3. Opladen 1985.

Horbelt, Rainer und Sonja Spindler: Tante Linas Kriegs-Kochbuch. Erlebnisse, Kochrezepte, Dokumente. Rezepte einer ungewöhnlichen Frau, in schlechten Zeiten zu überleben. Frankfurt/M. 1982.

Horbelt, Rainer und Sonja Spindler: Wie wir hamsterten, hungerten und überlebten. Zehn Frauen erzählen Erlebnisse und Dokumente. Frankfurt/M. 1983.

Hyka, Hugo R.: Deutscher POW erlebt das Kriegsende in Lousianna. Stuttgart 1983.

Ilgen, Rudolf: Die kleinen Hitler. Von dem Bach-Zelewski und anderen. So fing es an – 1933. München 1980.

Im Namen des Volkes. Zweimal Duisburger Justitia. (SS Brigadeführer Dr.W.Best) Duisburg 1983.

Inber, Vera (Hrsg.): Fast drei Jahre. Aus einem Leningrader Tagebuch. Berlin ²1947.

Kaufmann, Alice: Klaus Barbie: Dem Schlächter von Lyon entkommen. Wien 1987.

Kazimierz, Moczarski: Gespräche mit dem Henker. Das Leben des SS-Gruppenführers und Generalleutnants der Polizei Jürgen Stroop. Frankfurt/M. 1989.

Koch, Peter-Ferdinand (Hrsg.): Himmlers Graue Emminenz – Oswald Pohl und das Wirtschaftsverwaltungshauptamt der SS. (Das Dritte Reich in Dokumenten, Bd. 2) Hamburg 1988.

Kuby, Erich: Mein Krieg. Aufzeichnungen aus 2129 Tagen. München 1975.

Kunst, Hermann (Hrsg.): Gott läßt sich nicht spotten! Franz Dohrmann, Feldbischof unter Hitler. Hannover 1983.

Künstlerschicksale im Dritten Reich in Württemberg und Baden. Stuttgart 1987.

Lang, Jochen von und Klaus Sibyll: Der Adjutant. Karl Wolff. Der Mann zwischen Hitler und Himmler. München 1985.

Lanzmann, Claude: Shoah (Paris 1985; Düsseldorf [1]1986). München 1988.

Lessing, Hellmut (Hrsg.): Kriegskinder. Frankfurt/M. 1984.

Lifton, Robert Jay: Ärzte im Dritten Reich. Stuttgart 1988.

Lippert, Julius: Lächle ... und verbirg die Tränen. Erlebnisse und Bemerkungen eines deutschen »Kriegsverbrechers«. Leonie am Starnberger See 1958.

Lochner, Louis P. (Hrsg.): Goebbels Tagebücher aus den Jahre 1942–43 mit anderen Dokumenten. Zürich 1948.

Mallebrein, Wolfram: Konstantin Hierl. Schöpfer und Gestalter des Reichsarbeitsdienstes. Hannover 1971.

Marßolek, Inge: Die Denunziantin. Die Geschichte der Helene Schwärzel. 1944–1947. Bremen 1993.

Maschmann, Melita: Fazit. Kein Rechtfertigungsversuch. Stuttgart 1963.

Meissner, Hans-Otto: Magda Goebbels. Ein Lebensbild. München 1978.

Michaely, Petra: Die Wandlung der Karola Martin. Kriegseindrücke eines Mädchens. Saarbrücken 1984.

Möding, Nori und Alexander von Plato: »Deutsche Trümmer. Erfahrungen, Erinnerungen und Re-Konstruktionsarbeiten in Deutschland.« In: Friedrichs, Jürgen (Hrsg.): Technik und sozialer Wandel. Verhandlungen des 23. Deutschen Soziologentages in Hamburg 1986. Opladen 1987, S. 461–464.

Möding, Nori und Alexander von Plato: »Siegernadeln. Jugendkarrieren in HJ und BDM«. In: Bucher, Willi und Klaus Pohl (Hrsg.): Schock und Schöpfung. Jugendästhetik im 20. Jahrhundert. Herausgegeben vom Deutschen Werkbund e.V. und dem Württembergischen Kunstverein Stuttgart. Darmstadt und Neuwied 1986, S. 292–301.

Muehlon, Wilhelm: Tagebuch der Kriegsjahre 1940–1944. Herausgegeben und eingeleitet von Jens Heisterkamp. Dornach 1992.

Müller-Tupath, Karla: Reichsführers gehorsamster Becher. Eine deutsche Karriere. Hamburg 1982.

Niethammer, Lutz (Hrsg.): »Hinterher merkt man, daß es richtig war, daß es schiefgegangen ist.« Nachkriegserfahrungen im Ruhrgebiet. (Lebensgeschichte und Sozialkultur im Ruhrgebiet 1930–1960, Bd 2) Berlin, Bonn 1983.

Niethammer, Lutz: Heimat und Front. Versuch, zehn Kriegserinnerungen aus der Arbeiterklasse des Ruhrgebietes zu verstehen. In: ders. (Hrsg.): »Die Jahre weiß man nicht, wo man sie heute hinsetzen soll«. Faschismuserfahrungen im Ruhrgebiet (Lebensgeschichte und Sozialkultur im Ruhrgebiet 1930–1960, Bd. 1). Berlin, Bonn 1983, S. 163–232.

Ochs, Eugen: Ein Arbeiter im Widerstand. Stuttgart 1984.

Oven, Wilfried van: Wer war Goebbels? München, Berlin 1987.

Pechthold, Friedrich: Der Pimpf. Eine Familie erlebt den Krieg im Kölner Land und in Coburg. Salzbach/Taunus 1987.

Picker, Henry: Hitlers Tischgespräche im Führerhauptquartier: Hitler, wie er wirklich war. Stuttgart 1983.

Plato, Alexander von: »Ich bin nicht für's deutsche Volk verantwortlich«. Über erfahrenen Nationalsozialismus und unerfahrenen Antifaschismus. In: Freytag, Aurelius, Boris Marte und Thomas Stern (Hrsg.): Geschichte und Verantwortung. Wien 1988, S. 205–218.

Präg, Werner und Wolfgang Jacobmeyer (Hrsg.): Das Dienstagebuch des deutschen Generalgouverneurs in Polen 1939–45 [Hans Frank]. Stuttgart 1945.

Priester unter Hitlers Terror. Eine biographische und statistische Erhebung. Mainz 1984.

Reitter, Ekkehard: Franz Gürtner. Politische Biographie eines deutschen Juristen 1881–1941 (Beiträge zu einer historischen Strukturanalyse Bayerns im Industriezeitalter. Bd. 13).

Richter, Hans Peter: Die Zeit der jungen Soldaten. Stuttgart 1980.

Roegels; Fritz Karl: August Wilhelm von Preussen, SA-Mann und Hohenzollernprinz. Berlin 1933.

Rosenberg, Heinz: Jahre des Schreckens ... und ich blieb übrig, daß ich Dir's ansage. Göttingen 1985.

Rosenthal, Gabriele: »Wenn alles in Scherben fällt ...« Von Leben und Sinnwelt der Kriegsgeneration. Typen biographischer Wandlungen. Opladen 1987.

Rosenthal, Gabriele: Die Hitler-Jugend-Generation. Biographische Thematisierung als Vergangenheitsbewältigung. Essen 1986.

Sánchez Salazar, Gustavo und Elisabeth Reimann: Barbie in Bolivien. Köln 1987.

Schäfer, Hans Dieter (Hrsg.): Horst Lange. Tagebücher aus dem Zweiten Weltkrieg. Herausgegeben und kommentiert von Hans Dieter Schäfer. Mit einem Lebensbild Horst Langes von Oda Schaefer (Die Mainzer Reihe 46). Mainz 1979.

Schaller, Georg (Hrsg.): Erwin Turnher: In der Hölle von Millerowo. Tagebuchaufzeichnungen eines Gebirgsjägers. Graz und Stuttgart 1986.

Scherrieble, Joachim: »Der letzte Schliff«. Deutsche Feldpostbriefe 1940–1944 und Strukturelle Biographie. Esslingen 1990.

Schmuhl, Hans-Walter: Philipp Bouhler – Ein Vorreiter des Massenmords. In: Smelser, Ronald, Enrico Syring und Rainer Zitelmann (Hrsg.): Die Braune Elite II. 21 weitere biographische Skizzen. Darmstadt 1993, S. 39–50.

Schonig, Bruno (Hrsg.): »Bist 'ne Jüdische? Haste den Stern?« Berlin 1985.

Schröder, Hans Joachim: Das Kriegserlebnis als individuel-biogaphische und kollektiv-historische Erfahrung. In BIOS. Zeitschrift für Biographieforschung und Oral History, Heft 2/88.

Schröder, Hans Joachim: Die gestohlenen Jahre. Erzählgeschichten und Geschichtserzählung im Interview: Der Zweite Weltkrieg aus der Sicht ehemaliger Mannschaftssoldaten (Studien und Texte zur Sozialgeschichte der Literatur, Bd. 37).

Schröder, Hans Joachim: Kasernenzeit. Arbeiter erzählen von der Militärausbildung im Dritten Reich. Frankfurt/M. und New York 1985.

Schumacher, Heinz: Nächte voller Feuer. Heilbronn 1984.

Sereny, Gitta: Into that darkness. An examination of conscience. London 1974 (deutsch: Am Abgrund. Frankfurt/M., Berlin und Wien 1979).

Sichrovsky, Peter: Schuldig geboren. Kinder aus Nazifamilien. Köln 1987.

Sichrovsky, Peter: Wir wissen nicht was morgen wird, wir wissen wohl was gestern war. Junge Juden in Deutschland und Österreich. Köln 1985.

Smelser, Ronald und Rainer Zitelmann (Hrsg.): Die Braune Elite. 22 biographische Skizzen. Darmstadt 1989.

Smelser, Ronald, Enrico Syring und Rainer Zitelmann (Hrsg.): Die Braune Elite II. 21 weitere biographische Skizzen. Darmstadt 1993.

Smelser, Ronald: Robert Ley – Der braue Kollektivist. In: Smelser, Ronald und Rainer Zitelmann (Hrsg.): Die Braune Elite. 22 biographische Skizzen. Darmstadt 1989, S. 173–187.

Steinert, Marlies: Hitler. Aus dem Französischen von Guy Montag und Volker Wieland. München 1994.

Stovall, John Robert: Gottlob Berger and Waffen-SS recruiting policies. (diss. phil.) Colorado 1976.

Walter *1926 +1945 an der Ostfront. Leben und Lebensbedingungen eines Frankfurter Jungen im III. Reich. Bearbeitet von Cornelia Rühlig und Jürgen Steen. (Kleine Schriften des Historischen Museums Bd. 20). Frankfurt/M. 1983.

Werner, Kurt: Hitler und einer vom Jahrgang '22. Hamburg 1982.

Westernhagen, Dörte von: Die Kinder der Täter. Das Dritte Reich und die Generation danach. München 1987.

Woesler de Panafieu, Christine und Xiane Germain: »Kriegserfahrungen von Frauen – ans Licht geholt«. In: Beiträge zur feministischen Theorie und Praxis, Heft 7, 1982, S. 45–53.

Wortmann, Michael: Baldur von Schirach. Hitlers Jugendführer. Köln 1982.

Zang, Gert: Randwelten. Wie ein dörflicher Strukturumbruch Lebensläufe und diese Lebensläufe den Strukturumbruch beeinflußt haben. In: Schmals, Klaus M. und Rüdiger Voigt (Hrsg.): Krise ländlicher Lebenswelten. Frankfurt/M. und New York 1985, S. 91–132.

Zitelmann, Rainer: Adolf Hitler. Eine politische Biographie. Göttingen 1989.

Zitelmann, Rainer: Hitler. Selbstverständnis eines Revolutionärs. Stuttgart [2]1989.

Literatur zur Sprache im Nationalsozialimus

Ahlzweig, Claus: Die deutsche Nation und ihre Muttersprache. In: Ehlich, Konrad (Hrsg.): Sprache im Faschismus. Frankfurt/M. 1989, S. 35–57.

Bauer, Gerhard: Sprache und Sprachlosigkeit im »Dritten Reich«. Köln 1988.

Berning, Kornelia: »Die Sprache des Nationalsozialismus«. In: Zeitschrift für deutsche Wortforschung 16 (1960), 17 (1961), 18 (1962), 19 (1963).

Berning, Kornelia: Vom »Abstammungsnachweis« zum »Zuchtwart«. Vokabular des Nationalsozialismus. Berlin 1964.

Bernsmeier, Helmut: »Der deutsche Sprachverein im Dritten Reich«, in: Muttersprache 93 (1983), S. 35–58.

Bork, Siegfried: Mißbrauch der Sprache. Tendenzen nationalsozialistischer Sprachregelung. Bern und München 1970.

Brackmann, Karl-Heinz und Renate Birkenhauer: NS-Deutsch. »Selbstverständliche« Begriffe und Schlagwörter aus der Zeit des NS. Straelen 1988.

Brückner, Peter: Faschistische Öffentlichkeit. In: ästhetik und kommunikation 25/1976, S. 20–51.

Burke, Kenneth: Die Rhetoik in Hitlers »Mein Kampf« und andere Essays zur Strategie der Überredung. Frankfurt/M 1967 ([1]1939!)

Caspar, Hiltraud: Die politische Sprache der Jugendbewegung: Eine Analyse zum Verständnis von Jugendbewegung und Nationalsozialismus unter besonderer Berücksichtigung politischer Schlüsselbegriffe. Braunschweig (vervielfältigt) 1980/81.

Dahle, Wendula: Der Einsatz einer Wissenschaft. Eine sprachinhaltliche Analyse militärischer Terminologie in der Germanistik 1933/45. Bonn 1969.

Dohms, Peter: Flugschriften in Gestapo-Akten. Nachweis und Analyse der Flugschriften in Gestapo-Akten des Hauptstaatsarchivs Düsseldorfs. Siegburg 1977.

Dröge, Fanz: Der zerredete Widerstand. Zur Soziologie und Publizistik des Gerüchts im 2. Weltkrieg. Gütersloh 1970.

Ehlich, Konrad (Hrsg.): Sprache im Faschismus. Frankfurt/M. 1989.

Faye, Jean Pierre: Languages totalitaires, Critique de la raison/l'économie narative. Paris 1972.

Gamm, Hans-Jochen: Der Flüsterwitz im Dritten Reich. München 1963.

Grünert, Horst: »Sprache und Politik im 19./20. Jh. Zu Funktion und Geschichte öffentlicher Texte.« In: Stötzel, G. (Hrsg.): Germanistik – Forschungsstand und Perspektiven, Vorträge d. Dt. Germanistentages 1984. 1. Teil: Germanistische Sprachwissenschaft. Didaktik der Deutschen Sprache und Literatur. Berlin und New York 1985, S. 80–90.

Haug, W.F.: »Die Sprache des hilflosen Antifaschismus«. In: Heringer, Hans Jürgen (Hrsg.): Holzfeuer im hölzernen Ofen. Aufsätze zur politischen Sprachkritik. Tübingen 1982, S. 150–160.

Heringer, Hans Jürgen: Sprachkritik – die Fortsetzung der Politik mit besseren Mitteln. In: Heringer, Hans Jürgen (Hrsg.): Holzfeuer im hölzernen Ofen. Aufsätze zur politischen Sprachkritik. Tübingen 1982, S. 3–36.

Hirschbold, Karl: Pirschgänge im Sprachrevier. Düsseldorf 1985.

Ickler, Theodor: Ränder der Sprache. Heidelberg 1978.

Kammer, Hilde und Elisabeth Bartsch (unter Mitarbeit von Mannon Eppenstein-Baukkhage): Jugendlexikon Nationalsozialismus. Begriffe aus der Zeit der Gewaltherrschaft 1933–1945. Stuttgart und München 1984.

Kammer, Hilde und Elisabeth Bartsch: Jugendlexikon Nationalsozialismus. Begriffe aus der Zeit der Gewaltherrschaft 1933–1945. Reinbek 1982.

Kinne, Michael (Hrsg.): Nationalsozialismus und deutsche Sprache. Arbeitsmaterialien zum deutschen Sprachgebrauch während der nationalsozialistischen Herrschaft. Frankfurt/M. o. J.

Kinne, Michael: Zum Sprachgebrauch der deutschen Faschisten. Ein bibliographischer Überblick. In: Diskussion Deutsch 73/1983, S. 518–521.

Klaus, Georg: Die Macht des Wortes. Ein erkenntnistheoretisch-pragmatischer Traktat. Berlin 1964.

Klein, Gabriella: »Tendenzen der Sprachpolitik des italienischen Faschismus und des Nationalsozialismus in Deutschland.«. In: ZS 3/1 (1984), S. 100–113.

Klemperer, Victor: »LTI«. Die unbewältigte Sprache. Notizbuch eines Philologen.([1]1946) München 1969.

Klusen, Ernst (Hrsg.): Deutsche Lieder. 2 Bde. Frankfut/M 1980.

Ladniack, Erich: Analyse des politischen Sprachgebrauchs. Noch ein Thema der Linguistik. In: SUL, 58/1986.

Lang, Ewald: LTI – Ein antifaschistisches Volksbuch, in: Forum 1/1982, S. 14–15.

Ludwig, Otto: Texte als Explikationen von Haltungen. Zur Texttheorie der Nationalsozialisten in Deutschland. In: Ehlich, Konrad (Hrsg.): Sprache im Faschismus. Frankfurt/M. 1989, S. 120–136.

Maas, Utz: »Als der Geist der Gemeinschaft eine Sprache fand.« Sprache im Nationalsozialismus. Opladen 1984.

Maas, Utz: Sprache im Nationalsozialismus. Analyse einer Rede eines Studentenfunktinärs. In: Ehlich, Konrad (Hrsg.): Sprache im Faschismus. Frankfurt/M. 1989, S. 162–197.

Minnerup, Willi: Pressesprache und Machtergreifung am Beispiel der Berliner Germania. In: Ehlich, Konrad (Hrsg.): Sprache im Faschismus. Frankfurt/M. 1989, S. 198–236.

Müller, Karl: Unseres Führers Sprachkunst. Dresden 1935.

Pechau, Manfred: Nationalsozialismus und deutsche Sprache. Diss. phil. Greifswald 1935.

Poddel, Peter [Pseudonym für Josef Ludwig Müller]: Flüsterwitze aus brauner Zeit. München 1954.

Polenz, Peter von: »Sprachpurismus und Nationalsozialismus. Die ›Fremdwort‹-Frage gestern und heute.« In: Germanistik 1967, S. 113–165.

Römer, Ruth: Sprachwissenschaft und Rassenideologie in Deutschland. München 1985.

Sauer, Wolfgang Werner: Der »DUDEN«. Geschichte und Aktualität eines »Volkswöterbuches«. Stuttgart 1988.

Sauer, Wolfgang Werner: Der Duden im »Dritten Reich«. In Ehlich, Konrad (Hrsg.): Sprache im Faschismus. Frankfurt/M. 1989, S. 104–119.

Sauer, Wolfgang Werner: Der Sprachgebrauch von Nationalsozialisten vor 1933. Hamburg 1978.

Schnauber, Cornelius: Wie Hitler sprach und schrieb. Zur Psychologie und Prosodik der faschistischen Rhetorik. Frankfurt/M. 1972.

Seidel, Eugen und Ingeborg Seidel-Slotty: Sprachwandel im Dritten Reich. Eine kritische Untersuchung faschistischer Einflüsse. Halle/S. 1961.

Simon, Gerd: »Die sprachsoziologische Abteilung der SS«. In: Kürschner, W. (Hrsg.): Sprachtheorie, Pragmatik, Interdisziplinärres. Akten des 19. Linguistischen Kolloquiums Vechta 1984. Tübingen 1985.

Simon, Gerd: Sprachwissenschaft und politisches Engagement. Zur Problem- und Sozialgeschichte einiger spachtheoretischer, spachdidaktischer und sprachpflegerischer Ansätze in der Germanistik des 19. und 20. Jahrhunderts. Weinheim 1979.

Sternberger, Dolf, Gerhard Storz und Wilhelm Emanuel Süskind: Aus dem Wörterbuch des Unmenschen. Hamburg [3]1968 ([1]1945).

Voigt, Gerhard: Bericht vom Ende der »Sprache des Nationalsozialismus«. In: Diskussion Deutsch 19 (1974), S. 445–464.

Voigt, Gerhard: Bibliographie: Die deutsche Sprache in der Zeit des Nationalsozialismus. In: Praxis Deutsch 10 (1983), S. 4–6.

Volmert, Johannes: Politische Rhetorik im Nationalsozialismus. In: Ehlich, Konrad (Hrsg.): Sprache im Faschismus. Frankfurt/M. 1989, S. 137–161.

Winckler, Lutz: Hitles Rede zum 1. Mai 1933 – oder: Des Kaisers neue Kleider. In: Diskussion Deutsch 73 (1983), S. 483–498.

Winckler, Lutz: Studie zur gesellschaftlichen Funktion faschistischer Sprache. Frankfurt/M 1971.

Wirrer, Jan: »Niederdeutsch im Nationalsozialismus«. In: Niederdeutsches Jahrbuch 110 (1987), S. 24–58.

Wirrer, Jan: Dialekt und Standardsprache im Nationalsozialismus. In: Ehlich, Konrad (Hrsg.): Sprache im Faschismus. Frankfurt/M. 1989, S. 87–103.

Wulf, Joseph: Aus dem Lexikon der Mörder. »Sonderbehandlung« und verwandte Worte in nationalsozialistischen Dokumenten. Gütersloh 1963.

Zabel, Hermann, Andreas Antepoth und Gondrand Karle: Verschwiegen – Vergessen – Verdrängt. Altes und Neues vom Heimatverein. Zugleich ein Beitrag zum Problemkreis »Sprache im Nationalsozialismus«. Frankfurt/M. 1986.

Sonstige Einzeluntersuchungen

Absolon, Rudolf: Das Wehrmachtsstrafrecht im Zweiten Weltkrieg. Kornelimünster 1958.

Adam, Karl: Deutsches Volkstum und katholisches Christentum. In: Theologische Quartalsschrift 114, 1933, S. 40–56.

Allen, William Sheridan: Die deutsche Öffentlichkeit und die »Reichskristallnacht« – Konflikte zwischen Werthierarchie und Propaganda im Dritten Reich. In: Peukert, Detlev und Jürgen Reulecke (Hrsg.): Die Reihen fast geschlossen. Beiträge zur Geschichte des Alltags unterm Nationalsozialismus. Wuppertal 1981, S. 397–411.

Arendt, Hannah: Elemente und Ursprünge totaler Herrschaft. Frankfurt/M. 1955.

Aronson, Shlomo: Reinhard Heydrich und die Frühgeschichte von Gestapo und SD (Studien zur Zeitgeschichte). Stuttgart 1971.

Bahne, Siegfried: Die Kommunistische Partei Deutschlands. In: Matthias, Erich und Rudolf Morsey: Das Ende der Parteien 1933. Königstein 1979, S. 655–739. (LKA: A7/1136)

Bajohr, Stefan: Weiblicher Arbeitsdienst im »Dritten Reich«. Ein Konflikt zwischen Ideologie und Ökonomie. In: Vierteljahreshefte für Zeitgeschichte 28/1980, S. 331–357.

Barkai, Avraham: Das Wirtschaftssystem des Nationalsozialismus. Der historische und ideologische Hintergrund 1933 – 1936 (Bibliothek Wissenschaft und Politik, Bd. 18). Köln 1977.

Bauer, Gerhard: Hitlers Heil im Mund seines Volkes. In: Das Argument, 29. Jg., Heft 6 (166), 1987, S. 835–844.

Baumgärtner, Raimund: Machtergreifung und Machtsicherung 1933–1935. (Der Nationalsozialismus, Bd.1) München ³1988.

Becker, Josef und Ruth Becker (Hrsg.): Hitlers Machtergreifung 1933. Vom Machtantritt Hitlers 30. Januar 1933 bis nach der Besiegelung des Einparteienstaates 14. Juli 1933. München 1983.

Benz, Wolfgang: »Vom freiwilligen Arbeitsdienst zur Arbeitsdienstpflicht.« In: Vierteljahrshefte für Zeitgeschichte, 1968, Heft 4, S. 317–346.

Benz, Wolfgang: Herrschaft und Gesellschaft im nationalsozialistischen Staat. Studien zur Struktur- und Mentalitätsgeschichte. Frankfurt/M. 1990.

Berghahn, Volker R.: Der Stahlhelm, Bund der Frontsoldaten 1918–1935. Düsseldorf 1966.

Bernett, Hajo: Der Weg des Sports in die nationalsozialistische Diktatur. Die Entstehung des Deutschen (national-sozialistischen) Reichsbundes für Leibesübungen. Schorndorf 1983.

Birn, Ruth Bettina: Die Höheren SS-und Polizeiführer. Himmlers Vertreter im Reich und in den besetzten Gebieten. Düsseldorf 1986.

Bleuel, Hans-Peter: Das saubere Reich. Eros und Sexualität im Dritten Reich. Bern und München 1972.

Boelcke, Willi A. (Hrsg.): Kriegspropaganda 1939 bis 1941. Geheime Ministerkonferenzen im Reichspropagandaministerium. Stuttgart 1966.

Boelcke, Willi A. (Hrsg.): Wollt Ihr den Totalen Krieg? Die geheimen Goebbels-Konferenzen 1939–1943. Stuttgart 1967.

Boelcke, Willi A.: Die Kosten von Hitlers Krieg. Paderborn 1985.

Bollmus, Reinhard: Alfred Rosenberg – »Chefideologe« des Nationalsozialismus? In: Smelser, Ronald und Rainer Zitelmann (Hrsg.): Die Braune Elite. 22 biographische Skizzen. Darmstadt 1989.

Bollmus, Reinhard: Das Amt Rosenberg und seine Gegner. Stuttgart 1970.

Booms, Hans : Die Deutsche Volkspartei. In: Matthias, Erich und Rudolf Morsey: Das Ende der Parteien 1933. Königstein 1979, S. 523–539.

Bracher, Karl Dietrich, Wolfgang Sauer und Gerhard Schulz: Die nationalsozialistische Machtergreifung. Studien zur Errichtung des totalitären Herrschaftssystems in Deutschland 1933/34. Frankfurt/M. 1974 und 1979. Bd. 1 Stufen der Machtergreifung; Bd. 2. Anfänge des totalitären Maßnahmestaates; Bd. 3 Die Mobilmachung der Gewalt.

Bracher, Karl Dietrich: Die Auflösung der Weimarer Republik. Eine Studie zum Problem des Machtverfalls in der Demokratie. Königstein/Ts 1978.

Bracher, Karl-Dietrich: »Stufen totalitärer Gleichschaltung: Die Befestigung der nationalsozialistischen Herrschaft 1933/34«, in: Michalka, Wolfgang (Hrsg.): Die nationalsozialistische Machtergreifung. München 1984, S. 13–28.

Bremer, Sigrid: Muckefuck und Kameradschaft: Mädchenzeit im Dritten Reich. Von der Kinderlandverschickung 1940 bis zum Studium 1946. Frankfurt/M. 1988.

Brenner, Hildegard: Die Kunstpolitik im Nationalsozialismus Hamburg 1963.

Brockdorff, Werner [Pseudonym von Alfred Jarschel]: Die Römische Fluchtroute. Wels und München 1969.

Broszat, Martin: Konzentrationslager.In: Buchheim, Hans, Martin Broszat, Hans-Adolf Jacobsen, Helmut Krausnik: Anatomie des NS-Staates. Bd. 2 München ³1982.

Broszat, Martin: Nationalsozialistische Polenpolitik 1939–1945. Stuttgart 1961.

Broszat, Martin: Soziale Motivation und Führerbindung des Nationalsozialismus. In: VfZG, 18, 1970, S. 392–409.

Brückner, Joachim: Kriegsende in Bayern 1945. Der Wehrkreis VII und die Kämpfe zwischen Donau und Alpen. (Einzelschriften zur militärischen Geschichte des Zweiten Weltkriegs, Bd. 30). Freiburg 1987.

Buchbender, Ortwin und Horst Schuh: Die Waffe, die auf die Seele zielt: psychologische Kriegsführung 1939–1945. Stuttgart 1983.

Buchbender, Ortwin und Horst Schuh: Dies.: Heil Beil! Propaganda im Zweiten Weltkrieg. Dokumentation und Analyse. Stuttgart 1974.

Buchele, Marga: Der politische Witz als getarnte Meinungsäußerung. Diss. phil. München 1955.

Buchheim, Hans: Die SS – Das Herrschaftsinstrument. In: Buchheim, Hans, Martin Broszat, Hans-Adolf Jacobsen, Helmut Krausnik: Anatomie des NS-Staates. Bd. 1. München ³1982, S. 15–212.

Buchheim, Hans: Die Übernahme staatlicher Fürsorgeaufgaben durch die NSV. In: Gutachten des Instituts für Zeitgeschichte, Bd. 2. Stuttgart 1966, S. 126–132.

Buchholz, Wolfhard: Die nationalsozialistische Gemeinschaft »Kraft durch Freude« – Freizeitgestaltung und Arbeiterschaft im Dritten Reich. Diss. phil. München 1976.

Cadars, Pierre und Francis Courtade: Geschichte des Films im Dritten Reich. München 1975.

Carell, Paul: Unternehmen Barbarossa. Der Marsch nach Rußland. Stuttgart 1978.

Corni, Gustavo: Richard Walther Darré – der »Blut-und-Boden«-Ideologe. In: Smelser, Ronald und Rainer Zitelmann (Hrsg.): Die Braune Elite. 22 biographische Skizzen. Darmstadt 1989, S. 15–27.

Dabel, Gerhard (Hrsg.): Die erweiterte Kinder-Land-Verschickung. Eine Dokumentation. Freiburg im Breisgau 1981.

Deutsche Gemeindeordnung vom 30. Januar 1935, erläutert von Max Schattenfroh, München, Berlin, Leipzig 1935.

Die Entstehung des Young-Plans. Hrsgg. vom Bundesarchiv Koblenz. Boppard 1971.

Diestel, Barbara und Ruth Jakusch (Red.): Konzentrationslager Dachau 1933–1945. München ⁵1978.

Diller, Ansgar: Rundfunkpolitik im Dritten Reich. Nördlingen 1980.

Dülffer, Josef, Jochen Thies und Josef Henke: Hitlers Städte. Baupolitik im Dritten Reich. Eine Dokumentation. Köln und Wien 1978.

Ebbinghaus, Angelika und K. H. Roth:»Vorläufer des Generalplans Ost«; in: Zschrift. für Sozialgeschichte des 20. und 21. Jahrhunderts. H. 1, 1992, S. 62ff.

Eiber, Ludwig: Frauen in der Kriegsindustrie. Arbeitsbedingungen, Lebensumstände und Protestverhalten. In: Broszat, Martin, Elke Fröhlich und Anton Grossmann (Hrsg.): Bayern in der NS-Zeit. Bd. 3. München und Wien 1981, S. 569–645.

Eitner, Hans-Jürgen: Hitlers Deutsche. Das Ende eines Tabus, Gernsbach 1990.

Elefanten Press (Hrsg.): Frauen unterm Hakenkreuz. Berlin 1983.

Elfferding, Wieland: Von der proletarischen Masse zum Kriegsvolk. In: Neue Gesellschaft für Bildende Kunst (Hrsg.): Inszenierung der Macht – Ästhetische Faszination i. Faschismus. Berlin 1987, S. 17–50.

Eschenhagen, Wieland (Hrsg.): Die »Machtergreifung«. Tagebuch einer Wende nach Presseberichten vom 1. Januar bis 6. März 1933. Darmstadt 1982.

Falter, Jürgen, W., A. Link, J. B. Lohmöller, J. de Rijke und S. Schuhmann: Arbeitslosigkeit und Nationalsozialismus. Eine empirische Analyse des Beitrags der Massenerwerbslosigkeit zu den Wahlerfolgen der NSDAP 1932 und 1933. In: Kölner Zeitschrift für Soziologie und Sozialpsychologie. Jg. 35, 1983, S. 525–554.

Falter, Jürgen, W.: »Arbeiter haben erheblich häufiger, Angestellte dagegen sehr viel seltener NSDAP gewählt als wir lange Zeit angenommen haben.« Ein Rückblick auf das Projekt »Die Wähler der NSDAP 1928–1933.« In: Geschichte und Gesellschaft 16, 4/1990, S. 536–552.

Falter, Jürgen, W.: »Radikalisierung des Mittelstandes oder Mobilisierung der Unpolitischen? Die Theorien von Seymour Martin Lipset und Reinhard Bendix über die Wählerschaft der NSDAP im Lichte neuerer Forschungsergebnisse.« In: Steinbach, Peter: Probleme politischer Partizipation im Modernisierungsprozeß. Stuttgart 1982.

Falter, Jürgen, W.: Hitlers Wähler. München 1991.

Faust, Anselm: Der nationalsozialistische Studentenbund. Studenten und der Nationalsozialismus in der Weimarer Republik, Bd. 2. Düsseldof 1973.

Feder, Gottfried: Das Programm der NSDAP und seine weltanschaulichen Grundgedanken. München 1934.

Feiten, Willi: Der Nationalsozialistische Lehrerbund. Frankfurt/M. 1981.

Flitner, Andreas (Hrsg.): Deutsches Geistesleben und Nationalsozialismus. Tübingen 1965.

Förster, Gerhard: Totaler Krieg und Blitzkrieg. Die Theorie des totalen Krieges und des Blitzkrieges in der Militärdoktrin des faschistischen Deutschlands am Vorabend des Zweiten Weltkriegs. (Militärhistorische Studien; N. F. 10). Berlin 1967.

Förster, J.E.: The Dynamics of Volksgemeinschaft: The Evectiveness of the German Military Establishment in Second World War; in: Military Evectiveness, vol.III: The Second World War, ed. by A.R. Millet and W.Murray, Boston 1988, S. 180–220.

Frauen helfen siegen. Bilddokument vom Kriegseinsatz unter Frauen und Mütter. Berlin 1941.

Frei, Norbert: Nationalsozialistische Eroberung der Provinzpresse. Gleichschaltung, Selbstanpassung und Resistenz in Bayern. (Studien zur Zeitgeschichte, Bd.17) Stuttgart 1980.

Frei, Norbert: Wie modern war der Nationalsozialismus? In: Geschichte und Gesellschaft 19 (1993) S. 367–387.

Freisler, Roland: Der deutsche Beamte als Glied des Volkes. In: Kalender für Reichsjustizbeamte 1938; abgedruckt bei Mosse, George Lachmann: Der nationalsozialistische Alltag. So lebte man unter Hitler. Königstein/Ts 1978, S. 348–350.

Friedländer, Saul: Kitsch und Tod. Der Widerschein des Nazismus. München, Wien 1984.

Friedlein, Alice, Rosi Freyd u.a. (Red.): Heimatfront. Werkstattgruppe der Frauen für Frieden. Heilbronn und Stuttgart 1985.

Friedrich, Carl, Joachim: Totalitäre Diktatur. Stuttgart 1937.

Friedrich, Jörg: Freispruch für die Nazi-Justiz. Die Urteile gegen NS-Richter seit 1948. Eine Dokumentation. Reinbek 1983.

Gallo, Max: Der Schwarze Freitag der SA. Der Röhm-Putsch. München 1981.

Gamm, Hans-Jochen: Der braune Kult. Das Dritte Reich und seine Ersatzreligion. Hamburg 1962.

Gamm, Hans-Jochen: Führung und Verführung. Pädagogik des Nationalsozialismus. München 1964.

Gatzka, Wolfgang: WHW-Abzeichen. Ein Führer durch das interessante Sammelgebiet des Winter-Hilfs-Werks von 1933–1945 (Hrsg. v. Ulrich Klever). München 1981.

Genossen und Gemeinschaftsfreunde. Anpassung, Ausmerze und Aufbegehren unter dem Nationalsozialismus. Köln 1982.

Gersdorf, Ursula von: Frauen im Kriegsdienst 1914 bis 1945. Stuttgart 1969.

Gies, Horst: Die Rolle des Reichsnährstandes im nationalsozialistischen Herrschaftssystem. In: Hirschfeld, Gerhard und Lothar Kettenacker (Hrsg.): Der Führerstaat: Mythos und Realität. Stuttgart 1981, S. 270–303.

Giesecke, Hermann: Vom Wandervogel zur Hitlerjugend. Jugendarbeit zwischen Politik und Pädagogik. München 1981.

Gilbert, Gustave Mark: Nürnberger Tagebuch. Gespräche der Angeklagten mit dem amerikanischen Gerichtspsychologen. Frankfurt/M. 1962.

Gruchmann, Lothar: Justiz im Dritten Reich 1933 bis 1940. Anpassung und Unterwerfung in der Ära Gürtner (Quellen und Darstellungen zur Zeitgeschichte 28). München ²1990.

Güstow, Dietrich: Tödlicher Alltag. Strafverteidiger im Dritten Reich. Berlin 1981.

Haase, Norbert: Deutsche Deserteure. Mit einem Beirag von Otl Aicher. Berlin 1987.

Hagemann, Jürgen: Die Presselenkung im Dritten Reich. Bonn 1970.

Hamilton, Richard F.: Who voted for Hitler? Princeton 1982.

Hammel, Iris: Völkischer Verband und nationale Gewerkschaft. Der Deutschnationale Handlungsgehilfenverband 1893–1933. Frankfurt/M. 1967.

Hammer, Annetraud: Chronik des Bezirks XII Württemberg. Reichsarbeitsdienst w.J. Stuttgart 1978.

Hampe, Erich: Der zivile Luftschutz im Zweiten Weltkrieg. Dokumentation und Erfahrungsberichte über Aufbau und Einsatz. Frankfurt/M. 1963.

Hanko, Helmut M.: Kommunalpolitik in der »Hauptstadt der Bewegung« 1933–1935. Zwischen »revolutionärer« Umgestaltung und Verwaltungskontinuität. In: Broszat, Martin, Elke Fröhlich und Anton Grossmann (Hrsg.): Bayern in der NS-Zeit. Band 3. München und Wien 1981, Seite 329 bis 442.

Haug, Wolfgang Fritz: Die Faschisierung des bürgerlichen Subjekts. Materialanalysen. Berlin 1986.

Hausen, Karin: Mütter, Söhne und der Markt der Symbole und Waren. Der deutsche Muttertag 1922–1933. In. Medick, Hans und David Sabean (Hrsg.): Emotionen und materielle Interessen. Göttingen 1984, S. 473–523.

Haussmann, Beate: Die Stimmung in der Bevölkerung am Ende des Zweiten Weltkriegs. Magisterarbeit am Historischen Institut Stuttgart. [Masch.] Stuttgart 1987.

Heiber, Helmut: Der Fall Grünspan. In: VjZG 5, 1957, S. 134–172.

Heinemann, Manfred (Hrsg.): Erziehung und Schulung im Dritten Reich. (Veröfflichungen der Historischen Kommission der Deutschen Gesellschaft für Erziehungswissenschaft, Band 4,1 und 4,2). 2 Bde. Stuttgart 1980. ·

Heiniger, Markus: Das helvetische Paradox. Die Schweiz und das Dritte Reich. In: Kursbuch 115, März 1994.

Hennicke, Otto: Auszüge aus der Wehrmachtskriminalstatistik. In: Zeitschrift für Militärgeschichte, V, 1966, S. 438–456.

Henning, Eike: Thesen zur deutschen Sozial- und Wirtschaftsgeschichte. Frankfurt/M. 1973.

Herzfeld, Hans u.: Rückschau nach 30 Jahren. Hitlers Machtergreifung in der Sicht deutscher und ausländischer Historiker. (Schriften der Bundeszentrale für politische Bildung). Bonn 1963.

Heß, Jürgen C.: »Das ganze Deutschland soll es sein«. Demokratischer Nationalismus in der Weimarer Republik am Beispiel der DDP. (Kieler Historische Studien 24) Stuttgart 1978.

Heuss, Theodor: Hitlers Weg. Eine Schrift aus dem Jahr 1932, neu hrsgg. von Eberhard Jäckel. Tübingen 1968.

Hille, Karoline: Der Kampfbund für Deutsche Kultur. In: Wege zur Diktatur (Ausstellungskatalog), Bd.1 Berlin 1983, S. 168–186.

Hillel, Marc und Clarissa Henry: Lebensborn e.V. Im Namen der Rasse. Wien und Hamburg 1975.

Hiller von Gaertingen, Friedrich Freiherr: Die Deutsche Volkspartei. In: Matthias, Erich und Rudolf Morsey: Das Ende der Parteien 1933. Königstein 1979, S. 543–652. (LKA: A7/1136)

Hiller, Marlene, P., Eberhard Jäckel und Jürgen Rohwer (Hrsg.): Städte im Zweiten Weltkrieg. Ein internationaler Vergleich. Essen 1991.

Hillgruber, Andreas: Zweierlei Untergang. Die Zerschlagung des Deutschen Reiches und das Ende des Europäischen Judentums. Berlin 1986.

Hockerts, Hans-Günther: Die Sittlichkeitsprozesse gegen katholische Ordensangehörige und Priester 1936/37 (Veröffffentlichungen der Kommission für Zeitgeschichte bei der Katholischen Akademie in Bayern, Reihe B, Bd. 6) Mainz 1971.

Hoffmann, Peter: Claus Schenk Graf von Stauffenberg und seine Brüder. Stuttgart 1992.

Hoffmann, Wolfgang: Zwischen Rathaus und Reichskanzlei. Die Oberbürgermeister in der Kommunal- und Staatspolitik des Deutschen Reiches 1890 bis 1930. Stuttgart 1974.

Hoffmann-Curtius, Kathrin: »Bildhauerei in Sonne und Wind«: Apokalyptische Zeichen deutscher Tugenden 1933. Bausteine zu einer Unterrichtseinheit: Bildwerke als sprechende Zeugen der Vergangenheit um 1932/33. In: Zeitschrift für Kunstpädagogik 6, 1982, S. 48–53.

Höhne, Heinz: Der Orden unter dem Totenkopf. Die Geschichte der SS. [Gütersloh 1968] München 1984.

Holmsten, Georg: Kriegsalltag. 1939–1945 in Deutschland. Düsseldorf 1982.

Holtzmann, Ernst: Der Weg zur Deutschen Gemeindeordnung vom 30. Januar 1935. In: Zeitschrift für Politik 12, 1965, S. 346–366.

Horn, Wolfgang: Führerideologie und Parteiorganisation in der NSDAP (1919–1933). Düsseldorf 1972.

Hüttenberger, Peter: Die Gauleiter. Studie zum Wandel des Machtgefüges in der NSDAP. Stuttgart 1969.

Hüttenberger, Peter: Nationalsozialistische Polykratie. In: Geschichte und Gesellschaft 2, 1976, S. 417 bis 422.

Inhetveen, Heide: Staatliche Macht und dörfliche Ehre: Die Geschichte eines Ortsbauernführers. In: Klaus M. Schmals, Rüdiger Voigt (Hrsg.): Krise ländlicher Lebenswelten. Frankfurt/M. und New York 1986, S. 133–162.

Jäckel, Eberhard: »Lage am 10. April 1945«, in: Die Männer von Brettheim. Lesebuch zur Erinnerungsstätte. Hrsgg. von der Landeszentrale für politische Bildung Baden-Württemberg. Villingen-Schwenningen 1993, S. 9–13.

Jäckel, Eberhard: Frankreich in Hitlers Europa. Die Deutsche Frankreichpolitik im Zweiten Weltkrieg. Stuttgart 1966.

Jäckel, Eberhard: Hitler und die Deutschen. In: Bracher, Karl Dietrich, Manfred Funke und Hans-Adolf Jacobsen: Nationalsozialistische Diktatur 1933–1945. Eine Bilanz. Düsseldorf 1983, S. 427 bis 439.

Jacobsen, Hans-Adolf: Der Fall Gelb. Der Kampf um den deutschen Operationsplan zur Westoffensive 1940. Wiesbaden 1957.

Jacobsen, Hans-Adolf: Krieg in Weltanschauung und Praxis des Nationalsozialismus (1919–1945). In: Bracher, Karl Dietrich, Manfred Funke und Hans-Adolf Jacobsen (Hrsg.): Nationalsozialistische Diktatur. Eine Bilanz. Düsseldorf 1986, S. 427 bis 439.

Jeggle, Utz: In stolzer Trauer. Umgangsformen mit dem Kriegstod während des Zweiten Weltkrieges. In: Jeggle, Utz, Wolfgang Kaschuba, Gottfried Korff u.a. (Hrsg.): Tübinger Beiträge zur Volkskultur. Tübingen 1986, S. 242–262.

Justiz und NS-Verbrechen. Sammlung deutscher Strafurteile wegen nationalsozialistischer Tötungsverbrechen 1945–1966. (Bearb. v. C. F. Rüter u.a.) 22 Bde. Amsterdam 1968–1981.

Karbusicky; Vladimír: Die Instrumentalisierung des Menschen im Soldatenlied. In: Zeitschrift für Volkskunde 67 (1971), S. 203–227.

Kaschuba, Wolfgang: Alltagserfahrungen im Nationalsozialismus. Verängstigt oder vernünftig genug, nichts sehen zu können. In: Burkhardt, Bernd, Karlheinz Fuchs und Walter Nachtmann (Hrsg.): Ausstellungsreihe Stuttgart im Dritten Reich, Bd. 4: Anpassung, Widerstand, Verfolgung. Die Jahre von 1933 bis 1939. Stuttgart 1984, S. 328–340.

Kater, Michael: Die Medizin im nationalsozialistischen Deutschland und Erwin Liek. In: Geschichte und Gesellschaft, 16.Jg. 1990, S. 440–463.

Kater, Michael: Frauen in der NS-Bewegung. In VjZG 31, 1983, S. 202–241.

Kater, Michael: Quantifizierung und NS-Geschichte: Methodologische Überlegungen über Grenzen und Möglichkeiten einer EDV-Analyse der NSDAP-Sozialstruktur von 1925 bis 1945. In: Geschichte und Gesellschaft 3 (1977), S. 457, S. 460 und S. 462.

Kater, Michael: The Nazi Party. A social Profile of Members and Leaders 1919-1945. Cambridge/MA 1983.

Kelly, Reece C.: Die gescheiterte nationalsozialistische Personalpolitik und die mißlungene Entwicklung der nationalsozialistischen Hochschulen. In: Heinemann, Manfred: Erziehung und Schulung im Dritten Reich. (Veröffentlichungen der Historischen Kommission der Deutschen Gesellschaft für Erziehungswissenschaft, Bd.4) Bd.2. Stuttgart 1980, S. 61–76.

Kenrick, Donald und Gratton Puxon: Sinti und Roma – die Vernichtung eines Volkes im NS-Staat. Göttingen 1981.

Kershaw, Ian: Der Hitler-Mythos. Volksmeinung und Propaganda im Dritten Reich. Stuttgart 1980.

Kettenacker, Lothar: Sozialpsychologische Aspekte der Führerherrschaft. In: Hirschfeld Gerhard und Lothar Kettenacker (Hrsg.): Der Führerstaat: Mythos und Realität. Stuttgart 1981.

Kissel, Hans: Der deutsche Volkssturm 1944–45. Eine territoriale Miliz im Rahmen der Landesverteidigung. Frankfurt/M. 1962.

Kistenmacher, Helmut: Ernährungswirtschaft im 2. Weltkrieg. Die Auswirkungen der Besetzung auf die Ernährungswirtschaft Frankreichs während des 2. Weltkrieges (Studien des Instituts für Besatzungsfragen in Tübingen zu den deutschen Besetzungen im 2. Weltkrieg 16). Tübingen 1959.

Klassiker in finsteren Zeiten 1933–1945. Eine Ausstellung im Schiller-Nationalmuseum Marbach am Neckar. (Marbacher Kataloge 38), 2 Bde. Stuttgart 1983.

Klingel, Bettina u.a: Fremdarbeiter und Deutsche. Das Schicksal der Erna Brehm aus Calw. Bad Liebenzell 1984.

Klinksiek, Dorothee: Die Frau im NS-Staat. (Schriftenreihe der Vierteljahreshefte für Zeitgeschichte 44). Stuttgart 1982.

Kocka, Jürgen: Angestellte zwischen Faschismus und Demokratie. Zur politischen Sozialgeschichte der Angestellten: USA 1890–1940 im internationalen Vergleich. Göttingen 1977. Düsseldorf 1974, S. 792 bis 811.

Kocka, Jürgen: Die Angestellten in der deutschen Geschichte 1850–1980. Vom Privatbeamten zum angestellten Arbeitnehmer. Göttingen 1981.

Kocka, Jürgen: Zur Problematik der deutschen Angestellten 1914–1933. In: Mommsen, Hans u. a. (Hrsg.): Industrielles System und politische Entwicklung in der Weimarer Republik. Verhandlungen des internationalen Symposiums in Bochum vom 12.–17. Juni 1973. Düsseldorf 1974, S. 792–811.

Kolb, Eberhard: Die Weimarer Republik. München und Wien 1984.

Kornrumpf, Martin: »HAFRABA e.V.« Deutsche Autobahnplanung 1926–1934. Bonn 1990.

Koselleck, Reinhard: Kriegerdenkmale als Identitätsstiftung der Überlebenden. In: Marquard, Odo und Karlheinz Stierle (Hrsg.): Identität, Poetik und Hermeneutik, Bd. 8, München 1979, S. 255–276.

Krebs, Albert: Tendenzen und Gestalten der NSDAP. Erinnerungen an die Frühzeit der Partei. Stuttgart 1959.

Kriegstagebuch des Oberkommandos der Wehrmacht (Wehrmachtsführungsstab). Bd.IV: 1. Januar 1944 – 22. Mai 1945, 1. Halbband IV/7, Studienausgabe München 1982.

Kriegswende Dezember 1941. Referate und Diskussionsbeiträge des internationalen historischen Symposiums, hrsgg. von Jürgen Rohwer und Eberhard Jäckel. Koblenz 1984.

Kuhn, Annette und Valentine Rothe: Frauen im deutschen Faschismus. 2 Bde., Düsseldorf 1982

Kuhn, Axel: Das faschistische Herrschaftssystem und die moderne Gesellschaft. Hamburg 1973.

Kuhn, Axel: Hitlers außenpolitisches Programm. Stuttgart 1970.

Kühnl, Reinhard: Der deutsche Faschismus in Quellen und Dokumenten. Köln ³1978.

Kühnl, Reinhard: Die nationalsozialistische Linke 1925–1930. Marburg 1957. (NSDAP)

Kulka, Otto Dov: Die Nürnberger Rassengesetze und die deutsche Bevölkerung im Lichte geheimer NS-Lage- und Stimmungsberichte. In: VjZG 32, 1984, S. 582–624.

Larass, Claus: Der Zug der Kinder. KLV. Die Evakuierung 5 Millionen deutscher Kinder im 2. Weltkrieg. München 1983.

Leiser, Erwin: »Deutschland erwache!« Propaganda im Film des Dritten Reiches. Reinbek 1978.

Loewy, Ernst: Literatur unterm Hakenkreuz. Das Dritte Reich und seine Dichtung. Eine Dokumentation mit einem Vorwort von Hans-Jochen Gamm. Frankfurt/M. 1966.

Lohalm, Uwe: Völkischer Radikalismus. Die Geschichte des Deutsch-Völkischen Schutz- und Trutzbundes 1919–1923. (Hamburger Beiträge zur Zeitgeschichte Bd. 6) Hamburg 1970.

Longerich Peter: Die braunen Bataillone. Geschichte der SA. München 1989.

Ludwig, Karl-Heinz: Die deutsche Kriegs- und Rüstungswirtschaft 1939–1945. Ein Bericht über den Forschungsstand. In: Militärgeschichtliche Mitteilung 2, 1986, S. 145–155.

Lüdtke, Alf: Funktionseliten: Täter, Mit-Täter, Opfer? Zu den Bedingungen des deutschen Faschismus. In: Ders. (Hrsg.): Herrschaft als soziale Praxis. Historische und sozialanthropologische Studien (Veröffentlichungen des Max-Planck-Instituts für Geschichte 91) Göttingen 1991, S. 559–590.

Maas, Utz: »Als der Geist der Gemeinschaft eine Sprache fand.« Sprache im Nationalsozialismus. Opladen 1984.

Maier, R[einhold]: Warum geht es den Schwaben besser? Kommt und seht! In Vossische Zeitung vom 26.12.1932.

Manstein, Peter: Die Mitglieder und Wähler der NSDAP. Untersuchungen zu ihrer schichtmäßigen Zusammensetzung. Frankfurt/M. ²1989.

Mann, Thomas: Bruder Hitler. In: ders.: Politische Reden und Schriften 3. Frankfurt/M. 1987.

Mason, Timothy: Sozialpolitik im Dritten Reich. Arbeiterklasse und Volksgemeinschaft. Opladen 1977.

Mason, Timothy: The Ligacy of 1918 for National Socialism. In: Nicholls, Anthony und Erich Matthias (Hrsg.): German Democracy and the Triumpf of Hitler. London 1971. S. 215–239.

Matthias, Erich und Rudolf Morsey: Das Ende der Parteien 1933. Darstellungen und Dokumente. Unv. Nachdruck Düsseldorf 1979.

Matthias, Erich und Rudolf Morsey: Die Deutsche Staatspartei. In: Matthias, Erich und Rudolf Morsey: Das Ende der Parteien 1933. Königstein 1979, S. 31–97. (LKA: A7/1136)

Matthias, Erich: Die Sozialdemokratische Partei Deutschlands. In: Matthias, Erich und Rudolf Morsey: Das Ende der Parteien 1933. Darstellungen und Dokumente. Düsseldorf und Königstein 1979, S. 101–278. (LKA: A7/1136)

Matzerat, Horst: Nationalsozialistische Kommunalpolitik. Anspruch und Realität. In: Die alte Stadt. Zeitschrift für Stadtgeschichte, Stadtsoziologie und Denkmalpflege 5, 1978, S. 1–22.

Matzerat, Horst: Oberbürgermeister im Dritten Reich. Auswertung einer quantitativen Analyse (Koreferat). In: Oberbürgermeister. Büdinger Forschungen zur Sozialgeschichte (Deutsche Führungsschichten in der Neuzeit Bd.13) Boppard 1981, S. 157 bis 200.

Matzerath, Horst: Nationalsozialismus und kommunale Selbstverwaltung. (Schriftenreihe des Vereins für Kommunalwissenschaften e.V. Berlin, Bd. 29) Stuttgart, Berlin, Köln und Mainz 1970.

Mau, Helmut: Die »Zweite Revolution«. Der 30. Juni 1934. In: VjZG 1, 1953, S. 119–137.

Meding, Dorothee von: Mit dem Mut des Herzens. Die Frauen des 20. Juli. Berlin 1992.

Messerschmidt, Manfred und Fritz Wüllner: Die Wehrmachtsjustiz im Dienste des Nationalsozialismus. Zerstörung einer Legende. Baden-Baden 1987.

Messerschmidt, Manfred: »Die Wehrmacht in der Endphase. Realität und Perzeption.« In: Hiller, Marlene P. (Hrsg.):

Messerschmidt, Manfred: Der »Zersetzer« und sein Denunziant. Urteile des Zentralgerichts des Heeres – Außenstelle Wien – 1944. In: Wette, Wolfram (Hrsg.): Der Krieg des kleinen Mannes. Eine Militärgeschichte von unten. München und Zürich 1992, S. 255–278.

Messerschmidt, Manfred: Deutsche Militärgerichtsbarkeit im Zweiten Weltkrieg. In: Vogel, Hans Jochen u.a. (Hrsg.): Die Freiheit des Anderen. Festschr. f. Martin Hirsch. Baden-Baden 1981, S. 111–142.

Messerschmidt, Manfred: Die Wehrmacht im NS-Staat. Zeit der Indoktrination. Hamburg 1969.

Milatz, Alfred: Das Ende der Parteien im Spiegel der Wahlen 1930–1933. In: Matthias, Erich und Rudolf Morsey: Das Ende der Parteien 1933. Königstein 1979, S. 743–793. (LKA: A7/1136)

Milward, Alan S.: Der Zweite Weltkrieg. Krieg, Wirtschaft und Gesellschaft. (Geschichte der Weltwirtschaft im 20. Jahrhundert, Bd. 5) München 1977.

Milward, Alan S.: Die deutsche Kriegswirtschaft 1939–1945. Stuttgart 1966.

Mitscherlich, Alexander und Margarete Mitscherlich: Die Unfähigkeit zu trauern. Grundlagen kollektiven Verhaltens. München 1967.

Mohler, Armin: Die konservative Revolution in Deutschland 1918–1932. Ein Handbuch. Darmstadt 1972.

Mommsen, Hans: Beamtentum im Dritten Reich. Mit ausgewählten Quellen zur nationalsozialistischen Beamtenpolitik. (Schriftenreihe der Vierteljahresefte für Zeitgeschichte 13) Stuttgart 1966.

Mommsen, Hans: Zur Verschränkung traditioneller und faschistischer Führungsgruppen in Deutschland beim Übergang von der Bewegung zur Systemphase. In. Schieder, Wolfgang (Hrsg.): Faschismus als soziale Bewegung (Historische Perspektiven, Bd. 3). Hamburg 1976.

Mosse, George Lachmann: Ein Volk. Ein Reich. Ein Führer. Die völkischen Ursprünge des NS. Königstein/Ts 1979.

Mosse, George Lachmann: Soldatenfriedhöfe und Nationale Wiedergeburt. Der Gefallenenkult in Deutschland. In: Vondung, Klaus (Hrsg.): Der Erste Weltkrieg in der literarischen Gestaltung und symbolischen Deutung der Nationen. Göttingen 1980, S. 241–261.

Moyer, Laurence van Zandt: The »Kraft durch Freude«-Movement in Nazi Germany: 1933–39. Northwestern University 1967

Müller, Norbert: Okkupation, Raub, Vernichtung. Dokumente zur Besatzungspolitik der faschistischen Wehrmacht auf sowjetischem Territorium 1941 bis 1944. Berlin-Ost 1980.

Neebe, Reinhard: Großindustrie, Staat und NSDAP 1930–1933. Paul Silverberg und der Reichsverband der Deutschen Industrie in der Krise der Weimarer Republik. Göttingen 1981.

Neumann, Franz L.: Die Wirtschaftsstruktur des Nationalsozialismus. In: Wirtschaft, Recht und Staat im Nationalsozialismus, Analysen des Instituts für Sozialforschung 1939–1942, hrsgg. von Helmut Dubiel und Alfons Söllner. Frankfurt/M. 1980. S. 129–234.

Neumann, Siegmund: Die Parteien der Weimarer Republik. Stuttgart ²1970.

Noakes, Jeremy: Oberbürgermeister und Gauleiter. City Government between Party and State. In: Hirschfeld Gerhard und Lothar Kettenacker (Hrsg.): Der Führerstaat: Mythos und Realität. Stuttgart 1981, S. 194–227.

Opitz, Günther: Der Christlich-Soziale Volksdienst. Versuch einer protestantischen Partei in der Weimarer Republik. Düsseldorf 1969.

Papst, Klau: Der Vertrag von Versailles und der deutsche Westen. In: Düwell, Köllmann (Hsg.): Rheinland-Westfalen im Industriezeitalter, Bd. 2. S. 271 bis 290.

Peltz-Drechmann, Ute: Nationalsozialistischer Siedlungsbau. München 1978.

Petsch, Joachim: Architektur und Städtebau im Dritten Reich – Anspruch und Wirklichkeit. In: Peukert, Detlev und Jürgen Reulecke (Hrsg.): Die Reihen fast geschlossen. Beiträge zur Geschichte des Alltags unterm Nationalsozialismus. Wuppertal 1981, S. 175–195.

Petz, Ursula von: Stadtsanierung im Dritten Reich. Dortmund 1987.

Petzina, Dietmar: Autarkiepolitik im Dritten Reich. Der Nationalsozialistische Vierjahresplan. Stuttgart 1968.

Petzina, Dietmar: Die deutsche Wirtschaft in der Zwischenkriegszeit. Wiesbaden 1977.

Peukert, Detlev: Volksgenossen und Gemeinschaftsfremde. Anpassung, Ausmerze und Aufbegehren unter dem Nationalsozialismus. Wuppertal 1981.

Peukert, Detlev: Die Weimarer Republik. Krisenjahre der klassischen Moderne. Frankfurt/M. 1987.

Pfeiffer, Jörg (Hrsg.): Menschenverachtung und Opportunismus. Zur Medizin im Dritten Reich. Tübingen 1992.

Prieberg, Fred K.: Musik im NS-Staat. Frankfurt/M. ³1989.

Prinz, Michael und Rainer Zitelmann (Hrsg.): Nationalsozialismus und Modernisierung. Darmstadt 1991.

Prümm, Karl: Die Literatur des soldatischen Nationalismus der 20er Jahre (1918–1933). Gruppenideologie und Epochenproblematik. 2 Bde. Kronberg/Ts. 1974.

Ramme, Alwin: Der Sicherheitsdienst der SS. Zu seiner Funktion im faschistischen Machtapparat und im Besatzungsregime des sogenannten Generalgouvernements Polen (Militärhistorische Studien N. F. 12). Berlin 1970.

Rath, Claus-Dieter: »Die nationalsozialistische Tischgemeinschaft«. In: ders: Reste der Tafelrunde. Das Abenteuer der Eßkultur. Reinbek 1984.

Rebentisch, Dieter: Die »politische Beurteilung« als Herrschaftsinstrument der NSDAP. In: Peukert, Detlev und Jürgen Reulecke (Hrsg.): Die Reihen fast geschlossen. Beiträge zur Geschichte des Alltags unterm Nationalsozialismus. Wuppertal 1981, S. 107–128.

Rebentisch, Dieter: Führerstaat und Verwaltung im Zweiten Weltkrieg: Verfassungsentwicklung und Verwaltungspolitik 1939–1945. (Frankfurter Historische Abhandlungen 29) Stuttgart 1989.

Rohe, Karl: Das Reichsbanner Schwarz-Rot-Gold. Ein Beitrag zur Geschichte und Struktur der politischen Kampfverbände zur Zeit der Weimarer Republik. Hrsgg. von der Kommission für Geschichte des Parlamentarismus und der politischen Parteien (Beiträge zur Geschichte des Parlamentarismus und der politischen Parteien, Band 34). Düsseldorf 1966.

Ruppert, Wolfgang (Ausstellungsleiter und Mitherausgeber im Auftrag des Zentrums Industriekultur): »Lebensgeschichte. Zur deutschen Sozialgeschichte 1850–1950«. Nürnberg 1980.

Ruppert, Wolfgang: Erinnerungsarbeit in Deutschland. Opladen 1982.

Sachse, Carola u.a. (Hrsg.): Angst, Belohnung, Zucht und Ordnung. Herrschaftsmechanismen im Nationalsozialismus. Opladen 1982.

Sachße, Christoph und Florian Tenstedt: Geschichte der Armenfürsorge in Deutschland. Stuttgart, Berlin, Köln, Mainz 1980.

Schäfer, Hans Dieter: Das gespaltene Bewußtsein. Deutsche Kultur und Lebenswirklichkeit 1933 bis 1945. München 1981.

Schäfer, Wolfgang: NSDAP. Entwicklung und Struktur der Staatpartei des Dritten Reiches. Hanover und Frankfurt/M. 1956.

Scherrieble, Joachim: »Der letzte Schliff«. Deutsche Feldpostbriefe 1940–1944 und Strukturelle Biographie. Esslingen 1990.

Scherrieble, Joachim und Silke Schweitzer: »Feldpostbriefe von der Ostfront«. In: Hiller, Marlene P. (Hrsg.): Stuttgart im Zweiten Weltkrieg. Ausstellungskatalog. Gerlingen 1989, S. 451–462.

Schmidt, Maruta und Gabi Dietz (Hrsg.): Frauen unterm Hakenkreuz. München 1983.

Schoenbaum, David: Die braune Revolution. Berlin 1968.

Schramm, Percy Ernst (Hrsg.): Die Niederlage 1945. München (1962) ²1985.

Schultz-Naumann, Joachim: Die letzten Dreißig Tage. Das Kriegstagebuch des OKW April bis Mai 1945. München 1980.

Schwerin von Krosigk, Lutz Graf: Staatsbankrott. Göttingen, Frankfurt/M. und Zürich 1974.

Seidler, Franz W.: Die Fahnenflucht in der deutschen Wehrmacht während des Zweiten Weltkrieges. In: Militärgeschichtliche Mitteilungen 2 (1977), S. 23 bis 42.

Seidler, Franz W.: Fritz Todt. Baumeister des Dritten Reiches. München 1986.

Seligmann, Michael: Aufstand der Räte. Die erste bayerische Räterepublik vom 7. April 1919. Grafenau-Döffingen 1989.

Sereny, Gitta: Into that darkness. An examination of conscience. London 1974 (deutsch: Am Abgrund. Frankfurt/M., Berlin und Wien 1979).

Speer, Albert: Erinnerungen. Frankfurt/M. ⁸1970.

Spode, Hasso: »Der deutsche Arbeiter reist« – Massentourismus im Dritten Reich. In: Huck, Gerhard (Hrsg.): Sozialgeschichte der Freizeit-Untersuchungen zum Wandel der Freizeitkultur in Deutschland. Wuppertal 1980.

Sproll, Heinz: Katholische und Evangelische Parteien in Württemberg seit dem 19. Jahrhundert, in: Weinacht, Paul-Ludwig: Die CDU in Baden-Württemberg und ihre Geschichte. (Schriften zur politischen Landeskunde Baden-Württembergs Bd. 2) Stuttgart 1978, S. 63–80.

Staden, Wendelgard von: Nacht über dem Tal. Düsseldorf und Köln 1979.

Staff, Ilse: Justiz im Dritten Reich. Frankfurt/M. 1978.

Steinberg, Rolf: Nazi-Kitsch. Darmstadt 1975.

Steinert, Marlies: Hitlers Krieg und die Deutschen. Stimmung und Haltung der deutschen Bevölkerung im Zweiten Weltkrieg. Düsseldorf, Wien 1970.

Steinle, Gabriele: Körperliche Erziehung im Nationalsozialismus. Ziele und Wirklichkeit – Auswirkungen für den Kriegseinsatz. (Unveröffentlichte) Wissenschaftliche Hausarbeit zur 1. Staatsprüfung für das Lehramt an Realschulen in Baden-Württemberg, PH Ludwigsburg 1988.

Striefler, Christian: Kampf um die Macht. Kommunisten und Nationalsozialisten am Ende der Weimarer Republik. Berlin 1993.

Stuttgart im Zweiten Weltkrieg. Ausstellungskatalog. Gerlingen 1989, S. 471–489.

Sywottek, Jutta: Mobilmachung für den totalen Krieg. Die propagandistische Vorbereitung der deutschen Bevölkerung auf den Zweiten Weltkrieg. (Studien zur modernen Geschichte Bd.18) Opladen 1976.

Thalmann, Rita: Die Kristallnacht. Frankfurt/M. 1987.

Thalmann, Rita: Frausein im Dritten Reich. München 1984.

Theweleit, Klaus: Männerphantasien. 2 Bde, Reinbek 1977.

Thies, Jochen: Architekt der Weltherrschaft. Köln 1976.

Troeltsch, Ernst: Die Fehlgeburt einer Republik. Spektator in Berlin 1918– 1922. Zusammengestellt und mit einem Nachwort versehen von Johann Hinrich Claussen. Frankfurt/M. 1994.

Troll, Hildebrand: Aktionen zur Kriegsbeendigung im Frühjahr 1945. In: Broszat, Martin, Elke Fröhlich und Anton Grossmann (Hrsg.): Bayern in der NS-Zeit. Bd. 4. München und Wien 1981, S. 645–689.

Turner, Henry Ashby, Jr.: Die Großunternehmer und der Aufstieg Hitlers. Berlin 1985.

Ueberschär, Gerd und Wolfram Wette (Hrsg.): »Unternehmen Barbarossa«. Der deutsche Überfall auf die Sowjetunion 1941. Paderborn 1984.

Uhlig, Heinrich: Die Warenhäuser im Dritten Reich. Köln und Opladen 1956.

Vierhaus, Rudolf: »Auswirkungen der Krise um 1930 in Deutschland. Beiträge zu einer historisch-psychologischen Analyse.« In: Conze, Werner und Hans Raupach (Hrsg.): Die Staats- und Wirtschaftskrise des Deutschen Reiches 1929/30. Stuttgart 1967.

Vogel, Rolf: Ein Stück von uns. 1813 bis 1976: Deutsche Juden in deutschen Armeen. Mainz 1977.

Vondung, Klaus: Magie und Manipulation. Ideologischer Kult und politische Religion des Nationalsozialismus. Göttingen 1971.

Wagner, Johannes Volker (Hrsg.): Krieg als Idylle? Eine Dokumentation. Bochum 1979.

Wagner, Walter: Der Volksgerichtshof im nationalsozialistischen Staat. (Quellen und Darstellungen zur Zeitgeschichte.

Walk, Joseph (Hrsg.): Das Sonderrecht für die Juden im NS-Staat. Eine Sammlung der gesetzlichen Maßnahmen und Richtlinien – Inhalt und Bedeutung. Karlsruhe 1981.

Warlimont, Walter: Im Hauptquartier der Deutschen Wehrmacht. Frankfurt /M. 1964.

Weber, Hermann: Kommunismus in Deutschland 1918–1945 (Erträge der Forschung, Bd. 198). Darmstadt 1983.

Webster, Ch. und N. Frankland: The strategic Air Offensive against Germany 1939–1945, vol. 1–3: Victory. London 1961.

Werner, Wolfgang: »Bleib übrig!« Deutsche Arbeiter in der nationalsozialistischen Kriegswirtschaft. Düsseldorf 1983.

Wette, Wolfram: Ideologien, Propaganda und Innenpolitik als Voraussetzungen der Kriegspolitik des Dritten Reiches. In: Das Deutsche Reich und der Zweite Weltkrieg. Herausgegeben vom Militärhistorischen Forschungsamt der Bundeswehr in Freiburg, Bd. 1, Stuttgart 1979, S. 23–173.

Weyrather, Irmgard: Muttertag und Mutterkreuz. Der Kult um die »deutsche Mutter« im Nationalsozialismus. Frankfurt/M. 1993.

Wiggershaus, Renate: Frauen unterm Nationalsozialismus. Wuppertal 1984.

Winckler, Lutz: Studie zur gesellschaftlichen Funktion faschistischer Sprache. Frankfurt/M 1971.

Winkler, Dörte: Frauenarbeit im Dritten Reich. Hamburg 1977.

Winkler, Heinrich August: Der entbehrliche Stand. Zur Mittelstandspolitik im Dritten Reich. In: Archiv für Sozialgeschichte XII, 1977, S. 1–40.

Winkler, Heinrich August: Der Weg in die Katastrophe. Arbeiter und Arbeiterbewegung in den Jahren 1930 bis 1933. (Geschichte der Arbeiter und der Arbeiterbewegung in Deutschland seit dem Ende des 18. Jahrhunderts, hrsgg. v. Gerhard A. Ritter, Band 11) Bonn 1980.

Wittrock, Christine: Weiblichkeitsmythen. Das Frauenbild im Faschismus und seine Vorläufer in der Frauenbewegung der 20er Jahre. Frankfurt/M. 1983.

Wulf, Joseph: Die Bildenden Künste im Dritten Reich. Eine Dokumentation. Frankfurt/M. 1989.

Wulf, Joseph: Literatur und Dichtung im Dritten Reich. Eine Dokumentation. Frankfurt/M. 1989.

Wulf, Joseph: Musik im Dritten Reich. Eine Dokumentation. Frankfurt/M. 1989.

Wulf, Joseph: Presse und Funk im Dritten Reich. Eine Dokumentation. Frankfurt/M. 1989.

Zentner, Christian: Der Frankreichfeldzug – 10. Mai 1940. Daten, Bilder, Dokumente. Frankfurt/M. 1988.

Zofka, Zdenek: Die Ausbreitung des Nationalsozismus auf dem Lande. Eine regionale Fallstudie zur politischen Einstellung der Landbevölkerung in der Zeit des Aufstiegs und der Machtergreifung der NSDAP 1928–1936 (Miscellanea Bavaria Monacensis, Bd. 87). München 1979.

Zofka, Zdenek: Dorfeliten und NSDAP. Fallbeispiele der Gleichschaltung aus dem Kreis Günzburg. In: Broszat, Martin, Elke Fröhlich und Anton Grossmann (Hrsg.): Bayern in der NS-Zeit. Bd. 4. München und Wien 1981, S. 383–433.

Zwerenz, Gerhard: »Soldaten sind Mörder«. Die Deutschen und der Krieg. München 1988.

Sammlungen politischer Reden, Berichte und gedruckte Dokumente

Akten der Reichskanzlei, Regierung Hitler 1933–1938. Die Regierung Hitler, Teil 1: 1933/34. Bd. 2: 12. September 1933 bis 27. August 1934. Bearb. von Karl-Heinz Minuth. Boppard a. Rh. 1983.

»Blick in die Zeit. Pressestimmen des In- und Auslandes zu Politik, Wirtschaft und Kultur.« Hrsgg. von Dr. A. Ristow. Reprintausgabe in 3 Bänden mit einem Vorwort von Herta Mendel und einer Einführung von Peter Lösche und Michael Scholing. Niedernhausen 1988.

Boberach, Heinz (Hrsg.): Berichte des SD und der Gestapo über Kirchen und Kirchenvolk in Deutschland 1934–1944 (Veröffentlichungen der Kommission für Zeitgeschichte bei der katholischen Akademie in Bayern A 12). Mainz 1971

Boberach, Heinz (Hrsg.): Meldungen aus dem Reich 1938–1945. Die geheimen Lageberichte des Sicherheitsdienstes der SS. Neudruck, Herrsching 1984.

Boberach, Heinz (Hrsg.): Meldungen aus dem Reich. Auswahl aus den geheimen Lageberichten des Sicherheitsdienstes der SS 1939–1944. München 1965.

Der Prozeß gegen die Hauptkriegsverbrecher vor dem Internationalen Militärgerichtshof (IMT). Amtlicher Text. Deutsche Ausgabe Bd. I–XXII. München 1984.

Deutschland-Berichte der Sozialdemokratischen Partei Deutschlands. (Sopade) 1934–1940. 7 Bde. Salzhausen und Frankfurt/M. 1980.

Documenta occupationis, hrsgg. vom Instytut Zachodny, Bde. IX und X, Poznan 1976.

Domarus, Max (Hrsg.): »Hitler«, Reden und Proklamationen 1932–1945, Bde 1–4 München 1965.

Goebbels, Josef: Tagebücher 1945, die letzten Aufzeichnungen. Bergisch Gladbach ^{2}1980.

Goebbels, Josef: Vom Kaiserhof zur Reichskanzlei. Eine historische Darstellung in Tagebuchblättern. München 1934.

Grünert, Horst: Politische Reden in Deutschland. Frankfurt/M. 1974.

Gütt, Arthur, Ernst Rüdin, Falk Ruttke (Bearb): Gesetz zur Verhütung erbkranken Nachwuchses vom 14. Juli 1933 – Gesetz und Erläuterungen – mit Auszug aus dem Gesetz gegen gefährliche Gewohnheitsverbrecher und über Maßregeln zur Sicherung und Bewahrung vom 24. November 1934. München 1934.

Heiber, Helmut (Hrsg.): Der Generalplan Ost. In: VfZ 6 (1958), S. 281–325.

Heibler, H. (Hrsg.): Goebbels Reden, Bd.1: 1926–1939; Bd.2: 1939–1945. Düsseldorf 1972.

Hitler, Adolf: Mein Kampf. München (1925–27) ^{14}1943.

Hitler, Adolf: Mein Kampf. München 1937. (248–251. Aufl.).

Hitler, Adolf: Sämtliche Aufzeichnungen 1905–1924, hrsgg. von Eberhard Jäckel mit Axel Kuhn. Stuttgart 1980.

Hofer, Walter (Hrsg.): Der Nationalsozialismus. Dokumente 1933–1945. Frankfurt/M. 1957.

Internationales Militär Tribunal. Der Prozeß gegen die Hauptkriegsverbrecher vor dem Internationalen Militärgerichtshof Nürnberg, 14. November 1945 bis 1. Oktober 1946. Bd.I–XLII, Nürnberg 1947/48.

Inventar archivalischer Quellen des NS-Staates. Die Überlieferung von Behörden und Einrichtungen des NS-Reichs, der Länder und der NSDAP. Teil 1: Reichszentralbehörden, regionale Behörden und wissenschaftliche Hochschulen für die zehn westdeutschen Länder sowie Berlin. Im Auftrag des Instituts für Zeitgeschichte bearb. von Heinz Boberach (Texte und Materialien zur Zeitgeschichte, Bd. 3/1). München. London, New York, Paris 1991.

Klöss, Erhard (Hrsg.): Reden des Führers. Politik und Propaganda Adolf Hitlers 1922–1945. München 1967.

Kuhn, Axel und Eberhard Jäckel (Hrsg.): Deutsche Parlamentsdebatten, Bd.1: 1871–1918; Bd 2: 1919 bis 1933; Bd.3: 1949–1970. Frankfurt/M 1970.

Ley, Robert: Soldaten der Arbeit. O. O. 1931.

Peter, K. H.: Berühmte politische Reden des 20. Jahrhunderts. München 1973.

Scholtz-Klink, Gertrud: Einsatz der Frau in der Nation. Berlin 1937.

Schulz, Gerhard (Hrsg.): Politik und Wirtschaft in der Krise 1930–1932. Quellen zur Ära Brüning. 2 Bde. Düsseldorf 1980.

Schulze-Naumburg, Paul: Kunst und Rasse. München ^{2}1935.

Literatur zur Alltags- und Regionalgeschichte im Nationalsozialismus

Literatur zur Alltags- und Regionalgeschichte im Nationalsozialismus

Theorie und Methodik

Alltagsgeschichte der NS-Zeit. Neue Perspektive oder Trivialisierung. (Kolloquien des Instituts für Zeitgeschichte). München 1984.

Düwell, Kurt: »Die regionale Geschichte des NS-Staates zwischen Mikro- und Makroanalyse. Forschungsaufgaben zur ›Praxis im kleinen Bereich‹,« in: Jahrbuch für westdeutsche Landesgeschichte, 9 (1983), S. 287–331.

Heyen, Franz Josef: Nationalsozialismus im Alltag. Quellen zur Geschichte des ns

Heyen, Franz Josef: Nationalsozialismus im Alltag. Quellen zur Geschichte des Nationalsozialismus vornehmlich im Raum Mainz-Koblenz-Trier. Boppard am Rhein 1967.

Hildebrand, Klaus: Grundprobleme der Tendenzen und Forschung. In: Ders.: Das Dritte Reich. (Grundriß der Geschichte, Bd. 17). München und Wien 1980, S. 117–194.

Müller, Roland: »Lokalgeschichte in Deutschland – eine Mühe, die sich lohnt?« In: Borst, Otto (Hrsg.:) »Lokalstudien zum Nationalsozialismus«. Die Alte Stadt. Vierteljahreszeitschrift für Stadtgeschichte, Stadtsoziologie und Denkmalpflege, 4/93. Stuttgart, Berlin und Köln 1993, S. 385–394.

Rebentisch, Dieter: »Der Nationalsozialismus als Problem der Stadtgeschichte«. In: Informationen zur modernen Stadtgeschichte, Beiheft 1, S. 128ff.

Ullrich, Volker: Alltagsgeschichte. Über einen neuen Geschichtstrend in der Bundesrepublik. In: Neue Politische Literatur 29, 1984, S. 50–71.

Einzeluntersuchungen zur Alltags- und Regionalgeschichte im Nationalsozialismus

Untersuchungen zum Oberamt Göppingen und zum Kreis Esslingen im Nationalsozialismus

Alltag im Nationalsozialismus in den Gymnasien Scharnhausen und Nellingen. Ostfildern 1986.

Bader, Walter u. a. (acht Schüler): Schule und Nationalsozialismus. Das Beispiel – »Hohenstaufen-Oberschule Göppingen«. In: geschichte regional. Quellen und Texte aus dem Kreis Göppingen. Heft 3 (Folge 14 der Veröffentlichungsreihe »Hohenstaufen« des Geschichts- und Altertumsvereins Göppingen e. V.), 1988, S. 64–73.

Bardua, Heinz: Göppingen, 1. März 1945, 14.28 Uhr. Göppingen 1985.

Bohl, Willfried, Hartmuth Diery, Ottmar Goller und Bernd Liebrich: Alltag im Nationalsozialismus betrachtet an der Stadt Göppingen. (Typoskript) Göppingen 1981.

Cramer, Jost, Elke Feigl, Dr. Peter Krupka und Doris Maier-Göckel: Ebersbach – Gleichschaltung und Alltag im Dritten Reich. In: Unterwegs, Heft 5/6. Göppingen 1988, S. 51–79.

Eberle, Albert: Ortsgeschichte von Baltmannsweiler. Stuttgart 1936.

Fleischer, Knut: Die Machtergreifung in zwei Gemeinden des Filstals. (unveröff. Typoskipt) Wiss. Zulassungsarbeit, Deggingen 1978.

Keuerleber-Siegle, Barbara: »Das Lager Echterdingen«. In: Varländer, Herwart: Nationalsozialistische Konzentrationslager im Dienst der totalen Kriegführung. Sieben württb. Außenkommandos des KZ Natzweiler/Elsaß (Veröffentlichungen der Kommission für geschichtliche Landeskunde in BaWü, Reihe B, Forschungen, 91. Band, Stuttgart 1978, S. 131–148.

Kirschmer, Karl: So endete der zweite Weltkrieg im Kreis Göppingen. In: Hohenstaufen (Veröffentlichungen des Geschichts- und Altertumsvereins Göppingen e.V.), 2. Folge, Jahresheft 1961, S. 23–38.

Kraetke, Karl-Heinz und Reinhard Strüber: Das Schicksal jüdischer Bürger in Esslingen während des Nationalsozialismus. In: Von Weimar bis Bonn. Esslingen 1919–1949. Begleitband zur Ausstellung. Hrsgg. von der Stadt Esslingen, Esslingen/N 1991, S. 255–278.

Lang, Walter: Die »Schlacht am Walfischkeller« In: Hohenstaufen (Veröffentlichungen des Geschichts- und Altertumsvereins Göppingen e.V.) 9. Folge 1975, S. 138–147.

Lechner, Anton: Die letzten Monate des 2. Weltkrieges im Kreis Göppingen und der Einmarsch der Amerikaner. In: geschichte regional. Quellen und Texte aus dem Kreis Göppingen, Heft 3 (Folge 14 der Veröffentlichungsreihe »Hohenstaufen« des Geschichts- und Altertumsvereins Göppingen e. V.), 1988, S. 74–98.

Miller, Max: »Das Kriegsende in Esslingen.« Bericht im Auftrag der Stadt Esslingen. Esslingen 1952.

Nachtmann, Walter: Die NSDAP in Esslingen 1920 bis 1945. In: Von Weimar bis Bonn. Esslingen 1919 bis 1949. Begleitband zur Ausstellung. Hrsgg. von der Stadt Esslingen. Esslingen/N 1991, S. 235–254.

»Räder müssen rollen für den Sieg!« Ausländische Zwangsarbeiter-/innen im Kreis Esslingen 1940 bis 1945. Dokumentation der VVN-Arbeitsgruppe »Zwangsarbeit im Kreis Esslingen«. Esslingen 1988.

Rueß, Karl-Heinz: Die israelitische Gemeinde Göppingens 1927 – 1945. In: ders (Hrsg.): Aron Tänzer: Die Geschichte der Juden in Jebenhausen und Göppingen. (Veröffentlichungen des Stadtarchivs Göppingen, Band 23). Göppingen 1988, S. 575–619.

Schäfer, Annette: Zwangsarbeiter im Gau Württemberg-Hohenzollern 1939–1945. Masch. Manuskript. Geislingen 1988.

Schwarz, Manfred: Die Göppinger Kirchen in der Zeit des Nationalsozialismus 1933–39. Göppingen-Jbenhausen 1976 (Zula-Typoskript.)

Seebich, Gustav: Kreischronik 1918–1966. In: Dr. Paulm Goes (Hrsg.): Der Kreis Göppingen. (Veröffentlichungen des Kreisarchivs Göppingen, Band 1). Stuttgart und Aalen 1973, S. 95–132, besonders 106–116.

Taudte, Angelika: Die Gleichschaltung von 1933 in Göppingen. (Zula-Typoskript.) Schwäb. Gmünd 1973.

Taudte, Angelika: Die Tage der Machtergreifung 1933 in Göppingen. In: Hohenstaufen (Veröffentlichungen des Geschichts- und Altertumsvereins Göppingen e.V.) 9. Folge 1975, S. 148–156.

Toth, Josef: Die politische Entwicklung in Göppingen in den Jahren 1930–33 unter besonderer Berücksichtigung der NSDAP. Esslingen 1971 (Zula-Manuskr. an der PH Essl.).

Von Weimar bis Bonn. Esslingen 1919–1949. Begleitband zur Ausstellung. Hrsgg. von der Stadt Esslingen, Esslingen/N. 1991.

Wagner, Richard: Das KZ-Außenlager in Geislingen. In: Hohenstaufen (Veröffentlichungen des Geschichts- und Altertumsvereins Göppingen e.V.), 12. Folge 1982, S. 98–111.

Spezialuntersuchungen zu Württemberg im Nationalsozialismus

Abt, Dorothea: Der Nationalsozialismus in Geislingen an der Steige in den Jahren 1936–1939. – Didaktische Vorüberlegungen. (unveröff. Typoskipt) Wiss. Zulassungsarbeit, Reutlingen 1980.

Allen, William Sheridan: »Das haben wir nicht gewollt!« Die nationalsozialistische Machtergreifung in einer Kleinstadt 1930–1935. Gütersloh 1966.

Alltag im Nationalsozialismus: Grafeneck/Buttenhausen: Materialien zu einer Tagung des Arbeitskreises Landeskunde / Landesgeschichte Neckar-Alb beim Oberschulamt Tübingen in Gomadingen/Buttenhausen am 15.10.84. Tübingen 1985.

Althaus, Hans-Joachim u.a.: »Da ist nirgends nichts gewesen außer hier.« Das »rote Mössingen« im Generalsteik gegen Hitler. Geschichte eines schwäbischen Arbeiterdorfes. Berlin 1982.

Bardua, Heinz: Stuttgart im Luftkrieg 1939–1945 (Veröffentlichungen des Archivs der Stadt Stuttgart, Bd. 35). Stuttgart ²1985.

Beck, Stefan und Klaus Schönberger: Von »Spartania« nach »Germania«. Das Ende der Weimarer Republik und die Machtübergabe 1933 in Marbach a.N. (Schriften der Alexander-Seitz-Geschichtswerkstatt Marbach und Umgebung, Bd. 1). Marbach 1984.

Besson, Waldemar: Württemberg und die deutsche Staatskrise 1928–1933. Eine Studie zur Auflösung der Weimarer Republik. Stuttgart 1959.

Bingel, Bettina: »Kinderlandverschickung während des Zweiten Weltkrieges am Beispiel Stuttgart«. Magisterarbeit am Historischen Institut der Universität Stuttgart. (Masch.) Stuttgart 1990.

Blumenstock, Friedrich: »Der Einmarsch der Amerikaner und Franzosen im nördlichen Württemberg im April 1945«. (Darstellungen aus der Württemberg. Geschichte, Band 41) Stuttgart 1957.

Bohl, Willfried, Hartmuth Diery, Ottmar Goller und Bernd Liebrich: Alltag im Nationalsozialismus betrachtet an der Stadt Göppingen. (Typoskript) Göppingen 1981.

Boldt, Werner: Die Württembergischen Volksvereine von 1848–1952. (Veröffentlichungen der Kommission für geschichtliche Landeskunde in Baden-Württemberg, R.B. 59) Stuttgart 1970.

Bohn, Willi: »Stuttgart geheim!« Bibliothek des Widerstandes. Frankfurt/M. 1969.

Bohn, Willi: Transportkolonne Otto. Frankfurt/M. 1970.

Borst, Otto (Hrsg.:) »Lokalstudien zum Nationalsozialismus«. Die Alte Stadt. Vierteljahreszeitschrift für Stadtgeschichte, Stadtsoziologie und Denkmalpflege. 4/93. Stuttgart, Berlin und Köln 1993.

Borst, Otto: Das Dritte Reich in Baden und Württemberg (Stuttgarter Symposion, Bd. 1). Stuttgart 1988.

Bosch, Manfred: Als die Freiheit unterging. Eine Dokumentation über Verweigerung, Widerstand und Verfolgung im Dritten Reich in Südbaden. Konstanz 1985.

Bosch, Michael und Wolfgang Niess: Der Widerstand im deutschen Südwesten 1933–45. (Schriften zur politischen Landeskunde Baden-Württembergs, Bd. 10) Stuttgart, Berlin, Köln, Mainz 1984.

Burkhardt, Bernd, Karlheinz Fuchs und Walter Nachtmann (Hrsg.): Ausstellungsreihe Stuttgart im Dritten Reich, 4 Bde.
Bd.1: Prolog. Politische Plakate der späten Weimarer Republik. Stuttgart 1982.
Bd.2: Völkische Radikale in Stuttgart. Zur Vorgeschichte der NSDAP 1890–1925. Stuttgart 1982.
Bd.3: Machtergreifung. Von der republikanischen zu brauner Stadt. Stuttgart 1983.
Bd.4: Anpassung, Widerstand, Verfolgung. Die Jahre von 1933 bis 1939. Stuttgart 1984.

Burkhardt, Bernd: Eine Stadt wird braun. Die nationalsozialistische Machtergreifung in der schwäbischen Provinz. Eine Fallstudie (Sonderband der Reihe Historische Perspektiven, Bd. 15). Hamburg 1980.

Dähn, Horst: SPD im Widerstand und Wiederaufbau (1933–1952). In: Schadt, Jörg und Wolfgang Schmierer (Hrsg.): Die SPD in Württemberg und ihre Geschichte. Von den Anfängen der Arbeiterbewegung bis heute (Schriften zur politischen Landeskunde Baden-Württembergs 3). Stuttgart, Berlin, Köln und Mainz 1979, S. 192–232.

Dieterich, Markus: Es kann uns den Kopf kosten. Antifaschismus und Widerstand in Heilbronn 1930–1939. Heilbronn 1992.

»Eine Heimatkunde«. Nationalsozialismus im Landkreis Tübingen, hrsgg. von der »Projektgruppe Heimatkunde des Nationalsozialismus« am Ludwig-Uhland-Institut für empirische Kulturwissenschaften unter der Leitung von Utz Jeggle. Tübingen 1988.

Genuneit, Jürgen: »Der Kriegerbund marschiert mit«. Zur Rolle des Württembergischen Kriegerbundes und der Kriegervereine. In: Burkhardt, Bernd, Karlheinz Fuchs und Walter Nachtmann: Ausstellungsreihe Stuttgart im Dritten Reich, Bd. 3: Die Machtergreifung. Von der republikanischen zur braunen Stadt. Stuttgart 1983, S. 172–207.

Genuneit, Jürgen: Der 9. November in der nationalsozialistischen Propaganda. Blutfahne und Totenkult. München und Stuttgart als Beispiel. In: Burkhardt, Bernd, Karlheinz Fuchs und Walter Nachtmann: Ausstellungsreihe Stuttgart im Dritten Reich, Bd. 4. Stuttgart 1984, S. 205–236.

Genuneit, Jürgen: Völkische Radikale in Stuttgart. Zur Vorgeschichte der NSDAP 1890–1925. Eine Ausstellung des Projekts Zeitgeschichte. Stuttgart im Dritten Reich. Stuttgart 1982, S. 23–28.

Gerstenmaier, Eugen: Von Bolz bis zu Rommel und Wurm. Baden-Württemberger im Kampf gegen Hitler. Stuttgart 1978.

Glocker, Jürgen: Ausgegrenzte und Vergessene. Hinweis auf Adolf Hildenbrand, Alfred Bernheim, Werner Bischof, Franz Heinrich Gref und Franz Heckendorf. In: Heimat am Hochrhein. Jahrbuch des Landkreises Waldshut. Waldshut 1994., S. 83–93.

Goldmann, Erwin: Zwischen zwei Völkern – ein Rückblick. Erlebnisse und Erkenntnisse. Königswinter 1975.

Grieb, Friedrich K.: Das württembergische Arbeitshaus für Männer in Vaihingen. Ein Vorbericht. In: Schriftenreihe der Stadt Vaihingen a.d. Enz, Bd.4, 1985, S. 98–112.

Gucker, Paul: Mössingen und der Generalstreik am 31. Januar 1931: Seine Ursachen, seine Auswirkungen und seine Folgen bis heute. Mössingen 1986.

Hamelmann, Bertold: »Helau« und »Heil Hitler«: Alltagsgeschichte der Fasnacht 1919–1939 am Beispiel der Stadt Freiburg. (Alltag Provinz, hrsgg. vom Arbeitskreis Regionalgeschichte Freiburg, Bd. 2) diss. phil Freiburg. Eggingen 1989.

Hanitsch, Jutta: Aufschwung durch Rüstung. Auswirkungen nationalsozialistischer Wirtschaftspolitik für Stuttgart. In: Burkhardt, Bernd, Karlheinz Fuchs und Walter Nachtmann (Hrsg.): Ausstellungsreihe Stuttgart im Dritten Reich, Bd.4: Anpassung, Widerstand, Verfolgung. Die Jahre von 1933 bis 1939. Stuttgart 1984, S. 122–131.

Haspel, Jörg und Jürgen Zänker: »Am Weißenhof« (1928) und »Am Kochenhof« (1933). Zwei Bauausstellungen und Wohnsiedlungen in Stuttgart – damals und heute. In: Tendenzen 126/7, 1983, S. 54 bis 66.

Haumann, Heiko und Thomas Schnabel (Hrsg.): »Eigentlich habe ich nichts gesehen...«. Beitrag zu Geschichte und Alltag in Südbaden im 19. und 20. Jahrhundert. (Alltag Provinz, hrsgg. vom Arbeitskreis Regionalgeschichte Freiburg, Bd.1) Freiburg i.Br. 1987.

Hauser, Andrea: »Tränen, Trutz und Trümmer. Stuttgarts Frauen im Krieg«. In: Hiller, Marlene P. (Hrsg.): Stuttgart im Zweiten Weltkrieg. Ausstellungskatalog. Gerlingen 1989, S. 265–285.

Heinz, Gerard: Backnang de 1933 à 1939. Nizza 1993.

Herrmann, Gert-Julius: Jüdische Jugend in der Verfolgung. Eine Studie über das Schicksal jüdischer Jugendlicher aus Württemberg und Hohenzollern. Diss. Tübingen 1967.

Hiller, Marlene P. (Hrsg.): Stuttgart im Zweiten Weltkrieg. Ausstellungskatalog. Gerlingen 1989.

Hiller, Marlene P.: »Beklommen und unsicher.« Stuttgarter Reaktionen auf Kriegsbeginn und »Blitzsiege«. In: Dieselbe (Hrsg.): Stuttgart im Zweiten Weltkrieg. Ausstellungskatalog. Gerlingen 1989, S. 41–48.

Hiller, Marlene P.: »Da waren zwei Zeiten ganz eng beieinander«. Kriegsende und Nachkriegszeit in Berichten aus Stuttgart. In: Dieselbe (Hrsg.): Stuttgart im Zweiten Weltkrieg. Ausstellungskatalog. Gerlingen 1989, S. 505–523.

Hörmann, Friedrich: Die Gleichschaltung einer Württembergischen Kleinstadt. Aalen in den ersten Jahren des Nationalsozialismus. (unveröff. Typoskipt) Wiss. Zulassungsarbeit, Schwäb. Gmünd 1970.

Jacobi, Uwe: Die vermißten Ratsprotokolle. Heilbronn 1981.

Kleinöder, Evi: Katholische Kirche und Nationalsozialismus im Kampf um die Schulen. Antikirchliche Maßnahmen und ihre Folgen untersucht am Beispiel von Eichstätt. (Sammelblatt des Historischen Vereins Eichstätt 74) Eichstätt 1981.

Kley, Stefan: »Man wundert sich, daß wir überhaupt noch etwas gelernt haben.« Schule im Krieg. In: Hiller, Marlene P. (Hrsg.): Stuttgart im Zweiten Weltkrieg. Ausstellungskatalog. Gerlingen 1989, S. 291–304.

Kley, Stefan: »Totale Mobilisierung, kleine Fluchten. Jugend im Krieg.« In: Hiller, Marlene P. (Hrsg.): Stuttgart im Zweiten Weltkrieg. Ausstellungskatalog. Gerlingen 1989, S. 305–307.

Kollmer, Gert: Tendenzen wirtschaftlichen Wachstums in Südwestdeutschland zwischen 1918 und 1945, in: Zeitschrift für Württembergische Landesgeschichte, Stuttgart 1979, S. 188–216.

Koshar, Rudy: Two »Nazisms«: The social context of nazi mobilisation in Marbug and Tübingen. In: Social Hisatory 7, January 1982, S. 22–42.

Kuhn, Axel: »Entstehung und Entwicklung des Fremdenverkehrs.« In: Kuhn, Axel und Sönke Lorenz: Baiersbronn. Vom Königsforst zum Luftkurort. Stuttgart 1992, S. 234–253.

Lang, Hans-Joachim: »Nicht Haase geheißen, aber ebenfalls von nichts gewußt. Wie das Kaninchen für die Moblimachung in die Zucht genommen wurde.« In: Hiller, Marlene P. (Hrsg.): Stuttgart im Zweiten Weltkrieg. Ausstellungskatalog. Gerlingen 1989, S. 77–89.

Marx, Alfred: Das Schicksal der jüdischen Juristen in Württemberg und Hohenzollern 1933–1945. In: Die Justiz. Amtsblatt des Justizministeriums Baden-Württembergs 14, Juni 1965. S. 178–184, Juli 1965, S. 202–211, August 1965, S. 245–247.

Maßen, Hans: Vom Heuberg weht ein scharfer Wind. Ausgewählte Erzählungen. Berlin 1978.

Moessner-Heckner, Ursula: Pforzheim – Code Yellowfin. Eine Analyse der Luftangriffe 1944–1945 (Quellen und Studien zur Geschichte der Stadt Pforzheim, Bd. 2). Sigmaringen 1991.

Nachtmann, Walter: »Das Ende des Zweiten Weltkrieges in Stuttgart.« In: Hiller, Marlene P. (Hrsg.): Stuttgart im Zweiten Weltkrieg. Ausstellungskatalog. Gerlingen 1989, S. 493–496.

Nachtmann, Walter: Von der Splitterpartei zur Staatspartei. Zur Entwicklung des Nationalsozialismus in Stuttgart. In: Burkhardt, Bernd, Karlheinz Fuchs und Walter Nachtmann: Ausstellungsreihe Stuttgart im Dritten Reich, Bd. 3. Stuttgart 1983, S. 128 bis 157.

Nationalsozialismus in Tübingen. Vorbei und Vergessen. Katalog der Ausstellung, Hrsgg. von Benigna Schönhagen (Tübinger Kataloge 36). Tübingen 1992.

Niethammer, Lutz: Aktivität und Grenzen der Antifa-Ausschüsse 1945. Das Beispiel Stuttgart. In: Vierteljahreshefte für Zeitgeschichte, Stuttgart, Jg. 23 (1975), H.3, S. 297–331.

Rauh-Kühne, Cornelia und Michael Ruck (Hrg.): Regionale Eliten zwischen Diktatur und Demokratie. Baden und Württemberg 1930–1952 (Nationalsozialismus und Nachkriegszeit in Südwestdeutschland 1). München 1993.

Regiment of the century. The story of the 397th infantry regiment. Written and designed in Stuttgart, Germany, 1945.

Roser, Hubert: Kommunale Bürokratie im Nationalsozialismus. Das Beispiel Neckargemünd. In: Neckargemünder Jahrbuch 3 (1991), S. 42–62.

Sauer, Paul: Württemberg in der Zeit des Nationalsozialismus. Hrsgg. von der Kommission für geschichtliche Landeskunde in Baden-Württemberg. Ulm 1975.

Schanbacher, Eberhard: Das Wählervotum und die »Machtergreifung« im deutschen Südwesten, in: Schnabel, Thomas (Hrsg.): Die Machtergreifung in Südwestdeutschland. Das Ende der Weimarer Republik in Baden-Württemberg 1928–33 (Schriften zur politischen Landeskunde Baden-Württembergs, Bd.6). Stuttgart u.a. 1982, S. 295–317.

Schätzle, Julius: Stationen zur Hölle. Konzentrationslager in Baden und Württemberg 1933–1945. Hrsg. im Auftrag der Lagergemeinschaft Heuberg – Kuhberg – Welzheim. 2. verb. Aufl. Frankfurt/M. 1980.

Schmid, Heinz-Dieter: Die nationalsozialistische Machtergreifung in einer Kreisstadt. Ein Lokalmodell zur Zeitgeschichte. Frankfurt/M. 1979.

Schnabel, Thomas (Hrsg.): Die Machtergreifung in Südwestdeutschland. Das Ende der Weimarer Republik in Baden-Württemberg 1928–33 (Schriften zur politischen Landeskunde Baden-Württembergs, Bd.6). Stuttgart u.a. 1982.

Schnabel, Thomas (Hrsg.): Lokalmodelle nationalsozialistischer Machtergreifung: Dokumente, Bilder, Unterrichtsmodelle (Motive, Texte, Materialien, Bd. 19). Heidelberg 1983.

Schnabel, Thomas: Die NSDAP in Württemberg 1928–1933. Die Schwäche eine regionale Parteiorganisation. In: Ders.: Machtergreifung in Südwestdeutschland. Das Ende der Weimarer Republik in Baden-Württemberg 1928–33 (Schriften zur politischen Landeskunde Baden-Württembergs, Bd. 6). Stuttgart u.a. 1982, S. 49–81.

Schnabel, Thomas: Württemberg zwischen Weimar und Bonn 1928–1945/46 (Schriften zur politischen Landeskunde Baden-Württembergs, Bd. 13). Stuttgart, Berlin, Köln, Mainz 1986.

Schönhagen, Benigna: »Auf, meine Herren, zur Schlachtbank«. Das Stuttgart Sondergericht unter Hermann Cuhorst. In: Hiller, Marlene P. (Hrsg.): Stuttgart im Zweiten Weltkrieg. Ausstellungskatalog. Gerlingen 1989, S. 223–228.

Schönhagen, Benigna (Hrsg.): »vorbei und vergessen«. Nationalsozialismus in Tübingen. Ausstellungskatalog Tübingen 1992.

Schönhagen, Benigna: Zwischen Verweigerung und Agitation: Landtagspolitik der NSDAP in Württemberg 1928/29–1933, in: Schnabel, Thomas (Hrsg.): Die Machtergreifung in Südwestdeutschland. Das Ende der Weimarer Republik in Baden-Württemberg 1928–33 (Schriften zur politischen Landeskunde Baden-Württembergs, Bd.6). Stuttgart u.a. 1982, S. 113–149.

Stiefele, Werner: »Banditentum, gesetzlich geschützt.« Die Arisierung jüdischer Geschäfte in Stuttgart. In: Burkhardt, Bernd, Karlheinz Fuchs und Walter Nachtmann: Ausstellungsreihe Stuttgart im Dritten Reich, Bd. 4. Stuttgart 1984, S. 538 bis 555.

Ströbel, Otto: Die Männer von Brettheim. Kirchberg an der Jagst 1981.

Strölin, Karl: Stuttgart im Endstadium des Krieges. Stuttgart 1950.

Ulm in der NS-Zeit. Die Stadt, die Wirtschaft, die Menschen. Hrsg.: Arbeitskreis Schule und Archiv, Ulm (Quellen zur Ulmer Stadtgeschichte, IV. Lieferung), Vervielfältigtes Manuskript, Stadtarchiv Ulm. Ulm 1987.

Varländer, Herwart: Nationalsozialistische Konzentrationslager im Dienst der totalen Kriegführung. Sieben württb. Außenkommandos des KZ Natzweiler/Elsaß (Veröffentlichungen der Kommission für geschichtliche Landeskunde in BaWü, Reihe B, Forschungen, 91. Band. Stuttgart 1978.

Wenke, Bettina: Interviews mit Überlebenden. Verfolgung und Widerstand in Südwestdeutschland. Stuttgart 1980.

Wichers, Hermann: Möglichkeiten und Grenzen des Widerstandes von Sozialdemokraten und Kommunisten in Baden Württemberg. In: Formen desWiderstandes im Deutschen Südwesten 1933–1945. Scheitern und Nachwirken. Hrsgg. von der Landeszentrale für Politische Bildung Baden Württemberg. Stuttgart1994.

Wilhelm, Friedrich: Die Württembergische Polizei im Dritten Reich. (Diss. phil. an der Universität Stuttgart) Stuttgart 1989.

Winkler, Karin: »Der Stuttgarter Frauenbeirat 1933 bis 1944.« In: Hiller, Marlene P. (Hrsg.): Stuttgart im Zweiten Weltkrieg. Ausstellungskatalog. Gerlingen 1989, S. 71–72.

Winkler, Karin: »Mehr arbeiten, weniger verbrauchen.« Die Stuttgarter Wirtschaft im Krieg. In: Hiller, Marlene P. (Hrsg.): Stuttgart im Zweiten Weltkrieg. Ausstellungskatalog. Gerlingen 1989, S. 335 bis 346.

Zelzer, Maria: Weg und Schicksal der Stuttgarter Juden. Ein Gedenkbuch, hrsgg. von der Stadt Stuttgart. Stuttgart 1964.

Zurowski, Martin: Die nationalsozialistische Machtergreifung in Vaihingen auf den Fildern. Wissenschaftliche Zulassungsarbeit (Typoskript), Stuttgart 1991.

Zweigart, Egon: »Oder soll ich gar den Weg gehen, den Judas gegangen ist?« Die »Ernsten Bibelforscher« im NS-Staat. In: Hiller, Marlene P. (Hrsg.): Stuttgart im Zweiten Weltkrieg. Ausstellungskatalog. Gerlingen 1989, S. 255–258.

»Zwischen Herr und Herrlichkeit. Das Bistum Aachen im Dritten Reich.« Begleitband zur Ausstellung vom 18.1.–11.4.1990 in Kelmis, Eupen, St. Vith. Aachen 1990.

Spezialuntersuchungen zur Alltags- und Regionalgeschichte im Nationalsozialismus außerhalb Württembergs

Aicher, Otl: Innenseiten des Krieges. Frankfurt/M. 1985.

Alltag im 2. Weltkrieg. (Sonderheft Courage 3). Berlin 1980.

Alltag im Nationalsozialismus 1933 bis 1939. Jahrbuch zum Schülerwettbewerb Deutsche Geschichte um den Preis des Bundespräsidenten. Hrsg. i. A. der Körber-Stiftung von Dieter Galinski und Ulla Lachauer. Braunschweig 1982.

Alltag im Nationalsozialismus: Kriegsjahre in Deutschland. Kupferzell 1985.

Alltag im Nationalsozialismus: Wie erging es den Kriegsgefangenen bzw. Fremdarbeitern während des Nationalsozialismus an unserem Ort? (Initiator und Mitwirkender: Klaus Hausmann). Friedrichshafen 1983.

Bästlein, Klaus, Helge Grabitz und Wolfgang Scheffler (Red.): Hamburger Justiz im Nationalsozialismus; herausgegeben von der Justizbehörde Hamburg. Hamburg 1992.

Beck, Johannes u.a. (Hrsg.): Terror und Hoffnung in Deutschland 1933–1945. Leben im Faschismus. Reinbek 1980.

Berger, Thomas (Hrsg.): Lebenssituationen unter der Herrschaft des Nationalsozialismus. Materialien. (Schriftenreihe der Niedersächsischen Landeszentrale für politische Bildung) Hannover 1981.

Bergmann, Klaus: Alltag im Nationalsozialismus. Stuttgart 1984.

Bimmer, Andreas, C. (Red.): Alltagsleben im Krieg. Marburgerinnen erinnern sich an den Zweiten Weltkrieg. (Marburger Stadtschriften zu Geschichte und Kultur, Bd. 16). Marburg o. J.

Blaich, Fritz: Möglichkeiten und Grenzen kommunaler Wirtschaftspolitik während der Weltwirtschaftskrise 1929–1932, dargestellt am Beispiel der Stadt Ludwigshafen am Rhein. In: Archiv für Kommunalwissenschaften, Bd.9, 1970, S. 92–108.

Bludau, Kuno: Gestapo – geheim! Widerstand und Verfolgung in Duisburg 1933–1945. Berlin und Bonn 1973.

Broszat, Martin und Elke Fröhlich: Alltag und Widerstand. Bayern im Nationalsozialismus. München 1987.

Brügge, Otfried u.a.: Hannover wird nationalsozialistisch. Ein Quellenlesebuch zur Machtübernahme, hrsgg. vom Historischen Museum am Hohen Ufer. Hannover 1981.

Buchloh, Ingrid: Die nationalsozialistische Machtergreifung in Duisbug. Eine Fallstudie. Duisburg 1980.

Büttner, Ursula: Hamburg im Luftkrieg. Die politischen und wirtschaftlichen Folgen des »Unternehmens Gomorrha« In: Hiller, Marlene, P., Eberhard Jäckel und Jürgen Rohwer (Hrsg.): Städte im Zweiten Weltkrieg. Ein internationaler Vergleich. Essen 1991. S. 272–298.

Ellwanger, Karen: Frau nach Maß. Der Frauentyp der 40er Jahre im Zeichen des Filmkostüms. In: Inszenierung der Macht. Ästhetische Faszinantion im Faschismus. Berlin 1987, S. 119f.

Fauck, Siegfried: Die Machtergreifung 1933 in Ludwigshafen. Eine Ausstellung des Stadtarchivs Ludwigshafen (Katalog). Ludwigshafen 1983.

Focke, Harald und Monika Strocka: Alltag der Gleichgeschalteten. Wie die Nazis Kirche, Kultur, Justiz und Presse braun färbten. Reinbek 1985.

Focke, Harald und Uwe Reimer: Alltag der Entrechteten. Wie die Nazis mit ihren Gegnern umgingen. Reinbek 1980.

Focke, Harald und Uwe Reimer: Alltag unterm Hakenkreuz. Wie die Nazis das Leben der Deutschen veränderten. Reinbeck 1989.

Forchammer, Bergit (Hrsg.): Emilie Braach. Wenn meine Briefe dich erreichen könnten. Aufzeichnungen aus den Jahren 1939–1945. Frankfurt/M. 1987.

Galinski, Dieter, Herbert Ulrich und Ulla Lachauer (Hrsg.): Nazis und Nachbarn. Schüler erforschen den Alltag im Nationalsozialismus. Reinbek 1982.

Galinski, Dieter und Ulla Lachauer (Hrsg.):Alltag im Nationalsozoialismus 1933 – 1939. Jahrbuch zum Schülerwettbewerb Deutsche Geschichte um den Preis des Bundespräsidenten. Braunschweig 1982.

Ginzel, Günther B.: Jüdischer Alltag in Deutschland 1933–1945.

Grube, Frank und Gerhard Richter: Alltag im Dritten Reich. So lebten die Deutschen 1933–1945. Hamburg 1982.

Grün, Max von der: Wie war das eigentlich? Kindheit und Jugend im Dritten Reich. Mit einer Dokumentation von Christel Schütz und einem Nachwort von Malte Dahrendorf. Darmstadt 1979.

Grunberger, Richard: Das zwölfjährige Reich. Der deutsche Alltag unter Hitler. Wien 1972.

Grunenberger, Richard: Der deutsche Alltag unter Hitler. Wien, München und Zürich 1971.

Guérin, Daniel: Die braune Pest. Reportagen aus dem Alltagsleben in Deutschland 1932/33. Frankfurt/M. 1983.

Hohn, Uta: Die Zerstörung deutscher Städte im Zweiten Weltkrieg. Regionale Unterschiede in der Bilanz der Wohnungstotalschäden und Folgen des Luftkrieges unter bevölkerungsgeographischem Aspekt (Duisburger Geographische Arbeiten 8) Dortmund 1991.

Kiersch, Gerhard, Reiner Klaus, Wolfgang Kramer und Elisabeth Reichardt-Kiersch: Berliner Alltag im Dritten Reich. Düsseldorf 1981.

Körberstiftung (Hrsg.): Alltag im Nationalsozialismus. Die Kriegsjahre in Deutschland. Katalog der preisgekrönten Arbeiten, Bd. 3, Wettbewerb 1980/81. Hamburg 1983.

Körberstiftung (Hrsg.): Alltag im Nationalsozialismus. Die Kriegsjahre in Deutschland. Katalog der preisgekrönten Arbeiten, Bd. 5, Wettbewerb 1982/83. Hamburg 1985.

Köstlin, Konrad: Der Eintopf der Deutschen. Das Zusammengekochte als Kultessen In: Jeggle, Utz, Wolfgang Kaschuba, Gottfried Korff u. a. (Hrsg.): Tübinger Beiträge zur Volkskultur. Tübingen 1986, S. 220–241.

Lebberger, Reiner und Hans-Peter de Lorent (Hrsg.): »Die Fahne hoch«. Schulpolitik und Schulalltag in Hamburg unterm Hakenkreuz. Hamburg 1986.

Mann, Reinhard: Protest und Kontrolle im Dritten Reich. Nationalsozialistische Herrschaft im Alltag einer rheinischen Großstadt (Studien zur historischen Sozialwissenschaft 6). Frankfurt/M. 1987.

Mann, Rosemarie: Entstehen und Entwicklung der NSDAP in Marburg. In: Hessisches Jahrbuch für Landesgeschichte 22, 1972, S. 234–342.

Meinzer, Lothar: Stationen und Strukturen der nationalsozialistischen Machtergreifung: Ludwigshafen am Rhein und die Pfalz in den ersten Jahren des Dritten Reiches. Ludwigshafen 1983.

Mirkes, Adolf und Karl Schild: Zeugnisse: Offenbach 1933–1945. Verfolgung und Widerstand in Stadt und Landkreis Offenbach. Köln 1988.

Mosse, George Lachmann: Der nationalsozialistische Alltag. So lebte man unter Hitler. Königstein/Ts. 1978.

Neufurth, Bernd: Solingen 1929–1933. Eine Studie zur Auflösung der Weimarer Republik und der nationalsozialistischen Machtübernahme in einer Kommune. Sankt Augustin 1984.

Neutzner, Martin (Hrsg.): Lebenszeichen. Dresden im Luftkrieg. Dokumentation der Ausstellung vom August 1989 – April 1990. Dresden 1991.

Peukert, Detlev: Der braune Alltag. In Heer, Hannes und Volker Ullrich (Hrsg.): Geschichte entdecken. Reinbek 1985, S. 217–222.

Ruhl, Klaus-Jörg: Brauner Alltag. 1933–1939 in Deutschland. Düsseldorf 1981.

Rüther, Martin (Bearb.): Köln, 31. Mai 1942: Der 1000-Bomber-Angriff, hrsgg. vom NS-Dokumentationszentrum der Stadt Köln (Kölner Schriften zu Geschichte und Kultur, Bd. 18) Köln 1992.

Schmeer, Karlheinz: Die Regie des öffentlichen Lebens im Dritten Reich. München 1956.

Steinert, Johannes-Dieter: Kevelaer. Eine niederrheinische Region zwischen Kaiserreich und Drittem Reich. Kevelaer 1988.

Tenfeld, Klaus: Proletarische Provinz: Radikalisierung und Widerstand in Penzberg/Oberbayern. In: Broszat, Martin, Elke Fröhlich und Anton Grossmann (Hrsg.): Bayern in der NS-Zeit. München und Wien 1977–1983, Bd. 4.

Weber, Otto: Tausend ganz normale Jahre. Ein Photoalbum des gewöhnlichen Faschismus. Nördlingen 1987.

Westentrieder, Norbert: »Deutsche Frauen und Mädchen!« Vom Alltagsleben 1933–1945. Düsseldorf 1984.

Ortsgeschichten im Nationalsozialismus

Allen, William Sheridan: The Nazi Seizure of Power. The Experiance of a Single German Town, 1922–1945. Überarbeitete Ausgabe New York 1984.

Bohnert, Franz-Jürgen und Kleinschmidt, Heiner (Hrsg.): Heidenheim zwischen Hakenkreuz und Heidenkopf. Eine lokale Dokumentation zur Nazi-Zeit. Heidenheim 1983.

Das »Dritte Reich« und seine Vorgeschichte in Stadt und Altkreis Schwäbisch Hall (1923–1939). Hrsg. vom Kreisarchiv Schwäbisch Hall. Red.: Hans P. Müller. Schwäbisch Hall 1992.

Dressen, Josef: Der Kreis Daun im Dritten Reich. Daun 1990.

Dressler, Detlev, Hans Galen und Christoph Spieker: Greven 1918–1950. Republik, NS-Diktatur und ihre Folgen. 2 Bde. Greven 1991.

Ebeling, Hans-Heinrich und Hans-Reinhard Fricke: Duderstadt 1929–1949. Untersuchungen zur Stadtgeschichte des Dritten Reichs. Vom Ende der Weimarer Republik bis zur Gründung der Bundesrepublik Deutschland (Beiträge zur Geschichte der Stadt Duderstadt, Bd. 2). Duderstadt 1992.

Funk, Erwin: Böblingen im Dritten Reich, 2 Bde. Böblingen 1987.

Görgen, Hans Peter: Düsseldorf und der Nationalsozialismus. Düsseldorf 1969.

Göttingen unterm Hakenkreuz. Nationalsozialistischer Alltag in einer Stadt. Göttingen 1983.

Hagmeier, Karl: Langenau im Dritten Reich. Zum Verhältnis von Kirche und Staat. Weißenhorn 1986.

Heidelberg unter dem Nationalsozialismus. Studien zu Verfolgung, Widerstand und Anpassung. Im Auftrag der Stadt Heidelberg hrsgg. von Jörg Schadt und Michael Caroli (Motive – Texte – Materialien 26). Heidelberg 1985.

Herrmann, Rita, A. und Gerhard Nunner (Hrsg.): Der Nationalsozialismus in Bamberg. Textsammlung mit Beiträgen von den Mitgliedern der Geschichtswerkstatt Impuls e.V. in Kooperation mit Regenbogen. Bamberg 1992.

Hüttenberger, Peter: Die Industrie- und Verwaltungsstadt Düsseldorf. Geschichte von den Anfängen bis ins 20. Jahrhundert. Düsseldorf 1989.

Jakober, Wilmar (Hrsg.): Langenau 1933–1945. Ein Stück Stadtgeschichte. Langenau 1985.

Janta, Leonhard: Kreis Ahrweiler unter dem Hakenkreuz (Studien der Vergangenheit und Gegenwart, Bd. 2). Bad Neuenahr-Ahrweiler 1989.

Koob, Wolfgang: »Chronik von Allershausen«. Allershausen 1992.

Lohmann, Hartmut: »Hier war doch alles nicht so schlimm«. Der Landkreis Stade in der Zeit des Nationalsozialismus (Beiträge des Landkreis Stade zu regionalen Themen, 8) Stade 1991.

Mallmann, Klaus-Michael, und Gerhard Paul: Herrschaft und Alltag. Ein Industrierevier im Dritten Reich (Widerstand und Verweigerung im Saarland 1935–1945, Bd. 2). Bonn 1991.

Markdorf 1932–1940. Arbeitsgemeinschaft Geschichte am Bildungszentrum Markdorf. Friedrichshafen 1986.

Mensing, Björn und Friedrich Prinz (Hrsg.): Irrlicht im leuchtenden München? Der Nationalsozialismus in der »Hauptstadt der Bewegung«. München 1991.

Müller, Roland: Stuttgart zur Zeit des Nationalsozialismus. Stuttgart 1988.

Münkel, Daniela: Bauern im Nationalsozialismus. Der Landkreis Celle im Dritten Reich (Hannoversche Schriften zur Regional- und Lokalgeschichte Bd. 2). Bielefeld 1991.

Nationalsozialismus in Tuttlingen. Beiträge zur Zeitgeschichte. Sonderausgabe der Tuttlinger Heimatblätter. Hrsgg. von der Stadt Tuttlingen. Tuttlingen 1986.

Oebel, Roger: Hombruch unterm Hakenkreuz. Dortmund 1988.

Ortsgeschichte Stadtkyll. Stadtkyll im Zweiten Weltkrieg, hrsgg. von der Ortsgemeinde Stadtkyll. Stadtkyll 1986.

Pohlmann, Hanne und Klaus: Kontinuität und Bruch. Nationalsozialismus und die Kleinstadt Lemgo (Forum Lemgo Heft 5). Bielefeld 1990.

Rebentisch, Dieter (Hrsg.): Dreieich. Parteienpolitik und »Volksgemeinschaft«. 5 Gemeinden in Dokumenten aus der Weimarer Republik und der NS-Zeit. Frankfurt/M. 1984.

Reyer, Herbert (Hrsg.): Aurich im Nationalsozialismus. Aurich 1989.

Rupp, Maria: Kinder, Kirche und Kanone. Sachsenheim 1989.

Sahrhage, Norbert: Bünde zwischen »Machtergreifung« und Entnazifizierung. Geschichte einer westfälischen Kleinstadt von 1929 bis 1953. Biele-feld 1990.

Salzmann, Bernd und Wilfried Voigt: »keiner will es gewesen sein«. Dörnigheim im Nationalsozialismus. Maintal 1991.

Schönhagen, Benigna: Tübingen unterm Hakenkreuz. Eine Universitätsstadt in der Zeit des Nationalsozialismus. (Beiträge zur Tübinger Geschichte, Bd. 4) Bearbeitete Fassung einer Diss. phil. an der Universität Stuttgart. Tübingen 1991.

Stokes, Lawrence D: Kleinstadt und Nationalsozialismus. Ausgewählte Dokumente zur Geschichte von Eutin 1918–1945. Neumünster 1984.

Struve, Walter: Aufstieg und Herrschaft des Nationalsozialismus in einer industriellen Kleinstadt. Osterode am Harz 1918–1945. Essen 1992.

Tenfelde, Klaus: Proletarische Provinz. Radikalisie-rung und Widerstand in Penzberg/Oberbayern 1900–1945. In: Broszert, Martin, Elke Fröhlich und Anton Grossmann (Hrsg.): Bayern in der NS-Zeit, Bd. 4. München und Wien 1981, S. 1–382.

Wagner, Kurt und Gerhard Wilke: Dorfleben im Dritten Reich: Körle in Hessen, in: Peukert, Detlev und Jürgen Reulecke (Hrsg.): Die Reihen fast geschlossen. Beiträge zur Geschichte des Alltags unterm Nationalsozialismus. Wuppertal 1981, S. 85–106.

Werner, Josef: Karlsruhe 1945. Unter Hakenkreuz, Trikolore und Sternenbanner. Karlsruhe 1985.

Wolff, Eva: Nationalsozialismus in Leverkusen. Veröffentlichungen des Stadtarchivs Leverkusen. Bd.1, Leverkusen 1988.

Zelzer, Maria: Stuttgart unterm Hakenkreuz. Chronik 1933–1945. Stuttgart 1983.

Sonstige Literatur

Allgemeine Literatur zur deutschen Geschichte

Michalka, Wolfgang (Hrsg.): Der Erste Weltkrieg. München und Zürich 1994.

Neumann, Siegmund: Die Parteien der Weimarer Republik. Stuttgart [2]1970.

Literatur zur Sozial- und Arbeitergeschichte allgemein

Amery, Carl: Die Kapitulation oder Deutscher Katholizismus heute. Reinbek 1963.

Balser, Frolinde: Sozialdemokratie 1848/49–1863. Die erste deutsche Arbeiterorganisation »Allgemeine Arbeiterverbrüderung« nach der Revolution. 2 Bde. Stuttgart 1962.

Beck, Stefan, Horst Engelmann, Klaus Schaub, Horst Steffens, Ingrid Steffens und Dirk Steinwand: Leben in der Arbeiterbewegung. Zum Freizeitverhalten von Arbeitern in drei württembergischen Gemeinden. In: Demokratie und Arbeitergeschichte, Jahrbuch 3, hrsgg. von der Franz-Mehring-Gesellschaft Stuttgart. Weingarten 1983, S. 64–82, hier S. 67.

Bibliothek der Vereinten Nationen in Genf, Völkerbundsarchiv (Hrsg.) »Die Waffen nieder!« Bertha von Suttner (1843–1914) und andere Frauen der Friedensbewegung. Genf 1993.

Bloch, Marc: Die Feudalgesellschaft. (Franz. Orig. bei Albin, 1939,1940,1966,1967,1968) Dt. Erstausgabe Frankfurt/M., Berlin; Wien 1982.

Groh, Dieter: Negative Integration und revolutionärer Attentismus. Die deutsche Sozialdemokratie am Vorabend des Ersten Weltkrieges. Frankfurt/M. 1973.

Internationale Wissenschaftliche Korrespondenz zur Geschichte der deutschen Arbeiterbewegung (IWK), Heft 8, Juni 1967 (bearb. von Gregor Richter und Wolfgang Schmierer).

Klenke, Dietmar, Peter Lilje und Walter, Franz: Sozialistische Gesangs- und Bühnenkultur. Solidargemeinschaft und Milieu: Sozialistische Kultur- und Freizeitorganisationen in der Weimarer Republik, Bd. 1, hrsgg. von Peter Lösche. Bonn 1992.

Kratzenberg, Volker: Arbeiter auf dem Weg zu Hitler? Die Nationalsozialistische Betriebszellen-Organisation. Ihre Entstehung, ihre Programmatik, ihr Scheitern 1927–1934. Frankfurt/M. 1987.

Kruse, Wolfgang: Krieg und nationale Integration. Eine Neuinterpretation des sozialdemokratischen Burgfriedensschlusses 1914/15. Essen 1994.

Lepsius, Maria Rainer: Parteiensystem und Sozialstruktur. Zum Problem der Demokratisierung der Deutschen Gesellschaft. In: Wirtschaft, Geschichte und Wirtschaftsgeschichte. Festschrift zum 65. Geburtstag von Friedrich Lütge. Hrsgg. von Wilhelm Abel u. a. Stuttgart 1966, S. 371–393.

Lepsius, Maria Rainer: Demokratie in Deutschland Soziologisch-historische Konstellationsanalysen. Ausgewählte Aufsätze (Kritische Studien zur Geschichtswissenschaft Bd. 100). Göttingen 1993.

Mehring, Franz: Gesammelte Schriften, Bd. 10, Berlin 1977.

Merkel, Helga: »Unter den Waffen schweigen die Musen«. Wie die Stuttgarter Sozialdemokratie 1905 ihren Schiller feierte. In: Demokratie und Arbeitergeschichte, Jahrbuch 3, hrsgg. von der Franz-Mehring-Gesellschaft Stuttgart. Weingarten 1983, S. 41 bis 63.

Ritter, Gerhard (Hrsg.): Arbeiterkultur. Königstein/Ts. 1979.

Sozialistengesetz, Arbeiterbewegung und Demokratie. Hrsgg. von Dieter. Döring. Köln 1979.

Stöcker, Michael: Augusterlebnis 1914 in Darmstadt. Legende und Wirklichkeit. Darmstadt 1994.

Ulrich, Bernd und Benjamin Ziemann (Hrsg.): Frontalltag im Ersten Weltkrieg. Wahn und Wirklichkeit. Quellen und Dokumente. Frankfurt/M. 1994.

Walter, Franz, Viola Denecke und Cornelia Regin: Sozialistische Gesundheits- und Lebensreformverbände. Solidargemeinschaft und Milieu: Sozialistische Kultur- und Freizeitorganisationen in der Weimarer Republik, Band 2, hrsgg. von Peter Lösche (Politik- und Gesellschaftsgeschichte, Band 24, hrsgg. von Dieter Dowe) Bonn 1991.

Walter, Franz: Sozialistische Akademie- und Intellektuellenorganisationen in der Weimarer Republik. Bonn 1990.

Wehler, Hans-Ulrich: Deutsche Gesellschaftsgeschichte. Erster Band: Vom Feudalismus des Alten Reiches bis zur Defensiven Modernisierung der Reformära 1700–1815. München 1987.

Literatur zum Stichwort »Geschlechterkategorie«

Bock, Gisela: Geschichte, Frauengeschichte, Geschlechtergeschichte. In: Geschichte und Gesellschaft. Zeitschrift für Histoische Sozialwissenschaften, 14. Jg., Heft 3 (1988)

Bock, Gisela: Historische Frauenforschung: Fragestellungen und Perspektiven. In: Hausen, Karin (Hrsg.): Frauen suchen ihre Geschichte. München 1983, S. 22–61.

Decken, Godele von der: Emanzipation auf Abwegen. Frauenkultur und Frauenliteratur im Umkreis des Nationalsozialismus. Frankfurt/M. 1988.

»Der andere Blick« – feministische Wissenschaft? Sondernummer der Zeitschrift ALTERNATIVE XI/120–121, 1978.

»Frauengeschichte« – Sonderheft der »Beiträge zur feministischen Theorie und Praxis«, Heft 5/1981.

Frevert, Ute: Frauen-Geschichte. Zwischen bügerlicher Verbesserung und neuer Weiblichkeit. Frankfurt/M. 1986.

Hausen, Karin (Hrsg.): Frauen suchen ihre Geschichte. München 1983.

Hochreuther, Ina: Frauen im Parlament. Südwestdeutsche Abgeordnete seit 1919. Stuttgart 1992.

Kuhn, Annette u.a. (Hrsg.): Frauen in der Geschichte. 2 Bde, Düsseldorf 1979 und 1982.

Kuhn, Annette: Identitätsgewinnung durch Frauengeschichte – Gefahren, Grenzen, Möglichkeiten. In: Geschichtsdidaktik 10 (1985), Heft 2, S. 117–128.

Thalmann, Rita: Frausein im Dritten Reich. München 1984.

Schenk, Herrad: Frauen kommen ohne Waffen. München 1983.

Literatur zur Nachkriegsgeschichte

Allgemeine Literatur zur Nachkriegsgeschichte

Akten zur Auswärtigen Politik der Bundesrepublik Deutschland 1963. München 1994.

Arbeiterinitiative 1945. Antifaschistische Ausschüsse und Reorganisation der Arbeiterbewegung in Deutschland , hrsgg. von Lutz Niethammer, Ulrich Borsdorf und Peter Brandt. Wuppertal 1976.

Arendt, Hannah: Besuch in Deutschland. Berlin (1986) 1993.

Badstübner, Rolf und Siegfried Thomas: Entstehung und Entwicklung der BRD. Restauration und Spaltung 1945–1955. Köln ²1979.

Becker, Josef, Theo Stammen und Peter Waldmann (Hrsg.): Vorgeschichte der Bundesrepublik Deutschland. Zwischen Kapitulation und Grundgesetz. München 1979.

Benz, Wolfgang (Hrsg.): Die Vertreibung der Deutschen aus dem Osten. Ursachen, Ereignisse, Folgen. Frankfurt/M. 1985.

Broszat, Martin (Hrsg.): Von Stalingrad zur Währungsreform. München 1988.

Buchheim, Christoph: Die Währungsreform 1948 in Westdeutschland. In: Vierteljahreshefte für Zeitgeschichte 36 (1988), S. 189–232.

Doering-Manteuffel, Anselm: Die Bundesrepublik in der Ära Adenauer. Außenpolitik und innere Entwicklung 1949–1963. Darmstadt ²1988.

Dokumentation der Vertreibung der Deutschen aus Ost- und Mitteleuropa. Bearbeitet von Theodor Schieder; hrsgg. vom Bundesministerium für Vertriebene, Flüchtlinge und Kriegsgeschädigte. 5. Bde. Bonn 1953–1961.

Dotterweich, Volker: Die »Entnazifizierung«. In: Becker, Josef, Theo Stammen und Peter Waldmann (Hrsg.): Vorgeschichte der Bundesrepublik Deutschland. Zwischen Kapitulation und Grundgesetz. München ²1987, S. 125–164.

Erker, Paul: Revolution des Dorfes? Ländliche Bevölkerung zwischen Flüchtlingszustrom und landwirtschaftlichem Strukturwandel. In: Brozat, Martin (Hrsg.): Von Stalingrad zur Währungsreform. München 1988, S. 367–426.

Fait, Barbara: Die Kreisleiter nach 1945. In: Brozat, Martin (Hrsg.): Von Stalingrad zur Währungsreform. München 1988, S. 213–300.

Fürstenau, Justus von: Entnazifizierung. Ein Kapitel deutscher Nachkriegspolitik (Politica 40). Neuwied und Berlin 1969.

Goschler, Constantin: Wiedergutmachung, Westdeutschland und die Verfolgten des Nationalsozialismus [1945–1954] (Quellen und Darstellungen zur Zeitgeschichte, Bd. 34). München 1992.

Gössner, Rolf: Die vergessenen Justizopfer des Kalten Krieges. Über den unterschiedlichen Umgang mit der deutschen Geschichte in Ost und West. Hamburg 1994.

Grube, Frank und Gerhard Richter: Das Wirtschaftswunder. Unser Weg in den Wohlstand. Hamburg 1983.

Henke, Klaus-Dieter: Politische Säuberung unter französischer Besatzung. Die Entnazifizierung in Württemberg-Hohenzollern (Schriftenreihe der Vierteljahreshefte f. Zeitgesch. 42). Stuttgart 1981.

Hetzer, Gerhard: Unternehmer und leitende Angestellte zwischen Rüstungseinsatz und politischer Säuberung. In: Brozat, Martin (Hrsg.): Von Stalingrad zur Währungsreform. München 1988, S. 551 bis 592.

Hoffmann, Christa: Stunden Null? Vergangenheitsbewältigung in Deutschland 1945 und 1989, mit einem Vorwort von Alfred Streim (Schriftenreihe Extremismus & Demokratie 2). Bonn und Berlin 1992.

Jacobmeyer, Wolfgang: Vom Zwangsarbeiter zum heimatlosen Ausländer. Die DPs in Westdeutschland 1945–1951. Göttingen 1985.

Kittel, Manfred: Die Legende von der »Zweiten Schuld«. Vergangenheitsbewältigung in der Ära Adenmauer. Frankfurt/M. 1993.

Krockow, Christian Graf von: Die Stunde der Frauen. Bericht aus Pommern 1944–1947. Nach einer Erzählung von Libussa Fitz-Krockow. Stuttgart 1988.

Kuhn, Annette (Hrsg.): Frauen in der deutschen Nachkriegszeit. Düsseldorf 1986.

Laak, Dirk van: Gespräche in der Sicherheit des Schweigens. Carl Schmitt in der politischen Geistesgeschichte der frühen Bundesrepublik. Berlin 1993.

Latour, Conrad F. und Thilo Vogelsang: Okkupation und Wiederaufbau. Die Tätigkeit der Militärregierung in der amerikanischen Besatzungszone Deutschlands 1944–1947. Stuttgart 1973.

Lepsius, Maria Rainer: Das Erbe des Nationalsozialismus und die politische Kultur der 'Nachfolgestatten des »Großdeutschen Reiches«. In: Lepsius, Maria Rainer: Demokratie in Deutschland Soziologisch-historische Konstellationsanalysen. Ausgewählte Aufsätze (Kritische Studien zur Geschichtswissenschaft Bd. 100). Göttingen 1993, S. 229–245.

Maier, Herbert: Die Entwicklung der Kommunalpolitik und der Organisation in den drei westlichen Besatzungszonen. In: Becker, Josef, Theo Stammer und Peter Waldmann (Hrsg.): Vorgeschichte der Bundesrepublik Deutschland. Zwischen Kapitulation und Grundgesetz. München [2]1987, S. 351–366.

Niethammer, Lutz: Die Mitläuferfabrik. Die Entnazifizierung am Beispiel Bayerns. Berlin und Bonn 1982.

Pross, Christian: Wiedergutmachung. Der Kleinkrieg gegen die Opfer, Hsrgg. vom Hamburger Institut für Sozialforschung. Frankfurt/M. 1988.

Rosenthal, Gabriele: Biographische Strategien zur Entpolitisierung der NS-Vergangenheit. In: Der Holocaust – familiäre und gesellschaftliche Folgen. Aufarbeitung in Wissenschaft und Erziehung. Wuppertal 1988.

Rückerl, Adalbert: Die Strafverfolgung von NS-Verbrechen 1945–1978. Eine Dokumentation (Recht – Justiz – Zeitgeschehen, Bd. 31). Heidelberg 1979.

Rückerl, Adalbert: NS-Verbrechen vor Gericht. Versuch einer Vergangenheitsbewältigung. (Recht – Justiz – Zeitgeschehen, Bd. 36). Heidelberg 1982 (2. überarb. Auflage, 1984).

Schick, Christa: Die Internierungslager. In: Brozat, Martin (Hrsg.): Von Stalingrad zur Währungsreform. München 1988, S. 301–326.

Schultheiß, Hans: Nachkriegsprozesse. In: Die Männer von Brettheim. Lesebuch zur Erinnerungsstätte. Hrsg. von der Landeszentrale für politische Bildung Baden-Württemberg. Villingen-Schwenningen 1993, S. 123–141.

Schulze, Rainer, Doris von der Brelie-Lewien und Helga Grebing (Hrsg.): Flüchtlinge und Vertriebene in der westdeutschen Nachkriegsgesellschaft. Bilanzierung der Forschung und Perspektiven für künftige Forschungsarbeit. Hildesheim 1987.

Unruh, Trude (Hrsg.): Trümmerfrauen. Biographien einer betrogenen Generation. Essen 1987.

Weinacht, Paul-Ludwig: Die CDU in Baden-Württemberg und ihre Geschichte. (Schriften zur politischen Landeskunde Baden-Württembergs Bd. 2) Stuttgart 1978.

Willenbacher, Barbara: Zerrüttung und Bewährung der Nachkriegs-Familie. In: Brozat, Martin (Hrsg.): Von Stalingrad zur Währungsreform. München 1988, S. 595–618.

Wirth, Dieter: Die Familie in der Nachkriegszeit. In: Becker, Josef, Theo Stammer und Peter Waldmann (Hrsg.): Vorgeschichte der Bundesrepublik Deutschland. Zwischen Kapitulation und Grundgesetz. München [2]1987.

Woller, Hans: Gesellschaft und Politik in der amerikanischen Besatzungszone. München 1986.

Literatur zur Alltags- und Regionalgeschichte in der Nachkriegszeit

Bayer, Michael: Stuttgart unter französischer Besatzung. In: Hiller, Marlene P. (Hrsg.): Stuttgart im Zweiten Weltkrieg. Ausstellungskatalog. Gerlingen 1989, S. 535–539.

»Der Sport«. Organ des Landessportverbandes Württemberg. Hrsg. im Auftrag des Landessportverbandes: Kast, Robert, mit Genehmigung der Publications Control OMG Württembg.-Baden – Informations Control Branch. Nr.1/1946 – 51/1947

»Die Heimatvertriebenen in Württemberg-Baden und ihre wirtschaftliche Eingliederung«, hrsg. v. Staatsbeauftragten für das Flüchtlingswesen in BaWü. Stuttgart (Juni) 1950.

Friede, Freude Eierkuchen? Frauenalltag in der Heilbronner Nachkriegszeit. Ausstellungskatalog zur Ausstellung vom 29.11.1991–02.02.1992, hrsgg. von der Leitstelle zur Gleichstellung der Frau, bearbeitet von Christine Glauning und Frauke Petzold. Heilbronn 1991.

Jung, Martina und Martina Scheitenberger: Frauen in Hannover 1945–1948 (Ausstellungskatalog). Hannover 1991.

Müller, Ulrich: Fremde in der Nachkriegszeit. Displaced Persons – zwangsverschleppte Personen – in Stuttgart und Württemberg-Baden 1945–1951 (Veröffentlichungen des Archivs der Stadt Stuttgart, hrsgg. von Paul Sauer, Band 49). Stuttgart 1991.

Niethammer, Lutz: Aktivität und Grenzen der Antifaschistischen Ausschüse 1945, das Beispiel Stuttgart. In: VjZG 23 (1975), S. 297ff.

Niethammer, Lutz: Entnazifizierung in Bayern. Säuberung und Rehabilitierung unter amerikanischer Besatzung. Frankfurt/M. 1972.

Prinz, Friedrich (Hrsg.): Trümmerzeit in München. Kultur und Gesellschaft einer deutschen Stadt 1945–1949. München 1984.

Sauer, Paul: Demokratischer Neubeginn in Not und Elend. Das Land Württemberg-Baden von 1945 bis 1952. Ulm 1978.

Strüber, Reinhard: Das erste Besatzungsjahr. Von der Kapitulation zum demokratisch gewählten Gemeinderat. In: Von Weimar bis Bonn. Esslingen 1919–1949. Begleitband zur Ausstellung. Hrsgg. von der Stadt Esslingen, Esslingen/N. 1991, S. 367 bis 387.

Strüber, Reinhard: Displaced Persons in Esslingen. In: Esslinger Studien, Zeitschrift 28/1989, S. 285–320.

Strüber, Reinhard: Dr. Fritz Landenberger – Landrat und Oberbürgermeister in Esslingen. In: Schwäbische Heimat 1990/3, S. 223–230.

Strüber, Reinhard: Neubeginn auf wenigen Quadratmetern. Aufnahme und Eingliederung von Flüchtlingen und Vertriebenen. In: Von Weimar bis Bonn. Esslingen 1919–1949. Begleitband zur Ausstellung. Hrsgg. von der Stadt Esslingen 1991, S. 409–424.

Strüber, Reinhard: Kommunalpolitik während der Besatzungszeit. Politiker, Parteien und Wahlen in Esslingen 1945–1949. In: Esslinger Studien 27/1988, S. 203–250.

Strüber, Reinhard: Von der Demontage zur Währungsreform. Das Esslinger Wirtschaftsleben in der Nachkriegszeit. In: Von Weimar bis Bonn. Esslingen 1919–1949. Begleitband zur Ausstellung. Hrsgg. von der Stadt Esslingen, Esslingen/N. 1991, S. 425–439.

Vertriebene und Einheimische in Leinfelden, Echterdingen, Musberg und Stetten 1945–1950. Katalog zur Ausstellung vom 13. 12. 1991–12. 1. 1992, hrsgg. vom Stadtarchiv Leinfelden-Echterdingen, bearbeitet von Susanne Bock. Leinfelden-Echterdingen 1991.

Winkel, Harald: Geschichte der Württembergischen Industrie- und Handelskammern. Stuttgart 1980.

Sonstiges

Bamm, Peter [Pseudonym für Kurt Emmerich]: Die unsichtbare Flagge. Ein Bericht. München 1952.

Beck, Reinhart, Sachwörterbuch der Politik. Stuttgart 1986.

Bernhard, Henry: Finis Germaniae. Aufzeichnungen und Betrachtungen. Stuttgart 1947.

Bossmann, Dieter (Hrsg.): »Was ich über Adolf Hitler gehört habe...« Folgen eines Tabus: Auszüge aus Schüleraufsätzen von heute. Frankfurt/M. 1977.

Feldes, Roderich: Lilar. Hamburg 1980.

Frank, Hans: Nationalsozialistisches Handbuch für Recht- und Gesetzgebung. München 1934.

Jünger, Ernst: In Stahlgewittern. Stuttgart ^{29}1985.

Lucas, Friedrich J.: Grundriß der Geschichtsdidaktik. (Als Manuskript vervielfältigte Vorlesung WS 1968/69). Gießen 1969.

Lucas, Friedrich J.: Zur Geschichts-Darstellung im Unterricht. In: Geschichte in Wissenschaft und Unterricht, Jahrgang 16 (1965) Heft 5, S. 285–298.

Ludwig, Emil: Goethe. (Erstausg.: 1919, 1922 u.a.) Berlin, Wien, Leipzig 1931.

Matz, Reinhard (Hrsg.): Die unsichtbaren Lager. Das Verschwinden der Vergangenheit im Gedenken. Reinbek 1993.

Maurois, André: Ariel ou la vie de Shelley. Paris 1923, 1929 u.a.

Meister, Anja: Träume gehen nicht verloren. München 1984.

Strachey, Lytton: Eminent Victorians. (Erstausg.: London 1918) Neuaufl. (Penguin Books 649) Harmondsworth 1948.

Timm, Uwe: Der Mann auf dem Hochrad. Köln 1984.

Wölfel, Ursula: Jakob, der ein Kartoffelbergwerk träumte. Nacherzähltes aus seinem Leben 1832 bis 1854. Modautal-Neunkirchen 1980.

Zweig, Arnold: Erziehung vor Verdun. Frankfurt/M. 1984.

Zweig, Stefan: Drei Meister. (Erstausg. 1923) 21.–25. Tausend Leipzig 1927.

Abkürzungsverzeichnis

a. D. außer Dienst
abgeg. abgegeben
ABV Arbeiterbildungsverein
ABVE Arbeiterbildungsverein Esslingen
ADGB Allgemeiner Deutscher Gewerkschaftsbund
Anm. Anmerkung
Antid. Antidemokraten
Antim. Antimonarchisten
AOK Allgemeine Ortskrankenkasse
AR Arbeiterrat
Art. Artikel
ASB Arbeiter-Samariter-Bund
AsD Archiv der sozialen Demokratie
ATSB Arbeiter- Turn- und Sportbund
Aufl. Auflage
AuSR Arbeiter- und Soldatenrat
AWO Arbeiterwohlfahrt
Az. Aktenzeichen
BA-MA Bundesarchiv – Militärarchiv Freiburg
BAK Bundesarchiv Koblenz
Bd. Band

BDC Berlin Document Center
BDM Bund Deutscher Mädel
Bearb. Bearbeiter
bzw. beziehungsweise
Bl. Blatt
BP Bürgerpartei
Bü Büschel
BWB Bauern- und Weingärtnerbund
Civitas Civitas et Regio Eselingas
CSVD Christlich-Sozialer Volksdienst
CVD Christlicher Volksdienst
CVJM Christlicher Verein Junger Männer
CVR Christliche Vereinigungen Reichenbach
d. A. der Autor
d. J. dieses Jahres
DAAB Deutscher-Arbeiter-Abstinenten-Bund
DAF Deutsche Arbeitsfront
DAP Deutsche Arbeiterpartei
DAS Der Arbeiter- Samariter
DC Deutsche Christen
DDP Deutsche Demokratische Partei

DEK Deutsche Evangelische Kirchen
Demokr. Demokraten
ders. derselbe
DGB Deutscher Gewerkschaftsbund
DGO Deutsche Gemeindeordnung
dies. dieselbe
div. diverse
DKP Deutsche Kommunistische Partei
DMV Deutscher Metallarbeiterverband
DNVP Deutschnationale Volkspartei
Dok. Dokument
DP, Dps placed person, displaced persons
Dt. VS Deutscher Volkssturm
DVFP Deutsch-Völkische Freiheitspartei
DVP Deutsche Volkspartei
EDE Evangelisches Dekanatsamt Esslingen
EDG Evangelisches Dekanatsamt Göppingen
EKAR Evangelisches Kirchenarchiv Reichenbach
     (=Archiv der Evangelischen Mauritiusgemeinde
     Reichenbach an der Fils, Reichenbach)
ES Esslingen
evang. evangelisch
EVZ Esslinger Volkszeitung
EW Einwohner
EZ Eßlinger Zeitung
EZA Archiv der Eßlinger Zeitung
EZAB Evangelisches Zentralarchiv Berlin
F. Fils
FAG Flug- und Arbeitsgemeinschaft Reichenbach
FLAT Flattich
FWVR Freier Wählerverein Reichenbach
GAR Gemeindearchiv Reichenbach
GDA Gewerkschaftsbund der Angestellten
GeKraT Gemeinnützige Krankentransport GmbH.
Ges. Gesamt
Gestapo Geheime Staatspolizei
GP Göppingen
GR Gemeinderat
GRP Gemeinderatsprotokoll
GRW Gemeinderatswahl
GV Gewerbeverein
GZ Göppinger Zeitung
GzVeN Gesetz zur Verhütung erbkranken Nach-
     wuchses
HAFRABA Verein zur Vorbereitung der Autostraße
     Hamburg–Frankfurt–Basel
HdG Haus der Geschichte Baden Württemberg
Hervorh. vorhebung
HGV Handels- und Gewerbeverein
HJ Hitlerjugend
Hrsg. Herausgeber
hrsgg. herausgegeben
HStA Hauptstaatsarchiv
IAH Internationale Arbeiterhilfe
IfA Interessengemeinschaft für Arbeiterkultur
IfZ Institut für Zeitgeschichte
IMT Internationales Militärtribunal
insbes. insbesondere
insges. insgesamt
IRH Internationale Rote Hilfe
IWK Internationale Wissenschaftliche Korrespon-
     denz zur Geschichte der deutschen Arbeiterbewe-
     gung
Jg. Jahrgang
K.steuer Kirchensteuer

KaKAP Katholisches Kirchenarchiv Plochingen
kath. katholisch
KdF Kraft durch Freude
KJV Kommunistischer Jugendverband
KLV Kinderlandverschickung
KPD Kommunistische Partei Deutschlands
KrAGöp Kreisarchiv Göppingen
KrArE Kreisarchiv Esslingen
KTA Kirchlich Theologische Arbeitsgemeinschaften
KvD Kassenärztliche Vereinigung Deutschlands
KZ Konzentrationslager
LKA Landeskirchliches Archiv
LKW Lastkraftwagen
LOV Landwirtschaftlicher Ortsverein
LT Landtag
LTW Wahl zum Landtag
männl. männlich
ME Maschinenfabrik Esslingen
MG Maschinengewehr
Monarch. Monarchisten
MSPD Mehrheitssozialdemokratische Partei
     Deutschlands
Nr. Nummer
NS Nationalsozialistisch
NS-Hago Nationalsozialistische Handwerks-, Han-
     dels- und Gewerborganisation
NSBO Nationalsozialistische Betriebszellenorgani-
     sation
NSDAP Nationalsozialistische Deutsche Arbeiter-
     partei
NSDStB Nationalsozialistischer Deutscher Studen-
     tenbund
NSK NS-Kurier
NSFK Nationalsozialistisches Fliegerkorps
NSKK Nationalsozialistisches Kraftfahrerkorps
NSKOV Nationalsozialistische Kriegsopferversor-
     gung
NSLB Nationalsozialistischer Lehrerbund
NSV Nationalsozialistische Volkswohlfahrt
NV Nationalversammlung
NVW Wahl zur Nationalversammlung
o. J. ohne Jahr
o. O. ohne Ort
OA Oberamt
öffentl. öffentlich(er)
OGL Ortsgruppenleiter
OKR Oberkirchenrat
OKW Oberkommando der Wehrmacht
Org. Organisation
Pers. Personen
Pg Parteigenosse
PGD Proletarischer Gesundheitsdienst
Prot. Protokoll
PS Privatsammlung
RAD Reichsarbeitsdienst
RAF Royal Air Force
RAW Reichsbahn-Ausbesserungs-Werk Esslingen
Rb. Reichenbach
Reg. Bl. Regierungsblatt
RFB Roter Frontkämpferbund
RFSSuChdDP Reichsführer-SS und Chef der Deut-
     schen Polizei
RGBl. Reichsgesetzblatt
RGO Revolutionäre Gewerkschafts-Opposition
RLSB Reichsluftschutzbund

RM Reichsmark
RSHA Reichssicherheitshauptamt
RT Reichstag
RTW Wahl zum Reichstag
S. Seite
SA Sturmabteilung
SAJ Sozialistische Arbeiterjugend
SAP Sozialistische Arbeiterpartei
SAZ Süddeutsche Arbeiterzeitung
SD Sicherheitsdienst
SiPo Sicherheitspolizei
SPD Sozialemokratische Partei Deutschlands
SS Schutzstaffel
StA Staatsarchiv
StAE Stadtarchiv Esslingen
StAFi Stadtarchiv Filderstadt
StAGöp Stadtarchiv Göppingen
StAKi Stadtarchiv Kirchheim
Stalag Stammlager Ludwigsburg
StALu Staatsarchiv Ludwigsburg
StAM Staatsarchiv München
StAOstfi Stadtarchiv Ostfildern
StAPlo Stadtarchiv Plochingen
StArEb Stadtarchiv Ebersbach
StAS Stadtarchiv Stuttgart
StatLASt Statistisches Landesamt Stuttgart
Stgt. Stuttgart
Stufa Studiengesellschaft für Automobilstraßenbau
TV Turnverein
UNRRA United Nations Relief and Rehabilitation Administration

USPD Unabhängige Sozialdemokratische Partei Deutschlands
uk. unabkömmlich
u. v. a. und viele andere
VDK Verband Deutscher Kriegsgräberfürsorge
VfB Verein für Bewegungsspiele Reichenbach/Fils
vgl. vergleiche
VjZG Vierteljahreshefte für Zeitgeschichte
VK Volkskonservative Partei
VKL Vorläufige Kirchenleitung
VRP Volksrechtspartei
VsÄ Verein sozialistischer Ärzte
VS Volkssturm
VSB Völkisch-Sozialer Block
VVN-Archiv Landesarchiv der Vereinigung der Verfolgten des Naziregimes / Bund der Antifaschisten, Stuttgart
WAH Wirtschaftsarchiv Hohenheim
WAU Weltanschauungsunterricht
WB Werktätige Bevölkerung
WBP Württembergische Bürgerpartei
WBWB Württembergischer Bauern und Weingärtnerbund
weibl. weiblich
WHW Winterhilfswerk
WP Wirtschaftspartei
WVP Württembergische Volkspartei
ZSL Zentrale Stelle der Landesjustizverwaltungen zur Aufklärung von nationalsozialistischen Verbrechen

Danksagung

Bei meiner Arbeit ist mir von vielen Stellen Hilfe und Unterstützung gewährt worden. Besonderen Dank schulde ich außer den in der »Vorbemerkung« genannten:

Herrn Richard Alber, Reichenbach,
Herrn Nico Back, Stadtarchiv Filderstadt,
Herrn Professor Dr. Reinhard Beck, Fachhochschule für Sozialwesen, Esslingen/N.,
Herrn Dr. Becker, Firmenarchiv der Robert Bosch AG, Stuttgart,
Herrn Jochen Bender, früher Stadtarchiv Ebersbach, jetzt Stadtarchiv Ostfildern,
Herrn Hubert Bläsi, Heilbronn,
Herrn Dr. Cordes, Frau Ulrike Leuchtwies, Herrn Schneider, Frau Bitz, Staatsarchiv Ludwigsburg,
Herrn Th. Dierlamm, Archiv der Anstalt Stetten, Kernen im Remstal,
Herrn Dr. Drollinger, Stadtarchiv Stuttgart,
Herrn Dr. Drüppel, Frau Mühlnickel, Frau Handel und Herrn Tietzen, Kreisarchiv Esslingen,
Herrn H. J. Duijvelaar, Dordrecht, Niederlande,
Frau Ebert-Grosser, Archiv der Bezirksärztekammer Nordwürttemberg, Stuttgart,
Herrn Dr. Ehmer, Herrn Ott, Frau Binder, Herrn Gutekunst, Landeskirchliches Archiv Stuttgart,
Frau Eich, Kreisverwaltung Daun,

Herrn Peter Eichfuss, Statistisches Landesamt Stuttgart,
Herrn Eberhard Flessing, Archiv der sozialen Demokratie, Bonn,
Herrn Frank, Amtsgericht Göppingen,
Frau Erika und Frau Lisa Gibney, Oaksland, Westport, USA,
Frau Vera Grimm-Sachs, Kraichtal,
Mrs. Marilla B. Guptil, United Nations Archives, New York, USA,
Frau Hascher, Standesamt Stuttgart-Münster,
Frau Anne Hermann, Wirtschaftsarchiv Hohenheim,
Herrn Erich Hermann, Obstbauverein Reichenbach,
Frau Immhoff und Herrn Damm, Evang. Archiv der Mauritiusgemeinde (EKAR) Reichenbach,
Frau Jaegle, Standesamt Reichenbach,
Frau Barbara James, Deutsches Volksliedarchiv, Freiburg i. Br.,
Herrn Jente, Kreisarchiv Göppingen,
Frau Knauß, Landesbildstelle Württemberg,
Frau Professor Dr. Christel Köhle-Hezinger, Esslingen/N.,

Mr. Shmul Krakowsky, Yad Vashem, The Holocaust Martyrs and Heroes Remembrance Remembrance Authorithy, Jerusalem, Israel,

Frau Ursula Krause-Schmitt, Studienkreis Deutscher Widerstand, Dokumentationsarchiv des deutschen Widerstandes, Frankfurt/Main,

Herrn Küstner, Frau Seidler, Herrn Häußermann, Herrn Findling und Frau Weidenbacher vom Reichenbacher Rathaus,

Frau Kunzendorf und Frau Koch vom Internationalen Suchdienst (International Tracing Service), Arolsen,

Frau Löffler, Landesamt für Wiedergutmachung Baden-Wüttemberg, Stuttgart,

Herrn Loos und Herrn Meyer, Bundesrachiv – Militärarchiv Freiburg i. Br.,

Herrn Dr. David G. Marwell, Berlin Document Center,

Herrn Wilhelm Meißner, Schwäb. Albverein Reichenbach,

Herrn Alois Neumann, Musikverein »Gleich Auf«, Reichenbach,

Frau Elisabeth Nill, Herrn Wolfgang Drexler und Frau Siggi Häderle, SPD Esslingen,

Herrn Dr. Oldenhage, Bundesarchiv, Abteilungen Potsdam, Postadam,

Frau Erika Rasthofer, Institut für Zeitgeschichte, München,

Herrn Volkmar Rien, Turnverein Reichenbach,

Herrn Siegfried Röder, CVJM Reichenbach,

Herrn Werner Röder, Radsportverein Reichenbach,

Frau Inge Roß, Archiv der Nationalen Mahn- und Gedenkstätte Sachsenhausen, Oranienburg,

Herrn Dr. Karl-Heinz Rueß, Frau Bohl und Herrn Munder Stadtarchiv Göppingen,

Herrn Dietrich Sachs, Samariterstift Grafeneck, Gedenkstätte und Dokumentation, Gomadingen-Marbach,

Herr Dekan Klaus Scheffbuch, Esslingen,

Herrn Scheftschenkow, Archiv der Botschaft der Ukraine, Bonn,

Herrn Dr. Otto Schlack, Reitverein Reichenbach-Hochdorf,

Herrn Dr. Thomas Schnabel, Haus der Geschichte Baden-Württemberg, Stuttgart,

Frau Schöttler, Bundesarchiv Koblenz,

Frau Andrea Schulz, Landesmuseum für Technik und Arbeit, Mannheim,

Herrn Karl Schwarz, Verein für Bewegungsspiele Reichenbach,

Herrn Hermann Schwarz, Concordia Reichenbach,

Frau Seibold, Einwohnermeldeamt Aichwald,

Frau Sonnenstuhl-Fekete und Frau Reulecka, Stadtarchiv Esslingen,

Herrn Oberstaatsanwalt Streim und Herrn Staatsanwalt Willi Dreßen, Zentrale Stelle der Landesjustizverwaltungen zur Aufklärung von nationalsozialistischen Verbrechen, Ludwigsburg,

Herrn Fredo Weber, Bildbearbeitung, Esslingen,

Herrn Thomas Weber, Landesgeschäftsstelle der SPD, Stuttgart,

Frau Dr. Beate Welter und Herr Hausser, Landesarchiv der Vereinigung der Verfolgten des Naziregimes/Bund der Antifaschisten, Stuttgart (VVN-Archiv),

Frau Wieser, Landratsamt Oranienburg,

Herrn Kreisoberarchivrat Ziegler, Kreisarchiv Göppingen.

Außerdem möchte ich allen Dank sagen, die mir Teile Ihrer Privatsammlungen überlassen haben, sowie allen, die in zumeist fünf- bis sechsstündigen Gesprächen ihre Erinnerungen mit mir teilten.

Anmerkungen

Der Prozeß und das Produkt – Einige Vorbemerkungen

1 Siehe hierzu im Literaturverzeichnis den Abschnitt »Literatur zur Alltags- und Regionalgeschichte im Nationalsozialismus«, vor allem die »Einzeluntersuchungen« sowie die »Ortsgeschichten«.

2 Ich verzichte auf einen Überblick über die mehrfach ausführlich beschriebene Forschungssituation. Einen Literaturüberblick über die Anfänge der lokalgeschichtlichen Forschung gaben bereits Hillgruber, Andreas: Endlich genug über Nationalsozialismus und Zweiten Weltkrieg? Forschungsstand und Literatur. Düsseldorf 1982, sowie Hildebrand, Klaus: Grundprobleme und Tendenzen der Forschung. In: Hildebrand, Klaus: Das Dritte Reich. (Grundriß der Geschichte, Bd. 17). München und Wien (1980) ³1987, S. 117–194. Für die Diskussionen in den letzten zehn Jahren geben umfassend Aukunft: Struve, Walter: Aufstieg und Herrschaft des Nationalsozialismus in einer industriellen Kleinstadt. Osterode am Harz 1918–1945. Essen 1992, besonders die Einleitung »Lokalgeschichte in Deutschland – eine Mühe, die sich lohnt«, S. 17–27, sowie vor allem Frei, Norbert: Wie modern war der Nationalsozialismus? In: Geschichte und Gesellschaft 19 (1993) S. 367–387. Außerdem hierzu Müller, Roland: »Lokalgeschichte in Deutschland – eine Mühe, die sich lohnt?« In: Borst, Otto (Hrsg.): »Lokalstudien zum Nationalsozialismus«. Die Alte Stadt. Vierteljahreszeitschrift für Stadtgeschichte, Stadtsoziologie und Denkmalpflege, 4/93. Stuttgart, Berlin und Köln 1993, S. 385–394.

3 Die Endung »er« in personaler Verwendung, traditionell im Deutschen mit männlichem Genus, macht in der vorliegenden Untersuchung keine Aussage über den Sexus der bezeichneten Personen. Da die geschriebene Sprache ein Abbild der gesprochenen ist, soll hier auf die Verwendung der Schreibweise mit dem versalen »i«, beispielesweise »ReichenbacherInnen«, verzichtet werden. Da der Autor die herkömmliche Schreibweise für kürzer und besser lesbar hält, soll ebenfalls nicht in jedem einzelnen Fall betont werden, daß sowohl Männer als auch Frauen als auch Transsexuelle gemeint sein können, beispielsweise »Reichenbacherinnen und Reichenbacher«.

4 Reichenbacher Anzeiger vom 15. 9. 1989.

5 Reichenbacher Anzeiger vom 3. 11. 1989.

6 Die ganz jungen konnten leider nicht wie gewünscht ins Projekt eingebunden werden. Die mehrfach geplanten Projekttage mit der Realschule kamen leider nicht zustande, dafür Vorträge und Gespräche in der Lützelbachschule und im Jugend- und Kulturzentrum »Die Halle«.

7 Siehe das »Verzeichnis der geführten Interviews« im Anhang.

8 Vgl. beispielsweise die »Reichenbacher Werkstattberichte« im Reichenbacher Anzeiger vom 28. 9. 1990, vom 5. 10. 1990 und vom 12. 10. 1990.

9 Zum Begriff »Industriedorf« und zur Einführung in den Ort siehe den Teil »Reichenbach – Von der Landgemeinde zum Industriedorf an der Fils«.

10 Dies gilt selbstverständlich für größere Städte wie München, Leverkusen oder Stuttgart, aber auch für Heidelberg oder Tübingen und die Untersuchungen der Kreise Daun und Osterode. Vgl. hierzu Dressen, Josef: Der Kreis Daun im Dritten Reich. Daun 1990 und Struve, Osterode, wie Anm. 2.

11 Allershausen hätte eine ähnliche Funktion haben können. Doch die Geschichte des Ortes mit 4500 Einwohnern im Jahr 1992 stellt leider keine ernstzunehmende Untersuchung dar, sondern mehr eine »verspätete NS-Propagandaschrift«. Koob, Wolfgang: »Chronik von Allershausen«. Allershausen 1992. Außerdem hierzu Bruckner, Dieter: »Reif für den Reißwolf«. Rezension in »Die Zeit«, Nr. 30, vom 17. 7. 1992, S. 14.

12 Noch zum 31. 12. 1993 bildeten Reichenbach (7416 Einwohner), Lichtenwald (entspricht Hegenlohe und Thomashardt: 2613 Einwohner), Baltmannsweiler (entspricht Baltmannsweiler und Hohengehren: 5390 Einwohner) und Hochdorf (4460 Einwohner) einen »Gemeindeverwaltungsverband«; Auskunft des Bürgermeisteramtes vom 9. 9. 1994; vielen Dank an Frau Seidler.

13 Zur Bevölkerungsentwicklung Reichenbachs siehe die Tabelle »Einwohnerzahlen Reichenbachs in der historischen Entwicklung seit der Gründung des Zollvereins 1834 bis 1993« im Anhang.

14 Statistik des Deutschen Reiches, Bd. 401, S. 511 und S. 521.

15 Michael Kater spricht von 56,3 Prozent. Die Kategorie »auf dem Lande« ist vorgegeben durch die Bezeichnung des Statistischen Reichsamtes für Ortschaften mit unter 10 000 Einwohnern; Kater, Michael: Quantifizierung und NS-Geschichte: Methodologische Überlegungen über Grenzen und Möglichkeiten einer EDV-Analyse der NSDAP-Sozialstruktur von 1925 bis 1945. In: Geschichte und Gersellschaft 3 (1977), S. 457, S. 460 und S. 462. Walter Struve bezeichnet die Angaben allerdings für Osterode als nicht zutreffend; Struve, Osterode, wie Anm. 2, S. 38.

16 Zur Problematik des Begriffes Anpassung siehe den Teil »Phase der Konsolidierung – Alltag unterm Hakenkreuz«, Kapitel »›... ein widersetzliches Volk?‹ – Von aktiven Nazis, von Mit- und Weitermachern und von Neinsagern in Reichenbach«, Abschnitt »Mit- und Weitermacher«.

17 Zu Fragen der Periodisierung vgl. Bracher, Karl-Dietrich: »Stufen totalitärer Gleichschaltung: Die Befestigung der nationalsozialistischen Herr-

schaft 1933/34«, in: Michalka, Wolfgang (Hrsg.): Die nationalsozialistische Machtergreifung. München 1984, S. 13–28.

18 Vor allem wird auf die Bedeutung der *Volksgemeinschaft* innerhalb der jüngsten Modernisierungsdiskussion eingegangen: Siehe hierzu die Anmerkungen D 2, D 261 und D 832 sowie die entsprechenden Textpassagen.

19 Für veröffentlichte Beiträge zur Reichenbacher Ortsgeschichte siehe Literaturverzeichnis, Kapitel »Allgemeine Literatur zur Region«, Abschnitt »Literatur zu Reichenbach an der Fils«.

20 »Heimatbuch Reichenbach an der Fils«, hrsgg. vom Bürgermeisteramt Reichenbach an der Fils. Reichenbach 1968.

21 Ebenda, Seite 87ff, Seite 95ff, Seite 101ff und Seite 115–125.

22 Wohlbold, Gustav: »Reichenbacher Kriegs-Chronik« (unveröffentlichtes Typoskript). Reichenbach 1938, sowie Wohlbold, Gustav: »Gemeinde Reichenbach/Fils, Ortschronik, Teil III: 1918 bis nach der Jahrhundertmitte« (unveröffentlichtes Typoskript). Reichenbach 1952. Beide sind im Gemeindearchiv Reichenbach (GAR), Bestand A 166, eingelegt.

23 Privatsammlung Wurster, Reichenbach, »Reichenbachs Jugend im ›Dritten Reich‹. Erinnerungen von H. W. vom 10. 4. 1949«, S. 10. Siehe hierzu ausführlich den Teil »Reichenbach im Krieg«, Kapitel »Der *Totale Krieg* an der Reichenbacher *Heimatfront* und sein Ende«, Abschnitt »Die Front rückt näher«.

Anmerkungen zum Teil
»Der Prozeß und das Produkt – Einige Vorbemerkungen«
(Fortsetzung)

24 KrArE, Bestand E 1/1048, Schreiben des Bürgermeisters an den Landrat vom 20. 2. 1950.

25 Zurowski, Martin: Die nationalsozialistische Machtergreifung in Vaihingen auf den Fildern; Wissenschaftliche Zulassungsarbeit (Typoskript), Stuttgart 1991, S. 6.

26 Die Interviews wurden auf Tonband aufgezeichnet und anschließend transkribiert. Die Transkriptionen wurde nach Abschluß der Arbeit ins Gemeindearchiv unter »Ortsgeschichte Reichenbach an der Fils unterm Hakenkreuz« im Bestand A 166 eingestellt. Die mündliche Sprache sowie der schwäbische Dialekt wurden im wesentlichen an die hochdeutsche Schriftsprache angeglichen. Die Interviews wurden vom Verfasser anonymisiert, eine Liste der geführten Interviews befindet sich im Anhang. Der Schlüssel, hinter welcher Nummer sich welches Interview verbirgt, wird ebenfalls im Gemeindearchiv deponiert. Auch bei Zitaten aus Akten wurden die jeweiligen schriftlichen Besonderheiten, wenn sie nicht bedeutungstragend waren (beispielsweise »ss« zu »ß«), an den heutigen orthographischen Gebrauch angeglichen.

27 Siehe das »Verzeichnis der gesichteten und benutzten Archive und Sammlungen« im Anhang.

28 Siehe das »Verzeichnis der geführten Interviews« im Anhang.

Reichenbach – Von der Landgemeinde zum Industriedorf an der Fils (A)

1 Zu geographischen Daten und zur frühen Ortsgeschichte Reichenbachs vgl. das von Böhringer, Wilhelm bearbeitete »Heimatbuch Reichenbach an der Fils«, hrsgg. vom Bürgermeisteramt Reichenbach an der Fils. Reichenbach 1968, S. 25–86; vgl. hierzu Seyboth, H. W. und H. C. Sigrist (Hrsg.): Reichenbach/Fils. Das Beispiel einer Entwicklungsplanung. Versuch einer Analyse von Planungszusammenhängen im Kapitalismus unter besonderer Berücksichtigung der historischen Entwicklung. Hamburg 1975. Außerdem die Sonderbeilagen »700 Jahre Reichenbach« der Eßlinger Zeitung und des Reichenbacher Anzeigers zur 700-Jahr-Feier vom 14.–23. September 1968.

2 Heimatbuch, wie Anm. A 1, S. 24.

3 Ebenda, S. 25f.

4 EZ-Sonderbeilage, wie Anm. A 1, S. 2.

5 Wuerth, Dieter: Radikalismus und Reformismus in der sozialdemokratischen Arbeiterbewegung Göppingen 1910–1919 (Veröffentlichungen des Stadtarchivs Göppingen, Bd. 15, hrsgg. v. Dieter Kauss). Göppingen 1978, S. 7.

6 Zum für den württembergischen Raum einschneidenden Kriegsjahr 1634 nennt Hausleutner

»ca. 590« Einwohner; Hausleutner, Schwäbisches Archiv, Bd. 1, Stuttgart 1790. Den Synodusprotokollen im LKA ist für das Jahr 1653 bereits wieder steigender Bevölkerungsentwicklung die Zahl von 149 Einwohnern zu entnehmen; Tabelle Einwohnerzahlen 1538–1967, in: Heimatbuch, wie Anm. A 1, S. 432ff.

7 EZ-Sonderbeilage S. 2.

8 Den Synodusprotokollen im LKA sind für die Jahre 1813 und 1814 die Angaben über 585 und 598 Einwohnern zu entnehmen; Tabelle Einwohnerzahlen 1538–1967, in: Heimatbuch, wie Anm. A 1, S. 433.

9 Die Volkszählung von 1846 nennt für Reichenbach 981 Einwohner. Die wegen Versorgungsproblemen und folgender Auswanderung zuerst rückläufige Tendenz führte erst fünfzehn Jahre später zu einer erneuten Zunahme und mehr als weitere zehn Jahre später, um 1872, zur Überschreitung der 1000-Einwohner-Marke.

10 Die überwiegende Mehrzahl der Reichenbacher Bevölkerung dürfte diesen »unterbäuerlichen Schichten«, also im kleinstbäuerlichen Nebenerwerb tätige Dorfhandwerker, Schankwirte, Tage-

löhner, Knechte, Mägde, usw., angehört haben; vgl hierzu Wehler, Hans-Ulrich: Deutsche Gesellschaftsgeschichte. Erster Band: Vom Feudalismus des Alten Reiches bis zur Defensiven Modernisierung der Reformära 1700–1815. München 1987, S. 159 und S. 170–174.

11 Seyboth und Sigrist, Reichenbach, wie Anm. A 1, S. 46.

12 Heimatbuch, wie Anm. A 1, S. 169–174.

13 Sonderausgabe des Reichenbacher Anzeigers, wie Anm. A 1, S. 6.

14 KrArE, Bestand E 3/0, Civitas et Regio Eselingas. Soziologisches Gutachten, erstattet im Auftrage des Kreisverbandes von Wilhelm Hallbauer. 5 Bde. Esslingen 1948. hier Bd. 2. 1., S. 66.

15 EZA, Eßlinger Zeitung vom 1. 10. 1938.

16 Ebenda. Hier differieren die Angaben. Während in der Eßlinger Zeitung vom 1. 10. 1938 450 Arbeitsplätze genannt werden, sind im »Verzeichnis der gewerblich-produktiven Betriebe 1927–1939« unter der laufenden Nummer 21 für die Reichenbacher Weberei und die Spinnerei der Firma Otto 436 beschäftigte Arbeiter und Angestellte angegeben; Gemeindearchiv Reichenbach (GAR), Bestand Flattich (FLAT) 4070. Die Firma Otto hingegen führte 1942 – allerdings als Begründung für die Bitte um Ermäßigung der Gebäudeentschuldungssteuer wegen der Reduzierung der Belegschaft – für das Jahr 1938 nur 386 dort arbeitende Personen an; GAR, Bestand FLAT 2490, Schreiben vom 16. 11. 1942.

17 Der in der Zeit verwendete Begriff ist »mosaisches Bekenntnis«. Siehe die Tabelle »Religionszugehörigkeit der Reichenbacher Bevölkerung in der historischen Entwicklung« im Anhang, berechnet nach den Statistischen Monatsheften Württemberg-Baden. Hrsgg. von den Statistischen Landesämtern in Stuttgart und Karlsruhe. 1. Jg. Heft 7–9, Juli–August 1947 (Volks- und Berufszählung vom 29. 10. 1946), Stuttgart 1947, S. 184ff., sowie aufgrund der Volkszählung vom 16. Juni 1925, in: Mitteilungen des Württembergischen Statistischen Landesamtes, No. 13, vom 28. 12. 1925, S. 223. Vgl. hierzu auch Staatshandbuch für Württemberg. Hrsgg. vom Württembergischen Statistischen Landesamt, Stuttgart 1928, Oberamt Göppingen, Gemeinde 28.

18 KrArE, Bestand E 3/0, Civitas, wie Anm. A 14, Bd. 2. 1. S. 121; Heimatbuch, wie Anm. A 1, S. 434.

19 Ebenda, S. 66.

20 Siehe die Tabelle »Einwohnerzahlen Reichenbachs in der historischen Entwicklung« im Anhang.

21 Der prozentuale Zuwachs von 1910 bis 1961 beträgt 227 Prozent, der von 1939–1961 126,9 Prozent. Zu den Göppinger Vergleichszahlen vgl. das »Historische Gemeindeverzeichnis mit Bevölkerungszahlen von 1871 bis 1961 und der Erwerbstätigen nach Wirtschaftsbereichen 1895, 1907 und 1933. Gebietsstand 6. 6. 1961.« Hrsgg. vom Statistischen Landesamt Baden-Württemberg (Statistik von Baden-Württemberg, Band 108). Stuttgart 1965, S. 13. Für die relativ stärkere Zunahme der Bevölkerung in diesem Zeitraum dürften die zeitlich versetzte Industrialisierung Reichenbachs im Vergleich zu Göppingen sowie die industriefreundliche Politik der Reichenbacher Bürgermeister verantwortlich sein. Zur Industrialisierung des Oberamtsbezirks Göppingen vgl. Hofmann, Emil: Die Industrialisierung des Oberamtsbezirks Göppingen. Göppingen 1910. Zur frühen Arbeiterbewegung in Göppingen vgl. den Beitrag von Berg, Waldemar: Die Arbeiterbewegung. In: Walter Ziegler (Hrsgg.): Der Kreis Göppingen (Veröffentlichungen des Kreisarchivs Göppingen, Bd. 11). Stuttgart 1985. Den größeren Überblick geben Megerle, Klaus: Württemberg im Industrialisierungsprozeß in Deutschland: Ein Beitrag zur regionalen Differenzierung der Industrialisierung (Geschichte und Theorie der Politik: Unterreihe A, Geschichte, Bd. 7), Stuttgart 1982, sowie Schmierer, Wolfgang: Von der Arbeiterbildung zur Arbeiterpolitik. Die Anfänge der Arbeiterbewegung in Württemberg 1862/63-1878 (Schriftenreihe des Forschungsinstituts der Friedrich-Ebert-Stiftung). Hannover 1970. Außerdem Internationale Wissenschaftliche Korrespondenz zur Geschichte der deutschen Arbeiterbewegung (IWK), Heft 8, Juni 1967 (bearb. von Gregor Richter und Wolfgang Schmierer).

22 Megerle, Industrialisierungsprozeß, sowie Hofmann, Industrialisierung, beide wie Anm. A 21.

23 KrArE, Bestand E 3/0, Civitas, wie Anm. A 14, Bd. 1. S. 66. Reichenbach liegt natürlich im Filstal, welches in das Neckartal einmündet. Mit »Neckartal« ist bei diesem Gutachten vermutlich der zusammenhängende Industrieraum des Neckar- und Filstales gemeint.

24 Ebenda, Bd. 2. 1. S. 67.

25 Ebenda.

26 GAR, Bestand FLAT 1811.

27 GAR, Bestand FLAT 1850.

28 Heimatbuch, wie Anm. A 1, S. 326.

29 GAR, Bestand FLAT 1830.

30 Der Schulhausbau erfolgte in zwei Abschnitten 1897 und 1912; GAR, Bestand FLAT 1521.

31 KrArE, E 1/2177, Gemeinderatsbeschluß vom 13. 3. 1906 und Schreiben des Königlich-Württ. Ministeriums des Innern vom 12. 6. 1906.

32 KrArE, Bestand E 3/0, Civitas, wie Anm. A 14, Bd. 2. 1, S. 67.

33 Ebenda.

34 KrArE, E 1/0519, Mobilmachungskalender 1939/40, Kap. 4, Befehls- und Unterstellungsverhältnisse, Bl. 9b.

35 GAR, Bestand FLAT 6070, Beschwerden wegen Gestanks, Behinderung, Jauche 1924/25.

36 Volkszählung vom 16. 6. 1933. In: Württembergische Gemeinde - und Bezirksstatistik. Dritte Ausgabe nach dem Stand vom Jahre 1933. Herausgeben vom Württembergischen Statistischen Landesamt. Stuttgart 1935, S. 60ff.

37 Berechnet aufgrund der Volkszählung vom 16. 6. 1933; ebenda, S. 58ff, sowie nach den »Gemeindeübersichten im Kreis Esslingen«, in: KrArE, Bestand E 3/0, Civitas, wie Anm. A 14, S. 121.

38 Zur Problematik der Interpretation gewerbestatistischer Daten vgl. Megerle, Industrialisierungsprozeß, wie Anm. A 21, S. 71–82.

39 Berechnet nach dem »Historischen Gemeindeverzeichnis mit Bevölkerungszahlen von 1871 bis 1961 und der Erwerbstätigen nach Wirtschaftsbereichen 1895, 1907 und 1933. Gebietsstand 6. 6. 1961«, hrsgg. vom Statistischen Landesamt Baden-Württemberg (Statistik von Baden-Württemberg, Band 108). Stuttgart 1965, Kreis Esslingen, S. 12/13. Im Gemeindeverzeichnis werden nur diese drei Berufssparten verzeichnet, die sonstigen Erwerbspersonen werden zwar als solche geführt, jedoch keiner Berufssparte (etwa »Staatsbedienstete« oder »Sonstige« – für 1895 und 1933 wären dies 1,8 und 6,4 Prozent – zugeordnet). Siehe hierzu die Tabelle »Erwerbstätige Reichenbachs in Berufssparten 1895–1933« im Anhang.

40 Siehe hierzu die Tabelle »Erwerbstätige in Berufssparten 1933 in Reichenbach und im Oberamt« im Anhang.

41 Siehe hierzu die Tabelle »Anzahl und Berufssparten der im Ort wohnenden hauptberuflichen Betriebsinhaber 1933« im Anhang, aufgestellt nach »Gemeindeübersichten im Kreis Esslingen«, in: KrArE, Bestand E 3/0, Civitas, wie Anm. A 14, S. 128.

42 Berechnet aufgrund der Volkszählung vom 16. 6. 1933 in: Württembergische Gemeinde - und Bezirksstatistik, dritte Ausgabe nach dem Stand vom Jahre 1933. Herausgegeben vom Württembergischen Statistischen Landesamt, S. 58ff, sowie nach den »Gemeindeübersichten im Kreis Esslingen«, in: KrArE, Bestand E 3/0, Civitas, wie Anm. A 14, S. 128. Stuttgart 1935 S. 60ff; siehe hierzu die Tabelle »Historische Entwicklung der nichtlandwirtschaftlichen Betriebsstruktur in Reichenbach und der darin Beschäftigten 1933 bis 1948« im Anhang.

Anmerkungen zum Teil A: »Reichenbach – Von der Landgemeinde zum Industriedorf an der Fils« (Fortsetzung)

43 Berechnet nach »Gemeindeübersichten im Kreis Esslingen«, in: KrArE, Bestand E 3/0, Civitas, wie Anm. A 14, S. 125; siehe hierzu die Tabelle »Einpendler und Auspendler 1939, unterschieden nach Geschlecht« im Anhang.

44 Siehe hierzu die Tabelle »Ziele der Auspendler 1939 und 1947« im Anhang.

45 Boelcke, Willi, A.: Wege und Probleme des industriellen Wachstums im Königreich Württemberg. In: Zeitschrift für württembergische Landesgeschichte 32 (1973), S. 442ff, hier S. 450.

46 Vgl. zur Rolle der Verkehrverhältnisse als Spezifikum des industriellen Aufschwungs in Württemberg Megerle, Industrialisierungsprozeß, wie Anm. A 21, S. 167ff.

47 Interview Nr. 41.

48 Interview Nr. 104.

49 Siehe hierzu den Teil »Reichenbach in der Weimarer Republik«, Kapitel »Dörfliche Kommunikation, Politische Kultur und Wahlverhalten«.

50 Interview Nr. 101.

51 Interview Nr. 79.

52 Interview Nr. 11.

53 Interview Nr. 85.

54 Ausführungen von Bürgermeister Seeger zum »Flächennutzungsplan« in: Reichenbacher Hefte, hrsgg. vom Bürgermeisteramt Reichenbach, Heft 2, Mai 1971, S. 6. Des weiteren die Ausführungen über den Gemeindeverwaltungsverband, in dem sich die Gemeinden Reichenbach, Baltmannsweiler, Hochdorf und Lichtenwald zusammengeschlossen haben, in Heft 3, Dezember 1976, S. 6ff.

55 Tröbst, Christian: Gebete aus der Provinz. (Kaiser Traktate 19) München 1976, S. 66.

Reichenbach in der Weimarer Republik (B)

1 Gelesen wurden vor 1933 hauptsächlich der in Ebersbach erscheinende Filstal- und Schurwaldbote (»Reichenbacher Tagblatt«), aber auch in Göppingen erscheinende Blätter wie die konservative »Göppinger Zeitung«, die der SPD nahestehende »Freie Volkszeitung« und der liberale »Hohenstaufen«, der der DVP nahestand. Siehe ausführlicher zur Zeitungslandschaft Teil »Machtantritt«, Kapitel »Sicherung und Ausbau der Macht«, Abschnitt »Die nationalsozialistische Politik der Einschüchterung und Entlassung«, Unterabschnitt »...dem werden wir den Kopf abschlagen«. Darüber hinaus spielte das monatlich erscheinende Evangelische Gemeindeblatt Reichenbach noch eine wichtige Rolle. Zu den genauen Bezeichnungen der einzelnen Blätter siehe die Liste »Bearbeitete Zeitungen, Zeitschriften, Gesetze und Statistiken« im Anhang.

2 Jarren, Otied: Ländlicher »Lokalismus« durch Massenkommunikation? Daten und Anmerkungen über ländliche Kommunikationsverhältnisse. In: Schmals, Klaus M. und Rüdiger Voigt (Hrsgg.): Krise ländlicher Lebenswelten. Analysen, Erklärungsansätze und Lösungsperspektiven. Frankfurt/M. und New York 1986, S. 297–319.

3 Z. B. bei Gipser Kautter; vgl. hierzu systematisch GAR, Bestand FLAT 4115.

4 GAR, Bestand FLAT 4110 und 4111; außerdem Annoncen der Wirtschaften: Die Sonne, Deutscher Kaiser, Hirsch, Löwen, Krone, Adler, Cafe Fischer–Weinstube, Grüner Baum (Seestraße), Bahnhofswirtschaft, Rößle, Lamm, Faß, Bock, Bierkeller, Cafe Danglmayer, Hotel Post, Waldhorn; StArEb, Filstal- und Schurwaldbote, sowie Interview Nr. 103.

5 Interview Nr. 103.

6 Interview Nr. 52.

Anmerkungen zum Teil B
»Reichenbach in der Weimarer Republik«
(Fortsetzung)

7 Die Bedeutung dieser »middle-class-solidarity« für den Aufstieg des Nationalsozialismus betont Koshar, Rudy: Two »Nazisms«: The social context of nazi mobilisation in Marburg and Tübingen. In: Social History 7, January 1982, S. 22–42.

8 Interview Nr. 33.

9 Interview Nr. 42.

10 Interview Nr. 62.

11 Interview Nr. 42.

12 Interview Nr. 60.

13 Über das Gemeindearchiv Reichenbach, die Göppinger und Esslinger Vereinsregister sowie die entsprechenden Jahrgänge der wichtigen Zeitungen konnten für die Zeit während der Weimarer Republik über 30 Vereine sowie – teilweise sehr kurzlebige – parteipolitische Vereinigungen recherchiert werden. Für die nach 1933 ins Register eingetragenen Vereine wie die Milchverwertungsgenossenschaft Reichenbach existierten bereits vereinsähnliche Vorformen. Siehe Anlage II. »Verzeichnis der Reichenbacher Vereine und Vereinigungen vor 1933«. Zur poltischen Kultur, zur Bedeutung dieser Parteiungen und zum Wahlverhalten siehe dieses Kapitel.

14 Solche Netzwerke gesellschaftlicher Kontakte hatte Maria Rainer Lepsius 1966 – auf Carl Amerys These von der Kapitulation des Katholizismus vor seinem eigenen kleinbürgerlichen »Milieu« zurückgreifend – für die Untersuchung des Katholizismus und des Protestantismus als nicht nur reine Konfessionen festgestellt. Lepsius erweiterte Amerys Milieu-Begriff und bezeichnete die Wilhelminische Gesellschaft als ein Konglomerat verschiedener »sozialmoralischer Milieus«, die jeweils durch religiöse, regionale, soziale und wirtschaftliche Faktoren bestimmt wurden. Er nannte die vier Milieus zwar vereinzelt »sozio-kulturelle Gebilde«, blieb aber – vermutlich aufgrund seiner ersten Forschungsobjekte – Katholoizismus und Protestantismus – bei der Betonung des »sozialmoralischen«. Ich halte – wie im folgenden zu sehen sein wird – vor allem aufgrund der starken kulturellen Komponente der beiden sich in Reichenbach entwickelnden Netzwerke den Begriff des »kulturellen Milieus« für treffender. Lepsius, Maria Rainer: Parteiensystem und Sozialstruktur. Zum Problem der Demokratisierung der Deutschen Gesellschaft. In: Wirtschaft, Geschichte und Wirtschaftsgeschichte. Festschrift zum 65. Geburtstag von Friedrich Lütge. Hrsgg. von Wilhelm Abel u. a. Stuttgart 1966, S. 371–393; Amery, Carl: Die Kapitulation oder Deutscher Katholizismus heute. Reinbek 1963.

15 Heimatbuch, wie Anm. A 1, S. 57.

16 Christian Barz starb als letzter der Reichenbacher Kriegsveteranen 89jährig am 13. Mai 1936; Heimatbuch wie Anm. A 1, S. 86.

17 Wurster, Helmut: »Turnverein Reichenbach an der Fils«, in: Heimatbuch, wie Anm. A 1, S. 358ff sowie »100 Jahre Turnverein Reichenbach«. TVR-Blättle, Heft Nr. 18, Jubiläumsausgabe, Februar 1987.

18 EZA, Eßlinger Zeitung vom 10. 1. 1939, Nachruf auf Julius Flaig.

19 Die örtlichen Autoritäten, Bürgermeister, Rektor, die meisten Gemeinderäte und Vereinsvorstände anderer Vereine, waren fast alle Mitglied im Krieger- und vor allem im Turnverein; Interview Nr. 60.

20 In den ersten Jahren stellte die Firma Otto dem »Evangelischen Jünglings- und Männerverein« den Speisesaal der Spinnerei im Erdgeschoß des Hauses Kanalstaße 3 als Versammlungsraum zur Verfügung. Ab 1898 durfte der Verein einen Raum im neu erbauten Schulhaus hierfür nutzen; Heimatbuch, wie Anm. A 1, S. 378.

21 Ebenda.

22 Näheres zur Vorgeschichte der »Wiedergründung« im Heimatbuch, wie Anm. A 1, S. 352ff. Außerdem »125 Jahre Gesangverein ›Concordia‹ 1869 e. V. Reichenbach an der Fils«. Festschrift. Reichenbach 1994, S. 19–50, besonders S. 19 und S. 23.

23 Ebenda.

24 GAR, Bestand FLAT 1206, Wahlprotokoll vom 9. 12. 1907.

25 Die Gründung der Reichenbacher *Ortsgruppe* fand damit drei Jahre nach der Gründung des Hauptvereins statt.

26 Heimatbuch, wie Anm. A 1, S. 381.

27 GAR, Bestand FLAT 1206, »Bekanntmachung vom 20. Mai 1919« von Ortsvorsteher Stiefel und »Zusammenstellung der Stimmen« im Wahlprotokoll.

28 Interview Nr. 61 und Interview Nr. 106.

29 EZ-Sonderbeilage, wie Anm. A 1, S. 6; Heimatbuch, wie Anm. A 1, S. 389.

30 Hoyler, Georg: Handels- und Gewerbeverein Reichenbach (Fils), in: Heimatbuch, wie Anm. A 1, S. 389.

31 Heimatbuch, wie Anm. A 1, S. 368.

32 Ausführlich zur frühen Geschichte der Schützengilde Reichenbach vgl. Heimatbuch, wie Anm. A 1, S. 368–371; dort auch das folgende.

33 Der Kolonialverein wurde nach dem Tode des Kommerzienrats in den im Juni 1936 von General Ritter von Epp gegründeten Reichskolonialbund überführt; StAGöp, Göppinger Zeitung vom 16. 6. 1936. Obmann des Reichskolonialbundes in Reichenbach war von der Überführung bis zur Stillegung am 31. 12. 1942 der Sohn Hans Otto; StALu, EL 902/6, Bü 11/14/918, Bl. 14 sowie ebenda, Bl. 249/6.

34 StALu, EL 902/6, Bü 11/14/918, Bl. 168, Schreiben des *Ortsgruppenleiter* an Kreisvorstandsleiter des Reichskolonialbundes vom 28. 2. 1938.

35 Dies bestätigt die These Jürgen Genuneits, wonach Otto »zu den wichtigsten und finanzkräftigsten Geldgebern der Deutschvölkischen und Nationalsozialisten in Württemberg« gehörte, »der durch sein gesellschaftliches Ansehen sicherlich auch zur Aufwertung der NSDAP beigetragen hat«; Genuneit, Jürgen: Völkische Radikale in Stuttgart. Zur Vorgeschichte der NSDAP 1890 bis 1925. Eine Ausstellung des Projekts Zeitgeschich-

te. Stuttgart im Dritten Reich. Stuttgart 1982, S. 142. Allerdings sollte hier, wie neuere Quellen-untersuchungen ergeben, deutlich differenziert werden: Das DNVP-Mitglied Otto unterstützte wie die meisten Inhaber der Produktionsmittel primär die Monarchisten und die Nationalsozia-listen erst, als diese im Begriff waren, die Staats-gewalt zu übernehmen; vgl. z. B. Turner, Henry Ashby Jr.: Die Großunternehmer und der Auf-stieg Hitlers. Bochum 1985.

36 »Politische Kultur«, verstanden als die Gesamt-heit der zu einer bestimmten Zeit in der Gesell-schaft oder einer größeren Gruppe der Gesell-schaft eines Staates vorherrschenden politischen oder politisch wirksamen Anschauungen, Über-zeugungen, Einstellungen und Verhaltensweisen und der diesen zugrunde liegenden Werte. Diese sind verstandes- oder gefühlsmäßig begründet und das Ergebnis der individuellen Lebensge-schichte und Sozialisation des Einzelnen sowie der geschichtlich bedingten überindividuellen Strukturen. Vgl. hierzu Greifenhagen, Martin und Sylvia Greifenhagen: Ein schwieriges Vater-land. Zur politischen Kultur Deutschlands. Stutt-gart ²1979.

37 Traditionalismus hier verstanden als geistige Hal-tung, die bewußt an der Tradition festhält, sich ihr verbunden fühlt und skeptisch allem Neuen ge-genübersteht. Das soziale Begriffspaar »Arbeiter-schaft und Bürgertum«, die marxistische Katego-rie der »Klassen« sowie die politischen Zuordnun-gen »Demokraten« und »Monarchisten« greifen bei dem zu beschreibenden Phänomen des gesell-schaftlich- kulturellen Umfelds nicht ausreichend. Durchaus fußen das »traditionalistische« und das noch zu beschreibende gegenpolige kulturelle Mi-lieu auf sozialen wie auf politischen Traditionen, die bereits in der Bismarckzeit zu innenpolitischen Konflikten zwischen Regierung und Opposition geführt hatten, Vgl. hierzu Jäckel, Eberhard: Hit-lers Herrschaft. Vollzug einer Weltanschauung. Stuttgart 1986, S. 12f.

38 Zu diesen Bedürfnissen gehören gleichermaßen die Steuergestaltung der Gemeinde wie ein Zu-schuß für den zu erbauenden Schießstand des Schützenvereins.

39 Zur Geschichte der Arbeiterbewegung in Göp-pingen vgl. Wuerth, Radikalismus, wie Anm. A 5, hier wie zur Entwicklung der Arbeiterschaft bis 1910 S. 32ff.

40 Zur Geschichte der Arbeiterbewegung in Esslin-gen vgl. Die Anfänge der Gewerkschaften in Ess-lingen bis 1878. Dargestellt von Reinhold Riebl und Axel Kuhn im Auftrag des DGB Esslingen, Esslingen 1979, sowie Reineke, Ina: Das Rote Ess-lingen. Geschichte der Esslinger Arbeiterbewe-gung von ihren Anfängen bis zum Ende der Wei-marer Republik. Esslingen 1976.

41 In den Jahren 1848–1852 wurden in Württemberg über 25 Organisationen gegründet; Balser, Frolin-de: Sozialdemokratie 1848/49–1863, 2 Bde. Stutt-gart 1962, Bd. I, S. 346.

42 Die meisten Vereine hatten sich schon bis zur letzten Generalversammlung am 18. April 1852 in Esslingen aufgelöst, die anderen bis Ende des

Jahres; Wuerth, Arbeiterbewegung, wie Anm. A 5, S. 33.

43 Schmierer, Arbeiterbildung, wie Anm. A 21, S. 58–59, 69–70; außerdem Wuerth, Arbeiterbe-wegung, wie Anm. A 5, S. 36.

44 GAR, Bestand FLAT 7213, »Arbeiterunterstüt-zungsverein (...) 1872–79 und 1926–34«, Geneh-migung des Oberamts Göppingen vom 15. 3. 1872.

45 Sozialistengesetz, Arbeiterbewegung und Demo-kratie. Hrsgg. von Dieter. Döring. Köln 1979.

46 GAR, Bestand FLAT 7213, »Arbeiterunterstüt-zungsverein (...) 1872–79 und 1926–34«, Schrei-ben des Oberamt Göppingen vom 20. 12. 1879.

47 Beck, Stefan, Horst Engelmann, Klaus Schaub, Horst Steffens, Ingrid Steffens und Dirk Stein-wand: Leben in der Arbeiterbewegung. Zum Freizeitverhalten von Arbeitern in drei württem-bergischen Gemeinden. In: Demokratie, wie Anm. B 47, S. 64–82, hier S. 67.

48 Zur Entwicklung von der Arbeiterbildung und -unterstützung zur Arbeiterpolitik in Württem-berg in den Jahren 1862–1878 vgl. Schmierer, Ar-beiterbildung, wie Anm. A 21.

49 Wuerth, Arbeiterbewegung, wie Anm. A 5, S. 42.

50 StALu, F 170-II, Bü 78, »Satzung des Konsumver-eins für Reichenbach/Fils und Umgebung vom 13. 12. 1930. Eingetragene Genossenschaft mit be-schränkter Haftpflicht, gegründet 24. 3. 1907«.

51 StAGöp, Freie Volkszeitung vom 5. 12. 1910, »Ge-schäftsbericht des Konsumvereins«.

52 StALu, F 170-II, Bü 78, »Satzung des Konsumver-eins für Reichenbach/Fils und Umgebung vom 13. 12. 1930. Eingetragene Genossenschaft mit be-schränkter Haftpflicht, gegründet 24. 3. 1907«.

53 GAR, Bestand FLAT 5640; außerdem StArEb, Filstal- und Schurwaldbote vom 27. 11. 1932.

54 Christian Braun, geboren am 24. 11. 1874, Kon-sum-Leiter.

55 Vgl. hierzu beispielsweise Interview Nr. 60, Inter-view Nr. 69 oder Interview Nr. 104.

56 Siehe die Tabelle »Reichstagswahlergebnisse 1878 bis 1912« im Anhang, erstellt nach den Stimmer-gebnissen im Heimatbuch, S. 57.

57 GAR, Bestand FLAT 1014, Reichstagswahl 1912 und »Extrablatt der Göppinger Zeitung« vom 13. 1. 1912.

58 GAR, Bestand FLAT 1053, »Landtagsabgeordne-tenwahl 1912, Nov. 16«.

59 Nachzuweisen sind einzelne Elemente wie Schu-lungen, Vorträge und den Arbeitern zur Verfü-gung gestellte Bücher; ein eingetragener Verein jedoch konnte nicht ermittelt werden.

60 StAGöp, Freie Volkszeitung vom 5. 3. 1914.

61 GAR, Bestand FLAT 1206, Wahlprotokoll vom 13. 12. 1909.

62 Karl Fischer hatte bereits zwei Jahre zuvor bei den Gemeinderatswahlen vom 9. Dezember 1907 kandidiert, den Eintritt in den örtlichen Rat aber um fünf Stimmen versäumt; GAR, Bestand FLAT 1206, Wahlprotokoll vom 9. 12. 1909.

63 GAR, Altregistratur, Personalakten der Gemeindebewohner – Deutsche – 1910–1959, Zeugnis für die Königliche Staatsanwaltschaft Ulm vom 11. 10. 1912; dort wirtschaftliche, soziale und biographische Details zur Person Fischers.

64 Ebenda.

65 GAR, Bestand FLAT 1206, »Wahlprotokolle«.

66 Interview Nr. 62.

67 Bericht des Lansdesvorstandes der SPD an die Landesversammlung 1907, 10. Reichstagswahlkreis, zusammengefaßt in: Was war hier eigentlich los? Wegweiser zu historischen Quellen der SPD-Ortsvereine in Baden Württemberg. Hrsgg. von der Historischen Kommission der SPD Baden Württemberg, Stuttgart (o.J.), S. 46ff.

68 StALu, E 179, II, Bü 6952: »Tätigkeit und Bekämpfung der Sozialdemokratie, Berichte der Oberämter«, Berichte der Oberämter über die Jahre 1905, 1906, 1907 und 1908.

69 StAGöp, Freie Volkszeitung vom 26. 11. 1910.

70 Weder wird von einer Gründung noch von deren Begleiterscheinungen berichtet.

71 StAGöp, Freie Volkszeitung vom 11. 12. 1910.

72 StAGöp, Freie Volkszeitung vom 13. 1. 1911.

73 StAGöp, Freie Volkszeitung vom 7. 11. 1910.

74 Wuerth, Arbeiterbewegung, wie Anm. A 5, S. 48ff, bes. S. 57.

75 Der Sozialdemokratische Verein Göppingen galt als »eine der radikalsten Organisationen in Württemberg«; Wuerth, Arbeiterbewegung, wie A 5, S. 90.

76 StAGöp, Freie Volkszeitung vom 24. 9. 1910.

77 Köhle-Hezinger, Christel: Von der »Roten ME« zur »Braunen ME«. Die Maschinenfabrik Esslingen als Fallbeispiel. In: Von Weimar bis Bonn. Esslingen 1919–1949. Begleitband zur Ausstellung. Hrsgg. von der Stadt Esslingen, Esslingen 1991, S. 27–47. Vgl. außerdem hierzu Köhle-Hezinger, Christel: Studie zur Geschichte der Esslinger Maschinenfabrik (ME), verfaßt im Auftrag des Museums für Technik und Arbeit Mannheim, MS. masch. Esslingen 1983.

78 Interview Nr. 29.

79 Beispielsweise StAGöp, Freie Volkszeitung vom 13. 1. 1911 oder vom 18. 3. 1911 (u.a.).

80 StAGöp, Freie Volkszeitung vom 5. 1. 1912.

81 Auch hier wirkt sich der Einfluß der Göppinger sowie der Esslinger Genossen aus, die sich mehrheitlich der »Westmeyer-Gruppe« anschlossen; Scherrieble, Joachim: »Vorwärts immer, rückwärts nimmer.« Geschichte der Kolonne Esslingen des Arbeiter-Samariter-Bundes. In: Esslinger Studien. Zeitschrift 32/1993, S. 165–261, hier S. 178. Zu allgemeinen Kontinuitäten und Diskontinuitäten der sozialdemokratischen Politik im Übergang vom Frieden zum Ersten Weltkrieg, vor allem ihre häufiger als bislang angenommenen Aktionen gegen den Krieg vgl. Kruse, Wolfgang: Krieg und nationale Integration. Eine Neuinterpretation des sozialdemokratischen Burgfriedensschlusses 1914/15. Essen 1994.

82 StAGöp, Freie Volkszeitung vom 23. 11. 1912; Crispien war Redakteur bei der »Schwäbischen Tagwacht«.

83 Zum Ersten Weltkrieg vgl. die allerdings heroisch verzerrende Darstellung »Der erste Weltkrieg« von Oberlehrer Gustav Wohlbold im Heimatbuch, wie Anm. A 1, S. 87–94.

84 GAR, Bestand A 166, Wohlbold, Gustav: »Gemeinde Reichenbach/Fils, Ortschronik, Teil III: 1918 bis nach der Jahrhundertmitte« (unveröffentlichtes Typoskript). Reichenbach 1952 (im folgenden Orts-Chronik genannt), S. 3.

85 Ebenda.

86 Neben den Reichenbacher Kriegsbeschädigten und -Hinterbliebenen wirkten bereits an der Gründung solche aus Hochdorf, Hegenlohe, Thomashardt, Baltmannsweiler und Hohengehren mit; Heimatbuch, wie Anm. A 1, S. 392.

87 Theodor Kirschmer war Schultheiß von 1900 bis zu seinem plötzlichen Tod 1904; Heimatbuch, wie Anm. A 1, S. 256.

88 Johannes Weber gab das Amt, das er 1904 übernommen hatte, im Jahr 1916 auf; ebenda.

89 Karl Stiefel war Schultheiß bis 1927. Näheres zu seiner Ablösung siehe in diesem Kapitel, Abschnitt »Die Bürgermeisterwahl 1926/27«.

90 Wohlbold, Gustav: »Reichenbacher Kriegs-Chronik« (unveröffentlichtes Typoskript). Reichenbach 1938, S. 4.

91 Ebenda, S. 10.

92 Ebenda.

93 Siehe die Tabelle »Die Wahlen zur Nationalversammlung und zum Reichstag 1919–1924« im Anhang, errechnet und zusammengestellt nach den Wahlergebnissen wie dokumentiert im GAR, Bestand FLAT 1014 und im Filstal- und Schurwaldboten vom 25. 4. 1932.

94 Siehe die Tabelle »Reichstagswahlergebnisse 1878 bis 1903« im Anhang.

95 Wohlbold, Kriegs-Chronik, wie Anm. B 90, S. 4/5.

96 GAR, Bestand FLAT 1206, »Bekanntmachung vom 20. Mai 1919« von Ortsvorsteher Stiefel und »Zusammenstellung der Stimmen« im Wahlprotokoll. Die Bürgerpartei trat danach nicht mehr unter diesem Namen in Erscheinung.

97 Siehe die Tabelle »Die Wahlen zur Nationalversammlung und zum Reichstag 1919–1924« und die Tabelle »Die Landtagswahlen 1920–1932« im Anhang, errechnet und zusammengestellt nach den Wahlergebnissen wie dokumentiert im GAR, Bestand FLAT 1014 und im Filstal- und Schurwaldbote vom 25. 4. 1932.

98 So bezeichnete ihn rückblickend unter anderem der *Ortsgruppenleiter* der NSDAP; StALu, EL 903/3, Bü J 75/647, Bl. 20, Schreiben des *Ortsgruppenleiters* vom 31. 3. 1933.

99 Er leistete seinen Dienst beim Füsilierregiment 122.

100 Privatsammlung G. Munz, Reichenbach, Flugblatt »Betrachtungen zur Bürgermeisterwahl« vom 18. 2. 1948 von Otto Munz.

101 Interview Nr. 69. Er trat 1921 in die KPD ein.

102 Interview Nr. 39.

103 Heimatbuch, wie Anm. A 1, S. 96, und Wohlbold, Kriegs-Chronik, wie Anm. B 90, S. 7.

104 Wohlbold, Kriegs-Chronik, wie Anm. B 90, S. 8.
105 Walter, Franz: Der Deutsche Abstinenten-Bund (DAAB). In: Walter, Franz, Viola Denecke und Cornelia Regin: Sozialistische Gesundheits- und Lebensreformverbände. Solidargemeinschaft und Millieu: Sozialistische Kultur- und Freizeitorganisationen in der Weimarer Republik, Band 2, hrsgg. von Peter Lösche (Politik- und Gesellschaftsgeschichte, Band 24, hrsgg. von Dieter Dowe). Bonn 1991, S. 97–239, hier S. 234.
106 Beispielsweise die Gründungen der Arbeiterkulturvereine in Benningen, Steinheim und Marbach bei Beck, Arbeiterkulturbewegung, wie Anm. B 47, S. 68–69.
107 Die Gründer, Richard Alber, Ferdinand Barz, Julius Benz, Karl Benz, Eugen Greiner, Franz Herrlinger, Albert Hudelmaier, Albert Kautter und Albert Wöllhaf, wählten Karl Benz zum Ersten Vorsitzenden; ausführlicher zur Gründung bei Höger, Walter: Radsportverein »All Heil«, in: Heimatbuch, wie Anm. A 1, S. 365ff, sowie 75 Jahre. 1914–1989 Radsportverein Reichenbach/Fils »All Heil«. (Bearb. von Andrea Petz, Angelika Riemer, Elke Fischer und Helga Sedlacek) Reichenbach 1989, S. 12.
108 Interview Nr. 61 und Interview Nr. 69.
109 Interview Nr. 55 und Interview Nr. 56.
110 Interview Nr. 7.
111 Interview Nr. 55 und Interview Nr. 56.
112 Interview Nr. 69; außerdem GAR, Bestand FLAT 8335. Foto Privatsammlung Alber.
113 Mehr zur Geschichte des Vereins vgl. Privatsammlung E. Munz, Reichenbach, »1920–1970. 50 Jahre Verein für Bewegungsspiele Reichenbach-Fils«, Festschrift zum 50. Jubiläum vom 20. Mai – 1. Juni 1970, Reichenbach 1970, und »VfB ECHO«, Jubiläumsausgabe »60 Jahre VfB«, (Leitung Armin Schwilk). Reichenbach 1981, S. 11ff.
114 Interview Nr. 104.
115 Zur Geschichte des Arbeitersports vgl. Teichler, Hans Joachim (Hrsg.): Illustrierte Geschichte des Arbeitersports. Berlin 1987.
116 Interview Nr. 86.
117 Unger, Ferdinand: »Verein für Bewegungsspiele Reichenbach (Fils) e. V.« in Heimatbuch, wie Anm. A 1, S. 361–365, hier S. 361.
118 Interview Nr. 86.
119 Zur zeitgenössischen Auseinandersetzung über die Nachahmung bürgerlicher Kultur durch Arbeiterorganisationen vgl. Mehring, Franz: Gesammelte Schriften, Bd. 10, Berlin 1977, hier hauptsächlich S. 238ff.
120 Auch in der Rezeption Schillers standen die VfB-Mitlieder ganz in sozialdemokratischer Tradition. Vgl. hierzu Merkel, Helga: »Unter den Waffen schweigen die Musen«. Wie die Stuttgarter Sozialdemokratie 1905 ihren Schiller feierte. In: Demokratie und Arbeitergeschichte, Jahrbuch 3, hrsgg. von der Franz-Mehring-Gesellschaft Stuttgart. Weingarten 1983, S. 41–63.
121 Unger, Verein, wie Anm. B 117, S. 361–365, hier S. 361.
122 StALu, F 170 III, Bü 26, Schreiben des Oberamtes an das württembergische Wirtschaftsministerium vom 4. 2. 1930.

123 »Erlaubnis, bis abends 9.00 Uhr an den Kreis der Mitglieder des Vereins« Bier auszuschenken; StALu, F 170 III, Bü 26, »Wirtschaftserlaubnis« des Oberamtes vom 25. 3. 1930. Zur Vorgeschichte vgl. ebenda, Schreiben des Oberamtes vom 15. 11. 1926 sowie »Wirtschaftserlaubnis« vom 22. 6. 1927.
124 Privatsammlung Neumann, Reichenbach; Protokoll-Bücher des Musikvereins »Glück auf« vom 3. 10. 1921 bis zum 25. 5. 1955 (im folgenden »Protokoll-Bücher Musikverein«), Protokoll der Monatsversammlung vom Oktober 1921 (Gründungsversammlung am 3. 10. 1921).
125 Interview Nr. 61.
126 Protokoll-Bücher Musikverein, wie Anm. B 124, Protokoll vom 18. 11. 1921.
127 Privatsammlung Neumann, Reichenbach; »Musikverein ›Glück auf‹ Gemeindekapelle Reichenbach/Fils, Vereinschronik«. Typoskript.
128 Die Vorsitzenden des Musikvereins waren laut Heimatbuch, wie Anm. A 1, S. 376:
1925–1926: Christian Hees
1926–1930: Eugen Bauknecht
1930–1932: Fritz Bullinger
1932–1945: Gottlieb Gutscher.
129 Christian Hees konnte bei den Gemeinderatswahlen vom 30. Dezember 1922 254 Stimmen für die »Christlichen Vereinigungen« erringen, die aber nicht für den Einzug ins Gemeindeparlament reichten; GAR, Bestand FLAT 1206, Wahllisten zur Gemeinderatswahl vom 30. 12. 1922.
130 Eugen Bauknecht kandidierte 1919 auf der Liste der Sozialdemokraten, für die er 157 Stimmen gewann; bei den Gemeinderatswahlen vom 30. Dezember 1922 errang er auf der Liste des Gewerbevereins 107 Stimmen, die aber nicht für den Einzug ins Gemeindeparlament reichten. GAR, Bestand FLAT 1206, Wahllisten zur Gemeinderatswahl vom 30. 12. 1922.
131 Gustav Blessing senior engagierte sich für die Deutschnationalen; nicht zu verwechseln mit seinem Sohn, Gustav Blessing junior, der sich zu einem der einflußreichsten Parteigenossen und zum »Verantwortlichen (...) der Wahlkampforganisation« der NSDAP in Reichenbach entwickelte; StALu, EL 902/6, Bü 11/22/2638, J 11299, Bl. 2/OI.
132 Karl Bullinger kandidierte bei Gemeinderatswahlen vom 6. Dezember 1931 auf der Liste der SPD, errang mit 251 Stimmen jedoch keinen Ratssitz; GAR, Bestand FLAT 1206, Wahlprotokoll vom 6. 12. 1931. Außerdem KrArE, Bestand E 1/1552, Schreiben des Landrats vom 9. 8. 1945.
133 Der Holzdreher Gottlieb Gutscher hatte kurz vor seiner Wahl zum Musikverein-Vorsitzenden bei den Gemeinderatswahlen vom 6. Dezember 1931 für die KPD kandidiert; GAR, Bestand FLAT 1206, Wahlprotokoll vom 6. 12. 1931; außerdem KrArE, Bestand E 1/1552, Schreiben des Landrats vom 9. 8. 1945.

Anmerkungen zum Teil B
»Reichenbach in der Weimarer Republik«
(Fortsetzung)

134 »Die Turnhalle war gestampft voll, als wir dann auch beim Gesangverein ›Freiheit‹ gespielt haben und auch beim Turnverein. Wir führten Stücke wie ›Die spanische Fliege‹ oder ›Der Schmid‹ (3 Akte) auf«; Interview Nr. 60.

135 Interview Nr. 61.

136 Vor allem die Fabrikanten Kantenwein, Wacker und Otto förderten den Musikverein, beispielsweise durch ein Darlehen zum Kauf der Musikinstumente; Heimatbuch, wie Anm. A 1, S. 154.

137 Protokoll-Bücher Musikverein, wie Anm. B 124, Protokoll vom 18. 11. 1921.

138 Ebenda, Protokoll vom 5. 1. 1922.

139 In Anbetracht des Wertverlusts des Geldes paßte der Verein die zu leistenden Monatsbeiträge an. In den jeweiligen Vesammlungen wurden die Beiträge jeweils wie folgt festgesetzt: 20 Mark am 3. 10. 1921, 30 Mark am 8. 4. 1922, 40 Mark am 30. 7. 1922, 100 Mark am 28. 10. 1922 und 150 Mark am 1. 11. 1922. Privatsammlung Neumann, Reichenbach; »Musikverein ›Glück auf‹ Gemeindekapelle Reichenbach/Fils, Vereinschronik«. Typoskript.

140 Protokoll-Bücher Musikverein, wie Anm. B 124, Protokoll vom 18. 2. 1922.

141 Durch Sammlungen und Spenden konnte die immerhin 2900 Mark teure Trommel finanziert werden; Protokoll-Bücher Musikverein, wie Anm. B 124, Protokoll der Monatsversammlung vom August 1922 am 18. 8. 1922.

142 Privatsammlung Neumann, Reichenbach; »Musikverein ›Glück auf‹ Gemeindekapelle Reichenbach/Fils, Vereinschronik«. Typoskript.

143 Privatsammlung E. Munz, Reichenbach; »Gesangverein ›Freiheit‹ Reichenbach/Fils. Festschrift zum 35jährigen Jubiläum am 21., 22. und 23. Juli 1956«. Reichenbach 1956, S. 7.

144 Deutlich kam immer wieder die Mission zum Ausdruck, die »Arbeitermassen immer mehr zu voll- und gleichberechtigten Gliedern der Menschheit auf musikalischem und künstlerischem Gebiet emporzubilden«; Ulrich, Fritz: Sozialismus und Arbeitergesang, in: Neckar-Post vom 24. 5. 1929.

145 So etwa auch der Tübinger Arbeiterverein Frohsinn; Schönhagen, Benigna: Tübingen unterm Hakenkreuz. Eine Universitätsstadt in der Zeit des Nationalsozialismus. (Beiträge zu Tübinger Geschichte, Bd. 4) Bearbeitete Fassung einer diss. phil. an der Univers. Stuttgart. Tübingen 1991, S. 27f. Vgl. zur »Verbürgerlichung« württembergischer Arbeiterkulturvereine, Beck. wie Anm. B 47, S. 74f.

146 Interview Nr. 67, Interview Nr. 69 und andere.

147 Gesangverein, wie Anm. B 143, S. 7

148 Ebenda.

149 Zur Entstehungs- und Rezeptionsgeschichte vgl. Bibliothek der Vereinten Nationen in Genf, Völkerbundsarchiv (Hrsg.) »Die Waffen nieder!« Bertha von Suttner (1843–1914) und andere Frauen der Friedensbewegung. Genf 1993.

150 Interview Nr. 67 und Interview Nr. 39.

151 Klenke, Dietmar, Peter Lilje und Walter, Franz: Sozialistische Gesangs- und Bühnenkultur. Solidargemeinschaft und Milieu: Sozialistische Kultur- und Freizeitorganisationen in der Weimarer Republik, Band 1, hrsgg. von Peter Lösche. Bonn 1992.

152 Interview Nr. 67.

153 »Der Roth Rudolf, Eitels Hermann, Schlach, Stöber, Gress waren linke Sozis, die in der ›Freiheit‹ waren. Rechte Sozis waren Braun, Knonau, Fischer, Baumwart Eitel, Eugen Bauknecht, Kammerer. Diese konservativen Sozis sangen in der Concordia.« Interview Nr. 69.

154 Unter dem von G. J. Sinowjew 1924 entwickelten ideologischen Kampfbegriff »Sozialfaschismus« bekämpften die Kommunisten die Sozialdemokratie. Diese wurde von Stalin seit September 1924 zum »Zwillingsbruder« des Faschismus apostrophiert und zum »Hauptfeind« der Kommunistischen Partei erklärt. Ausführlicher hierzu Bahne, Siegfried: Die Kommunistische Partei Deutschlands. In: Matthias, Erich und Rudolf Morsey: Das Ende der Parteien 1933. Darstellungen und Dokumente. Unv. Nachdruck Düsseldorf 1979, S. 655–739, hier S. 657f.

155 Denecke, Viola: Der Touristenverein »Die Naturfreunde«. In: Walter, Denecke und Regin, Lebensreformverbände, wie Anm. B 105, S. 241–291.

156 Die in der »Freiheit« organisierten Reichenbacher Naturfreunde gingen zu den Genossen nach Ebersbach; StArEb, Filstal- und Schurwaldbote vom 27. 7. 1931. Erst 1946 hoben die älteren Naturfreunde eine eigene Ortsgruppe »Plochingen–Reichenbach–Hegenlohe« aus der Taufe; Heimatbuch, wie Anm. A 1, S. 384.

157 Zur Geschichte der Esslinger Kolonne des Arbeiter-Samariter-Bundes vgl. Scherrieble, Vorwärts, wie Anm. B 81.

158 Auf diesem Wege initiierten die Esslinger Genossen – neben fünf Unfallstationen im Esslinger Stadtgebiet, der Samariterstation auf dem Zollberg sowie der Kolonne in Oberesslingen mit ihrer Unfallstation – außer der Reichenbacher ASB-Filialkolonne weitere in Berkheim, Nellingen, Plochingen, Köngen, Denkendorf, Mettingen, Ruit und Plattenhardt sowie möglicherweise noch in anderen Ortschaften der Region; Scherrieble, Vorwärts, wie Anm. B 81, S. 231.

159 Ausführlicher zur Geschichte der Reichenbacher ASB-Kolonne ebenda, S. 215f und S. 229f; Einzelheiten zu den aktiven Samaritern im alphabetisch geordneten »Mitgliederverzeichnis« derselben Studie, S. 236ff.

160 Ebenda. Außerdem hierzu Walter, Franz: Der Arbeiter-Samariter-Bund. In: Walter, Denecke und Regin, Lebensreformverbände wie Anm. B 105, S. 293–414, hier besonders S. 307–363.

161 StArEb, Filstal- und Schurwaldbote vom 13. 7. 1929.

162 Progressiv hier verstanden als geistige Grundhaltung und als Bereitschaft, Neuem, insbesondere fortschrittlichen Entwicklungen hinsichtlich einer menschlicheren Gesellschaft, für sich und für die Gesellschaft offen gegenüber zu stehen.

163 StArEb, »Unterer Filstal- und Schurwaldbote« vom 29. 12. 1922. Außerdem Privatsammlung G. Munz, Reichenbach, »Fragen und Antworten zur Bürgermeisterwahl!« Flugblatt zur Bürgermeisterwahl 1948 vom »Wahlkomitee des Kandidaten Nill«.

164 Interview Nr. 69. In kommunistischen Kreisen wurde intensiv diskutiert, inwiefern das »Wort als Waffe« oder auch die »Kunst als Waffe« für den Klassenkampf zu gebrauchen waren. Vgl. hierzu Projekt Zeitgeschichte im Kulturamt der Landeshauptstadt Stuttgart (Hrsg.): Friedrich Wolf. Die Jahre in Stuttgart 1927–1933. Ein Beispiel. Bearbeitet von Michael Kienzle und Dirk Mende. Stuttgart 1983, besonders S. 107ff.

165 GAR, Bestand FLAT 1206, Wahllisten zur Gemeinderatswahl vom 30. 12. 1922; hier auch alle weiteren Wahlergebnisse.

166 Flugblatt »Betrachtungen zur Bürgermeisterwahl« vom 18. 2. 1948 von Otto Munz; Privatsammlung G. Munz, Reichenbach.

167 Peter Lösche spricht im Zusammenhang von Arbeiterkulturorganisationen von »Solidargemeinschaft und Milieu«; Lösche, Peter: Arbeiterorganisationen und Lebensreform. Zur Einführung. In: Walter, Denecke und Regin, Lebensreformverbände, wie Anm. B 105, S. 11ff.

168 StALu, EL 902/6, Bü 11/22/249, Bl. 57.

169 Interview Nr. 79.

170 Auch der 1880 geborene Karl Acker gehörte der »Frontgeneration« an. Diesen »Frontgeist« arbeitete Klaus Theweleit exemplarisch an den literarischen Zeugnissen von Freikorpskämpfern heraus. Als konstituierende Bestandteile führte er Männerphantasien aus rückwärtsgewandten Sehnsüchten nach einem statischen Männerbund sowie Gewalt gegenüber allem andersartigen, in seiner Fremdheit Verunsichernden an; Theweleit, Klaus: Männerphantasien. 2 Bde., Reinbek 1977.

171 Am 22. / 23. Oktober 1914 wurde Langemark in Westflandern von aus dem akademischen Nachwuchs bestehenden deutschen Freiwilligenregimentern gestürmt. Dies wurde in der Folge als Sinnbild totaler Opferbereitschaft der Jugend propagandistisch umgemünzt.

172 Ein den Weltkrieg glorifizierender Buchmantel wurde zwar angeschafft, doch die Namen der Kriegsteilnehmer und Gefallenen wurden nicht eingetragen. Das Buch steht im GAR (ohne Signatur).

173 Interview Nr. 103.

174 Die Freiwilligenverbände wurden von der württembergischen Landesregierung aufgestellt, waren also keine Freikorps (wie Wohlbold behauptete). Vgl. hierzu Nachtmann, Walter: Karl Strölin – Ein Oberbürgermeister im Führerstaat. Diss. phil. Stuttgart 1991, (MS) S. 39.

175 Wohlbold, Kriegs-Chronik, wie Anm. B 90, S. 8.

176 Wie die ideologische Saat der Kriegerverbände in der »braunen Bewegung« aufging, beschreibt am Stuttgarter Beispiel Genuneit, Jürgen: »Der Kriegerbund marschiert mit«. Zur Rolle des Württembergischen Kriegerbundes und der Kriegervereine. In: Burkhardt, Bernd, Karlheinz Fuchs und Walter Nachtmann: Ausstellungsreihe Stuttgart im Dritten Reich, Bd. 3: Die Machtergreifung. Von der republikanischen zur braunen Stadt. Stuttgart 1983, S. 172–207.

177 Tübinger Chronik vom 19. 1. 1931, zitiert nach Schönhagen, Tübingen, wie Anm. B 145, S. 23.

178 Ausführlicher hierzu bei Schönhagen, Tübingen, wie Anm. B 145, S. 24.

179 GAR, Bestand FLAT 1206, Bekanntmachung der Wahlvorschläge zur Gemeinderatswahl vom 10. 12. 1928 und handschriftliche Einträge des Wahlleiters.

180 GAR, Gemeinderatsprotokolle, Bd. 37, Bl. 190f, vom 5. 5. 1933, 234.

181 Interview Nr. 61 und Interview Nr. 106.

182 Heimatbuch, wie Anm. A 1, S. 381.

183 StALu, PL 502/9 Bü 24, Reichenbacher Heimatbriefe vom 20. 2. 1941.

184 Interview Nr. 60 und Interview Nr. 62.

185 Linke Sozialdemokraten und Kommunisten bezeichneten diese als »Spießer unter den Sozis«; Interview Nr. 67.

186 Karl Braun errang zum ersten Mal bei den Gemeinderatswahlen vom 30. 12. 1922 mit 284 Stimmen einen Sitz für die SPD; GAR, Bestand FLAT 1206, Wahllisten zur Gemeinderatswahl vom 30. 12. 1922.

187 Karl Eitel konnte bei den Gemeinderatswahlen vom 30. 12. 1922 zwar 231 Stimmen für die SPD erringen, für einen Sitz im Rat reichte dies aber nicht; ebenda.

188 Julius Reutter, der bei den Gemeinderatswahlen vom 18. 5. 1919 für die SPD kandidierte, bekam 251 Stimmen, was aber für einen Sitz im Rat nicht ganz reichte; GAR, Bestand FLAT 1206, »Bekanntmachung vom 20. Mai 1919« von Ortsvorsteher Stiefel und »Zusammenstellung der Stimmen« im Wahlprotokoll.

189 GAR, Bestand FLAT 1206, Wahllisten zur Gemeinderatswahl vom 30. 12. 1922.

190 Der Mühlenbesitzer und Heilpraktiker Adolf Fischer hatte davor auf keiner anderen Liste kandidiert. Bei den Gemeinderatswahlen 1931 verpaßte er auf der Liste des Landwirtschaftlichen Orts- und Obstbauvereins mit 356 Stimmen nur knapp den Einzug in den Rat; GAR, Bestand FLAT 1206, Wahlprotokoll vom 6. 12. 1931. Fischer agitierte am Ort für den Christlich-sozialen Volksdienst und engagierte sich nach dem Machtantritt der Nationalsozialisten als Führer der Reichenbacher *Ortsgruppe* der Deutschen Christen; StALu, B 5991/48, Bü 11/22/770, Bl. 83, Schreiben an Amtsgericht Göppingen vom 9. 10. 1938.

191 GAR, Bestand FLAT 1206, Wahllisten zur Gemeinderatswahl vom 12. 12. 1925.

192 Ebenda, Bekanntmachung der Wahlvorschläge zur Gemeinderatswahl vom 10. 12. 1928 und handschriftliche Einträge des Wahlleiters.

193 Hohenstaufen vom 3. 7. 1933, StAGöp.

194 Interview Nr. 45.

195 Privatsammlung Herman, Reichenbach; Protokollbuch des Obst- und Gartenbauvereins Rei-

Anmerkungen zum Teil B
»Reichenbach in der Weimarer Republik«
(Fortsetzung)

chenbach/Fils e. V. vom 15. 3. 1925 bis zum
1. 2. 1959, (im folgenden »Protokollbuch Obst-
und Gartenbauverein«) Protokoll der Gründungsversammlung am 15. 3. 1925.

196 Ebenda.

197 Ebenda.

198 Ebenda. FOTO; ebenso von der 1928 angeschafften Baumspritze.

199 So etwa der 1928 von Gartenbaurat Hiller von der
Landwirtschaftskammer Stuttgart gehaltene Vor-
trag über die vom Staat gewährten Zuschüsse für
Umpfropfen unrentabler Sorten; Protokollbuch
Obst- und Gartenbauverein, wie Anm. B 195.

200 Ebenda, div. Mitgliederversammlungen 1928.

201 Heimatbuch, wie Anm. A 1, S. 369.

202 Siehe hierzu den Teil »Phase der Konsolidierung –
Alltag unterm Hakenkreuz«, Kapitel »›... ein die-
nendes Volk‹ – Totale Indienstnahme, Abschnitt
»Kommunalpolitik und Dienst in der Partei«.

203 Im Jahr 1935 feierte der Verein mit starker Unterstützung der Verwaltung sein 30jähriges Jubiläum (BILD).

204 Interview Nr. 60.

205 Ebenda.

206 Interview Nr. 78.

207 Ebenda.

208 Interview Nr. 60.

209 Ebenda, außerdem Interview Nr. 44 und Interview Nr. 100.

210 Beispielsweise Herr und Frau Bischoff, die sich
im TV kennenlernten; Interview Nr. 78.

211 Ebenda.

212 Interview Nr. 60.

213 Ebenda.

214 Ebenda.

215 Interview Nr. 78.

216 Interview Nr. 60.

217 Ebenda.

218 Ebenda.

219 Franke, Elk: Der Sport nach 1933: Äußere
Gleichgschaltung oder innere Anpassung? Osnabrück 1983. Desgleichen Bernett, Hajo: Der Weg
des Sports in die nationalsozialistische Diktatur.
Die Entstehung des Deutschen (national-sozialistischen) Reichsbundes für Leibesübungen.
Schorndorf 1983.

220 Interview Nr. 60.

221 Die TV-Mitglieder lasen das Turnblatt aus Schwaben und die Deutsche Turnzeitung für die Angelegenheiten des gesamten Turnwesens. Amtliches
Blatt für die deutsche Turnerschaft; ebenda.

222 Zur Diskussion dieser Ausprägung von emanzipatorischen Bedürfnissen vgl. Decken, Godele
von der: Emanzipation auf Abwegen. Frauenkultur und Frauenliteratur im Umkreis des Nationalsozialismus. Frankfurt/M. 1988.

223 Trepte, Erika: Die Bedeutung der Jugendbewegung für die Erziehung des deutschen Mädchens.
Diss. phil. Jena 1942.

224 Deutsche Turnzeitung für die Angelegenheiten
des gesamten Turnwesens. Amtliches Blatt für

die deutsche Turnerschaft, 78. Jahrgang 1933,
Heft 41, S. 855.

225 Ebenda, S. 856.

226 Ebenda.

227 Meißner, Toni Richard: Der politische Sport und
seine Fachpresse unter besonderer Berücksichtigung ihrer politischen Propaganda während des
nationalsozialistischen Regimes 1933–1945. Diss
phil. München 1956. Außerdem auch bei Maas,
Utz: »Dein Körper gehört Deiner Nation«. In:
Ders., »Als der Geist der Gemeinschaft eine Sprache fand.« Sprache im Nationalsozialismus. Opladen 1984, S. 91–121, besonders S. 114ff.

228 Bei der Gemeinderatswahl 1922 errang Otto Alber 554 Stimmen und zog damit für sechs Jahre
in den Gemeinderat ein; GAR, Bestand FLAT
1206, Wahllisten zur Gemeinderatswahl vom
30. 12. 1922.

229 Privatsammlung R. Alber, Reichenbach, Bl. 11–
12; »Letzter Brief« des Turnvereins ob des Gefallenen Otto Alber vom 14. 12. 1942.

230 Interview Nr. 62.

231 Ebenda.

232 Siehe die Tabelle »Religionszugehörigkeit der
Reichenbacher Bevölkerung in der historischen
Entwicklung« im Anhang. Im Juni 1925 sind
knapp 96 Prozent der Einwohner evangelisch.

233 EKAR, Arch. Nr. 53. 10, Bd. 1923–1938, Kirchengemeinderats-Protokoll vom 21. 11. 1929; dort
auch die folgenden Aussagen.

234 Die Mitglieder der pietistischen Hahnschen Gemeinschaft, am Ort »Stundenleut« genannt, trafen sich Sonntag nachmittags um vier und allen religiösen Feiertagen gegen 14 Uhr im »Stunden-
haus« bei der Familie Danner; Interview Nr. 42.

235 Im Gegensatz zum Kirchengemeinderats-Protokoll vom 21. 11. 1929 gibt der Autor des entsprechenden Artikels im Reichenbacher Heimatbuch
das Jahr 1922 als Beginn regelmäßiger Gottes-
dienste der Neuapostolischen Kirche in Reichenbach an; vgl. E. M.: »Neuapostolische Kirche« in:
Heimatbuch, wie Anm. A 1, S. 317.

236 EKAR, Arch. Nr. 53. 10, Bd. 1923–1938, Kirchengemeinderats-Protokoll vom 21. 11. 1929.

237 Siehe die Tabelle »Einwohnerzahlen und Religionszugehörigkeit in der historischen Entwicklung« im Anhang.

238 Zur Geschichte der katholischen Kirchengemeinde in Reichenbach. vgl. Interview Nr. 97 sowie
Deutschmann, Georg: »Die Katholische Kirchengemeinde«; in: Heimatbuch, wie Anm. A 1,
S. 313–317.

239 EKAR, Arch. Nr. 56. 20, Evangelisches Gemeindeblatt Reichenbach an der Fils, Jg. 1938/1941,
Nr. 11/1939, Mitte November 1939, S. 1/2.

240 Der Gustav-Adolf-Frauenverein, gegründet
1832, 200 Jahre nach dem Tod von Gustav Adolf
von Schweden, widmete sich der Seelsorge und
Volksmission sowie der Unterstützung von
evangelischen Christen in der Diaspora, vor allem später in Österreich und im Osten. Zur Reichenbacher Sektion vgl. EKAR, Arch. Nr. 56. 20,
Evangelisches Gemeindeblatt Reichenbach an
der Fils, Jg. 1938/1941 Nr. 12/1940, vom 13. 12.
1940.

460

241 EKAR, Arch. Nr. 56. 17, Evangelisches Gemeindeblatt Reichenbach an der Fils, Jg. 1932/1933,
Nr. 10/32, S. 4.

242 So etwa am Sonntag, den 30. 10. 1932; ebenda, S.
4.

243 EKAR, Arch. Nr. 53. 10, Bd. 1923–1938, Kirchengemeinderats-Protokoll vom 9. 11. 1927.

244 Die Abende einer Woche waren für eine engagierte Reichenbacher Christin häufig ausgebucht, dazu kamen »Sonderveranstaltungen« wie Singwo-
chen oder ähnliches. Als Beispiel hierfür soll die
erste Dezemberwoche 1932 dienen: Dienstag,
1. 11. Winterabendbibelstunde (normalerweise
mittwochs) um 20 Uhr im Vereinsheim, Mittwoch, 2. 11. bis Montag, 6. 11. Singwoche unter
Leitung von Herrn Dr. Seifert aus Lorch, am
4. 12. 1932 Altentag. EKAR, Arch. Nr. 56. 17,
Evangelisches Gemeindeblatt Reichenbach an
der Fils, Jg. 1932/1933, Nr. 10/32, S. 4.

245 Interview Nr. 35, ehemalige Gemeindehelferin
Pfarrer Dippers, am 11. 4. 1991.

246 EKAR, Arch. Nr. 56. 20, Evangelisches Gemeindeblatt Reichenbach an der Fils, Jg. 1938/1941,
Nr. 11/1938, von Anfang November 1938, S. 3/4.

247 So z. B. Frau R. Stirm geb. Bosch aus Philadel-
phia, in den Vereinigten Staaten von Nordameri-
ka; EKAR, Arch. Nr. 56. 17, Evangelisches Gemeindeblatt Reichenbach an der Fils, Jg.
1932/1933, Nr. 2/32, S. 4, Schreiben der Leserin
Frau R. Stirm.

248 EKAR, Arch. Nr. 56. 18, Evangelisches Gemeindeblatt Reichenbach an der Fils, Jg. 1934/1935, Nr.
3/34, S. 4.

249 Mehr zum Jungfrauenverein vgl. Interview Nr.
59. »Vor Frau Dipper war der Mädchenkreis stin-
klangweilig. Er und sie haben die Bibel so interessant ausgelegt und viel für die jungen Leute
gemacht, das hat mir unheimlich viel gebracht.«
– Interview Nr. 63.

250 Das Evangelische Gemeindehaus des CVJM, das
sogenannte Vereinshaus, wurde 1966 mit Hilfe
der Kirchengemeinde völlig erneuert und erhielt
den Namen »Paul-Schneider-Haus«; KrArE, Bestand E 1/2406, Eßlinger Zeitung, Sonderbeilage
»700 Jahre Reichenbach« vom 20. 9. 1968. Der am
29. August 1897 in Pferdsfeld geborene Paul
Schneider wurde bekannt als »Prediger von Buchenwald«. Als Pfarrer der Bekenntnissynode im
Rheinland wurde er nach verschiedenen Zusammenstößen aufgrund seiner theologisch begrün-
deten Widerstandshaltung Ende November 1937
ins Konzentrationslager Buchenwald eingeliefert,
wo er am 18. Juli 1939 ermordet wurde. Wentorf,
Rudolf: Der Fall des Pfarrers Paul Schneider. Eine
biographische Dokumentation. Neukirchen-Fluyn 1989.

251 Privatsammlung Röder, Reichenbach, »C. V. J. M.
Anzeiger des christlichen Vereins Junger Männer.
Reichenbach a. F.« 1/1925 – 1/1927.

252 Ebenda, Protokollbuch des Christlichen Vereins
Junger Männer Reichenbach, 25. 1. 1925 –
21. 3. 1932, Jahresbericht vom 5. 2. 1927. Außerdem vgl. Interview Nr. 79.

253 Die Falken waren seinerzeit noch Herrn Bischoff
und Christian Bruder zugeteilt, am 31. 1. 1933

schrieb der Sippenführer. »Beide sind heute nicht
mehr sicher, vielleicht können wir Herrn Bischoff
noch zurückbekommen, aber fraglich wird es
bleiben.« Privatsammlung Hoyler, Reichenbach,
»Sippenbuch der Sippe der Falken, CVJM Reichenbach«, Eintragung vom 31. 1. 1933, S. 2.

254 Interview Nr. 82.

255 Shulamit Volkov nennt den Ausdruck dieser
»einmaligen deutschen Kultur« »deutsche Ideologie«; Volkov, Shulamit: Antisemitismus als kultureller Code. In: dies.: Jüdisches Leben und Antisemitismus im 19. und 20. Jahrhundert. Zehn
Essays. München 1990, S. 13–36, hier S. 20.

256 Über die Prokuristen Flaig und später Gaugler
hatten die Firmeninhaber großen Einfluß auf den
Turnverein, den Reitverein, den Schützenverein
aber auch auf die Concordia. Direkt fungierte die
Firma Otto als Geschäftsstelle des Kolonialvereins, dessen Vorsitzende Heinrich und nach dessen Tod Hans Otto waren. Darüber hinaus spen-
dete diese regelmäßig für die Evangelische Kirche, für die meisten am Ort ansässigen bürgerlichen Vereine sowie für karitative Zwecke der Gemeinde; EKAR, Arch. Nr. 56. 18, Evangelisches
Gemeindeblatt Reichenbach an der Fils, Jg.
1934/1935, z. B. Nr. 12/34 S. 4.

257 Der Fabrikant Hans-Otto Kantenwein, Mitglied
des Honoratiorenstammtisches »Skatrunde«, war
aktiver Reiter und eifriger Förderer des Musikvereins. Beispielsweise konnten durch ein Dar-
lehn von ihm und Fabrikant Wacker die Musikinstumente des Vereins angeschafft werden; Heimatbuch, wie Anm. A 1 S. 154.

258 Gustav Blessing hatte hierbei eine besondere Stellung. Er war begeisterter Fußballer und deshalb
der zentrale Geldgeber für den örtlichen Fußball-
club, den VfB. Andererseits war er einer der
wichtigsten Geldbeschaffer für die Schützengilde
und als einer der führenden Nationalsozialisten
am Ort auch deren früher – vor allem ideeller –
Förderer.

259 Jakob Bischoff war Ehrenmitglied der Concordia
und aktiver Schütze; EZA, Eßlinger Zeitung vom
14. 6. 1941.

260 Ebda. Der Sägwerksbesitzer Gustav Wacker und
der Kistenfabrikant Ferdinand Alber förderten
darüber hinaus die rechtsextremen Gruppen (s.
u.) am Ort, wofür sie bei der Gemeinderatswahl
vom Dezember 1931 mit dem zweiten Platz auf
der Liste der NSDAP bzw. als Ersatzmann bei der
Gleichschaltung des Gemeinderats vom April 1933
belohnt wurden; GAR, Bestand FLAT 1206, Wahlprotokoll vom 6. 12. 1931 sowie ebenda, Wahlprotokoll 1933.

261 EZA, Eßlinger Zeitung vom 10. 1. 1939.

262 Heimatbuch, wie Anm. A 1, S. 381.

263 Ebenda, S. 370.

264 Bei den Gemeinderatswahlen der Jahre 1919,
1925 und 1931 vertrat Flaig die Liste des Gewerbevereins bzw. die gemeinsame Liste des Han-
dels- und Gewerbevereins; GAR, Bestand FLAT

Anmerkungen zum Teil B
»Reichenbach in der Weimarer Republik«
(Fortsetzung)

1206, »Bekanntmachung vom 20. Mai 1919« von Ortsvorsteher Stiefel und »Zusammenstellung der Stimmen« im Wahlprotokoll, Wahllisten zur Gemeinderatswahl vom 12. 12. 1925, Wahlprotokoll vom 6. 12. 1931. Außerdem StAGöp, Filstal- und Schurwaldbote vom 8. 12. 1931, KrArE, Bestand E 1/1552, Schreiben des Landrats vom 9. 8. 1945.

265 Beide dienten im Ersten Weltkrieg in derselben Einheit; ausführlich hierzu Interview Nr. 83.

266 Beispielsweise Interview Nr. 29, oder Interview Nr. 39.

267 Ebenda.

268 Interview Nr. 69.

269 Wie oben beschrieben vor allem bei der Concordia, der Freiheit, dem Musik- oder dem Turnverein.

270 Siehe die Tabelle »Die Wahlen zur Nationalversammlung und zum Reichstag 1919–1924« und die Tabelle »Die Landtagswahlen 1920–1932« im Anhang.

271 Zum Niedergang der Partei und zum Prozeß »von der DDP zur Staatspartei« vgl. Matthias, Erich und Rudolf Morsey: Die Deutsche Staatspartei. In: Matthias, Ende, wie Anm. B 154, S. 31–97.

272 Siehe die Tabelle »Entwicklung der Stimmenanteile der DDP 1919 bis 1933« im Anhang, berechnet und zusammengestellt nach den Wahlergebnissen wie dokumentiert im GAR, Bestand FLAT 1014.

273 Noch deutlicher konnte dies Benigna Schönhagen für Tübingen herausarbeiten, wo der DDP-Anteil traditionell deutlich über den Reichenbacher Werten, der der Kommunisten deutlich unter diesen lag; Schönhagen, Tübingen, wie Anm. B 145, S. 37f

274 StALu, PL 504/9, Bü 32, Schreiben des *Ortsgruppenleiters* vom 15. 3. 1937.

275 Am Jahresende 1931 verzeichnete »Unser Marsch«, die Geschichte des Stahlhelm Württemberg-Hohenzollern, 18 Kameradschaften bzw. *Ortsgruppen*. »Die Republik als Kriegsschauplatz. Die Taten des Stahlhelms, Gau Stuttgart.« In: Burkhardt, Fuchs und Nachtmann, Stuttgart, Bd. 3, wie Anm. B 176, S. 208–214, hier S. 209.

276 Die am 25. Dezember 1918 von Hauptmann a. D. Franz Seldte in Magdeburg gegründete Organisation »Stahlhelm, Bund der Frontsoldaten« näherte sich nach 1929 den Nationalsozialisten, mit denen sie am 11. Oktober 1931 in der »Harzburger Front« ein Bündnis einging. Der in Württemberg nicht sonderlich bedeutende Bund hatte enge personelle Verflechtungen zum Württembergischen Bauern- und Weingärtnerbund über dessen ehemaligen Vorsitzenden Theodor Körner.

277 Interview Nr. 60.

278 StALu, PL 504/9, Bü 32, Schreiben des Göppinger *Kreisleiters* Baptist vom 29. 7. 1935.

279 »Die Republik als Kriegsschauplatz.«, wie Anm. B 275, S. 208–214.

280 Interview Nr. 108. Zu den von Soldaten als jugendliche Abenteuerspiele empfundenen Erlebnissen beim Manöver und im Ernstfall vgl. Scherrieble, Joachim: »Der letzte Schliff«. Deutsche Feldpostbriefe 1940–1944 und Strukturelle Biographie. Esslingen 1990, besonders S. 99ff.

281 Festschrift »Kreis-Kongress der NSDAP am 3. und 4. November 1934 in Göppingen und Eislingen«. Göppingen 1934, S. 7.

282 Lohalm, Uwe: Völkischer Radikalismus. Die Geschichte des Deutsch-Völkischen Schutz- und Trutzbundes 1919–1923. (Hamburger Beiträge zur Zeitgeschichte Bd. 6) Hamburg 1970, S. 311–315.

283 Hitler, Adolf: Sämtliche Aufzeichnungen 1905 bis 1924, hrsgg. von Eberhard Jäckel mit Axel Kuhn. Stuttgart 1980, S. 130, sowie die ausführliche Darstellung der Stuttgarter Anfänge bei Genuneit, Radikale, wie Anm. B 35, S. 79–84.

284 Interview Nr. 60.

285 Staatsarchiv München (StAM), Bestand Pol. Dir. München 6760 (früher Guide 1519), »Bericht über den Stand der Bewegung (nationalsozialistisch) in Württemberg, Ende Mai 1923«, S. 128.

286 Unter »Die SA bahnt den Weg« berichtete die Eßlinger Zeitung; zur »Schlacht am Walfischkeller« ausführlich Lang, Walter: Die »Schlacht am Walfischkeller« In: Hohenstaufen (Veröffentlichungen des Geschichts- und Altertumsvereins Göppingen e. V.) 9. Folge 1975, S. 138 – 147.

287 Festschrift der NSDAP, wie Anm. B-281, S. 5.

288 Privatsammlung E. Munz, Reichenbach, Schreiben an den *Ortsgruppenleiter* vom 1. 12. 1944; außerdem StALu, B 5991/48, Bü 11/22/770, Bl. 83, Schreiben an Amtgericht Göppingen vom 9. 10. 1938.

289 *Pg* war die Abkürzung für die *Parteigenosse* oder *Parteigenossin* genannten Mitglieder der NSDAP. Parteimitglied konnte »... jeder unbescholtene Angehörige des deutschen Volkes ...« werden, der das 18. Lebensjahr vollendet hatte und bis zum Jahre 1800 von keinem Vorfahren jüdischen Glaubens abstammte. hierzu Organisationsbuch der NSDAP. München 1936, S. 5–8.

290 Festschrift der NSDAP, wie Anm. B 281, S. 5.

291 Ebenda.

292 Ebenda, S. 7.

293 Interview Nr. 60.

294 Wohlbold, Kriegs-Chronik, wie Anm. B 90, S. 25.

295 Interview Nr. 69.

296 Festschrift der NSDAP, wie Anm. B 281, S. 6.

297 StAM, Bestand Pol. Dir. München 6760, »Bericht über den Stand der Bewegung (nationalsozialistisch) in Württemberg, Ende Mai 1923«, S. 127.

298 Ebenda.

299 Ebenda, S. 127/128.

300 Zur Frühgeschichte der NSDAP im Reich Horn, Wolfgang: Führerideologie und Parteiorganisation in der NSDAP (1919–1933). Düsseldorf 1972, S. 154–208.

301 Zur württembergischen Auseinandersetzung innerhalb der »Bewegung« Nachtmann, Walter: Von der Splitterpartei zur Staatspartei. Zur Entwicklung des Nationalsozialismus in Stuttgart. In: Burkhardt, Fuchs und Nachtmann, Stuttgart,

Bd. 3, wie Anm. B 176, S. 128–157. Außerdem hierzu Schnabel, Thomas: Die Machtergreifung in Südwestdeutschland. Das Ende der Weimarer Republik in Baden-Württemberg 1928–33 (Schriften zur politischen Landeskunde Baden-Württembergs, Bd. 6). Stuttgart u.a. 1982, S. 49 bis 58.

302 GAR, Bestand FLAT 1014, dort auch die folgenden Ergebnisse.

303 Schnabel, Thomas: Von Bazille bis Mergenthaler. Parteien und Wahlen in Württemberg 1928–1933. In: Burkhardt, Bernd, Karlheinz Fuchs und Walter Nachtmann (Hrsg.): Ausstellungsreihe Stuttgart im Dritten Reich, Bd. 1, Prolog. Politische Plakate der späten Weimarer Republik. Stuttgart 1982, S. 240–262, hier S. 241.

304 GAR, Bestand FLAT 1206, Wahllisten zur Gemeinderatswahl vom 12. 12. 1925; dort auch die folgenden Ergebnisse.

305 Im Jahr 1930 erhielten die Ortsvorsteher den Titel »Bürgermeister«; Heimatbuch, wie Anm. A 1, S. 257.

306 Interview Nr. 67.

307 KrArE, Bestand E 1/1552, Flugblatt »Aufklärung an die Wählerschaft«, zitiert nach »Filstal- und Schurwaldbote« vom 21. 3. 1927, außerdem Interview Nr. 69.

308 GAR, Bestand FLAT 1231, »Wahl des Ortsvorstehers«, außerdem KrArE, Bestand E 1/1552; Schreiben vom 16. 5. 1940.

309 StALu, B 5991/48, Bü 11/22/770, Bl. 3–4.

310 Interview Nr. 104.

311 KrArE, Bestand E 1/1552, Flugblatt »Aufklärung an die Wählerschaft«.

312 Ebenda.

313 Ebenda.

314 StArEb, FUS vom 21. 3. 1927.

315 Ebenda.

316 Heimatbuch, wie Anm. A 1, S. 378.

317 GAR, Bestand FLAT 1214, »Strafantrag gegen Gemeinderat Otto Munz«, Beleidigungsklage bei der Staatsanwaltschaft Ulm vom 5. 7. 1927. Die von Gelersheimer eingeleitete Beleidigungsklage wurde, da Munz seine Anschuldigungen beweisen konnte, abgelehnt.

318 GAR, Bestand FLAT 1231, »Wahl des Ortsvorstehers (später: Bürgermeisters), 1926/27«.

319 StALu, B 5991/48, Bü 11/22/770, Bl. 3–4.

320 KrArE, Bestand E 1/1552, Schreiben des Bürgermeisters an den Aktionsausschuß vom 17. 6. 1945.

321 GAR, Bestand FLAT 7520, Förderung des Wohnungsbaus 1920–1927.

322 GAR, Bestand FLAT 1541.

323 GAR, Bestand FLAT 7520 sowie FLAT 1541.

324 GAR, Bestand FLAT 7530.

325 GAR, Bestand FLAT 7525.

326 GAR, Bestand FLAT 1740.

327 GAR, Bestand FLAT 1082, Schreiben vom 25. 11. 1926.

328 StALu, F170-II, Bü 78, Schreiben des Oberamtes Göppingen vom 19. 9. 1933. Der Ortsvorsteher bekam dessentwegen nachträglich einen »Verweis«; GAR, Gemeinderatsprotokoll Bd. 37, Bl. 232, vom 8. 6. 1933, 276.

329 Zurowski, Martin: Die nationalsozialistische Machtergreifung in Vaihingen auf den Fildern; Wissenschaftliche Zulassungsarbeit (Typoskript), Stuttgart 1991, S. 31.

330 GAR, Bestand FLAT 1705a, Haushaltspläne und Haushaltsplanberatungen 1926 bis 1931 sowie FLAT 1705b, Haushaltspläne und Haushaltsplanberatungen 1932 bis 1936.

331 Zur Praxis der Arbeiterfürsorge allgemein Schnabel, Thomas: Württemberg zwischen Weimar und Bonn 1928–1945/46. (Schriften zur politschen Landeskunde Baden-Württembergs, Bd. 13) Stuttgart, Berlin, Köln, Mainz 1986, S. 152.

332 StALu, F170-II, Bü 118, Erlaß vom 11. 3. 1927; außerdem GAR, Bestand FLAT 1705 a, Haushaltspläne und Haushaltsplanberatungen 1926 bis 1931.

333 Ebenda, Erlaß vom 18. 5. 1928, Nr. 2442.

334 Ebenda, Erlaß vom 26. 10. 1928 Nr. 5341.

335 Ebenda, Erlaß vom 18. 5. 1928 Nr. 2442.

336 Ebenda, Erlaß vom 10. 1. 1930, Nr. 5898/29.

337 Ebenda, Erlaß vom 4. 5. 1929 Nr. 2069.

338 Interview Nr. 26.

339 GAR, Bestand FLAT 1082, »Denkschrift über die Straßenunterhaltung im Bezirk Göppingen« vom 27. 2. 1931, S. 15.

340 Siehe die Tabelle »Bezuschussung der Reichenbacher Straßenbauarbeiten 1925–1929« im Anhang, aufgestellt nach den Angaben der »Denkschrift über die Straßenunterhaltung im Bezirk Göppingen« vom 27. 2. 1931, S. 15ff, GAR, Bestand FLAT 1082.

341 Siehe den Teil »Reichenbach in der Weimarer Republik«, Kapitel »Dörfliche Kommunikation, politische Kultur und Wahlverhalten«.

342 GAR, Bestand FLAT 1206, Bekanntmachung der Wahlvorschläge zur Gemeinderatswahl vom 10. 12. 1928 und handschriftliche Einträge des Wahlleiters.

343 Die Wahlbeteiligung hatte 1925 bei knapp 66 Prozent gelegen, 1928 lag sie bei knapp 62,6 Prozent; GAR, Bestand FLAT 1206, Wahlen vom 12. 12. 1925 und vom 10. 12. 1928.

344 Vgl. hierzu Anm. B 154.

345 Protokoll des VI. Weltkongresses der Komintern, 4 Bde. Hamburg-Berlin 1929. Ausführliche Diskussion des Begriffs bei Bahne, KPD, wie Anm. B 154, S. 656ff, 675f, 684f.

346 Interview Nr. 69.

347 GAR, Bestand FLAT 1206, Bekanntmachung der Wahlvorschläge zur Gemeinderatswahl vom 10. 12. 1928 und handschriftliche Einträge des Wahlleiters.

348 Zur Entwicklung der Weltwirtschaftskrise und zum Übergang zur Präsidialregierung vgl. Kolb, Eberhard: Die Weimarer Republik. München und Wien 1984, S. 118 und S. 124ff.

349 Boelke, Willi. A.: Wirtschaftsgeschichte Baden-Württembergs. Stuttgart 1987, S. 313.

350 Im September 1930 gab es reichsweit mehr als drei Millionen Arbeitslose, wohingegen in Würt-

Anmerkungen zum Teil B
»Reichenbach in der Weimarer Republik«
(Fortsetzung)

temberg, das vier Prozent der Bevölkerung stellte, knapp 66 000 gemeldet waren; Schnabel, Thomas: »Warum geht es den Schwaben besser?«
Württemberg in der Weltwirtschaftskrise 1928 bis
1933; in: Schnabel, Die Machtergreifung, wie
Anm. B 301, S. 184–218, hier S. 192/3.

351 Ebenda, S. 194f.

352 Müller, Roland: Stuttgart zur Zeit des Nationalsozialismus. Stuttgart 1988, S. 3ff.

353 GAR, Bestand FLAT 1112, Jahresberichte, »Gemeinde Reichenbach a. Fils 1927 – 1937«, Rede
von Bürgermeister Schmid anläßlich des 10jähri-
gen Dienstjubiläums, gehalten am 19. 6. 1937 in
der Turnhalle.

354 Siehe die Tabelle »Hauptunterstützungsempfänger im Arbeitsamtsbezirk Göppingen in den Monaten Oktober 1929 bis April 1931 auf 1000 Einwohner« im Anhang, erstellt nach GAR, Bestand
FLAT 4800, Übersicht der Hauptunterstützungsempfänger im Arbeitsamtsbezirk Göppingen in
den Monaten Oktober 1929 bis April 1931.

355 Die übernommenen zeitgenössischen Angaben
wurden in »Arbeitslose pro 1000 Einwohner«berechnet, nicht in »Arbeitslose pro Beschäftigte«.
Sie erscheinen deshalb möglicherweise als relativ
gering. Besonders deutlich wird dies bei der Tabelle »Arbeitslosigkeit 1933 in Reichenbach und
im Oberamt« im Anhang.

356 Ebenda.

357 Siehe die Tabelle »Entwicklung der Ausgaben des
Oberamtes für Unterstützte beim Arbeitsamt
Göppingen von Winter 1929 auf Winter 1930« im
Anhang, erstellt nach GAR, Bestand FLAT 4800,
Erhebung über die Ausgaben des Oberamtes für
Unterstützte beim Arbeitsamt Göppingen vom
8. 5. 1931.

358 So etwa Malerarbeiten im Rathaus und an den
Notwohnungen, Einbau eines weiteren Aborts im
Gemeinde-Armenhaus, Reparaturen am Not-
wohnungsgebäude und Renovierungs- und In-
standsetzungsarbeiten am Kindergartengebäude,
am Rathaus und am Lehrerwohnhaus; GAR, Bestand FLAT 1518, 1520 und 1521.

359 GAR, Bestand FLAT 7000, Einzelne Fürsorgemaßnahmen.

360 GAR, Bestand FLAT 4825, Notstandsarbeiten,
Lützelbachkorrektur.

361 Interview Nr. 53.

362 Z. B. StArEb, Filstal- und Schurwaldbote vom
24. 10. 1931 oder vom 10./11. 12. 1931.

363 Die meisten Reichenbacher Erwerbslosen gehörten der Klasse 6 der Arbeitslosenversicherung an.
In dieser Klasse betrug die Arbeitslosenunterstützung 13,20 RM pro Woche im Jahr 1927. Die erste
Brüningsche Notverordnung reduzierte den Satz
auf 11,50 RM; nach dem 27. Juni 1932 schließlich
betrug er nur noch 7,50 RM. StArEb, Filstal-und
Schurwaldbote, diverse Artikel im Juni 1932.

364 Interview Nr. 26.

365 Interview Nr. 55 und Interview Nr. 56.

366 Ebenda.

367 Schnabel, Machtergreifung, wie Anm. B 301,
S. 184–218.

368 Schönhagen, Tübingen, wie Anm. B 145, S. 54.

369 Interview Nr. 63.

370 Interview Nr. 26.

371 GAR, Bestand FLAT 1511, Vermietung und Un-
termiete in gemeindeeigenen Räumen an Privatpersonen.

372 GAR, Bestand FLAT 1760, Steuerschuld, FLAT
1761, Ausstandsverzeichnis der Gemeindepflege
1932. Dies beschäftigte den Gemeinderat fast monatlich und zog sich noch bis ins Jahr 1935; GAR,
Gemeinderatsprotokolle, Bd. 36, Bl. 834/35, vom
17. 2. 1932, 1246, Bd. 36, Bl. 845/46, vom 2. 3.
1932, 1262, Bd. 36, Bl. 874/75, vom 13. 4. 1932,
1306, Bd. 36, Bl. 904/05, vom 20. 5. 1932, 1344, (...)
Bd. 37, Bl. 777, vom 31. 5. 1935, 814.

373 GAR, Bestand FLAT 1705a, Haushaltspläne und
Haushaltsplanberatungen 1926 bis 1931; dort
auch die folgenden Haushaltsangaben. Außerdem zu »uneinbringlichen Steuerschulden«
FLAT 1760, »Steuerschuld«, Schreiben des Bürgermeisters an das Oberamt Göppingen vom
26. 2. 1932.

374 Ebenda, außerdem hier FLAT 1761, »Ausstandsverzeichnis der Gemeindepflege 1932«.

375 StALu, F170-II, Bü 118, Schreiben des Bürgermeisteramts an das Oberamt Göppingen vom 26. 2.
1932.

376 Ebenda, Schreiben des Oberamts Göppingen an
das Bürgermeisteramt vom 18. 2. 1932; außerdem
GAR, Bestand FLAT 1705b, Haushaltspläne und
Haushaltsplanberatungen 1932 bis 1936.

377 Ebenda, Schreiben der Ministerialabteilung für
Bezirks- und Körperschaftsverwaltung an das
Oberamt Göppingen vom 15. 2. 1932.

378 Ebenda, Schreiben des Bürgermeisteramts an das
Oberamt Göppingen vom 26. 2. 1932. Außerdem
GAR, Bestand FLAT 1110, »Ausbau der Reichs-
straße Stuttgart – Ulm 1932«.

379 Ebenda, Übersicht über den gesamten Schuldenstand der Gemeinde vom 31. 3. 1931. Die Til-
gungsrate betrug 7335, der zu erbringende Zins-
betrag 8424 RM.

380 Siehe die Tabelle »Entwicklung der Ausgaben der
Gemeinde für öffentliche Fürsorge von 1929 bis
1933« im Anhang nach GAR, Bestand
FLAT 1705a, Haushaltspläne und Haushaltsplanberatungen 1926 bis 1931 sowie FLAT 1705b,
Haushaltspläne und Haushaltsplanberatungen
1932 bis 1936, jeweils Ausgaben, öffentliche Fürsorge.

381 StArEb, Filstal- und Schurwaldbote vom 18. 11.
1931 und vom 2. 12. 1931; außerdem GAR, Bestand FLAT 5640.

382 GAR, Bestand FLAT 7000, Einzelne Fürsorgemaßnahmen. Die hier aufgeführten Preise sind
vergleichsweise günstig. In Vaihingen kosteten
die Mahlzeiten mindestens 20 Pfennig; Zurowski,
Machtergreifung, wie Anm. B 329, S. 32.

383 StArEb, Filstal- und Schurwaldbote vom 6. 12.
1932.

384 GAR, Bestand FLAT 7000, Spendenaufruf des
Bürgermeisters vom November 1931.

385 Ebenda.

386 Ebenda, Einzelne Fürsorgemaßnahmen; Näheres zur Gründung der Winternothilfe Reichenbach ist aus den Quellen nicht mehr zu rekonstruieren.

387 Bullinger hatte den Vereinsvorsitz in den Jahren 1930 bis 1932 inne; Heimatbuch, wie Anm. A 1, S. 376.

388 GAR, Bestand FLAT 1206, Wahlprotokoll vom 6. 12. 1931. Außerdem KrArE, Bestand E 1/1522, Schreiben des Landrats vom 9. 8. 1945.

389 Protokoll-Bücher Musikverein, wie Anm. B 124, Protokoll der Ausschußsitzung vom 5. 12. 1931.

390 StArEb, Filstal- und Schurwaldbote vom 11. und 12. 12. 1931.

391 GAR, Bestand FLAT 7000, Einzelne Fürsorgemaßnahmen.

392 Ebenda, Einzelne Fürsorgemaßnahmen; Begleitschreiben zur Spende der Firma Otto vom 15. 12. 1931.

393 Ebenda; Aktennotiz vom 4. 1. 1932 aufgrund »nachträglicher Bewerbungen«.

394 Ebenda; Schreiben des Bürgermeisters an Charlotte Bücheler vom 21. 12. 1931.

395 GAR, Gemeinderatsprotokolle, Bd. 37.

396 StArEb, Filstal- und Schurwaldbote vom 12. 7. 1932.

397 GAR, Bestand FLAT 4800, Schreiben des Arbeitsamtes Göppingen vom 28. 9. 1932.

398 Interview Nr. 28.

399 GAR, Bestand FLAT 4800, diverse Schreiben des Freiwilligen Arbeitsdienstes vcm Juni 1932 an das Bürgermeisteramt Reichenbach.

400 Allgemein zur Geschichte des Freiwilligen Arbeitsdienstes Benz, Wolfgang: »Vom freiwilligen Arbeitsdienst zur Arbeitsdienstpflicht.« In: Vierteljahrshefte für Zeitgeschichte, 1968, Heft 4, S. 317–346.

401 Zurowski, Machtergreifung, wie Anm. B 329, S. 32.

402 GAR, Bestand FLAT 4800, diverse Schreiben des Bürgermeisters an den Freiwilligen Arbeitsdienst vcm Juni 1932.

403 Ebenda.

404 GAR, Bestand FLAT 1110, Bericht des Bürgermeisters, Ende 1932.

405 StALu, F170-II, Bü 118, Schreiben der Ministerialabteilung für Bezirks- und Körperschaftsverwaltung Stuttgart an das Oberamt Göppingen vom 10. 8. 1932.

406 Protokoll-Bücher Musikverein, wie Anm. B 124, Protokoll der Mitgliederversammlung vom 14. 10. 1932.

407 Ebenda.

408 GAR, Gemeinderatsprotokolle, Bd. 37, Bl. 87, vom 16. 12. 1932, 85.

409 StArEb, Filstal- und Schurwaldbote vom 13. 6. 1932, außerdem GAR, Gemeinderatsprotokolle, Bd. 37, Bl. 14, vom 5. 10. 1932, 18.

410 GAR, Gemeinderatsprotokolle, Bd. 36, Bl. 878, vom 15. 4. 1932, 1313.

411 GAR, Bestand FLAT 4000, »Anlegung der und Eintragung in die Handwerksrolle, 1929–1936«, FLAT 4003 und 4070, Verzeichnisse der gewerblich produzierenden Betriebe, in denen in der Regel mindestens fünf Arbeitnehmer beschäftigt wurden. Fast alle der überlebenden Betriebe

Anmerkungen zum Teil B
»Reichenbach in der Weimarer Republik«
(Fortsetzung)

konnten in den Jahren 1929, 1930 und 1931 – aufgrund der hohen Fluktuation – keine definitiven Angaben über Beschäftigte abgeben.

412 GAR, Bestand FLAT 4676, Schuldnerliste der Spar- und Darlehnskasse 1929–1943, Liste der Schuldner von über 5000 RM vom 20. 6. 1930.

413 Ebenda.

414 Die Abfolge der einzelnen Kürzungen, die vier Notverordnungen des Jahres 1931 sowie die Steuen und andere Sparmaßnahmen sind dem Staatsanzeiger für Württemberg 1930–1932 zu entnehmen. Vgl. hierzu Schnabel, Machtergreifung, wie B 301, S. 192–197.

415 GAR, Gemeinderatsprotokolle, Bd. III, Bl. 119, vom 18. 1. 1933, 157.

416 GAR, Bestand FLAT 4825, »Notwerk der Deutschen Jugend«. Weitere Einzelheiten über die Gründung des Notwerks in Reichenbach am 18. 1. 1933 sind den Quellen nicht zu entnehmen.

417 EKAR, Arch. Nr. 56. 17. Evangelisches Gemeindeblatt Reichenbach an der Fils, Jg. 1932/1933, Nr. 1/33 S. 4.

418 StAGöp, Hohenstaufen vom 11. 2. 1933.

419 Siehe die Tabelle »Arbeitslosigkeit 1933 in Reichenbach und im Oberamt« im Anhang, erstellt nach der Volkszählung vom 16. 6. 1933. In: Württembergische Gemeinde - und Bezirksstatistik. Dritte Ausgabe nach dem Stand vom Jahre 1933. Herausgegeben von dem Württembergischen Statistischen Landesamt. Stuttgart 1935 S. 58ff.

420 Zum Vergleich soll das Verhältnis der Arbeitslosigkeit zur Einwohnerzahl von Reichenbach (7,03%) mit den Werten des Arbeitsamtsbezirks Württemberg-Hohenzollern (3,51%), Stuttgart (6,15%), Göppingen (4,50%), Gmünd (3,23%) sowie mit denen der Gemeinden Vaihingen (4,73%), Rohr (4,27%), Möhringen (4,65%), Schorndorf (4,48%) und Sindelfingen (2,39%) dienen. Das Oberamt Göppingen hatte mit durchschnittlich 7,84% eine leicht höhere Quote als Reichenbach. Die angegebenen Daten wurden erstellt im Rahmen des Doktorandenkolloquiums bei Prof. Dr. E. Jäckel am Historischen Institut der Universität Stuttgart aufgrund des Statistischen Handbuchs für Württemberg. Jahrgang 1927–1935, hrsgg. vom Württembergischen Statistischen Landesamt, Stuttgart 1937, S. 165, sowie der von den Doktoranden zusammengetragenen Einzeldaten.

421 GAR, Bestand FLAT 4800, Schreiben des Präsidenten des Landesarbeitsamtes Südwestdeutschland an das Arbeitsamt Göppingen vom 21. 7. 1933.

422 GAR, Bestand FLAT 1112, Jahresberichte, »Gemeinde Reichenbach a. Fils 1927 – 1937«, Rede von Bürgermeister Schmid anläßlich des 10jährigen Dienstjubiläums, gehalten am 19. 6. 1937 in der Turnhalle.

423 Ebenda.

424 StALu, F170-II, Bü 118, Erlaß vom 28. 2. 1930, Nr. 1151.

425 Ebenda, Erlaß vom 20. 2. 1931, Nr. 1074.

426 Ebenda, Erlaß vom 11. 6. 1932, Nr. 3182 und 12. 4. 1933, Nr. 2247.
427 Ebenda, Erlaß vom 8. 10. 1934.
428 Wohlbold, Kriegs-Chronik, wie Anm. B 90, S. 23.
429 GAR, Bestand FLAT 6303, »Bekämpfung des Bettelns, Maßnahmen gegen Zigeuner und dergleichen 1924–1944«.
430 Interview Nr. 83.
431 Dies ist als durchgängige Tendenz vieler Zeitzeugenaussagen festzuhalten, hier Interview Nr. 61.
432 Interview Nr. 26 und Interview Nr. 31.
433 Zu den psychologischen Auswirkungen der Weltwirtschaftskrise vgl. Vierhaus, Rudolf: »Auswirkungen der Krise um 1930 in Deutschland. Beiträge zu einer historisch-psychologischen Analyse.« In: Conze, Werner und Hans Raupach (Hrsg.): Die Staats- und Wirtschaftskrise des Deutschen Reiches 1929/30. Stuttgart 1967, S. 157ff.
434 Interview Nr. 45 und Interview Nr. 100.
435 Allen, William Sheridan: »Das haben wir nicht gewollt!« Die nationalsozialistische Machtergreifung in einer Kleinstadt 1930–1935. Gütersloh 1966, S. 44.
436 Falter, Jürgen, W.: »Arbeiter haben erheblich häufiger, Angestellte dagegen sehr viel weniger selten NSDAP gewählt als wir lange Zeit angenommen haben.« Ein Rückblick auf das Projekt »Die Wähler der NSDAP 1928–1933.« In: Geschichte und Gesellschaft 16, 4/1990, S. 536–552, hier S. 546. Außerdem hierzu Falter, Jürgen, W., A. Link, J. B. Lohmöller, J. de Rijke und S. Schuhmann: Arbeitslosigkeit und Nationalsozialismus. Eine empirische Analyse des Beitrags der Massenerwerbslosigkeit zu den Wahlerfolgen der NSDAP 1932 und 1933. In: Kölner Zeitschrift für Soziologie und Sozialpsychologie. Jg. 35, 1983, S. 525 bis 554.
437 Der amerikanikscher Manager Owen D. Young wurde im Jahr 1874 geboren und starb 1962.
438 Die Entstehung des Young-Plans. Hrsgg. vom Bundesarchiv Koblenz. Boppard 1971.
439 GAR, Bestand FLAT 1016, »Volksbegehren ›Freiheitsgesetz‹ 16.–19. Okt. 1929«.
440 Ebenda, »Volksentscheid über das ›Freiheitsgesetz‹ 22. 12. 1929«.
441 Friedenthal, Elisabeth: Volksbegehren und Volksentscheid über den Young-Plan und die deutschnationale Sezession. Diss. phil. Tübingen 1957; außerdem hierzu Bracher, Karl Dietrich: Die Auflösung der Weimarer Republik. Eine Studie zum Problem des Machtverfalls in der Demokratie. Königstein/Ts 1978, besonders S. 309ff.
442 GAR, Bestand FLAT 1016, Schreiben vom 25. 10. 1929.
443 Ebenda, »Volksbegehren zum Freiheitsgesetz«, 16. 10. – 29. 10. 1929.
444 Ebenda, » Volksentscheid über das Freiheitsgesetz«, 22. 12. 1929.
445 Zur Wirtschaftssituation im Reich vgl. Conze, Staats- und Wirtschaftskrise, wie Anm. B 433. Zur

446 Opitz, Günther: Der Christlich-Soziale Volksdienst. Versuch einer protestantischen Partei in der Weimarer Republik. Düsseldorf 1969, S. 137 bis 155. Speziell mit dem wüttembergischen CSVD befaßt sich Sproll, Heinz: Katholische und Evangelische Parteien in Württemberg seit dem 19. Jahrhundert, in Weinacht, Paul-Ludwig: Die CDU in Baden-Württemberg und ihre Geschichte. (Schriften zur politischen Landeskunde Baden-Württembergs Bd. 2) Stuttgart 1978, S. 63–80; Neumann, Siegmund: Die Parteien der Weimarer Republik. Stuttgart ²1970, S. 70f.
447 GAR, Bestand FLAT 1206, Wahllisten zur Gemeinderatswahl vom 12. 12. 1925.
448 Ebenda, Wahlprotokoll vom 6. 12. 1931. Außerdem KrArA, Bestand E 1/1552, Schreiben des Landrats vom 9. 8. 1945
449 Bracher, Auflösung, wie Anm. B 441, S. 327.
450 Bei der Wahl 1928 traten CVD und Evangelische Volksgemeinschaft getrennt an, 1930 bildete der CVD eine Einheitsliste mit der Evangelischen Bewegung.
451 Siehe die Tabelle »Ergebnisse von KPD, SPD, DDP und NSDAP 1928 und 1930 im Vergleich« im Anhang.
452 Bei der Wahl 1930 gaben insgesamt 289 mehr Reichenbacher ihre Stimme ab als 1928, doch 1928 waren 11 ungültig, 1930 nur 5.
453 StArEb, Filstal- und Schurwaldbote vom 25. 2. 1931.
454 Falter, Arbeiter, wie Anm. B 436, S. 546. Falter diskutiert auch Übereinstimmungen und Widersprüche zu früheren Forschungen.
455 Siehe den Teil »Machtantritt«, Kapitel »Machtantritt – ›Hier hat m'r nur wenig g'merkt von dem, was geschah‹«, Abschnitt »Die *braunen* Wähler«.
456 Der Kaufmann Paul Bescherer, geboren am 13. 8. 1888, wurde 1934 als Inhaber des goldenen Ehrenzeichens der alten Garde Göppingens geehrt; BDC, Berlin, Mitgliederkartei der NSDAP, Akte Paul Bescherer, Parteieintritt am 1. 1. 1928, Parteinummer: 73 161; sowie StALu, EL 902/6, Bü 11/22/1022.
457 Karl Acker, der schon vor dem Parteiverbot Kontakte zur NSADAP hatte, trat am 1. Dezember 1928 in die Partei ein; StALu, PL 504/9, Bü. 32, Schreiben des RAD-Führers der Arbeitsdienstgruppe 261 an die *Ortsgruppe* Reichenbach vom 13. 3. 1937.
458 Interview Nr. 55 und Interview Nr. 56. Ob es sich bei dem Verband um den »Zentralverband christlicher Holzarbeiter« oder den »Gewerkverein der Holzarbeiter Deutschlands« handelte, war nicht in Erfahrung zu bringen; Vgl. hierzu die Geschichte der *NSBO* von Kratzenberg, Volker: Arbeiter auf dem Weg zu Hitler? Die Nationalsozialistische Betriebszellen-Organisation. Ihre Entstehung, ihre Programmatik, ihr Scheitern 1927 bis 1934. Frankfurt/M. 1987, S. 71.
459 Siehe hierzu Den Teil »Reichenbach in der Weimarer Republik«, Kapitel »Dörfliche Kommunikation, politische Kultur und Wahlverhalten«,

Abschnitt »Die Wahlen von 1924 und die Anfänge der *Braunen Bewegung*«.

460 Interview Nr. 108. Zur Position der einflußreicheren Reichenbacher Industriellen siehe den Teil »Reichenbach im Krieg«, Kapitel »Kriegserleben und -alltag während der Blitzkriege«, Abschnitt »... die Fortführung eines geregelten Wirtschaftslebens zu gewährleisten«.

461 StALu, PL 504/9, Bü 52, Schreiben des *Ortsgruppenleiters* an den Vorsitzenden des Viehwirtschaftsverbandes vom 19. 5. 1937.

462 Interview Nr. 61.

463 Heimatbuch, wie Anm. A 1, S. 381.

464 Interview Nr. 10.

465 GAR, Gemeinderatsprotokolle, Bd. 37, Bl. 190f, vom 5. 5. 1933, 234.

466 StArEb, Filstal- und Schurwaldbote vom 6. 3. 1931.

467 Kommerzienrat Otto war Mitglied der DNVP; StArEb, Filstal- und Schurwaldbote vom 9. 3. 1931.

468 StALu, EL 902/6, Bü 11/14/918, Bl. 168, Schreiben des *Ortsgruppenleiters* an den Kreisvorstandsleiter des Reichskolonialbundes vom 28. 2. 1938.

469 Ausführlicher zu seinen Mitgliedschaften die über 30 Nachrufe an der Reichenbacher Beerdigungsfeier; StArEb, Filstal- und Schurwaldbote vom 9. 3. 1931.

470 Genuneit, Radikale, wie Anm. B 35, S. 142. Siehe hierzu den Teil »Reichenbach in der Weimarer Republik«, Kapitel »Dörfliche Kommunikation, politische Kultur und Wahlverhalten«, Abschnitt »Honoratioren und Arbeiter am Stammtisch und im Verein«.

471 StArEb, Filstal- und Schurwaldbote vom 14. 11. 1931, Geschäftsbericht für die Zeit vom 1. Oktober 1930 bis zum 30. Juni 1931.

472 GAR, Gemeinderatsprotokolle, Bd. 36, Bl. 219f, vom 16. 4. 1930, 298. Dort auch die folgenden Zitate.

473 Ebenda; außerdem zum Beitritt der Gemeinde zum Konsumverein Reichenbach GAR, Bestand FLAT 4022.

474 Zitiert nach Kühnl, Reinhard: Der deutsche Faschismus in Quellen und Dokumenten. Köln ³1978, S. 106.

475 StALu, Bestand EL 90313 - J 75/647, Klageschrift des öffentlichen Klägers der Internierungslager vom 19. 11. 1947.

476 Der Eintritt wurde offiziell auf 1. Juni 1929 datiert; in seiner Parteiakte wurde er ab 1932 unter der Parteinummer 133 414 geführt; BDC, Berlin, Mitgliederkartei der NSDAP, Akte Hermann Mangold.

477 Ausführlich zur Geschichte der Esslinger *Ortsgruppe* vgl. Nachtmann, Walter: Die NSDAP in Esslingen 1920 – 1945. In: Esslingen 1919–1949, wie Anm. B 77, S. 235 – 254.

478 Reineke, wie Anm. B 40, S. 19.ff.

479 Kienzle, Gisela: »Die Stadt Esslingen im Spiegel der Wahlen von 1930 bis 1932«. In: Esslingen 1919–1949, wie Anm. B 77, S. 49–87, hier S. 83.

480 Reichspräsident von Hindenburg ernannte am 30. Januar 1933 den Führer der NSDAP, Adolf Hitler, zum Reichskanzler. Dieser ergriff also weder die

Macht mit parlamentarischer Mehrheit, die er nicht hatte, noch etwa mit revolutionärer Gewalt, sondern er gelangte gemäß den Regeln der Weimarer Reichsverfassung und unter den Bedingungen der Weimarer Republik an dieselbe. Die Nationalsozialisten verwendeten den Begriff »Machtergreifung« selbst nicht, sondern sprachen von »Machtübernahme«. Der neutralste Begriff dürfte der des »Machtantritts« sein. Vgl. hierzu Frei, Norbert: »Machtergreifung«. Anmerkungen zu einem historischen Begriff, in: Vierteljahreshefte für Zeitgeschichte 31, 1983, S. 136–145.

481 StALu, PL 504/9, Bü 32, Antwortschreiben des *Ortsgruppenleiters* vom 15. 3. 1937.

482 EZA, Eßlinger Zeitung, Nr.152 vom 4. 7. 1937, Beilage »Tatkraft und Wille«. Im September 1930 gehörten 70 Esslinger, Plochinger und Obertürkheimer zum SA-Trupp Esslingen; EZA, EZ Nr. 280 vom 1. 12. 1934, S. 8.

483 StALu, EL 902/6, Bü 11/22/2658, J 11299, Bl. 19.

484 EZA, Eßlinger Zeitung, Nr. 280 vom 1. 12. 1934, S. 8. Neben Wilhelm Murr, Dietrich von Jagow und Christoph Diem gehörten auch der Dichter Gerhard Schumann, Dr. Oskar Dürrlewanger und Gottlob Berger zeitweilig der Esslinger SA an. Die beiden letzteren waren berüchtigt ob ihrer Rücksichtslosigkeit und rückten nach 1933 in höchste Positionen innerhalb der SS.

485 StALu, PL 504/9, Bü 32, Schreiben des *Ortsgruppenleiters* vom 15. 3. 1937.

486 StArEb, Filstal- und Schurwaldbote vom 8. 9. 1930.

487 StALu, EL 903/3, Bü J 75/647, Bl. 20, Schreiben des *Ortsgruppenleiters* vom 31. 3. 1933.

488 Interview Nr. 69.

489 StArEb, Filstal- und Schurwaldbote vom 27. 11. 1930.

490 StALu, B 5991/48, Bü 11/22/770, Bl. 5, Schreiben des Bürgermeisters an den Staatskommissar für Körperschaftsverwaltung vom 22. 5. 1933. Außerdem GAR, Bestand FLAT 9311, Totengedenkfeier 1930/31.

491 StArEb, Filstal- und Schurwaldbote vom 21. 11. 1931.

492 StArEb, Filstal- und Schurwaldbote vom 29./30. 11. 1931.

493 So etwa bei der Gedenkfeier für die Gefallenen des Ersten Weltkrieges zwei Jahre später, am 20. November 1932; GAR, Gemeinderatsprotokolle, Bd. 37, Bl. 60, vom 2. 11. 1932, 48, sowie StArEb, Filstal- und Schurwaldbote vom 17. und 19./20. 11. 1932.

494 Zum in Reichenbach kultivierten Gefallenenkult siehe den Teil »Phase der Konsolidierung – Alltag unterm Hakenkreuz«, Kapitel »»... ein einheitliches zusammengehöriges Volk‹ – Kulturelle Gleichschaltung«. Allgemeiner hierzu Mosse, George Lachmann: Soldatenfriedhöfe und Nationale Wiedergeburt. Der Gefallenenkult in Deutschland. In: Vondung, Klaus (Hrsg.): Der Erste Weltkrieg in der literarischen Gestaltung und

symbolischen Deutung der Nationen. Göttingen 1980, S. 241–261. Zur Identitätsstiftung der Totengedenkfeiern und Kriegerdenkmäler für die Überlebenden vgl. Koselleck, Reinhard: Kriegerdenkmale als Identitätsstiftung der Überlebenden. In: Marquard, Odo und Karlheinz Stierle (Hrsg.): Identität, Poetik und Hermeneutik, Bd. 8, München 1979, S. 255–276. Speziell mit dem Mißbrauch dieser Gedenkfeiern und der Funktionalisierung des Gedenkens zur Vorbereitung des Krieges im Frieden in Esslingen beschäftigen sich Beck, Stefan und Gerhard Keim: Der Krieg beginnt im Frieden. In: Esslingen 1919–1949, wie Anm. B 77, S. 339–354.

495 StArEb, Filstal- und Schurwaldbote vom 20. 1. 1931.

496 StArEb, Filstal- und Schurwaldbote vom 29. 1. 1931. Dort auch die folgenden Zitate.

497 Festschrift, wie Anm. B 281, S. 9.

498 Ebenda, S. 7.

499 Zur zahlenmäßig und organisatorisch regional unterschiedlichen Entwicklung der NSDAP in Württemberg Schnabel, Thomas: »Die NSDAP in Württemberg 1928–1933. – Die Schwäche einer regionalen Parteiorganisation.« In: Schnabel, Machtergreifung , wie Anm. B 301, S. 66.

500 StALu, PL 504/9, Bü 32, Schreiben des *Ortsgruppenleiters* vom 27. 4. 1937.

501 GAR, Bestand FLAT 9800, »NS-Akten 1931 bis 1933«, Schreiben des *Ortsgruppenleiters* an den *BDM* Hochdorf, Frl. Becker, vom 2. 10. 1933.

502 Wohlbold, Kriegs-Chronik, wie Anm. B 90, S. 28.

503 Eberle, Albert: Ortsgeschichte von Baltmannsweiler. Stuttgart 1936, S. 93.

504 Ebenda.

505 BAK, NS 26-1404.

506 »Esslinger Beobachter. Nationalsozialistisches Nachrichtenblatt für den Oberamtsbezirk Esslingen«, bald in »Esslinger Tagblatt« umbenannt; Nachtmann, Esslingen, wie B 477, S. 239.

507 StALu, EL 903/3, Bü J 75/647, Bl. 94/95, Schreiben des Bürgermeisteramtes vom 17. 2. 1947. Ob Mangold bereits vor dem Parteiverbot 1923 Kontakte zur ersten Esslinger *Ortsgruppe* hatte, ist aus der Aktenlage nicht zu ersehen.

508 StALu, PL 504/9, Bü 46, Schreiben der *Ortsgruppe* an die *Kreisleitung* Esslingen vom 24. 2. 1931.

509 Ebenda, Schreiben der Gaugeschäftsstelle an die *Ortsgruppe* Reichenbach vom 6. 3. 1931.

510 Selbst der Gemeinderat beschäftigte sich mit den neuen Einwohnern und kümmerte sich darum, »daß während der Monate, solange der Storch da ist, in der Nähe der Kirche nicht mehr geschossen wird.« StArEb, Filstal- und Schurwaldbote vom 27. 5. 1931; außerdem Interview Nr. 67.

511 StALu, EL 902/6, Bü 11/22/2658, J 11299, Bl. 19, Bericht Georg Späths vom 3. 1. 1947.

512 Ebenda, Bl. 20 sowie ebenda, Bü 11/22/1022, Bl. 7.

513 Ebenda, Bl. 11, Schreiben des *Ortsgruppenleiters* vom 26. 3. 1935.

514 GAR, Bestand FLAT 1206, »Bekanntmachung vom 20. Mai 1919« von Ortsvorsteher Stiefel und Zusammenstellung der Stimmen im Wahlprotokoll.

515 Ebenda, Wahllisten zur Gemeinderatswahl vom 30. 12. 1922.

516 Ebenda, Wahlprotokoll vom 6. 12. 1931.

517 Besson, Waldemar: Württemberg und die deutsche Staatskrise 1928–1933. Eine Studie zur Auflösung der Weimarer Republik. Stuttgart 1959; ebenso Sauer, Paul: Württemberg in der Zeit des Nationalsozialismus. Hrsgg. von der Kommission für geschichtliche Landeskunde in Baden-Württemberg. Ulm 1975, Genuneit, Radikale, wie Anm. B 35, sowie Schnabel, NSDAP, wie Anm. B 499, S. 49–81.

518 Peukert, Detlev: Die Weimarer Republik. Frankfurt 1987, S. 233.

519 Zur Sozialstruktur der NSDAP vor 1933 allgemein vgl. Schäfer, Wolfgang: NSDAP, Entwicklung und Struktur der Staatspartei des Dritten Reiches. Frankfurt/M. 1957, S. 17f.

520 Siehe die Tabelle »Entwicklung des Eintrittsalters der Reichenbacher NSDAP-Mitglieder« im Anhang, zusammengestellt aufgrund der vom Autor erstellten Personendatei; die nach Abschluß der Arbeit ins Gemeindearchiv Reichenbach unter A 166, »Ortsgeschichte Reichenbach an der Fils unterm Hakenkreuz, »Personen« eingestellt werden wird.

521 Beispielsweise Gustav Blessing und Gustav Wacker, beide Jahrgang 1904, traten im Frühjahr 1931 in die Partei ein. Für weitere biographische Details, Verflechtungen innerhalb der Vereine und wirtschaftliche Verhältnisse zu diesen wie zu den folgenden Beispielen, vgl. die erstellte Personendatei, die nach Abschluß der Arbeit ins Gemeindearchiv Reichenbach unter A 166, »Ortsgeschichte Reichenbach an der Fils unterm Hakenkreuz, »Personen« eingestellt werden wird.

522 Beispielsweise Georg Späth, Jahrgang 1905, trat am 1. 4. 1931 in die Partei ein.

523 Beispielsweise Hans Wacker, Jahrgang 1909, trat am 1. 8. 1930 in die Partei ein.

524 Beispielsweise Alwin Acker, Jahrgang 1909, trat am 1. 12. 1928 in die Partei ein.

525 GAR, Bestand FLAT 4676, Schuldnerliste der Spar- und Darlehnskasse 1929–1943, Liste der Schuldner von über 5000 RM vom 20. 6. 1930.

526 StALu, EL 902/6, Bü 11/22/2658, J 11299, Bl. 70f.

527 Ebenda, Bl. 71f.

528 Ebenda, Bl. 76, Eidesstattliche Versicherung der Steuer- und Wirtschaftsberatung.

529 Ebenda.

530 StALu, EL 902/6, Bü 11/22/1107, Bl. 15.

531 StALu, EL 902/6, Bü 11/22/2658, J 11299, Bl. 19, Bericht Georg Späth vom 3. 1. 1947.

532 GAR, Bestand FLAT 4676, Schuldnerliste der Spar- und Darlehnskasse 1929–1943, Liste der Schuldner von über 5000 RM vom 20. 6. 1930.

533 Interview Nr. 67.

534 Aussage des ehemaligen *Ortsgruppenleiters* im Protokoll der öffentlichen Sitzung vom 29. 1. 1948; StALu, EL 903/3, Bü J 75/647, Bl. 177. Die »Abschrift vom Mitgliederverzeichnis der

NDSAP Reichenbach alphabetisch aufgestellt...«
enthält für die Zeit von 1933 bis 1945 223 Namen;
vgl. ebenda, Privatsammlung E. Munz, Reichenbach.
535 StALu, PL 504/9, Bü 52, Schreiben vom 11. 10.
1934.
536 Genuneit, Radikale, wie Anm. B 35, S. 142.
537 StArEb, Filstal- und Schurwaldbote vom 5. 6.
1931.
538 StArEb, Filstal- und Schurwaldbote vom 18. 6.
1931.
539 Interview Nr. 86.
540 StArEb, Filstal- und Schurwaldbote vom 26. 6.
1931.
541 Ebenda (Hervorhebung im Original).
542 »Chronik. Reitverein Reichenbach-Hochdorf
E. V.« (Bearb. von Otto Schlack). Reichenbach o. J.
(1991), S. 3.
543 Interview Nr. 52: »In Hochdorf bei Familie
Schmid / Unrath, in Hohengehren im Hirsch bei
der Familie Rauhschnabel, in Thomashardt bei
der Familie Graser, in Hegenlohe im Hirsch bei
der Familie Aschbacher und in Baltmannsweiler
bei der Frau Sofie Unrath und ihrer Schwester.«
544 »Chronik«, wie Anm. B 542, S. 3.
545 Ebenda.
546 Interview Nr. 83.
547 »Chronik«, wie Anm. B 542, S. 3.
548 Offizieller »Vertrauensmann« der »Kampffront«,
bzw. des »Kampfblocks Schwarz-Weiß-Rot« am
Ort war Werner Seyfert; GAR, Bestand FLAT
1206, Neubildung des Gemeinderats »auf Grund
des Reichsgesetzes zur Gleichschaltung der Länder und Gemeinden«, Schreiben des »Landesverbands der DNVP (Württ. Bürgerpartei)« vom
13. 4., vom 20. 4. und vom 24. 4. 1933.
549 Interview Nr. 83.
550 Ebenda.
551 Ebenda.
552 StALu, EL 902/6, Bü 11/22/2124, Bl. 1a.
553 Artikel 38 der Württembergischen Gemeindeordnung vom 19. 3. 1930.
554 Frei, Norbert: Nationalsozialistische Eroberung
der Provinzpresse. Gleichschaltung, Selbstanpassung und Resistenz in Bayern. (Studien zur Zeitgeschichte, Bd. 17) Stuttgart 1980, S. 18.
555 »Zwanzig Tageszeitungen, zwei davon zweimal
täglich«, in: Burkhardt, Fuchs und Nachtmann,
Stuttgart, Bd. 3, wie Anm. B 176, S. 52f. Dort ist
das Stuttgarter Pressewesen mit politischer Zu-
ordnung und Auflagenzahlen ausführlich beschrieben.
556 Trotz seiner linksliberalen Haltung trug das Blatt
zum Aufstieg der Nationalsozialisten bei, da es
Hinweise auf »Parteiveranstaltungen« sowie –
mangels eigener Redakteure – die von der Reichenbacher Ortsgruppe eingereichten Berichte
hierüber unkommentiert abdruckte.
557 Bohl, Willfried, Hartmuth Diery, Ottmar Goller
und Bernd Liebrich: Alltag im Nationalsozialismus betrachtet an der Stadt Göppingen. (Typoskript) Göppingen 1981, S. 6; außerdem Köhle,
Martin: 140 Jahre Zeitung in Göppingen – Die
Geschichte des Göppinger Zeitungswesens von
1827–1967. (Hohenstaufen. Veröffentlichungen

des Geschichts- und Altertumsvereins Göppingen e. V., 6. Folge, Jahresheft 1966) Göppingen
1966.
558 StArEb, Filstal- und Schurwaldbote vom 5. 12.
1931.
559 Interview Nr. 108.
560 GAR, FLAT 9800, Schreiben der nationalsoz-
listischen Ortsgruppe an den Landwirtschaftlichen
Ortsverein vom 21. 11. 1931.
561 Ebenda, Schreiben der nationalsozialistischen
Ortsgruppe an den Handels- und Gewerbeverein
vom 13. 11. 1931.
562 GAR, Bestand FLAT 1206, Wahllisten zur Gemeinderatswahl vom 30. 12. 1922.
563 Als 1928 in die Partei Eingetretener war Bescherer aufgrund seiner Parteinummer unter 100 000
– er hatte die Nummer 73 161 – Alter Kämpfer und
war Inhaber des Goldenen Parteiabzeichens; BDC,
Berlin, Mitgliederkartei der NSDAP, Akte Paul
Bescherer.
564 GAR, Bestand FLAT 9800, Schreiben der nationalsozialistischen Ortsgruppe vom 13. 11. 1931 und
vom 21. 11. 1931.
565 GAR, Bestand FLAT 1206, »Bekanntmachung der
eingereichten gültigen Wahlvorschläge zur Gemeinderatswahl am 6. Dezember 1931«.
566 Zimmermeister Karl Hager, Holzdreher Gottlieb
Gutscher, Schlosser Wilhelm Halm, Elektromon-
teur Hermann Bauknecht.
567 Kaufmännischer Angestellter Friedrich Bullinger,
Gärtner Karl Mödinger sowie der seitherige Gemeinderat Karl Fischer.
568 GAR, Bestand FLAT 1206, »Bekanntmachung der
eingereichten gültigen Wahlvorschläge zur Gemeinderatswahl am 6. Dezember 1931«, dort
auch die folgenden Ergebnisse.
569 Das prozentual schlechte Ergebnis kam durch die
außerordentlich hohe Wahlbeteiligung zustande,
an Stimmen konnte die Liste sogar noch über 300
dazugewinnen; ebenda, »Bekanntmachung der
eingereichten gültigen Wahlvorschläge zur Gemeinderatswahl am 6. Dezember 1931«.
570 Ebenda, Bekanntmachung vom 20. Mai 1919«
von Ortsvorsteher Stiefel und »Zusammenstellung der Stimmen« im Wahlprotokoll.
571 Ebenda, Wahllisten zur Gemeinderatswahl vom
30. 12. 1922.
572 Ebenda, Wahllisten zur Gemeinderatswahl vom
12. 12. 1925.
573 StAGöP, Freie Volkszeitung vom 19. 11. 1932.
574 Filstal- und Schurwaldbote vom 19. 11. 1932; zitiert nach GAR, Bestand FLAT 5640.
575 GAR, Gemeinderatsprotokolle, Bd. 36, Bl. 799,
vom 13. 1. 1932, 1189 und Bl. 819f, vom 27. 1.
1932, 1218.
576 GAR, Bestand FLAT 1214, »Strafantrag gegen Gemeinderat Otto Munz«, Schreiben des Bürgermeisters an das Oberamt Göppingen vom 12. 2.
1933.
577 Ebenda.
578 Ebenda.

469

Anmerkungen zum Teil B
»Reichenbach in der Weimarer Republik«
(Fortsetzung)

579 GAR, Gemeinderatsprotokolle, Bd. 37, Bl. 15, vom 13. 9. 1932, 15, Bd. 37, Bl. 38, vom 14. 10. 1932, 47.

580 Ebenda, Bl. 21, vom 7. 10. 1932, 20, Bd. 37, Bl. 38, vom 14. 10. 1932, 47, Bd. 37, Bl. 49, vom 28. 10. 1932, 38.

581 Ebenda, Bl. 51, vom 7. 11. 1932, 39.

582 GAR, Bestand FLAT 1214, »Strafantrag gegen Gemeinderat Otto Munz«, Schreiben von Gemeinderat Flaig an den Bürgermeister vom 8. 10. 1932. Flaig entsprach in seinem Bedürfnis nach »unbedingter Sachlichkeit« der Mehrheit der württembergischen Verwaltungsbeamten und bürgerlichen Gemeindevertreter. Ausführlicher zu dieser Haltung – etwa auch der württembergischen Regierung– bei Besson, Württemberg, wie Anm. B 517, S. 135f.

583 Siehe den Teil »Reichenbach in der Weimarer Republik«, Kapitel »Wirtschaftliche Krise und Polarisierung der politischen Kultur am Ende der Weimarer Republik«, Abschnitt »Die große Not und Reichenbacher Gegenmaßnahmen«.

584 Geheimer Polizeibericht f. Württemberg, zit. nach Schönhagen, Tübingen, wie Anm. B 145, S. 57.

585 Interview Nr. 108.

586 LKA Stuttgart, Bestand D 1, Bü 29,1, Nationalsozialistisches Flugblatt »Evangelische Christen Württembergs!«

587 Ebenda, Bü 29,2, »An die Christlichen Herren Geistlichen Württembergs«, Rundscheiben vom 2. 4. 1932.

588 Die zur »Bürgerlichen Einheitsfront« zusammengeschlossenen Mitglieder der Volkspartei, der Wirtschaftspartei und die Volkskonservativen wollten ebenfalls von der offensichtlichen Tendenz profitieren.

589 Von 1350 wählenden Reichenbachern (1314 im zweiten Wahlgang) stimmten bei der Reichspräsidentenwahl 439 (538) für Hitler, von 1170 gültigen Stimmen bei der Landtagswahl fielen 456 auf die Hitlerpartei.

590 Schnabel, Bazille, wie Anm. B 303, S. 240–262.

591 Zu den Ergebnissen der Reichstagswahl vom 31. Juli 1932 vgl. GAR, Bestand FLAT 1014.

592 GAR, Gemeinderatsprotokolle, Bd. 36, Bl. 1000, vom 27. Juli 1932, 1472.

593 Ebenda, Bl. 898, vom 20. Mai 1932, 1334.

594 Ebenda.

595 StArEb, Filstal- und Schurwaldbote vom 16. 6. 1932.

596 StArEb, Filstal- und Schurwaldbote vom 25./26. 6. 1932.

597 Ebenda.

598 Nähere Einzelheiten zur Entstehung der Reichenbacher NS-Frauenschaft sind den Quellen nicht zu entnehmen.

599 StArEb, Filstal- und Schurwaldbote vom 25./26. 6. 1932.

600 GAR, Bestand FLAT 9800, Schreiben des *Ortsgruppenleiters* vom 13. 8. 1932; dort auch Teilergebnisse der Wahl von Baltmannsweiler.

601 StArEb, Filstal- und Schurwaldbote vom 4. 7. 1932.

602 Ebenda.

603 StArEb, Filstal- und Schurwaldbote vom 4. 7. 1932.

604 Interview Nr. 67.

605 StArEb, Filstal- und Schurwaldbote vom 30./31. 7. 1932.

606 Ebenda.

607 StArEb, Filstal- und Schurwaldbote vom 15. 7. 1932.

608 StArEb, Filstal- und Schurwaldbote vom 27. 7. 1932.

609 Interview Nr. 67.

610 Interview Nr. 97.

611 Ebenda.

612 Siehe die Tabelle »Die Reichstagswahlen 1928 bis 1933« im Anhang, berechnet und zusammengestellt nach den Wahlergebnissen wie dokumentiert im Gemeindearchiv Reichenbach, Bestand FLAT 1014.

613 Zu den Reichstagswahlen-Ergebnissen vgl. Kolb, Republik, wie Anm. B 348, S. 252f.

614 StA Sigmaringen: Wü 65/36, Acc. 31/1973, Nr. 321 (19. 10. 1932).

615 GAR, Bestand FLAT 6210, Schreiben der nationalsozialistischen *Ortsgruppe* vom 19. 10. 1932.

616 StArEb, Filstal- und Schurwaldbote vom 26. 10. 1932.

617 Dietrich von Jagow war seit 1929 Führer der württembergischen *SA* und ab 1. Januar 1930 hauptamtlich in Esslingen wirkender *Gaugeschäftsführer.*

618 StArEb, Filstal- und Schurwaldbote vom 26. 10. 1932.

619 Interview Nr. 97.

620 StArEb, Filstal- und Schurwaldbote vom 14. 10. 1932.

621 StArEb, Filstal- und Schurwaldbote vom 29./30. 10. 1932.

622 GAR, Bestand FLAT 6210, Flugblatt der Reichenbacher Sozialdemokraten vom 28. 10. 1932.

623 Z. B. StArEb, Filstal- und Schurwaldbote vom 31. 10., vom 2. 11., vom 5. / 6. 11. 1932

624 StArEb, Filstal- und Schurwaldbote vom 2. 11. 1932.

625 GAR, Bestand FLAT 6210, Flugblatt der Reichenbacher Kommunisten vom 5. 11. 1932.

626 Ebenda.

627 Da innerhalb dieser vier Monate über 50 Neuwähler zur Urne durften, sank die prozentuale Wahlbeteiligung trotzdem um ein halbes auf 78,5 Prozent.

628 Bracher, Auflösung, wie Anm. B 441, S. 564ff.

629 Siehe die Tabelle »Die Reichstagswahlen 1928 bis 1933« im Anhang. Dort auch die folgenden Ergebnisse.

630 StArEb, Filstal- und Schurwaldbote vom 9. 12. 1932.

631 StArEb, Filstal- und Schurwaldbote vom 23./24. 12. 1932.

632 Ebenda.

633 GAR, Bestand FLAT 7000, Einzelne Fürsorgemaßnahmen; Schreiben des Bürgermeisters an Charlotte Bücheler vom 21. 12. 1931.

634 Vgl. hierzu Schönhagen, Tübingen, wie Anm. B 145, S. 102f.

635 StArEb, Filstal- und Schurwaldbote vom 15. 12. 1932.

636 StArEb, Filstal- und Schurwaldbote vom 30. 12. 1932.

637 GAR, FLAT 9800, Schreiben der nationalsozialistischen *Ortsgruppe* vom 13. 11. 1931 und vom 21. 11. 1931.

Anmerkungen zum Teil B
»Reichenbach in der Weimarer Republik«
(Fortsetzung)

638 Joseph Goebbels etwa notierte zum Jahresende in sein Tagebuch:»Das Jahr 1932 war eine einzige Pechsträne«; Goebbels, Josef: Vom Kaiserhof zur Reichskanzlei. Eine historische Darstellung in Tagebuchblättern. München 1934, S. 229 (23. 12. 1932).

Machtantritt (C)

1 Siehe zur nationalkonservativen, das System begrüßenden Einstellung Pfarrer Erhards sowie zu seinem Wandel zum Regimegegner Teil »Machtantritt«, Kapitel »Sicherung und Ausbau der Macht«, Abschnitt »Nicht nur ein Kampf um Seelen: Die Reichenbacher Kirche und das *Dritte Reich* – Gleichschaltung und erste Phase des Kirchenkampfes in Reichenbach«.

2 Interview Nr. 39.

3 GAR, Gemeinderatsprotokolle, Bd. 37, Bl. 119, vom 18. 1. 1933, 133.

4 Ebenda, Bl. 127, vom 3. 2. 1933, 146.

5 Ebenda.

6 Ebenda, Bl. 136, vom 10. 2. 1933, 158.

7 Ebenda, Bl. 142, vom 10. 2. 1933, 170.

8 Protokollbuch Obst- und Gartenbauverein, wie Anm. B 195, Protokolle vom 1. 2. 1933, vom 4. 2. 1933 und folgende.

9 Matzerath, Horst: Nationalsozialismus und kommunale Selbstverwaltung. (Schriftenreihe des Vereins für Kommunalwissenschaften e.V. Berlin, Bd. 29) Stuttgart, Berlin, Köln und Mainz 1970, S. 61f.

10 Schönhagen, Tübingen, wie Anm. B 145, S. 104.

11 RGBl. I. 1933, S. 35 und S. 83.

12 StArEb, Filstal- und Schurwaldbote vom 1. 3. 1933.

13 RGBl. I. 1933, S. 83. Im einzelnen wurden die Grundrechte auf Freiheit der Person (Artikel 114), auf Unverletzlichkeit der Wohnung (Artikel 115), das Briefgeheimnis (Artikel 117), die Grundrechte auf Meinungsfreiheit (Artikel 118), Versammlungsfreiheit (Artikel 123), Vereinigungsfreiheit (Artikel 124) und auf Schutz des Eigentums (Artikel 153) außer Kraft gesetzt.

14 Ebenda, S. 35.

15 Matthias, Erich: Die Sozialdemokratische Partei Deutschlands. In: Matthias, Ende, wie Anm. B 154, S.101–278, hier S. 158ff.

16 StArEb, Filstal- und Schurwaldbote vom 28. 2. 1933.

17 StAGöp, Freie Volkszeitung vom 1. 3. 1933.

18 Vorwärts vom 31. 3. 1933.

19 StArEb, Filstal- und Schurwaldbote vom 4./5. 3. 1933.

20 »Vertrauensleute« der »Kampffront« bzw. des »Kampfblocks Schwarz-Weiß-Rot« am Ort waren Werner Seyfert und Maria Theurer; GAR, Bestand FLAT 1206, Neubildung des Gemeinderats »auf Grund des Reichsgesetzes zur Gleichschaltung der Länder und Gemeinden«, Schreiben des »Landesverbands der DNVP (Württ. Bürgerpartei)« vom 13. 4., vom 20. 4. und vom 24. 4. 1933.

21 Siehe Teil »Reichenbach in der Weimarer Republik«, Kapitel »Wirtschaftliche Krise und Polarisierung der politischen Kultur am Ende der Weimarer Republik«, Abschnitt »Die *braune Bewegung* in Reichenbach gewinnt Struktur« (Kommunalwahlen Dezember 1931).

22 StArEb, Filstal- und Schurwaldbote vom 25./26. 2. 1933.

23 Wohlbold, Kriegs-Chronik, wie Anm B 90, S. 25.

24 Bracher, Karl Dietrich, Wolfgang Sauer und Gerhard Schulz: Die nationalsozialistische Machtergreifung. Studien zur Errichtung des totalitären Herrschaftssystems in Deutschland 1933/34. Frankfurt/M. 1974. Bd. 1: Stufen der Machtergreifung, S. 189.

25 StArEb, Filstal- und Schurwaldbote vom 3. 3. 1933.

26 StArEb, Filstal- und Schurwaldbote vom 4./5. 3. 1933.

27 Wohlbold, Kriegs-Chronik, wie Anm B 90, S. 25.

28 StArEb, Filstal- und Schurwaldbote vom 3. 3. 1933.

29 StALu, EL 902/6, Bü 11/22/365, Bl. 43.

30 Siehe die Tabelle »Entwicklung der Wahlbeteiligung 1919 bis 1933« im Anhang, erstellt nach den Wahlergebnissen wie dokumentiert im GAR, Bestand FLAT 1014.

31 Siehe die Tabelle »Die Reichstagswahlen 1928 bis 1933« im Anhang. Dort auch die folgenden Ergebnisse.

32 Im Reich erzielten die NSDAP 44 und die Deutschnationalen 8 Prozent, in Württemberg 42 und 5,2 Prozent; Statistik des Deutschen Reiches, Bd. 434: Die Wahlen zum Reichstag am 31. Juli 1932 und am 6. November 1932 und am 5. März 1933, Berlin 1935. Anschaulich sind die Einzelergebnisse der Parteien abgebildet in den Graphiken »Die Reichstagswahlen im Reich und in Stuttgart« in: Burkhardt, Fuchs und Nachtmann, Stuttgart, Bd. 3, wie Anm. B 176, S. 314f.

33 Das entspricht einer Abnahme in Reichenbach von 6,6 Prozent; im Reichsdurchschnitt lagen die KPD-Verluste bei 4 Prozent.

34 Vgl. hierzu vor allem Falter, Jürgen, W.: »Radikalisierung des Mittelstandes oder Mobilisierung der Unpolitischen? Die Theorien von Seymour Martin Lipset und Reinhard Bendix über die Wählerschaft der NSDAP im Lichte neuerer Forschungsergebnisse.« In: Steinbach, Peter: Probleme politischer Partizipation im Modernisierungsprozeß. Stuttgart 1982.

35 Vgl. hierzu vor allem Hamilton, Richard F.: Who voted for Hitler? Princeton 1982.

36 Falter, Arbeiter, wie Anm. B 436.

37 Es sollen zuerst die Ergebnisse der Reichstagswahlen interessieren. Wenn nicht anders angegeben, stützen sich die folgenden Aussagen auf Ergebnisse aus den Tabellen »Die Landtagswahlen 1928–1933« bis »Entwicklung der Stimmenanteile von KPD, SPD, DDP, CSVD, DVP, DNVP und NSDAP bei den Reichstagswahlen 1920 bis 1933«.

38 Siehe außerdem Teil »Reichenbach in der Weimarer Republik«, Kapitel »Dörfliche Kommunikation, politische Kultur und Wahlverhalten«, Abschnitt »Die Wahlen von 1924 und die Anfänge der *braunen Bewegung*«.

39 Siehe außerdem Teil »Reichenbach in der Weimarer Republik«, Kapitel »Wirtschaftliche Krise und Polarisierung der politischen Kultur am Ende der Weimarer Republik«, Abschnitt »Die *braune Bewegung* Reichenbachs gewinnt Struktur«.

40 Siehe die Tabelle »Entwicklung der Wahlbeteiligung 1919 bis 1933« im Anhang, berechnet und zusammengestellt nach den Wahlergebnissen wie dokumentiert im GAR, Bestand FLAT 1014.

41 Siehe außerdem Teil »Reichenbach in der Weimarer Republik«, Kapitel »Wirtschaftliche Krise und Polarisierung der politischen Kultur am Ende der Weimarer Republik«, Abschnitt »Die *braune Bewegung* Reichenbachs gewinnt Struktur«.

42 Siehe die Tabelle a. »Entwicklung der Gemeinderatswahlergebnisse 1919 bis 1931 (Angaben in Prozent)« im Anhang, erstellt nach GAR, Bestand FLAT 1206, dort die Büschel für die entsprechenden Gemeinderatswahlen.

43 Jäckel, Herrschaft, wie Anm. B 37, S. 15, Tabelle »Die Wahlentwicklung in Deutschland 1871 bis 1933«.

44 Siehe die Tabelle »Entwicklung der kulturell-politischen Milieus in Reichenbach anhand der Gemeinderats- und Reichstagswahlen 1878–1933« im Anhang, erstellt aufgrund der in den Tabellen »Reichstagswahlergebnisse 1878 bis 1912«, »Die Wahlen zur Nationalversammlung und zum Reichstag 1919–1924«, »Die Reichstagswahlen 1928–1933« und »Entwicklung der Gemeinderatswahlergebnisse 1919 bis 1931 (in Prozent)« zusammengestellten Angaben. Die notwendigen Vereinfachungen dieser Tabelle liefern nur grobe Annäherungswerte. Die Tabelle zeigt also lediglich Trends auf, verdeutlicht aber, da sie die ganze Zeit von 1878 bis 1933 umfaßt, langfristige Entwicklungstendenzen, die sich auch in der Entwicklung der kulturellen Milieus niederschlagen.

45 Das Begriffspaar rekurriert auf die Oppositionshaltung vor 1918 sowie dem Engagement gegen die alte Staatsform und für den Wandel. Unter den »antimonarchistischen Kräften« sind die für Ideen des Sozialismus, einer Diktatur des Proletariats oder den Kommunismus kämpfenden, sich in ihren Vorstellungen der Staatsform primär gegen die Monarchie richtenden Unabhängigen Sozialdemokraten und Kommunisten subsummiert. Als »demokratische Kräfte« sind Sozialdemokraten, Deutsche Demokraten und – vereinfacht – das Zentrum gerechnet.

46 Das Begriffspaar rekurriert auf die vor 1918 die Regierungsgewalt innehabenden sowie auf die gegen die neue Staatsform und für die Restauration eines starken Staates agierenden Kräfte. Unter die »autokratischen« Kräfte sind die monarchistischen Konservativen, Nationalliberalen wie die Deutschnationalen und – vereinfacht – die DVP sowie die der Republik ablehnend gegenüberstehenden lokalen berufsständischen, bürgerlichen und christlichen Kräfte subsummiert.

47 Jäckel, Herrschaft, wie Anm. B 37, S. 16.

48 Interview Nr. 10; außerdem hierzu Interview Nr. 28, Interview Nr. 97 oder Interview Nr. 104; siehe ausführlicher hierzu folgendes Kapitel, Abschnitt »...man das Hochgefühl haben durfte, dem deutschen Volk anzugehören«.

49 StALu, EL 902/6, Bü 11/22/1022, Bl. 33, Protokoll von Bürgermeister Munz vom 1. 9. 1947.

50 Als Eintrittsdatum wurde offiziell jeweils der 1. Mai 1933 angegeben.

51 Siehe die Tabelle »Entwicklung des Eintrittsalters der Reichenbacher NSDAP-Mitglieder« im Anhang, zusammengestellt aufgrund der vom Autor erstellten Personendatei; die nach Abschluß der Arbeit ins Gemeindearchiv Reichenbach im Bestand A 166, »Ortsgeschichte Reichenbach an der Fils unterm Hakenkreuz«, Bü. »Personen« eingestellt wurde.

52 Broszat, Martin: Der Staat Hitlers. Grundlegung und Entwicklung seiner inneren Verfassung. München 1969, S. 252.

53 Eine Beschwerde beim Staatsgerichtshof sowie die beim Reichspräsidenten eingereichte Rechtsverwahrung der Landesregierung gegen diese Verfassungsverletzung konnten den Machtwechsel nicht rückgängig machen; HStA Stuttgart, Bestand E 130b – 1859. Zur Gleich- bzw. Ausschaltung der württembergischen Regierung vgl. Sauer, Württemberg, wie Anm. B 517, S. 26f und Schnabel, Machtergreifung, wie Anm. B 301, S. 72–74.

54 »Dietrich von Jagow, NS-Reichskommissar für die württembergische Polizei. Der Büttel«, in: Burkhardt, Fuchs und Nachtmann, Stuttgart, Bd. 3, wie Anm. B 176, S. 318.

55 Ausführlich zur Machtübernahme in Württemberg vgl. Schnabel, Württemberg, wie Anm. B 331, S. 181ff.

56 Ebenda.

57 Matzerat, Nationalsozialismus, wie Anm. C 9, S. 66f.

58 Zum Hergang der Flaggenhissung vgl. GAR, Gemeinderatsprotokolle, Bd. 37, Bl. 151–153, vom 8. 3. 1933, 179.

59 Seebich, Gustav: Kreischronik 1918–1966. In: Goes, Dr. Paul (Hrsg.): Der Kreis Göppingen. (Veröffentlichungen des Kreisarchivs Göppingen, Band 1). Stuttgart und Aalen 1973, S. 95–132, hier S. 106. Außerdem Cramer, Jost, Elke Feigl, Dr. Peter Krupka und Doris Maier-Göckel: Ebersbach – Gleichschaltung und Alltag im Dritten Reich. In: Unterwegs, Heft 5/6. Göppingen 1988, S. 52.

60 GAR, Gemeinderatsprotokolle, Bd. 37, Bl. 151 bis 153, vom 8. 3. 1933, 179.

61 Ebenda.

62 Ebenda.

63 Ebenda.

64 Ebenda.

65 Ebenda.

66 StAGöp, Freie Volkszeitung vom 9. 3. 1933, außerdem ebenda, Hohenstaufen vom 22. 3. 1933.

67 StAGöp, Freie Volkszeitung vom 10. 3. 1933.

68 Interview Nr. 69.

69 Rundfunkerklärung zum Flaggenerlaß, abgedruckt im Völkischen Beobachter vom 14. 3. 1933.

70 LKA Stuttgart, Bestand Altregistratur/ E 98, Schreiben des *Ortsgruppenleiters* an das *Württembergische Kultministerium* vom 17. 6. 1933.

71 NS-Kurier vom 9. 3. 1933.

72 HStA Stuttgart, Bestand E 130 b – 1064/436 und Bestand E 130 b –1076/28.

73 NS-Kurier vom 9. 3. 1933.

74 StArEb, Filstal- und Schurwaldbote vom 10. 3. 1933.

75 StArEb, Filstal- und Schurwaldbote vom 11. / 12. 3. 1933, »Polizeibericht«.

76 StArEb, Filstal- und Schurwaldbote vom 15. 3. 1933.

77 StAGöp, Hohenstaufen vom 11. 3. 1933.

78 Ebenda.

79 Georg Roher wurde nach 1945 Bürgermeister in Eislingen/Fils.

80 Die Redaktion wurde offensichtlich überrascht hiervon; der letzten Ausgabe ist noch nichts von dem Anschlag zu entnehmen. Freie Volkszeitung vom 10. 3. 1933.

81 Die Göppinger Zeitung berichtete ausführlich auf der ersten Seite ihrer Ausgabe vom 3. 3. 1934; StAGöp, Göppinger Zeitung vom 3. 3. 1934; außerdem Seebich, Kreischronik, wie Anm. C 59, besonders S. 104–116, hier S. 106.

82 Ebenda.

83 Erwiederung im Hohenstaufen, die »Behauptung der Göppinger Zeitung, er sei Jude und habe Geld ins Ausland verschoben, sei unwahr.« StAGöp, Hohenstaufen vom 17. 1. 1934.

84 Ebenda, S. 107.

85 StAGöp, Göppinger Zeitung vom 1. 10. 1934.

86 Staatsanzeiger vom 11. 3. 1933.

87 StArEb, Filstal- und Schurwaldbote vom 15. 3. 1933.

88 StArEb, Filstal- und Schurwaldbote vom 11. / 12. 3. 1933.

89 Sauer, Württemberg, wie Anm. B 517, S. 26ff.

90 Nachtmann, Walter: »...dem werden wir den Kopf abschlagen«. Machtübernahme in Württemberg. In: Burkhardt, Fuchs und Nachtmann, Stuttgart, Bd. 3, wie Anm. B 176, S. 324–330, hier S. 326.

91 Süddeutsche Zeitung vom 16. 3. 1933, S. 2.

92 StArEb, Filstal- und Schurwaldbote vom 16. 3. 1933, »Polizeibericht«; außerdem StAGöp, Hohenstaufen vom 15. 3. 1933.

93 Interview Nr. 67.

94 StArEb, Filstal- und Schurwaldbote vom 18/19. 3. 1933, »Polizeibericht« vom 17. 3. 1933.

95 Interview Nr. 67.

96 Privatsammlung E. Munz, Reichenbach, Bittgesuch von Emma und Christian Munz an das württembergische Innenministerium vom 19. 3. 1933.

97 Ebenda, Bericht des *Ortsgruppenleiters* an *Kreisleitung* Göppingen vom 23. 8. 1934

98 Ebenda, Schreiben des *Ortsgruppenleiters* vom 28. 3. 1933; er selbst bezog sich in seiner Stellungnahme von Anfang Juni (s. u.) auf dieses Schreiben.

99 Ebenda, Stellungnahme des Landrats zur Haftentlassung des Otto Munz vom 31. 3. 1933.

100 Ebenda, Bittgesuch des *Parteigenossen* E. R. zur Haftentlassung des Otto Munz an das Landeskriminalpolizeiamt Stuttgart vom 24. 3. 1933.

101 Ebenda, Geburtstagsbrief Pfarrer Erhardts an den im KZ inhaftierten Otto Munz vom 29. 3. 1933.

102 Ebenda, Bittgesuch von Pfarrer Erhardt zur Haftentlassung des Otto Munz an das *Württembergische Innenministerium* vom 22. 3. 1933.

103 Ebenda, Geburtstagsbrief Pfarrer Erhardt an den im KZ inhaftierten Otto Munz vom 29. 3. 1933.

104 Ebenda, Stellungnahme des *Ortsgruppenleiters* zur Haftentlassung des Otto Munz vom 2. 6. 1933.

105 StArEb, Filstal- und Schurwaldbote vom 17. 3. 1933, außerdem StAGöp, Hohenstaufen vom 17. 3. 1933 und vom 23. 3. 1933.

106 Die ersten »wilden« *Konzentrationslager* wurden *Schutzhaftlager* genannt; Weinmann, Martin (Hrsg.): Das nationalsozialistische Lagersystem (CCP). Frankfurt 1990, S. LXVII. Zum Heuberg vgl. »Tote waren ›unerwünscht‹. Das Konzentrationslager Heuberg« in: Burkhardt, Fuchs und Nachtmann, Stuttgart, Bd. 3, wie Anm. B 176, S. 408ff. Außerdem hierzu Schnabel, Württemberg, wie Anm. B 331, S. 182ff, hier S. 185.

107 »Aus den Erinnerungen an das KZ Heuberg«, Auszug aus dem Tagebuch des Sozialdemokraten Erich Roßmann, der am 23. 6. 1933 verhaftet wurde und zehn Tage später auf den Heuberg kam; abgedruckt in der 1946 in Stuttgart erschienen Autobiographie; hier zitiert nach : »95 Prozent ›Politische‹«, in: Burkhardt, Fuchs und Nachtmann, Stuttgart, Bd. 3, wie Anm. B 176, S. 410.

108 StArEb, Filstal- und Schurwaldbote v. 16. 3. 1933.

109 StALu, EL 902/6, Bü 11/22/365; außerdem Interview Nr. 81.

110 Oettlinger wurde auf dem Heuberg inhaftiert. Nach seiner Entlassung mußte er sich wie Munz und Schloz täglich im Rathaus melden; GAR, Bestand FLAT 6220, Schreiben vom 26. 1. 1934.

111 Interview Nr. 69, außerdem StAGöp, Hohenstaufen vom 24. 3. 1933.

112 Interview Nr. 86.

113 Privatsammlung E. Munz, Reichenbach, Lebenslauf des Gustav Munz (Typoskript), geschrieben im Mai 1945.

114 StALu, EL 903/3, Bü J 75/647, Bl. 91, Eidesstattliche Erklärung v. Herrn Karl Schloz. am 16. 9. 1947.

115 StArEb, Filstal- und Schurwaldbote vom 28. 3. 1933.

116 Schnabel, Württemberg, wie Anm. B 331, S. 187.

117 StALu, EL 902/6, Bü 11/22/2658, J 11299, Bl. 26, Bericht Rudolf Roths vom 18. 9. 1947.

118 StAPlo, Bestand A 6212, Auflösung von Parteien und Organisationen.

119 Zur Auflösung der umliegenden ASB-Kolonnen vgl. Scherrieble, Vorwärts, wie Anm. B 81, S. 227ff. Erst einige Jahre später tauchen Namen von vormaligen Arbeitersamaritern, beispielsweise des ehemaligen linken Sozialdemokraten Karl Pracht, im Zusammenhang mit einer neu gegründeten *Ortsgruppe* des DRK auf.

120 GAR, Bestand FLAT 6212, Schreiben des Bürgermeisters vom 28. 8. 1937.

121 Interview Nr. 46.

122 Interview Nr. 69.

123 Privatsammlung E. Munz, Reichenbach, Lebenslauf des Gustav Munz(Typoskript), geschrieben im Mai 1945.

124 Ebenda.

125 Ebenda.

126 Interview Nr. 46.

127 StArEb, Filstal- und Schurwaldbote vom 29. 3. 1933, Filderbote vom 13. 4. 1933; vgl. hierzu auch Sauer, Württemberg, wie Anm. B 517, S. 163.

128 Interview Nr. 7.

129 Beispielsweise Privatsammlung G. Munz, Reichenbach, Postkarte vom 8. 5. 1933 an »Herrn Gustav Munz, Schutzhaftlager, Heuberg-Stetten, Block 20, Z. 4« oder auch Postkarte vom 3. 6. 1933 an »Herrn Gustav Munz, Konzentrationslager, Heuberg-Stetten, Block 20, Z. 4«.

130 Lechner, Silvester: Das KZ Oberer Kuhberg und die NS-Zeit in der Region Ulm/Neu-Ulm. Stuttgart 1988, außerdem »Doch die Freiheit, die kommt wieder«. NS-Gegner im Württembergischen Schutzhaftlager Ulm 1933–1935. Stuttgart 1994.

131 Interview Nr. 69.

132 Beispielsweise Privatsammlung E. Munz, Reichenbach; Entlassungsausweis aus dem *Schutzhaftlager Heuberg* vom 21. 6. 1933 mit täglich abgestempelter Anwesenheitsbestätigung. Das Innenministerium hob die polizeiliche Meldepflicht mit Schreiben vom 16. 7. 1934 auf.

133 Privatsammlung E. Munz, Reichenbach; Lebenslauf des Gustav Munz(Typoskript), geschrieben im Mai 1945.

134 Interview Nr. 46.

135 Privatsammlung E. Munz, Reichenbach; Lebenslauf des Gustav Munz(Typoskript), geschrieben im Mai 1945. Außerdem Roßmann, wie Anm. C 107, S. 417.

136 Interview Nr. 67.

137 Privatsammlung E. Munz, Reichenbach, »Bericht von Bürgermeister Munz an den Landrat über die politische und wirtschaftliche Entwicklung seit 1918«, Reichenbach, den 12. 11. 1946, Bl. 2.

138 StALu, EL 902/6, Bü 11/22/1337, Bl. 28, Schreiben des *Ortsgruppenleiters* an das *Württembergische Kultministerium* vom 17. 6. 1933.

139 GAR, Gemeinderatsprotokolle, Bd. 37, Bl. 226, vom 31. 5. 1933.

140 »Das deutsche Volk will mit der Welt in Frieden leben«, Regierungserklärung Hitlers vom 23. 3. 1933, in: Verhandlungen des Reichstags, VIII. Wahlperiode, 1934, S. 25–32.

141 GAR, Gemeinderatsprotokolle, Bd. 37, Bl. 169, vom 24. 3. 1933.

142 Matzerat, Nationalsozialismus, wie Anm. C 9, S. 69f.

143 GAR, Bestand FLAT 1206 »Neubildung des Gemeinderats auf Grund des ›Reichsgesetzes zur Gleichschaltung der Länder und Gemeinden‹ 1933«, Bl. 16; Bekanntmachung vom 19. 4. 1933; außerdem StArEb, Filstal- und Schurwaldbote vom 8./9. 4. 1933.

144 Siehe die Tabelle »Gleichschaltung des Gemeinderats im April 1933« im Anhang, erstellt nach GAR, Bestand FLAT 1206, Wahlprotokoll, April 1933 und FLAT 1206 »Neubildung des Gemeinderats ›auf Grund des Reichsgesetzes zur Gleichschaltung der Länder und Gemeinden‹«.

145 RGBl. I. 1933, S. 175ff. Zur Auswirkung des Gesetzes auf lokaler Ebene Matzerath, Nationalsozialismus, wie Anm. C 9, S. 74ff.

146 Siehe zu den Kriterien des nationalsozialistischen »Rassenbegriffs« siehe Teil »Phase der Konsolidierung – Alltag unterm Hakenkreuz«, Kapitel »›... ein einheitliches zusammengehöriges Volk‹ – kulturelle Gleichschaltung«, Abschnitt »›Ausmerze‹ und ›Aufartung‹«, Unterabschnitt »Die Judenfrage«.

147 Frank, Hans: Nationalsozialistisches Handbuch für Recht und Gesetzgebung. München 1934, S. 504.

148 Zu den Versuchen, staatliche oder kommunale Bedienstete am Ort mit Hilfe des »Gesetzes zur Wiederherstellung des Berufsbeamtentums« loszuwerden, siehe dieses Kapitel, Abschnitt »Durch diesen vorgeschlagenen Wechsel...«, zur weiteren personalpolitischen Einflußnahme der Ortsgruppe siehe Teil »Phase der Konsolidierung – Alltag unterm Hakenkreuz«, Kapitel »›... ein dienendes Volk‹ – totale Indienstnahme«, Abschnitt »Kommunalpolitik und Dienst in der Partei«.

149 Regierungsblatt für Württemberg 1933, S. 69, zitiert nach GAR, Gemeinderatsprotokolle, Bd. 37, Bl. 179, vom 19. 4. 1933.

150 StAGöp, Hohenstaufen vom 13. 4. 1933.

151 Autorisierte Parteifunktionäre benannten – meist schriftlich – beim Bürgermeister die Männer und Frauen ihres Vertrauens am Ort, mit denen die

Abwicklung der Gleischaltung abgesprochen werden sollte.

152 GAR, Bestand FLAT 1206 »Neubildung des Gemeinderats (...)«, Wahlniederschrift über die Neubildung des Gemeinderats am 26. 4. 1933.

153 Ebenda, außerdem Schreiben des »Landesverbands der DNVP (Württ. Bürgerpartei)« vom 13. 4., vom 20. 4. und vom 24. 4. 1933.

154 GAR, Bestand FLAT 1206 »Neubildung des Gemeinderats (...)«, Wahlniederschrift über die Neubildung des Gemeinderats am 26. 4. 1933.

155 Ebenda, außerdem Schreiben der »DVP-Landesgeschäftsstelle« vom 24. 4. 1933.

156 Ebenda, außerdem Schreiben des »Landessekretariats« vom 25. 4. 1933.

157 Ebenda, außerdem Bestand FLAT 1206 »Neubildung des Gemeinderats (...)«, Bl. 6, Einladungsschreiben des Bürgermeisters vom 21. 4. 1933.

158 Ebenda, Wahlniederschrift über die Neubildung des Gemeinderats am 26. 4. 1933.

159 Ebenda, »Niederschrift des Wahlvorstands betreffs Beschlußfassung über die Wahlvorschläge zur Gemeinderatswahl« vom 26. 4. 1933.

160 Ebenda, Bl. 6, Schreiben Wohlbolds vom 23. 4. 1933.

161 Ebenda, Bl. 7, Schreiben vom 25. 4. 1933.

162 GAR, Bestand FLAT 1206 »Ausscheiden von Gemeinderäten 1932–1949«, außerdem GAR, Gemeinderatsprotokolle, Bd. 37, Bl. 312, vom 20. 9. 1933, 368 sowie Bl. 327, vom 29. 9. 1933, 385.

163 StALu, EL 902/6, Bü 11/22/2658, J 11299, Bl. 26, Bericht Rudolf Roth vom 18. 9. 1947.

164 Privatsammlung R. Alber, Reichenbach, Bl. 1, Schreiben des Bürgermeisters vom 3. 5.1933.

165 Ebenda.

166 Auf die von Mangold Mitte April vorgeschlagene Liste an Gemeinderatskandidaten kamen Zweifel an Hermann Kohlhaas auf, der »schon ca. 30 Jahre SPD-Mann sei, also doch für uns nicht in Frage kommen könne« – was nicht stimmte. Der Plochinger *Ortsgruppenleiter* Weiss und ein nicht genannter »Herr vom Stahlhelm« hatten gegen Kohlhaas argumentiert. Des weiteren wurde von einem Reichenbacher Parteigenossen dem Kandidaten Karl Acker vorgeworfen, er sei »jahrelang Vorstand des Konsumvereins« und von daher ebenfalls ungeeignet. Weitere Überlegungen strenge *Kreisleiter* Baptist bezüglich einer Aufstellung eines »Bauernbündlers« statt einem Handarbeiter« oder des »einzigen eigentlichen Arbeitgebers« Otto an; StALu, EL 902/6, Bü 11/14/918, »Gemeinderatskandidaten der NSDAP in Reichenbach/Fils (...)« vom 15. 4. 1933.

167 BDC, Berlin, Mitgliederkartei der NSDAP, Akte Richard Häfner, Parteieintritt am 1. 5. 1933, Parteinummer: 324 1317.

168 Ebenda, Akte Richard Barz, Parteieintritt am 1. 10. 1931, Parteinummer: 661 969.

169 Für den »Block Baltmannsweiler« entsandte die NSDAP – in Verbindung mit dem Christlichen Volksdienst – »Christian Traub, 28 Jahre (Mitglied seit dem 1. 10. 1931), Christian Scharpf, 57 Jahre (neuer NS-Bauer), Christian Steiss, 46 Jahre (neuer NS-Bauer)«. Für den »Block Hegenlohe« be-

nannte Mangold »August Fritz, 45 Jahre (Mitglied seit dem 11. 8. 1932), Carl Hofer, 39 Jahre (Mitglied seit dem 14. 4. 1933), David Aschbacher, 39 Jahre (Mitglied seit dem 14. 4. 1933), Richard Specht, 34 Jahre (Mitglied seit dem 14. 4. 1933), Ernst Roos, 45 Jahre (Mitglied seit dem 14. 4. 1933)«. Die Angaben für die weiteren *Blöcke* Hochdorf und Lichtenwald sind aufgrund eines Wasserschadens kaum mehr zu entziffern; GAR, Bestand FLAT 9800, »Vorschlagslisten« des *Ortsgruppenleiters.*

170 GAR, Bestand FLAT 1206 »Neubildung des Gemeinderats ›auf Grund des Reichsgesetzes zur Gleichschaltung der Länder und Gemeinden‹ 1933«, »Meine Herren!« Redetyposkript von Emil Schmid vor dem gleichgeschalteten Gemeinderat am 5. 5. 1933.

171 Hans Lautenschlager war im August 1932 gestorben; GAR, Bestand FLAT 1206 (1202), Kondolenzschreiben Schmids vom 16. 8. 1932.

172 GAR, Gemeinderatsprotokolle, Bd. 37, Bl. 189, vom 5. 5. 1933, 234.

173 Ebenda.

174 Sowohl ehemalige Mitgliedschaft in kommunistischen Organisationen, freundschaftliche Beziehung zu Kommunisten wie die »Haltung«, Entscheidungen des württembergischen Polizeikommissars und des nationalsozialistischen Staatspräsidenten zu kritisieren, konnten nach den Paragraphen 2a und 4 des Gesetzes zur Wiederherstellung des Berufsbeamtentums zur sofortigen Entlassung führen; Frank, Handbuch, wie Anm. C 147, S. 504.

175 GAR, Gemeinderatsprotokolle, Bd. 37, Bl. 192, vom 5. 5. 1933, 234.

176 Ebenda, 235.

177 Ebenda.

178 StALu, B 5991/48, Bü 11/22/770, Bl. 5, Schreiben des Bürgermeisters an den Staatskommissar für Körperschaftsverwaltung vom 22. 5. 1933.

179 Ebenda.

180 Ebenda.

181 Ebenda.

182 Paragraph 2 des Gesetzes zur Wiederherstellung des Berufsbeamtentums bestimmte die Entlassung ohne Entlassungsgeld derjenigen Beamten, die ihre Stelle nach 1918 aufgrund vermeintlich parteipolitischer Ämterpatronage bekommen haben sollten, der sogenannten »Parteibuchbeamten«; Frank, Handbuch, wie Anm. C 147, S. 504.

183 StALu, B 5991/48, Bü 11/22/770, Bl. 3–4.

184 BDC, Berlin, Mitgliederkartei der NSDAP, Akte Emil Schmid, Parteinummer 5 141 432, Parteieintritt am 1. 5. 1937; außerdem StALu, B 5991/48, Bü 11/22/770.

185 Schnabel, Württemberg, wie Anm. B 331, S. 188.

186 Matzerath, Nationalsozialismus, wie Anm. C 9, S. 69f.

187 Schnabel, Württemberg wie Anm. B 331, S. 189.

188 Matzerath, Nationalsozialismus, wie Anm. C 9, S. 61ff.

189 Schnabel, wie Anm. B 331, S. 188f.

Anmerkungen zum Teil C
»Machtantritt« (Fortsetzung)

190 Ebenda, S. 198.
191 Regierungsblatt für Württemberg 1933, S. 273ff.
192 StAGöp, Hohenstaufen vom 19. 6. und vom 18. 10. 1933.
193 GAR, Gemeinderatsprotokolle, Bd. 37, Bl. 226/27, vom 31. 5. 1933, 268. Zum Austritt der Gemeinde aus dem Konsumverein vgl. GAR, Bestand FLAT 4020.
194 Staatkommissar für die Stadt Stuttgart, Dr. Karl Strölin, auf einer Kundgebung der städtischen Belegschaft zum 1. Mai 1933; NS-Kurier vom 4. 5. 1933.
195 Siehe zur *Volksgemeinschaft* und zum diese miterzeugenden Kult Teil »Phase der Konsolidierung – Alltag unterm Hakenkreuz«, Kapitel »›... ein einheitliches zusammengehöriges Volk‹ – kulturelle Gleichschaltung«, und zur Verschleierung dieser Interessenunterschiede sowie zur angestrebten *Betriebsgemeinschaft* im selben Teil das Kapitel »›... ein fleißig und arbeitsam lebendes Volk‹– wirtschaftliche Konsolidierung«.
196 Wohlbold, Kriegs-Chronik, wie Anm. B 90, S. 26.
197 Das Horst-Wessel-Lied war seit 1930 das offizielle Parteilied der NSDAP, das zumeist im Anschluß an die Nationalhymne gesungen wurde. Horst Wessel, seit 1926 Mitglied der NSDAP und SA, war 1930 an den Folgen eines Kampfes in den Zuhälterkreisen, in erster und verkehrte, gestorben. Die Propaganda ließ dagegen verbreiten, er sei von den politischen Gegnern, den Kommunisten, erschlagen worden, weshalb er zum Helden und Märtyrer der Partei erklärt wurde. Mehr hierzu bei Kammer, Hilde und Elisabeth Bartsch (unter Mitarbeit von Mannon Eppenstein-Baukkhage): Jugendlexikon Nationalsozialismus. Begriffe aus der Zeit der Gewaltherrschaft 1933 bis 1945. Stuttgart und München 1984, S. 96f.
198 Wohlbold, Kriegs-Chronik, wie Anm. B 90, S. 27.
199 GAR, Bestand FLAT 1206 »Neubildung des Gemeinderats ›auf Grund des Reichsgesetzes zur Gleichschaltung der Länder und Gemeinden‹ 1933«, »Meine Herren!« Redetyposkript von Emil Schmid vor dem gleichgeschalteten Gemeinderat am 5. 5. 1933, in dem er auf seine Rede Bezug vom 1. Mai nahm.
200 BDC, Berlin, Mitgliederkartei der NSDAP, Akte Wilhelm Böhringer, Parteieintritt am 1. 5. 1933, Parteinummer: 3 584 904; außerdem StALu, EL 902/6, Bü 11/22/22/28.
201 StALu, EL 902/6, Bü 11/22/1337, Bl. 28, Schreiben des *Ortsgruppenleiters* an das *Württembergische Kultministerium* vom 17. 6. 1933. Zu Mangolds weiterem Vorgehen gegen den Bürgermeister und den Schulrektor siehe das Ende dieses Kapitels.
202 EKAR, Arch. Nr. 56. 17, Evangelisches Gemeindeblatt Reichenbach an der Fils, Jg. 1932/1933, Nr. 5/1933, Mitte Mai 1933, S. 4.
203 Interview Nr. 67.
204 Interview Nr. 69.
205 Vgl. beispielsweise Broszat, Staat, wie Anm. C 52, S. 182.

206 StAGöp, Hohenstaufen vom 3. 5. 1933.
207 Interview Nr. 10.
208 StAGöp, Hohenstaufen vom 10. 5. 1933.
209 Ebenda.
210 Broszat, Staat, wie Anm. C 52, S. 126.
211 Bracher, Karl Dietrich: Die deutsche Diktatur. Entstehung, Struktur, Folgen des Nationalsozialismus. Frankfurt/M. [6]1979, S. 242f, sowie Falter, Jürgen, W.: Hitlers Wähler. München 1991, S. 369ff.
212 Bracher, Karl-Dietrich: »Stufen totalitärer Gleichschaltung: Die Befestigung der nationalsozialistischen Herrschaft 1933/34«, in: Michalka, Wolfgang (Hrsg.): Die nationalsozialistische Machtergreifung. München 1984, S. 269–278.
213 Broszat, Staat, wie Anm C 52, S. 118.
214 StAGöp, Hohenstaufen vom 11. 5. 1933.
215 Ebenda.
216 Schnabel, Württemberg, wie Anm. B 301, S. 207ff. Auch die Sindelfinger Genossen handhabten dies so; Zecha, Horst: 100 Jahre SPD Sindelfingen. Teil 1: Von den Anfängen bis 1945. Sindelfingen 1991.
217 Matthias, SPD, wie Anm. C 14, hier S. 158ff und 168ff.
218 Interview Nr. 69.
219 Basler Nachrichten, 24. 6. 1933.
220 LKA Stuttgart, Bestand Altregistratur/ E 98 sowie StALu, EL 902/6, Bü 11/22/1337, Bl. 28, Schreiben des *Ortsgruppenleiters* an das *Württembergische Kultministerium* vom 17. 6. 1933.
221 Das erste Mal hatte sich Mühlhäuser im Januar 1926 für die Rektorenstelle nach Reichenbach beworben. Da sein Konkurrent Schnerring die Stelle bekam, wurde er zweiter Lehrer. Nach dem Weggang Schnerrings wurde – obwohl »sich das ganze Lehrerkollegium zusammengetan und für ihn in Stuttgart eingesetzt hat« – Böhringer zum Nachfolger ernannt; Interview Nr. 66.
222 LKA Stuttgart, Bestand Altregistratur/ E 98 sowie StALu, EL 902/6, Bü 11/22/1337, Bl. 28, Schreiben des *Ortsgruppenleiters* an das *Württembergische Kultministerium* vom 17. 6. 1933.
223 Ebenda.
224 Ebenda.
225 Ebenda.
226 LKA Stuttgart, Bestand Altregistratur/ E 98, Schreiben des *Ortsgruppenleiters* an das *Württembergische Kultministerium* vom 17. 6. 1933.
227 Ebenda.
228 Interview Nr. 103.
229 StAGöp, Hohenstaufen vom 15. 5. 1933.
230 StAGöp, Hohenstaufen vom 18. 5. 1933.
231 StAGöp, Hohenstaufen vom 18. 5. 1933.
232 Siehe den Teil »Phase der Konsolidierung – Alltag unterm Hakenkreuz«, Kapitel »›... ein widersetzliches Volk?‹ – Von aktiven Nazis, von Mit- und Weitermachern und von Neinsagern in Reichenbach«, Abschnitt »Lehrerwandlungen«.
233 LKA Stuttgart, Bestand Altregistratur/ E 98, Personalakte Karl Erhardt.
234 Interview Nr. 45 und Interview Nr. 100.
235 Interview Nr. 28.
236 Interview Nr. 59.
237 Interview Nr. 30.
238 Interview Nr. 79.

239 LKA Stuttgart, Bestand Altregistratur/ E 98, vertrauliches Schreiben Pfarrer Erhardts an den Oberkirchenrat (OKR) vom 13. 10. 1933.

240 Diem, Hermann: Ja oder nein. 50 Jahre Theologe in Kirche und Staat. Stuttgart, Berlin 1974, S. 23/24.

241 Landtagswahlkampf 1932; vgl. hierzu Thierfelder, Jörg und Eberhard Röhm: Die evangelische Landeskirche in Baden - Württemberg in der Spätphase der Weimarer Republik und zu Beginn des Dritten Reiches, in: Schnabel, Machtergreifung, wie Anm. B 301, S. 229.

242 Die meisten Protestanten waren begeistert, als am 21. 3. 1933, dem *Tag von Potsdam*, der Reichstag in der traditionellen Potsdamer Garnisonskirche eröffnet wurde; Röhm, Eberhard und Jörg Thierfelder: Anpassung, Zweifel, Protest. Das evangelische Stuttgart zwischen 1933 und 1939, in: Burkhardt, Bernd, Karlheinz Fuchs und Walter Nachtmann (Hrsg): Ausstellungsreihe Stuttgart im Dritten Reich, Bd. 4: Anpassung, Widerstand, Verfolgung. Die Jahre von 1933 bis 1939. Stuttgart 1984, S. 342–364, hier S. 342f.

243 Zur Haltung der Kirchen gegenüber dem NS-Staat vgl. Scholder, Klaus: Die Kirche und das Dritte Reich. 2 Bde Frankfurt/M., Berlin 1977 bis 1985; hier Bd. 1 Vorgeschichte und Zeit der Illusionen, Frankfurt/M. 1977, Röhm, Eberhard und Jörg Thierfelder: Evangelische Kirche zwischen Kreuz und Hakenkreuz. Bilder und Texte einer Ausstellung. Stuttgart 1981. Die württembergische Situation in den Anfangsjahren des *Dritten Reiches* behandeln Röhm und Thierfelder, Anpassung, wie Anm. C 242. Vgl. außerdem hierzu Sauer, Württemberg, wie Anm. B 517, S. 180–205.

244 Interview Nr. 45 und Interview Nr. 100.

245 Der *Evangelische Volksbund* war ein gemäßigter Flügel der *Glaubensbewegung Deutsche Christen* (s. u.).

246 Stellungnahme des Evangelischen Volksbundes vom 9. 6. 1933; zitiert nach Sauer, Württemberg, wie Anm. B 517, S. 180–205, hier S. 181–182.

247 Die *Glaubensbewegung Deutsche Christen*, gegründet 1932 durch den Berliner Pfarrer J. Hossenfelder in Anlehnung an die 1927 entstandene Kirchenbewegung *Deutsche Christen*, auch *Thüringer D. C.* genannt, wollte die vom landesfürstlichen Territorialismus herrührende Zersplitterung des deutschen Protestantismus durch das *Führerprinzip* einer *unitarischen Reichskirche* unter dem monarchisch waltenden Reichsbischof überwinden. Neben dem *Führerprinzip* forderten sie den Ausschluß sogenannter *Nicht-Arier* aus der Gemeinde. Vgl. hierzu ausführlicher Meier, Kurt: Die Deutschen Christen. Arbeit zur Geschichte des Kirchenkampfes. Ergänzungsreihe Bd. 3. Göttingen 1977. Außerdem Norden, Günther van: Der deutsche Protestantismus im Jahr der nationalsozialistischen Machtergeifung. Gütersloh 1979.

248 Stuttgarter *NS-Kurier* vom 6. 2. 1933, Telegramm der *Glaubensbewegung Deutsche Christen*, Gau Württemberg an Hitler.

249 Theophil Wurm im Staatsanzeiger vom 18. 7. 1933, in dem er die Freude der meisten seiner Zeitgenossen öffentlich teilte.

250 LKA Stuttgart, Bestand Altregistratur, Bund 156b, verschiedene Schreiben, z. B. von Pfarrer Lamparter. Vgl. hierzu auch Zelzer, Maria: Wege und Schicksal der Stuttgarter Juden. Stuttgart 1964, S. 68, 130ff.

251 Röhm und Thierfelder, Anpassung, wie Anm. C 242. S. 343f.

252 Vgl. zur »Mitarbeit« der Kirchen im Vorgehen gegen sogenannte »Minderwertige« Klee, Ernst: »Die SA Jesu Christi« Die Kirche im Banne Hitlers. Frankfurt/M. 1989, S. 83–97; zum kirchlichen Verhalten im »Kampf« gegen jüdische Mitbürger ebenda, S. 105ff.

253 Vgl. hierzu etwa den Artikel »Die im Konzentrationslager« im Stuttgarter Evangelischen Sonntagsblatt vom 7. 5. 1933, in dem sich der Autor freut, »daß die Häftlinge menschlich behandelt werden und daß man in ihnen nicht Verbrecher, sondern Verführte sieht.«

254 LKA Stuttgart, Bestand D 31 (unverzeichnet), Bü »Mitgliederlisten« sowie Bestand D 1, Bü 40, KTA 1930–1933. Erhardt hatte die Mitgliedsnummer 3.

255 Ebenda, Bü »BK - Akten 1. 2. 1939–1. 2. 1942«, Schreiben Pfarrer Dipper an Pfarrer Kloppenburg vom 31. 5. 1939. Dort auch folgende Zitate. Der *Pfarrernotbund* war eine Ende September 1933 vom evangelischen Theologen Martin Niemöller als kirchliche Oppositionspartei gegen die *Deutschen Christen* organisierte Vereinigung von Pfarrern. Hier äußerte sich der Protest gegen den *Arierparagraphen* und gegen die Einführung des *Führerprinzips*, und hier wurde die Unterstützung der vom Reichsbischof und vom Staat gemaßregelten und verfolgten Pfarrer koordiniert. In den Wintermonaten 1933/34 übernahm Karl Barth die Führung des *Pfarrernotbunds*. Barth, Karl: Theologische Existenz heute. Berlin 1933. Vgl. zum Pfarrernotbund Scharf, K.: Der Pfarrernotbund. In: Bekennende Kirche. Martin Niemöller zum 60. Geburtstag. München 1952, S. 136–141.

256 LKA Stuttgart, Bestand Generalia/Altregistratur 115 c Sonderbünde, S V, Handakten Sautter: Namensunterschriften von Geistlichen gegen eine vorläufige Kirchenregierung in Württemberg 1935/36; Entschließung mit Schreiben des Evangelischen Dekanatsamtes vom 29. 11. 1935. Auf der beigefügten Unterschriftenliste steht Erhardt, Reichenbach auf Platz Nr. 22.

257 Ebenda, Bestand Altregistratur/ E 98, Schreiben des Evangelischen Dekanatsamts Göppingen vom 14. 11. 1933.

258 Die Namen wurden vom Verfasser anonymisiert.

259 LKA Stuttgart, Bestand Altregistratur/ E 98, Schreiben Pfarrer Erhardts an den Oberkirchenrat vom 13. 10. 1933.

260 Ebenda.

261 Ebenda, Schreiben des Oberkirchenrats an Prälat Mayer-List u. Dekanat Göppingen vom 18. 10. 1933.

262 Ebenda, Schreiben Pfarrer Erhardts an den Oberkirchenrat vom 13. 10. 1933.

Anmerkungen zum Teil C
»Machtantritt« (Fortsetzung)

263 Privatsammlung E. Munz, Reichenbach, Bittgesuch von Pfarrer Erhardt zur Haftentlassung des Otto Munz an das württembergische Innenministerium vom 22. 3. 1933; sowie LKA Stuttgart, Bestand Altregistratur/ E 98, Mitteilung des *Ortsgruppenleiters* an die *Kreisleitung* und an *Reichsstatthalter* Murr vom 17. 10. 1934.

264 Interview Nr. 28.

265 Ebenda. Zu den in Reichenbach erzielten Ergebnissen der evangelischen Parteigruppen siehe die Tabellen »Die Wahlen zur Nationalversammlung und zum Reichstag 1919–1924«, »Die Landtagswahlen 1920–1932« und »Die Reichstagswahlen 1928–1933« im Anhang.

266 Interview Nr. 26.

267 Interview Nr. 28. Verschiedenen Aussagen nach hatte dies den Reichenbacher *HJ*-Führer ganz besonders geärgert, wofür er sich später bei den Jungen rächte. Vgl. hierzu außerdem Interview Nr. 47 und Interview Nr. 84.

268 Privatsammlung Röder, Reichenbach, »C. V. J. M. Anzeiger des christlichen Vereins Junger Männer. Reichenbach a. F.«, 1. Jg. Nr. 5, Dez. 1925; »Vom Kampffeld deutscher Mannesjugend«, außerdem verschiedene Vorträge im CVJM von Sekretär Rupp vom Jungmännerbund Stuttgart, unter anderem am 22. 11. 1925.

269 Interview Nr. 26.

270 Interview Nr. 28.

271 Ebenda.

272 Interview Nr. 47 und Interview Nr. 84.

273 Schäfer, Gerhard: Die Evangelische Landeskirche in Württemberg und der Nationalsozialismus. Eine Dokumentation zum Kirchenkampf. 6 Bde. Stuttgart 1971–1986, Bd. 2: Um eine deutsche Reichskiche 1933. Stuttgart 1972, S. 673–696. Zur *Eingliederung* der Evangelischen Jugend vgl. auch Lersner, Dieter Freiherr von: Die Evangelischen Jugendverbände Württembergs und die Hitlerjugend 1933/1934. (Arbeiten zur Geschichte des Kirchenkampfes, Bd. 4.) Göttingen 1958.

274 Schirach verfolgte konsequent eine politisch-pädagogische Strategie, die auf die unumschränkte Erziehungshoheit im Staat abzielte und letztlich die Bildung einer nationalsozialistischen Führungselite anstrebte. Ausführlicher hierzu vgl. Wortmann, Michael: Baldur von Schirach. Hitlers Jugendführer. Köln 1982.

275 *Eingliederungsvertrag*; Schäfer, Dokumentation, wie Anm. C 273, Bd. 2, S. 689–690.

276 Vgl. die Protestschreiben beim Oberkirchenrat, hier vom 23. 12. 1933; LKA Stuttgart, Registratur, Generalia Bd. 122/V/Altregistratur.

277 Röhm und Thierfelder, Anpassung, wie Anm. C 242, S. 347.

278 EDE, Altregistratur, Bestand Ortsakten, Fach 28, Reichenbach, C III, Bü 29.

279 Cramer, Feigl, Krupka und Maier-Göckel: Ebersbach wie Anm. C 59, S. 56.

280 Interview Nr. 59.

281 StAGöp, Göppinger Zeitung vom 28. 2. 1934.

282 Interview Nr. 66.

283 Interview Nr. 59.

284 Privatsammlung Röder, Reichenbach, »C. V. J. M. Anzeiger des christlichen Vereins Junger Männer. Reichenbach a. F.«, 1. Jg. Nr. 5, Dez. 1925.

285 Interview Nr. 26.

286 Ebenda.

287 Interview Nr. 47 und Interview Nr. 84.

288 Die von ehemaligen CVJM-Mitarbeitern organisierte, direkt von der Kirche verantwortete Jugendarbeit auf Gemeindeebene war auch in den meisten anderen württembergischen Gemeinden üblich; zur evangelischen Jugendarbeit nach der *Eingliederung* des CVJM in die *HJ* vgl. Müller, Manfred: Jugend in der Zerreißprobe. Stuttgart 1982, S. 42ff; außerdem Röhm und Thierfelder, Anpassung, wie Anm. C 242, S. 347f.

289 Z. B. mit Hans Fischer im Pfarrhaus in Schlad.

290 Vgl. hierzu Interview Nr. 47, Interview Nr. 84. oder auch Interview Nr. 28.

291 LKA Stuttgart, Registratur, Generalia Bd. 122, Schreiben des Oberkirchenrats wegen des Kampfes der *HJ* gegen die evangelische Jugend an das *Württembergische Kultministerium* vom 8. 3. 1933. Dort liegen auch weitere Proteste gegen Übergriffe der *HJ* an das Kult- und Innenministerium.

292 LKA Stuttgart, Bestand Generalia/Altregistratur: Kirchengemeinde Reichenbach, Bl. 55, Schreiben des Evangangelischen Pfarramtes an den Oberkirchenrat vom 25. 7. 1934 und Aktenvermerk des Oberkirchenrat vom 27. 7. 1934, Az 26. 7. 34, Nr. 0.07820.

293 Ebenda.

294 Zum weiteren Verlauf der Auseinandersetzung um das CVJM-Vereinshaus, siehe den Teil »Reichenbach im Krieg«, Kapitel »Krieg im Innern«, Abschnitt »Krieg gegen zentrale Säulen ...«.

295 Gegründet wurde er von Karl Frey, der Trompeter im Ersten Weltkrieg und in der Feuerwehr war und ihn auch 1933 und 1935 noch fest in der Hand hatte. Durch die Arbeitslosigkeit und die viele Zeit zum Üben war eine Gruppe von Bläsern um Hans Fischer und Heiner Kiesch aus dem Posaunenchor herausgewachsen. Pfarrer Erhardt übernahm den Posaunenchor 1935, Hans Fischer 1938.

296 Interview Nr. 28.

297 StAGöp, Göppinger Zeitung vom 13. 5.1936.

298 Interview Nr. 59.

299 »Das letzte landesweite Posaunentreffen, der letzte Landesposaunentag, von Mühleisen veranstaltet, war in Esslingen auf der anderen Seite vom Neckar, bei der Kirche, da wir auf dem Marktplatz bereits nicht mehr spielen durften«; Interview Nr. 28.

300 Hebr. 10, Vers 39. Vgl. hierzu »Wir aber sind nicht von denen, die da weichen.« Zeugnisse der Bekennenden Kirche. Der Kampf um die Kirche. (Das Christliche Deutschland 1933 bis 1945. Dokumente und Zeugnisse, Evangelische Reihe, Heft 1) Tübingen und Stuttgart 1946.

301 Schäfer, Dokumentation, wie Anm. C 273, Bd. 3: »Der Einbruch des Reichsbischofs in die Württembergische Landeskirche«, Stuttgart 1974, S. 7ff. Vgl. außerdem hierzu Röhm und Thierfelder, Anpassung, wie Anm. C 242, S. 344f.

302 Schäfer, Dokumentation, wie Anm. C 273, Bd. 3, S. 8ff.

303 Dies wurde der ehemalige »Staatskommissar für die Preußischen Landeskirchen«, Ministerialdirektor August Jäger; Schäfer, Dokumentation, wie Anm. C 273, Bd. 3, S. 262.

304 Mayer, Eberhard: Deutschkirche oder Bekenntniskirche. Der Ulmer Bekenntnistag 1934 und der Kampf um die rechtmäßige Evangelische Kirche Deutschlands. Langenau/Ulm 1984; außerdem Brunotte, Heinz und Otto Weber: Evangelisches Kirchenlexikon. Bd. 1 Göttingen 1956, Sp. 366f.

305 Gesetzblatt der DEK 1934, Nr. 51; zum gesamten Zusammenhang vergleiche u. a. Wurm, Theophil: Erinnerungen aus meinem Leben. Stuttgart 1953, S. 100ff.

306 *NS-Kurier*, Ausgabe vom 10. 9. 1934.

307 LKA, Bestand D 1, Bd.51, Schreiben Wurms an sämtliche Pfarrer der Landeskirche vom 7. 9. 1934.

308 Ebenda. Die Ereignisse der ersten Septemberhälfte sind in einer vervielfältigten Zusammenfassung dargestellt. Abgedruckt ist diese bei Schäfer, Dokumentation, wie Anm. C 273, Bd. 3, S. 526 bis 532.

309 StALu, EL 903/3, Bü J 75/647, Bl. 37, Schreiben der NSDAP *Ortsgruppe* Reichenbach vom 17. 9. 1934.

310 Ebenda.

311 Die Kommissare zogen, einer Besetzung gleich, im Gebäude des Oberkirchenrats ein, die leitenden Anhänger Wurms dort und im Gemeindedienst wurden beurlaubt und durch staatstreue Beamte und SS-Personal ersetzt, die geistliche von der Verwaltungsführung getrennt; Wurm machte verschiedene Eingaben, u. a. beim *Kultministerium* und bei Hitler; Schäfer, Dokumentation, wie Anm. C 273, Bd. 3, S. 526–532.

312 »NS-Kurier«, Ausgabe vom 15. 9. 1934; vgl. hierzu außerdem LKA, Bestand D 1, Bd. 51, Rundbrief von Pfarrer Weber sowie die Niederschrift über die Ausführungen von Jäger.

313 Ebenda.

314 StALu, EL 903/3, Bü J 75/647, Bl. 37, Schreiben der NSDAP *Ortsgruppe* Reichenbach vom 17. 9. 1934.

315 Ebenda.

316 Ebenda, Bl. 38, Schreiben des *Ortsgruppenleiters* vom 18. 9. 1934.

317 Zur Datierung der Unterschriftensammlung: Mangold schrieb, daß am Tage nach besagtem Gottesdienst der Reichsbischof in Stuttgart weilte. Dieser hielt nach seiner Predigt im Ulmer Münster am 30. 9., also am 1. 10. 1934, einen Vortrag in der Stuttgarter Stadthalle (s.u.). Erhardt hatte die Unterschriftensammlung demnach parallel zum Gottesdienst des Reichsbischofs in Ulm durchgeführt.

318 StALu, EL 903/3, Bü J 75/647, Bl. 36, Bericht des *Ortsgruppenleiters* an die *Kreisleitung* Göppingen vom 6. 5. 1935.

319 Rundschreiben des Geistlichen Kommissars an sämtliche Dekants- und Pfarrämter vom 27. 9. 1934; Schäfer, Dokumentation, wie Anm. C 273, Bd. 3, S. 579; vgl. hierzu außerdem die Berichte

320 StALu, EL 903/3, Bü J 75/647, Bl. 36, Bericht des *Ortsgruppenleiters* an die *Kreisleitung* Göppingen vom 6. 5. 1935.

321 Walter Baach übernahm im Frühjahr 1938 die Leitung der *Abteilung für weltanschauliche Fragen (...) Kirchen und Sekten;* BDC, Berlin, Mitgliederkartei der NSDAP, Akte Walter Baach, Parteieintritt am 1. 2. 1931, Parteinummer: 467 606. Siehe zur weiteren Karriere Baachs den Teil »Reichenbach im Krieg«, Kapitel »Krieg im Innern«, Exkurs »Der für die Menschheit gefährlichste Reichenbächer ...«.

322 StALu, EL 903/3, Bü J 75/647, Bl. 36, Bericht *Ortsgruppenleiter* an *Kreisleitung* Göppingen vom 6. 5. 1935.

323 Ebenda.

324 Für die Einladung zur Sitzung der Landessynode vgl. LKA Stuttgart, Nr. A 8779 und Bestand D 1, Bü. 53. Dort bei den Akten auch ein angefertigtes Protokoll der Sitzung. Dieses ist abgedruckt bei Schäfer, Dokumentation, wie Anm. C 273, Bd. 3, S. 597–602.

325 Ebenda, S. 599. Siehe hierzu die Mitteilung der Absetzung an Wurm vom 9. 10. 1934 <Nr. A 8937> und per Runderlaß an die Dekanats- und Pfarrämter am 10. 10. 1934 <Nr. A 8960>.

326 LKA Stuttgart, Bestand Altregistratur/ E 98, Mitteilung des *Ortsgruppenleiters* an *Kreisleitung* und *Reichsstatthalter* Murr vom 14. 10. 1934, zitiert nach Schreiben des *Reichsstatthalters* Murr an den Oberkirchenrat vom 17. 10. 1934.

327 Ebenda.

328 Ebenda. Die Hervorhebung ist im Original.

329 Siehe hierzu zu Pfarrer Dipper und seinem Werdegang den Teil »Phase der Konsolidierung – Alltag unterm Hakenkreuz«, Kapitel »Die Reichenbacher Mauritiusgemeinde und die Reichskirchenpolitik 1938 – zweite Phase des Kirchenkampfes in Reichenbach«, Abschnitt »Reichenbach wird zu einem administrativen Zentrum ...«.

330 Schreiben mit Entwurf der Kanzelverkündigung Dippers.

331 LKA Stuttgart, Bestand Altregistratur/ E 98, Mitteilung des *Ortsgruppenleiters* an *Kreisleitung* und *Reichsstatthalter* Murr vom 14. 10. 1934.

332 Schäfer, Dokumentation, wie Anm. C 273, Bd. 3, S. 630.

333 Vgl. zum entscheidenden Eingreifen des Reichsaußenministers in den Kirchenstreit vor allem Helmreich, Ernst C.: The Arrest and Freeing of the Protestant Bishops of Württemberg and Bavaria, September–October 1934. Central European History, Bd. 2, Atlanta 1969.

334 Vgl. zur Audienz bei Hitler Schäfer, Dokumentation, wie Anm. C 273, Bd. 3, S. 632, Anm. 125ff.

335 LKA Stuttgart, Bestand Altregistratur/ E 98, Schreiben des *Reichsstatthalters* Murr an den Oberkirchenrat vom 17. 10. 1934.

336 LKA Stuttgart, Bestand D 31 (unverzeichnet), Bü III.1a, Schreiben vom 20. 11. 1934.

Anmerkungen zum Teil C
»Machtantritt« (Fortsetzung)

337 StAGöp, Hohenstaufen vom 15. 7. 1933.
338 StALu, EL 902/6, Bü 11/22/365, Bl. 53, außerdem StALu, EL 903/3, Bü J 75/647, Bl. 70, Erinnerung von Herrn Gustav Munz., sowie Interview Nr. 66, Interview Nr. 77, Interview Nr. 79 sowie Interview Nr. 101.
339 StALu, EL 902/6, Bü 11/22/365, Bl. 53.
340 Interview Nr. 7.
341 Interview Nr. 41.
342 Interview Nr. 27.
343 Peter Hüttenberger führte für Handlungen, »die das Regime des Dritten Reichs als abweichend betrachtete und die innerhalb sozialer Organisationen vorkamen, deren Ordnung nicht auf Widerstand angelegt war, ihn aber strukturell begünstigen konnte«, den Begriff »unorganisierten Ungehorsam« ein; Hüttenberger, Peter: Heimtückefälle vor dem Sondergericht München 1933 bis 1939. In: Broszat, Martin, Elke Fröhlich und Anton Grossmann (Hrsg.): Bayern in der NS-Zeit. Bd. 4. München und Wien 1981, S. 435–530, hier S. 523. Siehe zu Widerstandsbegriffen Teil »Phase der Konsolidierung – Alltag unterm Hakenkreuz«, Kapitel »›... ein widersetzliches Volk?‹ (...)«.
344 Interview Nr. 62.
345 Interview Nr. 7.
346 StALu, EL 902/6, Bü 11/22/107, Bl. 22.
347 StALu, EL 903/3, Bü J 75/647, Bl. 77, Erinnerung von Erich. Brendle. am 24. 10. 1947. Zum Umgang mit dem *Hitlergruß* vgl. Bauer, Gerhard: Hitlers Heil im Mund seines Volkes. In: Das Argument, 29. Jg., Heft 6 (166), 1987, S. 835–844.
348 StALu, PL 504/9, Bü 32, Schreiben der *Ortsgruppe* an die Arbeitsgauleitung RAD vom 22. 2. 1937.
349 Zur Enstetehung und Aufgabenverteilung der einzelnen Gliederungen und Verbände vgl. Broszat, Staat, wie C 52, S. 58ff.
350 StALu, PL 504/9, Bü 34, Schreiben des *Ortsgruppenleiters* vom 24. 8. 1933.
351 GAR, Gemeinderatsprotokolle, Bd. 37, Bl. 327ff, vom 29. 9. 1933, 387ff.
352 BDC, Berlin, Mitgliederkartei der NSDAP, Akte Erich Duckeck, Parteieintritt am 1. 6. 1931.
353 StALu, PL 504/9, Bü 32, Schreiben des *Ortsgruppenleiters* an die Arbeitsgauleitung RAD vom 22. 2. 1937.
354 StALu, EL 902/6, Bü 11/22/1316, Bl. 7; außerdem BDC, Berlin, Mitgliederkartei der NSDAP, Akte Hedwig Baach, Parteieintritt am 1. 5. 1937, Parteinummer: 5893921.
355 GAR, Gemeinderatsprotokolle, Bd. 37, Bl. 288, vom 2. 8. 1933, 338.
356 Interview Nr. 66.
357 StAGöp, Filstal- und Schurwaldbote vom 22. 11. 1933.
358 StAGöp, Filstal- und Schurwaldbote vom 20. 10. 1933.
359 Privatsammlung Wurster, Reichenbach, »Reichenbachs Jugend im ›Dritten Reich‹. Erinnerungen von H. W. vom 10. 4. 1949«(im folgenden genannt »Reichenbachs Jugend«), S. 1.
360 Ebenda.
361 StAGöp, Filstal- und Schurwaldbote vom 16. 11. 1933.
362 StAGöp, Filstal- und Schurwaldbote vom 23. 11. 1933.
363 »Reichenbachs Jugend...«, wie Anm. C 359, S. 1.
364 Ebenda.
365 StAGöp, Göppinger Zeitung vom 27. 10. 1936.
366 StALu, PL 504/9, Bü 34, Schreiben der *Kreisleitung* Göppingen sowie des *Betriebszellenobmanns* an den *Ortsgruppenleiter* vom 24. 5. 1934, außerdem StAGöp, Göppinger Zeitung vom 14. 4. 1934. Zu den Schwierigkeiten siehe ausführlicher Teil »Phase der Konsolidierung – Alltag unterm Hakenkreuz«.
367 Beispielsweise eine ausgeschriebene Fahrt zur Frauenschaftstagung nach Wildbad am 10. September; StAGöp, Filstal- und Schurwaldbote vom 8. 9. 1933.
368 StAGöp, Filstal- und Schurwaldbote vom 3. 11. 1933.
369 Wohlbold, Kriegs-Chronik, wie Anm. B 90, S. 29.
370 StALu, PL 504/9, Bü 32, Schreiben des *Ortsgruppenleiters* an *Kreisleitung* Göppingen vom 28. 4. 1934.
371 Zur *Gleichschaltung* der Mittelstandsvertretungen siehe unten mehr.
372 StALu, PL 504/9, Bü 34: Organisation der *Ortsgruppe*, Schreiben des *Ortsgruppenleiters* an die *Kreisleitung* Göppingen vom 27. 7. 1934.
373 GAR, Gemeinderatsprotokolle, Bd. 39, beispielsweise Bl. 23, vom 11. 3. 1938, 19; oder Bl. 212, vom 14. 7. 1939, 172.3.
374 Ebenda, beispielsweise, Bl. 74, vom 19. 7. 1938, 62.
375 Ebenda, beispielsweise, Bl. 214, vom 14. 7. 1939, 179.
376 Schreiben diverser Firmen an *Ortsgruppen*- und *Kreisleitung* mit der Bitte, »der (...) Firma Aufträge zu verschaffen«; beispielsweise StALu, PL 504/9, Bü 56, Antwortschreiben der *Kreisleitung* Göppingen vom 2. 2. 1937.
377 StALu, PL 504/9, Bü 33, Quittung über einen Rollschrank für das *Geschäftszimmer*.
378 Ebenda, weitere »Akten des Geschäftsbetriebes der *Ortsgruppe* Reichenbach«.
379 So nahm beispielsweise die Gemeindevertretung – trotz insgesamt katastrophaler Haushaltslage – das Angebot der Erbengemeinschaft Blessing über eine einmalige Zahlung von nur 500 anstelle der zu bezahlenden 2839 RM an. Damit erließ sie der Firma 2339 RM, die »in Abgang zu dekretieren« waren. GAR, Gemeinderatsprotokolle, Bd. 37, Bl. 306f, vom 30. 8. 1933, 364. Zwar waren auch andere Erlasse von Steuerrückständen zu verzeichnen, doch sind Umfang wie Zeitpunkt signifikant.
380 GAR, Bestand FLAT 4676; laut Vereinbarung des Darlehenskassenvereins, dem der Bürgermeister vorstand, und Gustav Blessing vom 17. März 1933 bezahlte Blessing, der nur noch einen Schuldenstand von über 25 000 Reichsmark hatte, binnen 14 Tagen 10 000 Reichsmark, und der Darlehenskassenverein verzichtete »auf alle weiteren Ansprüche«.

381 Ebenda, wegen »ungedeckter Überschuldung« wurde die Darlehenskasse am 30. 12. 1937 schließlich liquidiert.

382 Beispielsweise StALu, EL 902/6, Bü 11/22/1107, Bl. 26.

383 Beispielsweise GAR, Gemeinderatsprotokolle, Bd. 37, Bl. 289, vom 2. 8. 1933, 340.

384 StALu, PL 504/9, Bü 52, Schreiben des *Ortsgruppenleiters* an das Arbeitsamt Stuttgart vom 24. 3. 1934.

385 Interview Nr. 10.

386 StALu, EL 902/6, Bü 11/22/1846, Bl. 10, außerdem Interview Nr. 55 und Interview Nr. 56.

387 StALu, PL 504/9, Bü 52, Schreiben des *Ortsgruppenleiters* an das Arbeitsamt Stuttgart vom 26. 3. 1934.

388 Ebenda, Schreiben des *Ortsgruppenleiters* an die *Kreisleitung* vom 2. 6. 1938.

389 Ebenda, Schreiben der AOK an die *Kreisleitung* Göppingen vom 29. 6. 1938.

390 Zur Macht der *Ortsgruppenleiter* vgl. Zofka, Zdenek: Dorfeliten und NSDAP. Fallbeispiele der Gleichschaltung aus dem Kreis Günzburg. In: Broszat, Fröhlich und Grossmann, Bayern, Bd. 4, wie Anm. C 343, S. 415–419.

391 StALu, EL 903/3, Bü J 75/647, Bl. 177, Aussage des ehemaligen *Ortsgruppenleiters* im Protokoll der öffentlichen Sitzung vom 29. 1. 1948.

392 Zur Verwirklichung des totalitären Anspruchs der Nationalsozialisten vor Ort wie zum Engagement der Reichenbacher innerhalb der NS-Gliederungen siehe den Teil »Phase der Konsolidierung – Alltag unterm Hakenkreuz«.

393 GAR, Gemeinderatsprotokolle, Bd. 37, Bl. 216, vom 31. 5. 1933, 257f.

394 Ebenda.

395 StAGöp, Filstal- und Schurwaldbote vom 25. 10. 1933, Stellenausschreibung für den »Bürgermeister-Amtsgehilfen«.

396 StALu, EL 903/3, Bü J 75/647, Bl. 185a und Bl. 202 – Bl. 206.

397 GAR, Gemeinderatsprotokolle, Bd. 37, Bl. 293, vom 2. 8. 1933, 348.

398 Ebenda, Bd. 37, Bl. 679, vom 18. 1. 1935, 732d.

399 Sauer, Württemberg, wie Anm. B 517, S. 94.

400 GAR, Gemeinderatsprotokolle, Bd. 37, Bl. 205/6, vom 17. 5. 1933, 246.

401 Zur Thematik »Kreisleiter als Entscheidungsinstanz« vgl. Zofka, Dorfeliten, wie Anm. C 390, S. 398–401.

402 100 Jahre Feuerwehr Reichenbach. Chronik und Festschrift zum Hundertjährigen Jubiläum der Feuerwehr Reichenbach/Fils (Berab. von Albert Faiß). Reichenbach 1986, S. 31.

403 GAR, Gemeinderatsprotokolle, Bd. 37, Bl. 206, vom 17. 5. 1933, 247.

404 Feuerwehr, wie Anm. C 402, S. 31.

405 GAR, Gemeinderatsprotokolle, Bd. 37, Bl. 240, vom 21. 6. 1933, 286.

406 Staatsanzeiger vom 30. 3. 1933.

407 Staatsanzeiger vom 19. 4. 1933.

408 Der genaue Zeitpunkt der *Gleichschaltung* konnte nicht ermittelt werden.

409 BDC, Berlin, Mitgliederkartei der NSDAP, Akte Friedrich Sanzi, Parteieintritt am 1. 5. 1933, Par-

teinummer: 2 875 414; außerdem StALu, EL 902/6, Bü 11/22/2664.

410 StAGöp, Hohenstaufen vom 12. 5. 1933.

411 Winkler, Heinrich August: Der entbehrliche Stand. Zur Mittelstandspolitik im *Dritten Reich*. In: Archiv für Sozialgeschichte XII, 1977, S. 1–40.

412 Vgl. hierzu den Artikel »Schwierigkeiten in der Warenhausfrage« in der NS-Gemeindezeitung für Südwestdeutschland Nr. 6., 2. Jg., März 1934, S. 148.

413 StAGöp, Hohenstaufen vom 16. 5. 1933.

414 Der 1874 geborene Geschäftsführer der Verbrauchergenossenschaft Konsum, Christian Braun, war von 1923–1933 SPD-Mitglied. Er erklärte sich bereit, die Geschäfte auch unter der Führung des neuen Regimes im Sinne der Volksgemeinschaft weiter zu betreiben. Braun stellte nach der Aufhebung der Parteiaufnahmesperre 1935 einen Antrag auf Eintritt in die NSDAP, dem im Oktober 1937 stattgegeben wurde. Später engagierte er sich in der *SA* und der *NSV*; *BDC*, Berlin, Mitgliederkartei der NSDAP, Akte Christian Braun, außerdem StALu, EL 902/6, Bü 11/22/84.

415 GAR, Gemeinderatsprotokolle, Bd. 37, Bl. 252, vom 21. 6. 1933, 302.

416 Ebenda, Bl. 339f, vom 11. 10. 1933, 400.

417 Ebenda, Bl. 310, vom 30. 8. 1933, 367.

418 HStA Stuttgart, Bestand E 151 - 410, Runderlaß des Innen- und Wirtschaftsministeriums vom 19. 3. 1934, Nr. IV 823 und Runderlaß vom 21. 7. 1934, Nr. IV 2166.

419 Ebenda.

420 Siehe die Tabelle »Anzahl und Berufssparten der im Ort wohnenden hauptberuflichen Betriebsinhaber 1933« im Anhang. Zieht man hiervon die größeren Industriebetriebe ab, so erhöht sich diese Zahl noch, siehe die Tabelle »Historische Entwicklung der nichtlandwirtschaftlichen Betriebsstruktur in Reichenbach und der darin Beschäftigten 1933–1948« im Anhang.

421 StALu, PL 504/9, Bü 34, Schreiben des *Ortsgruppenleiters* an die *Kreisleitung* Göppingen vom 27. 7. 1934.

422 Siehe hierzu Teil »Phase der Konsolidierung – Alltag unterm Hakenkreuz«, Kapitel »›... ein fleißig und arbeitsam lebendes Volk‹ – wirtschaftliche Konsolidierung«.

423 Zur Arbeitsbeschaffungspolitik der Regierung vgl. Mason, Timothy: Sozialpolitik im Dritten Reich. Arbeiterklasse und Volksgemeinschaft. Opladen 1977, S. 124–207.

424 Ebenda, S. 47f.

425 Interview Nr. 28.

426 Junge Männer zwischen 17 und 25 Jahren leisteten den zuerst sechs Monate dauernden Dienst im allgemeinen zwischen Schulabschluß und Beginn des Wehrdienstes ab; Benz, Arbeitsdienst, wie Anm. A 400, S. 317–346.

427 Vgl. die vielen Aussagen von Reichenbacher über vermeintliche Arbeiten des RAD, die tatsächlich aber dem Freiwilligen Arbeitsdienst zuzuordnen sind; z. B. Interview Nr. 26 und Interview Nr. 77.

428 StAGöp, Hohenstaufen vom 26. 10. 1933.

429 StAGöp, Hohenstaufen vom 12. 1. 1934.

430 GAR, Gemeinderatsprotokolle, Bd. 37, Bl. 415f, vom 5. 1. 1934, 478.

431 Seidler, Franz W.: Fritz Todt. Baumeister des Dritten Reiches. München 1986.

432 StAGöp, Hohenstaufen vom 22. 12. 1933.

433 StAGöp, Hohenstaufen vom 3. 1. 1934.

434 »Nicht Adolf Hitler hat die Autobahn erfunden, sondern lange vor ihm eine von der Nazi-Propaganda totgeschwiegene *›jüdische Interessenwirtschaft‹*«. Vgl. zur Vorgeschichte des Autobahnbaus wie zur deren Tilgung durch die NS-Propaganda Kornrumpf, Martin: »HAFRABA e. V.« Deutsche Autobahnplanung 1926–1934. Bonn 1990.

435 StAGöp, Göppinger Zeitung vom 16. 5. 1935.

436 Ausführlicher zum propagandistischen Wirken der neuen Machthaber und zum Begriff der *Volksgemeinschaft* siehe Teil »Phase der Konsolidierung – Alltag unterm Hakenkreuz«, Kapitel »›... ein einheitliches zusammengehöriges Volk‹ – kulturelle Gleichschaltung«, Abschnitt »... müssen von jungen Leuten mit echt deutschem Aussehen ...«.

437 StAGöp, beispielsweise der Filstal- und Schurwaldbote vom 3. 11 1933, vom 7. 11. 1933 oder vom 20. 12. 1933 oder der Hohenstaufen vom 19. 10. 1933.

438 StAGöp, Filstal- und Schurwaldbote vom 15. 9. 1933.

439 StAGöp, Hohenstaufen vom 19. 10. 1933.

440 StAGöp, Hohenstaufen vom 20. 9. 1933. Ausführlicher zum Kult des Eintopfgerichts vgl. Köstlin, Konrad: Der Eintopf der Deutschen. Das Zusammengekochte als Kultessen In: Jeggle, Utz, Wolfgang Kaschuba, Gottfried Korff u. a. (Hrsg.): Tübinger Beiträge zur Volkskultur. Tübingen 1986, S. 220–241.

441 StAGöp, Filstal- und Schurwaldbote vom 7. 11. 1933.

442 GAR, FLAT 7244, Rundschreiben der Zentralleitung für Wohltätigkeit in Württemberg vom 3. 10. 1933.

443 Im *Reichsnährstand* wurden alle Berufstätigen der Agrarwirtschaft, die in der Regel nicht Einzelmitglieder der DAF waren, zusammengeschlossen. Vgl. ausführlich zur Struktur und Geschichte Broszat, Staat, wie Anm. C 52, S. 237–240, sowie Gies, Horst: Die Rolle des Reichsnährstandes im nationalsozialistischen Herrschaftssystem. In: Hirschfeld, Gerhard und Lothar Kettenacker (Hrsg.): Der Führerstaat: Mythos und Realität. Stuttgart 1981, S. 270–303.

444 Inhetveen, Heide: Staatliche Macht und dörfliche Ehre: Die Geschichte eines Ortsbauernführers. In: Klaus M. Schmals, Rüdiger Voigt (Hrsg.): Krise ländlicher Lebenswelten. Frankfurt/M. und New York 1986, S.133 162.

445 Ebenda, S. 134.

446 Ebenda, S. 137 und 157.

447 Zum Begriff des Lokalismus als Charakteristikum dörflicher Existenz und Kosmologie vgl.

448 StAGöp, Filstal- und Schurwaldbote vom 29. und vom 30. 9. 1933, Anzeigen der örtlichen Vereine.

449 StAGöp, Filstal- und Schurwaldbote vom 30. 9. 1933, »Fest-Programm«.

450 Wohlbold, Kriegs-Chronik, wie Anm. B 90, S. 27.

451 EKAR, Arch.Nr. 56. 17, Evangelisches Gemeindeblatt Reichenbach an der Fils, Jg. 1932/1933, Nr. 10/33, S. 4.

452 Vgl. hierzu Corni, Gustavo: Richard Walther Darré – der »Blut-und-Boden«-Ideologe. In: Smelser, Ronald und Rainer Zitelmann (Hrsg.): Die Braune Elite. 22 biographische Skizzen. Darmstadt 1989, S. 15–27.

453 Im Reichsnährstand gab es etwa 20 800 verbeamtete und 113 000 ehrenamtliche Funktionäre; Poppinga, Onno Hans: Bauern und Politik. Frankfurt/M. und Köln 1975, S. 52.

454 Das »Reichserbhofgesetz«, erlassen am 29. 9. 1933, unter anderem wurden darin nur Bauern als solche anerkannt, deren Vorfahren bis 1800 »kein jüdisches Blut« hatten.

455 Poppinga, Bauern, wie Anm. C 453, S. 60.

456 Privatsammlung Alber, Protokollbücher der Vorstands- und Generalversammlungen der »Milchverwertungsgenossenschaft Reichenbach (Fils)«; außerdem Heimatbuch, wie Anm. A 1, S. 397.

457 Wohlbold, Kriegs-Chronik, wie Anm. B 90, S. 36.

458 Siehe hierzu den Teil »Phase der Konsolidierung – Alltag unterm Hakenkreuz«, Kapitel »›... ein widersetzliches Volk?‹ – Von aktiven Nazis, von Mit- und Weitermachern und von Neinsagern in Reichenbach«.

459 Privatsammlung Neumann, Reichenbach, Protokoll der Generalversammlung vom 20. Januar 1934; Protokoll-Bücher des Musikvereines »Glück auf« von 3. 10. 1921 bis 25. 5. 1955.

460 StAGöp, Hohenstaufen vom 4. 5. 1933.

461 StAGöp, Hohenstaufen vom 5. 5. 1933.

462 StAGöp, Hohenstaufen vom 8. 5. und vom 12. 5. 1933.

463 StAGöp, Hohenstaufen 13. 5. 1933.

464 StAGöp, Hohenstaufen 17. 5. 1933.

465 StAGöp, Hohenstaufen 18. 5. 1933.

466 StAGöp, Filstal- und Schurwaldbote vom 20. 9. 1933.

467 »Kyffhäuser. Reichsblatt des Reichskriegerbundes« Nr. 22 vom 28. 5. 1933, zitiert nach Genuneit, wie Anm. B 176, S. 197.

468 StAGöp, Hohenstaufen vom 6. 6. 1933.

469 Akten zur NSKOV; StAlu, PL 504/9, Bü 45.

470 StALu, B 5991/48, Bü 11/22/770, Bl. 42.

471 StAGöp, Hohenstaufen vom 10. 10. 1933.

472 StAGöp, Filstal- und Schurwaldbote vom 25. 11. 1933. Außerdem Interview Nr. 10; bei den späteren Totengedenkfeiern sprach Bullinger wieder. Zu den »Toten«- und »Heldengedenkfeiern« am Ort sie den Teil »Phase der Konsolidierung – Alltag unterm Hakenkreuz«, Kapitel »›... ein einheitliches zusammengehöriges Volk‹ – kulturelle Gleichschaltung«, Abschnitt »... müssen von jungen Leuten mit echt deutschem Aussehen ...«.

Scott, J. C.: Protest and Profanation – Agrarian Revolt and the Little Tradition, Teil I und II, in: Theory and Society, Jg. 4 o. O., S. 1–38 und 211 bis 256.

473 StAGöp, Hohenstaufen vom 9./10. 12. 1933.
474 Interview Nr. 103.
475 Broszat, Staat, wie Anm. C 52, S. 259.
476 StAGöp, Filstal- und Schurwaldbote vom 3. 11. 1933.
477 Zur Geschichte des Stahlhelms vgl. Berghahn, Volker: Der Stahlhelm, Bund der Frontsoldaten 1918–1935. Düsseldorf 1966.
478 Interview Nr. 108.
479 GAR, Gemeinderatsprotokolle, Bd. 37, Bl. 327 bis 328, vom 29. 9. 1933, 386.
480 Interview Nr. 52, vgl. außerdem hierzu »Chronik«, wie Anm. B 542, Fotos zur Gründung und S. 3.
481 Ebenda und Interview Nr. 83.
482 »Chronik«, wie Anm. B 542, S. 3.
483 Interview Nr. 52. Klenk trat schließlich aber doch der NSDAP bei; BDC, Berlin, Mitgliederkartei der NSDAP, Akte Ernst Klenk, Datum des Parteieintritts nicht verzeichnet (vermutlich 1. 5. 1937), Parteinummer: 5 366 218.
484 StALu, EL 903/3, Bü J 75/647, Bl. 37, Schreiben der NSDAP *Ortsgruppe* Reichenbach vom 17. 9. 1934.
485 »Chronik«, wie Anm. B 542, S. 3, dort »1. Vorsitzende« genannt.
486 StAGöp, Filstal- und Schurwaldbote vom 4./5. 11. 1933. Dort auch folgendes Zitat.
487 Privatsammlung W. Meißner, Protokollbuch des Schwäbischen Albvereins, Ortsgruppe Reichenbach, S. 59–61.
488 StALu, EL 902/6, Bü 11/22/200, Bl. 13.
489 Deutsche Turnzeitung (DT) für die Angelegenheiten des gesamten Turnwesens. Amtliches Blatt für die deutsche Turnerschaft. 78. Jahrgang 1933, Heft 13 vom 28. 3. 33, S. 229.
490 StAGöp, Hohenstaufen vom 21. 4. 1933.
491 StAGöp, Hohenstaufen vom 15. 5. 1933.
492 StAGöp, Hohenstaufen vom 14. 6. 1933.
493 Ebenda.
494 StAGöp, Hohenstaufen vom 30. 9. 1933.
495 StAGöp, Göppinger Zeitung vom 1. 2. und vom 5. 2. 1934.
496 StALu, PL 504/9, Bü 53, Schreiben an die *Ortsgruppe* Reichenbach vom 22. 4. 1934.
497 StAGöp, Göppinger Zeitung vom 6. 5. 1935. Dort auch folgendes Zitat.
498 Privatsammlung W. Meißner, Protokollbuch des Schwäbischen Albvereins, Ortsgruppe Reichenbach, S. 59–61.
499 StALu, PL 504/9, Bü 52, Schreiben des *Ortsgruppenleiter* an die DAF, Kreiswaltung Göppingen, vom 29. 9. 1938.
500 GAR, Gemeinderatsprotokolle, Bd. 37, Bl. 243 bis 245, vom 21. 6. 1933, 289.
501 Privatsammlung Neumann, Reichenbach, Protokoll-Bücher des Musikvereines »Glück auf« vom 3. 10. 1921 bis 25. 5. 1955, Protokoll der Mitgliederversammlung vom 17. 8. 1933.
502 Ebenda, Protokoll der Ausschußsitzung vom 9. 1. 1934.
503 Ebenda, Protokoll der Generalversammlung vom 20. 1. 1934.
504 StAGöp, Göppinger Zeitung vom 9. 7. 1935; außerdem Interview Nr. 69.
505 Interview Nr. 86.
506 Ebenda, außerdem StAGöp, Göppinger Zeitung vom 18. 1. 1934.
507 GAR, Bestand FLAT 1515, Erwerbung des VFB-Vereinshauses.
508 GAR, Gemeinderatsprotokolle, Bd. 37, Bl. 455 bis 456, vom 7. 3. 1934, 514. 5; außerdem StAGöp, Hohenstaufen vom 14. 3. 1934.
509 GAR, Bestand FLAT 1510, Mietvertrag zwischen der Gemeinde Reichenbach und dem SA-Sturm 21/414, Brigade 56 (Schwäbische Alb), Gruppe Süd West, vom 15. 4. 1934, und weitere Korrespondenz.
510 GAR, Gemeinderatsprotokolle, Bd. 38, Bl. 163, vom 22. 10. 1936, 133.
511 Scherrieble, Vorwärts, wie Anm. B 81, S. 227ff.
512 StAGöp, Filstal- und Schurwaldbote vom 25. 9. 1933.
513 GAR, Gemeinderatsprotokolle, Bd. 37, Bl. 329, vom 29. 9. 1933, 387. 2.
514 Interview Nr. 69.
515 Broszat, Staat, wie Anm. C 52, S. 127.
516 StAGöp, Filstal- und Schurwaldbote vom 9. 11. 1933.
517 StAGöp, Filstal- und Schurwaldbote vom 10. und 11. 11. 1933.
518 StAGöp, Filstal- und Schurwaldbote vom 11. 11. 1933.
519 StAGöp, Filstal- und Schurwaldbote vom 10. 11. 1933; Hervorhebung im Original.
520 StAGöp, Filstal- und Schurwaldbote vom 30. 10. 1933.
521 Zu Wahlmanipulationen in Württemberg vgl. Schnabel, Württemberg, wie Anm. B 331, S. 519.
522 Interview Nr. 67.
523 StALu, EL 903/3, Bü J 75/647, Bl. 49, Erinnerung von K. S. am 16. 9. 1947.
524 GAR, Bestand FLAT 1014, Vollzugsmeldung des Bürgermeisters an das Oberamt vom 28. 11. 1934.
525 »Gültig« wurden 1699 gewertet.
526 StAGöp, Hohenstaufen vom 14. 11. 1933.
527 GAR, Bestand FLAT 1014 (12.11.33); »Verzeichnis der Personen, welche bei der Volksabstimmung und Reichstagswahl am 12. Nov. 1933 nicht abgestimmt haben.« Aufgestellt vom Bürgermeisteramt am 19. 12. 1933.
528 Ebenda.
529 StAGöp, Filstal- und Schurwaldbote vom 24. 10., vom 28./29. 10., vom 6. 11., vom 7. 11., vom 8. 11. und vom 9. 11. 1933. In der Ausgabe vom 8. 11. beschrieb Hans Konzelmann in einem eindringlichen Artikel nochmals die »Wahlpflicht«, am 10. 11. forderte die Gauleitung auf, »Ihrer Wahlpflicht schon im Laufe des Vormittags zu genügen.«
530 Schönhagen, wie B 145, S. 184.
531 GAR, Bestand FLAT 1014/A.
532 Für den Prozentanteil der Summe aus Nein-Stimmen, ungültigen Stimmen und Nichtwählern führte Zdenek Zofka den Begriff »Oppositionsquote« ein; Zofka, Zdenek: Die Ausbreitung des Nationalsozialsimus auf dem Lande. Eine regio-

nale Fallstudie zur politischen Einstellung der Landbevölkerung in der Zeit des Aufstiegs und der Machtergreifung der NSDAP 1928–1936 (Miscellanea Bavaria Monacensis, Bd. 87). München 1979, S. 200.

533 RGBl. I. 1934, S. 529, Gesetz vom 1. August 1934.

534 Gallo, Max: Der Schwarze Freitag der SA. Der Röhm-Putsch. München 1981.

535 Privatsammlung E. Munz, Reichenbach, Bericht des *Ortsgruppenleiters* an *Kreisleitung* Göppingen vom 23. 8. 1934.

536 Ebenda.

537 Ebenda.

538 Ebenda.

539 Bereits im Juli 1933 hatte Hitler in Berlin in einer Ansprache vor den *Reichsstatthaltern* nach dem »Erringen der äußeren Macht« die »Beendigung der Revolution« eingeleitet und die »innere Erziehung« der Menschen als zukünftige Hauptaufgabe propagiert; »Völkischer Beobachter« vom 7. 7. 1933.

540 Privatsammlung E. Munz, Reichenbach, Bericht des *Ortsgruppenleiters* an *Kreisleitung* Göppingen vom 23. 8. 1934.

541 Ebenda.

542 Ebenda.

543 Ebenda. Zu den »Ernsten Bibelforschern«, bekannter unter »Zeugen Jehovas«, siehe den Teil »Reichenbach im Krieg«, Kapitel »Krieg im Innern«, Abschnitt »Verschärfung des Kampfes gegen Gemeinschaftsfremde«.

544 Ebenda.

545 Siehe hierzu ausführlicher den Teil »Phase der Konsolidierung – Alltag unterm Hakenkreuz«, Kapitel »›... ein widersetzliches Volk?‹ – Von aktiven Nazis, von Mit- und Weitermachern und von Neinsagern in Reichenbach«, Abschnitt »Neinsager«.

546 Siehe zu den Ausnahmen den Teil »Phase der Konsolidierung – Alltag unterm Hakenkreuz«, Kapitel »›... ein dienendes Volk‹ – totale Indienstnahme«, Abschnitt »Kommunalpolitik und *Dienst* in der *Partei*«.

547 Vgl. hierzu auch Zofka, Dorfeliten, wie Anm. C 390, S. 422.

548 Unter »Kultureller Gleichschaltung« soll hier nicht im engeren Sinne die *Gleichschaltung* der Kultureinrichtungen – wie Universität, Oper Theater usw. – oder die Gründung der Reichskulturkammer am 15. 11. 1933 verstanden werden, sondern im weiteren Sinne die versuchte Einflußnahme auf alle Lebensbereiche, insbesondere der Alltagskultur und der politischen Kultur am Ort, wie an den folgenden Beispielen beschrieben.

Phase der Konsolidierung – Alltag unterm Hakenkreuz (D)

1 Ausführlicher hierzu vgl. Schoenbaum, David: Die braune Revolution. Berlin 1968, S. 56–107.

2 Hitler, Adolf: Mein Kampf. (248–251. Aufl.) München 1937, S. 676. Es scheint mir wichtig, darauf hinzuweisen, daß die *Volksgemeinschaft* nicht etwa das **Ziel** darstellte, das Hitler anstrebte, wie es einige Vertreter der Modernisierungstheorie jüngst behaupteten. Nicht um das Lebensglück des einzelnen ging es Hitler damit oder um die intendierte Gewährleistung der individuellen Chancengleichheit im modernen Sinne, wie etwa Zitelmann behauptet. Das widersprüche der antiindividualistischen Grundeinstellung des Nationalsozialismus vollkommen und verdrehte die Mittel mit dem Ziel. Die *Volksgemeinschaft* diente der Stärkung des *Volkskörpers*, der »völkischen Optimierung« (Frei). Darüber hinaus der Leistungssteigerung aller Schichten und als Motivation und Mittel zur besseren Kriegsvorbereitung. Sie war ein **Mittel** der »kulturellen Gleichschaltung«. Siehe in diesem Zusammenhang zu den systemstützenden Funktionen der KdF, den Teil »Phase der Konsolidierung Alltag unterm Hakenkreuz«, Kapitel »›... ein fleißig und arbeitsam lebendes Volk‹ – wirtschaftliche Konsolidierung«, Abschnitt »*Betriebsgemeinschaft* und *Kraft durch Freude* ...«, sowie die Anmerkungen D 261

und D 833. Zur Modernisierungsdiskussion Zitelmann, Rainer: Hitler. Selbstverständnis eines Revolutionärs. Stuttgart ²1989; Prinz, Michael und Rainer Zitelmann (Hrsg.): Nationalsozialismus und Modernisierung. Darmstadt 1991. Die bislang treffendste Zusammenfassung und Wertung bietet Frei, Norbert: Wie modern war der Nationalsozialismus? In: Geschichte und Gesellschaft 19 (1993) S. 367–387.

3 Speziell zur Sprache als konstituierendes Element der *Volksgemeinschaft* vgl. Maas, Utz: »Als der Geist der Gemeinschaft eine Sprache fand.« Sprache im Nationalsozialismus. Opladen 1984. Allgemein zu diesem Themenkomplex vgl. den hervorragenden Sammelband Ehlich, Konrad (Hrsg.): Sprache im Faschismus. Frankfurt/M. 1989. Siehe im weiteren hierzu das Literaturverzeichnis im Anhang, Kapitel »Literatur zum Nationalsozialismus«, Abschnitt »Einzeluntersuchungen«, Unterabschnitt »Literatur zur Sprache im Nationalsozialismus«.

4 StAGöp, Hohenstaufen vom 5. 7. 1933.

5 Wohlbold, Kriegs-Chronik, wie Anm. B 90, S. 32.

6 StAGöp, Göppinger Zeitung vom 16. 2. 1935.

7 StAGöp, Göppinger Zeitung vom 30. 4. 1934.

8 StAGöp, Göppinger Zeitung vom 15. 1. 1935; außerdem Privatsammlung R. Alber, Reichen-

bach, »Ehrenkreuz für Frontkämpfer« für 1. WK, Verleihung aufgrund der Verordnung vom 13. 7. 1934, gezeichnet am 18. 1. 1945.

9 StAGöp, Göppinger Zeitung vom 30. 12. 1935; außerdem GAR, Gemeinderatsprotokolle, Bd. 37, Bl. 818, vom 29. 1. 1935, 857.

10 StAGöp, Göppinger Zeitung vom 5. 12. 1935.

11 StAGöp, Göppinger Zeitung vom 3. 12. 1936.

12 Elfferding, Wieland: Von der proletarischen Masse zum Kriegsvolk. In: Neue Gesellschaft für Bildende Kunst (Hrsg.): Inszenierung der Macht – Ästhetische Faszination im Faschismus. Berlin 1987, S. 17–50, hier S. 19.

13 »Eine Heimatkunde«. Nationalsozialismus im Landkreis Tübingen, hrsg. von der »Projektgruppe Heimatkunde des Nationalsozialismus« am Ludwig-Uhland-Institut für empirische Kulturwissenschaften unter der Leitung von Utz Jeggle. Tübingen 1988, S. 118.

14 Schmeer, Karlheinz: Die Regie des öffentlichen Lebens im Dritten Reich. München 1956.

15 Vgl. ausführlicher zum nationalsozialistischen Kult, seinen Entlehnungen aus religiösen Traditionen und seiner Funktion innerhalb der Volksgemeinschaft Gamm, Hans-Jochen: Der braune Kult. Das Dritte Reich und seine Ersatzreligion. Hamburg 1962 sowie Vondung, Klaus: Magie und Manipulation. Ideologischer Kult und politische Religion des Nationalsozialismus. Göttingen 1971.

16 Vgl. hierzu ebenfalls Schmeer, Regie, wie Anm. D 13.

17 StALu, PL 504/9, Bü 46, Schreiben der Ortsgruppe Reichenbach an Handelsschulrat Mussbach in Göppingen vom 2. 4. 1934.

18 StALu, PL 502/9, Bü 19, Tätigkeitsbericht März 1937 der Ortsgruppe Reichenbach an die Kreisleitung vom 2. 4. 1937.

19 GAR, Bestand FLAT 1490, »Anweisungen des Gaus Württemberg & Hohenzollern, Abteilung Gaupropaganda«, Sonderrundschreiben, Folge 6/34, Vert. 16/0 vom 17. 4. 1934.

20 Ebenda.

21 StAGöp, Göppinger Zeitung vom 1. 2. 1934.

22 Zu Horst Wessel siehe Anm. C 197.

23 Mancherorts hatte es schon vor 1933 im März einen Gedenktag für die Gefallenen gegeben – in Reichenbch war dieser nie gefeiert worden. Erst durch die nationalsozialistische Inszenierung gewann der Heldengedenktag die zentrale Bedeutung für den Gefallenenkult.

24 Beispielsweise StAGöp, Göppinger Zeitung vom 14. 3. 1939.

25 StAGöp, Göppinger Zeitung vom 18. 3. 1935.

26 Interview Nr. 28.

27 EZA, Eßlinger Zeitung vom 9. 5. 1944; siehe ausführlicher den Teil »Reichenbach im Krieg«, Kapitel »Der Totale Krieg an der Reichenbacher Heimatfront und sein Ende«, Abschnitt »Der Totale Krieg verlängert (...)«.

28 StAGöp, Göppinger Zeitung vom 29. 3. 1935.

29 EZA, Eßlinger Zeitung vom 28. 3. 1944.

30 EZA, Eßlinger Zeitung vom 22. 4. 1944.

31 Ebenda.

32 EZA, Eßlinger Zeitung vom 22. 2. 1939.

33 EKAR, Arch. Nr. 56. 18, Evang Gemeindeblatt Reichenbach a. d. F., Jg. 1934/1935, Nr. 5/34 S. 4, außerdem StAGöp, Göppinger Ztg. vom 4. 5. 1934.

34 Außerdem zum Maifeiertag 1933 und 1934 GAR, Bestand FLAT 1490.

35 StAGöp, Göppinger Zeitung vom 3. 5. 1935, zum Reichsberufswettkampf siehe den Teil »Phase der Konsolidierung – Alltag unterm Hakenkreuz«, Kapitel »»... ein fleißig und arbeitsam lebendes Volk‹ – wirtschaftliche Konsolidierung«, Abschnitt »Betriebsgemeinschaft und Kraft durch Freude...«.

36 StAGöp, Göppinger Zeitung vom 5. 5. 1936.

37 EZA, Eßlinger Zeitung vom 3. 5. 1939.

38 Interview Nr. 55 und Interview Nr. 56.

39 Zur Vorgeschichte des Muttertages vgl. Hausen, Karin: Mütter, Söhne und der Markt der Symbole und Waren. Der deutsche Muttertag 1922–1933. In. Medick, Hans und David Sabean (Hrsg.): Emotionen und materielle Interessen. Göttingen 1984, S. 473–523.

40 Vgl. zum Mutterkult wie zur Bedeutung der Frauen in der nationalsozialistischen Ideologie Weyrather, Irmgard: Muttertag und Mutterkreuz. Der Kult um die »deutsche Mutter« im Nationalsozialismus. Frankfurt/M. 1993 sowie Frauengruppe und Faschismusforschung (Hrsg.): Mutterkreuz und Arbeitsbuch. Zur Geschichte der Frauen in der Weimarer Republik und im Nationalsozialismus. Frankfurt/M 1983, S. 292–317.

41 StAGöp, Göppinger Zeitung vom 16. 5. 1935.

42 StAGöp, Göppinger Zeitung vom 13. 5. 1936.

43 Etwa das Gedicht »Mutter« von Irmela Linberg, abgedruckt in der Göppinger Zeitung vom 3. 1. 1935, oder noch deutlicher das Gedicht »Die Mutter unseres Führers« von Maria Gögler, vorgetragen bei der Muttertagsfeier 1936, Interview Nr. 62; abgedruckt ist das Gedicht beispielsweise in der Rottenburger Zeitung vom 11. 5. 1936.

44 Jungverheiratete konnten zinsloses Ehestandsdarlehen von bis zu 1000 Reichsmark erhalten. Für jedes Kind wurde ein Viertel der Schuld erlassen.

45 Als Pendant zum männlichen Wehrdienst wurde nach dem gezielten Ausbau des weiblichen Arbeitsdienstes 1938 – auch aus ökonomischen Gründen – das Pflichtjahr eingeführt; vgl hierzu: Bajohr, Stefan: Weiblicher Arbeitsdienst im »Dritten Reich«. Ein Konflikt zwischen Ideologie und Ökonomie. In: Vierteljahreshefte für Zeitgeschichte 28/1980, S. 331–357.

46 Vgl. hierzu Winkler, Karin: Der Stuttgarter Frauenbeirat 1933–1944. In: Hiller, Marlene P. (Hrsg.): Stuttgart im Zweiten Weltkrieg. Ausstellungskatalog. Gerlingen 1989, S. 71–72, sowie Hauser, Andrea: »Tränen, Trutz und Trümmer. Stuttgarts Frauen im Krieg«. In: ebenda, S. 265–285, hier S. 265

47 Ausgeschlossen waren unter anderem »Mütter von erbkranken und asozialen Familien«; Hauser, Tränen, wie D 46, S. 265.

48 GAR, Bestand FLAT 1165, »Ehrenkreuz der deutschen Mutter«.
49 EZA, Eßlinger Zeitung vom 25. 5. 1939.
50 EZA, Eßlinger Zeitung vom 20. 12. 1939.
51 GAR, Bestand FLAT 1165, Rede Bürgermeister Schmids zur Übergabe der *Ehrenkreuze der deutschen Mutter* im Mai 1941 (Typoskript).
52 Ebenda, Schreiben des Bürgermeisters an den Landrat vom 22. 5. 1944.
53 Beispielsweise StAGöp, Göppinger Zeitung vom 25. 5. 1936.
54 Der 1894 geborene deutsche Offizier Albert Leo Schlageter wirkte nach 1918 als Freikorpskämpfer in Lettland, im Ruhrgebiet und in Oberschlesien. Ende 1922 schloß er sich der der NSDAP nahestehenden »Großdeutschen Arbeiterpartei« an. Wegen Sabotageaktionen gegen die französische Besatzung im Ruhrgebiet wurde Schlageter im April 1923 verhaftet, von einem französischen Kriegsgericht zum Tode verurteilt und am 26. Mai 1923 hingerichtet.
55 GAR, Bestand FLAT 1490, »Fest der Jugend«.
56 EZA, Eßlinger Zeitung vom 21. 6. 1939.
57 EZA, Eßlinger Zeitung vom 23. 6. 1939.
58 StALu, PL 504/9, Bü 47, Korrespondenz der *Ortsgruppe* Reichenbach bezüglich der Reichsparteitage.
59 StAGöp, Göppinger Zeitung vom 3. 10. 1936.
60 StAGöp, Göppinger Zeitung vom 6. 10. 1936; vgl. außerdem Ausgabe vom 8. 10. 1935.
61 Privatsammlung M. M., Reichenbach »Erinnerungen« der M. M. (im folgenden: »Erinnerungen«), Kapitel II. »Die Kirche und der NS-Staat«, S. 1, Reichenbach Januar 1946ff.
62 StAGöp, Hohenstaufen vom 20. 9. 1933.
63 StAGöp, Göppinger Zeitung vom 10. 10. 1936.
64 Genuneit, Jürgen: Der 9. November in der nationalsozialistischen Propaganda. Blutfahne und Totenkult. München und Stuttgart als Beispiel. In: Burkhardt, Fuchs und Nachtmann, Stuttgart, Bd. 4, wie Anm. C 242, S. 205–236.
65 StAGöp, Göppinger Zeitung vom 7. 11. 1936.
66 StAGöp, Göppinger Zeitung vom 12. 11. 1935.
67 Interview Nr. 10.
68 Interview Nr. 66.
69 StAGöp, Göppinger Zeitung vom 28. 5. 1935.
70 StAGöp, Göppinger Zeitung vom 1. 6. 1935.
71 StAGöp, Göppinger Zeitung vom 31. 5. 1935.
72 StAGöp, Göppinger Zeitung vom 5. 6. 1935.
73 StAGöp, Göppinger Zeitung vom 4. 6. 1935.
74 StAGöp, Göppinger Zeitung vom 7. 6. und vom 17. 7. 1935; zur festlichen Schmückung des Rekrutenwagens durch Reichenbacher Mädchen »genau wie vor dem Krieg«, vgl. Wohlbold, Kriegs-Chronik, wie Anm. B 90, S. 32.
75 StAGöp, Göppinger Zeitung vom 13. 6. 1935.
76 StAGöp, Göppinger Zeitung vom 16. 6. 1935.
77 StAGöp, Göppinger Zeitung vom 21. 6. und vom 27. 6. 1935.
78 StAGöp, Göppinger Zeitung vom 22./23. 6. 1935.
79 StAGöp, Göppinger Zeitung vom 25. 6.1935.

80 StAGöp, Göppinger Zeitung vom 26. 6. 1935.
81 Ebenda.(FOTOs aufgenommen von EMIL BÖBEL)
82 Heimatkunde, wie Anm. D 13, S. 118.
83 Siehe ausführlicher hierzu den Teil »Phase der Konsolidierung – Alltag unterm Hakenkreuz«, Kapitel »›... ein widersetzliches Volk?‹ – Von aktiven Nazis, von Mit- und Weitermachern und von Neinsagern in Reichenbach«, Abschnitt »Bemerkungen zum ›braunen Kulturkampf‹«.
84 Peukert, Detlev: Volksgenossen und Gemeinschaftsfremde. Anpassung, Ausmerze und Aufbegehren unter dem Nationalsozialismus. Wuppertal 1981.
85 GAR, Bestand FLAT 6220, Schreiben des Bürgermeisters an das Oberamt Göppingen vom 1. 2. 1934. Im Februar 1934 wurde die Meldepflicht auf alle sieben Tage »reduziert«.
86 Hildebrand, Klaus: Das Dritte Reich. (Grundriß der Geschichte, Bd. 17). München und Wien (1980) [3]1987, S. 86 und S. 193. Zu Hitlers Rassentheorie vgl. Jäckel, Eberhard: Hitlers Weltanschauung. Entwurf einer Herrschaft. Stuttgart 1981, S. 97–119.
87 Brändle, Hans-Ullrich: Aufartung und Ausmerze, NS-Rassen- und Bevölkerungspolitik im Kräftefeld zwischen Wissenschaft, Partei und Staat am Beispiel des »angeborenen Schwachsinns«. In: Volk und Gesundheit. Heilen und Vernichten im Nationalsozialismus. Begleitbuch zur gleichnamigen Ausstellung, hrsgg. von der Projektgruppe »Volk und Gesundheit«. Tübingen 1982, S. 149–171.
88 Volkszählung vom 16. 6. 1933. In: Württembergische Gemeinde – und Bezirksstatistik. Dritte Ausgabe nach dem Stand vom Jahre 1933, herausgeben von dem Württembergischen Statistischen Landesamt. Stuttgart 1935 S. 58ff. Auch nach dem Machtantritt gab es laut Mitteilungen des Bürgermeisters zur Erstellung einer Volkskartei oder zur Durchführung des Fernsprechverbots »keine Juden in Reichenbach«; GAR, Bestand FLAT 6104, Schreiben des Bürgermeisters vom 14. 10. 1938 und vom 19. 1. 1942.
89 Benz, Wolfgang: Die Juden im Dritten Reich. In: Bracher, Karl Dietrich, Manfred Funke und Hans-Adolf Jacobsen (Hrsg.): Deutschland 1933–1945. Neue Studien zur nationalsozialistischen Herrschaft. Bonn 1992, S. 273–290.
90 Zur Entwicklung der »jüdischen Frage« im geschriebenen und gesprochenen Wort vgl. Volkov, Shulamit: Das geschriebene und gesprochene Wort In: dies.: Jüdisches Leben und Antisemitismus im 19. und 20. Jahrhundert. Zehn Essays. München 1990, S. 54–75, hier besonders S. 58ff.
91 Interview Nr. 41, Interview Nr. 62, Interview Nr. 101 sowie Interview Nr. 108.
92 Volkov: Code, wie Anm. B 255, S. 23f.
93 Zur »Entfernung der Juden« als einem zentralen Bestandteil von Hitlers Weltanschauung vgl. Jäckel, Weltanschauung, wie Anm. D 91, S. 55–78, zur »Eroberung von Raum« ebenda, S. 29–54.
94 Hofer, Walter (Hrsg.): Der Nationalsozialismus. Dokumente 1933–1945. Frankfurt/M. 1957, S. 30f.
95 Ebenda.

96 Die Veröffentlichung zum Antisemitismus und zur »Judenfrage« im NS-Deutschland sind kaum noch überschaubar. Genannt seien außer den bereits erwähnten zur Geschichte der Juden in Württemberg und ihrer Ablehnung Sauer, Paul: »Geschichte der Juden in Württemberg 1924 bis 1939«, in: ders.: Die jüdische Gemeinde in Württemberg und Hohenzollern. (Veröffentlichungen der Staatlichen Archivverwaltung Baden-Württemberg Bd. 18). Stuttgart 1966. Zur Geschichte des Antisemitismus vgl. Antisemitismus. Von der Judenfrage zum Holocaust, hrsgg. von Herbert A. Strauß und Norbert Kampe. Frankfurt/M. und New York 1985, Katz, Jacob: Vom Vorurteil bis zur Vernichtung. Der Antisemitismus 1700 bis 1933. München 1989, sowie Volkov, Leben, wie Anm. B 255.

97 GAR, Bestand FLAT 6104, Schreiben des Bürgermeisters vom 14. 10. 1938 und vom 19. 1. 1942.

98 Interview Nr. 10.

99 Zitiert nach EZA, Eßlinger Zeitung vom 31. 3. 1933.

100 Interview Nr. 30, Interview Nr. 56 sowie Interview Nr. 95; zum Boykott im benachbarten Esslingen, an den viele Reichenbacher sich lebhaft erinnerten, vgl. Kraetke, Karl-Heinz und Reinhard Strüber: Das Schicksal jüdischer Bürger in Esslingen während des Nationalsozialismus. In: Esslingen, wie Anm. B 77, S. 255–278, hier S. 255ff.

101 Vgl. hierzu Das Sonderrecht für Juden im NS-Staat. Eine Sammlung der gesetzlichen Maßnahmen und Richtlinien. Hrsgg. von Joseph Walk. Heidelberg und Karlsruhe 1981.

102 Barkai, Avraham: Vom Boykott zur »Entjudung«. Der wirtschaftliche Existenzkampf der Juden im Dritten Reich 1933–1943. Frankfurt/M. 1988.

103 Kulka, Otto Dov: Die Nürnberger Rassengesetze und die deutsche Bevölkerung im Lichte geheimer NS-Lage- und Stimmungsberichte. In: VjZG 32, 1984, S. 582–624.

104 2. Als »Jude« galt, wer von mindestens drei der Religion nach *volljüdischen* Großeltern (2), als jüdischer Mischling, wer von zwei *volljüdischen* Großeltern abstammte, beim Erlaß des Gesetzes der jüdischen Religionsgemeinschaft angehörte oder aus der Ehe mit einem Juden stammte, u. a. (5).

105 Gruchmann, Lothar: »Blutschutzgesetz« und Justiz. In: Aus Politik und Zeitgeschichte 48/1985, S. 28–38.

106 Interview Nr. 42 und Interview Nr. 95.

107 Etwa in Schulungen, Parteiabenden und Veranstaltungen von *DAF* und *NSV*; StALu, EL 902/6, Bü 11/22/2657, Bl. 15; außerdem StAGöp, Göppinger Zeitung vom 4. 6. 1934.

108 StAGöp, Göppinger Zeitung vom 4. 5. 1935; vgl. außerdem beispielsweise StAGöp Göppinger Zeitung vom 23. 10. 1936, vom 14. 12. 1936, sowie EZA, Eßlinger Zeitung vom 2. 1. 1939, vom 5. 1. 1939 oder vom 17. 2. 1939.

109 »Deutscher kaufe nicht beim Juden!« Verzeichnis jüdischer Geschäfte in Württemberg und in Hohenzollern. Hrsgg. von der NS-Hago-Gauamtsleitung Stuttgart. Stuttgart 1935.

110 Siehe den Teil »Phase der Konsolidierung – Alltag unterm Hakenkreuz«, Kapitel »›... ein widersetzliches Volk?‹ – Von aktiven Nazis, von Mit- und Weitermachern und von Neinsagern in Reichenbach«, Abschnitt »Aktive Nazis«, sowie den Teil »Reichenbach im Krieg«, Kapitel »Krieg im Innern«, Exkurs »Der für die Menschheit...«.

111 RGBl. I. 1933, S. 529; vgl hierzu Dörner, Klaus: Nationalsozialismus und Lebensvernichtung. In: Ders. u. a.: Der Krieg gegen die psychisch Kranken. Nach »Holocaust«: Erkenntnis – Trauern – Begegnen (Sonderband der »Sozialpsychiatrischen Informationen«). Loccum 1980.

112 Klee, Ernst: »Euthanasie« im NS-Staat: Die Vernichtung »lebensunwerten Lebens«. Frankfurt/M 1983, S. 36, sowie Bock, Gisela: Zwangssterilisation im Nationalsozialismus. Studien zur Rassenpolitik und Frauenpolitik. Opladen 1986, S. 80–94.

113 Gütt, Arthur, Ernst Rüdin, Falk Ruttke (Bearb.): Gesetz zur Verhütung erbkranken Nachwuchses vom 14. Juli 1933 – Gesetz und Erläuterungen – mit Auszug aus dem Gesetz gegen gefährliche Gewohnheitsverbrecher und über Maßregeln zur Sicherung und Bewahrung vom 24. November 1934. München 1934.

114 Rede des Reichsinnenministers Dr. Frick auf der ersten Sitzung des Sachverständigenbeirates für Bevölkerungs- und Rassenpolitik am 28. 6. 1933, in Dokumente der deutschen Politik, Bd. I, Berlin ²1937, zitiert nach Schmuhl, Hans-Walter: Rassenhygiene, Nationalsozialismus, Euthanasie. Göttingen 1987, S. 154.

115 Binding, Karl und Alfred Hoche: Die Freigabe der Vernichtung lebensunwerten Lebens. Ihr Maß und ihre Form. Leipzig 1920. Zur Entwicklung der Ideologie des Sozialdarwinismus vgl. Baader, Gerhard: Zur Ideologie des Sozialdarwinismus. In: Baader, Gerhard und Ulrich Schultz (Hrsg.): Medizin und Nationalsozialismus, Tabuisierte Vergangenheit – Ungebrochene Tradition? Berlin ²1983, S. 40; desweiteren Schmuhl, Rassenhygiene, wie Anm. D 114, S. 357, und Klee, »Euthanasie«, wie Anm. D 112, S. 15f.

116 Stefan Kühnl arbeitete heraus, daß das Gesetz das vom amerikanischen Eugenikbefürworter Harry Laughlin entwickelte kalifornische Sterilisationsgesetz nachahmte und ohne die amerikanischen Vorarbeiten nicht hätte so schnell in Kraft treten können. In der praktischen Umsetzung allerdings versuchten nach Inkrafttreten des deutschen Gesetzes die Amerikaner von ihren »Schülern« zu lernen; Kühnl, Stefan: The Nazi Connection. Eugenics, American Racism and German National Socialism. New York und Oxford 1994.

117 Klee, »Euthanasie«, wie Anm. D 112, S. 37f.

118 StAGöp, Filstal- und Schurwaldbote vom 9./10. 8. 1933, Artikel »Was ist ein erbbiologisches Grundbuchamt«.

119 Ebenda.

Anmerkungen zum Teil D
»Phase der Konsolidierung – Alltag unterm
Hakenkreuz« (Fortsetzung)

120 StAGöp, Filstal- und Schurwaldbote vom 21. 12.
    1933, Artikel »Zur Verhütung erbkranken Nach-
    wuchses«.
121 StAGöp, Göppinger Zeitung vom 24. 3. 1934.
122 StAGöp, Göppinger Zeitung vom 13. 4. 1934.
123 StAGöp, Göppinger Zeitung vom 23. 3. 1935.
124 StAGöp, Göppinger Zeitung vom 6. 6. 1936.
125 StAGöp, Göppinger Zeitung vom 7. 11. 1936.
126 Interview Nr. 85.
127 Interview Nr. 10.
128 Auf Namensnennungen und detailliertere bio-
    graphische Beschreibung der Sterilisierten und
    deren »Fallgeschichten« wurde aus Gründen des
    Datenschutzes und aus Rücksicht auf die Opfer
    und deren Verwandte verzichtet. Weitere biogra-
    phische Daten zu den Opfern sind – gekennzeich-
    net mit (B) für »behindert«, (P) für »politisch«
    oder mit (A) für »asozial« – in einer vom Autor
    zusammengestellten Liste »Reichenbacher Aus-
    gegrenzte« zu entnehmen, die im Bestand A 166,
    »Ortsgeschichte Reichenbach an der Fils unterm
    Hakenkreuz« ins Gemeindearchiv Reichenbach
    eingelegt wurde.
129 Da keine systematischen Aktenbestände die Rei-
    chenbacher Einzelfälle verzeichnen, mußten die
    hier genannten jeweils einzeln über verschiedene
    Archive recherchiert werden. Bei weiteren Rei-
    chenbachern konnte der Eingriff nicht eindeutig
    belegt werden. Es ist daher durchaus damit zu
    rechnen, daß die Zahl der Zwangssterilisierten
    Reichenbacher höher liegt. Vgl. hierzu verschie-
    dene Bestände im Gemeindearchiv Reichenbach,
    im Kreisarchiv Esslingen, im Staatsarchiv Lud-
    wigsburg, beispielsweise GAR, Bestand FLAT
    8150, Protokoll vom 11. 10. 1938, Schreiben vom
    9. 12. 1936, vom 8. 2., vom 12. 2., vom 5. 3. und
    vom 7. 12. 1937, vom 29. 8. 1939 und vom 13. 8.
    1940; außerdem Gemeinderatsprotokolle,
    Bd. 38, Bl. 237, vom 5. 3. 1937, 192, sowie KrArE,
    Akten zur Zwangssterilisation, und StALu, F170-
    II, Bü 55, div. Schreiben, u. a. des Gesundheits-
    amts Göppingen vom 29. 6. 1936, vom 6. 9. 1939,
    sowie Schreiben vom 18. 9. 1936 sowie vom 10. 4.
    1940. Ergänzend hierzu Interview Nr. 101 und
    mit der Ehefrau eines Opfers am 7. 2. 1991.
130 GAR, Bestand FLAT 8150, beispielsweise Schrei-
    ben des Bürgermeisters vom 9. 12. 1936.
131 Beispielsweise Interview Nr. 101.
132 GAR, Bestand FLAT 8150, Schreiben vom 27. 6.
    1941.
133 Ebenda; außerdem StALu, EL 903/3, Bü J 75/647,
    Bl. 133.
134 90 Prozent der Todesopfer waren Frauen. Gisela
    Bock schreibt hierzu: »Die Todesfälle von Frauen
    waren einem ›normalen‹ Operationsrisiko vor al-
    lem aber auch deshalb nicht zu vergleichen, weil
    sie großenteils das Ergebnis des Zwangscharak-
    ters der Sterilisation waren.« Bock, Zwangssteri-
    lisation, wie Anm. D 112, S. 378ff.
135 StALu, EL 903/3, Bü J 75/647, Bl. 53.
136 Ebenda.

137 Interview Nr. 50.
138 GAR, Bestand FLAT 8150, Schreiben v. 31. 7. 1938.
139 In Württemberg wurden 78 Prozent der Anträge
    auf Unfruchtbarmachung zwischen 1935 und
    1941 von Amtsärzten, 18 Prozent von Anstalts-
    ärzten gestellt. Nur vier Prozent der Anträge
    stammten von den Betroffenen bzw. deren ge-
    setzlichen Vertretern; HStA Stuttgart, Bestand E
    151k VI-25 sowie Brändle, wie Anm. D 87,
    S. 150ff, außerdem Bock, Zwangssterilisation,
    wie Anm. D 112, S. 230–241.
140 Siehe hierzu den Teil »Reichenbach im Krieg«,
    Kapitel »Krieg im Innern«, Abschnitt »Krieg ge-
    gen Randgruppen und Minderheiten«.
141 Schmuhl, Rassenhygiene, wie Anm. D 114, S. 159,
    S. 168–172, sowie Ayaß, Wolfgang: Die Verfol-
    gung von Bettlern und Landstreichern im Natio-
    nalsozialismus. In: Wohnsitz: Nirgendwo. Vom
    Leben und vom Überleben auf der Straße; hrsgg.
    vom Künstlerhaus Bethanien. Berlin 1982, und
    Klee, »Euthanasie«, wie Anm. D 112, S. 38–43,
    S. 54ff.
142 GAR, Bestand FLAT 6303, »Bekämpfung des Bet-
    tels, Maßnahmen gegen Zigeuner und dergl.«
    Diese Ausweisungen erfolgten aufgrund des Art.
    57 des Gemeindezugehörigkeitsgesetzes vom 16
    6. 1885 und vom 15. 3. 1919. Nach dem Unterstüt-
    zungswohnsitz-Gesetz vom 6. 8. 1870 hatte jeder,
    der 24 Monate ohne Unterbrechung in einer Ge-
    meinde wohnte, auf deren Unterstützung An-
    spruch. Das wollte die Reichenbacher Verwal-
    tung durch »rechtzeitiges« Ausweisen verhin-
    dern. Vgl. allgemein zu diesen Traditionen Sa-
    chße, Christoph und Florian Tenstedt: Geschichte
    der Armenfürsorge in Deutschland. Stuttgart,
    Berlin, Köln und Mainz 1980.
143 Als »Vagabunden-König« bekannt war der in
    Stuttgart lebende Gregor Gog, der bereits litera-
    risch hervorgetreten war, 1929 ein Vagabunden-
    treffen in Stuttgart mitorganisiert hatte und auf
    dem ›Heuberg‹ gefangengesetzt wurde; Kienzle,
    Michael und Dirk Mende: Zerschnittenes Netz. 6
    Namen zur Stuttgarter Literatur: Max Barth,
    Bernhard Blume, Anni Geiger-Gog und Gregor
    Gog, Paul Wanner, Walter Erich Schäfer. In: Burk-
    hardt, Fuchs und Nachtmann, Stuttgart, Bd. 3,
    wie Anm. B 176, S. 60–83, besonders S. 68–74.
144 StAGöp, Filstal- und Schurwaldbote vom 20. 9.
    1933, Polizeibericht; vgl hierzu Klee, »Euthana-
    sie«, wie Anm. D 112, S. 42.
145 Ebenda.
146 GAR, Gemeinderatsprotokolle, Bd. 37, Bl. 226 bis
    227, vom 31. 5. 1933, 268.
147 StAGöp, Filstal- und Schurwaldbote vom 3. 11.
    1933.
148 GAR, Bestand FLAT 6303, »Bekämpfung des Bet-
    tels, Maßnahmen gegen Zigeuner und dergl.«,
    Schreiben an Arthur Winterstein 17. 2. 1934.
149 Hohmann, Joachim Stefan: Geschichte der Zigeu-
    nerverfolgung in Deutschland. Frankfurt/M.
    1981, S. 104.
150 Ebenda, S. 102ff.
151 Czech, Danuta: Kalendarium der Ereignisse im
    Konzentrationslager Auschwitz-Birkenau 1939
    bis 1945. Reinbek 1989, S. 396.

152 Ebenda, S. 423.
153 StAGöp, Göppinger Zeitung vom 13. 6. 1935.
154 Kogon, Eugen: Der SS-Staat. Das System der deutschen Konzentrationslager. Frankfurt 1946 (München ³1974), S. 67.
155 StALu, PL 504/9, Bü 52, Schreiben der *Kreisleitung* Göppingen an den *Ortsgruppenleiter* vom 30. 8. 1935.
156 Interview Nr. 55 und Interview Nr. 56.
157 GAR, Bestand FLAT 6220, Traub, Wilhelm, Bericht der *Ortsgruppe* der NSDAP vom 14. 7. 1936.
158 Ebenda, Schutzhaftbefehl des Württembergischen Politischen Landespolizeiamts gegen Wilhelm Traub vom 31. 7. 1936.
159 Ebenda, Entlassungsschein vom 9. 12. 1936 sowie Schreiben des Landrats vom 11. 12. 1936.
160 Auskunft des Reichenbacher Standesamtes, Frau Jaegle, vom 15. 5. 1992; außerdem GAR, Bestand FLAT 6220.
161 StALu, EL 906, Bü 11/22/365, Bl. 61–63, Erinnerung von Herrn Gustav Munz. am 25. 10. 1947; außerdem Interview Nr. 55, Interview Nr. 56 und Interview Nr. 77.
162 Sowohl von den Machthabern wie umgangssprachlich wurden die *Konzentrations-, Schutzhaft-* oder Zwangsarbeiterlager oft verharmlosend »Arbeitslager« genannt. Hierdurch sollten Asoziationen an die »Arbeitslager« des *Reichsarbeitsdienstes* geweckt werden.
163 StALu, EL 903/3, Bü J 75/647, Bl. 78.
164 StALu, F170-II, Bü 6, Schreiben des Bürgermeisteramts an das Oberamt Göppingen vom 18. 6. 1936.
165 GAR, Bestand FLAT 6220, Schreiben vom 21. 10. 1936.
166 Ebenda.
167 StALu, PL 504/9, Bü 52, Schreiben der *Kreisleitung* Göppingen an die *Ortsgruppe* Reichenbach vom 15. 4. 1937.
168 GAR, Altregistratur, Personalakten der Gemeindebewohner –Deutsche– 1910–1959, Hermann Roth.
169 StALu, EL 903/3, Bü J 75/647, Bl. 70, Erinnerung von Herrn Gustav Munz am 24. 9. 1947.
170 Interview Nr. 69.
171 Interview Nr. 11.
172 StALu, EL 902/6, Bü 11/22/2658, J 11299, Bericht des Sohnes vom 24. 10. 1947, Bl. 51.
173 Anonymisiert vom Autor.
174 StALu, EL 903/3, Bü J 75/647, Bl. 41, Schreiben des *Ortsgruppenleiters* an den *Kreisleiter* vom 22. 10. 1938.
175 GAR, Bestand FLAT 1169, Schreiben des Bürgermeisters vom 22. 9. 1938.
176 StALu, EL 903/3, Bü J 75/647, Bl. 41, Schreiben des *Ortsgruppenleiters* an den *Kreisleiter* vom 22. 10. 1938.
177 StALu, PL 504/9, Bü 62, Schreiben des *Ortsgruppenleiters* an den *Kreisleiter* vom 11. 12. 1938.
178 StALu, EL 902/6, Bü 11/22/2658, J 11299, Bericht des Sohnes vom 24. 10. 1947, Bl. 51.
179 StALu, EL 903/3, Bü J 75/647, Bl. 77, Bericht des Sohnes.
180 GAR Bestand FLAT 6220, Schreiben der *Gestapo* vom 3. 7. 1942.

Anmerkungen zum Teil D
»Phase der Konsolidierung – Alltag unterm
Hakenkreuz« (Fortsetzung)

181 StALu, EL 902/6, Bü 11/22/365, Bl. 75/77, Bericht des Sohnes.
182 Ebenda, Schreiben des Amtsgerichts vom 27. 3. 1946.
183 Archiv des Landkreises Oranienburg, Bestand FP 42/2666 F 54, Nr. 39–40, Todesurkunde Johannes Brendle vom 2. 10. 1942.
184 »Die auf der Todesurkunde von Herrn Johannes Brendle angegebene Todesurache muß nicht der tatsächlichen Todesurache entsprechen. Aus Erinnerungen ehemaliger Häftlinge ist bekannt, daß eine Reihe von vorgegebenen Todesurachen auf den Totenscheinen willkürlich eingetragen wurden«; Schreiben von Frau Inge Roß vom Archiv der Nationalen Mahn- und Gedenkstätte Sachsenhausen vom 27. 7. 1992.
185 StALu, EL 903/3, Bü J 75/647, Erinnerung Wilhelm Noll am 24. 10, Bl. 113.
186 Ebenda, Bl. 76, Anklagebehörde beim Sondergericht Stuttgart, Anklageschrift vom 11. Juli 1935.
187 Ebenda.
188 Ebenda, Bl. 5, Anklagebehörde beim Sondergericht II. S. G. Nr.290/1935, Urteil vom 11. 7. 1935.
189 StALu, EL 903/3, Bü J 75/647, Erinnerung Wilhelm Noll am 24. 10. 47, Bl. 75, sowie auch Bl. 5 und Bl. 113.
190 GAR, Gemeinderatsprotokolle, Bd. 38, Bl. 58, vom 17. 4. 1936, 47.
191 Ebenda, Bl. 31a, vom 6. 3. 1936, 25a.
192 Ebenda, Bl. 149, vom 26. 8. und 8. 10. 1936, 121.
193 Weinmann, Lagersystem, wie Anm. C 106, S. XX.
194 Institut für Zeitgeschichte, Gutachten des Instituts für Zeitgeschichte, Bd. 2, Stuttgart 1966, S. 191.
195 Ebenda, S. 193.
196 Weinmann, Lagersystem wie Anm. C 106, S. XX.
197 Auskunft des Reichenbacher Standesamtes, Frau Jaegle, vom 15. 5. 1992.
198 Interview Nr. 55 und Interview Nr. 56.
199 Interview Nr. 77.
200 GAR, Bestand FLAT 6210, »Asoziale und *Arbeitsscheue«.*
201 Interview Nr. 55, Interview Nr. 56, Interview Nr. 61 sowie Interview Nr. 77.
202 Totenregister der Gemeinde Reichenbach 1902 bis 1960, Interview Nr. 62.
203 ITS, International Tracing Service, Arolsen, Verzeichnis der Haftstätten unter dem Reichsführer-SS (1933–1945). Konzentrationslager sowie andere Außenkommandos sowie andere Haftstätten unter dem Reichsführer-SS in Deutschland und deutsch besetzten Gebieten. Arolsen 1979., besonders S. LXXIX ff.
204 KrArE, Bestand E 1/0909, Schreiben des Bürgermeisters vom 5. 10. 1940.
205 Ebenda, Schreiben des Leiters des Arbeitsamtes vom 15. 11. 1940.
206 GAR, Bestand FLAT 6210, Schreiben des Bürgermeisters an das Oberamt vom 5. 10. 1940.
207 GAR, Bestand FLAT 6303, Schreiben der *Gestapo* vom 22. 4. 1943.

Anmerkungen zum Teil D
»Phase der Konsolidierung – Alltag unterm Hakenkreuz« (Fortsetzung)

208 Siehe hierzu den Teil »Reichenbach im Krieg«, Kapitel »Krieg im Innern«, »Krieg gegen Randgruppen und Minderheiten«.
209 Neumann, Franz L.: Die Wirtschaftsstruktur des Nationalsozialismus. In: Wirtschaft, Recht und Staat im Nationalsozialismus, Analysen des Instituts für Sozialforschung 1939–1942, hrsgg. von Helmut Dubiel und Alfons Söllner. Frankfurt/M. 1980. S. 129–234. Außerdem Barkai, Avraham: Das Wirtschaftssystem des Nationalsozialismus. Der historische und ideologische Hintergrund 1933 – 1936 (Bibliothek Wissenschaft und Politik, Bd. 18). Köln 1977.
210 Zur Aufrüstung vgl. Henning, Eike: Thesen zur deutschen Sozial- und Wirtschaftsgeschichte. Frankfurt/M. 1973, Petzina, Dietmar: Die deutsche Wirtschaft in der Zwischenkriegszeit. Wiesbaden 1977, S. 108–157 sowie Sauer, Wolfgang: Die Mobilmachung der Gewalt. In: Bracher, Dietrich, Sauer und Schulz, Machtergreifung, wie Anm. C 24, Bd. 3, Frankfurt/M. 1979, S. 100.
211 Neben dem schon erwähnten »Reichsnährstandgesetz« (13. 9. 1933) und dem »Gesetz über den vorläufigen Aufbau des Handwerks« (29. 1. 1934) sind hier vor allem das »Gesetz zur Ordnung der nationalen Arbeit« (20. 1. 1934) und das »Gesetz zur Vorbereitung des organischen Aufbaus der deutschen Wirtschaft« (27. 2. 1934) zu nennen.
212 So wurden nach Einführung des *Führerprinzips* Geschäftsführer, Betriebsleiter oder Besitzer der Fabrik genannt.
213 »Aufruf an alle schaffenden Deutschen« vom 27. 11. 1933, zitiert nach Broszat, Staat, wie Anm. C 52, S. 192.
214 Buchholz, Wolfhard: Die nationalsozialistische Gemeinschaft »Kraft durch Freude« – Freizeitgestaltung und Arbeiterschaft im Dritten Reich. Diss. phil. München 1976, S. 43.
215 BDC, Mitgliederkartei der NSDAP, Akte Hermann Mangold sowie StALu, Bestand EL 903/13 – J 75/647.
216 Interview Nr. 82.
217 RGBl. I. 1934, S. 45.
218 Ebenda, 9 des Gesetzes; vgl. hierzu Broszat, Staat, wie Anm. C 52, S. 194.
219 Interview Nr. 82.
220 StALu, PL 504/9, Bü 34, Schreiben der *Kreisleitung* Göppingen, *Betriebszellenobmann*, an den *Ortsgruppenleiter* vom 24. 5. 1934.
221 Ebenda, Schreiben des *Ortsgruppenleiters* an die *Kreisleitung* Göppingen vom 12. 6. 1934.
222 Ebenda.
223 StALu, PL 504/9, Bü 39, Schreiben des *Ortsgruppenleiters* an die *Gauamtsleitung* der *NSBO* vom 9. 7. 1934.
224 StALu, PL 504/9, Bü 46, Schreiben Friedrich Knoblauchs an die *Ortsgruppe* Reichenbach vom 31. 5. 1934.
225 Zu Karl Klotz, *DAF-Obmann* und späterer *KdF-Wart*, geboren am 28. 4. 1894, StALu, EL 902/6, Bü 11/22/2657, Bl. 3.

226 StALu, EL 902/6, Bü 11/22/2463, Bl. 73.
227 StALu, EL 902/6, Bü 11/22/2658, J 11299, Bl. 12.
228 Deuschle trat erst nach Niederlegen des Amtes im Mai 1937 der NSDAP bei; StALu, EL 902/6, Bü 11/22/291; außerdem BDC, Berlin, Mitgliederkartei der NSDAP, Akte Ernst Deuschle, Parteieintritt am 1. Mai 1937, Parteinummer: 5140 944.
229 GAR, Bestand FLAT 4890, »NS Gemeinschaft Kraft durch Freude«.
230 StAGöp, Göppinger Zeitung vom 2. 5. 1935 und vom 3. 5. 1935.
231 Vom 5. bis zum 12. Mai 1935.
232 Vom 19. bis zum 25. Mai 1935.
233 Vom 16. bis zum 23. Juni.
234 Am 2. und am 4. Mai 1935.
235 Buchholz, Gemeinschaft wie Anm. D 214, S. 154 und 277.
236 Interview Nr. 61.
237 Beispielsweise NS-Kurier, Stuttgarter Abendausgabe vom 15. / 16. 8. 1936.
238 Ausführlich zur propagandistischen Aufbereitung in der Region vgl. Vollmer, Cordula: Freizeit, staatlich erfaßt. »Kraft durch Freude« in der Berichterstattung des NS-Kurier. In: Burkhardt, Fuchs und Nachtmann, Stuttgart, Bd. 4, wie Anm. C 242, S. 104–121.
239 Buchholz, Gemeinschaft, wie Anm. D 214, S. 154 und 277.
240 Spode, Hasso: »Der deutsche Arbeiter reist« – Massentourismus im Dritten Reich. In: Huck, Gerhard (Hrsg.): Sozialgeschichte der Freizeit-Untersuchungen zum Wandel der Freizeitkultur in Deutschland. Wuppertal 1980, S. 305, Zandt Moyer, Laurence van: The »Kraft durch Freude«-Movement in Nazi Germany: 1933–39. Northwestern University 1967, S. 246, Buchholz, Gemeinschaft, wie Anm. D 214, S. 367.
241 Zandt-Moyer, KdF, wie Anm. D 240, S. 246.
242 Interview Nr. 30.
243 StAGöp, Göppinger Zeitung vom 20. 6. 1936.
244 StAGöp, Göppinger Zeitung vom 6. 11. 1936, Kreistheaterfahrt am 8. 11. 1936 zur Operette: »Herz über Bord«.
245 StAGöp, Göppinger Zeitung vom 23. 5. 1935.
246 Interview Nr. 55 und Interview Nr. 56.
247 StALu, EL 902/6, Bü 11/14/918, Bl. 61, Erinnerung Ernst Deuschles am 22. 1. 1947.
248 StALu, EL 902/6, Bü 11/22/2657, Bl. 3, Mitteilung des *KdF-Kreisobmanns* Frommer aus Esslingen.
249 StALu, EL 902/6, Bü 11/14/918, Bl. 61, Erinnerung Ernst Deuschles am 22. 1. 1947.
250 StALu, PL 504/9, Bü 33, Akten des Geschäftsbetriebes der *Ortsgruppe* Reichenbach
251 EZA, Eßlinger Zeitung vom 3. 3. 1939.
252 EZA, Eßlinger Zeitung vom 13. 1. 1944.
253 EZA, Eßlinger Zeitung vom 16. 4. 1941.
254 EZA, Eßlinger Zeitung vom 27. 4. 1944.
255 Spode, Massentourismus, wie Anm. D 240, S. 281.
256 Mason, Timothy: Sozialpolitik im Dritten Reich. Arbeiterklasse und Volksgemeinschaft. (Opladen 1977) Wiesbaden [2]1978, S. 81.
257 Ritter, Gerhard (Hrsg.): Arbeiterkultur. Königstein/TS.1979, S. 1f.

258 Smelser, Ronald: Robert Ley – Der braune Kollektivist. In: Smelser und Zitelmann, Elite wie Anm. C 452, S. 173–187.

259 Ley, Robert: Soldaten der Arbeit. O. O. 1931, S. 125.

260 Starcke, Gerhard: Die Deutsche Arbeitsfront. Berlin 1940, S. 11, zitiert nach Vollmer, Freizeit, wie Anm. D 238, S. 117.

261 Ich wiederhole: Auch die KdF diente wie die anderen Elemente der *Volksgemeinschaft* der völkischen Optimierung. Sie war Mittel zum Zweck und nicht etwa als modernistisches nach Chancengleichheit für die deutsche Bevölkerung strebendes Ziel eines »Menschenfreundes« Hitler.

262 Interview Nr. 62.

263 Interview Nr. 77.

264 StAGöp, Hohenstaufen vom 4. 5. 1934.

265 Beispielsweise StAGöp, Göppinger Zeitung vom 4. 7. 1935 oder EZA, Eßlinger Zeitung vom 11. 7. 1939; außerdem StALu, EL 902/6, Bü 11/22/200, Bl. 29.

266 StAGöp, Göppinger Zeitung vom 15. 10. 1935.

267 StAGöp, Göppinger Zeitung vom 31. 3. 1934.

268 StAGöp, Göppinger Zeitung vom 21. 3. 1935.

269 StAGöp, Göppinger Zeitung vom 4. 5. 1935.

270 EZA, Eßlinger Zeitung, beispielsweise vom 16. 10. 1940, vom 26. 2. 1941, vom 22. 4. 1944; sowie GAR, Bestand FLAT 4740. Außerdem KrArE, Bestand E 1/2064, Schreiben des Wirtschaftsministers vom 25. 3. 1942 und vom 31. 3. 1942 sowie Bestätigung vom 8. 10. 1942, Schreiben vom 3. 5. 1939. Dort außerdem Vorschlagsliste vom 29. 4. 1941 und weitere Einzelfälle.

271 KrArE, Bestand E 1/2064, Antrag vom 18. 2. 1939.

272 Ebenda, Stellungnahme des *Kreisleiters* vom 11. 1. 1940.

273 Ebenda, Schreiben vom 30. 10. 1940.

274 Ebenda, Schreiben vom 24. 6. 1940.

275 Ebenda, Schreiben vom 17. 3. 1943.

276 StALu, F 170 III, Bü 55, Bü Bl. 4, Betriebskrankenkasse Heinrich Otto; außerdem hierzu KrArE, Bestand E 1/2123.

277 Ebenda.

278 Ebenda.

279 StALu, PL 504/9, Bü 52, Schreiben des *Betriebszellenobmanns* von Daimler Benz an den *Ortsgruppenleiter* vom 16. 2. 1937 oder Bü 62, Schreiben an den *Ortsgruppenleiter* vom 30. 12. 1938. Vgl. hierzu Rebentisch, Dietmar: Die »politische Beurteilung« als Herrschaftsinstrument der NSDAP. In: Peukert, Detlev und Jürgen Reulecke (Hrsg.): Die Reihen fast geschlossen. Beiträge zur Geschichte des Alltags unterm Nationalsozialismus. Wuppertal 1981, S. 107–128.

280 Beispielsweise KrArE, Bestand E 1/0570, Schreiben vom 16. 10. 1937.

281 StAGöp, Göppinger Zeitung vom 13. 10. 1936.

282 Zu Weiterführung und Ausbau des Arbeitsdienstes und zu den Arbeitsbeschaffungsprogrammen siehe den Teil »Machtantritt«, Kapitel »Sicherung und Ausbau der Macht«, Abschnitt »...bis ins letzte Dorf«.

283 Hanitsch, Jutta: Aufschwung durch Rüstung. Auswirkungen nationalsozialistischer Wirtschaftspolitik für Stuttgart. In: Burkhardt, Fuchs

und Nachtmann, Stuttgart, Bd. 4, wie Anm. C 242, S. 122–131, hier S. 122.

284 Kollmer, Gert: Tendenzen wirtschaftlichen Wachstums in Südwestdeutschland zwischen 1918 und 1945, in: Zeitschrift für Württembergische Landesgeschichte, Stuttgart 1979, S. 188–216.

285 GAR, Bestand FLAT 4676, Schuldnerliste der Spar- und Darlehenskasse 1929–1943, Liste der Schuldner von über 5000 RM vom 20. 6. 1930.

286 KrArE, Bestand E 1/0519, Mobilmachungskalender, Kap. 7, Allgemeine Angaben über militärische, politische, wirtschaftliche Gesundheits- und Vorsorgeverhältnisse, Bl. 5f.

287 BAK, Bestand R 3/2015. Reichsbetriebskartei, RB-Nr. 0/0757/0101.

288 StAGöp, Göppinger Zeitung vom 3. 5. 1934 und Hohenstaufen vom 4. 5. 1934.

289 GAR, Bestand FLAT 4750, Betriebsverzeichnis, Stand zum 1. 2. 1938, Schreiben der Firma Bischoff vom 14. 2. 1938.

290 Interview Nr. 101.

291 StALu, EL 903/3, Bü J 75/647, Bl. 47 sowie GAR, Gemeinderatsprotokolle, Bd. 39, Bl. 74, vom 19. 7. 1938, 62.

292 Interview Nr. 55, Interview Nr. 56 sowie Interview Nr. 101.

293 StALu, EL 902/6, Bü 11/22/2658, J 11299, Bl. 26 bis 71, Dokumente der Bürgermeisterakten, Schreiben des *Ortsgruppenleiters* vom 20. 1. 1937.

294 KrArE, Bestand E 1/1953, Schreiben v. 26. 1. 1939.

295 GAR, Bestand FLAT 1508.

296 GAR, Bestand FLAT 2700, Schreiben der Firma F. & G. Wacker vom 15. 1. 1934.

297 StAGöp, Göppinger Zeitung vom 7. 1. 1935.

298 Wohlbold, Kriegs-Chronik, wie Anm. B 90, S. 32.

299 GAR, Gemeinderatsprotokolle, Bd. 38, Bl. 217, vom 6. 4. 1937, 317, Bd. 39, Bl. 23, vom 11. 3. 1938, 18, Bl. 177–178, vom 1. 4. 1939, 147a-b sowie Bl. 295, vom 14. 7. 1939, 249.

300 Ebenda, Bl. 23, vom 11. 3. 1938, 18.

301 Heimatbuch, wie Anm. A 1, S. 229.

302 GAR, Bestand FLAT 4070, Betriebsverzeichnisse, Stand zum 1. 2. 1939, Schreiben der Firma Werner Seyfert vom 3. 3. 1939.

303 StALu, EL 902/6, Bü 11/22/2255, Bl. 19.

304 Ebenda, außerdem Heimatbuch, wie Anm. A 1, S. 219.

305 GAR, Bestand FLAT 6131, Reisepässe 1932–1936, diverse Schreiben 1934.

306 StAGöp, Hohenstaufen vom 4. 5. 1934.

307 StALu, EL 902/6, Bü 11/22/2255, Bilanz, Bl. 25ff; siehe zur weiteren Entwicklung im Krieg den Teil »Reichenbach im Krieg«, Kapitel »Kriegserleben und -alltag während der Blitzkriege«, Abschnitt »...die Fortführung eines geregelten Wirtschaftslebens«.

308 GAR, Bestand FLAT 4750, Betriebsverzeichnis, Stand zum 1. 2. 1936, Schreiben der Firma Schöttle vom 11. 3. 1936.

309 Ebenda, Stand zum 1. 2. 1937, Schreiben der Firma Schöttle vom 11. 2. 1937.

Anmerkungen zum Teil D
»Phase der Konsolidierung – Alltag unterm
Hakenkreuz« (Fortsetzung)

310 Ebenda, Stand zum 1. 2. 1938, Schreiben der Firma Schöttle vom 15. 2. 1938.

311 Vgl. hierzu Petzina, Dietmar: Autarkiepolitik im Dritten Reich. Der Nationalsozialistische Vierjahresplan. Stuttgart 1968.

312 Interview Nr. 82.

313 EZA, Eßlinger Zeitung vom 1. 10. 1938.

314 StALu, EL 902/6, Bü 11/14/918, Bl. 71–87, »Gutachten über die Einkommens- und Vermögensverhältnisse des Herrn Fabrikanten Hans Otto 1932–45« von Wilhelm Starnitzki, Stuttgart, S. 9 bis 10.

315 Zelzer, Maria: Stuttgart unterm Hakenkreuz. Chronik 1933–1945. Stuttgart 1983, S. 128.

316 Ebenda.

317 Otto wurde als einziger Reichenbacher Betrieb im Handbuch der »Großunternehmen im Deutschen Reich« geführt; Die Großunternehmen im Deutschen Reich. Handbuch der Ges. m. b. H. mit einem Kapital ab RM 500 000 einschl. der Kom.-Ges., Off. Handels-Ges. und Einzelfirmen der gleichen Größenordnung, Bd. 7. Berlin 1941, S. 489.

318 Wohlbold, Kriegs-Chronik, wie Anm B 90, S. 33.

319 Siehe zur weiteren – gegenläufigen – Entwicklung im Krieg den Teil »Reichenbach im Krieg«, Kapitel »Kriegserleben und -alltag während der Blitzkriege«, Abschnitt »...die Fortführung eines geregelten Wirtschaftslebens«.

320 StALu, EL 902/6, Bü 11/14/918, Bl. 6, Schreiben vom 23. 11. 1948.

321 Mangold hatte bereits im April 1933 Otto entgegen dem Vorschlag des *Kreisleiters* Baptist nicht als Kandidaten für den gleichgeschalteten Gemeinderat benannt; StALu, EL 902/6, Bü 11/14/918, »Gemeinderatskandidaten der NSDAP in Reichenbach/Fils (...)« vom 15. 4. 1933.

322 StALu, EL 902/6, Bü 11/14/918, Bl. 14.

323 GAR, Bestand FLAT, 6170, Schreiben der »Plakatanschlag« vom 22. 6. 1933. Allgemein zu Arisierungen in der Region vgl. Stiefele, Werner: »Banditentum, gesetzlich geschützt.« Die Arisierung jüdidcher Geschäfte in Stuttgart. In: Burkhardt, Fuchs und Nachtmann, Stuttgart, Bd. 4, wie Anm. C 242, S. 538–555; außerdem zu Esslingen vgl. Kraetke und Strüber, Schicksal, wie Anm. D 100, besonders S. 256–258.

324 StALu, EL 902/6, Bü 11/14/918, Akt Korrespondenz Otto, Schreiben der *Reichszeugmeisterei* der NSDAP, München, an Firma Heinrich Otto vom 27. 3. 1936.

325 Ebenda.

326 Ebenda, Schreiben der *Reichszeugmeisterei* der NSDAP, München, an Firma Heinr. Otto vom 25. 4. 1936.

327 Ebenda, Schreiben der Firma Heinr. Otto an die *Reichszeugmeisterei* der NSDAP, München, vom 19. 5. 1936.

328 Zum Esslinger *Kreisleiter* Eugen Hund vgl. StALu, EL 903/4, Bü J 76/0669; außerdem Kurzpor-

trait in Esslingen, wie Anm. B 77, S. 453–454, sowie Nachtmann, Esslingen, wie Anm. B 477, S. 237f.

329 StALu, EL 902/6, Bü 11/14/918, Akt Korrespondenz Otto, Schreiben der *Kreisleitung* Esslingen an Hans Otto vom 18. 8. 1937.

330 Ebenda, Schreiben der *Kreisleitung* Esslingen an Hans Otto vom 7. 9. 1937.

331 Ebenda, Schreiben Hans Ottos an die Reichenbacher *Ortsgruppe* vom 21. 9. 1937.

332 Ebenda, Schreiben der *Kreisleitung* Esslingen an die *Kreisleitung* Göppingen vom 21. 9. 1937.

333 Fischer, Wolfram: Deutsche Wirtschaftspolitik 1918–1945. 3. verbesserte Auflage, Opladen 1968, S. 76.

334 Zu nennen ist hier hauptsächlich der auf die »Metallforschungsanstalt« ausgestellte »Mefowechsel«.

335 Vgl. hierzu Schwerin von Krosigk, Lutz Graf: Staatsbankrott. Göttingen, Frankfurt und Zürich 1974, S. 230 und 274. Graf Schwerin von Krosigk war von Juni 1932 bis 1945 Reichsfinanzminister.

336 Vgl. hierzu Nübel, Otto: Statt Käfer Kübelwagen. Das Volkswagen-Projekt. In: Burkhardt, Fuchs und Nachtmann, Stuttgart, Bd. 4, wie Anm. C 242, S. 98–103.

337 Zum Kriegssparen vgl. ausführlich Hiller, Marlene P.: »Geld genug hatte man ja«. Die Finanzierung des Krieges. In: Hiller, Stuttgart, wie Anm. D 46, S. 93–97.

338 Boelcke, Willi A.: Die Kosten von Hitlers Krieg. Paderborn 1985, S. 100, Tab. 24, sowie Vespignani, Renzo: Faschismus. Hrsg. Neue Gesellschaft für bildende Kunst und Kunstamt Kreuzberg. Berlin 1976, S. 14.

339 Buchheim, Christoph: Die Währungsreform 1948 in Westdeutschland. In: Vierteljahreshefte für Zeitgeschichte 36 (1988), S. 189–232. Siehe hierzu den Teil »Reichenbach nach dem Krieg«, Kapitel »Da war's noch schlimmer als im Krieg ...«.

340 StAGöp, Göppinger Zeitung vom 20. 5. 1936; 1932: 6143; 1933: 5506; 1934: 1542; 1935: 870; 1936: 406.

341 StALu, PL 502/9, Bü 19, Tätigkeitsbericht März 1937 der *Ortsgruppe* Reichenbach an die *Kreisleitung* vom 2. 4. 1937.

342 GAR, Bestand FLAT 4070, »Ansiedlung weiterer Industriebetriebe in Reichenbach«; außerdem FLAT 4071, »Neuansiedlung diverser Betriebe«.

343 Siehe die Tabelle »Historische Entwicklung der nichtlandwirtschaftlichen Betriebsstruktur in Reichenbach und der darin Beschäftigten 1933 bis 1948« im Anhang.

344 GAR, Bestand FLAT 4070, Betriebsverzeichnisse, Stand zum 1. 2. 1939.

345 Siehe zur Entwicklung der Reichenbacher Betriebe in der Kriegswirtschaft den Teil »Reichenbach im Krieg«, Kapitel »Kriegserleben und -alltag während der Blitzkriege«, Abschnitt »... die Fortführung eines geregelten Wirtschaftslebens«.

346 »Deutsche Gemeinderordnung« vom 30. Januar 1935 RGBl. I. 1935, 195, S. 49ff, 41.

347 Ebenda. Mehr zur *Deutschen Gemeinderordnung* vgl. Matzerath, Nationalsozialismus, wie Anm. C 9, S. 132ff.

348 GAR, Gemeinderatsprotokolle, Bd. 37, Bl. 682, vom 28. 2. 1935, 733. 7. a. Außerdem zu Schmids »Nebentätigkeiten« GAR, Bestand FLAT 1310.

349 Ebenda, Bl. 683.

350 Ebenda.

351 Beispielsweise GAR, Gemeinderatsprotokolle, Bd. 37, Bl. 571, vom 16. 8. 1934, 633.

352 GAR, Bestand FLAT 4670, »Einweihung des neuen Kreissparkassen-Gebäudes«.

353 GAR, Gemeinderatsprotokolle, Bd. 37, Bl. 676 bis 677, vom 18. 1. 1935, 732. a.

354 Ebenda, Bl. 678.

355 Ebenda, Bl. 682, vom 28. 2. 1935, 733. 7. b.

356 Ebenda, Bl. 683.

357 Schmid verkündete den Räten nachträglich am 31. Juli, daß er den Mietvertrag verlängert habe, bis geeignete Räumlichkeiten zur Verfügung stünden; GAR, Gemeinderatsprotokolle, Bd. 37, Bl. 771, vom 31. 7. 1935, 808. 2. Trotzdem mußte aufgrund der großzügigen Krediterlasse des Jahre 1933 die Darlehenskasse zum 31. 12. 1937 aufgelöst werden; GAR, Bestand FLAT 4676.

358 »Deutsche Gemeindeordnung« vom 30. Januar 1935 RGBl. I. 1935, 195, S. 49ff, Präambel.

359 Ebenda, 51.

360 StALu, EL 902/6, Bü 11/22/2658, J 11299, Bl. 12, »Vorschlagsliste des *Ortsgruppenleiters* zur Berufung in den Gemeinderat zum 1. April 1935« vom 13. März 1935.

361 GAR, Bestand FLAT 1206, Neubestellung des Gemeinderats 1935.

362 Ebenda, »Bekanntmachung vom 20. Mai 1919«, sowie Wahllisten zur Gemeinderatswahl vom 12. 12. 1925.

363 Privatsammlung R. Alber, Reichenbach, Bl. 10, Berufung des Landwirts Richard Alber zum *Ortsbauernführer* durch den *Beauftragten der* NSDAP vom 1. 7. 1935.

364 Ebenda, Bl. 9, Ernennung des Landwirts Richard Alber zum Gemeinderat durch den Bürgermeister vom 2. 8. 1935.

365 GAR, Gemeinderatsprotokolle, Bd. 37, Bl. 709, vom 10. 5. 1935, 752, »Hinweis«.

366 Ebenda.

367 Siehe die Tabelle »Sitzungen des Reichenbacher Gemeinderats und Anwesenheit des *Ortsgruppenleiters* von Mai 1933 bis Februar 1945« im Anhang, erstellt nach den Gemeinderatsprotokollen, Bd. 37, vom 5. 10. 1932 bis zum 29. 11. 1935, Bd. 38, vom 31. 1. 1936 bis zum 4. 2. 1938, Bd. 39, vom 8. 2. 1938 bis zum 23. 11. 1940, und Bd. 40, vom 9. 12. 1940 bis zum 12. 12. 1945.

368 StAGöp, Göppinger Zeitung vom 9. 2. 1937.

369 Wohlbold, Kriegs-Chronik, wie Anm. B 90, S. 22.

370 StAGöp, Göppinger Zeitung vom 19. 2. 1934.

371 GAR, Gemeinderatsprotokolle, Bd. 38, Bl. 177, vom 27. 11. 1936, 143, Bl. 179, vom 27. 11. 1936, 144.

372 StAGöp, Göppinger Zeitung vom 5. 12. 1936.

373 GAR, Gemeinderatsprotokolle, Bd. 38, Bl. 328, vom 23. 7. 1937, 272, Bl. 404, vom 28. 10. 1937, 327, Bl. 422, vom 10. 123. 1937, 342, 448–449, vom 4. 2. 1938, 365–366.

374 StALu, F170-II, Bü 78, Schreiben des Oberamts Göppingen vom 19. 9. 1933. Bezug auf Beschluß

vgl. GAR, Gemeinderatsprotokolle Bd. 37, Bl. 232, vom 8. 6. 1933, 276.

375 Siehe die Tabelle »Wohnungszugang 1927–1938« im Anhang, erstellt nach KrArE, Bestand E 3/0, Civitas, wie Anm. A 14, Bd. 1, S. 123.

376 StAGöp, Göppinger Zeitung vom 2. 5. 1936.

377 Ebenda, außerdem Ausgabe vom 7. 8. 1936 und vom 27. 10. 1936 sowie beispielsweise GAR, Gemeinderatsprotokolle, Bd. 38, Bl. 161, vom 9. 10. 1936, 131.

378 GAR, Bestand FLAT 7520, »Wohnungszwangswirtschaft«, div. Schreiben, Räumungsklagen vom 9. 7. 1938, vom 16. 6. 1939, vom 8. 6. 1938, vom 27. 4. 1938, vom 23. 6. 1938 u. v. a. mehr.

379 Ebenda, Zwangsandrohung vom 23. 8. 1937, Akt Jakob S.

380 Ebenda.

381 Ebenda.

382 Ebenda.

383 Das Ostsiedlungsheim befände sich zu weit außerhalb des Ortes; GAR, Bestand FLAT 7520, Beschwerde vom 8. 3. 1937.

384 Ebenda, Bericht der Fürsorgeschwester des Jugendamtes Göppingen vom 26. 4. 1937 und Schreiben des Landrats an den Bürgermeister vom 14. 3. 1938.

385 Ebenda, Schreiben des Landrats an den Bürgermeister vom 14. 3. 1938.

386 Ebenda, Schreiben vom 14. 5. 1937.

387 StAGöp, Göppinger Zeitung vom 26.11.1936.

388 GAR, Gemeinderatsprotokolle, Bd. 38, Bl. 180, vom 27. 11. 1936, 145.

389 Ebenda, Bl. 181.

390 Runderlaß des Reichsminister des Innern vom 4. 4. 1934 sowie Runderlaß des Württembergischen Innenminister vom 7. 7. 1934, zitiert nach GAR, Gemeinderatsprotokolle, Bd. 38, Bl. 207, vom 18. 12. 1936, 166.

391 Ebenda.

392 Mitteilung des *Kreisleiters*; zitiert nach GAR, Gemeinderatsprotokolle, Bd. 38, Bl. 294, vom 14. 5. 1937, 240.

393 Ebenda.

394 Beispielsweise in der Anschaffung von Gasmasken im Januar 1935, Bd. 37, Bl. 818, vom 29. 1. 1935, 857, oder Schaffung öffentlicher Luftschutzräume, beispielsweise Bd. 39, Bl. 286, vom 23. 7. 1940, 241.

395 Ebenda, Bl. 314, vom 11. 6. 1937, 257.

396 Ebenda, Bd. 39, Bl. 124, vom 4. 11. 1938, 104.

397 Ebenda, Bl. 229, vom 14. 7. 1939, 194.

398 Beispielsweise ebenda, Bd. 39, Bl. 288, vom 14. 3. 1940, 242.

399 Beispielsweise ebenda, Bd. 38, Bl. 93 b, vom 7. 7. 1936, 74 c.

400 Ebenda, Bd. 39, Bl. 44, vom 10. 5. 1938, 38.

401 Ebenda, Bd. 38, Bl. 383, vom 6. 10. 1937, 312; außerdem GAR, Bestand FLAT 1491.

402 Ebenda, Bl. 189, vom 27. 11. 1936, 151. Vgl. hierzu auch die neu erlassene »Friedhofsordnung«, Bd. 39, Bl. 79, vom 19. 7. 1938, 66.

Anmerkungen zum Teil D
»Phase der Konsolidierung – Alltag unterm
Hakenkreuz« (Fortsetzung)

403 Ebenda.
404 Ebenda, Bd. 39, Bl. 66, vom 3. 6. 1938, 56; außerdem GAR, Bestand FLAT 1240.
405 Ebenda.
406 Ebenda.
407 Ebenda, Bd. 39, Bl. 84 a, vom 9. 9. 1938, 70 a.
408 Ebenda, Bl. 10–13.
409 StALu, EL 902/6, Bü 11/22/2408, Bl. Bl. 14–18.
410 Ebenda, Bl. 29, Bericht Emil Weilers vom 27. 10. 1945.
411 Ebenda, Bl. 28.
412 StALu, EL 902/6, Bü 11/22/2408, Bl. 22, Schreiben der *Kreisleitung* Esslingen vom 2. 7. 1938.
413 Ebenda, Bl. 21, Schreiben der *Kreisleitung* Aalen vom 22. 6. 1938.
414 Ebenda, Bl. 23, Schreiben der *Ortsgruppe* Oberndorf vom 3. 8. 1938.
415 StALu, EL 903/3, Bü J 75/647, Bl. 341–342, Schreiben des *Ortsgruppenleiters* an den *Kreisleiter* vom 14. 8. 1938.
416 StALu, EL 902/6, Bü 11/22/2408, Bl. 27, Schreiben der *Kreisleitung* Esslingen vom 30. 12. 1938.
417 Zur Vorbereitung der Kreisreform 1935 bis 1938 vgl. KrArE, Bestand E 1/2254. Zu Dr. Hans Häcker vgl. Strüber, Reinhard: Das erste Besatzungsjahr. Von der Kapitulation zum demokratisch gewählten Gemeinderat. In: Esslingen, wie Anm. B 77, S. 369, Anm. 10.
418 Seebich, Kreischronik, wie Anm. C 59, S. 104–116, hier S. 108.
419 GAR, Gemeinderatsprotokolle, Bd. 38, Bl. 273, vom 9. 4. 1937, 223.
420 Beispielsweise ebenda, Bd. 39, Bl. 111, vom 4. 11. 1938, 94.
421 Interview Nr. 30.
422 GAR, Gemeinderatsprotokolle, Bd. 38, Bl. 211, vom 5. 1. 1937, 169.
423 Ebenda, Bl. 217, vom 2. 2. 1937, 174.
424 StALu, EL 902/6, Bü 11/22/2436, Bl. 7.
425 StAGöp, Göppinger Zeitung vom 16. 3. 1935.
426 StAGöp, Göppinger Zeitung vom 9. 6. 1936.
427 StALu, EL 902/6, Bü 11/22/291, Bl. 16, Schreiben des *KdF-Ortswarts* vom 24.11.1936.
428 StALu, PL 504/9, Bü 43, Akten zur Gliederung der *Ortsgruppe* der *DAF* einschließlich der *KdF*.
429 Ebenda, Bü 46, Korrespondenz der *Ortsgruppe* Reichenbach, Schreiben des *Ortsgruppenleiters* vom 8. 5. 1937.
430 StALu, PL 504/9, Bü 62, Schreiben der *Kreisleitung* Esslingen an *Ortsgruppenleiter* v. 25. 11. 1938.
431 EZA, Eßlinger Zeitung vom 11. 1. 1941 und vom 20. 2. 1941.
432 StALu, PL 504/9, Bü 42, sowie StALu, PL 502/9, Bü 24, Reichenbacher Heimatbrief vom 20. 2. 1941.
433 StAGöp, Göppinger Zeitung vom 27. 10. 1936; außerdem zur *NSV* vgl. GAR, Bestand FLAT 7200.
434 StALu, EL 902/6, Bü 11/22/2346.
435 StALu, PL 502/9, Bü 62, Schreiben zum Mitgliederstand der *NSV* vom Juni 1938.

436 StALu, EL 902/6, Bü 11/14/918, Bl. 14.
437 GAR, Gemeinderatsprotokolle, Bd. 40, Bl. 212, vom 14. 7. 1939, 178.
438 Ebenda.
439 Siehe hierzu den Teil »Phase der Konsolidierung – Alltag unterm Hakenkreuz«, Kapitel »›... ein widersetzliches Volk?‹ – Von aktiven Nazis, von Mit- und Weitermachern und von Neinsagern in Reichenbach«, Abschnitt »Lehrerwandlungen«.
440 GAR, Gemeinderatsprotokolle, Bd. 40, Bl. 183, vom 16. 5. 1939, 152 sowie Bl. 222, vom 14. 7. 1939, 187.
441 Ebenda.
442 Interview Nr. 82.
443 Privatsammlung G. Munz, Reichenbach, »Aufstellung der Politischen Leiter bis einschl. Blockleiter nach dem Stand vom 10. Okt. 1937« vom 8. 12. 1937.
444 StALu, PL 504/9, Bü 33, Akten des Geschäftsbetriebes der *Ortsgruppe* Reichenbach
445 StALu, J 11299, Bl. 69, Protokoll eines Dienstappells vom 13. 12. 1937.
446 StALu, PL 504/9, Bü 33, Akten des Geschäftsbetriebes der *Ortsgruppe* Reichenbach
447 Privatsammlung G. Munz, »Abschrift vom Mitgliederverzeichnis der NSDAP Reichenbach alphabetisch aufgestellt am 6. 11. 1945«.
448 Ebenda, »Verzeichnis der NS-Frauenschaft und des Deutschen Frauenwerks, aufgestellt nach Angaben der Kassiererin Frl. I. E.« (Stand 22. 5. 1945).
449 Ebenda, »Verzeichnis der SA-Männer und -Führer, aufgestellt im Bürgermeisteramt Reichenbach am 22. 5. 1945«.
450 StALu, PL 504/9, Bü 46, Flugblatt der *Ortsgruppe* Reichenbach/F zur Gedenkfeier am 9. 11. 1940.
451 In Anbetracht der vielen Literatur zur Thematik Jugend im Nationalsozialismus soll hier das Literaturverzeichnis im Anhang, Kapitel »Literatur zum Nationalsozialismus«, Abschnitt »Einzeluntersuchungen«, Unterabschnitt »Literatur zum Bereich Jugend und Erziehung im Nationalsozialismus« verwiesen werden.
452 Einen allgemeinen Überblick zu Schule und Erziehung im Nationalsozialismus bieten Bracher, Diktatur, wie Anm. C 211, S. 242f, Mosse, George Lachmann: Der nationalsozialistische Alltag. So lebte man unter Hitler. Königstein/Ts 1978, S. 14f. Zu den Vorgängen in Württemberg Sauer, Württemberg, wie Anm. B 517, S. 209ff.
453 Vgl. hierzu Weyer, Adam (Hrsg.): Reden an die deutsche Jugend im zwanzigsten Jahrhundert. Wuppertal 1966.
454 Nationalsozialistisches Kraftfahrerkorps.
455 Ebenda, außerdem Arbeitsgruppe Pädagogisches Museum (Hrsg.): Heil Hitler, Herr Lehrer. Volksschule 1933–1945. Das Beispiel, Berlin. Reinbek 1983, S. 147.
456 Dabei sollten die Jungs lernen, sich wie Soldaten im Gelände zu bewegen, einen Kompaß anzuwenden oder zu »robben«.
457 Interview Nr. 61, Interview Nr. 83 und Interview Nr. 104.
458 Interview Nr. 96.
459 Interview Nr. 39.

460 StALu, EL 902/6, Bü 11/22/1750, Bl. 27, Bericht von Frau L. G. am 9. 2. 1948, Bl. 28, Bericht v. Frau E. L. vom 13. 2. 1948.
461 Interview Nr. 50.
462 EZA, Eßlinger Zeitung vom 15. 7. 1939.
463 Zur Erziehung von Jungen zu Kämpfern und Soldaten vgl. Scherrieble, Feldpostbriefe wie Anm. B 280, vor allem S. 95–105; außerdem Helbig, Ludwig: Erziehung zum Krieg. In: Die Männer von Brettheim. Lesebuch zur Erinnerungsstätte. Hrsgg. von der Landeszentrale für politische Bildung Baden-Württemberg. Villingen-Schwenningen 1993, S. 85–115.
464 Interview Nr. 104.
465 »Reichenbachs Jugend«, wie Anm. C 359, S. 7.
466 Ebenda.
467 Interview Nr. 83.
468 Interview Nr. 61; außerdem hierzu Interview Nr. 7.
469 EZA, Eßlinger Zeitung vom 8. 5. 1939.
470 »Reichenbachs Jugend«, wie Anm. C 359, S. 3.
471 Ebenda, S. 8.
472 »Reichenbachs Jugend«, wie Anm. C 359, S. 5.
473 Kater, Michael: Die deutsche Elternschaft im nationalsozialistischen Erziehungssystem. Ein Beitrag zur Sozialgeschichte der Familie. In: Vierteljahresschrift für Sozial- und Wirtschaftsgeschichte 67, 1980, S. 484–512.
474 Dieser Junge, geboren am 11. 1. 1922, wurde zusammen mit seinem Vater Stephan sowie mit Mutter und Schwester Hedwig und Inge im November 1941 nach Riga deportiert. Sein Schicksal wird mit »verschollen« angegeben; Rueß, Karl-Heinz: Die israelitische Gemeinde Göppingens 1927–1945. In: ders (Hrsg.): Aron Tänzer: Die Geschichte der Juden in Jbenhausen und Göppingen. (Veröffentlichungen des Stadtarchivs Göppingen, Band 23). Göppingen 1988, S. 575–619, hier S. 605.
475 Interview Nr. 67.
476 Interview Nr. 59.
477 StALu, PL 504/9, Bü 57, Schreiben der *Ortsgruppe* Reichenbach an *Kreisleitung* Esslingen, sowie Bü 60, Rundschreiben der *Ortsgruppe* Reichenbach vom 30. 11. 1938; außerdem StALu, EL 903/3, Bü J 75/647, Bl. 185a, sowie StAGöp, Göppinger Zeitung vom 5. 1. 1934 und vom 14. 3. 1934 und Interview Nr. 10.
478 »Reichenbachs Jugend«, wie Anm. C 359, S. 6.
479 Interview Nr. 10.
480 Interview Nr. 61.
481 Ebenda.
482 Interview Nr. 7.
483 Ebenda.
484 Interview Nr. 104.
485 Interview Nr. 86.
486 »Reichenbachs Jugend«, wie Anm. C 359, S. 5.
487 »Gesetz über die Hitlerjugend«, RGBl. I. 1936, S. 709/10 und StAGöp, Göppinger Zeitung vom 2. 12. 1936.
488 »Reichenbachs Jugend«, wie Anm. C 359, S. 4.
489 Ebenda.
490 BDC, Berlin, Mitgliederkartei der NSDAP, Akte Erich Duckeck, Parteieintritt am 1. 6. 1931. Auf den drei Parteihochschulen der NSDAP, Crössin-

Anmerkungen zum Teil D
»Phase der Konsolidierung – Alltag unterm Hakenkreuz« (Fortsetzung)

see, Sonthofen und Vogelsang, den sogenannten »Ordensburgen«, wurde der Führernachwuchs ausgebildet.
491 StALu, EL 902/6, Bü 11/14/918, Bl. 99–100, Erinnerung des ehemaligen HJ-Standortführers Clapham am 28. 1. 1947; außerdem ebenda, Bl. 250.
492 Ebenda, Bü 11/22/655; Schreiben des Fabrikanten Otto.
493 Ebenda, Bl. 61.
494 Ebenda, Bü 11/22/655; außerdem BDC, Berlin, Mitgliederkartei der NSDAP, Akte Willy Clapham, Parteieintritt 1. 4. 1941, Parteinummer 8 847 974.
495 StALu, EL 902/6, Bü 11/22/655, Bl 61, Schreiben des Fabrikanten Otto.
496 StALu, EL 902/6, Bü 11/14/918, Bl. 99–100, Erinnerung des ehemaligen HJ-Standortführers Clapham am 28. 1. 1947.
497 StALu, EL 902/6, Bü 11/22/655, Bl. 6, Schreiben vom 10. 9. 1946.
498 Ebenda, Bl. 62, Schreiben des Pfarrers (o. D.; vermutlich Mai 1939).
499 »Reichenbachs Jugend«, wie Anm. C 359, S. 9.
500 Ebenda, S. 9/10.
501 Ebenda.
502 Ebenda.
503 Ebenda, S. 6.
504 EZA, Eßlinger Zeitung vom 1. 4. 1939, Bericht über die Reichenbacher Schulentlaßfeier Ende März 1939.
505 Zitiert nach Huber, Karl-Heinz: Jugend unter dem Hakenreuz. Frankfurt/M. 1986, S. 82.
506 Siehe hierzu den Teil »Machtantritt«, Kapitel »Sicherung und Ausbau der Macht«, Abschnitt »Durch diesen vorgeschlagenen Wechsel«.
507 Zu nennen sind hier vor allem Rektor Böhringer, und die Lehrer Stotz, Löffler, Scheufele sowie die Lehrerin Wahl. Zu weiteren »Lehrerwandlungen« siehe den Teil »Phase der Konsolidierung – Alltag unterm Hakenkreuz«, Kapitel »›... ein widersetzliches Volk?‹ – Von aktiven Nazis, von Mit- und Weitermachern und von Neinsagern in Reichenbach«, Abschnitt »Lehrerwandlungen«.
508 Ottweiler, Ottwilm: Die Volksschule im Nationalsozialismus. Weinheim und Basel 1979.
509 GAR, Bestand FLAT 5111.
510 Interview Nr. 7; außerdem hierzu GAR, Bestand FLAT 5111, Befreiung vom Schulbesuch.
511 Aufgrund der Klagen von Lehrern regelte das *Kultministerium* die Hausaufgabenfrage im Januar 1937 mittels Erlaß, nach dem mittwochs und samstags, den Tagen des regulären *HJ-Dienstes*, keine Hausaufgaben gegeben werden durften; Amtsblatt des Württembergischen *Kultministeriums* 31, 1938, S. 113f.
512 Ebenda, S. 119–128.
513 Ausführliche Untersuchungen zum Schulalltag der umliegenden Städte und Gemeinden liegen vor. Nationalsozialistische Indoktrination über Lehrpläne, Lernziele und Didaktik der einzelnen Fächer, Militarisierung der Schule sowie Schule

Anmerkungen zum Teil D
»Phase der Konsolidierung – Alltag unterm Hakenkreuz« (Fortsetzung)

im Krieg zu Göppingen, Scharnhausen und Nellingen, Stuttgart und der Tübinger Region sind folgenden Aufsätzen und Dokumentationen zu entnehmen: Bader, Walter u. a. (acht Schüler): Schule und Nationalsozialismus. Das Beispiel – »Hohenstaufen-Oberschule Göppingen«. In: geschichte regional. Quellen und Texte aus dem Kreis Göppingen. Heft 3 (Folge 14 der Veröffentlichungsreihe »Hohenstaufen« des Geschichts- und Altertumsvereins Göppingen e. V.), 1988, S. 64–73; desweiteren »Alltag im Nationalsozialismus in den Gymnasien Scharnhausen und Nellingen«. Ostfildern 1986; außerdem Kley, Stefan: »Man wundert sich, daß wir überhaupt noch etwas gelernt haben.« Schule im Krieg. In: Hiller, Stuttgart, wie Anm. D 46, S. 291–304, sowie Hägele, Ulrich, Gudrun Silberzahn-Jandt und Martin Wörner: »Schule«. In: »Heimatkunde«, wie Anm. D 13, S. 206–235. Allgemein Kater, Michael: HJ und Schule im Dritten Reich. In: Historische Zeitschrift 228, 1979, S. 572–623, sowie die fast schon als Klassiker der NS-Schulforschung zu bezeichnenden Werke Eilers, Rolf: Die nationalsozialistische Schulpolitik. Eine Studie zur Funktion der Erziehung im totalitären Staat. Köln und Opladen 1963; und Flessau, Kurt Ingo: Schule der Diktatur. Lehrpläne und Schulbücher des Nationalsozialismus. Hamburg 1979.
514 Privatsammlung Wöllhaf, Reichenbach.
515 Privatsammlung O. Söll, Reichenbach.
516 Zur Mobilisierung der Jugend zum *Totalen Krieg* siehe im Teil »Reichenbach im Krieg«, Kapitel »Der *Totale Krieg* an der Reichenbacher *Heimatfront* und sein Ende«, Abschnitt »Mobilisierung ...«.
517 Zur Flug- und Arbeitsgemeinschaft vgl. Privatsammlungen R. Stöber, Reichenbach und K. Stöber, Freudenstadt; zur Gründung ebenda, Schreiben des Württembergischen Luftfahrt-Verbands e. V. vom 4. 8. 1930.
518 Interview Nr. 103 und Interview Nr. 86.
519 Interview Nr. 97.
520 Beispielsweise Bader, Schule, wie Anm. D 513, S. 66, Schönhagen, Tübingen, wie Anm. B 145, S. 233.
521 Privatsammlung R. Stöber, Reichenbach, Schreiben von G. H., Buenos Aires, an R. Stöber vom 24. 11. 1936. Aus der Mitte der Reichenbacher FAG werden einzelne Männer von der Argentinischen Regierung zwecks Aufbauen eines Segelflugzeug-Werkes angefragt.
522 StAGöp, Hohenstaufen vom 27. 1. 1934.
523 Interview Nr. 97.
524 Interview Nr. 86.
525 Interview Nr. 107.
526 Amtsblatt des Württembergischen *Kultministeriums* 28, 1935, S. 173.
527 GAR, Bestand FLAT 5111.
528 GAR, Gemeinderatsprotokolle, beispielsweise Bd. 38, Bl. 375, vom 17. 9. 1937, 304.
529 Interview Nr. 103.

530 Interview Nr. 77.
531 Ausführlicher zur Kriegsvorbereitung durch den Schulunterricht in den unter Anm. D 513 erwähnten Literaturangaben; außerdem Schönhagen, Tübingen, wie Anm. B 145, S. 233.
532 Siehe hierzu den Teil »Machtantritt«, Kapitel »Sicherung und Ausbau der Macht«, Abschnitt »Nicht nur ein Kampf um Seelen (...)«.
533 Für die seit Herbst 1932 geplante Neuaufführung der Umfassungs- bzw. der Kirchenvorplatzverbesserung, die sich durch die »zu schwache Finanzlage« verzögert hatte, erreichte Erhardt einen staatlichen Zuschuß von 650 RM für die Kirchengemeinde. Im Sommer und Herbst 1935 wurden gleichzeitig der unzulängliche Aufgang zum Pfarrhaus durch einen Staffelaufgang ersetzt und die Gehweganlage in der Kirchstraße verbessert; EKAR, Arch. Nr. 56. 17, Evangelisches Gemeindeblatt Reichenbach an der Fils, Jg. 1932/1933, Nr. 9/32 S. 4, sowie StA-Lu, F170-II, Bü 125, Schreiben vom 18. 5. 1935; außerdem LKA Stuttgart, Bestand Generalia/Altregistratur: Kirchengemeinde Reichenbach, div. Schreiben Bl. 57–60.
534 GAR, Bestand FLAT 7060, Ortsfürsorgebehörde.
535 GAR, Bestand FLAT 5000, Ortsschulrat.
536 Bis zum Krieg waren dies Blessing, Kohlhaas und Alber sowie die Lehrer Stotz und Mühlhäuser; StALu, PL 504/9, Bü 42, Antwort-Schreiben des *Ortsgruppenleiters* vom 25. 9. 1938 auf Anfrage der *Kreisleitung* Esslingen vom 21. 9. 1938.
537 Ebenda. Zur hier angesprochenen Eidverweigerung siehe den Teil »Phase der Konsolidierung – Alltag unterm Hakenkreuz«, Kapitel »Die Reichenbacher Mauritiusgemeinde und die Reichskirchenpolitik 1938 – zweite Phase des Kirchenkampfes in Reichenbach«, Abschnitt »Standort im lokalen Kirchenkampf«.
538 Interview Nr. 27. Vgl. hierzu Müller, Jugend, S. 42ff, sowie Röhm und Thierfelder, Anpassung, wie Anm. C 242, S. 347f.
539 Interview Nr. 28. Siehe zum resistenten Verhalten des CVJM in Reichenbach den Teil »Machtantritt«, Kapitel »Sicherung und Ausbau der Macht«, Abschnitt »CVJM – Ressistenz und Intelligenz«.
540 EKAR, Arch. Nr. 56. 20, Evangelisches Gemeindeblatt Reichenbach an der Fils, Jg. 1938/1941, Nr. 5/1938, vom 29. 4. 1938, S. 4.
541 EKAR, Arch. Nr. 56. 17, ebenda, Jg. 1932/1933, Nr. 7/32, S. 4.
542 Ebenda, Nr. 8/32 S. 4.
543 Ebenda.
544 LKA Stuttgart, Bestand Generalia/Altregistratur: Kirchengemeinde Reichenbach, Bl. 55, Schreiben vom 25. 7. 1934 und Aktenvermerk des Oberkirchenrats vom 27. 7. 1934, Az 26. 7. 34, Nr. 0. 07820.
545 EKAR, Arch. Nr. 56. 18, Evangelisches Gemeindeblatt Reichenbach an der Fils, Jg. 1934/1935, Nr. 8/35 S. 4. Dieser Prozeß verstärkte sich mit zunehmender Verschärfung des Kirchenkampfes noch. Siehe hierzu und zum folgenden den Teil »Reichenbach im Krieg«, Kapitel »Krieg im Innern«, Abschnitt »Krieg gegen zentrale Säulen ...«.

546 Siehe hierzu die Tabelle »Kürzung der Staatsleistung zum Budget der Landeskirche von 1933 bis 1938« im Anhang.

547 EKAR, Arch. Nr. 56. 18, Evangelisches Gemeindeblatt Reichenbach an der Fils, Jg. 1934/1935, Nr. 7/35, S. 4.

548 Ebenda.

549 Von 69 Konfirmanden (37 Jungen und 32 Mädchen) im Jahre 1935 über 49 Konfirmanden im Jahre 1938 ging die Zahl der Konfirmationen im Jahre 1939 auf 39 zurück. Siehe hierzu die Tabelle »Konfirmationen und Taufen in Reichenbach während der Wirkungszeit Pfarrer Erhardts (1931–1939)« im Anhang.

550 EDE, Altregistratur, Bestand Ortsakten, Fach 28, Reichenbach, A III, Bü 3, Schreiben des Oberkirchenrats vom 7. 12. 1937.

551 Für sie waren der Webmeister Robert Raidt und der Landwirt Wilhelm Fischer nachgerückt. EKAR, Arch. Nr. 56. 20, Evangelisches Gemeindeblatt Reichenbach an der Fils, Jg. 1938/1941, Nr. 1/1938, S. 4.

552 Ebenda, Nr. 6/1938, S. 4.

553 Ebenda.

554 Ebenda, Nr. 8/193 S. 4.

555 LKA Stuttgart, Personalakte Theodor Dipper (B-Bestand der Registratur), Bl 52, Schreiben vom 27. 6. 1938. Außerdem EDE, Altregistratur, Bestand Ortsakten, Fach 28, Reichenbach, A I, Bü 2.

556 Ebenda, Bl. 52, Dipper vertrat den erkrankten Stadtpfarrer Botsch in Untertürkheim.

557 Vom 25. 4. 1938 bis 21. 5. 1938; LKA Stuttgart, Bestand D 31 (unverzeichnet), Bü IV. 2, sowie Bestand D 1, Bü 101. 1, Präsidialschreiben beim Oberkirchenrat.

558 EKAR, Arch. Nr. 56. 20, Evangelisches Gemeindeblatt Reichenbach an der Fils, Jg. 1938/1941, Nr. 8/1938 vom 29. 7. 1938.

559 EDE, Altregistratur, Bestand Ortsakten, Fach 28, Reichenbach, A I, Bü 1, Schreiben des Kirchengemeinderates an Dekanat Göppingen vom 30. 7. 1938.

560 EKAR, Arch. Nr. 53. 10, Bd. 1923–1938, Kirchengemeinderats-Protokoll vom 21. 11. 1929.

561 Ebenda.

562 EDE, Altregistratur, Bestand Ortsakten, Fach 28, Reichenbach, A I, Bü 2, Erlaß vom 17. 8. 1938.

563 StALu, B 5991/48, Bü 11/22/770, Bl. 9.

564 Lang, Heinrich: »Zum Gedenken an Theodor Dipper«, in: Evangelium und Kirche, Nr. 1/70, S. 3–6.

565 Dipper wirkte maßgeblich an der Idee der *Männerarbeit* mit, nach der christliche Laien aus allen sozialen und Bildungsschichten zur kirchlichen Mitverantwortung aufgerufen und durch abendliche Schulungen, Bibelarbeiten sowie durch *Männerrüstzeiten* (s. u.) ausgebildet wurden. Vgl. hierzu »Evangelische Freiheit und kirchliche Ordnung.« Hrsgg. vom Landesbruderrat der Evangelischen *Bekenntnisgemeinschaft* in Württemberg. Freundesgabe anläßlich des 65. Geburtstages von Theodor Dipper. Stuttgart 1968, S. 9.

566 In Anbetracht der Bedeutung Dippers ist es nur schwer nachvollziehbar, warum bislang noch keine biographisch angelegte Arbeit zu diesem Kapitel des württembergischen Kirchenkampfes oder zu seinem Wirken überhaupt erschienen ist. Die wichtigste Quelle als Einstieg in eine Biographie Dippers bietet sicher der vom Autor aufgenommene Nachlaß Dippers, der als bislang unverzeichneter Bestand D 31 im LKA in Stuttgart bearbeitet und verzeichnet werden konnte. An dieser Stelle sei nochmals Herrn Dr. Ehmer ganz besonders für die Erlaubnis der Einsichtnahme sowie der Bearbeitung des umfangreichen Nachlasses gedankt.

567 In vielerlei Erinnerungen wird Dipper als »sehr kühl«, »verschlossen«, »zu studiert« oder gar als »verfressen« oder als »merkwürdiger Mann« bezeichnet – Vgl. hierzu u. a. die Interview Nr. 10, Interview Nr. 27, Interview Nr. 28, Interview Nr. 45 sowie Interview Nr. 100.

568 LKA Stuttgart, Personalakte Theodor Dipper (B-Bestand der Registratur), Bl 1, Familienbuch.

569 Dipper, Theodor: *Bekenntnisgemeinschaft* in Württemberg 1933–1945. Ein Beitrag zur Geschichte des Kirchenkampfes im »*Dritten Reich*«, Göttingen 1966, S. 22. Mehr hierzu bei Scherrieble, Joachim: »*Das coole uncoole Paar.*« Leben und Wirken von Gertrud und Otto Mörike. Stuttgart 1994 (Bei Fertigstellung der Untersuchung über Reichenbach im Druck).

570 Ebenda, S. 18–19.

571 Zu den KTA's vgl. LKA Stuttgart, Bestand D 31 (unverzeichnet), Bü »Manuskript ›25 Jahre KTA und *Bekenntnisgemeinschaft*‹« sowie Dipper, *Bekenntnisgemeinschaft*, wie Anm. D 569, S. 19, S. 23 und S. 31.

572 Ebenda, S. 43. Auf der *Barmer Bekenntnissynode* (29.–31. 5. 1934) formulierte die *Bekennende Kirche* (s. u.) ihre theologischen Grundsätze und bildete die Reichs- und die Landesbruderräte, die Funktionen einer Kirchenleitung übernahmen.

573 Er leitete die erste »Männerschulungstagung« in Schmie vom 14. – 16. 9. 1934 wie auch die weiteren in Plattenhardt und Berghülen; Dipper, Bekenntnisgemeinschaft, wie Anm. D 569, S. 47–56.

574 Das Einlenken Hitlers gegenüber den opponierenden Landeskirchen im Herbst 1934 hatte keinen generellen Verzicht auf eine *gleichgeschaltete* gefügige Reichskirche bedeutet. Das *Befriedungskonzept* schlug fehl, der Reichskirchenausschuß trat Anfang 1937 zurück. Das Nebeneinander von gleichgeschalteter offizieller Kirchenleitung und der Kirchenleitung der Bekennenden Kirche, dem *Reichsbruderrat*, blieb bis 1945 weiter bestehen. Schäfer, Dokumentation, wie Anm. C 273, Bd. 4: Die intakte Landeskirche 1935–1936; Stuttgart 1977, sowie Bd. 5: Babylonische Gefangenschaft 1937–1938; Stuttgart 1982; außerdem Dipper, Bekenntnisgemeinschaft, wie Anm. D 569, S. 62, Anm 47, sowie Röhm und Thierfelder, Kirche, wie Anm. C 243, S. 48–109.

575 Dipper, Bekenntnisgemeinschaft, wie Anm. D 569, S. 63.

Anmerkungen zum Teil D
*»Phase der Konsolidierung – Alltag unterm
Hakenkreuz« (Fortsetzung)*

576 LKA Stuttgart, Bestand D 31 (unverzeichnet), Bü
    VI/2, Fragebögen zu DC in den Bezirken.
577 Lang, Gedenken, wie Anm. D 564, S. 3–6.
578 EKAR, Arch. Nr. 56. 20, Evangelisches Gemeinde-
    blatt Reichenbach an der Fils, Jg. 1938/1941, Nr.
    9/1938, vom 7. 9. 1938, S. 3; dort abgedruckt der
    Einsegnungstext und Näheres zur Amtseinfüh-
    rung.
579 StALu, EL 902/6, Bü 11/14/918, Bl. 148, Erinne-
    rung Dippers am 17. 2. 1947.
580 Kirchliches Jahrbuch 1933–1945, S. 162, zitiert
    nach Dipper, Bekenntnisgemeinschaft, wie Anm.
    D 569, S. 155.
581 Ebenda.
582 Zitiert nach Dipper, Bekenntnisgemeinschaft, wie
    Anm. D 569, S. 159.
583 Fritz Veigel: Die Braune Kirche, zitiert nach Dip-
    per, Bekenntnisgemeinschaft, wie Anm. D 569, S.
    159.
584 Unter den nationalsozialistischen Blättern ragten
    besonders die in Leonberg und Stuttgart erschei-
    nenden »Flammenzeichen« durch antichristliche
    und antikirchliche Artikel hervor. Am 16. 1. 1937
    übersandte der Oberkirchenrat eine Zusammen-
    stellung über diese Zeitschrift an alle Dekanats-
    ämter. Mehr zu den »Flammenzeichen« bei Schä-
    fer, Dokumentation, wie Anm. C 273, Bd. 5,
    S. 640–661.
585 Zitiert nach Dipper, Bekenntnisgemeinschaft, wie
    Anm. D 569, S. 196–197.
586 Verwahrungs-Schreiben Dippers vom 23. 12. 1937
    an die Gestapo; Akten der *Bekenntnisgemeinschaft*,
    zitiert nach Dipper, Bekenntnisgemeinschaft, wie
    Anm. D 569, S. 198.
587 Schreiben Dippers an den Oberkirchenrat vom
    2. 1. 1938, zitiert nach Dipper, Bekenntnisgemein-
    schaft, wie Anm. D 569, S. 199.
588 Ebenda.
589 Ebenda.
590 *Männerrüstzeiten* waren kirchliche Fortbildungen,
    in denen über Bibelarbeiten und Gespräche »Lai-
    en« aus allen Ständen zur kirchlichen Mitverant-
    wortung in Wort und Tat gerüstet werden sollten.
    Zu den Treuebekundungen vgl. LKA Stuttgart,
    Bestand D 31 (unverzeichnet) Bü IV. 5a, Schrei-
    ben vom 12. 2. 1938.
591 Protokoll der Vertrauensleuteversammlung vom
    27. Januar 1938; zitiert nach Dipper, Bekenntnis-
    gemeinschaft, wie Anm. D 569, S. 199.
592 Ebenda.
593 Siehe den Teil »Reichenbach im Krieg«, Kapitel
    »Krieg im Innern«, Abschnitt »Krieg gegen zen-
    trale Säulen ...«.
594 StALu, EL 902/6, Bü 11/14/918, Bl. 148, Erinne-
    rung Dippers am 17. 2. 1947.
595 Dipper, Bekenntnisgemeinschaft, wie Anm. D
    569, S. 230.
596 Niemöller, Wilhelm: Kampf und Zeugnis der Be-
    kennende Kirche. Bielefeld 1948, S. 338, wie auch
    Dipper, Bekenntnisgemeinschaft, wie Anm. D
    569, S. 230.

597 Dipper, Bekenntnisgemeinschaft, wie Anm. D
    569, S. 230.
598 Akten der *Bekenntnisgemeinschaft*, Protokoll des
    Landesbruderrats vom 28. 4. 1938, zitiert nach
    Dipper, Bekenntnisgemeinschaft, wie Anm. D
    569, S. 230.
599 LKA Stuttgart, Personalakte Theodor Dipper (B-
    Bestand der Registratur), Bl. 53, Bewerbung vom
    3. 8. 1938.
600 Ebenda, Bestand D 31 (unverzeichnet), Bü »Ak-
    ten BK 1937/38«, Mitteilung vom 6. 9. 1938.
601 *Bekennende Kirche*, aus dem 1933 von Niemöller
    organisierten *Pfarrernotbund* hervorgegangene in-
    nerevangelische Oppositionspartei gegen die na-
    tionalsozialistisch geprägten *Deutschen Christen*
    und gegen die Unterdrückung der Kirche durch
    den nationalsozialistischen Staat. Brunotte und
    Weber, Kirchenlexikon, wie Anm. C 304, Bd. 1,
    Sp. 365ff.
602 LKA Stuttgart, Bestand D 31 (unverzeichnet), Bü
    »Akten BK 1937/38«, Schreiben Dippers an Pfar-
    rer Mörike vom 1. 10. 1938.
603 Die nächste Tagung fand bereits vom 1.–3. 11.
    1938 im Pfarrhaus in Reichenbach statt. Im An-
    schluß an die von Dipper mitorganisierte Esslin-
    ger Tagung vom 21.–23. 10. 1940, bei der über 100
    Teilnehmer anwesend waren, lud Dipper am
    23. 10. 1940 etwa 20 Pfarrer zu einer Bruder-
    schaftszusammenkunft nach Reichenbach. Nach
    einer kleinen Wanderung in den herbstlich bun-
    ten Wäldern Reichenbachs fanden noch persönli-
    che Aussprachen und Diskussionen des Sonn-
    tagstextes statt. Im Spätsommer 1940 veranstalte-
    te er außerdem ein Treffen von Bruderschafts-
    frauen und vom 12. –14. Mai 1941 die Frühjahrs-
    tagung der Bruderschaft in Reichenbach (vgl.
    Programm der Frühjahrstagung 1941 in Reichen-
    bach. LKA Stuttgart, Bestand D 31, Bü »BK - Ak-
    ten 1. 2. 1939–1. 2. 1942« z. B. Schreiben vom 16.
    10. 1940 oder diverse Schreiben, Rundbriefe und
    Programme, sowie Bü »Bruderschaftsbriefe
    1938–1942«, Schreiben Dipper an Pfarrer Klop-
    penburg vom 31. 5. 1939; Bruderschaftsbriefe
    vom 30. 9. und vom 23. 12. 1940. Die Bruder-
    schaftsbriefe wurden etwa alle vier Wochen unter
    wechselnder Verantwortung herausgegeben.
604 Interview Nr. 95.
605 Ausschreiben des Landesbruderrats vom 17. 6.
    1938, zitiert nach Dipper, Bekenntnisgemein-
    schaft, wie Anm. D 569, S. 239.
606 Innerhalb der Bekennenden Kirche bildeten sich
    bald zwei konkurrierende Lager, die *Sozietät* und
    die *Bekenntnisgemeinschaft*. Die radikale *Sozietät*
    warf der *Bekenntnisgemeinschaft* unter anderem
    vor, mit den DC gemeinsame Sache machen zu
    wollen. Zur weiteren Entwicklung siehe im fol-
    genden.
607 Diese wurde aber am 24. Juli wieder zurückge-
    nommen; Dipper, Bekenntnisgemeinschaft, wie
    Anm. D 569, S. 240–241.
608 Ebenda, S. 191.
609 Im Schreiben vom 14. 5. 1937 forderte Dipper
    diese im Namen des Landesbruderrats auf, im
    Sinne der Einheit der Kirche abzustehen von ih-
    rem Wege und von den Anschuldigungen gegen

den Landesbruderrat, mit den *Deutschen Christen* zusammenzuarbeiten, weiter distanzierte er sich als Mitunterzeichnender der Denkschrift »Der Leib Christi« klar von diesen.

610 Dipper, Bekenntnisgemeinschaft, wie Anm. D 569, S. 247.

611 Am 15. Juli 1943 traf Dipper Diem im Zug und sie besprachen ausführlich das Verhältnis zwischen *Bekenntnisgemeinschaft* und *Sozietät* mit Blick auf die Notwendigkeit der Einigung; in darauffolgenden Briefen versuchten beide, diese herbeizuführen. Erst mit der Erklärung vom 19. 8. 1943 erkannte die *Sozietät* Landesbischof Wurm und den Evangelischen Oberkirchenrat als rechtmäßiges Kirchenregiment wieder an. LKA Stuttgart, Bestand D 31 (unverzeichnet), Bü »BK - Akten 1. 4. 1942–August 1945«, Schreiben Dippers an Pfarrer Diem vom 16. 7. 1943. Außerdem zur *Sozietät* ebenda, vor allem in den Bü III/6, Bü »Eid 1938«, Bü »Sozietät, Diem, Schempp, Simultaneum«, Bü »Landesbruderrat und Sozietät«. Vgl. hierzu auch Dipper, Bekenntnisgemeinschaft, wie Anm. D 569, Kapitel VII. 2. , VIII. 1ff.

612 LKA Stuttgart, Bestand D 31 (unverzeichnet), Bü I. 12, z. B. Schreiben des Pfarrernotbundes.

613 Ebenda, Bü III. 5. sowie Bü V. 3, div. Schreiben, z. B. von Pfarrer Schubert vom 15. 7. 1938.

614 Die Namen sind dem Autor bekannt.

615 Interview Nr. 35 mit der ehemaligen Gemeindehelferin Dippers.

616 Interview Nr. 20.

617 Interview Nr. 21.

618 Die *Vorläufige Leitung der Deutschen Evangelischen Kirche* sollte gemäß den Botschaften der Bekenntnissynoden in Barmen und Dahlem die Deutsche Evangelische Kirche ordnen; Brunotte und Weber, Kirchenlexikon, wie Anm. C 304, Bd. 1, Sp. 367f.

619 LKA Stuttgart, Bestand D 31 (unverzeichnet), Bü »BK - Akten 1. 2. 1939–1. 2. 1942«, die »Planwirtschaftlichen Maßnahmen in Heer und Pflegeanstalten«. Siehe mehr hierzu im Teil »Reichenbach im Krieg«, Kapitel »Krieg im Innern«, Abschnitt »Krieg gegen Randgruppen und Minderheiten«.

620 In ihr sollten Laien in Bibelarbeit, Christenlehre, Konfirmandenunterricht, u. a. ausgebildet werden; ebenda, Bü V. 6, div. Schreiben betreffs Religionsunterricht.

621 Ebenda, Bü »BK - Akten 1. 2. 1939–1. 2. 1942«.

622 Zur Konfirmationsdebatte in dieser Zeit vgl. Fricke, Paul »Zur Lage der Konfirmation heute«, in: Haus und Gemeinde, März 1939, und Doerne, Martin: Neubau der Konfirmation. Grundzüge einer Erneuerung des kichlichen Jugendkatschumenats. Bertelsmann 1936. Konkrete Vorstellungen und Inhalte Dippers zur Konfirmation im Bruderschaftsbriefe vom 6. 4. 1939; LKA Stuttgart, Bestand D 31 (unverzeichnet), Bü »Bruderschaftsbriefe 1938–1942«.

623 Dipper, Theodor: »23. Sonntag nach Trinitatis: Gebt dem Kaiser, was des Kaisers ist. . . « in: Beckmann, Joachim und Sonntag, Friedrich Linz (Hrsg.): Meine Worte werden nicht vergehen. Gütersloh 1940, S. 309–315. Das Honorar dafür, so

schrieb er den Herausgebern, sollte zur Anschaffung des Büchleins für bedürftige Gemeinden verwendet werden; hierzu LKA Stuttgart, Bestand D 31 (unverzeichnet), Bü »BK - Akten 1. 2. 1939–1. 2. 1942«, Schreiben Dippers vom 11. 1. 1941.

624 Ebenda, Schreiben Dippers an Pfarrer Kloppenburg vom 31. 5. 1939.

625 Ebenda, Schreiben Dippers an Landesbischof Marahrens vom 11. 7. 1939.

626 Ebenda, Schreiben Dippers an Pfarrer Mörike vom 12. 4. 1940. Mörike hatte nach seiner Vertreibung aus Kirchheim zwischenzeitlich im idyllischen Flacht eine neue Heimatgemeinde gefunden; Scherrieble, Mörike, wie Anm. D 569, S. 43.

627 Ebenda, Bü »Akten BK 1937«, Schreiben Dippers an Pfarrer Buder vom 31. 10. 1938.

628 Dipper, Bekenntnisgemeinschaft, wie Anm. D 569, S. 131.

629 Landesbruderrat, Freiheit, wie Anm. D 565, S. 9.

630 Zu den zwischen 1942 und 1944 in Reichenbach stattfindenden *Männerrüstzeiten* vgl. Interview Nr. 35.

631 Er sollte später noch erweitert werden – siehe hierzu den Teil »Reichenbach im Krieg«, Kapitel »Krieg im Innern«, Abschnitt »Krieg gegen zentrale Säulen ...«.

632 Interview Nr. 63. Dipper verfuhr bei seinem Kindergottesdienst etwa seit Anfang 1940 nach einem Plan des Horkheimer Pfarrers Zimmermann. Er betonte dabei vor allem den Unterschied zwischen bloßem Auswendiglernen, reinem Hersagen der zu lernenden Worte im Gegensatz zu einem wirklichen Bezeugen derselben. »Ich sagte ihnen: ›Ihr dürft nun selbst einander und mir Gottes Wort predigen.‹ Sie nehmen deshalb diesen Teil des Gottesdienstes ebenso ernst wie das Vaterunser oder den Segen.« LKA Stuttgart, Bestand D 31 (unverzeichnet), Bü »Bruderschaftsbriefe (Freudenstädter Kreis) 1938–1942«, Bruderschaftsbrief Dippers vom 7. 2. 1942.

633 Interview Nr. 63.

634 Ebenda.

635 Interview Nr. 28 mit dem früheren CVJM Jugendleiter – siehe hierzu den Teil »Machtantritt«, Kapitel »Sicherung und Ausbau der Macht«, Abschnitt »CVJM – Resistenz und Intelligenz«.

636 Am 11. 11. 1938 mußte Dipper in seinem Kinderkirchhelferkreis über Wurms Erklärung zur VKL sprechen. In einem Schreiben an Wurm tags darauf teilte er diesem mit, daß er erstmals die Differenz zwischen seiner persönlichen Meinung und der des Landesbischofs nicht verbergen konnte. Die Reichenbacher Gemeinde habe große Probleme, so schreibt er, Wurms Argumentation zu folgen, und Dipper konnte ihn nicht verteidigen, da er selbst die Dinge anders sah; LKA Stuttgart, Bestand D 31 (unverzeichnet), Bü III. 1a, Schreiben Dipper an Wurm vom 12. 11. 1938. Wie in diesem Fall verallgemeinerte Dipper sehr oft seine Erfahrungen in Reichenbach und sprach

hernach, in seinem persönlichen theologischen und politischen Handeln wie auch später in seinen Reflexionen, von »unseren Gemeindemitgliedern« im allgemeinen; in seinem Buch etwa spricht er von »der Bekennenden Kirche«, beschreibt aber häufig konkrete Reichenbacher Erfahrungen, z. B. über Lehrer: Die beschriebene Situation deckt sich exakt mit den Vorgängen um Lehrer Mühlhäuser, Reichenbach; siehe hierzu das folgende Kapitel, Abschnitt »Lehrerwandlungen«.

637 Interview Nr. 35.

638 Siehe hierzu den Teil »Reichenbach im Krieg«, Kapitel »Krieg im Innern«, Abschnitt »Krieg gegen zentrale Säulen ...«.

639 Interview Nr. 59.

640 Interview Nr. 35.

641 EKAR, Arch. Nr. 56. 20, Evangelisches Gemeindeblatt Reichenbach an der Fils, Jg. 1938/1941, Nr. 9/1938, vom 7. 9. 1938, S. 3.

642 Ebenda.

643 StA Sigmaringen, Wü 65/36, Acc. 31/1973, Nr. 580, sowie EKAR, Arch. Nr. 53. 11. 1, Bd. 1939–1959, Kirchengemeinderats-Protokoll vom 27. 6. 1939 und vom 21. 7. 1939.

644 EKAR, Arch. Nr. 53. 11. 7, Bd. 1939–1959, Kirchengemeinderats-Protokoll vom 27. 6. 1939.

645 Vgl. hierzu beispielsweise die Mitgliederversammlung des Gemeindevereins am 14. 5. 1939 mit einem Vortrag von Kirchenrat Dr. Haug: »Wie führen wir unsere Kinder zum Glauben?« EKAR, Arch. Nr. 56. 20, Evangelisches Gemeindeblatt Reichenbach an der Fils, Jg. 1938/1941, Nr. 6/1939, vom 16. 6. 1939.

646 EKAR, Arch. Nr. 53. 11. 7 Bd. 1939–1959, Kirchengemeinderats-Protokoll vom 27. 6. 1939. So meldeten die Frauen des Gemeindedienstes jeweils, wenn jemand krank war. – Ausführlicher hierzu Interview Nr. 35.

647 Interview Nr. 35.

648 Ebenda.

649 Interview Nr. 59 sowie Interview Nr. 25.

650 Interview Nr. 35.

651 Emma Schwille wirkte von Sommer 1938 bis März 1939 in Reichenbach, Grete Hickel offiziell ab 1. 4. 1939; sie kam am 15. 5. 1939 und schied nach ihrer Heirat zum 31. 3. 1942 aus dem Amt. Nach Abschluß ihres Examens 1942 hatte Frau Elfriede Ott die Wahl zwischen Ulm und Reichenbach, das sie »vor allem wegen Dipper und seiner Funktionen mehr« reizte. Die ihr nachfolgende Anneliese Becher schied zum 7. 2. 1945 aus familiären Gründen als Gemeindehelferin aus. Ihre Nachfolgerin wurde Pauline Betz vom Bruderhaus Buttenhausen. Betz war längere Zeit abwesend, um ihre Ausbildung abzuschließen und die Prüfungen abzulegen. Während dieser Zeit vertrat sie Ruth Nädele aus Reichenbach; Interview Nr. 35; außerdem EKAR, Arch. Nr. 53. 11, Bd. 1939–1959, Kirchengemeinderats-Protokolle vom 7. 2. 1945 und vom 28. 6. 1945.

652 Der Nachweis *arischer Abstammung* wurde durch Gesetz zum ersten Mal im Berufsbeamtengesetz vom 7. 4. 1933 gefordert. Unter der Bezeichnung *Arierparagraph* wurde sie Bestandteil vieler weiterer Gesetze und Bestimmungen sowie vieler Satzungen und Statuten von Vereinen und Verbänden. Hierdurch wurde allen sogenannten *Nicht-Ariern*, die Zugehörigkeit zur entspechenden Organisation oder auch die Berufsausübung verboten. Dafür mußten jeweils *Abstammungsnachweise* der Eltern und Großeltern erbracht werden – eine der wichtigsten Nebeneinnahmequellen für die Kirchengemeinden.

653 Privatsammlung Faul, Calw-Heumaden, Schreiben von Frau Dipper an Emma Schwille vom 3. 12. 1975.

654 EDE, Altregistratur, Bestand Ortsakten, Fach 28, Reichenbach, A III, Bü 3, Erlaß vom 26. 3. 1943, Schreiben des Oberkirchenrats vom 18. 2. 1946 sowie EKAR, Arch. Nr. 53. 11, Bd. 1939–1959, Kirchengemeinderats-Protokoll vom 7. 2. 1939. Für Grete Hickel beispielsweise, die rund 160 RM bekam, bezahlte ein Drittel, also 55 RM der Oberkirchenrat, ein knappes Drittel, 40 RM, der Gemeindeverein, und der Restbetrag von 65 RM wurde vor allem aus der Kasse für arische Nachweise beglichen.

655 EKAR 55. 30, Amtsblatt der Evangelischen Landeskirche in Württemberg, hrsgg. vom Oberkirchenrat Stuttgart, Bd. 28 Nr. 20, 9. April 1938, S. 160/161, Erlaß des Evangelischen Oberkirchenrates über den Gottesdienst am 20. 3. 1938 vom 16. 3. 1938, Nr A. 2643; außerdem hierzu Dipper, Bekenntnisgemeinschaft, wie Anm. D 569, S. 214.

656 Ebenda, Bd. 28 Nr. 20, 9. April 1938, S. 161/162, Wort des Lutherates vom 3. 4. 1938, sowie Erlaß des Evangelischen Oberkirchenrates über Kanzelverkündigung am 3. April 1938 vom 1. 4. 1938, Nr. A. 3219.

657 Ebenda, S. 162, Erlaß des Evangelischen Oberkirchenrates über den *Tag des Großdeutschen Reiches* und den *Wahltag* vom 5. 4. 1938, Nr A. 3338; außerdem LKA Stuttgart, Bestand Generalia/Altregistratur 115 c Sonderbünde, S XIII, 1937–1938, »An sämtliche Pfarrämter« vom 5. 4. 1938

658 Dipper, Bekenntnisgemeinschaft, wie Anm. D 569, S. 217.

659 Ebenda, S. 218.

660 Schreiben des Landesbruderrates vom 2. 4. 1938; zitiert nach Dipper, Bekenntnisgemeinschaft, wie Anm. D 569, S. 218–219.

661 EKAR, Arch. Nr. 56. 20, Evangelisches Gemeindeblatt Reichenbach an der Fils, Jg. 1938/1941, Nr. 4/1938, vom 30. 3. 1938, S. 4.

662 Ebenda, Bericht von Pfarrer Erhardt.

663 GAR, Bestand FLAT 1014, »An die Reichenbacher Bevölkerung«, Flugblatt des Bürgermeisters und des *Ortsgruppenleiters* vom 8. 4. 1938; Hervorhebung im Original.

664 Ebenda, außerdem StALu, EL 903/3, Bü J 75/647.

665 GAR, Bestand FLAT 1014, »Volksabstimmung und Wahl zum Großdeutschen Reichstag am 10. 4. 1938«.

666 StALu, EL 903/3, Bü J 75/647, Bl. 150.

667 Interview Nr. 19 mit dem Bruder und Interview Nr. 105 mit Dippers Schwester.

668 Mörike nannte die »Auflösung von Sittlichkeit und Recht« und die »Zerstörung der Kirche und die Entchristlichung unseres Volkes« als Gründe seiner Ablehnung der Politik Hitlers; vgl. zum ganzen Zusammenhang Scherrieble, Mörike, wie Anm. D 569, S. 54.

669 Dipper, Bekenntnisgemeinschaft, wie Anm. D 569, S. 227.

670 Nürtinger Tagblatt, Tageszeitung der NSDAP, vom 11. April 1938, Nr. 85.

671 LKA Stuttgart, Bestand D 31 (unverzeichnet), Bü IV. 2, Schreiben von Emma Schwille, sen. vom 17. 5. 1938. Außerdem Dipper, Bekenntnisgemeinschaft, wie Anm. D 569, S.

672 Ebenda; außerdem Akten der *Bekenntnisgemeinschaft*, Bericht vom 17. 5. 1938; zitiert nach Dipper, Bekenntnisgemeinschaft, wie Anm. D 569, S. 223 f, Anm. 235.

673 Ebenda.

674 Ebenda, Schreiben von Emma Schwille, sen. vom 4. 5. 1938, sowie – zusammengefaßt – Bestand D 1, Bü 101. 1, Präsidialschreiben beim Oberkirchenrat. Frau Schwille betonte nochmals schriftlich, daß sie mit ihrer Neinstimme nicht Hitler, sondern diese beiden Kandidaten abgelehnt habe.

675 Ebenda, zusammenfassendes Präsidialschreiben und Schreiben von Emma Schwille, sen. vom 10. 6. 1938. Der Tochter wurde gesagt, sie sollte Neckartailfingen verlassen, »andernfalls werde sie dort verhungern«.

676 Außerdem Interview Nr. 66 oder Interview Nr. 25 mit dem Ehemann von Emma Schwille,: »Er kam deshalb ins KZ, weil er Emma Schwille half. «

677 LKA Stuttgart, Bestand D 31 (unverzeichnet), Bü IV. 2, Präsidialschreiben beim Oberkirchenrat, sowie Bestand D 1, Bü 101. 1.

678 Zeitgenossen Dippers sprachen sowohl vom *Schutzhaftlager* wie auch vom *Konzentrationslager*. Zu den Begriffen allgemein und zu Welzheim vgl. Weinmann, Lagersystem, wie Anm. C 106, S. LXVII und S. 1143.

679 LKA Stuttgart, Bestand D 31 (unverzeichnet), Bü 101, Bü IV. 2 sowie Bestand D 1, Bü 101. 1, Präsidialschreiben beim Oberkirchenrat. Mitteilung des Kommandanten des *Schutzhaftlagers* Welzheim vom 5. 1. 1939, wonach »die Sache am 25. 12. nach Berlin übergeben« worden sei.

680 Ebenda, Bestand D 1, Bü 101. 1, »An sämtliche Pfarrämter«, Verlautbarung des Oberkirchenrats, Nr. A 144 vom 5. 1. 1939; Januar 1939.

681 Ebenda, Bestand Generalia/Altregistratur 115 c Sonderbünde, S XIII, »Maßregelungen von Pfarrern und Nichtpfarrern in der DEK« vom 3. 1. 1939.

682 Ebenda, Bestand D 31 (unverzeichnet), Bü IV. 5b; z. B. das Schreiben der Bekennenden Kirchengemeinde Schwenningen »Gedenket an eure Lehrer, die euch das Wort Gottes gegeben haben«.

683 Ebenda, Bestand D 1, Bü 101, die dem Oberkirchenrat zugehenden Bittschriften für die Freilassung von Pfarrer Dipper aus dem Bereich der gesamten Landeskirche, sowie den Bericht von

Pfarrer Mildenberger, Stuttgart, vom 11. 1. 1939 über ein Verhör durch die Gestapo wegen der Fürbitte für Dipper in der Stuttgarter Lucaskirche; Nr. A 455 vom 13. 1. 1939.

684 Ebenda, Bestand D 31 (unverzeichnet), Bü IV. 5b, Schreiben an Müller vom 24. 1. 1939.

685 EDE, Altregistratur, Bestand Ortsakten, Fach 28, Reichenbach, A I, Bü 2, Schreiben des Oberkirchenrats vom 27. 1. 1939.

686 EKAR, Arch. Nr. 56. 20, Evangelisches Gemeindeblatt Reichenbach an der Fils, Jg. 1938/1941, Nr. 1/1939, vom 16. 1. 1939, S. 4.

687 Vgl. hierzu u. a. Interview Nr. 35.

688 Ebenda.

689 Interview Nr. 101.

690 LKA Stuttgart, Bestand D 1, Bü 78. 1, »Eingabe zugunsten von Pfarrer Dipper von Gemeindemitgliedern von Reichenbach/Fils vom 18. 12. 1938 an den Oberkirchenrat «.

691 Interview Nr. 47 und Interview Nr. 84.

692 Privatsammlung E. Munz, Reichenbach, Schreiben von Bürgermeister Schmid an die Mitglieder des Aktionsausschusses der Gemeindeverwaltung vom 17. 6. 1945.

693 LKA Stuttgart, Bestand D 1, Bü 101. 1, Schreiben Wurms an Himmler vom 13. 1. 1939, sowie ebenda, Februar 1939, Dankesschreiben Wurms an Himmler vom 4. 2. 1939. Außerdem die Eingabe von Dekan Pfisterer, dem württembergischen Vertreter beim Lutherischen Rat in Berlin, an die Politische Polizei Berlin vom 16. 1. 1939; Nr. A 606 vom 18. 1. 1939.

694 Ebenda, Bestand Generalia/Altregistratur 115 c Sonderbünde, S XIII, »An sämtliche Pfarrämter«, Mitteilungen des Oberkirchenrats, Nr. A 746 vom 20. 1. 1939.

695 Interview Nr. 19 mit dem Bruder und Interview Nr. 105 mit der Schwester.

696 LKA Stuttgart, Bestand D 31 (unverzeichnet), Bü IV. 5b, Schreiben Dippers vom 24. 1. 1939.

697 Interview Nr. 59, Interview Nr. 66 oder Interview Nr. 25 mit dem Ehemann von Emma Schwille.

698 LKA Stuttgart, Bestand D 31 (unverzeichnet), Bü IV. 5b, Schreiben vom 22. 2. 1939.

699 Ebenda, Bü III. 5, div. Schreiben Dippers.

700 Ebenda, Schreiben vom 16. 2. 1939.

701 EKAR, Arch. Nr. 56. 20, Evangelisches Gemeindeblatt Reichenbach an der Fils, Jg. 1938/1941, Nr. 2/1939, im Februar 1939, S. 3/4.

702 LKA Stuttgart, Personalakte Theodor Dipper, B-Bestand der Registratur, Bl 53–54; zwischen der offiziellen Bewerbung Dippers um die Reichenbacher Pfarrei, und einem Urlaubsgesuch am 14. 7. 1939 ist keinerlei Eintrag in Dippers Personalakte, auch nicht von seinem Lageraufenthalt.

703 EDE, Altregistratur, Bestand Ortsakten, Fach 28, Reichenbach, A I, Bü 2, Schreiben des Oberkirchenrats vom 27. 1. 1939.

704 EKAR, Arch. Nr. 56. 20, Evangelisches Gemeindeblatt Reichenbach an der Fils, Jg. 1938/1941, Nr. 2/1939, im Februar 1939, S. 3/4.

705 Dipper, Bekenntnisgemeinschaft, wie Anm. D 569, S. 247.
706 Ebenda.
707 Ebenda, Anm. 260a.
708 Ebenda, S. 131; außerdem Sauer, Württemberg, wie Anm. B 517, S. 192f und 215f, und Röhm und Thierfelder, Anpassung, wie Anm. C 242, S. 354ff.
709 Ebenda.
710 Röhm und Thierfelder, Anpassung, wie Anm. C 242, S. 357.
711 Mergenthaler beim 1. Schwäbischen Erziehertag am 28./29. 10. 1933 in Stuttgart; zitiert nach Röhm und Thierfelder, Anpassung, wie Anm. C 242, S. 356.
712 Thierfelder, Jörg: Die Auseinandersetzung um Schulreform und Religionsunterricht im Dritten Reich zwischen Staat und evangelischer Kirche in Württemberg. In: Heinemann, Manfred: Erziehung und Schulung im Dritten Reich, Bd. 6, Stuttgart 1980, S. 232–250, hier S. 232ff.
713 Am 4. 4. 1936 wurde in Stuttgart-Weilimdorf mit der neuerbauten Hans-Schemm-Schule die erste *Deutsche Volksschule* in Württemberg eröffnet; *Stuttgarter Neues Tagblatt* vom 6. 4. 1936.
714 StAGöp, Göppinger Zeitung vom 7. 8. 1936, sowie GAR, Bestand FLAT 5000.
715 *NS-Kurier* Nr. vom 6. 4. 1936; in der Verlautbarung vom 6. 4. 1936 heißt es:»Die religiöse Erziehung ist auch an der deutschen Volksschule gewährleistet.«
716 Oberstudienrat Geiger in einem Lehrerschulungslager in Nagold im Juli/August 1936, Akten der *Bekenntnisgemeinschaft*; zitiert nach Dipper, Bekenntnisgemeinschaft, wie Anm. D 569, S. 135, Anm. 130.
717 LKA Stuttgart, Bestand D 1, Bü 71, zitiert nach Schäfer, Dokumentation, wie Anm. C 273, Bd. 5, S. 737ff, Erlaß des Kultministers vom 28. 4. 1937. Zum ganzen Zusammenhang vgl. Wurm, Erinnerungen, wie Anm. C 305, S. 138, Dipper, Bekenntnisgemeinschaft, wie Anm. D 569, S. 135f, 164 bis 166, Sauer, Württemberg, wie Anm. B 517, S. 192f und 215f.
718 Dipper, Bekenntnisgemeinschaft, wie Anm. D 569, S. 141.
719 LKA Stuttgart, Bestand D 1, Bü 71, Erlaß des Kultministers vom 28. 4. 1937; Schäfer, Dokumentation, wie Anm. C 273, Bd. 5, S. 737ff. Zum ganzen Zusammenhang Wurm, Erinnerungen, wie Anm. C 305, S. 138, Dipper, Bekenntnisgemeinschaft, wie Anm. D 569, S. 135f, 164–166, Sauer, Württemberg, wie Anm. B 517, S. 192f und 215f.
720 Schäfer, Dokumentation, wie Anm. C 273, Bd. 5, S. 736ff, Dipper, Bekenntnisgemeinschaft, wie Anm. D 569, S. 165.
721 StALu, PL 504/9, Bü 42, Schreiben des *Ortsgruppenleiters* vom 25. 9. 1938.
722 Röhm und Thierfelder, Anpassung, wie Anm. C 242, S. 357.
723 Dipper, Bekenntnisgemeinschaft, wie Anm. D 569, S. 168.
724 LKA Stuttgart, Bestand D I, Abt. III, Bü 194,4, »Auszug aus den Richtlinien für die kulturelle Dienstgestaltung in der SA« vom 1. 7. 1937, versandt vom Evangelischen Gemeindedienst.
725 Röhm und Thierfelder, Anpassung, wie Anm. C 242, S. 357.
726 EKAR, Arch. Nr. 56. 18, Evangelisches Gemeindeblatt Reichenbach an der Fils, Jg. 1934/1935, Nr. 10/35 S. 4.
727 Bereits in der Märzausgabe des Evangelischen Gemeindeblatts Reichenbach erschien im Mantelteil ein Artikel zum Thema »Christlicher Religionsunterricht – jüdisch?« Zur Abwehr von inhaltlichen Angriffen gegen den kirchlichen Religionsunterricht wurde dabei allerdings bedenklicherweise auf den »Deutsch-Evangelischen Korrespondenten« verwiesen. Dieser hatte, Argumentationsstränge der Nationalsozialisten übernehmend, betont, »daß der Glaube an Christus mit einer Verherrlichung des Judentums nichts zu tun« habe. EKAR, Jg. 1938/1941, Arch. Nr. 56. 20, Evangelisches Gemeindeblatt Reichenbach an der Fils, Jg. 1938/1941, Nr. 3/1939, im März 1939, S. 4.
728 EKAR, Arch. Nr. 53. 11, Bd. 1939–1959, Kirchengemeinderats-Protokoll vom 4. 4. 1939.
729 Ebenda, Kirchengemeinderats-Protokoll vom 28. 4. 1939.
730 StALu, EL 902/6, Bü 11/22/1337 Bl. 28, Erinnerung Dekan Dippers, Protokoll vom 10. 1. 1947.
731 Ebenda, Bü 11/22/242, Bl. 102.
732 Ebenda, Bü 11/22/1337 Bl. 28, Erinnerung Dekan Dippers, Protokoll vom 10. 1. 1947.
733 Ebenda, Bü 11/22/242, Bl. 8a.
734 Ebenda, Bl. 10a, Schreiben Dipper vom 1. 10. 1946; außerdem BDC, Berlin, Mitgliederkartei der NSDAP, Akte Ferdinand Baach, Parteieintritt am 1. 5. 1933, Parteinummer: 3577813, sowie StALu, EL 902/6, Bü 11/22/242.
735 StALu, EL 902/6, Bü 11/22/1337 Bl. 28, Erinnerung Dekan Dippers, Protokoll vom 10. 1. 1947.
736 Ebenda, Bl. 53, Schreiben des Ministeriums für politische Befreiung vom 8. 5. 1947.
737 EDE, Altregistratur, Bestand Ortsakten, Fach 28, Reichenbach, B III, Bü 19, Bund »Religionsunterricht – Allgemeines«, »An alle Evangelischen Eltern«, Flugblatt, herausgegeben vom Esslinger Dekan Ströhle.
738 StALu, EL 902/6, Bü 11/22/242, Bl. 10a.
739 Ebenda, Bü 11/22/1337 Bl. 28, Erinnerung Dekan Dippers, Protokoll vom 10. 1. 1947.
740 EKAR, Arch. Nr. 56. 20, Evangelisches Gemeindeblatt Reichenbach an der Fils, Jg. 1938/1941, Nr. 2/1940, vom 16. 2. 1940.
741 Ebenda.
742 Hier sollen nur einige Namen genannt sein, die bereits am Anfang aktiv waren. In den sieben Jahren bis zum Beginn des Krieges – das ist den vorstehenden Kapiteln zu entnehmen – traten deutlich mehr Aktive – auch ehemalige »Gegner« in die erste Reihe der Nationalsozialisten am Ort.
743 Interview Nr. 23.
744 StALu, 902/6, Bü 11/22/2660, Bl. 13, Feldpostbrief des ehemaligen *HJ-Führers* Duckeck vom 3. 12. 1939 an seine Ehefrau.

745 Vor allem die Reichenbacher Kommunisten mußten hierunter leiden. Eines der vielen aufzulisten-
den Beispiele siehe den Teil »Phase der Konsolidierung – Alltag unterm Hakenkreuz«, Kapitel
»›... ein widersetzliches Volk?‹ – Von aktiven Nazis, von Mit- und Weitermachern und von Neinsagern in Reichenbach«, Abschnitt »Traditionalistische Distanz«.
746 Ian Kershaw zeigte am Beispiel Bayerns, daß vor
allem für Juden solche ungesetzliche »von Partei-
aktivisten veranlaßte ›Einzelaktionen‹« im »Nebeneinander der zunehmenden gesetzlichen Beschränkungen jüdischer Rechte« die Wirklichkeit
der NS-Politik bestimmte; Kershaw, Ian: Antisemitismus und Volksmeinung. Reaktion auf die
Judenverfolgung. In: Broszat, Fröhlich und
Grossmann, Bayern, wie Anm. C 343, Bd. 2, Widerstand und Verfolgung in Bayern, München
1979, S.281–348.
747 Dick, Lutz van: Der Attentäter. Herschel Grynspan und die Vorgänge um die »Kristallnacht«.
Reinbek 1989.
748 Zur Pogromnacht in Württemberg vgl. Die
Nacht, in der im Deutschen Reich die Synagogen
brannten. Dokumente und Materialien zur Information und zur Orientierung über das Judenpogrom »Reichskristallnacht«; hrsgg. von der Landeszentrale für politische Bildung Baden - Württemberg. Villingen-Schwenningen 1988.
749 Interview Nr. 7, außerdem Interview Nr. 63. Zur
Reaktion auf die Verwüstungen allgemein vgl.
Allen, William Sheridan: Die deutsche Öffentli-
cheit und die »Reichskristallnacht« – Konflikte
zwischen Werthierarchie und Propaganda im
Dritten Reich. In: Peukert und Reulecke, Reihen,
wie Anm. D 279, S. 397–411.
750 Interview Nr. 10, Interview Nr. 63, Interview Nr.
82 sowie Interview Nr. 108; außerdem StALu, EL
902/6, Bü 11/22/2343, Bl. 17.
751 StALu, EL 317/III/KLs 31/51, Urteil des Landgerichts Stuttgart gegen Eugen Hund und Emil Veil
wegen Landfriedensbruchs vom 4. 9. 1953; zitiert
nach Kraetke und Strüber, Schicksal, wie Anm. D
100, S. 260.
752 StAE, Liegenschaftsamt 51: Übersetzung eines
Berichts von Marie Kleinknecht, der Pförtnerin
der Synagoge, der vermutlich zwischen 1945 und
1947 für die amerikanische Militärregierung angefertigt wurde; abgedruckt in: Esslingen 1919 bis
1949, wie Anm. B 77, S. 280.
753 Zur Person des Blutordensträgers der NSDAP, der
1923 aus der Reichswehr ausgeschlossen worden
war, vgl. EZA, Eßlinger Zeitung v. 7. 1. 1935, S. 3.
754 StAE, Sammlung G 92e, Schreiben Ina Roth-
schilds an die Hilfsstelle für Rasseverfolgte bei
der evangelischen Kirche Stuttgart, Pfarrer Ma-
jer-Leonhard, vom 12. 7. 1962 (Abschrift), abgedruckt: in Esslingen 1919–1949, wie Anm. B 77,
S. 279–280.
755 StALu, EL 902/6, Bü 11/22/2343, Bl. 8–9 sowie
Bl. 53–58.
756 Interview Nr. 63.
757 Interview Nr. 28; außerdem beispielsweise Interview Nr. 10, sowie StALu, EL 902/6, Bü
11/22/1107, Bl. 27.

758 Laut einem Bericht des amerikanischen General-
konsuls in Stuttgart, Samuel W. Honaker, an den
amerikanischen Botschafter vom 12. 11. 1938
drückten »vielleicht 80 Prozent (...) der nichtjüdi-
schen Bevölkerung (...) ihre vollständige Ablehnung dieser gewalttätigen Demonstartionen«
aus; abgedruckt bei Burkhardt, Fuchs und Nachtmann, Stuttgart, Bd. 4, wie Anm. C 242, S. 508 bis
510, hier S. 510.
759 Vgl. hierzu Deutschland-Berichte der Sozialdemokratischen Partei Deutschlands. (Sopade)
1934–1940. 7 Bde. Salzhausen und Frankfurt/M.
1980, Januar 1935, S. 137.
760 Interview Nr. 7.
761 Kershaw, Antisemitismus, wie Anm. D 746,
S. 342ff.
762 Interview Nr. 47 und Interview Nr. 84.
763 Diese Bevölkerungsgruppe wurde nach dem
Krieg häufig als »Mitläufer« bezeichnet. Der vom
Geist zögerlicher Entnazifizierung zeugende Begriff ist euphemistisch, denn diese Personen »liefen« nicht nur mit, sie »machten« weiter und
»machten« mit. Allgemein hierzu Wistrich, Robert: Wer war Wer im Dritten Reich. Anhänger,
Mitläufer, Gegner aus Politik, Wirtschaft, Militär,
Kunst und Wissenschaft. München 1983, sowie
Niethammer, Lutz: Die Mitläuferfabrik. Die Entnazifizierung am Beispiel Bayerns. Berlin und
Bonn 1982.
764 Wohlbold, Kriegs-Chronik, wie Anm B 90, S. 26.
765 StALu, EL 903/3, Bü J 75/647, Bl. 66, Erinnerung
von Herrn Hermann. Bauknecht. am 24. 9. 1947.
766 Ebenda, Bl. 70, »Erinnerungen« von Herrn Gustav. Munz. am 24. 9. 1947.
767 StAGöp, Göppinger Zeitung beispielsweise vom
3. 1., vom 12. 2., vom 28. 2., vom 6. 3., vom 11. 3.,
vom 29. 3., vom 27. 4., vom 11. 5., vom 23. 5. und
vom 4. 6. 1935 sowie vom 11. 5., vom 14. 7., vom
26. 8., vom 6. 10., vom 17. 10., vom 7. 11., vom
9. 11., vom 22. 11., vom 28. 11., vom 3. 12. und
vom 17. 12. 1936.
768 GAR, Bestand FLAT 4800, diverse Schreiben an
das Bürgermeisteramt und an das Arbeitsamt, sowie FLAT 9451 und FLAT 9454, Entbindung von
der Arbeitsdienstpflicht.
769 StALu, PL 504/9, Bü 46, Korrespondenz der Ortsgruppe Reichenbach.
770 StALu, EL 902/6, Bü 11/22/365, Bl. 65.
771 Beispielsweise StALu, PL 502/9 Bü 43, Schreiben
des Ortsgruppenleiters an die Kreisleitung vom 2. 1.
1939.
772 StALu, EL 902/6, Bü 11/22/365, Bl. 65.
773 Interview Nr. 63.
774 StALu, EL 902/6, Bü 11/22/229, Bl. 7, 19, Bü
11/22/2658, J 11299, Bl. 20 und StALu, EL 903/3,
Bü J 75/647, Bl. 63–64; außerdem Interview Nr.
63 und Interview Nr. 69.
775 StALu, EL 903/3, Bü J 75/647, Bl. 65, Erinnerung
von Herrn Karl Kautter. am 24. 9. 1947.
776 Ebenda, Bl. 63–64.
777 Ebenda, Bl. 65.

778 StALu, EL 902/6, Bü 11/22/229, Bl. 11, Vermutungen, inwieweit die Reichenbacher Wirte an der Anzeige beteiligt gewesen sein könnten, um die örtliche Konkurrenz dadurch auszuschalten, geäußert vom ehemaligen Dorfpolizisten am 28. 10. 1947, sind sehr fragwürdig und zumindest nicht zu belegen. Außerdem hierzu StALu, EL 902/6, Bü 11/22/2658, J 11299, Bl. 87.

779 Interview Nr. 63.

780 Interview Nr. 67; außerdem hierzu Interview Nr. 69.

781 Dudley, Leigh A.: Braunbuch über Reichstagsbrand und Hitler-Terror. [Faksimile-Nachdruck d. Originalausgabe von 1933]. Frankfurt/M. 1978.

782 Vgl. hierzu Gittig, Heinz: Illegale Antifaschistische Tarnschriften 1933–1945. Aus dem Englischen übertragen von Karl und Heidi Nicolai. Paderborn, München, Wien und Zürich 1993. Speziell zum Schriftenschmuggel aus der Schweiz vgl.»Waggon 2: Schriftenschmuggel« in: GrenzWege. Widerstand an der Schweizer Grenze 1933–1945. Hrsgg. von Paula Lutum-Lenger. Stuttgart 1994, S. 74–79.

783 Ebenda, S. 77; die linken Sozialdemokraten erkannten vor den Kommunisten, diese jedoch auch spätestens 1937, daß mit Massenagitation dem Nationalsozialismus nicht mehr beizukommen war. Die Literatur sollte die informellen Kreise und Widerstandszirkel informieren und schulen, um in der »Stunde Null« nach dem Ende der Hitlerdiktatur auf bewährte Kräfte der Partei zurückgreifen zukönnen.

784 Die »Transportkolonne Otto« schmuggelte in den Jahren nach 1933 vor allem Arbeiterzeitungen, Tarnschriften und andere Informationen wie das »Braunbuch« aus der Schweiz in den Stuttgarter Raum. Vgl. hierzu Bohn, Willi: Transportkolonne Otto. Frankfurt/M. 1970.

785 Interview Nr. 85.

786 StALu, EL 902/6, Bü 11/22/2658, J 11299, Bl. 12.

787 Ebenda, Bü 11/14/918, Bl. 248.

788 Ebenda.

789 StALu, PL 504/9, Bü 54: Politisch unadäquates Verhalten, Brief des Ortsgruppenleiters an die Kreisleitung Göppingen.

790 StALu, EL 902/6, Bü 11/14/918, Bl. 138, Schreiben des Bürgermeisters an das Arbeitsamt Göppingen vom 21. 6. 1933; außerdem GAR, Bestand FLAT 4733.

791 StALu, PL 504/9, Bü 54: Politisch unadäquates Verhalten, Brief des Ortsgruppenleiters an die Kreisleitung Göppingen.

792 Ebenda.

793 Ebenda.

794 KrArE, Bestand E 1/0490 Erfassung und polizeiliche Überwachung von Staatsangehörigen aus den Niederlanden und aus der Schweiz 1933 bis 1936.

795 StALu, EL 903/3, Bü J 75/647, Bl. 69.

796 Ebenda, Bl. 69–71, Erinnerung von Gustav Munz am 24. 9. 1947.

797 BDC, Mitgliederkartei der NSDAP, Akte Walter Müller, Schreiben der SA-Gruppe, Abt. Gericht an Oberste SA-Führung, Gerichts- und Rechtsamt, München, vom 4. 5. 1938, Az. G 880/38.

798 Ebenda, Angaben Müllers vom 9. 11. 1937, zitiert nach Begründung der Obersten SA-Führung, Der Stabschef, Az. PG 4 Nr. 31543/38, Schreiben an Walter Müller vom 15. 6. 1938.

799 Ebenda, »Entlassung aus der SA«, »Beschwerde-Entscheid« vom 15. 6. 1938.

800 Ebenda, Widerspruch Müllers vom 31. Januar 1938 sowie Schreiben Müllers vom 11. April 1938, zitiert nach Schreiben der SA-Gruppe, Abt. Gericht an Oberste SA-Führung, Gerichts- und Rechtsamt, München, vom 4. Mai 1938, Az. G 880/38.

801 Ebenda, »Beschwerde-Entscheid« des Stabschef der Obersten SA-Führung vom 15. 6. 1938.

802 Siehe hierzu den Teil »Machtantritt«, Kapitel »Sicherung und Ausbau der Macht«, Abschnitt »Durch diesen vorgeschlagenen Wechsel (...)«.

803 EKAR, Arch. Nr. 56. 20, Jg. 1938/1941, Evangelisches Gemeindeblatt Reichenbach an der Fils, Nr. 4/1939, vom 17. 4. 1939, S. 4.

804 Am 31. 10. 1933 wurden alle Lehrer zu einem von der Ortsgruppe organisierten »Schulungskurs für Lehrer« mit Mühlhäuser in den »Hirschsaal« beordert; StALu, PL 504/9, Bü 46, Korrespondenz der Ortsgruppe Reichenbach

805 StAGöp, Göppinger Zeitung vom 24. 3. 1934 und vom 13. 4. 1934.

806 StALu, F170-II, Bü 28, Schreiben der Ministerialabteilung vom 29. 7. 1935.

807 Ebenda.

808 Ebenda, Oberschulamt Göppingen, Tagebuch Nr. 1226, vom 13. 8. 1935.

809 KrArE, Bestand E 1/2395, Schreiben des Bürgermeisters vom 24. 4. 1936.

810 Ebenda, Schreiben des Bürgermeisters vom 3. 5. 1937.

811 StALu, PL 502/9, Bü 19, Tätigkeitsbericht März 1937 der Ortsgruppe Reichenbach an die Kreisleitung vom 2. 4. 1937.

812 KrArE, Bestand E 1/2395, Schreiben des Ortsgruppenleiters vom 21. 2. 1938.

813 Ebenda.

814 Ebenda, Schreiben des Ortsgruppenleiters vom 16. 4. 1938.

815 Beispielsweise Interview Nr. 67, Interview Nr. 104, Interview Nr. 61 oder Interview Nr. 27.

816 StALu, EL 902/6, Bü 11/22/1337, Bl. 28, Schreiben Ortsgruppenleiter an Württembergisches Kultministerium vom 17. 6. 1933.

817 StALu, PL 504/9, Bü 57, Schreiben der Ortsgruppe Reichenbach an die Kreisleitung Esslingen (o. D.).

818 Beispielsweise Interview Nr. 10 und Interview Nr. 67.

819 Im Abkommen von Locarno, einem am 16. Oktober 1925 in Locarno abgeschlossenen Sicherheitspakt, hatten Deutschland, Belgien und Frankreich auf eine gewaltsame Revision der deutsch-belgischen und der deutsch-französischen Grenzen verzichtet.

820 EKAR, Arch. Nr. 53. 11, Bd. 1939–1959, Kirchengemeinderats-Protokoll vom 7. 2. 1939.

821 EKAR, Arch. Nr. 56. 20, Jg. 1938/1941, Evangelisches Gemeindeblatt Reichenbach an der Fils, Nr. 6/1939, vom 16. 6. 1939, S. 4.

822 Ebenda.

823 Interview Nr. 67.

824 StALu, PL 504/9, Bü 54: »Politisch unadäquates Verhalten«, Schreiben von Esther Mühlhäuser an die BDM-Führerin Reichenbach vom 9. 10. 1937.

825 Privatsammlung Mühlhäuser, Bartenbach, Brief von Ernst Mühlhäuser an die Ministerialabteilung für die Volksschulen und das *Württembergische Kultministerium*, Stuttgart vom 22. 10. 1937. Zur allgemeinen Kritik christlicher Kreise mit Rosenberg vgl. Iber, Harald: Christlicher Glaube oder rassischer Mythos. Die Auseinandersetzung der Bekennenden Kirche mit Alfred Rosenbergs »Der Mythos des 20. Jahrhunderts« (Europäische Hochschulschriften. Reihe 23, 286) Frankfurt/M. 1986.

826 StALu, PL 504/9, Bü 52, Schreiben des Esslinger *Kreisleiters* Hund an die *Ortsgruppe* Reichenbach vom 18. 10. 1937.

827 Interview Nr. 66.

828 EKAR, Arch. Nr. 53. 11, Bd. 1939–1959, Kirchengemeinderats-Protokoll vom 7. 2. 1939; außerdem ebenda, Arch. Nr. 56. 20, Jg. 1938/1941, Evangelisches Gemeindeblatt Reichenbach an der Fils, Nr. 4/1939, vom 17. 4. 1939, S. 4, sowie EZA, Eßlinger Zeitung vom 19. 1. 1939.

829 So Hitlers Aussage bei der oben erwähnten Ansprache vor den *Reichsstatthaltern;* »Völkischer Beobachter« vom 7. 7. 1933.

830 Broszat, Staat, wie Anm. C 52, S. 259.

831 Im Gegensatz etwa zur im klassischen Marxismus enthaltenen und später im Maoismus gedanklich ausgeformten »Kulturrevolution«. Diese sollte die »ständigen revolutionären Kampf der Volksmassen unter Führung der kommunistischen Partei zur schrittweisen Verwirklichung einer kommunistischen Gesellschaftsordnung führen« (Beck, Reinhart, Sachwörterbuch der Politik. Stuttgart 1986, S. 531). Den »braunen Kulturkampf« verstehe ich als »durch die *Parteigenossen* unter Führung der NSDAP ständige versuchte Umgestaltung von Kultur und Bewußtsein zur schrittweisen Verwirklichung einer nationalsozialistischen *Volksgemeinschaft*«.

Anmerkungen zum Teil D
»Phase der Konsolidierung – Alltag unterm
Hakenkreuz« (Fortsetzung)

832 Siehe hierzu die Bemerkungen zur Modernisierungsdiskussion in den Anmerkungen D 2 und D 261.

833 Siehe hierzu den Teil »Reichenbach im Krieg«, Kapitel »Der *Totale Krieg* an der Reichenbacher *Heimatfront* und sein Ende«, Abschnitt »Mobilisierung zum *Totalen Krieg*«.

834 Von den in der Geschichtswissenschaft für dieses grundsätzliche »Andersdenken« entwickelten Begriffen wie »Dissens« oder »Dissidenz« soll hier abgesehen werden. Vgl. hierzu Kershaw, Ian: »Widerstand ohne Volk?« Dissens und Widerstand im Dritten Reich. In: Schmädeke, Jürgen und Peter Steinbach (Hrsg.): Der Widerstand gegen den Nationalsozialismus. Die deutsche Gesellschaft und der Widerstand gegen Hitler. München und Zürich (1986), S. 779–798, sowie Löwenthal, Richard: Widerstand im totalen Staat. In: Löwenthal, Richard und Patrik von zur Mühlen: Widerstand und Verweigerung in Deutschland 1933–1945. Berlin und Bonn 1982, S. 11–24.

835 Broszat, Martin: »Resistenz und Widerstand«. Eine Zwischenbilanz des Forschungsprojekts. In: Broszat, Martin u.a. (Hrsg.): Bayern in der NS-Zeit. Bd. IV, München 1981, S. 691–709.

836 Löwenthal und von zur Mühlen, Widerstand wie Anm. D 828, S. 14.

837 Bosch, Michael und Wolfgang Niess: Der Widerstand im deutschen Südwesten 1933–45. (Schriften zur politischen Landeskunde Baden-Württembergs, Bd 10) Stuttgart, Berlin, Köln und Mainz 1984, S. 13.

838 Ebenda.

839 GAR, Bestand FLAT 1014, Bü »RT-Wahl 1936«.

840 Ebenda, Plakat »Bekanntmachung«.

841 Ebenda, Bü »Volksabstimmung und Wahl zum Großdeutschen Reichstag am 10. 4. 1938«.

842 Vgl. hierzu beispielsweise Scherrieble, Mörike, wie Anm. D 569.

843 GAR, Bestand FLAT 6200, Schreiben des Bürgermeisters vom 5. 5. 1937 sowie vom 11. 4. und vom 15. 4. 1939.

Reichenbach im Krieg (E)

1 Zur »Eroberung von Raum« als einem zentralen Bestandteil von Hitlers Weltanschauung vgl. Jäckel, Weltanschauung, wie Anm. D 91, S. 29–54. Zum »Weg in den Krieg« vgl. Jäckel, Herrschaft, wie Anm. B 37, S. 66–88. Außerdem hierzu Sauer, Mobilmachung wie Anm. D 210, S. 85–193.

2 Jacobsen, Hans-Adolf: Krieg in Weltanschauung und Praxis des Nationalsozialismus (1919–1945). In: Bracher, Karl Dietrich, Manfred Funke und Hans-Adolf Jacobsen (Hrsg.): Nationalsozialistische Diktatur. Eine Bilanz. Düsseldorf 1986, S. 427–439

3 Interview Nr. 30.

4 EZA, Eßlinger Zeitung vom 22. 2. 1939.

5 EZA, Eßlinger Zeitung vom 24. 2. 1939.

6 EZA, Eßlinger Zeitung vom 15. 3. 1939.

7 EZA, Eßlinger Zeitung vom 17. 3. 1939.

8 EZA, Eßlinger Zeitung vom 22. 3. 1939.

Anmerkungen zum Teil E
»Reichenbach im Krieg« (Fortsetzung)

9 EZA, Eßlinger Zeitung vom 29. 4. 1939.

10 NS-Kurier vom 31. 8. 1939, Abendausgabe.

11 Der Befehl des Obersten Befehlshabers der Wehrmacht vom 31. 8. 1939 ist abgedruckt bei Hofer, Walther: Die Entfesselung des Zweiten Weltkrieges. Eine Studie über die internationalen Beziehungen im Sommer 1939. Stuttgart 1967, S. 303.

12 GAR, Bestand FLAT 9402 und 9410.

13 GAR, Bestand FLAT 9400, 9402, 9410, 9411, 9415, 9420 und 9422.

14 KrArE, Bestand E 1/0890, Bl. 102, Schreiben des Bürgermeisters an den Landrat vom 27. 12. 1939, Bl. 71, Schreiben vom 24. 9. 1939 sowie Bl. 30, Schreiben vom 17. 9. 1939; außerdem GAR, Bestand FLAT 6100.

15 GAR, Bestand FLAT 9329, »Erfassung, Musterung und Einberufung von Pferden«.

16 Interview Nr. 50.

17 GAR, Bestand FLAT 4620, »Kriegswirtschaftliche Maßnahmen (...)«.

18 KrArE, Bestand E 1/0519, Mobilmachungskalender 1939/40, Kap. 4, Befehls- und Unterstellungsverhältnisse, Teil III, Anlagen, Bl. 7g, außerdem GAR, Bestand FLAT 1298.

19 Ebenda, Anlage 6, außerdem hierzu Interview Nr. 30.

20 Ebenda, Kap. 4, Befehls- und Unterstellungsverhältnisse, Bl. 13.

21 GAR, Gemeinderatsprotokolle, Bd. 39, Bl. 246, vom 30. 8. 1939, 206.

22 Wohlbold, Orts-Chronik, wie Anm. B 84, S. 35, sowie Heimatbuch, wie Anm. A 1, S. 101.

23 Interview Nr. 78.

24 Interview Nr. 7.

25 Interview Nr. 41.

26 Interview Nr. 45 und Interview Nr. 100.

27 »Uk.« war die umgangssprachlich verwendete Abkürzung für »unabkömmlich«. Meist aus wirtschaftlichen Gründen, aber auch für »kriegswichtige« Funktionen in der Gesellschaft oder in NSDAP-Gliederungen benötigte Männer wurden damit vom aktiven Kriegsdienst freigestellt.

28 Interview Nr. 33, außerdem hierzu Interview Nr. 30, Interview Nr. 61 sowie Interview Nr. 103. Der »Farren« war der gemeindeeigene Deckbulle.

29 Vgl. hierzu beispielsweise Schönhagen, Tübingen, wie Anm. B 145, S. 303f.

30 Interview Nr. 108.

31 Vgl. hierzu Kershaw, Ian: Der Hitler-Mythos. Volksmeinung und Propaganda im Dritten Reich. Stuttgart 1980, S. 111–130, Kershaw spricht von einer neuen »Dimension legendärer Unfehlbarkeit« (S. 128), sowie Sopade, wie Anm. D 759, vom November 1939, S. 1161.

32 Interview Nr. 101.

33 Interview Nr. 61.

34 Vgl. hierzu Wette, Wolfram: Ideologien, Propaganda und Innenpolitik als Voraussetzungen der Kriegspolitik des Dritten Reiches. In: Das Deutsche Reich und der Zweite Weltkrieg. Herausgegeben vom Militärhistorischen Forschungsamt der Bundeswehr in Freiburg, Bd. 1, Stuttgart

1979, S. 23–173, hier S. 26. Siehe zur Stimmungslage/Akzeptanz den Teil »Reichenbach im Krieg«, Kapitel »Kriegserleben und -alltag während der Blitzkriege«, Abschnitt »... wehen auf unseren Plätzen die Fahnen ...«.

35 Interview Nr. 104; siehe außerdem hierzu den Teil »Reichenbach im Krieg«, Kapitel »Der Totale Krieg an der Reichenbacher Heimatfront und sein Ende«, Abschnitt »Mobilisierung zum Totalen Krieg«.

36 Interview Nr. 97.

37 Beispielsweise Interview Nr. 10, Interview Nr. 42 sowie Interview Nr. 61, außerdem hierzu Scherrieble, Feldpostbriefe, wie Anm. B 280, S. 95–105.

38 Interview Nr. 69 und Interview Nr. 102, außerdem hierzu Eberle, Eugen und Peter Grohmann: Die schlaflosen Nächte des Eugen E. Erinnerungen eines neuen schwäbischen Jacobiners. Stuttgart 1982, S. 103f.

39 GAR, Gemeinderatsprotokolle, Bd. 39, Bl. 259ff, vom 15. 12. 1939 219.

40 GAR, Bestand FLAT 9411, »Luftschutzwarndienst«.

41 NS-Kurier, Ausgabe vom 31. 8. 1939.

42 Interview Nr. 61.

43 Müller, Stuttgart, wie Anm. B 351, S. 481.

44 Stuttgarter Neues Tagblatt, Ausgabe vom 11. 9. 1939.

45 Ausführlicher zum Reichenbacher Alltag im Totalen Krieg siehe den Teil »Reichenbach im Krieg«, Kapitel »Der Totale Krieg an der Reichenbacher Heimatfront und sein Ende«.

46 So waren seit Juni 1940 die Ernährungs- und Wirtschaftsämter der Stadt Stuttgart ermächtigt, Ordnungsstrafen bis zu 1000 Reichsmark für kleinere Vergehen zu verhängen; Müller, Stuttgart, wie Anm. B 351, S. 641; Schönhagen, Tübingen, wie Anm. B 145, S. 310ff.

47 Ein geheimer Lagebericht des Leitabschnitts Stuttgart des Sicherheitsdienstes der SS bezeichnete die Versorgungslage nicht nur in Stuttgart selbst, sondern auch in Esslingen, Tübingen, Ludwigsburg, Horb und Göppingen bereits im Sommer 1941 als »katastrophal«; StALu, K 110, Bü 48.

48 Interview Nr. 37.

49 »Volksschädlingsverordnung«, RGBl. I. 1939, S. 1670.

50 Verordnung »über außerordentliche Rundfunkmaßnahmen«, RGBl. I. 1939, S. 1683, 2; außerdem hierzu Eberle, wie Anm. E 38, S. 103.

51 EZA, Eßlinger Zeitung vom 4. 10. 1940.

52 Vgl. zu den Gerüchten allgemein Sopade, wie Anm. D 759, 1939, S. 995, sowie Dröge, Fanz: Der zerredete Widerstand. Zur Soziologie und Publizistik des Gerüchts im 2. Weltkrieg. Gütersloh 1970.

53 EKAR, Jg. 1938/1941, Arch. Nr. 56. 20, Evangelisches Gemeindeblatt Reichenbach an der Fils, Nr. 10/1939, vom 21. 10. 1939, S. 1.

54 Ebenda.

55 GAR, Gemeinderatsprotokolle, Bd. 39, Bl. 259ff, vom 15. 12. 1939 219.

56 Ebenda.

57 Siehe die Tabelle »Kriegsbeitragsumlage der Gemeinde 1939–1944« im Anhang, erstellt nach

KrArE, Bestand E 1/1347, »Kriegsbeitrag der Gemeinden« 1939–1944, Bescheide des Landratsamts Esslingen.

58 Privatsammlung Neumann, Reichenbach, Protokoll-Bücher des Musikvereines »Glück auf« vom
3. 10. 1921 bis 25. 5. 1955, Protokoll der Ausschußsitzung vom 10. 12. 1939.

59 EZA, Eßlinger Zeitung vom 28.12.1939.

60 Interview Nr. 11, Interview Nr. 13, Interview Nr.
44, Interview Nr. 78, Interview Nr. 81 und Interview Nr. 101. Vgl. außerdem hierzu Sopade, wie
Anm. D 759, November 1939, S. 1028ff.

61 RGBl. I. 1939, S. 2196. Zu Einzelheiten der Reichskleiderkarte sowie lokalen Auswirkungen vgl.
Schönhagen, Tübingen, wie Anm.

62 Vgl. hierzu Boberach, Heinz (Hrsg.): Meldungen
aus dem Reich 1938–1945. Die geheimen Lageberichte des Sicherheitsdienstes der SS. Neudruck,
Herrsching 1984, beispielsweise vom Dezember
1940, S. 1829ff, sowie Klagen hierüber in den Sopade, wie Anm. D 759, 1939ff.

63 Vorläufiger Tiefststand, der erst wieder in den
letzten Kriegsmonaten erreicht wurde, war in
der vierunddreißigsten Zuteilungsperiode, in
der die tägliche Kalorienmenge von den 2265
der ersten Versorgungsperiode auf 1500 fiel;
Erdmann, Karl Dietrich: Der Zweite Weltkrieg
(Handbuch der deutschen Geschichte, Bd. 21).
München 1980, S. 123–130; Herbst, Ludolf:
Deutschland im Krieg. In: Broszat, Martin und
Norbert Frei (Hrsg.): Ploetz. Das Dritte Reich.
Ursprünge, Ereignisse, Wirkungen. Freiburg
und Würzburg 1983, S. 63–74. Siehe hierzu wie
zur gesamten Versorgungssituation im *Totalen
Krieg* den Teil »Reichenbach im Krieg«, Kapitel
»Der *Totale Krieg* an der Reichenbacher *Heimat-
front* und sein Ende«, Abschnitt »Meistens gab's
Kartoffeln mit Magermilch«.

64 KrArE, Bestand E 1/1057, »Schließung der Schule
wegen Kohlemangel«, sowie StALu, E 202, Bü 58,
»Der Kultminister betreff: Kohlenversorgung der
Schulen im Winter 1942/43«, 28. 10. 1942; außerdem Heimatbuch, wie Anm. A 1, S. 103.

65 EKAR, Arch. Nr. 56. 20, Evangelisches Gemeindeblatt Reichenbach an der Fils, Jg. 1938/1941, Nr.
3/1940, vom 11. 3. 1940.

66 Zu Hitlers Plänen vgl. Jäckel, Weltanschauung,
wie Anm. D 91, S. 29–54, besonders S. 42ff. Zu
Hitlers außenpolitischem Konzept insgesamt vgl.
Kuhn, Axel: Hitlers außenpolitisches Programm.
Stuttgart 1970.

67 Das *Blitzkriegkonzept* sah vor, den Krieg durch
mehrere isolierte Feldzüge schnell und siegreich
zu beenden, bevor sich die materielle Überlegen-
heit des Gegners auswirken konnte; ausführlich
hierzu vgl. Förster, Gerhard: Totaler Krieg und
Blitzkrieg. Die Theorie des totalen Krieges und
des Blitzkrieges in der Militärdoktrin des faschistischen Deutschlands am Vorabend des Zweiten
Weltkriegs. (Militärhistorische Studien; N. F. 10).
Berlin 1967. Siehe hierzu auch den Teil »Reichenbach im Krieg«, Kapitel »Kriegserleben und -all-
tag während der Blitzkriege«, Abschnitt »... die
Fortführung eines geregelten Wirtschaftslebens
zu gewährleisten«.

68 EKAR, Arch. Nr. 56. 20, Evangelisches Gemeindeblatt Reichenbach an der Fils, Jg. 1938/1941,
Nr.7/ 1940, Mitte Juli 1940, S. 3–4.

69 Zum militärischen Verlauf der Feldzüge vgl. Funke, Manfred: Großmachtpolitik und Weltstreben.
In: Broszat und Frei, Ploetz, wie Anm. E 63,
S. 196–208. Ausführlicher bei Erdmann, Weltkrieg, wie Anm. E 63, sowie bei Hillgruber, Andreas und Gerhard Hümmelchen: Chronik des
Zweiten Weltkrieges. Kalendarium militärischer
und politischer Ereignisse 1939–1945. Königs-
tein/Ts. 1978. Einen Forschungsüberblick bietet
Michalka, Wolfgang (Hrsg.): Der Zweite Weltkrieg. Analysen, Grundzüge, Forschungsbilanz.
München 1989.

70 Jäckel, Herrschaft, wie Anm. B 37, S. 88.

71 RGBl. I. 1939, S. 1609, Präambel.

72 Ebenda, 18–20. Teilweise setzten die Beschränkungen des Arbeitsplatzwechsels schon 1936
ein.

73 Ebenda, S. 2254.

74 Siehe den Teil »Reichenbach im Krieg«, Kapitel
»Der *Totale Krieg* an der Reichenbacher *Heimatfront* und sein Ende«, insbesondere die Abschnitte »Mobilisierung zum *Totalen Krieg*«, »Da galt es
bei uns zusammenzurücken« und »Meistens
gab's Kartoffeln mit Magermilch«. Zur Beschlagnahmung der Kirchenglocken im Rahmen der
Metallsammlungen siehe im folgenden Kapitel
den Abschnitt »Kriegführung durch materielle
Schwächung«.

75 GAR, Bestand FLAT 6100, »Verzeichnis der in der
Gemeinde wohnhaften ausländischen Staatsangehörigen« vom 13. 8. 1937.

76 Vgl. hierzu Herbert, Ulrich: Geschichte der Aus-
länderbeschäftigung in Deutschland 1880–1980.
Saisonarbeiter – Zwangsarbeiter – Gastarbeiter.
Berlin, Bonn 1986.

77 GAR, Bestand FLAT 4733 sowie FLAT 6115.

78 KrArE, Bestand E 1/0769, Schreiben des Wirtschaftsministers an Firma Luft vom 17. 2. 1942.

79 Ebenda, Schreiben des Bürgermeisters vom
20. 10. 1940; außerdem GAR, Bestand FLAT 4071,
»Neuansiedlung diverser Betriebe«.

80 StALu, EL 902/6, Bü 11/31/11238, Bl. 21.

81 KrArE, Bestand E 1/0769, Schreiben des Bürgermeisters an den Württembergischen Wirtschaftsminister vom 21. 10. 1940.

82 Ebenda, Schreiben des Bürgermeisters vom 20.
10. 1940, auch die folgenden Zitate.

83 Ebenda, Schreiben des Wirtschaftsministers vom
31. 10. 1940.

84 Ebenda, Schreiben des Wirtschaftsministers an
den Landrat vom 12. 2. 1941.

85 Ebenda, Schreiben des Landrats an den Bürgermeister vom16. 11. 1941.

86 Herbert, Ulrich: Europa und der »Reichseinsatz«
Ausländische Zivilarbeiter, Kriegsgefangene und
KZ-Häftlinge in Deutschland 1938–1945. Essen
1991, S. 384–426, Einleitung, S. 7.

87 Ebenda.

88 Ebenda.

89 Ebenda. Auch die folgenden Ausführungen stützen sich, wenn nicht anders angemerkt, hierauf.

90 Schäfer, Annette: Zwangsarbeiter im Gau Württemberg-Hohenzollern 1939–1945. Geislingen 1988. Masch. Manuskript (Magisterarbeit an der Freien Universität Berlin), S. 32.

91 Anordnung Franks vom 27. 1. 1940; IMT, Bd. 27, S. 200–203, zitiert nach Herbert, Ulrich: Fremdarbeiter. Politik und Praxis des »Ausländer-Einsatzes« in der Kriegswirtschaft des Dritten Reiches. Berlin und Bonn 1985, S. 69.

92 GAR, Bestand FLAT 4932, Betriebskrankenkasse Heinrich Otto, Verzeichnis der polnischen Arbeiterinnen.

93 Ebenda, außerdem Betriebskrankenkasse Robert Schöttle sowie Interview Nr. 7, Interview Nr. 27, Interview Nr. 61, Interview Nr. 67 sowie Interview Nr. 76.

94 KrArE, Bestand E 1/0984, Schreiben des Landrats vom 19. 2. 1940.

95 Ebenda, Schreiben der Gendarmerie Reichenbach vom 10. 2. 1940.

96 StALu, EL 902/6, Bü 11/22/2124, Akt Korrespondenz Klenk, Schreiben des ehemaligen holländischen Fremdarbeiters W. von Rigmenaus, Rotterdam, vom 2. 4. 1947 an Klenk; sowie ebenda, B 5991/48, Bü 11/22/770, Bl. 10. Außerdem Interview Nr. 29 sowie Interview Nr. 27.

97 Documenta occupationis Bd. X, Dok. 31, Aufuf des Generalgouverneurs Frank an die polnische Bevölkerung des Generalgouvernements vom 24. 4. 1940, sowie Dok. IV, 18, Verordnung über die Meldepflicht der Jahrgänge 1915–1925 vom 15. 5. 1940.

98 Herbert, Fremdarbeiter, wie Anm. E 91, S. 86.

99 Ebenda, S. 96.

100 Das *Ostarbeiterlager Reichenbach* war bislang weder bekannt beim internationalen Suchdienst in Aarolsen, noch tauchte es auf in Lagerlisten, bei Untersuchungen oder Auflistungen über regionale Konzentrations-, Arbeits- und Zwangsarbeiterlager – etwa bei Weinmann, Lagersystem, wie Anm. C 106 oder Varländer, Herwart: Nationalsozialistische Konzentrationslager im Dienst der totalen Kriegführung. Sieben württb. Außenkommandos des KZ Natzweiler/Elsaß (Veröffentlichungen der Kommission für geschichtliche Landeskunde in BaWü, Reihe B, Forschungen, 91. Bd.), Stuttgart 1978, der im Anhang ein von Karl-Hans Felser erstelltes »Ortsregister« abdruckt. Im 1991 erschienenen 5. Bd. des »Heimatgeschichtlichen Wegweisers zu Stätten des Widerstandes und der Verfolgung 1933–1945« wird vom Reichenbacher »Konzentrationslager« gesprochen. Dieser Begriff ist freilich falsch – »Heimatgeschichtlicher Wegweiser zu Stätten des Widerstandes und der Verfolgung 1933–1945«, Bd. 5, Baden-Württemberg I; hrsgg. vom Studienkreis: Deutscher Widerstand; Frankfurt/M 1991, S. 177.

101 GAR, Bestand FLAT 6117, (namentlich und nach Nationalitäten geordnetes) »Verzeichnis der am 10. 8. 1946 vorgelegten Einwohnermeldekartei«;

außerdem KrArE, Bestand E 1/0500, Schreiben des Bürgermeisteramtes an das Landratsamt Esslingen vom 8. 8. 1946.

102 Wohlbold, Orts-Chronik, wie Anm. B 84, S. 45.

103 KrArE, Bestand E 1/0984, Schreiben des Bürgermeisters an den Landrat vom 11. 7. 1940.

104 EZA, Eßlinger Zeitung vom 23. 7. 1940.

105 StALu, EL 902/6, Bü 11/22/2124, Akt Korrespondenz Klenk, div. Schreiben Dr. Klenks an 6. Landesschützen Btl. 422, ES vom 11. 5. 1941, 24. 6. 1941, 24. 7. 1941, 25. 8. 1941, 24. 9. 1941 und 19. 10. 1941. Dr. Klenk war verantwortlich für hygienischen Verhältnisse in den Reichenbacher Lagern. Außerdem GAR, Bestand FLAT 4733, »Einrchtung, Bau und Betrieb von Kriegsgefangenenlagern«.

106 GAR, Bestand FLAT 1112, Jahresberichte, »Die Gemeindeverwaltung im Jahr 1941« am 12./13. Januar 1942 von Bürgermeister Schmid erstellter Bericht. Schmid nannte selbst zwei unterschiedliche Zahlen. Im allgemeinen Teil zu Beginn sprach er von »ca. 160 Ausländer«, und am Ende des Berichts gab er die »mittels Durchzählung festgestellte Einwohnerzahl der Gemeinde« mit »2951 einschl. 175 ziviler Ausländer« an.

107 Ebenda.

108 GAR, Bestand FLAT 4932, Betriebskrankenkasse Heinrich Otto; darunter 124 Franzosen zuzüglich fünf »Elsäßer«, drei Belgier, 17 Italiener, ein Jugoslawe, drei Kroaten, ein Slowake, zwei Ukrainer, 56 Polen (davon 39 Frauen), 25 Russen.

109 GAR, Bestand FLAT 4733, »Im Wege des Umlaufs...«, Begleitschreiben des Bürgermeisters zum einem Gestapo-Erlaß vom 11. 2. 1943, mit jeweiliger unterschriftlicher Bestätigung der Kenntnisnahme; außerdem ebenda, Bestand FLAT 6117, »Liste des Gendarmeriepostens Reichenbach« vom 5. 10. 1944 mit anteiliger Anzahl und Nationalität der aus dem jeweiligen Lager zum Ende September insgesamt 103 »zurückgeführten« Fremdarbeiter.

110 Interview Nr. 37.

111 GAR, Bestand FLAT 6117, »Liste des Gendarmeriepostens Reichenbach« mit Namen der Kriegsgefangenen und der »Arbeitgeber«.

112 Zu den reichsweiten Vergleichsdaten vgl. Herbert, Fremdarbeiter, wie Anm. E 91, S. 98.

113 Interview Nr. 108.

114 GAR, FLAT 4200, »Beschäftigung polnischer Landarbeiter«, sowie ebenda, FLAT 6115, »Bestimmungen Ostarbeiter«. Zu den *Polenerlassen* vgl. außerdem Documenta occupationis, Bd. X, S. 718ff sowie Seeber, Eva: Zwangsarbeiter in der faschistischen Kriegswirtschaft. (Ost) Berlin 1964, S. 154f.

115 Ebenda.

116 »Freilasung polnischer Kriegsgefangener«; Documenta occupationis, Bd. X, Nr. 40.

117 Ebenda, Dok. II, 4, Schnellbrief des *Reichsführers SS und Chef der deutschen Polizei* an die *Staatspolizeileitstellen* vom 8. 3. 1940.

118 Interview Nr. 27 und Interview Nr. 61.

119 Interview Nr. 76.

120 Documenta occupationis, Bd. X, Dok. I, 14, Schreiben des Reichsführers SS und Chef der

deutschen Polizei an die höheren Verwaltungs-
stellen vom 3. 9. 1940.

121 Herbert, Fremdarbeiter, wie Anm. E 91, S. 98.

122 Interview Nr. 61.

123 Interview Nr. 10.

124 EZA, Eßlinger Zeitung vom 5. 12. 1940.

125 Zur »Denkendorf-Aktion« vgl. StALu, EL 903/4,
Bü J 76/0669, Klageschrift gegen den Esslinger
Kreisleiter Eugen Hund vom 18. 2. 1948, 18F. Außerdem hierzu Schönhagen, Benigna: Das Gräberfeld X. Eine Dokumentation über NS-Opfer
auf dem Tübinger Stadtfriedhof (Kleine Tübinger
Schriften 11). Tübingen 1987 sowie »Räder müssen rollen für den Sieg!« Ausländische Zwangs-
arbeiter-/ innen im Kreis Esslingen 1940–1945.
Dokumentation der VVN-Arbeitsgruppe
»Zwangsarbeit im Kreis Esslingen«. Esslingen
1988, S. 35f.

126 Interview Nr. 37.

127 Ebenda.

128 KrArE, Bestand E 1/1946, Schreiben des KZ-La-
gers Ravensbrück vom 29. 3. 1944 und Schreiben
des Evangelischen Pfarramtes Niedereggen vom
2. 3. 1946.

129 GAR, Bestand FLAT 6071; Schreiben der *Staatspo-
lizeileitstelle Stuttgart* vom 21. 6. 1941, in dem sie
den Landräten und Polizeiamtsvorständen ausdrücklich mitteilte, daß einer »öffentlichen An-
prangerung ehrloser Frauen nichts im Wege stehe«.

130 Ebenda, Schreiben des Landrats an den Bürgermeister vom 14. 12. 1940, in dem Lindenschmid
nach einem vermuteten erneuten Fall von »uner-
laubtem Umgang mit Volksschädlingen« einen
strengen Verweis bekam.

131 Ebenda.

132 Sainte Savine im Département L'Aube gelegen,
ist seit 1988 Partnerstadt von Reichenbach an der
Fils; Akten des Bürgermeisters, Partnerschaftsur-
kunden vom 16. 4. und vom 17. 9. 1988.

133 KrArE, Bestand E 1/0984, Meldung vom 5. 10.
1941.

134 Ebenda, Meldung vom 6. 10. 1941. Der weitere
Verlauf der Flucht ist den vom Autor eingesehe-
nen Akten nicht zu entnehmen.

135 GAR, Bestand FLAT 4817, »Liste der privat untergebrachten ausländischen Arbeitskräfte« vom
März 1945.

136 Ebenfalls viele Beispiele für fast familiären Umgang nennt: Projektgruppe »Fremde Arbeiter«
am Ludwig-Uhland-Institut für Empirische Kulturwissenschaft der Universität Tübingen, Fremde Arbeiter in Tübingen 1939–1945. Tübingen
1985, S. 78ff.

137 Interview Nr. 37.

138 Ebenda.

139 Im Juni 1992 fragte eine amerikanische Staatsbürgerin, Frau Lisa Gibney, beim Autor nach, ob es
möglich sei, etwas über die Abstammung ihrer
Mutter zu erfahren, von der sie nichts außer einer
amerikanischen Urkunde hatte, auf dem als Daten »Erika Rudawska, deutsch, geboren am 30. 9.
1943 in Reichenbach/F.« angegeben waren. Die
vom Autor in Reichenbach gegründete »Geschichtswerkstatt« nahm sich der Geschichte Eri-

ka Rudawskas an und konnte im Oktober 1992
die recherchierten Unterlagen und Fotos an einem Abend zeigen, zu dem Erika Gibney, geborene Rudawska, mit ihren beiden Töchtern Lisa
und Laura nach Reichenbach kamen und sich mit
den ermittelten »Pflegegeschwistern« treffen und
austauschen konnten. In der Folge konnte durch
Recherchen in verschiedenen Archiven, bei der
ukrainischen Botschaft und bei Reichenbacher
Zeitzeugen sowie – vor allem mit Hilfe von Lisa
Gibney, die, angeregt von dem Erfolg der Recherchen, in den Geburtsort ihrer Großmutter reiste –
bei Anverwandten der Großelternteile die beiden
Großeltern, Anna Arsienkow, vormals Sarkissian,
geborene Rudawska, sowie Iwan T., die unabhängig voneinander in die Vereinigten Staaten nach
Kanada ausgewandert waren, gefunden werden.

140 GAR, Bestand FLAT 1169, »Personalien der Ge-
meindeinwohner 1910–1947, Ausländer«, Akt
Rudawska, Anna.

141 »The Nazis went into Deszno and forcibly sent
them to work in Germany«; Interview Frau Lisa
Gibney mit Frau Anna Arsienkow; protokolliert
laut Schreiben vom 21. 6. 1993 (Akten des Autors).

142 Interview Nr. 76.

143 Zitiert nach Kleist, Peter: Zwischen Hitler und
Stalin 1939–1945. Bonn 1950, S. 195.

144 In amerikanischen Papieren wird sein Name anders angegeben; A.E.F.D.P. Registration Record
vom 29. 3. 1947. Da Iwan zwischenzeitlich in Kanada gefunden werden konnte, seine Ehefrau
von seinem »Vorleben« in Reichenbach nichts
weiß, wird im folgenden auf biographische Einzelheiten verzichtet.

145 Schäfer, Zwangsarbeiter, wie Anm. E 90, S. 59f.

146 Der Begriff *Sonderbehandlung* ist die nationalsozialistische Tarnbezeichnung für Tötung. Vgl. besonders hierzu Wulf, Joseph: Aus dem Lexikon
der Mörder. »Sonderbehandlung« und verwandte Worte in nationalsozialistischen Dokumenten.
Gütersloh 1963.

147 Zitiert nach Schäfer, Zwangsarbeiter, wie Anm.
E 90, S. 59.

148 Zitiert nach Heiber, Helmut (Hrsg.): Der Generalplan Ost. In: VjZG 6 (1958), S. 281–325.

149 Lagebericht der Umwandererzentrale Posen vom
6.5. bis zum 30.6.1942; zitiert nach Bock, Zwangssterilisation, wie Anm. D 112, S. 445.

150 Ebenda.

151 Bock, Zwangssterilisation, wie Anm. D 112,
S. 450ff sowie Schäfer, Zwangsarbeiter, wie Anm.
E 90, S. 64–67.

152 Interview Nr. 63.

153 Herbert, Fremdarbeiter, wie Anm. E 91, S. 249
und Hamann, Matthias: »Die Morde an polnischen und sowjetischen Zwangsarbeitern in
deutschen Anstalten.« In: Aussonderung und
Tod. Die klinische Hinrichtung der Unbrauchbaren. (Beiträge zur nationalsozialistischen Ge-
sundheits- und Sozialpolitik, Bd. I) 1985, S. 129
bis 130.

154 Der »Lebensborn« war ein auf Veranlassung Himmlers 1935 gegründeter Verein mit der ab 1938 satzungsgemäßen Aufgabe, »den Kinderreichtum in der SS zu unterstützen, jede Mutter guten Blutes zu schützen (...) und für hilfsbedürftige Kinder (...) guten Blutes zu sorgen«, sowie mit dem Fernziel der Menschenzüchtung. Seit 1941 betrieb der Verein in seinen Einrichtungen unter anderem die »Eindeutschung rassisch wertvoller« Kinder. Vgl. hierzu Hillel, Marc und Clarissa Henry: Lebensborn e.V. Im Namen der Rasse. Wien und Hamburg 1975.

155 Schäfer, Zwangsarbeiter, wie Anm. E 90, S. 61.

156 Documenta occupationis, Bd. I, Doc. Nr. 150, Schreiben des Präsidenten des *Gau-Arbeitsamtes* an den *Generalbevollmächtigten für den Arbeitseinsatz* vom 10. 1. 1944.

157 Vgl. etwa die *Ausländerkinder-Pflegestätte* im Dorf Velpke bei Helmstedt, in dem zwischen Mai und Dezember 1944 insgesamt 110 polnische und russische Kinder untergebracht waren, von denen im selben Zeitraum 96 an Unterernährung, Epidemien und »allgemeiner Schwäche« starben, obwohl sie offensichtlich in gutem Gesundheitszustand und mit warmer Kleidung versehen dort eingeliefert worden waren. Vgl. hierzu hierzu Schäfer, Zwangsarbeiter, wie Anm. E 90, S. 62.

158 Schreiben von Hilgenfeldt an Himmler vom 11. 8. 1943, zitiert nach Hamann, Morde, wie Anm. E 153, S. 133.

159 Schäfer, Zwangsarbeiter, wie Anm. E 90, S. 64.

160 GAR, Bestand FLAT 1169, »Personalien der Gemeindeeinwohner 1910–1947, Ausländer«, Akt Rudawska, Anna, Geburtsurkunde sowie Abmeldung von Erika Rudawska, außerdem Interview Nr. 1

161 KrArE, Bestand E 1/1612, Geburtsurkunde vom 17. 1. 1944.

162 Ebenda.

163 Interview Frau Lisa Gibney mit Frau Anna Arsienkow; protokolliert laut Schreiben vom 21. 6. 1993 (Akten des Autors).

164 KaKAP, Taufbuch der katholischen St. Konrads-Gemeinde, 1943, Lfd. Nr. 29.

165 KrArE, Bestand E 1/1755, Aufstellung »unehel. Kinder mit fremdblutig. Elternteil (1941–1944)«. Einen ersten Überblick zu Fremdarbeitern im Südwesten bieten außerdem Kromer, Wolfgang und Stanislaus Stepien: »Arbeit unter Zwang«, in: Beiträge zur Landeskunde, Nr 2, April 1985, S. 5–10.

166 GAR, Totenregister der Gemeinde Reichenbach 1902–1960, 2. Buch, S. 37–38. Acht russische Fremdarbeiterkinder liegen außerhalb des Reichenbacher Friedhofs auf dem sogenannten »*Ostarbeiterfriedhof* beim alten Friedhof Reichenbach« und 15 liegen auf dem »*Ostarbeiterfriedhof* Obere Rinne Reichenbach«; siehe hierzu das »Verzeichnis toter Ostarbeiter« im Anhang.

167 Interview Nr. 31.

168 GAR, Bestand FLAT 1169, »Personalien der Gemeindeeinwohner 1910–1947, Ausländer«, Akt

169 Rudawska, Anna, Geburtsurkunde sowie Abmeldung von Erika Rudawska vom 9. 8. 1945.

169 Ebenda, Abmeldung von Anna und Iwan Rudawska vom 14. 8. 1945.

170 Privatsammlung Gibney, Schiffsticket für Erika Rudawska, Einreise- und Adoptionspapiere.

171 »She remembers it as an incredibly difficult time in her life. So I guess she just associates it with bad memories.« Schreiben vom 9. 8. 1993 (Akten des Autors).

172 Vgl. hierzu Schäfer, Zwangsarbeiter, wie Anm. E 90, Einleitung (o.S.).

173 Es ist schwer nachzuvollziehen, wie gerade die polnischen, ukrainischen und russischen Fremdarbeiterinnen mit der wirtschaftlichen, sozialen und psychischen Situation fertig wurden. Einen Eindruck hierüber vermittelt anhand von Textbeispielen der vor allem in Polen intensiv diskutierten Erinnerungsliteratur einstiger Zwangsarbeiter – auch an süddeutschen »Arbeitsplätzen« – die Arbeit von August, Jochen: Erinnern an Deutschland. Berichte polnischer Zwangsarbeiter. In: August, Jochen u. a.: Herrenmenschen und Arbeitsvölker. Ausländische Arbeiter und Deutsche 1939–1945 (Beiträge zur nationalsozialistischen Gesundheits- und Sozialpolitik, Bd. 3). Berlin 1986, S. 109–130.

174 GAR, Bestand FLAT 4733, Anschreiben der Reichsbahn vom 19. 11. 1941 und Antwortschreiben des Bürgermeisters an den Vorstand des Reichsbahn-Betriebsamts vom 20. 11. 1941; außerdem Mietvertrag vom 12./13. 1. 1942.

175 GAR, Bestand FLAT 1112, Jahresberichte, »Die Gemeindeverwaltung im Jahr 1941« am 12./13. Januar 1942 von Bürgermeister Schmid erstellter Bericht.

176 Leiter der Abteilung Kriegsgefangene, Breyer in einer Besprechungsniederschrift einer Sitzung des Wehrwirtschafts- und Rüstungsamtes des Oberkommandos der Wehrmacht (OKW) am 4. 7. 1941; IMT, Bd. 27, S. 63f; zitiert nach Herbert, Fremdarbeiter, wie Anm. E 91, S. 135.

177 Ebenda, S. 137; zur Entwicklung ebenda, S. 149 sowie Streit, Christian: Keine Kameraden. Die Wehrmacht und die sowjetischen Kriegsgefangenen 1941–1945. Stuttgart 1978, S. 244.

178 Vgl. hierzu Herbert, Fremdarbeiter, wie Anm. E 91, S. 244ff, sowie Majer, Diemut: »Fremdvölkische« im Dritten Reich. Ein Beitrag zur Rechtssetzung und Rechtspraxis in Verwaltung und Justiz unter besonderer Berücksichtigung der eingegliederten Ostgebiete und des Generalgouvernements (Schriften des Bundesarchivs 28). Boppard 1981, S. 675f.

179 HStA Stuttgart, Bestand E 151, KVII, Bü 2045 (Abschrift: 282, 281), Schreiben Dr. Klenk an die KVD. Landesstelle Württemberg Stuttgart vom 27. 8. 1942.

180 »Räder«, wie Anm. E 125.

181 Verschiedene Archive und Bestände, etwa im Staatsarchiv Ludwigsburg, Bestände K 411 oder EL 902ff, im Gemeindearchiv, Flattich-Bestände, oder im Hauptstaatsarchiv Stuttgart, Bestand E 151, konnten offensichtlich nicht eingesehen werden. Außerdem sind die Signaturangaben oft

ungenau, beispielsweise ist für die »Denkendorfer Aktion« (S. 35) als Quellenangabe »Aus der ›Klageschrift: E. H., AZJ/76/0699 vom 18.2.48/F‹« genannt. Hierbei handelt es sich um eine Signatur des Staatsarchivs Ludwigsburg und zwar EL 903/4, Bü J 76/0669 (Spruchkammerakte von *Kreisleiter* Eugen Hund); auch Quellenangaben »Staatsarchiv Ludwigsburg« (S. 23, 24), »Standesamt Reichenbach« (S. 24), »Gemeindearchiv, Akten Besetzung des Ortes April 1945« (S. 16) sind sehr ungenau. Die Position der Firma Otto wird einseitig wiedergegeben: So wird beispielsweise nicht zwischen Vater Heinrich und den Söhnen unterschieden. Genannt wird Kommerzienrat Heinrich Otto, der – wie Genuneit recherchierte – 1923 »Geldgeber der Deutschvölkischen und Nationalsozialisten in Württemberg« war. Unmittelbar im Anschluß hierauf heißt es, »So wundert es nicht, daß relativ viele (230) Zwangsarbeiter/-innen schon kurz nach dem Kriegsbeginn bei der Fa. Otto arbeiten mußten.« (S. 12) – kein Wort darüber, daß just jener Heinrich Otto bereits seit über neun Jahren tot war, und dessen Sohn Hans eine sehr viel differenziertere Haltung einnahm – siehe hierzu folgenden Abschnitt dieses Kapitel. Leider werden auch keine Quellenangaben über die – sicher zutreffenden – genannten Zahlen (beispielsweise »1600 Kriegsgefangene und Zwangsarbeiter«, S. 11) gemacht.

182 »Erinnerungen«, wie Anm. D 59, Kapitel IV. »Das Russenlager Reichenbach«, S. 1.
183 Ebenda, S. 2.
184 KrArE, Bestand E 1/1674, Schreiben des Reichsbahnoberinspektors Siegel, Kommandoführer, an Gendarmerie Kreis Esslingen vom 21. 5. 1942.
185 StALu, EL 902/6, Bü 11/21/3352, Bl. 7/8, Bericht von Adolf und Sophie K. am 4. 9. 1946.
186 Ebenda.
187 Interview Nr. 77.
188 StALu, EL 902/6, Bü 11/21/3352 Bl. 15.
189 StALu, EL 902/6, Bü 11/22/2124, Akt Korrespondenz Klenk, Schreiben Dr. Klenk an KVD vom 27. 8. 1942.
190 BDC, Berlin, Mitgliederkartei der NSDAP, Akte Gottlob Bräuninger, Parteieintritt am 1. 5. 1937, Parteinummer: 5207 535; außerdem StALu, EL 902/6, Bü 11/22/2333, Bl. 2, »Lagerführer« vom 1. 6. 1942 – 1. 6. 1945.
191 »Erinnerungen«, wie Anm. D 59, Kapitel IV. »Das Russenlager Reichenbach«, S. 1.
192 Vgl.hierzu Herbert, Fremdarbeiter, wie Anm. E 91, S. 293 u.v.a. 296f.
193 Ebenda, S. 293f.
194 StALu, EL 902/6, Bü 11/22/2333, sowie ebenda, Bü 11/21/3352.
195 Lagerprostitution fand seitens der deutschen Behörden teilweise Unterstützung in Form der Einrichtung von Lagerbordellen. Der *SD* resümierte hierzu: »So sind zur Zeit im Reich verteilt an ca. 60 Einsatzstellen Bordelle mit ca. 600 Prostituierten errichtet worden. Weitere rund 50 Bordelle sind noch im Bau und werden in Kürze ihrer Bestimmung übergeben«; Boberach, Meldungen, wie Anm. E 62, Bd. 15, S. 6069, Bericht des Sicherheitsdienstes vom 29. 11. 1943.

196 StALu, EL 902/6, Bü 11/22/2333, Bl. 8
197 Interview Nr. 63.
198 »Erinnerungen«, wie Anm. D 59, Kapitel IV. »Das Russenlager Reichenbach«, S. 1.
199 Interview Nr. 10.
200 »Erinnerungen«, wie Anm. D 59, Kapitel IV. »Das Russenlager Reichenbach«, S. 3.
201 Interview Nr. 79.
202 Interview Nr. 62.
203 Interview Nr. 81.
204 Interview Nr. 37.
205 Interview Nr. 82.
206 GAR, Bestand FLAT 6117, Schreiben des SD, Leitabschnitt Stuttgart, »An alle Außenstellen« vom 19. 12. 1941.
207 GAR, Bestand FLAT 4733 sowie Bestand FLAT 6117, »Merkblätter für die Bewachung der russischen Kriegsgefangen im Wehrkreis V« und Erlasse der *Gestapo* zum »Umgang mit Ostarbeitern«.
208 KrArE, Bestand E 1/0787, Schreiben der *Gestapo* vom 12. 11. 1942.
209 Ebenda, die Namen sind dort genannt.
210 Siehe das »Verzeichnis toter *Ostarbeiter*« im Anhang.
211 GAR, Totenregister der Gemeinde Reichenbach 1902–1960, 2. Buch. 38.
212 KrArE, Bestand E 1/0984, Sterbeurkunden.
213 Klenk mußte seine gesamte »Ausländerkartothek« beim Staatlichen Gesundheitamt Esslingen abgeben; StALu, EL 902/6, Bü 11/21/3352 Bl. 31, Schreiben des Lagerarztes Dr. Klenk vom 5. 9. 1946.
214 StALu, EL 902/6, Bü 11/21/3352 Bl. 28, Aussage des Lagerarztes Dr. Klenk am 28. 8. 1946.
215 Ebenda, Leichenregister, vermerkt von Lagerarzt Dr. Klenk.
216 KrArE, Bestand E 1/1674, Akte Fleckfieberbekämpfung in Reichenbach, Bl. 1, Schreiben von Dr. Klenk an die Kassenärztliche Vereinigung Deutschlands (KVD), Landesstelle Württemberg, vom 15. 6. 1942.
217 StALu, EL 902/6, Bü 11/22/2124, Akt Korrespondenz Klenk, Schreiben von Dr. Klenk an die KVD, Landesstelle Württemberg, vom 27. 8. 1942.
218 KrArE, Bestand E 1/1674, Akte Fleckfieberbekämpfung in Reichenbach, Bl. 1, Schreiben von Dr. Klenk an die KVD, Landesstelle Württemberg, vom 15. 6. 1942.
219 Ebenda.
220 StALu, EL 902/6, Bü 11/22/2124, Akte Korrespondenz Klenk, Schreiben Dr. Klenk an KVD, Landesstelle Württemberg, vom 27. 8. 1942.
221 KrArE, Bestand E 1/1674, Akte Fleckfieberbekämpfung in Reichenbach, Bl. 2, »Vermerk« zur Besichtigung.
222 Ebenda, Bericht des Staatlichen Gesundheitsamtes Esslingen an den Württembergischen Innenminister vom 11. 7. 1942, Bl. 3, S. 2.
223 Ebenda.
224 Ebenda.
225 Ebenda.

Anmerkungen zum Teil E
»Reichenbach im Krieg« (Fortsetzung)

226 Ebenda, vertrauliches Schreiben des Staatlichen Gesundheitsamtes Esslingen an den Landrat vom 13. 7. 1942, Bl. 4.

227 Ebenda, Bericht des Staatlichen Gesundheitsamtes Esslingen an den Württembergischen Innenminister vom 11. 7. 1942, Bl. 3, S. 2.

228 Ebenda, »vertrauliches« Schreiben des Staatlichen Gesundheitsamt Esslingen an das Städtische Polizeiamt vom 13. 7. 1942, Bl. 5.

229 Ebenda, Abschrift vom 14. 7. 1942, Bl. 4.

230 Ebenda, Schreiben des Reichenbacher Gendarmeriemeisters an den Landrat vom 19. 7. 1942, Bl. 9.

231 StALu, EL 902/6, Bü 11/22/2124, Akt Korrespondenz Klenk, »19 Fehlerpunkte zum Ostarbeiterlager Reichenbach von Dr. Klenk«; Schreiben von Dr. Klenk an die KVD vom 27. 8. 1942.

232 KrArE, Bestand E 1/0983, Schreiben des Landrats vom 28. 11. 1942.

233 StALu, EL 902/6, Bü 11/22/2333, Bl. 19, Bericht des Vorsitzenden der Spruchkammer Nürtingen vom 22. 4. 1947.

234 KrArE, Bestand E 1/1674, Schreiben des Reichenbacher Gendarmeriemeisters an Landrat vom 19. 7. 1942, Bl. 9.

235 Ebenda, Bericht des Staatlichen Gesundheitsamtes Esslingen an den Württembergischen Innenminister vom 11. 7. 1942, Bl. 3, S. 2.

236 GAR, Bestand FLAT 4733, Schreiben des Reichsbahn-Betriebsamts-Vorstands Esslingen an den Reichenbacher Bürgermeister vom 22. 9. 1942.

237 Ebenda, »Lageplan« 15. 10. 1943 und »Nachmietvertrag« 19. 4. 1944.

238 KrArE, Bestand E 1/1674, Bericht des Staatlichen Gesundheitsamtes Esslingen an den Württembergischen Innenminister vom 11. 7. 1942, Bl. 3, S. 2.

239 GAR, Bestand FLAT 4733, Mietvertrag vom 12./13. 1. 1942 und Schreiben des Reichsbahn-Betriebsamts-Vorstands Esslingen an den Reichenbacher Bürgermeister vom 22. 9. 1942.

240 Ebenda, »Nachmietvertrag« 19. 4. 1944.

241 KrArE, Bestand E 1/1672, Aktenvermerk vom 13. 5. 1944.

242 Ebenda, Schreiben Dr. Erich Schneider vom 25. 5. 1944, sowie ebenda, Schreiben des Bürgermeisters vom 24. 5. 1944.

243 »Erinnerungen«, wie Anm. D 59, Kapitel VI. »Das Russenlager Esslingen«, S. 1f.

244 Ebenda.

245 KrArE, Bestand E 1/1672, Schreiben Dr. Erich Schneider vom 25. 5. 1944.

246 Ebenda, Schreiben vom 21. 6. 1944.

247 Ebenda, Aktenvermerk vom 13. 5. 1944.

248 Ebenda, Aktenvermerk vom 23. 5. 1944 sowie Schreiben von Dr. Schneider vom 25. 5. 1944.

249 Ebenda, Bestand E 1/1158, »Brandberichte 1939 bis 1952«.

250 Interview Nr. 109.

251 StALu, EL 902/6, Bü 11/22/1750, Bl. 21, sowie ebenda, Potokoll der Polin Janina Widmann, geb. Ograbek vom 20. 5. 1947, Bl. 62; »die Gestapo stellte eine Untersuchung an, im Verlauf derer 24 Mädchen von Polizeiwachtmeister L. im Rathaus

eingesperrt, befragt und ins Gesicht geschlagen wurden« »Außerdem zur Geschichte der Janina Ograbek« vgl. »Räder«, Anm. E 125, S. 14–16.

252 KrArE, Bestand E 1/0984, Brief des französischen Kriegsgefangenen Marcel D. vom 8. 6. 1944.

253 Aussage des französischen Fremdarbeiters R., Interview Nr. 37.

254 »Erinnerungen«, wie Anm. D 59, Kapitel VII. »Herr Köhler – Dolmetscher im Lager Reichenbach«, S. 2.

255 Vgl. hierzu Herbert, Ausländer-Einsatz, wie Anm. E 76, S. 41f; Müller, Stuttgart (Diss.), wie Anm B 351, S. 813 sowie Brodski, Josef, A.: Im Kampf gegen den Faschismus. Sowjetische Widerstandskämpfer in Hitlerdeutschland 1941 bis 1945. Berlin (Ost) 1975, S. 226ff.

256 »Erinnerungen«, wie Anm. D 59, Kapitel VII. »Herr Köhler – Dolmetscher im Lager Reichenbach«, S. 2. Siehe zur Auflösung des Lagers den Teil »Reichenbach nach dem Krieg«, Kapitel »Zusammenbruch oder Befreiung?«, Abschnitt »Displaced Persons«.

257 Beispielsweise StALu, EL 902/6, Bü 11/22/2124, Bl. 7b. Fast alle befragten Reichenbacher erzählten dies offen, da »beide Seiten« etwas davon hatten, die »so dankbaren Russen« eine zusätzliche Verköstigungsmöglichkeit und die »Arbeitgeber« eine billige Arbeitskraft.

258 KrArE, Bestand E 1/0769, Schreiben des Bürgermeisters an den württembergischen Wirtschaftsminister vom 21. 10. 1944.

259 Ob Traub Mitglied der SPD war, konnte nicht mit Bestimmtheit geklärt werden, doch versicherten dies zwei alte Freunde und Genossen, Interview Nr. 67 und Interview Nr. 117.

260 StALu, EL 902/6, Bü 11/31/11238, Bl. 21.

261 Ebenda, Bl. 25, Erinnerung von L. Schneck. am 8. 8. 1947.

262 Interview Nr. 102.

263 Ebenda.

264 StALu, EL 902/6, Bü 11/31/11238, Bl. 27–34.

265 KrArE, Bestand E 1/1257, Schreiben Schöttles vom 8. 12. 1943.

266 StALu, EL 902/6, Bü 11/22/2255, Bl. 19.

267 Ebenda.

268 GAR, Bestand FLAT4070, FLAT4750, FLAT4772 und FLAT4791.

269 StALu, EL 902/6, Bü 11/22/2255, Bl. 20–25, außerdem Bü J 75/647, Bl. 163–164, außerdem KrArE, Bestand E 1/1042, Schreiben vom 15. 11. 1945.

270 Ebenda.

271 Ebenda, Bl. 26, Schreiben des italienischen Generalvertreters der Firma Schöttle, Paolo van den Doele. vom 9. 1. 1935.

272 Ebenda, Bl. 25.

273 Interview Nr. 67.

274 Siehe zum Reichenbacher Volkssturm den Teil »Reichenbach im Krieg«, Kapitel »Der Totale Krieg an der Reichenbacher *Heimatfront* und sein Ende«, Abschnitt »Die Gretchenfrage«.

275 StALu, EL 902/6, Bü 11/22/50, Bl. 4, Schreiben von Herrn und Frau Ommerle. vom 5. 12. 1944.

276 Siehe hierzu den Teil »Phase der Konsolidierung – Alltag unterm Hakenkreuz«, Kapitel »»… ein fleißig und arbeitsam lebendes Volk« – wirtschaft-

liche Konsolidierung«, Abschnitt »Die Reichenbacher *Arbeitsschlacht*«.

277 StALu, EL 902/6, Bü 11/14/918, Bl. 71–87, »Gutachten über die Einkommens- und Vermögensverhältnisse des Herrn Fabrikanten Hans Otto 1932–45« von Wilhelm Starnitzki, Stuttgart.

278 Ebenda, hier Bl. 86.

279 Ebenda, Bl. 5, Schreiben des Wirtschaftsgutachters vom 25. 5. 1948.

280 Ebenda, hier Bl. 75.

281 StALu, EL 902/6, Bü 11/14/918, Bl. 373.

282 Ebenda, Bl. 16; siehe ausführlicher hierzu den Teil »Reichenbach im Krieg«, Kapitel »Der *Totale Krieg* an der Reichenbacher *Heimatfront* und sein Ende«, Abschnitt »Da galt es bei uns (...)«.

283 Siehe hierzu den Teil »Phase der Konsolidierung – Alltag unterm Hakenkreuz«, Kapitel »›... ein fleißig und arbeitsam lebendes Volk‹ – wirtschaftliche Konsolidierung«, Abschnitt »*Betriebsgemeinschaft* und *Kraft durch Freude* an der Reichenbacher *Arbeitsfront*«, sowie Kapitel »›... ein widersetzliches Volk?‹ (...)«, Abschnitte »Traditionalistische Distanz« und »Neinsager«.

284 StALu, EL 902/6, Bü 11/14/918, Bl. 144.

285 Ebenda, Akten Hans Ottos, Bl. 17.

286 Ebenda, Bl. 213–216, sowie Akten Hans Ottos, Bl. 18, Schreiben von Gräfin Stauffenberg, Mutter des Attentäters Claus (o. D. – vermutlich 1946).

287 Ebenda sowie Bl. 17. Zu den Vorbereitungen und zum militärischen Widerstand in der zweiten Kriegshälfte Aufstand des Gewissens. Hoffmann, Peter: Der militärische Widerstand in der zweiten Kriegshälfte 1942–1944/45. In: Der militärische Widerstand gegen Hitler und das NS-Regime 1933–45. Im Auftrag des Bundesministeriums der Verteidigung zur Wanderausstellung herausgegeben vom Militärgeschichtlichen Forschungsamt. Herford und Bonn [2]1985, S. 395–419.

288 Ebenda, Akten Hans Ottos, Bl. 18. An dieser Stelle sei auf die vor allem anläßlich der 50. Jahrestages des Attentats zahlreich erschienene oder neu aufgelegte Literatur hingewiesen, siehe das Literaturverzeichnis im Anhang, Kapitel »Literatur zum Nationalsozialismus«, Abschnitt »Einzeluntersuchungen«, Unterabschnitt »Literatur zu Verfolgung und Widerstand politisch Andersdenkender«. Vor allem den biographisch-familiären Kontext beleuchtet Steffahn, Harald: Claus Schenk Graf von Stauffenberg. Reinbek 1994. Außerdem hierzu Lill, Rudolf und Heinrich Oberreuter (Hrsg.): 20. Juli. Portraits des Widerstandes. Düsseldorf und Wien 1994.

289 Ebenda, Bl. 213–216, Schreiben von Lieselotte von Hofacker vom 12. 11. 1947.

290 Privatsammlung von Kaehne, Mönchengladbach, Kaehne-Hofacker, Brigitte von: »Meine Erinnerungen als politischer Häftling 1944/45«. Unveröffentlichtes Typoskript. Tübingen 1982 (Kopie im Besitz des Verfassers; vielen Dank an dieser Stelle noch einmal an Herrn Peter von Kaehne); außerdem StALu, PL 504/9, Bü 45, Akten zur *NSKOV*.

291 Ebenda. Außerdem Interview Nr. 119 und Interview Nr. 120.

292 Interview Nr. 120.

293 StALu, EL 902/6, Bü 11/14/918, Bl. 192.

294 Sie besuchten Frau Albertine von Hofacker, geborene Üxküll, die Schwester des hingerichteten Nikolaus Graf Üxküll sowie deren Tochter, Brigitte von Kaehne, geborene Hofacker; Interview Nr. 120.

295 Briefe der Brigitte von Kaehne-Hofacker vom November 1944, vom 7. 1. 1945 und vom 8. 3. 1945; Kaehne-Hofacker, Erlebnisse, wie Anm. E 290, S. 38ff.

296 Ebenda, Akten Hans Ottos, Bl. 18, Schreiben von Gräfin Stauffenberg.

297 Interview Nr. 67.

298 Siehe hierzu den Teil »Reichenbach im Krieg«, Kapitel »Krieg im Innern«, Exkurs »Der Bruderring«.

299 Ebenda.

300 Ausführlich Mason, Timothy: The Ligacy of 1918 for National Socialism. In: Nicholls, Anthony und Erich Matthias (Hrsg.): German Democracy and the Triumpf of Hitler. London 1971. S. 215–239.

301 Herbst, Deutschland, wie Anm. E 63, S. 65ff; vgl. außerdem hierzu Kistenmacher, Helmut: Ernährungswirtschaft im 2. Weltkrieg. Die Auswirkungen der Besetzung auf die Ernährungswirtschaft Frankreichs während des 2. Weltkrieges (Studien des Instituts für Besatzungsfragen in Tübingen zu den deutschen Besetzungen im 2. Weltkrieg 16). Tübingen 1959.

302 Heimatbuch, wie Anm. A 1, S. 101.

303 Berechnet nach der Erhebung der Gemeinde vom 15. 4. 1940; GAR, Bestand FLAT 1112.

304 GAR, Bestand FLAT 1112, Jahresberichte, »Die Gemeindeverwaltung im Jahr 1941« am 12./13. Januar 1942 von Bürgermeister Schmid erstellter Bericht.

305 Wohlbold, Orts-Chronik, wie Anm. B 84, S. 50.

306 Siehe hierzu den Teil »Reichenbach im Krieg«, Kapitel »Der *Totale Krieg* an der Reichenbacher *Heimatfront* und sein Ende«, Abschnitt »Mobilisierung zum Totalen Krieg«.

307 Für die Zeit ab 1943 liegen für Reichenbach keine zeitgenössischen statistischen Erhebungen über die Ausmarschierten mehr vor, doch umfaßt eine im Gemeindearchiv überlieferte Kartei insgesamt etwa 670 Karten; GAR, Altregistratur, »Kartei der Ausmarschierten«.

308 Müller, Stuttgart, wie Anm. B 351, S. 325ff; Schönhagen, Tübingen, wie Anm. B 145, S. 304.

309 Boberach, Meldungen, wie Anm. E 62, beispielsweise vom 10. 4. 1941, S. 2192; außerdem hierzu Hiller, Marlene P.: »Beklommen und unsicher.« Stuttgarter Reaktionen auf Kriegsbeginn und »Blitzsiege«. In: Hiller, Stuttgart, wie Anm. D 46, S. 41–48, besonders S. 42ff.

310 EKAR, Arch. Nr. 56. 20, Jg. 1938/1941, Evangelisches Gemeindeblatt Reichenbach an der Fils, Nr. 6/1940, Mitte Juni 1940, S. 2.

311 Ebenda, außerdem Wohlbold, Orts-Chronik, wie Anm. B 84, S. 36 Ein Mann war – laut Wohlbold – Ende 1939 den Folgen seiner Verletzungen erle-

gen, der von der Reichenbacher Öffentlichkeit Ende Mai offensichtlich aber noch nicht als »Gefallener« registriert war.

312 Wohlbold, Orts-Chronik, wie Anm. B 84, S. 52.

313 StALu, Bestand K 601, Bü 1–2, Lagebericht vom 10. Juli 1940.

314 StALu, PL 502/9, Bü 1, Rundschreiben Nr. 26/40 der *Kreisleitung* Esslingen vom 9. 5. 1940.

315 Hiller, Marlene P.: Der deutsch-alliierte Luftkrieg. In: Hiller, Stuttgart, wie Anm. D 46, S. 345–386.

316 Wohlbold, Orts-Chronik, wie Anm. B 84, S. 44, dort auch folgendes.

317 Zu allen Stuttgarter Angriffen vgl. Bardua, Heinz: Stuttgart im Luftkrieg 1939–1945. (Veröffentlichungen des Archivs der Stadt Stuttgart, Bd. 35) Stuttgart ²1985, S. 25.

318 Wohlbold, Orts-Chronik, wie Anm. B 84, S. 43.

319 EZA, Eßlinger Zeitung vom 14. 9. 1940.

320 StALu, PL 502/9, Bü 1, Rundschreiben Nr. 36/40 der *Kreisleitung* Esslingen.

321 EZA, Eßlinger Zeitung vom 25. 10. 1940.

322 EZA, Eßlinger Zeitung vom 29. 10. 1940.

323 Wohlbold, Orts-Chronik, wie Anm. B 84, S. 47.

324 GAR, Bestand FLAT 1112, Jahresberichte, »Die Gemeindeverwaltung im Jahr 1941« am 12./13. 1. 1942 von Bürgermeister Schmid erstellter Bericht.

325 Wohlbold, Orts-Chronik, wie Anm. B 84, S. 52.

326 GAR, Bestand FLAT 1112, Jahresberichte, »Die Gemeindeverwaltung im Jahr 1941« am 12./13. Januar 1942 von Bürgermeister Schmid erstellter Bericht.

327 Interview Nr. 67.

328 Ebenda.

329 StALu, EL 902/6, Bü 11/22/2660, Bl. 13, Feldpostbrief des ehemaligen HJ-Führers Duckeck vom 27. 12. 1939 an seine Ehefrau.

330 So verkündete Hitler unter anderem am 10. Februar 1939 vor Truppenkommandeuren der Wehrmacht: »Der nächste Kampf wird ein reiner Weltanschauungskrieg sein, d. h. bewußt ein Volks- und ein Rassenkrieg sein.« BAK NS 11/28 Bl. 86ff; zitiert nach Jäckel, Herrschaft, wie Anm. B 37, S. 95, außerdem hierzu vgl. Thies, Jochen: Architekt der Weltherrschaft. Köln 1976, S. 113ff. Am 30. Januar hatte er vor dem Reichstag bereits erklärt, das Ergebnis eines etwaigen nächsten Krieges wäre »nicht die Bolschewisierung der Erde und damit der Sieg der Juden (...), sondern die Vernichtung der jüdischen Rasse in Europa.« Stenographische Berichte des Reichstags (1939), S. 16, zitiert nach Jäckel, Herrschaft, wie Anm. B 37, S. 94.

331 Abgedruckt bei Schmuhl, Rassenhygiene, wie Anm. D 114, S. 190. Zu Philipp Bouhler vgl. Schmuhl, Hans-Walter: Philipp Bouhler – Ein Vorreiter des Massenmords. In: Smelser, Ronald, Enrico Syring und Rainer Zitelmann (Hrsg.): Die Braune Elite II. 21 weitere biographische Skizzen. Darmstadt 1993, S. 39–50.

332 Siehe hierzu den Teil »Reichenbach im Krieg«, Kapitel »Krieg im Innern«, Exkurs: »›Der für die Menschheit gefährlichste Reichenbächer‹ (...)«

333 Zitiert nach Kogon, Eugen, Hermann Langbein, Adalbert Rückerl u.a.(Hrsg.): Nationalsozialistische Massentötungen durch Giftgas. Eine Dokumentation. Franfurt/M. 1983, S. 29.

334 Aly, Götz (Hrsg.): Aktion T4 1939–1945. Berlin 1989, Klee, »Euthanasie«, wie Anm. D 112.

335 Siehe hierzu den Teil »Phase der Konsolidierung – Alltag unterm Hakenkreuz«, Kapitel »›... ein einheitliches zusammengehöriges Volk‹ – kulturelle Gleichschaltung«, Abschnitt »Zur Verhütung erbkranken Nachwuchses«.

336 Mitscherlich, Alexander und Fred Mielke: Wissenschaft ohne Menschlichkeit. Medizinische und eugenische Irrwege unter Diktatur, Bürokratie und Krieg. Heidelberg 1949, S.182.

337 Die Anstalt B, das alte Zuchthaus in Brandenburg/Havel, 1940 nach Bernburg an der Saale verlegt, war für Sachsen, Schleswig-Holstein, Brandenburg, Mecklenburg, Anhalt, Hamburg und Berlin zuständig (Febr. 1940 – Sept. 1941). Die Anstalt C, »Schloß Hartheim« bei Linz an der Donau hatte das Einzugsgebiet Österreich, Süddeutschland, Sachsen und später Jugoslawien, Böhmen und Mähren (Mai 1940 – Aug. 1941). Die Anstalt D in Sonnenstein bei Pirna sollte Thüringen, Sachsen Schlesien und Süddeustchland abdecken (April 1940 – Aug. 1941) und die Anstalt E in Hadamar bei Limburg hatte die Nachfolge der im Dezember 1940 geschlossenen Anstalt in Grafeneck, dazu noch Rheinland Pfalz, Nordrhein-Westfalen und Niedersachen (Jan. 1941 bis Aug. 1941).

338 Ausführlicher zur Aktion T4 im württembergischen Grafeneck vgl. Stöckle, Thomas: Die »Aktion T4« in Grafeneck. In: Borst, Otto (Hrsg.:) »Lokalstudien zum Nationalsozialismus«. Die Alte Stadt. Vierteljahreszeitschrift für Stadtgeschichte, Stadtsoziologie und Denkmalpflege. 4/93. Stuttgart, Berlin und Köln 1993, S. 381–384. Zu Baden vgl. Faulstich, H.: Von der Irrenfürsorge zur »Euthanasie« Geschichte der badischen Psychiatrie bis 1945. Freiburg 1993.

339 Zitiert nach Klee, »Euthanasie«, wie Anm. D 112, S. 116.

340 Ebenda, S. 148.

341 Auskunft der Gemeinde sowie Interview Nr. 62; vgl. hierzu Müller, Stuttgart, wie Anm. B 352, S. 760ff.

342 Diese Daten sind nach Einzelfällen alphabetisch geordnet und wurden – gekennzeichnet mit (B) für »behindert« – der oben erwähnten Liste »Reichenbacher Ausgegrenzte« beigefügt, die, die Bestand A 166, »Ortsgeschichte Reichenbach an der Fils unterm Hakenkreuz« ins Gemeindearchiv Reichenbach eingelegt wurde.

343 Interview Nr. 11.

344 Interview Nr. 50.

345 Interview Nr. 55.

346 Beispielsweise Interview Nr. 41, Interview Nr. 61, Interview Nr. 101.

347 Interview Nr. 100, außerdem Interview Nr. 44.

348 Interview Nr. 79.

349 GAR, Bestand FLAT 8161, Schreiben vom 31. 3. 1938.

350 Interview Nr. 76.

351 Gemeinde Reichenbach, Standesamt Nr. 337/40; Auskunft des Reichenbacher Standesamtes, Frau Jaegle, vom 1. 7. 1992.

352 Interview Nr. 27.

353 StALu, Bestand K 601, Lagebericht vom 6. 11. 1940.

354 GAR, Altregistratur, Bestand FLAT 1169, Personalakten der Gemeindeeinwohner: Deutsche 1910–1959, Anmeldung vom 23. 12. 1931.

355 Ebenda, beispielsweise Schreiben des Bürgermeisters von Bartenbach vom 22. 12. 1928.

356 GAR, Bestand FLAT 7060, Fürsorgeakten, Einzelfälle außerdem Gemeinderatsprotokolle, Bd. 37, Bl. 179 vom 17. 5. 1933; dort ist von etwa 250 RM im Vierteljahr die Rede.

357 Dies war die interne Formulierung, die auch im vorliegenden Fall sicheres Zeugnis für die Ermordung ablegt. Vgl. hierzu »1940 verlegt«. Bearbeitet von Theodor Dierlamm, Stetten 1990. Zweiter Beleg ist die den Tod bestätigende Behörde, das »Sonderstandesamt Marbach«.

358 GAR, Bestand FLAT 7060, Fürsorgeakten, Einzelfälle; Schreiben des Sonderstandesamtes Marbach an die Gemeinde vom 11. 9. 1940.

359 EKAR, Arch. Nr. 56. 20, Evangelisches Gemeindeblatt Reichenbach an der Fils, Jg. 1938/1941, Nr. 10/1940, Mitte Oktober 1940.

360 Ebenda, Nr. 12/1940, vom 13. 12. 1940.

361 Interview Nr. 77.

362 Interview Nr. 11.

363 Durch Verhungernlassen, Morphium-, Scopolamin- oder Luminalgaben.

364 GAR, Bestand FLAT 7080.

365 Einlieferungstag 25. 4. 1933, Nr. 50802; Auskunft des Archives der Anstalt Stetten, Herr Dierlamm, vom 13. 2. 1991; schon davor war sie auf Anweisung des Jugendamtes zeitweise in eine geschlossene Anstalt eingewiesen worden; GAR, Altregistratur, Bestand FLAT 1169, Personalakten der Gemeindeeinwohner: Deutsche 1910–1959.

366 Ebenda; außerdem hierzu StALu, F170-II, Bü 6, diverse Schreiben der Anstalt Christophsbad in Göppingen, etwa vom 7. 3. 1930, das Schreiben des Jugendamts Göppingen an den Landrat vom 31. 8. 1938, und der Heilanstalt Christophsbad, Dr. Landerer, an das Oberamt vom 6. 8. 1938.

367 Ebenda.

368 GAR, Bestand FLAT 7080, Schreiben vom 15. 6. 1932.

369 StALu, F170-II, Bü 6, Schreiben der Heilanstalt Christophsbad, Dr. Landerer, an das Oberamt vom 6. 8. 1938, außerdem GAR, Altregistratur, Bestand FLAT 1169, Personalakten der Gemeindeeinwohner: Deutsche 1910–1959.

370 Ebenda.

371 Interview Nr. 108.

372 Auskunft des Archives der Anstalt Stetten, Schreiben vom 13. 2. 1991.

373 Interview Nr. 61.

374 Aus den Prozeßakten aus Nürnberg ergibt sich die Zahl 10654; StASig Wü 29/3, Nr. 1756, Bü 23; außerdem hierzu Stöckle, Grafeneck, wie Anm. E 338, S. 383.

375 Klee, »Euthanasie«, wie Anm. D 112, S. 345–456.

376 Ebenda, S. 291f.

377 Gruchmann, Lothar: Justiz im Dritten Reich 1933–1940. Anpassung und Unterwerfung in der Ära Gürtner (Quellen und Darstellungen zur Zeitgeschichte 28). München ²1990 sowie auf lokaler Ebene Bästlein, Klaus, Helge Grabitz und Wolfgang Scheffler (Red.): Hamburger Justiz im Nationalsozialismus; herausgegeben von der Justizbehörde Hamburg. Hamburg 1992.

378 RGBl. I, 1939, S. 1609 sowie S. 1638 Hüttenberger, Peter: Heimtückefälle vor dem Sondergericht München 1933–1939. In: Broszat, Fröhlich und Grossmann, Bayern, Bd. 4., wie Anm. C 343, S. 435 bis 530. Von Todesurteilen in der Region, die wegen Nichtigkeiten ausgesprochen wurden, berichtet Schönhagen, Tübingen, wie Anm. B 145, S. 333f. Siehe außerdem hierzu den Teil »Reichenbach im Krieg«, Kapitel »Der *Totale Krieg* an der Reichenbacher *Heimatfront* und sein Ende«, Abschnitt »Der *Totale Krieg* verlängerte nur die Niederlage«.

379 StALu, EL 902/6, Bü 11/22/365, Bl. 42.

380 Auskunft des Reichenbacher Standesamtes, Frau Jaegle, vom 15. 5. 1992.

381 Außerdem hierzu Interview Nr. 67 und Interview Nr. 77.

382 StALu, EL 902/6, Bü 11/22/365, Bl. 42, Bericht von Karl Schloz vom am 13. 9. 1947; außerdem Interview Nr. 67.

383 Interview Nr. 44 und Interview Nr. 100.

384 GAR, Bestand FLAT 7080, Schreiben der Kreisfürsorgebehörde vom 28. 6. 1941.

385 Ebenda, Schreiben des Bürgermeisters vom 4. 7. 1941.

386 Ebenda.

387 GAR, Altregistratur, Bestand FLAT 1169, Personalakten der Gemeindeeinwohner: Deutsche 1910–1959.

388 Zu weiteren Einzelfällen – nicht aus Reichenbach, sondern aus den umliegenden Orten – vgl. KrArE, Bestand E 1/553.

389 Plauen, E. O.: Vater und Sohn, Erich Ohser, Bildergeschichten (Ravensburger TB 20). Ravensburg 1967.

390 Interview Nr. 77.

391 Hartmann, Albrecht: Kriegsdienstverweigerung im Dritten Reich. Magisterarbeit an der Universität Stuttgart. Stuttgart 1982.

392 Zweigart, Egon: »Oder soll ich gar den Weg gehen, den Judas gegangen ist?« Die »Ernsten Bibelforscher« im NS-Staat. In: Hiller, Stuttgart wie Anm. D 46, S. 255–258. Außerdem hierzu Hutten, Kurt: Seher, Grübler, Enthusiasten. Stuttgart 1961.

393 Obwohl oftmals im Zusammenhang mit dem Nationalsozialsimus erwähnt, gab es bis vor kurzem nur einige Monographien hierzu, einen kurzen Abschnitt bei Helmreich, Ernst C: The German Churches under Hitler. Background, Struggle and Epilogue. Detroit 1979, S. 392–397; Kater, Michael H: Die Ernsten Bibelforscher im 3. Reich. In VjZG 17 (1969), S. 181–219. Ein sehr ausführliches Kapitel zu den Zeugen Jehovas so-

wie Literaturangaben zu lokalhistorischen Untersuchungen hierzu sind zu finden bei Struve, Walter: Aufstieg und Herrschaft des Nationalsozialismus in einer industriellen Kleinstadt. Osterode am Harz 1918 bis 1945. Essen 1992, S. 242–274, besonders Anm. 1 und Anm. 2. Ausführlich Garbe, Detlev: Zwischen Widerstand und Martyrium. Die Zeugen Jehovas im Dritten Reich. München 1993.

394 Landesarchiv der Vereinigung der Verfolgten des Naziregimes / Bund der Antifaschisten, Stuttgart (VVN-Archiv), E-Bestand (Wiedergutmachungsakten), E Akte, Bü ES 29 112. Vgl unter denselben Aktenzeichen auch den Bestand »Wiedergutmachungsakten« im Staatsarchiv Ludwigsburg.

395 Ebenda; außerdem, Interview Nr. 118.

396 Privatsammlung Grimm, Kraichtal; Zusammenstellung der Aufzeichnungen und Briefe aus den vier Monaten Gefängnisaufenthalt, erstellt in der Zeit von der Verkündung des Todesurteils am 14. 7. 1942 bis zur Hinrichtung am 21. 8. 1943. Bernhard Grimm, nannte diese Zusammenstellung: »Zeugnis und Bekenntnis zu unserem großen Schöpfer.« Einen ganz besonderen Dank an dieser Stelle an Frau Vera Grimm-Sachs.

397 Privatsammlung Grimm, Kraichtal, *Anklageverfügung* des Reichskriegsgerichts, StPl (RKA) I 139/42, vom 16. 6. 1942.

398 Ebenda.

399 Ebenda, Zusammenstellung der Aufzeichnungen und Briefe, Brief von Bernhard Grimm vom 20./21. 8. 1942.

400 Ebenda, Schreiben der Oberstaatsanwaltschaft beim Landgericht Potsdam vom 25. 8. 1942.

401 Landesarchiv der Vereinigung der Verfolgten des Naziregimes / Bund der Antifaschisten, Stuttgart (VVN-Archiv), E-Bestand (Wiedergutmachungsakten), E Akte, Bü ES 29 367; Außerdem Hartmann, Kriegsdienstverweigerung, wie Anm. E 391, S. 74, sowie ein Schreiben Alfred Haussers (VVN) an U. Simon vom 26. 3. 1980, daß mir Egon Zweigart freundlicherweise zur Verfügung stellte.

402 KrArE, Bestand E 1/0964, Schreiben vom 6. 3. 1940 sowie ebenda, Schreiben von Pfarrer Dr. Hofmann vom 8. 3. 1940.

403 Ebenda, Luftgau-Postamt München II, L 09506 sowie Schreiben vom 3. 4. 1944.

404 Siehe hierzu den Teil »Phase der Konsolidierung – Alltag unterm Hakenkreuz«, Kapitel »›... ein widersetzliches Volk?‹ – Von aktiven Nazis, von Mit- und Weitermachern und von Neinsagern in Reichenbach«, Abschnitt »Mit- und Weitermacher«.

405 Vgl. hierzu Arendt, Hannah: Eichmann in Jerusalem. Ein Bericht von der Banalität des Bösen. Neuausgabe München 1986.

406 BDC, Berlin, Mitgliederkartei der NSDAP, Akte Walter Baach, Parteieintritt am 1. 2. 1931, Parteinummer: 467606; außerdem StALu, EL 902/6, Bü 11/22/3258.

407 Interview Nr. 55.

408 Zentrale Stelle der Landesjustizverwaltungen zur Aufklärung nationalsozialistischer Verbrechen, Ludwigsburg (ZSL), Sammelakte 425, Az II 206 AR-Z; 232/60, »Urteil gegen den Reichenbacher ehemaligen *SS-Hauptsturmführer* Baach vom 27. 6. 1972 am Landgericht Bochum (16 KS 2/70)«, im folgenden »Urteil« genannt, Bl. 28–36.

409 StALu, EL 902/6, Bü 11/22/3258.

410 Geschäftsteil III, C.

411 Urteil, wie Anm. E 408, Bl. 28.

412 Ebenda, Bl. 29; außerdem hierzu vgl. Zelzer, Stuttgart, wie Anm. D 315, S. 90f. Siehe hierzu den Teil »Machtantritt«, Kapitel »Sicherung und Ausbau der Macht«, Abschnitt »Totalitär Anspruch auf Herrschaft«, Unterabschnitt »Wahlen nach Nazi-Manier«.

413 Angaben Baachs im handschriftlichen Lebenslauf vom 13. 6. 1939 an das *SS-Rasse- und Siedlungshauptamt*; BDC, Berlin, Mitgliederkartei der NSDAP, Akte Walter Baach, Bl. 4, außerdem ZSL, Sammelakte 425, Az II 206 AR-Z; 232/60, Anklageschrift, Bl. 4882, und Urteil gegen den Reichenbacher ehem. SS-Hauptsturmführer B. vom 27. 6. 1972 am Landgericht Bochum (16 KS 2/70), Bl. 30.

414 Sauer, Juden, wie Anm. D 96, S. 204.

415 Angaben Baachs im handschriftlichen Lebenslauf vom 13. 6. 1939 an das *SS-Rasse- und Siedlungshauptamt*; BDC, Berlin, Mitgliederkartei der NSDAP, Akte Walter Baach, Bl. 4, außerdem ZSL, Sammelakte 425, Az II 206 AR-Z; 232/60, Anklageschrift, Bl. 4882, und Urteil gegen den Reichenbacher ehem. SS-Hauptsturmführer B. vom 27. 6. 1972 am Landgericht Bochum (16 KS 2/70), Bl. 31.

416 Urteil, wie Anm. E 408, Bl. 31.

417 Ebenda.

418 Krausnick, Helmut und Hans-Heinrich Wilhelm: Die Truppe des Weltanschauungskrieges. Die Einsatzgruppen der Sicherheitspolizei und des SD 1938–1942. (Quellen und Darstellungen zur Zeitgeschichte, Bd. 22) Stuttgart 1981, S. 32ff. Außerdem Krausnick, Helmut: Hitlers Einsatzgruppen. Die Truppe des Weltanschauungskrieges. 1938–1942. Frankfurt/M. 1985.

419 Urteil, wie Anm. E 408, Bl. 11.

420 Ebenda, Bl. 12.

421 Ebenda, Bl. 13.

422 Ebenda, Bl. 14.

423 Ebenda, Bl. 16.

424 Ebenda, Bl. 66ff.

425 ZSL, Sammelakte 425, Az II 206 AR-Z; 232/1960, Bd. III, Bl. 421.

426 Urteil, wie Anm. E 408, Bl. 20.

427 Ebenda; genaue Schilderung von Verhaftungen mit Namen der Deportierten am 3. 5. 1940, vgl. Bl. 21a.

428 Von den Nationalsozialisten installierte jüdische »Selbstverwaltung«; vgl. hierzu Diner, Dan: Jenseits des Vorstellbaren – der »Judenrat« als Situation. In: »Unser einziger Weg ist Arbeit«. Das Getto in Lódz 1940–1944. Berab. von Hanno Loewy und Gerhard Schoenberner. Katalog zur Ausstellung des Jüdischen Museum Frankfurt am Main. Frankfurt/M. 1990, S. 32–40.

429 Verordnung des Generalgouverneurs vom 15. 11.
1939.
430 Urteil, wie Anm. E 408, Bl. 7.
431 Ebenda, Bl. 8.
432 Ebenda.
433 Ebenda, Bl. 21.
434 Ebenda.
435 Ebenda, Bl. 22.
436 »Befehlsblatt des Chefs der Sicherheitspolizei
und des SD«, Nr. 23 vom 6. 6. 1942 unter »Perso-
nalmitteilungen«, Unterabschnitt »Ernennungen,
Versetzungen, Abordnungen«, zitiert nach ZSL,
Sammelakte 425, Az II 206 AR-Z; 232/60, Anklageschrift, Bl. 4884.
437 Urteil, wie Anm. E 408, Bl. 23.
438 »Befehlsblatt des Chefs der Sicherheitspolizei
und des SD«, Nr. 23 vom 6. 6. 1942 unter »Perso-
nalmitteilungen«, Unterabschnitt »Ernennungen,
Versetzungen, Abordnungen«, zitiert nach ZSL,
Sammelakte 425, Az II 206 AR-Z; 232/60, Anklageschrift, Bl. 4884.
439 Urteil, wie Anm. E 408, Bl. 42.
440 Ebenda, Bl. 34.
441 Ebenda.
442 Interview Nr. 77.
443 Interview Nr. 28.
444 Interview Nr. 77.
445 Interview Nr. 28.
446 Interview Nr. 62.
447 Interview Nr. 66.
448 Interview Nr. 77.
449 Urteil, wie Anm. E 408, Bl. 2.
450 ZSL, Sammelakte 425, Az II 206 AR-Z; 232/60,
Haftbefehl vom 28.09.1965 beim Landgericht Bochum, Az 10 VuS 12/63, Bl. 35.
451 Ebenda, Anklageschrift Bl. 4862, Anklageschrift
vom 17. 11. 1970 der Staatsanwaltschaft Dortmund (45 JS 18/61).
452 Urteil, wie Anm. E 408, Bl. 47/48.
453 Ebenda, Bl. 48.
454 Aktenvermerk Landgericht Bochum vom
5.10.1965; ZSL, Akte Oppermann, II 206 AR-Z;
232/60, Bd. XII, Bl. 2798.
455 verschiedenste Zeugenaussagen Anklageschrift
gegen den Reichenbacher ehem. SS-Hauptsturmführer B. vom 17.11.1970 der Staatsanwaltschaft
Dortmund (45 JS 18/61); ZeStLaJu Ludwigsburg,
Sammelakte 425, Az II 206 AR-Z; 232/60, Anklageschrift Bl. 4926-30, 4934ff.
456 Dies ist freilich kein Einzelfall. Vgl. zur Rolle der
Justiz im Nationalsozialismus und danach als
neueste Untersuchung das hervorragende Fallbeispiel zur Hamburger Justiz von Bästlein,
Klaus, Helge Grabitz und Wolfgang Scheffler
(Red.): Hamburger Justiz im Nationalsozialismus; herausgegeben von der Justizbehörde Hamburg. Hamburg 1992.
457 Urteil, wie Anm. E 408, Bl. 2.
458 Brunotte und Weber, Kirchenlexikon, wie Anm. C
304, Bd. 2, Sp. 746f; außerdem Röhm und Thierfelder, Kirche, wie Anm. C 243, S. 110ff.
459 Evangelisches Zentralarchiv Berlin (EZAB), Bestand DEK A 2, Nr. C2/51. Mehr hierzu bei
Schäfer, Dokumentation, wie Anm. C 273, Band
6: »Von der Reichskirche zur Evangelischen Kir-

Anmerkungen zum Teil E
»Reichenbach im Krieg« (Fortsetzung)

che in Deutschland, 1938–1945«, Stuttgart 1986,
S. 312.
460 Röhm und Thierfelder, Anpassung, wie Anm. C
242, S. 363.
461 LKA Stuttgart, Bestand D 1, Bü 105. 1. Sept. bis
Dez. 1941, »Zur Jahreswende« Um die kirchliche
Lage 1941/1942; außerdem hierzu bereits ebenda, Bestand D 31 (unverzeichnet), Bü II. 1, Schreiben des Rats der Evangelisch Lutherischen Kirche an Rosenberg vom 20. 10. 1938.
462 Hatte es bereits im Dezember 1937 Schwierigkeiten gegeben, die aus politischen Gründen frei gewordenen Kirchengemeinderatsposten neu zu
besetzen (siehe hierzu den Teil »Phase der Konsolidierung – Alltag unterm Hakenkreuz«, Kapitel »Die Reichenbacher Mauritiusgemeinde und
die Reichskirchenpolitik 1938 – zweite Phase des
Kirchenkampfes in Reichenbach«, Abschnitt
»Pfarrer Erhardt ist am Ende – er gibt auf«), so
lehnte im August 1939 einer der führenden
CVJM-Mitarbeiter »auch nach weiterem Gespräch mit dem Pfarrer die Zuwahl in den Kirchengemeinderat ab«; EKAR, Arch. Nr. 53. 11, Bd.
1939–1959, Kirchengemeinderats-Protokoll vom
22. 8. 1939.
463 LKA Stuttgart, Bestand D 31 (unverzeichnet), Bü
»Bruderschaftsbriefe (Freudenstätter Kreis) 1938
bis 1942«, Bruderschaftsbrief Dippers vom 7. 2.
1942: »Ich betrachte es (...) Tag für Tag, daß eben
in der Form das Objektive, das über der ganzen
Kirche steht, seinen Ausdruck findet und uns aus
diesem Objektiven verpflichtet.«
464 EKAR, Arch. Nr. 53. 11, Bd. 1939–1959, Kirchengemeinderats-Protokoll vom 22. 8. 1939.
465 Ebenda, Kirchengemeinderats-Protokoll vom
26. 2. 1940.
466 Dipper, Bekenntnisgemeinschaft, wie Anm. D
569, S. 131.
467 LKA Stuttgart, Bestand D 31 (unverzeichnet), Bü
»BK – Akten 1. 2. 1939–1. 2. 1942«, Dippers Karfreitagspredigt 1941.
468 Dipper, Theodor: »23. Sonntag nach Trinitatis:
Gebt dem Kaiser, was des Kaisers ist...« in: Beckmann, Joachim und Sonntag, Friedrich Linz
(Hrsg.): Meine Worte werden nicht vergehen. Gütersloh 1940, S. 309–315, hier S. 314/315.
469 Zur Verdrängung der christlichen Weltanschauung vgl. LKA Stuttgart, Bestand D I, Abt. III, Bü
194,4, »Auszug aus den Richtlinien für die kulturelle Dienstgestaltung in der SA« vom 1. 7. 1937,
versandt vom Evangelischen Gemeindedienst.
470 StALu, EL 903/3, Bü J 75/647, Bl. 61, Erinnerung
von Theodor Dipper am 20. 9. 1947. Auch in anderen Bereichen versuchte die Partei, eigenen
Veranstaltungen einen sakralen Kult zu verleihen.
471 In Anbetracht der nur marginalen Bedeutung der
katholischen Kirche für die Ortsgeschichte Reichenbachs in der untersuchten Zeit soll hier auf
die Beschreibung der Einschüchterungen gegenüber katholischen Reichenbachern verzichtet
werden. Zur Geschichte der Katholiken in der

Region zwischen 1939 und 1945 vgl. Köhler, Joachim und Georg Ott: Katholiken in Stuttgart 1939 bis 1945. In: Hiller, Stuttgart, wie Anm. D 46, S. 211–218.

472 StALu, EL 903/3, Bü J 75/647, Bl. 61, schriftliche Äußerungen von Theodor Dipper am 20. 9. 1947.

473 Ebenda.

474 EKAR, Arch. Nr. 53. 11, Bd. 1939–1959, beispielsweise Kirchengemeinderats-Protokoll vom 28. 4. 1939.

475 Ebenda, Kirchengemeinderats-Protokoll vom 13. 6. 1940.

476 Interview Nr. 35.

477 KrArE, Bestand E 1/1097, vierteljährliche Statistiken beim Landrat.

478 Siehe hierzu die Tabelle »Historische Entwicklung der Kirchenaustritte in Reichenbach und im Kreis von 1939 bis 1944« im Anhang, zusammengestellt mit Hilfe der vierteljährlichen Statistiken beim Landratsamt Esslingen.

479 StALu, EL 902/6, Bü 11/22/2657, Bl. 4,6,48.

480 KrArE, Bestand E 1/1082, Erhebungen der Kirchensteuerjahressätze. Der Reichenbacher Satz war die Jahre immer bei 70 Prozent des landeskirchlichen Tarifs geblieben, der Vermögenssteuerzuschlag bei 3,5 Prozent. Von 1941 bis zum Kriegsende wurden diese auf 80 Prozent bzw. 4 Prozent erhöht.

481 Von 2596 evangelischen Gemeindemitgliedern Reichenbachs im Jahre 1939 haben *nur* 114 die Kirche bis 1945 verlassen, von 277 katholischen *nur* 4. Siehe hierzu die Tabellen »Einwohnerzahlen und Religionszugehörigkeit in der historischen Entwicklung« und »Historische Entwicklung der Kirchenaustritte in Reichenbach und im Kreis von 1939 bis 1944« im Anhang.

482 Interview Nr. 28.

483 Ebenda.

484 Interview Nr. 27.

485 »Ich wollte als kaufmännischer Lehrling auf die DAK, die aber nur *HJ*-Mitglieder war, deshalb mußte ich zur AOK.« Interview Nr. 31, ehemaliger CVJM-Mitarbeiter. Vgl. außerdem Interview Nr. 47 und Interview Nr. 84 oder Interview Nr. 59.

486 EKAR, Arch. Nr. 53. 11, Bd. 1939–1959, Kirchengemeinderats-Protokoll vom 22. 8. 1939.

487 Vgl. hierzu Interview Nr. 28, Interview Nr. 47 oder Interview Nr. 84.

488 LKA Stuttgart, Bestand Generalia/Altregistratur: Kirchengemeinde Reichenbach, Bl. 68, bzw. Bl. 141, Schreiben des Oberkirchenrats vom 17. 1. 1940 und des Pfarramtes vom 25. 2. 1947.

489 EKAR, Arch. Nr. 53. 11. 1, Bd. 1939–1959, Kirchengemeinderats-Protokoll vom 11. 9. 1941.

490 EDE, Altregistratur, Bestand Ortsakten, Fach 28, Reichenbach, A III, Bü 3, Schreiben des Oberkirchenrats ans Landesarbeitsamt vom 12. 9. 1941.

491 Ebenda, Schreiben Dippers an den Oberkirchenrat vom 12. 2. 1942.

492 Ebenda, Schreiben des Reichsarbeitsministers an die Deutsche Evangelische Kirche vom 12. 9. 1941.

493 EKAR, Arch. Nr. 53. 11, Bd. 1939–1959, Kirchengemeinderats-Protokoll vom 25. 11. 1941.

494 Ebenda, beispielsweise Kirchengemeinderats-Protokoll vom 28. 6. 1945.

495 Die Zahlen schwanken in den Dokumenten. Dazu kamen noch etwa 130 Studenten der Theologie, die ebenfalls unter Waffen standen. Mehr hierzu bei Schäfer, Dokumentation, wie Anm. C 273, Bd. 6, S. 696, Anm. 53.

496 EDE, Altregistratur, Bestand Ortsakten, Fach 28, Reichenbach, A I, Bü 2, Erlaß des den Oberkirchenrats vom 7. 6. 1940.

497 Ebenda, Erlaß des den Oberkirchenrats vom 12. 6. 1940.

498 Weitere Vertretungsaufgaben Dippers: Pfarrer Ruoff, Hegenlohe vom 26. 8. 1942 bis zum 29. 4. 1943, ab 7. 4. 1943 Baltmannsweiler; ab Frühsommer 1940 sowie wiederholt Plochingen und Ebersbach; ebenda, Erlasse des Oberkirchenrats vom 13. 8., 27. 8., 9. 11. 1942 und vom 21. 4. 1943, sowie LKA Stuttgart, Personalakte, Bl 55, Schreiben vom 13. 12. 1939, Bl 73, Schreiben vom 27. 8. 1942, Bl. 75, Schreiben vom 29. 3. 1943, und Bl. 76, Schreiben vom 21. 4. 1943.

499 Interview Nr. 35.

500 Ebenda.

501 EKAR, Arch. Nr. 56. 20, Evangelisches Gemeindeblatt Reichenbach an der Fils, Jg. 1938/1941, Nr. 12/1939, vom 10. 12. 1939. Außerdem hierzu EKAR, Arch. Nr. 53. 11. 9, Bd. 1939–1959, Kirchengemeinderats-Protokoll vom 9. 12. 1939.

502 Ebenda, Nr. 1/1940, vom 17. 1. 1940, S. 3/4.

503 *Knochentuberkulose* oder auch *Rippenkaries*, laut einem Gutachten des behandelnden Arztes, Prof. Brösamlen, »zur Abszeßbildung mit nachfolgender Fisteleiterung« neigte; LKA Stuttgart, Personalakte, Bl 72/1, Schreiben von Prof Brösamlen vom 16. 10. 1941.

504 Ebenda, Bl 63, 64, 65, diverse Schreiben vom 13. 1., vom 14. 1. und vom 1. 2. 1942. Außerdem hierzu Bestand D 31 (unverzeichnet), Bü »BK – Akten 1. 2. 1939–1. 2. 1942«.

505 Ebenda, Personalakte, Bl 71, Schreiben vom 28. 2. 1942.

506 EDE, Altregistratur, Bestand Ortsakten, Fach 28, Reichenbach, A I, Bü 2, Schreiben des Oberkirchenrats an *Stapoleitstelle* Stuttgart vom 20. 2. 1940.

507 Ebenda, Schreiben der *Stapoleitstelle* Stuttgart an den Oberkirchenrat vom 25. 5. 1940 und vom 24. 7. 1940.

508 Ebenda.

509 Ebenda, Schreiben der *Stapoleitstelle* Stuttgart an den Oberkirchenrat vom 31. 7. 1940.

510 Ebenda, Schreiben der *Stapoleitstelle* Stuttgart an den Oberkirchenrat vom 9. 9. 1940.

511 Interview Nr. 77.

512 Privatsammlung Faul, Calw-Heumaden, Schreiben von Frau Dipper an Frau Emma Schwille vom 3. 12. 1975; vgl. außerdem hierzu Interview Nr. 25 mit dem Ehemann von Emma Schwille sowie »Erinnerungen«, wie Anm. D 59, Kapitel II. »Die Kirche und der NS-Staat«, S. 2.

513 Privatsammlung Peter Dipper. »Ich habe viele Predigten meines Vaters, aber die kann niemand

lesen, da sie in einer speziellen Kurzschrift geschrieben sind.« – Interview Nr. 21 mit dem Adoptivsohn oder auch die übereinstimmenden Aussagen von Dippers Bruders, Interview Nr. 19, seiner Schwester, Interview Nr. 105, sowie seiner Adoptivtochter, Interview Nr. 20.

514 EDE, Altregistratur, Bestand Ortsakten, Fach 28, Reichenbach, A I, Bü 2, Zurückweisung des oberkirchenrätlichen Einspruchs seitens der *Stapoleitstelle* Stuttgart vom 14. 2. 1942.

515 Ebenda, A II, Bü 3, Schreiben des Landwirtschaftsamtes vom 5. 2. 1944. Dipper beantragte am 6. 1. 1944 ein Motorrad, das aber das Landwirtschaftsamt im Wirtschaftsministerium nach Rückfrage beim *Ortsgruppenleiter* ablehnte.

516 Dipper, Bekenntnisgemeinschaft, wie Anm. D 569, S. 131. Siehe hierzu den Teil »Phase der Konsolidierung – Alltag unterm Hakenkreuz«, Kapitel »Die Reichenbacher Mauritiusgemeinde und die Reichskirchenpolitik 1938 – zweite Phase des Kirchenkampfes in Reichenbach«, Abschnitt »Standort im lokalen Kirchenkampf«.

517 KrArE, Bestand E 1/1074, Schreiben des Bürgermeisters an den Landrat vom 12. 12. 1945. Außerdem hierzu LKA Stuttgart, Bestand Generalia/Altregistratur: Kirchengemeinde Reichenbach, Bl. 132f, Schreiben des evangelischen Pfarramtes an den Oberkirchenrat vom 25. 6. 1945, sowie GAR, Bestand FLAT 5170, »Kleinkinderschule«, Vereinbarung aus dem Jahre 1903.

518 EKAR, Arch. Nr. 53. 11, Bd. 1939–1959, Kirchengemeinderats-Protokoll vom 22. 8. 1939.

519 Ebenda, Kirchengemeinderats-Protokoll vom 4. 6. 1940.

520 KrArE, Bestand E 1/0841, Schreiben des Gendarmeriegruppenpostens Wernau vom 10. 7. 1940.

521 GAR, Bestand FLAT 5170, »Kleinkinderschule«.

522 LKA Stuttgart, Bestand Generalia/Altregistratur: Kirchengemeinde Reichenbach, Bl. 132f, Vertrag vom 17. 11. 1941.

523 Ebenda, Bestand E 1/1074, Bl. 79, Schreiben des Landrat an das Württ. Landesjugendamt vom 18. 8. 1944.

524 Landesbischof Wurm in seinem Bericht vom Württembergischen Landeskirchentag am 2. 9. 1941 über das Verbot der Gemeindeblätter, zitiert nach Schäfer, Dokumentation, wie Anm. C 273, Bd. 6, S. 1130ff, hier S. 1144–1145.

525 Dipper, Bekenntnisgemeinschaft, wie Anm. D 569, S. 140.

526 Der Druck seitens der Partei erhöhte sich zunächst durch die »scharfe Zurücksetzung des Papierquantums und durch ein Verbot an alle, die amtlich und ehrenamtlich in der Kirche arbeiteten, daß sie sich an der Werbung, dem Vertrieb und der Kostenbeschaffung für christliches Schrifttum und christliche Blätter beteiligten«; Landesbischof Wurm in seinem Bericht vom Württembergischen Landeskirchentag am 2. 9. 1941, zitiert nach Schäfer, Dokumentation, wie Anm. C 273, Band 6, Seite 1130ff, hier Seite 1144 bis 1145.

527 KrArE, Bestand E 1/1086, Schreiben Dippers an den Landrat vom 30. 5. 1945.

528 EKAR, Arch. Nr. 56. 20, Evangelisches Gemeinde-

blatt Reichenbach an der Fils, Jg. 1938/1941, Nr. 5/1941, Mitte Mai 1941.

529 Auf Antrag von Pfarrer Dipper wurde das Reichenbacher Gemeindeblatt am 8. 6. 1945 wieder zugelassen; KrArE, Bestand E 1/1086, Schreiben des Bataillonschef Borie der Französischen Militärregierung Esslingen vom 8. 6. 1945.

530 Zur Glockenabnahme in Württemberg vgl. Schäfer, Dokumentation, wie Anm. C 273, Bd. 6, S. 1105–1108.

531 Auf der Abrechnung der Bronzemengen sind der 2. 4. und der 17. 4. 1942 angegeben. KrArE, Bestand E 1/2294, »Sammelliste für Bronzeglocken im Kreishandwerkerschaftsbezirk Esslingen.«

532 GAR, Bestand Urkunden und Fotos, Urkunde vom 17. März 1942, ausgestellt vom Bürgermeisteramt Reichenbach.

533 Psalm 62,9.

534 Seit 1939 waren im Gemeindehaushalt bereits 40 000 RM Rücklagen für ein *HJ*-Heim gebildet worden; EZA, Eßlinger Zeitung vom 22. 3. 1939.

535 LKA Stuttgart, Bestand Generalia/Altregistratur: Kirchengemeinde Reichenbach, Bl. 105/1a, Schreiben des evangelischen Pfarramtes an den Oberkirchenrat vom 4. 1. 1941 und Bl. 105/16, Schreiben des den Oberkirchenrats.

536 Ebenda, Bl. 125, Schreiben des evangelischen Pfarramtes vom 16. 10. 1943.

537 Ebenda, Bl. 126, Schreiben des evangelischen Pfarramtes an den Oberkirchenrat vom 18. 10. 1943.

538 Ebenda.

539 Ebenda, Bl. 128, Schreiben vom 27. 10. 1943.

540 Landesbischof Wurm in seinem Bericht vom Württembergischen Landeskirchentag am 2. 9. 1941 und im Bericht auf dem Kirchenbezirkstag vom 6. 11. 1941, zitiert nach Schäfer, Dokumentation, wie Anm. C 273, Bd. 6, S. 1130ff, hier S. 1146.

541 Ebenda, S. 1147–1148.

542 Schmidt, Friedrich:»Das Reich als Aufgabe«, Berlin 1941; zitiert nach dem Bericht von Landesbischof Wurm vor dem Württembergischen Landeskirchentag am 2. 9. 1941; Schäfer, Dokumentation, wie Anm. C 273, Bd. 6, S. 1130ff, hier S. 1146–1147. Schmidt war außerdem von 1933 bis 1945 stellvertretender württembergischer Gauleiter.

543 Ebenda.

544 Interview Nr. 35.

545 LKA Stuttgart, Bestand D 31 (unverzeichnet), Bü »BK – Akten 1. 2. 1939 – 1. 2. 1942«, Dankesschreiben von Superintendent Albertz vom 15. 3. 1941.

546 Ebenda, Bü »Akten BK 1938«, beispielsweise Schreiben Dipper an Frau Niemöller vom 22. 11. 1938; oder ebenda, Bü III. 5, Schreiben Dippers an Frau Pfarrer Steinbauer in Senden bei Ulm vom 15. 2. 1939.

547 Ebenda, Bü III. 5, z. B. Schreiben Dippers an Pfarrer Steinbauer vom 1. 5. 1939, in welches er drei RM einlegte.

548 StALu, EL 902/6, Bü 11/14/918, Bl. 148, Erinnerung Dippers am 17. 2. 1947.

Anmerkungen zum Teil E
»Reichenbach im Krieg« (Fortsetzung)

549 Vom Autor anonymisiert.
550 LKA Stuttgart, Bestand D 31 (unverzeichnet), Bü »Akten BK 1937/38«, Schreiben Dipper an Frau Niemöller vom 22. 11. 1938.
551 StALu, EL 902/6, Bü 11/14/918, Bl. 148, Erinnerung Dippers am 17. 2. 1947.
552 »Erinnerungen«, wie Anm. D 59, Kapitel II. »Die Kirche und der NS-Staat«, S. 2.
553 Dipper, Bekenntnisgemeinschaft, wie Anm. D 569, S. 288.
554 Interview Nr. 35. Der Adoptivsohn Dippers erinnerte sich in diesem Zusammenhang: »Manchmal waren wir bis zu 25–30 Personen im Keller.« Interview Nr. 21.
555 Tröbst, wie Anm. A 55, S. 66.
556 Unter anderem Interview Nr. 37, Interview Nr. 99.
557 Interview Nr. 37.
558 Interview Nr. 28.
559 »Nachdem er das erste Mal von Welzheim zurückkehrte, hat er in kleiner davon Runde erzählt. Wir haben dort auch ausgetauscht, was etwa Frontsoldaten, die die Ermordung von Juden gesehen haben, und auf Urlaub heimkamen, sehr vorsichtig erzählt haben. Mir hat das einmal ein Freund erzählt, wie er gesehen habe, daß SS-Leute Juden haben springen lassen und auf sie geschossen haben, ›wie auf der Hasenjagd, man hat's nicht mit ansehen können‹« Interview Nr. 28.
560 Interview Nr. 19.
561 Interview Nr. 35.
562 Yad Vashem, Martyrs' & Heroes' Remembrance Authority, Jerusalem, Catalog of record Group, file 412, Schreiben Dekan i. R. W. Gümbel, Nagold, an Archivdirektion Stuttgart vom 6. 7. 1963.
563 Ebenda.
564 Interview Nr. 111 und Interview Nr. 113; außerdem Schreiben von Herrn Pfeiffer an den Autor vom 29. 3. 1993.
565 Die wichtigste Quelle ist weiterhin der erstmals 1947 von einem der Versteckten veröffentlichte Erinnerungsbericht, Krakauer, Max: Lichter im Dunkel. Flucht und Rettung eines jüdischen Ehepaares im Dritten Reich; neu herausgegeben von Otto Mörike. Stuttgart 1975. Ein Erinnerungsbericht stellt die von Otto Mörike erstellte Zusammenfssung »Die ›Odyssee‹ von dem jüdischen Paar Krakauer alias Ackermann« dar (unveröffentlicht; Privatsammlung Mörike). In Untersuchungen, Biographien und Autobiographien über einzelne Mitglieder des Bruderringes finden sich Einzelaspekte der Organisation, so bei Scherrieble, Mörike, wie Anm. D 569, oder Grüber, Heinrich: Erinnerung an 7 Jahrzehnte. Köln und Berlin 1968, S. 104ff, Diem, Hermann: Wie wenig haben wir geholfen?, in: Fink, Heinrich: Stärker als die Angst, (Ost-) Berlin 1968, S. 132–141, Diem, Hermann: Ja oder nein. 50 Jahre Theologe in Kirche und Staat. Stuttgart, Berlin 1974, sowie Grossmann, Kurt R.: Die unbesungenen Helden. Zeugnisse der Menschlichkeit aus Deutschlands dunklen Tagen. Hamburg 1957. Ebenfalls zum Themenbereich vgl. Schwersenz, Jizchak: Die versteckte Gruppe. Ein jüdischer Lehrer erinnert sich an Deutschland. Berlin 1988, Keller, Stefan: Grüningers Fall. Geschichten von Flucht und Hilfe. Zürich 1993, sowie Silver, Eric: Sie waren stille Helden. Frauen und Männer, die Juden vor den Nazis retteten. München 1994.
566 Erinnerung von Dr. Herman O. Pineas, New York; in: Grossmann, Helden, wie Anm. E 565, S. 64–67, hier S. 64.
567 Interview Nr. 112; außerdem hierzu vgl. Scherffig, Wolfgang: Junge Theologen im »Dritten Reich«. Dokumente, Briefe, Erfahrungen. 3 Bde. Neukirchen-Vluyn 1989, 1990, 1991, hauptsächlich Bd. 3.
568 Diem, geholfen, wie Anm. E 565, S. 137.
569 Ausführlicher zum Wirken von Herman und Herta Pineas vgl. Wyden, Peter: Stella. Göttingen 1993, S. 106–108.
570 Erinnerung von Dr. Herman O. Pineas, in: Grossmann, Helden, wie Anm. E 565, S.64.
571 Ebenda, S. 65.
572 Siehe hierzu den Teil »Phase der Konsolidierung – Alltag unterm Hakenkreuz«, Kapitel »Die Reichenbacher Mauritiusgemeinde und die Reichskirchenpolitik 1938 – zweite Phase des Kirchenkampfes in Reichenbach«, Abschnitt »Standort im Reich«.
573 Yad Vashem, Martyrs' & Heroes' Remembrance Authority, Jerusalem, Catalog of record Group, file 412, Schreiben Prof. Hermann Diem an den Deutschen Koordinierungsausschuß vom 2. 9. 1968.
574 Dipper und Mörike überlegten beispielsweise für die Krakauers, ob sie sie in die Schweiz schleusen sollten; »Das haben wir selbstverständlich bedacht, sie in die Schweiz hinüberzubekommen. Aber das war damals, so wie es stand, riskant, mit zwei Leuten und einer Frau, die noch derartig nervlich am Ende ist, daß wir's also nie wirklich ernsthaft in die Tat umsetzen wollten.« Otto und Gertrud Mörike im Gespräch; zitiert nach Anstöße: Otto Mörike erzählt aus seinem Leben; mit Sybille Krause-Burger als Gesprächspartnerin. Ludwigsburg (Schallplatte) 1978.
575 Die Fluchthilfe in die Schweiz hatte in den ersten beiden Jahren nach dem nationalsozialistischen Machtantritt vor allem bei sozialdemokratischen und kommunistischen Fluchthilfeorganisationen Tradition. Eine Zusammenarbeit der kirchlichen Fluchthelfer für Juden mit diesen ist nicht zu belegen; vgl. hierzu Knauer, Mathias und Jürg Frischknecht: Die unterbrochene Spur: Antifaschistische Emigration in der Schweiz von 1933 bis 1945. Zürich 1983, sowie GrenzWege. Widerstand an der Schweizer Grenze 1933–1945. Hrsgg. von Paula Lutum-Lenger. Stuttgart 1994, S. 80–84. Außerdem hierzu Bosch, Manfred: Der Abschied von Singen fiel uns nicht schwer... Die Hohentwielstadt als letzte deutsche Station auf der Flucht verfolgter Juden. In: Singener Jahrbuch 1983, S. 40–48; Battel, Franco: Flüchtlinge in Schaffhausen 1933–1945. Licentiatsarbeit Zürich 1992 sowie Frei, Alfred G: Als die Grenzen töd-

lich waren. Fluchthilfe aus dem Dritten Reich in die Schweiz. In: Allmende 34/35, 1992, S. 116 bis 129.

576 Diem, Ja, wie Anm. E 565, S. 23/24.

577 Siehe hierzu den Teil »Phase der Konsolidierung – Alltag unterm Hakenkreuz«, Kapitel »Die Reichenbacher Mauritiusgemeinde und die Reichskirchenpolitik 1938 – zweite Phase des Kirchenkampfes in Reichenbach«, Abschnitt » Pfarrverweser Dipper«.

578 LKA Stuttgart, Bestand D 31 (unverzeichnet), Bü »Bruderschaftsbriefe (Freudenstädter Kreis)« 1938–1942.

579 Interview Nr. 114.

580 Anstöße, wie Anm. E 574.

581 Krakauer, Lichter, wie Anm. E 565, S. 76.

582 Als weiteres ist etwa Senta Maria Klatt, die ehemalige Sekretärin von Bischof Dibelius in Berlin zu nennen, die sowohl in Reichenbach, in Flacht als auch in Köngen Unterschlupf fand.

583 LKA Stuttgart, Bestand D 31 (unverzeichnet), Bü »BK - Akten 1. 4. 1942–August 1945«; außerdem ebenda, Schreiben Dippers an Pfarrer Diem vom 16. 7. 1943.

584 Krakauer, Lichter, wie Anm. E 565, S. 22.

585 Gemeint ist Dippers Freund Otto Mörike.

586 Krakauer, Lichter, wie Anm. E 565, S. 97–99.

587 Ebenda, S. 99–100.

588 Ebenda, S. 114–116.

589 Prälat Gauss aus Heilbronn, Vater von Frau Dipper.

590 Es handelt sich hierbei um den Reichenbacher Fabrikanten Robert Schöttle, senior, geboren am 15. 10. 1888; vgl. Interview Nr. 87.

591 Ebenda.

592 Siehe zur Stellung Robert Schöttles den Teil »Reichenbach im Krieg«, Kapitel »Kriegserleben und -alltag während der Blitzkriege«, Abschnitt »Reichenbacher ›Doppelrollen‹«.

593 Krakauer, Lichter, wie Anm. E 565, S. 118–122.

594 »Auch ich wurde im Sommer 1944 mit diesem Spruch verabschiedet.« Interview Nr. 35.

595 »Im Pfarrhaus warteten sie auf ihre Befreier« in: »Sonntag aktuell«, Nr 16 vom 21. 4. 1985.

596 Krakauer, Lichter, wie Anm. E 565, S. 129.

597 Ebenda, S. 129–130.

598 Interview Nr. 6.

599 Gertrud Mörike berichtete häufig hierüber; Interview Nr. 64.

600 So beispielsweise Interview Nr. 113.

601 »Jüdischer Fahndungsdienst«, unter diesem Namen wurden in Berliner Gestapo-Akten jüdische Kollaborateure geführt, die, um selbst nicht in die Konzentrationslager deportiert zu werden, im Untergrund lebende Juden an die Gestapo verrieten. Die Juden nannten diese »Greifer«; Wyden, Stella. wie Anm. E 569, S. 56.

602 Interview Nr. 114.

603 Zu diesem Begriff und zum »Leben als ›U-Boot‹« vgl. Wyden, Stella. wie Anm. E 569, S. 134–141.

604 Interview Nr. 5.

605 Krakauer, Lichter, wie Anm. E 565, S. 91.

606 Ebenda, S. 114.

607 Erinnerung von Dr. Herman O. Pineas, New York; in: Grossmann, Helden, wie Anm E 565,

S.64–67, hier S.64–66; außerdem Interview Nr. 114.

608 Diem, »geholfen«, wie Anm. E 565, S. 138.

609 Weder Pfarrer Diem noch Bürgermeister Seebich wurden offenbar hierfür von der *Gestapo* belangt.

610 Privatsammlung Mörike, Mörike, Otto: »Die ›Odyssee‹ von dem jüdischen Paar Krakauer alias Ackermann« (unveröffentlicht), S. 6.

611 Interview Nr. 5.

612 Interview Nr. 6.

613 Krakauer, Lichter, wie Anm. E 565, S. 84.

614 Interview Nr. 113.

615 Schöttles Regimegegnerschaft steigerte sich, nachdem sein ältester Sohn Robert am 11. Mai 1942 fiel.

616 Krakauer schrieb hier »lebenswichtig«, es handelt sich formal um »kriegswichtige Fahrten« Krakauer, Lichter, wie Anm. E 565, S. 121f.

617 Yad Vashem, Martyrs' & Heroes' Remembrance Authority, Jerusalem, Catalog of record Group, file 412, Schreiben Frau Ines Krakauer an Frau Dulia Rosen, Yad Vashem in Jerusalem, vom 26. 8. 1970.

618 Krakauer, Lichter, wie Anm. E 565, »Die vollen Namen der Fluchthelfer«, S. 132–136.

619 Unterlagen des Autors. Weitere Schicksale jüdischer Bürger der Region, für die sich aber keine Beziehung zu Reichenbach nachweisen lassen, bei Sauer, Paul: Die Schicksale der jüdischen Bürger Baden-Württembergs während der nationalsozialistischen Verfolgungszeit 1933–1945. Stuttgart 1968 (zur Familie Krakauer vgl. S. 437); sowie Sauer, Paul: Dokumente über die Verfolgung der jüdischen Bürger in Baden-Württemberg durch das NS-Regime 1933–1945, 2 Bde. (Veröffentlichungen der Staatlichen Archivverwaltung Baden-Württemberg Bd. 16 u.17). Stuttgart 1966; außerdem Zelzer, Wege, wie Anm. C 250.

620 Der Autor sammelte in den letzten Jahren bei verschiedenen Recherchen die Namen der vom Bruderring Versteckten mit entsprechenden Teilen ihrer »Geschichte«. Die Unterlagen befinden sich bei den Akten des Autors.

621 Interview Nr. 3, Interview Nr. 5 und Interview Nr. 6.

622 Interview Nr. 111 und Schreiben von Herrn Pfeifer vom 29. 3. 1993.

623 Interview Nr. 5.

624 Interview Nr. 114.

625 Interview Nr. 115.

626 Krakauer, Lichter, wie Anm. E 565, S.74.

627 Diem, »geholfen«, wie Anm. E 565, S. 137.

628 Röhm und Thierfelder, Anpassung, wie Anm. C 242, S. 362.

629 Ebenda. Wie sich nach dem Krieg herausstellte, war Goldmann »Mitarbeiter des SD«; vgl. hierzu Goldmann, Erwin: Zwischen zwei Völkern – ein Rückblick. Erlebnisse und Erkenntnisse. Königswinter 1975, S. 79. Den Hinweis hierauf wie auf die Literaturangabe verdanke ich Dr. Walter Nachtmann, dem ich an dieser Stelle für weitere Auskünfte Dank sage.

630 Schäfer, Gerhard: Landesbischof Wurm und der nationalsozialistische Staat 1940–1945. Eine Dokumentation, zusammengestellt in Verbindung mit Richard Fischer. Stuttgart 1968, S. 148. Zum »Büro Grüber« vgl. Röhm und Thierfelder, Kirche, wie Anm. C 243, S. 130; außerdem Diem, »geholfen«, wie Anm. E 565, S. 136–137, außerdem Röhm, Eberhard und Jörg Thierfelder: Juden – Christen – Deutsche. Band 2/II 1935–1938. Stuttgart 1992, S. 258–276.

631 Im Mai 1939 gab es reichsweit 21 Hilfsstellen.

632 Diem, »geholfen«, wie Anm. E 565, S. 132–141, hier S. 137.

633 Pfarrer Wendland von der Berliner Gethsemane-Gemeinde oder der Tillich-Schüler und jahrelanger Gefängnisseelsorger in Berlin-Tegel, Harald Poelchau. Vgl. hierzu Grossmann, Helden, wie Anm E 565, S. 21. Weitere Helfer aus Berliner Kichenkreisen sind aufgelistet bei Krakauer, Lichter, wie Anm. E 565, S. 132f.

634 Einige Helfer aus Kichenkreisen in Pommern sind aufgelistet bei Krakauer, Lichter, wie Anm. E 565, S. 132.

635 Gruchmann, Lothar: Der Zweite Weltkrieg. Kriegführung und Politik. München 1967, hier S. 167–199, außerdem »Kriegswende Dezember 1941«. Referate und Diskussionsbeiträge des internationalen historischen Symposiums von Jürgen Rohwer und Eberhard Jäckel. Koblenz 1984.

636 Friedlein, Alice, Rosi Freyd u. a. (Red.): Heimatfront. Werkstattgruppe der Frauen für Frieden. Heilbronn und Stuttgart 1985.

637 Im Januar 1943 erweiterte Hitler die Zuständigkeit des Volksgerichtshofes, der 1933 für die Aburteilung von Hoch- und Landesverrat eingerichtet worden war, auf die juristische Behandlung der Verstöße gegen die Kriegssonderstrafrechtsverordnung. Vgl. hierzu Wagner, Walter: Der Volksgerichtshof im nationalsozialistischen Staat. (Quellen und Darstellungen zur Zeitgeschichte, Bd. 11/III) Stuttgart 1974.

638 Die Rüstungsproduktion erreichte im August 1944 ihren Höhepunkt. Vgl. hierzu Milward, Alan S.: Die deutsche Kriegswirtschaft 1939 bis 1945. Stuttgart 1966.

639 Vgl. hierzu Werner, Wolfgang: »Bleib übrig!« Deutsche Arbeiter in der nationalsozialistischen Kriegswirtschaft. Düsseldorf 1983, insbesondere S. 171–192 und S. 318–328.

640 Bereits unmittelbar vor Beginn des Krieges hatten verschiedene Geschäfte, deren Inhaber die Einberufungsbescheide bekommen hatten, schließen müssen – so etwa ein Friseurgeschäft sofort am 26. August 1939. Da mit sich verschärfender Situation auch die Betreiber der Gastwirtschaften zum Kriegsdienst einberufen wurden, mußten verschiedene Schankwirtschaften wie zum Beispiel das »Waldhorn« und andere schließen; KrArE, Bestand E 1/0608, Schreiben des Bürgermeisters an den Esslinger Landrat vom 18. 1. 1941, sowie ebenda, Bestand E 1/0615, div. Schreiben an den Bürgermeister und an den Landrat.

641 Interview Nr. 104, vgl. mehr hierzu, Hiller, Marlene P.: »Da waren zwei Zeiten ganz eng beieinander«. Kriegsende und Nachkriegszeit in Berichten aus Stuttgart. In: Hiller, Stuttgart, wie Anm. D 46, S. 505–523, hier S. 508.

642 Steinert, Marlies: Hitlers Krieg und die Deutschen. Stimmung und Haltung der deutschen Bevölkerung im Zweiten Weltkrieg. Düsseldorf, Wien 1970, S. 418f.

643 Von 1943 an erhielten selbst 55jährige den Gestellungsbefehl. Von August 1944 an mußten sich alle Frauen zwischen 17 und 50 und alle Männer zwischen 17 und 65 zum Kriegsdiensteinsatz melden. Vgl. ausführlicher hierzu Schönhagen, Tübingen, wie Anm. B 145, S. 364.

644 StALu, EL 902/6, Bü 11/22/200, Bl. 21f. Siehe hierzu auch den Teil »Reichenbach im Krieg«, Kapitel »Der *Totale Krieg* an der Reichenbacher *Heimatfront* und sein Ende«, Abschnitt »Die Gretchenfrage«.

645 StALu, EL 902/6, Bü 11/22/663, Bl. 7, Bl. 8, Bl. 37, Bl. 54 oder auch StALu, EL 903/3, Bü J 75/647, Bl. 55, Bl. 56.

646 Ebenda.

647 Zum Umgang mit dem Kriegstod vgl. Jeggle, Utz: In stolzer Trauer. Umgangsformen mit dem Kriegstod während des Zweiten Weltkrieges. In: Jeggle, Utz, Wolfgang Kaschuba, Gottfried Korff u. a. (Hrsg.): Tübinger Beiträge zur Volkskultur. Tübingen 1986, S. 242–262.

648 »Erinnerungen«, wie Anm. D 59, Kapitel II. »Die Kirche und der NS-Staat«, S. 3.

649 Stadtarchiv Stuttgart(StAS), *Kriegstagebuch* der Anna Haag, S. 107. Die 1888 geborene Schriftstellerin, in der Weimarer Republik Mitglied in der SPD und in der Internationalen Frauenliga für Frieden und Freiheit, lebte während des *Dritten Reiches* zurückgezogen in Stuttgart. In einem umfangreichen *Kriegstagebuch* beschrieb sie mit klarem Blick und ironischer Treffsicherheit dessen Alltag. Zur Person vgl. Hochreuther, Ina: Frauen im Parlament. Südwestdeutsche Abgeordnete seit 1919. Stuttgart 1992, S. 103ff.

650 Interview Nr. 78.

651 KrArE, Bestand E 1/0563, Aufgebotsverkürzungen der Reichenbacher Heiratswilligen auf 13 Tage, 10 Tage, 8 Tage, 6 Tage oder 4 Tage, wie sie in den Urkunden des Standesamtes von Reichenbach verzeichnet sind, beispielsweise vom 19. 11. 1939, vom 11. 5. 1940, vom 29. 4., vom 26. 5. und vom 28. 11. 1941.

652 Interview Nr. 78.

653 StALu, EL 902/6, Bü 11/22/2660, Bl. 12.

654 Der Soldat, dessen Antrag auf *Ferntrauung* genehmigt worden war, erklärte an seinem Einsatzort vor dem Bataillonskommandeur seine Bereitschaft, die Ehe einzugehen. Zur selben Zeit oder spätestens zwei Monate später willigte die *Verlobte* am heimatlichen Standesamt ein, wodurch die Ehe als geschlossen galt. Vgl. zu den *Ferntrauungen* den NS-Kurier, Ausgabe vom 1. 11. 1941: »Wenn der Stuhl neben der Braut frei bleibt...«.

655 Wenngleich auch die Lokalpresse gelegentlich ein »sprunghaftes« Ansteigen der *Ferntrauungen* ver-

meldete, so entspricht die festgestellte Nicht-Annahme von *Ferntrauungen* in Reichenbach doch dem üblichen Verhalten, wonach diese im Krieg nur sehr langsam zunahmen. In Stuttgart stieg die Zahl von 1939 zwei auf 28 im Jahre 1940 und 70 im Jahre 1941 (bei einer Gesamtzahl der Eheschließungen von 10 000) an; Hauser, Tränen, wie Anm. D 46, S. 284, Anm. 24.

656 KrArE, Bestand E 1/0563, Anträge, Genehmigungen, Urkunden und Wiederaufhebungen im Zusammenhang mit *Eheschließungen post mortem.* Vgl. zu *Fern-* und *Post-mortem-* Trauungen »Heimatkunde«, wie Anm. D 13, S. 359–360.

657 KrArE, Bestand E 1/0563, Urkunde vom 2. 3. 1943.

658 Ebenda, Tagebuch No. 9141; beantragt worden war die *Eheschließung post mortem* am 10. 11. 1942.

659 Ebenda, Urkunde vom 2. 3. 1943, gemäß des Erlasses des Innenministers vom 6. 11. 1942.

660 EKAR, Arch. Nr. 56. 20, Evangelisches Gemeindeblatt Reichenbach an der Fils, Jg. 1938/1941, Nr. 6/1940, Mitte Juni 1940, S. 2.

661 NS-Kurier vom 23. 10. 1939.

662 KrArE, Bestand E 1/0997, Aufruf vom 4. 10. 1939. Ebenso beim Jahrgang 1922 am 2. 9. 1940; ebenda, Schreiben vom 13. 7. 1940.

663 Ebenda, Schreiben vom 4. 2. 1942.

664 Protokoll-Bücher Musikverein, wie Anm. B 124, Protokoll der Mitgliederversammlung vom 11. 8. 1940.

665 Zitiert nach Schönhagen, Tübingen, wie Anm. B 145, S. 364. Vgl. hierzu auch »Frauen helfen siegen.« Bilddokument vom Kriegseinsatz unter Frauen und Mütter. Berlin 1941.

666 »Frauen helfen siegen«, Einleitung.

667 Eiber, Ludwig: Frauen in der Kriegsindustrie. Arbeitsbedingungen, Lebensumstände und Protestverhalten. In: Broszat, Fröhlich und Grossmann, Bayern, wie Anm C 343. Bd. 3. München und Wien 1981, S. 569–645, hier S. 581.

668 Interview Nr. 76.

669 GAR, Bestand FLAT 4070, Verzeichnis der gewerblich-produktiven Betriebe 1927–1939, Teil 1, Nr. 21.

670 StALu, EL 902/6, Bü 11/14/918, Bl. 71–87, »Gutachten über die Einkommens- und Vermögensverhältnisse des Herrn Fabrikanten Hans Otto 1932–45« von Wilhelm Starnitzki, Stuttgart, hier Bl. 86a.

671 Vgl. in diesem Zusammenhang Interview Nr. 82 mit dem Betriebsmeister.

672 EZA, Eßlinger Zeitung vom 8. 7. 1940.

673 EZA, Eßlinger Zeitung vom 16. 9. 1940, Anzeige der Firma E. Ziegler, Reichenbach.

674 EZA, Eßlinger Zeitung vom 25. 7. 1940, Anzeige der Firma R. Schöttle KG, Reichenbach; Wiederholung der Anzeige u. a. am 26. 7. 1940.

675 Vgl. hierzu Ellwanger, Karen: Frau nach Maß. Der Frauentyp der 40er Jahre im Zeichen des Filmkostüms. In: Inszenierung der Macht. Ästhetische Faszination im Faschismus. Berlin 1987, S. 119ff, hier S. 121.

676 Für die Akten zum *Hosenerlaß* vgl. HStA Stuttgart, E 151c, II, Bü. 754. Vgl. zur Thematik auch Hauser, Tränen, wie Anm. D 46, S. 275ff.

677 Vgl. hierzu unter anderem Interview Nr. 77 und Interview Nr. 85.

678 Zum »Ehrendienst der deutschen Frau« vgl. Eiber, Frauen, wie Anm. E 667, S. 580f.

679 Gersdorf, Ursula von: Frauen im Kriegsdienst 1914–1945. Stuttgart 1969, S. 383ff. Außerdem hierzu Schupetta, Ingrid H. E.: »Jeder das Ihre – Frauenerwerbstätigkeit und Einsatz von Fremdarbeiterinnen im Zweiten Weltkrieg.« In: Frauengruppe und Faschismusforschung, wie Anm. D 38, S. 292–317.

680 Beispielsweise Interview Nr. 62, Interview Nr. 77 und Interview Nr. 101.

681 Zur NS-Begründung der »Schonung der besseren Damen« vgl. Eiber, Frauen, wie Anm. E 667, S. 581.

682 Beschwerde kriegsdienstverpflichteter Frauen vom 27. 6. 1940; Boberach, Meldungen, wie Anm. E 62.

683 DAF-Entscheidungssammlung 8 (1943), S. 36, zitiert nach Eiber, Frauen, wie Anm. E 667, S. 586.

684 GAR, Bestand FLAT 4200, »Vorschlagsliste zum Einsatz in der Landwirtschaft welche der *Ortsgruppe* gemacht wurden« vom 1. 5. 1942.

685 Die Aktion »Auskämmung im zivilen Sektor« (»AZS-Aktion«) wurde reichsweit ab der zweiten Hälfte 1943 noch intensiviert. In Reichenbach waren die Grenzen schon im Frühjahr 1942 spürbar. Zur Intensivierung der AZS-Aktion Eiber, Frauen, wie Anm. Anm. E 667, S. 570, zu deren Grenzen ebenda, S. 581.

686 GAR, Bestand FLAT 4200, »Vorschlagsliste zum Einsatz in der Landwirtschaft welche der *Ortsgruppe* gemacht wurden«. Schmid gab unter anderem »verschiedene öffentliche Ämter«, »asthmakrank«, »bei Eltern mithelfend«, »hat kleines Kind«, »hat kranke Mutter«, »herzkrank«, »schwanger« als Hinderungsgründe an.

687 GAR, Bestand FLAT 4800, diverse Schreiben des Bürgermeisters zum »Zwecke des totalen Arbeitseinsatzes«, darunter sowohl ablehnende wie befürwortende Angaben.

688 Ebenda, Schreiben des Bürgermeisters an das Arbeitsamt Esslingen vom 19. 8. 1942.

689 Interview Nr. 77. Neben dem hier angegebenen Grund mag wohl die Überlegung, vom »ins Feld« rückenden Mann ein Kind zu wollen, auch vom Wunsche herrühren, ein Stück von ihm zu behalten, falls er fiele – bzw. das eigene Leben fortdauern zu lassen.

690 Vgl. hierzu die vielen gegen Kriegsende zunehmenden Versuche der Reichenbacher Frauen, sich von der Arbeitsdienstpflicht entbinden zu lassen; GAR, Bestand FLAT 9451, Entbindung von der Arbeitsdienstpflicht, sowie FLAT 9454 und FLAT 4800, beispielsweise Schreiben des Bürgermeisters an das Arbeitsamt Esslingen vom 24. 11. 1943.

691 Sauer, Württemberg, wie Anm. B 517, S. 340.

692 StAGöp, Hohenstaufen, Ausgabe vom 13. 2. 1945. Außerdem Lechner, Anton: Die letzten Monate des Zweiten Weltkrieges im Kreis Göppingen

und der Einmarsch der Amerikaner. In: geschichte regional. Quellen und Texte aus dem Kreis Göppingen, Heft 3 (Folge 14 der Veröffentlichungsreihe »Hohenstaufen« des Geschichts- und Altertumsverein Göppingen e.V.), 1988, S. 74–98, hier S. 83.

693 Gersdorf, Frauen, wie Anm. E 679, S. 350ff.

694 Schenk, Herrad: Frauen kommen ohne Waffen. München 1983, S. 26.

695 Hauser, Tränen, wie Anm. D 46, S. 265.

696 Vgl. hierzu, Willensbacher, Barbara: Zerrüttung und Bewährung der Nachkriegs-Familie. In: Brozat, Martin (Hrsg.): Von Stalingrad zur Währungsreform. München 1988, S. 595–618, beispielsweise zur deutlich veränderten Scheidungsrate S. 599f.

697 Vgl. hierzu weiter Boberach, Meldungen, wie Anm. E 62, Juni 1944, S. 6659 und Werner, Arbeiter, wie Anm. E 639, S. 280f.

698 Vgl. hierzu Kissel, Hans: Der deutsche Volkssturm 1944–45. Eine territoriale Miliz im Rahmen der Landesverteidigung. Frankfurt/M. 1962.

699 Zitiert nach Nachtmann, Walter: »Das Ende des Zweiten Weltkrieges in Stuttgart.« In: Hiller, Stuttgart, wie Anm. D 46, S. 493–499, hier S. 493.

700 StALu, EL 902/6, Bü 11/22/200, Bl. 55.

701 Zu den Esslinger *Volkssturm-Bataillonen* vgl. Miller, Max: »Das Kriegsende in Esslingen.« Bericht im Auftrag der Stadt Esslingen. Esslingen 1952, S. 4.

702 StALu, EL 902/6, Bü 11/22/1955, Bl. 10.

703 Zu den Besetzungsschwierigkeiten der Zweiten Kompanie vgl. Privatsammlung E. Munz, Reichenbach, Schreiben von A. F. an den *Ortsgruppenleiter* vom 1. 12. 1944.

704 StALu, EL 902/6, Bü 11/22/249, Bl. 10a

705 Zu den Aufgaben des *Deutschen Volkssturms* vgl. StALu, PL 504/9, Bü 52, Befehl Nr. 6/45, Kopien an *Ortsgruppe* Reichenbach vom 8. 3. 1945 »*Deutscher Volkssturm* (Dt. VS) an den *Ortsgruppenleiter*«.

706 Ebenda.

707 Siehe hierzu den Teil »Reichenbach im Krieg«, Kapitel »Der *Totale Krieg* an der Reichenbacher *Heimatfront* und sein Ende«, Abschnitt »Die Gretchenfrage«.

708 Zur Erfassung durch die *HJ* vgl. Giesecke, Hermann: Vom Wandervogel zur Hitlerjugend. Jugendarbeit zwischen Politik und Pädagogik. München 1981; außerdem Klönne, Arno: Jugend im 3. Reich, Düsseldorf 1982, sowie Möding, Nori und Alexander von Plato: »Siegernadeln. Jugendkarrieren in HJ und BDM«. In: Bucher, Willi und Klaus Pohl (Hrsg.): Schock und Schöpfung. Jugendästhetik im 20. Jahrhundert. Herausgegeben vom Deutschen Werkbund e.V. und dem Württembergischen Kunstverein Stuttgart. Darmstadt und Neuwied 1986, S. 292–301.

709 Kley, Stefan: »Totale Mobilisierung, kleine Fluchten. Jugend im Krieg.« In: Hiller, Stuttgart, wie Anm. D 46, S. 305–307, hier S. 305.

710 Scherrieble, Feldpostbriefe, wie Anm. B 280, vor

allem S. 119–131; außerdem Helbig, Erziehung, wie Anm. D 461, S. 85–115.

711 Interview Nr. 86.

712 Siehe hierzu den Teil »Phase der Konsolidierung – Alltag unterm Hakenkreuz«, Kapitel »»... ein dienendes Volk‹ – totale Indienstnahme«, Abschnitt »Dienende Jugend«.

713 Jugendliche, die sich zu »Swing-Clubs« oder -cliquen zusammenschlossen, um Swing-Musik zu hören. Ausführlicher zu Swing-Jugendlichen im Stuttgarter Raum: Kley, Mobilisierung, wie Anm. E 709, S. 307.

714 Ebenda.

715 Ebenda.

716 Interview Nr. 27.

717 Aus Feldpostbriefen von jungen deutschen Soldaten der Jahrgänge 1922–1926 ist eine fast durchgängige Verinnerlichung des nationalsozialistischen Männerbildes zu verzeichnen. Diese jungen Männer definieren sich fast ausschließlich über den Kampf. Nicht selten fungierte dieser im Krieg als Mittel zur Selbstverwirklichung. Vgl. mehr hierzu bei Scherrieble, Feldpostbriefe, wie Anm. B 280, S. 103ff; außeredem Scherrieble, Joachim und Silke Schweitzer: »Feldpostbriefe von der Ostfront«. In: Hiller, Stuttgart, wie Anm. D 46, S. 451–462.

718 H. R.: Kriegserinnerungen. (MS), S. 554, zitiert nach Hiller, Kriegsende, wie Anm. E 642, S. 508.

719 Vgl. hierzu Seidler, Franz W.: Die Fahnenflucht in der deutschen Wehrmacht während des Zweiten Weltkrieges. In: Militärgeschichtliche Mitteilungen 2 (1977), S. 23–42; außerdem Kammler, Jörg: »Ich habe die Metzelei satt und laufe über.« – Kasseler Soldaten zwischen Verweigerung und Widerstand (1939–1945). Eine Dokumentation. (Kasseler Quellen u. Studien. Schriftenreihe d. Magistrats d. Stadt Kassel, Bd. 6). Fuldabrück 1985.

720 Hiller, Kriegsende, wie Anm. E 641, S. 506.

721 Schörken, Rolf: Luftwaffenhelfer und Drittes Reich. Die Entstehung eines politischen Bewußtseins. Stuttgart 1984, S. 144f.

722 Zur chaotischen Situation in den letzten Kriegstagen in der Landeshauptstadt vgl. den Bericht in der Abendausgabe der Neuen Züricher Zeitung vom 11. 4. 1945, abgedruckt in: Hiller, Stuttgart, wie Anm. D 46, S. 501–503.

723 Interview Nr. 42.

724 KrArE, Bestand E 1/1747, Schreiben des *Kreisamtsleiters* vom 20. 6. 1941.

725 Ebenda.

726 Vgl. zur Kinderlandverschickung allgemein und besonders in Stuttgart Bingel, Bettina: »Kinderlandverschickung während des Zweiten Weltkrieges am Beispiel Stuttgart«. [Unveröffentlichtes Typoskipt der Magisterarbeit am Historischen Institut der Universität Stuttgart] Stuttgart 1990.

727 Kley, Schule, wie Anm. D 513, S. 291–303, hier S. 294f.

728 KrArE, Bestand E 1/1066, div. Schreiben vom 15. 9. 1943.

729 Interview Nr. 81.

730 Ebenda.

731 Bingel, Kinderlandverschickung, wie Anm. E 726, S. 29f.

732 Ebenda.

733 NS-Kurier, Ausgabe vom 10. 4. 1943.

734 Vgl. hierzu die Tabelle bei Bingel, Kinderlandverschickung, wie Anm. E 726, Anhang, S. XIII.

735 Ebenda.

736 KrArE, Bestand E 1/1257, Schreiben des Landrats an die Gauleitung NSDAP vom 24. 9. 1943.

737 Ebenda, Vorgang Graef vom 6. 8. und 24. 9. 1943.

738 LKA Stuttgart, Bestand D I, Abt. III, Bü 114,2, Dekanatsliste.

739 KrArE, Bestand E 1/1257, Vorgang Oberlandesgerichtsrat Schleeh vom 29. 10., 14. 11., 18. 11. und 17. 12. 1943.

740 HStA Stuttgart, Bestand J 170, »Geschichtliche Darstellung der letzten Kriegstage aufgrund des Erlasses d. Württemb. Statist. Landesamtes v. 14. 7. 1948« – Schreiben des Bürgermeisters vom 18. 8. 1948.

741 Siehe den Teil »Phase der Konsolidierung – Alltag unterm Hakenkreuz«, Kapitel »›... ein dienendes Volk‹« – totale Indienstnahme«, Abschnitt »Kommunalpolitik und Dienst in der *Partei*«.

742 Interview Nr. 71 mit einer 1943 als Ausgebombte nach Reichenbach Gekommenen.

743 Dieses Phänomen ist auch bei Untersuchungen anderer Orte, wie etwa in Tübingen, festzustellen. Vgl. hierzu Schönhagen, Tübingen, wie Anm. B 145, S. 367–368.

744 KrArE, Bestand E 1/0946 und vor allem Bestand E 1/1237-39, Beschwerden beim Landrat.

745 GAR, Gemeinderatsprotokolle, Bd. 40, beispielsweise Bl. 620, vom 19. 2. 1945, 525.

746 So beispielsweise bei der Firma Erich Herion Apparatebau, Stuttgart, die im Frühjahr 1944 nach Reichenbach ausgelagert wurde; GAR, Gemeinderatsprotokolle, Bd. 40, Bl. 593, vom 28. 4. 1944, 501.

747 Zitiert nach Winkler, Karin: »Mehr arbeiten, weniger verbrauchen.« Die Stuttgarter Wirtschaft im Krieg. In: Hiller, Stuttgart, wie Anm. D 46, S. 335 bis 346, Anm. 21, S. 344.

748 StAS, Akten des Bürgermeisteramtes Stuttgart, Bürgermeisteramt Nr. 104, Wirtschaftsbeiräte 41 vom 26. 3. 1941. Vgl. ausführlich bei Winkler, Wirtschaft, wie Anm. E 747, hier S. 344.

749 KrArE, Bestand E 1/0977, Mietvertrag zwischen der Deutschen Reichsbahn und M. S. vom 11. 8. 1943.

750 Ebenda, Schreiben des Bürgermeisters vom 18. 8. 1943.

751 Ebenda, Schreiben Dippers vom 16. 10. 1943.

752 Ebenda, Schreiben der Reichsbahn-Direktion vom 9. 12. 1943 und Einverständniserklärung der *Kreisleitung* Esslingen vom 27. 12. 1943.

753 Am 10. 2. 1944 erfolgten Genehmigung und Abschluß des Mietvertrags mit der Firma Erich Herion, Spezialapparate Stuttgart, die im Stallgebäude des Anwesens Hugo Schenk untergebracht wurde; KrArE, Bestand E 1/0977, div. Schreiben vom 10. 2. 1944, 12. 7. 1944, 20. 6. 1944.

754 KrArE, Bestand E 1/0769, Schreiben des Wirtschaftsministers an Firma Luft vom 17. 2. 1942.

755 Schreiben des Robert Bosch-Firmenarchivs, Dr. Becker, an den Autor vom 22. 8. 1990.

756 Die Firma Bosch verlagerte – im Gegensatz etwa zur Daimler-Benz-AG, deren mangelnde Verlagerungspraxis von offizieller Seite öfters kritisiert wurde – Büro- und Fertigungsabteilungen auf insgesamt 213 Verlagerungsstellen in 193 Orten. Vgl. mehr hierzu bei Winkler, Wirtschaft, wie Anm. E 747, hier S. 340ff.

757 Bosch stellte die Einspritzpumpen für die Heinkeljäger her, und die Firma Luft baute die Steuerungen, vor allem Membrandosen. Die Firma Bosch war bei Otto in der Weberei untergebracht und die Firma Luft im Leimenstoll'schen Anwesen in der Olgastraße. Vgl. hierzu Interview Nr. 48.

758 StALu, EL 902/6, Bü 11/14/918, Bl. 16.

759 Unter anderem auch noch um weitere sechs Schulräume in Oberesslingen und vier in Plochingen; KrArE, Bestand E 1/0977, Anfrage der Robert Bosch AG an Landrat vom 22. 9. 1944.

760 KrArE, Bestand E 1/0977, Schreiben des Landrats vom 22. 9. 1944; die Genehmigung erfolgte gemäß der Verordnung des *Reichsverteidigungskommissars* vom 10. 1. 1944.

761 Ebenda, Schreiben des *Kultministeriums* vom 25. 9. 1944.

762 Ebenda, Schreiben des Rektors Böhringer vom 25. 9. 1944.

763 Darunter alleine 51 »umquartierte Schüler«.

764 Alleine der Zeichensaal diente als üblicher Versammlungssaal der NSDAP, Schulungsraum für den Luftschutz sowie dem DRK und ähnlichen Einrichtungen zum *Appell*; StALu, FL 200/15, Bü 130, Schreiben des Landrats an das Innenministerium vom 25. 9. 1944.

765 KrArE, Bestand E 1/0977, Schreiben vom 14. 10. 1944, 25. 10. 1944, 23. 9. 1944.

766 Ebenda, Schreiben des Landratsamts vom 25. 9. 1944.

767 Ebenda, Schreiben des Landrats vom 30. 10. 1944.

768 Ebenda, »Übersicht in Bezug auf die Raumlage in hiesiger Gemeinde« vom 2. 11. 1944.

769 EKAR, Arch. Nr. 53.11, Kirchengemeinderats-Protokoll vom 5. 11. 1944, Bd. 1939–1959.

770 Ebenda; außerdem hierzu GAR, Bestand FLAT 7580, »Unterbringung von Beschäftigten einer von der Firma Bosch (...) ausgelagerten Abteilung 1944«.

771 GAR, Gemeinderatsprotokolle, Bd. 40, Bl. 592, vom 28. 4. 1944, 501.

772 Privatsammlung Harigel, Reichenbach, »An unsere Ausmarschierten!« Rundbrief der Gemeindeverwaltung Reichenbach, Weihnachten 1944.

773 GAR, Gemeinderatsprotokolle, Bd. 40, Bl. 599, vom 28. 4. 1944, 507.

774 Ebenda, Bl. 623f, vom 19. 2. 1945, 526.

775 Ebenda; außerdem zum Bau von Behelfsheimen und den beteiligten Firmen GAR, Bestand FLAT 7557, »Behelfsheime«.

776 Siehe hierzu die Tabelle »Bevölkerungszahlen Reichenbachs in der historischen Entwicklung ab Gründung des Zollvereins 1834« im Anhang und HStA Stuttgart, Bestand J 170, »Darstellung der letzten Kriegstage...« – Schreiben des Bügermeisters vom 18. 8. 1948.

777 KrArE, Bestand E 1/0946, Akte »*Zuzug und Rück-
wanderung von Volksgenossen aus geräumten Kampfgebieten*« sowie KrArE, Bestand E 1/1237-39, Be-
schwerdebriefe an den Landrat.

778 KrArE, Bestand E 1/1257, Schreiben des Bürgermeisters vom 1. 11. 1943, Bü 2, Bl. 1.

779 Ebenda, Schreiben beispielsweise vom 12. 11.
1943.

780 Ebenda, beispielsweise Beschlagnahmung vom
27. 10. 1943.

781 Interview Nr. 57.

782 Interview Nr. 81.

783 »Erinnerungen«, wie Anm. D 59, Kapitel III.
»Fliegeralarm – Luftangriffe 1944 bis 1945«, S. 1.

784 Interview Nr. 67.

785 Die britische Industriestadt Coventry gelangte zu
trauriger Berühmtheit für die Grausamkeit des
Bombenkrieges. Am 14. 11. 1940 erprobte die
deutsche Luftwaffe hier erstmals ein neues Bom-
bardierungsverfahren, mit dem das Zentrum Co-
ventrys nahezu vollständig in Schutt und Asche
gelegt wurde. Dabei wurden zuerst aus massiert
angreifenden deutschen Flugzeugen aus großer
Höhe Hunderte von gebündelten Brandbomben
abgeworfen. Etwa 20 Minuten später, als Lösch-
trupps die entstandenen Großbrände löschen
wollten erschienen erneut deutsche Bomberge-
schwader, die nun die hell erleuchtete Stadt mit
Sprengbomben angriffen. Aus diesem ersten flä-
chendeckenden Vernichtungsangriff auf eine
Stadt entwickelte sich der Begriff, eine Stadt zu
coventrieren, also völlig *auszuradieren*. Vor allem
die Bewohner deutscher Städte bekamen dies
später auch massiv zu spüren. Vgl. mehr hierzu
bei Hiller, Marlene P. (Hrsg.): Der deutsch-alliierte Luftkrieg 1939–1945. In: Hiller, Stuttgart, wie
Anm. D 46, S. 375–387, insbes. S. 376f; vgl. außerdem Hohn, Uta: Die Zerstörung deutscher
Städte im Zweiten Weltkrieg. (Duisburger Geographische Arbeiten 8) Dortmund 1991.

786 Bardua, Stuttgart, wie Anm. E 317, S. 29. Der erste
größere Luftangriff auf Stuttgart hatte am 11. 3.
1943 stattgefunden; ebenda, S. 56.

787 Ebenda, außerdem hierzu Schönhagen, Tübingen, wie Anm. B 145, S. 360.

788 Gustav Wohlbold arbeitete die tagebuchartigen
Aufzeichnungen in seine »Ortschronik« ein. Diese sollte als Fortsetzung der von ihm im Auftrag
der Gemeinde geschriebenen »Kriegs-Chronik«
nach dem Krieg veröffentlicht werden; Wohlbold, Orts-Chronik, wie Anm. B 84, S. 57ff.

789 KrArE, Bestand E 1/0931, Schreiben des Landrats
vom 15. 1. 1943.

790 Ebenda, Schreiben des Bürgermeistes vom 19. 1.
1943.

791 GAR, Bestand FLAT 9418, »Verlagerung von Akten und Maschinen der Gemeindeverwaltung«,
sowie FLAT 9420, »Sicherung der Kirchenbücher«.

792 KrArE, Bestand E 1/0931, Schreiben Dippers
vom 19. 1. 1943.

793 StALu, EL 902/6, Bü 11/22/346.

794 Wohlbold, Gustav: »Erinnerungen an eine Nacht
im Luftschutzkeller«, in: Wohlbold, Orts-Chronik, wie Anm. B 84, S. 58ff.

795 Ebenda, S. 59–60.

796 »Erinnerungen«, wie Anm. D 59, Kapitel III.
»Fliegeralarm – Luftangriffe 1944–1945«, S. 1.

797 Webster, C. und N. Frankland: The strategic Air
Offensive against Germany 1939–1945, vol. 3:
Victory. London 1961, S. 3f. Die Gesamtaufstel-
lung der monatlichen Bombenraten in vol. 4, Ap-
pendix 44, S. 455ff.

798 Hohn, Zerstörung, S. 51ff.

799 Vgl. hierzu die Berichte des Sicherheitsdienstes
der SS; Boberach, Meldungen, wie Anm. E 62,
etwa Bd. 17, S. 6656ff.

800 Interview Nr. 52.

801 Interview Nr. 58.

802 »Erinnerungen«, wie Anm. D 59, Kapitel III.
»Fliegeralarm – Luftangriffe 1944–1945«, S. 1f.

803 Webster and Frankland, Air Offensive, wie Anm.
E 797, vol. 2, S. 12.

804 Moessner-Heckner, Ursula: Pforzheim – Code
Yellowfin. Eine Analyse der Luftangriffe 1944–
1945 (Quellen und Studien zur Geschichte der
Stadt Pforzheim, Bd. 2) Sigmaringen 1991, S. 17.

805 Hiller, Marlene, Eberhard Jäckel und Jürgen
(Hrsg.): Städte im Zweiten Weltkrieg. Ein internationaler Vergleich. Essen 1991, S. 323.

806 Ursula Büttner weist am Beispiel Hamburgs nach
dem »Unternehmen Gomorrha«, den alliierten
Bombenangriffen vom 25. Juli bis zum 3. August
1943 mit 34 000 Toten, 125 000 Verletzten und
255 000 zerstörten Wohnungen, einen sich allenthalben zeigenden Autoritätsverlust, sinkende
Produktionszahlen sowie den Effekt nach, daß
überall im Reich »das Gefühl der Sicherheit (...)
urplötzlich zusammengebrochen« sei; Büttner,
Ursula: Hamburg im Luftkrieg. Die politischen
und wirtschaftlichen Folgen des »Unternehmens
Gomorrha« In: Hiller, Jäckel und Rohwer, Städte,
wie Anm. E 806, S. 272–298, hier S. 286.

807 Steinert, Stimmung, wie Anm. E 642, S. 370f und
436ff.

808 GAR, Gemeinderatsprotokolle, Bd. 40, Bl. 625,
vom 19. 2. 1945, 527.

809 Ebenda. Der Stollen konnte aufgrund der Kriegs-
umstände dann doch nicht gebaut werden. Vgl.
hierzu Interview Nr. 104 und am 3. 10. 1993.

810 GAR, Bestand FLAT 9400, »Bau von Luftschutz-
stollen 1944–Mai 1945«.

811 Wohlbold, Orts-Chronik, wie Anm. B 84, S. 62.

812 Sie unterschlug dabei freilich, daß die deutsche
Luftwaffe mit der Bombardierung englischer
Städte die Praxis der *Terrorangriffe* eingeführt hatte. Vgl. zur deutschen Kriegspropaganda Buchbender, Ortwin und Horst Schuh: Heil Beil! Propaganda im Zweiten Weltkrieg. Dokumentation
und Analyse. Stuttgart 1974. Außerdem hierzu
Boelcke, Willi A. (Hrsg.): Kriegspropaganda 1939–
1941, Geheime Ministerkonferenzen im Reichspropagandaministerium, Stuttgart 1966, sowie
ders.: Wollt Ihr den Totalen Krieg? Die geheimen
Goebbels-Konferenzen 1939–1943. Stuttgart 1967.

813 Vor allem bei gefährlichen Arbeiten wie der
Blindgängerbeseitigung wurden Kriegsgefange-

ne, Fremdarbeiter und schließlich auch KZ-Häftlinge eingesetzt; vgl. hierzu beispielsweise Rüther, Martin (Bearb.): Köln, 31. Mai 1942: Der 1000-Bomber-Angriff, hrsgg. vom NS-Dokumentationszentrum der Stadt Köln (Kölner Schriften zu Geschichte und Kultur, Bd. 18) Köln 1992, S. 99.

814 Schönhagen, Benigna: Kriegszeit in Stuttgart und Tübingen. In: Die Alte Stadt 4/93, S. 338–352, S. 347.

815 Vgl. die tagebuchartigen Aufzeichnungen einiger Reichenbacher, beispielsweise »Erinnerungen«, wie Anm. D 59, Kapitel III. »Fliegeralarm – Luftangriffe 1944–1945«, des weiteren Feldpostbriefe von Reichenbacher Frauen, beispielsweise Privatsammlung Wöllhaf, Reichenbach, Feldpostbrief von Frau W. an ihren Ehemann vom 11. 4. 1945. Vgl. außerdem beispielsweise StALu, Bestand K 601, Bü 1-2, den Lagebericht vom 3. 10. 1944, sowie Bernhard, Henry: Finis Germaniae. Aufzeichnungen und Betrachtungen. Stuttgart 1947, S. 37f, S. 112.

816 HStA Stuttgart, Bestand J 170, »Berichte von Gemeinden über die Kriegsereignisse 1945«.

817 Vgl. beispielsweise Interview Nr. 104, Interview Nr. 28, Interview Nr. 58 oder Interview Nr. 67.

818 Vgl. neben den hier zitierten Reichenbacher Aussagen die Berichte über »offene Schimpfereien in der Straßenbahn« im »Kriegstagebuch« von Anna Haag, StAS, Nachlaß Anna Haag, sowie die Ergebnisse der Stuttgarter und Tübinger Ausstellungsprojekte; außerdem hierzu Boberach, Meldungen, wie Anm. E 62, Ende März 1945, S. 6734ff.

819 Vgl. beispielsweise Interview Nr. 58.

820 Interview Nr. 28.

821 Privatsammlung Wöllhaf, Reichenbach, Brief Nr. 21/1945, Feldpostbrief von Frau W. an ihren Ehemann vom 11. 4. 1945.

822 Vgl. zum Umgang mit der Feldpost-Zensur die Analyse der historischen Quelle Feldpostbrief bei Scherrieble, Feldpostbriefe, wie Anm. B 280, hier S. 49ff.

823 Privatsammlung Harigel, Reichenbach, Zweiten Rundbrief des Jahrganges 1927 an die »Ausmarschierten« vom 28. 12. 1944.

824 Interview Nr. 11.

825 Beispielsweise in der Eßlinger Zeitung oder auch im NS-Kurier vom Januar bis April 1945.

826 Interview Nr. 58.

827 Anordnung des Reichsstatthalters und Reichsverteidigungskommissars vom 6. 2. 1945; zitiert nach Hohenstaufen vom 8. 2. 1945.

828 Nur die nach der Anordnung des Landwirtschaftsamtes VA vom 22. 1. 1945 zur Stromversorgung berechtigten Verbraucher waren hiervon ausgenommen.

829 GAR Gemeinderatsprotokolle, Bd. 40, Bl. 627, vom 19. 2. 1945, 528.

830 GAR, FLAT 4800, »Beschäftigung ausländischer Arbeitskräfte zu Notstandsarbeiten anläßlich der elektrischen Stromsperre, Jan./Febr. 1945.«

831 Ebenda.

832 KrArE, 1/1057, »Schließung d. Schule wegen Kohlemangel 1942.«

833 »Auszüge aus dem Rundschreiben des Bezirksschulamtes Göppingen vom Juli 1944 bis zum

Kriegsende«; zitiert nach Lechner, Monate, wie Anm. E 692, S. 77.

834 Interview Nr. 48. Vgl. zur Lebensmittelversorgung in Müller, Stuttgart, wie Anm. B 351, S. 336ff (während der Zeit der Blitzkriege) und S. 464ff (während der Endphase); ebenfalls hierzu Lang, Hans-Joachim: »Nicht Hase geheißen, aber ebenfalls von nichts gewußt. Wie das Kaninchen für die Mobilmachung in die Zucht genommen wurde.« In: Hiller, Stuttgart, wie Anm. D 46, S. 77–89.

835 Interview Nr. 11.

836 Interview Nr. 86.

837 StAGöp, Hohenstaufen, Ausgabe vom 24. 3. 1945.

838 StAGöp, Hohenstaufen, Ausgabe vom 11. 1. 1945. Im Stuttgarter NS-Kurier vom 6. 1. 1945 war die vorläufige Auflistung zu lesen.

839 Vgl. hierzu Nachtmann, Ende, wie Anm. E 699, S. 493.

840 Vgl. hierzu wie zum folgenden ausführlicher Jäckel, Eberhard: »Lage am 10. April 1945«, in: Die Männer von Brettheim. Lesebuch zur Erinnerungsstätte. Hrsgg. von der Landeszentrale für politische Bildung Baden-Württemberg. Villingen-Schwenningen 1993, S. 9–13.

841 Ebenda, S. 10.

842 Auf der Konferenz in der marokkanischen Hafenstadt Casablanca 1943 zur Intensivierung der Kriegsanstrengungen und Festsetzung gemeinsamer Strategien in Europa vereinbarten Roosevelt und Churchill die Landung in Sizilien im Sommer 1943, die Invasion in Frankreich 1944 und die Forderung nach der bedingungslosen Kapitulation Deutschlands, Italiens und Japans.

843 Messerschmidt, Manfred: »Die Wehrmacht in der Endphase. Realität und Perzeption.« In Hiller, Stuttgart, wie Anm. D 46, S. 471–489, hier S. 486f.

844 Kriegstagebuch des Oberkommandos der Wehrmacht (Wehrmachtsführungsstab). Bd. IV: 1. Januar 1944–22. Mai 1945, 1. Halbband IV/7, Studienausgabe München 1982, S. 28.

845 Speer, Albert: Erinnerungen. Frankfurt/M. [8]1970, S. 322 und S. 329.

846 Speer, Erinnerungen, wie Anm. E 845, S. 239.

847 Messerschmidt, Wehrmacht, wie Anm. E 843, S. 471.

848 Ebenda.

849 Alleine im September 1944 betrug die durchschnittliche Verlustrate 317 Offiziere pro Tag bei einem gleichzeitigen Fehlbestand von 13 000 Offizieren; vgl. hierzu Förster, J. E.: The Dynamics of Volksgemeinschaft: The Evectiveness of the German Military Establishment in Second World War; in: Military Evectiveness, vol. III: The Second World War, ed. by A. R. Millet and W. Murray, Boston 1988, S. 180–220, hier S. 208, zitiert nach Messerschmidt, Wehrmacht, wie Anm. E 843, S. 471.

850 Mitte 1944 betrug die monatliche Verlustrate der Kriegswehrmacht 50 000 Tote durch Feindeinwirkung; dazu kamen etwa 150 000 Verwundete zuzüglich Zehntausender von Vermißten und in Kriegsgefangenschaft geratener deutscher Solda-

ten; OKW-Kriegstagebuch, IV/8, München 1982, S. 1509ff, Anhang »Die personellen und materiellen Gesamtverluste der deutschen Wehrmacht von Kriegsbeginn bis zum 31. Januar 1945, zusammengestellt von P. E. Schramm nach OKW-Unterlagen«.

851 Die Zahl der einsatzfähigen Maschinen der *Luftflotte Reich* sank alleine von Juni auf Juli 1944 von 472 auf 83 einmotorige und von 273 auf 42 zweimotorige Jäger; die Flugbenzin-Produktion ging von September 1944 bis Februar 1945 um fünf Sechstel zurück; Messerschmidt, Wehrmacht, wie Anm. E 843, S. 472.

852 Ebenda, S. 471.

853 Bericht des Sicherheitsdienstes der SS vom 5. 7. 1943; Boberach, Meldungen, wie Anm. E 62, Bd. 14, S. 5423ff.

854 Boberach, Meldungen, wie Anm. E 62, Mai 1944, S. 6522, Juni 1944, S. 6614f und Juli 1944, S. 6651.

855 Interview Nr. 77.

856 Ebenda.

857 Jäckel, Lage, wie Anm. E 841, S. 11.

858 Messerschmidt, Wehrmacht, wie Anm. E 843, S. 471.

859 Vgl. den vom Chef der *Nationalsozialistischen Führungsoffiziere* der Luftwaffe am 1. 11. 1944 präsentierten Katalog der mit der Todesstrafe bedrohten *Fehlhaltungen* deutscher Soldaten, zitiert nach Absolon, R.: Das Wehrmachtsstrafrecht im Zweiten Weltkrieg. Kornelimünster 1958, S. 90ff.

860 Miller, Kriegsende, wie Anm. E 701, S. 2.

861 Vgl. zum Neujahrsaufruf Hitlers im Rundfunk 1945 Ruhl, Klaus-Jörg: Deutschland 1945. Darmstadt 1984, S. 12f.

862 Miller, Kriegsende, wie Anm. E 701, S. 2.

863 »Nicht nachlassen«; StAGöp, Hohenstaufen, Ausgabe vom 23. 3. 1945; Hervorhebung im Original.

864 StAGöp, Hohenstaufen, Ausgabe vom 13. 3. 1945. Vgl. mehr hierzu bei Lechner, Monate, wie Anm. E 692, S. 75ff.

865 Ebenda, S. 76.

866 EZA, Eßlinger Zeitung, Ausgabe vom 9. 5. 1944.

867 Boberach, Meldungen, wie Anm. E 62, Ende März 1945, S. 6734ff.

868 GAR, Gemeinderatsprotokolle, Bd. 40, Bl. 618f, vom 19. 2. 1945, 523.

869 Miller, Kriegsende, wie Anm. E 701, S. 5–8.

870 Tagebuch des Ebersbacher Bürgers Otto S., Auszug vom 5. 4. 1945; zitiert nach Lechner, Monate, wie Anm. E 692, S. 89.

871 HStA Stuttgart, Bestand J 170, »Darstellung der letzten Kriegstage...« – Schreiben des Bürgermeisters vom 18. 8. 1948. Außerdem hierzu KrArE, Bestand E 1/0553, Schreiben des Bürgermeisters vom 5. 4. 1945.

872 Im erwähnten Schreiben bezeichnete Schmid die Opfer als »Zivilisten«. Die in einem Schreiben desselben an den *Ortsgruppenleiter* vom 9. 4. 1945 angegebenen Personalien relativieren diesen Begriff, es handelte sich unter anderem um einen Oberwachtmeister der Schutzpolizei, einen SS-

Mann und einen Rittmeister im Heeresbekleidungamt GAR, Bestand FLAT 9300, »Personalien der beim Tieffliegerangriff am 5. April 1945 hier ums Leben Gekommenen.«

873 KrArE, Bestand E 1/0553, Schreiben des Gendarmeriepostens vom 5. 4. 1945.

874 HStA Stuttgart, Bestand J 170, »Darstellung der letzten Kriegstage...« - Schreiben des Bürgermeisters vom 18. 8. 1948. Außerdem hierzu KrArE, Bestand E 1/0553, Schreiben des Bürgermeisters vom 5. 4. 1945.

875 Vgl. beispielsweise Interview Nr. 77 oder Interview Nr. 95.

876 Interview Nr. 77.

877 Interview Nr. 95.

878 Interview Nr. 27.

879 Interview Nr. 28.

880 Interview Nr. 77.

881 Interview Nr. 27.

882 Miller, Kriegsende, wie Anm. E 701, S. 3.

883 Zitiert nach Schramm, Percy Ernst (Hrsg.): Die Niederlage 1945. München 1962, S. 407.

884 Vgl. hierzu Messerschmit, Wehrmacht, wie Anm. E 843, S. 486.

885 Kriegstagebuch des OKW, Bd. IV/8, S. 1583. Der Befehl wurde erst am 6. 5. 1945 durch Dönitz aufgehoben, ebenda, S. 1674.

886 Ebenda.

887 »Reichenbachs Jugend«, wie Anm. C 359, S. 10.

888 Ebenda. Die Recherchen nach den verbliebenen Fahnen brachten bis auf immer wieder geäußerte Gerüchte, das Fahnentuch sei nach Kriegsende von den Vergrabenden zu Sporthosen verarbeitet worden, nichts zu Tage.

889 Interview Nr. 104.

890 Interview Nr. 52.

891 Lechner, Monate, wie Anm. E 692, S. 87.

892 Interview Nr. 92.

893 StALu, EL 903/3, Bü J 75/647, Bl. 75, Erinnerung von W. N. am 24. 10. 1947.

894 Interview Nr. 28.

895 Vgl. zum Nicht-Beachten des Cäsar-Befehls in den Gemeinden im Kreis Göppingen Lechner, Monate, wie Anm. E 692, S. 87: »Auf den Weg machten sich wenige: Nazi-Funktionäre und einige Freiwillige.«

896 Goebbels, Josef: Tagebücher 1945, die letzten Aufzeichnungen. Bergisch Gladbach ²1980, S. 351.

897 KrArE, Bestand E 1/0519, Mobilmachungskalender 1939/40, Kap. 4, Befehls- und Unterstellungsverhältnisse, Bl. 7.

898 StALu, EL 902/6, Bü 11/22/200, 770, Bl. 20, »Meine außerberufliche Tätigkeit seit 1933. Niederschrift von Otto Gaugler« vom 1. 5. 1945.

899 Interview Nr. 58.

900 Miller, Kriegsende, wie Anm. E 701, S. 4.

901 StALu, EL 902/6, Bü 11/22/200, Bl. 21, »Meine außerberufliche Tätigkeit seit 1933. Niederschrift von Otto Gaugler« vom 1. 5. 1945, sowie verschiedene Schreiben Gauglers an die entsprechenden Stellen, etwa den Kampfkommandanten Plochingen, den Abschnittskommandanten Nürtingen und Esslingen, den Führer des Sprengkommandos, den Beauftragten des Armeepionierführers, den Stabsoffizier für Pionierwesen, an den Gene-

ralkommandanten Stuttgart und an den Beauftragten für Energiewirtschaft und Vertreter der Neckarwerke.

902 Zur Motivation jener Männer vgl. Strölin, Karl: Stuttgart im Endstadium des Krieges. Stuttgart 1950, S. 53ff.

903 Vgl. hierzu neben StALu, EL 902/6, Bü 11/14/918, Bl. 71–87, »Gutachten über die Einkommens- und Vermögensverhältnisse des Herrn Fabrikanten Hans Otto 1932–45« von Wilhelm Starnitzki, Stuttgart, verschiedene Interview Nr. 27, Interview Nr. 58 und Interview Nr. 69.

904 StALu, EL 902/6, Bü 11/22/200, Bl. 21, »Meine außerberufliche Tätigkeit seit 1933. Niederschrift von Otto Gaugler« vom 1. 5. 1945.

905 Ebenda.

906 StALu, EL 902/6, Bü 11/22/2658, J 11299, Bl. 118, Eidesstattliche Erklärung von Walther Gerstenmaier vom 24. 2. 1948.

907 Interview Nr. 77.

908 Interview Nr. 92.

909 Interview Nr. 77.

910 Interview Nr. 27.

911 Sippenhaft hatte das Oberkommando der Wehrmacht bereits im November 1944 eingeführt. Hitler ordnete darüber hinaus im März 1945 Sippenhaftung gegen Angehörige von Soldaten an, die unverwundet in Gefangenschaft gerieten oder ohne nachweisbar bis zum äußersten gekämpft zu haben. Zu den verschiedenen Erlassen und Befehlen Hitlers und des OKW vgl. Messerschmidt, Wehrmacht, wie Anm. E 843, S. 482.

912 Bundesarchiv–Militärarchiv (BA-MA), III w 128, Bl. 108, Erlaß des OKW/WFSt/Op vom 16. 9. 1944.

913 BA-MA, H 12-19/202, Befehlsbekanntgabe vom 29. 3. 1945. Dabei galten als verantwortliche männliche Einwohner solche vom 14. Lebensjahr an aufwärts.

914 Auf Aufforderung des *Ortsgruppenleiters* Taubenberger begannen am 3. 4. 1945 einige Frauen und Jugendliche, die Panzersperren in Sontheim abzubauen. Einige Zeit später begegnete eine der Frauen dem neuen *Ortsgruppenleiter*, der sie anzeigte. *Kreisleiter* Drauz wollte die Namen der anderen aus ihr herauspressen und befahl ob ihrer Weigerung, sie und den abgesetzten *Ortsgruppenleiter* zu erschießen. Die Sontheimerin entging dem Tod durch einen Zufall, Taubenberger wurde erschossen. Zu den Vorfällen um Taubenberger vgl. Jacobi, Uwe: Die vermißten Ratsprotokolle. Heilbronn 1981. Am 6. 4. 1945 ereignete sich eine weitere Tragödie. *Kreisleiter* Drauz ließ –selbst auf der Flucht vor den Amerikanern– alle Bewohnerinnen und Bewohner einiger Häuser erschießen, aus denen weiße Fahnen heraushingen. Zu diesen Vorfällen vgl. Blumenstock, Friedrich: »Der Einmarsch der Amerikaner und Franzosen im nördlichen Württemberg im April 1945«. (Darstellungen aus der Württemberg. Geschichte, Bd. 41) Stuttgart 1956, S29ff; außerdem hierzu Friede, Freude, Eierkuchen? Frauenalltag in der Heilbronner Nachkriegszeit. Ausstellungskatalog zur Ausstellung vom 29. 11. 1991–2. 2. 1992, hrsgg. von der Leitstelle zur Gleichstellung

der Frau, bearbeitet von Christine Glauning und Frauke Petzold. Heilbronn 1991, S. 11f.

915 Zu den Vorfällen um den Karlsruher Kampfkommandanten Paul Marbach, der sich ein Standgerichtsverfahren einhandelte, da er sich geweigert hatte, Karlsruhe mit nur 100 Bewaffneten verteidigen zu lassen, Werner, Josef: Karlsruhe 1945. Unter Hakenkreuz, Trikolore und Sternenbanner. Karlsruhe 1985.

916 Vgl. hierzu Justiz und NS-Verbrechen. Sammlung deutscher Strafurteile wegen nationalsozialistischer Tötungsverbrechen 1945–1966. (Bearb. v. C. F. Rüter u. a.) 22 Bde., Amsterdam 1968–1981, Bd. I, S. 421ff. Viele weitere Beispiele dort unter der Kapitelüberschrift »Verbrechen der Endphase«.

917 Zu den Vorgängen um Brettheim siehe den Teil »Reichenbach im Krieg«, Kapitel »Der *Totale Krieg* an der Reichenbacher *Heimatfront* und sein Ende«, Abschnitt »Die Gretchenfrage«.

918 Der Heininger Volkssturm, der mit Ausnahme von vier Panzerfäusten über keine Waffen verfügte, sollte den Ort verteidigen. Einige Frauen und Männer wurden ob der Sinnlosigkeit dieses Unterfangens bei Bürgermeister Kümmel vorstellig und bewogen diesen schließlich, am 12. 4. 1945 drei Panzersperren zu beseitigen. Ein Leutnant der einquartierten Flakgeräteabteilung meldete dies, und der Bürgermeister, drei weitere Männer und vier Frauen wurden verhaftet und der Göppinger *Kreisleitung* übergeben. Ein auf den 17. 4. 1945 einberufenes Standgericht verurteilte den Oberlehrer Kauderer und den Landwirt Stohrer zum Tode. Murr behielt sich vor, über die vielen eingegangenen Gnadengesuche der Bevölkerung selbst zu befinden. Das Todesurteil wurde nicht mehr vollstreckt, da Murr nicht mehr anzutreffen war, und die amerikanischen Truppen befreiten die Todeskandidaten drei Tage später. Zu den Vorgängen in Heiningen vgl. Kirschmer, Karl: So endete der Krieg im Kreis Göppingen. In: Jahresheft des Geschichts- und Altertumsvereins Göppingen, 2. Folge, Göppingen 1961, S. 23–38, hier S. 26–27.

919 Das Beispiel von Freudenstadt, das am 17. 4.–in diesem Fall von französischen Geschützen– in Schutt und Asche gelegt worden war, wirkte im schwäbischen Raum besonders abschreckend. Vgl. hierzu Nachtmann, Ende, wie Anm. E 699, S. 493–499, hier S. 497.

920 HStA Stuttgart, Bestand J 170. Im Bestand »Berichte von Gemeinden über die Kriegsereignisse 1945«, sind die Ergebnisse der Erhebung von 1948 für den damaligen Regierungsbezirk Nordwürttemberg, der Erhebung von 1955 durch das Landratsamt Balingen für die Gemeinden dieses Landkreises sowie der Erhebung von 1960 durch das Statistische Landesamt Baden-Württemberg für alle davor nicht erfaßten Gemeinden des Landes enthalten. Dort ist dokumentiert, wie die Bevölkerung jeder dieser Gemeinden mit mehr oder weniger Geschick und Erfolg mit dieser brekären Situation umging.

921 Chef der *Nationalsozialistischen Führungsoffiziere-Stab* beim Oberkommando des Heeres, General von Hengel, auf einem Lehrgang vor 800 Offizieren am 19. 3. 1945; zitiert nach Messerschmidt, Wehrmacht, wie Anm. E 843, S. 483.

922 Wohlbold, Orts-Chronik, wie Anm. B 84, S. 66.

923 Eine Möglichkeit wäre, daß der Stab der 189. Inf. Div., der nach Auflösung der Division von der 19. Armee dem Wehrkreis V (Stuttgart) zur Verfügung gestellt worden war, mit nicht näher bekannten Alarmeinheiten (aufgerufenen Ersatztruppenteilen) und Volkssturm den Raum Stuttgart zu sichern versuchte. Da von der 189 ID keine »Study« (BA-MA, B-626, »Military Studies«, die von kriegsgefangenen deutschen Offizieren für die Historical Division, Headquaters United States Army, Europe, angefertigten Nachkriegsstudien) vorliegt, läßt sich diese Vermutung nicht erhärten. Vielen Dank an dieser Stelle an Herrn Meyer vom Bundesarchiv–Militärarchiv, Freiburg i. Brsg.

924 Interview Nr. 108.

925 Interview Nr. 53 und Interview Nr. 54.

926 So die etwa 30 Frauen in Weißenstein am Albaufstieg, die am Vormittag des 28. 4. 1945 vor das Städtchen zogen und die Panzersperren öffneten. Ebenso verhielten sich die Frauen in Kuchen. Vgl. hierzu Kirschmer, Göppingen, S. 27. Vgl. zum »Weiberstamm von Windsheim« Troll, Hildebrand: Aktionen zur Kriegsbeendigung im Frühjahr 1945. In: Broszat, Fröhlich und Grossmann, Bayern, Bd. 4, wie Anm. C 343, S. 645–689, hier S. 650–654. Viele weitere Beispiele für Frauen, die die vorbereiteten Panzersperren abbauen ließen oder auf andere Weise versuchten, todbringende »Verteidigungsmaßnahmen« zu verhindern, im HSTA Stuttgart, Bestand J 170.

927 Interview Nr. 108.

928 Interview Nr. 81.

929 Wohlbold, Orts-Chronik, wie Anm. B 84, S. 66.

930 GAR, Gemeinderatsprotokolle, Bd. 40, Bl. 631, 0, Ausführungen von Bürgermeister Schmid vor dem Aktions- (Arbeits-) Ausschuß am 23. 5. 1945.

931 Interview Interview Nr. 58.

932 Dort waren noch drei Tage vor Einrücken der Amerikaner durch die *Gestapo* etliche Verhaftungen wegen *Wehrkraftzersetzung*, Sabotage und Hochverrats sowie Verhöre vor dem Rechtsberater der Partei noch bis zum Tage davor durchgeführt worden; Miller, Kriegsende, wie Anm. E 701, S. 5–8.

933 StALu, EL 903/3, Bü J 75/647; übereinstimmende Erinnerungen vieler Reichenbacher, unter anderem von Herrn R. am 18. 9. 1947, ebenda, Bl. 54, von Herrn M. am 16. 9. 1947, ebenda, Bl. 50, sowie Aussagen von Herrn S. am 16. 9. 1947, ebenda, Bl. 48,2.

934 StALu, EL 903/3, Bü J 75/647, Bl. 149, »Erklärung des Politischen Ausschusses und der Volkssturm-Männer Reichenbachs vom 10. 1. 1948«; außerdem hierzu Interview Nr. 69.

935 Ebenda.

936 Privatsammlung E. Munz, Reichenbach, Schreiben des ehemaligen *Ortsgruppenleiters* an das Bürgermeisteramt Reichenbach vom 20. 9. 1945, wonach er seit Mitte Mai 1945 »ordnungsgemäß in Rommelshausen (...) gemeldet« sei.

937 Marinus van der Stoep, geboren am 13. 12. 1923 in Rotterdam, arbeitete bei der Firma Schöttle; GAR, Gemeinderatsprotokolle, Bd. 40, Bl. 632, vom 23. 5. 1945, 0, sowie KrArE, Bestand E 1/0984, Sterbeurkunde Nr. 26 des Standesbeamten von Reichenbach vom 12. 9. 1945.

938 Wenngleich es in der Sterbeurkunde auch heißt, der Junge sei »bei feindlichem Artillerie-Beschuß am 20. 4. 1945 zwischen 20 und 21 Uhr gefallen« [Sterbeurkunde v. Siegfried Karl Alber, geb. am 16. 1. 1937, vom 25. 4. 1945; Privatsammlung R. Alber, Reichenbach, Bl. 30.], so war der Beschuß doch bereits deutlich früher; vgl. Aussagen vieler Frauen, wonach diese gerade zur Milchabgabe im »Milchhäusle« waren. Außerdem hierzu HStA Stuttgart, Bestand J 170, Schreiben des Bürgermeisters vom 18. 8. 1948.

939 HStA Stuttgart, Bestand J 170, »Darstellung der letzten Kriegstage...« – Schreiben des Bürgermeisters vom 18. 8. 1948; außerdem KrArE, Bestand E 1/0982.

940 Totenregister der Gemeinde Reichenbach 1902 bis 1960, 2. Buch, S. 37/38.

941 Interview Nr. 11.

942 Diese Meinung vertraten einige der befragten Reichenbacher; vgl. etwa Interview Nr. 7. In Verkennung der historischen Ursachen dieses Begräbniszuges russischer Fremdarbeiter sowie im verzweifeltem Suchen nach benennbaren Verantwortlichen schoben die Rezipienten dieser Interpretation die Schuld am Beschuß Reichenbachs und damit die Schuld am Tod der Opfer den russischen Fremdarbeitern zu. Hieraus ergab sich eine bis in die Entstehungsgeschichte dieser Untersuchung hineinreichende oft hitzig geführte Diskussion unter der Bevölkerung. Die subjektive Wahrnehmung dieser »Erfahrung« der letzten Kriegstage wurde dabei verallgemeinert, die in Reichenbach wohnenden Deutschen als »Opfer«, die »Ausländer« als eigentlich Verantwortliche für alles Erlittene, als »Schuldige« betrachtet.

943 Miller, Kriegsende, wie Anm. E 701, S. 6.

944 »Erinnerungen«, wie Anm. D 59, Kapitel III. »Fliegeralarm – Luftangriffe 1944–1945«, S. 3.

945 Im Sinne Hitlers zahlte es sich nicht aus, die Bildung und Führung der Volkssturmeinheiten in die Hände der parteipolitisch zuverlässigeren Gauleiter und *Ortsgruppenleiter* vor Ort zu gegeben und nicht der Wehrmacht zu übertragen. Vgl. hierzu BA-MA, B–626, »Military Studies«; ebenso Brückner, Joachim: Kriegsende in Bayern 1945. Der Wehrkreis VII und die Kämpfe zwischen Donau und Alpen. (Einzelschriften zur militärischen Geschichte des Zweiten Weltkriegs, Bd. 30). Freiburg 1987, S. 22ff.

946 StALu, EL 903/3, Bü J 75/647, Bl. 137–140, Schriftsatz vom 22. 1. 1948, Interview Nr. 67 und Interview Nr. 69 sowie HStA Stuttgart, Bestand J 170, »Geschichtliche Darstellung der letzten Kriegstage« aufgrund des Erlasses des Württem-

bergischen Statistischen Landesamtes vom 14. 7. 1948.

947 Vgl. allgemein hierzu »Arbeiterinitiative 1945«. Antifaschistische Ausschüsse und Reorganisation der Arbeiterbewegung in Deutschland, hrsgg. von Lutz Niethammer, Ulrich Borsdorf und Peter Brandt. Wuppertal 1976, besonders S. 12, S. 348, S. 494 und S. 705. Außerdem Badstübner, Rolf und Siegfried Thomas: Entstehung und Entwicklung der BRD. Restauration und Spaltung 1945–1955. Köln ²1979, S. 35 und S. 61.

948 StALu, EL 903/3, Bü J 75/647, Bl. 137–140, Schriftsatz vom 22. 1. 1948.

949 Interview Nr. 27.

950 StALu, EL 902/6, Bü 11/22/200, Bl. 38.

951 Vgl. vielerlei Aussagen und Schreiben von Reichenbachern, u. a. StALu, EL 902/6, Bü 11/22/200, StALu, EL 902/6, Bü 11/22/1955. Der ehemalige Volkssturmkommandant erinnerte sich in diesem Zusammenhang:»Um Näheres bezüglich der Einberufungen zur Wehrmacht festzustellen (Truppenteil, Ort, Zeitpunkt) sandte der *Ortsgruppenleiter* zwei Beauftragte mit Kraftrad zur *Kreisleitung* nach Esslingen, ohne mich davon in Kenntnis zu setzen, offenbar nur deshalb, weil er mir mißtraute«; StALu, EL 902/6, Bü 11/22/200, Bl. 21.

952 Ebenda.

953 Ebenda. Es kam durchaus öfters vor, daß VS-Führer die Einberufungsbefehle für ihnen unterstellte Männer vernichteten. Außerdem hierzu Hiller, Kriegsende, wie Anm. E 641, S. 505–523, hier S. 508.

954 HStA Stuttgart, Bestand J 170, »Darstellung der letzten Kriegstage...« – Schreiben des Bürgermeisters vom 18. 8. 1948; außerdem KrArE, Bestand E 1/0982.

955 StALu, EL 902/6, Bü 11/22/200, Bl. 21, »Meine außerberufliche Tätigkeit seit 1933. Niederschrift von Otto Gaugler« vom 1. 5. 1945.

956 Ebenda, Bl. 22.

957 StALu, J 11299, Bl. 49.

958 StAGöp, »Bekanntmachung des Reichsverteidigungskommissars« im Hohenstaufen vom 13. 4. 1945. Außerdem hierzu Lechner, Monate, wie Anm. E 692, S. 86.

959 Die Panzersperre in Ebersbach bestand aus zusammengeholten Bauernfahrzeugen, die die Panzer aufhalten sollten; ebenda, S. 87.

960 Troll, wie Anm. E 926, S. 649f.

961 StAGöp, »Tod den Verrätern«, Hohenstaufen vom 19. 4. 1945.

962 Vgl. hierzu Ströbel, Otto: Die Männer von Brettheim. Kirchberg an der Jagst 1981. Außerdem das empfehlenswerte »Lesebuch zur Erinnerungsstätte«, wie Anm. E 840.

963 Privatsammlung E. Munz, Reichenbach, Schreiben von A. F. an den *Ortsgruppenleiter* vom 1. 12. 1944.

964 StALu, EL 902/6, Bü 11/22/1955, Bl. 10.

965 Bemerkenswert ist, daß bei Kriegsende und über die Besetzung hinaus die Telefonleitungen sowohl innerhalb eines Frontabschnittes als auch über die Fontlinie hinweg zumeist intakt blieben.

966 Privatsammlung G. Munz, Reichenbach, Schreiben von G. M. vom 28. 1. 1947.

967 Ebenda.

968 Privatsammlung E. Munz, Reichenbach, Lebenslauf des Gustav Munz, geschrieben im Mai 1945.

969 Regiment of the century. The story of the 397th infantry regiment. Written and designed in Stuttgart, Germany, 1945.

970 »Altbach, April 14–23«, in: Regiment, wie Anm. E 969, S. 254–266.

971 Übersetzt vom Autor.

972 Ebenda, S. 263ff.

973 HStA Stuttgart, Bestand J 170, »Darstellung der letzten Kriegstage...« – Schreiben des Bürgermeisters vom 18. 8. 1948.

974 Niethammer, Lutz: »Heimat und Front«, in: Ders. (Hrsg.): »Die Jahre weiß man nicht, wo man sie heute hinsetzen soll.« Faschismuserfahrungen im Ruhrgebiet. (Lebensgeschichte und Sozialkultur im Ruhrgebiet 1930–1960, Bd.1) Berlin und Bonn 1983, S. 163–222.

975 »Der 16/17jährige Sohn der Familie Metzger aus Vaihingen/Filder, der erst ganz kurz Soldat war, wurde im Reichenbachtal erschossen. Die jungen Buben kamen in deutschen Uniformen mit Waffen herunter. Da kamen Amerikaner mit einem LKW vorbeigefahren und die Buben haben sich in einer Klinge an der Straße von Hegenlohe versteckt und die Amis beschossen. Diese haben dann den Buben erschossen. Wir haben ihm die Marke abgenommen und seinen Eltern geschickt.« Interview Nr. 77.

976 Der Stab der *Kreisleitung* Esslingen floh von Samstag auf Sonntag gegen 3. 30 Uhr in Richtung Baltmannsweiler. »Beim Verlassen des Waldes im ersten Morgengrauen stieß die kleine Autokolonne auf die der Amerikaner. (...) Bei einem kleinen Scharmützel wurden insgesamt sechs Pesonen aus dem Gefolge des *Kreisleiters* erschossen, die übrigen wurden gefangengenommen, ins Rathaus von Hohengehren gebracht und von dort am anderen Morgen zu Fuß über Grundbach nach Winnenden abgeführt.« Miller, Kriegsende, wie Anm. E 701, S. 9.

977 StALu, EL 902/6, Bü 11/22/200, Bl. 22.

978 Zitiert nach Müller, Stuttgart, wie Anm. B 352, S. 531.

979 Kershaw, Hitler-Mythos, wie Anm. E 31, S. 141 bis 194.

980 HStA Stuttgart, Bestand J 170, »Darstellung der letzten Kriegstage...« – Schreiben des Bürgermeisters vom 18. 8. 1948.

981 Ebenda, Darstellung der anderen Gemeinden.

982 Interview Nr. 58.

983 Wohlbold, Orts-Chronik, wie Anm. B 84, S. 66.

1 EZA, Eßlinger Zeitung vom 20. April 1945.
2 Heimatbuch, wie Anm. A 1, S. 108.
3 Interview Nr. 116.
4 Interview Nr. 42.
5 Zur Besetzung und zur Kommunalpolitik in Esslingen und im Landkreis während der Besatzungszeit vgl. Strüber, Reinhard: Kommunalpolitik während der Besatzungszeit. Politiker, Parteien und Wahlen in Esslingen 1945–1949. In: Esslinger Studien, Zeitschrift 27/1988, S. 203–250.
6 HStA Stuttgart, Bestand J 170, »Geschichtliche Darstellung der letzten Kriegstage« aufgrund des Erlasses des Württembergischen Statistischen Landesamtes vom 14. 7. 1948 sowie Schreiben des Bürgermeisters vom 18. 8. 1948.
7 Taylor war »Military Government Officer« des »Detachment H3G3« für Stadt und Landkreis Esslingen. Nach der Reorganisation der amerikanischen Militärverwaltung wurde das Detachment Esslingen in »G-23« umbenannt, und ab Juni 1946 erhielt es den Status einer »Liaison and Security Office S-23«; vgl. National Archives Washington D. C., RG 260 OMGWB 5/10–1/5, einzusehehen auf Mikrofiches im HStA Stuttgart. Kurzbiographie Taylors vom 5. 9. 1945 ebenda, Field Supervision Report.
8 Interview Nr. 27.
9 KrArE, Bestand E 1/1552, Schreiben von Bürgermeister Schmid an den Aktionsausschuß vom 17. 6. 1945.
10 Interview Nr. 27.
11 Die Amerikaner nutzten das Blatt für eine kurze Zeit als Publikationsorgan der Militärregierung. Nach dem Einmarsch der Franzosen in Esslingen stellte die »Eßlinger Zeitung« am 5. Mai 1945 ihr Erscheinen ein. Lokalnachrichten waren in der Folgezeit nur noch dem Amtsblatt zu entnehmen sowie teilweise den Lokalteilen und -ausgaben der Stuttgarter Nachrichten und der Stuttgarter Zeitung. Am 1. Februar 1949 durfte die Neckarpost erscheinen und ab Juli 1949 bekam die »EZ« wieder eine Lizenz.
12 Strüber, Reinhard: Dr. Fritz Landenberger – Landrat und Oberbürgermeister in Esslingen. In: Schwäbische Heimat 1990/3, S. 223–230.
13 Interview Nr. 92.
14 HStA Stuttgart, Bestand J 170, »Geschichtliche Darstellung der letzten Kriegstage« sowie Schreiben des Bürgermeisters vom 18. 8. 1948; außerdem Interview Nr. 23.
15 Ebenda.
16 Privatsammlung Wöllhaf, Reichenbach, Aufforderung zur Requirierung von Betten mit Bettzeug durch US-Besatzung vom 8. 6. 1945, sowie Privatsammlung E. Munz, Reichenbach, Flugblatt des Bürgermeisters zur »Bereitstellung 1 Bettgestells, 1 Matratze, 1 frischen Leintuch und 1 Kopfkissen mit frischem Bezug für die amer. Besatzungsbehörde« vom 3. 7. 1945.
17 Interview Nr. 27.
18 Ebenda.
19 KrArE, Bestand E 1/1552, Schreiben von Bürgermeister Schmid an Bürgermeister Munz vom 26. 7. 1945.
20 Ebenda, Schreiben des Aktionsausschusses an den Landrat vom 10. 5. 1945.
21 Niethammer, Lutz: Aktivität und Grenzen der Antifaschistischen Ausschüse 1945, das Beispiel Stuttgart. In: VjZG 23 (1975), S. 297ff.
22 Strüber, Besatzungsjahr, wie Anm. D 417, S. 367 bis 387, hier S. 372.
23 KrArE, Bestand E 1/1552, Schreiben von Bürgermeister Schmid an Bürgermeister Munz vom 26. 7. 1945.
24 Dipper hatte den zum progressiven Milieu gehörenden Fabrikanten Robert Schöttle in die Aktivitäten des Bruderringes eingeweiht und ihn zur Mithilfe, zum Transport des Ehepaares Krakauer, gebeten. Siehe hierzu den Teil »Reichenbach im Krieg«, Kapitel »Krieg im Innern«, Exkurs »Der Bruderring«.
25 Die Esslinger Militärregierung beurteilte die Arbeit der Ausschüsse in ihrer linkslastigen Zusammensetzung sehr kritisch, akzeptierte deren Mitarbeit vor allem bei der Entnazifizierung. Zum Esslinger Arbeitsausschuß vgl. StAE, Sammlung G 291; zur Einschätzung der Besatzungsbehörden vgl. National Archives Washington D. C., RG 260 OMGWB 5/10–1/5, Historical Report vom 15. 1. 1946, einzusehen auf Mikrofiches im HStA Stuttgart.
26 EKAR, Arch. Nr. 53. 11, Bd. 1939–1959, Kirchengemeinderats-Protokoll vom 21. 5. 1945.
27 Ebenda.
28 GAR, Bestand Gemeinderatsprotokolle, Bd. 40, Bl. 634ff vom 23. 5. 1945 sowie Bl. 641ff vom 30. 5. 1945.
29 Ebenda, 1 und 8.
30 Ebenda, 5, 6, 10 und 11.
31 Ebenda, 4 und 9.
32 Ebenda, 3 und 7.
33 Ebenda, Bl. 653, vom 6. /. 8. 6. 1945, 20, außerdem EKAR, Arch. Nr. 53. 11, Bd. 1939–1959, Kirchengemeinderats-Protokolle vom 21. 5. 1945 sowie vom 9. 6. 1945.
34 Ebenda, Bl. 639, vom 23. 5. 1945, 6, Bl. 645, vom 30. 5. 1945, 11 sowie Bl. 683, vom 27. 6. 1945, 47. Außerdem KrArE, Bestand E 1/2201, Schreiben von Bürgermeister Munz vom 21. 6. 1945 sowie Schreiben des Landrats vom 23. 6. 1945. Die Reichenbacher betrachteten ihren Ort als »von den NS-Verwaltungsorganen ohne berechtigte Gründe dem Kreis Esslingen einverleibt. (...) Diesen Schritt hat die hiesige Bevölkerung nie verstanden, und sie hat sich auch bis heute an den Zustand nicht gewöhnen können. Reichenbach hat bereits seit Jahrhunderten zum Kreis Göppingen gehört (...), eine enge geistige, wirtschaftliche und persönliche Verbundenheit besteht, die in wenigen Jahren nicht zu beseitigen ist. (...) Während wir in Esslingen das Gefühl bis auf den heutigen Tag haben, als Fremde behandelt zu werden. Die

hiesige Bevölkerung legt einstimmig großen Wert auf die Rückführung zum Kreise Göppingen.« Munz beantragte demzufolge am 21. 6. 1945 mit einstimmiger Entscheidung auch des neugebildeten Beirats die Rückführung in den Kreisverband Göppingen. Der Esslinger Landrat sah keinerlei Veranlassung zur Rückführung, zumal, da hierfür eine neu zu gründende Landesbehörde zuständig wäre. Die Angelegenheit wurde auf die lange Bank geschoben und schließlich »vergessen«. Außerdem hierzu KrArE, Bestand E 1/2201.

35 Ebenda, Bl. 664, vom 6. /. 8. 6. 1945, 29.

36 Ebenda, Bl. 648, vom 30 5. 1945, 14.

37 Ebenda.

38 KrArE, Bestand E 1/1552, Schreiben von Bürgermeister Schmid an Bürgermeister Munz vom 26. 7. 1945. Außerdem GAR, Gemeinderatsprotokolle, Bd. 40, Bl. 655, vom 6./ 8. 6. 1945, 21.

39 Privatsammlung E. Munz, Reichenbach, Aufforderungsschreiben des Bürgermeisters »betreffs Wohnungs- bzw. Häuserräumung auf unbestimmte Zeit« vom 4. 6. 1945.

40 KrArE, Bestand E 1/1552, Schreiben von Bürgermeister Schmid an Aktionsausschuß v. 17. 6. 1945.

41 Ebenda, Schreiben von Bürgermeister Schmid an Aktionsausschuß vom 17. 6. 1945.

42 Ebenda, Schreiben vom 15. 6. 1945.

43 Privatsammlung E. Munz, Reichenbach, Einsetzungsbescheid für Bürgermeister Munz vom 15. 6. 1945 sowie KrArE, Bestand E 1/1552, Schreiben vom 15. 6. 1945. Außerdem GAR, Gemeinderatsprotokolle, Bd. 40, Bl. 665, vom 17. 6. 1945, 30.

44 KrArE, Bestand E 1/1552, Schreiben vom 4. 8. 1945; außerdem hierzu GAR, Bestand FLAT 1237.

45 Dem umgebildeten Reichenbacher Beirat gehörten ab 20. 9. 1945 Richard Alber, Hermann Bauknecht, Albert Fischer, Georg Hoyler, Ferdinand Köst, Albert Kautter, Rudolf Roth, Robert Raidt, Robert Schöttle und Timotheus Stöber an; GAR, Gemeinderatsprotokolle, Bd. 40, Bl. 760, vom 20. 9. 1945, 119. Außerdem hierzu KrArE, Bestand E 1/1596, Schreiben vom 11. 10. 1945.

46 GAR, Gemeinderatsprotokolle, Bd. 40, Bl. 761, vom 20. 9. 1945, 120.

47 KrArE, Bestand E 1/1552, Personalbogen Schmid; siehe zu seinem Wiedereintritt den Teil »Reichenbach nach dem Krieg«, Kapitel »Neubeginn und Demokratisierung«, Abschnitt »Politische Wahlen«.

48 Petzold, Frauke: »Frauen und Männer«. In: Petzolde und Glauning: Eierkuchen, wie Anm. E 914, S 51–58, hier S. 53.

49 Interview Nr. 92.

50 Interview Nr. 101.

51 Interview Nr. 44 und Interview Nr. 100.

52 Interview Nr. 11, Interview Nr. 39, Interview Nr. 44 und Interview Nr. 100.

53 KrArE, Bestand E 1/0553, Schreiben des Landrats vom 20. 5. 1945.

54 Interview Nr. 55 und Interview Nr. 56; außerdem hierzu Interview Nr. 79 sowie Interview Nr. 81.

55 Interview Nr. 92.

56 KrArE, Bestand E 1/0949, Bericht an die Württembergische Staatsanwaltschaft vom 18. 10. 1945.

57 Ebenda, Berichte vom 31. 10. 1945 und vom 9. 1. 1946.

58 Interview Nr. 53.

59 »Erinnerungen«, wie Anm. D 59, Kapitel IX. »Wie Reichenbach von den Russen befreit wurde «, S. 1.

60 Jacobmeyer, Wolfgang: Vom Zwangsarbeiter zum heimatlosen Ausländer. Die DPs in Westdeutschland 1945–1951. Göttingen 1985, S. 83.

61 Ebenda, S. 16, Administrative Memorandum No. 39 vom 18. 11. 1944.

62 Vgl. hierzu beispielsweise GAR, Bestand Gemeinderatsprotokolle, Bd. 40, Bl. 702, vom 11. 7. 1945, 65.

63 Privatsammlung Berger, Reichenbach; Schreiben von General Major Wm. E. Bergin, Adjutant General des Heeres, an Hauptmann Walter Ott vom 26. 5. 1952. In dem Schreiben gibt Bergin den Dienstgrad Karl Leonbergers mit »Hauptmann« an.

64 Der Vater war mittlerweile gestorben; Interview Nr. 9.

65 Interview Nr. 9.

66 »Erinnerungen«, wie Anm. D 59, Kapitel IX. »Wie Reichenbach von den Russen befreit wurde«, S. 3.

67 StALu, EL 902/6, Bü 11/22/2333, Bl. 12–15, »Bericht des Lagerführers Bräuninger über das Ostarbeiterlager bis zur Räumung am 4. 5. 45«.

68 United Nations Relief and Rehabilitation Administration. Sie wurde am 1. Juli 1947 von der Internatiional Refugee Organisation (IRO) abgelöst, deren Arbeitsschwerpunkt auf der Auswanderung der DPs lag.

69 Die Ukrainer kamen zuerst nach Plochingen, die Letten ins Lettenlager in die Pliensauvorstadt nach Esslingen, die Russen zuerst in die Esslinger Kaserne und von dort in zentrale Sammellager nach Stuttgart. Zu den Lagern in Esslingen und Stuttgart vgl. Strüber, Reinhard: Displaced Persons in Esslingen. In: Esslinger Studien, Zeitschrift 28/1989, S. 285–320, sowie Müller, Ulrich: Fremde in der Nachkriegszeit. Displaced Persons – zwangsverschleppte Personen – in Stuttgart und Württemberg-Baden 1945–1951 (Veröffentlichungen des Archivs der Stadt Stuttgart, hrsgg. von Paul Sauer, Bd. 49). Stuttgart 1991.

70 KrArE, Bestand E 1/1158, Bericht des Gendarmeriepostens vom 8. 5. 1945.

71 Ebenda.

72 Ebenda, Schreiben der Eisenbahndirektion vom 3. 10. 1950 und von der Württembergischen Gebäudebrandversicherung vom 28. 8. 1950 und 11. 12. 1950.

73 KrArE, Bestand E 1/2098, Schreiben vom 9. 8. 1946.

74 Ebenda, Schreiben vom 6. 3. 1946.

75 Ebenda, Schreiben vom 7. 12. 1946.

76 Ebenda, Schreiben vom 27. 3. 1946.

77 Ebenda, Schreiben vom 22. 7. 1946 sowie Aktenvermerk vom 8. 1. 1947.

78 KrArE, Bestand E 1/1703, Alliierter und deutscher Kriegsgräberdienst vom 1. 10. 1945.

79 Ebenda, Schreiben vom 4. 6. 1947. Außerdem GAR, Bestand Gemeinderatsprotokolle, Bd. 40, Bl. 630, vom 19. 2. 1945, 530, Bl. 686, vom 27. 6. 1945, 49, und Bl. 701, vom 11. 7. 1945, 64.

80 Ebenda, Schreiben vom 6. 10. 1955 und 7. 5. 1956.

81 Ebenda, Schreiben des US-stellvertretenden Landeskommissars für Württemberg-Baden an Ministerpräsident Reinhold Maier vom 11. 5. 1951.

82 Ebenda, Schreiben vom 15. 11. 1955.

83 Ebenda.

84 EZA, Eßlinger Zeitung vom 24. 10. 1956, S. 5. Außerdem KrArE, Bestand E 1/1703 Schreiben des Bürgermeisters vom 17. 5. 1956.

85 Interview Nr. 80.

86 Interview Nr. 77. Außerdem hierzu Interview Nr. 101.

87 GAR, Bestand Gemeinderatsprotokolle, Bd. 40, Bl. 645 vom 30. 5. 1945 11.

88 National Archives Washington D. C., RG 260 OMGWB 5/10–1/5, Historical Report, Detachment G-23, 9. 7. 1945–15. 1. 1946, einzusehen auf Mikrofiches im HStA Stuttgart.

89 GAR, Bestand Gemeinderatsprotokolle, Bd. 40, Bl. 645 vom 30. 5. 1945 11.

90 Vgl. hierzu Bayer, Michael: Stuttgart unter französischer Besatzung. In: Hiller, Stuttgart, wie Anm. D 44, S. 535–539, hier S. 537.

91 Interview Nr. 80.

92 KrArE, Bestand E 1/1066, Bericht des Staatlichen Gesundheitsamtes Esslingen vom 11. 3. 1947.

93 2,4 Prozent an Staphylomykosen 0,1 Prozent an Scabies; KrArE, Bestand E 1/1066, Bericht des Staatlichen Gesundheitsamtes Esslingen vom 11. 3. 1947, Anlage 8.

94 Interview Nr. 77.

95 Privatsammlung E. Munz, Reichenbach, »Informations-Bericht« des Bürgermeisters an den Landrat vom 30. 12. 1946.

96 Ebenda.

97 KrArE, Bestand E 1/1574, Informationsbericht von Bürgermeister Munz an den Landrat vom 26. 1. 1947.

98 Interview Nr. 101.

99 CARE ist die Abkürzung für »Cooperative for American Remittancees to Europe«, einer 1946 in den Vereinigten Staaten von Amerika entstandenen Hilfsorganisation, die – vor allem von privater Seite getragen – Lebensmittelpakete nach Europa verschickte – in die Bundesrepublik bis 1960 und nach Berlin bis 1963.

100 KrArE, Bestand E 1/1574, Informationsbericht von Bürgermeister Munz an den Landrat vom 26. 1. 1947.

101 Ebenda, Informationsbericht von Bürgermeister Munz an den Landrat vom 26. 4. 1947.

102 Wohlbold, Orts-Chronik, wie Anm. B 84, S. 74.

103 KrArE, Bestand E 1/1574; Informationsbericht des Landrats an US-Militärregierung vom 11. 1. 1949 und vom 17. 5. 1949.

104 Allgemein zur Flüchtlings- und Vertriebenenproblematik vgl. Schulze, Rainer, Doris von der Brelie-Lewien und Helga Grebing (Hrsg.): Flüchtlinge und Vertriebene in der westdeutschen Nachkriegsgeschichte. Bilanzierung der Forschung und Perspektiven für künftige Forschungsarbeit. Hildesheim 1987 sowie Benz, Wolfgang (Hrsg.): Die Vertreibung der Deutschen aus dem Osten. Ursachen, Ereignisse, Folgen. Frankfurt/M. 1985.

105 Strüber, Reinhard: Neubeginn auf wenigen Quadratmetern. Aufnahme und Eingliederung von Flüchtlingen und Vertriebenen. In: Esslingen, wie Anm. B 77, S. 409–424, hier S. 410, dort auch verschiedene Erlebnisberichte.

106 Privatammlung G. Munz, Reichenbach, Flugblatt »Betrachtungen zur Bürgermeisterwahl« vom 18. 2. 1948 von Otto Munz. Siehe hierzu den Teil »Reichenbach im Krieg«, Kapitel »Der *Totale Krieg* an der Reichenbacher *Heimatfront* und sein Ende«, Abschnitt »Da galt es bei uns zusammenzurücken«.

107 GAR, Gemeinderatsprotokolle, Bd. 40, B. 675, vom 20. 6. 1945, 39.

108 Civitas et Regio Eselingas Band 2, S. 21, Tabelle A 3; KrArE, E3/0.

109 Wohlbold, Orts-Chronik, wie Anm. B 84, S. 69.

110 Müller hatte sich nach Kriegsende selbständig gemacht.

111 Wohlbold, Orts-Chronik, wie Anm. B 84, S. 69.

112 KrArE, Bestand E 1/1574 Bü. 1, Volks- und Berufszählung vom 29. 10. 1946; außerdem Privatsammlung E. Munz, Reichenbach, »Bericht von Bügermeister Munz an den Landrat über die politische und wirtschaftliche Entwicklung seit 1918«, Reichenbach, den 12. 11. 1946, Bl. 3. Siehe die Tabelle »Einwohnerzahlen Reichenbachs in der historischen Entwicklung ab Gründung des Zollvereins 1834« im Anhang.

113 Siehe die Tabelle »Wohnungen und Notunterkünfte 1946« im Anhang, aufgestellt nach KrArE, Bestand E 3/0, Civitas, wie Anm. A 14, S. 123.

114 Siehe die Tabelle 5. »Belegung der Wohnungen 1946« im Anhang, aufgestellt nach KrArE, Bestand E 3/0, Civitas, wie Anm. A 14, S. 123.

115 KrArE, Bestand E 1/1574, Informationsbericht von Bürgermeister Munz an den Landrat vom 26. 1. 1947.

116 Interview Nr. 71.

117 KrArE, Bestand E 1/1574, Informationsbericht von Bürgermeister Munz an den Landrat vom 26. 1. 1947.

118 Privatsammlung E. Munz, Reichenbach, »Stimmungsbericht« des Bürgermeisters an den Landrat vom 8. 9. 1946, Bl. 1.

119 KrArE, Bestand E 1/1574, Informationsbericht des Landrats vom 26. 4. 1949, S. 2

120 KrArE, Bestand E 1/1759, Bericht vom 30. 11. 1949.

121 Ebenda, Übersicht vom 8. 12. 1949.

122 Interview Nr. 77.

123 Siehe die Tabelle »Religionszugehörigkeit der Reichenbacher Bevölkerung in der historischen Entwicklung« im Anhang.

124 Dieser war bereits 1940 von der kleinen katholischen Gemeinde angemietet worden; Deutschmann, Georg: »Die katholische Kirchengemeinde«, in Heimatbuch, wie Anm. A. 1, S. 313–317, hier S. 313.

125 Interview Nr. 77.
126 Deutschmann, Kirchengemeinde, wie Anm. F 124, S. 314.
127 KrArE, Bestand E 1/1552, Akt »Beschwerde über Bürgermeister Munz in Reichenbach/Fils«, Altregistratur 1201.
128 Ebenda, Schreiben vom 15. 7. 1947.
129 Ebenda, Schreiben des Flüchtlingsobmanns vom 19. 8. 1947.
130 Ebenda, Protokoll vom 15. 8. 1947.
131 Ebenda, Bl. 3 sowie Schreiben vom 19. 8. 1947.
132 Ebenda, Flugblatt vom 15. 7. 1947
133 KrArE, Bestand E 1/1574, Informationsbericht des Landrats vom 26. 4. 1949.
134 Strüber, Reinhard: Von der Demontage zur Währungsreform. Das Esslinger Wirtschaftsleben in der Nachkriegszeit. In: Esslingen, wie Anm. B 77, S. 425–439, hier S. 429.
135 Siehe den Teil »Phase der Konsolidierung – Alltag unterm Hakenkreuz«, Kapitel »›... ein fleißig und arbeitsam lebendes Volk‹ – wirtschaftliche Konsolidierung«, Abschnitt »Die Reichenbacher Arbeitsschlacht«.
136 Zitiert nach Strüber, Demontage, wie Anm. F 134, S. 427.
137 Zur Geschichte der Industrie- und Handelskammer Esslingen vgl. Winkel, Harald: Geschichte der Württembergischen Industrie- und Handelskammern. Stuttgart 1980, S. 293ff.
138 Buchheim, Währungsreform, wie Anm. D 336, S. 189–232.
139 Wohlbold, Orts-Chronik, wie Anm. B 84, S. 78.
140 KrArE, Bestand E 1/1479, Bü 44, Bl. 19, Bericht des Bürgermeisters vom 16. 8. 1948.
141 Ebenda.
142 Ebenda.
143 Interview Nr. 11, außerdem beispielsweise Interview Nr. 30, Interview Nr. 46 und Interview Nr. 95.
144 Heimatbuch, wie Anm. A 1, S. 118.
145 Vgl. hierzu Grube, Frank und Gerhard Richter: Das Wirtschaftswunder. Unser Weg in den Wohlstand. Hamburg 1983 sowie Kuhn, Annette (Hrsg.): Frauen in der deutschen Nachkriegszeit. Düsseldorf 1986.
146 Ausführlicher hierzu vgl. Niethammer, Lutz: Entnazifizierung in Bayern. Säuberung und Rehabilitierung unter amerikanischer Besatzung. Frankfurt/M. 1972.
147 Henke, Klaus-Dieter: Politische Säuberung unter französischer Besatzung. Die Entnazifizierung in Württemberg-Hohenzollern (Schriftenreihe der Vierteljahreshefte für Zeitgeschichte 42). Stuttgart 1981, hier S. 47.
148 Wohlbold, Orts-Chronik, wie Anm. B 84, S. 72.
149 KrArE, Bestand E 1/1048, Schreiben des Bürgermeisters an den Landrat vom 20. 2. 1950.
150 KrArE, Bestand E 1/1044, Schreiben vom 8. 11. 1945.
151 Ebenda, Schreiben des Landrats vom 4. 12. 1945.
152 KrArE, Bestand E 1/1048, Schreiben vom 23. 12. 1947.
153 Ebenda, Aktennotiz vom 6. 9. 1945.
154 Interview Nr. 10.
155 KrArE, Bestand E 1/1095, Schreiben des Bürgermeisters vom 18. 9. 1945 und vom 22. 8. 1945.

156 Ebenda, Liste der abgelieferten Bücher sowie ebenda, Bl. 22, Aktennotiz über telefonische Mitteilung von Bürgermeister Schmid vom 17. 7. 1945.
157 Amtsblatt für Stadt und Kreis Esslingen Nr. 12 vom 1. 9. 1945, Gesetz Nr. 52 bzw. 104 über Kontensperren, sowie Privatsammlung Wöllhaf, Reichenbach, Schreiben über Kontensperre, gemäß Gesetz Nr. 52/104, vom 31. 12. 1947.
158 Zur Reichenbacher Spruchkammer vgl. KrArE, Bestand E 1/1042, Schreiben von J. I. Taylor vom 18. 12. 1945 und Mitteilung vom 22. 12. 1945; außerdem Schreiben vom 26. 1. 1946 sowie vom 17. 4. 1946.
159 Privatsammlung E. Munz, Reichenbach, »Bericht von Bügermeister Munz an den Landrat über die politische und wirtschaftliche Entwicklung seit 1918«, Reichenbach, den 12. 11. 1946, Bl. 3.
160 Ebenda, »Informations - Bericht« des Bürgermeisters an den Landrat vom 30. 12. 1946.
161 Ebenda.
162 Stalu, EL 902/6, Bü 11/22/2658, J 11299, Bl. 189 bis 196, Korrespondenz und Aktenlage, vgl. außerdem hierzu Miller, Max: »Das Kriegsende in Esslingen.« Bericht im Auftrag der Stadt Esslingen. Esslingen 1952, S. 1.
163 Interview Nr. 62.
164 StALu, Bestand EL 90313 – J 75/647, Klageschrift des öffentlichen Klägers der Internierungslager vom 19. 11. 1947.
165 StALu, EL 903/3, Bü J 75/647, Bl. 403–405.
166 Ebenda, Bl. 265, Sterbeurkunde vom 4. 10. 1948.
167 Bearbeitet wurden 136 Spruchkammerakten, darunter alle aktiven Nationalsozialisten; StALu, Bestände EL 902/6, Bü 11/22/ff, GAR, Bestand A 165 sowie KrArE, Bestand E 1/1048. Vgl. allgemein hierzu Niethammer, Mitläuferfabrik, sowie Wistrich, Anhänger, beide wie Anm. D 763.
168 Wohlbold, Orts-Chronik, wie Anm. B 84, S. 71.
169 Interview Nr. 10 und Interview Nr. 60.
170 Wohlbold, Orts-Chronik, wie Anm. B 84, S. 71.
171 Interview Nr. 44 und Interview Nr. 100. Zur Richtigstellung: Mangold wurde nicht aufgrund einer Anzeige von Pfarrer Dipper interniert, sondern aufgrund seiner Funktion als *Ortsgruppenleiter* der NSDAP und der Bestimmungen der amerikanischen Militärregierung. Dipper sagte aber wie andere ehemalige Verfolgte im Entnazifizierungsverfahren gegen Mangold aus.
172 Interview Nr. 67.
173 Strüber, Besatzungsjahr, wie Anm. D 417, Seite 381.
174 KrArE, Bestand E 1/1596, Schreiben des Bürgermeisters vom 12. 1. 1946, Bl. 5, Wahlvorschlag Nr. 2, Freie Demokratische Wählervereinigung Reichenbach. Nicht zu verwechseln mit den späteren Liberalen. Die politische Heimat der Freien Demokratischen Wählervereinigung Reichenbach entsprach der linker Sozialdemokraten und Kommunisten.
175 Ebenda, Bl. 6, Wahlvorschlag Nr. 3, Sozialdemokratische Partei Deutschlands.

176 Ebenda, Bl. 7, Wahlvorschlag Nr. 1, Christlich-Soziale Volkspartei.

177 KrArE, Bestand E 1/1595, Bl. 1, Erlaß der amerikanischen Militärregierung vom 23. 11. 1945 sowie Bl. 3, Schreiben des Innenministers vom 14. 12. 1945; außerdem GAR, Bestand FLAT 1206.

178 Ebenda, Schreiben des Landrats vom 15. 1. 1946, Bl. 11 sowie Liste, Bl. 14.

179 Ebenda, Bü. 30, diverse Schreiben.

180 Ebenda, Bl. 18, Kreisliste. Vgl. zum kreisweiten Wahlkampf für die Gemeinderatswahlen sowie zur Entwicklung der Parteien Strüber, Besatzungsjahr, wie Anm. D 417, S. 382–383.

181 Siehe die Tabelle »Wahlverhalten 1945–1947« im Anhang.

182 KrArE, Bestand E 1/1595, Bericht vom 28. 1. 1946 zur Gemeinderatswahl vom 27. 1. 1946; außerdem GAR, Bestand FLAT 1206.

183 Ebenda, Schreiben vom 16. 12. 1947.

184 KrArE, Bestand E 1/1574, Übersicht über die Wahlergebnisse; außerdem GAR, Bestand FLAT 1053.

185 KrArE, Bestand E 1/1595, Schreiben des Bürgermeisters vom 13. 1. 1951; außerdem GAR, Bestand FLAT 1206.

186 KrArE, E1/1552, »Zusammenfassung der Vorgänge der BM-Wahl in Reichenbach im Februar 1948« von Dr. Christ.

187 Nill kam ab 1951 als Vertreter der »Freien Demokratischen Partei« in den Landtag; Heimatbuch, wie Anm. A 1, S. 284; Zur Person Nills außerdem KrArE, E 1/1552.

188 Alle Flugblätter sind enthalten in der Privatammlung G. Munz, Reichenbach.

189 Interview Nr. 72.

190 Privatammlung G. Munz, Reichenbach, »An alle Wählerinnen und Wähler in Reichenbach a. d. Fils!« Flugblatt zur Bürgermeisterwahl 1948 von der »Demokratischen Wählervereinigung«.

191 Ebenda.

192 Privatammlung G. Munz, Reichenbach, Flugblatt »Betrachtungen zur Bürgermeisterwahl« vom 18. 2. 1948 von Otto Munz.

193 Ebenda.

194 Siehe den Teil »Reichenbach in der Weimarer Republik«, Kapitel »Dörfliche Kommunikation, politische Kultur und Wahlverhalten«, Abschnitt »Die Bürgermeisterwahl 1926/27«.

195 KrArE, Bestand E 1/1552, Schreiben des Landrats vom 23. 4. 1948.

196 Privatsammlung E. Munz, Reichenbach, Schreiben von Bürgermeister Munz an das Amtgericht Göppingen, Az. 145a-49 vom Juni 1948.

197 KrArE, Bestand E 1/1552, Unterschriftenliste vom 17. 4. 1948.

198 Ebenda, Urteil des Baden-Württembergischen Verwaltungsgerichtshofs vom 27. 11. 1948.

199 Die Namen der Kriegstoten sind aufgelistet im Heimatbuch, wie Anm. A 1, S. 110–113.

200 Diese sind verzeichnet in einer vom Autor zusammengestellten Liste »Reichenbacher Ausgegrenzte«, soweit möglich wurden biographischen Daten, Erinnerungen von Zeitzeugen an diese und ihre jeweilige »Geschichte« beigefügt. Diese Liste ist als gleichlautendes Büschel dem Bestand A 166, »Ortsgeschichte Reichenbach an der Fils unterm Hakenkreuz« beigefügt, der ins Gemeindearchiv Reichenbach eingelegt wurde.

201 Siehe hierzu den Teil »Reichenbach im Krieg«, Kapitel »Der *Totale Krieg* an der Reichenbacher *Heimatfront* und sein Ende«, Abschnitt »Die Gretchenfrage«.

202 Siehe hierzu ebenda, Abschnitt »Der totale Krieg ...«.

203 Der »Wehrwolf«, die »Bewegung nationalsozialistischer Freiheitskämpfer in Ost und West«, sendete, so hatte die Eßlinger Zeitung am 3. April 1945 berichtet, am Ostersonntag, dem 2. April 1945, zum ersten Mal im Radio.

204 KrArE, Bestand E 1/1552, Schreiben Dippers an den Landrat vom 2. 8. 1945.

205 Interview Nr. 116.

206 Interview Nr. 42, außerdem Interview Nr. 97.

207 »Reichenbachs Jugend...«, wie Anm. C 359, S. 10.

208 Interview Nr. 42.

209 KrArE, Bestand E 1/1574. Informationsbericht vom 26. 4. 1949, S. 4.

210 »VFB ECHO«, wie Anm. B 113, S. 11, »All Heil« , wie Anm. B 107, o. S. (S. 15), sowie »Glück Auf« in: Heimatbuch, wie Anm. A 1, S. 376. Zum Musikverein außerdem KrArE, Bestand E 1/1105.

211 Interview Nr. 67.

212 KrArE, Bestand E 1/0894, Erlaubnis zur Wiederaufnahme der Vereinstätigkeit 1946–1948 sowie ebenda, Bestand E 1/0895, Vereinsgründungen 1945–1947.

213 »Chronik«, wie Anm. B 542, o. S (S. 13).

214 »Concordia«, wie Anm. B 22, S. 33f.

215 »100 Jahre Turnverein Reichenbach«. TVR-Blättle, Heft Nr. 18, Jubiläumsausgabe, Februar 1987, S. 13.

216 Heimatbuch, wie Anm. A 1, S. 370.

217 »Feuerwehr«, wie Anm. C 402, S. 40.

218 Interview Nr. 60, Interview Nr. 73, Interview Nr. 83, Interview Nr. 86 und Interview Nr. 89

219 Siehe hierzu die beiden obigen Kapitel.

220 Vgl. hierzu die jeweiligen Jubiläumsschriften der Vereine.

221 Siehe zu Walter Baach ausführlich den Teil »Reichenbach im Krieg«, Exkurs »Der für die Menschheit gefährlichste Reichenbächer«.

222 Heimatbuch, wie Anm. A 1, S. 284.

223 Ausführlich hierzu vgl. Lepsius, Maria Rainer: Das Erbe des Nationalsozialismus und die politische Kultur der Nachfolgestaaten des »Großdeutschen Reiches«. In: Lepsius, Maria Rainer: Demokratie in Deutschland. Soziologisch-historische Konstellationsanalysen. Ausgewählte Aufsätze (Kritische Studien zur Geschichtswissenschaft Bd. 100). Göttingen 1993, S. 229–245, hier S. 243f.

224 Interview Nr. 10.

225 Interview Nr. 10, Interview Nr. 67 und Interview Nr. 104.

Anhang

1 Die Angaben habe ich berechnet nach den »Statistischen Monatsheften Württemberg-Baden,« hrsgg. von den Statist. Landesämtern in Stuttgart und Karlsruhe, 1. Jg. Heft 7–9, Juli–August 1947 (Volks- und Berufszählung vom 29. 10. 1946), Stuttgart 1947, S. 184ff, nach KrArE, Bestand E 3/0, Civitas et Regio Eselingas Band 2, S. 12, Tabelle A 2a; und den dortigen Angaben zu 1948 (S. 121), sowie nach dem »Historischen Gemeindeverzeichnis mit Bevölkerungszahlen von 1871 bis 1961 und der Erwerbstätigen nach Wirtschaftsbereichen 1895, 1907 und 1933, Gebietsstand 6. 6. 1961«, hrsgg. vom Statistischen Landesamt Baden-Württemberg (Statistik von Baden-Württemberg, Band 108), Stuttgart 1965, S. 12/13. Angaben für 1993, Angaben des Bürgermeisteramtes vom 9. 9. 1994.

2 GAR, Bestand FLAT 1112, Jahresberichte, »Gemeinde Reichenbach a. Fils 1927 – 1937«.

3 Einschließlich 175 ziviler Ausländer; GAR, Bestand FLAT 1112, Jahresberichte, »Die Gemeindeverwaltung im Jahr 1941« am 12. / 13. Januar 1942 von Bürgermeister Schmid erstellter Bericht.

4 Die Angaben sind berechnet nach der Tabelle »Einwohnerzahlen Reichenbachs in der historischen Entwicklung von der Gründung des Zollvereins 1834 bis 1993«. Die Wachstumszahlen sind, gemäß den Volkszählungen – meist in Sechsjahresschritten (auf halbe Monate genau umgerechnet).

5 Aufgestellt nach KrArE, Bestand E 1/1347, Bescheid des Esslinger Landrats vom 1. 4. 1938, sowie aufgrund der Volkszählung vom 16. 6. 1933 in: Württembergische Gemeinde - und Bezirksstatistik, dritte Ausgabe nach dem Stand vom Jahre 1933. Herausgegeben von dem Württembergischen Statistischen Landesamt. Stuttgart 1935, S. 58ff.

6 Berechnet nach dem »Historischen Gemeindeverzeichnis mit Bevölkerungszahlen von 1871 bis 1961 und der Erwerbstätigen nach Wirtschaftsbereichen 1895, 1907 und 1933. Gebietsstand 6. 6. 1961«, hrsgg. vom Statistischen Landesamt Baden-Württemberg (Statistik von Baden-Württemberg, Band 108). Stuttgart 1965, Kreis Esslingen, S. 12/13. Im Gemeindeverzeichnis werden nur diese drei Berufssparten verzeichnet, die sonstigen Erwerbspersonen werden zwar als solche geführt, jedoch keiner Berufssparte (etwa »Staatsbedienstete«, »Öffentlicher Dienst« »sonstige« – für 1895, 1907 und 1933 wären dies 1,8, 2,5 und 6,4 Prozent – zugeordnet. Aufgeführt sind jeweils die tatsächlich im Erwerb Stehenden.

7 Angestellte in Verwaltung, Schule, Kirche, usw.

8 Erstellt nach der Volkszählung vom 16. 6. 1933. In: Württembergische Gemeinde - und Bezirksstatistik. Dritte Ausgabe nach dem Stand vom Jahre 1933. Herausgegeben von dem Württembergischen Statistischen Landesamt. Stuttgart 1935. S. 58ff. Hierauf beziehen sich auch die folgenden Spaltenangaben.

9 Ebenda, Wohnbevölkerung (Sp. 4).

10 Ebenda, Gesamtzahl der Erwerbstätigen (Sp. 7+8+11+12+14+15+17+18+22).

11 Ebenda, »Arbeitslose und Zugehörige« (Sp. 21).

12 Ebenda, »Arbeitslose allein« (Sp. 22).

13 Ebenda, Arbeitslose in Bezug zu Erwerbstätigen (Sp. 22 zu 7+8+11+12+14+15+17+18+22).

14 Ebenda, Arbeitslose in Bezug zur Wohnbevölkerung (Sp. 22 zu 4).

15 Berechnet aufgrund der Volkszählung vom 16. 6. 1933 in: Württembergische Gemeinde - und Bezirksstatistik, dritte Ausgabe nach dem Stand vom Jahre 1933. Herausgegeben vom Württembergischen Statistischen Landesamt. Stuttgart 1935, S. 58ff.

16 Vor allem in den öffentlichen Diensten.

17 GAR, Bestand FLAT 4800, Übersicht der Hauptunterstützungsempfänger im Arbeitsamtsbezirk Göppingen i. d. Monaten Okt. 1929 bis April 1931.

18 Aufgestellt nach KrArE, Bestand E 3/0, Civitas, 1948, »Gemeindeübersichten im Kreis Esslingen«, S. 128.

19 Ebenda.

20 Ebenda.

21 Zusammengestellt nach Tabelle A. 7.

22 Aufgestellt nach KrArE, Bestand E 3/0, Civitas, 1948, »Gemeindeübersichten im Kreis Esslingen«, S. 125.

23 Ebenda.

24 Ebenda.

25 Ebenda.

26 Aufgestellt nach KrArE, Bestand E 3/0, Civitas, 1948, »Gemeindeübersichten im Kreis Esslingen«, S. 128.

27 Aufgestellt nach KrArE, Bestand E 3/0, Civitas, 1948, »Gemeindeübersichten im Kreis Esslingen«, S. 123.

28 Ebenda und nach den »Mitteilungen des Württ. Statist. Landesamtes«, No. 4/5, vom 10. 12. 1940, S. 113.

29 Aufgestellt nach KrArE, Bestand E 3/0, Civitas, 1948, »Gemeindeübersichten im Kreis Esslingen«, S. 123.

30 Ebenda.

31 Ebenda.

32 Berechnet nach den Stimmergebnissen im Heimatbuch, S. 57 und GAR, Bestand FLAT 1014, Reichstagswahl 1912.

33 Berechnet und zusammengestellt nach den Wahlergebnissen wie dokumentiert im GAR, Bestand FLAT 1014, sowie die entsprechenden Bände der Statistik des Deutschen Reiches (siehe die »Übersicht über die bearbeiteten Bestände der wichtigsten Archive« im Anhang).

34 1924 kandidierte anstelle der 1923 verbotenen NSDAP der sogenannte Völkisch-Soziale Block, ein Zusammenschluß von Deutscher Arbeiterpartei, Deutsch-Völkischer Freiheitspartei und Nationalsozialistischer Deutscher Arbeiterpartei; der Name der angetretenen Liste in Reichenbach war »NS-Freiheitsbewegung«.

35 Württembergischer Bauern und Weingärtner-bund.

36 Württembergische Bürgerpartei.

37 Württembergische Volkspartei.

38 Württembergische Zentrumspartei.

39 Wirtschaftl. Vereinigung 11 Stimmen (1,08%), Freiwirtschaftsbund 1 Stimme (0,01%), Häuser-bund 6 Stimmen (0,64%).

40 Berechnet und zusammengestellt nach den Wahl-ergebnissen wie dokumentiert im GAR, Bestand FLAT 1014 und im Filstal- und Schurwaldbote vom 25. 4. 1932.

41 1924 kandidierte anstelle der 1923 verbotenen NSDAP der sogenannte Völkisch-Soziale Block, ein Zusammenschluß von Deutscher Arbeiter-partei, Deutsch-Völkischer Freiheitspartei und Nationalsozialistischer Deutscher Arbeiterpartei; in Reichenbach erzielten im einzelnen der Vater-ländisch-Völkische Rechtsblock 88 Stimmen (8,6%) und der Völkisch-Soziale Block 100 Stim-men (9,8%).

42 Christlicher Volksdienst (ab 1929 zusammen mit einigen ehemaligen DNVP-Abgeordneten zum Christlich Sozialen Volksdienst).

43 Württembergischer Bauern und Weingärtner-bund.

44 Württembergische Bürgerpartei.

45 Württembergische Volkspartei.

46 Volksrecht-Partei.

47 Volksrecht-Partei.

48 Württembergische Zentrumspartei.

49 Freiwirtschaftsbund.

50 Berechnet und zusammengestellt nach den Wahl-ergebnissen wie dokumentiert im GAR, Bestand FLAT 1014.

51 Nationale Volksgemeinschaft 8 Stimmen (0,65%), Christlich Soziale Volksgemeinschaft 12 Stimmen (0,97%).

52 Nationalsozialistische Handwerk- und Gewerbe-treibende 3 Stimmen (0,23%).

53 Einheitsliste der DNVP und der Württembergi-schen Bürgerpartei.

54 Einschließlich Radikaler Mittelstand.

55 Kampffront Schwarz-Weiß-Rot.

56 Einheitsliste der DVP und der Deutschen Staats-partei.

57 Württembergischer Bauern und Weingärtner-bund.

58 Bauern- und Weingärtnerbund.

59 Württembergische Volkspartei / Volksrecht-Par-tei.

60 Volksrecht-Partei.

61 Einheitsliste der Reichspartei für Volksrecht und Aufwertung und der Christlich Sozialen Reichs-partei.

62 Volksrecht-Partei.

63 Eingerechnet hier die beiden nicht formal ver-bundenen Listen der Christlich Sozialen Reichs-partei mit 1,9 Prozent und der Evangelischen Volksgemeinschaft mit 2,3 Prozent. Der Christli-che Volksdienst (CVD) hatte sich auf Reichsebene formal erst am 28. Dezember 1929 mit der Christ-lich-Sozialen Reichsvereinigung, deren Mitglie-

der nahezu geschlossen aus der DNVP ausgetre-ten waren, zum CSVD zusammengeschlossen; Opitz, Günther: Der Christlich-Soziale Volks-dienst. Versuch einer protestantischen Partei in der Weimarer Republik. Düsseldorf 1969, S. 137 bis 155.

64 Einheitsliste des Christlichen Volksdienst und der Evangelischen Bewegung.

65 Württembergische Zentrumspartei.

66 DDP und Wirtschaftspartei.

67 DDP (2,1%), Mittelstands- und Wirtschaftspartei (0,4%).

68 DDP Württemberg-Hohenzollen.

69 Deutsche Bauernpartei 1 Stimme (0,11%), Wirt-schaftspartei 2 Stimmen (0,21%), Völkisch Natio-naler Block 1 Stimme (0,11%).

70 Mittelstands- und Wirtschaftspartei 34 Stimmen (2,75 %), Deutsche Bauernpartei 1 Stimme (0,81%) und die Partei der Haus- und Grundbe-sitzer 1 Stimme (0,81%).

71 Kampfgemeinschaft der Arbeiter und Bauern 1 Stimme, Sozialistische Arbeiterpartei Deutsch-lands 2 Stimmen, Wirtschaftspartei 5 Stimmen (0,39%).

72 Deutsche Bauernpartei.

73 Berechnet und zusammengestellt nach den Wahl-ergebnissen wie dokumentiert im GAR, Bestand FLAT 1014.

74 Ebenso.

75 Ebenso.

76 Ebenso.

77 Bei der Landtagswahl gaben nur 951 Wähler (77,8%) ihre Stimme ab.

78 Beim zweiten Wahlgang am 26. 4. 1925 gingen 805 Reichenbacher (58,1%) zur Wahl.

79 Bei der Landtagswahl gaben 952 Wähler (62,4%) ihre Stimme ab.

80 Beim zweiten Wahlgang am 10. 4. 1932 gingen 1320 Reichenbacher (79%) zur Wahl.

81 Berechnet und zusammengestellt nach den Wahl-ergebnissen wie dokumentiert im GAR, Bestand FLAT 1014.

82 Angetreten unter dem Listennamen »NS-Frei-heitsbewegung«.

83 Wahlen vom 6. November 1932.

84 Angetreten unter dem Listennamen »Kampffront Schwarz-Weiß-Rot«.

85 WBT (Wahlbeteiligung), BP (Bürgerpartei/Freie Wähler), CSV (Christlich-Soziale Volkspartei), CV (Christliche Vereinigungen), GV (Handels- und Gewerbeverein), LOV (Landwirtschaftlicher Ortsverein), SPD (Sozialdemokratische Par-tei/Verein Deutschlands), USPD (Unabhängige Sozialdemokratische Partei Deutschlands), WB, (Werktätige Bevölkerung); erstellt nach GAR, Be-stand FLAT 1206, dort die Büschel für die ent-sprechenden Gemeinderatswahlen.

86 WBT (Wahlbeteiligung), BP (Bürgerpartei/Freie Wähler), CSV (Christlich-Soziale Volkspartei), CV (Christliche Vereinigungen), GV (Handels- und Gewerbeverein), LOV (Landwirtschaftlicher Ortsverein), SPD (Sozialdemokratische Par-tei/Verein Deutschlands), USPD (Unabhängige Sozialdemokratische Partei Deutschlands), WB, (Werktätige Bevölkerung)_ erstellt nach GAR, Be-

stand FLAT 1206, dort die Büschel für die entsprechenden Gemeinderatswahlen.

87 Erstellt nach KrArE, Bestand E 1/1595, Bericht
vom 28. 1. 1946 zur Gemeinderatswahl vom
27. 1. 1946, ebenda, Bestand E 1/1574, Übersicht
über die Wahlergebnisse sowie ebenda, Bestand
E 1/1595, Schreiben des Bürgermeisters vom
13. 1. 1951.

88 Erstellt nach GAR, Bestand FLAT 1206, Wahlprotokoll, April 1933 und FLAT 1206 »Neubildung
des Gemeinderats ›auf Grund des Reichsgesetzes
zur Gleichschaltung der Länder und Gemeinden‹«.

89 Erstellt aufgrund der in den Tabellen »Reichstagswahlergebnisse 1878 bis 1903«, »Wahlen ... 1919–
1924«, »Die Reichstagswahlen 1928–1933« und
»Entwicklung der Gemeindewahlergebnisse
1919–1931«. zusammengestellten Angaben. »Antim.« heißt antimonarchistisch, »Dem.« demokratisch, »Monarch.« monarchistisch und »Antid.« antidemokratisch; »RT« steht für Reichstagswahl und »GR« für Gemeinderatswahl. Die notwendigen Vereinfachungen dieser Tabelle liefern
nur grobe Annäherungswerte. Die Tabelle zeigt
also lediglich Trends auf, verdeutlicht aber, da sie
die ganze Zeit von 1878 bis 1933 umfaßt, langfristige Entwicklungsstendenzen, die sich auch in
der Entwicklung der kulturellen Milieus nieder-
schlugen. Ausführlichere Anmerkungen zu den
Spalten siehe Teil »Machtantritt, Kapitel »Hier hat
m'r nur wenig g'merkt von dem, was geschah«,
Abschnitt »Die braunen Wähler«.

90 Einschließlich 4,2 Prozent einer Verbindung aus
der Konföderation des Bundes der Landwirte
und des Zentrums (unter 1 Prozent).

91 USPD und Friedenspartei (0,1 Prozent)
92 SPD.
93 DDP und Württ. Zentrum.
94 Württemb. Bürgerpartei.
95 KPD.
96 Bürgerpartei Reichenbach.
97 Liste des LOV und des GV.
98 USPD und KPD.
99 SPD.
100 DDP und Württ. Zentrum.
101 WBWB, WBP, DVP.
102 KPD.
103 SPD.
104 CV.
105 LOV und GV.
106 KPD.
107 SPD.
108 DDP und Württ. Zentrum.
109 WBWB, WBP, DVP, DNVP, Wirtsch. Ver.,
Freiw.bund, Häuserbund.
110 NS-Freiheitsbewegung.
111 KPD.
112 SPD.
113 Freier Wählerverein.
114 LOV und GV.
115 KPD.
116 SPD.
117 DDP und Württ. Zentrum.
118 WBWB, WBP, DVP, DNVP, WP, Volksrechtp.,
CVD, EVG, VNB.

119 NSDAP.
120 Werktätige Bevölkerung.
121 CSVD.
122 LOOV und GHV.
123 KPD.
124 SPD.
125 Württ.-Hohenz. Zentrum.
126 DVP, WBWB, DBP, WP, VRP, DNVP, CVD, CSVG,
VNB, Sonst.
127 NSDAP.
128 KPD.
129 SPD.
130 LOOV und GHV.
131 NSDAP.
132 KPD und SAP (0,2 Prozent).
133 SPD.
134 DDP und Württ. Zentrum.
135 DVP, WBWB, MWP, VRP, DNVP, CSVD, Sonst.
136 NSDAP und Nationalsozialistische Handwerk-
und Gewerbetreibende (0,2 Prozent)
137 KPD.
138 SPD.
139 Württ.-Hohenz. DDP und Württ.-Hohenz. Zentrum.
140 DVP, WBWB, DNVP, Radik. Mittelst., CSVD,
Sonst.
141 NSDAP.
142 KPD.
143 SPD.
144 Württ.-Hohenz. DDP und Württ.-Hohenz. Zentrum.
145 DVP, WBWB, Kampffront Schwarz-Weiß-Rot,
DBP, CSVD (CVP), Sonst.
146 NSDAP.
147 Die Einwohnerzahlen und Religionsangehörige in
Reichenbach/Fils sind berechnet nach den Statistischen Monatsheften Württ.-Baden, Hrsgg. v. d.
Statist. Landesämtern in Stuttgart und Karlsruhe.
1.Jg. Heft 7–9, Juli–August 1947 (Volks- und Berufszählung vom 29. 10. 1946), Stuttgart 1947, S.
184ff, sowie aufgrund der Volkszählung vom
16. Juni 1925, in: Mitteilungen des Württ. Statist.
Landesamtes, No. 13, vom 28. 12. 1925, S. 223.
hierzu auch Staatshandbuch für Württemberg.
Hrsgg. vom Württ. Statistischen Landesamt, Stuttgart 1928, Oberamt Göppingen, Gemeinde 28.
148 Ebenda.
149 KrArE, Bestand E 1/1082, »div. Erhebungen der
Kirchensteuerjahressätze«. Die Kirchensteuer
blieb die Jahre immer bei 70 Prozent des landeskirchlichen Tarifs, der Zuschlag zur Vermögens-
steuer bei 3,5 Prozent. Nach Auswirkung des
Kriegseintritts und erheblichen Kirchenaustritten
wurde der Ortssatz ab 1941 bis Kriegsende auf
80 Prozent bzw 4 Prozent erhöht.
150 Ebenda.
151 EKAR, Arch. Nr. 56. 20, Jg. 1938/1941, Evangelisches Gemeindeblatt Reichenbach an der Fils, Nr.
5/1939, vom 11. 5. 1939.
152 Ebenda.
153 Zusammengestellt mit Hilfe der vierteljährlichen
Statistiken beim Landrat; KrArE, Bestand E
1/1097..

154 EKAR, Arch. Nr. 56. 17, Jg. 1932/1933, Evangelisches Gemeindeblatt Reichenbach an der Fils, Nr. 1/1932, S. 4.

155 EKAR, Arch. Nr. 56. 17, Jg. 1932/1933, Evangelisches Gemeindeblatt Reichenbach an der Fils, Nr. 8/1932, S. 4.

156 EKAR, Arch. Nr. 56. 18, Jg. 1934/1935, Evangelisches Gemeindeblatt Reichenbach an der Fils, Nr. 2/1935, S. 4.

157 EKAR, Arch. Nr. 56. 20. Jg. 1938/1941, Evangelisches Gemeindeblatt Reichenbach an der Fils, Nr. 4/1938, S. 4, Pfarrer Erhardt.

158 EKAR, Arch. Nr. 56. 20, Jg. 1938/1941, Evangelisches Gemeindeblatt Reichenbach an der Fils, Nr. 2/1940.

159 Aufgestellt nach KrArE, Bestand E 3/0, Civitas, 1948, »Gemeindeübersichten im Kreis Esslingen«, S. 128.

160 Erstellt nach Bescheiden des Landratsamts Esslingen »Kriegsbeitrag der Gemeinden« 1939 bis 1944; alle KrArE, Bestand E 1/1347.

161 KrArE, Bestand E 1/1574 Bü. 1, Volks- und Berufszählung vom 29. 10. 1946.

162 Stand 31. 10. 1946

163 Erstellt nach GAR, Bestand FLAT 1082, »Denkschrift über die Straßenunterhaltung im Bezirk Göppingen« vom 27. 2. 1931, S. 15ff.

164 Erstellt nach GAR, Bestand FLAT 4800, Erhebung über die Ausgaben des Oberamtes für Unterstützte beim Arbeitsamt Göppingen vom 8. 5. 1931.

165 Erstellt nach GAR, Bestand FLAT 1705a, Haushaltspläne und Haushaltsplanberatungen 1926 bis 1931 sowie FLAT 1705b, Haushaltspläne und Haushaltsplanberatungen 1932 bis 1936, jeweils Ausgaben, öffentliche Fürsorge.

166 GAR, Bestand FLAT 1705, Haushalte 1929 – 1933, jeweils Ausgaben, öffentliche Fürsorge, Spalte 1.

167 GAR, Bestand FLAT 1705, Haushalte 1929 – 1933, jeweils Ausgaben, öffentliche Fürsorge, Spalte 1, davon »Einzelposten Kost- und Verpflegungsgaben, Lebensmittel, Kleidung, Heizung«.

168 GAR, Bestand FLAT 1705, Haushalte 1929 – 1933, jeweils Ausgaben, öffentliche Fürsorge, Spalte 2.

169 Ebenda, jeweils Gesamtausgaben, öffentliche Fürsorge.

170 Zusammengestellt aufgrund der vom Autor erstellten Personendatei; die nach Abschluß der Arbeit ins Gemeindearchiv Reichenbach unter III. 8. Ortschronik, Scherrieble, »Personen« eingestellt werden wird. Vor allem in der Zeit von 1928 bis einschließlich 1. Mai 1933 (Reihe 1–3) dürfte die Tabelle vollständig sein, danach (Reihe 4) wird kann sich eine Fehlerquote ergeben, da An- und Abmeldungen nicht berücksichtigt wurden. Bei den unter Reihe 1–3 Berücksichtigten handelt es sich nicht nur um die 1933 in Reichenbach wohnhaften, sondern auch im Nachhinein in Reichenbach Wirkenden.

171 Erstellt nach den Gemeinderatsprotokollen, Bd. 37, vom 5. 10. 1932 bis zum 29. 11. 1935, Bd. 38, vom 31. 1. 1936 bis zum 4. 2. 1938, Bd. 39, vom 8. 2. 1938 bis zum 23. 11. 1940, und Bd. 40, vom 9. 12. 1940 bis zum 12. 12. 1945.

172 KrArE, Bestand E 1/0984, Sterbeurkunde des Reichenbacher Standesbeamten vom 12. 9. 1945, Nr. 16.

173 GAR, Totenregister der Gemeinde Reichenbach 1902–1960, 2. Buch, S. 37–38.

174 Ebenda.

175 KrArE, Sterbeurkunde des Reichenbacher Standesbeamten vom 29. 9. 1945, Nr. 116/1945.

176 Ebenda, Sterbeurkunde des Reichenbacher Standesbeamten vom 12. 9. 1945, Nr. 21.

177 Ebenda, Sterbeurkunde Nr. 6.

178 GAR, Totenregister der Gemeinde Reichenbach 1902–1960, 2. Buch, S. 37–38.

179 Ebenda.

180 Ebenda.

181 Ebenda.

182 Ebenda.

183 KrArE, Sterbeurkunde des Reichenbacher Standesbeamten vom 29. 9. 1945, Nr. 847/1944.

184 Ebenda, Sterbeurkunde des Reichenbacher Standesbeamten vom 12 .9. 1945, Nr. 20.

185 Ebenda, Sterbeurkunde Nr. 33.

186 Ebenda, Sterbeurkunde Nr. 15.

187 GAR, Totenregister der Gemeinde Reichenbach 1902–1960, 2. Buch, S. 37–38.

188 Ebenda.

189 Ebenda.

190 Ebenda.

191 KrArE, Sterbeurkunde des Reichenbacher Standesbeamten vom 29. 9. 1945, Nr. 853/1944.

192 Ebenda, Sterbeurkunde Nr. 125/1944.

193 GAR, Totenregister der Gemeinde Reichenbach 1902–1960, 2. Buch, S. 37–38.

194 Ebenda.

195 Ebenda.

196 Ebenda.

197 KrArE, Sterbeurkunde des Reichenbacher Standesbeamten vom 12 .9. 1945, Nr. 54.

198 Ebenda, Sterbeurkunde Nr. 37.

199 GAR, Totenregister der Gemeinde Reichenbach 1902–1960, 2. Buch, S. 37–38.

200 KrArE, Sterbeurkunde des Reichenbacher Standesbeamten vom 12 .9. 1945, Nr. 16.

201 Ebenda, Sterbeurkunde Nr. 46.

202 GAR, Totenregister der Gemeinde Reichenbach 1902–1960, 2. Buch, S. 37–38.

203 Ebenda.

204 Ebenda.

205 Ebenda.

206 Ebenda.

207 Ebenda.

208 KrArE, Sterbeurkunde des Reichenbacher Standesbeamten vom 12 .9. 1945, Nr. 10.

209 Ebenda, Sterbeurkunde Nr. 35.

210 Ebenda, Sterbeurkunde Nr. 14.

211 Ebenda, Sterbeurkunde Nr. 23.

212 GAR, Totenregister der Gemeinde Reichenbach 1902–1960, 2. Buch, S. 37–38.

213 KrArE, Sterbeurkunde des Reichenbacher Standesbeamten vom 12. 9. 1945, Nr. 12.

214 Ebenda, Sterbeurkunde des Reichenbacher Standesbeamten vom 29. 9. 1945, Nr. 844/1943.

215 Ebenda, Sterbeurkunde des Reichenbacher Standesbeamten vom 12 .9. 1945, Nr. 26.

Register der Personen-, Orts- und Vereinsnamen

544